2012
中国信息产业年鉴
YEARBOOK OF CHINA INFORMATION INDUSTRY

《中国信息产业年鉴》编委会 编

電子工業出版社

Publishing House of Electronics Industry

北京·BEIJING

内容简介

本年鉴主要反映了2011年中国电子信息产业的发展情况和所取得的成就，较全面地展示了中国电子信息产业发展的技术现状和经济运行的有关数据等。

本年鉴原名《中国电子工业年鉴》，首次出版于1986年，2012年版为第27卷。从2009年版起更名为《中国信息产业年鉴》，主要提供给关注中国信息产业发展的各级领导，以及从事信息产业科研、生产、进出口贸易与市场营销的有关人员参考。

图书在版编目（CIP）数据

2012中国信息产业年鉴/《中国信息产业年鉴》编委会编.—北京：电子工业出版社，2012.12
ISBN 978-7-121-19236-4

Ⅰ.①2… Ⅱ.①中… Ⅲ.①电子信息产业-中国-2012-年鉴 Ⅳ.①F49-54

中国版本图书馆CIP数据核字（2012）第298868号

责任编辑：沈艳波　徐　磊
特约编辑：伦朝丽　刘娴庆
印　　刷：北京金特印刷有限责任公司
出版发行：电子工业出版社
　　　　　北京市海淀区万寿路173信箱　邮编：100036
开　　本：889×1 194　1/16　印张：49.5　字数：1584千字
印　　次：2012年12月第1次印刷
定　　价：398.00元

ISBN 978-7-121-19236-4

9 787121 192364 >

凡所购买电子工业出版社的图书有缺损问题，请向购买书店调换。若书店售缺，请与本社发行部联系，联系电话：（010）88254888。

质量投诉请发邮件至zlts@phei.com.cn，盗版侵权举报请发邮件至dbqq@phei.com.cn。

服务热线：（010）88258888。

2012
中国信息产业年鉴

主办 工业和信息化部

承办 工业和信息化部电子科学技术情报研究所

《中国信息产业年鉴》
编　委　会

委　　员（按姓氏笔画排序）

卜江戎　湖北省经济和信息化委员会副主任

刁石京　工业和信息化部电子信息司副司长

马　军　吉林省工业和信息化厅副厅长

王　昌　河北省工业和信息化厅厅长

王　静　海南省工业和信息化厅副厅长

王兆春　山东省经济和信息化委员会副巡视员

韦　俊　工业和信息化部规划司副司长

文建国　宁夏回族自治区经济和信息化委员会信息化推进处处长

文　勇　工业和信息化部国际合作司副巡视员

方　巍　宁波市经济和信息化委员会副主任

方安儒　黑龙江省工业和信息化委员会副主任

方培琦　长江计算机（集团）公司党委书记、总裁

邓国强　浙江省经济和信息化委员会副主任

卢增荣　福建省信息化局局长

史晓光　工业和信息化部人事教育司副司长

兰红星　广西壮族自治区工业和信息化委员会副主任

戎之勤　上海市经济和信息化委员会秘书长

吕桂新　青海省经济委员会副主任

朱维繁　甘肃省工业和信息化委员会副主任

刘九如　工业和信息化部电子科学技术情报研究所副所长

刘绍忠　云南省工业和信息化委员会主任

刘致远　山西省经济和信息化委员会副主任

许蒲生　陕西省工业和信息化厅副厅长

苏国平　新疆维吾尔自治区经济和信息化委员会副主任

李本海　大连市经济和信息化委员会副主任

李昌健　农业部市场与经济信息司副司长

李国斌　工业和信息化部政策法规司巡视员

李建疆　四川省经济和信息化委员会党组成员、
　　　　省信息化工作办公室专职副主任

李德芳　中国石油化工集团公司信息系统管理部主任

李　颖　工业和信息化部软件服务业司巡视员

吴　杰　厦门市信息化局局长

邹方斌　天津市经济和信息化委员会总工程师

张光亮　重庆市经济和信息化委员会总经济师

张旭光　天津中环电子信息集团有限公司总经理

张佰成　内蒙古自治区经济和信息化委员会副主任

陆相成　青岛市经济和信息化委员会副主任

陈　英　工业和信息化部软件服务业司副司长

陈党义　河南省工业和信息化厅副厅长

周　健　工业和信息化部科技司副巡视员

宛会东　贵州省经济和信息化委员会副主任

孟继民　辽宁省经济和信息化委员会副主任

赵　波　工业和信息化部电子工业标准化研究院院长

赵文智　工业和信息化部国际合作司副司长

赵晓晨　中国航天科技集团公司总经理助理兼办公厅主任

胡　燕　工业和信息化部电子信息司巡视员

柯志敏　厦门市经济发展局局长

钟志慧　湖南省经济和信息化委员会副主任

姜子琨　工业和信息化部财务司副司长

贾兴东　深圳市经济贸易和信息化委员会副主任

徐一平　江苏省经济和信息化委员会主任

高素梅　工业和信息化部运行监测协调局副局长

郭建兵　工业和信息化部软件服务业司副司长

陶少华　工业和信息化部办公厅副主任

曹晓武　安徽省经济和信息化委员会副主任

彭　平　广东省经济和信息化委员会副主任

韩　俊　工业和信息化部科技司副司长

彭红兵　工业和信息化部电子信息司副司长

童晓民　新疆生产建设兵团工业和信息化委员会副主任

谢碧联　江西省工业和信息化委员会主任

熊　梦　北京市经济和信息化委员会副主任

《中国信息产业年鉴》编辑部

《中国信息产业年鉴》特约编辑

(按姓氏笔画排序)

编 写 说 明

本年鉴原名《中国电子工业年鉴》，曾更名为《中国信息产业年鉴（电子卷）》，从2009年起更名为《中国信息产业年鉴》。《中国信息产业年鉴》由工业和信息化部主办，工业和信息化部电子科学技术情报研究所承办，《中国信息产业年鉴》编委会编。

《中国信息产业年鉴》创刊于1986年，2012年版为第27卷。

2012年版《中国信息产业年鉴》主要反映了2011年中国电子信息产业的发展情况和所取得的成就，较全面地展示了中国电子信息产业发展的技术现状和经济运行的有关数据等。2012年版《中国信息产业年鉴》的内容包括13个部分：

第1部分　总论；

第2部分　专论；

第3部分　电子信息产业概况；

第4部分　电子信息产业经济运行综合统计资料；

第5部分　信息化建设；

第6部分　科技进步；

第7部分　市场运行；

第8部分　国际合作与产品进出口贸易；

第9部分　地区电子信息产业概况；

第10部分　政策环境；

第11部分　信息产业“十二五”相关规划；

第12部分　大事记；

第13部分　附录。

2012年版《中国信息产业年鉴》的结构和体例与往年各卷基本相同。为本年鉴提供数据和报告的有工业和信息化部的有关单位、中国航天科技集团公司、海关总署、中国广播电视设备工业协会、中国电子元件行业协会、中国电子仪器行业协会、中国电子专用设备工业协会、中国真空电子行业协会、中国电子材料行业协会、中国光学光电子行业协会，以及各省、自治区、直辖市等。其中《电子信息产业经济运行综合统计资料》栏目的各项统计数据由工业和信息化部运行监测协调局提供并核准。其他系统的有关数据，均由各系统主管部门审核提供。

2012年版《中国信息产业年鉴》中的综合统计数据未包括西藏自治区、台湾地区、香港特别行政区、澳门特别行政区的数据。

2012年版《中国信息产业年鉴》在编辑加工和印装等方面尚有许多不足，敬请广大读者批评指正。

《中国信息产业年鉴》编辑部

2012年12月

目　　录

第1部分　总　论

第2部分　专　论

资料

第 3 部分　电子信息产业概况

资料

第 4 部分　电子信息产业经济运行综合统计资料

第二部分　软件产业综合统计数据

第 5 部分　信息化建设

第 6 部分　科技进步

第 7 部分　市场运行

第 8 部分　国际合作与产品进出口贸易

第 9 部分　地区电子信息产业概况

第 10 部分　政策环境

第 11 部分　信息产业“十二五”相关规划

第 12 部分　大 事 记

第13部分 附 录

附录A

附录B

第1部分 总 论

稳增长 促转型 努力实现工业通信业平稳较快发展（节选）①

工业和信息化部部长 苗 圩

2011年12月26日

一、2011年工业和信息化工作

（一）全力促进工业通信业平稳较快发展

认真贯彻扩大内需的各项政策措施，有针对性地解决突出矛盾和问题，努力巩固和扩大应对国际金融危机冲击成果。（1）推动实施家电下乡、家电以旧换新、农机具购置补贴和节能汽车推广，取得积极成效。2011年1–11月，家电下乡产品销售9 635万台，实现销售额2 456亿元，同比分别增长43.6%和63.7%。家电以旧换新、节能乘用车推广分别拉动相关消费1 800亿元和4 000亿元以上。（2）继续落实重点产业调整振兴规划，促进工业投资稳步增长。1–11月，全国工业投资达11.5万亿元，其中制造业投资9.2万亿元，同比分别增长26.8%和31.5%。（3）"十二五"55项规划编制工作进展顺利，工业转型升级、信息产业、节能与新能源汽车、航空工业4项规划已上报国务院。18个规划已对外发布，信息化规划等其余规划正在履行报批发布程序。整合部内现有资金，推动设立了工业转型升级资金。（4）推动出台重大行业政策。加强进出口税收政策协调，保持出口稳定增长，1–11月规模以上工业出口交货值同比增长17.3%。重大技术装备进口税收优惠政策落实工作进展顺利，免税额达110亿元。协调解决液晶等平板显示生产线设备增值税资金占用问题。新增了三代核电装备等四类进口产品免税清单。推动出台了进一步鼓励软件产业和集成电路产业发展的若干政策。（5）做好经济运行监测、信息引导和电力需求侧管理，各地加强调度协调，强化煤电油运保障，及时解决了影响经济运行的突出问题。预计全年规模以上工业增加值同比增长13.9%，实现利润6万亿元，上缴税金4.2万亿元，

注① 本文是苗圩部长在2012年全国工业和信息化工作会议上的报告。报告所用数据为快报数据。

分别增长 24.0%和 25.0%左右；电信业务总量、电信主营业务收入分别增长 15.3%和 9.4%，软件和信息技术服务业收入增长 30.0%。

（二）稳步推进传统产业改造提升

坚决贯彻中央关于加快转变经济发展方式的各项部署，加强技术改造、淘汰落后、节能减排、质量品牌建设，着力提高工业发展的协调性和可持续性。（1）狠抓技术改造，完善管理办法，突出支持重点，技改工作的针对性、有效性和影响力明显提升。联合有关部门全年安排专项资金 135 亿元，带动投资 2 791 亿元。（2）积极履行淘汰落后产能牵头部门职责，推动出台工作考核、资金管理等制度，工作机制进一步完善，落实奖励资金 40.3 亿元，加强检查考核和核查督办。公告的 2 255 家企业落后生产线已基本关停，预计全年任务能够顺利完成。（3）扎实开展工业节能减排。前三季度，规模以上工业企业单位工业增加值能耗同比下降 2.56%，40 项重点产品（工序）单位能耗指标实现同比下降。安排 8.3 亿元支持清洁生产和企业能源管控中心建设，开展了资源节约型、环境友好型“两型”企业创建试点，加强了节能减排技术推广应用。制定了轮胎翻新、废旧铅酸蓄电池等综合利用行业准入条件。重型商用车油耗管理顺利推进。（4）推动产业转移有序、有效开展，编制了产业转移指导目录，组织开展了新疆、河南产业转移对接活动。部省互动合作进一步拓展。新型工业化产业示范基地建设和中国软件名城创建工作深入推进，企业兼并重组工作得到加强。（5）深入开展质量品牌建设，大力推广先进质量管理方法，推进了工业企业品牌培育试点。会同有关部门开展了食品药品安全整顿工作，29 个省市启动了食品工业企业诚信体系建设。安全生产指导和民爆行业监管得到加强。（6）行业管理工作进一步强化，行业立法、产业政策制修订、市场准入管理全面推进。突出抓了稀土行业专项整治工作，会同稀有金属部际协调机制成员单位，组织开展了重点稀土产区联合检查，实施稀土行业指令性生产计划，起草了稀有金属管理条例、指令性生产计划管理暂行办法和产品收购资质管理办法，矿山无序开采得到遏制，生产秩序、出口秩序初步好转。烟草行业各项工作取得新成果。

（三）大力培育发展战略性新兴产业

找准切入点和突破口，加强组织领导和衔接协调，建立健全工作机制，各项工作有序推进。（1）组织编制了高端装备制造、新材料、新一代信息技术、节能与新能源汽车 4 个重点领域专项规划。制定战略性新兴产业要素分解指南和产业地图，建立了重点企业库，部省项目对接稳步推进。18 个省市出台了推动战略性新兴产业发展的指导意见，6 个省市制定了行动计划和方案，9 个省市设立了专项资金。（2）统筹用好科技重大专项、电子发展基金等资金和手段，对战略性新兴产业进行了支持。实施了智能制造装备、新型显示、云计算等重大产业创新发展和应用示范工程。新能源汽车推广试点全面展开。两条 8.5 代液晶显示生产线建成投产。组织举办了首届新材料产业博览会和第 15 届中国软件博览会。（3）科技重大专项实施成效显著。65 纳米–45 纳米集成电路制造工艺实现量产，国产 CPU 基础软件研发和应用推广加快，大型立式五轴联动加工中心研制成功，6 400 吨大型快速高效全自动冲压生产线实现与国际同步开发，C919 大型客机正式转入详细设计阶段，TD–LTE 规模技术试验全面展开。（4）推进企业自主创新能力建设，认定首批 55 家国家技术创新示范企业，发布了产业关键共性技术发展指南，安排 13 亿元资金支持了 169 个重大科技成果转化项目。（5）完善标准化工作机制，加快了产业急需标准制修订。启动了电动汽车充电设施、物联网等重点领域标准化工作，全年发布行业标准 2 275 项。TD–LTE–A 成为 4G 国际标准，DTMB 成为数字电视国际标准。此外，推进工业设计等生产性服务业发展的工作体系基本形成。

（四）进一步加大对中小企业发展的支持

2011 年以来，中小企业出现新的突出困难和问题，社会十分关注。工业和信息化部认真履行主管部门职责，把中小企业工作摆在突出位置抓紧抓好。（1）中小企业划型标准完成修订并正式发布。调整了中、小型企业标准，增加了微型企业标准，形成了国家扶持小型微型企业发展政策的基础。开展了中小企业运行监测体系研究。（2）多次组织专题调研，研究提出促进中小企业发展的一揽子政策措施建议，推动出台了扶持小微企业发展的金融、财税及暂免征部分行政事业性收费等政策措施。（3）会同有关部门，安排 14 亿元资金支持了 533 户担保机构发展，为 8 万户中小企业提供了 4 200 亿元贷款担保。（4）推进中小企业结构调整，安排 45 亿元资金支持中小工业企业开展技术改造、发展新兴产业。多渠道帮助中小企业开拓市场，成功举办了第 8 届中国国际中小企业博览会。(5) 组织创建了99个国家中小企业公共服务示范平台，安排5亿元资金支持服务平台网络和小企业创业基地建设。设立了企业经营管理人才素质提升工程专项资金，中小企业管理提升计划实施取得明显成效。

(五) 务实加快通信业转型发展

针对信息通信技术发展带来的新情况新问题，注重把握好发展和安全的关系，扎实推进行业转型发展。(1) 宽带网络基础设施深入推进，新技术、新业务、新业态加快发展。3G网络已覆盖全国所有县城及大部分乡镇。截至11月底，固定互联网宽带接入用户达到1.55亿户，3G用户数达到1.19亿户，其中TD用户4 800万户。预计全年通信业非话音业务收入占比达到46.0%。(2) 三网融合稳步推进，广电、电信业务双向进入取得一定进展，企业合作、产业协作模式创新力度加大，新业态逐步形成。三网融合基础设施建设加快推进，向用户提供业务的条件已经具备，配套产品研发、产业支撑能力不断提高。网络信息和文化安全监管得到加强。截至11月底，全国IPTV用户已超过1 100万户，手机视频用户超过4 000万户。(3) 电信市场监管和互联网行业管理力度加大。督促152家电信企业对违规行为进行了整改，开展了整治网络低俗信息等专项活动，处理违规网站约3 500家。移动用户号码网间携带试验顺利实施。村通工程和农村宽带网络建设取得新进展。电信服务质量总体良好，全年综合资费同比下降5.5%。(4) 网络与信息安全得到加强，重点工程建设和技术手段下沉有效推进，信息安全监管和网络安全防护工作深入拓展，开展了互联网新技术新业务安全评估，网络运行安全监督取得成效，应急通信保障能力显著提升，圆满完成多项重大活动保障和突发事件处置任务。(5) 无线电管理工作进一步加强，保障了通信、交通、航天、气象、军队等部门及国家科技重大专项的无线电频谱和卫星轨道资源需求，维护了空中电波秩序，提升了安全保障能力。

(六) 扎实推进两化融合、国防科技工业建设和军民融合式发展

(1) 出台了推动信息化和工业化深度融合的若干意见，发布了工业企业两化融合评估规范，组织开展了12个行业两化融合水平评估，两化融合试验区建设取得新成果。两化融合在促进安全生产、节能减排和中小企业发展等方面发挥积极作用。信息安全协调工作力度加大。(2) 两化深度融合的产业基础进一步夯实，软件、集成电路、云计算、物联网、信息安全等关键软硬件研发和产业化进程加快，智能制造装备、食品追溯等物联网应用试点示范有序开展。(3) 武器装备重点科研生产任务圆满完成，军工核心能力建设实现新跨越，科技创新取得新突破。天宫一号目标飞行器与神舟八号飞船空间交会对接任务圆满成功，受到党中央、国务院、中央军委表彰。探月工程等国防科技重大专项稳步实施，30项国防科技成果获国家科学技术奖。(4) 贯彻落实国务院、中央军委关于建立和完善军民结合、寓军于民武器装备科研生产体系若干意见取得阶段性成果。军民用技术双向转移成效明显，军民结合产业稳步发展，军工经济与地方经济融合加强。1–11月，国防科技工业中民品产值占比提高到76.7%。(5) 认真贯彻落实教育规划纲要，部属高校综合实力、办学水平进一步提高，产学研军民合作得到加强。

二、当前面临的形势

从国际看，世界经济复苏的不稳定性、不确定性上升，国际金融危机的深层次影响还在不断显露，世界经济形势总体上仍将十分严峻复杂。一是世界经济增长动力不足。欧元区主权债务危机蔓延导致经济衰退风险加大，美国失业率居高不下，主要发达经济体居民消费能力下降，新兴经济体的增速也低于上年同期水平。科技创新及新兴产业发展虽孕育新突破，但远未形成新的经济增长点。全球市场需求低迷可能成为常态。据联合国有关机构最新预测，2011年和2012年世界经济分别增长2.8%和2.6%，比2010年低1.2和1.4个百分点。二是全球大宗商品和金融市场震荡加剧。2011年以来，国际市场大部分商品价格在波动中整体走高，1–11月中国进口原油、铁矿砂、天然橡胶均价同比分别上涨37.6%、30.8%和53.2%。主要货币汇率波动频繁，投机资本大规模无序流动，金融市场持续动荡，成为干扰世界经济复苏的重要因素。三是贸易和投资保护主义倾向将更加突出。发达国家和新兴市场国家的经济摩擦日益增多，在传统保护主义手段被大量运用的同时，知识产权、环境、劳工、安全等新的保护主义手段不断翻新。2011年前11个月，中国遭遇的各类贸易救济调查案件达58起。随着国际金融危机影响长期化和国际市场竞争加剧，各种形式的保护主义还会愈演愈烈，这不仅会影响全球化的进程、制约世界经济复苏，也会严重影响中国进出口贸易的稳定增长。四是围绕信息技术发展的国际竞争日趋激烈。综合信息网络向宽带、融合、泛在方向加速演进，信息通信技术应用创新更加活跃，商业模式、组织模式和产业体系深刻变革，信息化引领科技发展、提升国家竞争力的作用受到高度重视。全球已有 90 多个国家制定了国家宽带战略或计划，世界主要发达国家加大了对网络空间规则体系主导权的争夺，力图掌握信息时代的制高点。

从国内看，中国经济快速发展，但经济增长方式粗放、产业结构不合理、资源环境约束的问题日趋尖锐，经济增速回落与物价仍处高位相互交织，实体经济面临的困难明显增大。解决体制性、结构性矛盾，缓解不平衡、不协调、不可持续的问题十分迫切，难度更大。同时，制约工业通信业发展的长期矛盾和短期问题叠加，工业通信业面临不少新情况新问题。一是工业增长下行风险加大。2011 年中国工业增速逐季放缓，进入四季度以来增速进一步回落。出口增速持续下降。制约内需增长的因素也在增加，带动力强的汽车、住房消费可能延续低速增长，物价高位运行削弱低收入群体消费能力。企业利润增幅趋于走低，将制约投资合理增长。11 月制造业采购经理指数下降到 49.0%，这是 2009 年 3 月以来首次低于 50.0%的临界点，表明市场需求趋缓。二是企业生产经营面临较大困难。受生产经营成本上升、融资环境紧、利率汇率调整等多重因素挤压，规模以上工业亏损企业亏损额同比增幅由 1–2 月的 22.2%上升到 1–10 月的 57.7%，小型微型企业困难更为突出。企业资金面短期内难有大的改观，劳动用工成本呈上升趋势，最近销售电价又进行了上调，这些都会压缩制造企业赢利空间。三是能源资源和环境约束持续加大。产业结构不合理问题依然突出，部分“两高”行业扩张仍然偏快，能源资源以及生态环境将长期处在“硬约束、紧运行”状态。前三季度，全国单位国内生产总值能耗同比仅下降 1.6%，规模以上工业企业单位工业增加值能耗同比下降 2.56%，与全年目标差距较大，工业节能减排面临更大压力。四是通信业监管和网络信息安全面临挑战。随着信息通信技术的迅猛发展，通信业大变革、大融合趋势明显，基础电信企业竞争加剧，转型发展十分迫切。互联网新业态、新服务层出不穷，融合型业务日益增多，传统电信监管理念、方式等还存在诸多不适应。以移动互联网和智能终端为代表的新技术、新业务发展带来的网络与信息安全问题日益突出。

尽管面临诸多困难，国内外形势的变化没有改变中国经济发展的基本面，工业通信业发展仍处于重要战略机遇期，在较长时期内保持平稳较快发展具有不少有利条件。工业化、城镇化、信息化和农业现代化加快推进，消费结构和产业结构升级蕴藏着巨大的需求潜力。国家宏观调控政策重点加大经济结构调整的支持力度，实体经济发展受到国家高度重视，政策、人才和资金将更多投向实体经济。各项改革不断深化，非公有制经济发展的政策和制度环境不断改善，将进一步激发市场活力。随着“十二五”规划确定的重大项目进入集中建设阶段，特别是战略性新兴产业相关规划及配套政策陆续出台，将在一定程度上带动投资增长。经过国际金融危机的磨练和洗礼，企业抵御风险、拓展市场和创新发展能力明显增强。在国际政治经济格局发生深刻变化的情况下，中国利用国外资源、技术、人才和市场也蕴含着新的机遇。特别是 2012 年将召开党的十八大，必将极大地激发工业信息化系统促进科学发展、加快转型升级的自觉性和主动性，为工业通信业的又好又快发展提供强大动力。

三、2012 年重点工作任务

2012 年工作总体要求

全面贯彻党的十七大和十七届三中、四中、五中、六中全会及中央经济工作会议精神，以邓小平理论和“三个代表”重要思想为指导，深入落实科学发展观，突出抓好经济运行监测、生产要素保障、国内外市场拓展，突出抓好技术改造、技术创新、质量品牌建设，突出抓好企业兼并重组、淘汰落后、节能减排，突出抓好改善中小企业发展环境，突出抓好推进信息化和工业化深度融合、军民融合，全力以赴稳增长、促转型，实现工业通信业平稳较快发展，以优异成绩迎接党的十八大胜利召开。

2012 年主要预期目标

规模以上工业增加值增长 11.0%左右，单位工业增加值能耗和二氧化碳排放量降低 5.0%和 5.0%以上，单位工业增加值用水量下降 7.0%，电信业、软件和信息技术服务业收入增长 6.0%和 28.0%左右。

做好 2012 年工作，要注重把稳定增长放在突出位置，密切关注形势变化，加强产业政策与财政、信贷政策的协调配合，有效化解各种风险，防止增速过快下滑。注重发挥技术创新的引领作用，加大技术改造力度，改造提升传统产业，培育发展战略性新兴产业，以制造业分工细化深化催生和带动生产性服务业发展，提高核心竞争力。注重深化改革、扩大开放，推动解决深层次矛盾和问题，发挥市场配置资源的基础性作用，统筹用好两个市场、两种资源，激发发展的动力和活力。注重加强和创新社会管理，强化政府公共服务职能，着力保障和改善民生，切实维护消费者权益，及时妥善化解矛盾，促进社会和谐稳定。

2012 年要重点抓好八个方面的工作任务。

（一）努力保持工业经济平稳较快发展

牢牢把握扩大内需这一战略基点，加大对消费和投资两方面的支持力度，加强运行组织协调和要素保障，进一步巩固工业在实体经济中的主体地位。（1）建立健全运行监测网络与预测预警体系，加强工业通信业运行监测和分析，做好信息引导。密切关注热点和难点问题，深入分析工业发展和运行趋势变化，及时采取应对措施，提出政策建议。（2）指导各地加强煤电油气运跟踪监测，及时协调解决出现的问题，保障正常供应。抓好重要生活必需品、基本药物、生产资料的生产组织和运行协调。（3）继续落实家电下乡等促进消费政策，做好节能汽车推广、新能源汽车试点示范城市和私人购买补贴试点相关工作，研究提出扩大消费的措施意见。引导企业瞄准市场需求改进品种质量，增加有效供给，强化市场拓展和商业模式创新，积极培育数字家庭等消费新热点，大力发展电子商务、网络购物等新兴消费业态。支持地方和协会开展产品展览会、推介会等产需对接活动。（4）切实履行工业通信业投资管理职责，制定发布工业转型升级投资指南，有序推进“十二五”规划确定的重大项目开工建设，促进民间投资稳定增长。（5）协调落实进出口税收政策，做好应对贸易摩擦工作，提高参与国际交流合作的层次和水平。支持具有自主品牌和技术的产品设备出口，有重点、有步骤地鼓励企业“走出去”开拓境外资源，建设生产基地、营销网络和研发机构，开拓新兴市场，扩大境外投资合作。（6）全力抓好“十二五”规划的实施。启动工业转型升级行动计划，制定和实施重点行业、重点领域、重点地区工业转型升级方案，会同有关部门、地方推动落实相关政策措施，督促推动重点任务落实。定期公布分地区工业转型升级规划实施进展情况，及时解决出现的矛盾和问题。拓宽工业转型升级资金支持范围，确定项目指南和年度计划方案，建立资金绩效评价制度。

（二）大力推动传统产业优化升级

坚持控制总量、优化存量，引导企业加强技术改造，促进兼并重组，提高传统产业先进产能比重，提高产业集中度。（1）加大技术改造工作力度。推动出台国家层面的新时期加强工业技术改造的指导意见，制定“十二五”技术改造方案，协调落实配套政策措施，完善技改投资指南、项目库和统计体系，健全长效工作机制。改进资金使用方式，由地方切块为主调整为中央集中使用为主，围绕节能与新能源汽车产业化、装备工业基础能力提升和重点装备产品升级、新型绿色环保建材及无机非金属材料、轻纺工业重点行业技术提升及改造等 9 个专题，实施一批技改重点项目。抓好项目后评价工作。（2）把兼并重组作为全年着力突破的工作重点，继续推进重点行业、跨地区企业兼并重组，完善部际协调工作机制，出台钢铁、汽车、水泥等重点行业兼并重组实施方案，推动完善促进企业兼并重组的政策体系。加快公共服务平台建设，进一步加强协调、管理和服务。引导企业加强和创新管理。（3）加强质量品牌建设，推动落实企业质量主体责任，推广先进质量管理方法，开展“质量兴业”活动。继续开展服装、家纺、家电等行业品牌培育试点工作，建立品牌培育评价机制。总结食品工业企业诚信体系建设试点经验，开展诚信管理体系评价，推动建立企业诚信黑名单制度。开展食品药品安全整顿。（4）推进产业转移和产业集聚。发布产业转移指导目录，加强对产业转移的指导，逐步向点面结合、条块结合转变，防止落后产能向中西部地区转移。规范促进化工企业园区化发展。继续推进新型工业化产业示范基地创建共建，推动落实部省（区）合作协议，做好产业援藏、援疆、援青工作。（5）加强重点行业管理。深入做好稀土行业专项整治和行业管理工作，发布稀土行业准入条件等管理制度，组织实施稀土中央财政专项，严格执行年度指令性生产计划，完成稀土行业协会组建，加快推进大集团组建。抓好汽车、钢铁、水泥等产业政策修订和实施，完善汽车公告管理，研究制定支持汽车工业走出去的相关政策和措施。制定修订焦化、玻璃纤维等行业准入条件。保持烟草行业持续健康发展，做好烟控履约工作。加强民爆行业监管，抓好工业通信业安全生产指导。

（三）积极培育发展战略性新兴产业

要注重扩大国内市场规模，注重推动重大技术突破，注重增强核心竞争力，切实防止盲目重复建设。（1）实施新一代信息技术、高端装备制造、新材料、新能源汽车4个专项规划以及物联网、智能制造装备等15个细分领域规划，用好并协调落实各项支持政策，推动进一步鼓励软件产业和集成电路产业发展的若干政策实施细则的落实。（2）实施重大产业创新发展和应用示范工程。抓好智能制造装备、稀土稀有金属、云计算、新型显示、物联网等专项实施，开展新材料、生物医药、支线飞机和通用航空、先进轨道交通装备及关键部件、海洋工程装备、重大环保技术和装备等其他领域专项的前期论证和项目储备工作，组织好新能源汽车、三网融合、物联网、重大装备首台套等应用示范工程。推动电动汽车充电设施、通用航空基础设施等配套建设。（3）进一步做好部省项目对接，抓紧启动一批体现特色优势、带动性强、辐射面广、市场化前景好的重大项目和示范工程。各地要结合本地实际，加强统筹规划，明确发展时序，选择最有基础和条件的领域作为突破口，集中优势资源，突出发展重点。进一步将现有政策、资金、项目等资源向重点领域倾斜，有条件的地区都要推动设立专项资金。（4）加强技术创新能力建设。加强关键核心技术和共性技术攻关，以“核高基”、新一代宽带无线移动通信网、高档数控机床与基础制造装备、大型飞机等科技重大专项为依托，加大财政资金支持力度，充分发挥行业龙头企业和研究院所的作用，力争在高端装备、信息网络、系统软件、关键材料、基础零部件等关键领域取得新的突破。实施百项技术创新推进计划，梳理提出100项关键共性技术，集中资源和手段，加强重点攻关和推广应用。加强企业技术中心等研发机构建设，完善国家技术创新示范企业认定工作，推动产学研用紧密结合。加快重要技术标准制定，建立有利于战略性新兴产业发展的行业标准和产品技术标准体系。（5）聚焦工业和信息化部牵头或有政策资金支撑的生产性服务业相关领域，重点支持基础良好、开展增值税扩围试点的上海市等地区发展生产性服务业，在总结经验基础上逐步向其他有条件地区拓展。引导基础电信企业和增值服务企业积极发挥作用。推进中国软件名城创建，组织好首届中国工业设计奖评选。

（四）下更大力气抓好工业节能减排

以建设资源节约型、环境友好型工业体系为目标，强化技术和标准支撑，完善政策机制，抓好试点示范，强化管理创新，为实现“十二五”节能减排目标打下坚实基础。（1）进一步淘汰落后产能，研究确定和落实年度目标任务，组织开展检查考核。完善界定落后产能的环保、能耗标准，促进形成上大压小、减量或等量置换机制，推动利用市场手段淘汰落后产能，分解落实“十二五”淘汰落后产能任务。加强工业投资项目节能评估和审查，严控“两高”和产能过剩行业盲目扩张。（2）加强节能降耗技术改造，组织实施规划确定的9大重点节能工程、10项综合利用工程、7项清洁生产工程，加强节能减排共性关键技术和装备开发、示范与推广应用。（3）组织实施工业能效提升计划。制定企业能源审计方案，发布一批高耗能行业能效标杆，开展能耗限额标准制定和执行情况检查，研究提出基于能耗限额标准的差别电价政策建议。促进落后用能设备更新淘汰和升级改造，建设一批企业能源管控中心。实施重型商用车辆油耗管理。（4）继续制定重点行业清洁生产推行方案，开展关键工艺技术示范和应用推广，创建一批清洁生产示范企业。加强铬盐、铅酸蓄电池等涉重金属行业清洁生产专项改造，推进重金属污染防治，探索推进产品生态设计。加强电子信息产品、汽车产品污染控制。（5）抓好工业固体废物综合利用基地、机电产品再制造企业、“两型”企业创建等试点工作，推进循环经济重大技术示范等工程建设。（6）积极推进工业节水约束性指标任务落实，完善高耗水行业用水先进指标、用水限额指标和取水定额指标，加强重点用水企业监管，开展节水型企业评价，建立节约用水约束机制。（7）大力发展节能环保低碳产业，推进节能环保低碳技术、装备、产品、服务发展，开展工业节能、资源综合利用等关键成套设备和装备产业化示范工作。

（五）进一步改善中小企业发展环境

组织开展“中小企业服务年”活动，以支持创新型、劳动密集型、创业型中小企业特别是小型微型企业为重点，进一步完善和落实扶持政策，加强引导，完善服务，促进中小企业发展环境不断优化。（1）充分发挥领导小组办公室政策协调机制作用，加强协调配合和督促检查，抓好已出台各项财税、金融政策的落实。推动出台进一步扶持中小企业健康发展的政策意见。组织实施企业减负专项行动。（2）推动银行业金融机构加大对小微企业的信贷支持，积极开展工业和信息化部与工、农、中、建、交和国家开发银行的合作。发挥中小企业信用担保专项资金和税收政策的作用，完善中小企业信用担保体系，推进有条件的地方设立完善中小企业信用再担保机构。继续拓展中小企业融资渠道，鼓励和支持融资服务平台建设。（3）引导中小企业加快转变发展方式。发挥中小企业专项资金的作用，重点支持中小企业加强技术改造。继续实施中小企业信息化推进工程和创新能力建设、创办小企业、管理提升等计划。建立健全促进中小企业节能减排的政策激励和约束机制。(4) 加快公共服务体系建设。继续培育一批国家中小企业公共服务示范平台，实施中小企业公共服务平台网络建设工程，推动建设产业集群、中小企业集聚区以及重点行业公共服务平台。通过资质认定、购买服务和资金补助，鼓励和引导服务机构为中小企业提供优质服务。推动建立和完善中小企业分类统计、监测、分析制度。(5) 推进中德中小企业合作示范区建设，继续办好中国国际中小企业博览会。支持中小企业引进国际先进技术、管理与资金，到境外开展投资并购。

（六）扎实抓好国防重点科研生产任务和军民融合式发展

全力支持国家国防科工局履行职责，提高核心能力，加快建设先进国防科技工业。全面落实国务院、中央军委关于建立和完善军民结合、寓军于民武器装备科研生产体系若干意见，大力推进军民结合产业发展。(1) 做好武器装备科研生产重大事项组织协调，确保重点型号科研生产任务顺利完成。着力突破重点国防关键技术，抓好重大科研项目监管。推进国家科技重大专项组织实施，全力以赴完成神舟九号、神舟十号载人状态空间交会对接任务，完成探月工程嫦娥三号任务飞行产品总装集成，加快高分辨率对地观测系统建设，以工程、型号“两总”队伍建设为重点，培育造就创新型科技人才队伍。（2）建设先进军工核心能力，加强重点型号研制保障和生产能力建设，加大重大试验设施、关键基础产品研发条件以及综合支撑和产业发展等能力建设力度。（3）加强军工行业管理，抓好武器装备质量、安全生产、安全保密监管，做好军工核安全和核应急工作。深化核与航天领域的国际合作交流，推进中法天文星和海洋星等重大工程项目实施。（4）围绕建立和完善军民结合、寓军于民武器装备科研生产体系，健全工作机制。加强军品市场监管，协调推进政府投资、军品税收等政策公平化，引导和鼓励民口企业有序参与武器装备科研生产。启动军民结合公共服务平台建设，发布年度军用技术转民用推广目录、军民两用技术与产品信息共享目录。（5）加快军民结合型产业发展，合理规划军民结合产业布局，加强军民结合产业基地的培育和建设，促进军工与地方经济融合。(6) 指导部属高校坚持质量立校、特色办校、人才兴校、科研强校、文化铸校，全面启动“一提三优”二期工程。支持部属高校加强国防特色学科专业建设和重点实验室建设，参与国防基础研究、国防关键技术攻关和科技重大专项。

（七）加快推进通信业转型发展

适应信息通信技术加速向宽带化、移动化、融合化、智能化发展趋势，加强行业指导和市场监管，增强通信业服务经济社会发展的能力。（1）推动实施“宽带中国”战略，争取国家政策和资金支持，加快推进3G和光纤宽带网络发展，扩大覆盖范围。以提速度、广普及、惠民生、降价格为目标，实施宽带上网提速工程。继续推动建立普遍服务资金，深入实施通信村村通工程和信息下乡活动。继续推进TD-LTE研发、产业化及扩大规模试验。积极稳妥推进下一代互联网发展演进，开展IPv6小规模商用试点，探索形成成熟的商业模式和技术演进路线。（2）大力推进三网融合，尽快将试点扩大到全国各直辖市、省会城市和其他具备条件的城市，推动广电和电信企业加强技术、业务和合作模式创新，带动相关技术研发和配套产业发展。务实推动IPTV、手机电视等融合型业务发展，加强网络信息安全保障。（3）引导新技术、新业务、新业态发展，建立健全标准、规范和管理机制，推动移动智能终端、操作系统和应用平台等关键环节取得突破，引导移动互联网、云计算技术设施建设与服务等的发展。（4）加强电信市场监管，扩大监管领域，调整监管政策，丰富监管手段。加快推进法治建设，配合相关部门加快完善互联网信息服务管理办法，出台新版电信业务分类目录。规范市场竞争行为，强化行业自律，加大对恶性市场竞争、阻碍互联互通、资费违规等行为的查处。推进宽带网络建设和网络基础设施共建共享。（5）加强和改进互联网行业管理。建立健全行业发展状况评价指标体系，完善全国网站备案和IP地址资源数据库，提高网站和域名实名准确率，加大对互联网信息服务和接入服务管理，防止主导企业滥用市场支配地位，完善互联网市场争议协调机制，强化互联网网间通信质量监管。加强对微博客、即时通信、应用商店、社交网站等的引导和管理。(6) 加强电信服务质量监管，完善服务规范，加强对标检查，巩固宽带服务、资费收费等治理成果，大力整治企业各类服务窗口。加强资费信息监测，完善网上公示制度。深化电信资费改革，保障用户选择权。(7) 加强对各地通信监管工作的指导，建立和完善服务地方经济社会发展的工作机制，提升业务水平和业务素质，增强保障能力。进一步下放管理权限，完善跨省联动管理机制。此外，要加强指导和支持，推动电信企业积极"走出去"。

(八) 扎实推进信息化发展和维护网络信息安全

立足于经济社会发展大局，大力推动信息化和工业化深度融合，加快经济社会各领域信息化，进一步夯实产业基础，加强网络与信息安全保障体系建设。(1) 加强信息技术在工业领域的推广和深度应用，集中资源打造一批两化融合标杆企业，部署实施一批重点项目，支持建设一批信息化平台。全面开展企业两化融合水平等级评估，启动区域两化融合评估试点。大力推进电子商务和物流信息化，深化电子政务应用，支持教育、医疗卫生、社会保障等领域信息化。深入落实两化融合深度行计划，进一步拓展领域、丰富内涵，取得新的成效。办好信息化与工业化深度融合成果展示会。(2) 提高集成电路、关键元器件、基础软件产业保障能力，大力发展工业控制、机床电子、汽车电子、医疗电子等应用电子产品，支持网络设备、网络化基础软件和行业应用软件、嵌入式软件等研发与产业化。加强物联网等核心技术攻关，务实推进物联网产业化。(3) 加强信息安全顶层设计和统筹谋划，抓紧研究制定国家信息安全相关战略和相关政策标准，加强安全可靠关键软硬件应用推广，加快信息安全产业发展，推进完善信息安全保障体系。指导做好重要信息系统、重点领域工业控制系统信息安全管理，加强政府信息安全检查，推动政府部门互联网安全接入防护工作，做好电子认证服务行业监管。(4) 加强网络与信息安全监管。全力组织做好重大活动网络信息安全保障。完善国家网络与信息安全基础设施，提升现有系统业务能力，积极推进技术手段向地方延伸。加强对移动互联网、智能终端和应用平台的安全管理，进一步落实企业责任。积极创造条件，推进手机用户实名登记实施。进一步加强网络安全防护，保障网络运行安全，加强应急通信管理。提升党政专用通信保障能力。(5) 深入研究下一代互联网、移动互联网、云计算、微博客及移动智能终端等新技术、新业务带来的网络信息安全问题，建立新技术、新业务网络信息安全监测与评估体系。(6) 加强无线电频率资源的集中统一管理，加大对非法设置使用无线电台站的监测和查处力度，着重解决危害安全生产、人民生命财产安全的无线电干扰问题，切实维护空中电波秩序，做好重大任务无线电安全保障。

做好2012年工作，必须进一步加强党的建设、作风建设和队伍建设，为完成重点任务提供有力保证。要加强中国特色社会主义理论体系的学习，不断改进思想政治工作，加强党的基层组织建设，加强重点领域人才队伍建设，建设学习型单位，提高全系统自觉践行科学发展观的能力和水平。深化"为民服务创先争优"活动成果，进一步发扬勤勉敬业、求真务实、勤政为民的作风，改进会风文风，狠抓任务落实和督促检查，推行政府绩效管理，提高政策执行能力和水平。各单位要加强财务管理和内部审计监督，扎实推进惩治和预防腐败体系建设。继续做好离退休干部服务、后勤条件保障，加强节约型政府机关建设。在各项工作中，要进一步加强部际之间、部省之间、部内各司局之间的沟通协作，增强直属事业单位、部属高校支撑服务能力，充分发挥协会、学会等社团组织的桥梁纽带作用，争取社会各方面的理解和支持，形成推动发展的强大合力。

第2部分　专论

培育发展战略性新兴产业
加快推进中国产业结构调整（节选）①

工业和信息化部部长　苗圩

2011年3月20日

一、培育发展战略性新兴产业，是推进中国产业结构调整、转变经济发展方式的重要举措。

目前，中国现有增长模式日益面临着严峻挑战。

一是能源、资源和生态环境的约束趋于强化，主要资源性产品消费占全球总消费的比重明显大于国内生产总值占全球经济的比重，单位产品的能源、资源消耗水平也明显高于发达国家的水平。

二是产业结构矛盾和问题十分突出。一般加工工业和资源密集型产业比重过大，工业增加值率的水平远远低于发达国家；但是，工业增加值占国内生产总值的比重已经超出了发达国家工业化时期的最高值。

三是自主创新能力不强。2010年，中国的专利合约条约、国际专利的申请量仅居世界第四。

这些问题如果不能得到有效改变，势必会影响到中国经济的可持续发展。国际金融危机发生以来，主要发达国家开始反思过多放弃实体经济、单纯发展虚拟经济带来的不良后果，提出了再工业化战略，并纷纷把发展新能源、信息网络、低碳经济等新兴产业作为新的突破方向和增长引擎，在全球范围内重新构建新兴的产业体系。我们认为，战略性新兴产业是以重大的技术突破和重大的发展需求为基础，对经济社会全局和长远发展具有重大引领带动作用的产业。经过反复论证，中国政府决定把新一代信息技术、节能环保、新能源、生物、高端装备制造业、新材料、新能源汽车等七个方面作为战略性的新兴产业。培育战略性新兴产业既是增强中国社会可持续能力、转变经济发展方式的战略举措，也是构建产业竞争新优势、掌握未来发展主动权的一种必然选择。

二、培育发展战略性新兴产业必须处理好战略性新兴产业的发展与传统产业改造提升的关系。

中国仍然是一个传统产业占主导地位的国家，产业

注①　本文是苗圩部长在中国发展高层论坛2011年会上的讲话。

结构调整的重点和难点都在于传统产业的转型和升级。所谓“转型”，就是要加快实现由传统工业化道路向新型工业化道路的转变；所谓“升级”，就是从产业价值链的低端向高端的跃升。培育发展战略性新兴产业并不意味着对传统产业的简单替代，而是通过促进新兴技术的产业化和传统产业的高技术化来实现产业的升级换代。我们认为，有必要把握好以下三个方面：

首先，大多数战略性新兴产业的发展不能凭空而为，必须依赖于传统产业所形成的技术积累、制造能力、产业组织等基础的支撑。比如，高端装备制造业的发展就离不开现有的机械工业。

其次，传统产业转型升级的重要方向是发展战略性新兴产业，传统产业并不等同于落后产业，通过技术创新、组织创新和管理制度变革，传统产业也可以转变成为新兴产业、现代产业。比如，传统的原材料产业经过改造提升以后，就可以向新材料产业演进和发展。

第三，传统产业的优化升级迫切需要战略性新兴产业的牵引和带动。比如，新一代移动通信和下一代互联网的发展将有力地带动现有信息产业的升级换代，信息通信技术的深化应用可以推动传统的制造业向数字化、智能化和绿色化的先进制造业跨越。

三、培育发展战略性新兴产业必须坚持把技术创新作为主攻方向。

没有重大的技术发明，没有技术的重大突破，就难有新兴产业的诞生。战略性新兴产业的发展具有明显的创新驱动的特征，同时也遵循着技术发明、成果转化、产业兴起的基本路径。

首先，必须选择具有引领带动作用，并且能够实现突破的若干重点方向，加快突破制约其发展的关键技术、核心技术和系统集成技术。以新能源汽车为例，必须在动力电池的能量密度、寿命、安全性等方面取得重大突破，才能实现产业化和规模化。

其次，必须充分利用全球创新资源，深化国际科技合作与交流。中国的创新政策包括原始创新、集成创新，也包括引进技术、消化吸收、再创新三个方面，这三个方面是相互关联、相互补充、相辅相成的。我们始终坚持自主、合作、共赢、开放，利用全球创新要素和资源，并把本土企业拥有自主知识产权作为战略的导向和主要的目标。

第三，必须加大科技成果转化力度。如果科技成果无法跨越创新过程的死亡之谷，也就缺乏了创新的源泉。要充分利用好国家重大科技专项，重点支持带动性强的重大科技成果的转化项目，在加快成果转化和产业化中催生新兴的产业。

四、培育发展战略性新兴产业必须坚持把商业模式的创新作为强大动力。

在现代市场条件下，商业模式创新与企业的技术创新、产品创新同等重要，特别是制造业、现代服务业的加速融合，推动生产体系的重构，甚至成为新经济的显著特点。因此：

一是必须高度重视商业模式创新在培育战略性新兴产业发展中的作用。比如，在节能环保领域，就需要积极推行合同能源管理、现代废旧商品的回收利用等新型模式，发展商业性的增值服务新业态。

二是必须重视市场配套设施建设。处在发展初期的新兴产业，面临与现有同类产品相比成本比较高、市场配套体系不完善等问题。比如，新能源发电就需要储能等相关设施的配套，物联网的配套也需要组织、实施智能交通、智慧城市等示范工程，为新兴产业的产业化、商业化搭建平台。

三是必须高度重视本土品牌的培育和发展。一个行业在国际市场处于领军地位的重要标志就是拥有国际著名的企业和国际著名的品牌。我们现在是一个制造大国，但还是一个品牌小国。在新兴产业的起步阶段，就要立足长远，支持发展具有竞争实力的自主品牌。

五、培育发展战略性新兴产业必须坚持把体制机制创新作为重要支撑。

中国战略性新兴产业的发展还面临着诸多体制、机制的制约，既有原有的计划经济体制和政策弊端积累的效应，也有新技术给现有管理体制、机制带来的挑战。培育发展战略性新兴产业必须深化相关的体制机制改革，积极探索适合市场经济和中国国情的产业发展新模式。

一要尊重市场规律和产业发展规律，放宽准入门槛，简化审批程序，推进战略性新兴产业体制改革，为各种资本的有序进入和产业的健康发展提供制度保障。

二要综合运用产业、税收、财政、金融等手段，促进资金、技术、人才等生产要素向战略性新兴产业集聚，充分发挥价格机制、竞争机制的激励功能，有效促进技术创新和资源优化的配置。

三要强化知识产权保护，完善战略性新兴产业相关的技术标准，切实保障创新者的权益。

进一步做大做强电子信息百强企业（节选）①

工业和信息化部副部长　杨学山

2011 年 6 月 2 日

电子信息产业由大变强是“十二五”电子信息产业发展的主旋律和主要任务，也是“十二五”以后相当长一段时期内的主要任务。在推进电子信息产业由大变强过程中，如何使企业变得更大、更强、更长远，是其中的关键环节。更大、更强、更长远也就是规模、能力、可持续。下面，就如何使电子信息行业骨干企业规模更大、竞争力更强、在更扎实基础上实现可持续发展，谈几点意见。

第一，规模如何变大

电子信息百强企业评选持续了 25 年。25 年来，中国电子信息产业的形态、规模和质量都发生了翻天覆地的变化。1987 年，第一届电子百强收入最高的上海电视机厂年销售收入 5.7 亿元，当年百强入围标准是 4 000 万元；2011 年，电子百强营业收入最高的华为年销售收入 1 800 多亿元，百强入围标准也提高到 20 亿元。以第一名的销售收入计算，25 年间增长了 300 多倍，以最后一名计算，也增长了 50 倍。与自身相比，企业规模发展很快，但与国际竞争对手相比，国内企业规模依然偏小。同时，国内产业集中度也比较低，电子信息行业包括整机、元器件、原材料、软件、系统集成等在内均是如此。大企业规模不大，市场占有率不高，因此，骨干企业规模要进一步扩大。

再过 25 年，真心希望电子百强入围标准能提高到 200 亿元。本届百强企业中，年销售收入超过 1 000 亿元的已有 3 家，超过 100 亿元的有 27 家。今天会议所在地惠州有 5 家企业入选电子信息百强，这 5 家企业总规模已是 1987 年首届电子百强总规模的 5–6 倍。从这个角度看，在电子信息产业加速发展、全球产业结构不断调整的背景下，进一步加快发展速度是完全可能的。

为什么要重视发展规模？因为电子信息产业很多领域的基本特征就是规模经济，没有规模就会被别人吃掉。尤其是在产业全球化、网络化深入推进的过程中，产业全球垄断特征更加明显，没有规模的企业生存空间会受到挤压，所以要加快企业规模的成长。

规模成长有很多路径，电子信息产业不同子行业的规模扩张路径也不尽相同。希望大家根据各自所在行业的特点，就如何做大企业规模，充分交流，集思广益，扎实工作，努力奋斗，力争再过 25 年，入围企业规模标准再增长 50 倍。

第二，能力变得更强

要着力推动创新。创新能力包括技术创新、业务模式创新、制度创新、流程创新等。要以创新为基础，不断提升企业核心竞争力。2011 年电子百强创新能力有了显著提升，百强企业合计专利数达到 7.4 万件，其中有 4 家企业位列 2010 年中国企业专利申请前 10 名之内，中兴和华为是 2010 年企业专利申请数的第 1 名和第 2 名。据统计，本届百强企业 2010 年创新投入占营业收入的比重平均是 4.8%，部分突出的企业如华为，2010 年研发投入达 203 亿元，占营业收入的比重超过 10%，已经和国际一流 IT 企业的研发投入进入同一数量级。研发投入的强度是企业核心竞争力的基础。上述研发投入与企业规模密切相关，如果规模太小，4.8%的研发投入金额与竞争对手相比就相差太远。所以，要提升创新能力，既要有比重，也要有投资量，否则在全球竞争中

注① 本文是杨学山副部长在 2011 年（第 25 届）电子信息百强企业工作座谈暨发布会上的讲话（根据录音整理）。标题为编者所加。

力量还是薄弱。

希望大家根据各自行业特征、竞争对手特点以及技术发展、经营环境的变化，加大创新力量、提升产品能力，力争25年后电子百强中有几十家企业研发投入绝对量能够达到世界一流的水平，那标志着中国电子信息产业已初步实现了由大变强的目标。

第三，实现更长远、可持续发展

第一届电子百强企业继续位列本届百强的仅有11家，这与推动建立更多长久、可持续、百年老店式企业的目标还有很大差距。规模和能力都是实现可持续发展的重要因素，此外还有三点也十分重要：第一是要有把企业做长久的企业文化；第二是要能够适应技术和产业发展变化；第三是要有好的企业制度。

一是企业文化。一个企业要可持续、更长远发展，营造一个好的企业文化十分关键。我去过不少企业，企业文化差距很大，有的注重追求当前利益最大化，有的注重让精英发挥重要作用，有的着眼于长期稳定发展。当然，不同企业由于背景不同，所处地域和行业不同，企业文化有差异很正常。但是，不管什么样的差异和背景，都要努力将企业文化和企业的长远发展、长期目标有效结合起来。营造一个长久的、好的文化环境，是企业领导面临的最重要的任务之一。

二是必须适应技术和产业的发展变化。1987年首届百强产业结构与今天相比已发生重大变化。当时前几名以电视机厂为主，不少今天的百强企业当时规模还很小，甚至尚未成立，这也从一个侧面反映出电子信息产业技术、业态发展变化非常快。展望未来25年，信息技术还会发生巨大变化，存储能力、传输能力将出现三到四个数量级的增长，许多技术实现的路径、技术方法、工艺路线也会发生重大变化。一些新兴产业，包括今天刚刚出现甚至还没有出现的，未来可能会呈现爆发式增长。对于这些技术演进路径和产业发展环境的改变，如何判断、预见，如何适应变化、把握发展机遇、赢得主动权，而不至于在变革过程中被淘汰，是企业面临的重大课题。

同时，电子信息产业是高度国际化的产业，在数字化、网络化背景下，产业全球化进程更快。相对竞争要素的不断变化导致产业的全球化布局也会不断进行调整。企业成本压力上升只是要素改变的一个方面。所以，一定要认真分析影响企业长久发展的技术、业态、环境等各种因素，及时调整应对，以实现更长远的发展目标。25年后，在座的百强企业如果70%左右仍能屹立于百强榜，我们就可以十分自豪地说，中国电子信息产业走出了一条健康、可持续发展之路。

软件业实施差异化战略（节选）①

工业和信息化部副部长　杨学山

2011年5月12日

软件和信息技术服务业是促进国民经济和社会发展的基础性、先导性、战略性产业，做大做强软件和信息技术服务业对促进信息化与工业化融合、提升国家竞争力具有十分重要的意义。党中央、国务院高度重视软件和信息技术服务业发展，2000年制定出台《鼓励软件产业和集成电路产业发展的若干政策》，开启了中国软件产业发展的黄金十年。十年来，中国软件产业创新能力不断提升，应用水平和服务能力明显增强，2010年软件业务收入实现1.336 4万亿元，占电子信息产业比重由2001年的6%上升到18%。近年来，软件业新技术、新业态、新模式不断涌现，网络化、服务化、平台化、智能化和融合化趋势明显，已经成为全球科技竞争的主战场。

2011年初，国务院印发《进一步鼓励软件产业和集成电路产业发展的若干政策》（国发［2011］4号），这是新时期软件产业发展的纲领性文件，我们将深入贯彻

注① 本文是杨学山副部长在第十五届中国国际软件博览会开幕式暨2011中国软件和信息技术服务业发展高峰论坛上的讲话。文中所用数据为快报数据。

落实文件精神，实施差异化发展战略，进一步加强技术创新、商业模式创新和体制机制创新，促进软件产业实现新发展、新跨越。今后一个时期要重点做好以下工作：

一是全面贯彻落实国发 [2011] 4 号文件，优化产业发展环境。结合编制“十二五”相关规划，加强与相关部门协调配合，加快推动政策落实到位。创新行业管理模式，综合应用产业、税收、财政、金融等政策措施，引导生产要素向软件和信息技术服务业集聚。加快标准化工作，研究软件业和信息服务业标准体系。推进创建中国软件名城、国家软件和信息服务业示范基地工作，促进软件和信息服务业在重要城市的集聚和发展提升。

二是促进产学研用结合，强化技术创新。组织实施好“核高基”重大专项，扩大操作系统、数据库、中间件、办公软件在政务和重要行业中的应用，深化在电网、安监、税务等领域应用。加快突破关键技术、核心技术和系统集成技术，重点支持网络化操作系统、新一代搜索引擎及浏览器、智能海量数据中心等网络化基础软件和重大软件的研发和产业化。

三是培育龙头企业，增强自主发展能力。综合应用政策、规划、标准、资金、项目等手段和措施，引导支持优势企业兼并重组。依托经济和社会发展重大需求，实施大企业战略、品牌战略、知识产权战略和标准化战略，促进中小企业配套发展。

四是提高国家信息安全保障能力。以信息安全标准规范为抓手，以党政机关、国防军工等领域安全可控应用系统建设和更新为策略，开展分类试点推广应用。以系统集成商为龙头，针对用户部门不同需求，联合软硬件生产企业、科研系统，构造集成化技术平台，并通过相应机制，逐步形成应用拉动产品和研发、推动产业升级和应用拓展的良性循环。

五是培育信息技术服务新模式、新业态，大力发展生产性服务业。加快培育移动支付、游戏动漫、云计算服务、设计与开发服务等信息技术服务新业态，启动系统集成资质企业运行维护能力评价试点，探索适合信息技术服务新模式、新业态发展的行业管理办法。支持国产工业软件推广应用，加强软件和信息技术服务公共平台建设，做好云计算服务创新试点示范。

六是规范行业竞争秩序，推进软件正版化。研究解决软件价值低估、招标不合实际的最低价格中标、不正当竞争、知识产权保护、软件资产管理等重大问题，提出解决方案和应对措施。加强反垄断工作，依法打击各种滥用知识产权、限制竞争的行为。开展知识产权专项行动，推进软件正版化。

电子信息产业十年回顾与展望（节选）①

工业和信息化部总经济师　周子学

2011 年 12 月 1 日

十年产业发展回顾

十年前，全球贸易主要由西方发达国家所主导，其具体的实施主体是跨国公司。经过十年的发展，中国成为世界贸易大国，也已形成自己的跨国公司。电子信息成为产生跨国公司的主导领域，其原因是该领域改革开放最早、最充分，而在其他行业，中国的企业多为处于垄断地位的国有企业，缺乏竞争力，很少能发展成为大型的国际跨国公司。

十年前，中国加入 WTO 之时，发达国家主导国际竞争规则。发展中国家拥有市场，中国市场也很大，但基本没有自主研发能力和大规模生产能力。当时，发达国家强大的跨国公司正在全球范围内重新规划发展布局，而国内企业基本没有话语权，这种国际贸易局面非常不利于中国经济的可持续发展。

时间再向前追溯，早在 1997 年，中国就已签订并加入世界贸易组织的信息技术协议（ITA），中国电子信息产业提前进入 WTO。此后，国家开始大幅降低电子产

注① 本文是周子学总经济师在 2011 年中国信息产业经济年会上的讲话。文中所用数据为快报数据。

品进出口关税，到 2005 年，信息技术领域已有 250 多个产品实现了零关税。

2001 年到 2011 年的十年，是中国对外开放最快的时期。十年来，电子信息产业发展取得了丰硕成果：一是各地招商引资取得巨大成功。跨国公司不断将生产力转移到中国，中国吸引外资的能力不断提高，逐步实现了从加工制造向研发中心、从整机组装向核心技术产业的转型发展。在吸引外资的行业中，电子信息产业引资规模位居第一，财富 500 强公司中 90%以上的信息技术企业都已在中国投资。二是信息产业的产值不断扩大。产业主营业务收入从 2001 年的 1 万亿元增加到 2010 年的 7.8 万亿元，增长 5.4 倍，工业增加值提高 6.2 倍；软件业收入占全球软件业收入的比重从几乎可以忽略，增长到 2011 年的 15%，软件产业保持了年均 30%的增速；电子信息产业产值占 GDP 的比重超过 5%（仅含电子信息制造业，未包括电子信息运营业）。三是产业体系基本形成。制造业、软件业已经形成比较完整的产业链，信息服务业也在起步发展中，全国范围内形成了 9 个产业基地、40 多个产业园区，并已向全国扩散，特别是中国有了自己的电子信息跨国公司。此外，电子信息产业还提供了大批就业岗位，从业人员从 300 多万人增长到 1 100 多万人。

当然，伴随着经济的快速发展，中国电子信息产业也出现了一些问题。由于外资的大量进入和外延性的扩张，电子信息产业的结构出现了一些发展失衡的现象，如经济性质结构、价值分配结构、贸易结构、人才结构等问题。从 2006 年起，我们就开始加大产业结构调整的力度，到 2010 年，产业结构失衡的状况已得到较明显改善。目前结构调整进程仍在继续推进。

信息产业成为新的制高点

2008 年国际金融危机以后，不论是西方国家提出回归工业化，还是包括中国在内的发展中国家寻找新的产业制高点，电子信息产业都无一例外成为各国关注的焦点和竞争的最主要产业之一。究其原因，一是电子信息产业的特性决定了它是最具活力的产业，主要表现在其功能的通用性。电子信息产业正在不断发展成熟，最终将变成通用性的产业，如同水电等资源一样，它将成为经济、社会和生活等各方面都不可或缺的产业。二是电子信息产业在发展过程中具有极强的可持续性。信息资源可以反复被开发，而且复制成本趋于零。

近年来，各国纷纷推出新的电子信息产业发展战略，中国也发布了《关于加快培育和发展战略性新兴产业的决定》（国发 [2010] 32 号）来推进电子信息产业发展。新一代信息技术产业的发展，成为国家抢占未来发展优势的战略制高点。掌握核心技术，开发新的商业模式，不断提升竞争力，是实现这一战略的重点任务。

内需是中国经济发展的新动力

从长远来看，国际市场的增量中心已经逐渐向新兴市场转移。十年前的局面已经改变，未来五年甚至更长的时间，还看不到发达国家市场高速增长的迹象，全球市场增量中心向新兴的发展中国家转移是个大趋势。

从国内看，中国的城镇化已成为带动国内消费的最大动力。根据经验数据，农村居民的消费与城市居民的消费差距非常大。城镇化会带来持续较大规模的信息基础设施建设，带来大量新增城市居民的电子信息产品需求，也会带来大批传统产业信息化改造的新机遇。

大力开发国内市场，提振国内消费信心，是未来我们的工作重心。一是要不断优化政策环境。近年来，中国出台了一系列刺激需求的政策措施，取得了较好效果。在不断变化的经济形势中，一些政策需要退出历史舞台，一些政策需要新加入。特别是对新兴产业市场的培育，需要国家加快出台相应的需求扶持政策。二是要努力提高居民的收入水平。要在国家收入分配改革的总体部署下，逐步提升劳动者，特别是基层劳动者的收入水平。同时，要加快完善各种社会保障措施，切实提升人民的消费意愿和能力。三是要鼓励以出口为主的企业加快转型。支持出口型企业在不放弃国际市场的同时，加大力度开发国内市场。

信息流引领产业布局新趋势

从物流、资金流和信息流三者的关系看，在人类发展史上，物流、信息流和资金流是共生的，三者在区域分布上是重合的，也就是说物流发达的地区，其信息流和资金流也最发达。十多年前，我们在研究过程中就开始思考：当信息资源被广泛利用之时，信息的加工、存储量将越来越大，未来的网络技术是否会将信息流扩充到物流和资金流的叠加区之外？中国在区域产业结构调整时是否可将信息流集散地扩展到物流和资金流叠加区之外？

答案是肯定的。对于海量信息流，必须考虑其能耗问题，因为海量信息的处理需要耗费大量电能。在信息资源的利用上，国家、地方、企业等都需要有自己的信息系统和信息中心。当信息发展到大数据阶段时，其对能源的依赖性将会达到极高水平，这时就需要考虑把信息的处理、存储转移到能源富集的地方。事实上，这也是信息产业进入到以服务和应用为主导的阶段，在产业布局上出现的新的、必然趋势。这样的布局考虑至少有两个方面的优势：一是可以把不经济的长距离能源运输和电力传输，转换成为高价值的比特流传输；二是可以减缓经济发达地区的能源紧张和企业成本快速上涨的压力。

在实践中，目前已有部分大型信息服务企业，如中国移动等，已经开始在内蒙古、山西和新疆等地布局各类云计算数据中心。面对这样的发展趋势，中国中西部能源富集地区一定要及早做好准备，努力把握新一轮信息产业发展所带来的机遇。

产业发展将进入第三阶段

电子信息产业的发展已经历了两个阶段：第一阶段是独立发展阶段。这里的独立包括形式的独立、形态的独立，也就是说，硬件、软件、服务，彼此之间相互分离。新产业与传统产业的联系虽有融合，但融合不紧密。第二阶段是融合发展阶段。其特点是信息产业与其他产业之间是一种“你中有我，我中有你”渗透与融合的关系。信息技术日益成为其他产业的内生变量，有部分产业或产品甚至被信息产业所取代。尽管如此，我们仍然不能简单将这样的变化理解为电子信息产业将合并其他产业。大部分传统产业形态依然是社会和生活所必需的，信息技术仅仅变成为它的一个内生变量而已，我们不能因此将用信息技术改造后的传统产业视为新兴产业或信息产业。例如，我们利用信息技术改造传统汽车产业，从而提升其价值，但汽车依然是交通运输工具，而不是一个电子信息终端。总体上，我们现在还处于这个阶段，因此我国仍致力于加快推进工业化与信息化的深度融合。

未来，在信息产业发展的第三个阶段，社会将出现在两化深度融合基础上的产业大分工。技术的进步将使信息产业变得日益复杂，同时传统产业经信息技术的渗透之后也变得日益先进、日趋智能化。从信息的使用看，人们不可能都去从事信息产业，而是希望信息产业为其提供丰富、便捷的信息产品和服务供其使用。从信息技术的供给看，信息技术及其产业将变得日益复杂，竞争也将变得更加激烈，信息产品和服务供应商只有专注于自身能力的提升才能不断满足用户需求，才能在竞争中不断发展。这样，信息技术与传统产业融合的结果，将是社会的产业大分工，使社会得到的信息服务越来越先进，信息产业也将得到更大的提升。

云计算的出现是信息产业向第三阶段发展的标志。将来应是专业的人去做云计算，而更多的人去使用云计算。在云模式下，应该只有少数的企业去做 IaaS，一部分企业去做 PaaS，很多企业去做 SaaS，还有更多的企业和人是使用云计算服务的。当这样的信息技术生产和使用模式成为主流之时，也就是信息产业进入大分工阶段之日，届时，我们也将全面进入名副其实的信息社会。

资料

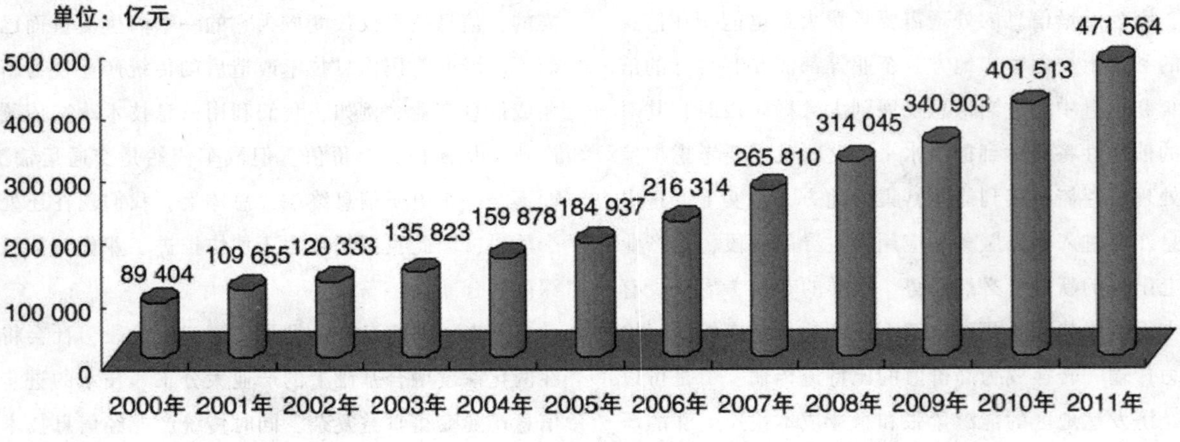

图1　2000—2011年中国国内生产总值情况

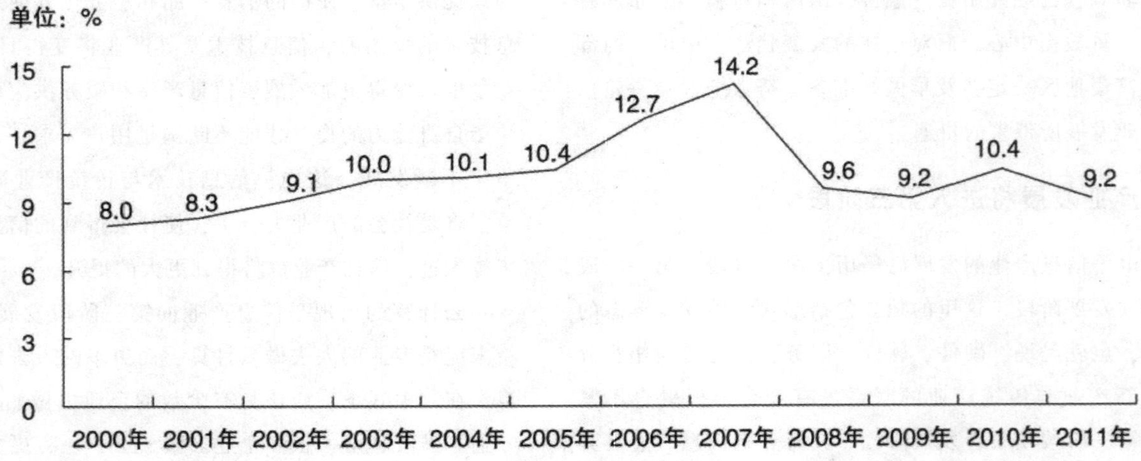

图2　2000—2011年中国国内生产总值增长情况

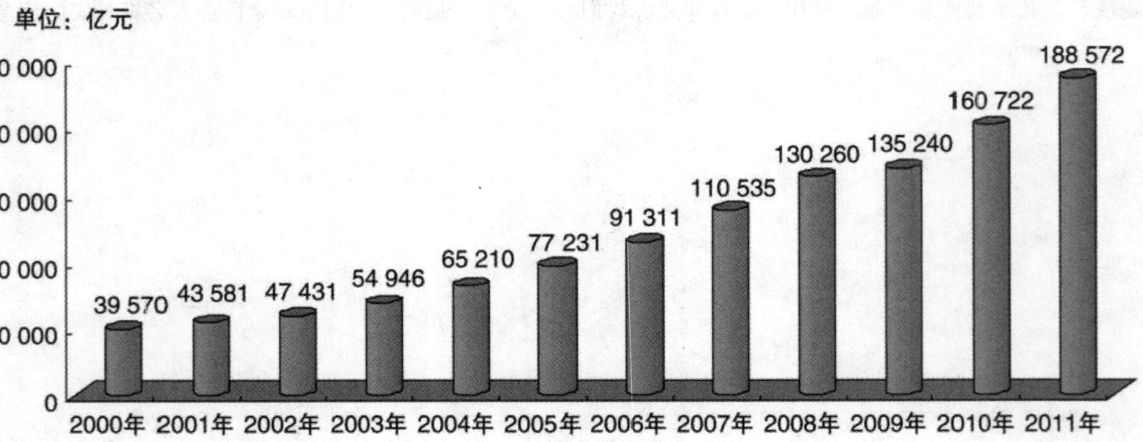

图3　2000—2011年中国全部工业增加值情况

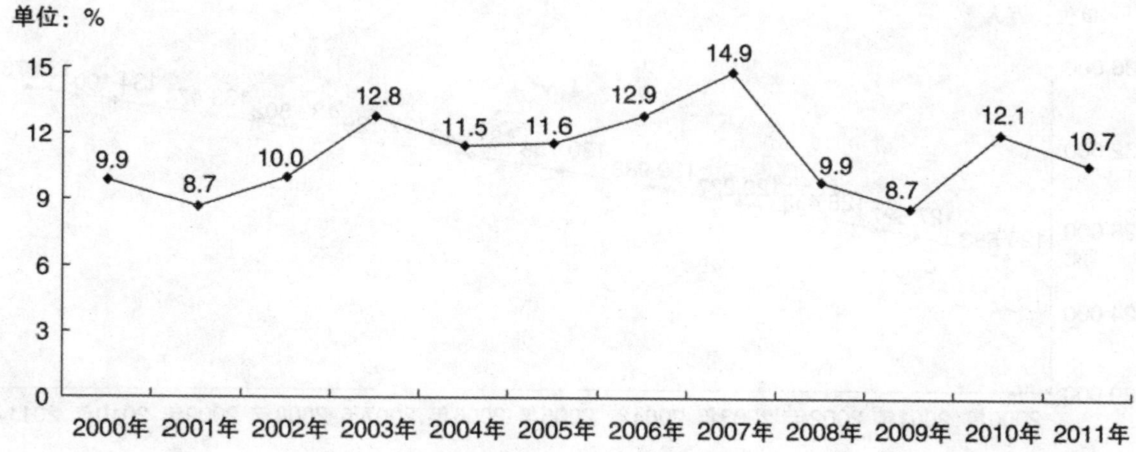

图4 2000—2011年中国全部工业增加值增长情况

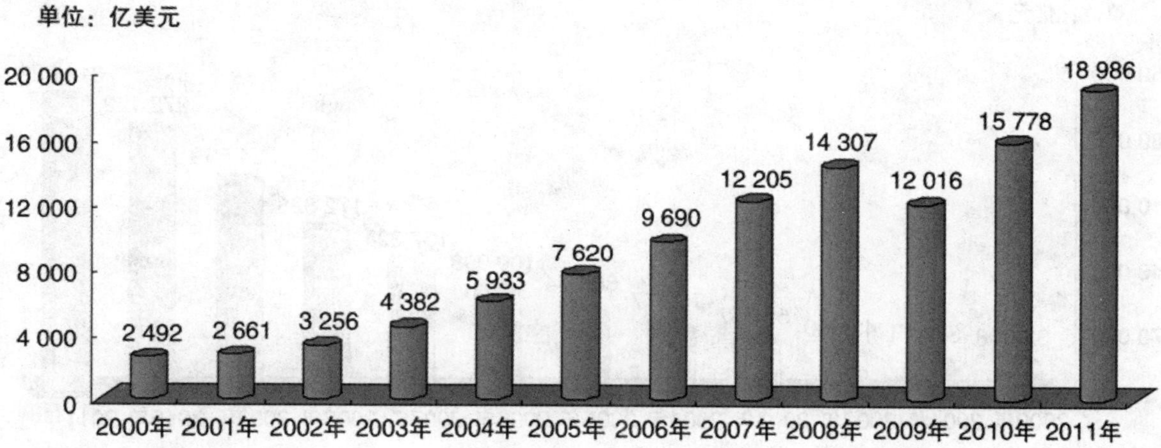

图5 2000—2011年全国货物出口总额情况

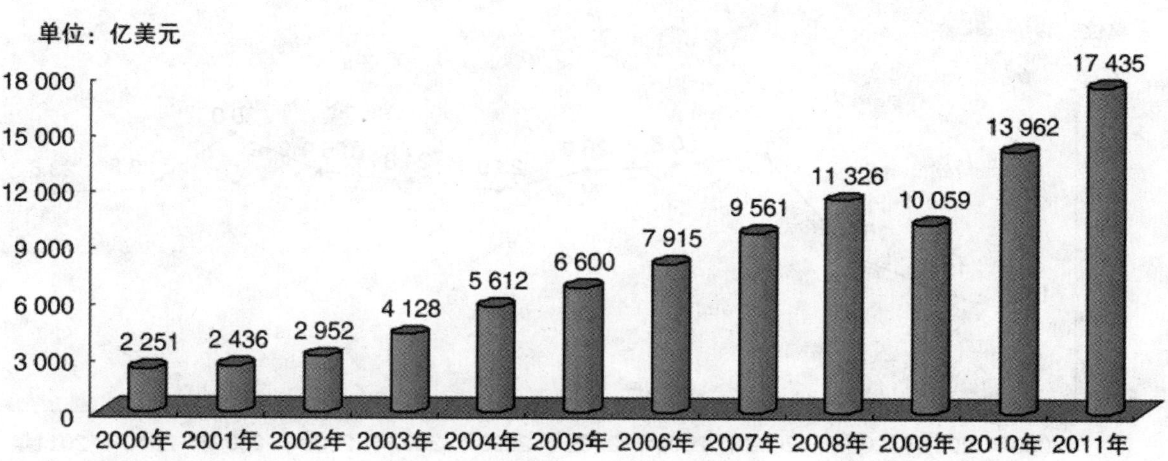

图6 2000—2011年全国货物进口总额情况

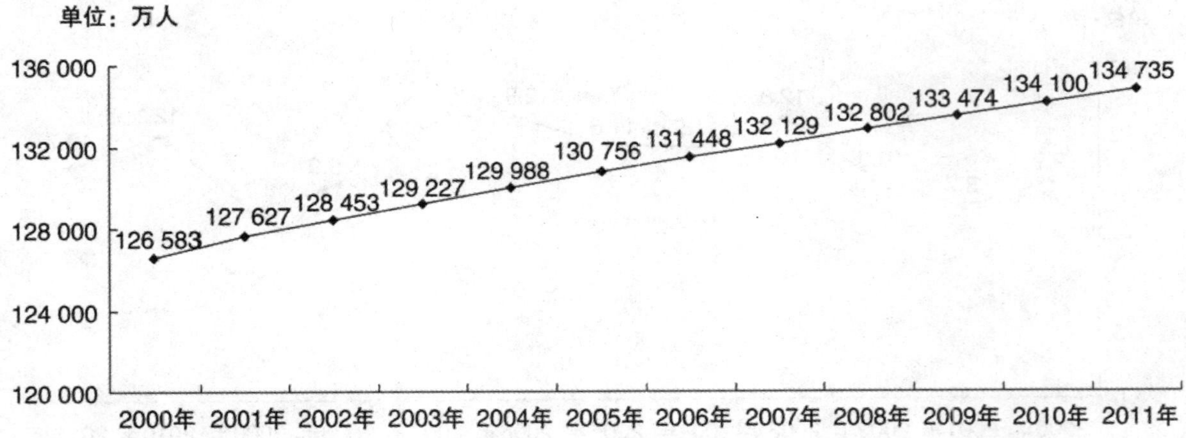

图7　2000—2011年全国人口情况

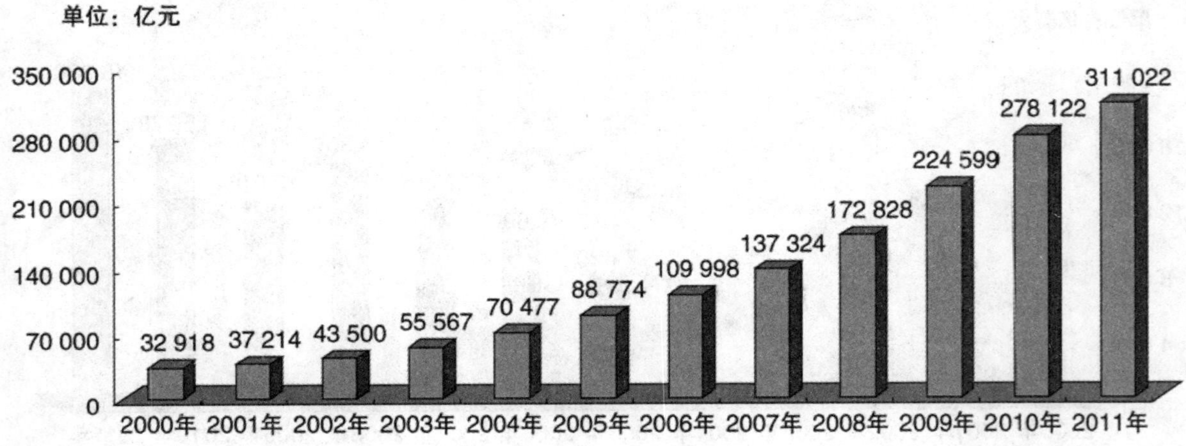

图8　2000—2011年全社会固定资产投资情况

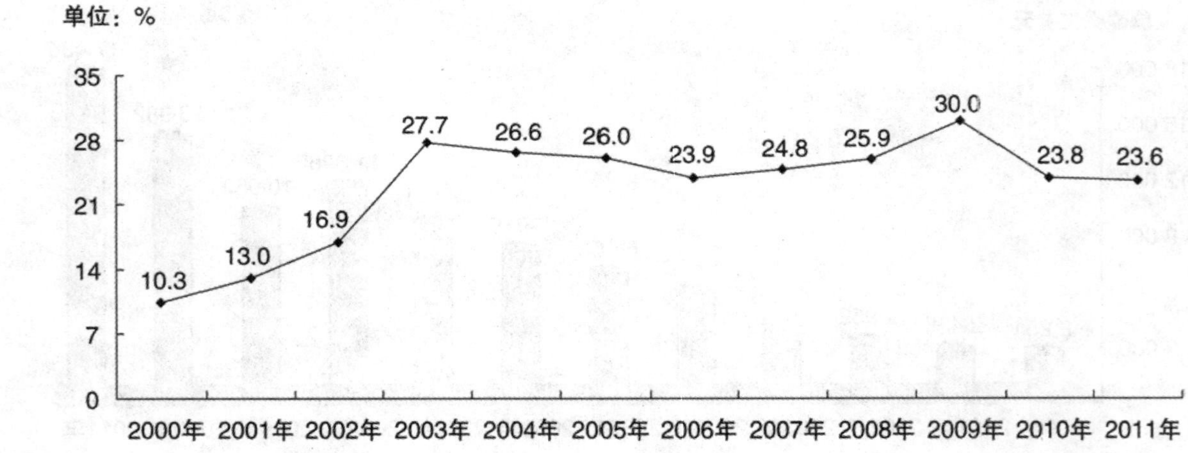

图9　2000—2011年全社会固定资产投资增长情况

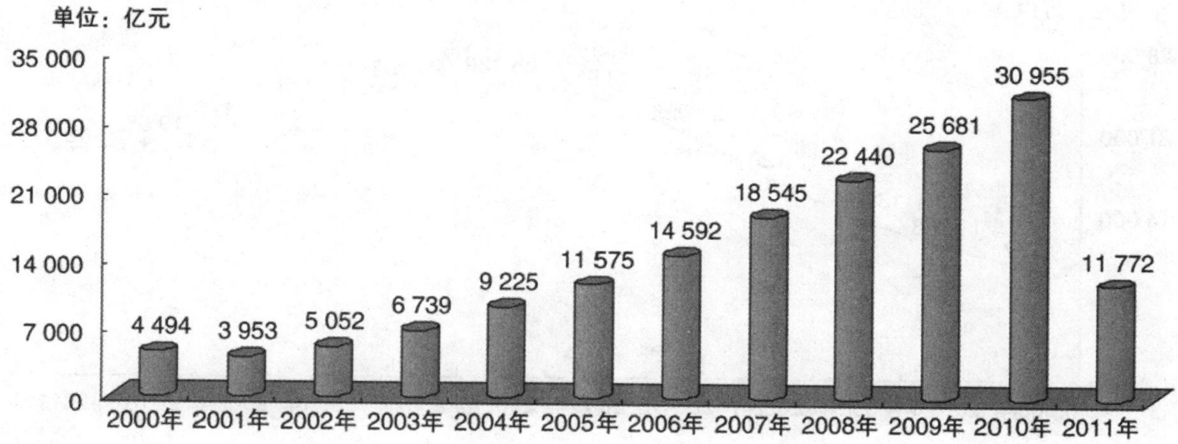

图10 2000—2011年全国电信业务总量完成情况

注：2001—2010年数据按2000年不变价格计算，2011年数据按2010年不变价格计算。

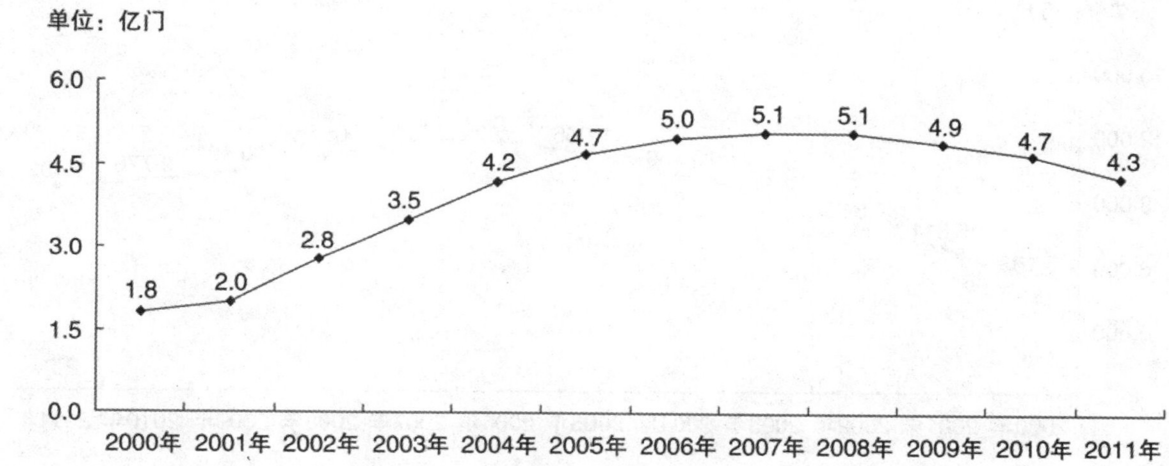

图11 2000—2011年全国局用交换机总容量发展情况

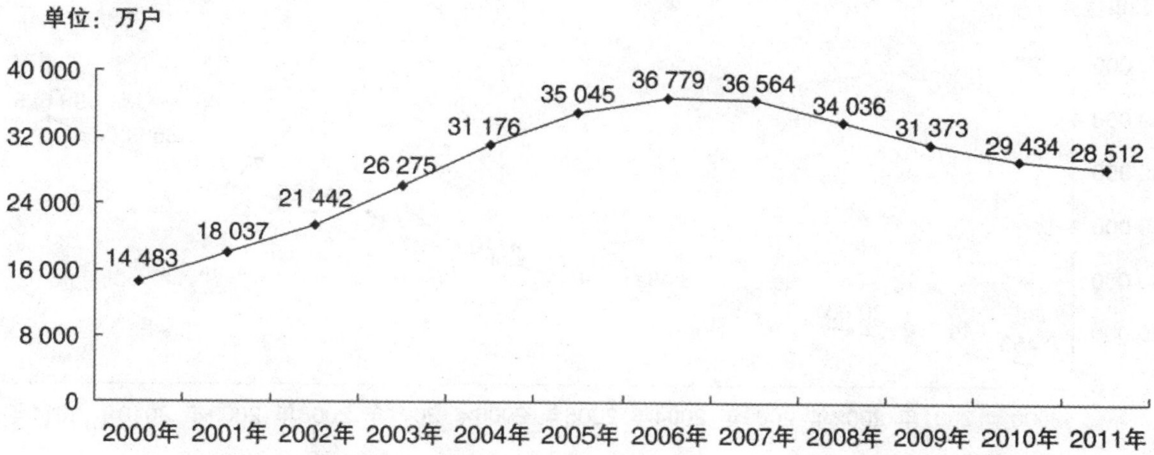

图12 2000—2011年全国固定电话用户数量发展情况

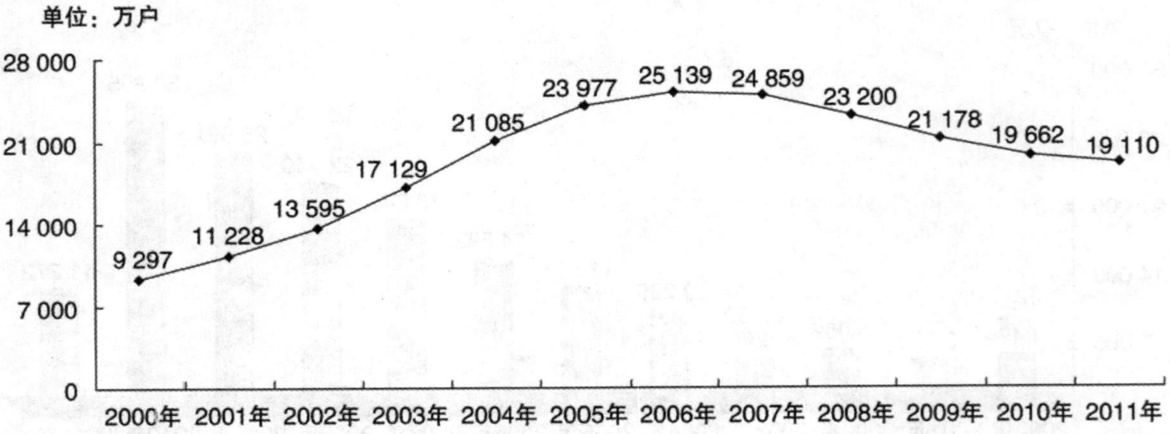

图13　2000—2011年全国城市固定电话用户数量发展情况

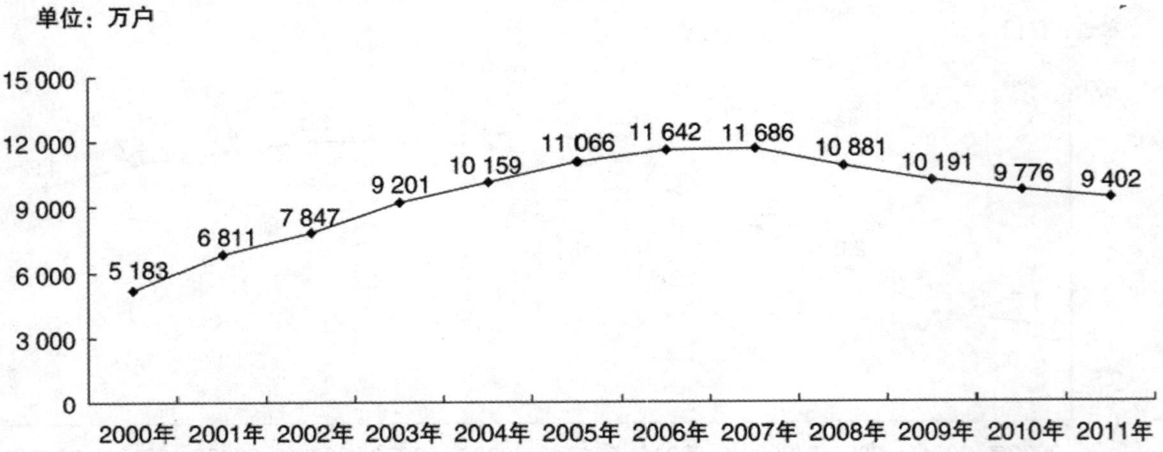

图14　2000—2011年全国农村固定电话用户数量发展情况

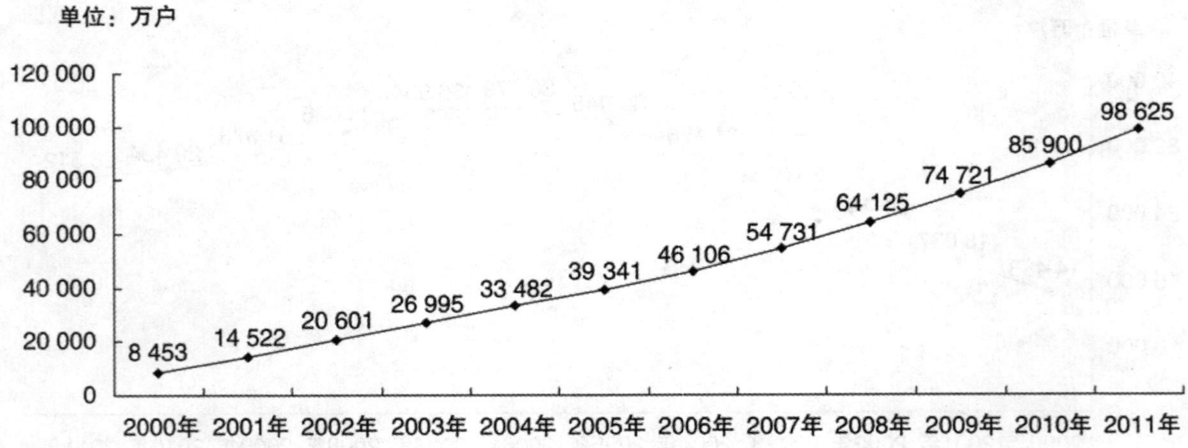

图15　2000—2011年全国移动电话用户数量发展情况

注：图1—图15数据来源于国家统计局。

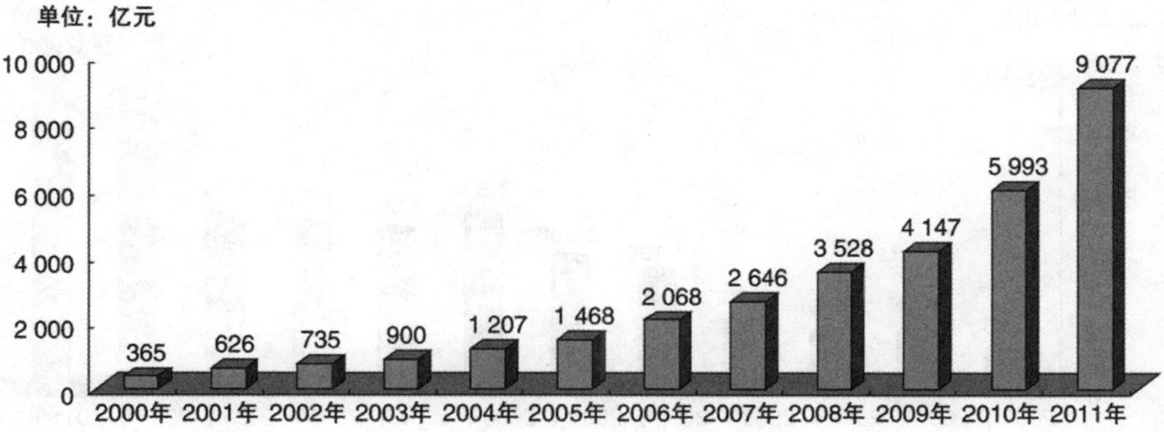

图16　2000—2011年电子信息产业固定资产投资情况

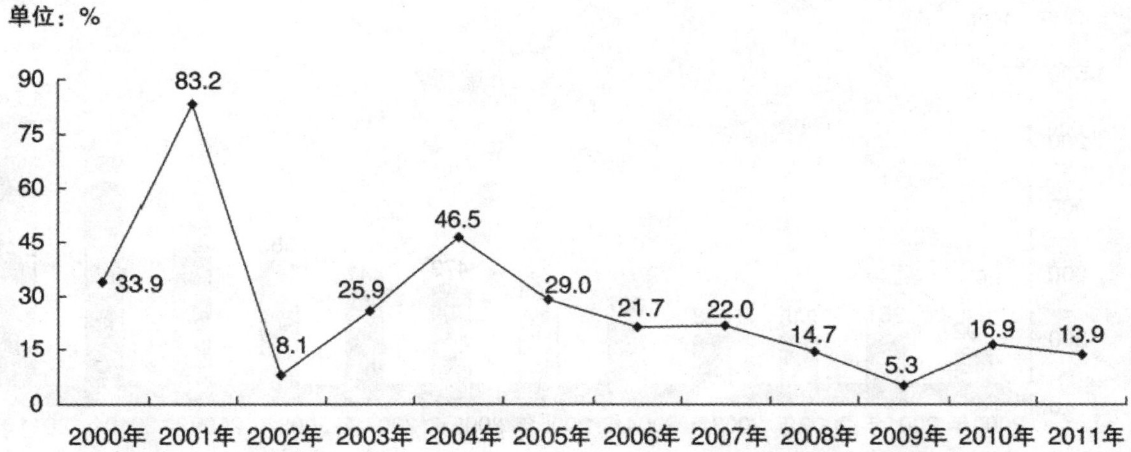

图17　2000—2011年电子信息产业制造业完成工业增加值增长情况

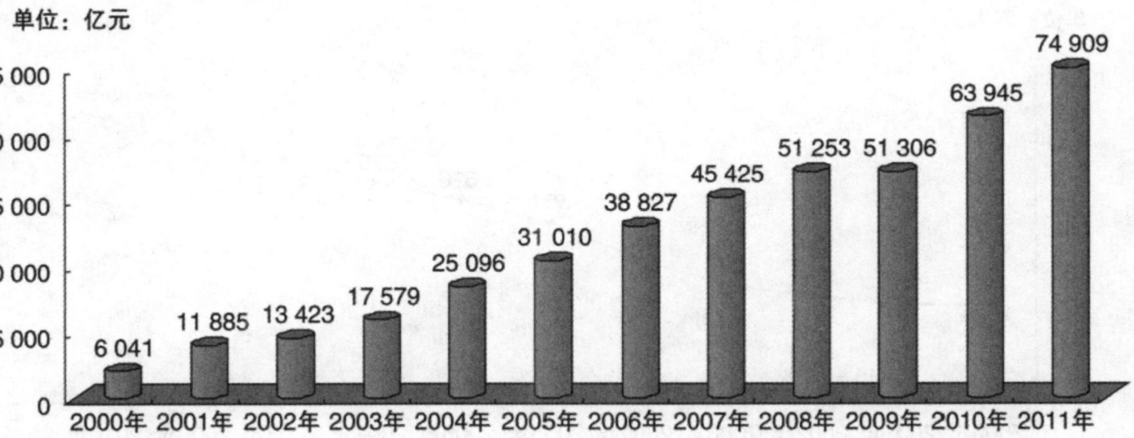

图18　2000—2011年电子信息产业制造业完成主营业务收入情况

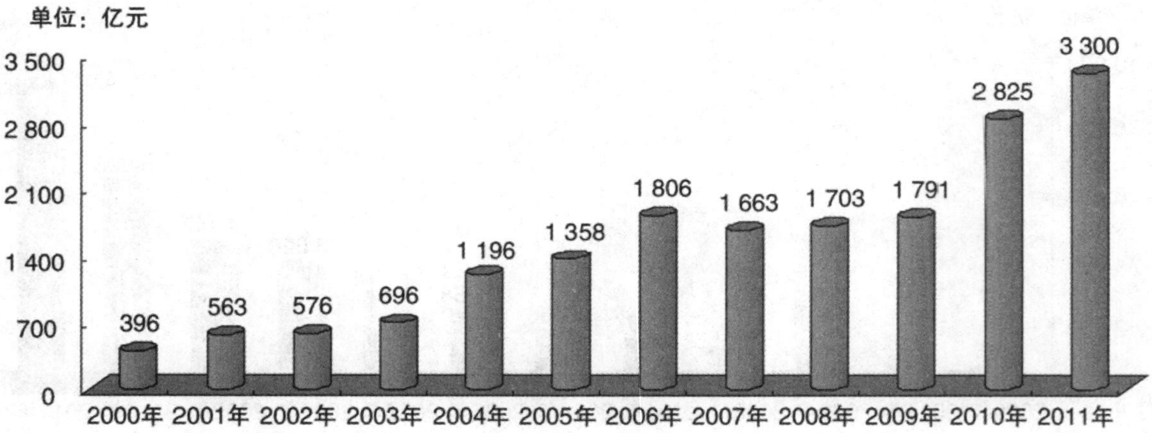

图19　2000—2011年电子信息产业制造业完成利润总额情况

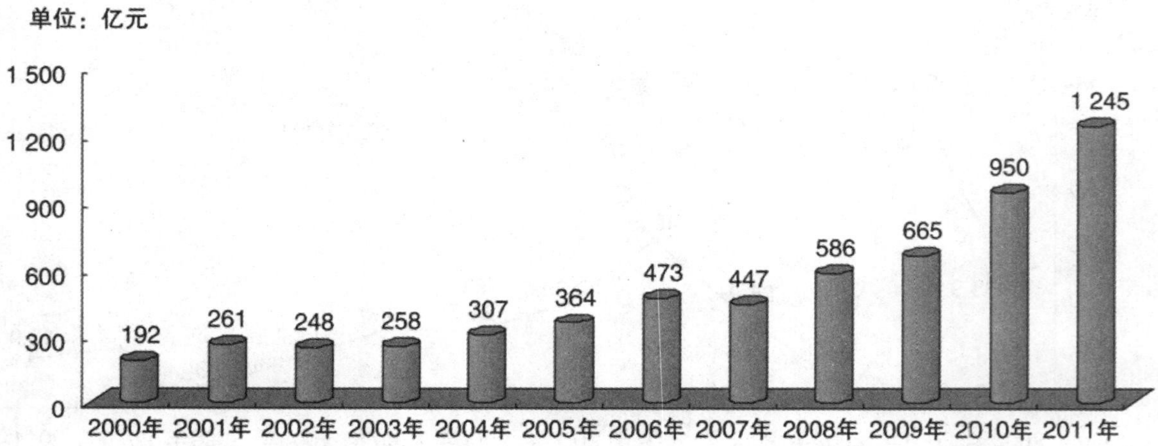

图20　2000—2011年电子信息产业制造业完成税金总额情况

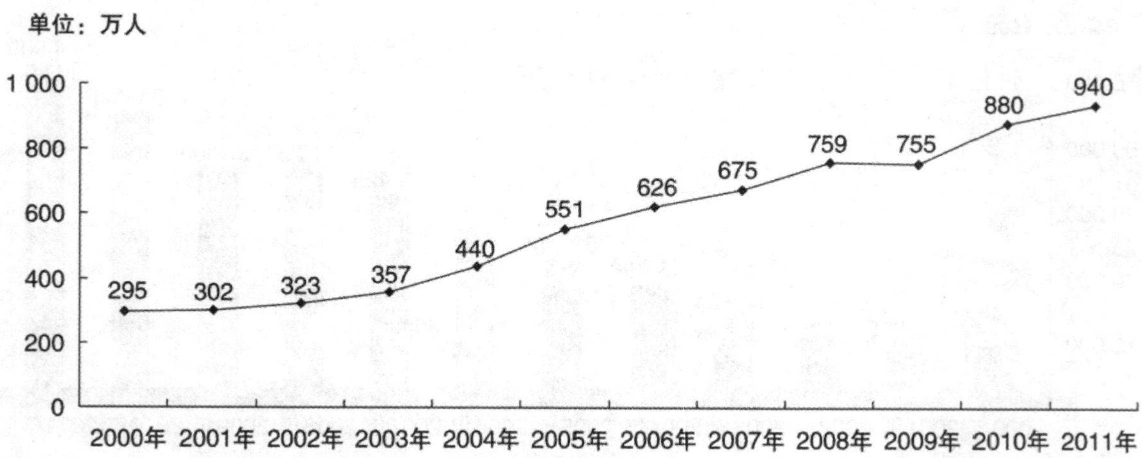

图21　2000—2011年电子信息产业制造业从业人员情况

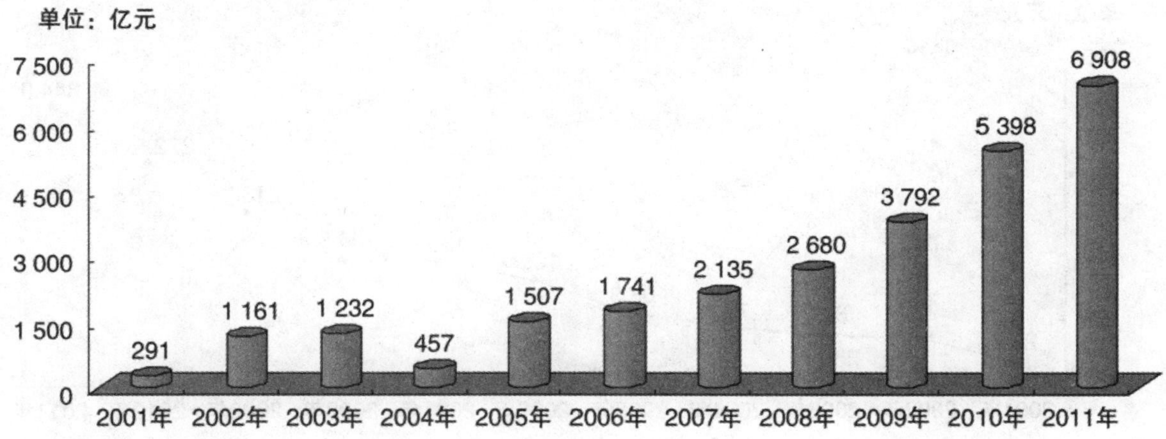

图22 2001—2011年软件业完成工业增加值情况

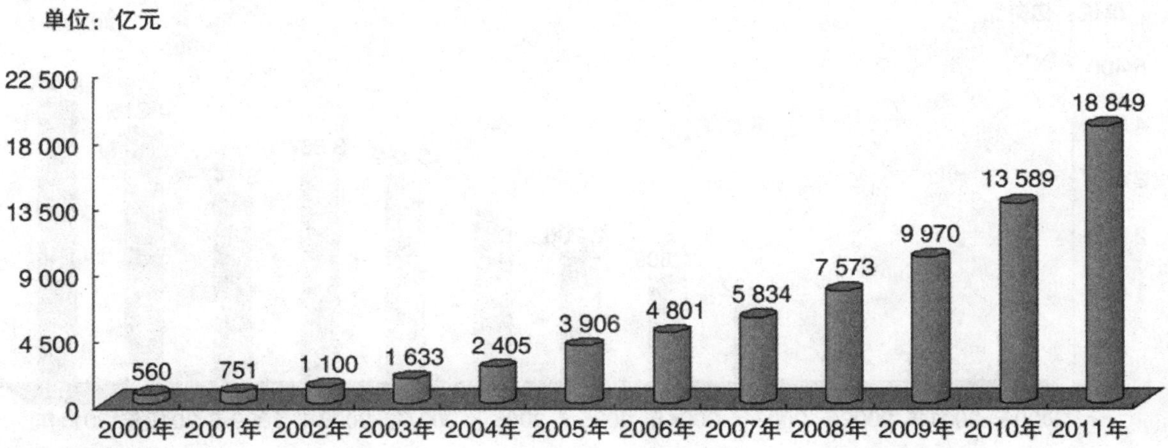

图23 2000—2011年软件业实现业务收入情况

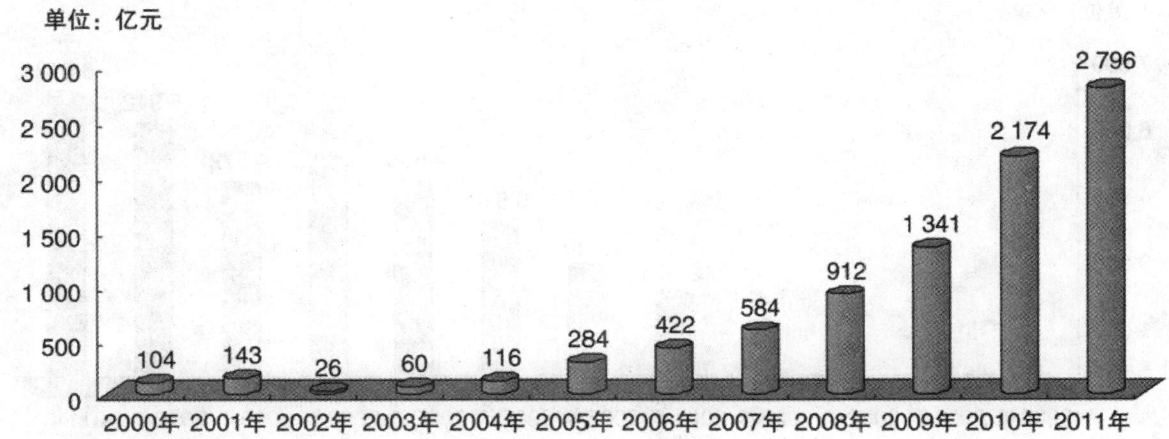

图24 2000—2011年软件业实现利润总额情况

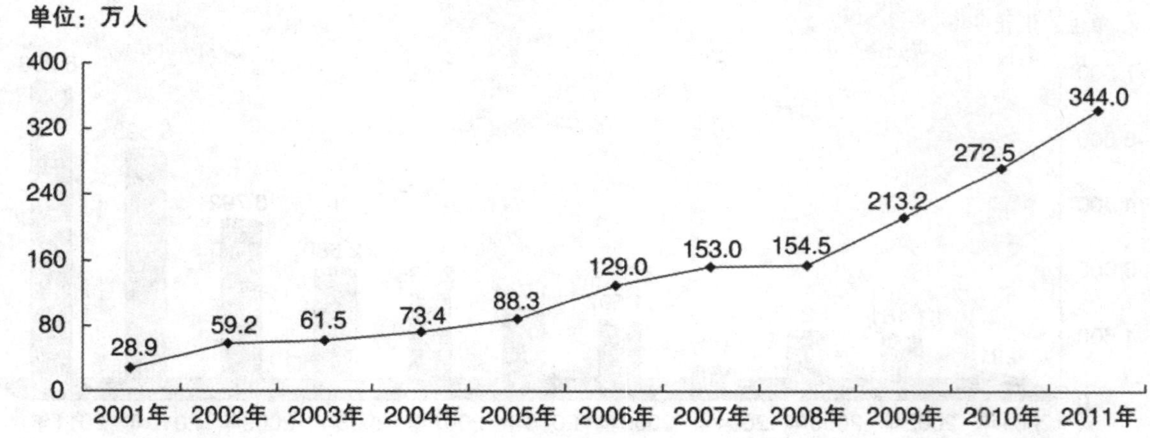

图25　2001—2011年软件业从业人员情况

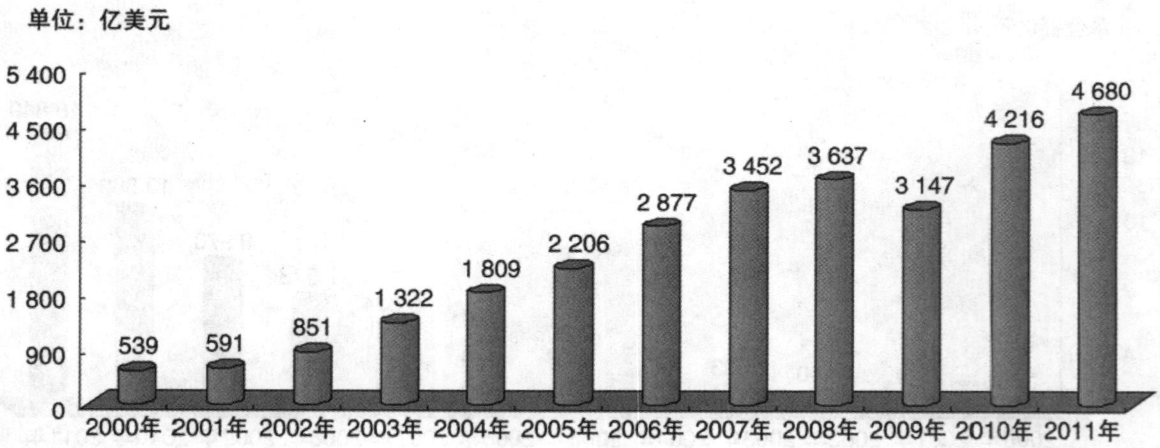

图26　2000—2011年电子信息产品进口情况

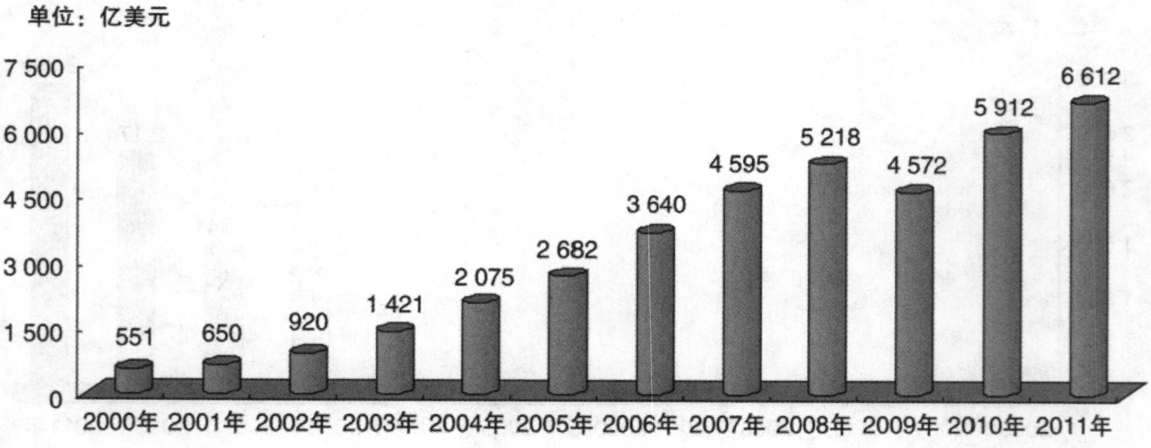

图27　2000—2011年电子信息产品出口情况

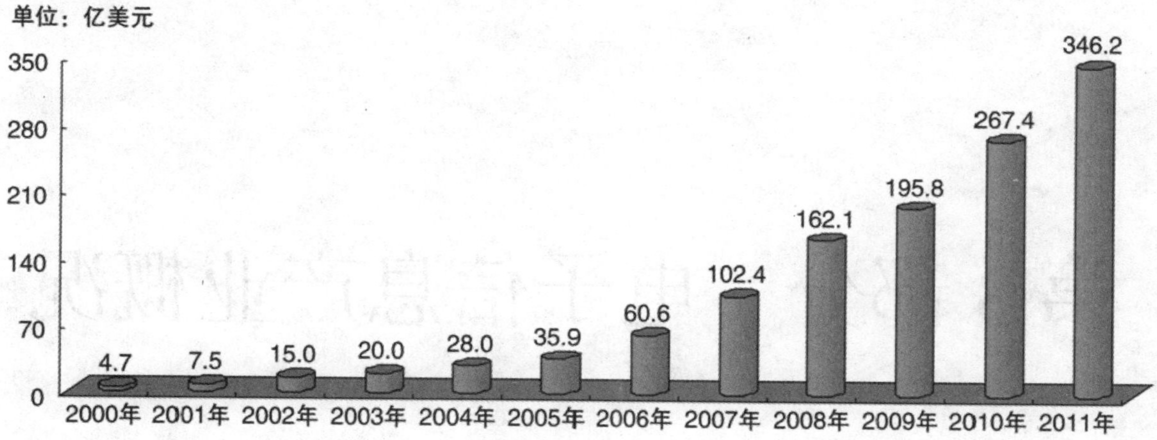

图28 2000—2011年软件产品出口情况

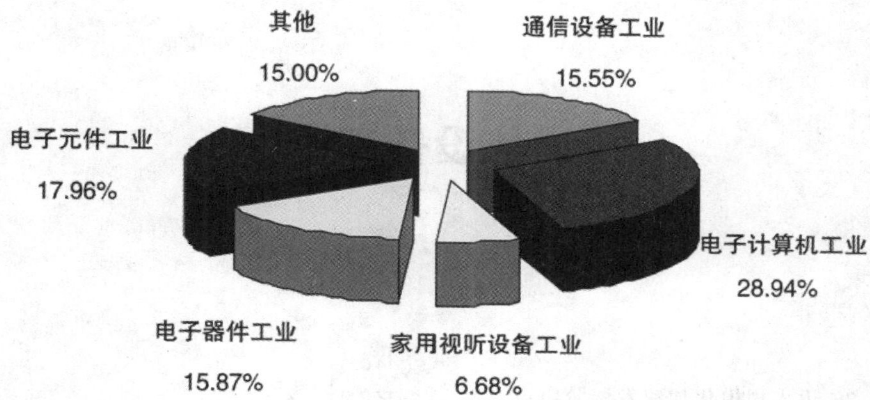

图29 2011年电子信息产业主要行业实现营业收入所占份额情况

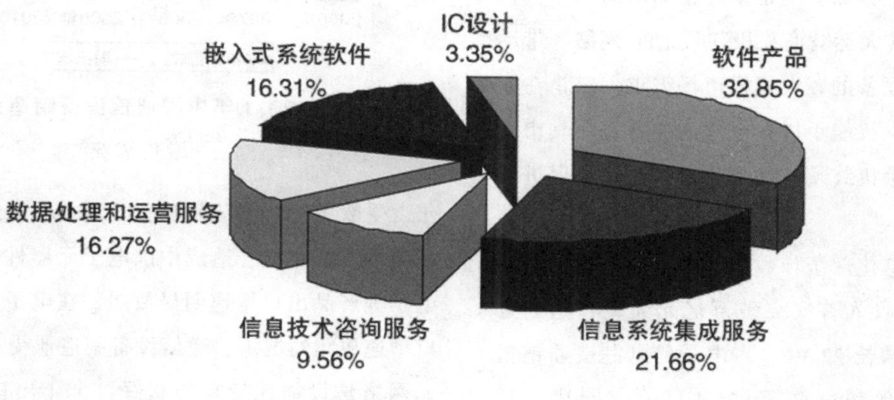

图30 2011年软件业主要行业实现业务收入所占份额情况

注：图16—图30数据来源于工业和信息化部运行监测协调局。

第3部分　电子信息产业概况

通信设备工业

【综述】

2011年，随着3G迈入规模化加速发展阶段以及网络宽带化进程明显加快，中国通信设备制造业取得较快发展，行业支撑国民经济社会发展的战略性、基础性、先导性作用日益突出。通信设备制造业较快增长的主要贡献力量来自于两个方面，一是全球正加速向新一代移动通信网络升级，各大运营商积极建设LTE网络，带动了对移动通信系统设备的较大规模市场需求；二是在智能手机体系带动下，智能手机在全球加速普及，其市场份额的提升推动了手机终端产品平均价格上扬，促进了产业收入规模增长。

根据工业和信息化部统计数据，全年通信设备制造产业实现主营业务收入首次突破万亿元大关，达到近1.17万亿元，同比增长22.3%，占电子信息制造业销售收入的15.6%；实现利税总额835.4亿元，同比增长8.2%，占电子信息制造业利税总额的18.4%。

2011年，中国通信设备行业发展特点如下：

一是出口受国际影响较小，增速全行业第一。2011年，受欧美经济形势影响，欧洲、北美地区电子信息产品需求下降明显，造成中国电子元器件、计算机、消费电子等产品出口增速明显放缓。在电子制造业全行业出口增速放缓情况下，通信设备制造业受益于全球LTE及光网络建设加速带来的利好，全年出口额达到1 300.2亿美元，同比增长26.6%，增速全行业第一，高于全行业平均水平14.7个百分点，成为拉动电子信息产品出口增长的主要力量。

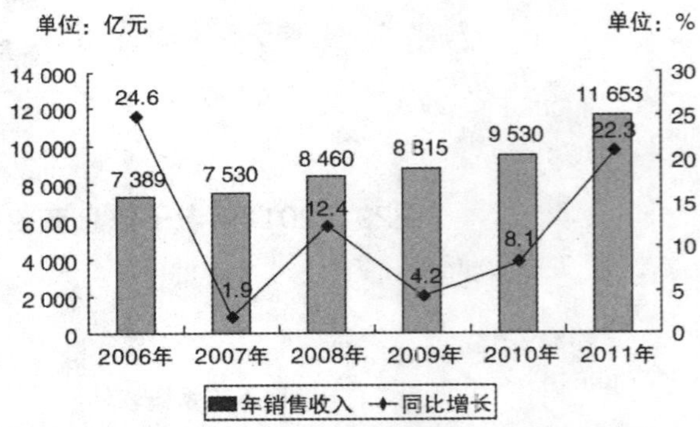

图1　2006-2011年中国通信设备制造业年销售收入及增长情况[①]

①本文图1–图5数据来源于工业和信息化部运行监测协调局。

对通信设备制造产业出口贡献最大的产品——手机，虽然也受到欧美市场疲软的影响，但凭借中国 GSM 功能手机和低端智能手机在亚、非、拉丁美洲等新兴市场的良好表现，以及高端智能机占比提升推动产品均价上扬等因素影响，手机产品出口实现较快增长。全年手机产品出口额 627.6 亿美元，同比增长 28.8%；手机零件出口额 224 亿美元，同比增长 34.2%；手机累计出口均价为 67.61 美元/部，比上年上升 6.77 美元/部。

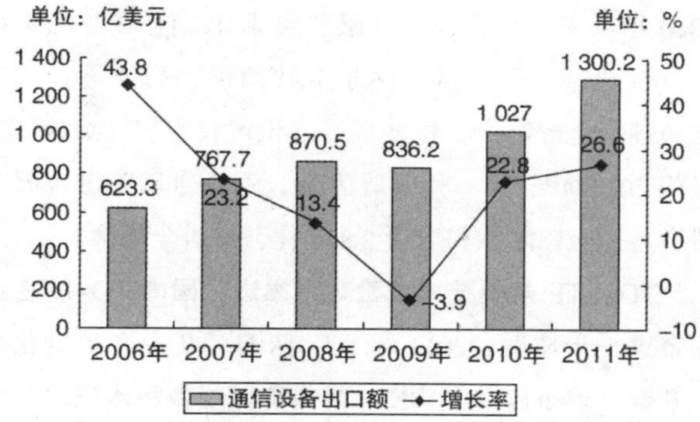

图 2　2006-2011 年中国通信设备制造业出口额及增长情况

二是产品产量占全球比重持续提升，手机制造大国地位进一步巩固。2011 年，各类主要通信设备产品产量在已有较大规模基础上进一步提升，手机仍是中国通信与网络设备制造业的主要产品。据统计，2011 年，国内生产手机总计 11.33 亿部，同比增长 13.5%，占全球手机出货量比重从 2010 年的 71.7%进一步扩大至 2011 年的 73.1%。从手机产量分月累计统计来看，全年手机产量保持平稳增长，行业发展稳定，中国手机制造大国地位进一步巩固。

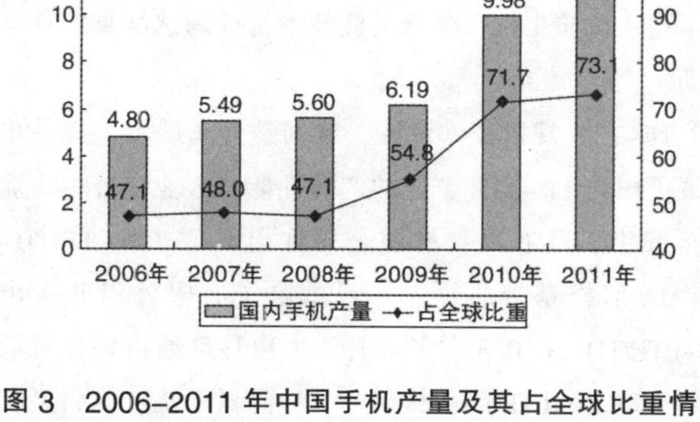

图 3　2006-2011 年中国手机产量及其占全球比重情况

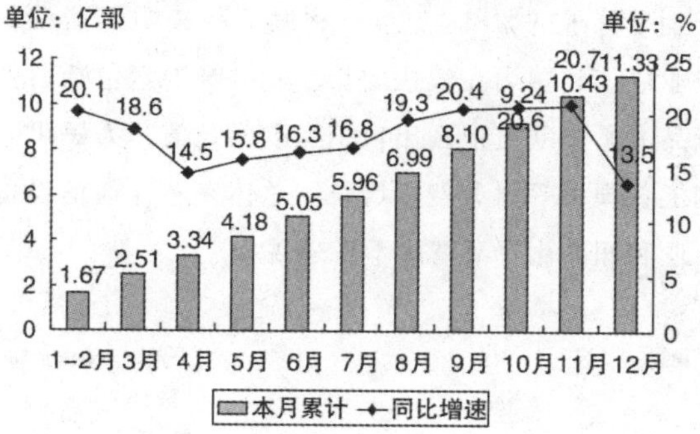

图 4　2011 年中国手机产量各月累计值及同比增长情况

现阶段，中国大陆地区仍然是通信设备产品加工制造综合成本最优的地区，多年制造业发展培育了中国大陆在零部件配套、熟练劳动力、物流运输等一系列有利于制造业生长的环境优势。2011 年，诺基亚、三星、苹果都继续加大对国内制造基地的投入，推动国内手机产能进一步扩大。诺基亚宣布扩大北京研发团队，位于北京经济技术开发区的诺基亚基地将诺基亚中国总部、研发中心、整机制造及星网工业园合作伙伴集合在一起，形成了全球最具规模的手机产业基地；天津三星扩大在天津的投资规模，累计投资额由 2 900 万美元增加到 1.97 亿美元，手机产能由 2 400 万部增至 4 200 万部；富士康也于 2011 年底宣布将于 2012 年扩大郑州工厂规模，增加投资 11 亿美元使郑州基地成为全球最大的智能手机生产基地，将郑州工厂生产线扩充到 95 条，员工人数超过 13 万名。预计 iPhone 日产量可达 40 万台，年销售额达 200 亿美元。

三是利润率优于其他主要电子行业，利润额同比增速持续走低。2011 年，中国通信设备制造产业实现利润总额 558.7 亿元，利润率为 4.8%，高于电子制造业全行业平均水平 0.4 个百分点，分别高出计算机、视听、电子器件、电子元件行业 1.8、1.3、0.3、0.1 个百分点。通信设备制造产业利润率水平在电子信息全行业仍处于领先地位，但各月利润总额同比增速呈现持续减速态势，全年利税总额较上年下滑 9.0%，低于全行业利润增速平均水平 25.8 个百分点，排名全行业末位。其中，通信设备制造产业上半年累计利润总额 264.8 亿元，同比降低 11.5%；前三季度利润总额 303.9 亿元，同比降低 25.7%；全年同比降速最终收窄至 9.0%。骨干企业净利润大幅下滑，华为技术有限公司和中兴通讯股份有限公司分别下降52.9%和36.6%。利润下降表明通信设备制造产业成本和费用在较快增长，其影响因素包括通信设备产品大量向欧美地区出口，受欧元贬值、人民币升值影响汇兑损失等财务费用增长。总体来看，通信设备制造产业利润同比下滑情况不容乐观。

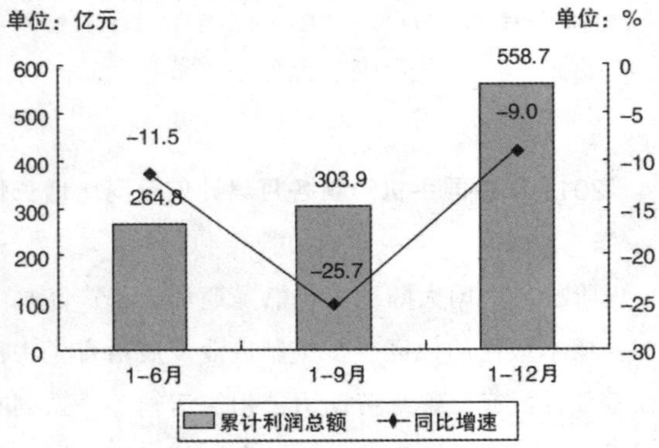

图5 2011年中国通信设备制造业利润总额及同比增长情况

四是国内光通信设备企业国际竞争力显著，光器件企业差距较大。随着全球范围光通信技术和市场的快速发展，以华为技术有限公司、中兴通讯股份有限公司、烽火通信科技股份有限公司、上海贝尔股份有限公司为代表的国内光通信设备企业纷纷加大对光通信产业的投入，在技术和市场开拓方面不断取得突破，国际竞争力显著提升。

据光通信领域权威咨询公司Ovum统计，截至2011年第2季度，华为技术有限公司在全球光网络市场、WDM/OTN市场和40G市场排名均为第一；2011年底，中兴通讯股份有限公司在全球光网络市场排名跃居第三，在光接入PON OLT产品全年出货总量与市场份额上双双排名全球第一，PON ONT/ONU产品也以接近10%的市场份额排名全球第二。国内企业在100G、40G、OTN、PON等光通信关键技术领域均具有国际领先的技术和产业能力。

国内企业在光通信设备领域已具备国际领先竞争力，但在上游光器件产业领域与Finisar、JDSU、Oclaro、Opnext等国外企业相比还有较大差距。国内光器件企业产品定位主要集中在中低端，还有众多企业在为国外企业做OEM。中国在40G/100G CFP模块、高速光芯片技术方面落后1-2年，DWDM和可调谐激光器落后2-3年，光子集成技术和集成电路领域则落后3-5年。

科技进步与应用

企业技术创新活跃，知识产权建设取得新进展 2011年，国内通信企业继续推进通信技术产品创新，取得一系列科技创新新突破。截至2011年第三季度，华为技术有限公司累计向3GPP提交7 900多篇LTE/EPC标准提案，其中LTE核心标准提案通过数超过230件。据国际分析机构ABI发布的LTE标准专利报告显示，自2010年以来，华为技术有限公司累计LTE核心标准提案数量超越了爱立信、阿尔卡特朗讯、高通等重点公司，排名全球第一。根据世界知识产权组织（WIPO）公布的2011年全球专利申请情况，中兴通讯股份有限公司全年提交国际专利申请2 826件，位居全球第一。

TD-LTE规模技术试验顺利推进，国内TD-LTE产业链进一步成熟 2011年1月18日，工业和信息化部召开会议宣布启动TD-LTE第一阶段规模技术试验，该试验按照工业和信息化部2010年底批复的中国移动通信集团公司关于TD-LTE规模试验总体方案进行，在上海、深圳、广州、南京、厦门、杭州六城市同期开展。至2011年8月，由中国移动通信集团公司承担的国家重大专项“TD-LTE规模技术试验”取得重要进展，前述六城市核心网和无线网已基本建成，已建基站规模超过700个，大部分基站设备已安装并开通。至2011年10月，第一阶段规模试验工作全部完成，测试内容包括无线网络的性能、多芯片测试、室内覆盖、终端四大部分，包括大唐移动通信设备有限公司、中兴通讯股份有限公司、华为技术有限公司、诺基亚西门子网络公司、阿尔卡特朗讯公司、爱立信公司等在内的国内外主流系统厂家，以及大唐移动通信设备有限公司、联芯科技有限公司、ST-Ericsson公司、北京创毅视讯科技有限公司、深圳海思半导体有限公司等在内的终端芯片企业参加了这次试验工作，各项关键技术指标测试结果均符合预期。

TD-LTE规模技术试验，特别是外场试验，进一步验证了国内TD-LTE企业的产品性能，产业链进一步成熟。其中，联芯科技有限公司推出首款TD-LTE/TD-SCDMA双模基带芯片；广晟微电子有限公司开发出TD-LTE/TD-SCDMA射频芯片；大唐移动通信设备有限公司推出TD-LTE终端协议一致性测试系统；北京星河亮点通信软件有限责任公司 TD-LTE 综合测试仪开发完成。

国内 100G 光传输设备产业加快走向成熟 2011 年，全球超宽带网络建设日益加快，国内外运营商加紧部署 100G 技术，欧美等发达国家已进入商用阶段，中国电信集团公司等国内运营商也积极启动 100G 商用测试。在本轮光传输设备升级过程中，国内设备企业积极参与，产业正加快成熟。

华为技术有限公司（以下简称华为）在 100G 技术领域起步较早，2008 年已发布 100G 样机，2009 年正式发布 100G 端到端解决方案，成为全球首个宣布推出成熟 100G 解决方案的设备厂商。2011 年，华为被欧洲多个全球领先运营商选为合作伙伴建设 100G 商用波分网络，其中包括著名的荷兰 KPN 国际、法国 SFR、丹麦电信 TDC 等。2011 年 6 月，华为助力荷兰运营商 KPN 国际完成泛欧网络的 100G 商用部署，为其带宽需求最大城市伦敦和阿姆斯特丹之间建立超大带宽的传送链接，成功商用实现新增 100G 业务和现网 10G/40G 业务的混传，跨越了 G.652 和 G.655 两种不同标准的光纤，100G 业务无电中继传送总长达 613 千米。2011 年，华为在俄罗斯建立的 100G 测试中心先后与俄罗斯多家顶级运营商 Transtelecom、Rostelecom、Vimpelcom、Megafon 一起，演示、测试了 2 000 千米超长跨距传送的相干 100G 波分系统，验证了华为 100G 传送方案的领先性和成熟度。

烽火通信科技股份有限公司在 2006 年已对 100G 网络技术进行了战略布局。先后承担了国家“973”项目“超高速超大容量超长距离光传输基础研究”和国家“863”项目“100GE 光以太网关键技术研究与系统传输试验平台研制”，开展了对 160×100Gbps2 000 千米的 3U 光传输系统研究。2011 年 12 月，中国电信集团公司正式启动 100G 系统测试，烽火通信科技股份有限公司作为首家接受测试的厂家，已于2011 年底顺利完成测试。

市场分析与预测

一是行业将保持稳定增长走势。2012 年，通信设备制造业国际市场需求将平稳增长，智能手机将加速普及并加快手机产品更新换代频率，国际运营商也进入 LTE 网络扩大部署阶段，通信设备制造业受国际宏观经济疲软环境影响较小。国内方面，TD-LTE 第二阶段扩大规模试验、宽带提速工程等将带动产业实现较快发展。预计 2012 年，通信设备制造业将继续保持稳定增长走势，发展情况继续好于电子信息制造业全行业。

二是智能手机继续成为推动行业增长的主要力量。2012 年，高端智能手机将进入 4 核时代，英伟达、高通、苹果、德州仪器、华为都已发布或即将发布 4 核 CPU，移动 CPU 主频将进一步提高。安卓和苹果 iOS 等移动操作系统将持续升级，微软将发布与 Windows 8 相同内核的新一代移动操作系统 Windows Phone8。移动设备的用户界面也将酝酿革新产品，继触摸屏之后，体感等自然用户界面将加快成熟。可以预见，在新技术应用推动下，智能手机市场将继续保持高速增长，推动中国通信设备制造业规模持续扩大。

三是 TD-LTE 产业链进一步成熟。目前，支持 TD-SCDMA/TD-LTE 的多模芯片解决方案还不丰富，单芯片方案更少，芯片工艺多基于 45 纳米，且功耗较大，现有芯片水平不足以支撑当前主流智能手机的需求。TD-LTE 第二阶段扩大规模试验主要针对基于 3GPP R9 标准的系统设备和包含 TD-SCDMA 在内的多模终端开展测试，同时扩大建网范围，在目前 35 个试验网和 2 个商用网络的基础上，2012 年将增至 40 个试验网和 10 个商用网络，规模实验城市也将从 6 个扩充到 10 个，预计 2012 年底 TD-LTE 基站规模将达 2 万个。随着第二阶段试验的深入推进，中国 TD-LTE 产业链各环节技术和产业化成熟度将进一步提高。

[撰稿：乔跃山 审稿：刁石京]

广播电视设备工业

【综述】

中国广播电视设备工业协会现有会员单位167家。其中各类产品生产企业数如下：中波广播发射机企业7家，短波广播发射机企业8家，调频广播发射机企业15家；1kW以上米波（含1kW、以下同）电视发射机企业14家，1kW以上分米波电视发射机企业11家，1kW以下米波电视发射、差转设备企业8家，1kW以下分米波电视发射、差转机企业9家；微波传输设备企业3家；有线电视及网络工程设备企业19家；应用电视设备企业3家；音、视频节目制作、播控及灯光设备生产企业9家；卫星电视广播地面接收设备企业7家；广播电视配套设备企业21家。

根据国家广播电影电视总局2012年6月广播电视设备器材入网认定年检情况的公告显示，近三年取得“入网认定证书”的企业数为：广播电视中心节目制作和播出设备企业5家；广播电视信号无线发射与传输设备企业76家；有线电视系统前端设备器材企业37家；有线电视系统用户分配网络设备企业280家；卫星广播设备器材企业35家；移动多媒体广播设备企业63家。

根据协会对其中65家主要企业的抽样统计，2011年末固定资产净值平均余额230 653万元，同比下降3.7%；年末从业人员31 922人，同比下降1.1%。

生产与销售

根据中国广播电视设备工业协会对会员企业主要经济指标的统计，2011年，全部产品现价工业总产值2 773 224万元，同比增长30.0%，其中本行业产品现价工业总产值1 205 155万元，同比增长33.7%；全部产品出口交货值423 041万元，同比下降8.9%，其中本行业产品出口交货值133 418万元，同比下降70.9%；全部产品销售收入2 237 760万元，同比增长14.0%，其中本行业产品销售收入1 320 754万元，同比增长15.6%；税金总额73 891万元，同比下降2.5%；利润总额171 159万元，同比增长27.3%；流动资金平均余额1 688 419万元，同比增长28.7%。

2011年，在本行业产品中，广播（含短波、中波和调频）发射机生产量4 993部，同比降低4.7%；销售量5 763部，同比增长9.0%；销售收入26 121万元，同比下降2.4%。电视发射机生产量2 433部，同比增长16.0%；销售量2 188部，同比增长11.9%；销售收入39 949万元，同比下降15.8%。有线电视及网络工程销售收入564 243万元，同比增长65.9%。卫星电视广播地面接收设备销售收入277 987万元，同比下降33.4%。音、视频节目制作、播控及灯光设备销售收入122 774万元，同比增长6.3%。广播电视配套设备销售收入44 533万元，同比增长102.5%。

科技进步与应用

为鼓励企业科技进步，经国家科技部批准，中国广播电视设备工业协会从2006年开始设立广播电视科技创新奖，每年评选一次。2011年，各会员单位申报评奖项目39项，经评审委员会评选，清华大学的“增强型全模式多宽带DTMB信道调制器DT1008”和北京北广科技股份有限公司的“500kW多程式短波转动天线”荣获2011年广播电视科技创新奖特等奖；成都索贝数码科技股份有限公司的“E8 3D立体视觉非线性编辑系统”等9个项目获得2011年广播电视科技创新奖优秀奖。

清华大学的“增强型全模式多宽带DTMB信道调制器”完全兼容DTMB标准（GB 20600—2006），在同一电视频道内实现多种调制方式，支持DTMB标准规定的所有330种模式组合，支持6、7或8MHz带宽模式，支持嵌入式多业务的传输。该项目的实施和开发完善了DTMB产业链，推进了DTMB标准的国际化。相关产品在国内和拉丁美洲国家多次测试并与其他国际标准竞争中取得领先优势，被东南亚多个国家采用，带动本行业的技术、产品、服务和金融成套出口，推进中国数字电视技术水平进入世界先进行列。

北京北广科技股份有限公司的“500kW 多程式短波转动天线”与该公司研制的 500kW 短波广播发射机，使特大功率短波广播发射系统由进口转为国产。

在数字电视发射机中，数字编码调制、自适应校正、高效率功率放大、适应不同数字电视标准等技术有了新突破，使国产数字电视发射机成为广播电视系统采购的主流，并打入国际市场。

国际合作与进出口贸易

2011 年 12 月，中国地面数字电视标准 DTMB 被国际电联正式承认为第四个地面数字电视国际标准；同时，DTMB 在老挝、古巴、柬埔寨、埃塞俄比亚等国的推广取得重要进展。这表现了中国在广播电视方面的技术进步，也提升了中国产品出口的技术含量，拓宽了空间。

在出口贸易方面，根据中国广播电视设备工业协会对会员单位上报数据的汇总，2011 年出口交货值为 423 041 万元，比上年下降 8.9%。

政策与法规

《中共中央关于深化文化体制改革推动社会主义文化大发展大繁荣若干重大问题的决定》公布 2011 年 10 月 18 日，中共十七届六中全会通过《中共中央关于深化文化体制改革推动社会主义文化大发展大繁荣若干重大问题的决定》。作为文化大发展、大繁荣的硬件支撑条件，广播电视设备将更加受到国家重视。

直播星公共服务开始试点 根据中央决策部署，中共中央宣传部、国家广电总局从 2011 年 4 月开始推动利用直播卫星在有线网络未通达的广大农村地区开展广播电视公共服务工作，并先选择部分地区开展试点，已取得初步成效。

市场分析与预测

在直播星相关产品领域，根据相关资料，2012 年直播星机顶盒将有 5 000 万台的需求量。3 月 14 日，国家广电总局、财政部与内蒙古、海南、贵州、云南、陕西、甘肃、青海等七省（区）人民政府签订直播卫星“户户通”工程目标责任书，将完成 1 300 多万户农村地区直播卫星“户户通”建设任务。中央财政将为此次签约的七省（区）拿出 15 亿元财政补贴。这对本行业相关企业有利，但在运营模式、销售模式、山寨产品等问题上仍有许多不确定因素，企业存在一定风险。

在有线电视设备及机顶盒方面，“三网融合”为本行业带来了机遇和挑战。有线电视网双向改造标准不确定，对 IPTV、互联网电视等新兴媒体的政策正在制订，使得有线电视设备及机顶盒厂商在开发新技术、新产品的方向上存在不利因素。

在地面广播数字电视方面，2012 年 2 月 14 日，全国广播影视科技会议上发布《我国地面数字电视发展规划》征求意见稿。该意见稿明确提出，到 2020 年，全国地面数字电视覆盖网基本建成，地面数字电视综合覆盖率基本达到现有模拟电视覆盖水平，地面数字电视接收机全面普及，地面模拟电视信号停止播出。按照该征求意见稿内容，预计将在 2013 年 2 月底前完成全国 2 474 个主要发射点建设。

【统计数据】

表 1 2011 年中国广播电视设备行业企业规模情况

类别	研究机构（家）	企业数量（家）	总人数（人）
广播电视设备研发生产	4	163	31 922

注：数据来源于中国广播电视设备工业协会统计资料。

表 2 2009—2011 年中国广播电视设备行业主要产品产量情况

产品名称	单位	2009 年		2010 年		2011 年	
		产量	增长率（%）	产量	增长率（%）	产量	增长率（%）
中波广播发射机	部	322	41.2	351	9.0	248	−29.3
短波广播发射机	部	78	−8.2	374	379.4	160	−57.2
调频广播发射机	部	5 060	−20.2	4 516	−10.8	4 585	1.5
VHF 1kW 以上电视发射机	部	304	−33.9	280	−7.9	161	−42.5
UHF 1kW 以上电视发射机	部	983	−6.1	1 121	14.0	1 340	19.5
VHF 1kW 以下电视发射机	部	946	−42.1	202	−78.6	109	−46.0
UHF 1kW 以下电视发射机	部	815	−12.6	494	−39.4	823	66.6
微波传输设备 *	部	240		166	−30.8	284	71.1
卫星广播电视地面接收设备 *	万台	1 349		4 636	243.7	1 191	−74.3
视、音频节目制作和播控设备 *	部	85 132		66 459	−21.9	68 887	3.7
广播电视配套设备 *	部	1 227 855		38 897	−96.8	27 376	−29.6

注：表中的电视发射机包括移动多媒体广播（CMMB）发射机和直放站。数据来源于中国广播电视设备工业协会统计资料。带 * 者为统计资料中因未统计 2008 年的产量，故无法计算 2009 年的增长率。

表 3 2009—2011 年中国广播电视设备行业主要产品销量情况

产品名称	单位	2009 年		2010 年		2011 年	
		销量	增长率（%）	销量	增长率（%）	销量	增长率（%）
中波广播发射机	部	285	12.6	308	8.1	271	−12.0
短波广播发射机	部	78	56.0	374	379.5	120	−67.9
调频广播发射机	部	5 674	−1.6	4 605	−18.8	5 372	16.7
VHF 1kW 以上电视发射机	部	323	−26.9	329	1.9	191	−41.9
UHF 1kW 以上电视发射机	部	950	−1.9	1 071	12.7	1 182	10.4
VHF 1kW 以下电视发射机	部	1 084	−29.8	226	−79.2	194	−14.2
UHF 1kW 以下电视发射机	部	397	−58.4	329	−17.1	621	88.8
微波传输设备 *	部	225		165	−26.7	273	65.5
卫星广播电视地面接收设备 *	万台	1 288		4 640	260.2	1 223	−73.6
视、音频节目制作和播控设备 *	部	51 751		50 420	−2.6	56 657	12.4
广播电视配套设备 *	部	1 187 947		39 287	−96.7	26 808	−31.8

注：表中的电视发射机包括移动多媒体广播（CMMB）发射机和直放站。数据来源于中国广播电视设备工业协会统计资料。带 * 者为统计资料中因未统计 2008 年的销量，故无法计算 2009 年的增长率。

表 4 2009—2011 年中国广播电视设备行业主要产品销售额情况

产品名称	单位	2009 年		2010 年		2011 年	
		销售额	增长率（%）	销售额	增长率（%）	销售额	增长率（%）
中波广播发射机	万元	4 626	48.2	2 275	–50.8	1 932	–15.1
短波广播发射机	万元	6 501	29.9	13 583	108.9	12 242	–9.9
调频广播发射机	万元	9 631	–13.9	10 895	13.1	11 947	9.7
VHF 1kW 以上电视发射机	万元	5 987	–25.6	5 447	–9.0	3 162	–41.9
UHF 1kW 以上电视发射机	万元	31 072	23.6	38 554	24.1	26 895	–30.2
VHF 1kW 以下电视发射机	万元	1 320	–64.9	944	–28.5	455	–51.8
UHF 1kW 以下电视发射机	万元	2 197	–67.1	2 492	13.4	9 437	278.7
微波传输设备	万元	1 795	–26.9	2 369	32.0	6 062	155.9
有线电视及网络工程	万元	375 577	–34.5	340 154	–9.4	564 243	65.9
应用电视设备	万元	10 246	–38.1	12 285	19.9	8 446	–31.2
卫星电视广播地面接收设备	万元	157 799	264.3	417 409	164.5	277 987	–33.4
视、音频节目制作和播控设备	万元	103 959	14.5	115 544	11.1	122 774	6.3
广播电视配套设备	万元	50 348	87.3	21 994	–56.3	44 533	102.5

注：表中的电视发射机包括移动多媒体广播（CMMB）发射机和直放站。数据来源于中国广播电视设备工业协会统计资料。

表 5 2009—2011 年中国广播电视设备行业主要经济指标完成情况

项目名称	单位	2009 年	2010 年	2011 年	2011 年同比增长率（%）
全行业工业总产值（现行价）	万元	1 976 477	2 133 201	2 773 224	30.0
其中：本行业工业总产值（现行价）	万元	941 875	901 139	1 205 155	33.7
全行业销售收入	万元	1 898 909	1 962 801	2 237 760	14.0
其中：本行业销售收入	万元	1 191 069	1 142 053	1 320 754	15.6
全行业出口交货值	万元	343 754	464 610	423 041	–8.9
其中：本行业出口交货值	万元	255 559	458 860	133 418	–70.9
全行业完成税金总额	万元	61 450	75 775	73 891	–2.5
全行业实现利润总额	万元	94 843	134 444	171 159	27.3
固定资产净值平均余额	万元	305 636	239 411	230 653	–3.7

注：表中的本行业指广播电视设备行业。数据来源于中国广播电视设备工业协会统计资料。

[撰稿：赵宗儒　审稿：黄邦周]

视听电子工业

【综述】

据工业和信息化部统计，2011 年，中国视听产品制造业实现主营业务收入 5 002.8 亿元，同比增长 12.3%；实现税金总额 90 亿元，同比增长 52.8%。

生产与销售

彩色电视机 据工业和信息化部统计，2011 年，中国生产彩色电视机 12 231 万台，同比增长 3.4%。其中，液晶电视产量首次突破 1 亿台，达到 10 298 万台，同比增长 15.2%，占比由上年的 75.5%提升为 84.2%；等离子电视产量 308 万台，同比增长 43.9%[①]，占比为 2.5%；CRT 电视产量 1 523 万台，同比下降 39.4%。

据奥维咨询（AVC）统计，2011 年，中国国内市场彩色电视机销售量 4 186 万台，同比增长 4.6%；平板电视销售量市场占比 94.8%，其中，等离子电视销售量 260 万台，同比增长 25.0%；CRT 电视销售量 216 万台，同比下降 53.5%。内外资品牌国内市场占有率之比为 8:2。

机顶盒 中国机顶盒产量稳定增长，保持全球机顶盒制造中心地位。据格兰研究（Guideline Research）统计，2011 年，中国制造机顶盒总出货量 14 032 万台，比 2010 年的 12 699 万台增长 10.5%，其中：有线机顶盒占 26.7%，地面机顶盒占 16.3%，卫星机顶盒占 45.9%，IPTV 机顶盒占 11.1%。内销机顶盒以有线机顶盒为主，出口机顶盒以地面机顶盒和卫星机顶盒为主，出口量 9 205 万台，占出货量的 65.6%。

据格兰研究统计，截至 2011 年底，中国有线机顶盒市场保有量为 13 482 万台，主要来自于创维集团有限公司、广东九联科技股份有限公司、同洲电子股份有限公司、四川九洲电器集团有限责任公司、长虹电子集团有限公司、江苏银河电子股份有限公司、思科系统公司等企业，上述企业累计出货量占中国有线机顶盒总量的70%以上。有线高清机顶盒数量达到 845.8 万台。

音响类产品 据中国电子音响工业协会统计，2011 年，中国主要音响产品产值为 2 378.1 亿元，同比增长 2.6%。其中，音响整机产值 1 295.2 亿元，同比增长 5.6%；关键配套件产值 1 082.9 亿元，同比下降 0.7%。音响整机出口额 964.7 亿元，同比增长 0.2%；关键配套件出口额 758 亿元，同比增长 2.3%。

由于音响类产品基本都是以订单定产量，因此，产销量基本相当。从各个主要产品产量和销售情况来看，2011 年，组合音响和家庭影院（指家庭影院的放声系统）产销均为 5 194 万台，比上年的 5 434 万台下降 4.4%，其中内销 1 292 万台；专业音响产销均为 6 212 万台，比上年的 5 865 万台增加 5.9%，其中内销 2 244 万台；汽车多媒体（含汽车导航）共生产 6 079 万台，比上年的 5 682 万台增长 7.0%，其中内销 1 552 万台。

激光视盘机 2011 年，中国共生产激光视盘机 16 008 万台，同比增长 1.6%。其中：生产 VCD 机 18 万台，比上年 41 万台减少 56.1%；生产 DVD 机 15 227 万台，比上年 15 014 万台增长 1.4%；生产其他播放机 763 万台，比上年 97 万台增长 686.6%；其中，生产蓝光播放机约 800 万台。

2011 年，激光视盘机出口 13 247 万台，同比增长 0.6%。其中，DVD 出口 13 155 万台，同比增长 0.7%。

技术进步与应用创新

平板电视产业链逐步完善 京东方科技集团股份有限公司的 8.5 代和深圳市华星光电技术有限公司的 8.5 代薄膜晶体管液晶显示面板生产线均已建成投产，这改变了中国大尺寸液晶面板依赖进口的被动局面。四川虹欧显示器件有限公司的等离子屏生产线一期项目已量产，前、后基板制作的良品率均达到 90%以上，综合良品率达到 80%以上。

---

① 2010 年等离子电视产量由 296 万台修正为 214 万台。

海信集团公司、TCL集团股份有限公司、长虹电子集团有限公司、创维集团有限公司、康佳集团股份有限公司等企业积极向上游延伸，投资建设液晶电视模组生产线和模组整机一体化生产线，多条生产线已实现量产，部分企业还配套LED背光模组生产，平板电视产业链进一步完善。

数字家庭应用创新取得成效 中国数字家庭产业进入快速发展时期，关键技术不断取得突破，一批优秀整体解决方案和创新产品脱颖而出，业务应用和产业基地建设取得明显进展，初步形成以数字电视为中心，面向3C融合和三网融合，以环渤海、长三角、珠三角、中南部经济圈为重点的产业集聚区，涌现出广州、深圳、杭州、青岛、济南、成都、绵阳、武汉、大连等一批发展数字家庭的重点城市，初步形成以应用促进产业发展的良好格局。

工业和信息化部与广东省政府共建的广州国家数字家庭应用示范产业基地建设取得长足进展，2011年实现收入97亿元，可提供60多项各具特色的应用服务，开展了覆盖20万用户的试点工程，形成了良好的示范效应。

视听产品技术升级加速 LED电视呈爆发式增长，从主流趋向普及，截至2011年底，LED背光源液晶电视市场占比超过50%。3D电视作为新兴电视产品，价格不断下降，市场快速升温，3D功能已成为中高端电视产品标配。智能电视成为彩电业发展热点，对彩电、数字家庭产业发展产生重要影响。本土骨干彩电企业相继推出各具特色的智能电视，市场渗透率快速增长。平板电视用超薄音响、HiFi级音响、多媒体音响等科技创新水平不断提高，成为新的热点和增长点。

AVS、DTMB等自主技术标准推广应用取得新突破 基于AVS标准的3D电视技术试验系统取得重大进展。该系统采用中国自主知识产权的AVS音视频编解码标准，涵盖包括3D采编播设备、内容制作、终端显示设备等在内的关键技术，实现了AVS 3D电视节目制作系统和播出系统集成。

DTMB标准海外推广取得新进展。2011年，DTMB在老挝的应用规模和范围扩大，用户数量达到8万户；在古巴的推广工作取得突破，2011年6月，在习近平副主席见证下，中国和古巴双方签署《关于加强数字电视技术及产业合作的谅解备忘录》，古巴宣布将采用DTMB和AVS标准；2011年11月，云南电视台与柬埔寨国家电视台签订《柬埔寨国家电视台和云南电视台关于在柬埔寨采用中国地面数字电视标准合作建设柬埔寨地面数字电视项目的谅解备忘录》，双方对于在柬埔寨开展地面数字电视运营项目的建设、时间、步骤以及合作方式达成了共识。

企业自主创新能力增强，综合实力稳步提升 中国骨干企业抓住转型升级的发展机遇，通过引进、消化吸收和自主创新，已掌握工业设计、全高清、LED背光、超薄、倍频、网络多媒体、节能环保等新技术和新应用，并通过家电下乡、家电以旧换新等政策，进一步巩固市场优势地位，整体竞争力和国际影响力不断攀升。海尔集团公司、海信集团有限公司、TCL集团股份有限公司、四川长虹电子集团有限公司、同方股份有限公司、深圳创维-RGB电子有限公司、康佳集团股份有限公司等企业入围2011年中国电子信息百强企业前20名。

国际合作与进出口贸易

产品出口 据海关统计，2011年，中国共出口彩电6 537万台，同比下降1.4%①；出口额136.7亿美元，同比下降7.9%。彩电出口量占总产量的比重为53.4%，略低于上年的55.6%。其中，液晶电视出口5 394万台，同比增长4.8%；等离子电视出口49万台，同比下降1%；CRT电视出口1 090万台，同比下降23.7%。

海峡两岸合作 2011年，海信集团有限公司、创维集团有限公司、TCL集团股份有限公司、海尔集团公司、长虹电子集团有限公司、康佳集团股份有限公司、厦华电子公司、熊猫电子集团有限公司8家彩电企业向奇美电子、友达光电、中华映管3家中国台湾企业购买2 600万片液晶电视面板，采购额约40多亿美元；此外，两岸在采购供应、技术交流等方面的合作不断深化。

DTMB标准成为第四个地面数字电视国际标准 2011年12月，中国DTMB标准正式成为继欧洲DVB-T、美国ATSC、日本ISDB-T之后的第四个地面数字电视国际标准。这是中国参与国际标准竞争的重大突破，提升了DTMB标准的国际地位，将推动中国自主技术标准的国

① 2010年彩电出口量由6 583万台修正为6 628万台。

际化推广应用。

政策与法规

家电下乡政策 据商务部统计，2011 年，中国家电下乡产品销售 10 330 万台，同比增长 34.5%，实现销售额 2 641 亿元，同比增长 53.1%。截至 2011 年底，中国累计销售家电下乡产品 21 780 万台，实现销售额 5 059 亿元，发放补贴 592.2 亿元。

家电以旧换新政策 据商务部统计，2011 年，家电以旧换新销售量和回收量分别为 6 088 万台和 6 129 万台，销售金额 2 235 亿元。截至 2011 年底，共计回收旧家电 9 474 万台，销售新家电 9 298 万台，销售金额 3 442 亿元。家电以旧换新政策实施两年多来，在应对国际金融危机、扩大消费等方面发挥了重要作用，达到预期效果。2011 年 12 月 31 日，家电以旧换新政策按期结束。

三网融合 2011 年 12 月，国务院办公厅印发《关于三网融合第二阶段试点地区（城市）名单的通知》，包括天津市、重庆市在内的 42 个地区（城市）入围。到 2011 年底，加上 12 个首批试点城市，共有 54 个城市成为三网融合试点，涵盖了大部分经济发达城市。

其他产业政策与重大事件 平板电视纳入《实施三包的部分商品目录》。2011 年 2 月，《关于将平板电视机商品纳入<部分商品修理更换退货责任规定>调整范围的公告》发布。从 2011 年 3 月 1 日起，平板电视机商品（包括等离子电视机和液晶电视机）的整机和显示屏等主要部件纳入《实施三包的部分商品目录》，其中三包有效期整机为 1 年，主要部件为 3 年。平板电视售后服务标准有法可依，保障了消费者和企业的利益，也为产业良性发展创造了公平的市场竞争环境。

地面数字电视接收终端国家标准发布并实施。由工业和信息化部负责制定的《地面数字电视接收机通用规范》和《地面数字电视接收器通用规范》等 6 项地面数字电视接收终端国家标准于 2011 年 6 月发布，并于 2011 年 11 月 1 日起正式实施。标准将 AVS、DRA 等中国自主音视频编解码标准列为必选项，推动了自主标准的推广应用。

【统计数据】

表 1 2009—2011 年中国视听行业主要产品产量情况

产品名称	单位	2009 年		2010 年		2011 年	
		产量	增长率（%）	产量	增长率（%）	产量	增长率（%）
彩色电视机	万台	9 899	9.6	11 830	19.5	12 231	3.4
激光视盘机	万台	14 593	4.9	15 752	7.9	16 008	1.6
收音机	万台	14 532	–25.0	17 842	22.8	19 075	6.9
录音机（含收录机）	万台	7 499	–28.2	7 281	–2.9	6 575	–9.7
组合音响及家庭影院	万台	4 683	–16.3	5 434	16.0	5 194	–4.4
CD 唱机	万台	1 489	–31.8	1 147	–23.0	1 092	–4.8
电子乐器	万台	1 718	–35.0	1 518	–11.6	1 308	–13.8
汽车多媒体音响（含汽车导航）	万台	4 164	–24.6	5 682	36.5	6 079	7.0
专业音响	万台	4 517	–8.5	5 865	29.8	6 212	5.9
视盘机芯	万千克	2 958	–19.1	3 347	13.2	3 015	–9.9
光学头	万千克	3 056	–33.4	3 483	14.0	3 128	–10.2

表 2 2009—2011 年中国视听行业主要产品销量情况

产品名称	单位	2009 年		2010 年		2011 年	
		销量	增长率（%）	销量	增长率（%）	销量	增长率（%）
彩色电视机	万台	9 413	5.8	10 586	12.5	10 723	1.3
激光视盘机	万台	14 593	4.9	15 752	7.9	16 008	1.6
收音机	万台	14 379	–25.8	17 842	24.1	19 075	6.9
录音机（含收录机）	万台	7 499	–28.2	7 281	–2.9	6 575	–9.7
组合音响及家庭影院	万台	4 678	–16.4	5 434	16.2	5 194	–4.4
CD 唱机	万台	1 489	–31.8	1 147	–23.0	1 092	–4.8
电子乐器	万台	1 718	–35.0	1 518	–11.6	1 308	–13.8
汽车多媒体音响（含汽车导航）	万台	4 164	–24.6	5 682	36.5	6 079	7.0
专业音响	万台	4 517	–8.5	5 865	29.8	6 212	5.9
视盘机芯	万千克	2 958	–19.1	3 347	13.2	3 015	–9.9
光学头	万千克	3 056	–33.4	3 483	14.0	3 128	–10.2

表 3 2009—2011 年中国视听行业主要产品出口量情况

产品名称	单位	2009 年		2010 年		2011 年	
		出口量	增长率（%）	出口量	增长率（%）	出口量	增长率（%）
彩色电视机	万台	5 459	10.2	6 628	21.4	6 537	–1.4
激光视盘机	万台	12 334	–4.6	13 165	6.7	13 247	0.6
收音机	万台	13 559	–25.1	16 542	22.0	18 182	9.9
录音机（含收录机）	万台	6 195	–26.2	5 708	–7.9	5 110	–10.5
组合音响及家庭影院	万台	3 903	–19.1	4 198	7.6	3 902	–7.1
CD 唱机	万台	1 005	–29.8	1 065	6.0	970	–8.9
电子乐器	万台	951	–39.1	997	4.8	834	–16.3
汽车多媒体音响（含汽车导航）	万台	3 177	–30.9	4 257	34.0	4 527	6.3
专业音响	万台	3 246	–16.5	3 818	17.6	3 968	3.9
视盘机芯	万千克	2 509	–13.8	2 785	11.0	2 181	–21.7
光学头	万千克	2 656	–24.1	3 020	13.7	2 075	–31.3

表4　2009—2011年中国视听行业主要产品出口额情况

产品名称	单位	2009年	2010年	2011年	
		出口额	出口额	出口额	增长率（%）
彩色电视机	万美元	1 074 119	1 483 281	1 366 605	-7.9
激光视盘机	万美元	515 381	561 353	585 718	4.3
收音机	万美元	66 708	82 026	99 300	21.1
录音机（含收录机）	万美元	122 818	134 357	133 818	-0.4
组合音响及家庭影院	万美元	91 778	95 991	96 733	0.8
CD唱机	万美元	2 317	3 409	26 474	676.6
电子乐器	万美元	44 914	51 981	53 130	2.2
汽车多媒体音响（含汽车导航）	万美元	192 440	289 993	318 273	9.8
专业音响	万美元	98 792	131 662	148 283	12.6
视盘机芯	万美元	149 973	159 102	130 680	-17.9
光学头	万美元	126 680	147 893	125 983	-14.8

注：表1—表4数据来源于工业和信息化部、海关总署、中国电子视像行业协会、中国电子音响工业协会。

[撰稿：梁峰　周海燕　审稿：丁文武]

计算机工业行业

【综述】

2011年是“十二五”规划开局之年，也是中国计算机产业结构调整的重要一年。在扩大内需政策推动、新兴市场需求旺盛以及新产品、新应用、新业态不断涌现等因素共同作用下，中国计算机行业保持平稳较快增长，并呈现以下特点。

一是全行业保持平稳增长。2011年，中国计算机行业实现主营业务收入21 676.5亿元，同比增长10.8%，增速低于电子信息全行业的17.1%；主营业务收入占电子信息制造业主营业务收入总额的28.9%；利润总额645.0亿元，同比增长28.5%，税金总额164.3亿元，同比增长35.1%，增速分别高于行业利润、税金11.7个百分点和4.1个百分点。

二是出口增速减缓。2011年，受全球经济不景气影响，全球计算机市场需求增幅减少，中国计算机出口增速放缓，出口交货值16 097亿元，同比增长11.8%，增速比上年低12.6个百分点；笔记本计算机出口量增速比上年低35个百分点，出口额增速比上年低32个百分点。

三是平板计算机等新型智能终端爆发式增长。移动互联网应用促进硬件、软件、服务和内容全产业链的整合，计算机、通信、消费电子和数字内容加速融合发展，平板计算机等新型智能终端的市场需求增长迅速。2011年，平板计算机产量5 800万台，同比增长241.2%，占全球产量的82.9%。

四是以兼并重组壮大企业规模，增强企业竞争力。随着计算机市场竞争日益加剧，产品利润越来越低，企业发展需要不断扩大规模和提高市场占有率，企业间兼并重组加剧。联想集团相继并购日本NEC公司计算机业务和德国计算机厂商Medion AG，超越戴尔公司位居全球计算机市场份额第二位。中国长城计算机深圳股份有限公司完成对冠捷科技有限公司的实质性控股，成为全球最大的显示器制造商。

五是研发投入加大，研发能力增强。为摆脱计算机设计能力弱、新产品设计依赖性增强的现状，国内计算机厂商加大在计算机主板、笔记本计算机、一体式计算机、平板计算机设计技术方面的投入。联想集团2011年研发投入25亿元，同比增长41%；同时，联想与全球第二大笔记本计算机代工厂商仁宝合作，成立合资公司，专注于笔记本计算机的设计生产，以提高联想的产品设计能力和核心竞争力。长城公司加大自主安全可控计算机研发的投入，与龙芯、飞腾、申威等国内CPU厂商合作，围绕国产CPU研发微型计算机、服务器，打造安全可控产品，预计将于2012年实现量产。

六是自主创新成效显著，核心技术取得实质性突破。国家出台一系列措施支持鼓励自主创新，积极创造有利于技术创新和产业结构升级的政策法规环境，依靠科技创新带动产业结构升级，大力实施信息产业知识产权战略。企业自主研发能力逐步提升，不断取得突破。具有自主知识产权的龙芯、飞腾、申威CPU在高性能计算机和服务器中得到应用。由曙光信息产业有限公司研发的超级计算机“星云”系统在国家超级计算深圳中心全面开通运行。珠海赛纳公司研制出具有自主知识产权的激光打印机，2011年销量为10万台。

七是计算机制造业逐渐向中西部地区发展，川渝地区成为新的产业聚集区。惠普、宏碁、华硕三大计算机品牌企业落户重庆，带动了富士康、仁宝、伟创、广达、和硕、英业达六家计算机代工企业及400余家配套企业在重庆投资建厂，形成年产笔记本计算机1亿台的产能。富士康成都生产厂为苹果的平板计算机代工，年产能超过4 000万台；联想与仁宝合作在成都建立笔记本计算机生产基地。川渝地区逐渐形成围绕计算机产品制造的产业聚集区。

生产与销售

生产情况 2011年，统计范围内累计生产微型计算机32 036.7万台，同比增长30.2%，占全球产量比重为90.6%。其中，笔记本计算机29 031.9万台，同比增长30.0%；平板计算机5 800万台，同比增长241.2%。显示器、打印机等计算机外部设备产量出现负增长。全年生产显示器12 626.1万台，同比下降8.8%，其中液晶显示器12 562.6万台，同比下降8.3%；打印机生产量有所减少，全年产量5 582.6万台，同比下降8.0%。

销售情况 2011年，中国计算机市场销售规模为21 676.49亿元，同比增长10.8%。其中，台式计算机销售额753.26亿元，同比下降0.7%；笔记本计算机销售额1 215.38亿元，同比增长1.5%，增长率显著下降；PC服务器销售额183.3亿元，增长22.9%；显示器销售额153亿元，同比下降45.2%。2011年，行业经济效益增长平稳，规模以上计算机行业实现利润645亿元，同比增长28.5%，计算机行业实现利润占制造业利润比重为19.5%。

计算机系统市场：2011年，受全球计算机产业继续向中国转移影响，中国计算机市场增长势头良好，但受产业结构调整影响，笔记本计算机增速放缓。国内计算机设计能力逐步增强，产品结构不断优化。

外设市场：2011年，移动硬盘、多功能一体机、磁盘存储系统增长迅速，销量分别增长35.9%、17.0%、35.1%。存储设备容量不断增大，成本不断降低；闪存产品已普及应用，在容量不断提高的同时，价格持续降低；固态盘（SSD）以其读写速度快、体积小、重量轻、抗震性好等特点在便携式设备中得到应用，SSD技术不断成熟，价格逐步下降，云计算中心等开始采用固态盘存储系统以应对日益增长的访问量压力。

网络设备市场：2011年，宽带互联网、移动互联网、云计算、物联网、三网融合等网络业务快速发展，带动网络升级、新网建设步伐加快，对网络设备的市场需求量增大，中国网络产品市场增长平稳，宽带视频和移动网络数据成为推动增长的主要因素。全年路由器、交换机等产品稳步增长，销售额分别为121.76亿元和128.1亿元，同比增长11.3%和12.5%；销售路由器75.8万台，同比增长15.0%，销售以太网交换机3 660.1万线，同比增长13.8%。万兆以太网交换机、智能交换机成为市场主流产品类型。

数字化3C产品市场：随着数字3C技术快速发展，数字3C产品呈现融合趋势，产品功能和种类不断增加，但由于受到国际经济形势下滑及部分产品市场饱和度提高等因素影响，各类产品产量及销售额呈现不同变化趋势。其中，投影机销售165.8万台，同比增长29.9%；MP3/MP4播放器销售484.7万台，同比下降1.0%；闪存盘销售2 304.7万部，同比下降8.1%，销售额下降18.4%。存储卡产品销量增加4.1%，但销售额下降幅度较大，同比下降7.0%。移动硬盘销量和销售额分别为340.9万部和14.2亿元，同比分别增长35.9%和7.6%。数字化3C产品仍然是拉动计算机硬件市场发展的重要部分。

科技进步

2011年9月，国家并行计算机工程技术研究中心研制出全部采用中国自主设计的申威处理器的“神威蓝光”高性能计算机，安装在国家超级计算济南中心，浮点运算速度达到每秒1 070万亿次。该计算机采用万万亿次体系架构，系统全面采用高密度组装和低功耗技术，组装密度和能效比居世界领先水平，系统综合水平处于世界先进行列。

2011年12月，曙光信息产业有限公司成功研制出基于国产龙芯处理器的自主知识产权服务器——曙光龙腾服务器。该服务器采用中国自主研制的龙芯3A四核处理器、中标麒麟和中科方德操作系统，从基础架构到操作系统软件实现完全自主知识产权。

合肥工大高科信息科技股份有限公司、合肥工业大学、淮南矿业（集团）有限责任公司、淮北矿业股份有限公司、安徽省皖北煤电集团有限责任公司联合研发的矿井移动目标安全监控系统获得2011年第十一届信息产业重大科技发明。

国际合作与对外贸易

2011年，主要计算机产品进出口总额为2 896.2亿美元，同比增长4.9%。其中，出口额2 293.9亿美元，同比增长5.6%；进口额602.3亿美元，同比增长2.1%。

出口情况 2011年，出口微型计算机24 374.53万台，出口额1 125.33亿美元，同比增长11.7%。其中，出口笔记本计算机23 400.24万台，出口额1 058.8亿美元，同比增长11.1%；出口打印机3 280万台，出口额45.5亿美元，同比下降1.0%；出口显示器7 907万台，出口额80.7亿美元，同比下降16.9%，其中，出口液晶显示器7 886万台，出口额80.4亿美元，同比下降16.4%。

出口产品中，除微型计算机、硬盘驱动器、针式打印机、自动柜员机、UPS、集线器、路由器保持不同程度增长外，其他产品出口额均呈现下滑趋势，其中，喷墨打印机、软盘驱动器、CRT显示器的出口降幅较大，降幅分别达22.6%、71.0%、71.1%。

进口情况 进口贸易中，台式计算机、针式打印机、CRT显示器、集线器的进口额有较大幅度增长，分别为59.0%、25.7%、31.4%、27.6%，其他产品进口增长相对缓慢，部分产品出现负增长。在产品结构上，笔记本计算机、打印机、硬盘/光盘驱动器、显示器的进口额依然保持较高比重。

市场分析与预测

2011年，中国计算机制造业产品产量保持较高增速，但随着下半年欧洲主权债务危机的爆发及蔓延，全球经济进入疲软期，国际市场需求低迷，出口压力增大；同时，国内“以旧换新”和三省一市“家电下乡”等拉动内需政策陆续到期，在后续政策出台之前，产业将呈现缓慢增长态势。预计2012年，中国计算机行业将增长14%，微型计算机产量达到3.5亿台，平板计算机产量超过7 000万台。

政策与法规

为了促进计算机产业更好的发展，中国政府及时调整宏观经济政策、货币政策、外贸政策和财政政策，出台一系列鼓励措施，调结构、转方式、保增长，拉动内需市场。与计算机产业相关的政策有：

《国民经济和社会发展第十二个五年规划纲要》，提出：培育和发展新一代信息技术等战略性新兴产业，重点发展新一代移动通信、下一代互联网、三网融合、物联网、云计算、集成电路、新型显示、高端软件、高端服务器和信息服务；建设物联网应用示范工程，推动物联网关键技术研发和在重点领域的应用示范。实施网络产品产业化专项。加强云计算服务平台建设。

《电子信息制造业“十二五”发展规划》，提出：加快计算机前沿技术创新，实现核心技术和关键领域的突破。增强计算机产品自主研发、工业设计和主板制造能力，大力发展具备轻薄便携、低功耗、触控、高清与3D显示等特点的笔记本计算机、平板计算机等移动智能终端，以及大屏幕、触摸型一体式等新型计算机；加强计算机外部设备及耗材产品研发和产业化，发展彩色网络激光打印机、闪存以及智能娱乐教育等产品。支持云计算关键产品的研发及产业化。突破物联网感知信息采集、传输、处理、反馈控制等关键技术，支持RFID、编码识别设备、传感及处理控制节点等重点产品的研发与产业化，建立完善物联网标准体系，推动物联网应用。面向下一代互联网及三网融合发展需求，重点支持高性能路由器、大容量汇聚交换设备、智能网关等网络关键设备研发与产业化。

《工业转型升级规划（2011-2015年）》，提出：提升产品研发和工业设计能力，完善和延伸产业链，增强自主品牌国际竞争力。统筹部署云计算等关键技术、产品的研发、产业化及应用，积极推动设计、产品、应用、服务融合创新和互动发展，加快移动互联网终端的研制，加强云计算平台建设，推进先导部署和应用示范。大力支持自主设计研发中央处理器等芯片在整机中的应用，加快平板电脑、高性能计算机及服务器、网络产品、存储系统及打印输出设备、工业控制计算机、自主可信安全产品等重点产品的研发及产业化。推进绿色智能数据中心及技术业务服务平台建设，拓展行业应用市场。加快新一代空管信息系统建设。

《物联网“十二五”发展规划》，提出：中国要在核心技术研发与产业化、关键标准研究与制定、产业链条建立与完善、重大应用示范与推广等方面取得显著成效，初步形成创新驱动、应用牵引、协同发展、安全可控的物联网发展格局。

存在问题

一是核心竞争力弱。影响计算机产业发展的CPU、存储器、服务器和操作系统等核心关键技术与产品依靠国外。随着国际贸易保护主义愈演愈烈，跨国公司的技术垄断、市场垄断日益严峻，中国计算机产业自主快速发展受制于人。

二是中国计算机产业处于世界计算机产业链的组装加工环节，代工仍为现阶段产业发展的重要模式，产业亟待转型升级。

三是产品及应用模式创新不足。技术更新、产业升级、产品换代周期越来越短，产品价格下降速度加快。苹果、三星、HTC等国际厂商抓住平板电脑、智能手机、上网本兴起的机遇，加快在计算机产品市场扩张步伐。国内企业在产品及应用模式创新方面尚处在跟随状态。

四是出口占比较大，对国际经济环境、需求市场的变化敏感，易受外部市场影响。

五是国产品牌影响力不足，市场份额走低。除联想外，其他国产PC品牌国内市场份额下降，与国外品牌相比处于明显劣势。

六是拉动内需政策陆续到期，急需后续政策支持。“以旧换新”、三省一市“家电下乡”政策到期，会对中国计算机企业拓展内需市场产生一定影响，需要后续政策支持。

【统计数据】

表1　2009—2011年中国计算机行业产品产量情况

产品名称	单位	2009年		2010年		2011年	
		产量	增长率（%）	产量	增长率（%）	产量	增长率（%）
台式计算机	万台	3 142.5	11.9	2 267.7	–27.8	3 004.8	32.5
笔记本计算机	万台	15 072.5	38.8	22 332.3	48.2	29 031.9	30.0
平板计算机	万台			1 700		5 800	241.2
显示器	万台	13 022.0	–2.6	13 845.5	6.3	12 626.1	–8.8
其中：液晶显示器	万台	12 579.3	–0.9	13 695.4	8.9	12 562.6	–8.3
打印机	万台	3 641	–16.0	6 068.8	66.7	5 582.6	–8.0

表2　2009—2011年中国计算机行业主要产品销量情况

产品名称	单位	2009年		2010年		2011年	
		销量	增长率（%）	销量	增长率（%）	销量	增长率（%）
台式计算机	万台	2 201.8	–2.1	2 313.6	5.1	2 473.3	6.9
笔记本计算机	万台	1 342.2	48.8	2 446.3	82.3	2 679.9	9.5
平板计算机	万台			45.4		492.5	984.8
PC服务器	万台	70.3	3.7	80.8	15.0	101.2	25.2
RISC服务器	万台	3.0	7.1	3.3	10.4	3.75	13.6
UPS	万台	163.5	5.3	167.0	2.1	93.2	–44.2
磁盘存储系统	TB	65 256	48.3	85 028	30.3	114 872.8	35.1
打印机	万台	705.1	–7.9	572.4	–18.8	583.9	2.0
多功能一体机	万台	278.2	14.6	338.9	21.8	396.6	17.0
扫描仪	万台	62.6	–16.2	53.3	–14.8	50.4	–5.4
显示器	万台	3 089.1	122.7	3 306.6	7.0	1 738	–47.4
移动硬盘	万部	207.8	–8.8	250.8	20.7	340.9	35.9
路由器	万台	58.6	10.8	65.9	12.5	75.8	15.0
交换机	万端口	2 834.7	5.6	3 217.4	13.5	3 660.1	13.8
MP4/PMP/MP3	万部	515.9	–9.2	489.5	–5.1	484.7	–1.0
闪存盘	万部	2 099.8	12.2	2 507.6	19.4	2 304.7	–8.1
存储卡	万个	4 837.2	5.7	5 600.3	15.8	5 828.4	4.1

注：表1—表2数据根据工业和信息化部、赛迪顾问和计算机行业协会数据整理。

表3　2009—2011年中国计算机行业主要产品销售额情况

产品名称	单位	2009年		2010年		2011年	
		销售额	增长率（%）	销售额	增长率（%）	销售额	增长率（%）
台式计算机	亿元	776.3	–9.1	758.9	–2.2	753.26	–0.7
笔记本计算机	亿元	829.4	30.5	1 197.3	44.4	1 215.38	1.5
平板计算机	亿元			21.9		189.8	766.7
PC服务器	亿元	130.42	5.9	149.2	14.4	183.3	22.9
RISC服务器	亿元	115.6	5.3	123	6.4	137.6	11.9
UPS	亿元	31.56	3.9	33	4.6	37.28	13.0
磁盘存储系统	亿元	73.8	21.0	85.5	15.9	103.66	21.2
打印机	亿元	96.86	–4.8	89.4	–7.7	91.67	2.5

续表

产品名称	单位	2009 年		2010 年		2011 年	
		销售额	增长率（%）	销售额	增长率（%）	销售额	增长率（%）
多功能一体机	亿元	34.46	–1.5	42.9	24.5	53.59	24.9
扫描仪	亿元	3.45	–13.8	3.2	–7.5	3.03	–5.3
显示器	亿元	264.2	51.4	279.2	5.7	153.0	–45.2
移动硬盘	亿元	13.4	–21.6	13.2	–1.5	14.2	7.6
路由器	亿元	101.3	6.2	109.4	8.0	121.76	11.3
交换机	亿元	102.0	3.4	113.9	11.7	128.1	12.5
MP4/PMP/MP3	亿元	32.3	–9.5	30.6	–5.3	30.2	–1.3
闪存盘	亿元	21.5	1.4	22.3	3.7	18.2	–18.4
存储卡	亿元	43.8	–23.8	47.1	7.5	43.8	–7.0
信息安全产品	亿元	93.0	17.3	110.0	18.4	130.84	18.9

注：表 3 数据根据工业和信息化部和赛迪顾问数据整理。

表 4　2009—2011 年中国计算机行业进出口金额

项目名称	单位	2009 年		2010 年		2011 年	
		金额	增长率（%）	金额	增长率（%）	金额	增长率（%）
进口额	亿美元	449.1	–51.8	589.8	31.3	602.3	2.1
出口额	亿美元	1 683	–20.9	2 171.78	29.0	2 293.9	5.6
进出口总额	亿美元	2 132.1	–30.3	2 761.56	29.5	2 896.2	4.9

注：表 4 数据根据赛迪顾问和海关数据整理。

表 5　2009—2011 年中国计算机行业主要产品进出口情况

单位：万美元

产品名称	2009 年		2010 年		2011 年			
	出口额	进口额	出口额	进口额	出口额	增长率（%）	进口额	增长率（%）
台式计算机	939 530	13 567.9	538 663	15 471	665 330.1	23.5	24 600.6	59.0
笔记本计算机	6 664 901.2	31 065.2	9 533 318.3	43 435.4	10 587 990	11.1	49 134.4	13.1
计算器	79 941.4	2 319.6	75 182.7	1 267.7	66 509.9	–11.5	863.5	–31.9
打印机	340 616.3	58 984.4	459 986.8	99 035.5	455 405.3	–1.0	113 801.3	14.9
其中：针式	14 310.6	13 084.1	14 454	19 829.2	16 008.4	10.8	24 929.6	25.7
其中：激光	246 346.9	28 221.2	344 848.0	58 602.7	328 520.8	–4.7	67 607.8	15.4

续表

产品名称	2009 年		2010 年		2011 年			
	出口额	进口额	出口额	进口额	出口额	增长率（%）	进口额	增长率（%）
其中：喷墨	44 376.5	8 618.5	75 284.8	9 262.2	58 264.1	–22.6	9 916.3	7.1
扫描仪	27 174.2	9 811.2	40 501.5	14 020.9	39 469.3	–2.5	16 595.1	18.4
硬盘驱动器	743 975.9	1 230 975	991 619.1	1 572 143.8	1 275 040.9	28.6	1 805 423.7	14.8
软盘驱动器	2 358.9	733.2	1 129.7	249.9	327.8	–71.0	108.2	–56.7
光盘驱动器	258 751	356 819.7	269 791.6	418 524.9	243 499.9	–9.7	320 076.5	–23.5
显示器	1 028 081.7	95 990.5	970 210.4	76 826.4	806 630.6	–16.9	35 922.6	–53.2
其中：液晶显示器	1 015 465.7	95 672.9	961 869.5	76 633.5	804 108.4	–16.4	35 674.1	–53.4
其中：CRT 显示器	12 531.3	169.5	8 207.5	97.3	2 371.3	–71.1	127.9	31.4
自动柜员机	49 581.1	39 958.1	55 953.1	41 979.8	69 665.4	24.5	41 598.4	–0.9
UPS	78 270.1	8 788.8	106 912.8	11 107.3	122 368.9	14.5	12 894.4	16.1
集线器	3 823.7	873.6	3 117.3	1 183.5	4 360.7	39.9	1 509.6	27.6
路由器	206 132.9	39 611.1	278 670.7	34 840.3	345 090.2	23.8	36 095.7	3.6
调制解调器	229 202.3	4 890.1	264 998.2	7 333.4	247 000.6	–6.8	7 923.56	8.0
数字照相机	628 388.9	182 494.1	706 846.6	231 541.1	644 234.2	–8.9	254 241.6	9.8

注：表 5 数据根据海关和赛迪顾问数据整理。

［撰稿：侯建仁　吴国纲　审稿：丁文武］

软件产业

【综述】

2011 年，在《国务院关于印发进一步鼓励软件产业和集成电路产业发展若干政策的通知》（国发［2011］4 号）等产业政策推动下，中国软件产业步入新的快速发展阶段。产业规模超过 1.88 万亿元，产业结构不断优化，中心城市产业集聚效应明显，重点企业稳步发展，创新能力不断增强，在推进工业转型升级、深化信息化与工业化融合、维护国家信息安全等方面发挥了重要作用。

2011 年，中国软件产业继续保持高速增长，软件业务收入达到 18 849 亿元，增长 38.7%，超过“十一五”期间平均增速 10.7 个百分点，软件业务收入占电子信息产业比重为 20.1%。软件业实现出口 346 亿美元，同比增长 29.5%。软件企业规模不断壮大，全国软件业从业企业 4 万余家，从业人数超过 300 万人，同比增长超过 26%；全国软件产品登记 23 222 项，同比增长 34%；认定软件企业 4 750 家，同比增长近 40%。

产业结构不断优化　2011 年，软件产品收入 6 192 亿元，同比增长 25.6%；信息技术咨询服务、数据处理和运营服务分别实现收入 1 802 亿元和 3 066 亿元，同比增长 50.1%和 73.9%，增速高于全行业 11.4 个和 35.2

个百分点，两者占软件业比重为 26%，比上年提高 4.1 个百分点；嵌入式系统软件实现收入 3 074 亿元，同比增长超过 40%；信息系统集成服务和 IC 设计增长较为平稳，分别实现收入 4 084 亿元和 632 亿元。

产业集聚效应明显，西部地区加快发展 2011 年，东部省市继续领先全国发展，共完成软件业务收入 14 539 亿元，同比增长 25.2%，占全国比重达 77.1%，江苏、福建和山东等省的增速均超过 35%。西部省市产业规模占全国比重仅为 9.8%，但增速明显，同比增长 43.1%。全国 4 个直辖市和 15 个副省级城市实现软件业务收入 15 340 亿元，同比增长 41.3%，占全国软件业务收入的 81.4%，其中软件业务规模超过 500 亿元的城市达到 10 个，中心城市成为软件产业发展的主要集聚地。软件名城对产业的集聚效应更加突出。2011 年，南京、济南、成都 3 个软件名城以及广州、深圳、上海 3 个软件名城创建试点城市合计完成软件和信息服务业务收入 8 110 亿元，占全国软件和信息服务业务收入的 44.1%，与 2010 年 6 城市软件和信息服务业务收入占全国 39.9% 相比，聚集程度进一步提高。2011 年，南京、济南和成都三个城市的软件和信息服务业务收入增速高于全国平均水平（32.4%），分别达到 50%、36%和 47%。

重点企业稳步发展，创新能力不断增强 2011 年，中国软件前百家企业累计完成软件业务收入 3 423 亿元，占全国软件业务收入的 18.2%；排名前三位的企业软件业务收入均超过 300 亿元，收入总和 1 533.6 亿元，比上届前三位企业收入总和增加 129.0 亿元；超过 10 亿元的企业有 56 家，比上届增加 4 家。企业创新能力不断增强。2011 年，全国软件著作权登记超过 10 万件，同比增长超过 33%；在 2011 年度国家科技进步奖评审中，海尔集团公司、中国电子系统工程总公司、德讯科技股份有限公司、中科软科技股份有限公司、安徽科大讯飞信息科技股份有限公司等多家软件企业获得国家科技进步二等奖。

科技进步与应用

基础软件 在“核心电子器件、高端通用芯片及基础软件产品”和电子信息产业发展基金等专项大力扶持下，国产基础软件研发投入不断加大。国产操作系统、数据库、中间件和办公软件均聚集了一批企业，并在每个领域形成了几家龙头企业，开始在党政军、电力、电信、金融、信息安全等领域显现出一定优势，部分产品开始占据主导地位。随着云计算、移动互联网、大数据等新模式和新应用的出现和普及，基础软件面临一些新的挑战和机遇。云计算催生广义服务器操作系统的发展，移动互联网使基础软件平台的核心从个人计算机（PC）向移动智能终端转移，而大数据对传统关系型数据库造成巨大冲击，内存数据库、列存数据库等支持联机事务处理和联机分析处理成为未来数据库发展方向。

嵌入式软件 2011 年，中国嵌入式软件发展迅速，市场规模迅速扩大，并广泛应用于通信、消费电子、工业企业、医疗、航空等重点领域。全年嵌入式系统软件实现收入 3 074 亿元，同比增长 44%，比上年高 10 个百分点。2011 年中国软件业务收入前百家企业的前三家企业主营软件业务均为嵌入式软件，软件业务收入平均超过 510 亿元。

工业软件 2011 年，中国工业软件继续保持平稳较快增长，研发设计软件初步建立相对完善的产业体系。其中，国内研发设计工具产品已基本形成体系，尤以 CAD（计算机辅助设计）发展最为迅速，目前占据国内 30%的市场份额，部分研发设计工具出口至美国、日本等成熟市场；生产管理软件领域龙头骨干企业快速成长，中端市场的核心竞争力显著增强，已占据国内中高端市场约 40%的份额；生产控制软件在部分领域的产业化取得突破，从低端向中端加速迈进，约占国内市场份额的 1/3。

云计算 2011 年，中国云计算产业发展迅速，北京、上海、深圳、杭州、无锡等五个先行试点示范城市的多个项目获得专项基金支持，涉及互联网服务、电子商务、金融服务、中小企业服务、公共技术平台等云计算应用的多个领域，支持总额度为 15 亿元。众多企业开始将云计算提升为企业战略并纷纷建立云开放平台或推出云计算产品和服务。云计算在个人、企业、政府等领域开始落地，个人应用主要包括云存储、云输入法、基于位置的服务（LBS）、社交网络（SNS）等，企业应用主要包括邮件系统、客户关系管理（CRM）、云安全系统、云存储服务等，政府领域应用主要包括数字城市、智慧城市等。

物联网 2011 年 4 月，国家设立物联网专项资金，并印发《物联网发展专项资金管理暂行办法》，以无偿资助或贷款贴息方式支持技术研发、标准研究制定、公共服务平台、产业化、应用示范与推广应用类项目。11月发布的《物联网“十二五”发展规划》指出，国家将重点推进10大产业聚集区及100家骨干企业的建设。全国有28个省市将物联网作为新兴产业发展重点之一，有10多个省市对外发布相关发展规划。物联网应用开始大规模落地，走进人们的生活，并发挥重要作用。从产业结构看，硬件占主导地位，软件和信息服务还相对薄弱；从产业布局看，东部具有先发优势，中西部在奋力追赶。企业纷纷切入智慧产业，推动物联网应用，政府则通过专项资金和“十二五”规划，助力技术和产业发展。

知识产权 2011年，中国软件产业知识产权保护工作继续推进，企业知识产权保护意识不断增强。软件著作权登记首次超过10万件，较2006年增长4.1倍。2006年到2011年，软件著作权登记累计超过35万件。软件正版化工作有效推进，计算机预装正版软件和正版软件采购成绩显著，软件盗版情况显著改善，相关机构开始探索开展企业软件资产管理试点工作。

政策和重大举措

2011年，国家和有关部门相继出台多个政策和规划。

1月28日，国务院发布《国务院关于印发进一步鼓励软件产业和集成电路产业发展若干政策的通知》（国发[2011] 4号，以下简称国发4号文），从财税政策、投融资政策、研究开发政策、进出口政策、人才政策、知识产权政策和市场政策等七个方面对软件产业和集成电路产业发展予以支持。为贯彻落实国发4号文，5月12日，海关总署发布《关于支持软件产业和集成电路产业发展的有关政策规定和措施》（海关总署公告2011年第30号），对软件企业进出口所需的自用设备，以及按照合同随设备进出口的技术（含软件）及配套件、配件，不需出具确认书，不占用投资总额，免征进口关税。11月13日，财政部、国家税务总局联合发布《关于软件产品增值税政策的通知》规定，销售自行开发生产的计算机软件产品按法定17%的税率征收后，对实际税负超过3%的部分实行即征即退，所退款项用于研究开发软件产品和扩大再生产，不作为企业所得税应税收入，不予征收企业所得税。

3月16日，《国民经济和社会发展第十二个五年规划纲要》发布，把推动信息化和工业化深度融合、加快经济社会各领域信息化、发展和提升软件产业作为全面提高信息化水平的重要内容。

4月6日，工业和信息化部发布《软件和信息技术服务业“十二五”发展规划》，从技术创新、应用推广、产业组织、人才建设、区域布局等方面明确了中国软件与信息技术服务业发展目标，确定了龙头企业培育、基础软件提升、工业软件应用促进、信息技术服务能力提升、软件名城和示范基地创建、公共服务体系建设、安全可靠软硬件应用推广、云计算创新发展等八项重大工程。

9月8日，商务部联合其他九部委发布《关于促进战略性新兴产业国际化发展的指导意见》（商产发[2011] 310号），将物联网、高端软件等新一代信息技术产业列为国际化推进重点。

12月30日，国务院发布《工业转型升级规划(2011–2015)》，指出：工业转型升级是中国加快转变经济发展方式的关键所在，是实现工业大国向工业强国转变的必由之路；要突破一批关键技术瓶颈，大力发展研发设计及工程分析软件、制造执行系统、工业控制系统、大型管理软件等应用软件和解决方案，逐步形成工业软件研发、生产和服务体系，为数字化、网络化、智能化制造提供有力支撑。

存在问题

一是缺乏具有全球领先地位的大企业，产业整体处于价值链中低端；二是产业创新体系不健全，核心技术缺乏；三是产业链协同效应尚未充分发挥，亟待建立龙头企业带动、中小企业支撑的产业发展体系；四是人才结构矛盾突出，高层次、复合型、领军型人才依然短缺；五是以市场为导向、政产学研用结合的支撑体系有待完善，产业可持续发展能力急需提升。

[撰稿：孙文龙 王少朋 审稿：陈伟 陈英]

信息技术服务业

【综述】

2011年，信息技术的创新发展为信息技术服务业带来新一轮快速发展机遇。以云计算、物联网、移动互联网等为代表的新模式、新业态，正成为信息技术服务业新的增长点。在此背景下，中国信息技术服务业保持快速发展态势，产业规模持续扩大，结构和布局不断优化，应用水平和创新能力显著提升，对传统产业转型升级和新兴产业培育发展起到重要作用。

生产与销售

伴随《国务院关于进一步鼓励软件产业和集成电路产业发展若干政策的通知》（国发［2011］4号）出台，以及信息化建设的不断深入和云计算等新兴服务业的迅速发展，中国信息技术服务业继续保持高速增长态势。2011年，信息技术咨询服务、数据处理和运营服务分别实现收入1 802亿元和3 066亿元，同比增长50.2%和73.9%，增速高于全行业11.5个和35.2个百分点，占全行业收入比重分别为9.6%和16.3%，比2010年分别提高0.8个和3.3个百分点。信息系统集成服务收入4 084亿元，同比增长31%。IC设计收入632亿元，增速超过40%。

在产业规模快速发展同时，企业数量也在不断增长，竞争力不断提升。截至2011年底，中国拥有系统集成一级资质企业236家，占企业总数的6.4%，实现业务收入1 201亿元，占收入总数的30.6%；二级资质企业561家，实现业务收入1 010亿元，分别占总数的15.3%和25.8%；三级资质企业2 117家，实现业务收入1 500亿元，分别占总数的57.6%和38.3%；四级资质企业762家，实现业务收入211亿元，分别占总数的20.7%和5.4%。

从产业布局来看，信息技术服务的集中现象和集群效应日益明显。2011年，北京、广东、浙江、山东、上海五省市系统集成企业数量占全国系统集成企业总数的51.5%。其中，北京系统集成企业数量最多，占18%；广东次之，占17.8%；浙江位居第三，占5.9%。从系统集成业务收入地域分布来看，北京、广东、江苏位居三甲，占全国系统集成业务收入的43.5%。其中，北京系统集成业务规模最大，占19.3%；广东次之，占12.7%；江苏位居第三，占11.6%。

科技进步与应用

信息技术服务标准工作　工业和信息化部软件服务业司组织开展多项标准研究制定工作，并积极推进信息技术服务标准验证与应用试点。2011年，研究提出《ITSS体系框架（3.0版）》，已报批3项行业标准，11项标准进入征求意见阶段，9项标准正在起草。其中，制定完成《信息技术运维服务应急响应规范》等标准报批稿、《信息技术运维服务交付规范》等标准送审稿、《信息技术　服务管理　第3部分：技术要求》等标准征求意见稿。已完成《信息技术服务　外包　第2部分：数据（信息）保护规范》标准报批稿和《信息技术服务　外包　第1部分：服务交付保障通用要求》标准征求意见稿。2011年7月，召开信息技术服务指导协调组第五次工作会议暨信息技术服务标准验证与应用试点中期验收会，总结北京、上海、广东等九家试点单位的标准验证成果。各试点单位在试点工作中根据自身特色，有重点地支持了标准贯彻实施的工具系统研发，针对信息技术服务质量评价标准、信息技术运维服务通用要求等五个标准进行试用验证。同时，指导ITSS工作组对验证结果进行消化吸收，完善修改标准内容，有效提高了标准质量，提升了企业服务能力，探索了依据标准规范市场的模式和机制。

系统集成资质管理　为顺应系统集成行业服务化、高端化的转型发展趋势，满足市场细分需求，工业和信息化部计算机信息系统集成资质认证办公室组织推进计算机信息系统集成资质评定条件修订和分类细化管理工作，对《计算机信息系统集成资质等级评定条件（修定版）》（信部规 [2003] 440 号）和《信息系统工程监理资质等级评定条件（试行）》（信计资 [2004] 010 号）进行了修改和完善。

云计算服务 2011 年 3 月，国家发展和改革委员会与工业和信息化部联合发布《关于做好云计算服务创新发展试点示范下一步工作的通知》（发改办高技 [2011] 517 号），对北京、上海、深圳、杭州、无锡等 5 城市试点示范工作进行具体部署。8 月，依托云计算服务创新发展试点示范工作，国家发展和改革委员会、财政部与工业和信息化部联合组织实施云计算示范工程，对 5 城市重点支持示范应用和公共服务平台两大类项目，加快实现整合云计算资源、创新服务模式、保障信息安全、促进节能减排等方面的一体化发展。

重大工程与重点项目

电子信息产业发展基金 2011 年，电子信息产业发展基金组织安排了云计算关键支撑软件研发与产业化（云存储服务）、面向多行业的信息技术服务知识库系统、信息系统（金融）运行维护支持系统等项目，重点支持和引导云计算、信息技术服务等产业发展。

软件公共服务平台 利用软件公共服务平台专项资金支持 6 个地方进行平台建设和升级改造，进一步丰富平台资源内容，创新服务模式，提高服务能力。

软件和信息服务业示范基地 为加快调整优化产业结构，引导产业集聚发展、集约发展，工业和信息化部从 2011 年起启动国家新型工业化产业示范基地（软件和信息服务业）创建工作。示范基地创建以产业集聚为主要特征，以园区为主要载体，要求主导产业特色鲜明，水平和规模居全国领先地位。首批已认定北京、南京、广州等城市的 8 个软件和信息服务业示范基地。

国际合作与进出口贸易

对外贸易 2011 年，外包服务出口保持高速增长，全年实现收入 77.8 亿美元，同比增长 45.4%。国内经济稳步增长、内需市场持续扩大、国际市场有效拓展是外包服务较快增长的主要原因。2011 年，软件与信息服务外包国际业务中，31.7%的外包业务来自日本，28.3%来自美国，18.1%来自中国港澳台地区，6.5%来自欧洲，四个地区的业务量占中国国际业务接包总量的 84.6%。与 2010 年相比，来自美国、日本和欧盟的业务比重分别下降 1.0 个、1.3 个和 0.6 个百分点，来自中国港澳台地区的业务比重增加 1.6 个百分点。

国际合作 积极参与国际标准化工作。在 ISO/IEC SC7 年会上提交质量评价标准国际提案，获得良好成效，并由中方牵头组织成立了服务质量研究组。在 ISO/IEC SC38 年会上提交了《云计算参考架构》和《云服务交付通用原则》两项国际提案。

2011 年 11 月，中国软件行业协会（CSIA）与日本国信息服务产业协会（JISA）联合举办第十五届中日信息服务产业恳谈会，围绕“把握历史性战略机遇，促进中日合作新跨越”主题进行交流研讨和商务合作洽谈。此外，第十五届（北京）中国国际软件博览会、第七届（南京）中国国际软件博览会等重大展会活动，对加强国际合作具有重要意义。

政策与法规

2011 年 1 月 28 日，国务院发布《国务院关于印发进一步鼓励软件产业和集成电路产业发展若干政策的通知》（国发 [2011] 4 号），从财税政策、投融资政策、研究开发政策、进出口政策、人才政策、知识产权政策和市场政策等多个方面鼓励和支持软件产业发展。在财税政策方面，为促进信息技术服务业发展，新增营业税优惠政策，对符合条件的软件企业从事软件开发与测试，信息系统集成、咨询和运营维护等业务免征营业税，并简化相关程序。工业和信息化部会同相关部委积极推进营业税优惠政策的实施细则出台。

2011 年 12 月 12 日，国务院办公厅发布《关于加快发展高技术服务业的指导意见》（国办发 [2011] 58 号），提出要大力发展信息技术服务、数字内容服务等八大服务业领域。

2011 年 4 月 6 日，工业和信息化部发布《软件和信息技术服务业“十二五”发展规划》，提出软件和信息技术服务业的发展目标、发展重点、重大工程和保障措施。在十大发展重点中，涉及信息技术服务的有信息系统集成服务、信息技术咨询服务、数字内容加工处理、服务外包、新兴信息技术服务、集成电路（IC）设计。在八大重点工程中，涉及信息技术服务的有龙头企业培育工程、信息技术服务能力提升工程、软件名城和示范基地创建工程、公共服务体系建设工程、云计算创新发展工程。

市场分析与预测

新兴信息技术服务向传统产业和战略性新兴产业领域不断渗透，在政务、医疗、卫生、教育、文化等领域的应用不断深化。在产业政策引导和产业创新驱动的双重作用下，信息技术服务业正加快转型发展。

在信息化不断深入的宏观背景下，信息技术服务的市场空间加速拓展。政府、电力等行业领域的信息化成熟度明显领先，总体处于扩展与整合优化阶段，对信息资源和服务能力的整合需求不断增长。预计信息技术服务占政府行业 IT 支出的比重将逐步上升，其中解决方案的投入金额在今后几年将以年均 16%左右的增速扩张。

两化深度融合要求进一步深化信息技术在研发设计、生产、流通、管理和人力资源开发等关键环节的应用，促成信息技术咨询服务、数据处理和运营服务等细分行业的市场需求不断释放。预计 2012 年，以各行业领域的业务系统升级和新信息系统建设为依托，信息技术咨询服务、数据处理和运营服务将延续强劲增长势头，并向价值链高端攀升，进而带动信息技术服务业整体快速发展。

存在问题

一是中国信息技术服务企业的业务重心长期集中在低端集成实施领域，尤其缺乏提供涵盖前端咨询设计、集成实施以及后端运行维护的整体解决方案能力，服务能力无法满足市场需求。

二是全球市场需求不旺将给离岸服务外包业务带来不利影响。从国际因素看，受债务危机和紧缩政策影响，世界经济迟滞复苏，美国、欧盟、日本三大软件产业体 2012 年宏观经济均不乐观。在国际市场需求无明显扩大的条件下，中国离岸服务外包增速放缓的局面难有大的改善。人民币升值以及劳动力成本上升，也将继续削弱中国离岸服务外包产业在国际市场的竞争优势。

三是信息技术服务业正面临历史性变革，新一轮产业格局洗牌即将到来，信息技术服务企业急需适应技术和市场发展趋势，加快转型，向高端化发展，培育更多新的增长点。

[撰稿：尹洪涛　任利华　审稿：陈伟　郭建兵]

电子工业专用设备行业

【综述】

2011 年，中国电子工业专用设备行业努力调整产品结构，积极开发新产品，尽管下半年行业增速明显回落，但全年呈现快速增长。根据中国电子专用设备工业协会对 74 家从事电子专用设备生产和研发的主要企事业单位的统计，2011 年，中国电子专用设备与电子专用工模具销售收入为 128.8 亿元，同比增长 51.9%；电子专用设备与电子专用工模具工业增加值为 43.3 亿元，同比增长 69.1%。行业从业人员 30 385 人，比上年增加 6.5%，其中：工程技术人员 8 177 人，比上年增加 11.6%。全行业固定资产净值为 48.5 亿元，比上年的 30.5 亿元增加 59.0%。

生产与销售

据上述统计，2011 年，电子专用设备工业行业完成总产值（现价）248.6 亿元，销售收入 224.2 亿元，分别比上年增长 45.0%和 39.6%。

大企业产销规模继续扩大，推动全行业快速发展。2011 年，行业主营业务（电子专用设备和电子专用工模具）销售收入 128.8 亿元，比上年增长 51.9%。其中：电子专用设备销售收入同比增长 52.4%；电子专用工模具销售收入同比增长 31.5%。行业前十名单位主要经济指标增长速度高于全行业，其销售收入总额达到 155.9 亿元，占全行业的 69.5%，比 2010 年前十名销售收入总额增长 34.0%。入围前十强的企业销售收入从 2010 年的

4.49 亿元提高到 6.05 亿元。大企业集团在产业发展中发挥了主导作用。

晶硅太阳能设备继续推动半导体设备快速增长。2011 年，中国半导体设备销售收入 72.3 亿元，同比增长 66.6%，占全部电子专用设备销售收入的 56.1%，这主要得益于晶硅太阳能设备的推动。上半年，晶硅太阳能设备延续 2010 年大幅增长态势，销售收入达到 2010 年全年水平。尽管下半年受市场影响增速下降，但 16 家主要太阳能电池设备制造商全年太阳能设备销售收入达到 64.4 亿元，同比增长 75%。其中，太阳能级晶硅生长和硅片加工设备（硅单晶炉、多晶硅铸锭炉和多线切割设备）销售收入 34.5 亿元，同比增长 48.7%，占太阳能电池设备销售收入的 53.6%；晶硅太阳能电池芯片制造设备销售收入 29.9 亿元，同比增长 187.5%，占太阳能电池设备销售收入的 46.4%。

行业利税增长速度超过销售收入，大企业经济效益明显，亏损企业和亏损额大幅减少。2011 年，全行业实现利税 34.88 亿元，比上年增长 36.5%，其中，实现利润 25.83 亿元，比上年增长 31.0%，行业利税和销售收入保持同步增长。完成利税前十名企业的利税总额为 25.27 亿元，占全行业的 72.4%，其中利润 19.46 亿元，占全行业的 75.3%。亏损企业 2 家，比上年减少 1 家，亏损总额从上年 1 716.7 万元减少到 823.5 万元。

此外，2011 年 9 月 8 日，北京京运通科技股份有限公司在上海证券交易所主板上市，为行业发展提供了新的力量。

科研与新产品

电子专用设备、专用工模具新产品　据上述统计，2011 年，中国电子专用设备行业完成新产品 320 项，比上年增加 14 项；完成本行业以外新产品 50 项。具有自主知识产权、性价比高的新产品增强了国产电子专用设备的市场竞争力。

北京京运通科技股份有限公司的 800 公斤级多晶硅铸锭工艺研发及铸锭炉系统开发和产业化项目、北京七星华创电子股份有限公司的在线式多晶硅制绒清洗设备、北京中科信电子装备有限公司的全自动丝网印刷及检测分选一体化系统、北京北方微电子基地设备工艺研究中心有限责任公司的晶硅太阳能电池生产用平板 PECVD 设备、北京中科信电子装备有限公司承担的 100MW 晶体硅太阳能电池整线集成工艺研究项目，于 2011 年成功完成并交付使用。上述项目共取得专利 37 项，其中发明专利 8 项。这些项目的完成使中国晶硅太阳能电池具备了成套生产线设备制造能力。

在半导体发光二极管（LED）设备方面，北京北方微电子基地设备工艺研究中心有限责任公司推出高亮度/超高亮度 LED 芯片制造关键设备——ELEDETM330 系列等离子刻蚀机，该设备可满足 2-4 英寸蓝宝石衬底图形化刻蚀和硅衬底刻蚀工艺要求，2011 年取得 50%的国内市场占有率，并被评为第六届（2011 年度）中国半导体设备创新产品。

在平板显示器生产设备方面，国产设备开发和产业化取得新进展。深圳清溢光电股份有限公司研制的“RRM2400 型 PDP 障壁修复机”解决了 PDP 面板障壁缺陷的修复问题，为提高 PDP 面板合格率提供了有效保障。同时，西北机器有限公司完成了第五代 TFT-LCD、PDP 基板玻璃抛光系统的产业化和大尺寸平板显示器光电检测系统的产业化。

在表面贴装设备方面，北京星河泰视特科技公司研制的“基于机器视觉的全自动综合智能视觉优化测试系统”采用智能权值分析技术，误报率显著下降。该项目加入数据分析、工艺控制模块，实时分析测试结果数据，将 AOI 的检测结果用于整条流水线质量控制，提高了质量，节约了生产成本；采用的“快速自动光学测量”技术，精度可达±0.03mm+1%，达到国内领先水平。

重大科技项目　科技重大专项“极大规模集成电路制造装备及成套工艺”（02 专项）电子专用设备项目取得重大进展。六项 300mm 硅单晶生长和硅片生产设备完成工艺考核（β 机）进入商业机型（γ 机）攻关；面向 22 纳米及以下集成电路芯片生产的第二代 300mm 甚高频去耦合反应离子刻蚀设备由中微半导体设备（上海）有限公司研制成功并进入生产线；由中国电子科技集团公司第 45 研究所、第 2 研究所、格兰达技术（深圳）有限公司等单位承担的 200mm 集成电路后封装生产线设备（除引线键合机外）通过生产线考核并进入产业化；北京北方微电子基地设备工艺研究中心有限责任公司研制的具有自主知识产权的国产高端半导体工艺设备——高密度等离子刻蚀系统，自成功进入中芯国际、上海华虹 NEC、上海宏力半导体等 12 英寸 65 纳米国内大生产线以后，已通过客户验证并得到推广应用，2011年又中标国家集成电路先导工艺研发项目，进入先导工艺研究中心从事32–22纳米先进栅极蚀刻技术的开发。

国际合作与对外贸易

国际合作 3月16日，中国电子专用设备工业协会与台湾电子设备协会共同举办《海峡两岸电子设备产业交流会》并签署合作备忘录，在平板显示器、光伏和发光二极管设备领域共创两岸电子设备商机。

3月16日–18日，中国电子专用设备工业协会与美国国际半导体设备和材料协会（SEMI）在上海合作举办中国国际半导体设备和材料展览会暨研讨会（SEMICON China），这是SEMI与中国电子专用设备工业协会等合作伙伴共同推出的规模最大的一次半导体设备产业盛会，为中国“大半导体行业”提供了全面交流平台。

对外贸易 2011年，受太阳能光伏产品出口减少的影响，行业出口交货总值为14.8亿元，同比下降8.2%，但电子专用设备和电子专用工模具出口达到6.06亿元，同比增长32%。其中，西安理工晶体科技有限公司电子专用设备出口交货值达到0.92亿元，位居行业首位。

市场分析与预测

一是由于光伏产品供大于需，2012年上半年仍需继续消化库存，光伏企业投资计划将推迟。为了提高光伏产品转换效率和降低电池片成本，光伏设备的升级和更换将是2012年唯一亮点，也是中国光伏设备制造商面临的挑战。二是受市场制约，已国产化的集成电路设备产业化仍然举步维艰，但已得到市场认可的国产LED设备产业化步伐将进一步加快。三是在国家新能源政策支持下，锂离子充电电池生产设备、高性能永磁材料生产设备和薄膜电容器生产设备已成为电子专用设备新的增长点，2012年将继续保持增长态势。四是由于智能手机和平板电脑快速发展，触摸屏生产设备、LCD生产设备和SMT设备将继续保持增长态势。

预计2012年，中国电子专用设备行业经济运行态势将呈现先低后高，但与2011年相比增速将明显下降，全年销售收入增长约10%。

政策与法规

国务院发布《进一步鼓励软件产业和集成电路产业发展的若干政策》 该政策第八条提出：为完善集成电路产业链，对符合条件的集成电路封装、测试、关键专用材料企业以及集成电路专用设备相关企业给予企业所得税优惠。这为电子专用设备与仪器行业发展提供了有力支持。

国家“十二五”科技规划将白光发光二极管设备国产化列为发展重点 未来五年，将重点发展LED制备、光源系统集成、器件等自主关键技术，实现大型MOCVD设备及关键配套材料的国产化。

国家科技重大专项“极大规模集成电路制造装备及成套工艺”安排2012年启动项目 根据实施方案和“十二五”实施计划，2011年继续安排一批拟于2012年启动的项目，通过择优方式，组织产学研用联合承担项目。

存在问题

一是产业规模偏小，企业实力不强，与中国电子信息产业的规模失衡。2011年，中国电子专用设备制造业主营业务收入仅占中国电子信息制造业的3.4%，行业十强企业电子专用设备总销售收入仅是全球一家半导体设备制造商销售额的六分之一。二是光伏设备急需创新。由于近年中国光伏产业大规模扩产，企业产能过剩，设备市场无序竞争，导致光伏设备制造商自2011年下半年开始走下坡路。光伏设备制造企业必须在光伏产品最新工艺技术要求下，推出新一代光伏设备，市场才能重启。三是高素质人才缺乏，自主创新能力薄弱。目前，国内大多数设备企业的产品是在消化吸收国外产品基础上，避开专利，实现进口替代，少有原始创新设备。在集成电路、平板显示器和表面贴装等高端关键设备开发中进展缓慢，市场基本依赖进口。

【统计数据】

表 1　2011 年中国电子专用设备工业行业规模情况

类别	研究所数（个）	企业数（家）	总人数（人）	其中技术人员（人）
国有及国有控股	5	16	15 385	4 698
民营		41	7 395	1 973
股份		11	7 313	1 291
三资		1	292	215
合计	5	69	30 385	8 177

表 2　2009—2011 年中国电子专用设备工业行业产品销量情况

产品名称	单位	2009 年		2010 年		2011 年	
		销量	增长率（%）	销量	增长率（%）	销量	增长率（%）
半导体与集成电路设备	台	5 376	-1.3	7 854	46.1	7 895	0.5
电子元件设备	台	3 366	-20.2	4 525	34.4	9 191	103.1
电真空和光电器件设备	台	2 387	-33.0	5 491	130.0	5 477	-0.3
环境与可靠性试验设备	台	1 700	4.6	1 697	-0.2	1 868	10.1
净化设备	台	26 818	22.0	29 753	10.9	39 654	33.3
电子整机装联设备	台	2 481	-18.5	4 153	67.4	3 158	-24.0
电子通用设备	台	10 648	-80.9	14 327	34.6	23 195	61.9
电子专用工具	万件	5.1	-99.1	43.4	751.0	17.0	-60.8
电子专用模具	付	1 112	-11.0	1 516	36.3	1 446	-4.6

表 3　2009—2011 年中国电子专用设备工业行业产品销售收入情况

产品名称	单位	2009 年		2010 年		2011 年	
		销售收入	增长率（%）	销售收入	增长率（%）	销售收入	增长率（%）
半导体与集成电路设备	万元	250 610.5	4.7	433 934.2	73.2	723 020.9	66.6
电子元件设备	万元	55 107.5	-5.8	64 999.0	17.9	143 210.8	120.3
电真空和光电器件设备	万元	37 135.8	32.8	91 288.3	145.8	115 157.5	26.1
环境与可靠性试验设备	万元	15 231.0	29.4	17 088.0	12.2	19 799.2	15.9
净化设备	万元	105 827.0	50.4	108 156.4	2.2	149 645.0	38.4
电子整机装联设备	万元	31 340.9	8.1	42 392.8	35.3	43 864.3	3.5
电子通用设备	万元	44 149.2	-15.4	70 010.5	58.6	66 957.6	-4.4
电子专用工具	万元	509.0	-89.5	1 143.0	124.6	8 610.9	653.4
电子专用模具	万元	10 884.0	-32.4	17 865.6	64.1	17 781.0	-0.5

表 4　2009—2011 年中国电子专用设备工业行业主要产品产量情况

产品名称	单位	2009 年		2010 年		2011 年	
		产量	增长率（%）	产量	增长率（%）	产量	增长率（%）
电子专用设备	台、套	52 118	–45.4	76 216	46.2	99 479	30.5
电子专用工具	万件	4.2	–99.3	46.8	1 014.3	17.0	–63.7
电子专用模具	付	1 094	–15.7	1 516	38.6	1 546	2.0

表 5　2009—2011 年中国电子专用设备工业行业主要产品产值情况

产品名称	单位	2009 年		2010 年		2011 年	
		产值	增长率（%）	产值	增长率（%）	产值	增长率（%）
电子专用设备	万元	535 898.1	1.9	911 904.1	70.2	1 444 807.6	58.4
电子专用工模具	万元	11 495.0	–51.1	20 673.0	79.8	33 836.0	63.7

表 6　2009—2011 年中国电子专用设备工业行业产品出口额情况

产品名称	单位	2009 年交货值	2010 年交货值	2011 年	
				交货值	增长率（%）
电子专用设备	万元	20 123.4	45 917.0	52 542.9	14.4
电子专用工模具	万元	3 672.0	5 200.0	8 050.2	54.8
其他产品	万元	16 954.0	110 096.2	87 671.9	–20.4

表 7　2009—2011 年中国电子专用设备工业行业主要经济指标完成情况

项目名称	单位	2009 年	2010 年	2011 年	增长率（%）
全行业工业总产值（现价）	万元	913 626.4	1 715 314.4	2 486 468.8	45.0
其中：本行业产品工业产值（现价）	万元	547 393.1	932 577.1	1 478 643.6	58.6
全行业销售收入	万元	919 567.8	1 606 135.5	2 241 516.3	39.6
其中：本行业产品销售收入	万元	550 794.9	847 933.1	1 288 047.2	51.9
全行业实现利税总额	万元	120 987.4	255 540.6	348 832.1	36.5
全行业实现利润总额	万元	72 499.6	197 095.0	258 284.3	31.0

表 8　2011 年中国电子专用设备行业销售收入排名前 10 家单位情况

排序		单位名称	2011 年总销售收入		其中：电子专用设备、专用工模具销售收入	
2011 年	2010 年		万元	同比增长（%）	万元	同比增长（%）
1	1	中国电子科技集团公司第 48 研究所	595 710.0	31.1	151 560.0	100.8
2	2	江苏苏净集团有限公司	202 807.0	31.9	140 009.0	46.3
3	3	北京京运通科技股份有限公司	177 540.0	48.2	128 199.0	56.9
4	5	北京七星华创电子股份有限公司	114 821.3	44.8	81 319.2	63.0
5	4	西北机器有限公司	107 350.0	18.1	35 406.0	-10.9
6		深圳捷佳伟创新能源装备有限公司	98 157.8	171.3	97 192.4	168.7
7		浙江晶盛机电股份有限公司	74 104.0	121.5	72 064.0	115.4
8	6	四川丹甫制冷压缩机有限责任公司	66 591.0	2.6	683.0	-7.7
9	10	江苏华盛天龙光电设备股份有限公司	60 929.3	35.6	34 883.1	-18.2
10	7	兰州瑞德设备制造有限公司	60 534.0	5.4	57 492.0	2.1
		合　计	1 558 544.4	34.0	798 807.7	71.9

注：表 1—表 8 数据来源于中国电子专用设备工业协会。

[撰稿：金存忠　审稿：彭红兵]

电子测量仪器工业行业

【综述】

据工业和信息化部运行监测协调局统计，2011 年，中国电子测量仪器工业行业规模以上企业 616 家，从业人员超过 15 万人，销售额近 1 045 亿元，资产总值超过 948 亿元；其中，电子测量仪器制造业规模以上企业 131 家，从业人员近 2.5 万人，销售额 166 亿元，资产总值超过 151 亿元。

生产与销售

2011 年，中国电子测量仪器工业行业生产、销售均比上年有一定增长，实现工业总产值 1 075 亿元，同比增长 10.7%，销售收入 1 044.6 亿元，同比增长 11.2%；其中，电子测量仪器制造业生产、销售与上年相比出现下滑，实现工业总产值 168.3 亿元，同比下降 4.2%，销售收入 166.2 亿元，同比下降 4.4%。

科研与新产品

2011 年，中国电子测量仪器行业取得一批科研成果。

中国电子科技集团公司第 41 研究所　该所研发的“AV6591 便携式太阳能电池测试仪”，直流电压测试范围 5V-10 000V，直流电流测试范围 0.1A-12A，功率测试范围 50W-10kW，是国内研制的唯一一款真正意义上的掌上型便携式太阳能电池方阵测试仪，申请了多项国家专利技术，打破了进口产品在便携式太阳能电池测试仪市场垄断地位。

“AV5463 便携式数字电视综合测试仪”，频率范围 1MHz-1.2GHz，综合测试能力强大，性价比高，可替代进口同类产品。

“AV4957 手持式射频综合测试仪”，天馈线测试频率范围 1MHz-6GHz，网络分析频率范围 1MHz-6GHz，频谱分析频率范围 100kHz-6GHz，测试功能强，性价比高，综合性能国内领先，达到国际同类产品先进水平。

"TestCenter 自动测试系统软件平台"，提供非编码、插件组装式开发手段，内置九大类上百种测量仪器控制插件，可运行 C#、LabVIEW、LabWindows 等 6 种语言开发的测试程序，内置 100 多种常用数学函数，可生成 Word、Excel、ATML 等 6 种格式报表，提供了测试序列、插件、操作员界面等方面强大的二次开发功能。

"AV4942B 微波综合测试仪"，频率范围 9kHz–18GHz，该产品体积小、重量轻，综合测试能力强大，适合装备现场维护，投放市场半年来经济效益显著。

"AV6471 光纤熔接机"，平均损耗 0.02dB，该产品体积小、重量轻、工作时间长，同时具有测试盲区较小、测距精度较高、故障定位准确、操作方便、性能稳定可靠等特点，性能指标国内领先，可取代国外同类产品，经济效益良好。

"AV6581 太阳能电池板伏安特性测试仪"，光强范围 200W/m^2–1.2MW/m^2，该产品主要用于太阳能电池组件的生产测试，性能指标国内领先，可替代国外同类产品，经济效益良好。

江苏绿扬电子仪器集团公司 该公司研发的"20GSa/s 数字荧光存储示波器"，可实现四通道实时采样，实时带宽为 DC~2.5GHz，通道最高实时采样速率为 20GSa/s。该产品广泛应用于通信、雷达、航空、电子设备的研制、生产和维修保障，实现对微波器件及系统时钟信号抖动变化分布以及系统罕见的随机突发异常事件记录分析。

"LDS30000 便携式多功能常规信号测试仪"，汇总了数字荧光示波器、任意波信号发生器、数字多用表、音频分析仪功能，可实现实时时域、频域和数据域的综合测试。该产品广泛应用于军事、教育、科研等领域，已配套于总参某部等多家单位，取得良好的社会、经济效益。

"LDS42025 数字存储示波表"，具有 200MHz 带宽、2.5GSa/s 实时采样率的数字存储示波器功能和 3 3/4 位数字电压表功能、频谱分析功能，为用户提供了宽带、高速电信号的时域、频域观察分析和精确测量手段。产品主要性能指标达到国际领先水平，可替代进口并出口创汇，打破垄断，缩小与国外先进水平的差距，对仪器仪表配套国产化水平的提高起到积极促进作用。

"LDP60000 高速实时宽带数字荧光示波器"，突破了高阻 500MHz、低阻 1GHz 的带宽模拟通道设计。该产品填补了国内空白，技术水平国内领先、国际先进。

"LFC3389 手持式多功能频率计"，主要由高精度通用计数器和脉冲波频率计组成，应用无间隔测量、数字内插、脉冲宽带放大和解调电路设计等技术，具有小型轻巧、坚固耐用、环境适应性强等特点。该产品填补了国内空白，技术水平国内领先、国际先进。该项目可对通信设备的连续波频率、时间间隔、脉冲宽度、相位、占空比等参数进行测试，是应用较广泛的通用电子测量仪器，适用范围广，即用即开，即开即测，性价比高。

成都天奥测控技术有限公司 该公司研发的"万用测试仪"，具有 DC~6GHz 标准信号发生和测试能力，具备任意波形发生、示波器、多用表、频谱仪、功率计、调制分析、音频分析和多总线接口能力；"AFDX PXI 测试模块"能实现通信功能、故障测试与注入功能、协议测试、误码测试、流量控制；此外还有"无线车流量传感器"。该三款产品经济效益良好。

杭州爱华仪器有限公司 该公司研发的"AWA5636 型声级计"，动态范围大，性价比高，适用范围广。该产品已取得制造计量器具许可证并投入批量生产，可替代国外同类产品，经济效益良好。

重大工程与重点项目

中国电子科技集团公司第 41 研究所 该所承担的国家"TD–LTE 射频一致性测试系统"课题，开发 TD–LTE 基站和终端射频一致性测试系统，兼容多家终端芯片，测试系统模块化，根据实际测试需求可灵活配置，能够完成相关标准中要求的 90%以上 TD–LTE 基站和终端的射频指标测试。该项目预计于 2013 年底完成。

"TD–LTE TTCN 扩展测试集仪表开发（无线资源管理部分）"课题，依据 3GPP 标准、TD–LTE 行业标准，实现具有终端小区注册、重选、切换、测量过程及测量精度等无线资源管理、测试能力，实现多家终端厂商互联互通，完成系统模拟器（SS）、系统切换单元和完整测试软件开发。该项目预计于 2013 年底完成。

此外，"TD–SCDMA 增强技术终端综合测试仪"和"TD–LTE 无线综合测试仪表开发"两个项目已完成项目研发，计划于 2012 年底验收。

江苏绿扬电子仪器集团有限公司 该公司承担的"20GSa/s 数字荧光存储示波器"项目，属高性能时域测量仪器，具备频域、时频域、数据域测量分析功能，广泛应用于数字通信、数字广播电视、计算机及多媒体网络、大规模集成电路设计及制造、工业自动化集成以及国防科研等领域。该项目计划于2013年完成。

"2.5GSa/s 手持式数字存储示波表"项目，具有200MHz带宽、2.5GSa/s实时采样率，采用低功耗、小型化设计、内置电池供电等技术，具有小型轻巧、坚固耐用、环境适应性强等特点，为用户提供了宽带、高速电信号的时域、频域观察分析和精确测量手段。产品主要性能指标达到国际先进水平，广泛应用于现代电子信息装备或系统研发、制造及现场维护保障。该项目已完成项目开发，通过了科技成果鉴定。

"1000MHz宽带实时数字荧光波器"项目，采用高速数字采集与波形存储、波形快速更新、时基采样等技术，突破了500MHz高阻模拟带宽、数字荧光处理、微弱信号检测等关键技术，可实现高采样率情况下高速信号实时检测和数字荧光效果显示。产品主要性能指标达到国际先进水平。

成都天奥测控技术有限公司 该公司承担的"燃油试验VXI测试系统"、"AFDX总线终端测试模块"、"PXI测井数据采集系统"、"VXI有线综合测试模块"等项目通过鉴定和验收。

杭州爱华仪器有限公司 该公司承担的科技型中小企业技术创新基金项目"数字化智能环境噪声自动监测系统"，技术水平国内领先，已通过鉴定验收，并取得制造计量器具许可证，投入批量生产。

市场分析与预测

国家"十二五"规划已把新能源、新材料、节能环保、生物医药、信息网络和高端制造产业列入战略性新兴产业，相关领域的电子测量仪器和测试系统将实现良好的发展。预计2012-2013年，中国电子测量仪器行业将保持平稳增长态势。

政策与法规

2011年，国家出台《进一步鼓励软件产业和集成电路产业发展的若干政策》，对符合条件的集成电路专用仪器与设备相关企业给予企业所得税优惠，支持行业发展。《电子信息制造业"十二五"发展规划》与《电子专用设备仪器"十二五"规划》均指出，重点支持通信与网络测试，半导体、集成电路测试和数字电视测试仪器的发展。

存在问题

一是中国在原材料、元器件、工艺水平、技术等方面落后于欧洲、美国、日本等发达国家和地区，导致电子仪器技术指标和整机质量不能令人满意，难以达到世界先进水平。二是国产电子测量仪器主要集中于中低端产品，精度不高、品种不全、低水平竞争问题严重。三是缺乏支持电子测量仪器行业发展的有效政策。

【统计数据】

表1 2009—2011年规模以上电子测量仪器行业和电子测量仪器制造业主要经济指标情况

类别	经济指标	2009年		2010年		2011年	
		总额（万元）	增长率（%）	总额（万元）	增长率（%）	总额（万元）	增长率（%）
电子测量仪器行业	工业总产值	6 863 021	17.4	9 705 975	41.4	10 748 147	10.7
	工业销售产值	6 657 330	16.2	9 396 437	41.1	10 446 070	11.2
	税金总额	229 702	36.9	338 343	47.3	420 865	24.4
	利润总额	581 829	13.6	967 302	66.3	1 024 548	5.9
电子测量仪器制造业	工业总产值	1 355 400	8.8	1 757 399	29.7	1 683 405	–4.2
	工业销售产值	1 294 892	7.2	1 737 899	34.2	1 661 524	–4.4
	税金总额	39 713	50.3	51 620	30.0	63 688	23.4
	利润总额	129 492	13.5	202 360	56.3	199 088	–1.6

表 2 2011 年规模以上电子测量仪器行业主要经济指标完成情况（1）

项目名称	单位	工业总产值	工业销售产值	利润总额	税金总额
总计	万元	10 748 149	10 446 070	1 024 549	420 910
环境监测专用仪器仪表制造	万元	1 127 192	1 115 392	98 554	49 692
汽车电子仪器制造	万元	3 630 952	3 518 051	352 843	133 684
导航、气象及海洋专用仪器制造	万元	1 384 150	1 345 637	94 547	29 436
农林牧渔专用仪器制造	万元	154 623	154 028	6 029	3 394
地质勘探和地震专用仪器制造	万元	1 047 620	976 482	103 691	63 706
核子及核辐射测量仪器制造	万元	101 219	102 556	7 034	5 072
电子测量仪器制造	万元	1 683 405	1 661 524	199 088	63 688
其他专用仪器制造	万元	1 618 988	1 572 400	162 763	72 238

表 3 2011 年规模以上电子测量仪器行业主要经济指标完成情况（2）

项目名称	单位	主营业务收入	资产总计	出口交货值	负债合计
总计	万元	10 364 435	9 483 092	1 760 879	4 447 450
环境监测专用仪器仪表制造	万元	1 077 628	649 339	123 606	243 695
汽车电子仪器制造	万元	3 497 936	2 913 877	419 531	1 454 170
导航、气象及海洋专用仪器制造	万元	1 342 508	1 643 185	496 360	927 586
农林牧渔专用仪器制造	万元	143 558	33 144	6 656	15 232
地质勘探和地震专用仪器制造	万元	931 523	1 046 731	106 911	405 021
核子及核辐射测量仪器制造	万元	108 593	143 210	1 881	91 719
电子测量仪器制造	万元	1 644 467	1 509 388	304 246	633 906
其他专用仪器制造	万元	1 618 222	1 544 218	301 688	676 121

表 4 2011 年规模以上电子测量仪器行业主要经济指标完成情况（3）

项目名称	应交增值税（万元）	产成品存货（万元）	企业数（家）	从业人数（人）
总计	366 467	438 641	616	153 431
环境监测专用仪器仪表制造	42 973	28 275	66	11 322
汽车电子仪器制造	118 288	157 471	160	52 715
导航、气象及海洋专用仪器制造	23 855	68 374	60	22 954
农林牧渔专用仪器制造	2 636	1 939	9	1 315
地质勘探和地震专用仪器制造	56 802	26 824	46	13 510
核子及核辐射测量仪器制造	4 525	12 555	15	2 672

续表

项目名称	应交增值税（万元）	产成品存货（万元）	企业数（家）	从业人数（人）
电子测量仪器制造	53 939	62 367	131	24 751
其他专用仪器制造	63 449	80 836	129	24 192

注：表1—表4数据来源于工业和信息化部运行监测协调局出版的《2010–2011年中国电子信息产业统计年鉴》以及2009年《中国电子信息产业统计年报》。

[撰稿：方荣　审稿：彭红兵]

集成电路产业

2011年，面对复杂多变的国际经济环境、需求放缓的全球半导体市场等不利因素，中国集成电路行业努力克服各种困难，产业实现平稳发展，并取得“十二五”的良好开局。2011年，全行业销售收入规模为1 572.2亿元，同比增长9.2%，占世界集成电路市场的9.8%；集成电路产量为719.6亿块，同比增长10.3%。

从产业结构看，近年来，集成电路设计、芯片制造和封装测试三业格局不断优化，集成电路设计业所占比重呈逐年上升趋势。2011年，设计业实现销售收入473.7亿元，所占比重由2010年的25.3%提高至30.1%；芯片制造业实现销售收入486.9亿元，所占比重为31.0%；封装测试业实现销售收入611.6亿元，所占比重为38.9%。

生产与销售

集成电路设计业　2011年，中国集成电路设计业销售额473.7亿元，同比增长30.2%，大大高于集成电路产业总体增长速度，占全行业比重从上年的25.3%提高至30.1%，推动中国集成电路产业结构进一步调整优化。在“核心电子器件、高端通用芯片及基础软件产品”国家科技重大专项等项目支持下，CPU、手机芯片、移动互联芯片、存储器芯片、数模混合信号芯片等重点领域集成电路产品开发及产业化取得新突破。企业技术实力不断提升，深圳市海思半导体有限公司已掌握28纳米开发能力，展讯通信（上海）有限公司40纳米芯片产品大批量销售，北京君正集成电路股份有限公司推出基于Android 4.0的平板电脑解决方案。8家集成电路设计企业销售收入超过1亿美元，国内最大两家集成电路设计企业深圳市海思半导体有限公司、展讯通信（上海）有限公司销售收入排名跻身全球前20大集成电路设计企业之列。

芯片制造业　2011年，受全球集成电路市场需求放缓的影响，部分骨干芯片制造企业销售收入出现不同程度下滑，但英特尔大连12英寸生产线的建成投产，带动了芯片制造业增长。2011年，中国集成电路芯片制造业实现销售额486.9亿元，同比增长8.9%。先进加工工艺取得突破，65/55纳米制程继续上量，45纳米小规模量产，40纳米工艺流片成功，高压、数模混合和功率器件等特色工艺模块开发顺利，不断满足国内市场需求。生产线建设进展较快，“909”工程升级改造——华力微电子有限公司12英寸集成电路芯片生产线55纳米工艺成功试流片，预计2012年实现大规模量产。

封装测试业　受海外订单大幅减少的影响，2011年，中国集成电路封装测试业实现销售收入611.6亿元，同比下滑2.8%，占全行业比重持续下降至38.9%。受索尼爱立信被索尼收购、日本地震导致瑞萨电子产量减少的影响，封装大厂威讯联合半导体（北京）有限公司、瑞萨半导体（北京）有限公司等外资企业营收大幅萎缩。江苏新潮科技集团有限公司、南通华达微电子集团有限公司等骨干内资企业发展相对稳定，销售收入仅微幅下调。先进封装技术和产品的开发与生产取得新进展，逐渐由 DIP、QFP 等中低端领域向 BGA、WLP 等高端封装形式延伸，特别是堆叠式封装技术已应用于产品生产。

科技进步

2011 年，随着中国集成电路产业规模不断扩大，集成电路产业链各环节依然表现出较强的创新活力，为产业后续发展奠定了基础。

集成电路新产品 北京君正集成电路有限公司研发的应用处理器芯片 JZ4770 采用自主创新、国际领先的嵌入式 XBurst CPU 技术，两个非对称 CPU 内核在 65 纳米工艺下主频可达 1GHz，是目前国内唯一支持 Android Honeycomb 系统的芯片。

展讯通信（上海）有限公司研制成功全球首款 40 纳米 TD-SCDMA 多模手机芯片 SC8800G，获得国家十项专利，具有高集成度、低功耗、低成本的优势，产品已被国内外数十家终端厂商采用，为自主标准 TD-SCDMA 的推广应用提供了支撑。

联芯科技有限公司开发的 TD-SCDMA 基带芯片 LC1809 及智能终端解决方案，采用 65 纳米工艺、双 CPU 双 DSP 的四核架构，集成了多媒体功能、基带功能和应用平台功能，已获 4 项发明专利授权。

圣邦微电子（北京）有限公司的系列高精度运算放大器，具有多种优异性能，包括：小于 5μV（微伏）的超低典型输入失调电压值，轨到轨输出、超低配置电流(10pA)、低 1/f 噪声、温度漂移在 20nV/℃以内，共模抑制比达到 110dB，电源噪声抑制比高达 115dB 等，已取得 4 项集成电路布图设计登记证书。

厦门优迅高速芯片有限公司的 ONU 智能型突发模式收发芯片 UX3328，将连续模式的限幅放大器和突发模式的激光驱动器整合一体，集成了满足 SFP-MSA 和 SFF-8472 标准数字诊断功能应用的 IIC 接口和数字控制电路，成功推出国内第一颗三网融合光通信用户端收发一体芯片。

深圳市力合微电子有限公司的 OFDM 电力线载波通信芯片（LME2980），工作在 10kHz 至 490kHz 的宽频率范围，适合不同国家和地区对 PLC 频段的要求，应用于自动抄表（AMR）、电能管理和负荷控制、照明控制以及楼宇、工业和家庭自动化等领域。

苏州博创集成电路设计有限公司的等离子平板显示器用 200V SOI 扫描驱动芯片（PN096S3），获得 7 项发明授权专利、8 项集成电路布图设计登记证书；采用高可靠的厚膜 SOI 多晶硅填充深槽隔离技术，大电流、抗闩锁的横向可集成 IGBT 器件结构，带缓冲级的高压智能低功耗驱动电路设计，使芯片耐压达到 220V，最大驱动电流能力±1.5A。

集成电路制造技术 上海华虹 NEC 电子有限公司的 600-700V 深沟槽超级结 MOSFET 工艺平台，开发了深沟槽刻蚀和沟槽填充技术，形成的 P/N 柱光滑平整，实现了体内电场分布均匀，提高了器件的临界能量；特殊的 P/N 薄层技术，大幅增加了器件导通时通过电流的区域面积，减小了比导通电阻。

无锡华润上华半导体有限公司的绿色电源单片集成超高压 BCD 系列工艺技术，采用自主开发的 Bottom RESURF 结构，能提供更高集成度、更优良的器件性能，适用于高端 AC-DC 电源转换芯片的加工，已累计申请发明专利 36 项。

中芯国际集成电路制造（上海）有限公司的 40 纳米低功耗产品成套工艺，使用先进的可制造性设计(DFM) 和浸入式光刻技术、激光退火技术、应力技术、超浅结技术以及超低介电常数、应力硅工艺等，共申请专利 720 余项，获得专利授权 22 项。该成套工艺已开始为国内客户提供多项目流片服务（MPW）。

集成电路封装与测试技术 江苏长电科技股份有限公司开发的应用于 RF PA 的 SiP LGA Module 封装技术，克服了 GaAs 芯片材质脆、薄，封装过程中容易产生应力、损伤芯片表面和背面等问题，实现了将不同模式的芯片封装在一个模块内。

天水华天科技股份有限公司开发的 LGA-SiP 封装技术，采用多层专用 SiP 基板设计，使封装过程中压焊成品率更高、成本更低、电性能更好、产品周期更短；采用超薄型封装低弧度基板压焊技术，实现了芯片间焊点短接互连，保证了产品可靠性；采用塑封防冲线防翘曲控制技术，满足产品共面性与切割工艺加工要求。

无锡华润安盛科技有限公司的 FCTQFN/FCSOP 先进封装技术，从引线框架的结构设计、带凸点圆片磨划、倒装可靠性、回流焊、塑封成型到整个工艺的成功实施进行系统创新，降低了成本，并且使互联线更短，减小RC 延迟，提高了电路性能。该技术获得一项发明专利、三项实用新型专利。

重大工程与重点项目

2011 年，中国集成电路产业重点工程进展顺利，资源整合持续开展。4 月底，“909”升级改造项目——上海华力微电子有限公司 12 英寸生产线 55 纳米工艺开始试流片，年底完成了 1 万片/月的产能建设。设计企业兼并重组较多，展讯通信（上海）有限公司先后收购摩波彼克半导体有限公司和泰景信息科技有限公司，澜起科技（上海）有限公司收购摩托罗拉杭州芯片设计部，上海新进半导体制造股份有限公司收购电源管理公司 Auramicro 公司。生产线资源有效集中，中芯国际集成电路制造有限公司通过与湖北省科技投资有限公司先合资、后回购的方式，实现对武汉新芯集成电路制造有限公司 12 英寸生产线的整合，上海华虹 NEC 电子有限公司完成对宏力半导体制造有限公司的合并，中航工业集团完成对重庆渝德科技有限公司的收购。

国际合作与进出口贸易

进口方面，2011 年，中国集成电路产品进口 2 141.1 亿块，较上年增长 6.6%；进口金额 1 702 亿美元，同比增长 8.4%。集成电路产品从连续 7 年的中国第一大进口商品降至第二大进口商品，其进口额略低于原油进口额(1 966.6 亿美元)。

出口方面，2011 年，中国集成电路产品出口量和出口额分别为 904.4 亿块和 325.7 亿美元，同比分别增长 8.8%和 11.4%。出口额增长率高于出口量增长率，这表明中国集成电路出口产品水平、质量和均价有所上升。

政策与法规

2011 年，集成电路产业新政策出台，实施细则陆续落实。1 月 28 日，《国务院关于进一步鼓励软件产业和集成电路产业发展若干政策的通知》（国发 [2011] 4 号，以下简称 4 号文件）正式发布。5 月，海关总署公告 2011 年第 30 号发布，明确了相关集成电路企业进口自用生产性原材料、消耗品，净化室专用建筑材料、配套系统，以及生产设备零、配件、进口料件等享受有关税收优惠政策。11 月，《财政部国家税务总局关于退还集成电路企业采购设备增值税期末留抵税额的通知》（财税 [2011] 107 号）发布，有效解决了集成电路重大项目企业采购设备增值税进项税额占用资金问题。

市场分析与预测

2011 年，尽管全球经济复苏乏力，市场需求持续低迷，但在中国手机、笔记本电脑、彩电、IC 卡等终端产品产量不断增长的带动下，中国集成电路市场仍实现了 9.7%的增长，规模为 8 065.6 亿元。

从市场应用结构看，计算机、通信和消费电子仍然是中国集成电路市场主要的应用领域，三者合计占整体市场份额的 87.5%。从市场增速看，随着社保卡在全国大规模发放，健康卡、金融 IC 卡试点陆续展开，IC 卡应用市场成为 2011 年中国集成电路市场增长最快的细分领域，增速达 32.5%。网络通讯和计算机类集成电路市场延续良好增长态势，市场增速分别为 12.4%和 9.2%。随着整车产量增长放缓和车载电子设备需求热度减弱，汽车电子类应用市场增速下降至 6.1%。

展望未来，中国集成电路产业发展机遇与挑战并存。一方面，国际经济环境复杂严峻，国际市场需求持续疲软，原材料、人力成本不断上升，以及人民币升值等不利因素对 2012 年中国集成电路行业的持续发展将带来一定压力；另一方面，随着 4 号文件实施细则陆续出台，产业发展环境将进一步优化，中国手机、计算机、平板电脑等整机产品产量持续攀升，新一代信息技术、新能源汽车等战略性新兴产业将拉动内需市场进一步增长。在这些有利因素带动下，预计 2012 年中国集成电路市场将继续实现平稳增长。

存在问题

一是产品自主供应明显不足，持续创新能力亟待加强。2011 年中国集成电路进口金额 1 702 亿美元，约为同期中国集成电路销售额的 7 倍，表明集成电路产品自主供给能力不足的状况仍十分明显；同时，以移动互联网、物联网、云计算、新能源汽车、高端装备为代表的战略性新兴产业快速发展，对 CPU、DSP 等高端芯片的研发和产业化以及企业的持续创新能力提出了更高要求。

二是产业价值链整合能力不强，芯片与整机联动机制尚未形成。以三星、苹果为代表的国际大公司不断加强产业价值链核心竞争力的整合，以期占据战略技术和产业发展制高点，但中国企业生产的彩电、计算机等电子终端产品，几乎很少采用国产芯片，电子整机企业与芯片企业尚未形成良好的互动机制，这既影响中国电子信息产业持续健康发展，也不利于中国集成电路产业结构调整和核心竞争力提升。

三是产业发展不确定性增多，后续增长压力较大。受全球宏观经济持续低迷、国际半导体市场需求疲软以及原材料和人力成本不断上升等因素影响，中国集成电路产业快速增长遇到较大挑战。此外，面对国际领先企业在移动互联网等潜力市场的大力投入和积极布局，中国集成电路产业突围和持续增长的压力进一步增大。

【统计数据】

表 1　2006—2011 年中国集成电路产业主要经济指标情况

项目	单位	2006 年	2007 年	2008 年	2009 年	2010 年	2011 年
集成电路产量	亿块	335.8	411.7	417.4	414.4	652.5	719.6
集成电路产业销售额	亿元	1 006.3	1 251.3	1 246.8	1 109.1	1 440.2	1 572.2
集成电路产业销售额增长率	%	43.3	24.3	–0.4	–11.0	29.9	9.2
其中：设计业销售额	亿元	186.2	225.7	235.2	269.9	363.9	473.7
设计业增长率	%	49.8	21.2	4.2	14.8	34.8	30.2
制造业销售额	亿元	323.5	397.9	392.7	341.1	447.1	486.9
制造业增长率	%	38.9	23.0	–1.3	–13.1	31.1	8.9
封装测试业销售额	亿元	496.6	627.7	618.9	498.2	629.2	611.6
封装测试业增长率	%	44.0	26.4	–1.4	–19.5	26.3	–2.8
产业占电子信息产品制造业比重	%	2.4	2.5	2.0	2.0	1.8	2.1
产业占世界集成电路市场比重	%	6.1	7.5	8.5	8.5	8.6	9.8

表 2　2011 年中国排名前 10 的集成电路设计企业销售额情况

排序	企业名称	销售额（亿元）	排序	企业名称	销售额（亿元）
1	深圳市海思半导体有限公司	66.7	7	联芯科技有限公司	9.4
2	展讯通信有限公司	43.6	8	北京中电华大电子设计有限责任公司	8.2
3	中国华大集成电路设计集团有限公司	15.9	9	大唐微电子技术有限公司	6.2
4	杭州士兰微电子股份有限公司	13.3	10	上海华虹集成电路有限责任公司	6.1
5	格科微电子（上海）有限公司	11.7	合计		192.3
6	深圳市国微控股股份有限公司	11.2			

表 3　2011 年中国排名前 10 的集成电路及分立器件制造企业销售额情况

排序	企业名称	销售额（亿元）	排序	企业名称	销售额（亿元）
1	海力士半导体（中国）有限公司	129.5	7	天津中环半导体股份有限公司	21.3
2	英特尔半导体（大连）有限公司	120*	8	上海宏力半导体制造有限公司	14.9
3	中芯国际集成电路制造有限公司	85	9	和舰科技（苏州）有限公司	13.4*
4	华润微电子有限公司	40.8	10	吉林华微电子股份有限公司	8.5
5	上海华虹 NEC 电子有限公司	26.3	合计		483.4
6	台积电（中国）有限公司	23.7			

表 4　2011 年中国排名前 10 的芯片封装测试企业销售额情况

排序	企业名称	销售额（亿元）	排序	企业名称	销售额（亿元）
1	英特尔产品（成都）有限公司	188*	7	海太半导体（无锡）有限公司	29.0
2	飞思卡尔半导体（中国）有限公司	72.3	8	上海凯虹科技有限公司	28.5
3	江苏新潮科技集团有限公司	62.6	9	深圳赛意法微电子有限公司	27.2
4	南通华达微电子集团有限公司	40.1	10	日月光封装测试（上海）有限公司	26.1
5	上海松下半导体有限公司	39.2	合计		550.8
6	威讯联合半导体（北京）有限公司	37.8			

注：表 1—表 4 数据来源于中国半导体行业协会。表中带 * 数据为协会预估数据。

表 5　2006—2011 年中国集成电路产品进出口额情况

项目名称	单位	2006 年	2007 年	2008 年	2009 年	2010 年	2011 年
进口额	亿美元	1 054.8	1 284.0	1 292.6	1 199.0	1 569.9	1 702.0
增长率	%	30.2	21.7	0.7	−7.2	30.9	8.4
出口额	亿美元	202.8	238.6	243.2	233.0	292.5	325.7
增长率	%	47.5	17.7	1.9	−4.2	25.5	11.4

注：表 5 数据来源于海关总署。

[撰稿：任爱光　审稿：彭红兵]

真空电子器件工业行业

【综述】

2011年，中国真空电子器件行业中，传统真空电子器件如微波管、发射管、离子管、X–光管、收讯放大管、光电倍增管和气体放电管等发展比较平稳。电子束管中彩色显像管、显示管及其配套件逐步衰退，示波管随着电子仪器的发展增长较快。高性能微波器件不断研发，不仅在国防尖端领域占有重要地位，而且在国民经济各个领域发挥了巨大作用。

据中国真空电子行业协会统计，2011年，共有会员单位73家，从业人员63 199人，同比增加1.6%，其中：技术人员11 101人，同比减少1.3%；管理人员6 915人，同比减少0.6%；工人45 183人，同比增加2.6%。全行业保持了技术人员、管理人员和工人的相对稳定。

2011年，真空电子器件行业总体保持平稳发展。各分行业中，真空开关管增速较快；彩管行业完成产品结构调整，新项目建成投产并开始赢利。全年完成工业总产值611亿元，同比增长17.8%；实现销售收入599亿元，同比增长22.1%；利润总额22.25亿元，同比增长32.0%；上缴税金总额7.68亿元，同比增长0.5%。

生产与销售

2011年，中国真空电子器件总产量39 999万只，同比减少45.6%；销量36 643万只，同比减少45.7%；产销率91.6%。受彩色显像管和离子管产销量大幅下降影响，全行业产销量减幅较大，但真空开关管的产销量保持了较大幅度增长。

电子束管 据中国电子信息产业统计年鉴的数据，2011年，彩色显像管大幅衰退，示波管较快增长。彩色显像管（CPT）产量863万只，同比减少56.6%；销量906万只，同比减少54.2%；产销率104.9%。彩管玻壳产量782万套，同比减少28.5%；销量785万套，同比减少26.7%；产销率100.4%。彩管荫罩产量3 815万片，同比减少6.3%；销量3 800万片，同比减少12.1%；产销率99.6%。

2011年，彩管及其配套企业继续深化产品结构调整，在维持现有彩管市场供应情况下，部分新建项目初见成效，企业实现转亏为盈。

2011年，国内有深圳三星、东莞汤姆逊和彩虹集团三家彩管企业，主要生产“21、29”两个品种。深圳三星有2条生产线，年产能480万只，其利用现有国内外销售渠道，保证了彩管产业的赢利。东莞汤姆逊也保留2条生产线，年产能400万只，凭借印度市场，其生产和销售较为稳定。彩虹集团在咸阳生产基地原有9条生产线，2006年起逐步关闭，到2011年还保留1条，年产能200万只。据有关机构预测，2012年全球彩管市场需求2 000万只，同比下降42.8%。市场进一步萎缩加速了彩管及其配套企业产业结构调整的步伐。

真空开关管 据中国真空电子行业协会对27家会员企业的统计，2011年，真空开关管产量404万只，同比增长17.1%；销量385万只，同比增长19.2%；产销率95.3%。其中，用于城乡电网的6.3 kV以上中高压真空开关管产量244万只，同比增长31.9%；销量237万只，同比增长35.4%。生产中、高压真空开关管的企业中，陕西宝光电器股份有限公司产量45.4万只，同比增长12.4%；销量46.5万只，同比增长15.9%；产销量排在行业首位。武汉飞特电子有限公司产量29万只，同比增长31.8%；销量29.6万只，同比增长34.5%，成为全行业增速最快的企业。成都旭光电子股份有限公司产量28.3万只，同比增长23.0%；销量24.2万只，同比增长30.0%。中国振华集团宇光电器有限公司产量27.1万只，同比增长19.4%；销量23.3万只，同比增长18.9%。低压真空开关管生产企业中，昆山国力电子有限公司、温州星光电子有限公司和安徽宿州电光有限公司生产规模均比较大，完全能够满足市场需求。

为真空开关管配套的瓷壳生产企业主要有广东大埔特种陶瓷有限公司、锦州金属陶瓷有限公司等。为本行业配套的触头材料生产企业主要是陕西斯瑞工业有限责任公司，其触头配套能力已占国内市场70%，还有批量出口。

2011 年，真空开关管及其配套企业在中国真空电子行业协会无源真空器件分会主持下，开始贯彻实施《真空开关管“十二五”发展规划》。

真空电子管 2011 年，真空电子管产量 6 315 万只，同比增长 12.3%；销量 4 994 万只，同比减少 7.8%；产销率 79.1%。其中，收讯放大管产量 197 万只，同比增长 2.6%；销量 193 万只，同比增长 2.1%；产销率 98.0%，除满足国内市场需求外还大量出口国际市场。用于广播电台、电视台以及高频介质加热的发射管产量 14 万只，同比减少 8.5%；销量 13 万只，同比减少 13.9%；产销率 92.9%。超高频管产量 6 104 万只，同比增长 12.7%；销量 4 788 万只，同比减少 8.1%；产销率 78.4%。

离子管 离子管主要包括气体放电管、闸流管、触发管等。2011 年，离子管产量 29 538 万只，同比减少 53.3%；销量 27 545 万只，同比减少 52.1%；产销率 93.3%。其中，主要用于通信设备的过电压保护气体放电管市场需求量很大。生产和销售气体放电管的企业有 30 多家，其中规模较大的是湖北汉光科技股份有限公司和镇江电子管厂。近年由于气体放电管的技术门槛、生产成本低，利润空间大，民营小企业纷纷新建项目，但 2011 年受全球经济低迷影响，产销量大幅下滑。

真空荧光显示管（VFD） 2011 年，真空荧光显示管产量 2 510 万片，同比增加 12.7%；销量 2 456 万片，同比增加 7.2%；产销率 97.8%。国内生产真空荧光显示管的企业有 10 多家，其中规模较大的是京东方浙江真空电子有限公司，其产量 1 000 万片。近年随着新型平板显示器件的发展，真空荧光显示管市场逐渐缩小。据有关资料，全球市场需求 6 000 万片，国内占 40%，国外占 60%，国内外厂家生产真空荧光显示管所需要的配套栅网，全部由宁波东盛集成电路元件有限公司供应。

电光源 国内从事电光源生产的企业很多，只有从事特种电光源生产的企业纳入了统计范围。2011 年，真空电子行业电光源产量 16 820 万只，同比增加 24.9%；销量 15 653 万只，同比增加 15.5%；产销率 93.1%。其中，高压钠灯产销量降幅较大，汽车灯和节能灯微幅上扬，荧光灯产销量大幅增长。

科研与新产品

2011 年，真空电子行业通过省部级鉴定的科研与新品开发项目有 112 项，同比减少 15.2%，其中，微波管 53 项，与上年持平，占总项目 47.3%；真空开关管 54 项，同比减少 22.9%，占总项目 48.2%；电光源 5 项。真空电子行业科研与新品开发仍集中在微波管和真空开关管领域，两类产品占全部新品研制的 95.5%，体现了行业发展方向更为集中。

2011 年，陕西宝光电器股份有限公司和中国振华宇光电器公司已研制出 126kV 开关管供整机试用。北京京东方电器有限公司也研制出 126kV 和 72.5kV 的真空开关管供整机试用，部分出口国际市场。

国际合作与进出口贸易

多年来，中国真空电子器件行业参与国际合作和对外贸易的主要产品是彩色显像管与彩色显示管，其他产品如真空开关管、收讯放大管、发射管、超高频管和离子管均有进出口贸易，但规模不大，外汇额度较小。近年来，彩色显像管和彩色显示管受液晶显示器件影响，进出口数量与金额逐年下降。

2011 年，彩色显像管（CPT）全年进口量 255.5 万只，同比减少 28.0%，进口额 7 335.1 万美元，同比减少 35.0%；出口量 558.5 万只，同比减少 28.3%，出口额 18 093 万美元，同比减少 27.1%。因全球市场需求量逐年减少，彩色显像管进出口数量和金额均大幅下降。

彩色显示管（CDT）全年进口量 1.4 万只，同比增长 100%，进口额 78 万美元，同比增长 69.6%；出口量 107 万只，同比减少 73.3%，出口额 925.1 万美元，同比增长 376.9%。进口数量和金额均大幅增加表明，国内显示管停产后市场仍有需求。出口数量减少而金额增长的原因是消耗了高价值量的库存产品。

【统计数据】

表 1 2011 年中国电子真空器件企业与人员构成情况

项目名称	企业数（家）	人员构成（人）			
		年末从业人员总数	技术人员	管理人员	工人
彩色显示器件及其配套	10	26 347	3 908	2 669	19 770
无源真空器件及其配套	32	12 555	1 689	1 561	9 305
真空光电器件及其配套	9	11 521	2 863	1 581	7 077
真空电子器件及其配套	22	12 776	2 641	1 104	9 031
合　计	73	63 199	11 101	6 915	45 183

表 2 2009—2011 年中国真空电子行业主要经济指标完成情况

单位：亿元

项目名称	2009 年	增长率（%）	2010 年	增长率（%）	2011 年	增长率（%）
工业总产值	391.2	−34.7	518.67	32.6	611	17.8
销售收入	404.1	−30.3	490.76	21.4	599	22.1
利润总额	−27.0	−758.5	16.85		22.25	32.0
税金总额	6.4	−42.9	7.64	19.4	7.68	0.5

表 3 2009—2011 年中国真空电子器件产销量情况

单位：万只

产品名称	2009 年		2010 年				2011 年			
	产量	销量	产量	增长率（%）	销量	增长率（%）	产量	增长率（%）	销量	增长率（%）
电子管	5 277	5 039	5 622	6.5	5 416	7.5	6 315	12.3	4 994	−7.8
其中：收讯放大管	189	172	192	1.6	189	9.9	197	2.6	193	2.1
发射管	16	15	15.3	−4.4	15.1	0.7	14	−8.5	13	−13.9
超高频管	5 072	4 852	5 415	6.8	5 212	7.4	6 104	12.7	4 788	−8.1
电子束管	2 369	1 823	2 001	−15.5	1 991	9.2	863	−56.9	906	−54.5
其中：彩色显像管	2 288	1 727	1 990	−13.0	1 980	14.6	863	−56.6	906	−54.2
彩色显示管	81	96	11	−86.4	11	−88.5	0	−100.0	0	−100.0
离子管	55 539	51 467	63 313	14.0	57 512	11.7	29 538	−53.3	27 545	−52.1
X 光管	6	5	3	−50.0	3	−40.0	369	12 200.0	353	11 666.7
真空开关管	307	282	345	12.4	323	14.5	404	17.1	385	19.2
真空荧光显示管	2 784	2 794	2 227	−20.0	2 291	−18.0	2 510	12.7	2 456	7.2

续表

产品名称	2009 年		2010 年				2011 年			
	产量	销量	产量	增长率(%)	销量	增长率(%)	产量	增长率(%)	销量	增长率(%)
显像管配件	5 447	5 302	5 167	−5.1	5 396	1.8	4 597	−11.0	4 585	−15.0
其中：彩色玻壳	989	1 044	1 094	10.6	1 071	2.6	782	−28.5	785	−26.7
彩色荫罩	4 458	4 258	4 073	−8.6	4 325	1.6	3 815	−6.3	3 800	−12.1
电光源	15 559	15 823	13 466	−13.5	13 550	−14.4	16 820	24.9	15 653	15.5
其中：高压钠灯	185	173	213	15.1	195	12.7	105	−50.7	100	−48.7
汽车灯	393	391	456	16.0	458	17.1	473	3.7	475	3.7
节能灯	4 325	4 214	4 273	−1.2	4 172	−1.0	4 482	4.9	4 325	3.7
荧光灯	10 656	11 045	8 524	−20.0	8 725	−21.0	11 760	38.0	10 753	23.2

表 4　2011 年中国真空电子行业科研成果项目统计

类别	彩管	平板显示	真空开关管	微波管	电子管	电光源	其他	总计
数量（项）			54	53		5		112

注：表 1、表 3、表 4 数据来源于中国真空电子行业协会。

表 5　2009—2011 年中国真空电子行业产品进出口数量情况

单位：万只

产品名称	2009 年		2010 年				2011 年			
	进口量	出口量	进口量	增长率(%)	出口量	增长率(%)	进口量	增长率(%)	出口量	增长率(%)
彩色显像管	311	961	355.1	14.2	778.4	−19.0	255.5	−28.0	558.5	−28.3
彩色显示管	8	15	0.7	−91.3	401.5	2 576.7	1.4	100.0	107.0	−73.3

表 6　2009—2011 年中国真空电子行业产品进出口额情况

单位：万美元

产品名称	2009 年		2010 年				2011 年			
	进口额	出口额	进口额	增长率(%)	出口额	增长率(%)	进口额	增长率(%)	出口额	增长率(%)
彩色显像管	10 728	30 989	11 284	5.2	24 830	−19.9	7 335.1	−35.0	18 093	−27.1
彩色显示管	203	307	46	−77.3	194	−36.8	78.0	69.6	925.1	376.9

注：表 2、表 5、表 6 数据来源于中国电子信息产业统计年鉴。

[撰稿：李庆和　尹泉　审稿：彭红兵]

电子元件工业行业

【综述】

2011 年，中国电子元件行业克服全球金融危机带来的不利影响，恢复了持续增长；同时，主动开展产业结构调整和技术升级，为产业可持续发展奠定了良好基础。全行业销售收入、实现利润、出口创汇、科技进步等方面都取得长足进步。电子元件在为国民经济各行业配套方面取得良好成绩，在国防装备、宇航等高新技术领域的作用进一步显现。

2011 年，中国电子元件行业协会编写的《中国电子元件行业"十二五"发展规划》在电子元件行业正式发布并开始实施。

生产与销售

据中国电子元件行业协会信息中心对规模以上企业的统计，2011 年，全行业完成销售收入 13 737 亿元，同比增长 17.0%；实现利润总额 698 亿元，同比下降 8.3%；出口额 635.6 亿美元，同比增长 18.8%。

根据 2011 年的经营数据，中国电子元件行业协会发布了第 25 届电子元件百强企业排名。本届电子元件百强企业主营业务收入总额 1 590.16 亿元，同比增长 18.6%；实现利润总额 138.58 亿元，同比下降 0.7%；出口总额 68.16 亿美元，同比增长 22.1%，百强企业在行业中的地位和影响力更加突出。

本届电子元件百强的评定采用了新标准：以资产保值增值率、总资产增长率和主营业务收入增长率 3 项指标进行综合评定。前 3 名企业是：亨通集团有限公司、中天科技集团有限公司和瑞声科技控股有限公司；其中，亨通集团有限公司实现四连冠。

本届电子元件百强企业中，主营业务收入超 10 亿元的企业 42 家，比上届增加 3 家；超 50 亿元的企业 8 家，比上届增加 1 家。亨通集团有限公司、中天科技集团有限公司、浙江富春江通信集团有限公司、富通集团有限公司、永鼎集团有限公司 5 家光电线缆企业分别以 142.28 亿元、102.63 亿元、92.80 亿元、91.20 亿元、64.81 亿元的主营业务收入位列前 5 名。

科研与新产品

2011 年，电子元件行业获国家技术发明奖 1 项，由清华大学、北京集星联合电子科技有限公司等完成的"基于微纳米技术的新型超级电容器及其实现"获二等奖。获中国电子学会电子信息科学技术奖 4 项，由南京邮电大学、张家港保税区国信通信有限公司完成的"面向无线传感网的宽带天线与射频无源集成模块关键技术"，由绍兴市天龙锡材有限公司、哈尔滨工业大学完成的"一种无铅低锡合金丝的研究与开发"，由工业和信息化部电子第五研究所完成的"电子元器件质量与可靠性分析工具软件"，由贵州凯里经济开发区中昊电子有限公司完成的"节能复合型热敏电阻"等获三等奖。

2011 年，亨通集团有限公司、富通集团有限公司、长飞光纤光缆有限公司等 3 家企业入选由国家科技部、国务院国有资产监督管理委员会、中华全国总工会发布的第三批创新型企业名单。至此，包括首批入选的广东风华高新科技股份有限公司、新疆众和股份有限公司和第二批入选的贵州航天电器股份有限公司、厦门宏发电声有限公司在内，电子元件行业已有 7 家企业入选。在第 25 届电子元件百强企业中，共有 41 家企业授权发明专利 216 个，73 家企业授权其他专利 1 385 个，专利数分别比上届增加112 个和 323 个。

对外贸易与国际合作

进出口贸易 据中国电子元件行业协会统计数据，2011 年，电子元件 14 大类产品进出口贸易总额为 1 220.42 亿美元，同比增长 14.9%。其中，出口额635.61 亿美元，同比增长 18.8%；进口额 584.82 亿美元，同比增长 11.0%。出口贸易实现顺差 50.79 亿美元。其中，贸易顺差居前三位的大类产品是：电声器件

72.05亿美元，光电线缆38.34亿美元，电池17.51亿美元；贸易逆差居前三位的大类产品是：电容器51.23亿美元，电接插元件32.45亿美元，石英晶体器件16.10亿美元。

在电子元件14大类产品中，出口额居前五位的分别是：印制电路版125.87亿美元，电声器件98.31亿美元，电接插元件79.80亿美元，光电线缆70.39亿美元，电池69.00亿美元。上述5大类产品出口额合计443.37亿美元，占电子元件出口总额的69.8%。进口额居前五位的是：印制电路版140.17亿美元，电接插元件112.25亿美元，电容器86.10亿美元，电池51.48亿美元，光电线缆32.05亿美元。上述5大类产品进口额合计422.05亿美元，占电子元件进口总额的72.2%。

2011年，世界稀土市场出现新变化，特别是稀土价格猛涨，导致电子元件中的磁性材料与器件大类产品进出口贸易额同比出现117.4%的大幅增长，其中，出口额增长147.0%，进口额增长54.1%。从小类产品看，稀土永磁体出口额和进口额分别增长190.1%和142.6%，钕铁硼磁粉出口额和进口额分别增长149.5%和1 241.9%，钕铁硼速凝永磁片出口额和进口额分别增长1 015.0%和720.5%。

国际合作 2011年，电子元件行业举办的大型展览会和研讨会包括：第二十届中国国际电子电路展览会、第十六届中国（国际）小电机技术研讨会暨展览会、第八届中国铝电解电容器市场与发展国际研讨会等。

市场分析与预测

2012年，全球经济复苏趋缓，下行压力加大；新兴经济体增速回落，宏观调控面临的局面更加复杂；全球通胀压力依然较大，总体经济形势仍较严峻。中国电子元器件行业将继续贯彻落实《电子信息制造业"十二五"发展规划》及其子规划《电子基础材料和关键元器件"十二五"规划》，提高发展质量，推进优化升级，把提升创新能力、创造高附加值作为重点，牢牢把握工业转型升级带来的机遇，在下一代互联网、物联网、云计算、移动智能终端设备以及新能源等领域进一步开拓市场，提高配套率，确保电子元件工业平稳增长。预计，2012年中国电子元件产业销售收入将增长约8%。

【统计数据】

表1　2011年中国电子元件工业行业产品销售情况

行业分类	销售收入（亿元）	同比增长（%）	行业分类	销售收入（亿元）	同比增长（%）
合计	13 737	17.0	继电器	163	28.3
电阻电位器	168	7.7	敏感元器件及传感器	253	19.3
电容器	637	9.3	接插件	1 743	31.4
磁性材料与器件	568	55.2	微特电机	764	5.4
电感器件	185	54.2	电声器件	611	12.3
电子变压器	455	31.5	光电线缆	3 283	16.3
混合集成电路	46	24.3	印制电路板	1 520	23.6
电子陶瓷及器件	57	16.3	电池	3 150	5.8
压电晶体	133	10.8			

表 2 2009—2011 年中国电子元件产品进出口情况

单位：万美元

产品名称	2009 年		2010 年		2011 年			
	出口额	进口额	出口额	进口额	出口额	增长率(%)	进口额	增长率(%)
合计	3 967 784	4 132 366	5 349 831	5 267 900	6 356 085	18.8	5 848 157	11.0
电容器	220 882	609 272	310 540	804 647	348 955	12.4	860 995	7.0
电阻电位器	85 208	154 440	118 265	199 218	127 874	8.1	214 731	7.8
磁性材料与器件	101 678	54 699	156 489	72 898	386 456	147.0	112 307	54.1
电感器件	135 590	177 951	204 516	234 494	230 484	12.7	277 364	18.3
电子变压器	140 168	78 696	177 360	93 002	177 343	–0.01	90 657	–2.5
蜂鸣器	2 595	10 298	3 519	7 369	3 660	4.0	6 465	–12.3
石英晶体器件	81 298	195 407	111 201	250 137	110 213	–0.9	271 288	8.5
控制继电器	56 620	52 889	82 985	77 380	103 876	25.2	88 721	14.7
电接插元件	488 354	771 270	671 955	1 016 621	797 951	18.8	1 122 492	10.4
电声器件	618 757	196 641	826 099	229 696	983 132	19.0	262 624	14.3
微特电机	274 014	192 224	382 050	267 901	433 567	13.5	303 485	13.3
光电线缆	387 415	197 231	555 588	279 655	703 898	26.7	320 491	14.6
印制电路板	861 561	946 118	1 121 217	1 208 051	1 258 657	12.3	1 401 710	16.0
电池	513 638	495 225	628 047	526 830	690 017	9.9	514 827	–2.3

表 3 2012 年（第 25 届）中国电子元件百强企业

综合排名	企业名称	2011 年主营业务收入(万元)	2011 年出口额(万美元)
1	亨通集团有限公司	1 422 774	39 100
2	中天科技集团有限公司	1 026 338	11 030
3	瑞声科技控股有限公司	405 969	44 541
4	富通集团有限公司	911 989	5 156
5	浙江富春江通信集团有限公司	928 023	128
6	永鼎集团有限公司	648 078	6 124
7	广东生益科技股份有限公司	587 690	51 143
8	歌尔声学股份有限公司	399 974	49 730
9	长飞光纤光缆有限公司	585 165	7 541
10	横店集团东磁有限公司	555 748	25 399

续表

综合排名	企业名称	2011 年主营业务收入（万元）	2011 年出口额（万美元）
11	厦门宏发电声股份有限公司	294 205	21 089
12	深圳立讯精密工业股份有限公司	255 557	35 216
13	杭州富生电器有限公司	250 307	3 753
14	新疆众和股份有限公司	200 258	7 183
15	中山大洋电机股份有限公司	209 201	20 918
16	中航光电科技股份有限公司	186 637	524
17	广东风华高新科技股份有限公司	208 189	6 440
18	潮州三环（集团）股份有限公司	160 935	3 037
19	江苏俊知技术有限公司	182 275	388
20	厦门法拉电子股份有限公司	129 425	8 675
21	浙江长城电子科技集团有限公司	308 642	
22	上海飞乐股份有限公司	288 927	4 888
23	宁波云环电子集团有限公司	229 697	17 510
24	国光电器股份有限公司	215 439	28 795
25	宁波科宁达工业有限公司	166 027	24 923
26	上海京瓷电子有限公司	193 664	20 539
27	南通江海电容器股份有限公司	175 500	8 160
28	汕头超声印制板公司	182 322	11 509
29	深圳市得润电子股份有限公司	150 927	3 700
30	江苏中联科技集团有限公司	175 020	7 834
31	开平依利安达电子有限公司	177 017	12 939
32	东莞生益电子有限公司	164 467	2 320
33	湖南艾华集团股份有限公司	136 885	3 117
34	浙江英洛华磁业有限公司	111 121	
35	深圳市崇达电路技术股份有限公司	93 778	10 397
36	贵州航天电器股份有限公司	86 023	238
37	浙江天乐集团有限公司	165 012	11 972
38	北京七星华电科技集团有限责任公司	108 362	1 496
39	江苏华威世纪电子集团有限公司	116 930	6 217
40	合兴集团有限公司	85 022	1 873

续表

综合排名	企业名称	2011年主营业务收入（万元）	2011年出口额（万美元）
41	浙江凯恩特种材料股份有限公司	51 030	1 116
42	四川九洲线缆有限责任公司	203 344	210
43	东莞美维电路有限公司	155 053	22 486
44	安徽铜峰电子集团有限公司	118 184	1 516
45	天通控股股份有限公司	135 823	4 239
46	深圳市特发信息股份有限公司	119 225	1 314
47	广东江粉磁材股份有限公司	89 579	7 114
48	江苏上骐集团有限公司	97 296	2 846
49	深圳市京泉华电子有限公司	69 679	8 605
50	深圳市凯中精密技术股份有限公司	57 719	5 608
51	深圳顺络电子股份有限公司	55 043	4 044
52	东莞市大忠电子有限公司	70 064	222
53	深圳可立克科技股份有限公司	63 647	7 086
54	中国振华（集团）新云电子元器件有限责任公司	61 113	
55	成都宏明电子股份有限公司	65 648	1 338
56	深圳市金洋电子股份有限公司	64 480	693
57	山东共达电声股份有限公司	45 107	4 329
58	福建火炬电子科技股份有限公司	25 794	47
59	浙江万马天屹通信线缆有限公司	60 100	2 400
60	绵阳开元磁性材料有限公司	50 344	4 269
61	宁波向阳坦科斯特电子有限公司	59 182	794
62	四川华丰企业集团有限公司	56 189	875
63	宁波碧彩实业有限公司	53 593	925
64	深圳市和宏实业有限公司	50 396	5 515
65	扬州升达集团	49 726	1 318
66	陕西华达科技股份有限公司	45 915	77
67	海宁联丰磁业股份有限公司	37 261	1 790
68	深圳市海光电子有限公司	40 976	300
69	宁波福特继电器有限公司	38 561	2 972
70	杭州日月电器股份有限公司	32 910	4 033

续表

综合排名	企业名称	2011年主营业务收入（万元）	2011年出口额（万美元）
71	合肥博微田村电气有限公司	37 406	2 825
72	宝安区沙井新岱电子厂	34 939	4 542
73	杭州微光电子股份有限公司	28 819	2 949
74	广东惠伦晶体科技股份有限公司	30 586	4 583
75	江西联创宏声电子有限公司	30 717	753
76	唐山晶源裕丰电子股份有限公司	28 769	3 365
77	深圳市豪恩声学股份有限公司	28 013	3 800
78	嘉兴佳利电子股份有限公司	22 649	681
79	江苏吴通通讯股份有限公司	25 535	77
80	浙江五峰电子有限公司	29 035	
81	常州祥明电机有限公司	25 456	1 363
82	浙江东晶电子股份有限公司	25 273	2 896
83	西安富士达科技股份有限公司	25 603	805
84	肇庆华锋电子铝箔股份有限公司	23 623	615
85	四川永星电子有限公司	17 975	83
86	汕头高新区松田实业有限公司	21 987	1 080
87	深圳市麦捷微电子科技股份有限公司	13 072	1 115
88	宝龙电子集团有限公司	16 630	125
89	无锡市好达电子有限公司	12 105	991
90	临安奥星电子有限公司	36 512	630
91	深圳美凯电子股份有限公司	25 170	1 280
92	宁波兴瑞电子有限公司	48 965	3 978
93	东莞市三友联众电器有限公司	59 467	2 734
94	金龙控股集团有限公司	62 520	5 853
95	横店集团浙江英洛华电声有限公司	33 936	2 716
96	广西新未来信息产业股份有限公司	21 247	209
97	陕西华经微电子股份有限公司	24 649	218
98	浙江嘉康电子股份有限公司	16 074	1 170
99	陕西华星电子集团有限公司	30 539	384
100	深圳市宇阳科技发展有限公司	61 820	6 539

注：表1—表3数据来源于中国电子元件行业协会信息中心。

[撰稿：邓雷　审稿：古群]

电子专用材料工业行业

【综述】

2011 年，中国电子信息材料行业实现销售收入 1 851 亿元，同比增长 7.0%；实现利润 113 亿元，同比下降 12.2%。

根据中国电子信息材料行业统计数据，2011 年，各分行业经济运行差异较大。单晶硅材料、磁性材料、光纤材料等行业销售收入表现出较高增长率（主要是 2011 年上半年发展速度较快），而产销量居世界首位的电子铜箔、覆铜板行业销售收入出现负增长。以覆铜板材料为例，2011 年，中国 PCB 用覆铜板材料出现本世纪第二次负增长，产量下降 6.8%，销量下降 9.6%，下降幅度超过 2001 年。由于全球尤其是中国半导体行业产销平稳，与半导体行业相关的电子信息材料销售收入均比 2010 年略有增长。

主要企业 2011 年下半年以来，在国外经济形势持续低迷、国内经济增长放缓的形势下，中国电子信息材料企业面临原材料上涨、生产成本上升、融资困难、人民币持续升值、国内外市场需求疲软等严峻挑战，许多企业经营状况不如往年。面对这一局面，重点骨干企业紧跟国内外市场变化，抓住新兴产业发展机遇，调整产品结构，研发新工艺、新产品，向高端市场发展，同时积极开拓国内市场，取得一定经济效益。在工业和信息化部组织的“2012 年（第 26 届）中国电子信息百强企业”评定中，电子信息材料行业的 9 家企业榜上有名。

科技进步与应用

2011 年，由大连美明外延片科技有限公司、中国科学院物理研究所、清华大学、大连路美芯片科技有限公司共同完成的“GaN 基蓝绿光 LED 的关键技术及产业化”获国家科学技术进步二等奖。

湖北鼎龙化学股份有限公司采用独特的乳液包蜡和乳液包颜料方式，确保颜料在墨粉粒子中的分散均匀性，解决了长期以来聚合墨粉凝集时粒子之间稳定性不同导致的凝集不均匀问题。该项目已通过中试，彩色墨粉的开发和生产替代了进口产品。在工业和信息化部组织评选的“2011 年第十一届信息产业重大技术发明”五个奖项中，该公司的“彩色聚合墨粉”作为电子信息材料项目列入其中。

在由中国半导体行业协会、中国电子材料行业协会、中国电子专用设备工业协会、中国电子报共同举办的“第六届（2011 年度）中国半导体创新产品和技术项目”评选中，半导体专用材料企业有 8 个项目入选：宁波江丰电子材料有限公司的 IC 用 Ti、Cu、Ta 溅射靶材项目；天津中环材料技术有限公司的节能型低压 IGBT 器件用 6 英寸区熔硅抛光片项目；有研亿金新材料股份有限公司的极大规模 IC 用铜溅射靶材项目；杭州格林达化学有限公司的光刻胶显影液四甲基氢氧化铵项目；河北普兴电子科技股份有限公司的 FRD 用双层外延片项目；江苏中能硅业科技发展有限公司的 GCL 法多晶硅超大规模清洁生产技术项目；天津市环欧半导体材料技术有限公司的区熔重掺硅单晶项目；浙江晶盛机电股份有限公司的气致冷多晶硅铸锭炉项目。

在国家发展和改革委员会等五部委 2011 年 11 月公布的“第十八批享受优惠政策的企业（集团）技术中心名单”中，江苏通鼎光电股份有限公司、中昊晨光化工研究院、广东生益科技股份有限公司等电子材料企业所属技术中心获得批准，榜上有名。截至 2011 年底，在 793 个国家级企业技术中心中，与电子材料行业相关的已有 35 个。

国际合作与进出口贸易

2011 年，磁性材料、锡焊料等产品出口额同比较快增长，拉动中国电子信息材料行业出口额整体增长，全行业出口总额 61.2 亿美元，同比增长 56.9%。全年进出口贸易总额 182.48 亿美元，同比增长 29.0%，贸易逆差与2010年基本持平。

市场分析与预测

2011年上半年，电子信息产业经济运行态势较为健康平稳，促进了电子信息材料行业的生产销售，行业总体发展比较稳定；但2011年下半年，受世界经济发展缓慢、欧债危机蔓延和持续的影响，特别是美国对中国多晶硅提起反倾销、反补贴的双反调查以来，国内多晶硅和晶硅硅片产业发展受到严重冲击，预计此事件将对2012年乃至今后一段时间内行业发展产生重大影响。同时，由于其他电子信息材料也存在自主创新能力不强、国外贸易保护及知识产权纠纷问题增多等情况，2012年国内电子材料行业发展将面临严峻挑战，预计产业整体规模和经济效益与2011年持平或略有下降。

【统计数据】

表1　2005—2011年中国电子信息材料行业销售收入情况

项目名称	单位	2005年	2006年	2007年	2008年	2009年	2010年	2011年
销售额	亿元	540	776	1 168	1 260	1 326	1 730	1 851
增长率	%	20.0	43.7	50.5	7.9	5.2	30.5	7.0

表2　2011年中国主要电子信息材料产品销售收入情况

单位：亿元

产品名称	2010年	2011年	增长率（%）	备注
多晶硅	218	220	0.9	
单晶硅	15.4	25.1	63.0	包括硅锭、硅片
半导体封装材料	176	180	2.3	包括半导体用塑封料、引线框架、键合金属丝
电子精细化工材料	54	58	7.4	包括电子特气、高纯试剂、光刻胶、导电浆料、特种树脂等
PCB用覆铜板	342.5	327.5	–4.4	包括刚性覆铜板、挠性覆铜板、半固化片等
电子铜箔	137.8	117.1	–15.0	包括PCB用电解铜箔、压延铜箔
电子锡焊料	325	330	1.5	包括精锡，电子领域用无铅合金焊料、焊膏、焊粉、焊条、助焊剂等
磁性材料	172	255	48.3	不含磁性材料器件
压电晶体材料及器件	120	133	10.8	含压电晶体器件
光纤材料	65	78	20.0	包括预制棒和各种光纤
LCD、LED主要材料	58	64	10.3	包括液晶材料、偏光片、剥离液、刻蚀液、显影液、蓝宝石片等
其他电子信息材料	48	54	12.5	包括真空电子与专用金属材料、电子陶瓷材料等
总计	1 731.7	1 841.7	6.4	

表3 入围2012年（第26届）电子信息百强企业的电子信息材料厂商

名次	企业名称	综合评分	主要产品
13	晶龙实业集团有限公司	15.58	光伏用硅片产量规模名列国内前茅
31	天津中环电子信息集团有限公司	6.83	半导体区熔硅片生产规模产量世界第三、国内第一
46	海润光伏科技股份有限公司	4.66	光伏用硅片产量规模名列国内前茅
57	广东生益科技股份有限公司	3.76	覆铜板产量规模世界第三、国内第一
59	横店集团东磁有限公司	3.57	磁性材料生产规模产量最大
83	长飞光纤光缆有限公司	2.76	光纤材料产量规模世界第二、国内第一
93	山东鲁鑫贵金属有限公司	2.15	键合金属丝等电子材料产量规模世界第二、国内第一
94	汕头超声电子股份有限公司	2.14	下属公司生产覆铜板材料
95	宜都东阳光化成箔有限公司	2.13	电子元器件用电极箔产量规模国内第一

表4 2005—2011年中国电子信息材料产品出口情况

项目名称	单位	2005年	2006年	2007年	2008年	2009年	2010年	2011年
出口额	亿美元	25	27.2	33.2	39.2	33.8	39.1	61.3
增长率	%		8.8	22.1	18.1	−13.8	15.7	56.8

注：表1—表4数据来源于中国电子材料行业协会。

表5 2010—2011年中国电子信息材料产品进出口额情况

单位：亿美元

产品名称	进口			出口		
	2010年	2011年	增长率（%）	2010年	2011年	增长率（%）
多晶硅	26.8	38.0	41.8			
单晶硅（包括硅锭、硅片）	9.4	10.2	8.5	5.0	6.4	28.0
PCB用覆铜板材料	14.5	13.6	−6.2	9.4	9.3	−1.1
锡焊料	7.2	10.2	41.7	1.2	1.7	41.7
磁性材料	0.1	0.08	−20.0	7.1	28.0	294.4
压电晶体材料及器件	25.0	27.1	8.4	11.1	11.0	−0.9
电子铜箔	15.0	16.9	12.7	2.6	3.4	30.8
其他电子信息材料	4.5	5.2	15.6	2.6	1.4	−46.2
总计	102.5	121.28	18.3	39.0	61.2	56.9

注：表5数据来源于海关总署。其中，“其他电子信息材料”栏中数据是估测值。“磁性材料”栏中数据不包括磁性器件，系根据磁性材料及器件的进出口数据估测得到。

[撰稿：祝大同 审稿：袁桐]

光学光电子工业行业

【综述】

2011年，中国平板显示产业本地化进程加速。北京京东方8.5代线、深圳华星光电8.5代线以及南京熊猫6代线先后建成投产；合肥京东方6代线于2011年4月比原计划提前3个月实现90K/月满载产能，月平均良品率均达到95%的水平。上述高世代线先后投产扭转了中国液晶显示面板完全依赖进口的被动局面，国内平板显示产业实力明显增强。昆山维信诺显示技术有限公司PM-OLED年出货量超1 500万片，位居全球第二；AM-OLED技术研发进度加快，上海天马微电子有限公司、昆山维信诺光电有限公司等企业已推出12英寸样品；平板显示相关配套材料及装备国产化进展较好，本土的部分关键材料如玻璃基板、液晶材料等开始进入大生产线应用。

LED照明市场持续升温，推动LED产业整体发展并引发资本高度关注。雷曼光电科技股份有限公司、洲明科技股份有限公司、奥拓电子股份有限公司、联建光电股份有限公司等企业相继在深圳证券交易所上市，标志着行业发展进入新的阶段。受其影响，发光二极管显示应用行业在传统显示屏基础上，应用产品拓展迅速，行业发展出现难得的历史机遇，同时也面临重大挑战。光纤激光器、超快激光器、超短激光器的出现，以及激光器成本尤其是半导体激光器成本的降低，将推动传统激光器和系统的升级换代，从而推动整个激光系统的转型。

生产与销售

激光产业 据中国光学光电子行业协会对国内激光行业上市公司以及行业部分大型企业的统计，2011年，中国激光产品产值比2010年增长约8%，包括激光晶体、各种激光器件以及激光加工等应用产品产值约108亿元。其中，激光晶体产值约2亿元，与2010年基本持平；激光应用产品中，激光全息防伪和大功率激光切割产值增长超过20%。光学行业上中游（光学材料及光学零件）销售额约55亿元，比2010年增长约10%。

LED及LED应用产业 2011年，中国发光二极管显示应用行业整体规模较上年有所增长，国内市场销售总额220亿元，同比增长15.8%。与往年近40%的增幅相比，整体增长幅度有较大回落。

2011年，发光二极管显示应用行业规模以上企业数量增长明显。据中国光学光电子行业协会统计，年销售额上亿元的会员企业有40家，2亿元以上的24家，3亿元以上的10家，有3家会员企业年销售额达到5亿元以上。

液晶及光电显示产业 据中国光学光电子行业协会液晶分会统计显示，2011年，全行业销售总额572.6亿元，同比增长24.1%。其中，液晶器件381.6亿元，占66.6%；原材料166亿元，占29.0%；设备25亿元，占4.4%。液晶器件销售收入中，TFT-LCD为331.6亿元，占86.9%；TN/STN为50亿元，占13.1%。

2011年，中国1.24亿台彩电产量中，PDP电视约370万台，渗透率约3%，同比增长25%。其中国内市场销量271万台，同比增长约30%。受3D技术兴起的影响，PDP产业出现回暖。PDP原材料、玻璃等上游企业逐步实现国产化配套，国内PDP产业链逐渐完善。关键器件本土化配套率达到80%，屏材料本土化配套率达到60%。

2011年，中国OLED面板出货量约200万片，同比增长31.9%。产品以小尺寸的PM-OLED面板为主，尺寸集中在2-3英寸。目前，中国进入OLED领域的企业不多，尚处于产业化初期，特别是在AM-OLED技术研发方面，与国外相比还有一定差距。在工业和信息化部等相关部委支持下，中国OLED研发取得突破性进展。截至2011年底，维信诺、天马、京东方以及部分其他企业先后宣布投建AM-OLED生产线，布局新型显示技术。在相关材料、装备、工艺技术等关键领域，中国已具备一定的研发及产业化能力。此外，中国OLED产业联盟于2011年6月成立，其成员单位已在基础研究、核心材料、关键设备、行业标准、知识产权等方面开展相关研究工作。

科技进步与应用

2011年，清华大学邱勇教授等完成的“有机发光显示材料、器件与工艺集成技术和应用”项目获国家技术发明奖一等奖，填补了中国OLED产业领域相关技术空白，同时带动了相关产业链发展，对促进中国平板显示产业实现跨越式发展具有重要意义。

2011年，LED行业整体技术创新主要集中在大屏幕控制、高密度显示新产品开发、特殊项目异性工程化设计、发光二极管显示应用拓展产品以及产品可靠性、节能等方面。在传统LED显示屏领域，各种室内外LED显示屏关键技术基本成熟，整机产品在可靠性和工艺水平方面不断改进和完善，形成了标准化系列产品。

由中国电子报、中国光学光电子行业协会等组织的2011中国LED行业年度评选中，利亚德光电股份有限公司研发的“高亮度LED电视大屏幕显示技术”、深圳立翔慧科光电科技有限公司研发的“LED显示屏可伸缩技术”荣获“2011中国LED创新产品和技术奖”。

在知识产权方面，据中国光学光电子行业协会对150家主要企业的不完全统计，2011年，发光二极管显示应用行业企业申请专利843项，取得专利授权数483项，取得软件著作权登记343项，申请注册商标数133个。截至2011年底，发光二极管显示应用行业协会主要成员单位取得专利授权数1 500多个，其中，取得授权的发明专利数近200项，取得软件著作权登记350多项，注册取得授权商标近400项。

重大工程与重点项目

中国OLED产业联盟成立 6月2日，由国内19家OLED企事业单位共同发起的中国OLED产业联盟在广东惠州正式宣布成立。该联盟是由从事OLED产品及应用研究、开发、制造、服务的企事业单位及有关机构自愿组成的非营利性全国性社会组织，19家发起单位业务涵盖有机材料、专用装备、显示器件、整机应用等在内的整个产业链。

合肥生长出国内首颗百公斤级蓝宝石晶体 6月14日，中国大陆第一颗百公斤级可用做LED衬底的蓝宝石晶体在合肥庐阳工业园试产成功。该晶砣高460毫米，直径270毫米，重93.5千克，可生产约4 000毫米2英寸当量LED外延片蓝宝石衬底晶棒。蓝宝石晶体试产成功，标志着中国大尺寸蓝宝石基材供应本地化开始起步。

京东方8.5代TFT-LCD生产线投产 6月29日，中国大陆首条自主设计和建设的8.5代线——京东方北京第8.5代TFT-LCD生产线宣告投产。这是国内投产的首条高世代面板生产线，表明从1.8英寸到55英寸全系列主流液晶面板自此实现了国产化。

华星光电8.5代液晶面板项目投产 8月8日，深圳华星光电8.5代液晶面板项目首期设备正式投产启动。该项目建成投产标志着中国本土最高世代TFT-LCD生产线正式转向全面生产经营阶段。

华工科技突破光纤激光器核心技术 华工科技产业股份有限公司成功突破光纤激光器核心技术，成为国内唯一的光纤激光器供应商，使中国成为继美国和英国之后第3个掌握该技术并实现产业化的国家。目前，此类光纤激光器已形成10W、25W、30W、50W等多系列产品，在武钢、三一重工、神龙公司等国内多个企业应用。

三安光电建设蓝宝石衬底项目 三安光电股份有限公司与福建省安溪县人民政府签订《三安光电安溪县蓝宝石衬底项目投资合作合同》，在福建泉州（湖头）光电产业园投资蓝宝石衬底的研发与制造项目。该项目总投资25亿元，占地面积约800亩，年生产能力为1 200万片2寸衬底。总建设周期3年。

国际合作与对外贸易

国际合作 2011年11月2日，由工业和信息化部、科技部、发展和改革委员会、教育部、知识产权局、测绘地理信息局、中国科学院、中国工程院、中国国际贸易促进委员会和湖北省人民政府共同主办的第八届“中国光谷”国际光电子博览会暨论坛在武汉开幕。本届光博会设有“激光、光通信、光电显示、地球空间信息、集成电路、光伏光热、LED照明与显示”等重点展区，同期举办国际光子与光电子学会议、知识产权保护国际论坛等7个主题论坛，邀请了相关领域诺贝尔奖获得者、国内外行业专家、世界500强企业高管等50余人出席论坛并发表演讲，来自30多个国家和地区的光电子领域企业代表参展参会。

对外贸易 根据中国光学光电子行业协会统计，2011年，中国LED领域出口额为26.1亿元，比上年增长29.2%。其中，华南地区为出口集中区域，出口额18.5亿元，占70.9%；华东地区出口额5.3亿元，占20.3%；其他地区出口较少。

根据中国光学光电子行业协会液晶分会统计，2011年，中国液晶面板进出口总额为766.9亿美元，同比增长4.7%，其中，进口额471.9亿美元，出口额295亿美元；进口量28.2亿片，出口量24.4亿片，同比分别增长12.8%和8.4%。

存在问题

一是光电子行业投资主要集中在平板显示和LED领域，投资规模已超过市场需求，产业发展面临供需失衡的风险。

二是知识产权问题阻碍本土平板显示配套材料的大规模使用。中国新型平板显示产业仍处于追赶阶段，上游关键原材料及设备的生产长期由国外企业把控，导致自主平板显示企业的利润空间有限；本土企业暂时无法摆脱对国外上游设备、材料企业的依赖；跨国企业制造知识产权纠纷，阻碍国内配套产业发展。

三是在OLED产业领域，如何突破关键技术、材料和设备的封锁是亟待解决的难题。关键技术方面，虽然中国企业在低温多晶硅、金属氧化物、有机成膜和封装等技术领域取得一定突破，但差距仍很明显；关键材料、驱动IC、导电玻璃、封装玻璃、有机材料等基本原材料仍需从国外进口。关键设备方面，国内在蒸镀设备相关技术领域已有一定突破，但设备稳定性、产能和性价比，尤其是成套设备的系统化技术等仍受制于人。

【统计数据】

表1 2011年中国发光二极管显示应用行业从业人员情况

企业数（家）	总人数（人）	其中：管理人员（人）	其中：技术人员（人）
150	32 098	6 007	6 368

表2 2009—2011年中国发光二极管显示应用行业显示屏销售情况

产品名称	单位	2009年		2010年		2011年	
		销售额	增长率(%)	销售额	增长率(%)	销售额	增长率(%)
LED显示屏	亿元	140	40.0	190	35.7	220	15.8

注：数据来源于"2011年度中国发光二极管显示应用行业发展报告"，《现代显示》，2012年第9期。

表3 2009—2011年中国发光二极管显示应用行业主要产品出口情况

单位：万美元

产品名称	2009年	2010年	2011年	
	出口额	出口额	出口额	增长率(%)
发光二极管显示应用产品（以显示屏为主）	25 770	31 936	41 106	28.7

表 4　2009—2011 年中国发光二极管显示应用行业销售额亿元以上企业地区分布情况

单位：家

年度	华南	华东	华北	西南、西北、华中	东北	全国合计
2009 年	13	5	4	3	2	27
2010 年	18	7	5	2	1	33
2011 年	19	10	6	4	1	40

表 5　2009—2011 年中国发光二极管显示应用行业销售额 2 亿元以上企业地区分布情况

单位：家

年度	华南	华东	华北	西南、西北、华中	东北	全国合计
2009 年	2	5	3	1		11
2010 年	8	5	2	1		16
2011 年	13	7	2	1	1	24

表 6　2009—2011 年中国发光二极管显示应用行业地区产值分布情况

单位：亿元

地区	2009 年		2010 年		2011 年	
	产值	占全国比例（%）	产值	占全国比例（%）	产值	占全国比例（%）
东北	3.2	3.4	2.7	2.4	4.3	2.9
华北	15	15.8	16.3	14.5	16.5	11.2
华东	31.5	33.3	36.8	32.9	49.6	33.7
西南、西北、华中	8.3	8.8	11.1	9.9	15.6	10.6
华南	36.6	38.7	45.1	40.3	61.0	41.6
合计	94.6	100	112	100	147	100

表 7　2009—2011 年中国各地区发光二极管显示应用产品出口情况

单位：亿元

地区	2009 年	2010 年	2011 年
华南	10.8	13.4	18.5
华东	3.8	4.5	5.3
华北	0.6	0.9	0.7
西南、西北、华中	1.1	1.4	1.5
东北			0.1
合计	16.3	20.2	26.1

注：表 1、表 3—表 7 数据来源于中国光学光电子行业协会发光二极管显示应用分会。

表 8 2008—2011 年中国液晶面板进出口情况

单位：亿元

时间	进口数量	单位	进口金额	单位	出口数量	单位	出口金额	单位
2011 年	28.2	亿个	471.9	亿美元	24.4	亿个	295.0	亿美元
增长率	12.8	%	0.9	%	8.4	%	11.5	%
2010 年	25.0	亿个	467.8	亿美元	22.5	亿个	264.6	亿美元
增长率	35.9	%	33.7	%	17.2	%	37.7	%
2009 年	18.4	亿个	349.8	亿美元	19.2	亿个	192.1	亿美元
增长率	-5.2	%	-20.7	%	-5.4	%	-14.2	%
2008 年	19.4	亿个	441.0	亿美元	20.3	亿个	223.8	亿美元
增长率	-0.8	%	8.2	%	7.8	%	13.9	%

注：数据来源于中国光学光电子行业协会液晶分会。

[撰稿：王琳 陆荣庆 程慧云 胡春明 高鸿锦 审稿：王琳]

汽车电子工业

【综述】

中国汽车工业正处于由汽车工业大国向汽车工业强国迈进的关键阶段。2011 年，国内汽车电子企业通过引进先进技术和装备，以及不断消化吸收再创新，逐步缩小与国际先进水平的差距。汽车电子技术已经成为中国汽车产业技术进步和产业升级的关键。近年来，国家先后颁布《汽车产业发展政策（2009 年修订）》、《汽车产业调整和振兴规划》、《电子信息产业调整和振兴规划》以及《电子信息制造业“十二五”发展规划》等产业政策，明确支持汽车电子产品的研发和生产，积极发展汽车电子产业。各地方政府也陆续出台相关文件，对本地汽车工业、汽车电子行业发展进行扶持、鼓励。国内企业在汽车电子控制技术上的不断突破，将推进其在客车、卡车及乘用车电子控制系统市场上进一步突破，推动产业发展。

随着国际汽车电子制造能力持续向中国转移，未来几年中国汽车电子市场仍将保持快速平稳增长的良好态势。同时，随着新能源汽车列入国家加快培育和发展的七大战略性新兴产业，汽车电子行业的增长潜力将得到进一步释放，汽车电子已成为未来电子制造业新的增长点。

生产与销售

2011 年，中国汽车工业入世已满十年，取得了良好发展。据中国汽车工业协会统计，汽车销量年均增长超过 20%，远高于全球总体增长水平，汽车工业综合实力明显提升。2011 年，中国汽车生产和销售分别为 1 841.89 万辆和 1 850.51 万辆，同比分别增长 0.84%和 2.45%，增幅较上年分别回落 31.60 个和 29.92 个百分点，产销增速 13 年来首次低于 3%，但中国汽车产销总量仍居全球第一位。汽车电子系统目前在普通汽车中占总体成本的 40%，2011 年，中国汽车电子市场销售额超过千亿元，年增长率约为 10%。

在东风-日产、广汽-本田和北汽-奔驰等合资企业推动下，中国关键汽车零部件制造与设计本地化进程加快。目前，中国占据全球汽车电子市场 20.6%的份额，在全球汽车产业链的关键地位不断增强。伴随消费者对于装备大量电子系统的中档及豪华汽车需求不断上升，2011 年，中国汽车市场半导体器件消费额约 250 亿元，同比增长 15%。信息娱乐是中国汽车电子芯片市场的最大领域，销售额约 80 亿元；其次是动力系统半导体部件，约 60 亿元；第三是导航系统半导体部件，约 50 亿元。

科技进步与应用

国内首款北斗车载 GPS 上市突破 GPS 产品垄断　2011 年 8 月，江苏北斗星通汽车电子有限公司推出国内首款基于北斗的车载导航仪产品，其各项性能指标均达到国际领先水平，可广泛应用于国防、野外勘测、野外探险等专业领域，打破了 GPS 系统在中国车载导航产业垄断地位，推动了中国北斗导航产业在民用及行业应用领域发展。

汽车电子基础软件研发取得阶段性突破　普华基础软件股份有限公司汽车电子产品 ORIENTAIS OS for MPC5634/CodeWarrior、MC9S12DP512/CodeWarrior 和 MC9S12DP512/Cosmic 获 OSEK 官方认证，标志着中国自主技术的汽车电子软件已经成熟。

重大工程与重点项目

汽车电子标准化工作启动　中国电子工业标准化技术协会汽车电子标准工作委员会成立以来，立足中国汽车电子产业实际和未来趋势，加强标准化技术组织联系，启动一批急需的汽车电子标准制定工作，多方面综合推进中国汽车电子标准化工作发展。其中，中国车载信息服务系统标准由工业和信息化部、交通部牵头展开，旨在抓住车联网产业发展机遇，促进行业健康发展，引领车载信息服务市场行为。这是对国家“十二五”规划的进一步落实，也是为国家战略发展计划、民族自主产业发展提供有力支撑。

汽车移动物联网（车联网）项目稳步推进　车联网相关项目已被列入国家重大专项，先期投入规模达百亿元，用于支持汽车电子、信息通信及软件解决方案的研发。车联网的建立旨在通过汽车收集、处理并共享大量信息，使车与路、车与车、车与城市网络互联，从而实现更智能、更安全的驾驶，将连接起涵盖汽车零部件生产厂商、芯片厂商、软件提供商、方案提供商、网络供应商等多个领域的产业链。

国际合作与对外贸易

国际合作　2011 年 5 月，哈尔滨工业大学与加拿大及美国企业合作组建 QNX-TI 车载信息系统实验室。加拿大 QNX 软件系统公司联手美国德州仪器公司，向汽车电子工程中心赠送 QNX 操作系统、开发工具套件及使用许可证。通过合作建立实验室，哈尔滨工业大学将在教学和科研中融入 QNX 操作系统的内容，提升学生使用高水平嵌入式软件的能力及科研水平。

2011 年 6 月，中国和德国建立电动汽车战略伙伴关系，在柏林发表了《中德关于建立电动汽车战略伙伴关系的联合声明》，鼓励双方企业、研究机构建立合作伙伴关系，加强电动汽车领域合作。

对外贸易　2011 年，国际经济形势仍处于波动态势，但一些地区已呈现回暖迹象，国内汽车生产企业抓住时机，出口增势继续保持较快增长。据中国汽车工业协会对行业内整车生产企业报送的出口数据统计，2011 年，汽车企业共出口各类汽车 81.43 万辆，同比增长 49.5%。海关总署提供的汽车商品进出口数据显示，2011 年，中国汽车商品进出口总额再创历史新高，达到 1 430.75 亿美元，同比增长 31.8%，其中，进口额 741.38 亿美元，同比增长 30.8%；出口额 689.37 亿美元，同比增长 32.99%。汽车零部件进口也表现良好，累计进口额 310.23 亿美元，同比增长 19.1%，增幅比上年回落 27.51 个百分点。在四大类汽车零部件品种中，发动机进口 111.65 万台，同比增长 7.5%，进口额 31.03 亿美元，同比增长 17.6%；汽车零件、附件及车身进口额 252.65 亿美元，同比增长 18.5%；其他汽车相关商品进口额 20.71 亿美元，同比增长 26.1%。

政策与法规

汽车污染物排放国 IV 标准分步执行　根据国家环境保护部《关于实施国家第四阶段轻型汽油车、两用燃料车和单一气体燃料车污染物排放标准的公告》（2011 年第 49 号），中国于 2011 年 7 月 1 日起分步执行国 IV 标准。由于国 IV 标准发动机均配备带总线通信接口的 ECU 控制单元，要进一步实现这些 ECU 控制单元的智能化精确控制及充分发挥发动机性能，实现节能和减少尾气排放，需要更广泛采用总线控制技术。为此，大中型客车、卡车等车辆需实现全车 CAN 总线通信网络，以满足排放标准提升的需要，CAN 总线控制系统将在此轮国家机动车排放标准升级中得到更广泛的应用。

《电动汽车传导充电用连接装置》等三项系列推荐性国家标准通过审查 2011 年，由工业和信息化部会同国家能源局，中国汽车技术研究中心、电力企业联合会和电气科学研究院作为主要起草单位，汽车、电力、电工有关企业专家共同起草的《电动汽车传导充电用连接装置》等 3 项系列推荐性国家标准通过审查。该标准对健全中国新能源汽车标准体系，促进中国新能源汽车协调发展，推动新能源汽车试点示范顺利进行具有重要意义，对电动汽车相关部件的发展及充电基础设施建设产生重大影响。

存在问题

一是国内汽车电子企业技术积累不足，研发水平相对落后。汽车电子产品关键技术长期被国内外汽车电子企业视为最高技术机密而加以严格保密，此类技术由企业长期技术积淀所形成，是多学科交叉科研成果经过长期产品开发实践和时间积累获得，中国企业在该领域的研发实力短期内无法跨越，因此，中国汽车电子企业在动力与底盘控制等领域尚未取得重大技术突破。

二是国内缺乏汽车电子领域专门人才。汽车电子技术作为新兴交叉学科，是汽车技术与电子信息技术的融合，这一特征决定了产业发展对学科交叉型人才的高度依赖。目前国内相关技术人员以汽车或电子专业为主，缺乏汽车和计算机软件、嵌入式系统设计技术领域的复合型人才，行业专业技术人员通常只能由汽车电子企业自主培养，新进入企业难以从市场获得高素质的专业技术人才。

三是国际汽车电子巨头在产品及市场方面对国内企业造成较大竞争压力。中国汽车产业政策规定了整车的合资股比，却对外资投资零部件领域没有任何限制，这直接导致中国汽车电子及零部件产业的核心技术空心化。在汽车电喷系统、发动机管理系统、ABS、微电机、安全气囊等核心零部件产量中，外资企业所占比重分别为 100%、100%、91%、97%和 69%，在汽车电子控制系统市场占据显著优势，对国内企业市场空间形成较大压力，国内汽车电子企业开拓市场面临挑战。

【发展趋势】

一是消费电子行业与汽车电子行业逐渐融合。驾驶信息系统（DIS）和远程信息处理技术日益体现出消费电子行业与汽车电子行业的融合。车载移动电话、车载机顶盒、无线上网、PDA、蓝牙连接、WEB 服务器、全球定位系统（GPS）、游戏系统和其他个人通信与生产力工具都可以通过与现有汽车电子系统相集成而越来越适合汽车应用。同时，这些高级信息娱乐系统也为汽车制造商的设计带来新的挑战。

二是中国校车需求大幅增长为汽车电子产品带来市场契机。中国中小学生交通安全的严峻现实引起各级政府和全社会高度重视，触发了对校车的爆发性需求。国内中小学生千人校车保有量为 0.19（专用校车为 0.05），仅为美国千人保有量（9.23 辆）的 2%。2012 年，中国《校车安全技术条件》实施后，国内非专用校车完成淘汰的过渡期将由 3 年缩减至 1 年。2013 年 3 月之后，被迫更新的校车数量预计达到 25 万辆。这将对国内大中型客车产品需求产生巨大影响，带动汽车电子产品特别是安全相关产品市场快速增长。

三是客车市场快速发展将促进车身电子控制系统装配率的不断提升。2011 年，中国客车市场表现最为出色，全年共销售 40.34 万辆，同比增长 13.25%。预计 2012 年，中国客车销量将以 10%左右速度增长，相应带动客车车身电子产品市场规模不断扩大。国内客车 CAN 总线控制系统产品正进入快速普及应用阶段。在客车行业快速发展的同时，车身电子产品的应用也快速增长，车身电子控制系统等产品将逐步成为客车整车的标准配置。在两方面因素共同作用下，车身电子产品市场将持续加速增长。

[撰稿：于明　审稿：杨旭东]

机床电子工业

【综述】

2011 年，中国机床电子行业突破一系列关键技术，逐步形成自主生产能力，并步入世界高速数控机床和高精度数控机床生产国行列。在经济快速发展、国家政策大力扶持、上下游产业振兴等因素共同作用下，中国数控机床行业需求仍将保持高速增长，尤其是高档数控机床将迎来更大市场空间，预计未来 3–5 年，中国机床电子行业市场增长率将达到 12%左右。这将带动国产数控机床及其数控系统和相关功能部件市场发展，为国内数控系统生产厂商发展自主技术、扩大市场份额带来机遇。

机床电子产品占数控机床产品成本的 50%以上，国产高档数控机床在性能、品种和产量等方面已取得重大突破，但仍无法满足国内用户所有需求。今后几年，中国机床制造业将以数控机床为产业核心，着力发展高速、高精、复合、智能、环保等关键性技术和设计理论及软件开发研究等基础共性技术，以满足市场需求向大重型和高档次发展。其中，关键功能部件和数控系统、高精度数字化测量仪器和数控刀具、高档数控机床研发将是机床电子产业的主要发展方向。

生产与销售

2011 年，中国数控机床产量 25.71 万台，同比增长 20.6%，增速高于普通机床约 5 个百分点。其中，数控金属切削机床产量 25.7 万台，同比增长 20.6%，数控金属成形机床（数控锻压设备）产量 1.5 万台，同比增长 12.99%。产业结构调整有序展开并明显提速，突出表现之一就是依靠自主创新，技术产品向高端升级步伐加快。2011 年，全国数控切割机产品出口、高新技术产品进出口、加工贸易进出口均超过万亿美元，创历史新高。

中国是世界消费电子第一大制造基地和第二大消费国，近年来境外消费电子企业在中国设厂布局，已逐渐形成沿海、中部和西部的覆盖面。随着部分境外消费电子加工企业在国内急剧扩张，大批量的电加工机床、加工中心、数控钻床、数控铣床等进入国内，是 2011 年机床进口居高不下的原因之一。据不完全统计，2011 年上半年，此类企业进口立式加工中心、卧式加工中心和未列名数控铣床的数量，分别占相应产品进口的 50.1%、32.9%和 88.5%，且多数为小型机床，价格不高，主要进口来源地是日本和中国台湾地区，大部分以出口加工区进口设备方式进入中国大陆市场。目前，应用于中国消费电子制造的设备以进口机床为主。中国相关机床电子产品也取得初步进展，沈阳机床集团已开始成批提供小型数控钻铣加工中心，用于 iPhone 外壳和部分零件的加工。

科技进步与应用

武汉华中数控股份有限公司突破一批核心关键技术，在嵌入式一体化硬件结构、软件跨平台、系统全开放、核心控制算法、高速光纤总线、时间同步方法、智能操控技术、统一驱动平台、伺服电机高响应、高精和高刚度控制等方面实现新突破。开发的高中档系列化总线式数控装置、500W–100kW 的全数字交流伺服及主轴驱动系统，解决了中高档数控系统的系列化和成套性问题。

武汉重型机床集团公司开发的“用于超临界核电半速转子加工的超重型数控卧式镗车床”是迄今为止世界上规格最大、承重最大的超重型高档数控卧式镗车床，具备重车切削为主，同时兼备铣、磨、大直径深孔镗、小直径深孔钻、镗及数控深孔珩磨等复合功能。该机床采用模块化设计，通过有限元分析计算对各个部件进行优化设计，具有承载能力强、精度高、大切削力、多功能、高度自动化的特点，加工精度达到国际先进水平，部分技术指标参数居国际领先水平。

2011 年 3 月 1 日，国家标准 GB/T25636–2010《机床数控系统用户服务指南》正式实施。该标准由全国机床数控系统标准化技术委员会（SAC/TC367）制定，规定了机床数控系统企业为用户提供服务的指南，对机床数控系统制造企业（含销售商）为用户提供服务的基本原则、服务内容以及产品随行文件等提出了具体要求。

该标准的制定、实施，有利于促进机床数控系统产品质量和服务水平的提升，对于建立良好的市场行为规范、推进技术服务创新、促进产业结构调整和产业提升也具有重要意义。

重大工程与重点项目

“高档数控机床与基础制造装备重大专项”重点任务陆续完成。该专项自 2009 年开始实施，2011 年进入首批项目验收阶段，共有 59 项涉及机床工具行业的项目或任务通过验收，取得了阶段性成果。中国国产机床数控化率由五年前的 35.5%提高到目前的 51.9%。在数控系统方面已开发出多轴多通道、总线式高档数控装置产品。武汉华中数控股份有限公司、沈阳高精数控技术有限公司等单位已完成 50 多套开放式全数字高档数控装置的生产。国产数控机床产品覆盖超重型机床、高精度机床、特种加工机床、锻压设备、前沿高技术机床等领域。特别是在五轴联动数控机床、数控超重型机床、立式卧式加工中心、数控车床、数控齿轮加工机床领域，部分技术已达到世界先进水平。国产五轴联动数控机床品种日趋增多，五轴联动加工中心、五轴数控铣床、五轴龙门铣床、五轴落地铣镗床等均在国内研制成功，改变了国际强手对数控机床产业的垄断局面，加速了中国从机床生产大国走向机床制造强国的进程。济南二机床集团在承担科技重大专项课题基础上进一步提升，研制成功的成套冲压装备总吨位达到 7 100 吨，生产节拍 15 次/分，全自动换模时间 3 分钟，技术水平达到世界先进水平。

由北京市电加工研究所、哈尔滨工业大学等 9 家单位合作完成的“五轴联动精密电火花加工技术及装备”，以及由武汉重型机床集团有限公司、华中科技大学、镇江中船瓦锡兰螺旋桨有限公司合作完成的“螺旋桨用重型七轴五联动车铣复合机床”，获得 2011 年度“中国机械工业科学技术奖”一等奖。

国际合作与对外贸易

数控机床出口额增长迅速，产品出口结构向好 2011 年，中国数控金属加工机床出口延续了上年高增长态势，同比增长 53.5%。其中，各种数控金属成形机床出口额均有不同程度的增加，加之上年基数偏低，数控成形机床出口同比增长超过 60%；同时，数控特种加工机床、加工中心、数控磨床、数控锻造或冲压机床、数控冲床等上半年同比增长均高于 60%。出口产品结构有所好转，数控机床出口平均单价同比增长 33.8%。出口较多的数控电加工机床、数控卧式车床、数控龙门铣床、数控冲床的平均价格增长均超过 40%。机床出口额数控化率逐月提高。台钻、锯床、抛光机和砂轮机等低值机床占金属切削机床比重已下降至 27.8%，出口产品结构日趋合理。

传统与新兴市场共同增长，机床出口贡献率提高 进入 2011 年后，中国对美国出口机床呈现良好势头，各月累计增速均在 48%以上。在对日本出口机床中，数控机床是主流，占比达到 82.5%，同比增长高于 50%。对印度、巴西、俄罗斯以及东盟地区的机床出口增长依然强劲，巴西是继印度之后又一个快速发展的区域，与印度分列于中国机床出口的第二、第三大市场。随着经济复苏，俄罗斯对机床需求加大，已上升到中国出口市场的第七位，表现出新兴市场的活力。切削刀具和磨料磨具出口仍排在前两位，但增速已明显回落。2011 年，机床出口快速增长，带动出口贡献率提高。机床出口贡献率由上年的 13.9%上升到 27.3%。2011 年 12 月 29 日，济南二机床集团在国际竞标中一举囊括福特汽车美国两家工厂 5 条大型快速智能冲压生产线订货合同。这是福特汽车近二十年来首次采购非欧美国家生产的成套冲压装备，标志着中国完全具备了自主知识产权的国产冲压装备技术与世界领先水平差距进一步缩小。

中高档数控机床进口快速增长，产品进口格局多元化 从中国机床进口来源分布看，列前两位的日本、德国进口占比合计超过 60%。自 2008 年以来，中国中高档数控机床需求明显增加，由于国内机床的产品结构与需求结构之间存在差距，中高档数控机床进口呈现快速增长态势。位列进口来源第三、第四位的中国台湾地区和韩国，进口机床占比分别为 13.2%和 6.5%。中国台湾地区、韩国以生产中档数控机床为主，在中国大陆此类产品中占有较大市场。其中，在 ECFA 实施后的半年中，中国台湾地区数控机床对大陆进口的增速显著高于上年同期，增幅达到 31.8 个百分点。随着中国与东盟自由贸易区的全面建立，来自该地区的机床进口逐年增加，虽然总量不多，但同比呈现高速增长。由新加坡和泰国进口的机床增幅均已超过 100%，其机床进口额数控化率分别达到 97.4%和 91.9%。

政策与法规

《机床工具行业“十二五”发展规划》发布 2011年7月，中国机床工具工业协会承担编制的《机床工具行业“十二五”发展规划》由工业和信息化部批准并对外发布。为贯彻落实该规划，中国机床工具工业协会还推出《机床工具行业“十二五”期间工作要点（试行）》，以引导行业朝着三个标志性目标和实现“由大变强”的战略转变而努力。

高档数控机床与基础制造装备重大专项“十二五”总体组（筹）第一次会议召开 2011年10月17日，工业和信息化部副部长、专项领导小组副组长、实施管理办公室主任苏波出席会议并讲话。“十二五”期间，高档数控机床与基础制造装备重大专项的实施将着重围绕以下4个方面：一是着眼于国民经济建设重点领域、国家重大工程和战略性新兴产业发展，深入了解用户需求；二是突出企业的创新主体地位，注重用户制造工艺研究；三是进一步探索体制机制创新，形成长效运行机制；四是切实加强人才培养和引进，强调知识产权战略作用。

《海峡两岸经济合作框架协议（ECFA)》实施 2011年1月，由海峡两岸关系协会与海峡交流基金会签署的《海峡两岸经济合作框架协议（ECFA）》正式实施。协议中，列入中国大陆对中国台湾地区实施“早期收获产品清单”的机床工具类产品约37种（税号）；列入中国台湾地区对中国大陆实施“早期收获产品清单”的机床工具类产品有7种（税号）。

存在问题

一是高端数控部件和功能部件仍依赖进口。从市场需求看，中国是世界上最大的数控机床进口国和消费国，虽然“十一五”期间机床行业实现了较快发展，但高档数控机床产值仅占金属加工机床行业产值的10%-15%。面对巨大的消费市场，国内机床生产企业的生产能力无法满足迅速扩大的市场需求，多数高档数控机床产品仍需大量从国外进口。

二是行业整体经济效益较差。一方面，数控机床出口单价持续下滑，特别是卧式加工中心、龙门加工中心、数控磨床、数控冲床等，其主要原因是人民币升值和国内企业在国际竞争中竞相压价；另一方面，近期高档数控机床进口份额有所增加，加之国内产品同质化竞争威胁，国内企业的生存空间收缩，多数机床企业高档数控机床毛利率出现下降趋势。

三是国内数控机床企业研发能力不足。国内机床电子企业在产品研发方面已取得跨越性成绩，但在深层次技术开发方面掌握度不够，导致对国外高档数控系统和功能部件的依赖度过高。同时，国内机床企业在数控系统上二次开发能力不足，产品的应用水平和适应范围有限。国内企业在基础技术研究、产品开发方面还需更进一步加强。

【发展趋势】

一是装备制造业振兴为数控机床提供可观的市场。在国家振兴装备制造业和国际产业转移的带动下，中国设备工具购置投资增长率在未来5-10年预计将持续维持20%左右，机床行业需求仍将保持高速增长。一方面表现在数量快速增长。数控机床占机床总消费的比重上升到60%以上，且“十二五”期间仍将继续快速攀升。另一方面是需求档次不断提高。“十二五”期间，随着振兴装备制造业关键领域高水平新产品的发展，各领域都对数控机床提出了更高要求。如发展大型火力发电和核电机组，制造大型化工设备，开发大型海洋运输船舶，研制大型薄板冷热连轧成套设备，发展高速列车、新型地铁和轨道交通车辆等，都需要大批高速、精密、高效和专用数控机床来加工制造。新一代武器、舰艇、飞机、卫星、导弹的发展，对数控机床也提出了更高要求。2012年中国固定资产投资将保持较快增长，工业结构调整、技术进步和产业升级都给数控机床产业带来可观的市场需求。

二是复合加工、直驱技术、低温加工等新技术应用更加广泛。新型复合加工机床，如车铣和铣车复合机床、车磨复合机床、齿轮加工复合机床、车铣复合与5轴联动结合机床等产品不断涌现，激光、电加工与切削加工复合技术已有成熟产品推广应用，将对多品种、小批量生产工艺流程产生重要影响。由于电力电子和数控技术的进步，以及直线电机、力矩电机、电主轴、光栅检测等部件的成熟，直驱技术在数控机床的应用速度加快，国外多家机床企业的新产品已使用直线电机驱动，将推动数控机床的结构改变和性能提高。低温加工技术切屑去除率是传统加工方法的2-4倍，刀具寿命能够延长2倍，特别是在钛合金、镍基合金、球墨铸铁（CG1）等硬金属切削领域切削效果显著，国外已有企业推出低温加工技术设备，并在航空制造加工中取得应用经验。

三是中高端数控机床领域需求不断提升。机床行业受下游需求拉动影响较大，下游行业每年固定资产投资中约60%用于购买机床。数控机床已成为机床消费的主流，中国未来数控机床市场巨大。“十二五”期间，机床行业下游航天工业、汽车、高铁、工程机械等行业对中高端数控机床需求不断提升，预计到2020年，低、中、高档数控机床之比将达到1:3:1，中高档数控机床年需求量将达到12万台。

[撰稿：于明　审稿：杨旭东]

中国航天科技集团公司

【综述】

2011年，中国航天科技集团公司整体经济规模实现平稳快速增长，经济运行质量稳步提升，连续7年获得国资委业绩考核A级；资产总额2 241亿元，同比增长22.6%，进入中央企业第一梯队；实现营业收入1 018亿元，同比增长20.8%；利润总额91.4亿元，同比增长7.9%；资产负债率59.4%，成本费用率93.2%；实现增加值294亿元，同比增长24.1%，圆满完成全年经济指标任务和国资委经营业绩考核指标。

改革发展

2011年，在改革调整方面，该集团公司资源优化配置和战略并购取得显著成效，有力推动了国际一流大型航天企业集团建设。成功完成中国乐凯集团的重组并入工作，推动了国防基础材料及新材料等产业领域的发展；成功收购荷兰图景（Mapscape）公司，分拆成立中国四维测绘集团有限公司，做强、做大中国基于卫星导航的地理信息服务产业；组建成立陕西航天科技集团有限公司、四川航天工业集团有限公司，试点市场化运行、投资主体多元化的运作模式；长城公司成功改制为中国长城有限公司，宇航出版社顺利转制为中国宇航出版有限公司，航天工程咨询中心更名为中国航天系统科学与工程研究院，进一步规范了法人治理结构，强化了专业水平。先后与河北省、山东省、山西省、湖北省、北京市经济技术开发区等地方政府，以及中核集团、中国三峡集团等企业签署战略合作协议，推动航天高科技与地方经济社会发展的融合。相继关闭塑材项目、珂纳公司冰箱压缩机项目，实施宁波华夏置业公司股权挂牌转让等，进一步优化了产业结构、缩短了管理链条。

在能力提升方面，该集团公司八大航天产业基地布局进一步优化，能力显著提升，航天科技工业新体系初步建成。在北京，建成南苑地区中国运载火箭总体科研基地，唐家岭地区中国空间飞行器总体科研基地，永丰地区航天电子科研生产基地，云岗地区中国航天空气动力研究与试验基地；在天津，建成中国新一代运载火箭产业化基地和超大型航天器研制生产基地；在上海，建成闵行地区运载火箭、空间飞行器、战术导弹的设计研制生产试验综合科研生产基地；在西安，建成中国固体火箭发动机、液体火箭发动机和空间飞行器有效载荷科研生产基地；在四川，建成成都和万源地区现役运载火箭批生产基地。

在人才队伍建设方面，该集团公司坚定不移推进新时期人才强企战略，为中国航天事业发展提供人才资源保证。首次在牛津大学、剑桥大学等世界名校召开高端人才招聘会，80余名海外高层次人才意向加盟集团公司，在国内高校引进博士500余名、硕士2 000余名；首次实施百万元“航天功勋奖”和二十万元“航天创新奖”激励，对做出突出贡献的人才给予每人100万元“航天功勋奖”和每人20万元的“航天创新奖”。2011年，刘纪原被国际宇航科学院授予冯·卡门奖，王礼恒被授予杨格尔勋章，刘连元当选中国工程院院士，新增政府特殊津贴专家65名，18名海外人才入选国家“千人计划”。目前，该集团公司已形成以32位院士、100余名国家级专家和430余名型号两总为代表的高层次科技人才队伍，在近16万员工中，拥有博士2 500余人，硕士2.2万余人，各类高层次人才数量在中央企业名列前茅。

重大项目

2011 年，该集团公司长征系列运载火箭共进行 19 次宇航飞行，发射了 19 颗卫星、1 个目标飞行器、1 艘神舟飞船，航天发射次数再创新高，中国首次超过美国 18 次发射次数，位居世界第二位。其中，天宫一号目标飞行器、神舟八号飞船顺利实现“准确进入轨道、精确交会对接、稳定组合运行、安全撤离返回”的任务目标，圆满完成中国首次空间交会对接任务；嫦娥二号卫星圆满完成月球探测任务后，飞行 150 万千米成功抵达拉格朗日 L_2 点，创造了中国空间飞行器最远的深空飞行和探测记录；北斗二号导航系统完成 3 颗卫星组网发射，建成了区域自主卫星导航基本系统，并开始提供试运行服务；多颗海洋、资源、风云等系列民用卫星成功发射，完善了中国民用空间基础设施的体系和能力，拓展了卫星遥感技术的应用领域。

2011 年，该集团公司航天技术应用产业重大产业化项目市场拓展、产业能力提升、关键技术攻关等方面实现突破，煤气化项目具备了年承担 20 套 30 万吨甲醇规模工业装置的生产能力，全年新签合同总额近 22 亿元；碳纤维 T300 关键工艺实现突破，飞机碳刹车盘和光伏热场材料已经成为国内最大产品供应商；辅酶 Q10 年产量超过 80 吨；长输管线输油泵项目多条成品油管线产品完成交付并运行良好；液压支架产品新获神华集团订单过 2 亿元，电液控制系统国内市场占有率位居第二；太阳能光伏项目 500MW 组件生产线全线贯通投入试生产；集成电路项目 8 位超高速 A/D 转换器研制成功并快速进入市场，打破了国际垄断；烟气治理项目成功引入华能集团战略投资，实现了供应链与资本层面的双向合作。

2011 年，该集团公司战略性新兴产业重大项目启动实施，以卫星运营、地理信息、航天软件、航天金融等领域发展平台不断完善为标志，产融结合发展能力持续提升。顺利完成中星十号与中星 5B（鑫诺一号）的业务接替，9 颗在轨通信广播卫星形成稳定运行体系，有力保障了国家广播电视和通信数据的安全传输，服务范围进一步扩展到亚洲、非洲、欧美等地区的 20 多个国家；“基于卫星技术的数字发行系统”项目获国家战略性新兴产业资金支持，卫星数字农家书屋工程已经在北京、湖北、陕西、云南、宁夏等地区广泛推广，已确定建设项目 3 300 个；依托导航电子地图、交通信息服务领域的领先技术优势，成功推出远程数据传输（Telematics）业务，战略布局覆盖到汽车物联网产业领域；组建成立了航天海外投资公司，引入长江三峡集团出资 5 亿元成为航天产业基金新的有限合伙人，筹备并发起设立 3.7 亿元创业投资基金和 3 亿元航天物联网基金及其基金管理公司，以航天财务、航天投资、航天产业基金、航天海外私募股权基金为核心的金融投资平台能力进一步夯实，共募集资金 40 余亿元，投资管理资金规模达百亿元。此外，顺利实施了航天机电、航天动力定向增发。金融平台保障、支持主业发展需求，累计贷款 600 多亿元，为集团公司产业发展提供了有力的资金支持。

走向海外

2011 年，该集团公司宇航系统的国际商业合同签约额达到 10.9 亿美元。成功发射欧洲卫星通信公司 W3C 卫星，这是中国首次为世界主流卫星运营商发射卫星；成功完成巴基斯坦通信卫星、尼日利亚 1R 通信卫星 2 项在轨交付合同，首次为亚洲用户提供了整星出口商业服务。顺利签署白俄罗斯、印度尼西亚 2 颗通信卫星在轨交付合同，不仅将中国通信卫星出口首次拓展到欧洲国家，也使该集团公司通信卫星整星出口的国际用户及卫星数量达到 7 个国家、8 颗星。在此基础上，成功签署委内瑞拉遥感卫星的出口合同，实现了中国遥感卫星出口零的突破。此外，成功与土耳其、土库曼斯坦签署商业发射服务、与卢森堡签署小卫星搭载等国际合同。完成了向俄罗斯出口大型空间环境模拟器项目和环境减灾卫星泰国接收站建设工程，成功签署亚太空间合作组织数据共享服务平台及应用项目，向尼日利亚出口气象探空火箭项目获商务部正式批准，航天技术与产品的国际出口领域不断扩大。

重大创新

2011 年，该集团公司新获国家科学技术进步奖 3 项，国防科学技术进步奖 53 项，包括特等奖 1 项、一等奖 4 项；专利申请量再次突破千件，发明专利申请比重逐年提高，居军工集团首位，并在军工行业内首获中国专利金奖。航天技术创新体系进一步完善，与中国工程院共同组建成立“中国航天工程科技发展战略研究院”，在总体院组建成立“钱学森运载技术实验室”、

"钱学森空间技术实验室"，形成了以总体单位为龙头，以重点专业技术研发中心为核心，以国防科技重点试验室、国家工程实验室、国家级工程研究中心为支撑的航天技术创新体系。在科技日报评选的"2011 年国内十大科技新闻"中，该集团公司承担的"首次空间交会对接圆满成功、嫦娥二号成功抵达拉格朗日点、北斗二号卫星导航基本系统建成"3 项重大科技工程成功入选，特别是"首次空间交会对接成功"作为中国唯一一项重大科技成果，被列入"2011 年国际十大科技新闻"。

信息化建设

2011 年，该集团公司进一步加强信息化顶层设计与规划建设，全面启动实施"CASC 信息化工程"，加速数字化研制模式的工程实践，科研生产计划管理系统、经营管理信息系统的应用逐步深化，视频会议系统、机要密码视频通信网的全面应用，极大地提高了型号工作效率；在积极拓展自主可控基础软件产品线基础上，与法国达索公司签署战略合作谅解备忘录，全力推动航天信息化建设；集团公司互联网门户网站改版工作全面完成，并达到中央企业 A 级水平；在国资委组织的中央企业信息化水平评价中首次被评定为 A 级，排名由 36 位提升至28 位。

履行社会责任

2011 年，该集团公司积极履行社会责任，首次发布年度社会责任报告，大力推广太空育种和卫星数字农家书屋等惠民工程，顺利完成新世纪定点扶贫专项工作；在完善关爱职工机制，全面落实离退休人员政治待遇、生活待遇、医疗待遇，进一步做好信访维稳工作等方面，努力营造和谐稳定的发展氛围。集团公司利用环境减灾卫星、增雨防雹火箭等航天技术，积极参与中国赈灾救危工作；投入约 3.24 亿元人民币开展节能减排技术改造项目，万元增加值能耗下降 18.02%，排放量下降 5.38%；策划开展"院士专家进校园"系列科普活动；作为唯一一家企业参与主办"两岸同心，我们同行"万名青年大型交流主题联欢活动、CASC 两岸青少年航天交流活动和"梦想航天，情系中华"航天科技夏令营活动；向洋县、太白县、崇礼县 3 个扶贫县投入扶贫专项经费 390 万元；获得"全国扶贫开发先进集体"荣誉称号；持续开展对甘肃省甘南藏族自治州夏河县的捐资助学活动，大力支持当地教育发展；在 32 所国内知名高校设立 CASC 奖学金，在哈尔滨工业大学等 7 所工业和信息化部所属重点高校设立 CASC 助学金，1 715 名家庭经济困难的大学生获得资助。

【统计数据】

表 1　2010—2011 年中国航天科技集团公司主要经济指标表

项目	单位	2010 年	2011 年	增长率
资产总额	亿元	1 827.6	2 420.7	32.5%
所有者权益	亿元	742.8	908.9	22.4%
营业收入	亿元	843.0	1 018.1	20.8%
利润总额	亿元	84.7	91.4	7.9%
净资产	亿元	595.7	735.4	23.5%
归属于母公司所有者的净利润	亿元	64.6	67.5	4.5%
技术开发投入	亿元	297.1	327.1	10.1%
税收总额	亿元	30.7	34.2	11.4%
全员劳动生产率	万元/(人·年)	16.3	18.8	15.3%
净资产收益率	%	11.79	9.91	-1.88 个百分点
总资产报酬率	%	5.23	4.68	-0.55 个百分点
国有资产保值增值率	%	114.5	111.8	-2.7 个百分点

表 2　2011 年长征系列运载火箭发射一览表

序号	空间飞行器	运载火箭	发射时间	发射地点
1	北斗卫星导航系统第八颗卫星	长征三号甲	4 月 10 日	西昌卫星发射中心
2	中星十号	长征三号乙	6 月 21 日	西昌卫星发射中心
3	实践十一号 03 星	长征二号丙	7 月 6 日	酒泉卫星发射中心
4	天链一号 02 星	长征三号丙	7 月 11 日	西昌卫星发射中心
5	北斗卫星导航系统第九颗卫星	长征三号甲	7 月 27 日	西昌卫星发射中心
6	实践十一号 02 星	长征二号丙	7 月 29 日	酒泉卫星发射中心
7	巴基斯坦通信卫星	长征三号乙	8 月 12 日	西昌卫星发射中心
8	海洋二号 01 星	长征四号乙	8 月 16 日	太原卫星发射中
9	实践十一号 04 星	长征二号丙	8 月 18 日	酒泉卫星发射中心
10	中星 1A	长征三号乙	9 月 19 日	西昌卫星发射中心
11	天宫一号	长征二号 F	9 月 29 日	酒泉卫星发射中心
12	EutelsatW3C 卫星	长征三号乙	10 月 7 日	西昌卫星发射中心
13	神舟八号	长征二号 F	11 月 1 日	酒泉卫星发射中心
14	遥感卫星十二号，天巡一号	长征四号乙	11 月 9 日	太原卫星发射中
15	萤火一号	国外火箭	11 月 9 日	俄罗斯
16	试验卫星四号，创新一号 03 星	长征二号丁	11 月 20 日	酒泉卫星发射中心
17	遥感卫星十三号	长征二号丙	11 月 30 日	太原卫星发射中
18	北斗卫星导航系统第十颗卫星	长征三号甲	12 月 2 日	西昌卫星发射中心
19	尼日利亚 1R 卫星	长征三号乙	12 月 20 日	西昌卫星发射中心
20	资源一号 02C 星	长征四号乙	12 月 22 日	太原卫星发射中

[撰稿：杜宇　审稿：路明辉]

资料

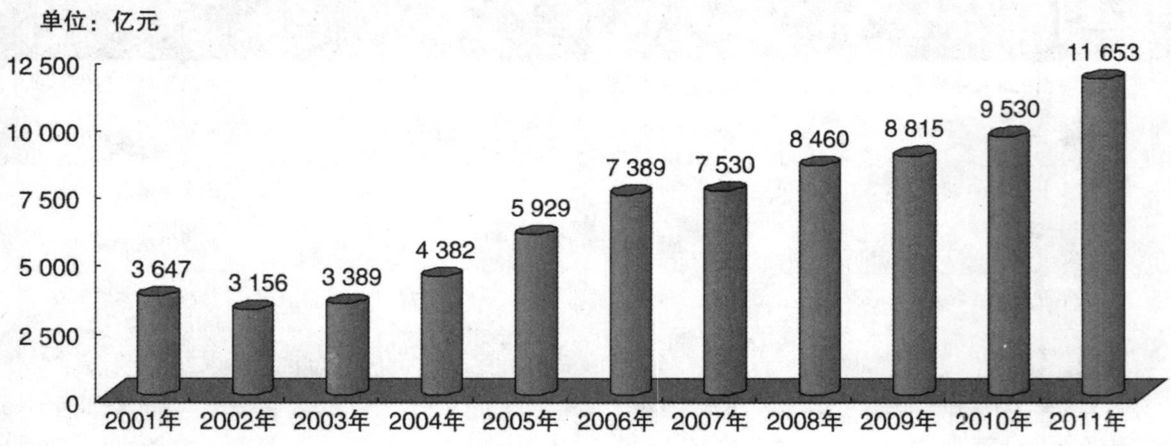

图1　2001—2011年通信设备行业实现主营业务收入情况

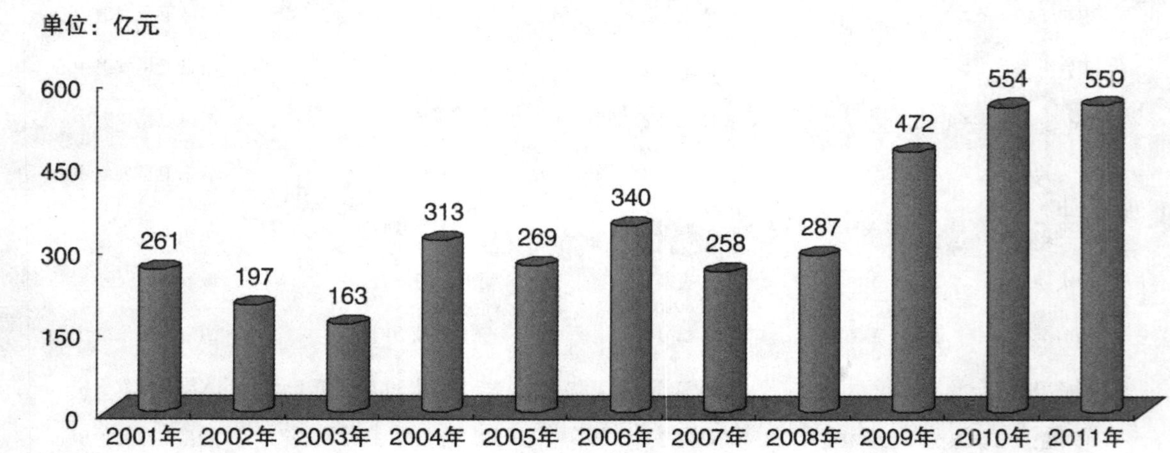

图2　2001—2011年通信设备行业实现利润总额情况

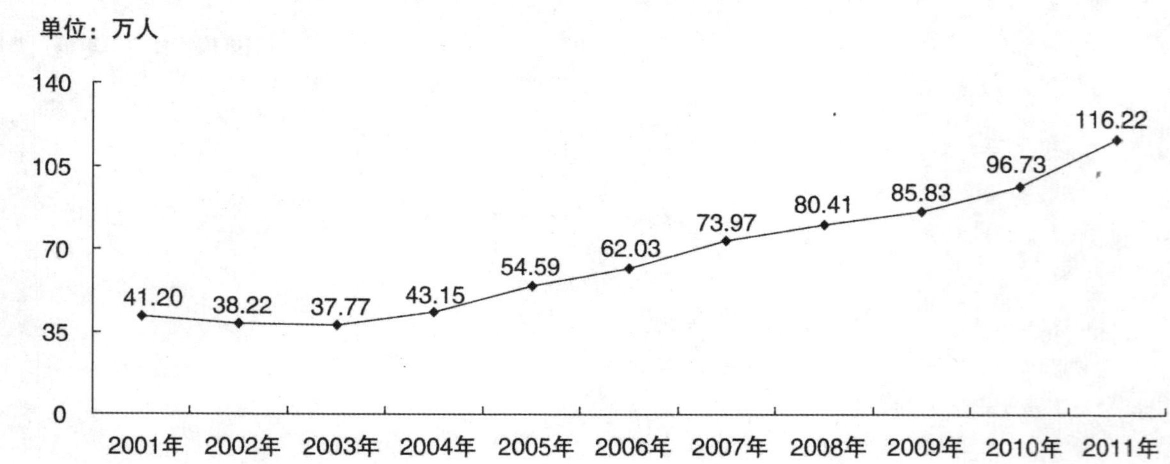

图3　2001—2011年通信设备行业从业人员平均人数情况

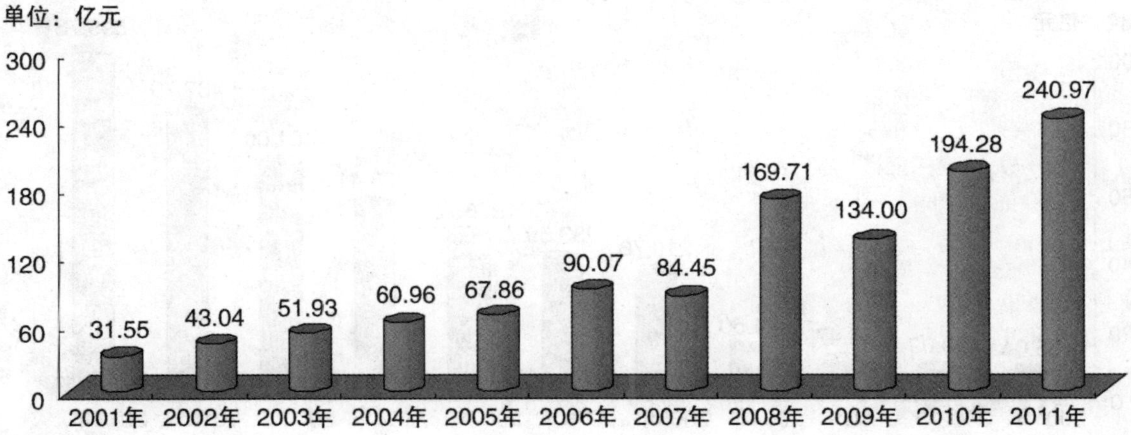

图4　2001—2011年雷达行业实现主营业务收入情况

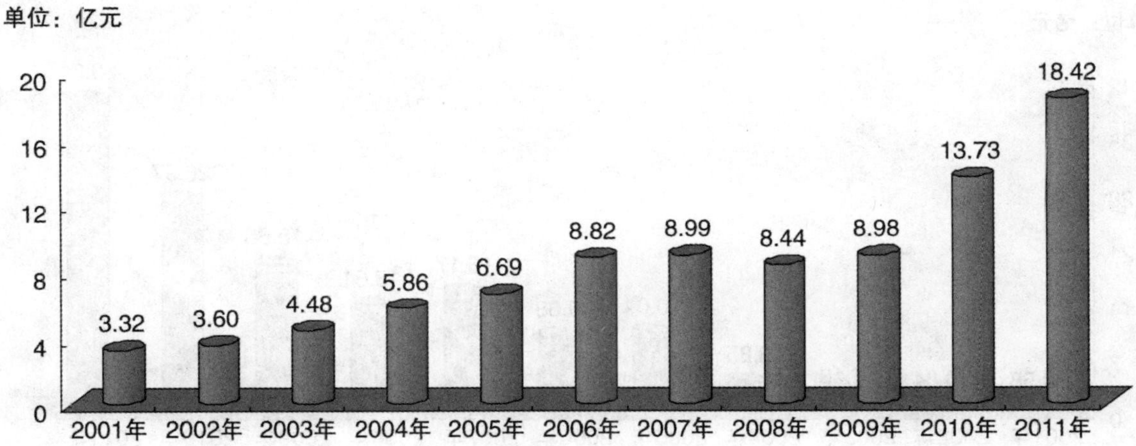

图5　2001—2011年雷达行业实现利润总额情况

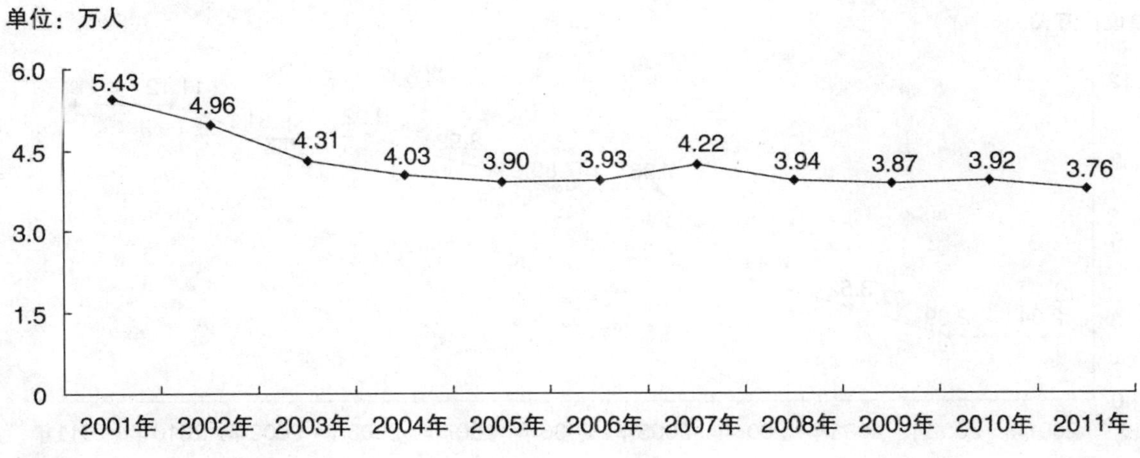

图6　2001—2011年雷达行业从业人员平均人数情况

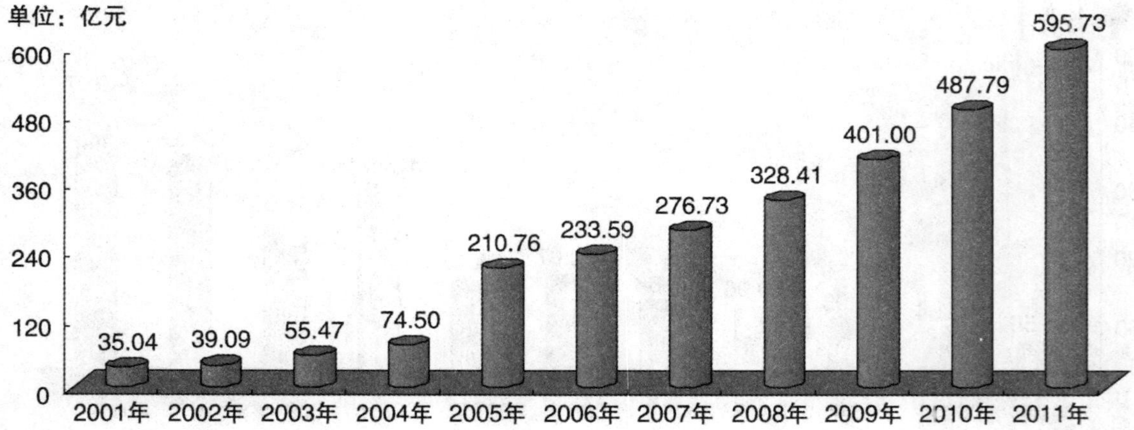

图7　2001—2011年广播电视设备行业实现主营业务收入情况

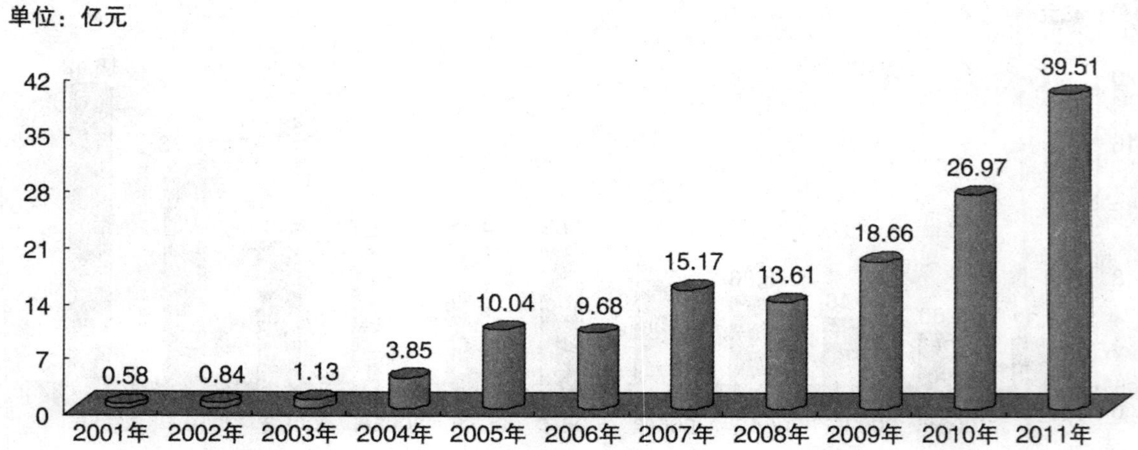

图8　2001—2011年广播电视设备行业实现利润总额情况

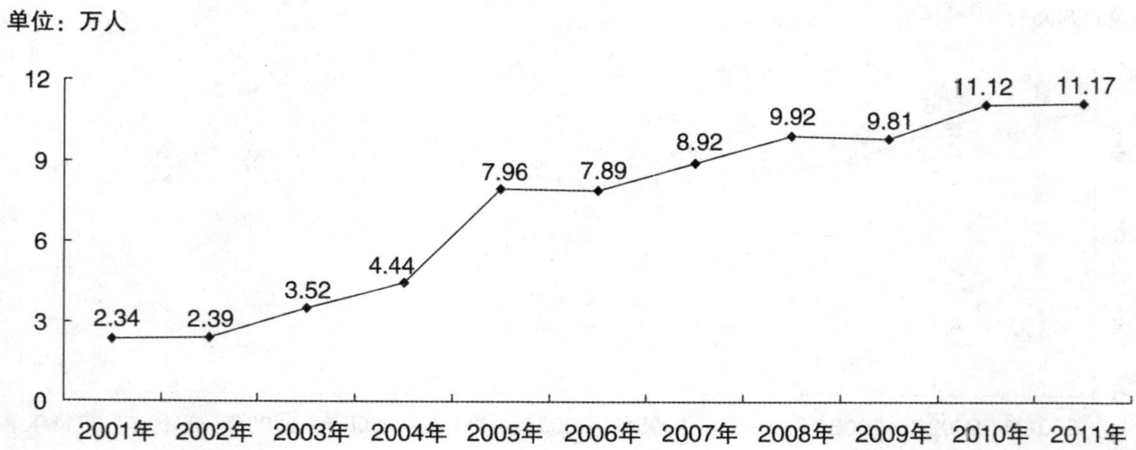

图9　2001—2011年广播电视设备行业从业人员平均人数情况

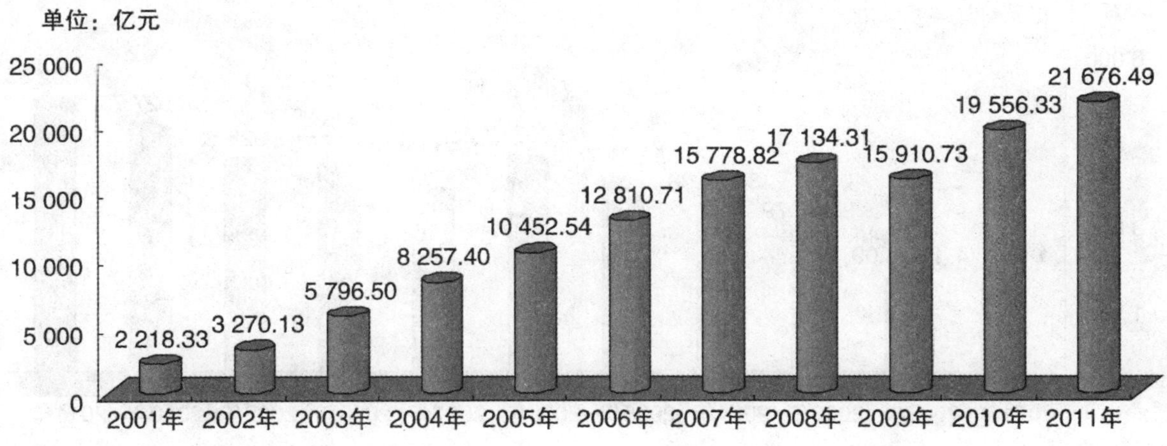

图10 2001—2011年电子计算机行业实现主营业务收入情况

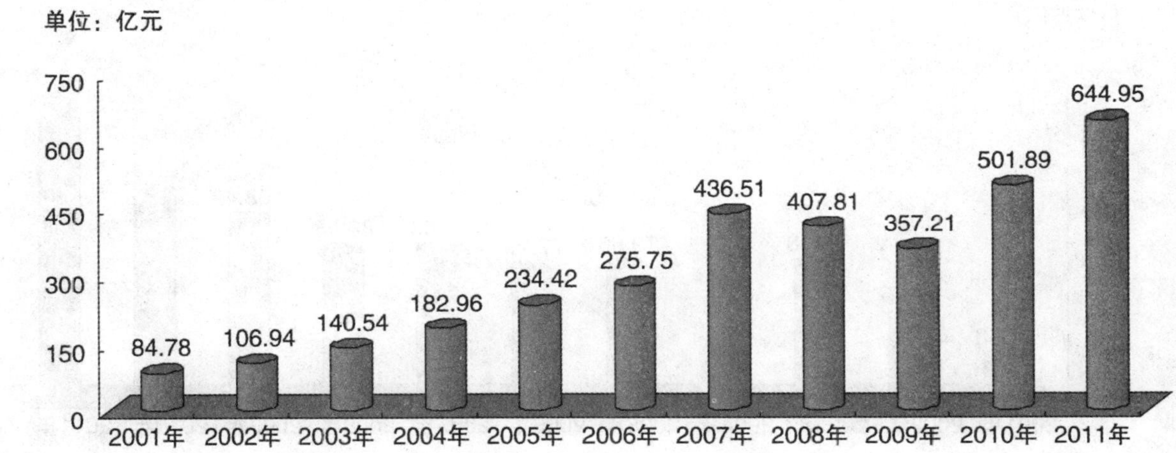

图11 2001—2011年电子计算机行业实现利润总额情况

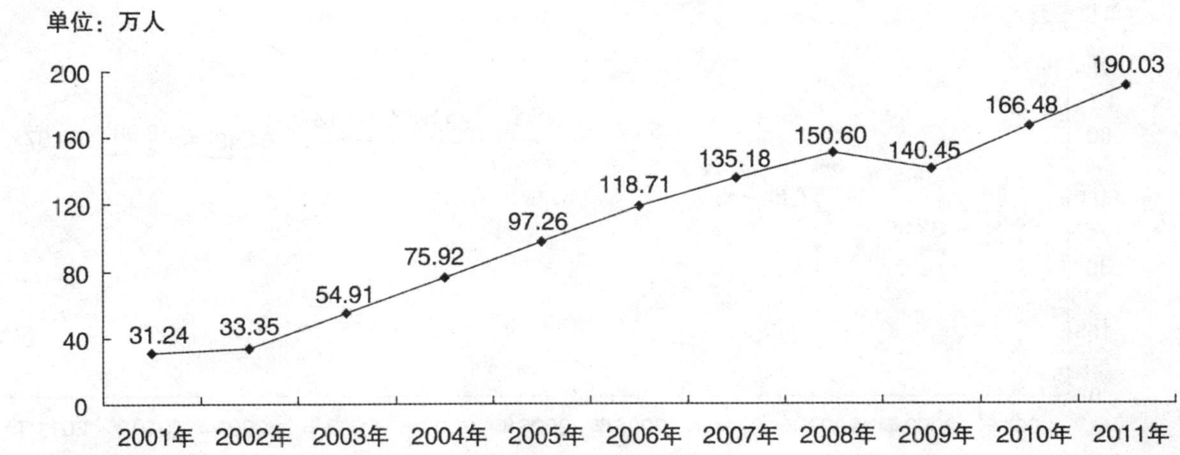

图12 2001—2011年电子计算机行业从业人员平均人数情况

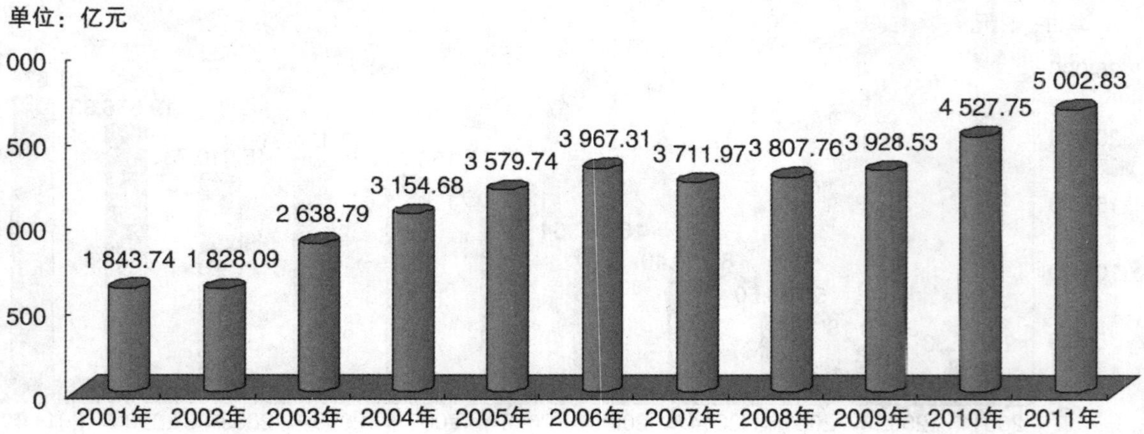

图13　2001—2011年家用视听设备行业实现主营业务收入情况

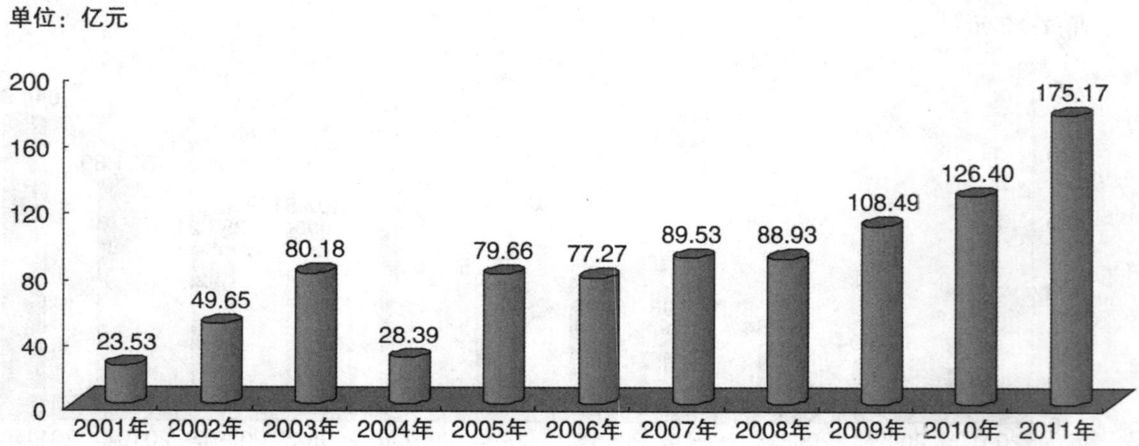

图14　2001—2011年家用视听设备行业实现利润总额情况

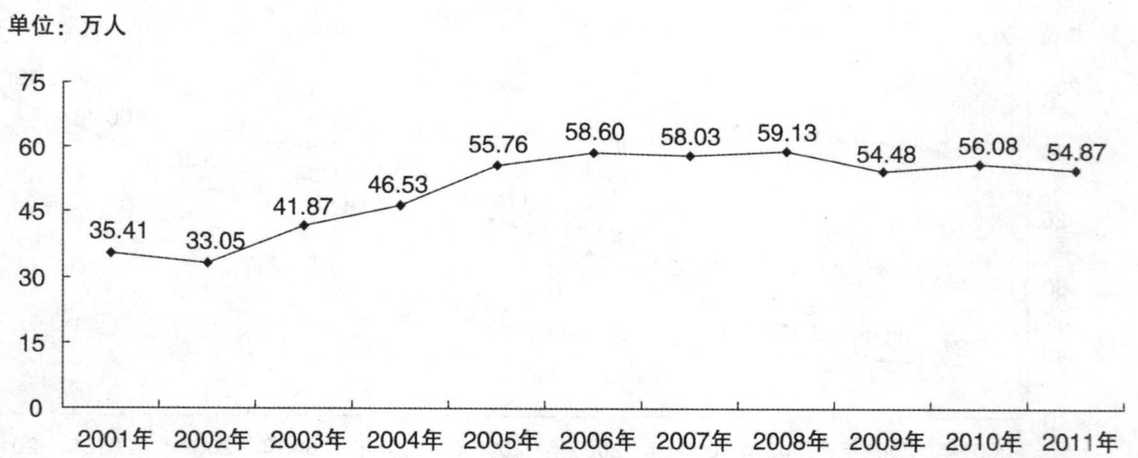

图15　2001—2011年家用视听设备行业从业人员平均人数情况

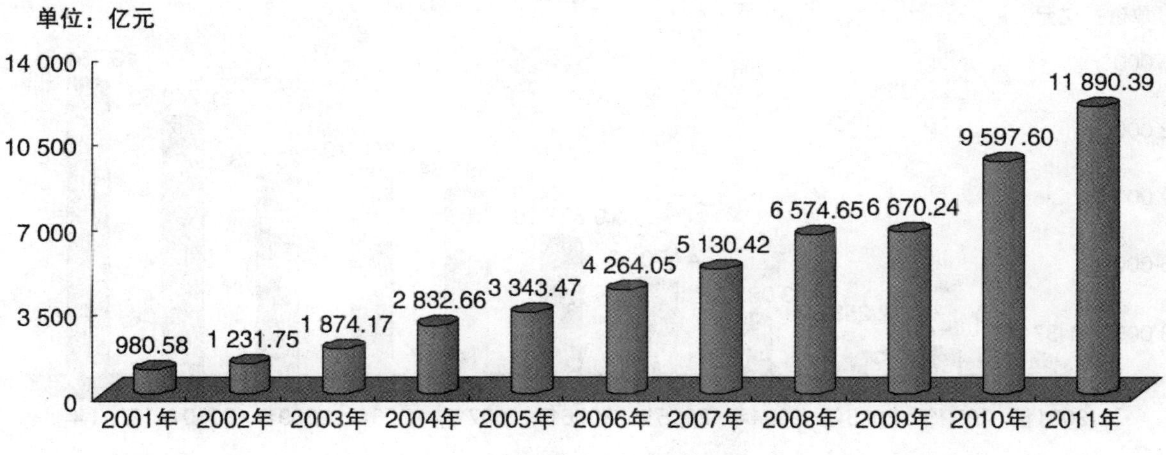

图16 2001—2011年电子器件行业实现主营业务收入情况

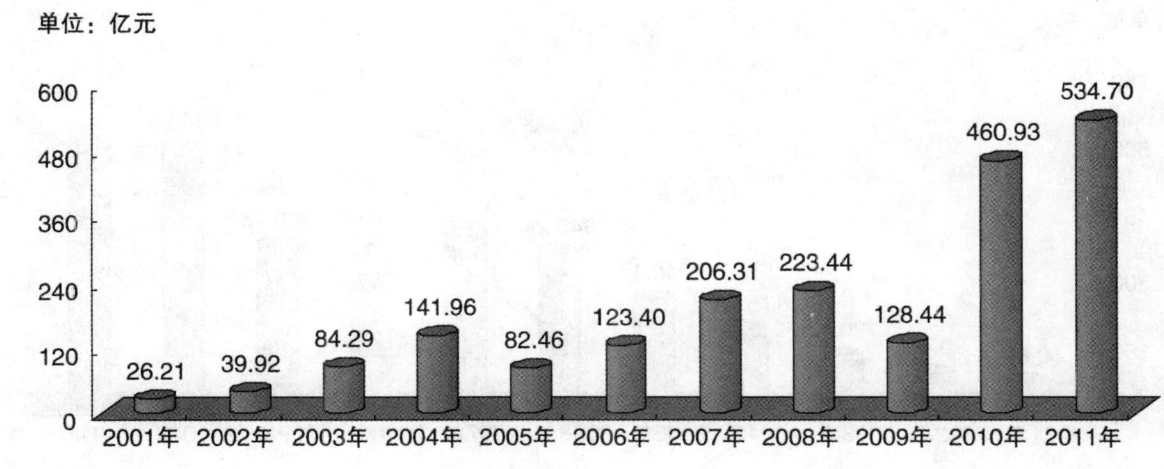

图17 2001—2011年电子器件行业实现利润总额情况

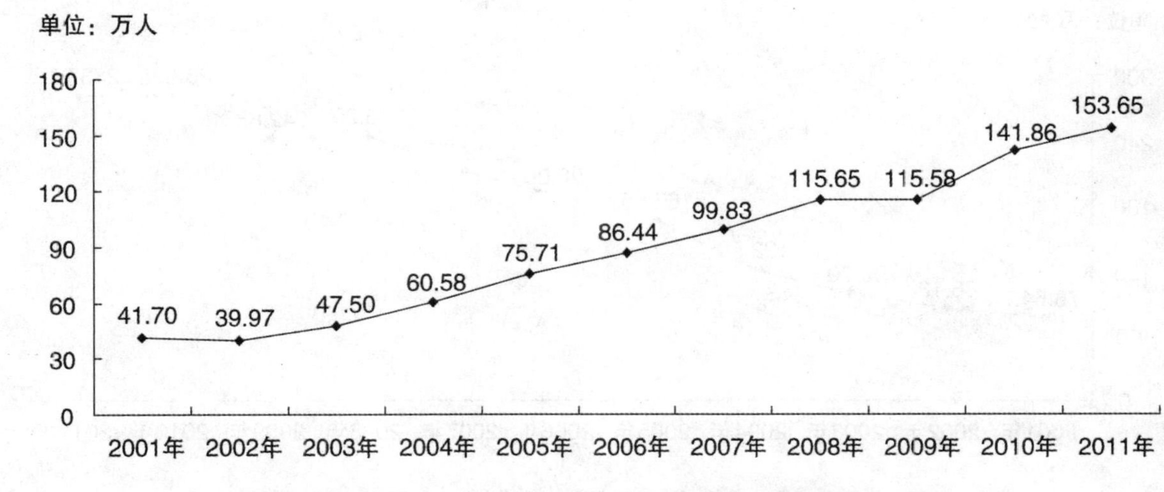

图18 2001—2011年电子器件行业从业人员平均人数情况

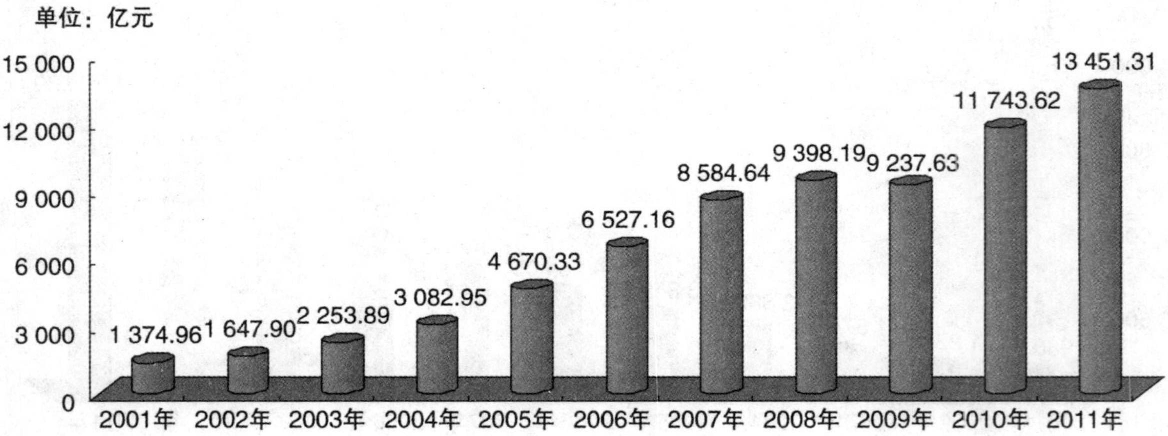

图19　2001—2011年电子元件行业实现主营业务收入情况

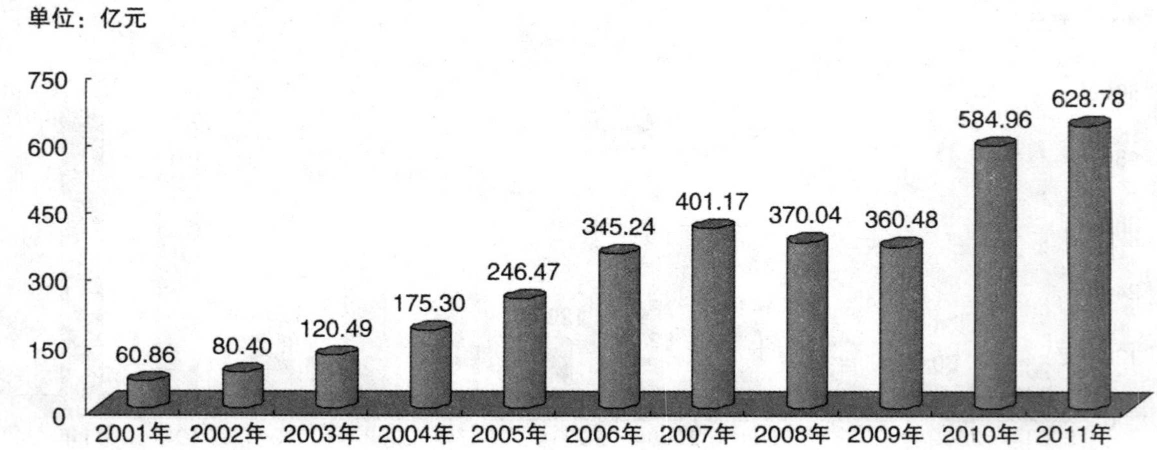

图20　2001—2011年电子元件行业实现利润总额情况

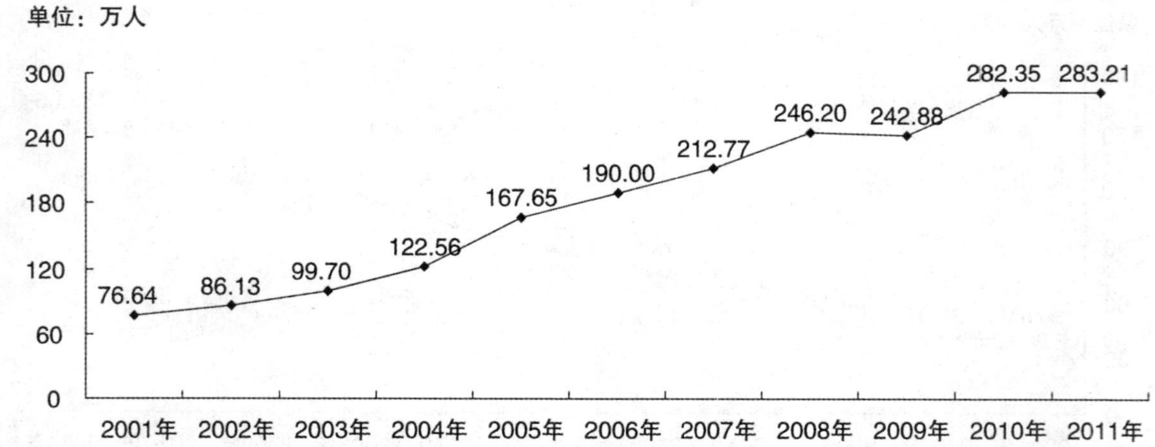

图21　2001—2011年电子元件行业从业人员平均人数情况

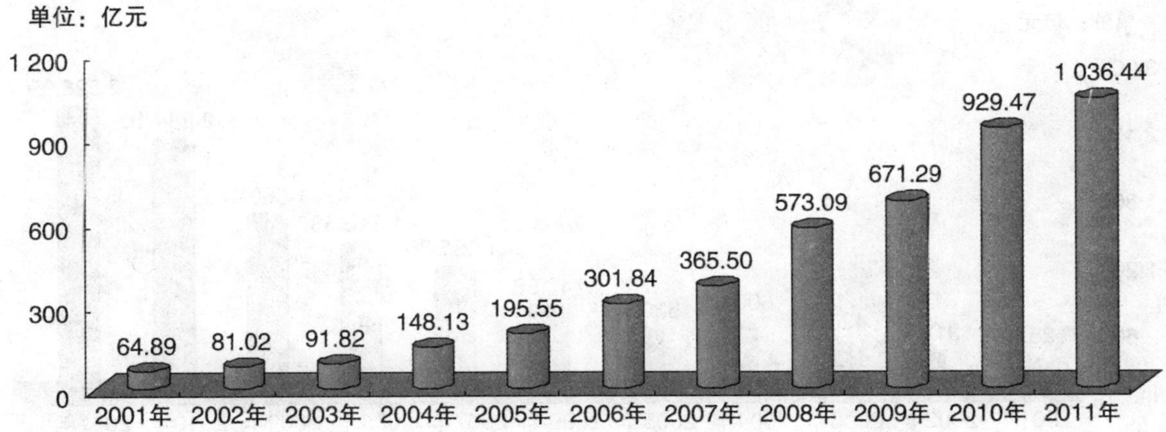

图22　2001—2011年电子测量仪器行业实现主营业务收入情况

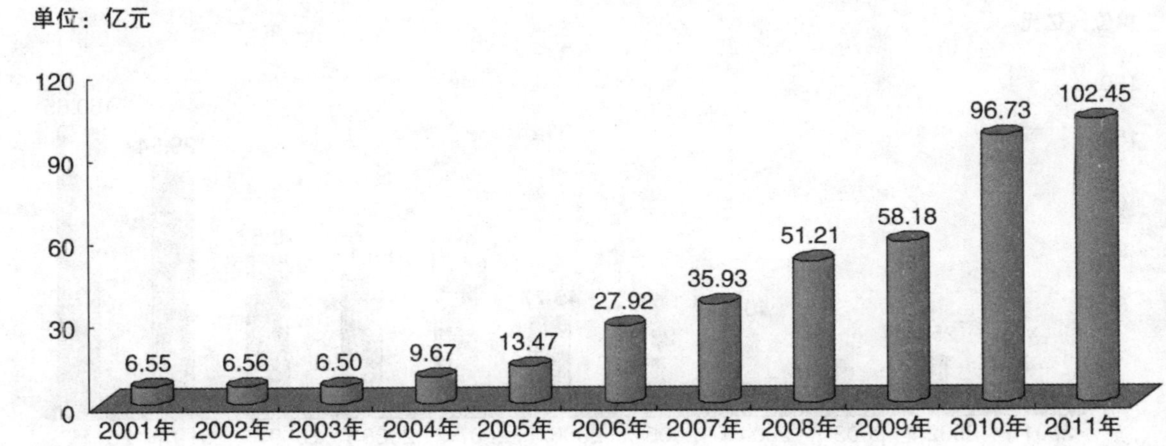

图23　2001—2011年电子测量仪器行业实现利润总额情况

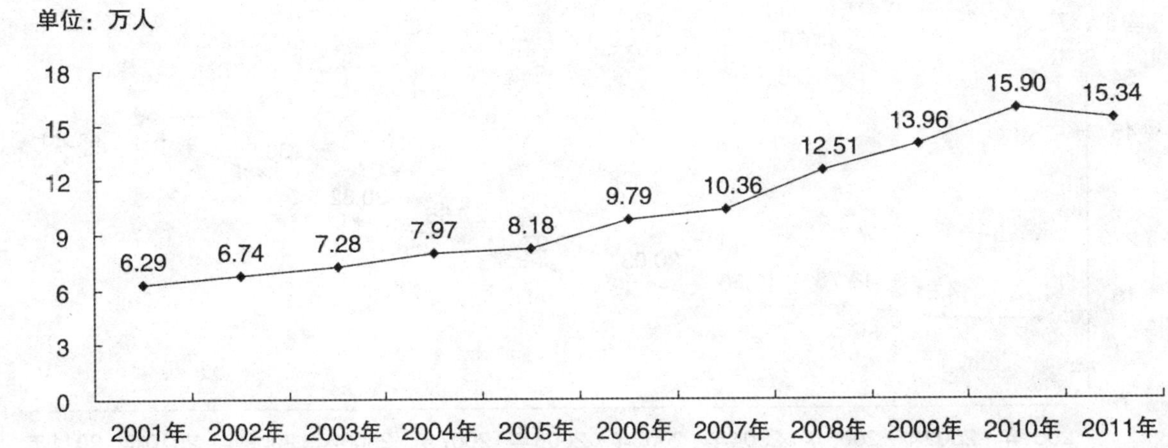

图24　2001—2011年电子测量仪器行业从业人员平均人数情况

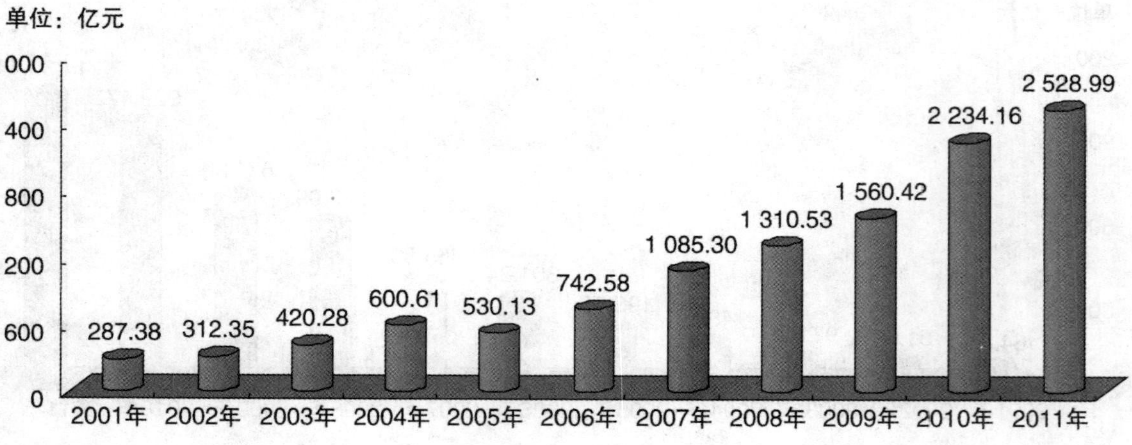

图25　2001—2011年电子专用设备行业实现主营业务收入情况

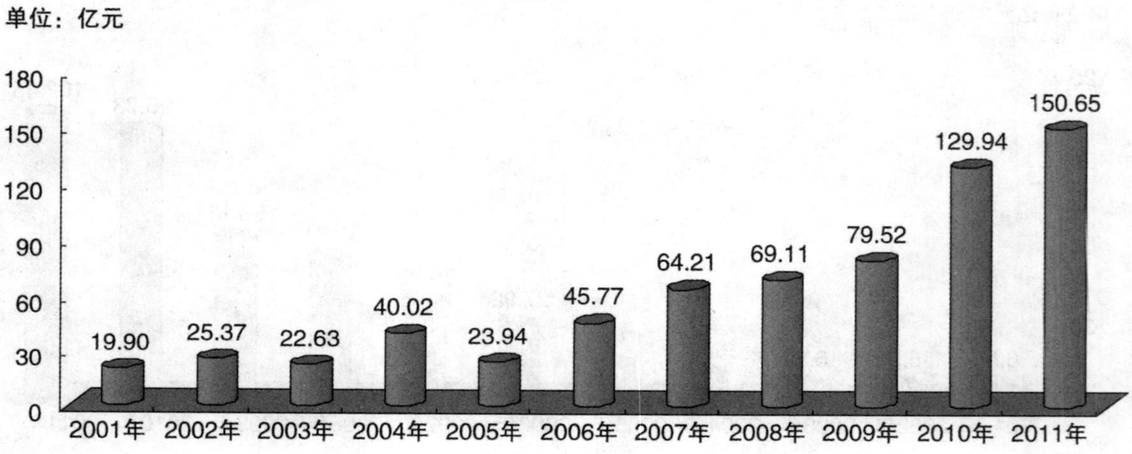

图26　2001—2011年电子专用设备行业实现利润总额情况

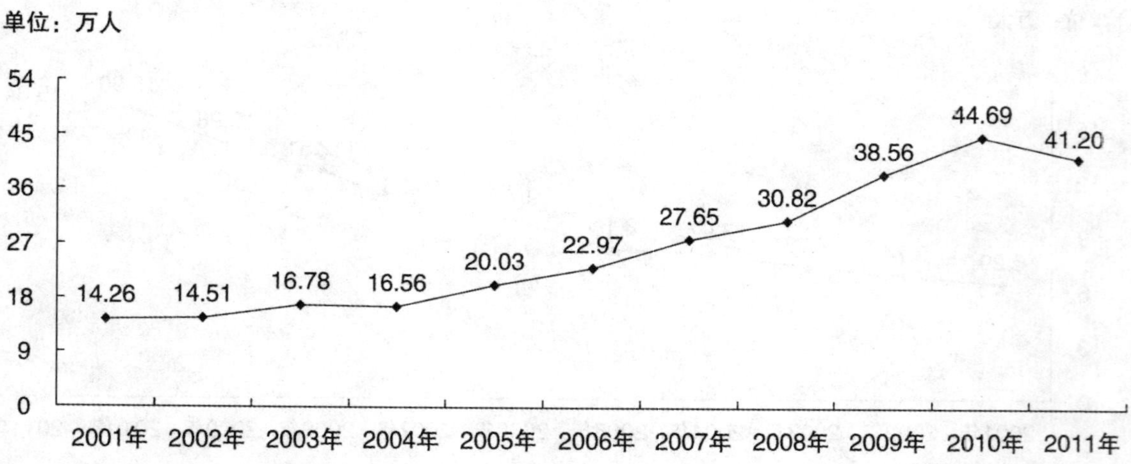

图27　2001—2011年电子专用设备行业从业人员平均人数情况

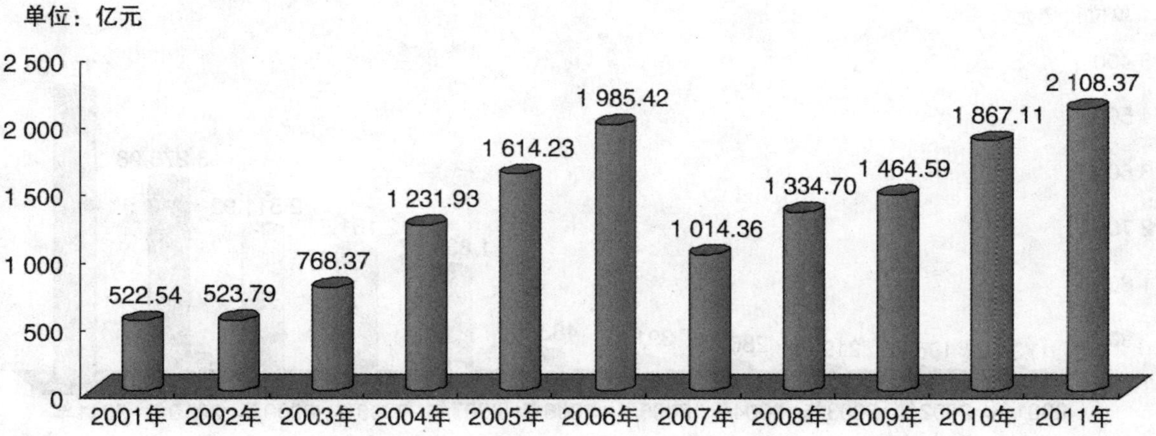

图28　2001—2011年电子信息机电行业实现主营业务收入情况

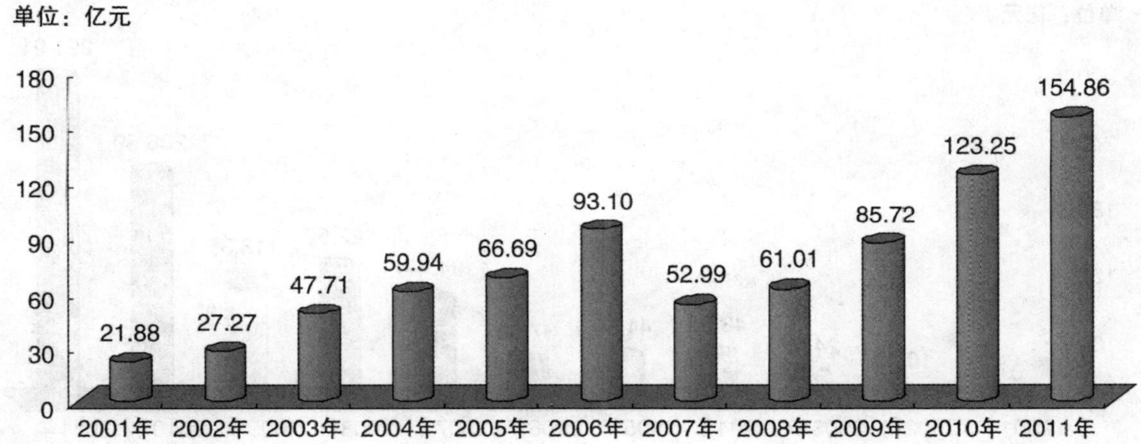

图29　2001—2011年电子信息机电行业实现利润总额情况

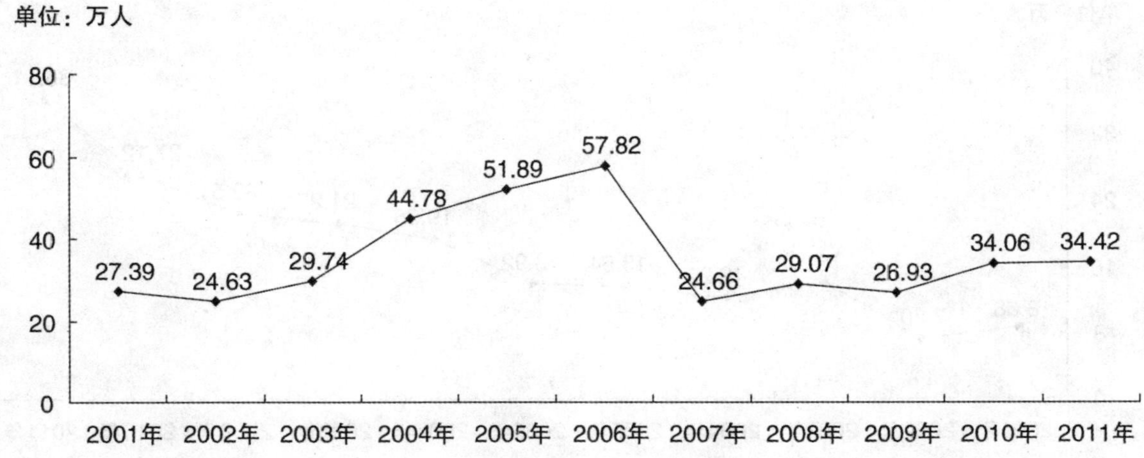

图30　2001—2011年电子信息机电行业从业人员平均人数情况

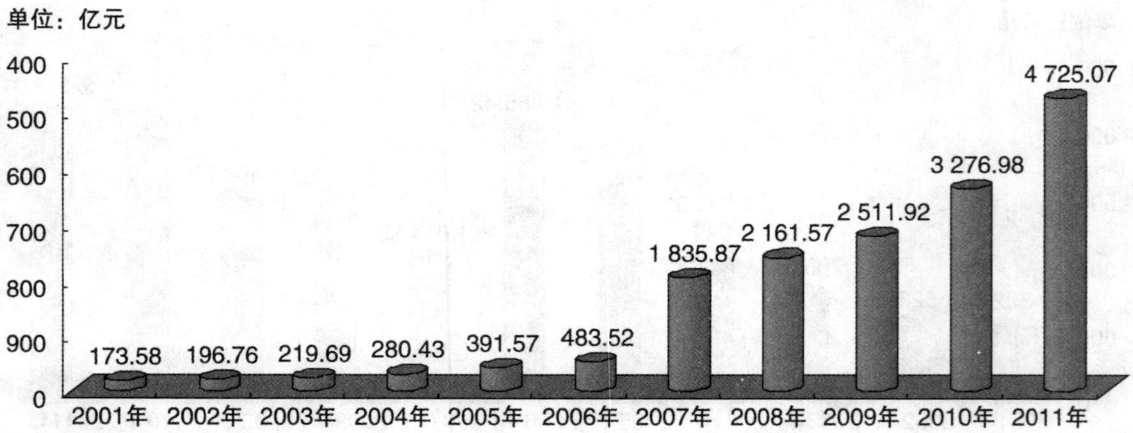

图31　2001—2011年其他电子信息行业实现主营业务收入情况

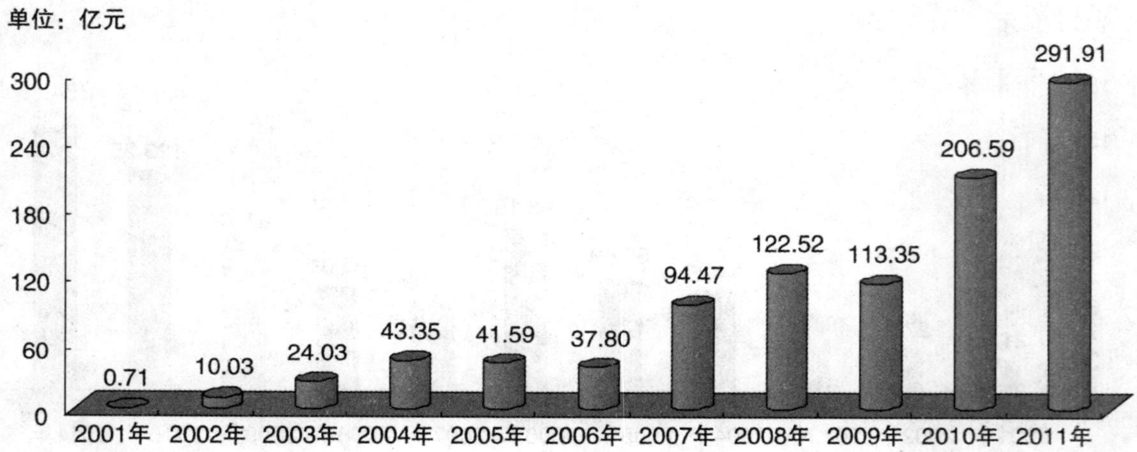

图32　2001—2011年其他电子信息行业实现利润总额情况

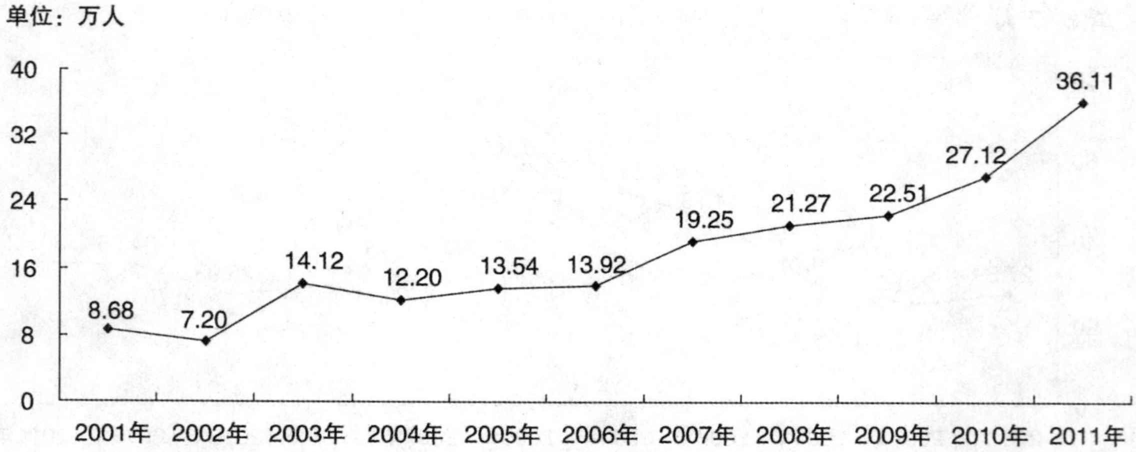

图33　2001—2011年其他电子信息行业从业人员平均人数情况

注：图 1—图 33 数据来源于《电子信息产业改革开放 30 年统计资料》（1978-2007）、工业和信息化部运行监测协调局。

第4部分　电子信息产业经济运行综合统计资料

综合统计资料说明

1. 统计范围包括：全部国有电子信息产业制造业企业和年主营业务收入在500万元以上的非国有电子信息产业制造业企业；软件产业的统计范围是年主营业务收入在100万元以上的软件企业，不包括流通、咨询、服务业的电子信息企业和个别省、市设在保税区内的电子信息产业制造业企业。

2. 此资料调查方式为普查式。历年本统计资料的报表制度均由工业和信息化部负责布置，由各省、自治区、直辖市工业和信息化主管部门收集本地区电子信息产业年度资料，报工业和信息化部运行监测协调局汇总整理。解释权在工业和信息化部运行监测协调局。

表 1 2011 年规模以上电子信息产业主要指标完成情况

项目名称	单位	2010 年	2011 年	增速%
主营业务收入合计	亿元	77 534	93 758	20.9
其中：制造业	亿元	63 945	74 909	17.1
软件业	亿元	13 589	18 849	38.7
利润总额合计	亿元	4 999	6 096	21.9
其中：制造业	亿元	2 825	3 300	16.8
软件业	亿元	2 174	2 796	28.6
税金总额合计	亿元	1 750	2 213	26.4
其中：制造业	亿元	950	1 245	31.0
软件业	亿元	800	968	21.0
从业人员合计	万人	1 152	1 284	11.5
其中：制造业	万人	880	940	6.8
软件业	万人	272	344	26.5
固定资产投资	亿元	5 993	9 077	51.5
电子信息产品进出口总额	亿美元	10 128	11 292	11.5
其中：出口额	亿美元	5 912	6 612	11.8
进口额	亿美元	4 216	4 680	11.0

第一部分　规模以上制造业统计数据

表 2　2011 年按企业登记注册类型分列的电子信息产业制造业主要经济指标完成情况（1）

单位：万元

项目名称	企业数（家）	工业总产值（现行价）	工业销售产值	出口交货值	主营业务收入	全部从业人员平均人数（人）
内资企业	8 338	225 873 048	219 620 514	43 566 969	220 406 132	2 987 241
国有企业	172	12 444 319	12 132 940	1 514 126	12 543 426	141 483
集体企业	91	9 030 377	8 984 546	1 988 504	10 900 265	119 457
股份合作企业	58	1 210 245	1 160 757	243 595	1 309 518	11 436
联营企业	19	525 632	509 411	114 900	438 356	16 877
国有联营企业	5	267 862	267 506	40 044	195 411	4 811
集体联营企业	5	59 021	59 019	55 895	58 818	7 554
国有与集体联营企业	4	92 891	91 468	9 446	92 751	3 371
其他联营企业	5	105 859	91 419	9 516	91 377	1 141
有限责任公司	2 061	80 762 876	78 551 149	16 908 085	80 942 957	906 564
国有独资公司	63	3 027 003	2 806 191	261 116	3 015 152	57 293
其他有限责任公司	1 998	77 735 873	75 744 958	16 646 969	77 927 805	849 271
股份有限公司	434	39 425 859	37 845 771	11 222 430	35 416 167	462 091
私营企业	5 443	81 077 122	79 072 662	11 228 581	77 498 079	1 302 193
其他内资企业	60	1 396 618	1 363 278	346 748	1 357 364	27 140
港、澳、台商投资企业	2 961	170 772 290	166 464 610	109 934 510	165 307 291	2 635 623
合资经营企业（港、澳、台资）	669	30 386 603	28 943 661	12 138 780	27 085 140	470 907
合作经营企业（港、澳、台资）	59	1 336 847	1 296 176	841 586	1 271 404	53 034
港、澳、台商独资经营企业	2 166	134 823 968	132 076 535	95 134 261	132 975 914	2 051 722
港、澳、台商投资股份有限公司	67	4 224 872	4 148 239	1 819 883	3 974 833	59 960
外商投资企业	3 755	373 783 867	368 364 988	259 302 625	363 378 250	3 776 936
中外合资经营企业	802	74 820 365	73 805 714	39 660 664	72 866 340	510 902
中外合作经营企业	57	1 475 486	1 475 839	841 709	1 469 387	35 749
外商独资企业	2 824	285 492 907	281 358 383	209 044 494	277 330 387	3 157 087
外商投资股份有限公司	72	11 995 109	11 725 053	9 755 758	11 712 135	73 198

表 3　2011 年按经济类型分列的电子信息产业制造业主要经济指标完成情况（1）

单位：万元

项目名称	企业数（家）	工业总产值（现行价）	工业销售产值	出口交货值	主营业务收入	全部从业人员平均人数（人）
国有经济	240	15 739 184	15 206 637	1 815 286	15 753 988	203 587
集体经济	96	9 089 398	9 043 565	2 044 399	10 959 083	127 011
股份合作经济	58	1 210 245	1 160 757	243 595	1 309 518	11 436
股份制经济	2 432	117 161 732	113 590 729	27 869 398	113 343 972	1 311 362
外商及港、澳、台投资经济	6 716	544 556 157	534 829 599	369 237 135	528 685 541	6 412 559
其他经济	5 512	82 672 489	80 618 827	11 594 291	79 039 570	1 333 845

表 4　2011 年按企业规模分列的电子信息产业制造业主要经济指标完成情况（1）

单位：万元

项目名称	企业数（家）	工业总产值（现行价）	工业销售产值	出口交货值	主营业务收入	全部从业人员平均人数（人）
大型企业	609	428 910 393	420 423 400	290 470 508	422 340 352	3 976 381
中型企业	3 929	207 590 703	202 952 661	93 574 892	197 960 236	3 330 873
小型企业	10 516	133 928 110	131 074 052	28 758 704	128 791 084	2 092 546

表 5　2011 年通信设备工业行业主要经济指标完成情况（1）

单位：万元

项目名称	企业数（家）	工业总产值（现行价）	工业销售产值	出口交货值	主营业务收入	全部从业人员平均人数（人）
合计	1 149	120 526 339	118 254 106	58 263 841	116 525 886	1 162 170
传输设备制造	275	11 269 646	10 839 489	3 454 221	11 390 535	137 886
交换设备制造	106	39 081 785	38 649 639	18 819 209	36 628 997	229 896
通信终端设备制造	165	5 880 518	5 727 859	3 423 997	5 702 083	113 280
移动通信及终端设备制造	318	56 337 383	55 309 727	31 462 329	55 174 916	580 994
其他通信设备制造	285	7 957 007	7 727 393	1 104 085	7 629 356	100 114

表 6　2011 年广播电视设备工业行业主要经济指标完成情况（1）

单位：万元

项目名称	企业数（家）	工业总产值（现行价）	工业销售产值	出口交货值	主营业务收入	全部从业人员平均人数（人）
合计	321	6 080 187	5 972 191	2 112 076	5 957 262	111 678
广播电视设备及发射设备制造	29	331 663	329 446	37 452	290 866	5 689
广播电视接收设备及器材制造	218	3 902 049	3 816 228	1 471 316	3 802 131	79 796
应用电视设备及其他广播电视	74	1 846 475	1 826 517	603 308	1 864 264	26 193

表 7 2011 年电子计算机工业行业主要经济指标完成情况（1）

单位：万元

项目名称	企业数（家）	工业总产值（现行价）	工业销售产值	出口交货值	主营业务收入	全部从业人员平均人数（人）
合计	1 209	218 737 459	215 793 177	160 971 004	216 764 876	1 900 287
电子计算机整机制造	147	118 308 162	116 862 377	86 583 388	119 448 045	663 073
计算机网络设备制造	116	5 835 064	5 741 105	2 394 834	5 597 513	69 170
电子计算机外部设备制造	854	90 466 623	89 168 625	69 382 581	87 633 458	1 120 090
幻灯机及投影设备制造	19	245 433	239 110	97 989	248 515	3 289
计算器及货币专用设备制造	73	3 882 177	3 781 960	2 512 213	3 837 346	44 665

表 8 2011 年家用视听设备工业行业主要经济指标完成情况（1）

单位：万元

项目名称	企业数（家）	工业总产值（现行价）	工业销售产值	出口交货值	主营业务收入	全部从业人员平均人数（人）
合计	809	50 814 838	49 551 446	24 038 721	50 028 284	548 714
家用影视设备制造	382	39 400 724	38 484 444	16 464 951	39 034 350	298 981
家用音响设备制造	427	11 414 114	11 067 003	7 573 771	10 993 934	249 733

表 9 2011 年电子器件工业行业主要经济指标完成情况（1）

单位：万元

项目名称	企业数（家）	工业总产值（现行价）	工业销售产值	出口交货值	主营业务收入	全部从业人员平均人数（人）
合计	2 577	123 275 623	119 784 118	74 616 455	118 903 868	1 536 460
电光源制造	588	9 486 391	9 347 939	2 672 915	9 241 244	211 794
电子真空器件制造	116	6 110 092	6 024 376	3 770 057	5 990 242	64 476
半导体分立器件制造	314	7 529 227	7 331 840	3 547 510	7 195 710	116 512
集成电路制造	402	24 939 985	24 626 874	16 711 205	24 302 702	287 258
光电子器件及其他电子器件	1 157	75 209 928	72 453 089	47 914 767	72 173 971	856 420

表 10 2011 年电子元件工业行业主要经济指标完成情况（1）

单位：万元

项目名称	企业数（家）	工业总产值（现行价）	工业销售产值	出口交货值	主营业务收入	全部从业人员平均人数（人）
合计	5 549	139 853 892	137 350 391	68 686 894	134 513 064	2 832 079
电力电子元器件制造	931	14 524 979	14 214 408	3 673 138	13 967 777	254 414
电子元件及组件制造	3 872	94 272 286	92 509 252	46 419 912	90 300 968	2 012 605
印制电路板制造	746	31 056 627	30 626 731	18 593 845	30 244 319	565 060

表11 2011年电子测量仪器工业行业主要经济指标完成情况（1）

单位：万元

项目名称	企业数（家）	工业总产值（现行价）	工业销售产值	出口交货值	主营业务收入	全部从业人员平均人数（人）
合计	616	10 748 147	10 446 070	1 760 880	10 364 433	153 431
环境监测专用仪器仪表制造	66	1 127 192	1 115 392	123 606	1 077 628	11 322
汽车电子仪器制造	160	3 630 952	3 518 051	419 531	3 497 936	52 715
导航、气象及海洋专用仪器制造	60	1 384 150	1 345 637	496 360	1 342 508	22 954
农林牧渔专用仪器仪表制造	9	154 623	154 028	6 656	143 558	1 315
地质勘探和地震专用仪器制造	46	1 047 620	976 482	106 911	931 523	13 510
核子及核辐射测量仪器制造	15	101 219	102 556	1 881	108 593	2 672
电子测量仪器制造	131	1 683 405	1 661 524	304 246	1 644 467	24 751
其他专用仪器制造	129	1 618 988	1 572 400	301 688	1 618 222	24 192

表12 2011年电子专用设备工业行业主要经济指标完成情况（1）

单位：万元

项目名称	企业数（家）	工业总产值（现行价）	工业销售产值	出口交货值	主营业务收入	全部从业人员平均人数（人）
合计	1 182	27 451 470	26 520 108	8 307 480	25 289 888	412 039
电子工业专用设备制造	414	9 284 683	8 847 879	1 901 347	8 568 769	120 318
其他电子设备制造	768	18 166 787	17 672 229	6 406 132	16 721 118	291 721

表13 2011年电子信息机电工业行业主要经济指标完成情况（1）

单位：万元

项目名称	企业数（家）	工业总产值（现行价）	工业销售产值	出口交货值	主营业务收入	全部从业人员平均人数（人）
合计	940	22 054 450	21 844 434	4 606 550	21 083 710	344 224
微电机制造	791	15 369 307	15 086 880	4 064 670	14 652 740	297 025
光纤光缆制造	149	6 685 143	6 757 555	541 881	6 430 969	47 199

表14 2011年其他电子信息行业主要经济指标完成情况（1）

单位：万元

项目名称	企业数（家）	工业总产值（现行价）	工业销售产值	出口交货值	主营业务收入	全部从业人员平均人数（人）
合计	657	48 388 457	46 619 249	9 002 612	47 250 727	361 091
信息化学品制造	428	22 518 378	21 704 221	4 042 085	21 600 634	157 027
家用制冷电器具制造	229	25 870 079	24 915 028	4 960 527	25 650 093	204 064

表 15　2011 年省、自治区、直辖市电子信息产业制造业主要经济指标完成情况（1）

单位：万元

项目名称	企业数（家）	工业总产值（现行价）	工业销售产值	出口交货值	主营业务收入	全部从业人员平均人数（人）
北京市	371	20 697 148	20 620 766	9 811 834	24 850 341	136 690
天津市	360	22 983 171	22 600 503	12 206 734	21 736 186	177 805
河北省	172	4 904 612	4 783 802	873 434	4 713 794	91 084
山西省	37	1 982 061	2 049 125	725 753	1 936 576	96 496
内蒙古自治区	28	1 118 886	1 111 402	80 241	1 113 744	8 220
辽宁省	353	12 909 917	12 831 924	5 392 920	12 364 018	132 888
吉林省	55	1 094 066	1 070 797	26 410	1 056 805	14 076
黑龙江省	30	320 247	311 526	26 049	302 260	8 200
上海市	701	63 727 619	62 809 294	47 530 371	64 342 836	455 542
江苏省	3 155	183 270 570	180 193 035	111 597 282	178 412 375	2 081 744
浙江省	1 739	33 263 660	32 316 374	12 291 764	32 118 695	568 417
安徽省	354	13 471 029	12 984 943	2 017 198	10 725 844	141 412
福建省	505	29 652 789	29 094 461	17 645 915	28 997 484	295 575
江西省	281	11 882 254	11 721 372	2 900 981	11 832 030	166 504
山东省	917	54 185 559	53 605 958	15 752 932	54 717 020	428 088
河南省	264	11 698 693	11 131 761	3 903 063	11 317 206	251 952
湖北省	257	13 067 793	12 522 201	3 707 625	12 041 711	153 816
湖南省	353	8 211 865	7 972 905	949 144	7 896 444	122 630
广东省	4 363	237 907 046	232 098 614	149 942 154	227 580 211	3 528 791
广西壮族自治区	110	3 946 237	3 781 258	556 370	3 210 482	70 807
海南省	5	471 867	445 297	41 741	105 793	1 827
重庆市	99	9 530 940	9 488 286	4 776 443	9 222 502	77 478
四川省	352	23 424 038	22 573 533	9 447 675	22 629 122	279 302
贵州省	24	841 688	809 601	65 907	727 458	11 878
云南省	14	208 445	196 120	6 715	226 263	2 389
陕西省	127	4 631 834	4 339 062	439 064	3 984 181	74 713
甘肃省	13	288 021	284 283	36 331	279 625	11 572
青海省	4	229 877	229 406	0	194 941	1 382
宁夏回族自治区	7	313 488	274 934	0	267468	4 360
新疆维吾尔自治区	4	193 786	197 573	52 053	188259	4 162

表 16　2011 年按企业登记注册类型分列的电子信息产业制造业主要经济指标完成情况（2）

单位：万元

项目名称	主营业务成本	营业费用	主营业务税金及附加	管理费用	财务费用	利息支出	应交增值税
总计	664 445 051	17 603 265	2 000 083	28 009 025	2 347 305	2 524 438	10 446 784
内资企业	178 371 829	10 040 992	1 274 883	13 477 922	2 365 621	1 404 633	5 822 521
国有企业	10 351 889	596 714	62 277	731 000	40 585	53 522	378 790
集体企业	8 708 459	1 003 343	50 561	593 291	36 725	22 736	196 036
股份合作企业	904 363	21 222	7 180	40 576	8 751	5 318	22 516
联营企业	387 899	9 666	675	36 000	9 238	8 514	7 159
国有联营企业	187 535	4 360	242	13 772	8 956	8 238	2 047
集体联营企业	51 063	89	40	6 529	–3	7	167
国有与集体联营企业	73 451	3 486	274	10 368	1 034	1 032	3 973
其他联营企业	75 850	1 730	119	5 331	–749	–764	972
有限责任公司	63 664 400	4 096 381	471 943	6 645 667	1 127 180	572 983	2 517 917
国有独资公司	2 484 444	80 884	13 572	354 706	34 290	39 385	54 546
其他有限责任公司	61 179 955	4 015 497	458 370	6 290 961	1 092 890	533 597	2 463 371
股份有限公司	28 278 868	2 589 493	279 070	2 023 056	429 373	184 268	598 519
私营企业	64 906 898	1 694 636	397 439	3 345 498	700 002	545 106	2 074 255
其他内资企业	1 169 053	29 537	5 738	62 834	13 767	12 186	27 329
港、澳、台商投资企业	151 376 041	2 537 325	264 981	4 735 992	–16 129	489 791	1 683 168
合资经营企业（港、澳、台资）	23 915 562	583 467	51 435	942 631	187 016	169 498	433 510
合作经营企业（港、澳、台资）	1 135 297	11 611	2 717	73 521	5 213	3 984	14 062
港、澳、台商独资经营企业	123 066 888	1 837 469	196 062	3 528 201	–222 468	298 597	1 168 874
港、澳、台商投资股份有限公司	3 258 294	104 779	14 768	191 638	14 110	17 712	66 722
外商投资企业	334 697 181	5 024 949	460 219	9 795 111	–2 187	630 014	2 941 095
中外合资经营企业	65 609 467	2 071 151	124 554	2 119 083	254 603	248 756	875 118
中外合作经营企业	1 272 470	29 586	2 140	102 254	10 371	8 183	18 633
外商独资企业	257 595 306	2 803 928	316 187	7 345 488	–260 305	368 103	1 884 821
外商投资股份有限公司	10 219 938	120 285	17 338	228 286	–6 856	4 973	162 523

表 17　2011 年按经济类型分列的电子信息产业制造业主要经济指标完成情况（2）

单位：万元

项目名称	主营业务成本	营业费用	主营业务税金及附加	管理费用	财务费用	利息支出	应交增值税
国有经济	13 023 869	681 958	76 091	1 099 477	83 832	101 146	435 383
集体经济	8 759 521	1 003 432	50 600	599 820	36 722	22 743	196 202
股份合作经济	904 363	21 222	7 180	40 576	8 751	5 318	22 516
股份制经济	89 458 823	6 604 990	737 440	8 314 017	1 522 263	717 865	3 061 891
外商及港、澳、台投资经济	486 073 222	7 562 273	725 199	14 531 103	−18 316	1 119 805	4 624 263
其他经济	66 225 254	1 729 389	403 572	3 424 032	714 053	557 562	2 106 529

表 18　2011 年按企业规模分列的电子信息产业制造业主要经济指标完成情况（2）

单位：万元

项目名称	主营业务成本	营业费用	主营业务税金及附加	管理费用	财务费用	利息支出	应交增值税
大型企业	381 185 869	11 151 446	914 680	13 051 510	496 014	966 404	4 802 513
中型企业	172 819 658	3 911 714	540 968	9 275 034	1 044 668	923 978	2 927 058
小型企业	110 439 523	2 540 106	544 435	5 682 480	806 623	634 055	2 717 213

表 19　2011 年通信设备工业行业主要经济指标完成情况（2）

单位：万元

项目名称	主营业务成本	营业费用	主营业务税金及附加	管理费用	财务费用	利息支出	应交增值税
合计	97 385 418	5 497 473	558 330	6 679 156	831 685	242 963	2 208 565
传输设备制造	9 289 220	290 125	29 875	743 235	29 172	54 162	151 889
交换设备制造	25 999 008	3 515 358	381 330	3 892 450	824 747	87 326	1 337 096
通信终端设备制造	4 894 890	116 388	14 929	296 632	17 310	17 859	36 773
移动通信及终端设备制造	50 601 909	1 370 943	97 931	1 321 523	−72 705	59 086	527 503
其他通信设备制造	6 600 391	204 658	34 265	425 316	33 161	24 531	155 303

表 20　2011 年广播电视设备工业行业主要经济指标完成情况（2）

单位：万元

项目名称	主营业务成本	营业费用	主营业务税金及附加	管理费用	财务费用	利息支出	应交增值税
合计	4 916 617	203 082	25 969	374 676	52 397	45 832	130 267
广播电视设备及发射设备制造	214 018	18 702	2 519	36 537	2 788	2 853	12 371
广播电视接收设备及器材制造	3 200 080	101 889	14 857	192 899	36 422	32 190	67 975
应用电视设备及其他广播电视	1 502 519	82 491	8 594	145 239	13 188	10 789	49 922

表 21　2011 年电子计算机工业行业主要经济指标完成情况（2）

单位：万元

项目名称	主营业务成本	营业费用	主营业务税金及附加	管理费用	财务费用	利息支出	应交增值税
合计	202 934 835	2 830 210	228 860	3 999 122	−582 056	259 748	1 414 628
电子计算机整机制造	113 595 598	1 628 694	66 295	1 588 654	−413 961	169 849	744 226
计算机网络设备制造	4 093 904	228 564	32 786	323 712	−2 103	13 300	136 071
电子计算机外部设备制造	81 625 708	855 668	117 248	1 953 008	−154 778	72 579	484 082
幻灯机及投影设备制造	221 685	5 812	710	11 680	734	784	2 230
计算器及货币专用设备制造	3 397 940	111 473	11 820	122 069	−11 949	3 237	48 019

表 22　2011 年家用视听设备工业行业主要经济指标完成情况（2）

单位：万元

项目名称	主营业务成本	营业费用	主营业务税金及附加	管理费用	财务费用	利息支出	应交增值税
合计	44 339 988	1 848 890	122 295	1 651 346	113 211	162 977	777 314
家用影视设备制造	34 444 946	1 693 663	96 795	1 190 473	76 099	138 768	653 034
家用音响设备制造	9 895 042	155 227	25 500	460 872	37 112	24 209	124 280

表 23　2011 年电子器件工业行业主要经济指标完成情况（2）

单位：万元

项目名称	主营业务成本	营业费用	主营业务税金及附加	管理费用	财务费用	利息支出	应交增值税
合计	106 445 036	1 469 556	236 977	4 925 843	548 704	569 851	1 516 122
电光源制造	7 760 639	214 861	42 467	385 755	57 788	46 741	169 840
电子真空器件制造	5 445 085	98 653	13 597	258 226	23 902	24 841	63 253
半导体分立器件制造	6 390 899	99 368	16 041	400 105	47 660	42 460	86 749
集成电路制造	20 499 279	205 174	37 672	1 595 465	62 994	102 548	349 539
光电子器件及其他电子器件	66 349 134	851 499	127 200	2 286 293	356 361	353 261	846 742

表 24　2011 年电子元件工业行业主要经济指标完成情况（2）

单位：万元

项目名称	主营业务成本	营业费用	主营业务税金及附加	管理费用	财务费用	利息支出	应交增值税
合计	118 934 078	2 149 549	423 959	5 476 184	542 776	531 810	1 861 274
电力电子元器件制造	11 782 418	314 769	53 070	678 383	113 755	92 433	259 009
电子元件及组件制造	79 563 227	1 484 335	302 603	3 730 393	322 661	355 076	1 312 358
印制电路板制造	27 588 434	350 446	68 286	1 067 408	106 360	84 301	289 907

表 25　2011 年电子测量仪器工业行业主要经济指标完成情况（2）

单位：万元

项目名称	主营业务成本	营业费用	主营业务税金及附加	管理费用	财务费用	利息支出	应交增值税
合计	8 181 015	357 974	54 398	748 610	65 732	57 762	366 466
环境监测专用仪器仪表制造	873 427	40 424	6 719	57 701	6 348	4 455	42 973
汽车电子仪器制造	2 752 498	104 224	15 396	259 435	33 763	27 573	118 288
导航、气象及海洋专用仪器制造	1 077 600	31 289	5 581	124 500	7 711	10 161	23 855
农林牧渔专用仪器仪表制造	125 585	2 147	712	3 599	558	404	2 636
地质勘探和地震专用仪器制造	745 138	24 750	6 904	58 003	3 288	3 623	56 802
核子及核辐射测量仪器制造	86 128	5 069	547	13 495	94	−93	4 525
电子测量仪器制造	1 269 431	70 812	9 749	123 061	5 091	6 882	53 939
其他专用仪器制造	1 251 206	79 260	8 789	108 816	8 880	4 758	63 449

表 26　2011 年电子专用设备工业行业主要经济指标完成情况（2）

单位：万元

项目名称	主营业务成本	营业费用	主营业务税金及附加	管理费用	财务费用	利息支出	应交增值税
合计	21 487 472	586 794	110 072	1 221 750	160 597	124 663	522 138
电子工业专用设备制造	7 108 132	171 944	49 020	367 685	71 763	68 235	243 292
其他电子设备制造	14 379 340	414 851	61 052	854 065	88 834	56 428	278 847

表 27　2011 年电子信息机电工业行业主要经济指标完成情况（2）

单位：万元

项目名称	主营业务成本	营业费用	主营业务税金及附加	管理费用	财务费用	利息支出	应交增值税
合计	17 860 718	389 619	76 607	889 478	149 478	128 494	675 941
微电机制造	12 408 143	255 523	57 794	682 812	128 628	108 733	358 753
光纤光缆制造	5 452 575	134 096	18 813	206 665	20 850	19 761	317 189

表 28　2011 年其他电子信息行业主要经济指标完成情况（2）

单位：万元

项目名称	主营业务成本	营业费用	主营业务税金及附加	管理费用	财务费用	利息支出	应交增值税
合计	40 013 828	2 201 316	150 950	1 831 176	455 911	383 781	934 357
信息化学品制造	18 466 836	224 106	59 927	750 353	301 670	268 429	361 957
家用制冷电器具制造	21 546 992	1 977 210	91 023	1 080 824	154 241	115 352	572 400

表29　2011年省、自治区、直辖市电子信息产业制造业主要经济指标完成情况（2）

单位：万元

项目名称	主营业务成本	营业费用	主营业务税金及附加	管理费用	财务费用	利息支出	应交增值税
北京市	22 499 110	958 313	49 037	1 020 468	−15 891	19 934	185 237
天津市	19 473 107	693 253	62 075	574 552	27 389	31 585	275 495
河北省	4 040 399	74 599	15 143	204 464	16 155	26 111	86 647
山西省	1 742 143	20 565	7 910	116 053	−16 266	13 589	29 532
内蒙古自治区	936 333	38 309	1 740	26 153	9 207	4 702	19 814
辽宁省	10 163 483	237 287	47 159	848 767	63 577	23 530	134 319
吉林省	891 792	21 816	5 031	58 367	10 599	9 001	27 744
黑龙江省	212 071	15 751	2 407	35 392	3 070	2 729	13 872
上海市	60 389 904	968 265	33 405	1 819 485	−174 455	186 281	181 384
江苏省	161 416 167	2 052 149	291 333	5 061 045	418 924	595 943	2 677 314
浙江省	27 065 873	832 486	114 148	1 889 797	410 472	363 871	660 913
安徽省	9 127 785	392 240	28 167	473 563	82 834	58 876	295 995
福建省	25 880 246	717 717	73 041	1 061 693	45 924	80 672	197 086
江西省	10 428 287	121 301	39 641	316 697	63 971	53 576	191 349
山东省	46 762 109	2 054 824	190 382	1 642 712	142 391	170 873	1 128 490
河南省	10 011 867	239 408	53 262	309 071	35 398	46 601	119 061
湖北省	9 678 712	361 355	44 162	650 475	31 217	61 455	134 602
湖南省	6 532 233	134 223	54 689	238 455	38 714	31 718	199 468
广东省	201 820 126	6 631 324	740 264	10 075 942	924 994	477 727	2 802 760
广西壮族自治区	2 874 226	37 673	10 392	110 297	8 946	6 091	38 558
海南省	81 838	5 305	230	11 519	216	223	568
重庆市	8 638 707	62 243	13 482	186 954	48 755	40 355	57 063
四川省	18 857 424	759 073	95 270	827 842	87 116	152 155	849 342
贵州省	600 437	49 739	1 917	45 547	835	1 115	10 550
云南省	179 602	7 629	939	15 827	2 228	1 836	6 116
陕西省	3 410 501	98 734	21 418	324 583	37 979	32 519	107 221
甘肃省	203 084	10 006	1 688	35 228	9 888	9 078	8 949
青海省	163 240	324	668	6 578	11 930	1 420	1 702
宁夏回族自治区	223 763	1 873	566	12 709	16 852	16 531	5 498
新疆维吾尔自治区	140 483	5 485	519	8 790	4 338	4 338	137

表30 2011年按企业登记注册类型分列的电子信息产业制造业主要经济指标完成情况（3）

单位：万元

项目名称	利润总额	税金总额	应收账款	产成品存货	资产总计	负债合计
总　计	33 001 284	12 446 867	117 495 123	22 936 189	502 109 549	291 431 679
内资企业	14 556 795	7 097 404	34 936 861	11 072 949	208 716 580	114 312 222
国有企业	650 071	441 067	1 876 118	841 405	12 633 244	6 730 314
集体企业	530 030	246 596	721 077	413 331	7 797 063	5 122 106
股份合作企业	56 801	29 696	193 123	26 551	795 213	343 899
联营企业	144 114	7 833	88 747	18 913	1 370 495	591 709
国有联营企业	−16 341	2 289	57 966	13 539	564 096	410 912
集体联营企业	1 462	206	2 617	1 221	68 714	9 482
国有与集体联营企业	151 082	4 247	18 665	2 377	694 991	154 363
其他联营企业	7 910	1 091	9 500	1 776	42 693	16 952
有限责任公司	4 980 083	2 989 860	14 225 778	4 951 741	78 179 022	47 189 739
国有独资公司	209 021	68 118	662 818	281 987	6 696 752	4 196 047
其他有限责任公司	4 771 062	2 921 742	13 562 960	4 669 755	71 482 270	42 993 692
股份有限公司	2 636 531	877 589	8 098 271	2 229 499	56 621 230	27 056 507
私营企业	5 510 411	2 471 695	9 626 693	2 570 425	50 220 939	26 453 450
其他内资企业	48 754	33 068	107 054	21 084	1 099 374	824 498
港、澳、台商投资企业	5 866 453	1 948 149	27 876 946	4 546 462	104 072 958	65 003 701
合资经营企业（港、澳、台资）	1 523 168	484 945	4 560 618	1 108 623	21 130 754	13 145 233
合作经营企业（港、澳、台资）	60 523	16 778	149 508	56 980	1 118 193	614 487
港、澳、台商独资经营企业	3 847 030	1 364 936	22 588 506	3 201 284	78 635 930	49 939 225
港、澳、台商投资股份有限公司	435 732	81 490	578 315	179 575	3 188 082	1 304 756
外商投资企业	12 578 037	3 401 314	54 681 316	7 316 778	189 320 011	112 115 756
中外合资经营企业	3 376 932	999 671	12 032 364	1 842 302	43 634 702	24 565 747
中外合作经营企业	72 664	20 773	379 856	74 744	1 400 313	679 421
外商独资企业	8 633 720	2 201 008	41 018 933	5 144 259	138 669 364	84 721 698
外商投资股份有限公司	494 722	179 861	1 250 163	255 472	5 615 632	2 148 891

表 31　2011 年按经济类型分列的电子信息产业制造业主要经济指标完成情况（3）

单位：万元

项目名称	利润总额	税金总额	应收账款	产成品存货	资产总计	负债合计
国有经济	842 751	511 474	2 596 901	1 136 931	19 894 092	11 337 273
集体经济	531 492	246 802	723 694	414 552	7 865 777	5 131 588
股份合作经济	56 801	29 696	193 123	26 551	795 213	343 899
股份制经济	7 407 593	3 799 331	21 661 231	6 899 254	128 103 500	70 050 199
外商及港、澳、台投资经济	18 444 490	5 349 462	82 558 262	11 863 240	293 392 969	177 119 457
其他经济	5 718 157	2 510 102	9 761 912	2 595 662	52 057 997	27 449 263

表 32　2011 年按企业规模分列的电子信息产业制造业主要经济指标完成情况（3）

单位：万元

项目名称	利润总额	税金总额	应收账款	产成品存货	资产总计	负债合计
大型企业	15 151 522	5 717 193	63 377 660	11 192 134	243 643 097	155 158 696
中型企业	10 564 253	3 468 026	35 321 906	7 616 253	164 674 318	86 177 820
小型企业	7 285 510	3 261 648	18 795 557	4 127 802	93 792 134	50 095 162

表 33　2011 年通信设备工业行业主要经济指标完成情况（3）

单位：万元

项目名称	利润总额	税金总额	应收账款	产成品存货	资产总计	负债合计
合计	5 587 165	2 766 895	24 681 825	4 509 094	89 175 614	55 006 517
传输设备制造	648 976	181 765	2 177 094	570 330	10 429 370	5 429 144
交换设备制造	2 162 055	1 718 426	10 847 262	2 221 728	40 048 406	25 819 462
通信终端设备制造	367 492	51 702	978 107	201 275	4 139 526	2 159 251
移动通信及终端设备制造	2 067 806	625 434	8 470 613	952 909	28 096 890	17 872 806
其他通信设备制造	340 835	189 568	2 208 749	562 851	6 461 423	3 725 855

表 34　2011 年广播电视设备工业行业主要经济指标完成情况（3）

单位：万元

项目名称	利润总额	税金总额	应收账款	产成品存货	资产总计	负债合计
合计	395 136	156 237	1 443 671	235 815	5 077 325	2 863 008
广播电视设备及发射设备制造	21 062	14 890	83 938	22 567	473 991	262 903
广播电视接收设备及器材制造	250 921	82 831	972 171	139 444	3 153 918	1 863 624
应用电视设备及其他广播电视	123 153	58 516	387 562	73 804	1 449 416	736 481

表 35　2011 年电子计算机工业行业主要经济指标完成情况（3）

单位：万元

项目名称	利润总额	税金总额	应收账款	产成品存货	资产总计	负债合计
合计	6 449 502	1 643 487	28 038 563	3 442 206	88 375 345	59 581 265
电子计算机整机制造	2 570 935	810 521	12 907 687	1 175 073	40 242 048	31 041 112
计算机网络设备制造	777 017	168 857	1 086 738	223 735	3 895 850	1 986 705
电子计算机外部设备制造	2 868 156	601 331	13 183 720	1 887 078	41 708 097	25 088 390
幻灯机及投影设备制造	9 647	2 941	54 454	10 397	188 498	88 672
计算器及货币专用设备制造	223 747	59 838	805 963	145 923	2 340 852	1 376 386

表 36　2011 年家用视听设备工业行业主要经济指标完成情况（3）

单位：万元

项目名称	利润总额	税金总额	应收账款	产成品存货	资产总计	负债合计
合计	1 751 728	899 609	7 574 490	2 118 402	32 585 804	21 611 161
家用影视设备制造	1 450 385	749 828	6 020 562	1 826 221	27 023 300	18 370 404
家用音响设备制造	301 343	149 780	1 553 928	292 181	5 562 504	3 240 757

表 37　2011 年电子器件工业行业主要经济指标完成情况（3）

单位：万元

项目名称	利润总额	税金总额	应收账款	产成品存货	资产总计	负债合计
合计	5 347 029	1 753 099	18 433 258	3 629 385	102 520 383	52 152 291
电光源制造	683 563	212 307	1 115 856	334 428	6 174 324	2 799 210
电子真空器件制造	222 510	76 850	965 674	241 110	9 116 081	3 814 606
半导体分立器件制造	351 207	102 789	1 230 170	308 726	8 055 664	3 745 093
集成电路制造	1 349 815	387 212	3 882 168	599 425	24 917 201	10 984 392
光电子器件及其他电子器件	2 739 934	973 942	11 239 390	2 145 697	54 257 113	30 808 990

表 38　2011 年电子元件工业行业主要经济指标完成情况（3）

单位：万元

项目名称	利润总额	税金总额	应收账款	产成品存货	资产总计	负债合计
合计	6 287 758	2 285 233	23 187 819	4 303 454	93 314 945	49 423 690
电力电子元器件制造	806 773	312 079	2 328 549	503 887	9 232 632	4 807 749
电子元件及组件制造	4 349 410	1 614 960	14 777 760	2 994 060	59 308 287	31 336 676
印制电路板制造	1 131 576	358 194	6 081 510	805 507	24 774 026	13 279 265

表39 2011年电子测量仪器工业行业主要经济指标完成情况（3）

单位：万元

项目名称	利润总额	税金总额	应收账款	产成品存货	资产总计	负债合计
合计	1 024 548	420 865	2 026 656	438 641	9 483 093	4 447 450
环境监测专用仪器仪表制造	98 554	49 692	149 085	28 275	649 339	243 695
汽车电子仪器制造	352 843	133 684	640 859	157 471	2 913 877	1 454 170
导航、气象及海洋专用仪器制造	94 547	29 436	324 313	68 374	1 643 185	927 586
农林牧渔专用仪器仪表制造	6 029	3 349	3 941	1 939	33 144	15 232
地质勘探和地震专用仪器制造	103 691	63 706	244 754	26 824	1 046 731	405 021
核子及核辐射测量仪器制造	7 034	5 072	18 170	12 555	143 210	91 719
电子测量仪器制造	199 088	63 688	308 469	62 367	1 509 388	633 906
其他专用仪器制造	162 763	72 238	337 066	80 836	1 544 218	676 121

表40 2011年电子专用设备工业行业主要经济指标完成情况（3）

单位：万元

项目名称	利润总额	税金总额	应收账款	产成品存货	资产总计	负债合计
合计	1 506 459	632 210	4 220 951	1 075 518	20 091 965	10 307 668
电子工业专用设备制造	534 683	292 312	1 346 722	318 215	7 927 851	3 893 033
其他电子设备制造	971 776	339 898	2 874 229	757 302	12 164 115	6 414 635

表41 2011年电子信息机电工业行业主要经济指标完成情况（3）

单位：万元

项目名称	利润总额	税金总额	应收账款	产成品存货	资产总计	负债合计
合计	1 548 583	752 548	3 064 401	810 705	15 077 029	7 915 435
微电机制造	893 227	416 547	2 048 514	501 403	10 314 426	5 618 683
光纤光缆制造	655 356	336 001	1 015 887	309 302	4 762 602	2 296 752

表42 2011年其他电子信息行业主要经济指标完成情况（3）

单位：万元

项目名称	利润总额	税金总额	应收账款	产成品存货	资产总计	负债合计
合计	2 919 129	1 085 307	4 245 570	2 264 530	42 804 601	25 757 394
信息化学品制造	1 822 354	421 884	2 124 568	909 695	26 100 305	14 823 351
家用制冷电器具制造	1 096 775	663 423	2 121 002	1 354 836	16 704 296	10 934 043

表 43　2011 年省、自治区、直辖市电子信息产业制造业主要经济指标完成情况（3）

单位：万元

项目名称	利润总额	税金总额	应收账款	产成品存货	资产总计	负债合计
北京市	1 044 187	234 274	3 533 560	642 263	24 330 445	12 133 116
天津市	1 044 945	337 570	3 063 457	502 120	10 808 072	6 139 775
河北省	367 033	101 790	617 405	203 332	4 715 589	2 138 589
山西省	91 193	37 441	542 582	87 500	2 603 690	1 733 481
内蒙古自治区	127 319	21 555	88 475	24 370	1 522 252	954 640
辽宁省	878 572	181 478	1 384 118	244 989	9 095 985	4 091 805
吉林省	74 269	32 775	80 354	36 883	1 145 218	541 162
黑龙江省	41 355	16 279	84 646	10 967	470 893	190 054
上海市	1 518 971	214 789	9 967 643	1 348 519	36 103 847	23 043 352
江苏省	8 502 498	2 968 646	25 539 003	4 171 739	106 565 941	59 561 448
浙江省	2 274 091	775 061	7 074 797	1 756 159	31 259 821	17 543 777
安徽省	750 616	324 162	1 570 712	491 702	9 790 614	5 431 780
福建省	1 441 562	270 126	4 166 519	738 697	15 693 038	8 801 042
江西省	585 137	230 990	738 034	339 068	8 220 176	4 352 513
山东省	3 033 560	1 318 872	3 650 211	1 168 988	26 462 847	14 535 081
河南省	689 227	172 323	1 758 804	235 226	7 915 108	4 387 179
湖北省	562 674	178 764	2 257 100	952 586	11 928 674	6 484 907
湖南省	416 919	254 157	533 358	151 006	3 847 124	1 909 832
广东省	7 750 756	3 543 024	44 140 683	8 123 105	154 244 503	95 512 837
广西壮族自治区	177 923	48 949	462 748	83 247	1 829 942	895 615
海南省	23 247	798	30 076	9 227	210 102	77 560
重庆市	166 034	70 545	1 346 531	125 400	4 035 638	2 948 011
四川省	1 038 513	944 612	3 401 001	1 005 951	19 238 940	12 157 982
贵州省	36 630	12 467	126 495	54 668	633 478	191 882
云南省	26 635	7 055	70 983	8 493	334 626	131 738
陕西省	249 115	128 639	1 053 192	357 216	6 513 549	3 675 768
甘肃省	20 686	10 637	91 691	16 640	712 330	432 221
青海省	14 489	2 370	37 890	7 939	472 751	240 287
宁夏回族自治区	22 419	6 064	63 184	26 529	679 917	478 516
新疆维吾尔自治区	30 712	656	19 873	11 659	724 442	355 731

表44　2011年电子信息产业主要

省、市、自治区名称	程控交换机（含移动）（线）	移动电话机（部）	电话单机（部）	传真机（台）	彩色电视机（台）	移动通信基站设备（信道）	激光视盘机（台）
合　计	3 034	1 132 575 632	137 701 866	1 840 462	122 313 669	69 629 093	77 292 041
北京市	86	259 622 739	56 182		49 614		
天津市	5	90 616 753	1 920 165		1 866 116	207 263	2 565 860
河北省	26						
内蒙古自治区					2 610 853		
辽宁省	73	3 104 000	24 435		5 645 350		3 637 243
吉林省		1 460 873			132 209		
黑龙江省							
上海市	164	10 058 989	3 313 130	11 071	2 246 310	4 904 027	61 072
江苏省	6	27 209 131	1 962 942		14 145 202	1 570 774	428 925
浙江省	252	11 757 121			4 973 029	10 062	
安徽省					4 080 155	102 300	
福建省		16 588 187	5 654 499		11 153 185		907 595
江西省	1	32 395 796	12 049		1 025 554		1 346 426
山东省	197	43 511 401	2 256 501		12 495 262	3 101 786	
河南省		24 498 413	12 905		38 464		
湖北省		3 346 085					
湖南省		190 845			89 089		
广东省	2 224	592 840 725	122 417 213	1 829 391	48 624 198	59 726 059	68 344 920
广西壮族自治区					346 362		
重庆市		5 924 760	18 421		850 516	6 822	
四川省		7 441 689	53 424		11 163 524		
贵州省		2 004 615			778 677		
云南省							
陕西省		3 510					
甘肃省							

产品产量分省市完成情况

微型计算机（台）	其中：笔记本电脑（台）	打印机（部）	显示器（台）	彩色显像管（只）	半导体分立器件（万只）	半导体集成电路（万块）	数码照相机（台）
320 366 695	238 973 825	55 183 335	126 260 553	8 632 822	36 394 951	7 195 817	80 489 215
10 836 506	570 163	1 248 845	8 513 848		81 981	320 079	265 514
5 696			6 777 254		1 517 751	88 640	8 448 581
						1 699	
3 315		792 821			768 886	1 201	
					197 398		
34 600					31 450		
101 625 332	89 542 078	5 209 068	1 175 426		2 261 293	1 663 143	
94 081 923	83 993 315	450 655	29 070 500	650	6 934 359	2 248 339	29 672 264
1 548 720	1 548 720	4 183	73 254		2 838 816	373 456	733 168
1 239 713	1 233 432		6 235		60 212	6 537	
8 985 576	5 007 435	1 473 398	31 189 387	2 303 313		1 008	5 330 713
177 561	177 561				10 470		
223 685		7 514 178	1 041 283		1 041 689	20 385	
		2 130			66 804		
8 251 783	8 762		15 056 527		71	61	3 952 285
112 784	112 784	45 519	139 796			24	
44 178 410	9 122 773	38 325 675	24 275 511	4 421 659	16 273 151	1 534 571	32 086 690
10 728	10 728		6 734 962		130 319	12 171	
25 478 229	24 073 940		2 206 570			9	
23 572 134	23 572 134				4 115 714	270 499	
					64 565	1 190	
		116 863					
				1 907 200	23		
						652 806	

表 45　2011 年光通信设备产品生产量、销售量和出口量汇总表

产品名称	计量单位	企业数（家）	本年生产量	本年销售量	本年出口量
光端机	部	25	284 235	314 411	89 698
光缆中继设备	部	20	321 225	300 281	
光纤放大器	部	10	4 120 849	4 107 628	3 384 568
波分复用器	部	2	46 800	46 800	
光交叉联接设备	端	[illegible]	203 576	203 576	
多业务传送设备（MSTP）	部	7	18 123	17 998	
电光转换器	部	9	521 429	296 137	166 332
无源光分路器	部	2	853 039	770 700	397 694

表 46　2011 年卫星通信设备产品生产量、销售量和出口量汇总表

产品名称	计量单位	企业数（家）	本年生产量	本年销售量	本年出口量
卫星通信设备合计	部	55	26 766 669	27 156 767	16 511 877
卫星地面接收机	部	14	12 495 970	12 880 352	4 968 343
卫星接收天线	部	16	1 241 263	1 245 356	196 371
GPS 接收机	部	15	11 420 363	11 409 453	10 347 163
GPS 天线	部	5	1 022 404	1 035 663	1 000 000
卫星通信地面站终端机	部	1	7 642	7 542	
甚小口径天线地球站（VSAT）	部	1	5 000	4 037	
卫星地面站零部件小计	部	3	574 027	574 364	
卫星通信地面站低噪音放大器	部	1	842	842	
卫星通信地面站上下变频器	部	1	7 187	7 524	
卫星通信地面站高功率放大器	部	1	565 998	565 998	

表 47　2011 年微波通信设备生产量、销售量和出口量汇总表

产品名称	计量单位	企业数（家）	本年生产量	本年销售量	本年出口量
微波收发通信机	部	11	101 106	87 321	32
微波终端机	部	5	331 785	327 456	
微波天线、馈线	套	10	259 607	257 257	94 728

表 48 2011 年散射通信设备生产量、销售量和出口量汇总表

产品名称	计量单位	企业数（家）	本年生产量	本年销售量	本年出口量
散射通信终端机	部	2	41 012	40 012	
散射通信天线	部	2	86 554	86 502	

表 49 2011 年载波通信设备生产量、销售量和出口量汇总表

产品名称	计量单位	企业数（家）	本年生产量	本年销售量	本年出口量
载波通信设备合计	部	4	95 015	95 472	
载波终端机	部	1	640	605	
电力线载波机	部	3	94 375	94 867	

表 50 2011 年通信导航定向设备生产量、销售量和出口量汇总表

产品名称	计量单位	企业数（家）	本年生产量	本年销售量	本年出口量
通信导航定向设备合计	部	22	1 050 589	1 015 355	150 000
飞机通信导航定向设备	部	3	1 992	1 762	
航用通信导航定向设备	部	3	3 420	3 531	
地面通信导航定向设备	部	16	1 045 177	1 010 062	150 000

表 51 2011 年数字程控交换机设备生产量、销售量和出口量汇总表

产品名称	计量单位	企业数（家）	本年生产量	本年销售量	本年出口量
数字程控交换机合计	线	20	34 292 524	34 677 424	19 529 144
用户交换机	线	12	6 137 395	6 159 564	160 000
其他数字程控交换机	线	8	28 155 129	28 517 860	19 369 144

表 52 2011 年固网软交换相关设备生产量、销售量和出口量汇总表

产品名称	计量单位	企业数（家）	本年生产量	本年销售量	本年出口量
软交换控制设备	台	2	357	177	
综合接入设备（IAD）	线	1	1	1	
中继媒体网关（TG）	线	1	102 456	102 158	

表 53 2011 年基站及基站控制器设备生产量、销售量和出口量汇总表

产品名称	计量单位	企业数（家）	本年生产量	本年销售量	本年出口量
基站及基站控制器	万信道	10	6 963	6 757	193

表 54　2011 年基站天线生产量、销售量和出口量汇总表

产品名称	计量单位	企业数（家）	本年生产量	本年销售量	本年出口量
基站天线合计	套	9	69 592 392	69 135 574	50 682
智能天线	套	5	21 671 978	22 053 560	451
非智能天线	套	4	47 920 414	47 082 014	50 231

表 55　2011 年直放站生产量、销售量和出口量汇总表

产品名称	计量单位	企业数（家）	本年生产量	本年销售量	本年出口量
直放站	部	14	520 921	382 216	10 301

表 56　2011 年移动交换机（MSC）生产量、销售量和出口量汇总表

产品名称	计量单位	企业数（家）	本年生产量	本年销售量	本年出口量
移动交换机（MSC）	套	1	10	10	

表 57　2011 年集群通信系统设备生产量、销售量和出口量汇总表

产品名称	计量单位	企业数（家）	本年生产量	本年销售量	本年出口量
集群基站设备	信道	2	97 588	98 003	

表 58　2011 年无源光网络（PON）生产量、销售量和出口量汇总表

产品名称	计量单位	企业数（家）	本年生产量	本年销售量	本年出口量
光线路终端（OLT）	线	4	5 417 292	5 076 292	140 000
光网络单元（ONU）	部	3	64 088	59 076	18 718

表 59　2011 年有源光网络（AON）生产量、销售量和出口量汇总表

产品名称	计量单位	企业数（家）	本年生产量	本年销售量	本年出口量
远端设备（RE）	台	2	6 661	6 424	

表 60　2011 年铜缆接入设备生产量、销售量和出口量汇总表

产品名称	计量单位	企业数（家）	本年生产量	本年销售量	本年出口量
非对称数字用户线（ADSL）					
ADSL 调制解调器（ADSL MODEM）	部	1	10 180 000	10 104 670	
语音分离器（POTS 分离器）	只	1	2 518 186	2 518 186	
高速率数字用户线路调制解调器（HDSL MODEM）	对	2	2 690	2 460	
甚高速率数字用户线（VDSL）					
VDSL 调制解调器（VDSL MODEM）	部	1	15 900 000	15 790 000	5 526 000

表 61 2011 年电力线宽带接入设备（BPL）生产量、销售量和出口量汇总表

产品名称	计量单位	企业数（家）	本年生产量	本年销售量	本年出口量
电力网桥	线	1	2 916 257	2 253 861	
电力线调制解调器（电力猫）	部	2	3 125 000	3 113 000	1 396 500

表 62 2011 年固定无线接入设备生产量、销售量和出口量汇总表

产品名称	计量单位	企业数（家）	本年生产量	本年销售量	本年出口量
WiMAX 基站	万信道	1	350		

表 63 2011 年其他无线固定接入设备生产量、销售量和出口量汇总表

产品名称	计量单位	企业数（家）	本年生产量	本年销售量	本年出口量
基站	万信道	2	1 026	748	117
用户端设备	部	4	63 500	63 250	

表 64 2011 年网络控制设备生产量、销售量和出口量汇总表

产品名称	计量单位	企业数（家）	本年生产量	本年销售量	本年出口量
网络控制设备合计	台	11	16 423 859	15 947 240	15 704 142
通信控制处理机	台	4	50 255	39 165	
集中器	台	1	11 760	13 313	
终端控制器	台	6	16 361 844	15 894 762	15 704 142

表 65 2011 年网络接口和适配器生产量、销售量和出口量汇总表

产品名称	计量单位	企业数（家）	本年生产量	本年销售量	本年出口量
网络接口和适配器合计	台	5	152 886	152 806	129 566
网络收发器	台	1	1 320	1 240	
网络转发器	台	2	133 257	133 257	129 257
网络分配器	台	2	18 309	18 309	309

表 66 2011 年网络连接设备生产量、销售量和出口量汇总表

产品名称	计量单位	企业数（家）	本年生产量	本年销售量	本年出口量
集线器	台	3	200 540	200 540	200 000
路由器	台	9	42 488 564	42 699 450	9 605 748
数字交叉连接设备	台	1	10 000	9 521	
二层交换机	台	3	1 003 704	669 178	
无线局域网接入点（AP）	台	4	19 298 995	19 373 226	17 911 526

表 67 2011 年网络优化设备生产量、销售量和出口量汇总表

产品名称	计量单位	企业数（家）	本年生产量	本年销售量	本年出口量
网络优化设备合计	台	2	1 865	855	10
负载均衡器	台	1	865	855	10
流量控制器	台	1	1 000		

表 68 2011 年网络检测设备生产量、销售量和出口量汇总表

产品名称	计量单位	企业数（家）	本年生产量	本年销售量	本年出口量
网络检测设备合计	台	4	13 431 056	13 430 056	
协议分析器	台	1	56	56	
差错检测设备	台	3	13 431 000	13 430 000	

表 69 2011 年固定通信终端设备制造生产量、销售量和出口量汇总表

产品名称	计量单位	企业数（家）	本年生产量	本年销售量	本年出口量
收发合一中小型电台合计	部	12	27 624	27 773	143
短波电台	部	2	6 443	6 448	
超短波电台	部	4	3 940	3 927	49
短波跳频电台	部	3	13 748	13 893	
超短波跳频电台	部	3	3 493	3 505	94
电话单机合计	部	35	137 701 866	137 430 287	43 948 365
固定电话机	部	28	137 121 976	136 846 585	43 942 705
特种电话机	部	7	579 890	583 702	5 660
数据终端设备合计	部	7	64 688 529	69 751 568	54 851
传真机	部	4	1 840 462	1 840 462	54 851
数传机（含机械、电子打字机）	部	3	62 848 067	67 911 106	

表 70 2011 年移动通信终端设备制造生产量、销售量和出口量汇总表

产品名称	计量单位	企业数（家）	本年生产量	本年销售量	本年出口量
手机	部	90	1 132 575 632	1 129 366 464	507 805 343
其中：3G 手机	部	22	279 439 171	278 769 159	108 913 362
其他移动通信终端合计	部	19	8 299 206	8 626 281	157 828
集群通信终端	部	8	4 483 333	4 279 629	18 618
对讲机	部	11	3 815 873	4 346 652	139 210

表71 2011年通信配套产品和其他通信设备制造生产量、销售量和出口量汇总表

产品名称	计量单位	企业数（家）	本年生产量	本年销售量	本年出口量
通信电源	台	16	1 916 751	2 020 631	695 710
一次电源	台	10	1 848 250	1 939 606	694 782
二次电源	台	6	68 501	81 025	928
配线分线设备	部	17	4 651 960	4 639 817	
其他配套设备	部	62	463 827 073	467 750 091	83 864 951
其中：通信用油机	部	1	169	169	

表72 2011年广播电视节目制作及播控设备制造生产量、销售量和出口量汇总表

产品名称	计量单位	企业数（家）	本年生产量	本年销售量	本年出口量
音频节目制作和播控设备合计	部	5	7 135 298	7 178 499	4 313 639
广播专用录音、放音设备	部	4	318 298	318 499	15 839
音质加工与信号处理设备	部	1	6 817 000	6 860 000	4 297 800
视听节目制作及播控设备	部、个	10	6 353 213	6 181 226	57 119
广播电视专业录、摄像机	部	1	1 941	2 033	1 533
视频切换台	个	1	5 827 730	5 825 000	
视频矩阵	部	1	3 349	3 349	
非线性编辑设备	部	1	267	267	
信号源设备	部	3	463 179	297 447	5 326
视频信号处理设备	部	1	52 347	50 260	50 260
电视信号同步设备	部	2	4 400	2 870	
电视转播车及现场新闻采集车	部	1	63	63	

表73 2011年广播电视发射及传输设备制造生产量、销售量和出口量汇总表

产品名称	计量单位	企业数（家）	本年生产量	本年销售量	本年出口量
广播发射设备合计	部	10	41 284	41 164	8
调频同步广播设备	部	7	41 074	40 934	1
调幅同步广播设备	部	3	210	230	7
电视发射设备合计	部	12	15 098	15 007	28
模拟电视发射机	部	5	1 303	1 274	2
数字电视发射机	部	6	935	884	26
电视转播发射机	部	1	12 860	12 849	

续表

产品名称	计量单位	企业数（家）	本年生产量	本年销售量	本年出口量
卫星电视设备合计	部	8	2 526 904	2 124 828	
卫星电视上行发射设备	部	1	1 784	670	87 409
卫星电视接收转发设备	部	3	2 403 031	2 003 904	670
卫星电视配套设备	部	4	122 089	120 254	86 508
广播电视微波传输设备合计	部	1	15 000	15 000	231
点对点数字微波中继设备	部	1	15 000	15 000	
有线电视网络设备合计	部	46	8 884 682	8 395 034	
有线电视网络前端设备小计	部	9	3 134 454	3 011 789	3 964 755
数字电视编码器、解码器	部	4	610 375	697 000	34 816
调制、解调器	部	2	1 270 000	1 264 700	
网络管理/控制设备	部	3	1 254 079	1 050 089	
有线电视光缆传输系统设备小计	部	30	3 886 660	3 828 125	34 816
工作站	部	5	194 361	157 716	2 880 784
发射机	部	8	22 040	20 555	71 237
接收机	部	12	3 639 556	3 625 800	606
放大器	部	5	30 703	24 054	2 796 409
有线电视电缆分配系统及终端设备小计	部	7	1 863 568	1 555 120	12 532
放大器	部	2	147 849	114 244	1 049 155
分配器	部	3	1 466 337	1 198 173	85 897
用户端接口	部	1	4 838	2 925	960 458
电缆调制解调器	部	1	244 544	239 778	2 800

表 74　2011 年通用应用电视监控系统设备生产量、销售量和出口量汇总表

产品名称	计量单位	企业数（家）	本年生产量	本年销售量	本年出口量
黑白、彩色监控用摄像机	部	7	7 110 811	7 120 287	279 844
黑白、彩色视频监视器	部	6	2 092 020	2 121 801	76 846
信号控制设备（控制主机）	套	6	20 635	20 473	72
视频信号传输设备	套	2	18 802	19 329	1 532

表 75 2011 年特殊应用电视监视设备生产量、销售量和出口量汇总表

产品名称	计量单位	企业数（家）	本年生产量	本年销售量	本年出口量
特殊成像及功能的应用电视设备	部	1	3 180	2 710	
其他用途的应用电视设备	部	9	3 152 950	3 185 077	3 760

表 76 2011 年广播电视设备专用配件制造生产量、销售量和出口量汇总表

产品名称	计量单位	企业数（家）	本年生产量	本年销售量	本年出口量
激励器	个	2	165	170	
中频调制器	个	1	8 142 000	7 660 000	4 596 000
双工器	个	1	4 560	4 560	
输出滤波器	个	1	937	713	
天线开关	个	1	26 278 998	26 278 998	
发射天线	套	8	8 063 771	8 059 761	4 063 660

表 77 2011 年电子计算机整机制造生产量、销售量和出口量汇总表

产品名称	计量单位	企业数（家）	本年生产量	本年销售量	本年出口量
计算机工作站合计	台	6	17 959	17 583	
高性能计算机	台	3	749	696	
工作站	台	3	17 210	16 887	
微型计算机设备合计	台	124	320 366 695	319 493 355	183 394 915
台式微型计算机	台	46	79 748 217	79 600 079	13 138 525
便携式微型计算机小计	台	75	239 968 558	239 249 496	169 708 763
笔记本计算机	台	65	238 973 825	238 278 927	169 708 646
平板计算机	台	10	994 733	970 569	117
电纸书	台	3	649 920	643 780	547 627
服务器	台	17	8 517 177	7 667 421	199 033
电子计算机数字式处理部件合计	台	18	707 708	663 592	64 258
高性能计算机数字式处理部件	台	3	84 789	85 981	63 720
微型计算机数字式处理部件	台	4	27 160	27 090	500
工业控制计算机	台	11	595 759	550 521	38

表 78　2011 年电子计算机零部件制造生产量、销售量和出口量汇总表

产品名称	计量单位	企业数（家）	本年生产量	本年销售量	本年出口量
微机板卡合计	块	29	400 066 108	393 371 108	305 175 911
微机主机板	块	14	88 619 388	88 137 644	25 274 233
内存条	块	3	32 545 899	33 255 899	32 650 000
声卡	块	1	11 163	11 054	
显卡	块	2	1 228 939	1 228 939	883 594
网卡小计	块	9	277 660 719	270 737 572	246 368 084
有线局域网网卡	块	1	302 675	295 925	
无线局域网网卡	块	8	277 358 044	270 441 647	246 368 084
电源合计	部	30	156 064 978	154 253 537	106 349 875
开关电源	部	18	150 855 118	148 413 598	105 057 117
UPS 电源小计	部	12	5 209 860	5 839 939	1 292 758
在线式 UPS 电源	台	8	343 904	333 474	40 500
后备式 UPS 电源	台	4	4 865 956	5 506 465	1 252 258
其他配套产品及耗材合计					
机箱	万个	19	12 849 100	12 810 218	11 347 894
鼠标器	万只	2	11 006	10 872	
键盘	万只	17	1 847 535	1 789 658	126 668
打印头	万只	2	1 829	1 808	1 807
墨盒	万片	3	9 780	9 460	9 407
硒鼓	万只	3	1 767	1 680	1 050

表 79　2011 年电子计算机显示器设备制造生产量、销售量和出口量汇总表

产品名称	计量单位	企业数（家）	本年生产量	本年销售量	本年出口量
终端显示设备合计	台	63	154 952 033	154 968 155	84 810 518
字符汉字终端	台	2	10 020	10 010	
图形图像终端	台	5	28 681 460	28 688 255	21 619 246
显示器小计	台	56	126 260 553	126 269 890	63 191 272
单色显示器（CRT）	台	2	6 587	6 578	
彩色显示器（CRT）	台	13	7 217 371	7 140 345	40 900
平板显示器	台	41	119 036 595	119 122 967	63 150 372

表 80 2011 年电子计算机外部设备制造生产量、销售量和出口量汇总表

产品名称	计量单位	企业数（家）	本年生产量	本年销售量	本年出口量
输入设备合计	台	68	476 816 910	475 358 912	41 911 578
绘图仪	台	1	15 000	15 000	
扫描仪	台	5	248 077	253 199	2 480
IC 卡读写机具	台	6	850 244	848 593	
数字照相机	台	18	80 489 215	80 726 842	38 431 216
磁卡读写器	台	6	2 752 108	2 751 438	2 688 480
摄像头	台	14	371 377 310	370 201 010	703 781
图形板	台	2	301 050	301 000	
触感屏	台	7	20 554 284	20 037 111	50 000
射频卡机（RFID 读写器）	台	4	124 610	122 825	
生物特征识别设备	台	5	105 012	101 894	35 621
输出设备合计	台	55	59 235 103	59 201 474	30 352 336
打印设备小计	台	44	55 183 335	54 965 851	28 036 741
针式打印机	台	10	1 960 048	1 928 034	1 248 848
激光打印机	台	12	16 411 079	16 343 138	10 131 324
喷墨打印机	台	9	19 405 532	19 400 918	5 002 257
多功能打印机	台	10	17 405 830	17 293 214	11 653 992
喷绘机	台	3	846	547	320
语音输出设备	台	2	694 876	694 876	
投影仪	台	9	3 356 892	3 540 747	2 315 595
外存储设备合计	台	37	631 488 780	625 095 764	410 372 214
硬盘类存储设备小计	台	19	402 039 889	401 985 212	275 865 957
硬盘驱动器	台	16	242 153 962	237 419 955	119 608 157
移动硬盘	台	2	151 823 406	156 502 736	156 257 800
微硬盘驱动器	台	1	8 062 521	8 062 521	
光盘驱动器	台	2	74 782 207	73 904 038	15 688 638
半导体储存器小计	台	10	59 155 939	53 695 763	23 318 191
半导体存储盘	台	9	53 059 502	47 992 375	23 318 191
半导体存储卡	台	1	6 096 437	5 703 388	
网络存储设备	台	1	198	204	

续表

产品名称	计量单位	企业数（家）	本年生产量	本年销售量	本年出口量
磁性存储设备	台	5	95 510 547	95 510 547	95 499 428
阅读机、数据转录及处理机械合计	台	2	32 000	32 000	
数据处理机械	台	2	32 000	32 000	

表 81　2011 年计算机应用产品制造生产量、销售量和出口量汇总表

产品名称	计量单位	企业数（家）	本年生产量	本年销售量	本年出口量
电子出版系统	部	3	20 732	19 811	
计算机辅助教学系统	部	12	76 957	74 085	24 935
计算器	部	12	74 106 423	82 137 009	
金融、商业、税务电子应用产品合计	部	35	3 625 430	3 502 955	1 301 853
点钞机	部	3	165 885	167 461	60 071
自动柜员机（ATM）	部	7	39 394	35 269	5 080
银行自助服务终端	部	4	456 469	441 971	
POS 机	部	8	2 246 390	2 181 910	1 236 702
税控机	部	8	685 282	645 899	
鉴别仪	部	5	32 010	30 445	
汽车电子合计	套	43	17 023 918	16 687 360	211 871
动力总成控制系统	套	10	2 759 007	2 781 127	300
新能源汽车电池管理系统	套	1	10 000	10 000	
电机控制系统	套	16	9 191 392	9 065 239	40 000
ABS	套	3	705 412	696 468	47 944
EBD	套	1	482	300	
车载导航	套	12	4 357 625	4 134 226	123 627
其他应用产品合计	部	5	6 727	6 732	
会议视频系统	部	5	6 727	6 732	

表 82　2011 年信息系统安全产品制造生产量、销售量和出口量汇总表

产品名称	计量单位	企业数（家）	本年生产量	本年销售量	本年出口量
边界防护类设备和系统合计	台、套	7	290 540	276 349	
防火墙、防水墙	台	3	4 401	4 401	
虚拟专用网设备（VPN）	台	3	140 909	126 718	

续表

产品名称	计量单位	企业数（家）	本年生产量	本年销售量	本年出口量
抗拒绝服务（Dos）攻击系统	套	1	145 230	145 230	
数据保护类设备和系统合计	套	4	7 164	6 843	
恶意代码检测系统	套	1	1 800	1 800	
数据备份系统	套	3	5 364	5 043	
安全检测类设备和系统合计	套、台	12	185 974	147 226	
入侵检测系统	套	5	8 145	7 477	
入侵防御系统	套	4	162 736	124 597	
安全扫描器	台	3	15 093	15 152	
安全智能卡类设备和系统	套	12	471 703 288	471 658 021	315 688 133
密钥管理类设备和系统	套	8	13 268 194	13 049 137	

表 83　2011 年电视机制造生产量、销售量和出口量汇总表

产品名称	计量单位	企业数（家）	本年生产量	本年销售量	本年出口量
彩色电视机合计	台	141	122 313 669	121 683 392	40 504 046
显像管彩色电视机	台	29	15 152 329	15 644 996	7 198 864
平板电视机小计	台	108	107 130 820	106 008 896	33 297 109
液晶（LCD）电视机小计	台	93	104 010 214	102 956 468	32 346 810
屏幕尺寸<38cm	台	23	13 478 039	13 082 574	9 132 620
38cm≤屏幕尺寸<102cm	台	53	72 832 183	72 750 721	19 783 458
屏幕尺寸≥102cm	台	17	17 699 992	17 123 173	3 430 732
等离子（PDP）电视机小计	台	15	3 120 606	3 052 428	950 299
屏幕尺寸<102cm	台	6	155 339	180 888	46 363
屏幕尺寸≥102cm	台	9	2 965 267	2 871 540	903 936
投影电视机	台	4	30 520	29 500	8 073
黑白电视机	台	3	111 829	115 156	46 098
电视接收机顶盒合计	部	32	66 233 201	66 244 978	24 308 304
有线电视机顶盒	部	23	56 933 750	57 042 651	18 270 352
地面广播机顶盒	部	3	2 887 176	2 828 806	1 790 987
卫星广播机顶盒	部	6	6 412 275	6 373 521	4 246 965

表 84 2011 年摄、录像、激光视盘机制造生产量、销售量和出口量汇总表

产品名称	计量单位	企业数（家）	本年生产量	本年销售量	本年出口量
摄、录像、激光视盘机制造（F4073）合计	台	33	83 155 283	83 014 780	24 880 260
录像机小计	台	4	5 863 242	5 931 338	1 236 207
家用摄录一体机	台	2	4 972 319	5 024 740	1 082 025
数码摄像机	台	2	890 923	906 598	154 182
数字激光音、视盘机	台	29	77 292 041	77 083 442	23 644 053

表 85 2011 年家用音响电子设备制造生产量、销售量和出口量汇总表

产品名称	计量单位	企业数（家）	本年生产量	本年销售量	本年出口量
家用音响合计	台	77	153 687 762	153 874 535	41 593 792
组合音响	台	39	75 759 258	75 504 887	7 274 195
MP3、MP4 播放器	台	15	61 254 559	61 689 329	29 112 252
功率放大器	台	10	1 962 063	1 968 132	177 071
数字录音机（笔）	台	2	113 704	120 861	
数字化多媒体组合机	台	11	14 598 178	14 591 326	5 030 274
汽车电子音响设备	台	26	75 863 924	74 481 914	26 382 427

表 86 2011 年家用电子电器主要配套件制造生产量、销售量和出口量汇总表

产品名称	计量单位	企业数（家）	本年生产量	本年销售量	本年出口量
音像盘片	万片	12	196 900	194 995	55 035
录音录像磁鼓	万只	2	30 643	31 038	30 686
充电器	万只	17	94 890	92 785	7 510
遥控器	万只	9	21 219	21 015	11 070
光机引擎	套	8	23 280 235	24 028 713	22 569 616
各种接口合计	万只	31	806 908	804 315	8 120
通用串行总线接口（USB）	万只	2	1 590	1 586	
高清多媒体接口（HDMI）	万只	1	2 635	2 636	
亮/色（Y/C）分离接口	万只	1	2 500	2 500	1 000
数字视频接口（DVI）	万只	1	10 000	10 000	
其他接口	万只	26	790 183	787 594	7 120

表 87　2011 年电子测量仪器制造生产量、销售量和出口量汇总表

产品名称	计量单位	企业数（家）	本年生产量	本年销售量	本年出口量
频率测量仪器合计	台	60	30 634 811	29 498 345	21 205 165
数字脉冲频率测量仪	台	18	2 297 731	2 279 704	
模拟式频率测量仪	台	9	141 409	140 249	
计数器	台	10	6 273 671	5 177 362	2 884 697
计数器扩频装置	台	1	2 400	2 200	
时间测量仪器	台	11	21 803 712	21 783 051	18 320 468
特种计数器	台	5	63 220	63 220	
频率标准	台	4	51 000	51 000	
校频比相仪	台	2	1 668	1 559	
电压测量仪器合计	台	35	11 311 215	11 288 095	4 533 113
直流数字电压表	台	12	1 586 086	1 585 423	
交流数字电压表	台	6	4 036 848	4 032 525	
数字多用表	台	7	3 544 427	3 543 167	2 530 000
电压电源标准装置	台	10	2 143 854	2 126 980	2 003 113
示波器	台	3	46 429	49 804	9 120
器件参数测量仪器合计	台	32	5 483 552	5 425 870	368 268
数字 IC 测试仪	台	5	33 300	33 300	
光电器件测试仪	台	5	212 312	208 215	11 626
电力电子器件测试仪	台	20	5 234 624	5 181 259	356 642
半导体器件图示仪	台	2	3 316	3 096	
元件参数测量仪器	台	5	4 043	4 406	3 487
脉冲测量仪器	台	4	3 767 541	3 767 520	
扫描、频谱波形分析仪器合计	台	5	81 212	81 206	32 014
扫频仪	台	1	80 000	80 000	32 000
频谱分析仪	台	3	1 112	1 106	14
频偏调制度测量仪	台	1	100	100	
微波测量仪器合计	台	8	1 252 087	1 249 756	1 220 456
网络特性测试仪及网络分析	台	2	300	256	
雷达综合测试仪	台	3	25 682	26 905	23 956
微波漏能测试仪	台	1	1 200 000	1 196 500	1 196 500
微波测量仪器部件	台	2	26 105	26 095	

续表

产品名称	计量单位	企业数（家）	本年生产量	本年销售量	本年出口量
通信测量仪器合计	台	2	45 076	45 151	8 000
载波通信测量仪	台	1	41 000	43 000	8 000
PDH/SDH 传输分析仪	台	1	4 076	3 151	
超低频测量仪器合计	台	7	2 794 914	2 839 725	180 000
超低频信号分析仪	台	2	1 624 187	1 688 441	
滤波器、放大器	台	5	1 170 727	1 151 284	180 000
声学测量仪器合计	台	6	640 835	641 559	
声级计	台	1	2 998	3 634	
电声发生器	台	2	637 377	637 443	
振动脉击测量仪器	台	2	110	110	
声振校准装置	台	1	350	372	
稳压电源	台	11	2 910 839	2 895 968	25 685
记录显示仪合计	台	10	726 512	814 221	357 838
记录仪	台	3	1 190	1 200	
显示仪	台	7	725 322	813 021	357 838
信号源合计	台	3	1 070 856	1 066 738	1 007 262
信号发生器	台	2	1 018 775	1 011 524	1 007 262
功率放大器	台	1	52 081	55 214	
其他测量仪器合计	台	15	786 225	773 709	400
晶体振荡器	台	1	4 000	4 000	
标准电感电容电阻器	台	5	715 113	713 998	
激光测距	台	3	46 774	35 480	400
水声设备	台	2	8 500	8 500	
气象仪器	台	4	11 838	11 731	
电子测量仪器零附件	台	12	819 955 518	684 160 309	813 839

表 88　2011 年医疗电子设备及器械制造生产量、销售量和出口量汇总表

产品名称	计量单位	企业数（家）	本年生产量	本年销售量	本年出口量
医用电子仪器设备合计	台	30	58 768 845	58 774 915	45 285 361
心、脑、肌、眼仪器设备小计	台	2	790	881	
监护仪器	台	9	62 571	62 871	49 523

续表

产品名称	计量单位	企业数（家）	本年生产量	本年销售量	本年出口量
心电遥测仪器	台	1	5 375	5 754	
治疗急救装置	台	6	1 512 861	1 503 461	
血液测定仪器	台	5	14 017 189	14 017 128	14 011 313
气体分析测量仪器	台	3	322	272	
电子体温、压力测量装置	台	4	43 169 737	43 184 548	31 224 525
医用超声仪器	台	7	49 709	47 761	380
医用激光仪器及设备	台	5	36 112	36 139	455
医用生化分析仪器合计	台	12	28 952	28 732	
分离制备仪器	台	3	1 120	1 130	
生化分析仪器	台	9	27 832	27 602	
医用高频微波射线核素仪器合计	台	18	291 714	299 111	19 785
医用高频设备	台	4	2 168	2 126	
医用微波诊断、治疗仪器	台	8	176 640	184 071	19 785
医用射线诊断、治疗仪器	台	6	112 906	112 914	
中医用仪器合计	台	13	42 182	41 039	120
诊断仪器	台	9	3 210	3 172	120
各种电疗磁疗光疗针麻仪器	台	4	38 972	37 867	
其他医疗电子仪器合计	台	12	382 492	376 956	46 991
医用光学仪器	台	12	382 492	376 956	46 991

表 89　2011 年应用电子仪器制造生产量、销售量和出口量汇总表

产品名称	计量单位	企业数（家）	本年生产量	本年销售量	本年出口量
农业电子应用仪器合计	台	3	5 056	5 068	
土壤测定分析仪器	台	1	400	400	
牧副渔业仪器	台	2	4 656	4 668	
工交电子应用仪器	台	22	1 099 428	1 204 238	74 971
文教电子应用仪器	台	5	544 187	542 008	199 286
其他仪器	台	92	14 697 294	14 602 473	5 922 886
电子电表合计	万只	9	978	970	3
直流电流电压表	万只	4	321	313	3
交流电流电压表	万只	1	204	204	

续表

产品名称	计量单位	企业数（家）	本年生产量	本年销售量	本年出口量
功率表	万只	3	433	433	
电平表	万只	1	20	20	
电子专用电表合计	万只	34	88 670	89 314	158
特殊用途电表	万只	10	69 530	71 048	
IC卡智能表及远程智能表系列	万只	24	19 140	18 266	158
安规仪器合计	台	4	13 163	4 562	
耐压测试仪	台	1	160	148	
泄漏电流测试仪	台	1	1 000	1 000	
接地电阻测试仪	台	1	1 200	1 200	
脉冲电压发生器	台	1	10 803	2 214	
电化学测试仪器合计	台	9	5 350	5 348	
恒电位/电流仪	台	2	28	28	
电化学测试系统	台	6	5 230	5 229	
酸度计	台	1	92		

表90　2011年电子工业专用设备制造生产量、销售量和出口量汇总表

产品名称	计量单位	企业数（家）	本年生产量	本年销售量	本年出口量
半导体材料生产、加工设备					
太阳能级半导体材料生产、加工设备小计	台	28	63 374	63 481	57
多晶硅铸锭炉	台	5	6 994	7 345	
单晶硅生产炉	台	2	2 526	2 513	
磨方倒角机	台	3	11 136	11 042	
线切割机	台	12	30 883	30 857	57
清洗设备	台	6	11 835	11 724	
集成电路、分立器件半导体材料生产、加工设备小计	台	34	2 733 036	2 701 128	2 297 565
单晶生产炉	台	2	305	305	105
滚圆切断机	台	3	9 500	9 500	
倒角机	台	3	13 934	13 220	
线切割机	台	11	163 582	163 564	
磨片机	台	3	782	418	
抛光机	台	4	9 965	9 861	100

续表

产品名称	计量单位	企业数（家）	本年生产量	本年销售量	本年出口量
清洗设备	台	8	2 534 968	2 504 260	2 297 360
半导体器件和集成电路制造设备合计	台	70	1 973 667	1 377 209	217
晶硅太阳能芯片制造设备小计	台	22	141 982	141 473	66
制绒清洗设备	台	4	3 454	3 454	
扩散炉	台	1	82	75	
等离子刻蚀机	台	1	120	102	
等离子体增强化学气相淀积设备 PECVD	台	2	5 272	5 266	
全自动丝网印刷机	台	4	36 138	35 670	
网带快速烧结炉	台	1	91 819	91 819	
自动测试分选设备	台	9	5 097	5 087	66
集成电路、分立器件芯片制造设备小计	台	48	1 831 685	1 235 736	151
外延设备	台	5	16 416	16 415	
扩散设备	台	1	139	34	
快速热处理设备	台	15	320 656	328 974	
匀胶、显影设备	台	2	83	76	
光刻机	台	1	44	44	
电镀铜设备	台	1	48 000	45 000	
清洗设备	台	1	22	22	
自动探针测试台	台	1	75	75	
减薄机	台	1	12 089	10 698	
划片机	台	4	22 146	22 440	
粘片机	台	4	108	118	
键合机	台	1	20	19	
自动封装设备	台	4	1 943	1 936	
自动测试分选设备	台	5	1 401 876	801 816	151
自动打标编带设备	台	2	8 068	8 069	
电真空器件专用设备					
真空开关管生产设备	台	3	476	503	
微波真空管生产设备	台	1	6 500		
电光源生产设备	台	1	250	253	
平板显示器件（FPD）生产设备小计	台	12	14 211 512	14 157 783	12 800 955

续表

产品名称	计量单位	企业数（家）	本年生产量	本年销售量	本年出口量
液晶显示器件（LCD）生产设备	台	7	14 165 446	14 127 636	12 788 946
OLED 生产设备	台	3	42 832	27 010	12 009
其他平板显示器件生产设备	台	2	3 234	3 137	
电子元件专用设备合计	台	73	29 855 401	29 411 432	9 378 897
电阻、电位器生产设备	台	6	195 055	195 036	12
电容器生产设备	台	10	14 745	14 538	19
陶瓷元件生产设备	台	1		3	
磁性材料及元件生产设备	台	10	7 571	8 029	177
印制电路板生产设备	台	3	13 540 150	13 020 143	
线缆生产设备	台	8	56 223	59 644	
敏感元器件及传感器生产设备	台	7	9 474 124	9 448 315	9 376 000
频率元器件生产设备	台	1	866	884	
绿色电池生产设备	台	3	1 162	2 170	
电感器件、特种变压器生产设备	台	12	6 471 892	6 568 857	2 689
压电晶体生产设备	台	1	34 000	34 000	
表面波滤波器生产设备	台	2	60	20	
电声器件生产设备	台	1	50 000	50 000	
开关接插件生产设备	台	8	9 553	9 793	
气候环境模拟和可靠性试验设备合计	台	8	2 691	2 137	55
气候环境模拟试验设备	台	1	807	662	
力学环境试验设备	台	3	1 296	927	
综合试验设备	台	1	10	10	
可靠性试验设备	台	3	578	538	55
水、气净化设备合计	台	32	4 507 127	4 492 992	4 421 580
空气净化设备小计	台	19	4 478 949	4 465 355	4 421 580
净化空气	台	10	4 457 548	4 444 995	4 419 280
净化工作台	台	2	237	256	
高效过滤器	台	5	16 664	15 604	2 300
净化检测设备	台	2	4 500	4 500	
水纯化设备	台	8	27 336	26 825	
气体纯化设备	台	2	118	118	

续表

产品名称	计量单位	企业数（家）	本年生产量	本年销售量	本年出口量
废水处理设备	台	3	724	694	
电子整机装联设备合计	台	29	218 714	165 634	18 776
自动插片机	台	3	2 979	2 931	1 224
自动贴片机	台	3	161	137	
装配生产线	台	6	1 840	1 827	32
波峰焊接、再流焊接设备	台	3	60 320	62 320	17 500
自动检测仪器（机）	台	13	151 914	96 919	20
自动清洗设备	台	1	1 500	1 500	
电子通用设备合计	台	21	3 052 297	3 085 570	31 626
真空获得设备	台	6	25 886	22 686	
超声波设备	台	8	381 500	379 384	
精密焊接设备	台	4	705 510	705 047	31 626
干燥设备	台	1	120	120	
精密电子丝网印刷设备	台	1	1 639 281	1 698 333	
防静电系列产品	台	1	300 000	280 000	

表 91　2011 年电子工业模具及齿轮制造生产量、销售量和出口量汇总表

产品名称	计量单位	企业数（家）	本年生产量	本年销售量	本年出口量
模具	付	122	242 759 910	242 210 658	6 307 202
模架	套	20	3 300 206	3 301 847	26 648
模具标准件	件	19	16 252 052	16 052 390	3 920 422
气动工具	件	7	733 300	604 490	
电动工具	件	25	64 953 547	63 455 991	1 702 422
焊接工具	件	7	2 521 302	2 479 580	337 288

表 92　2011 年其他电子设备制造生产量、销售量和出口量汇总表

产品名称	计量单位	企业数（家）	本年生产量	本年销售量	本年出口量
邮政专用设备及器材制造合计	台	2	24	24	
邮政内部处理设备	台	1	5	5	
邮政投递设备	台	1	19	19	
激光设备制造合计	台	32	291 087	289 872	9 129

续表

产品名称	计量单位	企业数（家）	本年生产量	本年销售量	本年出口量
激光设备制造	台	32	291 087	289 872	9 129
电子垃圾处理设备制造	台	3	353	348	6

表 93　2011 年电子元件机组件制造生产量、销售量和出口量汇总表

产品名称	计量单位	企业数（家）	本年生产量	本年销售量	本年出口量
电容器合计	万只	245	55 538 973	52 956 200	36 346 439
纸介电容器小计	万只	39	204 609	197 889	795
塑料介质电容器小计	万只	71	1 919 391	1 869 048	119 698
聚酯膜电容器	万只	30	1 473 606	1 441 288	24 044
聚丙烯膜电容器	万只	27	332 759	323 099	81 157
聚苯乙烯电容器	万只	2	1 776	1 552	
聚碳酸酯电容器	万只	5	28 795	24 051	10 000
片式有机介质电容器（SMC）	万只	7	82 455	79 057	4 497
瓷介电容器小计	万只	42	49 717 467	47 265 512	35 932 260
圆片瓷介电容器	万只	25	1 066 151	1 053 643	347 810
多层瓷介电容器	万只	17	48 651 316	46 211 869	35 584 450
其中：片式贴装瓷介电容器	万只	4	48 405 876	45 976 664	35 568 028
超大容量电容器	万只	5	346 104	342 877	
云母电容器	万只	3	279	253	
玻璃釉电容器	万只	1	2	2	
电解电容器小计	万只	68	3 023 924	2 954 858	293 606
铝电解电容器	万只	54	2 766 382	2 709 156	263 802
其中：片式铝电解电容器	万只	7	91 183	85 248	38 860
钽电解电容器	万只	13	256 090	244 250	29 804
其中：片式钽电解电容器	万只	1	3 493	3 626	
铌电解电容器	万只	1	1 452	1 452	
可变电容器	万只	12	692	677	80
真空电容器小计	万只	4	326 505	325 085	
固定真空电容器	万只	2	326 290	324 880	
可变真空电容器	万只	2	215	205	
电阻、电位器合计	万只	106	46 648 360	26 722 622	10 615 782

续表

产品名称	计量单位	企业数（家）	本年生产量	本年销售量	本年出口量
固定电阻器小计	万只	75	46 384 783	26 501 912	10 572 441
碳膜电阻器	万只	13	1 726 120	1 708 203	
金属膜电阻器	万只	15	6 447 470	6 431 409	1 104 214
氧化膜电阻器	万只	4	15 105	14 505	
玻璃釉电阻器	万只	2	7 143	7 044	
线绕电阻器	万只	11	339 392	329 251	3 819
实芯电阻器	万只	3	4 237	4 187	
片式电阻器	万只	22	37 843 828	18 005 446	9 464 408
熔断电阻器	万只	5	1 488	1 867	
电位器小计	万只	31	263 577	220 710	43 341
线绕电位器	万只	9	88 194	43 077	5
碳膜电位器	万只	6	44 529	44 707	41 744
实芯电位器	万只	2	1 691	1 695	
玻璃釉电位器	万只	4	3 451	3 487	786
导电塑料电位器	万只	2	64 400	64 400	
片式电位器	万只	8	61 312	63 344	806
电连接器合计					
低频连接器小计	万只	271	23 856 947	23 909 077	7 282 587
圆形连接器	万只	17	173 707	175 976	5 076
矩形连接器	万只	14	163 795	169 790	13 131
条形连接器	万只	27	9 323 751	9 509 671	307 391
印制电路连接器	万只	13	121 157	111 899	83 797
带状电缆连接器	万只	12	149 421	149 395	110 252
端子	万只	30	5 681 088	5 587 023	1 102 009
表面贴装型低频连接器	万只	4	60 395	60 365	51 262
射频连接器	万只	21	58 054	56 847	2 522
其中:表面贴装型射频连接器	万只	2	2 796	2 798	
光连接器	万只	12	44 675	33 940	55
特种连接器	万只	22	5 554 289	5 579 211	5 416 710
各类开关	万只	64	1 766 489	1 722 078	161 375
各类插座	万只	20	59 567	59 003	15 120

续表

产品名称	计量单位	企业数（家）	本年生产量	本年销售量	本年出口量
各类插塞、插孔	万只	15	700 560	693 879	13 886
控制元件合计	万只	30	204 588	196 191	70 964
电子继电器小计	万只	30	204 588	196 191	70 964
电磁继电器	万只	24	203 495	195 087	70 964
固态继电器	万只	6	1 093	1 104	
磁性材料元件及感性器件合计					
软磁材料元件小计	万公斤	293	4 810 268	4 613 802	631 553
金属软磁小计	万公斤	16	16 474	16 432	256
硅钢片	万公斤	6	12 666	12 741	
金属磁粉心	万公斤	7	1 581	1 719	256
铁镍合金	万公斤	3	2 227	1 972	
铁氧体软磁小计	万公斤	30	18 672	16 502	6 107
锰锌铁氧体	万公斤	20	18 097	15 927	5 957
镍锌铁氧体	万公斤	8	131	130	39
镁锌铁氧体	万公斤	2	443	445	111
硬磁材料元件小计	万公斤	44	173 394	151 892	10 208
铁氧体永磁	万公斤	20	166 345	145 701	9 587
钕铁硼永磁	万公斤	24	7 050	6 191	621
其他磁性材料元件	万公斤	10	2 417	2 204	81
感性器件小计	万只	193	4 599 312	4 426 772	614 901
变压器小计	万只	126	2 451 604	2 277 640	439 778
电源变压器	万只	60	207 606	205 227	43 289
开关电源变压器	万只	11	274 412	274 190	203 374
音频变压器	万只	3	9 757	9 707	746
脉冲变压器	万只	4	206 368	176 451	126 290
其他功能变压器	万只	48	1 753 462	1 612 065	66 078
电感器小计	万只	67	2 147 708	2 149 132	175 124
小型电感器	万只	41	1 952 690	1 952 230	153 529
电感滤波器	万只	11	84 731	83 486	21 437
扼流圈	万只	3	74 939	74 961	1
发射或接收线圈	万只	2	22 567	25 690	0

续表

产品名称	计量单位	企业数（家）	本年生产量	本年销售量	本年出口量
空心线圈	万只	10	12 780	12 765	157
电声器件合计	万只	145	3 882 404	3 394 582	278 710
通信传声器件小计	万只	34	727 760	713 581	104 532
送话器	万只	6	65 706	66 081	3 717
受话器	万只	12	274 222	270 049	99 959
组合件	万只	16	387 832	377 452	856
传声器小计	万只	15	380 501	369 723	78 073
电容式传声器	万只	3	7 323	7 028	4 064
动圈式传声器	万只	1	6 000	6 000	
驻极体传声器	万只	10	353 738	343 255	74 009
硅传声器	万只	1	13 440	13 440	
扬声器小计	万只	45	2 618 440	2 156 162	63 844
号筒扬声器	万只	14	84 958	83 101	14 121
直接辐射式扬声器	万只	17	93 568	91 339	46 871
球顶形扬声器	万只	3	1 669	1 589	20
汽车扬声器	万只	11	2 438 244	1 980 132	2 833
音箱、音柱小计	万只	13	19 577	18 814	18 305
专业用音箱（厅堂馆所）	万只	6	694	689	682
家庭用音箱	万只	7	18 883	18 125	17 623
耳机小计	万只	30	101 972	101 815	7 181
其中：无线耳机	万只	2	36 307	35 967	
蜂鸣器	万只	6	9 215	9 226	6 774
蜂鸣片	万只	2	24 940	25 262	
频率控制元件合计	万只	105	3 199 086	3 038 939	447 616
压电陶瓷及频率元件小计	万只	21	927 075	919 343	58 458
压电陶瓷滤波器	万只	6	123 855	116 758	8 606
压电陶磁谐振器	万只	2	47 535	51 237	20 904
压电陶磁振荡器	万只	1	2 000	1 800	
压电陶瓷检频器	万只	1	682	700	321
片式压电陶瓷器件	万只	6	208 444	208 369	17 511
声表面波滤波器	万只	3	28 092	28 311	10 578

续表

产品名称	计量单位	企业数（家）	本年生产量	本年销售量	本年出口量
片式声表面波器件	万只	2	516 467	512 168	539
压电石英晶体元器件小计					
压电石英晶体谐振器	万只	43	1 229 559	1 211 034	260 925
压电石英晶体滤波器	万只	4	4 800	4 406	4 317
压电石英晶体振荡器	万只	16	559 425	499 891	95 988
片式压电晶体器件	万只	4	33 272	33 724	18 430
石英晶片	万片	17	444 954	370 541	9 498
其他元件及零部件合计	万公斤	25	68 436	69 177	199
电子陶瓷零件小计	万公斤	19	34 576	35 313	54
氧化铝瓷件	万公斤	17	34 515	35 257	54
氧化铍瓷件	万公斤	1	1	1	
氮化铝瓷片	万公斤	1	60	55	
石英晶体管壳、管座	万公斤	2	201	201	
电声器件零部件	万公斤	3	32 834	32 837	145
电容器用铝壳	万公斤	1	824	826	

表 94　2011 年电子印制电路板制造生产量、销售量和出口量汇总表

产品名称	计量单位	企业数（家）	本年生产量	本年销售量	本年出口量
电子印制电路板合计	平方米	182	281 705 144	283 258 301	61 040 295
刚性印制电路板小计	平方米	118	81 589 830	81 346 866	33 194 539
刚性单面板	平方米	37	10 487 716	10 387 586	1 067 136
刚性双面板	平方米	29	16 769 318	16 743 601	5 708 725
刚性多层板	平方米	52	54 332 797	54 215 678	26 418 678
挠性印制电路板	平方米	39	64 998 005	64 302 189	2 443 737
刚-挠性印制电路板	平方米	25	135 117 309	137 609 246	25 402 020

表 95　2011 年电力电子元件制造生产量、销售量和出口量汇总表

产品名称	计量单位	企业数（家）	本年生产量	本年销售量	本年出口量
继电器合计	万只	32	328 093	323 679	6 167
电磁继电器	万只	21	318 952	315 082	6 166
热电继电器	万只	6	407	398	1

续表

产品名称	计量单位	企业数（家）	本年生产量	本年销售量	本年出口量
感应继电器	万只	2	8 707	8 172	
光电继电器	万只	3	26	26	
继电器保护装置	万只	4	2 422	2 428	2 193
配电或电器控制设备专用零件	万只	37	159 035	158 559	47 233

表 96　2011 年敏感元件及传感器制造生产量、销售量和出口量汇总表

产品名称	计量单位	企业数（家）	本年生产量	本年销售量	本年出口量
敏感元件及传感器合计	万只	134	1 561 400	1 521 455	539 782
敏感元件小计	万只	84	1 395 697	1 360 309	524 864
力敏元件	万只	12	285 280	273 832	2 789
压敏电阻器	万只	17	645 170	646 039	189 921
光敏电阻器	万只	8	14 495	13 144	
热敏电阻器	万只	25	106 574	90 113	7 773
磁敏感元件	万只	14	11 763	11 401	100
湿敏元器件	万只	2	330	330	
气敏元器件	万只	6	332 086	325 450	324 281
传感器	万只	50	165 703	161 146	14 918

表 97　2011 年真空电子器件制造生产量、销售量和出口量汇总表

产品名称	计量单位	企业数（家）	本年生产量	本年销售量	本年出口量
电子管合计	万只	65	238 200	215 231	14 338
收讯放大管	万只	8	1 344	1 295	5
发射管小计	万只	17	146 478	135 173	
中小功率发射管	万只	9	90 627	90 633	
大功率玻璃发射管	万只	4	20 013	16 013	
调制管	万只	4	35 838	28 527	
超高频管小计	万只	24	39 012	29 364	1 227
磁控管	万只	9	5 653	4 338	387
微波气体放电管	万只	3	3 700	3 700	
速调管	万只	5	451	450	
行波管	万只	2			

续表

产品名称	计量单位	企业数（家）	本年生产量	本年销售量	本年出口量
天线开关管	万只	5	29 208	20 875	840
稳定管小计	万只	8	21 828	21 855	
稳压管	万只	7	21 782	21 809	
稳流管	万只	1	46	46	
离子管小计	万只	8	29 538	27 545	13 105
闸流管	万只	1	30	30	
放电管	万只	7	29 508	27 515	13 105
电子束管合计	万只	8	99 384	99 436	2 713
彩色电视显像管（CPT）小计	万只	3	863	906	452
74cm 及以上	万只	2	672	671	291
54cm	万只	1	191	235	161
彩色显示管（CDT）	万只	1			
其他电子束管小计	万只	4	98 521	98 530	2 261
投影管	万只	1	7	7	
示波管	万只	3	98 514	98 524	2 261
真空开关管合计	万只	20	20 561	18 226	8
高、中压真空开关管（3kV 以上）	万只	17	17 856	15 625	8
低压真空开关管（3kV 以下）	万只	3	2 705	2 601	
其他电真空器件合计	万只	6	79 950	79 859	
真空规管	万只	5	7 151	7 137	
频标管	万只	1	72 799	72 722	
真空电子器件零件					
显像管配件小计	万只	13	30 467	29 503	6 559
彩色显象管电子枪零件	万只	5	20 612	19 581	3 656
彩色显像管玻壳小计	万只	1	782	785	482
54cm	万只	1	782	785	482
彩色显象管用荫罩小计	万只	7	9 073	9 137	2 421
74cm 及以上	万只	2	5 334	5 339	105
54cm	万只	1	2 182	2 209	1 583
37cm	万只	1	661	692	633
其他规格	万只	3	896	897	100
电子管零件	万件	4	671 287	671 268	1 802

表 98 2011 年半导体分立器件制造生产量、销售量和出口量汇总表

产品名称	计量单位	企业数（家）	本年生产量	本年销售量	本年出口量
半导体二极管合计	万只	83	13 011 856	12 764 542	4 530 514
小信号二极管	万只	23	7 755 397	7 591 161	3 647 732
稳压、整流、开关二极管	万只	51	5 155 128	5 060 460	882 782
过电流保护二极管	万只	6	73 689	86 138	
高频（微波）二极管	万只	3	27 642	26 783	
小信号晶体管合计	万只	36	3 253 547	3 093 189	830 677
双极晶体管	万只	17	2 393 841	2 257 011	813 595
场效应晶体管	万只	10	143 299	140 063	17 082
高频（射频与微波）晶体管	万只	9	716 407	696 115	
功率晶体管合计	万只	34	9 923 628	9 930 021	3 671 446
高频（微波）功率晶体管	万只	10	4 876 593	4 888 084	53 817
高频（微波）功率晶体管模块	万只	2	261	264	1
通用双极功率晶体管	万只	16	750 487	743 961	33 446
通用双极功率晶体管模块	万只	2	3 887 602	3 887 553	3 178 179
通用场效应功率晶体管	万只	3	408 665	410 140	406 003
通用场效应功率晶体管模块	万只	1	20	20	
整流管合计	万只	12	165 002	162 690	
0.5–3.0（含）A 整流管	万只	2	152 863	151 156	
3.0–35.0（含）A 整流管	万只	6	8 947	8 730	
大于 35.0A 整流管	万只	4	3 193	2 804	
半导体敏感器件合计	万只	32	898 979	893 267	98 065
压力敏感器件	万只	10	666 660	670 090	70 580
磁敏器件	万只	4	104 186	103 150	16 810
气敏器件	万只	2	8	7	2
离子敏感器件	万只	1	7 500		
声敏感器件	万只	1	1 000		
射线敏感器件	万只	2	6 586	6 543	
静电感器件	万只	1	20	18	
光敏感器件	万只	4	101 573	101 816	7 616
热敏感器件	万只	6	4 747	4 942	3 057
速度和加速度敏感器件	万只	1	6 700	6 700	

表 99　2011 年集成电路制造生产量、销售量和出口量汇总表

产品名称	计量单位	企业数（家）	本年生产量	本年销售量	本年出口量
集成电路制造合计	万片	53	545 118	494 655	178 476
12 英寸集成电路硅片小计	万片	9	218 687	166 449	142 510
线宽 90 纳米及以下	万片	7	164 192	142 590	142 505
线宽 90 纳米以上	万片	2	54 495	23 860	5
8 英寸集成电路硅片小计	万片	16	319 423	321 465	35 116
线宽 0.18 微米及以下	万片	5	444	430	81
线宽 0.18 微米至 0.35 微米	万片	6	288 773	290 887	35 009
线宽 0.35 微米以上	万片	5	30 207	30 148	26
6 英寸集成电路硅片小计	万片	10	3 328	3 088	36
线宽 0.8 微米及以下	万片	6	2 668	2 432	10
线宽 0.8 微米以上	万片	4	660	656	26
5 英寸集成电路硅片小计	万片	6	2 084	2 067	31
线宽 0.8 微米及以下	万片	3	2 043	2 028	
线宽 0.8 微米以上	万片	3	41	39	31
4 英寸集成电路硅片	万片	10	1 559	1 580	783
4 英寸以下集成电路硅片	万片	2	35	7	
集成电路封装测试合计	万只	92	9 257 826	9 216 074	5 816 527
TO 系列	万只	21	1 457 445	1 475 230	513 528
SOT（SOD）系列	万只	12	4 029 812	4 031 414	2 925 554
DIP/SIP/ZIP 系列	万只	11	981 314	980 335	226 442
SOP/SOJ 系列	万只	13	943 831	930 659	615 921
QFP 系列	万只	14	427 790	418 890	184 323
BGA/PGA 系列	万只	8	355 570	355 800	340 865
Flip　Chip 系列	万只	6	430 076	414 472	413 115
CSP 系列	万只	5	513 922	506 266	506 259
MCP 系列	万只	2	118 067	103 009	90 520
集成电路产品合计	万只	128	3 856 743	3 853 533	293 789
MOS 微器件小计	万只	4	419 236	418 596	23 381
MOS MPU	万只	3	413 719	413 690	18 475
MOS DSP	万只	1	5 517	4 906	4 906
逻辑电路小计	万只	11	16 619	16 068	

续表

产品名称	计量单位	企业数（家）	本年生产量	本年销售量	本年出口量
数字双极电路	万只	3	5 115	5 171	
MOS 逻辑电路	万只	5	11 470	10 863	
门阵列逻辑电路	万只	1	30	30	
现场可编程逻辑电路（FPLD，含 FPGA）	万只	2	4	4	
MOS 存储器小计	万只	6	98 661	100 244	84 537
DRAM	万只	2	70 602	70 601	70 600
可擦写只读存储器（EPROM、E2PROM）	万只	1	23 871	25 713	13 937
Flash 存储器	万只	1	3	2	
其他存储器	万只	2	4 185	3 928	
模拟电路小计	万只	22	244 034	222 476	13 008
放大器电路	万只	9	20 416	19 669	2 596
接口电路	万只	3	1 032	832	
电源电路（模拟开关、线性滤波器等）	万只	2	60	55	
数模/模数转换电路	万只	2	31 493	32 062	10 412
电压比较器	万只	2	602	2	
其他模拟电路	万只	4	190 431	169 857	
专用电路小计	万只	45	243 792	250 207	73 898
消费电子类电路	万只	4	121 742	123 590	45 059
计算机及外部设备电路	万只	2	9 403	9 253	1 787
通信与网络电路	万只	4	24 439	26 597	2 130
机动车专用电路	万只	10	13 948	16 648	552
电源管理电路	万只	10	25 357	25 027	9 241
其他专用电路	万只	15	48 903	49 092	15 129
智能卡芯片及电子标签芯片小计	万只	20	2 214 865	2 211 070	60 949
接触式智能卡芯片	万只	11	1 173 243	1 160 885	25 080
非接触式智能卡芯片	万只	7	1 025 198	1 033 761	35 869
其中：RFID 电子标签芯片	万只	1	3 517	2 359	
读写器电路	万只	2	16 424	16 424	
传感器电路	万只	1	807	825	
微波单片集成电路	万只	1	320	320	
混合集成电路	万只	18	618 409	633 727	38 016

表 100 2011 年显示器件制造生产量、销售量和出口量汇总表

产品名称	计量单位	企业数（家）	本年生产量	本年销售量	本年出口量
液晶显示屏	万片	197	1 773 848	1 744 089	793 406
等离子显示器件 PDP	万片	3	121	125	47
液晶显示模组及主要配套材料	万套	89	1 310 300	1 292 416	696 837
等离子显示模组	万套	2	76	76	
有机发光显示器件 OLED	万只	15	54 392	54 306	12 899
其他显示器件	万只	42	247 552	245 846	9 585

表 101 2011 年电力电子器件制造生产量、销售量和出口量汇总表

产品名称	计量单位	企业数（家）	本年生产量	本年销售量	本年出口量
晶闸管	万只	13	60 767	59 711	907
绝缘栅极晶体管及模块（IGBT、IGCT）	万只	11	72 436	65 386	
快恢复二极管（FRD）	万只	10	923 845	922 890	
肖特基二极管	万只	3	27 863	27 732	
金属氧化物半导体场效应管（MOSFET）器件及模块	万只	1	100	100	

表 102 2011 年微电子组件制造生产量、销售量和出口量汇总表

产品名称	计量单位	企业数（家）	本年生产量	本年销售量	本年出口量
集成电路模块	万只	35	14 942 498	14 930 821	34 445
多芯片封装组件（MCM）	万只	4	6 458	6 266	2 000
其他微电子组件	万只	32	274 583	257 087	825

表 103 2011 年光电子器件及其他电子器件制造生产量、销售量和出口量汇总表

产品名称	计量单位	企业数（家）	本年生产量	本年销售量	本年出口量
电子束光电器件合计	万只	31	77 022	75 568	21 671
光电倍增管	万只	5	30 537	30 345	33
X 射线图像增强管	万只	5	1 242	1 242	
摄像管	万只	10	1 446	1 446	
光电图像器件	万只	11	43 796	42 535	21 637
电真空光电子器件合计	万只	85	9 376 411	9 325 893	37 211
发光器件	万只	38	7 408 976	7 428 172	5 719

续表

产品名称	计量单位	企业数（家）	本年生产量	本年销售量	本年出口量
光敏器件	万只	10	483 661	417 146	114
光电耦合器件	万只	13	45 289	45 470	17 012
红外器件	万只	3	1 310	1 295	110
X–射线（光）管小计	万只	4	369	353	218
医用 X 射线（光）管	万只	2	3	3	1
工业用 X 射线（光）管	万只	2	366	350	217
其他真空光电子器件	万只	17	1 436 806	1 433 458	14 038
电光源合计	万只	91	432 053	423 697	111 822
白炽灯	万只	11	11 760	10 753	950
荧光灯	万只	51	208 488	202 788	80 669
卤钨灯	万只	19	74 088	72 510	5 257
气体放电灯	万只	4	133 725	133 702	24 421
汞蒸汽灯（含汽车灯）	万只	5	3 482	3 444	25
钠蒸汽灯	万只	1	511	500	500
半导体光电器件合计	万只	133	10 179 635	9 637 834	610 489
光电探测器件	万只	3	65	69	
发光二极管	万只	130	10 179 570	9 637 766	610 489
激光器件合计	万只	18	5 153	4 463	2 856
半导体激光器件	万只	11	2 718	2 003	500
固体激光器件	万只	6	2 432	2 457	2 356
气体激光器件	万只	1	3	3	

表 104　2011 年电子微电机制造生产量、销售量和出口量汇总表

产品名称	计量单位	企业数（家）	本年生产量	本年销售量	本年出口量
驱动微电机合计	万只	148	764 558	711 939	64 797
异步电动机	万只	38	28 885	28 519	327
同步电动机	万只	22	54 203	52 798	421
直流电动机	万只	43	547 722	505 880	41 180
直线电动机	万只	7	2 426	2 408	1 426
冷却用小型风机	万只	3	16 350	5 067	
平面无刷电动机	万只	3	9 024	9 164	9 058

续表

产品名称	计量单位	企业数（家）	本年生产量	本年销售量	本年出口量
其他驱动微电机	万只	32	105 949	108 101	12 386
控制微电机合计	万只	69	386 051	382 829	245 223
自整角机	万只	3	2 793	2 427	
旋转变压器	万只	8	250 616	246 660	192 466
感应移相器及同步器	万只	3	85	85	
伺服电动机	万只	12	30 821	30 833	29 060
测速发电机	万只	4	20	20	
步进电机	万只	10	15 989	15 489	6 325
力矩电机	万只	4	52	52	
微特电机机组及组合装置	万只	23	85 425	87 004	17 372
伺服测速机组	万只	2	250	260	
专用微特电机合计	万只	9	84 745	82 798	26 535
计算机外设用电机	万只	2	120	120	
音视盘机用电机	万只	1	1 720	1 720	
手机、BP 机用微型振动马达	万只	6	82 905	80 958	26 535
电源电机合计	万只	15	7 375	7 046	1 603
变频、变流电机	万只	10	312	309	5
发电机组	万只	5	7 063	6 737	1 598
其他电机合计	万只	19	19 277	19 137	4 168
洗衣机电机	万只	4	242	238	
风扇电机	万只	6	11 215	11 129	3 421
压缩机电机	万只	9	7 820	7 770	747

表 105 2011 年电子电线电缆制造生产量、销售量和出口量汇总表

产品名称	计量单位	企业数（家）	本年生产量	本年销售量	本年出口量
安装线缆					
安装线	公里	68	22 056 433	22 018 008	15 981 379
安装电缆	公里	186	6 700 964	6 737 205	6 485
带状电缆	公里	8	17 798	17 093	6 094
电话机、计算机用弹簧绳	万根	3	6 217	6 191	3 411
电源插头线	万根	31	343 386	329 024	21 327
射频电缆合计	公里	38	1 879 161	1 870 565	254 564
柔软同轴电缆	公里	19	913 809	905 250	252 629
其中：CATV 电缆	公里	6	175 624	170 237	3 959
半硬（半软）同轴电缆	公里	7	49 140	47 453	1 935
其中：波纹管电缆（RF 电缆）	公里	3	16 881	18 310	1 437
硬同轴电缆	公里	5	47 513	47 753	
漏泄电缆	公里	2	133 805	133 219	
稳相电缆	公里	3	730 544	732 544	
水密电缆	公里	2	4 350	4346	
综合电缆	公里	115	265 889 088	265 711 259	129 356
通信及电子网络用电缆合计	公里	90	19 660 630	19 253 993	429 130
军用通信电缆	公里	5	110 324	104 335	
电话电缆	公里	35	9 272 961	9 050 631	844
井下及隧道用监控、通信电缆	公里	13	108 764	107 787	379
计算机网络用电缆	公里	37	10 168 581	9 991 239	421 907
电子线材合计	吨	189	30 172 180	29 632 466	102 011
电子元器件引线	吨	27	14 106 782	14 108 303	76 053
裸铜线	吨	59	15 201 745	14 659 407	20 052
铜包钢线	吨	17	181 574	186 665	4
铜包铝线	吨	18	51 532	51 488	1 792
微细漆包线（小于 0.6mm）	吨	10	93 965	88 893	423
一般漆包线（大于 0.6mm）	吨	48	469 903	471 602	1 302
纱包线及绕包线	吨	10	66 679	66 109	2 385

表 106 2011 年光纤、光缆制造生产量、销售量和出口量汇总表

产品名称	计量单位	企业数（家）	本年生产量	本年销售量	本年出口量
光纤接入设备合计	公里	21	64 771 660	70 413 278	609 423
单模光纤	公里	14	46 627 567	44 576 062	609 423
多模光纤	公里	3	18 108 053	25 795 766	
塑料光纤	公里	4	36 040	41 450	
光缆合计	芯公里	101	112 403 940	116 408 599	1 785 968
通信用室（野）外光缆	芯公里	46	61 133 193	65 730 327	936 860
通信用移动式光缆	芯公里	12	15 903 694	15 710 613	649 108
通信用室（局）内光缆	芯公里	11	19 167 247	18 773 973	200 000
通信用设备内光缆	芯公里	3	36 045	33 903	
通信用海底光缆	芯公里	2	444	477	
接入网用光纤带光缆	芯公里	10	9 521 555	9 367 773	
通信用特殊光缆	芯公里	7	2 881 270	2 920 254	
非通信用光缆	芯公里	10	3 760 491	3 871 279	

表 107 2011 年电池制造生产量、销售量和出口量汇总表

产品名称	计量单位	企业数（家）	本年生产量	本年销售量	本年出口量
碱性蓄电池合计	千伏安时	38	125 821 514	123 147 577	1 210 590
锌银蓄电池	千伏安时	7	18 007 143	16 770 353	
铁镍蓄电池	千伏安时	2	15 000	15 000	
圆柱形密封镉镍蓄电池	千伏安时	14	17 448 802	13 502 915	867 600
扣式镉镍蓄电池	千伏安时	1	5 535	5 535	
镍氢蓄电池	千伏安时	14	90 345 034	92 853 774	342 990
酸性蓄电池合计	万 KVH	80	15 007 622	11 447 947	2 448
密封铅酸蓄电池	万 KVH	76	15 007 204	11 447 495	2 448
非密封铅酸蓄电池	万 KVH	4	418	451	
锂蓄电池合计	万只	82	10 696 203	5 743 228	66 628
液体锂离子蓄电池	万只	19	9 936 467	4 991 686	1 640
聚合物锂离子蓄电池	万只	27	419 050	494 204	28 350
其他锂蓄电池	万只	36	340 685	257 337	36 637
原电池合计	万只	25	839 751	832 429	455 126
普通锌锰干电池	万只	11	187 264	189 285	130 567

续表

产品名称	计量单位	企业数（家）	本年生产量	本年销售量	本年出口量
碱性锌锰电池	万只	11	464 579	456 503	241 488
锌银扣式电池	万只	1	4		
锌锰扣式电池	万只	2	187 904	186 641	83 071
储备电池合计	万只	5	43 256	43 036	15
热电池	万只	4	43 221	43 006	
铅激活电池	万只	1	35	30	15
物理-化学电源能电源系统	套	1	7 935	7 869	
电池专用配件合计		18	1 780 134	1 780 349	979 198
泡沫镍、纤维镍带	平方米	4	1 217 941	1 217 939	472 897
锂蓄电池专用配件	万只	14	562 193	562 410	506 301

表 108　2011 年太阳能电池制造生产量、销售量和出口量汇总表

产品名称	计量单位	企业数（家）	本年生产量	本年销售量	本年出口量
太阳能电池合计	千伏安	146	267 583 562	253 568 629	2 534 283
多晶硅太阳能电池	千伏安	64	248 528 112	232 102 403	1 718 198
单晶硅太阳能电池	千伏安	45	8 668 244	11 163 279	595 024
硅基薄膜太阳能电池	千伏安	11	379 975	300 489	104 404
砷化镓硒薄膜太阳能电池	千伏安	1	14	15	15
其他太阳能电池	千伏安	25	10 007 217	10 002 444	116 643

表 109　2011 年电子元件材料制造生产量、销售量和出口量汇总表

产品名称	计量单位	企业数（家）	本年生产量	本年销售量	本年出口量
电子元件材料合计	千克	90	487 170 331	353 467 391	86 317 284
纸绝缘板	千克	8	32 086 302	30 585 627	2 859 404
纸基敷铜板	千克	13	41 450 127	41 209 712	3 091 927
玻璃布基敷铜板	千克	8	108 242 292	108 089 552	65 095 786
电子光学玻璃	千克	7	172 815 507	50 843 303	988 000
电容器用材料小计	千克	37	101 254 364	91 375 750	14 282 167
铝箔	千克	25	70 463 749	66 604 819	14 165 069
聚酯膜	千克	3	456 858	441 964	
聚丙烯膜	千克	9	30 333 757	24 328 968	117 097

续表

产品名称	计量单位	企业数（家）	本年生产量	本年销售量	本年出口量
压电材料小计	千克	5	199 643	193 719	
铌酸锂单晶	千克	2	4 020	196	
钽酸锂单晶	千克	1	370	400	
人造水晶	千克	2	195 253	193 123	
光纤预制棒	千克	2	16 968	21 158	
电解铜箔	千克	10	31 105 128	31 148 570	

表 110　2011 年真空电子器件材料制造生产量、销售量和出口量汇总表

产品名称	计量单位	企业数（家）	本年生产量	本年销售量	本年出口量
真空电子器件材料合计	千克	90	76 118 863	74 250 763	1 244 976
钨制品	千克	5	675 707	621 907	17 592
钼制品	千克	13	5 348 747	5 233 422	987 400
镍基合金	千克	3	758 716	756 015	49
复合金属电子材料	千克	23	34 742 366	33 420 290	183 645
触头材料	千克	8	7 852 129	7 633 857	26 287
其中：铜钨合金	千克	1	1 800 000	1 800 000	
电真空器件用玻璃	千克	2	1 431 257	1 499 911	
液晶材料	千克	14	2 011 227	2 044 209	12 253
合金材料	千克	22	23 298 713	23 041 152	17 750

表 111　2011 年半导体材料制造生产量、销售量和出口量汇总表

产品名称	计量单位	企业数（家）	本年生产量	本年销售量	本年出口量
半导体材料合计	千克	260	415 653 648	404 850 083	37 396 453
半导体单晶小计	千克	122	356 063 116	347 194 584	30 281 654
锗单晶	千克	6	537 588	537 588	
硅单晶	千克	71	139 379 119	138 947 887	757 268
化合物单晶	千克	8	78 583 489	83 531 171	
多晶硅	千克	37	137 562 921	124 177 938	29 524 386
半导体片材合计	万片	60	324 209	312 514	19 234
硅抛光片	万片	10	35 745	33 423	12 289
硅外延片	万片	10	24 769	24 883	22

续表

产品名称	计量单位	企业数（家）	本年生产量	本年销售量	本年出口量
其他半导体片材	万片	40	263 696	254 208	6 924
半导体封装材料合计					
键合用金丝	千克	4	24 682	25 132	776
键合用硅铝丝	千克	7	1 811 380	1 752 899	
封装用金属管壳	万只	7	8 109	8 022	1 195
封装用陶瓷外壳	万只	14	125 810	125 822	
分立器件塑封引线框架及金属带材	万只	12	5 000 973	4 873 888	225 599
集成电路塑封引线框架及金属带材	万只	12	7 102 323	6 854 555	935 179
封装用模塑料粉及辅料	吨	2	173 170	183 667	71 038
光刻掩膜版	千克	10	344 207	319 150	
石英制品	千克	6	22 000 682	21 765 515	2 529 500
导电膜玻璃	千克		22 674 986	21 434 336	3 332 277

表 112 2011 年信息化学品材料制造生产量、销售量和出口量汇总表

产品名称	计量单位	企业数（家）	本年生产量	本年销售量	本年出口量
荧光粉	千克	13	7 125 291	4 982 257	
消气剂	万只	2	7 020	6 520	
光刻胶	千克	6	14 804 897	14 704 397	99 965

表 113 2011 年电子信息产业主要产品生产能力汇总表

主要产品名称	计量单位	年初生产能力	年末生产能力
手机	万部	190 368	129 038
移动通信基站设备	万信道	7 141	7 323
程控交换机	万线	3 410	4 269
台式微机	万台	10 013	14 143
服务器	万台	1 290	1 229
笔记本电脑	万台	18 165	28 536
彩色电视机	万台	11 247	17 404
激光视盘机	万台	7 554	8 542
显示器	万台	28 178	32 011
彩色显像管	万只	3 084	3 313
彩色显像管玻壳	万只	614	1 422
集成电路	万块	9 423 210	10 996 922

第二部分　软件产业综合统计数据

表 114　2011 年软件产业主要经济指标汇总表（1）

单位：万元

项目名称	企业数（个）	软件业务收入	其中					
			软件产品收入	信息系统集成服务收入	信息技术咨询服务收入	数据处理和运营服务收入	嵌入式系统软件收入	IC设计收入
软件企业合计	24 723	188 489 906	61 921 546	40 835 066	18 015 462	30 660 054	30 737 710	6 320 068
一、按企业登记注册类型分列								
内资企业	21 920	134 013 083	47 163 810	32 171 833	12 851 144	22 646 978	16 719 593	2 459 725
国有企业	487	11 129 168	2 652 721	3 724 226	1 436 514	723 016	2 454 108	138 583
集体企业	41	3 256 662	117 172	685 865	442 830	588 737	1 353 906	68 152
股份合作企业	133	715 068	290 772	81 178	37 883	18 975	286 012	248
联营企业	40	484 322	86 455	69 850	137 549	23 111	165 830	1 527
国有联营企业	13	198 728	18 787	10 348	3 850		165 743	
集体联营企业	7	30 590	12 583	12 587	4 255	1 111	54	
国有与集体联营企业	8	159 984	45 972	29 595	74 855	8 035		1 527
其他联营企业	12	95 020	9 113	17 320	54 589	13 965	33	
有限责任公司	9 953	59 331 009	18 517 135	14 802 801	5 945 671	11 448 185	7 438 034	1 179 182
国有独资公司	136	1 409 053	263 094	575 503	119 326	120 954	289 795	40 381
其他有限责任公司	9 817	57 921 956	18 254 041	14 227 298	5 826 345	11 327 231	7 148 240	1 138 801
股份有限公司	1 643	28 366 583	13 616 200	6 820 800	2 055 405	2 727 748	2 616 070	530 361
私营企业	9 452	29 192 011	11 560 046	5 787 357	2 761 019	6 583 206	1 971 562	528 820
其他内资企业	171	1 538 260	323 309	199 756	34 272	534 001	434 070	12 852
港、澳、台商投资企业	807	17 449 950	4 834 507	3 730 418	1 110 919	4 027 402	2 989 326	757 379
合资经营企业（港、澳、台资）	217	3 214 001	1 972 724	597 569	126 208	152 645	267 898	96 957
合作经营企业（港、澳、台资）	16	174 294	22 060	8 923	67 696	50 128	346	25 141
港、澳、台商独资经营企业	548	13 567 758	2 637 084	2 998 755	916 577	3 742 309	2 670 970	602 063
港、澳、台商投资股份有限公司	26	493 898	202 639	125 171	438	82 320	50 112	33 218
外商投资企业	1 996	37 026 872	9 923 228	4 932 815	4 053 400	3 985 674	11 028 792	3 102 963
中外合资经营企业	459	9 508 381	2 921 858	2 267 049	543 343	271 518	3 371 944	132 670
中外合作经营企业	36	235 277	85 578	34 423	11 128	79 550	14 334	10 265
外资企业	1 451	25 902 379	6 753 504	2 569 449	3 213 253	3 596 145	6 951 137	2 818 891
外商投资股份有限公司	50	1 380 835	162 288	61 895	285 677	38 461	691 376	141 137

续表

项目名称	企业数（个）	软件业务收入	其中					
			软件产品收入	信息系统集成服务收入	信息技术咨询服务收入	数据处理和运营服务收入	嵌入式系统软件收入	IC设计收入
二、按经济类型分列								
国有经济	636	12 736 948	2 934 602	4 310 077	1 559 690	843 969	2 909 646	178 964
集体经济	48	3 287 253	129 755	698 452	447 085	589 848	1 353 960	68 152
股份合作经济	133	715 068	290 772	81 178	37 883	18 975	286 012	248
股份制经济	11 460	86 288 539	31 870 241	21 048 098	7 881 750	14 054 979	9 764 310	1 669 162
外商及港、澳、台投资经济	2 803	54 476 823	14 757 735	8 663 233	5 164 319	8 013 075	14 018 118	3 860 342
其他经济	9 643	30 985 275	11 938 439	6 034 029	2 924 736	7 139 207	2 405 665	543 199
三、按控股分列								
公有控股经济	2 553	51 556 992	18 087 601	13 460 309	5 023 722	5 090 656	8 988 976	905 727
国有控股	1 711	40 448 224	14 685 819	10 314 370	3 826 853	3 575 023	7 238 246	807 914
国有绝对控股	924	19 025 499	4 816 517	5 866 200	2 146 123	1 848 703	3 972 882	375 073
国有相对控股	787	21 422 725	9 869 301	4 448 170	1 680 730	1 726 320	3 265 364	432 840
集体控股	842	11 108 767	3 401 783	3 145 939	1 196 869	1 515 633	1 750 730	97 814
集体绝对控股	434	7 329 051	2 132 009	2 096 009	700 737	828 772	1 490 480	81 044
集体相对控股	408	3 779 716	1 269 774	1 049 931	496 132	686 861	260 249	16 769
非公有控股经济	22 170	136 932 914	43 833 944	27 374 757	12 991 740	25 569 398	21 748 734	5 414 340
私人控股	19 540	83 948 386	31 049 698	19 082 813	8 125 794	15 506 306	8 980 991	1 202 784
私人绝对控股	13 806	54 733 808	20 259 662	13 698 025	4 910 476	7 400 335	7 626 961	838 349
私人相对控股	5 734	29 214 578	10 790 036	5 384 788	3 215 317	8 105 972	1 354 030	364 436
港、澳、台商控股	762	16 462 391	3 590 739	3 667 398	1 285 237	3 571 698	2 913 413	1 433 905
港、澳、台商绝对控股	500	10 424 381	2 341 766	1 132 781	1 077 916	1 805 108	2 759 423	1 307 387
港、澳、台商相对控股	262	6 038 010	1 248 973	2 534 617	207 321	1 766 591	153 990	126 518
外商控股	1 868	36 522 137	9 193 507	4 624 546	3 580 710	6 491 394	9 854 330	2 777 651
外商绝对控股	1 226	26 682 717	5 416 595	2 613 450	2 822 241	4 886 206	8 375 313	2 568 912
外商相对控股	642	9 839 420	3 776 912	2 011 096	758 469	1 605 188	1 479 017	208 739
四、按软件出口基地分列								
北京软件出口基地	181	3 167 695	1 096 866	1 443 296	177 358	382 882	378	66 915
天津软件出口基地	65	199 823	57 605	67 453	58 391	16 089		285
大连软件出口基地	892	7 053 767	2 198 586	1 026 641	1 430 301	1 582 490	795 436	20 314
上海软件出口基地	212	2 162 257	1 043 604	386 727	342 600	374 028		15 298

续表

项目名称	企业数（个）	软件业务收入	其中					
			软件产品收入	信息系统集成服务收入	信息技术咨询服务收入	数据处理和运营服务收入	嵌入式系统软件收入	IC设计收入
深圳软件出口基地	640	16 975 116	5 741 763	3 220 138	134 948	2 347 834	5 411 511	118 922
西安软件出口基地	686	3 598 886	1 014 485	1 130 740	851 763	117 492	326 525	157 881
五、按软件园区分列								
北京中关村软件园	311	8 130 170	1 835 109	2 693 643	403 418	3 076 185	15 007	106 808
大连软件园	891	7 053 572	2 198 391	1 026 641	1 430 301	1 582 490	795 436	20 314
上海浦东软件园	210	2 152 181	1 043 604	386 727	342 600	374 028		5 222
南京软件园	222	3 150 226	1 289 260	1 110 069	201 661	460 776	63 648	24 812
杭州软件园	781	7 519 427	2 892 840	1 527 467	432 100	2 315 262	252 111	99 647
山东齐鲁软件园	537	3 586 639	1 578 333	440 296	1 054 540	264 324	226 541	22 605
长沙软件园	394	935 416	564 478	236 704	33 474	16 267	84 406	86
广州天河软件园	1 263	6 718 178	1 902 744	869 548	1 337 488	2 394 673	102 181	111 544
珠海南方软件园	135	681 995	229 022	8 803	227 261	45 883	110 387	60 639
成都软件园	432	4 349 950	1 996 606	778 794	1 058 176	108 342	79 478	328 555
西安软件园	686	3 598 886	1 014 485	1 130 740	851 763	117 492	326 525	157 881
六、按行业分列								
软件产品行业	14 089	67 467 455	52 208 831	8 058 649	2 998 302	2 603 664	1 362 409	235 600
信息系统集成服务行业	3 825	37 112 724	5 055 577	27 979 868	2 455 079	1 221 276	264 958	135 967
信息技术咨询服务行业	2 191	10 843 472	675 911	595 885	9 080 732	329 540	116 818	44 587
数据处理和运营服务行业	2 173	31 720 891	1 246 535	908 488	1 285 365	26 349 559	1 857 785	73 160
嵌入式系统软件行业	2 049	34 872 056	2 650 527	3 266 274	1 462 939	151 790	27 131 256	209 270
IC 设计行业	396	6 473 307	84 166	25 903	733 046	4 225	4 484	5 621 484

表 115　2011 年软件产业主要经济指标汇总表（2）

单位：万美元

项目名称	软件业务出口收入	软件外包服务出口收入	嵌入式系统软件出口收入
软件企业合计	3 461 947	778 311	1 246 799
一、按企业登记注册类型分列			
内资企业	1 873 344	229 528	739 208
国有企业	36 111	6 025	26 136
集体企业	19 765		18 420
股份合作企业	8 817	262	4 940

续表

项目名称	软件业务出口收入	软件外包服务出口收入	嵌入式系统软件出口收入
联营企业	1 518	1 516	2
国有联营企业	50	50	
集体联营企业	107	105	2
国有与集体联营企业	1 361	1 361	
其他联营企业			
有限责任公司	1 132 209	79 751	549 661
国有独资公司	10 005	6 785	815
其他有限责任公司	1 122 204	72 966	548 846
股份有限公司	560 187	90 289	123 523
私营企业	102 566	45 460	11 373
其他内资企业	12 171	6 224	5 154
港、澳、台商投资企业	359 283	54 578	138 336
合资经营企业（港、澳、台资）	17 021	5 816	6 808
合作经营企业（港、澳、台资）	68	68	
港、澳、台商独资经营企业	309 723	41 976	126 079
港、澳、台商投资股份有限公司	32 471	6 717	5 449
外商投资企业	1 229 319	494 206	369 254
中外合资经营企业	100 451	38 719	39 982
中外合作经营企业	3 403	3 086	216
外资企业	1 044 670	412 819	306 147
外商投资股份有限公司	80 795	39 582	22 910
二、按经济类型分列			
国有经济	46 166	12 860	26 951
集体经济	19 872	105	18 422
股份合作经济	8 817	262	4 940
股份制经济	1 682 391	163 255	672 369
外商及港、澳、台投资经济	1 588 602	548 784	507 591
其他经济	116 098	53 046	16 527
三、按控股类型分列			
公有控股经济	585 319	101 649	153 768
国有控股	544 062	91 464	126 788

续表

项目名称	软件业务出口收入	软件外包服务出口收入	嵌入式系统软件出口收入
国有绝对控股	91 016	19 487	40 594
国有相对控股	453 046	71 977	86 194
集体控股	41 257	10 185	26 980
集体绝对控股	33 530	8 321	21 692
集体相对控股	7 727	1 864	5 288
非公有控股经济	2 876 628	676 663	1 093 031
私人控股	1 224 749	133 213	566 899
私人绝对控股	1 127 566	83 220	545 468
私人相对控股	97 183	49 993	21 431
港、澳、台商控股	420 403	53 004	124 958
港、澳、台商绝对控股	338 472	20 194	115 572
港、澳、台商相对控股	81 931	32 810	9 386
外商控股	1 231 476	490 446	401 175
外商绝对控股	1 072 235	374 946	369 190
外商相对控股	159 241	115 500	31 985
四、按软件出口基地分列			
北京软件出口基地	192 518	186 673	58
天津软件出口基地	2 618	1 911	
大连软件出口基地	270 433	226 000	26 376
上海软件出口基地	41 455	28 914	
深圳软件出口基地	1 350 133	8 548	607 980
西安软件出口基地	29 025	24 776	3 934
五、按软件园区分列			
北京中关村软件园	28 181	28 181	
大连软件园	270 433	226 000	26 376
上海浦东软件园	39 899	28 914	
南京软件园	8 173	7 716	
杭州软件园	98 894	31 094	323
山东齐鲁软件园	14 572	12 151	2 364
长沙软件园	2 128	1 289	1
广州天河软件园	23 398	19 287	4

续表

项目名称	软件业务出口收入	软件外包服务出口收入	嵌入式系统软件出口收入
珠海南方软件园	17 537	679	10 640
成都软件园	79 156	10 432	2 378
西安软件园	29 025	24 776	3 934
六、按行业分列			
软件产品行业	983 337	368 240	96 098
信息系统集成服务行业	84 028	69 513	641
信息技术咨询服务行业	202 880	187 530	1 533
数据处理和运营服务行业	254 809	117 617	43 820
嵌入式系统软件行业	1 563 942	7 916	1 104 323
IC 设计行业	372 951	27 495	384

表 116　2011 年软件产业主要经济指标汇总表（3）

单位：万元

项目名称	利润总额	流动资产平均余额	资产合计	负债合计	固定资产投资额
软件企业合计	27 963 707	138 622 501	284 265 595	123 766 192	7 400 445
一、按企业登记注册类型分列					
内资企业	19 171 064	112 267 990	226 393 764	96 247 475	6 215 998
国有企业	1 913 367	8 787 433	16 804 373	9 294 476	576 441
集体企业	202 353	1 758 421	2 514 919	1 858 592	7 019
股份合作企业	72 741	696 960	1 038 578	398 821	59 382
联营企业	53 124	271 184	578 989	247 663	2 928
国有联营企业	17 068	83 667	165 087	59 985	2 075
集体联营企业	5 875	21 456	35 465	15 540	
国有与集体联营企业	12 088	122 955	305 082	126 776	853
其他联营企业	18 094	43 106	73 355	45 362	
有限责任公司	7 611 047	48 294 362	109 209 574	40 655 581	2 894 311
国有独资公司	147 515	560 860	1 410 288	788 800	47 748
其他有限责任公司	7 463 533	47 733 502	107 799 286	39 866 780	2 846 562
股份有限公司	5 062 791	38 714 273	64 712 185	29 744 965	1 840 735
私营企业	4 162 052	13 363 714	30 782 807	13 655 384	817 468
其他内资企业	93 590	381 642	752 339	391 995	17 715
港、澳、台商投资企业	4 881 293	11 254 695	22 353 760	9 735 339	456 992

续表

项目名称	利润总额	流动资产平均余额	资产合计	负债合计	固定资产投资额
合资经营企业（港、澳、台资）	490 295	2 499 892	4 022 396	2 183 033	43 898
合作经营企业（港、澳、台资）	22 405	204 666	361 653	179 171	18 508
港、澳、台商独资经营企业	4 217 173	8 244 640	16 911 862	7 031 287	276 761
港、澳、台商投资股份有限公司	151 419	305 497	1 057 849	341 847	117 824
外商投资企业	3 911 350	15 099 817	35 518 072	17 783 378	727 455
中外合资经营企业	971 642	2 874 926	7 857 267	4 600 125	124 693
中外合作经营企业	14 084	62 856	244 934	140 042	12 339
外资企业	2 852 064	11 266 527	25 964 561	12 377 334	571 814
外商投资股份有限公司	73 560	895 507	1 451 309	665 877	18 610
二、按经济类型分列					
国有经济	2 077 949	9 431 960	18 379 748	10 143 262	626 264
集体经济	208 228	1 779 877	2 550 384	1 874 131	7 019
股份合作经济	72 741	696 960	1 038 578	398 821	59 382
股份制经济	12 526 324	86 447 775	172 511 471	69 611 745	4 687 297
外商及港、澳、台投资经济	8 792 642	26 354 512	57 871 832	27 518 717	1 184 447
其他经济	4 285 823	13 911 417	31 913 583	14 219 516	836 035
三、按控股分列					
公有控股经济	7 610 985	47 521 342	86 048 074	47 148 149	2 178 654
国有控股	6 170 822	41 042 008	74 744 397	40 584 354	1 921 869
国有绝对控股	2 817 224	18 834 980	31 736 312	17 442 003	1 233 335
国有相对控股	3 353 598	22 207 029	43 008 085	23 142 351	688 534
集体控股	1 440 162	6 479 334	11 303 677	6 563 796	256 785
集体绝对控股	950 357	4 513 629	7 063 335	4 336 260	168 191
集体相对控股	489 806	1 965 704	4 240 342	2 227 536	88 593
非公有控股经济	20 352 722	91 101 159	198 217 522	76 618 043	5 221 791
私人控股	12 258 769	67 091 288	143 845 871	50 961 834	3 859 161
私人绝对控股	8 553 425	45 294 991	92 249 766	29 105 956	1 904 768
私人相对控股	3 705 343	21 796 297	51 596 104	21 855 879	1 954 393
港、澳、台商控股	4 491 754	10 234 513	22 823 061	10 374 808	588 463
港、澳、台商绝对控股	3 030 858	7 631 827	13 203 145	6 498 684	312 660
港、澳、台商相对控股	1 460 896	2 602 686	9 619 915	3 876 124	275 803

续表

项目名称	利润总额	流动资产平均余额	资产合计	负债合计	固定资产投资额
外商控股	3 602 199	13 775 358	31 548 590	15 281 400	774 167
外商绝对控股	2 632 401	11 830 084	22 380 630	10 454 855	644 482
外商相对控股	969 798	1 945 274	9 167 960	4 826 545	129 685
四、按软件出口基地分列					
北京软件出口基地	226 481	227 177	2 975 920	1 543 806	27 956
天津软件出口基地	22 638	127 127	249 770	107 237	5 521
大连软件出口基地	497 803	1 453 787	4 092 366	2 335 183	61 796
上海软件出口基地	574 312	2 632 439	4 740 340	2 005 737	217 849
深圳软件出口基地	2 956 677	23 881 024	32 756 100	18 582 761	372 685
西安软件出口基地	201 947	3 365 299	4 847 108	2 456 682	332 737
五、按软件园区分列					
北京中关村软件园	1 061 289	549 777	8 945 129	4 729 303	254 720
大连软件园	497 784	1 453 787	4 090 949	2 335 048	61 796
上海浦东软件园	573 732	2 630 983	4 730 241	1 999 044	216 530
南京软件园	466 909	1 887 273	4 339 595	2 382 139	97 278
杭州软件园	2 340 593	6 815 601	11 748 266	4 496 595	198 200
山东齐鲁软件园	815 908	2 373 728	3 885 522	1 846 758	196 712
长沙软件园	216 699	1 364 843	2 814 847	1 194 228	64 388
广州天河软件园	1 001 948	7 341 570	12 590 591	6 212 509	107 279
珠海南方软件园	109 983	429 522	949 590	305 629	36 405
成都软件园	551 187	1 923 228	2 970 224	1 346 146	131 213
西安软件园	201 947	3 365 299	4 847 108	2 456 682	332 737
六、按行业分列					
软件产品行业	13 183 494	70 022 312	146 871 060	52 050 317	4 038 511
信息系统集成服务行业	4 605 893	22 625 148	44 289 849	23 900 414	1 079 428
信息技术咨询服务行业	1 341 833	5 371 649	13 125 528	6 905 289	292 656
数据处理和运营服务行业	5 823 627	19 191 542	42 864 719	22 914 294	851 800
嵌入式系统软件行业	2 483 536	16 607 933	25 209 639	13 763 068	728 968
IC 设计行业	525 323	4 803 918	11 904 800	4 232 810	409 084

表117 2011年软件产业主要经济指标汇总表（4）

单位：万元

项目名称	产品业务税金及附加	年末所有者权益	年初所有者权益	应交增值税
软件企业合计	4 717 002	160 499 403	114 491 148	4 966 554
一、按企业登记注册类型分列				
内资企业	3 513 507	130 146 288	87 928 726	3 759 189
国有企业	237 325	7 509 897	5 927 439	285 238
集体企业	23 676	656 327	95 213	79 703
股份合作企业	11 555	639 757	579 103	18 712
联营企业	8 885	331 327	214 896	11 485
国有联营企业	1 231	105 102	81 159	6 492
集体联营企业	509	19 925	8 690	371
国有与集体联营企业	6 075	178 307	107 789	3 594
其他联营企业	1 070	27 993	17 258	1 028
有限责任公司	1 546 989	68 553 993	28 906 373	1 717 387
国有独资公司	50 984	621 488	436 477	32 308
其他有限责任公司	1 496 005	67 932 506	28 469 896	1 685 079
股份有限公司	731 457	34 967 220	25 960 200	842 479
私营企业	911 642	17 127 423	25 976 868	792 931
其他内资企业	41 978	360 344	268 634	11 254
港、澳、台商投资企业	393 016	12 618 421	9 014 009	433 006
合资经营企业（港、澳、台资）	60 421	1 839 362	1 298 238	158 839
合作经营企业（港、澳、台资）	3 048	182 482	152 047	4 051
港、澳、台商独资经营企业	323 846	9 880 575	7 024 333	251 544
港、澳、台商投资股份有限公司	5 702	716 002	539 391	18 571
外商投资企业	810 479	17 734 694	17 548 414	774 359
中外合资经营企业	175 479	3 257 143	2 535 916	197 165
中外合作经营企业	7 497	104 893	99 138	4 229
外资企业	604 014	13 587 227	14 223 502	547 576
外商投资股份有限公司	23 489	785 432	689 857	25 388
二、按经济类型分列				
国有经济	289 540	8 236 486	6 445 076	324 037
集体经济	24 186	676 252	103 903	80 074
股份合作经济	11 555	639 757	579 103	18 712

续表

项目名称	产品业务税金及附加	年末所有者权益	年初所有者权益	应　交增值税
股份制经济	2 227 462	102 899 726	54 430 096	2 527 558
外商及港、澳、台投资经济	1 203 495	30 353 115	26 562 422	1 207 365
其他经济	960 765	17 694 067	26 370 548	808 808
三、按控股分列				
公有控股经济	1 210 241	38 899 924	29 604 046	1 230 971
国有控股	978 382	34 160 043	26 260 416	941 912
国有绝对控股	463 120	14 294 309	11 803 510	551 780
国有相对控股	515 262	19 865 735	14 456 906	390 131
集体控股	231 859	4 739 881	3 343 630	289 060
集体绝对控股	130 137	2 727 075	1 745 961	181 405
集体相对控股	101 722	2 012 806	1 597 670	107 655
非公有控股经济	3 506 761	121 599 479	84 887 102	3 735 583
私人控股	2 383 740	92 884 036	59 287 312	2 707 801
私人绝对控股	1 525 581	63 143 811	39 497 402	1 888 767
私人相对控股	858 159	29 740 226	19 789 911	819 034
港、澳、台商控股	345 134	12 448 253	9 414 135	399 877
港、澳、台商绝对控股	206 344	6 704 462	5 038 464	219 633
港、澳、台商相对控股	138 791	5 743 791	4 375 671	180 244
外商控股	777 887	16 267 190	16 185 655	627 905
外商绝对控股	537 240	11 925 775	12 804 066	347 214
外商相对控股	240 648	4 341 415	3 381 589	280 691
四、按软件出口基地分列				
北京软件出口基地	77 232	1 432 114	1 083 418	59 446
天津软件出口基地	3 060	142 532	98 257	14 813
大连软件出口基地	153 636	1 757 183	1 358 406	23 624
上海软件出口基地	60 514	2 734 603	1 659 156	34 445
深圳软件出口基地	381 294	14 173 339	9 816 905	559 591
西安软件出口基地	203 231	2 390 425	1 730 906	44 080
五、按软件园区分列				
北京中关村软件园	158 210	4 215 826	3 218 803	203 527
大连软件园	153 635	1 755 901	1 357 054	23 612

续表

项目名称	产品业务税金及附加	年末所有者权益	年初所有者权益	应交增值税
上海浦东软件园	60 512	2 731 197	1 656 504	34 445
南京软件园	41 558	1 957 456	1 569 409	120 010
杭州软件园	230 649	7 251 671	5 243 053	418 857
山东齐鲁软件园	112 104	2 038 764	1 766 757	55 172
长沙软件园	14 672	1 620 619	902 233	65 040
广州天河软件园	275 794	6 378 081	4 993 444	89 343
珠海南方软件园	6 882	643 961	456 098	16 651
成都软件园	57 049	1 624 078	5 570 264	89 669
西安软件园	203 231	2 390 425	1 730 906	44 080
六、按行业分列				
软件产品行业	1 772 096	94 820 742	59 125 769	2 921 557
信息系统集成服务行业	970 053	20 389 435	16 795 824	674 229
信息技术咨询服务行业	359 654	6 220 239	4 891 322	136 222
数据处理和运营服务行业	1 191 210	19 950 425	14 541 504	291 204
嵌入式系统软件行业	337 915	11 446 572	12 609 327	850 013
IC 设计行业	86 074	7 671 990	6 527 402	93 329

表 118 2011 年软件产业主要经济指标汇总表（5）

单位：万元

项目名称	应交所得税	出口已退税额	研发经费	应收账款	应付账款
软件企业合计	4 291 528	886 259	16 858 751	46 457 072	34 550 929
一、按企业登记注册类型分列					
内资企业	3 207 524	383 829	12 858 460	33 831 706	26 582 894
国有企业	248 062	10 814	899 233	2 513 189	1 843 747
集体企业	40 454		66 440	270 944	544 609
股份合作企业	8 956	5 641	65 035	306 966	119 864
联营企业	8 480	10	32 503	69 321	54 434
国有联营企业	4 534		9 270	26 241	32 530
集体联营企业	210	10	1 974	262	578
国有与集体联营企业	2 986		11 972	35 308	12 194
其他联营企业	750		9 287	7 509	9 133

续表

项目名称	应交所得税	出口已退税额	研发经费	应收账款	应付账款
有限责任公司	1 855 256	118 712	6 362 115	13 971 353	11 811 541
国有独资公司	13 577	502	50 864	293 902	243 005
其他有限责任公司	1 841 680	118 210	6 311 251	13 677 450	11 568 536
股份有限公司	576 629	189 615	3 023 791	11 409 544	8 995 660
私营企业	462 423	55 245	2 370 004	5 125 789	3 032 317
其他内资企业	7 265	3 792	39 339	164 601	180 721
港、澳、台商投资企业	538 249	128 366	1 603 116	4 010 243	1 799 327
合资经营企业（港、澳、台资）	52 452	10 382	335 284	1 001 420	309 830
合作经营企业（港、澳、台资）	3 160	11	9 036	45 653	24 244
港、澳、台商独资经营企业	466 451	109 002	1 171 144	2 621 529	1 387 754
港、澳、台商投资股份有限公司	16 185	8 972	87 653	341 642	77 500
外商投资企业	545 755	374 064	2 397 175	8 615 123	6 168 708
中外合资经营企业	120 579	275 024	427 442	1 397 482	1 319 848
中外合作经营企业	3 970	74	8 747	59 400	20 573
外资企业	396 965	73 525	1 887 795	6 777 070	4 431 376
外商投资股份有限公司	24 240	25 442	73 191	381 171	396 911
二、按经济类型分列					
国有经济	266 173	11 316	959 367	2 833 332	2 119 282
集体经济	40 664	10	68 414	271 206	545 187
股份合作经济	8 956	5 641	65 035	306 966	119 864
股份制经济	2 418 309	307 826	9 335 042	25 086 994	20 564 196
外商及港、澳、台投资经济	1 084 004	502 430	4 000 291	12 625 366	7 968 035
其他经济	473 423	59 037	2 430 602	5 333 208	3 234 364
三、按控股分列					
公有控股经济	903 152	219 200	5 335 964	16 096 858	14 192 053
国有控股	737 018	208 883	4 294 330	12 848 574	12 413 729
国有绝对控股	364 974	52 108	1 405 933	5 010 271	4 630 438
国有相对控股	372 044	156 775	2 888 397	7 838 303	7 783 290
集体控股	166 134	10 316	1 041 634	3 248 285	1 778 324
集体绝对控股	122 102	4 868	622 770	2 227 451	1 152 701
集体相对控股	44 032	5 449	418 863	1 020 833	625 623

续表

项目名称	应交所得税	出口已退税额	研发经费	应收账款	应付账款
非公有控股经济	3 388 376	667 060	11 522 788	30 360 214	20 358 876
私人控股	2 397 492	174 215	7 972 489	18 726 680	12 888 980
私人绝对控股	1 935 409	142 240	4 974 103	11 077 725	6 868 925
私人相对控股	462 083	31 975	2 998 386	7 648 955	6 020 056
港、澳、台商控股	509 795	144 034	1 205 369	3 821 611	2 032 450
港、澳、台商绝对控股	360 947	115 976	745 224	2 209 319	1 542 534
港、澳、台商相对控股	148 849	28 059	460 145	1 612 292	489 916
外商控股	481 088	348 811	2 344 930	7 811 923	5 437 446
外商绝对控股	316 917	335 791	1 705 456	5 966 230	4 666 674
外商相对控股	164 171	13 020	639 474	1 845 693	770 772
四、按软件出口基地分列					
北京软件出口基地	32 970	337	316 110	736 487	466 661
天津软件出口基地	3 165	34	13 580	72 564	20 269
大连软件出口基地	62 680	7 081	108 850	478 885	391 254
上海软件出口基地	112 226	555	195 577	591 270	391 483
深圳软件出口基地	322 431	224 190	2 685 220	7 297 471	5 331 632
西安软件出口基地	38 431		270 310		
五、按软件园区分列					
北京中关村软件园	125 342		519 134	1 810 388	743 333
大连软件园	62 680	7 077	108 845	478 712	391 254
上海浦东软件园	112 176	196	189 341	583 515	386 008
南京软件园	65 887	139 018	238 728	875 473	932 652
杭州软件园	222 319	49 965	869 892	1 988 302	989 422
山东齐鲁软件园	70 005	1 506	326 293	375 601	118 727
长沙软件园	13 339	1 260	80 728	494 494	184 851
广州天河软件园	90 793	821	904 609	1 210 944	2 025 493
珠海南方软件园	12 324	11 088	57 108	250 552	70 052
成都软件园	29 388	32 244	309 060	789 229	472 081
西安软件园	38 431		270 310		
六、按行业分列					
软件产品行业	1 430 834	482 695	9 050 552	23 059 708	14 058 819

续表

项目名称	应交所得税	出口已退税额	研发经费	应收账款	应付账款
信息系统集成服务行业	590 511	159 566	2 251 697	9 738 808	7 114 690
信息技术咨询服务行业	146 806	1 591	707 749	1 468 315	985 166
数据处理和运营服务行业	1 665 896	5 620	2 174 521	5 422 435	6 620 883
嵌入式系统软件行业	386 888	145 681	1 526 713	5 596 151	4 992 805
IC 设计行业	70 594	91 107	1 147 519	1 171 656	778 566

表 119　2011 年软件产业主要经济指标汇总表（6）

单位：万元

项目名称	增加值	劳动者报酬	固定资产折旧	生产税净额	营业盈余
软件企业合计	69 082 223	28 523 736	7 076 255	9 004 951	24 474 941
一、按企业登记注册类型分列					
内资企业	46 284 586	18 865 810	4 009 491	6 301 619	17 105 510
国有企业	3 682 916	1 391 360	330 150	540 872	1 420 534
集体企业	661 415	175 496	54 267	142 364	289 289
股份合作企业	222 047	99 469	19 351	22 489	80 705
联营企业	133 921	44 624	8 592	23 245	57 460
国有联营企业	47 925	19 803	3 192	8 906	16 023
集体联营企业	10 052	3 479	363	1 613	4 598
国有与集体联营企业	41 928	11 034	2 654	9 933	18 307
其他联营企业	34 016	10 308	2 383	2 794	18 532
有限责任公司	19 687 686	7 398 287	1 729 136	2 760 310	7 798 936
国有独资公司	439 738	185 263	92 265	74 914	87 296
其他有限责任公司	19 247 949	7 213 024	1 636 871	2 685 396	7 711 640
股份有限公司	11 405 247	5 444 249	939 066	1 413 326	3 608 509
私营企业	10 245 662	4 190 952	906 792	1 383 631	3 763 361
其他内资企业	245 691	121 373	22 137	15 383	86 717
港、澳、台商投资企业	8 082 003	2 665 373	571 099	720 165	4 125 319
合资经营企业（港、澳、台资）	1 315 985	641 846	64 962	186 659	422 518
合作经营企业（港、澳、台资）	74 085	44 886	3 837	4 420	20 942
港、澳、台商独资经营企业	6 366 676	1 829 487	490 663	501 201	3 545 278
港、澳、台商投资股份有限公司	325 258	149 153	11 637	27 886	136 581

续表

项目名称	增加值	劳动者报酬	固定资产折旧	生产税净额	营业盈余
外商投资企业	14 715 634	6 992 552	2 495 664	1 983 167	3 244 112
中外合资经营企业	2 926 514	1 422 559	468 450	298 083	737 352
中外合作经营企业	82 131	47 276	7 850	9 093	17 911
外资企业	11 373 295	5 333 922	1 987 993	1 639 889	2 411 422
外商投资股份有限公司	333 695	188 795	31 372	36 101	77 427
二、按经济类型分列					
国有经济	4 170 578	1 596 427	425 608	624 692	1 523 852
集体经济	671 468	178 975	54 629	143 976	293 887
股份合作经济	222 047	99 469	19 351	22 489	80 705
股份制经济	30 653 195	12 657 272	2 575 936	4 098 722	11 320 149
外商及港、澳、台投资经济	22 797 637	9 657 925	3 066 763	2 703 332	7 369 431
其他经济	10 567 297	4 333 666	933 967	1 411 741	3 886 918
三、按控股分列					
公有控股经济	17 869 093	8 105 401	1 546 258	2 233 333	5 984 012
国有控股	14 513 261	6 696 333	1 342 985	1 823 704	4 650 195
国有绝对控股	6 352 281	2 578 345	725 973	762 939	2 284 999
国有相对控股	8 160 980	4 117 988	617 012	1 060 765	2 365 195
集体控股	3 355 831	1 409 068	203 273	409 628	1 333 818
集体绝对控股	2 102 637	825 489	117 282	270 507	889 345
集体相对控股	1 253 195	583 578	85 991	139 121	444 472
非公有控股经济	51 213 130	20 418 335	5 529 997	6 771 619	18 490 929
私人控股	28 422 661	11 230 674	2 423 734	4 132 195	10 633 985
私人绝对控股	17 906 927	6 440 093	1 655 946	2 643 886	7 165 390
私人相对控股	10 515 734	4 790 581	767 787	1 488 310	3 468 595
港、澳、台商控股	7 890 249	2 607 866	695 962	688 840	3 897 542
港、澳、台商绝对控股	4 565 809	1 109 461	533 936	352 122	2 570 252
港、澳、台商相对控股	3 324 440	1 498 406	162 027	336 718	1 327 290
外商控股	14 900 220	6 579 795	2 410 301	1 950 584	3 959 402
外商绝对控股	10 246 993	3 567 306	2 154 118	1 428 972	3 096 502
外商相对控股	4 653 227	3 012 489	256 183	521 612	862 900

续表

项目名称	增加值	劳动者报酬	固定资产折旧	生产税净额	营业盈余
四、按软件出口基地分列					
北京软件出口基地	1 629 660	1 212 141	70 754	140 902	205 864
天津软件出口基地	59 366	34 693	3 461	3 751	17 461
大连软件出口基地	1 530 533	866 072	164 530	44 508	455 423
上海软件出口基地	1 153 511	414 585	110 501	99 122	529 272
深圳软件出口基地	6 411 763	2 575 707	355 802	952 900	2 527 064
西安软件出口基地	904 627	401 906	106 951	170 661	225 109
五、按软件园区分列					
北京中关村软件园	2 730 538	1 343 684	96 174	379 542	911 138
大连软件园	1 530 476	866 060	164 508	44 485	455 423
上海浦东软件园	1 145 998	409 410	109 335	99 069	528 152
南京软件园	705 796	239 201	29 616	151 629	285 346
杭州软件园	3 878 906	1 174 878	149 329	438 196	2 116 121
山东齐鲁软件园	1 021 487	315 201	57 533	117 830	530 922
长沙软件园	312 006	126 762	32 674	40 872	111 556
广州天河软件园	2 872 210	1 088 986	187 879	378 230	1 217 116
珠海南方软件园	310 065	161 085	20 722	24 160	104 098
成都软件园	2 397 412	1 183 209	306 794	131 305	776 104
西安软件园	904 627	401 906	106 951	170 661	225 109
六、按行业分列					
软件产品行业	30 295 070	13 898 881	2 363 658	3 923 181	10 107 910
信息系统集成服务行业	11 976 372	5 162 326	1 094 849	1 694 448	4 024 623
信息技术咨询服务行业	3 790 613	1 793 976	292 108	411 113	1 293 141
数据处理和运营服务行业	13 726 080	4 547 905	1 272 903	1 742 186	6 162 799
嵌入式系统软件行业	6 363 376	2 058 187	908 610	1 096 383	2 300 013
IC 设计行业	2 930 712	1 062 461	1 144 127	137 641	586 456

表120　2011年软件产业主要经济指标汇总表（7）

单位：人

项目名称	从业人员年末人数	软件研发人员	管理人员	硕士以上人员	大学本科人员	大专以下人员
软件企业合计	3 439 261	1 420 363	401 866	320 626	1 908 543	1 210 035
一、按企业登记注册类型分列						
内资企业	2 646 204	1 100 458	333 515	236 756	1 499 158	910 228
国有企业	194 738	62 316	19 062	20 281	98 825	75 630
集体企业	15 614	3 107	1 225	542	5 674	9 397
股份合作企业	17 616	8 766	2 386	1 729	10 412	5 476
联营企业	22 896	3 646	967	665	7 024	15 207
国有联营企业	1 763	731	295	233	910	621
集体联营企业	747	254	84	78	422	246
国有与集体联营企业	17 107	668	299	268	3 532	13 307
其他联营企业	3 279	1 993	289	86	2 160	1 033
有限责任公司	1 136 909	510 575	146 649	110 514	655 918	370 444
国有独资公司	27 010	10 269	2 964	2 595	15 748	8 664
其他有限责任公司	1 109 899	500 306	143 685	107 919	640 170	361 780
股份有限公司	531 834	205 159	74 309	56 112	291 221	184 504
私营企业	696 404	299 221	86 802	45 417	407 833	243 125
其他内资企业	30 193	7 668	2 115	1 496	22 251	6 445
港、澳、台商投资企业	243 293	95 226	25 067	27 812	117 476	98 014
合资经营企业（港、澳、台资）	74 545	26 711	7 180	10 210	28 596	35 741
合作经营企业（港、澳、台资）	4 253	2 652	385	333	2 795	1 124
港、澳、台商独资经营企业	155 085	60 242	16 715	16 187	80 968	57 939
港、澳、台商投资股份有限公司	9 410	5 621	787	1 082	5 117	3 210
外商投资企业	549 764	224 679	43 284	56 058	291 909	201 793
中外合资经营企业	112 220	51 899	8 748	10 385	62 712	39 125
中外合作经营企业	7 056	2 011	429	242	4 445	2 370
外资企业	413 673	164 041	32 889	43 500	215 638	154 527
外商投资股份有限公司	16 815	6 728	1 218	1 931	9 114	5 771
二、按经济类型分列						
国有经济	223 511	73 316	22 321	23 109	115 483	84 915
集体经济	16 361	3 361	1 309	620	6 096	9 643

续表

项目名称	从业人员年末人数	软件研发人员	管理人员	硕士以上人员	大学本科人员	大专以下人员
股份合作经济	17 616	8 766	2 386	1 729	10 412	5 476
股份制经济	1 641 733	705 465	217 994	164 031	931 391	546 284
外商及港、澳、台投资经济	793 057	319 905	68 351	83 870	409 385	299 807
其他经济	746 983	309 550	89 505	47 267	435 776	263 910
三、按控股分列						
公有控股经济	826 631	325 036	104 753	100 508	451 663	274 460
国有控股	641 311	243 413	87 756	76 641	354 999	209 671
国有绝对控股	331 775	105 128	32 420	33 469	183 465	114 835
国有相对控股	309 536	138 285	55 336	43 172	171 534	94 836
集体控股	185 320	81 623	16 997	23 867	96 664	64 789
集体绝对控股	107 518	45 938	9 758	14 690	51 498	41 334
集体相对控股	77 802	35 685	7 239	9 177	45 166	23 455
非公有控股经济	2 612 630	1 095 327	297 113	220 118	1 456 880	935 575
私人控股	1 862 339	802 245	235 645	148 636	1 075 799	637 838
私人绝对控股	1 199 511	476 262	160 233	106 048	667 937	425 485
私人相对控股	662 828	325 983	75 412	42 588	407 862	212 353
港、澳、台商控股	246 231	82 510	21 322	19 557	108 722	117 954
港、澳、台商绝对控股	144 210	44 003	12 320	11 157	57 567	75 487
港、澳、台商相对控股	102 021	38 507	9 002	8 400	51 155	42 467
外商控股	504 060	210 572	40 146	51 925	272 359	179 783
外商绝对控股	352 404	116 415	27 848	36 545	166 523	149 351
外商相对控股	151 656	94 157	12 298	15 380	105 836	30 432
四、按软件出口基地分列						
北京软件出口基地	72 702	54 008	4 430	6 373	52 915	13 414
天津软件出口基地	5 583	2 692	720	445	3 800	1 338
大连软件出口基地	125 237	71 971	14 737	15 183	91 934	18 116
上海软件出口基地	38 653	16 530	3 931	5 218	24 580	8 855
深圳软件出口基地	180 961	116 481	22 293	37 696	99 642	43 614
西安软件出口基地	76 367	38 953	9 995	10 292	38 064	27 990
五、按软件园区分列						
北京中关村软件园	86 429	48 856	7 983	9 614	55 873	20 944

续表

项目名称	从业人员年末人数	软件研发人员	管理人员	硕士以上人员	大学本科人员	大专以下人员
大连软件园	125 227	71 966	14 732	15 181	91 929	18 113
上海浦东软件园	38 494	16 518	3 927	5 104	24 544	8 846
南京软件园	41 282	20 036	5 735	4 964	23 609	12 706
杭州软件园	139 845	55 091	18 474	11 514	82 900	45 432
山东齐鲁软件园	79 999	24 977	12 807	9 397	55 471	15 133
长沙软件园	33 212	12 875	4 689	2 334	19 119	11 758
广州天河软件园	147 066	97 634	19 181	9 141	93 002	44 921
珠海南方软件园	18 713	9 760	1 393	1 990	9 214	7 508
成都软件园	79 427	28 773	9 105	11 193	41 091	27 140
西安软件园	76 367	38 953	9 995	10 292	38 064	27 990
六、按行业分列						
软件产品行业	1 662 078	787 813	214 957	173 390	959 156	529 532
信息系统集成服务行业	602 459	235 053	67 627	49 229	358 283	194 947
信息技术咨询服务行业	243 657	112 390	31 312	21 510	153 390	68 757
数据处理和运营服务行业	505 988	174 898	46 913	33 987	279 768	192 233
嵌入式系统软件行业	314 673	82 453	29 858	27 397	125 905	161 314
IC 设计行业	110 406	27 756	11 199	15 113	32 041	63 252

表 121　2011 年软件产品收入额及出口额

项目名称	企业数（家）	收入额（万元）	出口额（万美元）
软件产品合计	18 747	61 921 546	983 698
基础软件	2 675	7 539 880	41 234
操作系统	998	2 803 580	21 698
数据库系统	608	1 551 549	2 786
其他	1 069	3 184 752	16 749
中间件	543	1 358 308	7 333
基础中间件	204	590 037	2 836
业务中间件	247	474 945	4 241
领域中间件	92	293 325	257

续表

项目名称	企业数（家）	收入额（万元）	出口额（万美元）
应用软件	12 876	41 569 687	711 690
通用软件	5 225	11 107 829	99 328
企业管理软件	2 966	4 819 585	41 622
游戏软件	351	2 003 737	16 305
辅助设计与辅助制造（CAD/CAM）软件	200	299 528	4 128
其他通用软件	1 708	3 984 979	37 273
行业应用软件	7 576	30 159 289	609 821
通信软件	1 132	12 723 461	486 161
金融财税软件	534	2 446 381	30 969
能源软件	437	1 755 304	4 953
工业控制软件	1 067	3 420 101	15 976
交通应用软件	625	1 849 475	3 719
其他行业应用软件	3 781	7 964 566	68 043
文字语言处理软件	75	302 569	2 541
嵌入式应用软件	1 049	5 938 234	83 562
信息安全产品	860	2 573 411	28 662
基础和平台类安全产品	121	406 897	345
内容安全产品	55	175 241	333
网络安全产品	311	818 403	4 044
专用安全产品	85	281 501	136
安全测试评估	33	94 220	1 956
安全应用产品	170	442 044	7 669
其他信息安全产品及相关服务	85	355 105	14 178
支撑软件	103	395 850	422
软件定制服务	641	2 546 176	110 795
信息系统集成服务合计	7 699	40 835 066	392 553
信息系统设计服务	2 151	7 801 167	20 955
集成实施服务	3 748	28 304 635	348 209
运行维护服务	1 800	4 729 265	23 389

续表

项目名称	企业数（家）	收入额（万元）	出口额（万美元）
信息技术咨询服务合计	6 110	18 015 462	235 661
信息化规划	665	3 460 159	25 001
信息技术管理咨询	3 620	10 222 892	193 195
信息系统工程监理	605	2 261 777	9 102
测试评估	263	674 180	7 878
信息技术培训	957	1 396 455	485
数据处理和运营服务合计	4 083	30 660 054	235 535
数据处理服务	910	7 286 537	77 602
运营服务	2 372	18 264 784	86 727
软件运营服务	766	3 026 818	73 419
平台运营服务	1 353	12 852 875	11 305
物流管理服务平台	129	1 023 520	887
电子商务管理	422	3 807 724	4 923
在线娱乐平台	218	5 059 875	2 707
在线教育平台	156	645 949	200
其他在线服务平台	428	2 315 807	2 588
基础设施运营服务	253	2 385 091	2 003
存储服务	87	210 839	16 524
数字内容加工处理	614	4 351 070	53 475
客户交互服务	100	546 823	1 207
嵌入式系统软件合计	2 478	30 737 710	1 246 799
通信设备	686	13 364 319	931 627
通信传输设备	327	4 225 065	169 482
光通信设备	108	2 007 418	116 353
卫星通信设备	48	596 719	9 762
无线通信设备	171	1 620 928	43 367
通信交换设备	86	1 019 451	56 421
数字程控交换机	52	621 578	44 193
软交换机	20	200 762	555

续表

项目名称	企业数（家）	收入额（万元）	出口额（万美元）
光交换机	14	197 111	11 673
移动通信设备	63	6 238 838	630 218
基站	42	5 957 332	628 527
直放站	21	281 506	1 691
网络设备	210	1 880 964	75 506
网络控制设备	65	588 521	27 578
网络接口和适配器	45	307 075	24 118
网络连接设备	80	847 001	21 215
网络优化设备	20	138 367	2 595
广播电视设备	122	959 004	13 599
广播电视节目制作及播控设备	94	929 733	12 934
非线性编辑设备	12	30 398	192
虚拟演播室设备	15	43 527	70
音视频信号处理设备	67	855 808	12 672
广播电视发射设备	28	29 271	665
数字电视发射机	17	23 551	365
电视转播发射机	11	5 719	300
数字家用视听产品	54	1 266 668	43 173
电视接收机顶盒	54	1 266 668	43 173
计算机应用产品	440	6 483 926	122 437
金融、商业、税务电子应用产品	45	316 451	2 735
银行自助服务终端	15	45 194	
POS 机	16	34 709	289
税控机	14	236 548	2 446
汽车电子	145	4 002 867	31 067
传动系控制系统	38	1 219 370	8 633
行驶系控制系统	18	170 040	255
车身控制系统	48	2 015 169	9 316
安全控制系统	41	598 289	12 863

续表

项目名称	企业数（家）	收入额（万元）	出口额（万美元）
智能交通	40	193 993	428
交通信号控制机	40	193 993	428
医疗电子设备	84	251 552	21 353
医用电子仪器设备	70	181 007	12 507
医学影像设备	14	70 546	8 846
智能识别装置	120	1 708 241	66 446
自动检售票设备	6	10 822	407
信息系统安全产品	79	661 940	14 281
边界防护类设备和系统	34	309 113	6 654
密钥管理类设备和系统	45	352 827	7 627
电子测量仪器	159	350 929	5 290
器件参数测量仪器	49	132 012	1 977
扫描、频谱波形分析仪器	37	104 069	77
通信测量仪器	11	21 597	438
特殊测量仪器	62	93 250	2 798
装备自动控制产品	938	7 650 925	116 393
集散控制系统	367	4 312 399	38 179
电气传动及控制系统	291	1 752 402	56 487
装备制造工控系统	280	1 586 124	21 727
IC 设计合计	740	6 320 068	367 700
MOS 微器件	45	606 596	68 641
逻辑电路	46	287 585	1 984
MOS 存储器	24	414 651	51 177
模拟电路	59	279 182	4 268
专用电路	116	1 449 946	27 329
智能卡芯片及电子标签芯片	125	470 890	15 440
传感器电路	59	283 791	15 415
微波集成电路	21	39 552	307
混合集成电路	245	2 487 875	183 139

表 122　2011 年各省、市、自治区软件产业主要指标汇总（1）

单位：万元

地区	企业数（家）	软件销售收入	其中					
			软件产品收入	信息系统集成服务收入	信息技术咨询服务收入	数据处理和运营服务收入	嵌入式系统软件收入	IC 设计收入
一、按省市分列								
北京市	2 612	30 090 780	11 069 868	7 861 640	2 107 256	8 620 238	95 205	336 573
天津市	395	3 703 160	826 000	353 821	449 278	185 864	1 204 614	683 583
河北省	259	1 181 884	312 719	798 737	50 429	10 474	9 444	81
山西省	87	226 125	143 415	56 641	15 649	4 611	5 558	251
内蒙古自治区	66	200 625	91 697	85 510	15 345	5 229	2 844	
辽宁省	2 063	14 587 973	4 153 903	3 519 013	2 264 989	2 153 273	2 330 006	166 790
吉林省	840	2 214 860	607 821	691 036	350 588	252 593	312 431	391
黑龙江省	400	918 120	333 232	224 325	136 464	102 956	120 249	893
上海市	1 527	14 392 814	4 644 878	3 093 191	1 456 223	2 965 972	681 680	1 550 870
江苏省	3 366	31 553 410	8 726 362	4 721 911	1 476 131	2 046 565	12 615 540	1 966 901
浙江省	1 374	9 294 018	3 344 626	1 833 912	504 622	2 687 247	708 097	215 513
安徽省	172	608 169	311 765	241 475	41 989	8 804	3 632	504
福建省	908	8 043 341	2 887 789	2 571 606	406 658	615 342	1 251 885	310 060
江西省	114	504 186	132 160	247 416	71 041	21 144	16 586	15 839
山东省	1 751	13 552 973	3 925 488	2 736 813	2 802 998	1 148 442	2 825 717	113 516
河南省	258	1 283 307	512 342	549 351	115 654	50 595	32 752	22 613
湖北省	732	1 969 259	958 499	583 207	82 726	169 192	165 883	9 753
湖南省	582	2 131 391	1 152 133	567 449	38 665	124 913	247 653	578
广东省	4 670	33 518 747	11 641 322	5 171 195	3 120 050	5 983 472	7 196 291	406 419
广西壮族自治区	133	431 380	252 837	92 416	39 665	45 651	800	11
海南省	21	59 652	21 014	24 943	4 359	9 321		16
重庆市	396	2 539 930	664 487	874 566	204 355	337 914	444 632	13 975
四川省	783	10 362 433	3 762 169	1 900 128	1 293 196	2 931 800	129 645	345 495
贵州省	172	508 600	230 700	201 054	73 646	1 661	1 406	133
云南省	100	468 289	68 487	349 225	8 133	38 654	2 871	919
陕西省	686	3 598 886	1 014 485	1 130 740	851 763	117 492	326 525	157 881
甘肃省	86	201 898	69 584	103 026	16 136	13 024	14	114
宁夏回族自治区	60	53 021	22 337	19 492	3 038	2 783	5 188	181
新疆维吾尔自治区	110	290 675	39 427	231 227	14 415	4 828	564	214

续表

地区	企业数（家）	软件销售收入	其中					
			软件产品收入	信息系统集成服务收入	信息技术咨询服务收入	数据处理和运营服务收入	嵌入式系统软件收入	IC设计收入
二、按计划单列市分列								
大连市	891	7 053 572	2 198 391	1 026 641	1 430 301	1 582 490	795 436	20 314
宁波市	420	1 347 606	293 143	283 590	55 793	273 780	353 627	87 673
厦门市	363	3 176 144	1 156 184	857 919	197 283	347 521	443 076	174 162
青岛市	222	3 967 462	232 120	764 941	453 071	570 441	1 879 817	67 073
深圳市	2 129	20 743 764	7 958 642	3 713 758	397 550	2 679 377	5 848 968	145 469
三、按副省级城市分列								
沈阳市	994	7 134 294	1 736 173	2 343 645	820 563	560 409	1 527 067	146 437
长春市	459	1 516 495	451 803	475 296	277 877	101 973	209 156	391
哈尔滨	333	616 033	238 644	165 046	90 198	15 873	105 378	893
南京市	1 022	15 322 478	5 398 637	4 134 112	1 130 644	849 052	3 701 498	108 534
杭州市	781	7 519 427	2 892 840	1 527 467	432 100	2 315 262	252 111	99 647
济南市	1 243	8 318 342	3 386 719	1 575 612	2 285 460	546 327	480 104	44 120
武汉市	681	1 914 705	929 033	579 277	79 913	163 024	153 706	9 753
广州市	1 880	10 426 723	2 969 002	1 335 228	2 308 924	3 186 722	448 550	178 297
成都市	766	10 014 106	3 728 335	1 600 852	1 289 729	2 931 448	118 248	345 495
西安市	686	3 598 886	1 014 485	1 130 740	851 763	117 492	326 525	157 881

表123　2011年各省、市、自治区软件产业主要指标汇总表（2）

单位：万美元

地区	软件业务出口收入	软件外包服务出口收入	嵌入式系统软件出口收入
一、按省市分列			
北京市	192 518	186 673	58
天津市	80 206	4 844	74 320
河北省	5 251	60	
山西省	97	97	
内蒙古自治区	111	111	
辽宁省	347 249	269 747	41 042
吉林省	1 983	742	236
黑龙江省	3 852	2 643	824

续表

地区	软件业务出口收入	软件外包服务出口收入	嵌入式系统软件出口收入
上海市	225 374	88 733	576
江苏省	751 255	54 436	391 985
浙江省	118 616	31 993	11 141
安徽省	3 768	2 211	
福建省	4 291	1 697	
江西省	2 479	137	
山东省	86 205	20 870	56 823
河南省	170		22
湖北省	13 912	9 190	1 484
湖南省	2 957	1 740	1
广东省	1 499 396	59 098	661 133
广西壮族自治区	106		
海南省	110	110	
重庆市	11 129	7 720	335
四川省	81 635	10 432	2 886
云南省	199	199	
陕西省	29 025	24 776	3 934
甘肃省	27	27	
宁夏回族自治区	27	24	
二、按计划单列市分列			
大连市	270 433	226 000	26 376
宁波市	17 354	627	10 620
青岛市	38 564	769	35 166
深圳市	1 412 287	33 618	617 980
三、按副省级城市分列			
沈阳市	75 899	43 747	14 666
长春市	1 902	733	206
哈尔滨	2 468	1 290	824
南京市	50 321	22 836	20 136
杭州市	98 894	31 094	323
济南市	25 228	18 456	6 230

续表

地区	软件业务出口收入	软件外包服务出口收入	嵌入式系统软件出口收入
武汉市	13 606	9 184	1 184
广州市	29 830	24 562	43
成都市	79 568	10 432	2 789
西安市	29 025	24 776	3 934

表 124　2011 年各省、市、自治区软件产业主要指标汇总表（3）

单位：万元

地区	利润总额	流动资产平均余额	资产合计	负债合计	固定资产投资额
一、按省市分列					
北京市	3 785 822	2 223 063	39 622 566	18 842 145	537 183
天津市	561 985	1 137 945	4 146 635	1 369 604	95 293
河北省	545 756	7 663 844	1 758 821	914 748	35 269
山西省	38 517	275 463	419 183	183 247	9 447
内蒙古自治区	14 215	78 280	142 076	53 073	3 440
辽宁省	1 335 412	4 386 337	8 245 207	3 634 345	217 703
吉林省	208 531	669 159	962 052	303 508	92 287
黑龙江省	138 158	696 224	1 063 617	314 455	34 361
上海市	2 644 031	15 434 686	24 933 162	12 314 346	651 725
江苏省	4 452 679	21 633 911	37 100 820	18 830 039	1 686 162
浙江省	2 616 411	8 291 019	43 912 533	6 699 826	296 304
安徽省	138 085	779 267	1 390 473	608 204	36 433
福建省	585 376	2 191 771	3 415 248	1 365 959	124 238
江西省	55 768	269 566	627 504	266 986	21 062
山东省	1 828 452	10 275 331	19 767 980	7 739 293	776 208
河南省	240 250	1 371 573	2 167 945	1 058 662	575 255
湖北省	275 163	2 429 080	4 166 926	1 955 653	244 607
湖南省	588 316	2 596 548	5 781 113	2 580 732	120 888
广东省	5 845 687	45 179 153	67 287 258	35 688 252	991 736
广西壮族自治区	65 737	193 483	354 037	174 846	7 802
海南省	6 527	38 120	96 257	37 855	5 146
重庆市	301 682	2 248 071	3 591 868	2 158 034	300 294
四川省	1 362 132	4 023 373	6 618 912	3 372 171	170 411

续表

地区	利润总额	流动资产平均余额	资产合计	负债合计	固定资产投资额
贵州省	37 700	195 384	363 785	105 289	2 451
云南省	21 765	583 614	788 050	429 332	9 773
陕西省	201 947	3 365 299	4 847 108	2 456 682	332 737
甘肃省	21 466	176 724	259 780	95 449	8 234
宁夏回族自治区	10 351	39 641	72 966	35 731	2 803
新疆维吾尔自治区	35 786	176 571	361 715	177 726	11 193
二、按计划单列市分列					
大连市	497 784	1 453 787	4 090 949	2 335 048	61 796
宁波市	191 394	1 069 971	31 488 162	1 871 267	67 353
厦门市	141 017	66 046	81 340	94 197	2 123
青岛市	315 391	2 432 497	3 641 728	2 285 915	17 788
深圳市	3 796 451	30 872 850	42 790 172	23 998 896	652 232
三、按副省级城市分列					
沈阳市	774 606	2 329 753	3 196 996	904 563	136 621
长春市	137 818	518 603	777 966	234 995	59 128
哈尔滨	96 958	623 567	925 559	287 850	29 259
南京市	2 818 965	12 075 037	18 700 645	9 738 106	888 079
杭州市	2 340 593	6 815 601	11 748 266	4 496 595	198 200
济南市	797 682	7 069 970	13 987 925	4 834 342	489 005
武汉市	259 276	2 366 400	4 066 217	1 916 798	236 911
广州市	1 522 504	12 402 427	20 756 197	9 977 109	222 565
成都市	1 303 488	3 509 544	5 593 429	2 697 244	162 297
西安市	201 947	3 365 299	4 847 108	2 456 682	332 737

表 125　2011 年各省、市、自治区软件产业主要指标汇总表（4）

单位：万元

地区	主营业务税金及附加	年末所有者权益	年初所有者权益	应交增值税
一、按省市分列				
北京市	732 872	20 780 421	16 864 005	775 705
天津市	44 348	2 777 031	1 504 194	178 287
河北省	48 025	844 073	645 089	30 539

续表

地区	主营业务税金及附加	年末所有者权益	年初所有者权益	应交增值税
山西省	5 695	235 935	183 100	10 205
内蒙古自治区	3 231	89 004	60 385	2 863
辽宁省	559 345	4 610 862	3 043 918	87 751
吉林省	65 902	658 544	453 471	54 566
黑龙江省	19 116	749 162	544 242	28 563
上海市	371 863	12 618 816	9 728 993	224 607
江苏省	639 167	18 270 781	17 931 870	841 914
浙江省	264 224	37 212 706	6 238 913	622 035
安徽省	10 987	782 269	560 070	30 590
福建省	182 985	2 049 288	1 782 711	90 934
江西省	9 385	360 518	246 752	10 857
山东省	293 106	12 028 687	5 461 995	377 287
河南省	27 920	1 109 283	1 428 011	86 201
湖北省	41 860	2 211 273	1 746 688	53 261
湖南省	29 282	3 200 381	1 772 261	127 089
广东省	929 922	31 599 006	33 370 275	1 047 123
广西壮族自治区	17 249	179 191	118 322	3 511
海南省	2 171	58 403	41 056	396
重庆市	64 644	1 433 835	1 326 431	65 054
四川省	121 030	3 246 741	6 844 164	141 071
贵州省	6 263	258 497	206 830	16 370
云南省	9 680	358 718	340 350	5 536
陕西省	203 231	2 390 425	1 730 906	44 080
甘肃省	4 174	164 331	157 856	2 783
宁夏回族自治区	1 150	37 235	28 881	1 622
新疆维吾尔自治区	8 176	183 989	129 409	5 753
二、按计划单列市分列				
大连市	153 635	1 755 901	1 357 054	23 612
宁波市	25 972	29 616 896	701 630	187 568
厦门市	63 520	−12 857	21 180	479
青岛市	25 621	1 355 813	551 694	113 317

续表

地区	主营业务税金及附加	年末所有者权益	年初所有者权益	应交增值税
深圳市	465 675	18 791 275	13 419 065	803 851
三、按副省级城市分列				
沈阳市	395 624	2 292 433	1 308 847	46 663
长春市	34 223	542 971	377 228	53 956
哈尔滨	14 954	637 709	463 312	23 979
南京市	275 783	8 962 539	10 411 806	460 956
杭州市	230 649	7 251 671	5 243 053	418 857
济南市	248 977	9 153 584	3 732 965	200 738
武汉市	40 713	2 149 418	1 693 807	49 387
广州市	430 005	10 779 088	9 469 626	171 482
成都市	118 904	2 896 185	6 541 822	133 001
西安市	203 231	2 390 425	1 730 906	44 080

表 126　2011 年各省、市、自治区软件产业主要指标汇总表（5）

单位：万元

地区	应交所得税	出口已退税额	研发经费	应收账款	应付账款
一、按省市分列					
北京市	507 972	337	2 452 604	6 960 347	3 325 740
天津市	53 231	8 288	166 438	557 651	335 178
河北省	70 565	1 160	42 573	329 651	327 953
山西省	7 556	7	26 950	131 096	61 663
内蒙古自治区	2 398		7 228	39 499	17 335
辽宁省	155 446	65 954	418 272	2 665 488	1 579 072
吉林省	34 001	2 479	41 770	124 247	82 708
黑龙江省	18 881	2 740	85 193	182 719	94 966
上海市	355 869	92 403	2 021 332	4 377 858	3 606 248
江苏省	596 551	265 791	1 994 722	8 740 803	7 205 960
浙江省	266 099	74 770	1 077 956	2 506 882	1 319 943
安徽省	13 926	1 093	74 140	339 581	198 345
福建省	82 289	16 802	520 640	587 372	268 551

续表

地区	应交所得税	出口已退税额	研发经费	应收账款	应付账款
江西省	7 622	1 502	51 026	160 941	63 359
山东省	256 989	8 198	1 208 681	1 807 934	1 279 432
河南省	45 185	147	207 293	293 424	128 985
湖北省	33 885	3 211	222 625	779 892	402 536
湖南省	42 678	2 688	204 713	841 985	453 280
广东省	618 579	304 016	5 011 739	12 354 230	11 630 797
广西壮族自治区	2 735	654	11 128	80 341	30 397
海南省	605		5 235	20 999	8 693
重庆市	999 561	1 029	119 376	657 623	690 977
四川省	64 801	32 632	532 042	1 433 438	1 128 380
贵州省	3 656	16	5 710	35 311	21 086
云南省	4 351	217	58 427	225 929	158 369
陕西省	38 431		270 310		
甘肃省	2 904	126	11 225	71 001	37 574
宁夏回族自治区	675		3 623	23 816	10 148
新疆维吾尔自治区	4 087		5 781	127 014	83 254
二、按计划单列市分列					
大连市	62 680	7 077	108 845	478 712	391 254
宁波市	36 196	22 265	164 825	333 772	246 338
厦门市	1 285	10 166	315 245	34 852	21 575
青岛市	46 835	3 403	417 607	582 440	652 200
深圳市	435 479	253 538	3 448 490	9 444 486	6 790 649
三、按副省级城市分列					
沈阳市	82 331	58 377	281 404	1 888 508	1 047 585
长春市	31 153	56	33 125	90 298	61 780
哈尔滨	15 767	2 673	68 021	171 107	84 409
南京市	345 287	159 064	1 314 624	3 925 899	2 862 925
杭州市	222 319	49 965	869 892	1 988 302	989 422
济南市	132 880	1 873	726 218	809 445	508 574
武汉市	32 280	3 211	216 981	751 898	391 251
广州市	151 121	8 257	1 338 609	2 210 938	4 399 942
成都市	57 306	32 564	476 788	1 336 245	974 071
西安市	38 431		270 310		

表 127　2011 年各省、市、自治区软件产业主要指标汇总表（6）

单位：万元

地区	增加值	劳动者报酬	固定资产折旧	生产税净额	营业盈余
一、按省市分列					
北京市	12 603 528	7 160 336	645 443	1 566 468	3 231 281
天津市	1 091 023	320 840	236 573	88 467	445 105
河北省	722 092	174 196	38 483	66 439	442 969
山西省	85 212	24 046	8 505	13 701	38 961
内蒙古自治区	46 660	15 055	5 144	9 184	17 277
辽宁省	3 603 805	1 540 383	740 000	318 986	1 004 436
吉林省	545 127	212 438	103 621	38 711	190 356
黑龙江省	219 764	110 370	23 181	22 085	64 128
上海市	6 306 444	2 969 511	582 383	717 354	2 036 744
江苏省	8 470 953	2 723 587	1 965 168	1 336 354	2 445 684
浙江省	4 435 482	1 399 636	213 636	515 320	2 306 508
安徽省	254 905	96 670	27 672	37 464	93 099
福建省	2 718 572	1 198 367	339 354	421 647	759 204
江西省	135 465	49 133	16 682	22 699	46 951
山东省	4 153 612	1 130 626	417 791	648 049	1 957 117
河南省	374 466	106 350	40 554	59 147	168 415
湖北省	769 662	332 886	81 570	146 323	208 883
湖南省	763 593	257 908	59 953	76 951	368 512
广东省	14 672 479	5 900 688	841 968	2 281 981	5 646 839
广西壮族自治区	64 164	10 485	6 618	10 570	36 492
海南省	21 670	13 577	1 284	79	6 729
重庆市	823 772	410 436	89 479	55 923	267 935
四川省	4 923 914	1 790 382	450 975	330 029	2 352 529
贵州省	107 258	56 134	4 150	9 186	37 788
云南省	101 863	55 814	7 002	17 389	21 659
陕西省	904 627	401 906	106 951	170 661	225 109
甘肃省	54 930	19 971	5 276	7 325	22 357
宁夏回族自治区	18 728	7 968	3 514	2 003	5 243
新疆维吾尔自治区	88 452	34 036	13 329	14 454	26 633

续表

地区	增加值	劳动者报酬	固定资产折旧	生产税净额	营业盈余
二、按计划单列市分列					
大连市	1 530 476	866 060	164 508	44 485	455 423
宁波市	405 518	164 188	47 935	56 356	137 039
厦门市	871 055	462 710	179 858	96 111	132 377
青岛市	798 663	223 245	56 814	151 233	367 342
深圳市	8 881 089	3 630 674	477 868	1 560 980	3 210 599
三、按副省级城市分列					
沈阳市	1 910 086	643 718	558 415	248 385	459 567
长春市	363 852	145 867	71 568	24 792	121 625
哈尔滨	160 089	82 890	19 087	19 113	38 999
南京市	2 917 013	1 197 451	258 259	430 507	1 030 770
杭州市	3 878 906	1 174 878	149 329	438 196	2 116 121
济南市	2 643 315	803 600	241 043	372 103	1 226 568
武汉市	745 013	326 835	79 127	141 714	197 337
广州市	4 772 138	1 855 164	283 941	617 509	2 015 524
成都市	4 723 634	1 723 904	431 110	288 020	2 280 601
西安市	904 627	401 906	106 951	170 661	225 109

表 128　2011 年各省、市、自治区软件产业主要指标汇总表（7）

单位：人

地区	从业人员年末人数	软件研发人员	管理人员	硕士以上人员	大学本科人员	大专以下人员
一、按省市分列						
北京市	448 254	249 891	37 675	39 656	296 174	112 418
天津市	39 016	13 426	3 643	3 068	21 103	14 848
河北省	25 895	8 941	2 928	1 154	14 227	10 515
山西省	6 913	2 918	913	422	4 587	1 906
内蒙古自治区	3 528	1 676	571	169	2 460	899
辽宁省	261 278	149 924	46 207	29 711	183 166	48 390
吉林省	46 325	13 249	3 860	3 666	32 303	10 357
黑龙江省	26 750	15 304	3 209	1 659	18 738	6 353
上海市	226 389	91 651	25 400	32 097	124 764	69 529

续表

地区	从业人员年末人数	软件研发人员	管理人员	硕士以上人员	大学本科人员	大专以下人员
江苏省	599 290	137 567	53 402	44 352	240 090	314 846
浙江省	192 229	65 111	25 040	13 081	99 755	79 397
安徽省	21 590	9 030	3 516	2 021	13 167	6 402
福建省	161 006	36 313	18 479	9 826	73 119	78 062
江西省	10 950	3 944	1 619	752	6 750	3 448
山东省	227 720	67 280	30 208	26 199	137 164	64 358
河南省	23 142	11 002	3 297	1 818	15 206	6 117
湖北省	61 754	31 681	7 099	6 437	38 511	16 800
湖南省	68 797	21 590	7 426	4 651	36 094	28 051
广东省	656 058	382 676	90 474	64 462	370 274	221 302
广西壮族自治区	5 624	1 870	1 081	333	2 846	2 445
海南省	2 513	938	328	86	1 575	852
重庆市	70 230	12 474	5 307	4 593	41 571	24 066
四川省	139 964	39 604	14 784	18 935	74 327	46 699
贵州省	11 625	4 223	1 726	185	6 264	5 176
云南省	8 652	4 584	1 241	334	5 684	2 634
陕西省	76 367	38 953	9 995	10 292	38 064	27 990
甘肃省	5 957	2 558	1 024	377	4 284	1 296
宁夏回族自治区	2 326	797	337	95	1 588	643
新疆维吾尔自治区	9 119	1 188	1 077	195	4 688	4 236
二、按计划单列市分列						
大连市	125 227	71 966	14 732	15 181	91 929	18 113
宁波市	35 641	6 458	4 569	875	11 770	22 996
厦门市	63 648	7 095	12 954	4 568	19 184	39 898
青岛市	24 058	5 771	2 181	1 579	10 435	12 043
深圳市	327 987	192 090	40 125	45 554	174 985	107 432
三、按副省级城市分列						
沈阳市	124 706	74 098	29 882	13 923	86 360	24 418
长春市	24 591	9 600	2 393	2 165	18 200	4 227
哈尔滨	20 121	11 669	2 489	1 428	14 229	4 464
南京市	216 584	84 819	23 016	28 709	118 882	68 992

续表

地区	从业人员年末人数	软件研发人员	管理人员	硕士以上人员	大学本科人员	大专以下人员
杭州市	139 845	55 091	18 474	11 514	82 900	45 432
济南市	175 178	53 130	24 652	23 011	114 176	37 991
武汉市	59 719	30 759	6 848	6 270	37 628	15 816
广州市	257 812	165 071	42 539	14 696	162 634	80 482
成都市	130 953	38 162	13 624	18 515	69 510	42 925
西安市	76 367	38 953	9 995	10 292	38 064	27 990

表 129　2011 年软件产品出口国家和地区汇总表（1）

单位：万美元

出口国家和地区	软件产品合计	操作系统	数据库系统	企业管理软件	游戏软件	通信软件	金融财税软件	工业控制软件	交通应用软件	嵌入式应用软件	信息安全产品
中国香港	99 474	4 446	82	3 922	1 471	44 751	3 910	2 832		10 413	2 497
中国台湾	25 242	1	1	234	287	824		456		21 187	16
韩国	3 600	112	106	130	74	1				463	323
美国	88 761	6 787	843	1 897	4 487	10 657	2 775	5 178	1 562	5 538	3 599
日本	115 861	290	23	9 403	1 640	4 945	5 056	594	1 705	9 334	513
德国	7 321	54	198	61	51	60		313		5 893	
法国	3 192	485		101	1 604	445				135	
英国	2 888	243		173	137	56	69	201		123	
印度	126 731	3 928	27	215		111 780	177	175	61	297	9
墨西哥	5 125					290		120			
巴西	2 136			1 650				73		36	
俄罗斯	3 891	17		111	829	1 027				954	163
南美洲其他国家	2 584	43						80		610	
大洋洲	13					9					
亚洲其他国家	21 951	2 886	100	594	318	230	5 902	2 730	304	2 448	2 634
西欧其他国家	12 893			43	626	205	2 042	10		1 652	112
东欧其他国家	3 903	300		551	3					916	
非洲	170 437	83	2	16	14	161 699	2 579			255	

表 130 2011 年软件产品出口国家和地区表（2）

单位：万美元

出口国家和地区	信息系统集成服务	数据处理服务	运营服务	嵌入式系统软件	IC 设计	信息技术咨询服务
中国香港	2 907	15 094	3 534	21 676	108 536	7 707
中国台湾	77	16 122	3 345	162 135	19 405	362
韩国	1 792	1 252	268	48 785	62 824	55
美国	15 902	7 178	54 046	155 264	44 467	16 393
日本	20 153	7 123	13 907	86 984	8 662	107 829
德国	3 303	45	73	7 543	1 770	5 471
法国	52		42	1 088		3 046
英国	60	1 249	239	760	40 043	154
印度	5 037		22	36 929	1 888	849
墨西哥	858			518		
巴西	20			10 129		
俄罗斯	129			1 815		32
南美洲其他国家			22	1 990	3 785	86
大洋洲	51			3 394		
亚洲其他国家	1 038	3	2 318	23 155	41 842	15 927
西欧其他国家	2	28	45	26 602	2 204	1 910
东欧其他国家	2	1		1 119		
非洲	3 504	4 871	284	54 759	379	2 792

表131　2011年各省、市、自治区

项目名称	软件产品小计	位次	其中							
			基础软件	位次	中间件	位次	应用软件	位次	信息安全软件	位次
合计	61 921 546		7 539 880		1 358 308		41 569 687		2 573 411	
北京市	11 069 868	2	1 461 638	2	45 723	6	7 833 047	2	892 945	1
天津市	826 000	13	53 983	17	2 151	18	509 928	12	17 484	13
河北省	312 719	18	107 674	12	300	24	170 337	20	1 919	23
山西省	143 415	22	10 336	22			104 388	22	4 029	21
内蒙古自治区	91 697	24	3 890	25	3 677	17	82 239	24	628	27
辽宁省	4 153 903	5	585 286	5	100 508	4	2 285 308	8	28 265	10
吉林省	607 821	15	55 944	16	24 923	8	481 385	13	20 877	12
黑龙江	333 232	17	75 629	14	16 388	10	223 195	18	1 404	25
上海市	4 644 878	4	393 026	7	13 059	11	3 351 290	4	87 104	8
江苏省	8 726 362	3	1 057 138	3	241 774	2	6 110 581	3	143 421	6
浙江省	3 344 626	8	145 952	10	10 832	13	2 321 176	6	445 815	2
安徽省	311 765	19	18 211	19	201	25	215 050	19	7 668	17
福建省	2 887 789	9	159 135	8	96 148	5	2 373 611	5	62 595	9
江西省	132 160	23	15 640	20	11 118	12	83 568	23	4 535	20
山东省	3 925 488	6	491 394	6	592 694	1	2 303 425	7	166 567	5
河南省	512 342	16	28 543	18	1 826	19	417 095	14	15 225	14
湖北省	958 499	12	149 321	9	9 010	15	662 190	10	25 916	11
湖南省	1 152 133	10	73 126	15	1 238	21	358 874	15	5 761	18
广东省	11 641 322	1	931 443	4	108 223	3	9 396 605	1	205 593	4
广西壮族自治区	252 837	20	108 172	11	4 569	16	107 313	21	12 922	16
海南省	21 014	29					18 823	28	942	26
重庆市	664 487	14	99 728	13	16 832	9	317 717	16	14 674	15
四川省	3 762 169	7	1 481 928	1	43 008	7	617 126	11	297 804	3
贵州省	230 700	21					230 700	17		
云南省	68 487	26	11 255	21	1 502	20	45 720	26	2 635	22
陕西省	1 014 485	11	155	27	10 311	14	856 941	9	99 804	7
甘肃省	69 584	25	7 797	24	1 173	22	54 705	25	1 479	24
宁夏回族自治区	22 337	28	3 286	26	11	26	14 311	29	393	28
新疆维吾尔自治区	39 427	27	10 252	23	1 108	23	23 039	27	5 008	19

软件产品收入汇总表

单位：万元

信息系统集成服务小计	位次	信息技术咨询服务小计	位次	数据处理和运营服务小计	位次	嵌入式系统软件小计	位次	IC设计小计	位次
40 835 066		18 015 462		30 660 054		30 737 710		6 320 068	
7 861 640	1	2 107 256	4	8 620 238	1	95 205	16	336 573	6
353 821	17	449 278	10	185 864	12	1 204 614	6	683 583	3
798 737	12	50 429	19	10 474	22	9 444	19	81	26
56 641	27	15 649	24	4 611	27	5 558	20	251	21
85 510	26	15 345	25	5 229	25	2 844	24		
3 519 013	4	2 264 989	3	2 153 273	6	2 330 006	4	166 790	9
691 036	13	350 588	12	252 593	11	312 431	11	391	20
224 325	22	136 464	14	102 956	16	120 249	15	893	17
3 093 191	5	1 456 223	6	2 965 972	3	681 680	8	1 550 870	2
4 721 911	3	1 476 131	5	2 046 565	7	12 615 540	1	1 966 901	1
1 833 912	9	504 622	9	2 687 247	5	708 097	7	215 513	8
241 475	20	41 989	20	8 804	24	3 632	22	504	19
2 571 606	7	406 658	11	615 342	9	1 251 885	5	310 060	7
247 416	19	71 041	18	21 144	20	16 586	18	15 839	13
2 736 813	6	2 802 998	2	1 148 442	8	2 825 717	3	113 516	11
549 351	16	115 654	15	50 595	17	32 752	17	22 613	12
583 207	14	82 726	16	169 192	13	165 883	13	9 753	15
567 449	15	38 665	22	124 913	14	247 653	12	578	18
5 171 195	2	3 120 050	1	5 983 472	2	7 196 291	2	406 419	4
92 416	25	39 665	21	45 651	18	800	26	11	28
24 943	28	4 359	28	9 321	23			16	27
874 566	11	204 355	13	337 914	10	444 632	9	13 975	14
1 900 128	8	1 293 196	7	2 931 800	4	129 645	14	345 495	5
201 054	23	73 646	17	1 661	29	1 406	25	133	24
349 225	18	8 133	27	38 654	19	2 871	23	919	16
1 130 740	10	851 763	8	117 492	15	326 525	10	157 881	10
103 026	24	16 136	23	13 024	21	14	28	114	25
19 492	29	3 038	29	2 783	28	5 188	21	181	23
231 227	21	14 415	26	4 828	26	564	27	214	22

[供稿：工业和信息化部运行监测协调局]

第5部分　信息化建设

2011年中国信息化建设与信息技术应用综述

【综述】

信息化基础设施建设

2011年，全国光缆线路长度净增210万公里，达到1 205万公里。固定长途电话交换机容量减少28万路端，达到1 616万路端；局用交换机容量（含接入网设备容量）减少3 092万门，达到43 467万门。移动电话交换机容量净增20 174万户，达到170 691万户。基础电信企业互联网宽带接入端口净增4 406万个，达到23 166万个。全国互联网国际出口带宽达到1 389 529Mbps，同比增长26.4%。

互联网用户数量稳步上升　2011年，全国网民数净增0.56亿人，达到5.13亿人。其中，家庭宽带网民数净增0.10亿人，达到3.92亿人，占网民总数的76.4%；手机网民数净增0.53亿人，达到3.56亿人，占网民总数的69.4%；农村网民数净增0.11亿人，达到1.36亿人，占网民总数的26.5%。互联网普及率达到38.3%，比上年底提高4.0个百分点①。

3G进入规模化发展阶段　2011年1-11月，中国电信、中国移动和中国联通三家基础电信企业共完成3G专用设施投资941亿元。3G基站规模达到79.2万个，其中TD基站22万个，3G网络已覆盖所有城市、县城和部分乡镇。11月末，3G用户达到11 873万户，比年初新增7 168万户，其中TD用户4 801万户，新增2 731万户。在移动电话净增用户中，3G用户所占比重从年初的43.7%上升到72.5%②。

中小企业互联网应用不断普及　据中国互联网信息中心2011年的调查显示，85%的受访中小企业（不含个体工商）通过互联网办公。中小企业中沟通类、信息类应用的普及率稳步提升，其中电子邮件应用普及率达到64.5%③。

农村通信服务水平逐步提高　2011年1-11月，新增农村地区宽带用户789万户，累计达到3 265万户，占全部宽带用户的22%。随着农村宽带普及水平的提

①数据来源于工业和信息化部：《2011年全国电信业统计公报》，2012年1月19日。

②数据来源于工业和信息化部：《通信业发展势头良好》，2011年12月26日。

③数据来源同上。

高，电信基础设施普遍服务范围持续扩大，100%的行政村和 94.5%的 20 户以上自然村通电话，99.7%的乡镇通宽带，100%的乡镇、95%的行政村通互联网①。

信息化政策环境建设

2011 年 4 月，工业和信息化部等五部委制定《关于加快推进信息化与工业化深度融合的若干意见》（工信部联信 [2011] 160 号），明确未来五年两化融合的目标是：信息化与工业化深度融合取得重大突破，信息技术在企业生产经营和管理的主要领域、主要环节得到充分有效应用，业务流程优化再造和产业链协同能力显著增强，重点骨干企业实现向综合集成应用的转变，研发设计创新能力、生产集约化和管理现代化水平大幅度提升；生产性服务业领域信息技术应用进一步深化，信息技术集成应用水平成为领军企业核心竞争优势；支撑两化深度融合的信息产业创新发展能力和服务水平明显提高，应用成本显著下降，信息化成为新型工业化的重要特征。

2011 年 4 月，工业和信息化部印发《关于国家级信息化和工业化融合试验区 2011 年重点工作的指导意见》，开展建设两化融合试验区、试点示范和经验交流活动。工业和信息化部围绕改造提升传统产业、发展生产性服务业、促进信息服务产业发展，开展了“两化融合深度行”活动，大力宣传各地区、各行业和典型企业的成功经验和有效做法，鼓励和支持地方树立示范企业、建立深度融合试验区。各地方的信息化规划也大都把两化融合试点示范作为要优先实施的重点工程。

为了科学引导信息化和工业化深度融合，推动工业转型升级、经济结构调整和发展方式转变，2011 年 11 月，工业和信息化部发布《工业企业“信息化和工业化融合”评估规范》（试行）。此评估规范是对企业围绕战略目标实现信息技术与研发、生产、经营管理全过程的全面融合制订的框架性、规范性指南，在基础设施、业务环节、业务流程、综合集成、协同与创新等方面，推动和深化两化融合环境下企业研发、生产与经营管理的优化、变革和创新，全面提升工业企业创新发展、智能发展和绿色发展，帮助其持续获取竞争优势的一套思想方法和框架体系。

信息技术推广应用

即时通信、微博等新应用快速普及 2011 年，中国即时通信用户规模达 4.15 亿，比 2010 年底增长 6 252 万人，年增长率 17.7%，即时通信使用率增长至 80.9%②。中国微博用户数达到 2.5 亿，较上年底增长 296.0%，网民使用率为 48.7%，微博用一年时间发展成为近一半中国网民使用的重要互联网应用③。手机微博 2011 年的使用率同比增加 23 个百分点，是增长幅度最高的手机应用。中国社交网站用户数量为 2.44 亿，占网民比例为 47.6%④。

电信、互联网和广播电视融合发展 在宽带互联网上，流媒体格式的影视节目已突破障碍、大量流行，越来越多的网络电视实现了与广播电视同步播出，网络音乐、网络游戏、网络视频飞速发展。长虹、三星、LG、康佳等电视厂商纷纷推出网络与广播电视一体的电视终端，网络播放器实现网络视频节目通过传统电视终端播放。此外，各种移动终端可利用即时通信软件进行网络通话，改变着传统移动通信的交流模式。

电子商务发展势头良好 2011 年，中国电子商务交易总额接近 6 万亿元，网络购物用户规模达到 1.94 亿人⑤。传统企业普遍开展网络营销，在淘宝商城等电子商务平台上开设旗舰店，直销产品和服务。

物联网、云计算等新一代信息技术从概念走向务实 中国移动推出了物联通等四个全网物联网产品，形成了涵盖农业、金融、物流、市政等 9 类 36 项的物联网产品，其中的远程抄表、智能交通、社区监控、食品溯源、农业监控等物联网典型业务已在多个省市实现规模部署。中国联通围绕物联网智慧城市、智慧产业、智慧生活等三大主题，形成了覆盖建筑、物流、交通、安保、保险、农业等多个行业的物联网应用解决方案。北京“登云之路”云计算项目正在部署，上海艾铭思汽车

①数据来源于工业和信息化部：《通信业发展势头良好》，2011 年 12 月 26 日。

②数据来源于中国互联网络信息中心：《第 29 次全国互联网络发展状况统计报告》，2012 年 1 月。

③数据来源同上。

④数据来源同上。

⑤数据来源同上。

电子公司、苏州工业园等企业和园区开始建设私有云，用友软件股份有限公司等企业开始为中小企业提供研发设计、财务管理、数据存储等可计费按需使用的云服务，以降低中小企业信息化成本。

大型企业着手信息系统综合集成 2011 年，首钢、宝钢等 61 家重点钢铁企业开始着手对产供销信息系统进行综合集成，尝试实现以销定产、管控衔接的精益生产。中经汇通等物流公司建立了物流公共服务平台，实现了对成品油终端市场物流、资金流、信息流和服务流的综合集成。

两化融合试验区通过验收 2011 年 12 月，第一批国家级两化融合试验区通过工业和信息化部和相关专家的验收。验收结果显示，2008 年–2011 年，试验区工业增加值年均增长 15.9%，生产性服务业年均增长23%，万元 GDP 能耗年均下降 4.82%，重大安全事故伤亡人数年均下降 17.8%，其他相关指标也高出全国平均水平。

信息化强化企业安全生产管理 高危行业（领域）企业利用信息化手段，有效加强了安全生产管理，提高了事故风险防控能力。中石油、中石化等中央企业通过实施 HSE（健康、安全、环境）管理系统加强企业安全管理；国有重点煤矿基本安装了瓦斯监测监控系统、井下人员定位和井下通信联络系统；大型危险化学品企业建设了重大危险源监控系统、危化品车辆运输监控系统、化工园区安全管理与应急救援信息系统；非煤矿山企业建设了尾矿库安全监测系统；烟花爆竹企业建设了礼花弹流向管理信息系统。

两化深度融合带动工业软件和信息技术服务业高速增长 2011 年，中国嵌入式软件收入达到 2 805 亿元，同比增长 30.9%；信息系统集成服务收入达到 3 921 亿元，同比增长 28.4%[①]。

农业农村信息资源开发利用逐步深入 各地因地制宜，积极探索涉农信息资源开发利用的创新途径，大力整合改造升级或新建省级涉农综合信息资源服务平台，建设科技信息、农业农村政策、农产品市场价格、供求信息、农业气象等数据库，拓宽了信息采集、交换、发布、利用渠道和服务领域，建立起共建、共用、共享合作机制，服务功能逐步增强，服务手段和形式呈现多样化发展趋势，涌现出一大批典型经验和好的做法。

农业农村信息技术推广应用成效明显 立足农业生产经营、农产品科技发展，扶植培育了一批具有专业特色的网站和交易平台。积极推广信息技术在农产品加工，土壤水分、水利水位等实时在线监测，以及农业信息化控制、农作物病虫害视频诊断等方面的应用。利用手机发布农业科技、农产品供求信息。推广具有电话互动、广播电视和视频对话等功能的农村综合信息服务自助终端。

【统计数据】

表 1 2011 年中国主要电信能力指标增长情况

指标名称	2011 年	比 2010 年末净增
光缆线路长度（万公里）	1 205	210
移动电话交换机容量（万户）	170 691	20 174
互联网宽带接入端口（万个）	23 166	4 406
互联网国际出口带宽（Mbps）	1 389 529	207 268

注：数据来源于工业和信息化部：《2011 年全国电信业统计公报》，2012 年 1 月 19 日。

①数据来源于工业和信息化部：《2011 年 1–12 月软件产业主要经济指标完成情况》，2012 年 2 月 15 日。

表 2　2011 年中国网络音乐、网络游戏、网络视频发展情况

应用类别	2010 年用户规模（万）	2011 年用户规模（万）	年增长率（%）
网络音乐	36 218	38 585	6.5
网络游戏	30 410	32 428	6.6
网络视频	28 398	32 531	14.6

注：数据来源于中国互联网络信息中心：《第 29 次全国互联网络发展状况统计报告》，2012 年 1 月。

[撰稿：徐靖　审稿：张望]

2011 年中国农业信息化发展综述

【综述】

信息化基础设施建设

“乡乡能上网”完全实现　截至 2011 年底，全国能上网的乡镇比例达到 100%，其中能宽带上网的比例达到 99%。同时，《第 29 次中国互联网络发展状况统计报告》显示，截至 2011 年底，中国网民规模突破 5 亿，其中，农村的网民规模达到 1.36 亿，比 2010 年增加 1 113 万。抽样调查显示，中国农村居民计算机拥有量已上升为 10 台/百户，农村互联网应用水平显著提高。

“村村通电话”完全实现　截至 2011 年底，全国 100%的行政村和 94.6%的 20 户以上自然村通电话。抽样调查显示，中国农村固定电话拥有量较 2010 年有所下降，为 65 部/百户；移动电话拥有量为 120 部/百户，农村移动通信水平稳步提升。

“户户有电视”基本实现　经过十几年的建设，中国“广播电视村村通工程”取得显著进展，广播、电视人口综合覆盖率分别从 1997 年的 86.0%和 87.7%提高到 2010 年的 96.8%和 97.6%，人民群众收听收看广播电视节目难的问题基本解决。

信息化政策环境建设

中央 1 号文件持续关注农业信息化　农业信息化再次被写入中央 1 号文件。文件指出，“全面推进农业农村信息化，着力提高农业生产经营、质量安全控制、市场流通的信息服务水平。整合利用农村党员干部现代远程教育等网络资源，搭建三网融合的信息服务快速通道。加快国家农村信息化示范省建设，重点加强面向基层的涉农信息服务站点和信息示范村建设”，表明党中央、国务院对农业农村信息化的重视。

《全国农业农村信息化发展“十二五”规划》发布　2011 年 11 月 15 日，农业部《全国农业农村信息化发展“十二五”规划》（以下简称《规划》）正式发布。该《规划》是在认真总结中国农业农村信息化发展现状，科学分析中国农业农村信息化发展形势的基础上编制的，是指导“十二五”期间全国农业农村信息化发展的纲领性文件，是未来五年中国农业农村信息化发展的宏伟蓝图，是各级农业部门推进农业生产信息化、农业经营信息化、农业管理信息化和农业服务信息化的重要依据。《规划》的发布，有利于各级农业部门统一思想，提高认识，明确工作方向，把握工作重点，深入贯彻落实规划提出的主要任务，把中国农业农村信息化工作落到实处，不断提高信息化服务“三农”水平。

信息技术应用

农业生产信息化　现代信息技术在大田种植中开始应用。内蒙古、新疆生产建设兵团、黑龙江农垦等地使用农田信息管理系统对农田地块及其附属的土壤、作

物、历年农事活动、生产管理等海量信息进行数字化管理，实现信息的可靠处理、科学分析和充分利用，并实现及时对电子地图进行更新维护，确保农田电子地图及资源数据的时效性和准确性。新疆生产建设兵团大面积开展了基于土壤水分传感器的棉田滴灌自动控制系统的推广应用，并在部分地区进行了基于无线传感网络的棉田滴灌自动控制系统实验和示范。江苏无锡、河南三门峡等地建立了使用传感器技术的墒情和气象监测系统，可对土壤墒情变化规律进行实时监测。测土配方施肥系统覆盖了全国所有农业县，在对粮棉油等大宗作物实施测土配方施肥的基础上向果树、蔬菜等经济作物拓展。农业部运用遥感技术对中国大宗农作物面积、长势和产量进行监测和评价，全面实现了水稻、小麦、玉米、大豆和棉花五大作物种植面积、长势、墒情、单产量和总产量的监测预测。新疆生产建设兵团为加强对农作物病虫害的防治和植保工作，开发应用了病虫害数据录入系统及病虫害数据管理测报专家系统，在兵团各师团建立了一批病虫测报站，提高了农作物病虫害防治的准确性和时效性。

各地开展设施园艺信息化试验示范。北京、江苏一些设施园艺信息化示范基地安装网络型温室环境智能控制系统，对温室内温度进行实时监控，以保证作物最佳生长温度，提高作物品质。北京、河北、山东、河南等在内的10多个省市开始规模化应用设施园艺灌溉自动控制系统，通过在温室内安装智能灌溉控制设备及配套的传感器，实现依据温室环境、土壤水分和作物生理状态信息的灌溉智能控制，并通过以太网、无线电台等通信网络将各个温室的灌溉信息传送到监控中心，实现整个设施园艺园区的综合灌溉控制。北京市和河北省的100多个设施大棚安装了基于物联网的设施园艺病虫害生物控制专家服务平台，实现了对设施园艺病虫害的实时监控和有效控制。

部分畜禽养殖企业开始引进国外现代信息技术。一部分大型养猪场开始引进国外先进设备和猪场管理系统，实现猪场温度、湿度和空气质量自动调节、自动送料、饮水、产品分检和运输；一部分母猪养殖场引进母猪大群饲养智能化管理系统，通过对母猪耳标识别及GPS信息系统的操作控制，能对所有母猪进行单独饲喂，从而获得良好的母猪体况。一部分大型奶牛场引进瑞典Delaval公司和德国AFIKIM公司的挤奶机器人，利用射频扫描、红外感知、自动计量和先进传感等信息技术，对奶牛实行个性化的挤奶管理。许多大型养鸡场采用环境监控、预警和报警系统实现对鸡舍环境的智能控制，并采用自动饲喂系统，提高鸡场的自动化管理水平。

部分水产养殖基地开始尝试性应用现代信息技术。江苏、山东、广东、上海、浙江、天津等省市的一些水产养殖场利用最新的农业物联网技术，配置了水产养殖实时远程监测系统，对水产养殖环境进行实时在线监测，实现了远程数据采集和信息发布，异常水质实时监测、预警与报警，以及对增氧机、微孔曝气装置实施远程控制；安装了养殖管理平台，对鱼、虾、蟹、鳖、参、贝等不同养殖品种的池塘管理、饲料投喂、饵料配方等进行计算机化的日程管理。天津、山东等地区构建了水产养殖病害测报系统，利用呼叫中心技术、远程在线诊断、移动通信技术和视频推送技术，建立水产养殖病害防治及咨询系统，加强了对养殖病害的有效监管和控制。

农业经营信息化 农超对接信息化建设取得新进展。2011年，农业部、商务部发布《关于全面推进农超对接工作的指导意见》，对农超对接工作做了重要部署，明确提出加强农超对接信息化建设，着力提高农超对接信息服务系统的录入率和利用率，定期发布各类农产品供求信息。同时，鼓励连锁经营企业和农民专业合作社通过农超对接服务系统实时发布供求信息，逐步开展网上签约和交易试点。2011年，“全国农超对接进万村”行动在全国范围内开展，截至2011年底，全国开展“农超对接”的规模以上连锁经营企业已逾800家，从业人员200余万人，与超市对接的合作社已突破1.56万个，社员总数超过100万人。

各地涌现一批具有代表性的农产品电子商务模式。目前，全国各地已因地制宜创建了一批农产品电子商务新模式，为中国农产品电子商务发展提供了良好途径。例如，农民凭借自己的智慧，在淘宝开店售卖模仿的国外家具，带动当地家具制造业发展的江苏睢县“沙集模式”；依托自身资源优势，开展网络辅助销售的江苏沭阳县“堰下村模式”、河北清河县的“东高庄模式”和浙江义乌的“青岩刘模式”；以及福建兰田村党委书记创建的，包含有“农村电子政务、农村电子商务、农村信息社区”多种功能的“兰田模式”等。这些成功模式为其他地区开展农产品电子商务提供了借鉴。

全国农产品批发市场信息化建设进入新阶段。中国现有农产品批发市场4 300多家，其中交易规模在亿元以上的有950多家，中国从事农产品批发业的经营户有400万-500万户，就中国农业发展形势来看，未来农产品流通的主渠道仍是农产品批发市场。2011年，为切实推动农产品批发市场信息化建设、探索全国农产品批发市场信息工程规划及发展模式，由中华全国供销合作总社和中国供销农产品批发市场控股有限公司等联合发起的“全国农产品批发市场信息化工程座谈会”在北京召开，农业部、商务部和中华全国供销总社三个主管部门讨论了工程实施计划，全国农产品批发市场信息化建设工作进入新的阶段。

农民专业合作社信息化稳步推进。农业部主管的“中国农民专业合作社网”运行良好，发布了大量合作社的法律法规和政策信息，交流了大量各地指导、扶持和服务合作社发展的有益做法和经验，为各项工作任务的部署提供了渠道和平台。安徽、湖北、陕西等地逐步建立起省级农民专业合作社网，并实现与部网的链接，集部省两级合作社专业网站为一体的全国合作社网站群正在逐步形成，推进了部、省合作社两级电子政务平台建立，增强了合作社指导部门工作的开放性和透明度。2011年以来，利用合作社网的信息统计系统，采集了各省培育推荐的6 663家示范社相关信息，进一步发挥了政务平台在指导、扶持和服务合作社建设与发展中的作用。

农业管理信息化　“金农工程”一期（农业部本级）项目通过初验。2011年，“金农工程”一期初步建成农业电子政务平台，提升了农业部门决策、管理和服务“三农”的能力。初步整合和构建了有关农业信息资源数据库，建成农业监测预测、农产品和农业生产资料市场监管、农村市场和科技信息服务三大系统和一个农业综合门户网站，建立了农业电子商务标准体系，为全国农业信息化“标准先行”打下了基础。“金农工程”一期（农业部本级）项目顺利通过初步验收，18个省级平台完成验收，项目建设已达到预期目标，为进一步推进农业信息化建设奠定了基础，“金农工程”二期需求调研也开始启动。

信息技术向农业行业管理渗透不断深入。农业部强化对“春耕”、“三夏”、“三秋”时节的农机化生产工作部署，强调加强信息引导，及时收集、分析和发布机具供需、作业价格等市场信息，引导机具有序流动作业，重要农时农机调度信息化得以加强。草原监理、草原监测、草原防火信息化工作全面推进。种子行业基础信息收集和统计分析工作持续开展，各地拓展了统计内容，由单一的种子企业经营情况统计拓展到种子企业与种子管理机构的基本情况、业务发展状况、以及主要农作物繁制种情况。各省围绕对农业生产中需求量比较大的重点农药品种，从整个农药产业链每一个环节的价格变化，分析产品的生产成本、流通营销、市场供应等动态情况，深入细致地开展农药价格和供应情况调查工作，基本形成了常态化的信息采集机制。为做好饲料质量安全预警监测工作，农业部使用饲料及生鲜乳质量安全监测信息上报软件，强化了饲料质量安全监管手段，提高了饲料和养殖产品质量安全水平。

农村经营管理信息化开始推进。目前全国94.7%的县级农经机构具备接入互联网条件，平均拥有计算机4台；80.7%的乡级农经机构具备接入互联网条件，平均拥有计算机1.4台。北京、上海、山西、吉林、安徽、湖北等省市85%以上的乡镇建立了集体“三资”监管平台，从源头上避免或者减少了基层干部违规违纪问题的发生。全国农村土地承包合同管理信息系统逐步推开，已有超过1/4的县（区、市）实现了土地承包档案信息电子化，不少地方还建立了融合同管理、确权登记、流转服务、仲裁监管为一体的综合性信息平台。另有一些地方开展了一事一议筹资筹劳项目网上审核。

农业服务信息化　农业信息服务体系进一步健全。经过“十一五”的建设，“县有信息服务机构、乡有信息站、村有信息点”的格局基本形成。全国100%的省级农业部门设立了开展信息化工作的职能机构，97%的地市级农业部门、80%以上的县级农业部门设有信息化管理和服务机构，70%以上的乡镇成立了信息服务站，乡村信息服务站点逾100万个，农村信息员超过70万人。

“12316”“三农”综合信息服务平台不断升级。通过“三电合一”项目的积累完善，“12316”“三农”综合信息服务平台运行机制日益健全，服务功能不断增强，影响力逐步显现，农民对服务效果的满意度大幅提升。服务内容方面，平台服务已经有效综合，从过去的生产技术服务为主，逐步扩大到政策咨询、法律服务、市场商务等与农民生产生活相关的各个方面。服务手段方面，已从电话咨询向手机短信、网络视频、现场指导等多种手段相结合转变。

各地农业信息服务模式不断成熟并发挥实效。近年来，各地不断创新，纷纷探索具有地方特色的农业信息服务模式，如吉林的“12316”服务热线、浙江的“农民信箱”、宁夏的“平台上移、服务下延”、广东的“农业信息直通车”、海南的“农技 110”、上海的“农民一点通”和云南的“数字乡村”等，这些农业信息服务模式从农民的需求出发，并根据实际不断创新，开创了农业信息服务的新局面，促进了农民增收和农业增效。

存在问题

一是认识不到位。一些地方农业部门、农村基层干部和广大农民群众对农业农村信息化的重要性认识不足，没有充分认识到农业农村信息化在改变农业发展方式、促进城乡统筹、增加农民收入中的重要作用，导致一些地方对发展农业农村信息化缺乏积极性。

二是政策不明确。目前尚没有专门针对农业农村信息化的政策法规，各地缺乏面向涉农企业、农民专业合作社、农民的各种优惠政策，导致各地发展农业农村信息化的方向不明确、动力不足。

三是机制不灵活。农业农村信息化发展尚没有形成长效的运营机制，政府、涉农企业、电信运营商等主体在农业农村信息化推进过程中的角色如何定位尚没有形成统一认识。如何建立并完善农业农村信息化工作的长效运营机制是“十二五”时期农业农村信息化推进工作面临的一大难题。

四是技术不成熟。农业农村信息化发展处于起步阶段，国内尚没有大型农业信息技术产品公司，农业信息技术产品主要产自高校和科研院所的实验室，没有形成产业，可靠、准确、实用的现代信息技术产品十分缺乏，阻碍了农业信息技术的应用与推广。

五是管理不规范。农业农村信息化建设受到多个部门重视，多头并进、多措并举，为信息化的发展注入了生机与活力，也不可避免地出现了条块分割、各行其道的局面，管理工作缺少有效的统筹和协调。如何在现有管理体制下进行农业信息资源整合是农业农村信息化发展面临的又一难题。

【发展趋势】

一是农业信息化将由单一的政府推动向政府推进和需求拉动并重转变。目前的农业信息化依靠政府力量主导，各类企业已开始积极进入，而且初步呈现激烈竞争的态势。从长远看，政府力量和社会力量会并驾齐驱，社会力量会逐渐成为有生力量和强大力量，农业信息化的行为主体必然是多元化、社会化的发展趋势。如政府方面，从中央到地方各层都会推动，包括各级各地国家事业单位；如社团组织、农民专业合作社、农村经纪人；如电信运营商和 IT 企业；如各级各类的农业产业化龙头企业。之所以如此，是因为农业信息化既是一个明显的巨大的社会需求，也是一个潜在的巨大市场空间，实现新农业信息化同时寄托着政府目标的追求和企业利益的追求。

二是农业信息化将由以政务和服务为主向全面推进农业生产经营管理服务信息化转变。“十一五”时期，农业部开展了“金农”工程和“三电合一”项目，农业管理和服务的信息化水平不断提高，惠农效果明显。与农业管理与服务信息化相比，中国农业生产经营信息化刚刚破题，“十二五”时期，中国进入从传统农业向现代农业转变的关键时期，迫切需要各地各部门根据当地产业特色，对大田种植、设施园艺、畜禽养殖和水产养殖等农业生产的各种要素实行数字化设计、智能化控制、精准化运行、科学化管理，不断提高农业生产经营信息化水平。

三是 3G、物联网、云计算等现代信息技术的发展将使农业信息化从单项技术应用向综合技术集成、组装和配套应用转变。农业信息化的发展经历了单机时代、互联网时代，如今正向物联网时代过渡。农业物联网的典型特征是覆盖农业生产、经营、管理和服务各个环节，涉及到传感器、无线射频识别、无线传感网络、智能控制等现代信息技术，依靠单项信息技术很难实现，因此，中国农业信息化的发展将进入“全面感知，可靠传输，智能处理，自动控制”的现代信息技术集成应用时代。

[撰稿：张国　审稿：李昌健]

2011 年中国石化信息化建设综述

【综述】

2011 年，中国石油化工集团公司（以下简称“中国石化”）继续保持在央企的信息化水平前列地位，信息化对公司做强做优、实现健康快速发展起到了重要支撑作用。在 2011 年中国石油和化工行业两化融合推进大会上，中国石化被授予“融合创新奖”，所属的 36 家企业被授予“优秀实践奖”。

经营管理平台建设

ERP 系统 ERP 建设不断深入。ERP 建设在中国石化境外公司取得突破，ERP 应用已延伸至企业下属控股单位，实现了股份公司境内外单位全覆盖。ERP 系统功能进一步完善提升，实现了总部投资计划管理与 108 家企业 ERP 系统集成，提高了投资计划执行的控制力度；以企业 ERP 系统和股份报表合并系统（BW&BCS）为基础建成了油田经营管理分析系统，预算管控层级由二级单位延伸至采油厂，实现了油田板块统一在线预算管理和企业相关生产经营状况的及时掌握。

ERP 深化应用取得新成效。一是企业整体规范应用水平迈上新台阶，2011 年在总部月度监控指标增加 50%的情况下，企业规范应用问题数同比下降 67%。二是企业积极探索 ERP 应用的新领域、新方法，推进管理创新，支持管理决策，促进降本增效。油田企业应用 ERP 系统实现了井下作业的单井、单次成本核算，细化了成本核算单元，有效支撑了以吨油成本为管理目标的投入产出分析与效益评价；炼化企业将 ERP 与 MES 等专业系统集成，提高了生产、销售、采购、成本、费用等业务的协同运作能力和自动化处理水平，对管理层重点关注的生产经营指标进行深度数据挖掘和分析应用，有力支持了生产经营活动分析和管理决策；油品销售企业 ERP 应用向全业务覆盖方向发展，油品资源配置、管控能力和业务风险防范、资金风险防范能力大幅增强。三是总部应用取得新突破，计划、财务、审计、人事、企改、法律、监察等部门已将系统应用融入日常工作，逐步形成了新的管理模式；各事业部在预算管理、销售价格、经营过程监控分析等方面的应用水平也明显提高。

会计集中核算系统 在集团非上市部分，全面建成会计集中核算系统，实现了集团非上市企业的会计信息“一本账”，提高了会计核算业务的规范性；通过交易平台初步实现了集团内部交易确认、挂账和结算封闭运行，加速了内部交易结算流程，提高了关联交易的准确性、一致性。

在集团上市部分，股份公司会计报表合并系统（BW&BCS）全面建成投入使用，实现了直接利用企业 ERP 系统数据出具报表的目标，开创了“以账出表”、“以账汇表”的新模式，减少了人为干扰因素，提高了会计信息质量和报表编报效率。

资金集中管理系统 该系统在中国石化境内外企业全面应用，形成了以集团公司财务公司为平台，以资金预算管理为主要措施，以总、分账户运作为基础的“统一运作、统筹调控”资金集中管理模式，集团“资金池”作用得到进一步发挥，内外部结算量从 2008 年度 19 万笔激增到 2011 年度 1 300 多万笔。2011 年，中国石化境内外资金集中度超过 90%，集中结算金额同比增长 120%，节约资金运营成本成效显著。

人力资源管理（HR）系统 2011 年，中国石化加快了人力资源管理（HR）系统推广建设。截至年底，累计实施企业 78 家，实现了对组织、人事、时间、薪酬等 4 个方面的规范化管理。总部通过 HR 系统实现了对已上线企业的用工总量和工资总额等关键指标的在线下达和实时监控，提高了人事管理的集中管控和辅助决策能力。

合同管理系统 2011 年，中国石化统一开展了合同管理系统推广建设。该系统建设首次引入应用“云”技术，并实现了与 ERP 系统集成，提高了从合同起草、审批到合同执行各环节的工作质量和管理效率。

客户关系管理（CRM）系统 完成了辽宁、宁夏等

10省石油公司CRM系统建设，支撑了垂直化服务管理；优化提升了润滑油公司、化工销售公司CRM系统功能，提高了运转效率和服务能力；建成了化工产品价格分析系统，为合理定价、锁定盈利、确定销售策略提供了支撑，提升了化工销售分析和营销决策能力。

数据仓库与商业智能系统 中国石化以企业ERP、MES系统为主要数据基础，加大数据仓库（BW）、商业智能（BI）系统建设与应用深化力度。在总部层面，以专业化管理、一体化管控和集成化应用为目标，完善提升了油田经营管理分析、化工产品价格分析、炼化生产经营管理、成品油及非油品销售管理、物资供应监控分析以及税务管理等系统功能。在企业层面，以技术经济指标查询、趋势分析、目标成本考核为主题，推进生产运营及经营管理监控分析系统建设。总部和企业管理层利用数据仓库（BW）与商业智能（BI）系统方便快捷地开展综合查询、对标管理和绩效分析，为生产经营决策提供了支撑。

生产营运平台建设

总部生产营运指挥系统 该系统在集成应用方面取得新突破。在生产运行日动态数据方面，实现了与19家炼化企业MES系统、1.5万座加油站经营动态、33家炼化及销售企业重点装置、罐区视频监控的集成，实现了与部分企业应急指挥中心的应急联动。总部与企业的数据集成度有较大提升，提高了炼化板块生产营运动态数据分析质量和工作效率。在企业“装置级”实时运行管理方面，实现了对炼油板块六大类装置开停工的实时报警。2011年，对27家企业120余次装置停工进行了实时报警，提高了炼油装置运行的异常处置能力。

供应链与物流管理系统 生产计划优化模型（PIMS）系统实现全面升级，整体资源配置能力进一步提升，优化效果显著。2011年，炼油企业利用新模型共测算生产方案782个，实施优化方案398个，全年综合降本增效超过11亿元；化工企业在新模型中统一规范了化工装置的投入产出物料名称，为化工小板块的考核和管理提供了支撑；新建成的华北、沿江两个区域性优化模型，已用于华北、仪长管线的原油管输方案优化，以及两个区域内企业的原油资源配置和企业间产品互供等整体优化工作，降低原油采购成本作用明显，区域内协同生产能力得到提高。

油田企业数据资源等系统的推广应用 源头数据采集在9家油田企业完成推广。共有近百个二级单位、2 271个基层队、7万多口油气水井的生产数据实现了每天及时规范采集，日入库数据量12万多条，油气水等开发生产主要指标数据实现了“数出一门”和规范管理。

自主知识产权软件推广和集成应用不断深入。钻井工程系列软件已成为钻井设计的必备工具，正在逐步取代国外进口软件，已累计完成1.2万余口井的钻井设计，平均单井设计工期大幅缩短；NEWS油气藏综合解释软件已应用于国内20多家单位的50多个区块，完成了10个科研、生产项目，正在逐步取代国外进口软件；DGR3000地质图形工具软件已安装应用230余套，有效解决了石油地质图件绘制、管理和图册制作等问题，成为中国石化编制年度油井开发部署图册的专用软件。

油气集输与注水系统扩大试点应用取得成功。该系统在江苏、中原等油田企业扩大试点应用后，节能效果明显。其中，江苏油田应用该系统后，每年减少碳排放1.1万吨，综合节能率达到5.7%；中原油田2个采油厂应用该系统5个月，已节气近百万立方米，节电21万千瓦时，年节能降耗4%以上。

炼化企业MES、APC等系统的推广应用 生产执行系统（MES）建设实现了主要炼化企业全覆盖，MES应用企业达到30家。通过系统应用，促进了企业精细化管理，提高了管理效率，物料管理实现了“班跟踪、日平衡、旬确认、月结算”，生产数据实现了“数出一门，量出一家”，数据准确性提高10%以上，统计平衡时间由原来的2~3天缩减到十几个小时，支持了财务月结提速。

先进过程控制系统（APC）已在25家炼化企业的122套生产装置建设应用，平均投用率达到90%，系统在控制质量、提高产品收率、节能降耗等方面作用显著，全年增创效益超过5亿元。

实验室信息管理系统（LIMS）在炼化企业全覆盖应用，统一了质量管理标准，规范了化验分析业务流程，提升了企业的产品质量管控能力。

销售企业加油卡、零售管理等系统的推广应用 中国石化加油卡系统在宁夏、辽宁等9省石油公司完成部署，新增了消费联机交易、明折明扣、站级一体化管理等功能。至2011年，中国石化加油卡系统已覆盖全国

29 个省、市、自治区，卡机联动加油站数量达到2.37 万座，发卡量超过 7 000 万张，持卡消费比例超过 30%，实现了“一卡在手，全国加油”。

零售管理系统在总部和企业全面建成。基层加油站的人财物、数质量、安全、油站改造等基础管理实现了信息化，加油站经营数据上报及时率达到 99%以上，支撑了总部、省市、片区、加油站四个层面的管理控制与监督分析，零售业务的精细化管理水平和业务拓展能力得到提高。

非油品管理系统全面实施。支撑了 1.9 万多座易捷便利店的商品进销存管理，非油品业务的供应商、商品等主数据标准化率达到 99%以上；促进了非油品业务规范管理，便利店资金管理和存货管理得到明显改善；实现了非油品经营数据的集中管理，为总部统一采购和非油品经营分析提供了支撑。

科研和工程建设单位的系统建设与应用 科研单位开展了勘探开发、炼油技术管理等远程技术服务。通过三维远程应用技术，为境内外勘探开发综合研究提供服务，实现了境外 1 000 多口开发井的生产动态数据及时掌握，保障了境外勘探开发工作顺利进行；通过研发石油工程决策支持系统，实现了钻井远程实时预警、卡点计算、测斜数据处理等应用，在元坝地区钻井生产中发挥了远程决策指导作用；通过炼油技术分析与远程诊断系统，对所有炼油企业的炼油装置运行进行远程分析评估和网上巡检，提高了技术服务效率和炼油技术管理水平。

炼化工程企业初步构建了协同工作平台。通过将三维设计、文档管理、综合项目管理、施工管理等专业系统集成，初步建立了基于网络的协同工作平台，进一步发挥了信息系统的整体效能，提高了设计质量，缩短了建设周期，降低了工程费用，提高了炼化工程企业竞争力。

信息基础设施与运维平台建设

信息基础设施建设与应用 进一步完善企业网络。完成了 50 多家非上市企业网络提升，建成了新疆、上海、广东等 5 个区域网络中心和香港网络分中心，开通了沙特阿拉伯、巴西、英国等 12 个国家和地区的境外网络专线，建设了临时灾备机房。

全面开展信息安全等级保护工作。制定了信息系统等级保护标准，完成了 83 家单位 1 000 多个信息系统的定级审查；完成了集团和股份公司网站、成品油物流管理系统、油品销售数据仓库（BW）系统等三级系统安全防护合规建设；完成了 147 家企业主干网络安全提升，在 103 家企业部署了数字证书管理系统。

运维支持体系建设 进一步完善总部和企业两级运维支持体系。提升了信息标准化平台功能，整合了总部标准化管理运维队伍，提高了主数据标准化运维质量。在总部，总部 ERP 支持中心牵头组织开展了企业 ERP、MES、APC 等系统规范应用监控检查工作，总部 IT 运维中心增加了 MES、BW&BCS、资金集中管理等系统的统一运维服务内容。在企业，由信息部门技术人员和业务部门关键用户组成的运维队伍为业务人员提供系统操作支持。总部和企业已有 5 000 多人的运维队伍支持经营管理、生产营运和基础设施“三大平台”的平稳运行。

信息化管理

信息化考核评价 完善信息化考核评价机制。修订了企业领导人信息化绩效考核管理办法，完成了 2011 年度企业高层管理人员 ERP 应用绩效考核；修订完善了企业信息化水平评价办法，组织开展了企业信息化水平评价工作，2011 年度参评企业 101 家，共评出 A 级企业 50 家，B 级企业 37 家，C 级企业 14 家。

推进信息化“比学赶帮超”工作。组织开展了 ERP、MES、APC、油田源头数据采集等多个信息系统的应用达标、竞赛活动，推动企业信息化应用水平持续提高。评出 ERP 系统应用综合先进企业 19 家、模块先进企业 27 家；MES 系统达标率由 22%上升到 100%；APC 系统平均投用率达到 90%；油田源头数据采集的及时准确率、规范应用率明显提高。

信息化队伍建设 建立常态化的信息化培训机制。2011 年，总部统一组织了 ERP、MES、APC、油田源头数据采集等重点系统应用、信息基础设施维护和安全防护以及新技术知识培训，共培训企业领导、专业处长和关键用户 2 万多人次；企业自行组织各类信息化培训班上万个，培训员工 30.6 万多人次。

推动信息化人才成长通道建设。总部组织了“十一五”信息化先进评选活动，表彰了一批先进集体和先进个人，其中有 2 人被集团公司授为突出贡献专家；企业组织开展了信息化专业首席专家和技术技能职称评定工作，选拔出一批技术水平高、管理能力强的信息化专业人才。

信息化标准管理 完善信息标准化管理体系，提高了ERP、HR、合同管理等系统主数据应用质量，完成了ERP集中服务器物料编码转换工作，开展了生产层面信息标准化的研究与应用；制定HSE标准化编码1 300项，涵盖了安全、环保、职业卫生、应急管理等HSE主要业务类别和指标标准；发布勘探开发源头采集和业务模型标准51项，编制图层、图幅标准6项，基本形成了涵盖勘探开发生产主营业务的数据和业务模型标准。

新技术应用 物联网技术在化工销售物流管理中取得应用突破，已有6 000多台车辆、4 000多台自备罐车运行动态纳入监控，危险化学品公路运输的实时监控面达到95%以上；开展了中国石化企业云总体规划、方案的编制工作，搭建了ERP、加油卡等系统的开发测试云环境，为加快云计算的研究和应用创造了条件；共享服务在炼油技术管理领域取得突破，开发了炼油技术分析及远程诊断系统，已在集团公司106套加氢类装置上完成实施，并在常减压、催化裂化、延迟焦化等装置上进行了试点，实现了生产数据、工艺模型及专家资源的共享，支撑了科研单位技术服务、炼油企业生产优化和总部炼油技术管理等工作。同时，“智能工厂”、“智能油田”试点建设稳步推进。

[撰稿：王景涛 审稿：姜晓阳]

2011年中国信息技术应用综述

【综述】

2011年，中国信息技术及产品在工业各领域的应用持续深化，综合集成度不断提升，与汽车、船舶、机械装备、新型材料等产业加速融合，开辟了越来越广阔的市场空间。特别是随着节能环保、高端装备制造、新能源汽车等战略性新兴产业的崛起，信息技术在经济和社会各领域将逐步得到更深入的应用，形成一批辐射范围广、带动作用强的新增长点，为电子信息产业持续稳定健康发展提供保障。

工业和信息化部作为产业主管部门，高度重视信息技术应用工作，不断加强政策环境建设，发布的《电子信息制造业“十二五”发展规划》中明确指出，要“支持信息技术企业与传统工业企业开展多层次合作，推进信息技术和产品在工业各领域的广泛应用，提升工业研发设计、生产制造、营销服务等环节的自动化、智能化和信息化水平，支持应用电子产品和系统的研发及产业化，切实推动两化深度融合。推进信息技术和产品在交通、能源、水利、环保等领域的深度应用，加快国计民生重要领域基础设施智能化进程；大力推进信息技术和产品在医疗卫生、交通运输、文化教育、就业和社会保障等领域的广泛应用，提高公共服务水平。”同时确定，将“重点应用电子产品”作为电子信息制造业“十二五”期间三大重点工程之一；利用电子信息产业发展基金“倍增计划”技术改造基金等多种渠道，积极推动信息技术在各领域的广泛应用，加强产用合作，支持信息技术企业与传统工业企业开展多层次合作，提高工业自动化、智能化和管理现代化水平，推动综合集成应用与业务协同创新，促进两化深度融合，进一步提升产业为国民经济和社会发展支撑服务的能力；同时，加大信息技术在农业生产、经营、管理和服务各环节的应用，促进农业集成化信息管理，提高农业生产效率。

信息技术应用成效

信息技术在传统产业应用范围逐步扩大 2011年，信息技术和产品在工业各领域广泛应用，工业研发设计、生产制造、营销服务等环节的自动化、智能化和信息化水平不断提升，应用电子产品和系统的研发及产业化持续推进。原材料、装备、消费品工业企业普遍利用计算机辅助设计、系统仿真等技术开展研发设计，主要行业大中型企业数字化设计工具普及率超过 60%，自主创新能力大幅提高。石化化工企业生产过程自动化水平明显提高，大部分企业已装备过程控制系统、测量和控制装置。集散控制系统、可编程控制系统和工控机系统已成为大中型企业的主要装备。小型骨干企业已具有比较成熟的控制系统和低成本自动化成套技术，实现了生产信息在车间的集成。2011 年底，石化行业生产企业底层自动化比例达到 93%。汽车、飞机等行业实现了研发设计与生产制造系统的综合集成，产业链协同设计体系日臻成熟，降低了研发成本，提高了研发效率。芯片、嵌入式软件等信息技术广泛应用于各类工业产品，改善了产品功能和性能，提高了产品附加值。

应用电子产品不断创新发展　2011 年，汽车电子、机床电子、医疗电子、船舶电子、智能交通等应用电子得到大力发展，新技术、新产品相继涌现，有效推动传统汽车、机床行业向现代化生产方式转变，实现高倍率的效益增长，为形成电子信息产业新的增长点奠定了基础。车载电子产品国产化率不断提高，汽车控制系统及产品已具备一定产业化基础，机床控制系统研发取得突破，国产数控机床技术水平明显提高。机械、船舶、汽车、纺织、电子等行业生产设备和重大技术装备的数字化、智能化、网络化改造步伐加快，钢铁、石化、有色金属、纺织、医药等行业过程控制和制造执行系统全面普及，关键工序数自控化率超过 50%。为促进中国医疗电子产业发展，工业和信息化部组织开展医疗电子专题研究，并会同卫生部、国家标准化管理委员会，建立了中国电子工业标准化技术协会数字医疗设备与系统标准工作委员会。指导举办“中国电子工业标准化技术协会数字医疗设备与系统标准工作委员会成立大会暨首届会员大会”。工业和信息化部还加大对移动医疗服务创新试点探索的力度，进一步探索感知技术、位置服务等信息技术在移动医疗中的应用。

信息技术在安全生产管理中的应用日益深化　信息技术已逐步渗透到工业生产各个环节。在安全生产领域，深化信息技术应用可以提高预测、预判、预控的能力，促进安全生产管理从静态到动态、从被动到主动、从程序管理到工序管理的转变；在生产过程，设备经数控化改造后，可在应对事故时借助信息系统调配各种资源；在仓储运输环节，利用 RFID、物联网技术能够实现动态实时监控，从而推动安全生产管理的创新。2011 年，工业和信息化部贯彻落实《国务院关于进一步加强企业安全生产工作的通知》精神以及国务院关于安全生产工作的一系列部署安排，及时总结两化融合促进安全生产工作经验，推动两化深度融合，提高工业企业生产安全水平。安全生产信息化正在从分散孤立走向集成应用，成为企业两化融合的重要突破口。

重点行业应用信息技术节能降耗水平进一步提升　信息技术在企业能源管理和控制领域的应用空间广阔，部分高耗能行业的企业在能源管控方面已取得成效，获得有益的实践经验，但一些有效和成熟的技术面临在行业推广应用的任务。工业和信息化部在重点领域整合技术提供方、技术实施单位和技术推广单位的优势，集中力量在若干基础较好的行业实现能源管控技术的突破，并将此作为今后一个时期内信息技术应用的一项重点工作，协调更多资源投入这些领域。

全国信息技术应用

逐步落实各项政策，深化信息技术应用相关政策研究　2011 年，工业和信息化部、科学技术部、财政部、商务部、国有资产监督管理委员会联合印发《关于加快推进信息化与工业化深度融合的若干意见》，推动信息技术在企业生产经营和管理的主要领域、主要环节得到充分有效应用。《电子信息制造业“十二五”发展规划》确定将重点信息技术应用列为电子信息制造业“十二五”期间重点建设的三大工程。为推动政策落实，工业和信息化部加强了对相关技术研发与产业化的支持力度。各项政策的逐步落实促进了信息技术融合应用，降低了生产能耗。信息技术应用成为实现绿色生产、低碳经济的重要手段，显著提升了电子信息产业对两化融合的支撑能力。

大力推进电子信息产业发展基金支持信息技术应用示范　2011 年，工业和信息化部结合信息技术应用热点，利用电子信息产业发展基金支持了一批汽车电子、医疗电子、机床电子研发和产业化项目；同时，利用信息技术应用“倍增计划”3 000 万元资金重点支持了信息技术产用结合项目，以及自主可控技术产品的市场推广和行业应用。通过资金支持具有较强引导性和示范性的信息技术应用项目，激发和鼓励各方加强应用工作积极性，并引导广泛的社会资源投入应用领域，支持传统产业技术改造、结构调整与产业转型升级，推广重点信息技术产品，为推动信息化和工业化深度融合、带动产业全面发展发挥了积极作用。

推动建立面向行业的信息技术应用共性技术支撑和服务平台 行业信息技术应用工作存在很多基础性和共性技术因素，适合建立公共技术平台，并通过提供信息沟通和技术支持实现自身的可持续发展。工业和信息化部因势利导，鼓励和支持有条件的行业加强和完善本行业共性技术支撑和服务平台的建设工作，有效推动了信息技术开发部门与各工业行业应用部门之间的协作和配合。通过建立信息技术应用公共服务体系，提供技术标准、测试环境、软件构件库、工具软件库、信息服务等优质、高效的公共服务，形成应用信息技术加快传统产业改造和高新技术产业发展的公共服务环境，帮助企业解决发展中所遇到的关键及共性问题。2011年，重点启动绿色电子平台的建设工作，以支持电子产品生态设计、节能降耗、废弃回收技术、政策研究，为后续绿色电子产品体系的建立提供有力支撑。

存在问题

一是中国信息技术应用相关政策法规不健全，尚未建立起相应的政策体系和机制。信息技术应用鼓励性政策不足，对行业应用深度和广度的引导与支持力度不够；保障信息技术应用水平和应用效果的标准规范未成体系，信息技术应用、信息系统和信息化建设全过程缺乏有效的规划和监督。二是信息技术自主创新能力不足，核心技术和关键设备对外依存度高。中国信息技术应用产品特别是软件和大型应用系统不能满足国内市场与应用需求，结构性矛盾突出，不少重大信息系统工程依赖国外技术和产品，信息安全存在隐患。三是重产业、轻应用，重产值、轻效益的思想严重，技术产品研发与应用服务脱节，支撑服务体系有待完善，信息技术应用水平落后于实际需求。

【发展趋势】

信息技术应用推动两化深度融合支撑能力提升 加快促进信息技术成果在传统制造业中的推广与应用，推动企业技术改造，加强信息技术在装备制造、航空、建材、石化、钢铁、煤炭、纺织、制药、食品加工等领域的深化应用，将有效推动传统生产设备和工艺流程的改造，显著提升各类工业设备的利用效率，带动行业整体水平的提高，推动传统工业产业向价值链高端迈进。

信息化的深入应用促进信息技术应用产业发展 宽带化、移动化、泛在化、融合化、智能化是现代信息通信网络和技术发展的趋势，尤其是近年来移动互联网的蓬勃兴起和移动智能终端的快速创新，为信息化在经济社会各领域的应用创新带来新的机会，信息技术应用产业将迎来发展机遇。国家相关工程的实施将促进信息技术在交通运输、医疗卫生、文化教育、就业和社会保障等领域应用，带动工业控制、机床电子、汽车电子、医疗电子、金融电子、电力电子等应用电子产品及相关服务发展。

绿色信息技术深入应用催生新增长点 绿色信息技术对于低碳节能的作用日益显著，其广泛渗透和深度应用将催生新的增长点。目前受到世界广泛关注的智慧城市等概念就是新一代网络和信息技术的深度应用，将促进工业产品、基础设施、关键装备、流程管理的智能化和制造资源与能力协同共享，推动产业链向高端跃升。信息技术与环境友好技术、资源综合利用技术和能源资源节约技术的融合发展成为产业一大热点，半导体企业将更多投入到低功耗芯片的研发，PC、消费电子等企业除关注能耗问题外，还将注意原材料的环保性、可回收循环利用等绿色要素。信息技术与工业研发设计、流程控制、企业管理、市场营销、人力资源开发等工业产业链各环节的融合，将改造提升传统工业；信息技术与不同工业行业的融合，将不断培育和促进新兴产业的发展。通过绿色信息技术促进节能减排、发展低碳经济并创造新的经济发展动力是电子信息产业发展的趋势。

[撰稿：于明　审稿：杨旭东]

2011 年国家金卡工程发展综述

【综述】

2011 年，中国金卡工程努力追求创新和可持续发展。银行卡加强安全监管，芯片化进程明显加快，促进了技术创新与结构调整；金融 IC 卡与重点行业及地方 IC 卡应用的结合取得明显实效，为实现“一卡多用”做出了积极贡献。一年来，金卡工程顺应全球信息技术与信息化发展趋势，紧紧围绕移动支付、3G 新业务开拓、物联网感知技术新应用，以及中国加速三网融合带来的难得历史机遇，积极探索应用发展新模式，不断创新工作思路，在相关标准研制、公共服务平台建设以及信息安全保障体系建设方面取得了新进展，并为中国物联网发展打下了坚实基础。

金融 IC 卡应用

央行推动芯片化进程 2011 年 3 月，中国人民银行发布《中国人民银行关于推进金融 IC 卡应用工作的意见》（以下简称《意见》），决定在全国范围内正式启动银行卡芯片迁移工作。《意见》指出了“十二五”期间推进金融 IC 卡应用的总体目标，并就金融 IC 卡受理环境改造、商业银行发行金融 IC 卡提出了时间表。要求中国工商银行、中国农业银行、中国银行、中国建设银行、交通银行、招商银行和中国邮政储蓄银行在 2011 年 6 月底前开始发行金融 IC 卡，其他商业银行发行金融 IC 卡的时间为 2013 年 1 月 1 日；2015 年 1 月 1 日起，商业银行发行的、以人民币为结算账户的银行卡均为金融 IC 卡。

金卡工程推动移动支付发展 金卡工程积极支持银行卡应用不断创新支付业务。近年来，手机支付、互联网支付、电话支付和数字机顶盒支付等电子支付工具进一步普及，不仅方便了持卡人，也使中国电子支付体系初步建成，逐渐变成非现金国家。

手机是中国最具发展潜力的电子信息产品之一。2004 年金卡工程率先启动物联网感知技术 RFID 应用试点，并与多功能卡移动支付结合，拓展了一批手机移动互联网新型应用。2011 年，中国移动支付市场规模增长迅速，尽管仍处于初级阶段，但其巨大的发展潜力已经吸引金融机构、运营商、第三方支付等企业纷纷布局。据央行数据，2011 年底，中国移动支付客户数达 1.45 亿户，比 2010 年增加近六成。据调研统计，60%以上从事移动支付的企业制定了移动支付战略并提供移动支付服务。

2011 年，中国多数移动支付业务与产品还处于试商用阶段，尚未形成成熟的商业模式，整体处于初创期。远程支付发展相对成熟，已有成熟产品，如手机支付宝等；近场支付领域发展相对缓慢，仍以金融机构、运营商和行业的城市商业试点为主。预计未来 3-5 年，近场支付普及率会进一步提高，有望成为主流支付手段。

智能 IC 卡应用

截至 2011 年底，已有 23个部门、行业，40 多个试点城市参与国家金卡工程建设，智能 IC 卡已在各行各业及社会生活各领域得到广泛应用，发卡总量已达 80 多亿张。电信智能卡、第二代居民身份证（非接触 IC 卡）、劳动社会保障卡、各种公用事业收费卡和智能交通卡、医疗卫生卡、加油卡、旅游卡等行业性 IC 卡应用，以及试点城市“一卡通”工程建设不断深入，IC 卡应用在电子政务、电子商务、百姓生活及社会活动中不断取得新成果，各类 IC 卡的功能拓展与相互融合，更加快了多功能卡应用的推进步伐。智能卡的广泛应用对提高各行业及各级政府部门的现代化管理水平，对于实施政务公开、建设服务型政府，为改善民生、方便百姓生活、推动国民经济和社会信息化进程都发挥了不容忽视的重要作用。

金融 IC 卡与社保卡结合 在人力资源和社会保障部的全面推动下，社会保障卡的金融功能日益丰富，承载的内涵更多。截至 2011 年 11 月底，全国已批复 230

多个地区发行社会保障卡，实际持卡人员达到1.76亿人。从发卡量上来看，2011年发卡8 700万张，一年的发卡量相当于“十一五”期间五年的总和。根据《国民经济和社会发展第十二个五年规划纲要》的部署，“十二五”期间，全国统一的社会保障卡发放数量将达到8亿张，覆盖60%人口。社会保障卡未来的市场空间巨大。

2011年5月，央行下发《关于选择部分城市开展金融IC卡在公共服务领域中应用工作的通知》，决定在上海、广州、成都等47个城市同时开展金融IC卡在公共服务领域中的应用工作。8月，人力资源和社会保障部、中国人民银行联合发出《关于社会保障卡加载金融功能的通知》，要求各地做好社会保障卡加载金融功能的工作。2011-2012年为试点阶段，共同制定总体方案、标准规范，确定应用模式和管理机制，并在具备条件的地区进行单芯片卡应用试点。2013年起开始全面推广，所有地区新发卡均采用单一芯片卡。在相关部委、各级政府、商业银行、中国银联和产业界共同努力下，2011年，中国金融IC卡工作取得了重点突破。

截至2011年11月，中国已累计发行金融IC卡1 800多万张，主要商业银行均已发行金融IC卡，遍布全国近98%的直联POS终端和约50%的间联POS终端已完成改造，可正常受理金融IC卡。金融IC卡在安全性、便利性、标准性、经济性和创新性等方面都具有独特优势。2011年，加载金融功能的社会保障卡为金融IC卡在公共服务领域的应用提供了一大平台，为金融IC卡跨行业应用开拓了广阔的空间。截至2011年10月底，加载金融功能的社会保障卡持卡人已达到1.63亿人。

智慧城市建设　2009年以来，全国掀起以物联网产业为核心的“智慧城市”发展热潮。资料显示，国内23个城市提出了智慧城市建设规划。北京、上海、杭州、深圳、南京等地相继启动“智慧城市”建设，并将“智慧城市”上升为城市转型发展的核心战略。

为了将各地智慧城市建设进程中所取得的成果、可借鉴的经验及时传播出去，避免城市建设的短期跟风行为以及低水平重复建设造成的资源浪费，2011年8月，在国家金卡工程协调领导小组办公室的指导下，由物联中国发起，国家金卡物联网应用联盟、中国信息产业商会、中国RFID产业联盟、中国国际贸易促进委员会电子信息行业分会、中关村物联网产业联盟、中国中小企业协会等行业机构以及北京电视台、赛迪网、新浪科技、科技日报等三十多家权威媒体，共同组织实施了“寻找中国智慧城市”活动。通过对南京、宁波、杭州、深圳、上海、佛山、无锡、重庆、成都、北京十个城市进行走访、考察，坚持“以人为本”，以民生改善为重点，关注物联网技术应用为百姓生活带来的便捷智慧的生活方式和民众对智能化生活所提出的更多需求，同时关注各地政府在城市智能楼宇、智能交通、智能电网、智能物流、智能学校、智能医疗、智能环保等领域的建设规划与成果。调研结果表明，“智慧城市”将伴随物联网应用的普及与逐步完善而大步前行，推动中国信息化建设在更高层面、向更广领域纵深发展。

物联网发展

2011年，中国已形成基本齐全的物联网产业体系，部分领域已形成一定市场规模，网络通信相关技术和产业支持能力与国外差距相对较小，传感器、RFID等感知端制造产业、高端软件与集成服务与国外差距相对较大。仪器仪表、嵌入式系统、软件与集成服务等产业虽已有较大规模，但真正与物联网相关的设备和服务尚在起步。

中国物联网发展的重要应用基础来自于国家金卡工程的务实推动。早在20世纪90年代，中国就开始了物联网产业的相关研究和应用试点的探索，金卡工程非接触式智能卡已广泛用于不停车收费、路桥管理、铁路机车识别管理、电子证照身份识别等方面，开展了成功试点和规模应用。特别是电信智能卡整合电子钱包功能推出的移动支付应用，手机做为RFID读写器开展的食品、药品安全管理与贵重物品的识别防伪，以及遍布30个试点城市的“一卡通”工程应用，形成了一系列利民惠民工程，推动了社会信息化进程，并取得明显成效。在此基础上于2004年启动了物联网的重要应用——无线射频识别RFID的行业应用试点工作。

RFID的行业应用试点主要涉及农业领域的生猪、肉牛的饲养及食品加工的实时动态、可追溯管理；工业领域的煤矿安全生产、对矿工的安全监护；工业生产的托盘管理；药品及烟酒的动态可追溯监管；物流领域的邮政包裹、民航行李、铁路货车调度监管、远洋运输集装箱等；工业钢瓶等危险品的跟踪管理，军用物资供给、军械及电子伤票动态管理等；在城市交通、公路、水运等交通管理以及涉车涉驾的智能交通综合应用等领域的 RFID 应用初见成效。

《物联网在中国》系列丛书编撰出版 在国家金卡工程协调领导小组办公室的倡导和组织下，“物联网在中国”系列丛书（以下简称“系列丛书”）编委会自 2010 年 8 月成立以来，已做了大量工作。鉴于该系列丛书涉及内容符合国家“十二五”规划，有利于国家首批战略性新兴产业——新一代信息技术的发展，对推进三网融合、加快物联网产业与应用发展、推动中国信息技术应用与国家信息化建设在更高层面、向更广领域纵深发展具有重要作用，国家新闻出版总署已将其列为“‘十二五’国家重点图书出版规划项目”。2011 年，该系列丛书获得国家出版基金资助，编写及评审工作基本完成，首批 20 余分册将于 2012 年 9 月首发。

各级政府重视物联网发展 2011 年，国务院和中央各部委努力营造物联网发展的良好环境，发布了一系列促进中国物联网产业与应用发展的政策措施、发展规划、专项基金、示范工程等，从多个层面全面推动物联网发展。参与国家金卡工程建设的各相关部门、行业和地方继续推动物联网产业与应用发展：2012 年 2 月，工业和信息化部发布了《物联网“十二五”发展规划》，部署了物联网在未来的发展重点。根据国家战略要求，结合地方经济社会发展实际，各地方纷纷出台物联网产业发展规划，为地方物联网发展营造了良好发展环境。已有 14 个省、直辖市和 9 个城市出台物联网专项规划、行动方案和发展意见。同时，各地抓住物联网发展机遇，筹划兴建物联网产业园，积极组织物联网企业、科研院所、高等院校、运营商等成立物联网产业联盟。

标准化工作

国内与物联网相关的标准组织 截至 2011 年底，中国与物联网相关的标准组织主要有：电子标签标准工作组、全国信息技术标准化技术委员会电子支付标准工作组、国家金卡工程移动支付标准工作组、全国智能建筑及居住区数字化标准化技术委员会、国家传感器网络标准工作组、中国通信标准化协会泛在网技术工作委员会、中国物联网标准联合工作组、国家物联网基础标准工作组等。

RFID 标准工作进展 目前，中国 RFID 国家标准立项 31 项，电子行业标准立项 16 项，涵盖了术语、空中接口协议、数据内容、测试方法、应用规范等方面。

2011 年，RFID 行业标准取得多项进展，除了交通部推动的《集装箱-RFID 货运标签系统》成为中国首项国际标准外，多项标准提案获得批复成为国家标准、地方标准和行业标准。

移动支付标准工作进展 目前列入国家标准计划的在研项目共 5 项，包括：

2008 年 6 月，国家标准化管理委员会向信息技术标准化技术委员会下达的两项国家标准制定任务：（1）《信息技术 系统间的无线通信和信息交换 近距离无线通信接口和协议》（20080546-T-469）；（2）《信息技术 系统间的无线通信和信息交换 近距离无线通信接口和协议-2》（20080547-T-469）。

2009 年初，国家标准化管理委员会向信息技术标准化技术委员会下达的三项国家标准制定任务：（1）《信息技术 基于射频的移动支付 第 3 部分：终端设备》（20081383-T-469）；（2）《信息技术 基于射频的移动支付 第 4 部分：应用管理和安全》（20081381-T-469）；（3）《信息技术 基于射频的移动支付 第 5 部分：测试方法》（20081382-T-469）。

物联网标准工作进展 截至 2011 年底，国家传感器网络标准工作组（WGSN）已成立 14 个标准项目组，2011 年 10 月正式发布传感网《总则》、《术语》等 6 项传感器网络标准征求意见稿。中国通信标准化协会泛在网技术工作委员会（CCSA TC10）已立项 58 项，有 12 项完成报批，11 项送审。电子标准工作组已有 RFID 国家标准立项 31 项，电子行业标准立项 16 项，其中已进入报批阶段的标准项目有 10 项。国家物联网基础标准工作组已成立总体、标识和信息安全三个项目组，正在组织标准立项建议工作。行业物联网应用标准工作组以首批物联网应用示范工程为依托，正在组织标准项目的立项申报工作，如公共安全行业正在组织 2012 年标准的立项申报工作。一些行业与物联网相关的标准已实施，8 项智能交通国家标准于 2011 年 12 月 1 日起正式实施。行业物联网标准体系的建立，对物联网基础标准体系的建设起到了积极的推动作用。

【2012 年工作重点】

2012 年是实施“十二五”规划的关键之年，国家金卡工程建设重点工作如下：

一是全面贯彻落实党的中央经济工作会议精神，坚持科学发展，继续为改善民生、促进社会和谐扎实工作，努力开创工作新局面。

二是紧紧围绕国民经济和社会发展第十二个五年规划的建议以及物联网相关发展规划，坚持“以人为本”科学发展，加快转变经济发展方式，加强创新工作机制与合作模式，继续执行国家金卡工程协调领导小组2008年颁布的《国家金卡工程全国IC卡应用（2008-2013年）发展规划》，齐心协力，认真完成各项目标任务。

三是银行卡应用要认真贯彻央行推出的一系列涉及银行卡发展的重要政策措施，把推广金融IC卡作为重大金融战略，继续加快芯片化进程，加强与行业IC卡及城市“一卡通”工程应用的结合；要特别关注移动支付、手机多元化应用带来的巨大市场需求，加强协调、形成合力；抓住3G商用、三网融合以及物联网发展带来的新商机。要努力化解风险、强化风险控制、加强安全监管，防范电子商务中的欺诈行为，确保电子银行与电子支付应用的安全和人民财产的安全。

四是智能卡与RFID应用要始终坚持“利国惠民”大方向，积极拓展行业性应用，加强城市信息化的综合应用，促进一卡多用的规模化发展；重视和加强网络与信息安全保障体系建设。

五是要加快培育和发展战略性新兴产业，高度重视金卡工程建设对中国电子信息产业、软件业、通信运营业及信息服务业的巨大需求拉动，重视关键核心技术产品的研发及产业化。信息产业界要认真做好为金卡工程配套与技术支撑工作，使中国信息化建设真正植根于国内产业发展的坚实基础上。

六是金卡工程物联网应用联盟和城市卡运营联盟要抓住物联网发展机遇，工作要狠抓落实，在工作模式和发展方式等方面要转换观念，有所突破。2012年要重点突破移动支付相关标准的研制及中国物联网标准联合工作组的工作协调与相互配合，推动标准化的制修订工作。

七是认真做好金卡工程RFID应用与中国物联网发展的统筹规划和相互衔接，紧紧抓住“感知中国”与今后物联网发展的机遇，抓好典型应用示范与公共服务平台建设，推动相关服务业发展。

八是要充分发挥金卡工程这支国家级团队的作用，高度重视跨部门与地区的团结协作和联合共建公共服务平台，以及培训、检测、认证、咨询服务等信息服务业建设，不断更新观念、创新机制，完善管理方式，共同支持国家金卡工程物联网应用联盟的创立和发展。

九是加强国际技术交流与合作，推动中日韩、中欧、中美、中国-东盟等各项国际与区域性合作项目的落实，努力提高工作起点，实施创新、合作、共赢的开放战略。

【统计数据】

表 1　国内主要物联网联盟

级别	地区	联盟名称
国家级		国家金卡工程物联网应用联盟（20 多个部委、40 多个城市及数百家企事业单位）
		中国 RFID 产业联盟（已有会员 300 多家）
		中国物联网标准联合工作组（14 个部委，24 个标准工作组，19 个行业协会观察员）
		国家物联网基础标准工作组
省市级	北京	中关村物联网产业联盟（40 余家机构）
		中国云计算基地（中心）联盟
		北京汽车物联网产业联盟（福田汽车等）
		移动硅谷（北京）物联网产业联盟
		中日物联网推进联盟（北京通信信息协会组织，日方 8 家企业，中方 17 家企业）
		中国物联网应用与推进联盟（中科院、清华同方、中兴通讯、IBM、中国惠普公司等 18 家单位）
	天津	天津市物联网产业联盟
		天津市云计算产业联盟
	陕西	陕西（西安）物联网产业联盟
	上海	中国射频识别产业技术（上海）创新联盟
		上海物联网产业联盟（22 家企事业单位）
		上海电子标签与物联网产学研联盟
	无锡	中国传感（物联）网技术产业联盟
		无锡感知中国物联网联盟
	沈阳	沈阳物联网产业联盟
		沈阳云计算产业联盟
	南京	南京物联网产业联盟
	重庆	重庆物联网产业发展联盟
	河南	河南省物联网产业联盟
	厦门	厦门市物联网产业联盟
	广东	广东省物联网信息技术与产业化省部院产学研创新联盟
		广东顺德物联网产业联盟
		广州市物联网产业技术创新联盟
	深圳	M2M 产业联盟
	湖北	武汉物联网产业技术创新联盟
		射频识别创新技术联盟
	四川	四川省物联网产业发展联盟
		成都物联网产业发展联盟

表2 国内主要物联网产业园区

级别	地区	园区名称
国家级		国家物联网产业示范基地
		国家传感网创新示范区
省市级	北京	朝阳区物联网产业园
		中国云产业园
	天津	感知物联网基地
	上海	上海物联网科技园
		上海市云计算产业基地
	无锡	无锡太湖科技园
	杭州	杭州高新区（滨江）物联网产业园
		杭州云计算产业园
	南京	南京普天物联网产业园
		南京云端创智产业园
	广东	广东省物联网应用产业基地
	深圳	深圳物联网产业园
	厦门	海西云计算产业园区
	武汉	武汉北物联网产业园
	太原	山西云计算基地
	长沙	长沙软件园物联网技术示范区
	四川	乐山物联网产业科技园
		成都慧安物联网安全科技产业园
	陕西	西安未央物联网产业园
		陕西省物联网应用产业示范园
		汉中物联网示范产业园
	大连	大连高新区物联网产业基地
	潍坊	山东物联网产业基地
	郑州	河南物联网科技产业园

[供稿：国家金卡工程协调领导小组办公室]

第6部分　科技进步

2011年信息产业信息科技工作综述

2011年主要工作

推动信息产业技术创新，实施国家科技重大专项　研究制定了工业和信息化部《产业关键共性技术发展指南》。包括八大领域176项技术，指导关键共性技术的发展和应用，引导地方、行业、企业和研究机构开展针对性的技术创新工作。大力支持重大科技成果产业化。

积极推进企业自主创新能力建设。在省级以上企业技术中心建设的基础上，与国家相关部门共同组织开展"国家技术创新示范企业"的认定工作。组织召开全国企业技术创新大会，印发了《技术创新示范企业认定管理办法（试行）》，确定了首批"国家技术创新示范企业"。

做好与信息产业科技计划相关的衔接工作，支持产品创新。围绕工业领域的应用，按照科技计划要求，认真组织863计划、国家新产品计划、火炬及星火计划、软科学计划的推荐项目和重大科学仪器设备开发专项。

多种形式引导和支持技术创新。支持省部联动开展产、学、研合作，探索产、学、研结合的新机制和新模式。通过现场交流、网上对接等多种形式推动产、学、研合作的深入开展。与国家有关部门共同组织开展了全国职工优秀技术创新成果评选活动。表彰100项优秀技术创新成果，联合发布了表彰决定。

《国家中长期科学和技术发展规划纲要（2006-2020）》确定了十六个重大专项，有关信息产业的项目有"核心电子器件、高端通用芯片及基础软件产品"、"极大规模集成电路制造装备与成套工艺"、"新一代宽带无线移动通信网"，针对这些项目组织实施了相关科研攻关工作，并取得了一些标志性成果。在电子信息方面，以飞腾1000、申威1600、龙芯3号为代表的多款高性能多核CPU研究取得重要成果；在集成电路制造方面，65-45纳米工艺研发成功，21种高端制造装备和材料产品进入大生产线考核；在宽带无线移动通信方面，TD-SCDMA产业化成果显著，TD-LTE研发稳步推进，深圳等六城市规模技术试验全面展开，中国的4G提案已确定为国际标准，自主知识产权比重增加。

加快TD（移动通信标准）研发和产业化，促进物联网健康有序发展　组织TD芯片企业继续提升TD-SCDMA芯片集成度、降低成本、不断提高产业能力，55纳米和40纳米工艺的基带芯片已开始规模生产，性能不断提高，功耗不断降低。此外，部分TD-SCDMA基带芯片已可支持双载波HSPA+技术。目前，可实现TD基带芯片商用供货的企业已有联芯科技有限公司、ST-Ericsson公司、展讯（spreadtrum）通信有限公司、重庆重邮信科（集团）股份有限公司、MTK（联发科技股份有限公司)、美国Marvell科技集团有限公司中国国际设计中心和中星微电子有限公司等7家芯片企业，形成了TD基带芯片的供货群体，累计出货量已达到6 000万片。

在深圳等六城市开展TD-LTE规模技术试验工作以来，先后有华为技术有限公司、中兴通讯股份有限公司等10家系统设备制造企业以及海思半导体有限公司等6家芯片制造企业完成了研发技术试验的测试任务，进入了规模技术试验。在网络建设和设备能力方面，共有7家系统设备制造企业完成所有外场站点开通工作；在测试验证方面，与第一阶段相关的主要测试工作（核心网、承载、网管、无线网络性能、室内覆盖、终端等）已经基本完成，在北京市共建设了80个基站的演示网络，用于面向产、学、研、用单位的业务演示和体验等用途。为产业发展提供了最佳技术支撑和服务平台，亚洲、欧洲、美洲等地区运营商已累计建设超过30个TD-LTE试验网。TD-LTE技术在深圳大运会期间首次大规模亮相世界级国际赛事。提高了TD-LTE产品性能和成熟度，为TD-LTE后续发展奠定了坚实基础。

积极推进无锡国家传感网创新示范区建设。研究制定《物联网“十二五”发展规划》，加强统筹规划和政策引导。组织物联网发展专项资金项目申报，制定《物联网发展专项资金管理暂行办法》。

扎实推动标准化工作 加快重要技术标准制定，加大行业标准制修订与复审力度。围绕技术改造、自主创新、节能减排、兼并重组、质量品牌建设、培育发展战略性新兴产业和生产性服务业等重点工作，充分发挥标准化的引导和规范作用，加快产业急需、具有创新成果和国际水平的重要技术标准制定，完善技术标准体系，提升标准技术水平。工业和通信业已下达了三批共2 973项行业标准制修订计划，发布了1 175项行业标准，安排了1 785项行业标准复审计划。

推动综合标准化工作试点。启动了电动汽车、物联网、三网融合、信息技术服务、半导体照明、移动智能终端、锂电池等重点领域的综合标准化工作，通过对整体领域成体系地制定并实施标准，充分发挥标准的整体作用，进一步加强了标准与产业发展重点领域的贴合度。

加强部省互动，推进标准化“部省联动”机制建设。开展了地方行业主管部门申报行业标准计划项目的试点，受理了安徽、浙江等地报送的行业标准计划项目建议，纳入行业标准制修订计划。

强化知识产权行业管理 在产业政策中落实知识产权政策和要求。在《工业转型升级“十二五”规划》及专业产业规划中提出知识产权工作具体措施和要求，与国家知识产权局联合制定《关于加强工业和信息化领域知识产权工作的指导意见》、《关于加强战略性新兴产业知识产权工作的指导意见》，联合编制并印发《国家知识产权事业发展“十二五”规划》，行业知识产权政策环境正在逐步形成。

圆满完成打击侵犯知识产权和制售假冒伪劣商品专项行动。认真落实全国知识产权保护与执法工作电视电话会议精神，组织开展了计算机预装正版操作系统软件监督管理、打击互联网侵权行为活动的技术支持、产品质量监管、对非洲出口专项治理等工作。新出厂计算机正版操作系统预装率2010年达到98.8%，配合有关部门处理违规网站262家，规范了1 200余家接入服务企业的接入服务行为。

加强知识产权管理，推动知识产权成果的转移和扩散。在科技重大专项中，开展知识产权分析研究、自查评估和成果推广工作。开展信息技术领域重大技术发明评选，对拥有自主知识产权并已实施产业化的项目予以支持。

培育企业运用知识产权能力，开展行业知识产权预警与分析。首次与国家知识产权局合作开展信息技术领域专利态势发布，将两部门开展的专利预警成果在行业内发布和推广，涉及领域包括LED、宽带无线移动通信、射频识别等。与国家知识产权局探索开展重大经济活动知识产权评议，加强战略性新兴产业发展的专利分析预警，防范和降低知识产权风险。行业知识产权预警机制逐步完善。

提升信息产品质量水平，推动品牌建设 印发了《关于深入开展“中国工业企业质量信誉承诺活动”的通知》，已有河北、江苏、安徽、内蒙古、广东、四川等地区和石化、电子信息、手机等行业相继开展了承诺活动。会同相关部门联合印发了《关于规范工业产品质量企业自我声明的实施意见》。就电子信息产品RoHS限量、平板电视和卫生陶瓷企业自我声明规范进行研究，拟开展第一批试点。

为落实张德江副总理关于推广先进质量管理方法的批示精神，会同相关部门联合印发《关于在工业企业深化推广先进质量管理方法的若干意见》和《关于加快我国工业企业品牌建设的指导意见》，提出了“到2015年，我国工业企业创新能力和品牌培育能力显著增强，工业企业品牌成长的市场环境明显改善。50%以上大中型工业企业制定并实施品牌战略，品牌产品市场占有率和品牌附加值显著提高。重点培育一批具有国际影响力的自主品牌”的总体目标。

在全国范围开展工业企业品牌培育试点工作。目前，试点方案已经完成，正在进行试点企业申报工作，将在广州、青岛、宁波和贵阳等地举办试点工作培训研讨活动。

2012年的工作重点

2012年的总体思路是按照转型升级和融合发展的总体要求，以推动企业为主体，产、学、研、用相结合的技术创新体系建设为主线，加快实施重大科技专项，扎实开展标准化工作，不断提升工业产品质量和信誉，提高行业创造和保护知识产权意识与能力，为实现工业和通信业平稳较快发展提供有力的科技支撑。在工作原则上，一是把自主创新摆在工业转型升级的突出位置，统筹传统产业技术进步与加快新兴产业战略布局；二是充分发挥地方作用，善于调动各方力量；三是资金投入与政策引导相结合，四是立足自主创新与加大国际合作力度相结合。重点做好以下工作：

抓好技术创新工作 一是加强能力建设，建设一批行业重点实验室。围绕重点工业领域产业升级和传统产业改造需要，整合优势资源，在现有工作基础上支持建设一批行业重点实验室。继续推进企业研发能力建设。鼓励企业加强企业技术中心等研发机构建设。选择一批具有自主知识产权、研发基础好、具有行业带动性的典型企业，作为技术创新示范企业。

二是构建技术创新服务体系。推进产业技术创新战略联盟建设。推进重点领域技术创新战略联盟建设，建立健全产业协同创新的新机制，推动产业关键和共性技术研究。加强支撑服务体系建设。推动在重点产业集聚区建设一批具有较强技术推广服务能力的中介服务机构和公共服务平台，加强产业关键和共性技术的推广与应用，实现区域行业技术水平的整体提升。

三是大力开发关键和共性技术。继续加快核心电子器件、高端通用芯片及基础软件、新一代宽带无线移动通信、高档数控机床与基础制造装备、大飞机等科技重大专项的实施，加大资金投入力度，鼓励企业为主体参与重大专项，实现重点领域核心技术的突破。以《产业关键共性技术发展指南》为指导，结合当前产业发展瓶颈及新兴产业发展急需，充分发挥行业龙头企业的主导作用和研究院所的支撑作用，组织实施产业重大技术开发，解决工业发展中的技术瓶颈，提高企业核心竞争力。

四是着力促进科技成果转化。加快高新技术成果转化。继续实施好重大科技成果转化项目；积极推进重大专项科技成果产业化，发挥产业技术创新引领作用，支撑重点产业向高端化发展。

促进TD-LTE技术发展 一是积极务实做好TD-LTE规模技术试验第二阶段相关工作，加大技术研发，加快终端发展，重点进行多模终端的测试工作，让TD-LTE技术实用、好用。

二是推动北京TD-LTE演示网络建设工作，增强外界对TD-LTE的了解和信心，促进TD-SCDMA与TD-LTE协调发展，把握好产业化进程与市场需求的关系。

三是继续推动TD-LTE国际化发展，在产业发展中给予相关企业公平公开的平台，共同努力，让TD-LTE技术造福于世界人民。

推进标准化建设 加快对产业急需、具有创新成果和国际水平重要技术的标准制定工作，加快建立适应产业发展需求的行业标准和重要产品技术标准体系，带动标准技术水平的整体提升，支撑工业和通信业平稳较快发展。

一是加快重要技术标准制定。编制2012年度标准化工作要点，明确标准制定重点领域，推进综合标准化试点，成体系开展重要技术标准制定，完善技术标准体系，加快将自主知识产权上升为技术标准。加强战略性新兴产业标准化工作，加强整体筹划，编制重要领域标准计划，加快重大技术标准研究制定，建立有利于战略性新兴产业发展的行业标准和重要产品技术标准体系。

二是加强标准制修订和复审，推进国际标准化。围绕各行业“十二五”规划和产业发展重点，加快编制行业标准计划，加大标准制修订和复审力度，完善技术标准体系，提升标准水平，支撑工业和通信业发展。积极参与国际标准化活动，推动自主技术转化为国际标准，提升国际标准制定话语权。

三是创新标准化机制体制。首先创新标准制修订机制，完善多方参与、分工负责、有效沟通的标准制修订工作模式。其次建立健全与地方工业和信息化主管部门之间的联动机制，推动标准立项等的试点，实现部省标准化工作的全面对接和互动协调。第三是加强与产业政策规划制定、企业技术改造、行业准入条件设立、科技成果转化等行业管理工作的衔接，充分发挥标准在行业管理工作中的作用。

加强知识产权工作 一是继续落实好已有政策措施中的各项知识产权工作任务，努力创造运用知识产权制度支撑工业转型升级的政策环境。大力培育企业从熟悉、理解到用好知识产权的能力，以重点产业关联性的关键技术为纽带，指导建立产、学、研、用合作的知识产权利益分享机制，选择具有一定基础的产业园区、产业集聚区开展知识产权试点、示范工作，建立知识产权公共服务平台。

二是建立重点行业知识产权预警与风险应对机制，加强关键技术领域知识产权跟踪、分析、预警与信息发布，指导和支持行业协会、专业机构和直属单位开展知识产权共性、基础性问题研究。

三是进一步加强科技重大专项中的知识产权工作，着力促进创新成果的扩散和转移，利用现有国家重大科技成果转化专项和技改专项等手段，推动专利技术成果转化为实际产品。

大力推进质量品牌建设 一是全面落实“十二五”规划。组织宣贯《工业产品质量发展“十二五”规划》，分解任务和目标，指导地方和行业策划部署“十二五”时期的质量工作。

二是推动落实企业质量主体责任。继续开展“工业企业质量信誉承诺活动”。加快启动在电子信息产品RoHS限量、平板电视和卫生陶瓷等领域的规范企业自我声明试点工作。建设全国工业产品企业自我声明明示承诺信息服务平台。组织重点行业企业自我声明现状调查，制定重点消费品企业自我声明规范。

三是深化推广先进质量管理方法。继续落实“深化推广先进质量管理方法实施方案”。开展设立重点区域和企业质量管理创新基地研究。推动质量文化建设，增强“软实力”。加强在产业政策、行业准入条件中对关键岗位人员的质量技能要求。

四是加快工业企业品牌建设。继续组织实施品牌培育试点工作。加强对地方和行业品牌建设工作的指导。开展区域性品牌建设研究。建立品牌培育评价和改进机制。推动落实扶持品牌建设的有关政策措施。

五是推动地方和行业质量工作。指导工业行业协会全面开展“质量兴业”活动。支持地方主管部门开展质量提升专项行动。开展地方和行业质量水平统计和评价系统研究。

[供稿：工业和信息化部科技司]

2011年度批准发布的信息产业各类标准情况

2011年度电子行业标准工作重点

加快技术标准制定工作 加大重要领域标准研究制定力度。针对产业发展重点，做好顶层设计，成体系组织开展重要领域标准预先研究工作，制定技术标准体系框架，夯实标准立项和制定基础。通过试点探索综合标准化工作模式，同步开展产业链上各环节、各类产品的标准制定，形成重要领域标准全面覆盖和配套的局面。加快建立有利于战略性新兴产业发展的行业标准和重要产品技术标准体系，加强物联网、节能和新能源汽车、三网融合、半导体照明等重要领域标准制修订，并在经费、计划安排和审批等方面给予优先和倾斜支持。

加大具有创新成果的技术标准制定力度。大力推动标准与技术创新、知识产权的良性互动。加强标准化工作与科技重大专项、产业技术研发等工作的衔接，支持具有创新成果的企业联合开展标准制定，积极推动自主知识产权的技术上升为技术标准，促进自主创新成果的转化和应用推广，推动行业技术进步。

加大产业急需标准制定力度。围绕技术改造、自主创新、节能减排、淘汰落后、质量品牌、两化深度融合、培育发展战略性新兴产业等重点工作，组织制定标准 3 000 项，发挥标准的引导和规范作用，满足产业发展的需求。

加大采用国际标准力度。继续开展与国际标准对标工作，把对标的要求纳入计划立项和审批发布等标准制修订流程，积极采用国际标准，提升行业标准水平，加快与国际接轨。

做好标准复审工作。开展标龄满 5 年的行业标准复审工作，淘汰不适用标准，加快修订落后标准，提升标准的先进性、合理性和适用性，进一步完善技术标准体系。

加强国际标准化工作 促进自主技术成为国际标准。以国际标准提案为核心，以战略性新兴产业等重要领域为突破口，加大对国际标准化工作的战略研究，支持企业同步参与国际标准制定，提升对重要国际标准制定的参与度，积极推动自主知识产权的技术成为国际标准。加大中国自主标准的海外推广力度，积极参与国际竞争。

加强与贸易相关的技术标准跟踪和预警。推动行业协会、标准化技术组织和企业在关注 ISO、IEC 和 ITU 等传统国际标准的同时，密切跟踪重要的区域标准化组织动态，关注其技术标准制定工作，及早规避国际贸易风险。加强标准类技术性贸易壁垒的预警、评议和应对，引导外贸型企业积极关注产品输出地的相关标准动态信息，帮助企业迅速调整适应国际贸易变化的要求。

推进标准贯彻实施 推进工业产品达标。按照《产品质量达标备案管理试行办法》的要求，加强对企业贯标、达标工作的指导和培训，扩大达标备案管理的试点地区，协助地方工业和信息化主管部门落实达标备案企业的激励措施，促进工业产品质量提升。加强组织管理和平台建设，调查产品的技术水平和贯标情况，为标准制修订提供支持。

加大标准宣贯力度。组织行业协会、标准化机构等积极开展标准宣贯。结合重点项目的产业化和应用推广，将相关标准的贯彻实施作为工作内容之一，推动企业贯彻执行标准。探索建立重点领域标准贯彻实施效果反馈机制，动态跟踪和掌握标准贯彻实施情况。

完善标准工作机制 完善标准化工作运行机制。继续完善"分工合作、职责明确、联手推进"的标准化运行机制。一是强化与国家标准化主管部门的会商，积极稳妥推进会商合作；二是加强部省互动，通过试点积极探索地方工业和信息化主管部门组织申报标准计划项目的模式，发挥地方工业和信息化主管部门的作用，促进标准化工作与地方产业发展的衔接。三是加强对标准化技术组织的指导和管理，建立健全公开、透明和高效的标准化技术组织运行机制。四是制定发布《关于加强工业和通信业标准化工作的指导意见》等指导性文件，促进地方工业和信息化主管部门、行业协会、标准化专业机构和企业等形成工作合力，推动工业和通信业标准化工作健康有序发展。

夯实标准化工作基础 开展提升行业标准总体水平研究。继续完善行业标准体系现状分析研究。针对化工、冶金、制造等重点行业，深入研究提升标准水平、优化标准布局、加强贯标工作、强化标准管理的措施建议，全面促进行业标准总体水平的提升。

加强标准化人才培养。鼓励和支持地方工业和信息化主管部门、行业协会和标准化技术组织结合地方特色与行业特点，采用多种方式组织开展标准化培训工作，提升企业标准化人员素质。积极探索标准主编人员持证上岗和标准化工程师评定制度，夯实工业和通信业标准化人才基础。加大国际标准化活动经费投入，建立国际标准化人才选拔、培训、输出、激励和保障机制，加快国际标准化高端人才队伍建设。

加强标准化管理工作。加大标准立项协调力度，提高标准立项的科学性、合理性和配套性。加强对标准化工作的指导，进一步完善标准制修订工作流程，建立标准化研究和动态信息通报机制。启用标准化管理信息系统，提高管理效率。

2011 年批准发布的电子行业各类标准情况

2011 年批准发布的电子行业标准 24 项，国家标准 156 项，详见【统计数据】。

2012 年度电子行业标准化工作重点

加强标准研究，完善技术标准体系，夯实标准化工作基础 加强重点领域标准研究。深入开展对各行业重点领域的产业和技术发展研究、技术标准体系研究以及重大、关键技术标准的预先研究，准确把握产业发展对技术标准的需求，做好标准的总体规划和顶层设计，夯实标准制定的基础，确保标准制定工作有序、高效开展。

加强技术标准体系建设。组织实施"技术标准体系提升工程"，完善适应产业发展的技术标准体系，提升标准整体水平。针对涉及提升国内产业水平、促进对外贸易、保护健康安全、推进节能环保等重要领域，开展国际标准对标和转化研究，明确转化策略，加快转化一批适合国情的国际标准，提升行业标准总体水平，保障中国产业安全，并与国际接轨。加快行业标准复审修订，及时修订老旧标准、淘汰落后标准。成套成体系组织开展标准立项，提高标准项目的科学性、配套性和适用性。

加强重要技术标准制定，支撑工业转型升级 强化传统产业改造提升标准制定。按照调整优化结构、改善品种质量、增强产业配套能力、淘汰落后产能的要求，继续开展标龄满5年的行业标准复审等工作，成套成体系制定改造提升传统产业的重要技术标准，推动原材料工业调整优化，加快装备工业优化提升，促进消费品工业改造提升。

强化战略性新兴产业标准制定。组织实施“战略性新兴产业标准推进计划”，加快建立有利于战略性新兴产业发展的行业标准和重要产品标准体系，组织编制重大技术标准项目计划，加快节能环保、新一代信息技术、生物制药、高端装备制造、新材料、新能源汽车等战略性新兴产业技术标准制定，积极参与相关国际标准制定，强化对战略性新兴产业培育发展的支撑。

加强产业急需、具有创新成果和国际水平的重要技术标准制定。在经费、计划安排和审批发布等方面对产业急需、具有创新成果和国际水平的重要技术标准制定给予优先和倾斜支持。积极探索综合标准化工作模式，深化综合标准化试点，继续推进电动汽车、物联网、三网融合、半导体照明、锂离子电池等领域综合标准化。加强顶层设计，建立和完善标准体系，下达综合标准化项目计划，加快相关标准制定，发挥标准的整体作用，进一步加强标准与产业发展的贴合度。

持续推进国际标准化工作，提高产业国际竞争力 推进自主技术标准国际化。会同有关部门建立联合工作机制，加大国际标准化推进力度，以国际标准提案为核心，以战略性新兴产业为突破口，充分发挥企业主体作用，加强国际标准动态研究，积极参与重要国际标准制定，促进新一代信息技术等领域的自主技术成为国际标准，不断提升国际标准制定话语权。

加强与国际贸易相关的技术标准跟踪和预警。联合有关部门推动国外标准预警信息服务平台建设，探索建立公益性和市场化相结合的国外标准信息服务机制，及时收集和发布国际标准、国外先进标准信息。针对中国企业受技术性贸易壁垒限制较多的重点国家、地区，以及机电、纺织和健康、安全、环保等领域，加强对国外标准类技术贸易壁垒的预警、评议和应对，帮助企业及时适应国际贸易要求的调整变化。

推进标准贯彻实施，提升工业产品质量 加大标准宣贯力度。鼓励和支持地方行业主管部门、行业协会、标准化组织和专业机构结合重点项目建设和重大技术应用推广，积极开展标准化培训与重大标准宣贯。探索建立重点领域标准贯彻实施效果反馈机制，动态跟踪和掌握标准贯彻实施情况，为标准制修订提供依据。

推动企业对标贯标。提高企业贯标意识，增强企业贯标能力。强化企业对标贯标工作，引导企业建立以技术标准为核心、产品标准为主体、管理标准为支撑的标准体系，围绕研发、生产制造等环节加强对标贯标，促进标准化和企业管理的有机融合。

推进工业产品达标。指导地方行业主管部门，按照《产品质量达标备案管理试行办法》和《关于推进重点工业产品质量达标的实施意见》要求，加强对企业的指导和培训，加大对达标企业的激励和支持力度，促进工业产品质量提升，推动工业产品达标工作。

完善工作体系和机制，营造条件环境 完善标准制修订机制。深化综合标准化试点，探索建立综合标准化工作机制。抓好标准制定过程中技术创新、知识产权处置、试验验证、产业化和应用推广的统筹协调。加强对标准化工作的指导与管理，分行业完善行业标准制定管理实施细则，进一步规范标准制修订工作程序与要求，确保标准制定公开、公平、公正。

加强部门合作。加强与有关部门的沟通协调，进一步理顺关系、明确分工、加强合作，促进国家标准和行业标准分工合理、互动发展。联合有关部门完善ISO/IEC国际标准化工作程序，加强国际标准化工作的统筹管理。

深化部省联动。探索建立完善部省标准化工作流程。继续支持地方行业主管部门组织申报标准项目、承担标准制定任务，促进标准化工作与地方产业发展相衔接。会同地方行业主管部门研究建立有利于标准贯彻实施的试点示范机制，部省合作推动标准贯彻实施。支持地方行业主管部门加强对本地区标准化工作的组织领导，研究制定标准化工作激励和扶持政策，设立标准化专项资金，推进本地区标准化工作的开展。

强化与行业管理的有机结合。加强标准化工作与产业政策和规划制定、企业技术改造、行业准入条件设立、产业技术研发、科技成果转化、质量品牌建设等行业管理工作的有机衔接，充分发挥标准在行业管理中的引导和规范作用。

加强标准化机构和人才队伍建设。加强对行业标准化机构的分类指导，规范运行、提升能力、强化管理，打造适应产业发展需要的标准化技术机构。支持地方行业主管部门、行业协会和标准化技术组织结合地方和行业特点，加大标准化培训工作力度，提升企业标准化人员素质。积极参与国际标准化活动，依托行业协会、标准化技术组织加强与国际标准化组织合作，引导企业加大资金投入，着力培养一批国际标准化高端人才。

【统计数据】

表1 2011年批准发布的电子行业标准

序号	标准号	标准名称	实施日期
1	SJ/T 11429-2010	GPS广域差分信息接收模块输出数据格式	2011-1-1
2	SJ/T 11418-2010	GLONASS接口控制文件	2011-1-1
3	SJ/T 11425-2010	卫星定位接收机数据自主交换格式	2011-1-1
4	SJ/T 11411-2010	铜包钢线	2011-1-1
5	SJ/T 11417-2010	GPS接口控制文件	2011-1-1
6	SJ/T 11421-2010	GNSS测量型接收设备通用规范	2011-1-1
7	SJ/T 11426-2010	GPS接收机射频模块性能要求及测试方法	2011-1-1
8	SJ/T 11427-2010	基于GNSS精密进近局域增强系统（LAAS）的空间信号格式	2011-1-1
9	SJ/T 11428-2010	GPS接收机OEM板性能要求及测试方法	2011-1-1
10	SJ/T 11424-2010	GNSS测姿型接收设备通用规范	2011-1-1
11	SJ/T 11430-2010	GPS接收机基带处理集成电路技术要求及测试方法	2011-1-1
12	SJ/T 11431-2010	GPS接收机天线性能要求及测试方法	2011-1-1
13	SJ/T 11420-2010	GPS导航型接收设备通用规范	2011-1-1
14	SJ/T 11412-2010	防静电洁净工作服及织物通用规范	2011-1-1
15	SJ/T 11414-2010	微波炉磁控管用永磁铁氧体磁体尺寸及公差	2011-1-1
16	SJ/T 11413-2010	RN2K5软磁铁氧体吸收体规范	2011-1-1
17	SJ/T 10021.3-2010	电子设备用固定电感器 第3部分：分规范 射频绕线电感器	2011-1-1
18	SJ/T 10021.3.1-2010	电子设备用固定电感器 第3-1部分：空白详细规范 射频绕线电感器 评定水平E	2011-1-1
19	SJ/T 11423-2010	GPS授时型接收设备通用规范	2011-1-1
20	SJ/T 11422-2010	GPS测向接收设备通用规范	2011-1-1
21	SJ/T 11416-2010	非广播用数字摄录一体机测量方法	2011-1-1
22	SJ/T 11415-2010	非广播用数字摄录一体机通用规范	2011-1-1
23	SJ/T 10135-2010	TEC1系列温差电致冷组件总规范	2011-1-1
24	SJ/T 10136-2010	TES1系列温差电致冷组件总规范	2011-1-1

表2 2011年批准发布的电子行业国家标准

序号	标准号	标准名称	实施日期
1	GB/T 25102.13-2010	电声学 助听器 第13部分：电磁兼容	2011-4-1
2	GB/T 3785.1-2010	电声学 声级计 第1部分：规范	2011-4-1
3	GB/T 20441.1-2010	电声学 测量传声器 第1部分：实验室标准传声器规范	2011-5-1
4	GB/T 3785.2-2010	电声学 声级计 第2部分：型式评价试验	2011-4-1
5	GB/T 26225-2010	信息技术 移动存储 闪存盘通用规范	2011-5-1
6	GB 13000-2010	信息技术 通用多八位编码字符集	2011-11-1
7	GB/T 22351.2-2010	识别卡 无触点的集成电路卡 邻近式卡 第2部分：空中接口和初始化	2011-5-1
8	GB/Z 26247-2010	信息技术 软件重用 互操作重用库的操作概念	2011-5-1
9	GB/T 26223-2010	信息技术 软件重用 重用库互操作性的数据模型 基本互操作性数据模型	2011-5-1
10	GB/T 26224-2010	信息技术 软件生存周期过程 重用过程	2011-5-1
11	GB/T 17178.2-2010	信息技术 开放系统互连 一致性测试方法和框架 第2部分：抽象测试套规范	2011-5-1
12	GB/T 17178.4-2010	信息技术 开放系统互连 一致性测试方法和框架 第4部分：测试实现	2011-5-1
13	GB/T 25654-2010	手持电子产品嵌入式软件API	2011-4-1
14	GB 5199-2010	信息技术 汉字编码字符集（基本集）15*16点阵字型	2011-12-1
15	GB/T 5007.1-2010	信息技术 汉字编码字符集（基本集）24点阵字型	2011-12-1
16	GB/T 6345.1-2010	信息技术 汉字编码字符集（基本集）32点阵字型 宋体	2011-12-1
17	GB/T 12041.1-2010	信息技术 汉字编码字符集（基本集）48点阵字型 宋体	2011-12-1
18	GB 19967.2-2010	信息技术 通用多八位编码字符集（基本多文种平面）汉字24点阵字型 第2部分:黑体	2011-12-1
19	GB 25899.1-2010	信息技术 通用多八位编码字符集（基本多文种平面）汉字32点阵字型 第1部分:宋体	2011-12-1
20	GB 25899.2-2010	信息技术 通用多八位编码字符集（基本多文种平面）汉字32点阵字型 第2部分:黑体	2011-12-1
21	GB/T 25741-2010	信息技术 汉字编码字符集汉字部首序和笔顺序	2011-5-1
22	GB/T 25646-2010	信息技术 中文Linux用户界面规范	2011-4-1
23	GB/T 25655-2010	信息技术 中文Linux桌面操作系统技术要求	2011-4-1
24	GB/T 25645-2010	信息技术 中文Linux服务器操作系统技术要求	2011-4-1
25	GB/T 25656-2010	信息技术 中文Linux应用编程界面（API）规范	2011-4-1
26	GB/T 5271.26-2010	信息技术 词汇 第26部分：开放系统互连	2011-4-1
27	GB/T 5271.17-2010	信息技术 词汇 第17部分：数据库	2011-4-1
28	GB/T 16649.4-2010	识别卡 集成电路卡 第4部分：用于交换的结构、安全和命令	2011-4-1
29	GB/T 16649.9-2010	识别卡 集成电路卡 第9部分：用于卡管理的命令	2011-4-1

续表

序号	标准号	标准名称	实施日期
30	GB/T 25102.1-2010	电声学　助听器　第 1 部分：具有感应拾音线圈输入的助听器	2011-4-1
31	GB/T 25102.100-2010	电声学　助听器　第 0 部分：电声特性的测量	2011-4-1
32	GB/T 25102.4-2010	电声学　助听器　第 4 部分：助听器用感应回路系统磁场强度	2011-4-1
33	GB/T 14199-2010	电声学　助听器通用规范	2011-4-1
34	GB/T 3241-2010	电声学　倍频程和分数倍频程滤波器	2011-5-1
35	GB/T 7341.1-2010	电声学　测听设备　第 1 部分：纯音听力计	2011-5-1
36	GB/T 15952-2010	电声学　个人暴露计规范	2011-5-1
37	GB/T 15173-2010	电声学　声校准器	2011-4-1
38	GB 25900-2010	信息技术　信息交换用维吾尔文、哈萨克文、柯尔克孜文字型　白体和黑体	2011-11-1
39	GB/T 14081-2010	信息处理用键盘通用规范	2011-5-1
40	GB 16793.1-2010	信息技术　通用多八位编码字符集（CJK 统一汉字）24 点阵字型　第 1 部分：宋体	2011-11-1
41	GB/T 16794.1-2010	信息技术　通用多八位编码字符集（CJK 统一汉字）48 点阵字型　第 1 部分：宋体	2011-11-1
42	GB/Z 16682.1-2010	信息技术　国际标准化轮廓的框架和分类方法　第 1 部分：一般原则和文件编制框架	2011-5-1
43	GB/Z 16682.2-2010	信息技术　国际标准化轮廓的框架和分类方法　第 2 部分：OSI 轮廓用的原则和分类方法	2011-5-1
44	GB/T 17975.1-2010	信息技术　运动图像及其伴音信息的通用编码　第 1 部分：系统	2011-5-1
45	GB/T 17971.1-2010	信息技术　文本和办公系统的键盘布局　第 1 部分：指导键盘布局通则	2011-4-1
46	GB/T 17971.2-2010	信息技术　文本和办公系统的键盘布局　第 2 部分：字母数字区	2011-4-1
47	GB/T 17971.3-2010	信息技术　文本和办公系统的键盘布局　第 3 部分：字母数字区的字母数字分区的补充布局	2011-4-1
48	GB/T 17971.4-2010	信息技术　文本和办公系统的键盘布局　第 4 部分：数字区	2011-4-1
49	GB/T 17971.5-2010	信息技术　文本和办公系统的键盘布局　第 5 部分：编辑区	2011-4-1
50	GB/T 17971.6-2010	信息技术　文本和办公系统的键盘布局　第 6 部分：功能区	2011-4-1
51	GB/T 17971.7-2010	信息技术　文本和办公系统的键盘布局　第 7 部分：用于表示功能的符号	2011-4-1
52	GB/T 17971.8-2010	信息技术　文本和办公系统的键盘布局　第 8 部分：数字小键盘上字母的分配	2011-4-1
53	GB/T 17698-2010	信息技术　通用多八位编码字符集（CJK 统一汉字）15*16 点阵字型	2011-11-1
54	GB/T 25647-2010	电子政务术语	2011-4-1
55	GB 25906.3-2010	信息技术　通用多八位编码字符集　锡伯文、满文名义字符、显现字符与合体字 48 点阵字型　大黑体	2011-11-1
56	GB/T 26236.1-2010	信息技术　软件资产管理　第 1 部分：过程	2011-5-1
57	GB 25901.1-2010	信息技术　通用多八位编码字符集　德宏傣文 32 点阵字型　伊香白体	2011-11-1
58	GB 25901.2-2010	信息技术　通用多八位编码字符集　德宏傣文 32 点阵字型　伊香黑体	2011-11-1

续表

序号	标准号	标准名称	实施日期
59	GB 25902.1-2010	信息技术 通用多八位编码字符集 西双版纳新傣文 32 点阵字型 赫罕白体	2011-11-1
60	GB 25902.3-2010	信息技术 通用多八位编码字符集 西双版纳新傣文 32 点阵字型 温暖非白体	2011-11-1
61	GB 25902.4-2010	信息技术 通用多八位编码字符集 西双版纳新傣文 32 点阵字型 温暖非黑体	2011-11-1
62	GB 25902.2-2010	信息技术 通用多八位编码字符集 西双版纳新傣文 32 点阵字型 赫罕黑体	2011-11-1
63	GB/T 26226-2010	信息技术 蒙古文变形显现字符集和控制符使用规则	2011-5-1
64	GB/T 26233-2010	信息技术 蒙古文类文字通用编辑软件的基本要求	2011-5-1
65	GB 25903.2-2010	信息技术 通用多八位编码字符集 锡伯文、满文名义字符、显现字符与合体字 16 点阵字型 正黑体	2011-11-1
66	GB 25903.1-2010	信息技术 通用多八位编码字符集 锡伯文、满文名义字符、显现字符与合体字 16 点阵字型 正白体	2011-11-1
67	GB 25904.1-2010	信息技术 通用多八位编码字符集 锡伯文、满文名义字符、显现字符与合体字 24 点阵字型 大黑体	2011-11-1
68	GB 25904.3-2010	信息技术 通用多八位编码字符集 锡伯文、满文名义字符、显现字符与合体字 24 点阵字型 奏折体	2011-11-1
69	GB 25905.1-2010	信息技术 通用多八位编码字符集 锡伯文、满文名义字符、显现字符与合体字 32 点阵字型 正白体	2011-11-1
70	GB 25905.2-2010	信息技术 通用多八位编码字符集 锡伯文、满文名义字符、显现字符与合体字 32 点阵字型 正黑体	2011-11-1
71	GB 25906.4-2010	信息技术 通用多八位编码字符集 锡伯文、满文名义字符、显现字符与合体字 48 点阵字型 行书体	2011-11-1
72	GB 25906.1-2010	信息技术 通用多八位编码字符集 锡伯文、满文名义字符、显现字符与合体字 48 点阵字型 正白体	2011-11-1
73	GB 25906.2-2010	信息技术 通用多八位编码字符集 锡伯文、满文名义字符、显现字符与合体字 48 点阵字型 正黑体	2011-11-1
74	GB 25906.5-2010	信息技术 通用多八位编码字符集 锡伯文、满文名义字符、显现字符与合体字 48 点阵字型 奏折体	2011-11-1
75	GB 25904.2-2010	信息技术 通用多八位编码字符集 锡伯文、满文名义字符、显现字符与合体字 24 点阵字型 行书体	2011-11-1
76	GB 25893.2-2010	信息技术 通用多八位编码字符集 蒙古文名义字符与变形显现字符 16 点阵字型 新闻体	2011-11-1
77	GB 25893.1-2010	信息技术 通用多八位编码字符集 蒙古文名义字符与变形显现字符 16 点阵字型 白体	2011-11-1
78	GB/T 17178.6-2010	信息技术 开放系统互连一致性测试方法和框架 第 6 部分：协议轮廓测试规范	2011-5-1
79	GB 25909.2-2010	信息技术 维吾尔文、哈萨克文、柯尔克孜文编码字符集 24 点阵字型 正文黑体	2011-11-1
80	GB 25907.8-2010	信息技术 维吾尔文、哈萨克文、柯尔克孜文编码字符集 16 点阵字型 塔里克黑体	2011-11-1
81	GB 25907.7-2010	信息技术 维吾尔文、哈萨克文、柯尔克孜文编码字符集 16 点阵字型 塔里克白体	2011-11-1
82	GB 25908-2010	信息技术 维吾尔文、哈萨克文、柯尔克孜文编码字符集 16*32 点阵字型 正文白体	2011-11-1
83	GB 25907.2-2010	信息技术 维吾尔文、哈萨克文、柯尔克孜文编码字符集 16 点阵字型 正文黑体	2011-11-1
84	GB 25907.1-2010	信息技术 维吾尔文、哈萨克文、柯尔克孜文编码字符集 16 点阵字型 正文白体	2011-11-1
85	GB 25907.6-2010	信息技术 维吾尔文、哈萨克文、柯尔克孜文编码字符集 16 点阵字型 如克黑体	2011-11-1

续表

序号	标准号	标准名称	实施日期
86	GB 25907.5-2010	信息技术　维吾尔文、哈萨克文、柯尔克孜文编码字符集　16 点阵字型　如克白体	2011-11-1
87	GB 25907.4-2010	信息技术　维吾尔文、哈萨克文、柯尔克孜文编码字符集　16 点阵字型　库非黑体	2011-11-1
88	GB 25907.3-2010	信息技术　维吾尔文、哈萨克文、柯尔克孜文编码字符集　16 点阵字型　库非白体	2011-11-1
89	GB 25892.3-2010	信息技术　维吾尔文、哈萨克文、柯尔克孜文编码字符集　32 点阵字型　库非白体	2011-12-1
90	GB 25892.4-2010	信息技术　维吾尔文、哈萨克文、柯尔克孜文编码字符集　32 点阵字型　库非黑体	2011-12-1
91	GB 25892.5-2010	信息技术　维吾尔文、哈萨克文、柯尔克孜文编码字符集　32 点阵字型　如克白体	2011-12-1
92	GB 25892.6-2010	信息技术　维吾尔文、哈萨克文、柯尔克孜文编码字符集　32 点阵字型　如克黑体	2011-12-1
93	GB 25892.7-2010	信息技术　维吾尔文、哈萨克文、柯尔克孜文编码字符集　32 点阵字型　塔里克白体	2011-12-1
94	GB 25892.1-2010	信息技术　维吾尔文、哈萨克文、柯尔克孜文编码字符集　32 点阵字型　正文白体	2011-12-1
95	GB 25892.2-2010	信息技术　维吾尔文、哈萨克文、柯尔克孜文编码字符集　32 点阵字型　正文黑体	2011-12-1
96	GB 25910.2-2010	信息技术　维吾尔文、哈萨克文、柯尔克孜文编码字符集　48 点阵字型　正文黑体	2011-12-1
97	GB 25891-2010	信息技术　维吾尔文、哈萨克文、柯尔克孜文编码字符集　8 点阵字型　正文白体	2011-12-1
98	GB 25892.8-2010	信息技术　维吾尔文、哈萨克文、柯尔克孜文编码字符集　32 点阵字型　塔里克黑体	2011-12-1
99	GB 25914-2010	信息技术　传统蒙古文名义字符、变形显现字符和控制字符使用规则	2011-11-1
100	GB 26122.1-2010	信息技术　通用多八位编码字符集　蒙古文名义字符与变形显现字符 32 点阵字型　白体	2011-11-1
101	GB 26122.2-2010	信息技术　通用多八位编码字符集　蒙古文名义字符与变形显现字符 32 点阵字型　新闻体	2011-11-1
102	GB/T 26235-2010	信息技术　信息处理用蒙古文词语标记	2011-5-1
103	GB/T 17554.7-2010	识别卡　测试方法　第 7 部分：邻近式卡	2011-4-1
104	GB/T 16649.12-2010	识别卡　集成电路卡　第 12 部分：带触点的卡　USB 电气接口和操作规程	2011-4-1
105	GB/T 16649.15-2010	识别卡　集成电路卡　第 15 部分：密码信息应用	2011-4-1
106	GB/T 26232-2010	基于 J2EE 的应用服务技术规范	2011-5-1
107	GB/T 15629.15-2010	信息技术　系统间远程通信和信息交换局域网和城域网　特定要求　第 15.4 部分：低速无线个域网（WPAN）媒体访问控制和物理层规范	2011-2-1
108	GB/T 18491.6-2010	信息技术　软件测量　功能规模测量　第 6 部分：GB/T 18491 系列标准和相关标准的指南	2011-4-1
109	GB/T 25000.1-2010	软件工程　软件产品质量要求与评价（SQuaRE）SQuaRE 指南	2011-2-1
110	GB/T 25000.51-2010	软件工程　软件产品质量要求和评价（SQuaRE）商业现货（COTS）软件产品的质量要求和测试细则	2011-2-1
111	GB/T 18491.2-2010	信息技术　软件测量　功能规模测量　第 2 部分：软件规模测量方法与 GB/T 18491.1-2001 的符合性评价	2011-4-1
112	GB/T 18491.3-2010	信息技术　软件测量　功能规模测量　第 3 部分：功能规模测量方法的验证	2011-4-1
113	GB/T 18491.4-2010	信息技术　软件测量　功能规模测量　第 4 部分：基准模型	2011-4-1

续表

序号	标准号	标准名称	实施日期
114	GB/T 18491.5-2010	信息技术 软件测量 功能规模测量 第5部分：功能规模测量的功能域确定	2011-4-1
115	GB/T 26274-2010	数字电视码流分析仪通用规范	2011-6-1
116	GB/T 26231-2010	信息技术开放系统互连 对象标识符（OID）的国家编号体系和注册规程	2011-5-1
117	GB/T 26275.1-2010	数字电视接收设备机道分离 DTV-CSI 接口规范 第1部分：技术规范	2011-5-1
118	GB/T 26275.2-2010	数字电视接收设备机道分离 DTV-CSI 接口规范 第2部分：测试规范	2011-5-1
119	GB/T 26238-2010	信息技术 生物特征识别术语	2011-5-1
120	GB/T 26270-2010	数字电视接收设备标准测试信号	2011-6-1
121	GB/T 26271-2010	地面数字电视接收设备亮度与色差信号重合度技术要求及测量方法	2011-6-1
122	GB/T 26273-2010	地面数字电视接收设备音视频同步性技术要求及测量方法	2011-6-1
123	GB/T 26272-2010	地面数字电视调谐器技术要求和测量方法	2011-6-1
124	GB/T 26683-2011	地面数字电视接收器通用规范	2011-11-1
125	GB/T 26684-2011	地面数字电视接收器测量方法	2011-11-1
126	GB/T 26685-2011	地面数字电视接收机测量方法	2011-11-1
127	GB/T 26686-2011	地面数字电视接收机通用规范	2011-11-1
128	GB/T 26237.1-2010	信息技术 生物特征识别数据交换格式 第1部分：框架	2011-5-1
129	GB/T 17961-2010	印刷体汉字识别系统要求与测试方法	2011-5-1
130	GB/T 18790-2010	联机手写汉字识别系统技术要求与测试规程	2011-5-1
131	GB/T 25102.2-2010	电声学 助听器 第2部分：具有自动增益控制电路的助听器	2011-4-1
132	GB/T 25498.3-2010	电声学 人头模拟器和耳模拟器 第3部分：校准压耳式测听耳机用声耦合器	2011-5-1
133	GB/T 25498.1-2010	电声学 人头模拟器和耳模拟器 第1部分：校准压耳式耳机用模拟器	2011-5-1
134	GB/T 3769-2010	电声学 绘制频频率特性图和极坐标图的标度和尺寸	2011-5-1
135	GB/Z 26248.1-2010	信息技术 文档描述和处理语言 用于XML的规则语言描述（RELAX） 第1部分：RELAX核心	2011-5-1
136	GB/T 26234-2010	信息技术 文档处理与相关通信 标准通用置标语言系统（SGML）的符合性测试	2011-5-1
137	GB/T 26240-2010	系统工程 系统工程过程的应用和管理	2011-5-1
138	GB/T 26239-2010	软件工程 开发方法元模型	2011-5-1
139	GB 25913-2010	信息技术 藏文编码字符集（扩充集B）24*48点阵字型 吾坚琼体	2011-11-1
140	GB 25912-2010	信息技术 藏文编码字符集 24*48点阵字型 白徂体	2011-11-1
141	GB 25911-2010	信息技术 藏文编码字符集 24*48点阵字型 朱匝体	2011-11-1
142	GB/T 26681-2011	地面数字电视标准测试发射机技术要求和测量方法	2011-11-1
143	GB/T 26682-2011	地面数字电视标准测试接收机技术要求和测量方法	2011-11-1

续表

序号	标准号	标准名称	实施日期
144	GB/T 26246-2010	微型计算机用机箱通用规范	2011-5-1
145	GB/T 26245-2010	计算机用鼠标器通用规范	2011-5-1
146	GB/T 26230-2010	信息技术　系统间远程通信和信息交换　无线高速率超宽带媒体访问控制和物理层接口规范	2011-5-1
147	GB/T 26229-2010	信息技术　系统间远程通信和信息交换　无线高速率超宽带媒体访问控制和物理层规范	2011-5-1
148	GB/T 26241.1-2010	信息技术　增强型通信运输协议：单工组播运输规范	2011-5-1
149	GB/T 26243.1-2010	信息技术　中继组播控制协议（RMCP）第 1 部分：框架	2011-5-1
150	GB/T 26244-2010	信息技术　组管理协议	2011-5-1
151	GB/T 17969.8-2010	信息技术　开放系统互连　OSI 登记机构操作规范　第 8 部分：通用唯一标识符（UUID）的生成和登记及其用作 ASN.1 客体标识部件	2011-5-1
152	GB/T 26242-2010	信息技术　九针点阵找印机芯通用规范	2011-5-1
153	GB/T 2887-2011	计算机场地通用规范	2011-11-1
154	GB/T 26857.1-2011	测试方法和规范（MTS）测试和测试控制记法　第 1 部分：TTCN-3 核心语言	2011-11-1
155	GB/T 26856-2011	中文办公软件基本要求及符合性测试规范	2011-11-1
156	GB/T 26858-2011	基于联邦模型的 P2P 网络管理方法	2011-11-1

[供稿：工业和信息化部电子工业标准化研究院　李艳]

2011 年国内授权专利情况

【综述】

2011 年，中国国家知识产权局专利局授权的中国申请人所持有的电子类发明专利 39 029 件，与 2010 年的 24 593 件相比，增加 14 436 件，增长率为 58.7%，增幅明显，中国在电子信息领域的专利有效布局取得较大进步。

在 2011 年授权的电子类发明专利中，测量测试类专利 6 718 件，基本电气元件类专利 5 113 件，计算机软硬件类专利 4 055 件，电子通信类专利 12 182 件，其他类型的发明专利 9 366 件。其中，增长最快的是电子通信类。2010 年以来，电子通信类授权专利量呈现剧烈波动，在 2010 年急剧下降 55.4%的情况下，2011 年授权专利增长数量超过 2010 年的 2 倍，增长率达到 205.5%。其次是测量测试类，年增长率达到 56.6%。计算机软

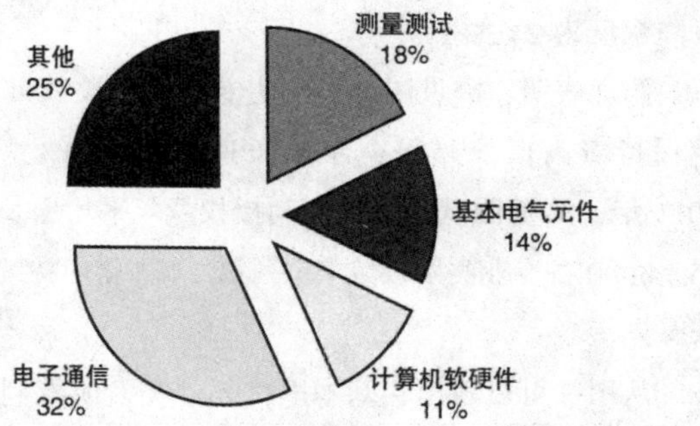

图 1　2011 年国内授权的电子类发明专利专业分类分布情况

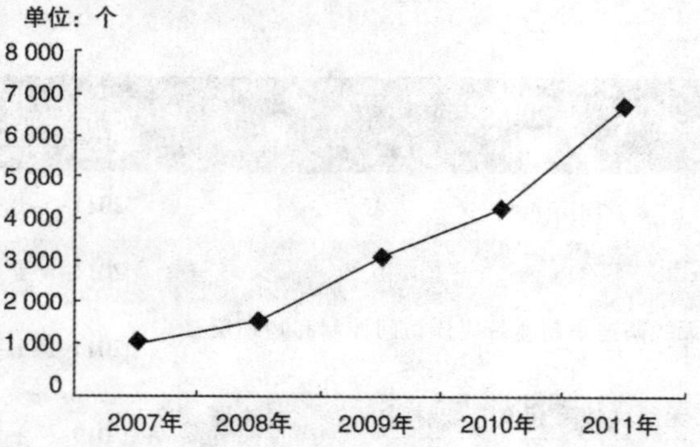

图 2　2007—2011 年国内测量测试类发明专利授权情况

硬件类的授权专利量增长幅度也表现突出，增长 48.4%。其他类的授权量也保持增长态势，年成长率为 15.4%，相比 2010 年，增长速度下降了 3 个百分点。基本电气元件类专利 2011 年的授权量呈现负增长，比 2010 年下降 14.8%。

图 1 表明，2011 年授权的电子类发明专利中，通信类的发明专利授权量在各专业领域排名第一，所占比例达到 32%，其他类占比 25%，测量测试类占比 18%，比 2010 年所占比例增长 4.7 个百分点。计算机软硬件类 2011 年发明专利授权量占比为 11%，与 2010 年所占比例持平。而基本电气元件类发明专利授权量 2011 年占比 14%，较之 2010 年出现大幅回落，下降幅度为 10 个百分点。2011 年，电子通信类授权发明专利占比年增长率一枝独秀，所占比例为 2010 年的一倍以上。其他专业类别的占比均有不同程度下降，其中降幅最大的是基本电气元件，相比 2010 年，占比下降幅度为 44%。其他类授权发明专利也是占比下降幅度较大的专业领域，下降幅度为 24.2%。

图 2 表明，测量测试类发明专利的授权数量在 2011 年保持着高成长趋势，年成长速度为 56.6%。2007—2011 年，测量测试类发明专利授权量年平均增长率超过 55.3%，在各专业类别领域中位列第二，5 年中持续着高增长态势。

从图 3 可以看出，基本电气元件类发明专利的授权数量 2011 年出现较大幅度下降，降幅达到 14.8%。虽然 2011 年基本电气元器件类发明专利下降较多，但在 2007—2011 年的 5 年间，其发明专利授权量年平均增长率为 42.7%，超过计算机软硬件，在五个专业领域中排名第四。

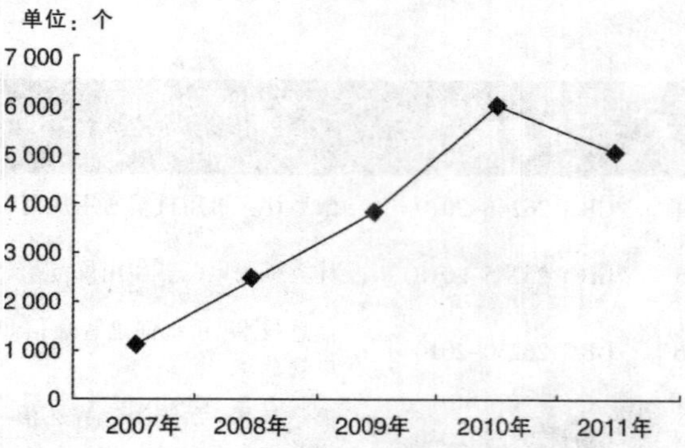

图 3　2007—2011 年国内基本电气元件类发明专利授权情况

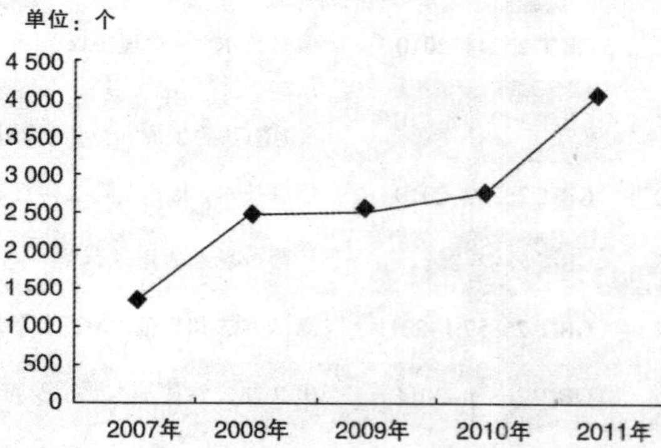

图 4　2007—2011 年国内计算机软硬件类发明专利授权情况

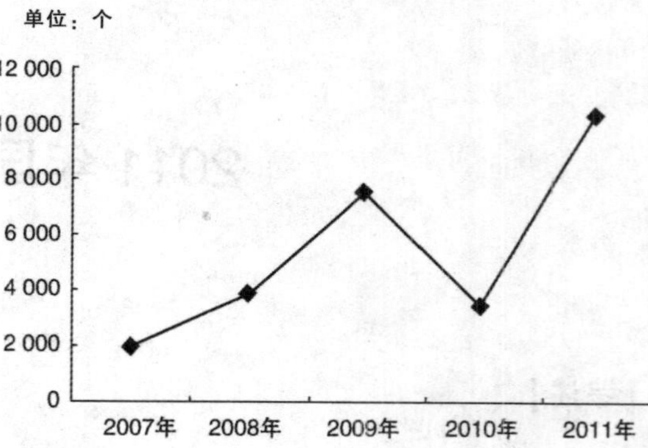

图 5　2007—2011 年国内电子通信类发明专利授权情况

图 4 表明，计算机软硬件类发明专利授权量2011 年增幅为 48.4%，相比 2010 年 1.2%的增幅，其增长幅度非常明显，比2010 年提高 47.2 个百分点，仅次于通信类。2007—2011 年间，计算机软硬件类发明专利授权量年平均增长率达到 33.3%，保持着平稳的增长速度。

从图 5 可以看出，电子通信类发明专利授权量 2011 年成长率为 205.5%，是各专业类别中成长最快的，排名第一位。2007—2011 年 5 年间，电子通信领域发明专利

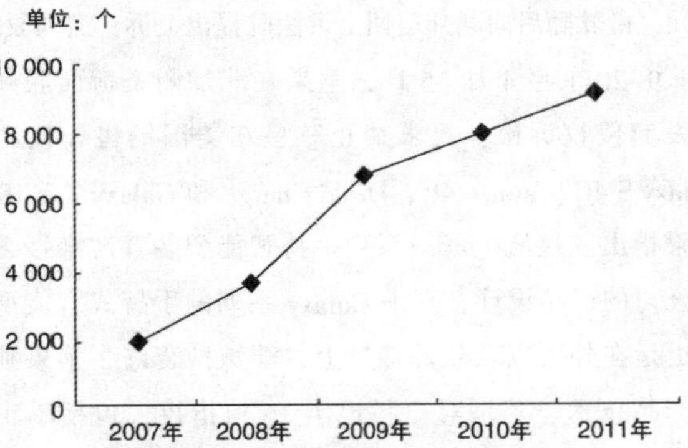

图6 2007—2011年国内其他类发明专利授权情况

授权量年平均增长率为55.3%，在各专业领域中排名第一。与2010年相比，电子通信领域的年平均增长率由33%上升为55.3%，5年平均增长率由2010年最低的专业领域跃升为2011年的最高，近几年电子通信领域技术研发和专利布局活跃度可见一斑。

图6表明，其他类发明专利授权量2011年增长率为15.4%，比2010年降低了3个百分点。2007—2011年，其他类发明专利授权量年均成长率为50.7%，虽然2011年成长幅度相比2010年有所下降，但仍然保持了较高的年均成长率，在专业类别中排名第三。

前述分析显示，2011年电子类发明专利年成长率基本上呈现增长趋势，基本电气元件类相对于2010年出现负增长，但由于电子通信类的强势增长，2011年电子类发明专利5年的年平均增长率也超过2010年，达到48.8%，超过2010年3.8个百分点，呈现走高趋势。2011年，仅有电子通信类和测量测试类授权发明专利5年年平均增长率呈现增长趋势，分别比2010年增长24.3个、9.1个百分点。其他专业类别的授权发明专利5年年平均增长率都呈现走低趋势，尤其是基本电气元件，2011年的5年平均增长率比2010年降低约20个百分点。

2011年电子信息产业知识产权诉讼案例

1. 美国国际贸易委员会（以下简称"ITC"）作出初步判决，认为部分摩托罗拉产品侵犯微软的一项专利，该专利涉及的是一项有关移动设备如何通过电子邮件处理会议要求的技术。该判决标志着微软在与摩托罗拉的专利争端中取得部分胜利。但是作出判决的法官认为其他6项微软声称知识产权遭侵犯的专利并未被侵权。该判决是由一名行政法官作出的，ITC将对这个初步判决进行审查并作出最终判决，届时该机构将决定是否禁止进口任何摩托罗拉产品。

2. 2011年12月20日，ITC对苹果与HTC的专利诉讼案做出判决，认定HTC侵犯了苹果iPhone的647号专利，并从2012年4月19日起对HTC涉及该项专利的智能手机实施正式进口禁令。根据HTC解释，647号专利只是一项很小的用户界面技术，HTC很快就会从全部智能手机产品中移除这一技术。

3. 2011年11月15日，亚马逊与探索传媒（Discovery Communications Inc）达成和解协议，结束了探索传媒指控Kindle以及Kindle2产品侵犯其电子图书发行和安全保护方面专利的诉讼案。两家公司于11月15日分别向西雅图市和特拉华州威尔明顿市的两家联邦法院提出申请，撤回了各自的诉讼请求，和解协议的细节并未向外界披露。本案最初始于2009年3月，当时探索传媒向联邦法院提起诉讼，称亚马逊的电子阅读器Kindle使用了其技术，涉嫌侵犯其相关专利权。而亚马逊则反诉探索传媒的在线商店模板——包括用户搜索功能和推荐产品功能——都侵犯了亚马逊的专利。

4. 2011年11月13日，美的集团（以下简称美的）因睡眠空调被广东省高级人民法院判决侵犯格力集团专利权，并向格力赔偿200万元。2007年4月，珠海格力电器股份有限公司（以下简称格力）研发了用户可以根据自己的睡眠习惯控制房间温度变化，从而提高睡眠质量的技术，即"控制空调器按照自定义曲线运行的方法"。同年4月，格力向国家知识产权局申请发明专利，并于2008年9月获得专利证书。2008年12月，格力以美的涉嫌侵犯"控制空调器按照自定义曲线运行的方法"发明专利权为由将美的告上法庭，要求美的立即停止对格力的侵权行为并赔偿相应经济损失。此案诉讼期间，美的曾请求国家知识产权局专利复审委员会宣告格力"控制空调器按照自定义曲线运行的方法"发明专利无效。2009年9月，专利复审委员会作出相关决定，维持格力该项发明专利权有效。

5. 2011年10月10日，爱国者电子科技有限公司（以下简称爱国者）对外宣布，取得了对东芝USB PLUS数据传输SATA连接器专利侵权官司胜利，东芝公司被判赔偿爱国者公司经济损失20万元，并立即停止侵权行为。USB PLUS是2009年爱国者推出的接口技术，突破了当时数据传输遇到的低速度、欠兼容的技术瓶颈。

爱国者于 2006 年 4 月 17 日向国家知识产权局申请 USB PLUS 数据传输 SATA 连接器专利，于 2010 年 2 月 3 日获得该专利权授权。从 2009 年起，就 USB PLUS 相关专利技术被侵权一事，爱国者多次和相关企业进行交涉，但由于部分公司未能向爱国者提出有效的解决方案，2010 年 4 月，爱国者对东芝进行了起诉，要求东芝立即停止对爱国者 USB PLUS 系列连接专利的侵权行为，并赔偿爱国者经济损失。

6. 2011 年 9 月 21 日，威盛电子在特拉华州联邦法院对苹果发起诉讼，称苹果用于 iPhone 和 iPad 的微处理器侵犯了该公司三项专利。威盛电子在诉讼中称："问题产品整体上与微处理器有关，这些微处理器被用于特定的智能手机、平板电脑、便携式媒体播放器及其他计算设备等各种电子产品。" 苹果 iPhone 和 iPad 使用自己的 A4 和 A5 芯片。由于苹果已定制设计处理器，因此威盛电子很可能是以苹果选择在产品中加入的特定特性为目标。威盛电子要求法庭批准对本案进行陪审团审判，并希望法庭禁止苹果在美国市场上出售 iPod、iPhone 和 iPad。

7. 2011 年 8 月 10 日，广东省深圳市中级人民法院对深圳创维-RGB 电子有限公司所制造和销售的创维 L100 手机（老人机）涉嫌抄袭深圳市嘉兰图设计有限公司 CP10（S728）老人机外观设计专利一案作出判决，深圳创维-RGB 电子有限公司被判侵权。判决要求深圳创维-RGB 电子有限公司立即停止侵害深圳市嘉兰图设计有限公司享有的"手机（老人手机）"外观设计专利权（专利号 ZL200930165666.2），并赔偿相应经济损失。该案于 2011 年 3 月在深圳市中级人民法院进行了第一次公开开庭审理，案件原告深圳市嘉兰图设计有限公司以被告深圳创维-RGB 电子有限公司生产的创维 L100 老人手机涉嫌侵犯其已依法享有的外观设计专利权为由提起诉讼。

8. 2011 年 6 月 9 日，美国高等法院驳回了微软及其盟友，包括苹果和谷歌的一项提议。在微软与加拿大软件公司 i4i 的专利诉讼案中，美国最高法院的法官一致决定维持原判，即驳回微软希望降低证据标准的要求，法院要求微软提供证人和能够确凿证明的长期证据。2009 年 5 月，德州联邦法庭裁定 Word 2003 和 Word 2007 定制 XML 标签功能侵犯 i4i 专利，要求微软赔偿 2 亿美元。微软随后向联邦巡回上诉法院提出上诉，遭到驳回。

9. 2011 年 4 月 15 日，苹果在北加州圣荷西联邦法院发起侵权诉讼，要求禁止三星在美国销售 4 款产品 Galaxy S 4G、Infuse 4G、Droid Charge 和 Galaxy Tab 10.1。苹果指出三星所生产一系列手持智能型装置涉嫌抄袭苹果公司的产品设计，其中 Galaxy 系列的手持式智能型装置更是在外型以及软件接口上，涉嫌抄袭许多苹果独特的产品技术。苹果对三星提出 16 项指控，包括不正当得利、侵犯商标权和侵犯 10 项专利。苹果认为，三星设计智能手机和平板电脑时没有创制及发展属于自己独特的科技及风格，反而选择抄袭苹果的科技，包括客户界面及创新风格，"相似绝非巧合"。截至 2011 年 4 月，苹果在世界各地同使用谷歌安卓系统硬件生产商的专利纠纷已达 50 多起。

10. 2011 年，智能手机主要厂商之间的专利诉讼频频：

1 月，苹果再次起诉诺基亚侵犯触摸屏滚动技术；

3 月，苹果在北区联邦法院起诉亚马逊侵犯 App Store 商标；

4 月 19 日，苹果在美国状告三星 Galaxy 系列手机和平板电脑产品涉嫌侵犯 iPhone 及 iPad 专利权和商标权；

4 月中旬，三星反诉苹果的 iPhone 和 iPad 侵犯其数据分割传送等 10 项专利技术；

7 月 8 日，苹果向美国国际贸易委员会起诉 HTC 在手机用户的操作界面等软硬件专利上侵权；

9 月 17 日，三星向澳大利亚联邦法院对苹果提起诉讼，称苹果 iPhone 和 iPad 侵犯其 7 项专利；

9 月 18 日，三星向德国法院提交诉讼申请，要求撤销禁止三星销售 Galaxy 系列平板电脑的禁令；

10 月 17 日，三星宣布已向日本和澳大利亚法庭提交禁止令申请，要求在两国禁售 iPhone4S。

11. 2011 年 4 月 11 日，中兴通讯在中国区提起对爱立信的专利诉讼，内容主要涉及核心网、GSM（2G）及第四代移动通信系统（4G）的多款产品。此次诉讼，是中兴通讯应对 2011 年 4 月 1 日爱立信在英国、德国、意大利对其提起专利侵权的反诉。截至 2011 年 12 月底，中兴通讯在全球的 TD-LTE 实验局及商用局合同达 18 个，与欧美多家跨国运营商展开合作，遍布欧洲、印度、亚太、东南亚等区域 12 个国家。

【统计数据】

表 1　2007—2011 年国内授权的电子类发明专利总体分布情况

产品分类	2007 年	2008 年	2009 年	2010 年	2011 年	合计
测量测试	1 215	1 656	3 206	4 290	6 718	17 085
基本电气元件	1 232	2 477	3 787	5 999	5 113	18 608
计算机软硬件	1 286	2 420	2 512	2 732	4 055	13 005
电子通信	2 094	4 759	8 938	3 987	12 182	31 960
其他	1 816	3 675	6 827	8 115	9 366	29 799
合计	7 643	14 987	25 270	25 123	37 434	110 457

[供稿：工业和信息化部电子知识产权资讯服务中心]

2011 年信息产业质量工作综述

2011 年，深入落实中央领导关于质量工作的重要批示精神，围绕工业和信息化部党组确定的中心任务，按照《关于加强 2011 年工业质量工作的通知》（工信部科 [2011] 114 号）的要求，积极推进工业产品质量和信誉建设，取得了显著的成绩。

规划部署“十二五”时期质量工作　按照工业和信息化部“十二五”规划编制要求，在充分征求意见和多次修改的基础上，编制了《工业产品质量发展“十二五”规划》，并于 2011 年 11 月 9 日正式发布。在《规划》中，分析了工业产品质量发展的现状与面临的形势，明确了“十二五”时期质量工作的指导思想、基本原则与规划目标，确定了质量工作的主要任务，提出了促进质量发展的四个重点工程及相应的保障措施。

结合行业发展和战略性新兴产业发展需要，在电子信息制造、集成电路、电子专用仪器设备、太阳能光伏、食品、农业机械等行业或产业“十二五”规划中，对促进产品质量发展提出了要求，做出了部署。

促进落实企业质量主体责任　在 2010 年启动“中国工业企业质量信誉承诺活动”的基础上，2011 年工业和信息化部印发了《关于深入开展“中国工业企业质量信誉承诺活动”的通知》。目前，已有河北、江苏、安徽、内蒙古、广东、四川、广西等地区和石化、建材、机械、电子信息、手机、电线电缆等行业相继开展了质量承诺活动。承诺活动的深入开展，对于引导工业企业增强质量责任意识，维护质量信誉，发挥了显著作用。

为更好地落实企业质量主体责任，2011 年 7 月 29 日，会同工商总局和质检总局联合印发了《关于规范工业产品质量企业自我声明的实施意见》。按照《实施意见》的要求，组织相关单位就电子信息产品 RoHS 限量、平板电视、锂离子电池和卫生陶瓷等领域的企业自我声明规范进行研究，起草了《平板电视和锂离子电池质量企业自我声明规范（试行）》等管理文件，筹备开展试点工作。

联合国家认监委发布了“国家统一推行的电子信息产品污染控制自愿性认证实施规则”、“自愿性认证目录”、以及“限用物质应用例外要求”，积极引导工业企业承担有害物质替代和减量化的主体责任。

深化推广先进质量管理方法　为落实张德江副总理 2010 年 8 月关于推广先进质量管理方法的批示精神，2011 年，工业和信息化部会同国家发展和改革委员会、财政部、人社部、国资委、税务总局、质检总局等七部门联合印发《关于在工业企业深化推广先进质量管理方法的若干意见》。提出了“十二五”期间，规模以上工业企业中 80%以上管理人员接受质量管理培训；50%以上员工掌握质量管理知识和技巧；50%以上质量岗位人员获得质量专业技术职业资格等工作目标。

2011 年 7 月份，组织召开座谈会，对贯彻《若干意见》进行了部署。委托中国质量协会制定了深化推广先进质量管理方法实施方案，在全国质协系统贯彻实施。

2011 年，全国质协系统累计开展先进质量方法培训、讲座数百场，20 多万人次参加了培训活动，10 万余人通过全面质量管理知识普及教育全国统考，4 000 余人通过六西格玛绿带、质量经理、可靠性工程师等专业水平考试。工业和信息化部组织了“质量技术奖及全国六西格玛大会”、“追求卓越大会”、“全国 QC 小组大会”、“全国用户满意经验交流会”、“全国现场管理及质量信得过班组交流会”、以及质量管理标杆学习等大型推进交流活动，委托中国质协开展了中国企业创新质量管理方法的研究，编制出版了《中国企业质量管理创新实践（第一辑）》、《可靠性工程师手册》和《六西格玛绿带》等 5 本先进质量方法普及培训教材。

将质量管理培训纳入银河培训工程，在广州、珠海、天津等地举办 3 期培训班，为中小企业培养 600 多名质量管理骨干人员。

引导国家新型工业化产业示范基地骨干企业采用先进质量管理方法，取得国际质量管理体系认证。基地主体园区内骨干企业产品质量处于国际或国内同行业先进水平，拥有国际国内知名品牌。

会同教育部、科技部等 11 部门联合印发了《关于促进工业设计加快发展的若干指导意见》，推动开展国家级工业设计中心认定、培育和认定国家级工业设计示范区、建立优秀工业设计评奖制度等六项重点工作，指导工业行业通过提高设计水平，促进质量提升。

完善工业标准体系，推进标准贯彻 2011 年，围绕工业和信息化部确定的自主创新、技术改造、节能减排、淘汰落后、质量品牌、培育发展战略性新兴产业和两化深度融合等八项重点工作，着力推动标准制修订工作，由过去的清理修订为主，向支持产业急需、创新成果转化和形成国际标准转变。同时，加快开展综合标准化试点，推进节能和新能源汽车、半导体照明、物联网等重要领域标准的制修订。2011 年，下达标准制修订项目 1 645 项，发布标准 926 项。

结合行业发展需要，重点加强了新能源汽车标准体系、电动汽车安全标准体系、船舶工业标准体系、以及通信工程建设标准体系建设，系统地提高工业标准水平。

积极推动 SOA 相关标准研究制定，提高软件产品和信息系统质量，提升 SOA 国际标准制定话语权。在电子信息领域，中国首次担任了 IEC/TC110 平板显示器件技术委员会主席，提升了中国在该领域的话语权。承担着 18 项国际标准的制定工作，支持 DTMB 标准走出去，向 IEC 提出国际标准提案。

为推动标准贯彻，在 2010 年发布《关于推进重点工业产品质量达标的实施意见》基础上，重点总结在河南省试点经验，并指导重庆、陕西等省市建立达标备案制度。组织起草了《工业产品质量达标备案管理办法》，已经征求了地方和行业意见，准备报批发布。

加强技术能力建设和实物质量提升 为推动技术改造扶持政策由过去的重点支持规模数量发展，向今后重点支持品种质量发展转变，进一步加大了对质量品种项目的技术改造支持力度。2011 年，共安排涉及品种质量的项目 2 434 项，占比 60.6%，下达专项资金 55 亿元。

据工业和信息化部 2010 年印发的《工业产品质量控制和技术评价实验室管理办法》，2011 年组织开发了“实验室申报管理系统”，完善了分类指南，会同有关部门，组织专家对 235 家机构的申报材料进行了审查。

为加大对中小企业质量发展的扶持力度，在 2011 年中小企业发展专项资金中安排 4 010 万元，支持了 41 个为中小企业提供技术服务企业的改造项目。在中小企业服务体系发展专项资金中，安排 3 亿元，支持 10 个省（市）用三年时间，建设省级服务平台、135 个市级服务平台和 192 个产业集群服务平台。首批国家中小企业公共服务示范平台遴选工作进展顺利，已经认定了 99 家示范平台，其中技术、检测类平台 68 家。

针对食品企业工艺装备和食品质量安全检测条件存在的薄弱环节，会同国家发展和改革委员会在肉制品加工、乳制品加工等 12 个重点食品行业安排企业技术改造项目，重点支持企业设备更新、产品质量检测、质量可追溯体系建设等配套硬件条件的改善。

利用电子信息产业发展基金，支持集成电路、云计算、物联网、数字视听等领域的产品研发。安排“智能移动终端软件公共服务平台”等项目，提升软件产品质量。

组织搭建进网检测公共服务平台，指导进网检测机构、电信设备认证中心落实建立开放实验室、帮助企业搭建符合标准的测试环境等 6 项公共服务措施，为 239

家企业提供免费技术培训和咨询，发送 25 921 条短信、24 306 封邮件主动告知企业进网许可办理情况等重要信息，切实帮助企业提高产品研发和设计能力。

加快品牌和诚信体系建设　为落实国家“十二五”规划纲要对推动自主品牌建设的要求，2011 年，会同国家发展和改革委员会、财政部、商务部、人民银行、工商总局和质检总局等七部委联合印发了《关于加快我国工业企业品牌建设的指导意见》。提出了“到 2015 年，我国工业企业创新能力和品牌培育能力显著增强，工业企业品牌成长的市场环境明显改善。50%以上大中型工业企业制定并实施品牌战略，品牌产品市场占有率和品牌附加值显著提高。重点培育一批具有国际影响力的自主品牌”的总体目标。

为加强指导，提高企业品牌培育的能力和绩效，组织专业机构研究制定了《品牌培育管理体系实施指南》和《评价指南》。

2011 年 9 月 14 日，印发了《关于开展工业企业品牌培育试点工作的通知》，在全国范围开展工业企业品牌培育试点工作。目前，996 家企业申请试点，已经举办了两期对申请试点企业的培训研讨活动。

改善质量社会环境、政策环境和市场环境　2011 年，工业和信息化部作为主办单位之一，会同质检总局等部门策划组织了 2011 年全国“质量月”活动。参加了 8 月 31 日在上海举办的全国质量月活动启动大会。与质检总局等部门共同主办了“推动实施质量强国战略理论研讨会”、“第三十三届质量管理小组代表大会”等活动。参加了商务部牵头组织的“外贸商品质量提升年”活动。

在工业和信息化部与质检总局签署的《工业产品质量监督工作合作协议》的基础上，推动地方部门合作，已有十多个省市工业和信息化部门与质检部门建立了合作机制。2011 年 9 月 1 日，工业和信息化部与质检总局在广州召开了“手机产品国家监督抽查质量分析会议”，11 月 1 日，与质检总局联合召开了“全国电线电缆产品质量提升工作会议”。

围绕工业产品质量和信誉建设开展了系列化宣传活动。通过工业和信息化部网站、国家主流媒体、以及报刊媒体等渠道，利用新闻报导、专题专访、视频会议等形式，营造重视质量的社会氛围，取得了显著的社会效果。

在每日上报国务院的《工业动态信息专报》中，加强对重点产品质量信息、重点企业的质量典型事例进行报道。在每个季度的经济运行新闻发布会及经济形势分析报告中，加强引导和推进企业注重提高产品质量。

会同财政部、商务部印发了《家电下乡政策执行监管及违规处理办法》和《家电下乡产品标识卡申领管理办法》，并组织实施，进一步加大对家电下乡企业的监管力度。印发了《家电下乡中标企业考核管理办法》，继续督促家电下乡企业规范经营。指导支撑机构建立完善家电下乡产品售后维修服务信息平台建设，已输入 11 万个售后服务网点信息，提供信息查询服务，保证农村消费者合法权益。

加强对民爆产品、无线电发射设备和通信建设项目的质量专项监督抽检、检测和监督检查工作，保证产品和工程质量安全。

大力支持电信设备真伪查询和鉴定工作。以互联网、电话、短信方式鉴定手机真伪 970 万台，为工商、质检部门和消费者出具鉴定报告 752 份，配合工商、质检部门开展电信设备市场执法，为执法部门印制 3 期共 1.2 万册执法参考手册。

总结“提高工业产品质量示范项目”，推广“质量兴业”活动　为探索地方工业主管部门质量工作新模式，2009 年，在重庆、广东、四川、黑龙江和辽宁等五省市开展了“提高工业产品质量示范项目”的试点。示范项目由地方工业和信息化部门牵头，针对本区域重点产业存在的突出质量问题，组织产业链上下游企业、技术机构、行业协会和高校制定实施计划，开展共性技术攻关，提高区域产业质量竞争力。

2011 年，对试点项目进行了总结，示范项目效果显著。以重庆为例，通过实施“加强关键共性技术研发，降低重庆摩托车产品排放”示范项目，2010 年重庆摩托车企业成功实现国Ⅲ转化，752 个产品获得国Ⅲ公告目录；产业链质量保证能力显著增强，整车交车合格率达到 95%以上；摩托车产销量同比增长 10.8%和 11.9%。出口增长 69.6%。

为进一步加强工业行业质量和信誉建设，提升工业行业竞争力，在总结石化、有色、农机和微特电机等四个行业开展“质量兴业”活动试点经验的基础上，11 月 8 日，工业和信息化部印发了《关于开展“质量兴业”活动的通知》，在全国工业行业开展“质量兴业”活动。

[供稿：工业和信息化部科技司]

第7部分 市场运行

2011年电子信息产业经济运行情况

2011年是中国电子信息产业调整转型的重要一年。面对国际环境新变化和国内经济运行新形势，全行业努力克服各种困难，不断巩固和扩大应对国际金融危机的成果，产业发展呈现出生产较快增长、投资高位运行、外贸出口逐步趋稳、结构调整扎实推进的良好局面，为推动信息化发展和促进两化融合发挥积极作用，在国民经济发展中的地位不断提高。

产业地位保持领先，经济贡献日益突出

在工业行业中保持领先地位 2011年，规模以上电子信息制造业增加值、投资增速分别高于工业平均水平2.0和近20个百分点。行业收入、利润占全国工业比重分别达到8.9%和6.1%，电子制造业在整体工业中的领先和支柱作用日益凸显。

对国民经济的贡献日益加大 2011年，规模以上电子信息制造业从业人员940万人，比2010年新增60万人，占全国城镇新增就业人口的4.9%。上缴税金1 245亿元，同比增长31.0%，增速高出全国工业平均水平6.2个百分点。电子信息产品进出口总额达11 292.3亿美元，占全国外贸进出口总额的31.0%。电子信息产业在国民经济中的重要性不断提高。

为信息化建设发挥有力支撑 截至2011年底，中国手机普及率达到73.6部/百人，比2010年提高9.2部/百人；3G网络渗透率达到13.0%，比2010年提高7.5个百分点。中国互联网普及率达到38.3%，比上年提高4.0个百分点；其中手机上网用户占到网民总数的69.4%，比上年提高3.2个百分点。城镇居民的彩电、计算机拥有率超过135台/百户和70台/百户，均比上年有所提高。金融、电信、电力、能源和政府等领域的软件业务收入增势迅猛；信息技术对其他行业的渗透进一步深化，为改造提升传统产业、促进工业节能减排、扶持中小企业发展及推动通信业转型发展等发挥积极作用。

全球产业大国地位不断凸显 2011年，中国彩电、手机、计算机等主要电子产品产量占全球出货量的比重分别达到48.8%、70.6%和90.6%，均名列世界第一。软件业收入占全球软件企业收入的比重超过15%。中国电子信息产业的国际地位不断提高。

产业规模持续扩大，结构调整扎实推进

产业规模稳步增长 2011年，中国电子信息产业实现销售收入9.3万亿元，增幅超过20%；其中，规模以上制造业实现收入74 909亿元，同比增长17.1%；软件业实现收入18 468亿元（快报数据），比上年增长35.9%。规模以上电子信息制造业实现销售产值75 445

亿元，同比增长 21.1%。手机、计算机、彩电、集成电路等主要产品产量分别达到 11.3 亿部、3.2 亿台、1.2 亿台和 719.6 亿块，同比增长 13.5%、30.3%、3.4% 和 10.3%。

经济效益波动明显 2011 年，规模以上电子信息制造业实现主营业务收入 74 909 亿元，同比增长 17.1%；实现利润总额 3 300 亿元，同比增长 16.8%。行业销售利润率为 4.4%，与 2010 年基本持平；全年有 6 个月的利润呈下降态势，波动较为明显。行业主营业务成本占主营业务收入的比重达到 88.7%，比 2010 年提高 0.6 个百分点。行业中亏损企业 2 497 个，同比增长 36.7%，企业亏损面达 16.6%；亏损企业亏损额同比增长 52.9%。

外贸增速逐步趋稳 2011 年，电子信息产品进出口增速呈前高后低态势，全年进出口总额达到 11 292.3 亿美元，同比增长 11.5%，占全国外贸总额的 31.0%。其中，出口 6 612.0 亿美元，同比增长 11.9%，增速比 2010 年下滑 17.4 个百分点，占全国外贸出口额的 34.8%；进口 4 680.3 亿美元，同比增长 11.0%，增速比 2010 年下降 23.0 个百分点，占全国外贸进口额的 26.8%。出口额前三位的产品为：笔记本电脑 1 058.8 亿美元，增长 11.1%；手机 627.6 亿美元，增长 34.3%；集成电路 325.7 亿美元，增长 11.4%。

投资保持快速增长 2011 年 1–11 月，电子信息产业 500 万元以上项目完成固定资产投资 8 183 亿元，同比增长 56%，高于工业投资 29.2 个百分点。其中，电池行业完成投资 1 505 亿元，占全行业投资比重 18.4%，同比增长 111.7%，成为电子信息产业中投资最密集、增长最快的领域。1–11 月，电子信息产业新开工项目 6 523 个，同比增长 59.1%，扭转上年同期下滑局面。其中，电子元器件、信息机电和信息化学品制造行业新开工项目数增长均超过 55%，个数占全行业 70%。

结构调整不断深化 软硬件比例趋于合理，行业结构不断改善。2011 年，中国电子信息产业中软件业收入比重接近 20%，与上年（17.5%）相比有明显提高。在制造业中，随着新型显示器件、LED、光伏产品等领域的快速发展，电子元器件和电子材料行业收入比重达到 36.7%，比上年提高 1.2 个百分点。在软件业中，服务化趋势明显，信息技术咨询服务、数据处理和运营服务分别实现收入 1 864 亿元和 3 028 亿元，所占比重达到 10.1%和 16.4%，比上年提高 0.7 个和 1.1 个百分点。

内销市场稳步增长，产业对外依存度下降。2011 年，规模以上电子信息制造业实现内销产值 34 165 亿元，同比增长 31.0%，比行业销售产值增速和出口交货值增速高 9.9 个和 17.1 个百分点。电子制造业对外依存度（54.7%）比上年下降 3.5 个百分点。

内资企业快速发展，本土企业实力增强。2011 年，规模以上电子信息制造业中内资企业销售产值、出口交货值增速分别达到 31.1%和 16.4%，高于行业平均水平 10.0 和 2.5 个百分点。内资企业经营水平不断提高，销售利润率达到 6.6%，高于行业平均水平 2.2 个百分点。

产业转移步伐加快，区域结构持续优化。2011 年，中、西部地区规模以上电子信息制造业销售产值增长 63.1%和 74.3%，高出全国平均水平 42 个和 53.2 个百分点；两个地区实现出口交货值增长均超过 110%。东部地区电子制造业销售产值和出口交货值增长 15.9%和 9.1%，低于全国平均水平 5.2 个和 4.8 个百分点，产业在东部地区的销售产值和出口交货值比重（84.6%和 91.5%）比 2010 年下降 3.8 个和 4.0 个百分点。

外贸结构继续调整，抵御风险能力增强。2011 年，中国电子信息产品出口中：一般贸易出口 1 194.7 亿美元，同比增长 22.3%，比重达到 18.1%，较上年提高 1.6 个百分点；内资企业出口 1 237.7 亿美元，比重达 18.7%，比上年提高 0.8 个百分点；前十位出口对象所占比重 72.3%，比上年下降 0.3 个百分点；出口前五位省市所占比重 84.9%，比上年下降 2.2 个百分点。

科研创新成果显著 截至 2011 年底，全国信息技术领域专利申请总量达到 136.4 万件，占工业行业专利申请量的 35.7%；比上年增加 22.95 万件，同比增长 20.2%；信息技术领域专利申请总量和新增量在各工业行业中均居于首位。产业内领军企业华为和中兴的专利申请量分别达到 3.04 万件和2.48 万件，明显领先于其他企业。在 2011 年度国家科学技术奖励大会上，武汉邮电科学研究院、海尔集团和华为技术有限公司等多家企业荣获国家科学技术进步奖，在新型显示技术、移动宽带、光通信等多个领域取得新突破，为促进产业结构调整，推进产学研体系健康发展发挥了积极作用。

在当前的产业运行中，也存在一些问题和矛盾，需要引起重视并及时采取应对措施。一是自主创新不足，缺乏核心技术，产业发展受制于人。二是国内成本优势正在逐步削弱，原材料价格、用工成本持续走高，人民币面临升值压力将加大，沿海地区土地日趋紧张，传统的制造业基地地位面临挑战。三是行业发展秩序仍待规范，部分领域重复建设现象明显；价格战等低端竞争形式依然存在；产品质量和售后服务问题仍较突出。

下一阶段，国际经济环境复杂严峻，国内经济发展中不平衡、不协调、不可持续的矛盾和问题仍很突出。产业发展面临着国际市场需求疲软、贸易保护主义愈演愈烈、世界范围内信息技术产业竞争加剧等挑战；同时也具有国内市场稳步增长、信息化建设全面深化、产业结构持续调整等积极因素，预计 2012 年产业发展增速将与 2011 年基本持平。

【统计数据】

表 1　2011 年电子信息产业主要指标完成情况

	单位	2011 年	增速%
一、规模以上电子信息制造业			
主营业务收入	亿元	74 909	17.1
利润总额	亿元	3 300	16.3
税金总额	亿元	1 245	31.0
从业人员	万人	940	6.3
固定资产投资	亿元	8 183	56.0
电子信息产品进出口总额	亿美元	11 292.3	11.5
其中：出口额	亿美元	6 612.0	11.9
进口额	亿美元	4 680.3	11.0
二、软件业			
软件业收入	亿元	18 468	35.9
三、主要产品产量			
手机	万部	113 257.6	13.5
微型计算机	万台	32 036.7	30.3
彩色电视机	万台	12 231.4	3.4
集成电路	亿块	719.6	10.3
程控交换机	万线	3 034.0	−3.2

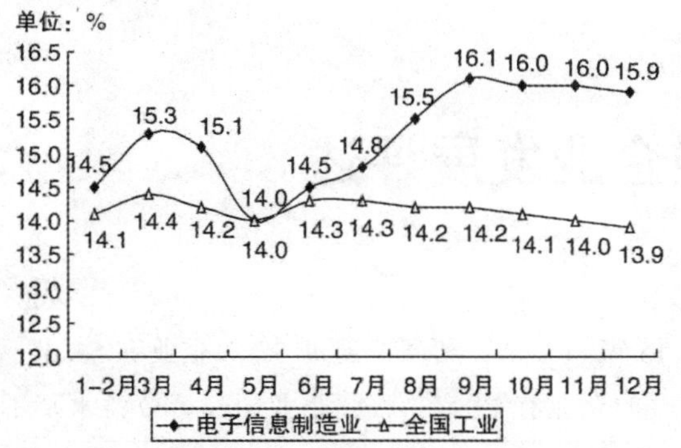

图 1　2011 年电子信息制造业与全国工业增加值累计增速对比

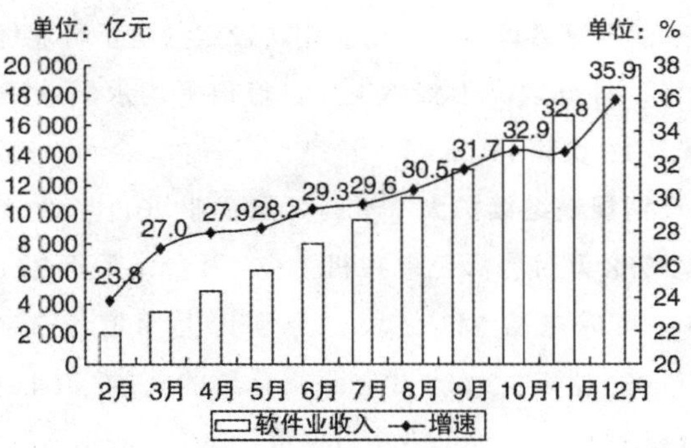

图 2　2011 年软件业累计收入完成情况

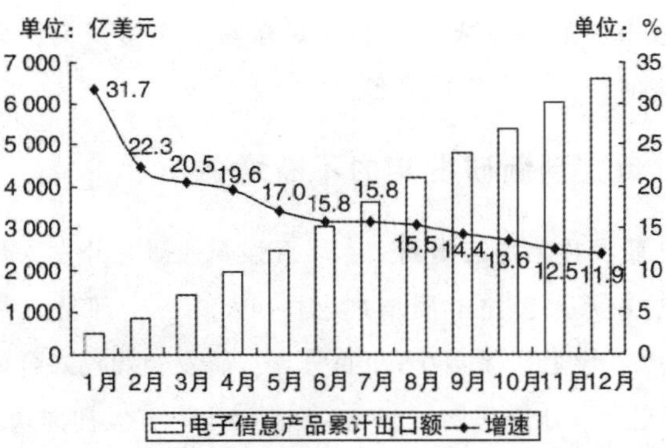

图 3　2011 年电子信息产品累计出口额情况

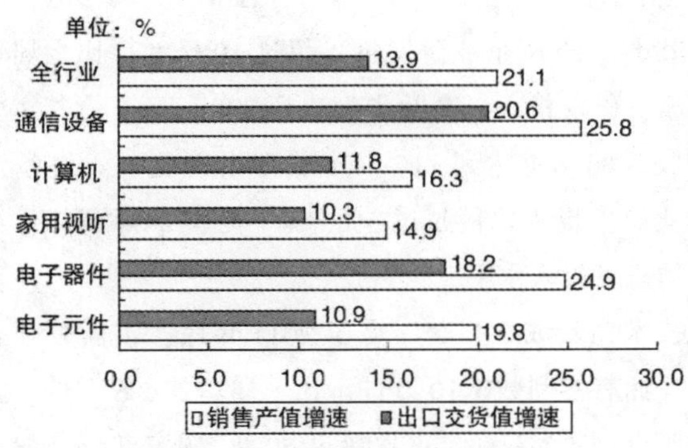

图 4　2011 年电子信息制造业主要行业发展态势对比

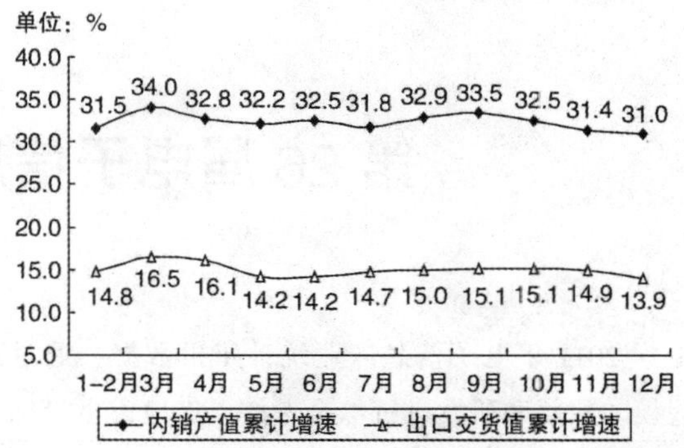

图 5　2011 年电子信息制造业内外销产值累计增速对比

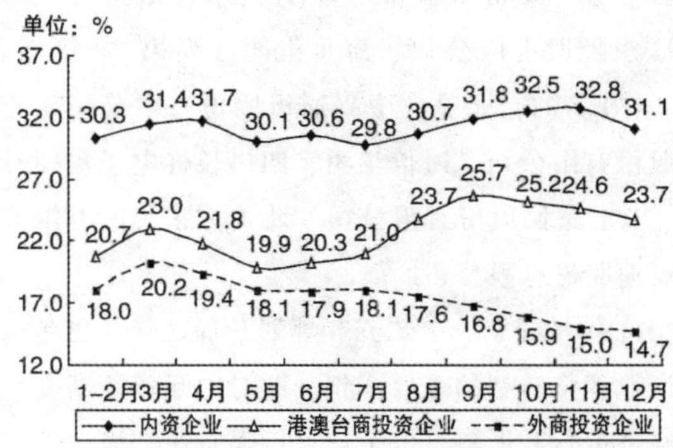

图 6　2011 年电子信息制造业不同性质企业销售产值累计增速对比

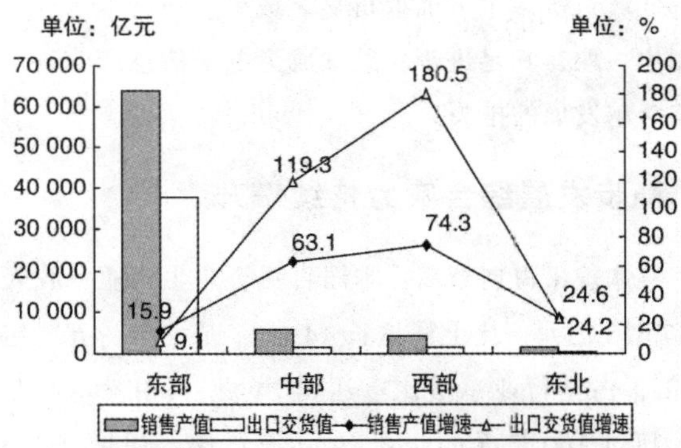

图 7　2011 年东、中、西、东北部电子信息制造业发展态势对比

[供稿：工业和信息化部运行监测协调局]

第 26 届电子信息百强企业发展评述

根据 2011 年电子信息产业统计年报数据，通过对企业规模、效益和研发进行综合考核，经地方主管部门核对，并由工业和信息化部最终审定，第 26 届电子信息百强企业名单正式揭晓。华为技术有限公司位居榜首，联想控股有限公司、海尔集团分列第 2、第 3 名，列第 4–10 名的企业是：中兴通讯股份有限公司、长城科技股份有限公司、海信集团、四川长虹电子集团有限公司、TCL 集团股份有限公司、北大方正集团有限公司和比亚迪股份有限公司。

2011 年是国家“十二五”规划开局之年，也是电子信息产业调整转型的重要一年。面对国际环境新变化和国内经济运行新形势，电子信息百强企业积极调整发展战略，深入落实国家转变经济发展方式的各项政策措施，在规模扩张、转型升级、科技创新、国际经营和社会责任履行等多个方面取得显著成果，与“十一五”初期相比，取得长足进步，继续成为电子信息产业科学发展和跨越发展的排头兵。

稳步发展综合实力持续攀升

整体规模再创新高 本届百强企业主营业务收入合计 17 615 亿元，比上届增长 14.7%，是“十一五”初的 1.6 倍，占全行业总量比重达到 24%。其中，主营业务收入超过 100 亿元的企业有 34 家，比上届增加 7 家，比“十一五”初增加 32 家；排名前 3 位的企业主营业务收入均超过 1 000 亿元，其中华为和联想均入围 2012 年《财富》全球 500 强。本届百强企业主营业务收入最低水平为 23.5 亿元，比上届提高 3.5 亿元，比“十一五”初提高近 5 亿元。本届百强资产总计达到 17 253 亿元，比上届增长 20%以上。

效益水平保持领先 本届百强企业实现利润总额 884 亿元，占全行业总量的 27%；利润率达到 5.0%，比全行业平均水平高 0.6 个百分点，比“十一五”初提高 3.0 个百分点。其中，利润总额超过 10 亿元的企业有 23 家，超过 20 亿元的企业有 7 家，分别比“十一五”初增加 15 家和 6 家；利润率超过 5%的企业有 53 家，超过 10%的企业有 12 家，百强企业的经营效益水平不断提高。2011 年，百强企业平均总资产周转率达到 1.2 次，应收账款周转率达到 4.4 次，存货周转率达 12.4 次，利息保障倍数达 7.1 倍，均在行业中处于领先地位，达到《企业绩效评价标准值》中所设定的电子行业优秀值水平，且分别高于整体工业良好值平均水平 0.2 次、0.4 次、0.6 次和 1.4 倍。

产销规模继续扩大 本届百强企业 2011 年生产计算机 2 788 万台、彩色电视机 7 688 万台、手机 24 654 万部、集成电路 243 亿块，分别比上年增长 3.4%、7.5%、33.5%和 2.3%，占全行业总量的 8.7%、64.1%、21.8%和 33.8%，在全行业中占据重要地位。海尔、海信、创维、TCL、联想等百强企业积极配合国家落实“家电下乡”、“以旧换新”和“节能惠民”等扩大内需政策，不仅在销售规模方面位居前茅，在服务质量方面还根据各级市场的特点成立具有针对性的工作组，提供完善的售前、售中和售后服务。

自主创新研发实力不断增强

研发投入持续提高 本届百强企业研究开发人员共计 27.6 万人，比上届增加 2.1 万人，占全部员工数的 19.6%，比上届提高 0.6 个百分点；研发经费投入合计达 868 亿元，比上届增长 17.8%，比“十一五”初期增长 1 倍；占主营业务收入的比重达到 4.9%，高于全行业平均水平 2.0 个百分点，比“十一五”初提高 1 个百分点。

其中，19 家企业研发投入超过 10 亿元，比上届增加 6 家；研发投入最高的华为达到 228 亿元，占其主营业务收入的比重达到 11%。本届百强企业中，共有 30 家企业研发投入比例超过 5%，基本达到国际高技术型企业的研发投入水平。

技术创新成果显著 截至 2011 年底，本届百强企业总计拥有专利数量10 万件，比上届增加 2.6 万件；其中发明专利 5.2 万件，占比超过 50%。国家知识产权局发布的2011年发明专利授权量前10强企业中，中兴、华为、比亚迪、大唐移动、中芯国际分列第1、2、7、8和9位，在10强中占据半壁江山，远超过其他行业水平。2011年，在PCT国际专利申请量企业排名中，中兴通讯以2 826件的申请量跃居首位；华为以1 831件的申请量位居第3。在2011年信息产业重大技术发明评选中，中兴通讯股份有限公司的“高性能LTE无线接入通信系统”脱颖而出。在2011年度国家科学技术奖励大会上，武汉邮科院、海尔、华为和中兴等百强企业荣获国家科学技术进步奖，在光通信、研发创新平台、新一代通信网络等多个领域取得新的突破。

标准战略加快推进 近年来，中国电子信息产业标准化工作不断取得新的成果，涉及数字家庭、平板显示、汽车电子、太阳能光伏、新一代通信网络等领域的一批重要标准相继完成制定发布，在这些标准的制定过程中，都有百强企业的主持和参与。与此同时，百强企业还积极参与国际标准的制定工作，如华为已加入全球130个行业标准组织，在OMA、CCSA、ETSI和ATIS等权威组织担任董事会成员；中兴通讯加入全球80多个国际标准化组织和论坛，累计向这些组织提交提案1.2万余件，并积极参与物联网、云计算、4G等新兴领域国际标准的制定。百强企业还采取技术标准联盟等形式集中优势增强话语权，彩虹、长虹、京东方等企业参与成立的中国OLED产业联盟为推动技术合作、推进相关标准制定作出了积极贡献。

转型升级结构调整趋于深化

转型调整步伐加快 百强企业在计算机、视听产品、通信终端等整机制造领域，通过产品创新和模式创新不断提高产品附加值和市场竞争力。在产品创新方面，联想、同方、华为、中兴等企业推出基于移动互联网应用的计算机和通信终端设备；浪潮、方正、上海贝尔、华胜天成等企业推出基于云计算的软硬件平台产品；创维、TCL、长虹、海信、康佳等企业推出网络化、智能化、节能型的数字电视产品，并不断加大3D电视和数字家庭智能终端的研发和产业化力度。在模式创新方面，百强企业加快由制造领域向服务领域延伸，进一步加强了设计、制造、服务的融合互动，华为、中兴、大唐等通信类企业，海尔、创维、长虹等家电类企业以及联想、方正、同方等计算机类企业纷纷加快服务化转型步伐，积极开拓增值服务，建立内容服务和网络服务平台，将经营重心由出售硬件产品向出售软件、服务及解决方案转移。

新兴领域日益壮大 百强企业通过引进吸收与自主创新不断掌握核心关键技术，在关键元器件、电子材料、新型平板显示、LED和太阳能光伏等领域取得较快发展，为建立结构优化、配套完整的基础电子产业体系作出了积极贡献。在本届电子信息百强企业中，集成电路与元器件、太阳能电池与多晶硅、液晶显示等基础领域企业的收入比重分别达到4.9%、2.5%和3.3%，比上届提高1.0个、0.6个和1.8个百分点，比“十一五”初提高2.3个、1.6个和3.0个百分点。在本届百强新入围的14家企业中，包括光伏企业4家、集成电路与元器件企业3家以及液晶显示企业1家。集成电路方面，中芯国际与上海华虹的多条12英寸生产线建成投产，8英寸与6英寸生产线的制造工艺也在加快改造升级；在新型平板显示领域，京东方、创维、TCL等纷纷投资高世代生产线，多条8.5代线建成投产，结束了中国大尺寸液晶显示屏完全依赖进口的历史；在太阳能光伏领域，晶龙集团具有自主知识产权的高质高效多晶电池“晶枫”实现规模性量产，具有里程碑意义。

融合带动作用增强 百强企业在带动性较强的领域加大研发力度，突破关键技术，如中冶赛迪、浪潮集团在传统工业领域，比亚迪、清华同方在汽车电子领域，方正在医疗电子和金融电子领域，长城科技、南京南瑞在智能电网领域，以及其他一些百强企业在工业自动化、经营信息化和促进节能减排等领域，均取得良好的发展成绩，为加强信息技术广泛应用、促进两化深度融合、催生新的产业增长点作出了积极贡献。

国际经营竞合层次日益提升

出口规模持续扩大 百强企业作为中国电子信息产业的骨干力量，对稳定电子信息产品出口发挥了重要作用。本届百强企业实现出口交货值4 558亿元，比上届增长近10%，比“十一五”初增长50%以上，占主营业务收入的比重超过25%。其中，出口交货值超过100亿元的企业有华为、长城、中兴、海尔、联想、TCL等8家，其中华为达到936亿元，列百强企业首位；出口比例超过50%的企业共有20家，超过30%的企业有32家。从主要产品看，计算机出口1 517万台、手机出口

15 151 万部、彩电出口 3 998 万台、集成电路出口 166 亿块，占产量比重均超过 50%。

经营层次不断提升 在国际化经营中，百强企业"走出去"的层次不断提高，产品由低端向高端、由硬件向技术服务发展，市场从单一化向多元化拓展，模式从产品、资本国际化向知识产权国际化转变，百强企业逐步取得了与一流跨国公司同场竞技的资格。在百强企业出口产品中，3G、4G 手机、笔记本电脑、液晶电视在同类产品中的比重不断提升，平板电脑、台式一体机、3D、网络、智能电视等新型产品不断涌现。与此同时，东软、南瑞等企业的软件与信息技术服务，华为、中兴、上海贝尔等企业一体化解决方案的出口规模不断扩大，由单纯硬件出口向技术和服务输出转变的趋势逐步显现。华为、联想、海尔、TCL、长虹、海信、康佳等企业在巩固原有市场的基础上，成功进入南非、南美、印度、巴基斯坦等新兴市场，并取得优异的销售成绩。华为、中兴、上海贝尔等百强企业在多个国际标准技术组中担任主席、副主席职位，为主导国际标准发挥了积极作用。

国际并购有序推进 全球电子信息领域兼并重组步伐加快，百强企业在"走出去"战略的支持下，加快海外并购步伐，不断扩大市场份额，提高品牌影响力及核心竞争力。联想通过与 NEC 成立合资公司并购其 PC 业务，成为日本 PC 市场第一大厂商，进一步巩固在亚太市场的领袖地位；通过收购梅迪昂公司（Medion）成为德国第三大 PC 供应商，在西欧的市场份额也得到显著提升。华为通过收购华赛，完成了由运营商业务领域向企业业务领域的战略扩张。浪潮通过二次收购奇梦达公司资产，在济南建成了中国首条高端集成电路存储器封测生产线。借助此次并购，浪潮建立起了包括芯片设计、芯片制造和芯片应用在内的完整产业链条，为浪潮在云计算基础装备领域实现芯片级的研发、制造提供了支撑，提升了中国存储器产业的整体竞争力。

优势整合集聚效应逐步显现

产业集中趋向明显 随着大公司战略的积极推进，百强企业日益成为推动产业集中的重要力量。百强企业以不到全行业 0.5%的数量比重，创造了全行业 1/4 的销售收入、近 1/3 的利润和 1/2 以上的税收。在百强企业中，一半以上的收入又集中在前 10 家企业里，本届排名前 10 位企业的主营业务收入合计达 10 264 亿元，占百强企业总量的 58%；利润总额 411 亿元，占百强企业总额的 47%；出口交货值 2 977 亿元，占百强企业总额的 65%；前 10 位企业的收入、利润和出口集中度分别比"十一五"初提高 5 个、34 个和 21 个百分点。

资源整合步伐加快 百强企业为适应新形势下的发展需要，努力寻找合作机会，加快推进优势资源整合，为提高产业整体竞争力发挥了积极作用。一是在产业内部以优势互补为基础结成联盟。由百强企业主导或参与的 TD、AVS、LED、OLED 等产业联盟的成立，为积聚优势资源、推进自主创新、完善产业链条、推动产业发展作出了突出贡献。二是跨产业推行战略合作。如大唐电信与新华社合作成立数字内容传播和数字文化产品交易公司，创新商业模式，推出社交型数字文化产品服务平台。海尔集团与青岛出版集团建立战略合作关系，为青岛市数字出版业的发展创造了良好环境。上海贝尔和上海建工以全球业务合作为基础建立战略合作伙伴关系，在全球范围内分享投资和承包机会，成为创建共赢企业合作的典范。

集聚效应不断显现 在本届百强企业中，长三角、珠三角及环渤海 3 大经济区域企业占 80%以上。其中，广东、江苏、浙江 3 省百强企业超过 10 家，北京、山东入围企业均超过 5 家。在这些主要区域中，百强企业依托辐射效应，一方面促进了大批中小企业向周边聚集，形成了较为完整的产业链体系；另一方面带动了人才、技术等智力资源的汇集，形成了紧密的产学研互动体系，产业集群效应日趋显现。与此同时，百强企业积极顺应外部环境的发展变化，加快向中西部地区进军，华为、中兴、海尔、TCL、京东方、浪潮等企业纷纷在重庆、四川、安徽、陕西、湖南等中西部省市设立研发中心和生产基地，通过经营模式复制和区域集聚发展，在壮大自身实力的同时，也促进了各地电子信息产业的发展和经济结构的改善。

立足长远品牌建设成效显著

品牌建设卓有成效 电子信息产业是中国市场化程度最高的产业之一，在优胜劣汰的竞争中，百强企业的品牌优势加速形成。世界品牌实验室编制公布的 2012 年"中国 500 家最具价值品牌"排行榜前 100 家企业中，有 7 家电子信息百强企业，华为、联想、海尔、长虹、中兴、TCL、海信分列第8、第11、第12、第18、第39、第43和第78位。在2011年“世界品牌500强”排行中，联想、海尔、华为、长虹四家百强企业入围，列居第121、第127、第275和第298位。以百强为代表的本土企业在世界范围内品牌知名度的不断提高，对中国电子信息产业的整体国际竞争力提升具有积极推动作用。

服务质量日益改善 在品牌战略带动下，百强企业的产品质量和服务意识日益提高，将产品质量视为企业发展的根本，加大生产监督力度，从源头抓好产品质量，并在此基础上，逐步提高服务的意识和标准。由中国电子质量管理协会评选的“2011年度中国电子信息用户满意企业”中，创维、九洲电器、长虹等百强企业榜上有名。由中国商业联合会和中国保护消费者基金会共同主办的第五届2011全国售后服务评价活动中，海尔荣获“全国售后服务功勋企业奖”，中电熊猫、长城、宇龙等企业荣获“全国售后服务十佳单位”称号。

市场份额不断提升 品牌战略的深入实施，使主要电子信息产品的市场份额不断向本土知名品牌集中。2011年，TCL、创维、海信、长虹和康佳等企业在国内彩电市场的总占有率接近80%；联想、华为、中兴、宇龙等企业在国内手机市场的份额接近40%，与国外品牌的差距正逐步缩小；在PC市场，仅联想一家企业的市场占有率就超过30%，百强企业计算机品牌整体市场占有率接近50%。此外，紫光、同方、广州无线电、海康威视、晶龙等企业在扫描仪、安检系统、ATM机、视频监测系统和太阳能电池等领域的市场占有率也均居于前列，且呈不断提高态势。

贡献突出社会责任全面履行

经济贡献持续增强 本届百强企业共上交税金912亿元，比上届增长20%以上，比“十一五”初增长1.6倍，占全行业总量的60%以上；员工人数达到141万人，比上届增长7万人，占全行业从业人员总量的15%以上。

百强企业积极响应国家政策，加大力度推动信息技术应用，促进信息产业与传统产业的互动发展，充分发挥信息技术对传统产业改造提升的服务和支撑作用，为促进两化深度融合作出了突出贡献。

全面贯彻节能环保 随着电子制造业规模不断扩大，资源、能源消耗量持续增加，废旧电子产品环境污染问题越来越受到社会的关注，绿色发展成为行业共识。百强企业将绿色理念贯穿于生产经营全过程，在节能降耗、绿色制造方面发挥了表率作用。

在设计制造环节，华虹、中芯国际、歌尔声学等元器件企业通过原材料管控、工艺升级、产成品把关等多管齐下的方式降低和消除产品中有害物质的含量。

在产品方面，创维、TCL、海信、长虹、康佳等企业推出节能型平板电视；华为、中兴、上海贝尔等企业倡导“绿色通信”理念，推出端到端的通信网络节能减排解决方案；联想、方正、同方等企业在生产中积极选用LED屏幕及其他节能部件，推出以节能环保为特点的一体机和笔记本产品。

在废旧产品回收利用方面，TCL、海尔、长虹等百强企业积极筹备建立了配套的废弃产品拆解处理机构，并取得了相关资质，为完善电子信息产业“源头控制”+“末端治理”的全产业链“绿色制造”发挥了积极作用。

积极履行社会责任 百强企业始终坚持经济责任和社会责任的有机统一，在自身发展壮大的同时，积极采取多种方式回馈社会。在2012年“中国企业社会责任100强排行榜”中，中兴、联想、长城科技等多家百强企业入围。

此外，华为、海尔、海信、长虹、TCL、方正、比亚迪、浪潮、创维、同方等百强企业在教育、医疗、环保、扶贫救灾、助老扶残和社会保障等方面，通过直接捐赠物资、设立相关基金、组织社会活动等多种形式践行社会责任，为促进社会主义精神文明建设，推动和谐社会构建作出了突出贡献。

【统计数据】

2012 年（第 26 届）电子信息百强企业名单

序号	企业名称	综合评分	序号	企业名称	综合评分
1	华为技术有限公司	83.78	26	四川九洲电器集团有限责任公司	7.43
2	联想控股有限公司	72.66	27	惠州市德赛集团有限公司	7.35
3	海尔集团	60.76	28	航天信息股份有限公司	7.27
4	中兴通讯股份有限公司	38.83	29	南京联创科技集团股份有限公司	7.18
5	长城科技股份有限公司	36.52	30	上海飞乐股份有限公司	7.13
6	海信集团	34.05	31	天津中环电子信息集团有限公司	6.83
7	四川长虹电子集团有限公司	33.50	32	浙江万马集团有限公司	6.49
8	TCL 集团股份有限公司	28.14	33	陕西电子信息集团有限公司	6.48
9	北大方正集团有限公司	26.30	34	中天科技集团有限公司	6.38
10	比亚迪股份有限公司	23.40	35	通鼎集团有限公司	6.35
11	浪潮集团	20.17	36	铜陵精达铜材（集团）有限责任公司	5.73
12	南京中电熊猫信息产业集团有限公司	19.38	37	富通集团有限公司	5.61
13	晶龙实业集团有限公司	15.58	38	惠州市华阳集团有限公司	5.59
14	创维集团有限公司	13.69	39	浙江富春江通信集团有限公司	5.58
15	同方股份有限公司	12.78	40	中冶赛迪工程技术股份有限公司	5.25
16	亨通集团有限公司	11.33	41	中利科技集团股份有限公司	5.24
17	上海贝尔股份有限公司	10.85	42	深圳华强集团有限公司	4.98
18	宝胜集团	10.25	43	中国华录集团有限公司	4.96
19	康佳集团股份有限公司	10.17	44	广州无线电集团有限公司	4.82
20	永鼎集团有限公司	9.38	45	株洲南车时代电气股份有限公司	4.80
21	武汉邮电科学研究院	8.91	46	海润光伏科技股份有限公司	4.66
22	南京南瑞集团公司	8.72	47	福建省电子信息（集团）有限责任公司	4.52
23	京东方科技集团股份有限公司	8.40	48	中国四联仪器仪表集团有限公司	4.43
24	江苏宏图高科技股份有限公司	7.94	49	中国振华电子集团有限公司	4.41
25	许继集团有限公司	7.71	50	宇龙计算机通信科技（深圳）有限公司	4.34

续表

序号	企业名称	综合评分	序号	企业名称	综合评分
51	河南森源集团有限公司	4.13	76	上海华虹（集团）有限公司	2.95
52	杭州海康威视数字技术股份有限公司	4.07	77	深圳桑达电子集团有限公司	2.91
53	普天东方通信集团	3.94	78	江苏双登集团有限公司	2.83
54	深圳市神舟电脑股份有限公司	3.86	79	天马微电子股份有限公司	2.82
55	东软集团股份有限公司	3.85	80	江苏通能信息有限公司	2.81
56	震雄铜业集团有限公司	3.78	81	大唐电信科技股份有限公司	2.80
57	广东生益科技股份有限公司	3.76	82	浙江晶科能源有限公司	2.79
58	哈尔滨光宇集团股份有限公司	3.65	83	长飞光纤光缆有限公司	2.76
59	横店集团东磁有限公司	3.57	84	风帆股份有限公司	2.56
60	侨兴集团有限公司	3.51	85	深圳市共进电子股份有限公司	2.51
61	彩虹集团公司	3.48	86	大恒新纪元科技有限公司	2.50
62	浙大网新科技股份有限公司	3.47	87	华润微电子有限公司	2.48
63	深圳普联技术有限公司	3.46	88	南通华达微电子集团有限公司	2.47
64	宁波韵升股份有限公司	3.45	89	沈阳先锋计算机工程有限公司	2.38
65	福州福大自动化科技有限公司	3.31	90	中国乐凯胶片集团公司	2.24
66	泰豪集团有限公司	3.30	91	湖南红太阳光电科技有限公司	2.19
67	北京华胜天成科技股份有限公司	3.28	92	深圳市康冠技术有限公司	2.18
68	中芯国际集成电路制造（上海）有限公司	3.27	93	山东鲁鑫贵金属有限公司	2.15
69	大连环宇阳光集团	3.25	94	汕头超声电子股份有限公司	2.14
70	歌尔声学股份有限公司	3.21	95	宜都东阳光化成箔有限公司	2.13
71	紫光股份有限公司	3.20	96	扬州曙光电缆有限公司	2.12
72	深圳市兆驰股份有限公司	3.16	97	河南环宇集团有限公司	2.10
73	浙江正泰太阳能科技有限公司	3.09	98	浙江天乐集团有限公司	2.03
74	大连辽无二电器有限公司	3.05	99	益阳科力远电池有限责任公司	2.02
75	江苏新潮科技集团有限公司	3.02	100	海太半导体（无锡）有限公司	2.01

注：百强企业从规模、效益、研发能力三个方面进行综合评价。其中，规模包括资产和收入规模；效益包括企业的盈利能力、发展能力、债务偿还能力以及经营能力四个方面；研发能力包括研发投入比例和专利数量两个方面。通过选取具有代表性的指标并赋予适当的权重进行加权计算，得出企业综合评分。

[供稿：工业和信息化部运行监测协调局]

2012 年（第 11 届）中国软件业务收入前百家企业

根据国家统计局与工业和信息化部联合统计的 2011 年全国软件产业统计年报数据，经地方工业和信息化主管部门初审，工业和信息化部最终审定，于 2012 年 7 月 5 日公布了“2012 年（第 11 届）中国软件业务收入前百家企业”和“2012 年中国自主品牌软件产品收入前十家企业”名单。

资料表明，2011 年，软件业务收入前百家企业实力比往届继续增强，成为推动中国软件和信息技术服务业发展的核心支撑。此次公布的百家软件企业共实现软件业务收入 3 401.16 亿元，与第 10 届百家企业收入总和 3 135.47 亿元相比，增长 8.5%。其中，排名前三位的企业软件业务收入均超过 300 亿元，收入总和 1 533.64 亿元。

【统计数据】

表 1　2012 年（第 11 届）中国软件业务收入前百家企业名单

单位：万元

序号	企业名称	软件业务收入	序号	企业名称	软件业务收入
1	华为技术有限公司	8 503 849	20	北京华胜天成科技股份有限公司	354 950
2	中兴通讯股份有限公司	3 808 000	21	中冶赛迪工程技术股份有限公司	335 620
3	海尔集团公司	3 024 598	22	沈阳先锋计算机工程有限公司	325 623
4	北大方正集团有限公司	836 542	23	上海宝信软件股份有限公司	314 507
5	浪潮集团有限公司	775 126	24	杭州恒生电子集团有限公司	313 000
6	南京联创科技集团股份有限公司	709 286	25	上海贝尔软件有限公司	285 795
7	东软集团股份有限公司	646 028	26	国电南京自动化股份有限公司	266 756
8	浙大网新科技股份有限公司	531 024	27	东华软件股份公司	259 851
9	南京南瑞集团公司（含国电南瑞）	528 783	28	大唐电信科技股份有限公司	248 748
10	同方股份有限公司	520 641	29	中国民航信息网络股份有限公司	244 583
11	株洲南车时代电气股份有限公司	505 888	30	中国软件与技术服务股份有限公司	233 373
12	海信集团有限公司	505 438	31	北京全路通信信号研究设计院有限公司	199 257
13	中国银联股份有限公司	467 433	32	山东中创软件工程股份有限公司	184 655
14	航天信息股份有限公司	446 046	33	四川九洲电器集团有限责任公司	181 504
15	神州数码系统集成服务有限公司	442 229	34	深圳市金证科技股份有限公司	180 621
16	杭州海康威视数字技术股份有限公司	426 302	35	浙江大华技术股份有限公司	179 174
17	用友软件股份有限公司	410 720	36	中科软科技股份有限公司	159 691
18	福州福大自动化科技有限公司	397 228	37	福建星网锐捷通讯股份有限公司	157 257
19	武汉邮电科学研究院	394 214	38	太极计算机股份有限公司	155 614

续表

序号	企业名称	软件业务收入	序号	企业名称	软件业务收入
39	江苏省通信服务有限公司	150 018	70	上海微创软件股份有限公司	82 186
40	东方电子集团有限公司	142 793	71	江苏国光信息产业股份有限公司	82 111
41	石化盈科信息技术有限责任公司	140 838	72	北京四方继保自动化股份有限公司	80 000
42	博雅软件股份有限公司	139 433	73	东信和平智能卡股份有限公司	79 607
43	启明信息技术股份有限公司	138 512	74	先锋软件股份有限公司	77 387
44	大连华信计算机技术股份有限公司	135 356	75	威海北洋电气集团股份有限公司	76 062
45	深圳创维数字技术股份有限公司	131 950	76	北京四维图新科技股份有限公司	75 304
46	广州广电运通金融电子股份有限公司	131 625	77	山东正元地理信息工程有限责任公司	75 104
47	中控科技集团有限公司	129 567	78	云南省通信产业服务有限公司	74 661
48	信雅达系统工程股份有限公司	126 948	79	沈阳昂立信息技术有限公司	74 660
49	江苏集群信息产业股份有限公司	120 340	80	广联达软件股份有限公司	74 322
50	大连环宇阳光集团	117 150	81	长城信息产业股份有限公司	71 672
51	广州数控设备有限公司	114 701	82	江苏金智科技股份有限公司	70 008
52	云南南天电子信息产业股份有限公司	111 520	83	博彦科技股份有限公司	68 567
53	北京握奇数据系统有限公司	105 224	84	山东雷音电子科技有限公司	68 435
54	珠海金山软件有限公司	102 051	85	四川东方电气自动控制工程有限公司	65 941
55	北京神州泰岳软件股份有限公司	100 563	86	福建富士通信息软件有限公司	65 739
56	江苏南大苏富特科技股份有限公司	100 000	87	高伟达软件股份有限公司	65 583
57	杭州和利时自动化有限公司	96 898	88	广州海格通信集团股份有限公司	65 104
58	三维通信股份有限公司	96 868	89	攀钢集团信息工程技术有限公司	64 847
59	深圳市大族激光科技股份有限公司	95 861	90	远光软件股份有限公司	64 241
60	银江股份有限公司	91 730	91	北京联信永益信息技术有限公司	63 885
61	亿阳信通股份有限公司	91 305	92	山东万博科技股份有限公司	63 626
62	杭州士兰微电子股份公司	90 761	93	武汉天喻信息产业股份有限公司	63 065
63	辽宁天久信息科技产业有限公司	89 961	94	卡斯柯信号有限公司	62 927
64	北京中电普华信息技术有限公司	89 496	95	思创数码科技股份有限公司	62 824
65	成都国腾实业集团有限公司	86 091	96	万达信息股份有限公司	62 577
66	福建新大陆电脑股份有限公司	85 829	97	长城计算机软件与系统有限公司	62 354
67	国脉科技股份有限公司	85 617	98	北京神舟航天软件技术有限公司	62 322
68	高德软件有限公司	83 686	99	昆明昆船物流信息产业有限公司	60 600
69	深圳市怡化电脑有限公司	83 032	100	浙江省公众信息产业有限公司	60 251

表 2　2012 年中国自主品牌软件产品收入前十家企业名单

序号	企业名称	序号	企业名称
1	浪潮集团有限公司	6	东软集团股份有限公司
2	南京南瑞集团公司	7	用友软件股份有限公司
3	上海宝信软件股份有限公司	8	大连华信计算机技术股份有限公司
4	东华软件股份公司	9	山东中创软件工程股份有限公司
5	杭州恒生电子集团有限公司	10	珠海金山软件有限公司

2011 年（第 10 届）中国软件百强名单

序号	企业名称	软件业务收入（万元）	总部所在地
1	华为技术有限公司	8 269 870	广东
2	中兴通讯股份有限公司	3 808 000	广东
3	神州数码（中国）有限公司	1 968 973	北京
4	海尔集团公司	1 804 857	山东
5	北大方正集团有限公司	684 025	北京
6	南京联创科技集团有限公司	594 396	江苏
7	浪潮集团有限公司	550 236	山东
8	浙大网新科技股份有限公司	484 578	浙江
9	同方股份有限公司	480 376	北京
10	东软集团股份有限公司	472 077	辽宁
11	南京南瑞集团公司	421 553	江苏
12	熊猫电子集团有限公司	414 479	江苏
13	北京华胜天成科技股份有限公司	406 892	北京
14	株洲南车时代电气股份有限公司	359 964	湖南
15	航天信息股份有限公司	348 252	北京
16	杭州海康威视数字技术股份有限公司	346 123	浙江
17	中国银联股份有限公司	343 580	上海
18	武汉邮电科学研究院	338 981	武汉
19	福州福大自动化科技有限公司	330 098	福建
20	沈阳先锋计算机工程有限公司	324 791	辽宁
21	中冶赛迪工程技术股份有限公司	301 830	重庆

续表

序号	企业名称	软件业务收入（万元）	总部所在地
22	中国软件与技术服务股份有限公司	301 207	北京
23	用友软件股份有限公司	292 000	北京
24	中国民航信息网络股份有限公司	246 505	北京
25	杭州恒生电子集团有限公司	242 000	杭州
26	上海宝信软件股份有限公司	215 945	上海
27	上海贝尔软件有限公司	209 269	上海
28	北京全路通信信号研究设计院有限公司	197 333	北京
29	大唐电信科技股份有限公司	192 895	北京
30	东华软件股份有限公司	187 047	北京
31	国电南京自动化股份有限公司	176 700	江苏
32	山东中创软件工程股份有限公司	175 458	山东
33	上海华讯网络系统有限公司	164 944	上海
34	中控科技集团有限公司	164 185	浙江
35	深圳市金证科技股份有限公司	158 636	广东
36	启明信息技术股份有限公司	154 106	吉林
37	太极计算机股份有限公司	148 837	北京
38	东方电子集团有限公司	141 183	山东
39	金蝶软件（中国）有限公司	139 271	广东
40	福建星网锐捷通讯股份有限公司	137 250	福建
41	浙江大华技术股份有限公司	133 666	浙江
42	博雅软件股份有限公司	132 993	北京
43	海信集团有限公司	118 682	山东
44	中科软科技股份有限公司	118 447	北京
45	广州广电运通金融电子股份有限公司	112 060	广东
46	软通动力信息技术（集团）有限公司	109 386	北京
47	文思创新软件技术有限公司	104 967	北京
48	石化盈科信息技术有限责任公司	102 753	北京
49	信雅达系统工程股份有限公司	102 631	浙江
50	大连华信计算机技术股份有限公司	101 010	大连
51	广州数控设备有限公司	100 058	广东
52	云南省通信产业服务有限公司	100 035	云南

续表

序号	企业名称	软件业务收入（万元）	总部所在地
53	珠海金山软件有限公司	97 139	广东
54	福建新大陆电脑股份有限公司	95 000	福建
55	沈阳东大自动化有限公司	94 320	辽宁
56	深圳市大族激光科技股份有限公司	91 342	广东
57	辽宁天久信息科技产业有限公司	88 951	辽宁
58	北京首钢自动化信息技术有限公司	87 618	北京
59	北京神州泰岳软件股份有限公司	84 163	北京
60	南京南瑞继保电气有限公司	84 021	江苏
61	杭州士兰微电子股份有限公司	83 139	杭州
62	江苏集群信息产业股份有限公司	81 223	江苏
63	东方电气自动控制工程有限公司	79 710	四川
64	云南南天电子信息产业股份有限公司	79 121	云南
65	杭州和利时自动化有限公司	77 002	杭州
66	国脉科技股份有限公司	75 748	福建
67	威海北洋电气集团股份有限公司	75 546	山东
68	三维通信股份有限公司	74 882	浙江
69	北京联想软件有限公司	74 554	北京
70	深圳市怡化电脑有限公司	74 202	广东
71	南威软件股份有限公司	72 282	福建
72	国民技术股份有限公司	70 005	广东
73	航天恒星科技股份有限公司	69 774	陕西
74	大连环宇阳光集团	69 578	大连
75	北京联信永益科技股份有限公司	69 107	北京
76	上海华虹集成电路有限责任公司	68 657	上海
77	北京四维图新科技股份有限公司	67 523	北京
78	山东巨洋神州信息技术有限公司	64 007	山东
79	中程科技有限公司	63 942	浙江
80	浙江省公众信息产业有限公司	63 137	浙江
81	长城计算机软件与系统有限公司	62 355	北京
82	先锋计算机软件与系统有限公司	61 972	江西
83	江苏南大苏富特科技股份有限公司	61 490	江苏

续表

序号	企业名称	软件业务收入（万元）	总部所在地
84	北京四方继保自动化股份有限公司	59 764	北京
85	亿阳信通股份有限公司	59 693	北京
86	东信和平智能卡股份有限公司	59 416	广东
87	昆明昆船物流信息产业有限公司	59 249	云南
88	北京水晶石数字科技股份有限公司	57 936	北京
89	卡斯柯信号有限公司	56 863	上海
90	上海大智慧股份有限公司	56 433	上海
91	江苏金智科技股份有限公司	55 915	江苏
92	福建富士通信息软件有限公司	55 851	福建
93	深圳市科陆电子科技股份有限公司	55 830	广东
94	中盈优创资讯科技有限公司	55 551	北京
95	广州海格通信集团股份有限公司	55 288	广东
96	北京中电普华信息技术有限公司	55 140	北京
97	易程科技股份有限公司	54 167	北京
98	北京交大微联科技有限公司	53 332	北京
99	深圳市紫金支点技术有限公司	53 204	广东
100	思创数码科技股份有限公司	53 135	江西

2010 年（第 9 届）中国软件百强名单

序号	企业名称	软件业务收入（万元）	总部所在地
1	华为技术有限公司	7 256 789	广东
2	中兴通讯股份有限公司	2 706 625	广东
3	神州数码（中国）有限公司	1 303 956	北京
4	海尔集团公司	817 972	山东
5	北京北大方正集团公司	624 371	北京
6	熊猫电子集团有限公司	608 666	江苏
7	浙大网新科技股份有限公司	490 603	浙江
8	浪潮集团有限公司	478 952	山东
9	东软集团股份有限公司	416 606	辽宁
10	同方股份有限公司	407 066	北京

续表

序号	企业名称	软件业务收入（万元）	总部所在地
11	南京联创科技集团股份有限公司	360 777	江苏
12	南京南瑞集团公司（含国电南瑞科技股份有限公司）	344 962	江苏
13	沈阳先锋计算机工程有限公司	310 300	辽宁
14	中冶赛迪工程技术股份有限公司	281 384	重庆
15	航天信息股份有限公司	266 208	北京
16	中国银联股份有限公司	249 133	上海
17	中国软件与技术服务股份有限公司	241 311	北京
18	上海贝尔阿尔卡特软件有限公司	228 486	上海
19	用友软件股份有限公司	227 586	北京
20	杭州恒生电子集团有限公司	203 600	浙江
21	福州福大自动化科技有限公司	201 203	福建
22	上海宝信软件股份有限公司	201 128	上海
23	中国民航信息网络股份有限公司	180 780	北京
24	株洲南车时代电气股份有限公司	179 395	湖南
25	山东中创软件工程股份有限公司	169 245	山东
26	杭州海康威视数字技术股份有限公司	165 463	浙江
27	北京华胜天成科技股份有限公司	160 898	北京
28	东华软件股份公司	152 117	北京
29	太极计算机股份有限公司	137 190	北京
30	上海华讯网络系统股份有限公司	134 899	上海
31	烽火通信科技股份有限公司	133 741	湖北
32	启明信息技术股份有限公司	131 583	吉林
33	烟台东方电子信息集团有限公司	130 890	山东
34	北京全路通信信号研究设计院	130 839	北京
35	海信集团有限公司	130 487	山东
36	深圳市金证科技股份有限公司	121 647	广东
37	青鸟软件股份有限公司	117 973	北京
38	中控科技集团有限公司	116 709	浙江
39	中国华大集成电路设计集团有限公司	110 092	北京
40	珠海金山软件股份有限公司	101 343	广东
41	福建星网锐捷通讯股份有限公司	100 297	福建

续表

序号	企业名称	软件业务收入（万元）	总部所在地
42	金蝶软件（中国）有限公司	97 475	广东
43	南京南瑞继保电气有限公司	96 835	江苏
44	沈阳东大自动化有限公司	94 072	辽宁
45	亿阳信通股份有限公司	92 843	北京
46	信雅达系统工程股份有限公司	91 636	浙江
47	大连华信计算机技术股份有限公司	87 444	辽宁
48	广州广电运通金融电子股份有限公司	86 184	广东
49	大唐电信科技股份有限公司	86 155	北京
50	福建新大陆电脑股份有限公司	85 500	福建
51	中科软科技股份有限公司	83 402	北京
52	长城计算机软件与系统有限公司	83 234	北京
53	浙江大华技术股份有限公司	81 756	浙江
54	石化盈科信息技术有限责任公司	78 886	北京
55	三维通信股份有限公司	78 719	浙江
56	云南南天电子信息产业股份有限公司	78 383	云南
57	软通动力信息技术（集团）有限公司	77 669	北京
58	深圳市同洲电子股份有限公司	76 029	广东
59	北京神州泰岳软件股份有限公司	73 999	北京
60	北京联信永益信息技术有限公司	70 285	北京
61	北京四方继保自动化股份有限公司	68 332	北京
62	辽宁天久信息科技产业有限公司	67 235	辽宁
63	国脉科技股份有限公司	65 570	福建
64	上海华虹集成电路有限责任公司	65 221	上海
65	杭州和利时自动化有限公司	63 445	浙江
66	北京首钢自动化信息技术有限公司	61 577	北京
67	航天恒星科技股份有限公司	60 986	陕西
68	深圳市紫金支点技术股份有限公司	59 452	广东
69	中程科技有限公司	59 172	浙江
70	先锋软件股份有限公司	59 131	江西
71	杭州士兰微电子股份有限公司	58 984	浙江
72	北京联想软件有限公司	58 427	北京

续表

序号	企业名称	软件业务收入（万元）	总部所在地
73	威海北洋电气集团股份有限公司	57 024	山东
74	东信和平智能卡股份有限公司	55 566	广东
75	文思创新软件技术有限公司	54 919	北京
76	江苏南大苏富特科技股份有限公司	54 000	江苏
77	深圳市南凌科技发展有限公司	52 583	广东
78	云南省通信产业服务有限公司	52 046	云南
79	福建富士通信息软件有限公司	50 822	福建
80	江苏集群信息产业股份有限公司	50 367	江苏
81	东南融通（中国）系统工程有限公司	49 950	福建
82	沈阳新松机器人自动化股份有限公司	49 920	辽宁
83	浙江省公众信息产业有限公司	49 292	浙江
84	昆明昆船物流信息产业有限公司	49 100	云南
85	江苏国光信息产业股份有限公司	47 210	江苏
86	广州海格通信集团股份有限公司	47 196	广东
87	长城信息产业股份有限公司	44 817	湖南
88	广州数控设备有限公司	43 728	广东
89	北京天融信科技有限公司	43 410	北京
90	江苏金智科技股份有限公司	43 248	江苏
91	首都信息发展股份有限公司	42 445	北京
92	长江计算机（集团）公司	42 431	上海
93	中航网信（北京）科技有限公司	42 176	北京
94	山东正元地理信息工程有限责任公司	41 763	山东
95	南京城际在线信息技术有限公司	41 505	江苏
96	思创数码科技股份有限公司	41 037	江西
97	中盈优创资讯科技有限公司	40 045	北京
98	山东雷音电子科技有限公司	39 832	山东
99	山东法因数控机械有限公司	39 649	山东
100	北京瑞星信息技术有限公司	39 572	北京

2009年（第8届）中国软件百强名单

序号	企业名称	软件业务收入（万元）	总部所在地
1	华为技术有限公司	5 556 467	广东
2	中兴通讯股份有限公司	2 480 432	广东
3	神州数码（中国）有限公司	1 100 385	北京
4	海尔集团公司	671 884	山东
5	上海贝尔阿尔卡特股份有限公司	651 148	上海
6	熊猫电子集团有限公司	623 554	江苏
7	北京北大方正集团公司	404 688	北京
8	浙江浙大网新科技股份有限公司	403 085	浙江
9	浪潮集团有限公司	396 952	山东
10	同方股份有限公司	375 413	北京
11	东软集团有限公司	360 462	辽宁
12	中冶赛迪工程技术股份公司	314 913	重庆
13	南京联创科技股份有限公司	259 844	江苏
14	沈阳先锋计算机工程有限公司	231 154	辽宁
15	中国软件与技术服务股份有限公司	222 651	北京
16	南京南瑞集团公司	216 556	江苏
17	中国银联股份有限公司	197 040	上海
18	上海宝信软件股份有限公司	185 503	上海
19	福建福州福大自动化科技有限公司	178 134	福建
20	北京用友软件股份有限公司	171 704	北京
21	杭州恒生电子有限公司	169 000	浙江
22	山东中创软件工程股份有限公司	163 520	山东
23	中国民航信息网络股份有限公司	160 911	北京
24	海信集团公司	135 668	山东
25	北京华胜天成科技股份有限公司	131 260	北京
26	烽火科技集团·武汉邮电科学研究院	125 755	武汉
27	烟台东方电子信息产业集团有限公司	123 615	山东
28	中控科技集团有限公司	120 663	浙江
29	上海华讯网络系统有限公司	116 726	上海
30	北京东华合创数码科技股份有限公司	115 634	北京

续表

序号	企业名称	软件业务收入（万元）	总部所在地
31	深圳市金证科技股份有限公司	109 623	广东
32	启明信息技术股份有限公司	108 506	吉林
33	南京南瑞继保电气有限公司	104 102	江苏
34	大唐电信科技股份有限公司	96 971	北京
35	杭州海康威视数字技术股份有限公司	88 850	浙江
36	大连华信计算机技术有限公司	87 746	辽宁
37	株洲南车时代电气股份有限公司	84 937	湖南
38	金蝶软件（中国）有限公司	84 643	广东
39	福建新大陆电脑股份有限公司	84 216	福建
40	深圳市同洲电子股份有限公司	83 975	广东
41	福建星网锐捷通讯股份有限公司	83 775	福建
42	云南南天电子信息产业股份有限公司	83 719	云南
43	珠海金山软件股份有限公司	81 487	广东
44	北京四方继保自动化有限公司	77 411	北京
45	长城计算机软件与系统有限公司	76 194	北京
46	中科软科技股份有限公司	74 830	北京
47	亿阳信通股份有限公司	72 597	北京
48	深圳市大族激光科技股份有限公司	70 431	广东
49	东信和平智能卡股份有限公司	68 816	广东
50	广州广电运通金融电子股份有限公司	68 005	广东
51	北京北大青鸟商用信息系统有限公司	65 257	北京
52	浙江大华技术股份有限公司	63 369	浙江
53	杭州和利时自动化有限公司	63 047	浙江
54	辽宁天久信息科技产业有限公司	63 000	辽宁
55	深圳市紫金支点技术股份有限公司	62 952	广东
56	无锡华润矽科微电子有限公司	62 440	江苏
57	上海华虹集成电路有限责任公司	61 778	上海
58	北京软通动力信息技术有限公司	60 843	北京
59	信雅达系统工程股份有限公司	60 496	浙江
60	长江计算机（集团）公司	60 035	上海
61	北京中电华大电子设计有限责任公司	58 094	北京

续表

序号	企业名称	软件业务收入（万元）	总部所在地
62	福建富士通信息软件有限公司	57 167	福建
63	南昌先锋软件股份有限公司	55 286	江西
64	苏州南大苏富特科技有限公司	54 301	江苏
65	沈阳东大自动化有限公司	54 185	辽宁
66	沈阳昂立信息技术有限公司	53 103	辽宁
67	杭州士兰微电子股份有限公司	52 851	浙江
68	福建南威软件工程发展有限公司	51 203	福建
69	浙江省公众信息产业有限公司	50 481	浙江
70	太极计算机股份有限公司	50 342	北京
71	成都迈普产业集团有限公司	46 856	四川
72	广州海格通信集团股份有限公司	46 501	广东
73	浙江航天金穗科技有限公司	46 159	浙江
74	北京瑞星信息技术有限公司	46 120	北京
75	深圳市南凌科技发展有限公司	44 508	广东
76	北京联想软件有限公司	43 290	北京
77	中程科技有限公司	43 086	浙江
78	珠海炬力集成电路设计有限公司	43 081	广东
79	四川汇源科技发展股份有限公司	41 828	四川
80	石化盈科信息技术有限责任公司	41 625	北京
81	安徽继远电网技术有限责任公司	41 206	安徽
82	昆明昆船物流信息产业有限公司	40 825	云南
83	中盈优创资讯科技有限公司	40 503	北京
84	浙江建达科技有限公司	40 474	浙江
85	广州从兴电子有限公司	40 018	广东
86	北京神州泰岳软件股份有限公司	39 856	北京
87	广州数控设备有限公司	39 459	广东
88	泰豪软件股份有限公司	39 273	江西
89	浙江三维通信股份有限公司	38 928	浙江
90	山东三联电子信息有限公司	38 472	山东
91	江西思创数码科技股份有限公司	38 226	江西
92	江苏金智科技股份有限公司	38 200	江苏

续表

序号	企业名称	软件业务收入（万元）	总部所在地
93	北京京北方科技股份有限公司	35 135	北京
94	厦门东南融通系统工程有限公司	34 719	厦门
95	武汉天喻信息产业股份有限公司	32 991	武汉
96	大连大森数控技术发展中心有限公司	32 768	辽宁
97	上海微创软件有限公司	31 913	上海
98	上海理想信息产业（集团）有限公司	31 887	上海
99	长城信息产业股份有限公司	31 647	湖南
100	江苏集群信息产业股份有限公司	31 027	江苏

2008年（第7届）中国软件百强名单

序号	企业名称	软件业务收入（万元）	总部所在地
1	华为技术有限公司	4 167 208	广东
2	中兴通讯股份有限公司	1 102 928	广东
3	海尔集团公司	905 220	山东
4	神州数码（中国）有限公司	846 450	北京
5	上海贝尔阿尔卡特股份有限公司	556 441	上海
6	熊猫电子集团有限公司	529 325	江苏
7	浙大网新科技股份有限公司	455 237	浙江
8	北大方正集团有限公司	392 917	北京
9	同方股份有限公司	375 830	北京
10	浪潮集团有限公司	328 625	山东
11	中冶赛迪工程技术股份有限公司	299 865	重庆
12	东软集团有限公司	256 396	沈阳
13	南京联创科技股份有限公司	188 183	江苏
14	中国软件与技术服务股份有限公司	180 214	北京
15	福州福大自动化科技有限公司	174 681	福建
16	海信集团有限公司	173 686	山东
17	南京南瑞集团公司（含国电南瑞科技股份有限公司）	171 860	江苏
18	山东中创软件工程股份有限公司	169 771	山东
19	中国银联股份有限公司	163 168	上海

续表

序号	企业名称	软件业务收入（万元）	总部所在地
20	长城计算机软件与系统有限公司	161 208	北京
21	无锡华润矽科微电子有限公司	160 131	江苏
22	南京南瑞继保电气有限公司	126 310	江苏
23	同方威视技术股份有限公司	124 953	北京
24	武汉邮电科学研究院	122 375	湖北
25	启明信息技术股份有限公司	114 182	吉林
26	杭州海康威视数字技术有限公司	106 082	杭州
27	福建星网锐捷通讯股份有限公司	100 007	福建
28	金蝶软件（中国）有限公司	96 827	广东
29	云南南天电子信息产业股份公司	91 898	云南
30	深圳市同洲电子股份有限公司	91 354	广东
31	北京东华合创数码科技股份有限公司	88 419	北京
32	北京四方继保自动化股份有限公司	84 964	北京
33	北京华胜天成科技股份有限公司	83 140	北京
34	太极计算机股份有限公司	82 469	北京
35	炬力集成电路设计有限公司	82 170	广东
36	亿阳信通股份有限公司	79 055	北京
37	大连华信计算机技术股份有限公司	78 457	辽宁
38	信雅达系统工程股份有限公司	77 834	浙江
39	福建新大陆电脑股份有限公司	75 280	福建
40	中国民航信息网络股份有限公司	75 209	北京
41	上海宝信软件股份有限公司	74 690	上海
42	用友软件股份有限公司	74 426	北京
43	大唐电信科技股份有限公司	69 586	北京
44	杭州恒生电子集团有限公司	69 456	浙江
45	烟台东方电子信息产业集团有限公司	69 258	山东
46	沈阳先锋计算机工程有限公司	68 277	辽宁
47	沈阳东大自动化有限公司	67 617	辽宁
48	深圳市金证科技股份有限公司	67 432	广东
49	中控科技集团有限公司	63 387	浙江
50	大连环宇阳光集团	62 397	辽宁

续表

序号	企业名称	软件业务收入（万元）	总部所在地
51	南望信息产业集团有限公司	61 970	浙江
52	江苏南大苏富特软件股份有限公司	61 904	江苏
53	浙江大华技术股份有限公司	90 769	浙江
54	杭州士兰微电子股份有限公司	59 625	浙江
55	石化盈科信息技术有限责任公司	59 173	北京
56	杭州和利时自动化有限公司	57 666	浙江
57	深圳市大族激光科技股份有限公司	57 219	广东
58	长江计算机（集团）公司	56 490	上海
59	北京中电华大电子设计有限责任公司	56 333	北京
60	东信和平智能卡股份有限公司	54 168	广东
61	中科软科技股份有限公司	53 448	北京
62	广州数控设备有限公司	50 486	广东
63	深圳市南凌科技发展有限公司	50 309	广东
64	先锋软件股份有限公司	48 534	江西
65	威海北洋电气集团股份有限公司	48 302	山东
66	沈阳昂立信息技术有限公司	48 070	辽宁
67	广州广电运通金融电子股份有限公司	47 186	广东
68	大唐移动通信设备有限公司	46 899	北京
69	成都迈普产业集团有限公司	45 816	四川
70	福建富士通信息软件有限公司	45 641	福建
71	江苏金智科技股份有限公司	45 300	江苏
72	珠海金山软件股份有限公司	45 041	广东
73	福建南威软件有限公司	44 175	福建
74	北京联想软件有限公司	44 022	北京
75	广州海格通信集团股份有限公司	43 829	广东
76	深圳市紫金支点技术股份有限公司	43 323	广东
77	昆明昆船物流信息产业有限公司	42 890	云南
78	中盈优创资讯科技有限公司	42 885	北京
79	北京握奇数据系统有限公司	41 289	北京
80	思创数码科技股份有限公司	40 535	江西
81	中程科技有限公司	38 214	浙江

续表

序号	企业名称	软件业务收入（万元）	总部所在地
82	南京中兴软创科技有限责任公司	37 100	江苏
83	北京联信永益科技股份有限公司	36 876	北京
84	福州瑞芯微电子有限公司	35 561	福建
85	武汉天喻信息产业股份有限公司	33 413	湖北
86	山东三联电子信息有限公司	32 263	山东
87	山大鲁能信息科技有限公司	32 220	山东
88	山东山大华天科技股份有限公司	32 200	山东
89	山东地纬计算机软件有限公司	32 007	山东
90	北京京北方科技股份有限公司	29 738	北京
91	华迪计算机集团有限公司	29 054	北京
92	株洲南车时代电气股份有限公司	29 013	湖南
93	长城信息产业股份有限公司	28 843	湖南
94	万达信息股份有限公司	28 200	上海
95	许昌许继软件技术有限公司	27 061	河南
96	江苏擎天信息科技集团	26 700	江苏
97	北京天融信网络安全技术有限公司	26 326	北京
98	研祥智能科技股份有限公司	25 931	广东
99	积成电子股份有限公司	25 866	山东
100	上海理想信息产业（集团）有限公司	25 228	上海

2007 年（第 6 届）中国软件百强名单

序号	企业名称	软件业务收入（万元）	总部所在地
1	华为技术有限公司	2 977 800	广东
2	中兴通讯股份有限公司	1 344 000	广东
3	海尔集团公司	810 603	山东
4	神州数码（中国）有限公司	653 200	北京
5	浙大网新科技股份有限公司	459 668	浙江
6	熊猫电子集团有限公司	374 951	江苏
7	北京北大方正集团公司	337 327	北京
8	同方股份有限公司	315 447	北京

续表

序号	企业名称	软件业务收入（万元）	总部所在地
9	上海贝尔阿尔卡特股份有限公司	287 484	上海
10	浪潮集团有限公司	280 164	山东
11	东软集团有限公司	262 574	辽宁
12	南京联创科技股份有限公司	250 326	江苏
13	微软（中国）有限公司	248 395	北京
14	国际商业机器（中国）有限公司	239 942	北京
15	杭州华为三康技术有限公司	227 431	浙江
16	北京甲骨文软件系统有限公司	172 905	北京
17	中国软件与技术服务股份有限公司	164 941	北京
18	山东中创软件工程股份有限公司	158 220	山东
19	海信集团有限公司	141 593	山东
20	中国民航信息网络股份有限公司	139 517	北京
21	上海宝信软件股份有限公司	136 521	上海
22	炬力集成电路设计有限公司	134 501	广东
23	大唐电信科技股份有限公司	123 428	北京
24	福州福大自动化科技有限公司	115 112	福建
25	中国银联股份有限公司	115 045	上海
26	烟台东方电子信息产业集团有限公司	110 951	山东
27	用友软件股份有限公司	106 249	北京
28	深圳市金证科技股份有限公司	97 092	广东
29	杭州恒生电子集团有限公司	87 936	浙江
30	国电南瑞科技股份有限公司	85 386	江苏
31	盛趣信息技术（上海）有限公司	78 607	上海
32	北京和利时系统工程股份有限公司	77 556	北京
33	南京南瑞集团公司	77 170	江苏
34	上海西门子移动通信有限公司	73 253	上海
35	株洲南车时代电气股份有限公司	72 632	湖南
36	武汉邮电科学研究院	69 176	湖北
37	深圳迈瑞生物医疗电子股份有限公司	68 676	广东
38	南京南瑞继保电气有限公司	68 555	江苏
39	中控科技集团有限公司	67 925	浙江

续表

序号	企业名称	软件业务收入（万元）	总部所在地
40	安德鲁电信器材（中国）有限公司	66 873	江苏
41	启明信息股份有限公司	63 886	吉林
42	金蝶软件（中国）有限公司	63 755	广东
43	思爱普（北京）软件系统有限公司	63 027	北京
44	福建星网锐捷通讯股份有限公司	60 089	福建
45	无锡华润矽科微电子有限公司	59 420	江苏
46	浙江大华技术股份有限公司	59 370	浙江
47	江苏南大苏富特软件股份有限公司	58 956	江苏
48	北京青鸟信息系统有限公司	57 149	北京
49	信雅达系统工程股份有限公司	56 375	浙江
50	北京华胜天成科技股份有限公司	56 010	北京
51	青岛朗讯科技通讯设备有限公司	55 972	山东
52	云南南天电子信息产业股份公司	54 323	云南
53	亿阳信通股份有限公司	53 203	北京
54	大连华信计算机技术有限公司	52 712	辽宁
55	杭州士兰微电子股份有限公司	50 977	浙江
56	太极计算机股份有限公司	50 268	北京
57	大连环宇阳光集团	48 136	辽宁
58	南望信息产业集团有限公司	47 875	浙江
59	上海华讯网络系统有限公司	47 659	上海
60	石化盈科信息技术有限责任公司	47 435	北京
61	日电信息系统（中国）有限公司	46 702	广东
62	福建榕基软件开发有限公司	46 583	福建
63	深圳市同洲电子股份有限公司	45 717	广东
64	上海润星网络科技有限公司	45 611	上海
65	福建富士通信息软件有限公司	45 253	福建
66	长江计算机（集团）公司	45 177	上海
67	北京四方继保自动化股份公司	45 047	北京
68	福建新大陆电脑股份有限公司	45 000	福建
69	沈阳昂立信息技术有限公司	44 713	辽宁
70	亚信科技（中国）有限公司	44 688	北京

续表

序号	企业名称	软件业务收入（万元）	总部所在地
71	北京中电华大电子设计有限公司	44 087	北京
72	中盈优创资讯科技有限公司	43 821	北京
73	长城计算机软件与系统有限公司	43 693	北京
74	北京握奇数据系统有限公司	43 036	北京
75	中科软件科技股份有限公司	42 920	北京
76	深圳市南凌科技发展有限公司	42 805	广东
77	威海北洋电气集团股份有限公司	40 998	山东
78	新思软件技术（沈阳）有限公司	40 332	辽宁
79	沈阳先锋计算机工程有限公司	39 800	辽宁
80	福建南威软件工程发展有限公司	39 610	福建
81	泰豪软件股份有限公司	39 184	江西
82	先锋软件股份有限公司	38 763	江西
83	思创数码科技股份有限公司	38 739	江西
84	北京东华合创数码科技有限公司	38 285	北京
85	北京瑞星科技股份有限公司	37 131	北京
86	上海携程旅游信息技术有限公司	37 001	上海
87	沈阳新松机器人自动化股份公司	36 429	辽宁
88	深圳紫金支点技术股份有限公司	36 207	广东
89	珠海金山软件股份有限公司	35 953	广东
90	深圳大族激光科技股份有限公司	35 400	广东
91	中程科技有限公司	35 375	浙江
92	龙旗科技（上海）有限公司	35 091	上海
93	广州数控设备有限公司	34 906	广东
94	上海花旗软件技术服务有限公司	34 815	上海
95	浙江浙大网新快威科技有限公司	34 760	浙江
96	昆明昆船物流信息产业有限公司	34 647	云南
97	北京联想软件有限公司	33 872	北京
98	广州海格通信产业集团有限公司	32 681	广东
99	杭州新中大软件股份有限公司	32 645	浙江
100	江苏金智科技股份有限公司	32 400	江苏

2006 年（第 5 届）中国软件百强名单

序号	企业名称	软件业务收入（万元）	总部所在地
1	华为技术有限公司	1 520 629	广东
2	海尔集团公司	760 699	山东
3	中兴通讯股份有限公司	636 000	广东
4	UT 斯达康通讯有限公司	598 554	浙江
5	神州数码（中国）有限公司	462 188	北京
6	浙江浙大网新科技股份有限公司	420 029	浙江
7	熊猫电子集团有限公司	406 920	江苏
8	北京北大方正集团	274 488	北京
9	浪潮集团有限公司	259 887	山东
10	海信集团有限公司	245 526	山东
11	四川长虹电子集团有限公司	231 262	四川
12	东软集团有限公司	230 000	辽宁
13	清华同方股份有限公司	203 557	北京
14	微软（中国）有限公司	192 857	北京
15	南京联创科技股份有限公司	171 968	江苏
16	中国软件与技术服务股份有限公司	165 906	北京
17	青岛朗讯科技通讯企业有限公司	150 977	山东
18	山东中创软件工程股份有限公司	146 550	山东
19	中国民航信息网络股份有限公司	135 021	北京
20	上海宝信软件股份有限公司	133 682	上海
21	北京甲骨文软件系统有限公司	132 199	北京
22	珠海炬力集成电路设计有限公司	125 750	广东
23	中冶赛迪工程技术股份有限公司	124 450	重庆
24	北京华胜天成科技股份有限公司	112 700	北京
25	烟台东方电子信息产业集团有限公司	108 672	山东
26	用友软件股份有限公司	100 076	北京
27	大唐电信科技股份有限公司	87 300	北京
28	福州福大自动化科技有限公司	80 839	福建
29	思爱普（北京）软件系统有限公司	80 345	北京
30	广州金鹏电子有限公司	75 890	广东

续表

序号	企业名称	软件业务收入（万元）	总部所在地
31	南京南瑞继保电气有限公司	75 882	江苏
32	中国银联股份有限公司	74 015	上海
33	爱立信科技服务（中国）有限公司	70 971	辽宁
34	深圳市金证科技服务有限公司	70 177	广东
35	长春一汽启明信息技术股份有限公司	63 486	吉林
36	南京南瑞集团公司	63 169	江苏
37	中铁信息工程集团有限公司	62 200	北京
38	杭州恒生电子集团有限公司	59 286	浙江
39	深圳市南凌科技发展有限公司	58 276	广东
40	株洲南车时代电气股份有限公司	58 241	湖南
41	金蝶软件（中国）有限公司	58 000	广东
42	国电南瑞科技股份有限公司	55 579	江苏
43	上海贝尔阿尔卡特股份有限公司	55 395	上海
44	威海北洋电气股份有限公司	54 522	山东
45	沈阳东大自动化有限公司	53 926	辽宁
46	太极计算机股份有限公司	52 808	北京
47	云南南天电子信息产业股份有限公司	51 579	云南
48	大恒新纪元科技股份有限公司	49 917	北京
49	北京四方继保自动化股份有限公司	48 796	北京
50	长江计算机（集团）公司	48 651	上海
51	北京青鸟信息系统有限公司	46 530	北京
52	深圳迈瑞生物医疗电子股份有限公司	46 437	广东
53	北京东华合创数码科技股份有限公司	45 911	北京
54	石化盈科信息技术有限责任公司	44 898	北京
55	中控科技集团有限公司	44 810	浙江
56	中盈优创资讯科技有限公司	42 608	北京
57	亿阳信通股份有限公司	42 075	北京
58	华立集团有限公司（浙江）	40 392	浙江
59	北京握奇数据系统有限公司	40 323	北京
60	日电信息系统（中国）有限公司	39 989	广东
61	北京和利时系统工程股份有限公司	39 860	北京

续表

序号	企业名称	软件业务收入（万元）	总部所在地
62	上海华讯网络系统有限公司	39 815	上海
63	广州海格通信产业集团有限公司	39 763	广东
64	大连华信计算机技术有限公司	39 446	辽宁
65	希姆通信息技术（上海）有限公司	38 888	上海
66	沈阳先锋计算机工程有限公司	38 000	辽宁
67	北京富通东方科技有限公司	37 976	北京
68	亚信科技（中国）有限公司	37 710	北京
69	沈阳新松机器人自动化股份有限公司	36 540	辽宁
70	华迪计算机有限公司	36 223	北京
71	福建富士通信息软件有限公司	35 225	福建
72	浙江大华技术股份有限公司	34 923	浙江
73	江苏南大苏富特软件股份有限公司	34 428	江苏
74	云南电信网信实业集团有限公司	33 574	云南
75	杭州士兰微电子股份有限公司	33 429	浙江
76	创智集团	33 352	湖南
77	深圳市同洲电子股份有限公司	32 893	广东
78	福建南威软件工程发展有限公司	32 869	福建
79	泰豪软件股份有限公司	32 850	江西
80	北京乐金系统集成有限公司	32 807	北京
81	福建榕基软件开发有限公司	32 223	福建
82	先锋软件股份有限公司	31 996	江西
83	江西捷德智能卡系统有限公司	31 866	江西
84	中科软科技股份有限公司	31 837	北京
85	江苏金智科技股份有限公司	31 526	江苏
86	沈阳西东控制技术有限公司	31 010	辽宁
87	广东新粤交通投资有限公司	29 813	广东
88	首都信息发展股份有限公司	28 310	北京
89	广州华南资讯科技有限公司	28 094	广东
90	赛尔网络有限公司	27 945	北京
91	南望信息产业集团有限公司	27 344	浙江
92	京华网络有限公司	27 008	广东

续表

序号	企业名称	软件业务收入（万元）	总部所在地
93	福建新大陆电脑股份有限公司	27 000	福建
94	上海新华控制技术（集团）有限公司	26 119	上海
95	上海禹华通信技术有限公司	25 803	上海
96	福建星网锐捷通讯股份有限公司	25 781	福建
97	麦迪实软件（昆山）有限公司	25 030	江苏
98	广州市数控设备有限公司	24 832	广东
99	北京中科希望软件股份有限公司	23 706	北京
100	上海复旦光华信息科技股份有限公司	23 289	上海

2005年（第4届）中国软件百强名单

序号	企业名称	软件业务收入（万元）	序号	企业名称	软件业务收入（万元）
1	华为技术有限公司	847 323	20	北京甲骨文软件系统有限公司	103 505
2	中兴通讯股份有限公司	660 000	21	烟台东方电子信息产业集团公司	101 118
3	海尔集团公司	551 037	22	北京用友软件股份有限公司	88 700
4	海信集团有限公司	491 265	23	北京四方继保自动化有限公司	79 645
5	熊猫电子集团有限公司	476 706	24	福州福大自动化科技有限公司	76 679
6	神州数码（中国）有限公司	413 100	25	腾讯科技（深圳）有限公司	72 411
7	青岛朗讯科技通讯企业有限公司	349 966	26	广州网易计算机系统有限公司	70 709
8	浙江浙大网新科技股份有限公司	345 415	27	中国长城计算机集团公司	70 349
9	浪潮集团有限公司	196 728	28	新华控制技术（集团）有限公司	69 032
10	东软集团有限公司	179 710	29	中国银联股份有限公司	67 818
11	上海贝尔阿尔卡特股份有限公司	147 509	30	南京南瑞集团公司	67 163
12	大唐电信科技股份有限公司	147 141	31	哈尔滨亿阳信通股份公司	63 436
13	清华同方股份有限公司	144 312	32	思爱普（北京）软件系统有限公司	62 946
14	中国计算机软件与技术服务总公司	140 728	33	深圳市腾讯计算机系统有限公司	62 398
15	山东中创软件工程股份有限公司	138 125	34	武汉邮电科学研究院	56 600
16	南京联创科技股份有限公司	126 004	35	朝华科技（集团）有限公司	56 465
17	中国民航信息网络股份有限公司	114 538	36	中国工商银行软件开发中心	55 103
18	上海宝信软件股份有限公司	110 748	37	北京握奇数据系统有限公司	54 221
19	北京北大方正集团公司	104 541	38	金蝶软件（中国）有限公司	51 788

续表

序号	企业名称	软件业务收入（万元）	序号	企业名称	软件业务收入（万元）
39	沈阳东大自动化有限公司	51 326	70	沈阳新松机器人自动化股份有限公司	30 450
40	长春一汽启明信息技术公司	50 120	71	石化盈科信息技术有限责任公司	29 767
41	太极计算机集团（北京）	47 609	72	沈阳西东控制技术有限公司	29 370
42	深圳市金证科技股份公司	47 513	73	北京华旗资讯数码科技有限公司	29 012
43	广州网易互动娱乐有限公司	47 036	74	福建星网锐捷通讯有限公司	28 265
44	长江计算机（集团）公司	47 021	75	沈阳先锋计算机工程有限公司	28 209
45	云南南天电子信息产业股份公司	46 906	76	威海北洋电气集团股份有限公司	28 000
46	杭州士兰微电子股份有限公司	46 213	77	深圳市同洲电子股份有限公司	27 847
47	珠海炬力集成电路设计有限公司	46 006	78	广州海格通信有限公司	26 770
48	北京市和利时系统工程有限公司	44 579	79	京华网络有限公司	26 761
49	盛趣信息技术（上海）有限公司	43 047	80	电讯盈科（北京）有限公司	26 560
50	南京南瑞继保电气有限公司	42 911	81	南昌先锋软件股份有限公司	26 465
51	国电南瑞科技股份有限公司	42 300	82	江西捷德智能卡系统有限公司	26 455
52	华北计算机系统工程研究所	41 576	83	海湾安全技术股份有限公司	26 114
53	江苏南大苏富特软件股份有限公司	40 717	84	昆明昆船物流信息产业有限公司	26 061
54	深圳市迈瑞生物医疗电子有限公司	40 500	85	山东三星电子有限公司	26 000
55	云南电信网信实业集团有限公司	39 454	86	杭州新中大软件股份公司	25 292
56	杭州信雅达系统工程股份有限公司	38 936	87	中国大恒（集团）有限公司北京软件技术分公司	24 917
57	华立集团有限公司（浙江）	35 540	88	湖南计算机集团	24 637
58	江苏东大金智软件股份公司	35 446	89	上海西门子移动通信有限公司	24 221
59	新太科技股份有限公司	33 674	90	南望信息产业集团有限公司	24 175
60	北京华铁弘兴计算机工程有限责任公司	33 297	91	中程科技有限公司	23 942
61	亚信科技（中国）有限公司	32 533	92	苏州新锐电子工业有限公司	23 772
62	珠洲时代集团公司	32 471	93	东信和平智能卡股份有限公司	23 537
63	北京东华和创数码科技有限公司	32 274	94	四川长虹电子集团有限公司	23 324
64	广州华南资讯科技有限公司	32 227	95	赛贝斯软件（中国）公司	23 012
65	深圳市南凌科技发展有限公司	31 939	96	福建新大陆电脑股份有限公司	22 800
66	浙江中控科技集团有限公司	31 906	97	华迪计算机有限公司	22 125
67	上海华讯网络系统有限公司	31 721	98	希姆通信技术（上海）有限公司	22 034
68	创智集团	31 500	99	北京中软国际信息技术有限公司	21 785
69	大连华信计算机技术有限公司	30 756	100	泰豪软件股份有限公司	21 291

2004 年（第 3 届）中国软件百强名单

序号	企业名称	软件业务收入（万元）	序号	企业名称	软件业务收入（万元）
1	华为技术有限公司	622 360	29	南京联创科技股份有限公司	62 000
2	中兴通讯股份有限公司	601 331	30	金蝶软件（中国）有限公司	57 782
3	海信集团有限公司	448 641	31	南京南瑞集团公司	54 877
4	UT 斯达康通讯有限公司	386 763	32	杭州恒生电子集团有限公司	46 010
5	海尔集团公司	333 664	33	上海新华控制技术（集团）有限公司	45 712
6	神州数码（中国）有限公司	311 862	34	新太科技股份有限公司	41 832
7	浙江浙大网新科技股份有限公司	288 781	35	思爱普（北京）软件系统有限公司	40 813
8	熊猫电子集团有限公司	233 572	36	哈尔滨亿阳信通股份公司	40 708
9	浪潮集团有限公司	181 046	37	云南南天电子信息产业股份公司	39 892
10	东软集团有限公司	174 196	38	杭州新中大软件股份公司	39 500
11	北京北大方正集团	171 711	39	株洲时代集团公司	39 316
12	微软（中国）有限公司	163 313	40	南京南瑞继保电气有限公司	38 483
13	朝华科技（集团）股份有限公司	155 943	41	江苏南大苏富特软件股份有限公司	37 813
14	中国计算机软件与技术服务总公司	139 890	42	创智集团	37 400
15	清华同方股份有限公司	135 305	43	深圳市南凌科技发展有限公司	34 724
16	上海贝尔阿尔卡特股份有限公司	119 854	44	北京握奇数据系统有限公司	33 547
17	山东中创软件工程股份有限公司	116 018	45	毕益辉系统（中国）有限公司	33 000
18	国际商业机器（中国）有限公司	114 000	46	华立集团有限公司	32 029
19	大唐电信科技股份有限公司	112 035	47	广州华南资讯科技有限公司	31 995
20	摩托罗拉（中国）电子有限公司	105 614	48	杭州士兰微电子股份有限公司	31 329
21	上海宝信软件股份有限公司	96 472	49	浙江中控科技集团有限公司	30 622
22	托普集团科技发展有限责任公司	95 271	50	盛趣信息技术（上海）有限公司	30 461
23	中国民航信息网络股份有限公司	89 362	51	长春一汽启明信息技术有限公司	30 152
24	北京用友软件股份有限公司	73 100	52	湖南计算机集团	28 794
25	中国长城计算机集团公司	69 715	53	华北计算机系统工程研究所	28 794
26	北京四方继保自动化有限公司	67 849	54	深圳迈瑞生物医疗电子股份有限公司	27 000
27	烟台东方电子信息产业集团有限公司	67 144	55	福建星网锐捷通讯有限公司	26 922
28	北京甲骨文软件系统有限公司	66 275	56	广州海格通信有限公司	26 551

续表

序号	企业名称	软件业务收入（万元）	序号	企业名称	软件业务收入（万元）
57	京华网络有限公司	26 360	79	九娱（上海）信息技术有限公司	18 746
58	北京市和利时系统工程股份有限公司	26 353	80	四川汇源科技发展股份有限公司	17 857
59	长江计算机（集团）公司	25 329	81	北京东华合创数码科技股份有限公司	17 718
60	太极计算机集团（北京）	24 554	82	华迪计算机有限公司	17 610
61	江苏东大金智软件股份有限公司	24 206	83	北京朗新信息系统有限公司	17 243
62	杭州信雅达系统工程股份有限公司	24 165	84	北京中科大洋科技发展股份有限公司	17 137
63	上海达因信息技术股份有限公司	23 848	85	深圳市现代计算机有限公司	16 903
64	湖南长沙新宇科技发展有限公司	23 600	86	北京新晨科技股份有限公司	16 813
65	北京联想软件有限公司	23 196	87	南昌先锋软件股份有限公司	16 790
66	深圳市金证科技股份有限公司	22 753	88	湖南国讯国际网络有限公司	16 605
67	中程科技有限公司	22 451	89	大连华信计算机技术有限公司	16 404
68	大恒新纪元科技股份有限公司	22 368	90	建研科技股份有限公司	16 345
69	沈阳先锋计算机工程有限公司	21 475	91	中科软科技股份有限公司	16 169
70	福建新大陆电脑股份有限公司	21 342	92	南望信息产业集团有限公司	16 059
71	上海致达信息产业股份有限公司	21 050	93	赛贝斯软件（中国）有限公司	16 044
72	福建榕基软件开发有限公司	20 705	94	四川托日信息工程有限责任公司	15 666
73	宏智科技股份有限公司	20 530	95	国电南瑞科技股份有限公司	15 454
74	海湾安全技术股份有限公司	20 411	96	北京先进数通信息技术有限公司	15 326
75	亚信科技（中国）有限公司	20 126	97	万达信息股份有限公司	15 254
76	上海复旦光华信息科技股份有限公司	20 111	98	杭州颐和科技信息系统有限公司	15 020
77	北京天桥北大青鸟科技股份有限公司	19 913	99	黎明网络有限公司	14 976
78	掌中万维中国信息科技有限公司	18 807	100	浙江大华信息技术股份有限公司	14 896

2003 年（第 2 届）中国软件百强名单

序号	企业名称	序号	企业名称
1	华为技术有限公司	6	上海西门子移动通信有限公司
2	深圳市中兴通讯股份有限公司	7	熊猫电子集团有限公司
3	托普集团科技发展有限责任公司	8	东软集团有限公司
4	神州数码（中国）有限公司	9	北京北大方正集团公司
5	浪潮集团有限公司	10	微软（中国）有限公司

续表

序号	企业名称	序号	企业名称
11	清华同方股份有限公司	42	哈尔滨亿阳信通股份公司
12	大唐电信科技股份有限公司	43	广州新太科技有限公司
13	中国计算机软件与技术服务总公司	44	上海华东电脑股份有限公司
14	中国民航信息网络股份有限公司	45	深圳市金证科技股份公司
15	中国长城计算机集团公司	46	太极计算机集团
16	山东中创软件工程股份有限公司	47	天津天大天财股份有限公司
17	朝华科技（集团）股份有限公司	48	国电南瑞科技股份有限公司
18	北京爱立信移动通信公司	49	大恒新纪元科技股份有限公司
19	上海贝尔阿尔卡特移动通信系统公司	50	江苏南大苏富特软件有限公司
20	北京天桥北大青鸟科技股份有限公司	51	华立集团有限公司
21	北京甲骨文软件系统公司	52	湖南计算机产业集团
22	烟台东方电子信息产业集团	53	广州华南资讯科技有限公司
23	上海宝信软件股份有限公司	54	北京四方继保自动化公司
24	珠洲时代集团公司	55	杭州士兰微电子股份公司
25	北京用友软件股份有限公司	56	北京中创信测股份有限公司
26	海信集团有限公司	57	广州市京华网络有限公司
27	云南南天电子信息产业公司	58	北京太极华青佩诚软件科技有限公司
28	金蝶软件（中国）有限公司	59	华北计算机系统工程研究所
29	南京南瑞集团公司	60	四川迈普数据通信股份有限公司
30	湖南长沙新宇科技发展公司	61	长江计算机（集团）公司
31	创智集团（湖南）	62	北京新晨科技股份有限公司
32	浙江大学快威科技集团公司	63	北京首都在线科技发展公司
33	杭州恒生电子股份有限公司	64	青岛自动化研究所
34	南京南瑞继保电气有限公司	65	浙江颐高数码科技集团公司
35	新华控制技术（集团）公司	66	江苏东大金智软件股份公司
36	深圳开发科技股份有限公司	67	上海达因信息技术股份公司
37	北京联想软件有限公司	68	大连大工电脑发展有限公司
38	爱立信科技服务（中国）公司	69	深圳泰克艾奇智能系统公司
39	南京联创科技股份公司	70	思爱普（北京）软件系统公司
40	杭州新中大软件股份公司	71	北京华泰贝通网络科技公司
41	亚信科技中国有限公司	72	华迪计算机有限公司

续表

序号	企业名称	序号	企业名称
73	四川汇源科技发展股份公司	87	智冠电子（北京）有限公司
74	潍坊青鸟华光科技股份有限公司	88	深圳市现代计算机有限公司
75	浙江浙大中控技术有限公司	89	海湾安全技术股份有限公司
76	威海北洋电气集团股份公司	90	常州博成通信有限公司
77	杭州信雅达系统工程股份有限公司	91	北京合力金桥系统集成公司
78	宏智科技股份有限公司	92	联想（成都）有限公司
79	清华紫光（集团）总公司	93	大连华信计算机技术有限公司
80	北京先进数通信息技术公司	94	珠海东信和平智能卡股份有限公司
81	北京新浪信息技术有限公司	95	卡斯柯信号有限公司
82	赛贝斯软件（中国）公司	96	广州菲奈特系统网络有限公司
83	成都索贝数码科技股份公司	97	深圳市冠日通讯科技股份有限公司
84	黑龙江省大通实业集团	98	湖南国讯国际网络有限公司
85	长春一汽启明信息技术公司	99	西安未来国际软件有限公司
86	深圳市现代计算机有限公司	100	北京汉王科技有限公司

2002 年（第 1 届）中国软件百强名单

单位：万元

序号	企业名称	软件及计算机服务收入	软件收入	系统集成收入
	合计	4 656 526	3 273 416	1 183 540
1	华为技术有限公司	604 039	604 039	
2	深圳市中兴通讯股份有限公司	378 616	354 616	24 000
3	普天东方通讯集团	243 224	243 224	
4	神州数码（中国）有限公司	232 123	52 540	179 583
5	北京爱立信移动通信有限公司	208 868	208 868	
6	北京北大方正集团公司	155 641	155 641	
7	微软（中国）有限公司	146 436	146 436	
8	东软集团有限公司	142 152	65 362	76 790
9	中国计算机软件与技术服务总公司	132 949	51 210	49 041
10	大唐电信科技股份有限公司	128 332	10 258	118 074
11	浪潮集团有限公司	125 403	50 352	75 051
12	清华同方股份有限公司	108 029	15 866	88 820

续表

序号	企业名称	软件及计算机服务收入	软件收入	系统集成收入
13	烟台东方电子信息产业集团有限公司	94 039	33 650	60 389
14	山东中创软件工程股份有限公司	92 000	32 752	59 248
15	北京用友软件股份有限公司	85 184	83 400	
16	UT 斯达康（杭州）通讯有限公司	84 300	84 300	
17	北京甲骨文软件系统有限公司	71 482	50 470	
18	宁波波导股份有限公司	65 638	65 638	
19	天津日电电子通信工业有限公司	58 173	9 696	48 477
20	中国长城计算机集团公司	57 908	31 672	26 236
21	湖南湘计信息软件股份有限公司	51 287	50 687	380
22	托普集团	50 070	45 807	4 262
23	北京北大青鸟有限责任公司	45 453	22 631	15 409
24	杭州恒生电子股份有限公司	42 421	16 265	26 156
25	创智信息科技股份有限公司	41 186	41 186	
26	南京联创系统集成股份有限公司	41 000	24 000	7 536
27	杭州新中大软件股份有限公司	39 000	39 000	
28	云南南天电子信息产业股份有限公司	37 733	36 348	1 385
29	上海华东电脑股份有限公司	33 026		12 232
30	上海宝信软件股份有限公司	29 659	17 750	11 909
31	长江计算机集团公司	28 882	6 025	22 857
32	南京南瑞继保电气有限公司	28 300	28 300	
33	福建新大陆电脑股份有限公司	28 040	3 197	
34	广州新太科技有限公司	26 708	13 569	
35	深圳市金证科技股份有限公司	26 076	18 486	7 590
36	北京四方继保自动化有限公司	25 303	25 303	
37	赛贝斯软件（中国）有限公司	23 933	23 197	
38	华北计算机系统工程研究所	22 844	9 563	13 281
39	广州市京华网络有限公司	22 710	11 809	
40	深圳市现代计算机有限公司	21 900	10 065	10 059
41	四川迈普数据通信股份有限公司	20 832	20 832	
42	江苏东大金智软件股份有限公司	19 836	16 053	3 783
43	哈尔滨亿阳信通股份有限公司	19 800	19 800	

续表

序号	企业名称	软件及计算机服务收入	软件收入	系统集成收入
44	四川汇源科技发展股份有限公司	19 792	14 137	
45	南京南瑞集团公司	19 296	19 296	
46	金蝶软件（中国）有限公司	18 889	16 512	2 377
47	北京合力金桥系统集成技术有限公司	18 744		18 744
48	浙江大学快威科技集团有限公司	18 329	3 372	14 957
49	广州华南资讯科技有限公司	18 209	9 419	
50	宁波经济开发区信嘉诺软件有限公司	17 445	6 762	10 683
51	亚信科技中国有限公司	16 497	12 464	4 033
52	太极计算机集团	16 116	7 548	7 780
53	杭州信雅达系统工程股份有限公司	15 996	5 750	10 246
54	深圳市紫金支点技术有限公司	15 379	10 264	5 115
55	日电系统集成（中国）有限公司	15 294		15 294
56	深圳市奥尊电脑有限公司	14 180	10 582	3 598
57	上海达因信息技术股份有限公司	13 871	4 984	8 888
58	上海华腾软件系统有限公司	13 620		13 620
59	杭州士兰微电子股份有限公司	13 522	13 522	
60	黎明网络有限公司	13 510	5 708	7 250
61	西安必特思维软件有限公司	13 500	12 213	
62	湖南国讯国际网络有限公司	13 156	10 525	2 105
63	天津市电彩电脑网络有限公司	12 920	2 561	
64	广州从兴电子开发有限公司	12 879	12 879	
65	清华紫光（集团）总公司	12 618	5 619	6 999
66	上海致达信息产业股份有限公司	12 357	2 357	10 000
67	上海爱立信通讯软件研究开发公司	12 311	12 311	
68	苏博泰克湖南数据系统工程有限公司	12 297	12 297	
69	北京高阳金信信息技术有限公司	12 178	6 600	5 578
70	西安未来国际软件有限公司	12 015	4 362	7 653
71	天津天大天财股份有限公司	11 600	3 500	
72	易宝电脑系统（广州）有限公司	11 591	2 134	
73	北京汉王科技有限公司	11 339	11 339	
74	深圳市科健信息技术有限公司	11 218	4 051	7 167

续表

序号	企业名称	软件及计算机服务收入	软件收入	系统集成收入
75	上海积成电子系统有限公司	11 201	4 460	6 741
76	四班亚细亚计算机（天津）有限公司	11 197	11 197	
77	上海东部软件园有限公司	11 162	3 628	7 535
78	浙江浙大网新快威科技有限公司	11 130	4 025	5 002
79	北京联想软件有限公司	11 006	11 006	
80	甘肃万维信息技术有限责任公司	11 001	7 788	2 570
81	长春一汽启明信息技术有限公司	10 799	9 304	710
82	深圳市科陆电子股份有限公司	10 600	10 600	
83	国电南瑞科技股份有限公司	10 366	8 417	18 006
84	万达信息股份有限公司	10 173		10 173
85	中望商业机器有限公司	10 159	8 905	
86	上海博科资讯股份有限公司	10 121	7 826	1 660
87	上海复旦金仕达计算机有限公司	10 054	3 952	6 102
88	深圳迈瑞生物医疗电子股份有限公司	10 042	10 042	
89	长春吉联商业软件有限责任公司	10 019	10 019	
90	浙江创联软件有限公司	10 012	1 725	1 071
91	南京欣网视讯科技股份有限公司	10 005	6 790	3 215
92	鼎天软件有限公司	9 869	3 453	
93	新华控制技术（集团）有限公司	9 813	9 813	
94	上海欣国信息技术有限公司	9 792	9 470	322
95	浙江中程兴达科技有限公司	9 662	6 295	3 367
96	广州市邦讯科技有限公司	9 600	9 600	
97	泰豪信息技术股份有限公司	9 520	3 600	3 035
98	普天系统集成有限公司	9 395		9 395
99	华迪计算机有限公司	9 326	9 326	
100	广州诚毅科技开发有限公司	9 299	9 244	

[供稿：工业和信息化部运行监测协调局]

2011年电子信息产业固定资产投资情况分析

2011年，在各地大力发展战略性新兴产业的带动下，电子信息产业固定资产投资保持高速增长，新开工项目明显增多，基础元器件领域投资领先增长，投资结构不断调整，对未来电子信息产业的增长和行业结构的调整产生积极作用。

运行特点

投资规模快速扩大，全年呈现前高后低态势 2011年，电子信息产业500万元以上项目完成固定资产投资9 076.5亿元，同比增长51.5%，增速高于上年7个百分点，高出工业投资24.6个百分点。分月来看（如图1），全年增速最高点（91.8%）出现在3月份，6月份增速开始出现下降，下半年的下滑态势逐步明显，至12月份增速低至19.4%，低于3月份增速72.4个百分点。

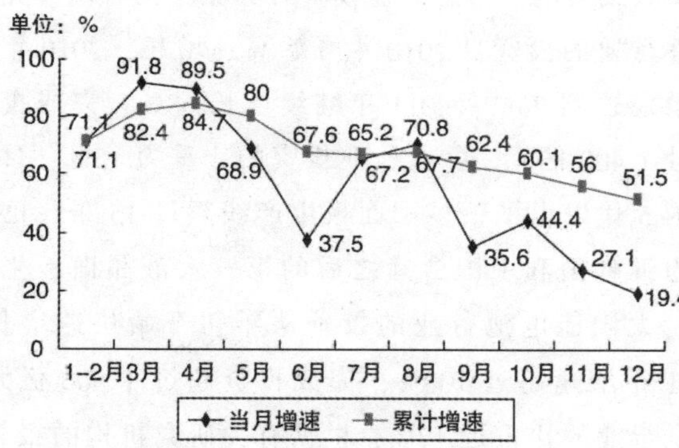

图1 2011年电子信息产业固定资产投资分月增长情况

基础元器件行业投资集中，视听、通信行业投资放缓 2011年，电子元件、器件和信息机电行业分别完成投资1 613.1亿元、2 250.4亿元和2 021.8亿元，比上年分别增长49.9%、35.5%和100.4%；三个领域的投资占全行业的64.8%，比重比上年提高2.3个百分点，对全行业投资增长的贡献率分别达到17%、19%和33%。整机行业投资明显放缓，其中家用视听行业完成投资132.6亿元，同比下降8.6%，占全行业比重（1.46%）下降1个百分点；通信设备和计算机行业完成投资540.6亿元和745.8亿元，同比分别增长23.4%和29.8%，增速低于全行业28.1个和21.7个百分点，占比为6%和8.2%，分别比上年下降1.3个和1.4个百分点。

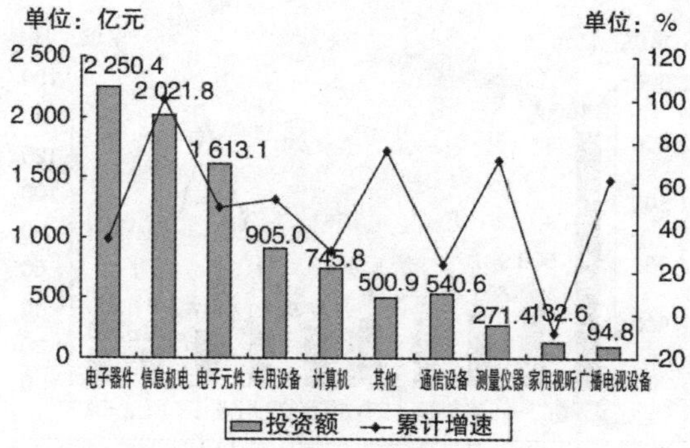

图2 2011年电子信息分行业固定资产投资情况

光电器件、新能源电池新开工项目增多，整机行业明显减少 2011年，电子信息产业新开工项目6 961个，同比增长53.1%。电子元器件和信息机电行业新开工项目共4 618个，占全行业66.3%，同比增长58.3%，其中光电器件、新能源电池领域新开工项目数达上千个，增长超过55%；通信、计算机和视听设备等整机行业新开工项目806个，占比（11.5%）下降2.5个百分点。

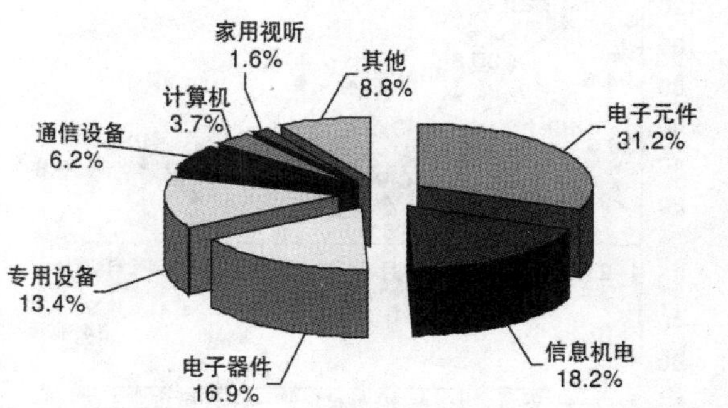

图3 2011年电子信息产业新开工项目分布情况

东部地区投资增长较快，东北三省明显下滑 2011年，东部10省市完成投资5 299.6亿元，同比增长60.3%，增速高于上年7.3个百分点，其中江苏、广东、浙江、北京投资上升较快，增速均超过 55%，江苏省完成投资 2 100.4 亿元，位居全国之首，投资额占比近四分之一。中部 6 省完成投资 2 208.2 亿元，同比增长 45.9%，其中河南、安徽投资增长突出，分别居全国第 4、5 位。西部 12 省市完成投资 1 215.2 亿元，同比增长 58.7%，其中四川省投资 453.6 亿元，占西部地区的 37.3%，同比增长 63.1%。东北三省完成投资 353.5 亿元，同比下降 13.1%，其中辽宁下降 19.6%。

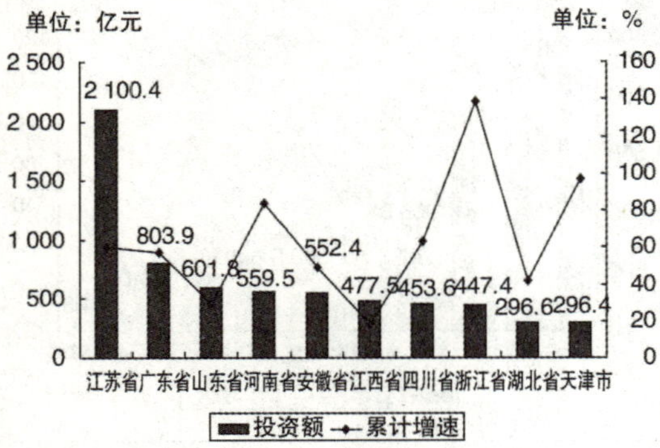

图 4　2011 年排名前十位省市固定资产投资情况

内资企业仍是投资主体，外商投资增速明显放缓　2011 年，内资企业完成投资 6 812.6 亿元，占全行业的 75%，同比增长 64.6%，高于全行业 13.1 个百分点，其中私营企业增势突出，同比增长 81.6%。外商和港澳台企业分别完成投资 1 259 亿元和 1 004.9 亿元，同比增长 17.2%和 28.9%，低于全行业 34.3 个和 22.6 个百分点，其中外商投资企业自三季度以后下滑严重。

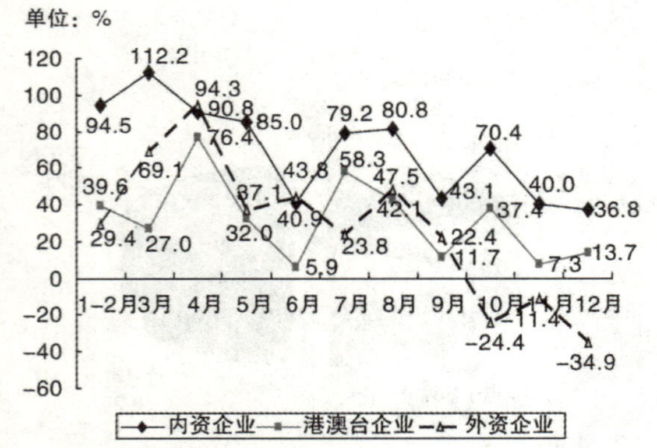

图 5　2011 年各经济类型企业固定资产投资增长情况

资金到位良好，企业自筹资金大幅增长　2011 年，电子信息产业固定资产投资本年到位资金 9 725.5 亿元，同比增长 54.3%，增速高于上年 11.3 个百分点。其中由于企业投资信心增强，自筹资金达 7 252.6 亿元，同比增长 63.9%，占到位资金比重（74.6%）比上年提高 4.4 个百分点；利用外资增长 32.8%，占到位资金的 8.8%，扭转了上年大幅下滑的局面；国内贷款增长 18.7%，占到位资金的 11.8%，比上年下降 3.5 个百分点；国家预算内资金同比下降 18.5%。

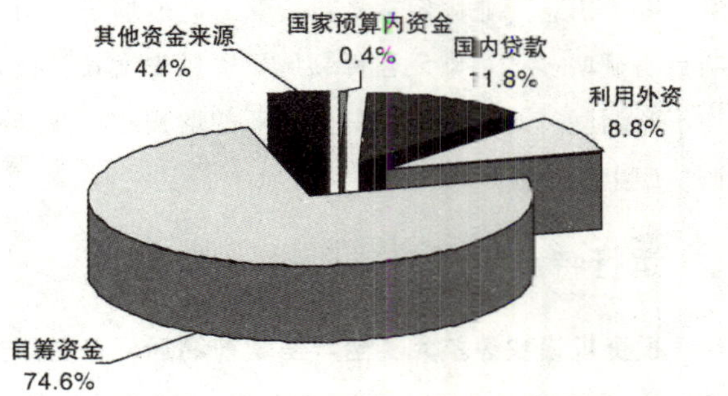

图 6　2011 年电子信息产业固定资产投资资金来源情况

值得关注的问题

太阳能电池和光电器件投资增长过快，可能引发新的结构问题　近年来，发展新兴显示和新兴能源产业成为很多地方的热点，随着众多新项目的落地，这两个领域成为电子信息产业投资最为集中的领域。光电器件行业的投资自 2010 年开始高速增长，2010 年全年增速达到 75%，2011 年继续增长 68%，完成投资超过 1 400 亿元，占全行业投资的比重为 15%；目前中国 5 代以上平板显示面板生产线超过 15 条，已经成为继韩国和中国台湾之后的第三大液晶面板生产地。太阳能电池行业的投资从年初开始快速增长，2011 年增速超过 100%，完成投资超过 1 500 亿元，占全行业的比重近 17%；根据有关研究机构的报告，2010 年全球晶体硅电池生产设备 7 成以上由中国大陆和台湾厂商购进。

新兴显示和新兴能源产业是战略性新兴产业的重要组成部分，适度加大投资力度可以促进产业结构升级转型，这已经是各方面的共识。但有些地方在没有充分研究产业上下游配套条件和未来市场需求的情况下盲目上马，很有可能产生重复建设和产能过剩，增大未来经济结构调整的难度。根据市场研究材料，一方面中国太阳能电池的原材料、市场和一些高端设备仍严重受制于国外，另一方面光伏市场已开始出现饱和迹象。全球光伏厂商、产能与设备季度报告（Solarbuzz PV

Equipment Quarterly）显示：由于市场需求放缓，光伏设备订单出货量在2011年下半年开始下降；光电器件方面，整机市场需求疲软，彩电2011年全年增长低于5%，同时中国面板生产线投产后出现的问题，如产能集中释放、尺寸供应和成本不能适应国内整机厂需要、上游配套缺失、运营成本居高不下等，都需要引起高度重视。

集成电路、计算机外部设备、家用影视设备投资下滑明显 2011年，集成电路、计算机外部设备、家用影视设备领域的投资分别下滑了37.2个、13.3个和16.4个百分点，在全行业固定资产投资中的比重分别比上年下降了4.7个、2.8个和1个百分点，成为全行业中下滑最严重的三个行业，这可能会对这些领域未来的产能有一定影响。其中，集成电路行业在2009和2010年进入快速复苏期，国内几条12英寸线项目相继建成投产，2011年景气度有所下降，销售产值仅增长9.9%，低于全行业11.2个百分点，企业投资信心减弱；计算机外部设备和家用视听设备行业投资的下滑，一方面是由于2010年平板显示器集中投资、彩电整机企业向模组等上游产业整合结束，2011年投资随之下降，另一方面是这两个行业微利特征明显，2011年利润率仅为2%左右，低于全行业1个多百分点，投资能力受到影响。

下一步形势展望

2012年，电子信息产业面临的形势更为复杂，国内外既有有利于保持平稳较快增长的因素，又有影响产业投资的不稳定因素，需要密切跟踪和谨慎应对。

促进投资增长的有利因素

加快培育和发展战略性新兴产业政策将进入落实和推进阶段 《国务院关于加快培育和发展战略性新兴产业的决定》中提出，2015年战略性新兴产业增加值占国内生产总值的比重力争达到8%左右，各地方纷纷响应，投资热情和投资积极性高涨，积极出台发展战略性新兴产业的规划和政策，2012年这些规划和布局进入落实阶段，各种投资项目将步入建设期。

民间投资的市场动力较强 随着国内外经济保持相对平稳发展，并且在较高物价水平引发负利率的情况下，2011年以来电子信息企业利润水平比金融危机时期有明显提高，企业家信心不断改善，民间投资保持快速增长。2011年，私营企业投资占比达到23.4%，同比增长81.6%，比国有企业投资增速高37.6个百分点。下一阶段，随着国内宏观经济环境进一步趋好，对电子信息产业的支持力度加大，企业家信心也将进一步改善，民间投资有望继续保持快速增长。

本领域资金仍然较为充足 尽管受货币政策紧缩的影响，市场资金供应偏紧，但一方面，中国电子信息产业利用外资保持了快速增长，固定资产投资资金来源中利用外资增长了32.8%，是2008年以来同期最快增速；另一方面，尽管货币政策在总量上收紧，但在结构上却是“有保有压”，随着加大对战略性新兴产业扶持力度等政策措施的出台，对于新兴产业等领域投资的支持力度仍将较大，这为电子信息产业固定资产投资保持平稳较快增长奠定了良好的基础。2011年，资金来源中国内贷款增长了18.7%。

影响投资下行的不利因素

紧缩货币政策影响新项目投资启动 2012年，国内物价上涨压力依然较大，货币政策存在进一步紧缩的可能，会对固定资产投资产生一定的抑制作用，既可能影响到固定资产投资的资金来源，延后新投资项目的启动时间，也会对企业的投资意愿产生影响。

建设用地供应趋紧影响大项目落地 近年来，随着国内对建设项目用地的总量控制越来越紧，土地供需缺口持续加大，土地取得费用明显上涨，特别是东部沿海地区土地供应紧张，已经极大影响了电子信息产业大项目的落地。

受2011年基数较高制约，2012年继续高增长的难度加大 2011年以来，电子信息产业投资增速达到近十年来最高水平，但增势呈前高后低趋势，第三季度下调明显，2012年继续高增长的难度明显加大。

战略性新兴产业投资不合理，风险开始显现 地方政府抢占战略性新兴产业发展先机的风险已经逐渐显现，各地纷纷出现发展结构趋同、重复建设和布局、产业发展方向分散等问题，将来可能面临中央政府的政策干预。

中央控制新开工项目、清理地方融资平台等政策会在一定程度上起到抑制投资作用 中央要求优化投资结构、严格控制新开工项目的政策将逐步发挥作用，使政府投资项目逐渐减少；中央清理整顿地方政府融资平台政策进一步细化和落实将限制地方投资增速；房地产新政、节能减排等一系列政策将对部分领域投资产生抑制作用。

总之，中国电子信息产业固定资产投资既存在继续保持平稳较快增长的较多有利条件，也面临一些不利因素。从产业运行的基本面综合分析，有利条件大于不利因素，预计 2012 年电子信息产业固定资产投资有望继续保持增长态势。

【统计数据】

表 1 2010—2011 年部分行业完成投资增速对比情况

单位：%

	全行业	电子器件	电子元件	电子计算机	家用视听	通信设备
2010 年	44.5	57.5	29.8	101.7	31.9	16.9
2011 年	51.5	35.5	49.9	29.8	-8.7	23.4

[供稿：工业和信息化部运行监测协调局]

2011 年手机行业发展情况分析

2011 年，世界经济复苏步伐放缓，但并未影响发达国家消费者对智能手机的需求，以及新兴经济体消费者对普通手机的需求；中国手机市场在移动互联网和终端智能化两大因素推动下，需求快速增长。中国手机行业积极把握国内外市场机会，推进产品结构调整和技术升级，行业整体运行保持较快增长态势，生产规模稳步扩大，外贸出口增势突出，经济效益稳中有升，为中国通信业发展和信息化水平提高起到了积极的支撑作用。

基本情况

生产规模稳步提高 2011 年，中国手机产量达到 11.3 亿部，同比增长 17.6%。据市场研究机构统计，2011 年全球手机出货量约为 16 亿部，中国手机产量占全球出货量比重约为 71.3%，与 2010 年所占比重基本持平。从月度生产走势看，上半年各月产量和增速波动较大，下半年增势相对平稳，9 月份后，单月产量连续保持在 1 亿部以上。

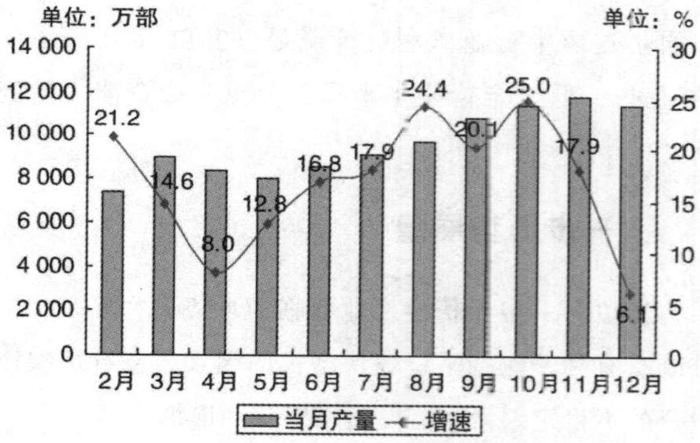

图 1 2011 年以来中国手机月度产量情况

出口增速保持领先 2011 年，欧美市场对高端智能手机的需求持续增加，新兴市场对中低端手机的需求量不断扩大，中国手机出口呈现快速增长态势。据海关统计，1-12 月，中国手机出口 8.75 亿部，同比增长 15.5%；出口金额 627.6 亿美元，同比增长 34.3%，比电子产品整体出口增幅高 22.4 个百分点。从累计出口额增速看，始终高于同期全行业平均出口增速，是拉动电子信息产品出口增长的主要力量。

经济效益稳中有升 2011 年，在市场需求快速增长带动下，中国移动通信及终端设备制造业经济效益整体状况良好，共实现主营业务收入 5 517.5 亿元，同比增长 21.5%；实现利润总额 206.8 亿元，同比增长 46.2%，增速高于电子制造业平均水平 37.0 个百分点。行业利润率达到 3.7%，比上年提高 1 个百分点，但低于电子制造业平均水平 0.8 个百分点。

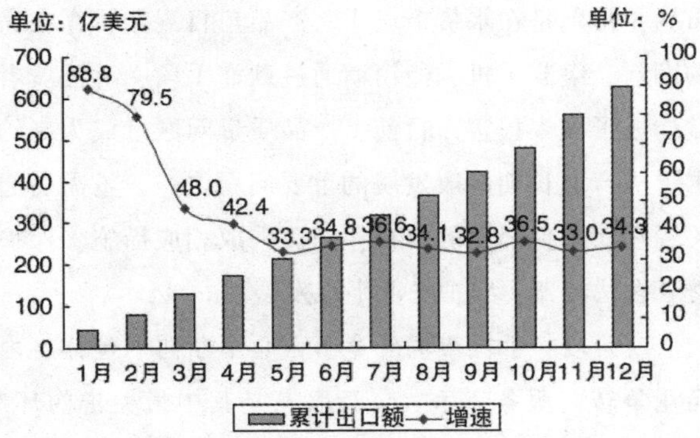

图 2　2011 年中国手机累计出口额情况

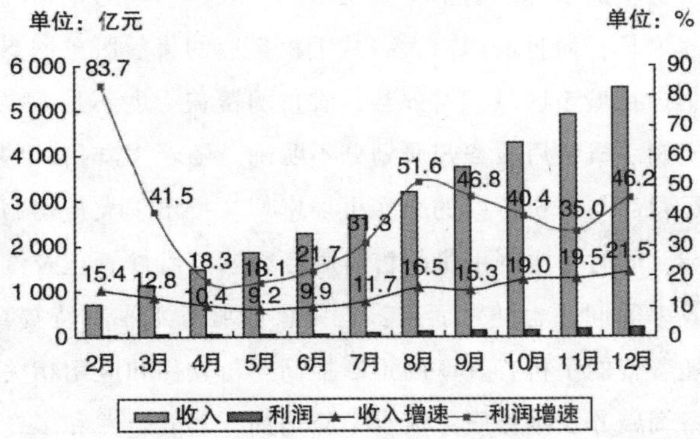

图 3　2011 年以来中国移动通信及终端设备制造业效益情况

投资增速波动明显　2011 年 1–11 月，移动通信及终端设备制造业累计完成固定资产投资 193.4 亿元，同比增长 36.1%，增速低于电子信息行业平均水平19.9 个百分点。从走势来看，上半年行业投资增速波动较为明显；下半年则呈稳步上升态势。从投资领域来看，企业的投资重点从生产领域向上下游转移，主要包括上游的芯片、设计、软件以及下游的运营和增值服务等。

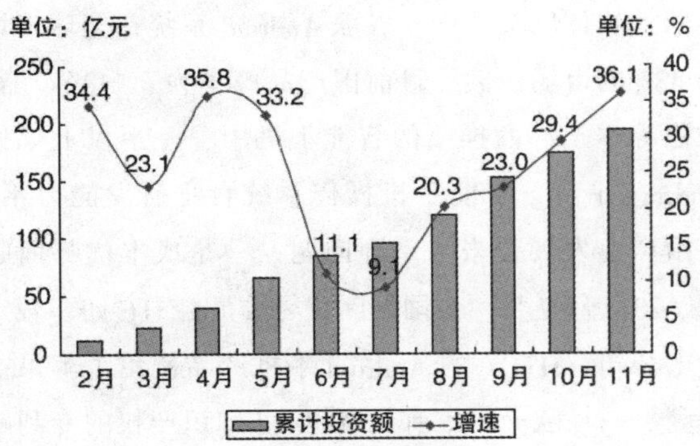

图 4　2011 年以来中国移动通信及终端设备制造业投资完成情况

运行特点

3G 用户量快速增长，智能手机增势突出　2009 年是 3G 元年，中国各大运营商相继发布了其3G 品牌，紧接着的 2010 年，各大运营商则投入百亿资金，进行网络建设和终端补贴。3G 网络目前已覆盖全国大部分地市、县城和重点乡镇。限制 3G 发展的两个关键因素网络和终端在 2010 年基本得到解决；2011 年，3G 用户量取得突飞猛进的增长。全国移动电话用户累计净增 12 725.1 万户，达到 98 625.3 万户，移动电话普及率为 73.6 部/百人；其中，3G 用户净增 8 137.2 万户，总规模突破 1 亿户，达到 12 842.4 万户。根据国外的经验和新技术的生命周期，3G 渗透率达到 10%时会进入快速增长阶段。目前中国 3G 渗透率已达到 13.0%，高于大多数国家的发展水平，预示着国内 3G 市场发展已进入一个全新阶段。

3G 普及率的不断提高与智能手机需求的不断增加是相互促进的两个过程。3G 网络不断完善，服务内容不断增多，质量不断提高，推动了智能手机需求量的快速增长；智能手机功能的多样性、使用的便捷性促使更多的消费者选择 3G 网络。国际市场上，据 IDC 数据显示，2011 年全球智能手机销售量增长将近 50%，远高于手机市场总体增速，智能手机已经成为终端市场发展的必然趋势。国内市场方面，据 IHS 公司预测，2011 年中国智能手机销量将增长 53%以上，从 2010 年的 3 500 万部上升到 5 410 万部。目前，中国智能手机渗透率尚不足 20%，与欧美发达国家水平仍有较大差距，未来增长空间广阔。

兼并重组步伐加快，竞争层次日益提高　2011 年 8 月，谷歌与摩托罗拉达成最终协议，谷歌以 125 亿美元收购摩托罗拉移动技术。此次收购将对国际手机产业产生重要影响。一方面，目前 HTC、三星等多家大型手机制造企业仍在使用谷歌的 Android 操作系统，谷歌收购摩托罗拉，将进一步抢占市场份额，对其他企业产生一定冲击，整体市场竞争将更加激烈。另一方面，谷歌收购摩托罗拉后，苹果、谷歌、惠普等企业都同时拥有了手机硬件和软件业务，微软也将进一步加快硬件企业收购步伐，受此趋势影响，全球范围内手机行业的兼并重组步伐将进一步加快。

在国际市场上，手机软硬件厂商的合作与渗透不断深化；在国内市场上，随着运营商竞争态势升级，终端捆绑销售市场的份额不断提升，运营商与终端制造商的合作日益密切。在移动互联网时代，终端厂商与运营商、终端厂商与软件企业、运营商与软件企业之间正展开越来越广泛与深入的合作，以促进资源共享，实现共赢，单纯的硬件制造企业已很难在竞争中占据优势，手机行业的竞争已经由单纯的产品竞争转化为硬件、软件、运营、服务相结合的综合性竞争。

内资品牌加大力度开拓新兴市场 智能手机作为日益普及的移动终端设备，价格一直是厂商参与竞争的焦点，智能手机低价化是市场发展的必然趋势。国内一批实力较强的通信设备厂商，如华为、中兴、TCL等已经开始涉足智能手机领域，凭借自身技术积累以及与运营商良好的合作关系，在挖掘国内市场的基础上，着力开拓海外新兴市场，逐步成为低价位智能手机领军企业。目前，华为、中兴已经入围世界前十大手机制造商，出货量分别占全球手机整体出货量的3%和2.1%，智能手机年销量均已超过800万台；在墨西哥、巴西、中东和东欧等新兴市场，两家企业表现突出，已经占据不可忽视的市场地位。TCL的智能手机年销量超过400万台，产量增速超过100%，逐步替代功能手机成为其主导产品。TCL的海外品牌阿尔卡特在墨西哥的市场占有率超过10%。国内手机品牌在挖掘国内市场、稳定成熟市场的基础上，深入新兴经济区以价格优势抢占市场份额，对中国手机产业以及电子制造业"走出去"战略的实施具有积极的推动作用。

值得关注的问题

产品质量问题突出，售后服务仍待完善 目前，中国的手机产品质量问题依然突出，在中国消协公布的2010年全国消费者投诉情况中，手机以近5万件的投诉量排在第二位，手机投诉量已经连续多年排在前三位。造成手机质量问题突出的原因主要有以下几个方面：一是手机行业进入门槛不断降低，市场规模快速扩大，行业竞争加剧。手机厂商为尽快推进新品上市，压缩研发测试周期，产品没有经过全方位检验，存在较多的设计缺陷和功能问题；二是山寨手机依然较为活跃。虽然国家已加大打击力度，但市场上仍活跃着不少山寨手机，山寨机生产企业为了保持超低的价格优势，极力压缩生产成本，用料低劣、做工粗糙，给消费者使用带来诸多隐患；三是仿制机、组装机和翻新机充斥市场。在手机市场，特别是在水货市场中，产品鱼目混杂，存在大量的翻新、组装手机，经销商通过欺诈手段，对消费者利益构成了极大损害。目前，产品质量问题已成为制约中国手机产业长期健康发展的重要问题之一，亟需引起相关管理、监督部门的重视，积极采取相应措施，保护消费者合法权益，维护产业平稳发展。

现阶段，手机市场的竞争重心不断向下延伸，由产品竞争转向服务竞争，售后服务是其中最关键的环节。就目前中国手机产品整体售后服务发展来看，主要存在以下几方面问题：一是服务网点铺设尚不完善。随着手机价格的下降和通话资费的下调，农村移动通信市场快速增长，而目前国内大多数手机企业的售后服务网点仍集中在城市区域，对郊县、农村的覆盖力度不足；二是定制手机售后服务归属划分不明确。随着3G时代到来，运营商与手机厂商的合作更加密切，推出了大量定制终端，同时，定制手机的售后服务归属、维修管理及维修效率等问题也随之而来；三是售后服务水平有待提高。随着智能手机普及率的不断提高，与软件和应用相关的咨询服务及维修服务需求不断增加，其复杂性和多样性将给现有的手机售后服务带来新的挑战。

自主创新水平偏低，产业发展受制于人 全球手机产业链垂直分工日益明显，中国手机产业仍处在全球产业价值链的低端，核心技术和关键元器件还依赖于进口，产品同质化现象明显。在国内市场上，一部iPhone的售价在4 000-6 000元左右，且经常出现"一机难求"的局面，而国产手机的售价大部分处于千元左右区间，两者对比非常明显。价格是产品综合竞争力的体现，长期的"低价、走量"发展模式，会对中国手机产业的品牌建设和长期可持续发展产生不利影响。

在智能手机领域，操作系统主要掌握在谷歌、微软等国外软件巨头手中，谷歌Android系统在全球市场占据48%的市场份额，目前国产品牌华为、中兴、酷派、联想等本土厂商推出的智能手机中，一半以上都使用Android平台。智能手机操作系统自主研发能力不足，将给产业发展带来一系列问题。一是成本优势面临挑战。2011年7月，美国国际贸易委员会ITC初步裁定宏达电公司（HTC）的Android手机产品侵犯了苹果2项专利。一旦欧美厂家有关Android知识产权的专利赔偿达成一致，随之而来的将是针对国内厂商的知识产权追进，由此而产生的专利费将削弱中国手机行业的成本优势。二是用户隐私和国家安全面临威胁。智能手机功能多样化，在给使用者带来便利的同时，也埋下了安全隐患。由于手机操作系统核心技术掌握在国外企业手中，无法对其进行有效的监管，导致近来手机窃听泄密事件频发，已经威胁到消费者和国家的信息安全，自主手机操作系统的缺失，逐步成为制约中国手机制造业发展的瓶颈。

发展趋势

全球手机市场需求保持增长 据市场研究机构发布的报告显示，2011 年，全球手机出货量达到 16 亿部，同比增长 14%左右；手机零售市场总额将达到 150 亿美元，同比增长 50%以上。全球市场范围内，出货量与零售额均呈现较快增长，而销售额增幅明显高于出货量增幅，这反映出目前全球手机市场发展最突出的一个特点，即智能手机相对功能手机价格快速增长，不断替代功能手机市场份额。据 IDC 报告预测，2011 年，全球智能手机出货量达到 4.52 亿部，占手机整体出货量的份额接近三分之一。2012 年，全球智能手机出货量将突破 6 亿部，增长率超过 30%。从全球市场来看，北美、西欧等发达国家市场需求增长较缓，亚太、南美等新兴市场快速增长，成为拉动全球手机需求量扩张的主要力量。据世界货币基金组织(IMF) 发布的报告预测，2012 年和 2013 年，新兴经济体增长速度将分别为 5.4%和 5.9%，高于全球平均水平 2.1 个和 2.0 个百分点。新兴市场整体经济的持续快速增长将给全球手机需求带来有力支撑。

国内手机市场发展前景广阔 从宏观经济和整体消费环境来看，国家出台各方面政策扩大内需，通过结构性减税提高居民收入，刺激消费活力，国内消费品零售总额将保持两位数以上增长。就手机市场来看，有以下几方面因素推动国内需求增长：首先，中国移动电话普及率尚不足 70%，仍低于国际平均水平，总体市场空间宽阔，从移动用户增长来看，2011 年增长超过 1.2 亿户，将对国内手机需求形成有力支撑；二是 3G 业务服务不断完善，智能手机影响力不断提高，将带动用户购买新产品、尝试新服务，进一步带来巨大的市场空间。

综合上述因素，预计 2012 年，中国手机行业规模将持续扩大，产量有望增长 10%左右，行业销售产值和出口交货值也将保持两位数增长。

[供稿：工业和信息化部运行监测协调局]

2011 年彩电行业发展情况分析

2011 年，受欧债危机和美国次贷危机的影响，全球彩电市场需求出现下滑，在全球经济环境趋紧和国家宏观调控力度加大的情况下，中国彩电行业得益于新显示技术、新应用的拉动，以及家电下乡、能效补贴等一系列激励政策，在逆境中仍然保持了相对平稳的增长态势。

基本情况

生产增速中间高两头低，总体保持平稳低速发展 2011 年，中国家用视听行业整体呈现平稳低速发展，销售产值增速总体保持在 13%–17%区间。从全年各月走势看，行业增速低开慢升，形成中间高、两头低的轨迹，月度增速在 7 月份达到最高值（24.9%），下半年呈现震荡下滑，11、12 两个月增速仅为个位数。全年实现销售产值 4 955 亿元，同比增长 14.9%，比 2010 年增速（18.9%）下降 4 个百分点。

产品结构加速升级，产量增速下半年回暖趋势明显 2011 年，中国共生产彩色电视机 12 231.4 万台，同比增长 3.4%，其中平板电视（液晶电视和等离子电视）产量 10 607.2 万台，同比增长 15.9%；平板电视产量占比为 86.7%，比 2010 年（77.4%）提高 9.3 个百分点。等离子电视借助其 3D 功能及产品尺寸的优势，加速市场布局，生产增速超过 40%，明显高于液晶电视增速，

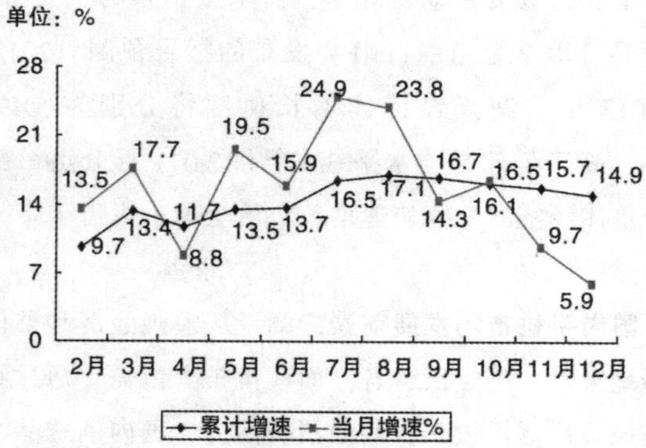

图 1　2011 年家用视听行业实现销售产值增速

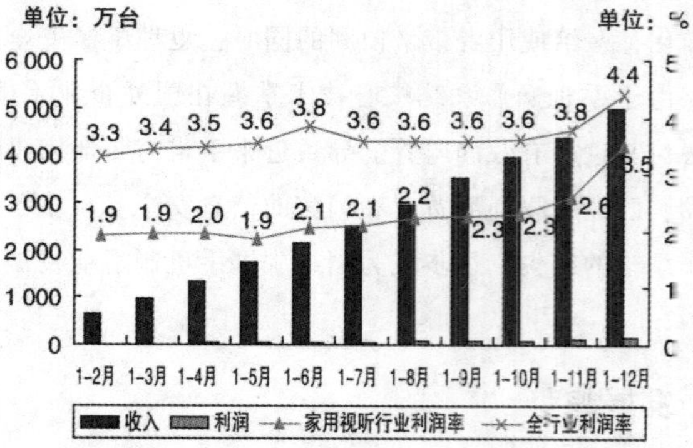

图 3　2011 年家用视听行业与全行业利润率对比

占比达 2.5%，比 2010 年（1.8%）提高 0.7 个百分点。CRT 电视 1 523 万台，同比下降 39.4%。

从全年生产走势看，上半年中国彩电市场相对低迷，进入下半年，受中秋、国庆促销以及以旧换新、家电下乡、能效补贴等部分惠民政策即将结束的影响，国内彩电市场持续向好。全年彩电生产增速逐季回升，从第一季度的同比下降 7.3%到二季度的同比增长 7.7%，第三、四季度增速分别达到 14.0%和 15.6%。

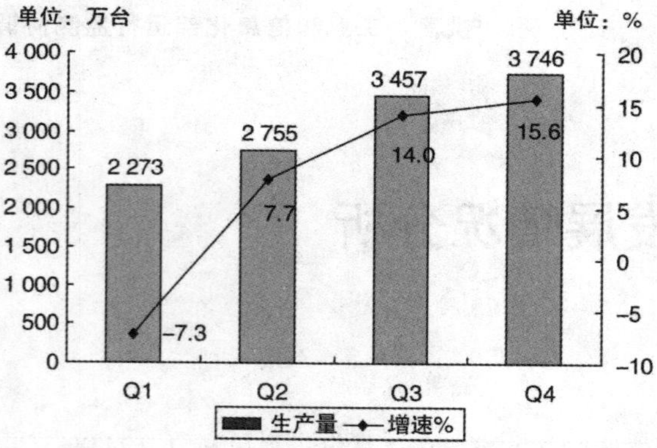

图 2　2011 年中国彩色电视机各季度产量完成情况

经济效益仍处于较低水平，利润率低于行业平均水平　2011 年，中国家用视听行业实现主营业务收入 5 003 亿元，同比增长 12.3%；利润 175 亿元，同比下降 10.8%。由于市场竞争激烈，产品价格快速下降，行业效益水平仍较低，全年实现销售利润率 3.5%，低于全行业平均水平（4.4%）0.9 个百分点。2011 年中国家用视听行业共有亏损企业 197 个，亏损面达 24.4%，亏损企业亏损额增长 94.4%。

彩电出口量价齐跌，各产品呈现不同走势　2011 年，根据 DisplaySearch 报告显示，全球电视市场需求进一步减少。由于国外经济持续不景气，北美和西欧等市场低于预期；在新兴市场不足以弥补发达市场日益减少的大环境下，2011 年，中国彩电出口呈现量价齐跌的态势。据海关统计，全年中国出口彩色电视机 6 537 万台，同比下降 1.4%；出口额 136.7 亿美元，同比下降 7.9%；彩电出口单价从 220.5 美元/台跌至 209.0 美元/台，下降 5.2%。分产品看，彩电出口单价呈现不同走势。其中液晶电视出口单价从 260.7 美元/台降至 234.8 美元/台，下降 10%；CRT 电视出口单价基本持平；等离子彩电出口单价从 492.8 美元/台上涨至545.6 美元/台，增长 10.7%。

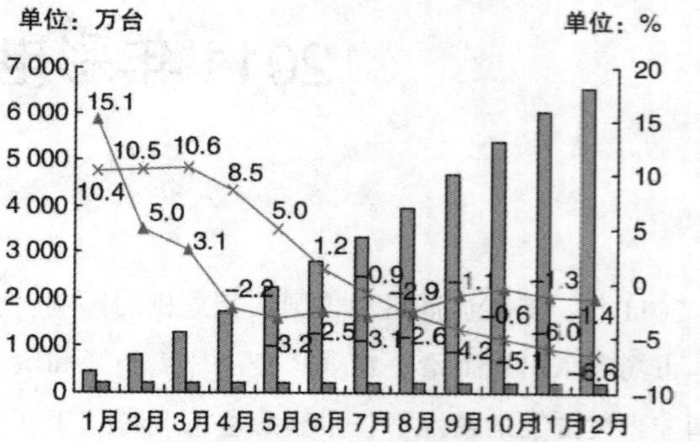

图 4　2011 年中国彩电出口量、出口单价情况

投资增速前高后低，连续 7 个月负增长　2011 年，中国家用视听行业整体投资增速放缓，投资额明显缩水。全年行业投资增速仅保持了3 个月的正增长，自 5 月起，连续 7 个月出现投资负增长，一度下跌超过 10%。1-11 月家用视听行业累计完成投资 115 亿元，比

2010年减少11亿元，同比下降8.6%，其中家用影视设备投资额下降18.4%，新开工项目下降8.2%，是造成整个行业投资缩水的主要原因。

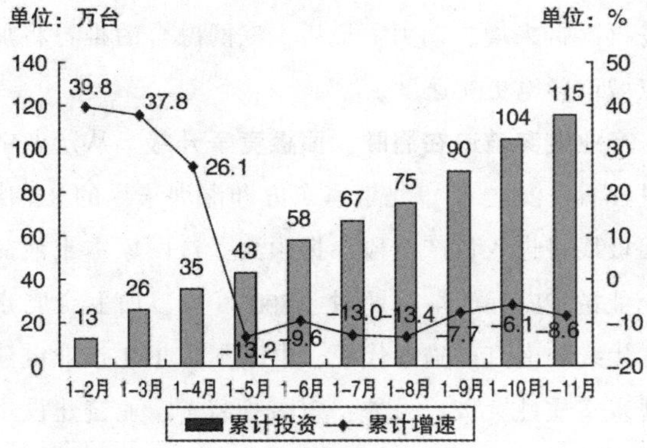

图5　2011年前11个月家用视听行业投资增速

运行特点

国内市场增长较快，内外销格局发生变化　2011年，中国彩电行业内销市场保持较快增长，整体高出外销市场增速10个百分点左右。从全年走势看，得益于家电下乡、能效补贴等惠民政策的拉动效应，同时受以旧换新政策即将到期的刺激作用，下半年内销增速明显好于上半年，全年实现内销产值2 551亿元，同比增长19.7%，比行业销售产值和出口交货值增速（14.9%、10.3%）分别高出4.8个和9.4个百分点。2011年，中国彩电行业内外销格局发生扭转，从2010年内外销比重的49:51变为51:49，内销占比提高2个百分点。

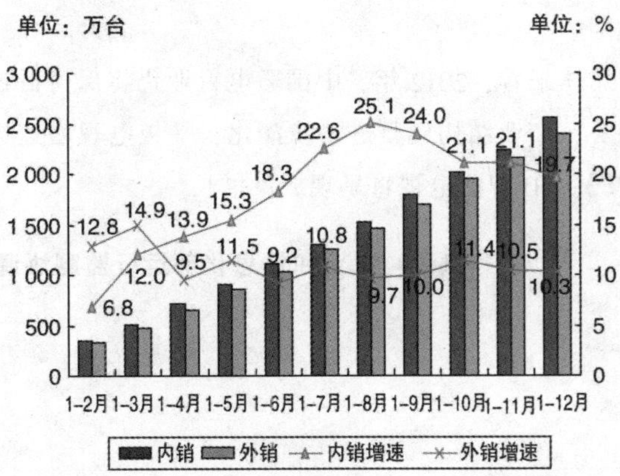

图6　2011年家用视听行业内外销对比

城市市场增长放缓，三四级市场增长喜人　中国彩电市场经过多年“平板化”，城市市场经过多年的高速增长，已经进入成熟期，市场相对饱和。据市场调查机构数据显示，前三季度，平板电视在城市市场首次增速放缓，一线城市由于同时受到房地产调控的影响，液晶电视销售额同比下降7.5%；相反，三、四级市场液晶电视销售额增长均超过10%。同时，家电下乡政策大大激发三、四级市场的发展潜力，产品销售再创新高。2011年，全国家电下乡产品累计销售1.03亿台，实现销售额2 641亿元，同比分别增长34.5%和53.1%。

技术升级、功能扩展加速产品升级换代　2011年，彩电行业正逐步向节能环保、功能拓展、技术升级、产品融合等方向发展。LED背光液晶电视、3D电视、智能电视成为市场主流，正逐步成为拉动消费、提升市场活力的主要动力。

新技术、新产品和新应用正在形成新的增长点：一是能效等级标准实施推动LED背光电视的增长；二是不闪式3D硬屏技术的突破，打破了3D电视单一品类的局面，同时由于3D电视片源、价格、标准等方面条件更加成熟，3D有望进入放量增长；三是智能电视逐步渗透，云电视再掀高潮。受三网融合、三屏互动趋势及国内厂家降价等多种因素的影响，智能电视渗透率有所上升。同时，在芯片和整机企业的共同推动下，云计算技术首次运用到电视产品中，继创维发布首款云电视后，国内康佳、长虹、TCL等6大彩电品牌相继推出了云电视。整机厂商开始了从电视制造商向内容提供商的试足，行业开始了新一轮商业模式的探讨。

值得关注的问题

国内彩电企业海外生产经营风险加大　受欧债危机的影响，全球经济不稳定因素增多，国内品牌的彩电企业在海外经营的风险进一步加大。具体体现在：一是成本压力。随着国内人力、水电、原材料等经营成本的上涨，出口中的成本优势逐步弱化，获取订单的难度增加，甚至出现“增订单不增利”的情况；二是汇率波动。全球金融危机的加剧和未来不确定性因素的影响，导致各国汇率波动加大，如越南盾已累计贬值19%、印度卢比贬值15%、俄罗斯卢布跌15%，汇率波动将增加企业的经营风险和盈利压力。

转型升级深化，行业新旧矛盾并存　目前，中国彩电行业发展正处于转型升级深化的阶段，在固有矛盾没有完全解决的同时，又将面临新课题。行业发展中的旧矛盾主要包括：产销规模扩大与“两头在外”微利加工模式的矛盾；技术快速发展与企业技术积累不足的矛盾；市场需求增长与国际贸易保护多元的矛盾。新课题是指：需求多元与同一产业链多元经营的矛盾；代工模式与发展自主品牌之间的矛盾；降价规律与增产不增效的矛盾；专利标准与市场保护的矛盾。

平板电视进入低速增长期，产品同质化问题严重 2011 年，中国平板电视市场消费进入成熟期，一、二级城市的销量增长基本停滞，依靠三、四级城市市场需求的增长有限，平板电视消费整体保持了低速平稳增长。从月度增速看，有 6 个月的月度增速不足 10%。此外，中国彩电业还存在着严重的产品同质化问题，如何进行差异化营销和全球营销渠道建设是国产品牌走向全球必须面对的两大难题。

2012 年展望

国内外经济环境不确定因素增多 国际方面：2012 年，全球经济复苏趋缓，下行风险加大。一是发达国家失业率居高不下，个人需求疲软；二是新兴市场和发展中国家增速回落；三是欧洲主权债务危机持续升级，美国长期主权信用评级被下调，国际金融市场反复大幅波动。据研究机构预测，2012 年全球电视出货量将达到 2.54 亿台，增长 2%。全球电视出货量的增长势头将主要来源于新兴市场，而美国、欧洲等成熟市场需求量将会降低。

国内方面：2012 年，中国经济通胀压力依然较大，消费信心低迷以及楼市预期不明朗等消极因素对家电消费的影响将继续存在。相反，“十二五”规划中 3 600 万套保障房建设的目标、城镇化提速和婚孕高峰的到来等“刚性”需求，又成为市场的有利支撑。

国内各项政策变化给市场带来一定影响 首先，自 2012 年起家电以旧换新政策将在全国范围内停止实施，受政策边际效应等多种因素影响，市场会受到较大冲击；其次，京版家电节能补贴政策将在 2012 年 2 月底落幕，但新的接续政策有望在 4 月出台，届时将为家电市场再次带来增长动力；最后，三网融合的推行将加快试点城市彩电更换速度。

产业链突破迫在眉睫，面板竞争升级 从产业链发展进程看，2012 年，北京京东方和深圳华星的 8.5 代液晶面板线将进入量产阶段。据预测，这两家本土液晶面板企业的 CELL 产量将超过 1 800 万片，加上合肥京东方 6 代线和南京熊猫 6 代线，中国本土 TFT 产业链建设会迎来实质性突破。另外，中国等离子产业链建设也将迎来合肥鑫昊等离子工厂投产和绵阳虹欧等离子面板工厂在 2012 年达到满产。届时，本土面板企业的大规模生产，将改变目前日韩及中国台湾地区面板企业在中国的供应格局，外资品牌势必依靠其核心显示技术和制造工艺技术升级来拉开与本土企业的差距，因此韩国和中国台湾地区的企业将在中国大陆进一步分食高端 3D、窄边框和超高清等新产品的面板供应份额。

行业洗牌不可避免，企业风险累积逐渐加大 近年来，中国彩电行业始终沿着“全产业链的战略布局”在发展，表面看是在打造全产业链竞争体系、构建新的商业模式，实际上是在提升企业抗风险能力。

在新的面板格局环境下，中国本土彩电企业将不得不在本土市场进行 LED 与 CCFL 的激烈竞争。同时，对行业上游资源整合能力的考验进一步加剧，一些资源整合能力偏弱的企业，在新一轮竞争中将面临被洗牌的危险。

总体来看，2012 年，中国彩电行业仍将保持低速增长态势，产业结构调整进一步深化，平板电视增速进一步放缓，3D 智能电视将呈现放量增长。

[供稿：工业和信息化部运行监测协调局]

2011 年计算机行业发展情况分析

2011 年，世界经济缓慢复苏，国内经济保持较快增长，在信息化快速推进、新兴领域需求旺盛、内销市场发展良好等因素带动下，中国计算机行业积极把握机会，加快结构调整和技术升级步伐，行业整体运行保持较快增长态势，生产规模稳步扩大，外贸出口保持增长，经济效益状况良好，为推进两化融合、提高社会信息化水平发挥了积极作用。

基本情况

产量规模稳步扩大 2011 年，中国微型计算机整机产量达到 32 036.7 万台，同比增长 30.3%。据市场研究机构统计预测，2011 年全球 PC 出货量约为 3.53 亿台，中国微机产量占全球出货量比重约为 90.7%。从产量增速走势看，呈稳步上升态势，特别是 6 月份以后，增幅始终保持在 30%以上。

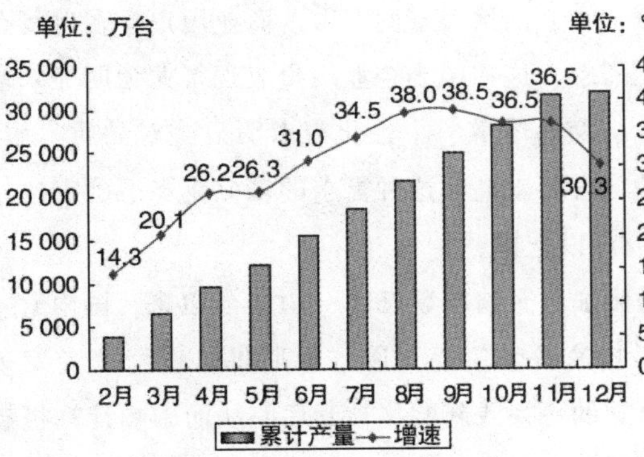

图 1 2011 年中国计算机累计产量情况

外贸出口前低后稳 2011 年，发达国家经济增长缓慢，市场需求相对疲软；新兴市场在一定程度上仍保持增长，中国计算机产品出口整体呈增长态势。据海关统计，1–12 月，中国台式微机出口 974.3 万部，出口额 66.5 亿美元，同比下降 8.3%；笔记本电脑出口 23 400.2 万部，出口额 1 058.8 亿美元，同比增长11.1%。从累计出口额增速看，上半年增长相对缓慢，且波动较为明显；下半年出口额增速逐步趋于稳定。

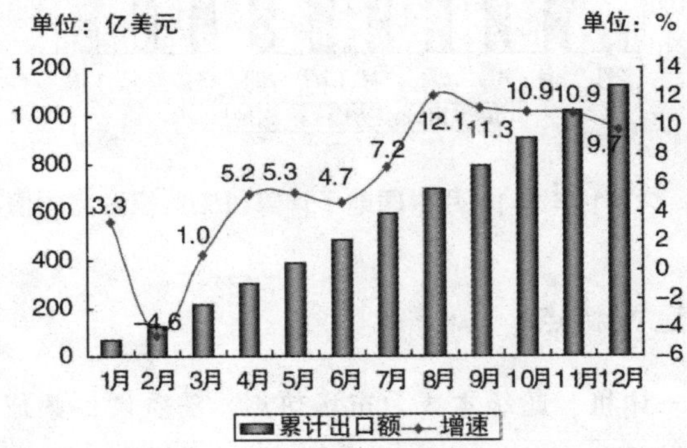

图 2 2011 年中国计算机累计出口额情况

效益状况保持平稳 2011 年，中国电子计算机工业经济效益整体状况良好，共实现主营业务收入 21 676.5 亿元，同比增长 15.2%；实现利润总额 645 亿元，同比增长 21.8%，增速高于电子制造业平均水平 5.0 个百分点。行业利润率为 3.0%，比上年略有提高，但低于电子制造业平均水平 1.5 个百分点。

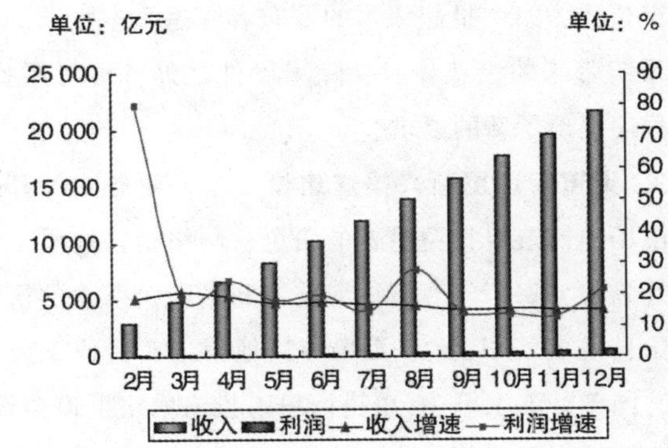

图 3 2011 年中国电子计算机工业效益情况

投资增速前高后稳 2011 年 1–11 月，电子计算机工业累计完成固定资产投资 663.7 亿元，同比增长 32.0%，增速低于电子信息制造业平均水平 24.0 个百分点。从走势来看，上半年行业投资保持较快增长，增速维持在 50%以上；下半年则呈逐步趋稳态势。从投资领域来看，计算机整机行业投资保持较快增长，增幅超过

200%，网络设备、计算机外设等行业投资则呈下滑态势。

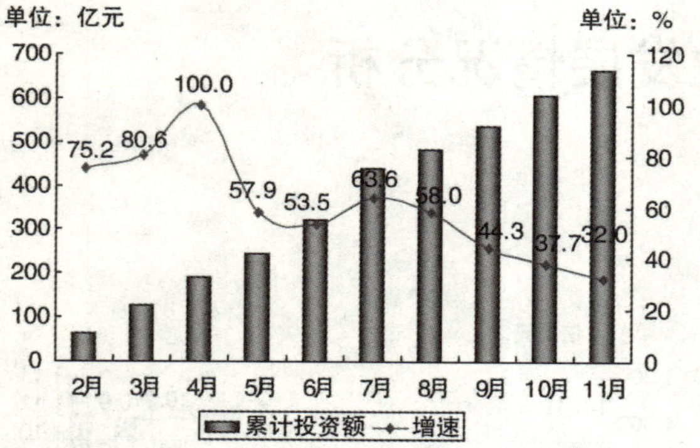

图4 2011年2–11月中国电子计算机工业投资完成情况

运行特点

一体机、超级本成为市场热点 随着硬件集成技术、散热技术的发展，PC一体机进一步成熟，同时，一体机凭借其绿色节能环保、外观时尚等优点，应用领域和应用空间得到扩展，全球销售业绩良好，被看做台式机差异化发展的升级换代产品。同样，面对平板电脑等新兴产品的竞争，笔记本的同质化也成为影响其市场长久增长的主要负面因素。作为换代的主流方向，超级本Ultrabook是英特尔公司为与苹果iPad及Android平板电脑竞争，提出的新一代笔记本电脑概念，旨在为用户提供低能耗、高效率的移动生活体验。宏碁、联想、华硕和东芝成为第一批超级本的发布者。超级本强调的是整机系统带来的极致体验，除了硬件之外，更对系统、应用程序提出了新的要求。

3C渠道商注重新兴渠道建设 电子商务在计算机产品市场中扮演着日益重要的角色，网络销售比重呈明显上升趋势，京东、当当、淘宝等网络销售巨头的快速扩张给传统卖场以及3C卖场等其他渠道商造成了极大压力，国美、苏宁等3C渠道商纷纷投入网络渠道建设，希望以电子商务营销模式的补充，来提升其在市场中的地位。国美于2011年3月推出自有网购平台国美电器网上商城，开始全面布局电子商务。苏宁发布以电子商务为重点的2011年整体发展规划，成立独立公司运作苏宁易购，在共享实体网络服务后台的基础上，实现更加灵活、更有效率、更为科学的并行发展。

价格持续走低，提升产品利润成为关注焦点 一方面，随着技术的不断进步，芯片、屏幕、硬盘等零部件成本不断降低，各类计算机价格逐步下降；另一方面，上网本等低价计算设备不断影响消费者的价格取向，拉低了计算机主流价格段。此外，自苹果iPad上市以来，平板电脑市场规模迅速膨胀，成为影响笔记本电脑市场的因素之一。平板电脑虽然与笔记本电脑在应用场景及功能诉求上有所不同，但其可以实现目前家用传统电脑常用的网络浏览、休闲娱乐等应用，因此将减缓用户对电脑的更新换代，而更新周期的延长将间接影响整体市场的表现。同时，平板电脑在医疗、教育等领域也表现出较强的潜力，传统计算机产品在某些行业领域面临平板电脑的冲击。在计算机市场规模不断扩大、厂商之间的竞争日益加剧以及新型产品造成有力冲击的背景下，传统计算机产品价格不断走低，面对同质化竞争的局面，在产品形态、附加功能、增值服务等方面进行创新，提升产品的利润成为各大厂商关注的焦点。

值得关注的问题

传统市场趋于饱和，个性化需求难以把握 经过十余年的信息化建设，政府、教育等传统行业市场的PC应用程度普遍较高，一至三级城市企业用户的商用台式PC已经逐步普及，需求量趋近饱和，需求主要集中在更新换代上。因此，台式PC在传统的行业市场增速渐趋放缓，未来的增长空间有限。商业用户存在着复杂的个性化需求，这在中小企业用户表现得尤为明显。市场规模大、交易零散、个性化需求明显，对品质、服务、价格的综合要求高，这种需求的多元化和不确定性使得PC厂商难以把握。

通胀加剧影响市场表现 2011年以来，国内CPI攀升，影响消费者信心，通胀预期将迫使消费者缩减开支，电脑的更换或新购将被延后，从而影响计算机产品的市场表现。同时，宏观调控将在一定时间内对企业尤其是数目众多的中小企业形成资金压力，使企业减缓笔记本电脑的更新换代计划。2011年下半年，国际形势并不乐观，金融危机有进一步恶化倾向，富士康等代工厂的订单明显减少，影响计算机市场的整体增长。

支付环境限制平板电脑市场增速 国内信用体系发展仍不成熟，网上支付渠道较少，用户信赖度低。然而平板电脑的成功有赖于丰富的应用与内容，目前网络支持在便捷性与安全性方面存在的问题很大程度上影响了用户体验，烦琐的操作以及非跨平台的安全插件对于平板电脑用户的应用水平要求较高，限制了平板电脑市场规模的快速扩大。

发展趋势

国际市场 2011 年，全球 PC 市场表现较为疲软，主要影响因素有：一是泰国洪水引发硬盘供应短缺导致一些小型 PC 厂商难以获得硬盘货源；二是全球经济增长缓慢，发达国家失业率居高不下，影响消费者的购买意愿和能力；三是消费者开始更多购买平板、智能机和电子阅读器等消费电子产品，取代了 PC 的某些功能，挤占了部分 PC 市场空间。2011 年全球 PC 出货总量为 3.53 亿台，同比增长 1.6%，其中四季度出货量同比下降 0.1%。分地区来看，美国、欧洲、日本市场的 PC 出货量均呈下降态势，其中美国市场降幅最大，达到 5%。中国市场出货量保持增长。据 IDC 预计，2012 年一季度，受硬盘供应短缺影响，PC 出货量将持续疲软，四季度将恢复较快增长，预计全年出货量有望达到 3.71 亿台，同比增长 5.4%，增幅比 2011 年提高 3.8 个百分点。

国内市场 据 IDC 预计，2012 年全球 IT 支出增幅在 5%左右，而中国的 IT 支出将增长 15%，市场整体环境较为乐观。2012 年是中国落实“十二五”规划的关键一年，各项战略性工程的深入实施将为国内 PC 市场带来巨大的拉动作用。一是国家宽带战略不断推进，中国将加快建设宽带、融合、安全的下一代国家信息基础设施，引导建设宽带无线城市，推进城市光纤入户，加快农村地区宽带网络建设，全面提高宽带普及率和接入带宽。网络接入环境的不断改善将使 PC 的应用范围变得更为广泛，从而提升市场规模。二是经济发展方式转变和产业结构升级将带来新的市场空间。目前中国 IT 支出占 GDP 的比重远低于全球平均水平，信息化应用的市场空间潜力巨大，制造业的信息技术集成应用、生产性服务业的信息技术促进应用等都将对国内 PC 市场产生有力支撑。三是云计算、物联网、数字家庭等新兴产业和领域的快速发展，将带来更多市场需求。但同时，中国计算机行业的发展也面临着生产成本攀升、利润水平下降、竞争态势加剧等不利因素。

综合来看，预计 2012 年中国计算机行业销售产值将保持两位数以上增长，产品产量将增长 20%以上，内销市场发展态势将好于外销市场。

[供稿：工业和信息化部运行监测协调局]

2011 年集成电路行业发展情况分析

2011 年，中国集成电路行业整体保持平稳运行，全年发展呈前高后低态势，增幅有所放缓。其中 IC 设计业增势突出，芯片制造和封装测试业增速明显回落；内销比例有所上升，在中国电子信息市场中的认可度逐步提高，在电子信息产业中的作用进一步提升。

基本情况

产销增幅明显放缓，全年态势前高后低 2011 年，中国集成电路行业在上年快速增长的基础上，继续保持了增长势头，但增幅明显放缓。全年累计生产集成电路 719.6 亿块，同比增长 10.3%，增幅低于上年 47.1 个百分点；全行业完成销售产值 2 462.7 亿元，同比增长 9.9%，增幅低于上年 22.8 个百分点。从全年发展态势来看，产量二季度最高，四季度达到最低点；增速逐季降低，三、四季度都出现负增长。

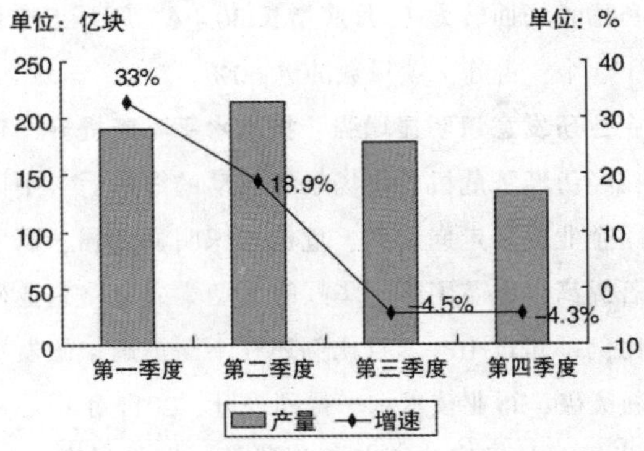

图 1 2011 年集成电路产量分季度增长情况

进出口增速同时回落，逆差继续扩大 据海关统计数据显示，2011 年中国共出口集成电路 904 亿块，出口额 326 亿美元，同比增长 11.4%，增速比上年下降 14.1 个百分点；进口集成电路 2 141 亿块，进口额 1 702 亿美元，同比增长 8.4%，增速比上年下降 22.5 个百分点。集成电路行业形成的进出口逆差 1 376 亿美元，在上年高位的基础上继续上升 7.7%，行业被动局面未得到根本改变。

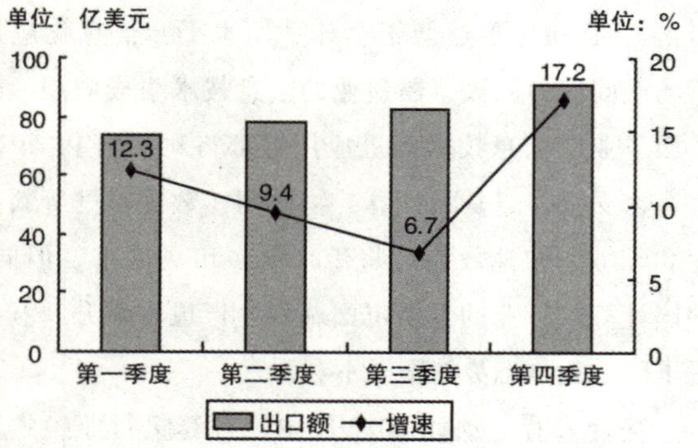

图 2　2011 年集成电路出口分季度增长情况

效益稳步提高，产成品上升较快 2011 年，集成电路行业完成产品销售收入 2 430 亿元，同比增长 9.7%；实现利润总额 135 亿元，同比增长 24.1%，高出收入增速 14.4 个百分点。随着集成电路行业的产能扩充和需求增长放缓，2010 年曾出现的产能紧张局面明显改观，2011 年形成集成电路产成品存货 60 亿元，同比增长 23.9%，增速高出整个电子信息制造业 10.3 个百分点。

投资大幅下降，新开工项目增长较快 在经历 2010 年大幅投资扩产后，2011 年集成电路行业进入新一轮投资紧缩期，前 11 个月共完成固定资产投资 285 亿元，同比下降 36.7%。但本年新开工项目逐步增多，由上半年的负增长局面转为 11 月底增长 30.4%，新开工项目数达到 133 个，占施工项目数的近 60%。

企业研发意识明显增强，技术水平不断提升 近年来，在经历经济危机、市场景气波动的锻炼后，中国集成电路企业逐步走向成熟，危机意识明显增强，研发动力显著提高，中芯国际、华虹等大型集成电路企业研发投入比例都超过 10%，且比例还在不断提高。研发不断取得新突破，行业技术水平得到提升，2011 年中芯国际 45 纳米级产品已完成工艺流程研发，即将量产，32 纳米级产品已经进入实质性研发阶段；展讯发布了 40 纳

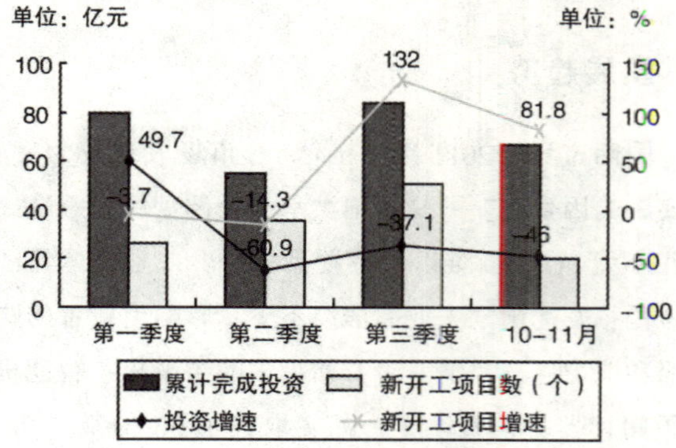

图 3　2011 年集成电路投资和新开工投资项目分季度增长情况

米 SC8800G 芯片，是全球首款采用 40 纳米工艺的系列双模基带芯片，标志着中国 IC 设计企业在该领域达到全球领先水平。

主要特点

内销占比提高，国内市场认可度提升 2011 年，中国集成电路行业完成内销产值 791.6 亿元，同比增长 18.6%，增速高于出口交货值 12.4 个百分点，占销售产值的比例达到 32.1%，比上年提高2.4 个百分点。一批具有自主知识产权的产品，如 3G 通信芯片、新型多媒体芯片、卫星导航芯片、新型芯片等，自主设计开发空间和市场应用潜力都十分可观；一些优秀 IC 设计企业如展讯、海思等国际竞争力显著提高，逐步得到国内重点整机企业的认可，国内芯片与整机企业合作的局面正在展开。

IC 设计发展较快，制造业和封装业增长放缓 根据中国半导体行业协会对重点企业监测的数据显示，2011 年，中国 IC 设计业收入在全行业中占比上升到 27%，增速超过 30%，保持快速增长势头；芯片制造业和封装测试业受国际市场疲软影响，增速都回落到 5%左右，占比分别下降为 31%和 42%。行业结构与 2004 年相比（封装测试占 50%，芯片制造占 33%，IC 设计仅占 17%），取得了显著的改善。

整合呈现新特点，产业进入全产业链竞争 2011 年以来，全球集成电路产业的整合趋向深入，以强化产业链整合及控制能力为主要目的，逐步走向“芯片–系统–终端”的全产业链整合。国内集成电路企业也频频开展兼并重组，从产能扩大、专利获取、业务领域延

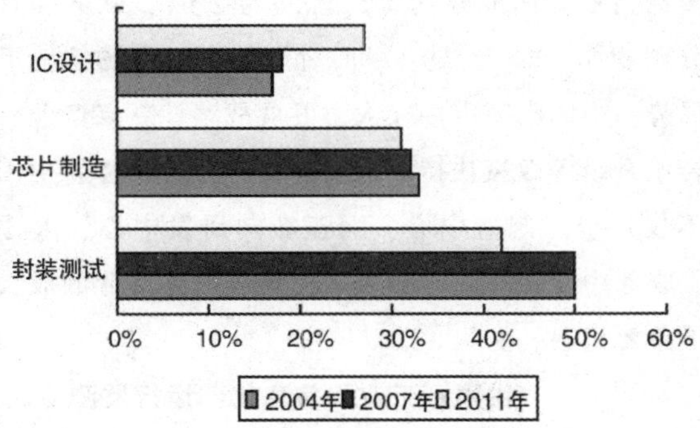

图4 中国集成电路行业结构变化情况

伸等方面展开，具有代表性的有：中芯国际对武汉新芯12英寸集成电路生产线的资源整合；展讯收购手机调制解调器芯片设计企业和模拟电视芯片设计企业；上海澜起收购摩托罗拉杭州芯片设计部，获得其数字电视机顶盒领域多项核心技术；苏州固锝电子股份收购专业从事MEMS-CMOS相关开发的美国明锐光电公司。

存在问题

国内企业小而散，产业集中度有待进一步提高 集成电路行业具有资本投入大，技术难度高，积累时间长，面临风险大的特点，要求企业必须达到一定的规模才可能持续发展。目前中国集成电路行业虽然发展快速，但仍以中小型企业为主，企业数目众多，资金和技术积累不足，与行业内国际巨头相比差距进一步拉大。根据国家统计局的数据，2011年在统计内的400多家集成电路制造企业平均年收入仅6亿元人民币，最大规模的企业年收入仅10亿美元，而三星电子在半导体方面一年的研发投入就超过100亿美元。为获得规模化收益，国际集成电路行业的整合一直在进行，2011年以来，中国台湾最大规模的封装测试企业日月光和代工企业台积电都进行了并购和整合。中国在货币流通性收紧、中小企业融资难度加大的背景下，集成电路行业整合的任务更显迫切。

电子信息整机领域缺乏新品，集成电路行业竞争加剧 目前，电子信息整机领域发展较快的产品如智能手机、平板电脑等都没有脱离原有整机产品模式，对整机产品市场来说，总体市场容量并没有扩大，只是新产品对旧产品的替换，而在严峻的经济形势下整机市场特别是欧美等传统市场，面临更换率下降局面，因此传统电子整机产品对集成电路行业的驱动力正在下降。在这种形势下，中国仅在手机芯片、IC卡芯片、数字电视芯片、通信专用芯片、多媒体芯片等产品领域有一定优势，而在通用CPU等通用集成电路产品方面还是空白，在汽车电子、网络通信、能源等新兴嵌入式领域方面技术落后很多，在新一轮激烈竞争中面临的形势十分严峻。

未来发展展望

国际形势 全球半导体市场保持低迷。2011年，受全球经济形势持续走弱和日本海啸、泰国洪灾等影响，全球半导体产业明显进入新一轮低谷。据美国半导体产业协会（SIA）调查数据显示，2011年，全球半导体销售额年增仅0.4%，其中，12月较2010年同期下滑5.3%。2012年，由于全球经济形势依然不明朗，Gartner等国际咨询机构普遍调低对半导体产业增速预测，平均预测成长率仅为2%–5%。

电子信息整机市场增长喜忧参半。根据Gartner等公司分析，2012年PC产量约增长5.1%，比先前预测调低5个百分点；手机产量约增长7.5%，比先前预测调高0.5个百分点；其中智能手机和平板电脑的增长率预计超过50%。

随着汇率逐步走稳，第三世界国家消费电子产品需求将上升。有经验表明，发达国家与中国及其他不发达国家市场消费水平之间存在梯级关系，印度、非洲及南美市场3G网络尚处于起步阶段，对智能手机、平板电脑的需求将在2012年及以后进一步得到释放。

国内形势 新政策为产业发展营造良好环境。2011年，国家发布了《进一步鼓励软件产业和集成电路产业发展的若干政策》，在财税、投融资、研究开发、进出口、人才、知识产权、市场及落实等八方面做出了初步规划。特别是在投融资方面，新政策允许符合条件的企业采取多种方式筹集资金，该政策出台对国内集成电路行业进一步发展升级具有积极而重要的意义。目前，国内一些集成电路企业已开始从生产型企业向研发型企业转型，一些核心领域出现并推广自主知识产权标准。

移动互联时代给中国集成电路产业提供了赶超的机会。以智能手机和平板电脑为载体的移动互联网时代到来，全球半导体公司积极投入和布局。中国在3G/4G通信标准上具有一定主导优势，中国IC设计公司在通信专用芯片等领域有一定的创新积累，近年来也有许多IC设计公司与英国ARM公司等跨国企业合作开发，因此在移动互联设备方面有很大的空间可为。

全球半导体产业重心向亚太地区转移的趋势明显。全球四大区域市场中，亚太市场所占比重持续上升，日本和欧洲则明显下降，美国市场近3年来基本持平。据世界半导体贸易统计组织（WSTS）公布的数据，2011年美洲与亚太两地分别增长2.8%与2.5%，欧洲与日本则分别萎缩1.7%与7.9%。面对海外出口市场持续下滑的局势，中国内需市场在大力发展战略性新兴产业、产业转型升级等政策扶持下保持稳中有升的态势；中国已经不仅是全球制造中心，而正在向研发中心、人才中心、服务中心转变，这都为国内集成电路产业的成长提供了重要机遇。

[供稿：工业和信息化部运行监测协调局]

第8部分 国际合作与产品进出口贸易

2011年中国电子信息产业国际合作与产品进出口贸易情况综述

【综述】

2011年，中国电子信息产品进出口总额11 292.3亿美元，同比增长11.5%，占全国外贸进出口总额的31.0%，外贸规模持续增长，对国民经济的贡献日益加大，并呈现以下主要特点：

第一，外贸增速逐步趋稳。2011年，电子信息产品出口6 612.0亿美元，同比增长11.8%，增速比2010年下滑17.5个百分点，占全国外贸出口额的34.8%；进口4 680.3亿美元，同比增长11.0%，增速比2010年下降23.0个百分点，占全国外贸进口额的26.8%。出口额前三位的产品为：笔记本电脑1 058.8亿美元，增长11.1%；手机627.6亿美元，增长34.3%；集成电路325.7亿美元，增长11.4%。

第二，基础行业出口相对平稳，整机行业出口增势不一。2011年，电子元件、电子器件行业出口增长相对平稳，出口额分别为881.4亿美元和757.0亿美元，同比分别增长15.3%和11.0%。整机行业中，家电与计算机行业出口增长缓慢，出口额分别为946.2亿美元和2 293.9亿美元，同比分别增长7.9%和5.6%，增速低于全行业平均水平4.0个和6.3个百分点；通信设备行业保持较快增长，出口额1 300.2亿美元，同比增长26.6%，增速高于全行业平均水平14.7个百分点。

第三，内销增速继续快于外销增速，产业对外依存度下降。2011年，规模以上电子信息制造业实现内销产值34 165亿元，同比增长31.0%，比出口交货值增速高17.1个百分点。电子制造业对外依存度为54.7%，比上年下降3.5个百分点。

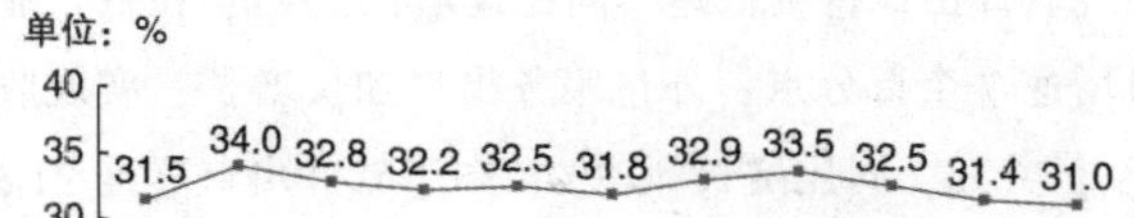

图1 2011年电子信息制造业内外销产值累计增速对比

第四，区域结构持续优化。2011 年，中、西部地区规模以上电子信息制造业出口交货值增长均超过 110%。东部地区电子制造业出口交货值增长 9.1%，低于全国平均水平 4.8 个百分点，产业在东部地区出口交货值比重（91.5%）比 2010 年下降 4.0 个百分点。

第五，外贸结构继续调整，抵御风险能力增强。2011 年，中国电子信息产品出口中，一般贸易出口 1 194.7 亿美元，同比增长 22.3%，比重为 18.1%，较上年提高 1.6 个百分点；内资企业出口 1 237.7 亿美元，比重为 18.7%，比上年提高 0.8 个百分点；出口前 10 位国家和地区所占比重为 72.3%，比上年下降 0.3 个百分点；出口前 5 位省市所占比重为 84.9%，比上年下降 2.2 个百分点。

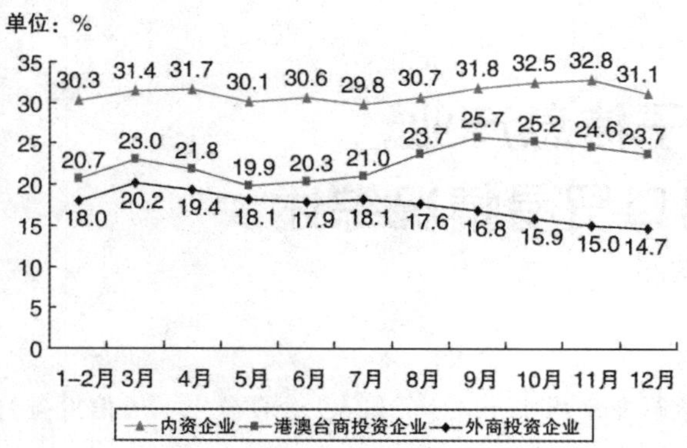

图 2　2011 年电子信息制造业不同性质企业销售产值累计增速对比

软件产品进出口情况

2011 年，软件业实现出口 304 亿美元，同比增长 18.5%，增速比 2010 年下滑 18 个百分点。其中，嵌入式系统软件出口持续低迷，同比仅增长 7.6%，拉低行业出口增速 7 个百分点；外包服务出口加快增长，实现收入 59 亿美元，同比增长 40.3%，高于软件出口增速 21.8 个百分点。

外商投资增速放缓，业绩继续回落

2011 年 1–10 月，外商投资和港澳台企业分别完成投资 1 065 亿元和 815 亿元，同比分别增长 30.8% 和 34.1%，低于全行业 29.3 个和 26 个百分点，其中外商投资 10 月份下降 24.4%。内资企业完成投资 5 481 亿元，占全行业 74%，同比增长 72.6%，高于全行业 12.5 个百分点，其中私营企业增势突出，同比增长 100.9%。2011 年，外资电子信息制造企业收入增速 16.3%，低于全行业企业平均增速 0.8 个百分点；利润总额增速 7.6%，低于全行业平均水平 16.8%。主要原因是：中国大多数电子信息产品外资企业多以 OEM、ODM 等方式组织生产，普遍采用“两头在外，加工在内”的产销模式，与欧美市场关联程度较高，受全球金融危机的冲击较大，业绩呈现不断回落态势。

国际电子信息产业继续向中国转移

国际知名电子信息企业继续加大在中国的投入，加快在中国设立研发中心和服务机构，支持创新技术发展。戴尔公司宣布未来 10 年将在中国采购、投资 2 500 亿美元，并增加对大企业和在中国小城市的销售。这一数字是戴尔过去 10 年在中国采购、投资金额的 2 倍多。2011 年 10 月，成都市与西门子公司共同宣布在成都高新区建设西门子在中国最大的数字化工厂。2011 年 5 月，微软公司在北京揭幕其在美国之外规模最大的研发基地——微软亚太研发集团总部大楼，并宣布未来 5 年投入价值 14 亿元人民币的软件和开发工具，支持中国 3 000 多家创业企业。2011 年 11 月，微软（亚洲）互联网工程院成立，研发方向主要涵盖微软必应（Bing）搜索引擎、在线广告技术、MSN 平台技术，以及移动互联网服务 4 大领域。2011 年 7 月，索尼爱立信全球研发中心与全球运营中心在北京揭幕并正式启用，成为索尼爱立信全球第二大研发中心。2011 年 9 月，爱立信宣布将在中国建立一个新的全球网络运营中心（GNOC），以此进一步增强其电信管理服务交付的范围和能力，这将是爱立信的第二大网络运营中心。2011 年，英特尔公司在中国投资 10 家创新型公司，总额逾 7 000 万美元，涵盖移动应用、物联网、三网融合、存储、医疗、电子商务等领域。

开展国际合作与交流

2011 年，工业和信息化部围绕信息通信产业发展重点，贯彻国家总体外交战略方针，深化拓展对外合作交流机制、领域和渠道，助推信息通信业“走出去”、“引进来”，为信息通信业发展营造良好外部环境。

中国–美国　举行中美创新、经济、产业和竞争力年度对话，中美绿色信息通信研讨会，中美再制造对话等专题交流活动，深化工业绿色发展、战略性新兴产业等领域合作。

中国-俄罗斯　举行中俄通信与信息技术分委会年度会议，参加中俄总理定期会晤和中俄总理定期会晤委员会会议，深化通信与信息技术等领域合作。

中国-欧盟　举行中欧第三次中小企业政策对话，与罗马尼亚、保加利亚签署相关合作文件等，进一步深化中欧在信息通信、中小企业等领域合作。

中国-日本-韩国　参加第五次中日韩信息通信部长级会议，举行 2011 年度日中经济协会访华团交流活动，落实与日本加强信息通信等领域合作相关备忘录，保持与韩国工业通信部门日常性交流与合作。

中国-东盟　出席第五次中国-东盟电信部长会议、中国东盟电信高峰论坛，与印尼签署工业与技术合作文件，举办大湄公河次区域信息通信部长级会议，与老挝签署通信项目谅解备忘录。

多边领域　举办 APEC 第 43 次电信工作组会议、“ICT 促进创新和绿色经济研讨会”，参加联合国工业发展组织召开的能源和绿色工业部长级会议、2011 年国际电联理事会、APEC 电信工作组第 44 次会议等近 20 个国际会议，协助国际电联、亚太电信组织等国际组织开展 2010 年电信指标调查等工作，进一步提升了中国话语权和影响力。

2012 年发展前景展望

2012 年，国际市场规模稳步扩大，新产品、新应用不断涌现，产业发展空间更加广阔；国家信息化建设全面深化，城镇化进程持续加速，市场化程度不断提升，居民收入增长、内需扩张、消费结构升级和市场机制完善，为产业发展提供新动力、新方向。但同时，产业发展也面临严峻挑战。人民币升值压力增大，生产成本持续上升，资源和环境承载力不断下降，周边国家和地区同质化竞争日益激烈，国际贸易保护势力抬头，以知识产权、低碳环保、产品安全为代表的技术性贸易限制措施被广泛使用，对中国电子信息制造业持续稳定发展造成一定压力。此外，产业整体创新能力不强，未来亟待加强产业核心技术和商业模式创新，提升技术和市场竞争力。

2012 年，工业和信息化部将认真贯彻落实十七届六中全会、全国工业和信息化会议等重要会议精神，准确把握国际国内形势，积极、务实、有效推动双边、区域、多边合作与交流，不断拓展对外合作领域，充实合作内容，提升合作水平，着力提升服务工业、通信业和信息化发展的能力和水平。

[撰稿：甄芳洁　审稿：赵文智]

2011 年中国电子信息产品进出口情况

【综述】

2011 年，受外需回暖和内需扩大的共同作用，中国电子信息产品进出口继续保持增长态势，进出口总额超过万亿美元，但增速有所下降。电子信息产品进出口正逐步走出国际金融危机的影响，进入平稳发展期。

2011 年，中国电子信息产品进出口总额 11 292.3 亿美元，同比增长 11.5%，增速比上年下降 19.7 个百分点；进出口总额占全国外贸总额的 31.0%，比上年下降 3.1 个百分点。其中，出口 6 612.0 亿美元，同比增长 11.8%，占全国外贸出口额的 34.8%；进口 4 680.3 亿美元，同比增长 11.0%，占全国外贸进口额的 26.8%（见图 1）。从月度走势看，受上年基数逐步走高及假日因素影响，电子信息产品进出口总体呈前高后低态势，特别是 9 月份后，出口增速连续 3 个月在 10%以下。

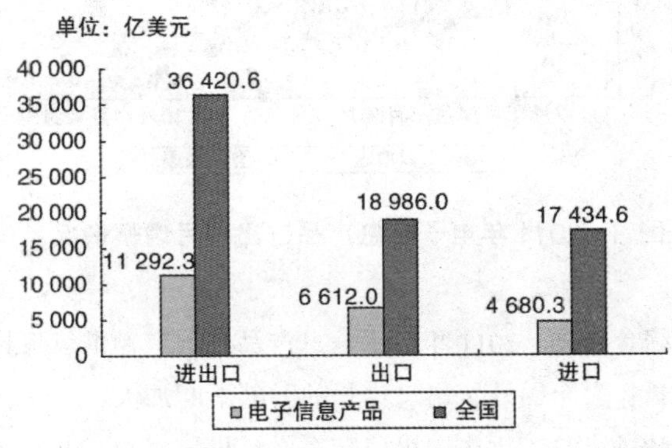

图 1　2011 年电子信息产品与全国进出口情况对比图

单月进出口额方面，2011 年电子信息产品月进出口额变化不大，但月增速逐步降低。2 月，进出口总额 655.5 亿美元，为年内最低。进出口额最高出现在 9 月，为 1 063.7 亿美元，两者相差 408.2 亿美元。在月增速方面，1 月份增速最高，同比增长 34.7%，11 月份增速最低，同比增长 4.9%（见图 2）。

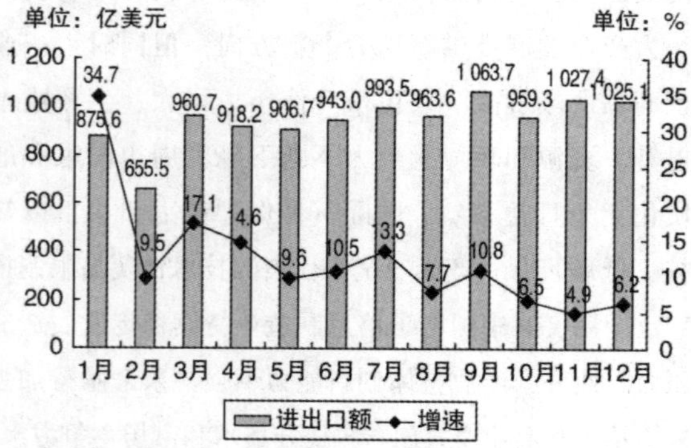

图 2　2011 年电子信息产品单月进出口额及增速

分季度看，一至四季度中国电子信息产品进出口分别增长 20.4%、11.6%、10.6% 和 5.9%，呈现明显的前高后低态势。其主要原因：一是由于上年出口增长前低后高，基数不断扩大；二是由于三季度起生产、出口双双回落，加上人民币升值，不确定性因素增加，电子信息产品出口压力加大，特别是自 9 月份以来，出口额增速低于 10%，增速连续三个月下滑，11 月当月出口额同比增长 3.2%，是年内最低水平（见图 3）。

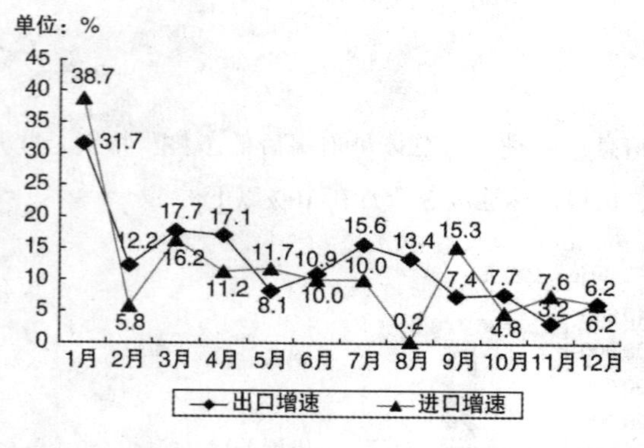

图 3　2011 年电子信息产品进出口月增幅情况

综合来看，2011 年电子信息产品进出口额继续保持了增长，对全国外贸出口增长的贡献不断加大，电子信息产品进出口正逐步走出国际金融危机的影响，开始进入平稳增长期。

电子信息产品进出口结构与特点

主要产品　2011 年，各类电子信息主要产品进出口以增长为主，电子材料和电子器件出口增长明显。

出口方面，通信设备类产品出口 1 300 亿美元，同比增长 26.6%；广播电视设备类产品出口 103 亿美元，同比增长 12.8%；计算机类产品出口 2 294 亿美元，同比增长5.6%；家用电子电器类产品出口 946 亿美元，同比增长7.9%；电子元件类产品出口 881 亿美元，同比增长 15.3%；电子器件类产品出口 757 亿美元，同比增长 11.0%；电子材料类产品出口 64 亿美元，同比增长 7.3%；电子仪器设备类产品出口 266 亿美元，同比增长 11.6%（见图 4）。

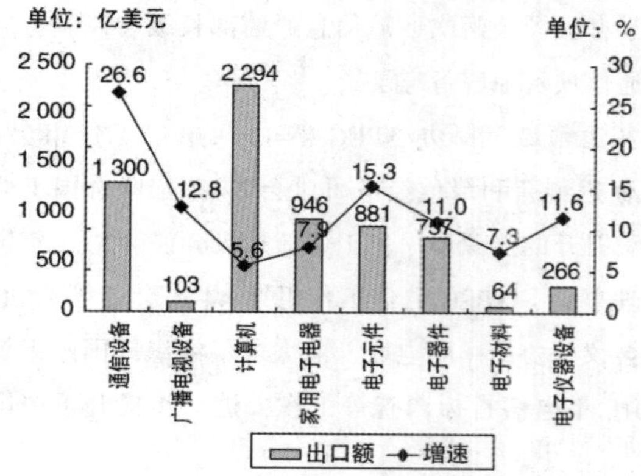

图 4　2011 年电子信息主要产品出口及增速情况

出口额排在前 10 位的电子信息产品分别为便携式电脑，出口额 1 058.8 亿美元，同比增长 11.1%；手持（车载）无线电话，出口额 627.6 亿美元，同比增长 34.3%；集成电路，出口额 325.7 亿美元，同比增长 11.4%；液晶显示板，出口额 295.0 亿美元，同比增长 11.5%；手持式无线电话用零件，出口额 279.4 亿美元，同比增长 28.4%；静止变流器，出口额 141.4 亿美元，同比增长 12.6%；彩色电视机，出口额 136.7 亿美元，同比下降 7.9%；硬盘驱动器，出口额 127.5 亿美元，同比增长 28.6%；印刷电路，出口额 125.9 亿美元，同比增长 12.3%；显示器，出口额 80.7 亿美元，同比下降 16.9%。

进口方面，电子器件、电子元件、计算机三大类产品的进口额达到 3 518 亿美元，占电子信息产品总进口额的 75.2%。其中，电子器件进口 1 956 亿美元，同比增长 8.4%；电子元件进口 960 亿美元，同比增长 5.5%；计算机类产品进口 602 亿美元，同比增长 2.1%

(见图5)。

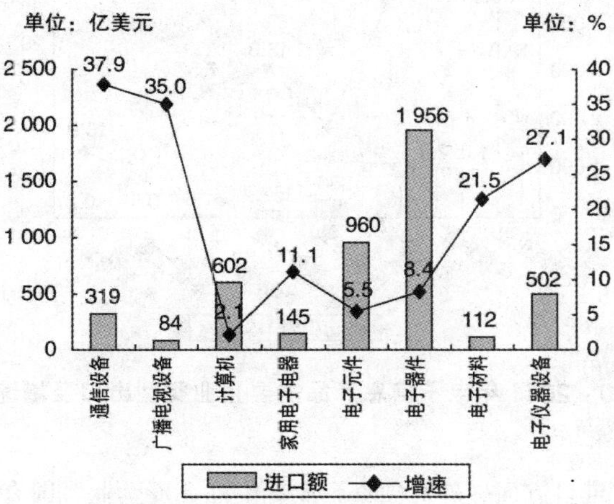

图 5　2011 年电子信息主要产品进口及增速情况

进口额排在前 10 位的电子信息产品分别为集成电路，进口额 1 702 亿美元，同比增长 8.4%；液晶显示板，进口额 471.9 亿美元，同比增长 0.9%；手持式无线电话用零件，进口额 189.8 亿美元，同比增长 60.9%；硬盘驱动器，进口额 180.5 亿美元，同比增长 14.8%；印刷电路，进口额 140.2 亿美元，同比增长 16.0%；晶体管，进口额 87.1 亿美元，同比增长 8.3%；电容器，进口额 83.3 亿美元，同比增长 10.3%；静止变流器，进口额 74.8 亿美元，同比增长 16.4%；锂离子电池，进口额 45.2 亿美元，同比下降 2.3%；光盘驱动器，进口额 32 亿美元，同比下降 23.5%。

国家与地区　2011 年，电子信息产品进出口按国别和地区看，结构变化不大，出口市场依然集中于中国香港特别行政区、日本及欧美发达国家，进口则主要来自亚洲地区。

中国电子信息产品出口主要国家和地区市场同比以增长为主。2011 年，通过中国香港特别行政区转口仍排在第一位，出口额 1 597.5 亿美元，同比增长 15.5%，占电子信息产品出口总额的 24.2%。美国第二，出口额 1 259.2 亿美元，同比增长 9.5%，占电子信息产品出口总额的 19.0%。日本第三，出口额 455.6 亿美元，同比增长 16.2%，占电子信息产品出口总额的 6.9%。其余依次是荷兰、韩国、德国、中国台湾地区、新加坡、印度、英国等。出口前十名国家和地区中，只有德国同比下降 1.6%，其余出口国家和地区同比呈现不同程度增长（见图 6）。

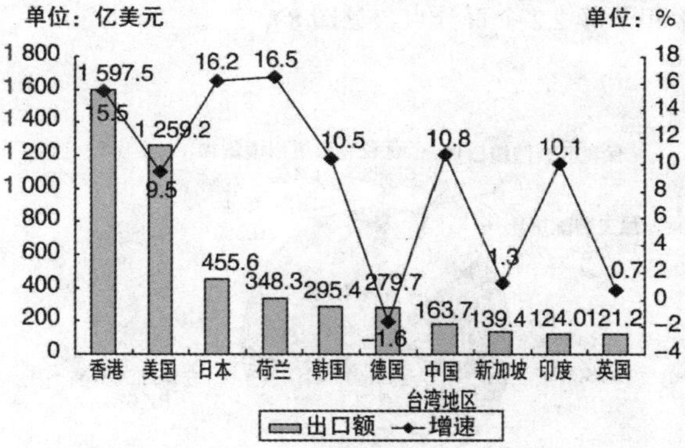

图 6　2011 年电子信息产品出口前十名国家和地区

从主要进口来源地看，国货复进口 967.0 亿美元，同比增长 15.5%；自韩国进口 821.4 亿美元，同比增长 10.9%；自中国台湾地区进口 763.3 亿美元，同比增长 7.1%。以上进口增速与上年相比均有明显降低。进口排在第四位到第十位的国家和地区分别是日本、马来西亚、美国、泰国、德国、菲律宾、新加坡。进口排在前十位的国家和地区总额达到 4 322.4 亿美元，占电子信息产品进口额的 92.4%（见图 7）。

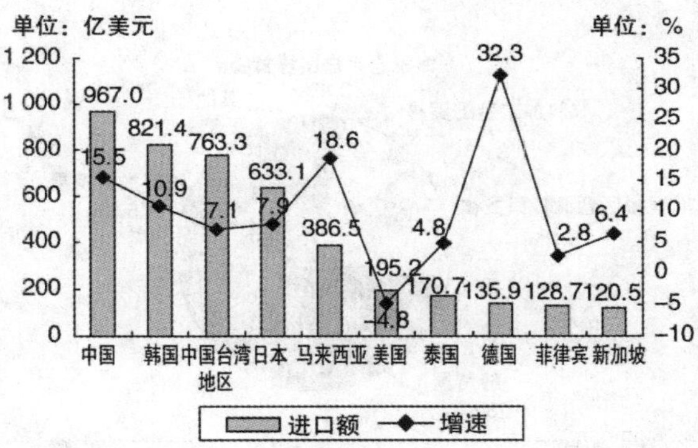

图 7　2011 年电子信息产品进口前十名国家和地区

贸易方式　加工贸易仍是主要贸易方式，但出口比重下降，一般贸易出口增长较快，比重略有提高。

2011 年，电子信息产品出口贸易方式结构继续优化。电子信息产品出口中，一般贸易出口 1 194.7 亿美元，同比增长 22.3%，占出口额的 18.1%，比重较上年提高 1.6 个百分点；进料加工贸易出口 4 492.1 亿美元，同比增长 11.7%，占出口额的 67.9%；来料加工装配贸易出口500.6 亿美元，同比下降 12.4%，占出口额的 7.6%。进料加工贸易、来料加工装配贸易占出口总额的 75.5%，比上年下降 2.2 个百分点（见图 8）。

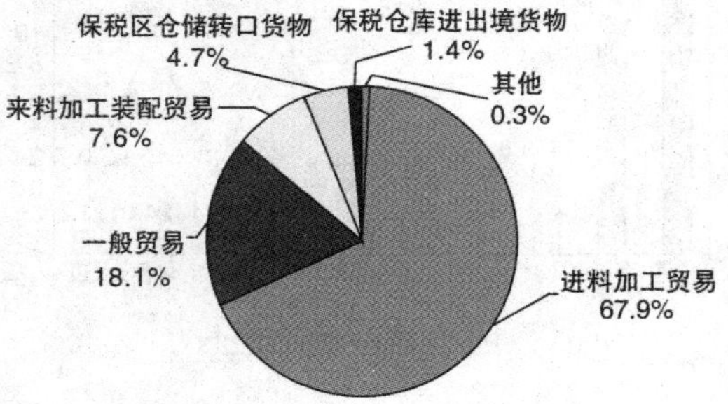

图 8　2011 年电子信息产品出口主要贸易方式占比情况

进口方面，进料加工贸易进口 2 149.8 亿美元，同比增长 14.8%，占比 45.9%；来料加工贸易进口 445.2 亿美元，同比下降 17.0%，占比 9.7%；一般贸易进口 1 114.7 亿美元，同比增长 17.0%，占比 23.8%。以上三种贸易方式所占比重合计 79.4%，其余分别为保税区仓储转口货物、保税仓库进出境货物、外商投资企业作为投资进口的设备物品、出口加工区进口设备、其他（见图 9）。

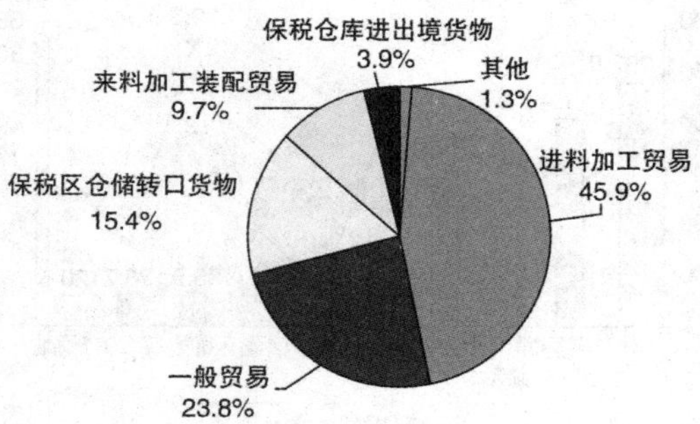

图 9　2011 年电子信息产品进口主要贸易方式占比情况

企业性质　各类型性质企业进出口以增长为主，个体工商户降幅较大，私人企业增幅最大。

2011 年，外商独资企业出口 4 290.4 亿美元，同比增长 12.2%，占电子信息产品出口总额的 64.9%；中外合资企业出口 1 022.3 亿美元，同比增长 5.4%，占出口总额的 15.5%；私人企业出口 693.2 亿美元，同比增长 33.2%，出口增幅相对较高；国有企业出口 386.5 亿美元，同比下降3.7%，占出口总额的 5.8%；个体工商户出口 0.5 亿美元，同比下降 18.1%，降幅较大（见图 10）。

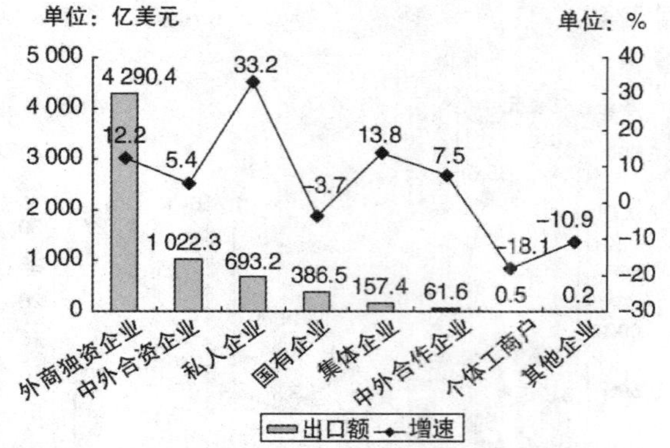

图 10　2011 年电子信息产品主要企业类型出口及增速

进口方面，外商独资企业、中外合资企业、国有企业进口额合计占电子信息产品进口总额的 86.7%（见图11）。

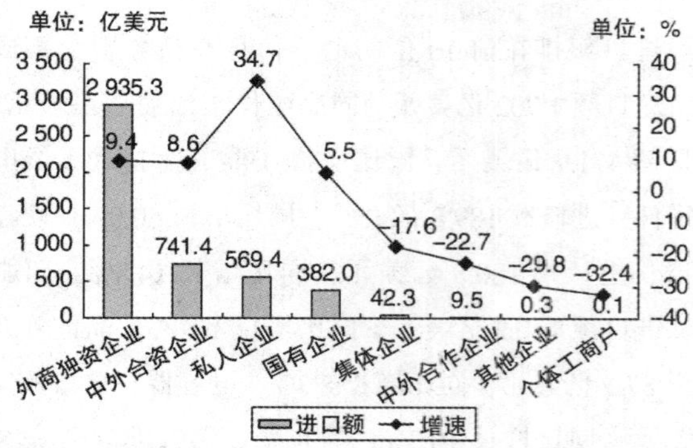

图 11　2011 年电子信息产品主要企业类型进口及增速

按省市统计　全国各省市电子信息产品进出口以增长为主，东部地区出口增速差别较大，部分中西部省市增长较快。

2011 年，电子信息产品出口额前五位的省市分别为：广东省 2 728 亿美元，增长 13.5%；江苏省 1 418 亿美元，增长 3.2%；上海市 1 006 亿美元，增长 9.7%；山东省 248 亿美元，增长 8.2%；浙江省 212 亿美元，下降 5.4%（见图 12）。广东省出口增长相对突出，其余四省市出口增速低于全国平均水平。中西部一些省市电子信息产品出口增势突出，重庆市、四川省、河南省同比分别增长 102.3%、76.1%和 60.0%。

进口方面，主要省市进口额较上年增幅明显降低。广东省进口 1 843 亿美元，同比增长 11.7%；江苏省进口943 亿美元，增长 5.6%；上海市进口 760 亿美元，增长 10.5%；北京市进口 215 亿美元，增长9.1%（见图 13）。

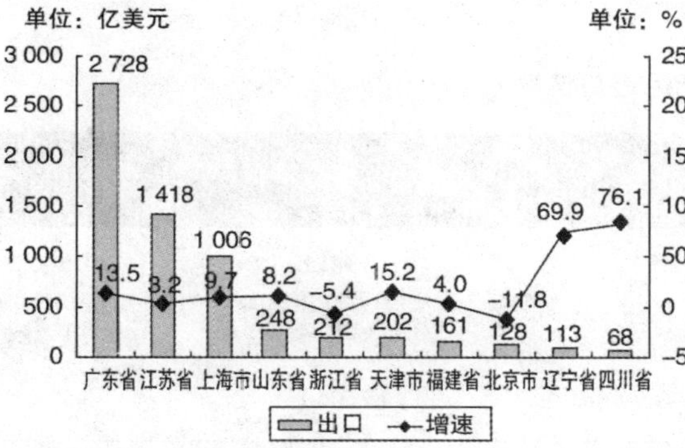

图 12　2011 年电子信息产品出口前十名省市

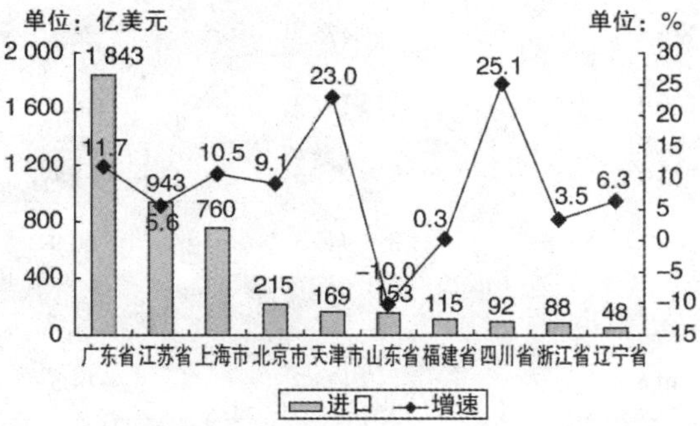

图 13　2011 年电子信息产品进口前十名省市

存在问题

进出口贸易不平衡　2011 年，电子信息产品出口 6 612.0 亿美元，进口 4 680.3 亿美元，贸易顺差 1 931.7 亿美元，顺差额较上年扩大 235.7 亿美元。中国电子信息产业在贸易结构方面依然存在一些深层次问题，贸易结构不尽合理，亟需调整。一是中国电子信息行业出口依存度较高，电子信息产业受外围市场影响明显。二是构成中国电子信息制造业产品出口的主要成分是外资企业，仅外商独资企业的出口占全部出口比重已达到 64.9%，外商独资企业和中外合资企业出口占全部出口的比重接近八成。三是加工贸易比重偏高，加工贸易占据超过七成的出口份额，一般贸易仅占 18%左右。

企业生产经营压力加大　2011 年，受全球通货膨胀影响，原材料、劳动力等要素价格整体上涨，资金供给趋紧，企业综合成本升高，生产经营压力逐步加大。同时，随着家电下乡、家电以旧换新政策的结束，部分消费领域政策刺激作用开始出现减弱态势。受欧美发达国家外需市场萎缩及欧债危机的影响，外资企业出口比重下滑。外部需求疲软与要素成本上升的叠加，进一步挤压了企业利润空间，企业面临的困难和挑战加大。

出口产品层次和技术含量偏低　由于核心技术相对缺乏，中国具有自主知识产权和自主品牌的电子信息产品出口额占出口总额的比重较低，而且产品大多走低价出口路线；大部分电子信息产品出口企业从事加工贸易，以贴牌方式出口，主要在加工制造环节参与国际分工，产品附加值普遍偏低。此外，中国电子信息产品由于缺乏自主知识产权，出口还面临着高额的专利费用压力。

企业出口竞争秩序、行业发展秩序仍需规范　中国出口的电子信息产品品牌核心价值低、同质性替代性强，企业在国际市场上主要采用价格竞争手段，导致中国电子信息出口产品价格不断下降。同时，由于电子产品更新换代快，企业为适应市场需要，更多注重新品开发的节奏，却相对忽视了质量和服务的问题，从而使之成为消费市场的投诉热点。企业在产品质量和售后服务水平方面需进一步提高。

发展趋势

从国际上看，2012 年，世界经济逐渐走出金融危机影响，全球电子信息产品市场逐步回暖，各国进一步加快信息基础设施建设和信息技术深度应用，新一代信息技术快速发展，新兴市场需求加快回升，将拉动全球 IT 市场稳步增长，并对中国电子信息产品出口起到积极影响。但同时，国际产业竞争更加激烈，贸易保护日益加剧，中国电子信息产业由于外向度高，面临的贸易摩擦形势将更为严峻；原材料价格变动和欧债危机的不确定性，对中国电子信息产品出口也将带来一定影响。

从国内看，内销市场持续向好，出口依存度将降低，电子信息产品进出口发展前景看好，但内生增长机制有待建立。一是国内政策趋向总体有利于产业增长，国家大力推进新一代信息技术为产业发展创造了良好的外部环境。二是国内电子信息产品市场继续保持稳定发展，3G 商用、数字城市建设及交通、电力网络改造升级等，为国内产业发展带来新的空间。三是投资增长为产业带来新的后劲，发展电子信息等战略性新兴产业成为转变发展方式的重要方向，有利于进一步拉动产业投资增长。同时应看到，当前产业增长与政策拉动效应密切相关，特别是投资拉动作用明显，真正基于消费和创新的拉动机制仍待完善，农村和中小企业市场需要进一步拓展，内生增长机制有待进一步建立。

2012 年，中国电子信息产品进出口机遇与挑战并存，预计全年电子信息产品进出口总额仍将保持增长态势。

【统计数据】

表1　2011年通信设备产品进口情况

产品名称	单位	进口量	进口额（万美元）	增长率（%）
电话机合计	万部	95.9	3 945.8	11.6
其中：无绳电话	万部	44.7	1 022.4	-30.1
多功能一体机	万台	249.8	15 506.1	-3.5
各种程控交换机	万线	13 560.1	161 378.7	22.4
其中：移动通信交换机	万线		1 833.7	30.6
以太网交换机	万线	114.6	99 475.4	26.2
IP电话信号转换设备	万台	200.3	16 337.3	244.6
手持（车载）无线电话	万部	925.2	110 917.4	8.1
手持式无线电话用零件	万千克	2 906.7	1 897 940.5	60.9
移动通信基地站	万台	0.4	2 704.1	31.7
光通信设备	万台	40.4	7 128.2	-14.5
其中：光端机及脉冲编码调制设备	万台	0.9	1 509.2	-11.6
波分复用光传输设备	万台	39.6	5 618.9	-15.3

表2　2011年通信设备产品出口情况

产品名称	单位	出口量	出口额（万美元）	增长率（%）
电话机合计	万部	11 287.9	161 037.2	-13.7
其中：无绳电话	万部	5 852.2	103 963.4	-16.0
多功能一体机	万台	4 022.6	477 574.5	9.7
各种程控交换机	万线	12 615.2	392 806.6	24.7
其中：移动通信交换机	万线	0.9	29 443.8	-22.9
以太网交换机	万线	3 245.8	318 960.8	21.9
IP电话信号转换设备	万台	2 641.8	113 403.5	37.5
手持（车载）无线电话	万部	87 509.4	6 275 601.2	34.3
手持式无线电话用零件	万千克	6 941.8	2 794 070.6	28.4
移动通信基地站	万台	82.6	451 051.3	9.9
光通信设备	万台	411.2	183 193.7	8.5
其中：光端机及脉冲编码调制设备	万台	179.1	28 862.1	54.2
波分复用光传输设备	万台	232.2	154 331.6	2.8

表 3 2011 年广播电视设备产品进口情况

产品名称	单位	进口量	进口额（万美元）	增长率（%）
广播电视用无线电广播、电视发射设备	万台		310.7	–47.6
电视卫星地面站设备	万台	0.1	728.1	–30.9
电视摄像机	万台	0.8	1 858.8	20.4
非特种用途的取像模块	万千克	67.4	141 067.6	0.8
其他电视摄像机等及数字照相机的零件	万千克	439.2	192 838.2	–4.9
等离子显像组件及其零件	万千克	4 073.6	89 149.6	35.3

表 4 2011 年广播电视设备产品出口情况

产品名称	单位	出口量	出口额（万美元）	增长率（%）
广播电视用无线电广播、电视发射设备	万台	1.6	3 349.4	71.3
电视卫星地面站设备	万台		385.2	57.8
电视摄像机	万台	0.6	315.2	37.8
非特种用途的取像模块	万千克	35.0	95 153.8	–5.5
其他电视摄像机等及数字照相机的零件	万千克	1 147.8	155 872.0	10.6
等离子显像组件及其零件	万千克	2 800.8	65 946.2	83.0

表 5 2011 年电子计算机产品进口情况

产品名称	单位	进口量	进口额（万美元）	增长率（%）
微型计算机	万台	39.5	24 600.6	13.8
便携式电脑	万台	148.9	49 134.4	13.1
计算器	万台	109.2	863.5	–31.9
打印机	万台	842.5	113 801.3	14.9
其中：针式打印机	万台	152.5	24 929.6	25.7
激光打印机	万台	452.8	67 607.8	15.4
喷墨打印机	万台	204.4	9 916.3	7.1
热敏打印机	万台	24.3	7 656.2	4.2
扫描仪	万台	68.0	16 595.1	18.4
数字化仪	万台	0.1	309.3	10.5
硬盘驱动器	万台	31 994.5	1 805 423.7	14.8
软盘驱动器	万台	2.4	108.2	–56.7
光盘驱动器	万台	16 497.2	320 076.5	–23.5

续表

产品名称	单位	进口量	进口额（万美元）	增长率（%）
显示器	万台	305.2	35 922.6	–53.2
其中：液晶显示器	万台	305.2	35 674.1	–53.4
阴极射线管显示器	万台		127.9	31.4
自动柜员机	万台	3.6	41 598.4	–0.9
不间断供电电源	万台	27.6	12 894.4	16.1
集线器	万台	61.4	1 509.6	27.6
路由器	万台	135.6	36 095.7	3.6
调制解调器	万台	162.4	7 923.6	8.0
其他数字照相机	万台	1 012.1	254 241.6	9.8

表6　2011年电子计算机产品出口情况

产品名称	单位	出口量	出口额（万美元）	增长率（%）
微型计算机	万台	974.3	665 330.1	–8.3
便携式电脑	万台	23 400.2	10 587 989.8	11.1
计算器	万台	36 935.5	66 509.9	–11.5
打印机	万台	3 280.2	455 405.3	–5.9
其中：针式打印机	万台	137.9	16 008.4	10.8
激光打印机	万台	1 746.0	328 520.8	–4.7
喷墨打印机	万台	741.8	58 264.1	–22.6
热敏打印机	万台	331.3	33 136.0	30.2
扫描仪	万台	601.3	39 469.3	–2.5
数字化仪	万台	3.5	295.2	49.5
硬盘驱动器	万台	27 907.1	1 275 040.9	28.6
软盘驱动器	万台	55.6	327.8	–71.0
光盘驱动器	万台	16 426.9	243 499.9	–9.7
显示器	万台	7 907.8	806 630.6	–16.9
其中：液晶显示器	万台	7 886.4	804 108.4	–16.4
阴极射线管显示器	万台	20.9	2 371.3	–71.1
自动柜员机	万台	9.1	69 665.4	24.5
不间断供电电源	万台	2 045.3	122 368.9	14.5
集线器	万台	1 195.4	4 360.7	39.9

续表

产品名称	单位	出口量	出口额（万美元）	增长率（%）
路由器	万台	10 381.5	345 090.2	23.8
调制解调器	万台	8 048.9	247 000.6	-6.8
其他数字照相机	万台	9 838.8	644 234.2	-8.9

表 7　2011 年家用电子电器产品进口情况

产品名称	单位	进口量	进口额（万美元）	增长率（%）
彩电电视机	万台	2.2	1 003.8	-17.5
其中：显像管彩电	万台		13.7	98.0
液晶彩电	万台	2.1	863.9	-6.4
等离子彩电	万台		78.1	-47.3
家用型视频摄录一体机	万台	90.1	15 922.6	-37.3
激光视盘放像机	万台	97.6	6 900.3	8.7
其中：VCD 机	万台		4.3	8 500.0
DVD 机	万台	74.8	4 591.4	-1.6
激光唱机	万台	15.5	3 126.5	-4.5
收录放音组合机	万台	132.3	6 738.8	38.3
汽车用收音及收录放组合机	万台	63.9	16 192.7	-23.2
彩色投影机	万台	3.0	3 599.2	-16.3
微波炉	万台	2.0	627.1	115.9
激光视盘机的机芯	万个	860.6	55 980.5	-19.0

表 8　2011 年家用电子电器产品出口情况

产品名称	单位	出口量	出口额（万美元）	增长率（%）
彩电电视机	万台	6 537.2	1 366 604.5	-7.9
其中：显像管彩电	万台	1 090.1	73 075.8	-22.5
液晶彩电	万台	5 393.7	1 266 499.3	-7.1
等离子彩电	万台	48.7	26 585.2	5.2
家用型视频摄录一体机	万台	1 513.3	113 770.9	-20.3
激光视盘放像机	万台	13 246.7	585 718.4	4.3
其中：VCD 机	万台	8.6	121.3	-77.0
DVD 机	万台	13 155.0	581 017.2	4.5

续表

产品名称	单位	出口量	出口额（万美元）	增长率（%）
激光唱机	万台	780.4	19 885.9	-10.0
收录放音组合机	万台	12 040.5	227 094.9	7.2
汽车用收音及收录放组合机	万台	2 374.5	154 801.5	12.9
彩色投影机	万台	604.3	247 004.5	-2.0
微波炉	万台	5 390.1	254 982.7	15.7
激光视盘机的机芯	万个	2 181.4	130 680.0	-17.9

表 9　2011 年电子元器件产品进口情况

产品名称	单位	进口量	进口额（万美元）	增长率（%）
电容器	万千克/千只	8 396.3	833 270.7	10.3
电阻器	万千克/千只	1 808.7	196 341.2	12.9
印刷电路	万千克/千只	3 935 303.8	1 401 709.6	16.0
智能卡	万个	62 761.3	35 075.5	14.5
集成电路	万块	21 410 700.1	17 019 891.0	8.4
其中：处理器及控制器	万块	8 490 363.7	9 808 785.3	14.0
存储器	万块	2 366 491.9	3 512 012.5	0.5
放大器	万块	1 724 118.0	566 357.0	10.1
其他集成电路	万块	8 829 726.5	3 132 736.3	1.5
彩色显像管	万只	255.5	7 335.1	-35.0
彩色数据图形显示管	万只	1.4	78.0	68.2
晶体管	万个	23 236 152.8	871 288.7	8.3
彩色电视机零件	万千克	1 230.4	41 263.1	40.8
黑白电视机零件	万千克	57.7	295.5	-51.4
光缆	万千克	228.6	10 690.3	10.9
电声器件	万个	299 374.5	175 277.2	5.2
液晶显示板	万个	282 032.3	4 719 258.4	0.9
锂离子电池	万块	226 262.7	451 767.4	-2.3
固态非易失性存储器件（闪速存储器）	万个	53 357.4	283 136.9	20.1
静止变流器	万个	160 853.5	748 269.1	16.4
其中：稳压电源	万个	4 359.3	76 688.2	4.1

表 10 2011 年电子元器件产品出口情况

产品名称	单位	出口量	出口额（万美元）	增长率（%）
电容器	万千克/千只	8 401.6	355 860.9	20.2
电阻器	万千克/千只	3 280.3	122 201.1	9.0
印刷电路	万千克/千只	2 898 203.8	1 258 656.8	12.3
智能卡	万个	297 620.4	82 014.3	1.9
集成电路	万块	9 044 239.4	3 256 575.6	11.4
其中：处理器及控制器	万块	3 434 807.5	1 696 576.3	10.0
存储器	万块	1 191 411.4	1 017 355.2	17.6
放大器	万块	235 377.3	77 287.2	33.8
其他集成电路	万块	4 182 643.3	465 356.9	1.3
彩色显像管	万只	558.5	18 093.0	–27.1
彩色数据图形显示管	万只	107.0	925.1	377.8
晶体管	万个	24 116 684.3	487 862.7	13.6
彩色电视机零件	万千克	27 453.3	283 487.0	3.4
黑白电视机零件	万千克	4 508.1	20 363.8	–49.7
光缆	万千克	7 042.2	59 692.5	28.4
电声器件	万个	448 542.6	600 338.2	16.8
液晶显示板	万个	244 140.7	2 950 364.2	11.5
锂离子电池	万块	124 201.7	426 787.0	14.7
固态非易失性存储器件（闪速存储器）	万个	96 858.2	422 775.4	–6.0
静止变流器	万个	332 334.4	1 413 839.9	12.6
其中：稳压电源	万个	29 140.4	300 566.2	3.8

表 11 2011 年电子专用设备产品进口情况

产品名称	单位	进口量	进口额（万美元）	增长率（%）
自动插件机	万台	0.1	9 715.2	3.7
自动贴片机	万台	1.0	188 585.0	–9.3
离子注入机	万台		13 969.8	3.3

表 12 2011 年电子专用设备产品出口情况

产品名称	单位	出口量	出口额（万美元）	增长率（%）
自动插件机	万台		194.5	299.7
自动贴片机	万台	0.1	8 580.7	103.7
离子注入机	万台		1 098.6	64.8

表 13　2011 年按贸易方式划分的

贸易方式	进口总计	增长率（%）	通信设备	广播电视设备
进料加工贸易	21 497 961.5	14.8	1 892 303.9	592 469.8
一般贸易	11 146 522.3	17.0	965 483.7	124 132.2
保税区仓储转口货物	7 221 482.6	20.4	155 118.2	64 445.1
来料加工装配贸易	4 451 586.7	−17.0	50 498.6	22 014.0
保税仓库进出境货物	1 807 376.5	−4.8	114 893.8	36 522.9
外商投资企业作为投资进口的设备、物品	350 124.6	5.6	956.0	220.2
出口加工区进口设备	247 499.3	10.2	1 237.1	158.1
加工贸易进口设备	44 088.6	−9.7	5 449.1	481.1
其他	34 443.9	23.4	2.0	0.9
出料加工贸易	1 193.0	−61.8	109.6	
其他捐赠物资	464.3	−72.9	197.1	1.1
租赁贸易	346.5	−60.5		
国家间、国际组织无偿援助和赠送的物资	234.7	−19.1	32.5	
边境小额贸易	23.1	−42.3		
免税外汇商品	21.7	44.7		
易货贸易	0.4	−96.4		
合计	46 803 369.7	11.0	3 186 281.6	840 445.4

表 14 2011 年按贸易方式划分的

贸易方式	出口总计	增长率（%）	通信设备	广播电视设备
进料加工贸易	44 921 332.2	11.7	9 148 018.3	726 618.5
一般贸易	11 946 846.5	22.3	3 357 605.8	155 981.0
来料加工装配贸易	5 006 194.6	−12.4	310 296.7	64 806.7
保税区仓储转口货物	3 128 096.7	41.6	121 152.7	55 547.9
保税仓库进出境货物	932 777.5	−12.6	54 698.2	22 870.4
边境小额贸易	86 790.7	50.5	5 388.5	2 885.6
对外承包工程出口货物	63 952.6	14.9	3 428.2	638.0
其他	28 686.3	27.6	903.1	659.7
国家间、国际组织无偿援助和赠送的物资	4 070.2	10.5	405.4	123.5
出料加工贸易	808.0	−67.9		

电子信息产品进口情况

单位：万美元

计算机	家用电子电器	电子元件	电子器件	电子材料	电子仪器设备
2 240 814.0	580 954.2	5 202 020.7	10 004 763.3	440 565.8	544 069.8
1 364 556.6	472 640.2	1 335 395.0	3 140 372.3	411 439.0	3 332 503.3
1 940 809.0	166 372.4	793 551.4	3 732 575.2	47 278.1	321 333.2
260 352.1	190 220.5	1 891 440.4	1 805 942.7	175 784.1	55 334.5
192 647.9	27 610.6	373 182.3	862 899.4	44 362.6	155 257.0
9 316.3	2 513.5	837.2	169.9	41.2	336 070.5
5 650.2	3 527.4	2 147.8	997.6	545.3	233 235.9
7 081.7	2 048.7	5 504.4	8 414.6	2 282.9	12 826.0
462.5	62.8	13.7	8.6		33 893.4
925.0	50.9				107.5
60.0	65.0	0.2	0.2		140.6
2.1		2.2	25.6	304.1	12.6
14.0	2.7	1.0			184.7
		3.7			19.4
	21.4	0.1			0.2
				0.4	
6 022 691.2	1 446 090.1	9 604 100.1	19 556 169.3	1 122 603.5	5 024 988.6

电子信息产品出口情况

单位：万美元

计算机	家用电子电器	电子元件	电子器件	电子材料	电子仪器设备
19 303 783.0	6 171 494.9	4 502 415.0	3 548 107.0	157 065.0	1 363 830.4
802 438.0	2 235 335.5	2 191 091.7	2 065 214.5	313 349.2	825 830.8
1 556 917.7	673 762.6	1 319 904.8	696 178.8	105 451.5	278 875.8
902 772.1	192 976.1	613 850.5	1 100 167.3	30 472.2	111 157.9
346 768.0	137 029.0	123 587.0	146 921.1	32 814.8	68 088.9
9 426.2	33 815.7	21 696.0	10 572.2	62.4	2 944.2
9 263.3	4 521.8	36 445.5	554.9	4.7	9 096.2
5 928.8	11 914.9	4 323.3	1 660.0	31.2	3 265.2
1 571.0	728.5	591.6	123.1	2.9	524.4
1.9		4.8	44.3	757.0	

续表

贸易方式	出口总计	增长率（%）	通信设备	广播电视设备
其他捐赠物资	151.2	–1.2		
租赁贸易	50.1	–56.8	2.9	39.9
合计	66 119 756.5	11.8	13 001 899.9	1 030 171.2

表 15　2011 年按企业不同经济类型划分的

经济类型	进口总计	增长率（%）	通信设备	广播电视设备
外商独资企业	29 352 868.7	9.3	1 776 239.1	547 684.3
中外合资企业	7 414 195.2	8.6	669 385.7	197 588.3
私营企业	5 694 475.3	34.7	385 942.2	48 068.7
国有企业	3 819 779.9	5.5	286 150.3	36 032.1
集体企业	422 988.2	–17.6	64 339.1	6 502.8
中外合作企业	94 840.2	–22.7	3 082.6	4 559.8
其他企业	3 204.6	–29.8	1 142.0	9.4
个体工商户	1 017.6	–32.4	0.6	
合计	46 803 369.7	11.0	3 186 281.6	840 445.4

表 16　2011 年按企业不同经济类型划分的

经济类型	出口总计	增长率（%）	通信设备	广播电视设备
外商独资企业	42 903 694.7	12.2	7 293 710.0	580 019.9
中外合资企业	10 222 849.3	5.4	3 130 485.6	241 967.2
私营企业	6 931 518.6	33.2	996 394.9	132 852.5
国有企业	3 865 327.3	–3.7	675 929.7	60 854.9
集体企业	1 573 608.5	13.8	886 812.7	9 887.0
中外合作企业	616 292.5	7.5	17 839.4	4 520.0
个体工商户	4 562.5	–18.1	84.2	58.2
其他企业	1 903.2	–10.9	643.5	11.5
合计	66 119 756.5	11.8	13 001 899.9	1 030 171.2

单位：万美元

计算机	家用电子电器	电子元件	电子器件	电子材料	电子仪器设备
0.5		0.2			150.5
5.1	1.1	1.0			
22 938 875.6	9 461 580.0	8 813 911.2	7 569 543.3	640 011.0	2 663 764.4

电子信息产品进口情况

单位：万美元

计算机	家用电子电器	电子元件	电子器件	电子材料	电子仪器设备
3 914 660.4	844 965.6	6 668 064.8	12 794 718.9	763 727.2	2 042 808.5
538 647.5	248 332.2	1 493 718.2	3 240 525.4	132 432.6	893 565.2
881 578.8	171 485.3	826 344.4	2 250 263.5	151 648.7	979 143.6
659 003.9	169 298.9	521 883.7	1 019 774.5	67 339.0	1 060 297.7
25 954.5	9 326.3	70 360.3	212 510.3	2 500.8	31 494.1
2 377.3	2 449.4	23 006.0	37 939.1	4 955.2	16 470.9
305.9	219.4	576.4	268.7		682.8
162.9	13.0	146.3	169.0		525.8
6 022 691.2	1 446 090.1	9 604 100.1	19 556 169.3	1 122 603.5	5 024 988.6

电子信息产品出口情况

单位：万美元

计算机	家用电子电器	电子元件	电子器件	电子材料	电子仪器设备
19 205 363.1	4 186 944.7	5 301 174.7	4 457 030.9	315 582.0	1 563 869.5
1 586 532.0	2 446 843.6	1 338 299.6	1 238 032.1	54 397.6	186 291.6
824 761.9	1 668 715.6	1 261 744.6	1 382 167.2	160 727.2	504 154.6
817 692.5	828 028.7	718 373.7	399 056.2	100 971.1	264 420.5
164 773.4	272 882.4	116 973.0	54 798.9	6 383.2	61 097.8
339 479.2	56 607.8	74 938.8	37 962.3	1 876.3	83 068.8
117.6	1 410.3	2 226.8	202.7	73.6	389.1
156.0	147.0	179.9	292.9		472.5
22 938 875.6	9 461 580.0	8 813 911.2	7 569 543.3	640 011.0	2 663 764.4

表 17　2011 年省、自治区、直辖市

省、市、自治区名称	进口总计	增长率（%）	通信设备	广播电视设备
广东省	18 434 087.5	11.7	1 568 846.5	369 618.5
江苏省	9 427 063.8	5.6	360 291.1	103 165.1
上海市	7 601 202.9	10.5	243 737.4	100 963.8
北京市	2 147 846.5	9.1	343 521.3	84 410.6
天津市	1 694 541.5	23.0	308 435.0	63 423.8
山东省	1 525 905.8	-10.0	92 590.8	28 502.4
福建省	1 145 429.7	0.3	80 743.6	14 688.3
四川省	917 189.7	25.1	10 657.0	8 808.8
浙江省	882 547.2	3.5	29 296.3	6 633.9
辽宁省	479 164.2	6.3	19 162.7	2 413.0
河南省	416 777.2	966.1	52 519.1	45 675.0
重庆市	393 799.1	276.3	5 968.8	1 277.8
湖北省	332 791.1	10.2	12 938.3	556.1
陕西省	288 733.5	18.9	2 624.6	317.8
吉林省	280 353.5	28.8	24 971.9	7 456.8
河北省	201 837.5	7.8	14 877.3	573.5
江西省	173 050.9	39.8	692.2	671.0
安徽省	136 286.0	-25.6	1 388.5	197.0
湖南省	86 076.2	26.3	2 772.0	142.4
山西省	68 259.4	43.3	1 584.6	155.4
广西壮族自治区	67 594.5	58.3	5 737.3	449.2
海南省	24 036.2	134.0	81.0	4.4
黑龙江省	15 830.6	9.3	498.2	175.5
云南省	14 192.5	16.8	1 609.7	55.2
内蒙古自治区	12 742.0	-13.2	110.7	4.8
新疆维吾尔族自治区	11 912.2	65.2	166.6	6.0
甘肃省	9 502.6	14.9	6.7	42.1
贵州省	6 412.9	31.6	246.1	5.6
宁夏回族自治区	4 761.1	44.4	15.0	50.8
青海省	3 314.7	62.7	191.5	0.7
西藏自治区	127.2	67.8		0.3
合计	46 803 369.7	11.0	3 186 281.6	840 445.4

电子信息产品进口情况

单位：万美元

计算机	家用电子电器	电子元件	电子器件	电子材料	电子仪器设备
2 808 844.1	451 820.0	4 026 007.0	7 858 643.1	173 378.2	1 176 930.2
955 006.4	271 493.8	2 423 331.3	3 839 991.9	438 786.9	1 034 997.3
1 437 066.1	311 072.1	841 437.2	3 735 229.0	140 668.4	791 028.9
283 535.3	145 671.0	132 062.6	588 437.2	18 451.5	551 757.1
33 510.5	43 311.7	350 726.3	753 244.4	29 926.3	111 963.5
139 777.9	71 130.1	433 929.4	614 710.6	33 412.3	111 852.3
129 800.6	22 041.7	560 358.3	256 660.8	22 801.1	58 335.3
14 505.9	6 379.1	177 967.2	595 694.4	6 424.6	96 752.9
29 805.0	16 793.0	320 237.2	225 725.2	89 477.2	164 579.5
43 272.7	40 527.7	124 114.3	116 068.4	23 018.8	110 586.6
2 358.2	2 103.7	36 025.8	210 785.5	941.1	66 368.9
84 380.9	3 731.4	27 745.7	193 397.6	478.9	76 818.1
33 165.3	7 370.4	40 184.7	141 571.4	8 788.2	88 216.8
1 382.9	4 661.3	9 122.9	186 054.5	26 171.9	58 397.5
696.9	29 698.0	22 339.4	16 185.8	1 843.5	177 161.2
2 061.9	1 968.0	17 482.8	32 023.3	56 679.6	76 171.1
983.3	3 191.1	8 572.0	94 944.0	33 535.7	30 461.7
2 125.7	6 226.8	12 091.9	24 639.6	3 872.0	85 744.6
2 925.7	2 369.3	13 460.0	12 300.1	1 005.1	51 101.6
1 618.8	874.9	7 910.6	27 019.6	12.1	29 083.5
11 011.0	755.0	15 362.1	25 997.3	1 005.9	7 276.7
639.8	352.6	482.8	105.2	6 132.4	16 238.0
1 422.7	1 077.1	531.2	1 717.9	140.5	10 267.6
2 145.8	521.6	915.0	73.1	1 536.8	7 335.4
157.2	177.8	663.0	55.4	3 235.4	8 337.7
304.9	430.5	500.0	206.1	383.0	9 915.0
107.4	79.6	19.8	4 356.5	76.2	4 814.3
40.4	219.1	316.5	188.7	293.6	5 103.1
22.0	29.7	186.2	141.0	126.2	4 190.2
16.3	12.1	17.1	1.8		3 075.4
					126.8
6 022 691.2	1 446 090.1	9 604 100.1	19 556 169.4	1 122 603.5	5 024 988.6

表 18　2011 年省、自治区、直辖市

省、市、自治区名称	出口总计	增长率（%）	通信设备	广播电视设备
广东省	27 276 326.3	13.5	7 572 596.7	562 520.0
江苏省	14 176 447.9	3.2	1 163 472.4	163 746.9
上海市	10 057 029.3	9.7	1 152 718.1	84 485.8
山东省	2 479 887.1	8.2	172 673.1	32 217.4
浙江省	2 118 391.9	–5.4	230 782.1	38 837.0
天津市	2 018 882.7	15.2	894 157.7	68 807.5
福建省	1 610 375.2	4.0	198 036.9	23 321.1
北京市	1 276 043.3	–11.8	837 086.3	8 247.4
辽宁省	1 128 691.5	69.9	33 811.0	938.1
四川省	676 663.3	76.1	42 582.5	3 120.9
湖北省	591 837.2	68.1	24 785.9	388.4
河北省	573 503.5	71.2	500 554.6	74.6
江西省	493 510.9	60.5	21 078.0	382.2
陕西省	424 865.3	160.7	23 502.2	21 498.1
广西壮族自治区	342 902.7	181.1	72 096.4	263.5
安徽省	203 966.6	68.7	937.0	383.4
湖南省	167 753.5	71.6	4 737.6	133.4
重庆市	160 315.5	102.3	5 778.7	3 289.0
河南省	111 250.8	60.0	22 328.9	903.5
山西省	58 366.4	18.4	23 465.1	15 745.9
云南省	32 107.2	–6.1	37.5	56.3
黑龙江省	30 938.5	30.9	290.4	64.8
新疆维吾尔族自治区	27 192.6	36.2	902.7	268.1
海南省	25 455.7	48.4	1 965.1	237.1
吉林省	17 254.9	10.8	773.1	8.6
贵州省	11 388.8	–20.6	20.5	47.6
内蒙古自治区	11 227.4	21.0	293.5	77.2
甘肃省	8 557.5	10.3	283.7	0.4
宁夏回族自治区	3 542.5	14.8		4.6
西藏自治区	3 005.3	99.7	152.3	102.5
青海省	2 075.5	65.2		
合计	66 119 756.5	11.8	13 001 899.9	1 030 17[illegible].2

电子信息产品出口情况

单位：万美元

计算机	家用电子电器	电子元件	电子器件	电子材料	电子仪器设备
7 620 621.7	4 885 114.3	3 829 987.4	1 277 047.8	24 589.8	1 503 848.7
6 258 065.5	1 361 223.9	2 068 660.4	2 562 478.4	197 440.1	401 360.4
5 524 842.4	762 472.6	663 749.9	1 563 435.9	53 409.3	251 915.4
168 593.3	538 053.0	838 021.0	547 780.6	42 226.8	140 321.9
811 610.0	577 941.8	256 335.0	95 395.5	27 263.7	80 226.9
188 738.7	257 045.9	278 269.8	291 448.6	5 670.9	34 743.6
427 726.7	358 935.0	368 777.3	126 300.0	49 194.6	58 083.7
48 297.3	23 465.2	116 458.1	171 581.3	23 014.5	47 893.4
759 758.8	17 530.8	36 029.5	249 823.3	18 160.4	12 639.6
111 732.3	324 094.8	75 862.0	51 455.4	24 783.7	43 031.8
529 230.9	14 369.7	4 810.6	6 947.4	7 782.7	3 521.6
1 984.6	13 870.6	11 012.1	34 489.2	10 639.0	878.8
264 806.0	113 838.3	48 769.8	29 391.6	8 468.8	6 776.2
79 297.8	39 574.7	31 357.2	170 749.4	51 068.7	7 817.1
4 125.2	14 559.9	21 693.9	217 192.7	4 513.2	8 457.9
4 841.4	108 087.9	45 618.4	17 114.0	134.9	26 849.7
35 000.7	8 173.0	6 499.7	88 679.5	15 644.2	8 885.4
62 923.3	9 263.6	61 336.5	912.7	7 858.0	8 953.7
16 106.5	9 627.7	27 486.1	6 964.0	20 217.2	7 616.8
8 671.4	134.1	5 784.0	2 985.2	1 097.2	483.5
70.3	10.8	4 803.5	25 654.4	150.0	1 324.6
4 266.1	14 378.1	1 179.5	8 406.2	1 545.3	808.2
3 154.2	3 424.9	2 899.2	1 446.7	12 613.6	2 483.2
2 423.5	387.8	785.2	3 343.8	16 037.2	275.9
718.3	2 822.3	3 531.3	7 945.1	1 005.7	450.5
32.9	46.2	479.0	9 605.3	698.2	459.0
222.4	1 689.2	1 344.6	30.3	7 226.9	343.2
411.1	782.3	1 556.2	24.1	3 121.6	2 378.2
6.3	5.6	297.2	282.1	2 877.5	69.2
590.7	655.4	510.9	134.2		859.3
5.5	0.8	6.0	498.8	1 557.4	6.9
22 938 875.6	9 461 580.0	8 813 911.2	7 569 543.3	640 011.0	2 663 764.4

表 19　2011 年按国家或地区统计的

国家或地区名称	进口总计	增长率（%）	通信设备	广播电视设备
中国	9 670 444.4	15.5	1 646 397.4	253 886.9
韩国	8 213 744.9	10.9	515 796.1	233 306.9
中国台湾地区	7 633 008.8	7.1	189 955.9	24 671.9
日本	6 330 941.5	7.9	173 308.2	160 545.7
马来西亚	3 865 148.5	18.6	92 543.7	25 694.9
美国	1 952 471.0	–4.8	105 975.2	7 274.7
泰国	1 706 903.2	4.8	65 714.0	16 030.5
德国	1 358 765.7	32.3	49 718.0	10 646.2
菲律宾	1 287 446.8	2.8	34 735.3	17 885.2
新加坡	1 205 274.3	6.4	15 837.2	13 303.7
哥斯达黎加	373 472.3	24.3	130.4	127.0
中国香港特别行政区	328 495.6	–9.7	65 086.9	9 647.0
越南	303 171.8	88.8	9 959.5	42 210.4
墨西哥	226 557.9	11.0	31 006.0	310.0
瑞士	223 301.6	43.8	3 317.8	5 401.1
法国	210 306.9	–2.4	10 800.8	350.4
爱尔兰	196 979.0	–10.2	492.3	176.8
意大利	195 812.5	35.1	9 848.7	1 764.2
印度尼西亚	192 900.4	17.0	905.1	6 330.7
荷兰	165 649.6	78.6	1 643.8	133.1
加拿大	153 148.7	12.8	9 255.3	2 243.5
英国	135 184.8	15.8	15 419.7	1 753.7
奥地利	90 893.6	0.4	2 350.4	712.7
马耳他	81 438.6	49.2	90.7	
以色列	77 506.1	–29.6	9 979.4	213.4
挪威	64 297.8	76.8	8 427.4	585.3
瑞典	62 266.1	22.3	23 129.2	291.0
捷克	54 660.8	28.8	10 903.5	2 498.0
匈牙利	52 395.8	2.4	5 125.0	438.4
印度	52 374.6	2.5	13 068.2	22.9
比利时	51 560.9	39.6	23 293.8	197.2
芬兰	42 288.1	–3.3	12 123.6	201.2

电子信息产品进口情况

单位：万美元

计算机	家用电子电器	电子元件	电子器件	电子材料	电子仪器设备
2 167 180.5	325 521.8	2 362 679.9	2 371 872.8	36 073.7	506 831.5
417 068.7	130 374.0	2 665 887.1	3 668 054.0	244 502.3	338 755.8
280 396.6	187 691.4	1 938 347.9	4 549 711.4	246 738.4	215 495.4
579 650.3	165 146.5	1 560 882.2	1 969 849.6	216 391.4	1 505 167.8
418 257.2	19 818.7	144 954.6	3 050 067.2	2 820.0	110 992.3
163 936.4	104 117.7	107 299.9	736 439.2	159 649.7	567 778.2
1 007 951.1	31 165.1	119 252.5	434 535.3	55.2	32 199.4
34 960.3	85 025.2	118 666.3	170 544.6	109 175.4	780 029.7
425 245.4	17 497.1	115 521.3	649 060.9	305.1	27 196.5
211 146.9	210 222.9	64 619.6	565 143.0	3 140.2	121 860.8
212.8	14.1	1 795.0	371 074.1	3.5	115.5
14 067.4	17 450.1	34 686.9	149 851.3	1 261.0	36 445.1
57 608.2	4 289.3	64 614.5	114 363.9		10 126.0
39 003.1	5 252.8	33 346.7	109 923.1	52.1	7 664.1
1 355.6	5 173.9	19 568.9	10 576.2	394.1	177 514.1
8 727.3	12 905.6	22 479.1	88 362.6	3 292.8	63 388.3
53 724.8	15 969.8	1 488.0	120 339.6	12.9	4 774.7
5 416.8	9 330.4	15 254.4	41 201.2	12 285.6	100 711.3
76 984.7	12 143.5	54 782.7	26 663.0	395.4	14 695.4
1 997.4	9 449.3	2 651.4	6 746.8	319.3	142 708.5
4 286.3	4 954.9	3 596.9	111 807.9	1 851.9	15 152.2
6 319.6	11 684.9	17 522.6	24 047.6	1 653.3	56 783.4
903.0	5 689.7	22 176.2	31 842.6	1 794.6	25 424.5
5.4	123.5	166.0	80 705.6		347.5
5 001.9	3 537.7	7 334.6	23 305.6	6 149.0	21 984.5
2 405.8	3 630.9	671.9	10 205.2	31 672.9	6 698.4
3 131.9	5 187.4	10 050.7	1 317.6	573.3	18 585.0
1 509.4	6 026.1	24 747.1	3 453.6	40.2	5 483.0
18 352.6	2 506.7	5 391.9	3 637.4	20.5	16 923.5
1 020.1	1 399.2	12 700.0	7 095.5	9 802.5	7 266.2
1 950.0	3 328.2	1 778.8	11 540.2	408.7	9 064.2
2 395.3	1 249.5	4 291.6	514.5	714.3	20 798.1

续表

省、市、自治区名称	进口总计	增长率（%）	通信设备	广播电视设备
波多黎各	30 693.9	14.6	205.8	3.8
丹麦	26 242.2	3.0	3 591.6	409.9
澳大利亚	21 621.8	17.2	5 842.4	212.0
摩洛哥	21 209.9	6.7	1.1	240.2
西班牙	20 464.1	31.4	2 110.0	36.2
斯洛伐克	19 228.6	120.5	67.2	0.4
葡萄牙	14 408.6	43.1	1 424.6	284.2
波兰	13 459.7	18.9	3 946.3	108.6

注：表 19 仅取排前 40 名的国家或地区。

表 20 2011 年按国家或地区统计的

国家或地区名称	出口总计	增长率（%）	通信设备	广播电视设备
中国香港特别行政区	15 974 638.9	15.5	4 573 435.4	315 080.6
美国	12 592 287.4	9.5	1 717 378.0	154 094.2
日本	4 555 661.7	16.2	526 935.3	108 660.4
荷兰	3 483 079.3	16.5	314 145.5	29 429.9
韩国	2 953 986.4	10.5	973 691.4	64 072.9
德国	2 797 324.9	–1.6	194 003.4	24 795.6
中国台湾地区	1 636 610.1	10.8	207 603.5	17 630.6
新加坡	1 394 126.0	1.3	122 695.1	38 562.8
印度	1 240 187.4	10.1	318 970.7	11 021.6
英国	1 211 671.8	0.7	225 731.2	19 185.2
墨西哥	1 152 128.8	20.9	309 247.7	11 669.3
巴西	1 014 682.6	17.0	151 166.7	21 649.3
法国	965 394.3	–5.5	201 331.7	5 611.7
澳大利亚	948 996.8	14.9	93 551.4	6 016.9
意大利	938 903.3	–4.5	102 189.3	4 827.5
马来西亚	938 314.2	2.4	110 280.8	12 055.0
俄罗斯联邦	789 621.6	23.4	157 520.5	5 970.2
泰国	778 958.8	29.7	103 205.0	22 392.5

单位：万美元

计算机	家用电子电器	电子元件	电子器件	电子材料	电子仪器设备
5 043.7	301.5	15.4	209.2	24 786.6	127.8
1 313.8	3 967.4	5 064.8	1 105.8	1 004.6	9 784.3
868.0	4 052.7	1 658.1	1 750.8	53.0	7 184.8
2.2	12.7	165.5	20 634.1		154.3
343.1	2 972.2	5 474.6	1 436.8	806.7	7 284.7
617.8	1 433.1	3 394.7	1 535.0	0.1	12 180.4
29.3	493.8	5 350.5	6 215.6	15.9	594.8
583.1	1 049.7	4 681.6	1 145.6	154.9	1 790.0

电子信息产品出口情况

单位：万美元

计算机	家用电子电器	电子元件	电子器件	电子材料	电子仪器设备
4 370 154.1	907 240.6	3 012 838.3	2 085 476.0	60 431.1	649 982.8
6 651 858.5	2 253 498.8	788 363.2	553 068.7	25 668.4	448 357.6
1 374 356.0	1 338 231.4	598 476.7	309 182.2	95 814.8	204 004.9
2 094 947.3	299 246.1	102 143.5	573 323.2	9 721.9	60 122.0
504 422.6	162 076.1	547 635.9	493 833.1	96 496.8	111 757.8
1 106 931.3	412 133.5	254 975.3	657 324.4	22 310.8	124 850.8
263 037.1	124 611.7	339 424.4	420 027.7	188 361.9	75 913.2
510 822.9	81 162.0	117 016.4	445 506.5	3 064.3	75 296.1
316 099.7	194 000.2	198 592.5	112 744.9	13 749.0	75 008.8
477 124.7	294 996.8	79 506.2	62 303.7	9 964.5	42 859.5
321 028.0	123 316.0	311 782.8	24 940.9	3 647.0	46 497.0
202 613.1	222 893.5	256 844.9	112 478.5	1 727.8	45 308.7
437 465.3	117 210.5	57 098.3	104 963.6	1 000.4	40 712.9
448 865.4	187 190.1	65 361.5	121 237.4	7 557.7	19 216.5
211 772.0	115 266.4	61 619.4	402 611.4	2 105.5	38 511.8
211 765.4	72 470.2	264 062.0	196 685.5	24 264.8	46 730.5
253 892.8	209 663.1	104 432.9	19 803.3	5 368.2	32 970.6
235 884.4	113 921.3	200 955.2	64 021.0	10 172.3	28 407.2

续表

国家或地区名称	出口总计	增长率（%）	通信设备	广播电视设备
阿拉伯联合酋长国	707 308.5	16.8	125 179.0	5 632.1
捷克	592 232.5	3.7	78 150.8	28 268.5
加拿大	566 218.8	1.2	69 116.1	20 294.9
匈牙利	553 367.2	0.7	318 784.3	8 869.7
印度尼西亚	549 726.5	29.2	121 519.6	4 940.3
越南	437 324.2	33.1	135 859.3	20 680.1
波兰	406 838.1	–4.9	47 797.2	2 729.9
土耳其	395 190.1	21.8	55 320.8	5 757.9
西班牙	381 868.4	–16.0	88 369.5	2 896.7
比利时	350 900.3	42.1	11 349.1	2 971.6
芬兰	294 801.4	14.4	85 753.0	2 344.8
阿根廷	273 342.5	34.6	46 018.1	2 652.5
菲律宾	264 023.4	–8.5	37 126.6	2 639.3
南非	263 823.8	7.4	58 935.6	4 859.8
沙特阿拉伯	239 218.7	47.6	67 900.2	1 281.5
智利	206 409.8	34.2	50 814.1	1 515.5
伊朗	190 114.7	35.4	38 198.6	3 968.7
委内瑞拉	182 563.8	52.9	51 045.8	1 758.3
瑞典	180 108.5	1.7	70 913.6	1 385.3
斯洛伐克	173 211.3	25.4	6 974.4	1 329.9
尼日利亚	156 518.3	32.7	53 214.3	1 134.1
卢森堡	151 482.6	65.6	73 282.5	0.1
罗马尼亚	147 274.7	–3.5	83 315.3	514.0
乌克兰	131 384.6	48.8	16 633.6	737.7
以色列	129 784.9	19.3	25 437.4	1 280.5

注：表20仅取排前43名的国家或地区，表1—表20数据均根据海关总署数据整理。

单位：万美元

计算机	家用电子电器	电子元件	电子器件	电子材料	电子仪器设备
325 585.1	142 496.3	60 730.9	22 653.4	5 935.4	19 096.3
341 933.8	55 767.7	50 016.6	11 620.3	236.2	26 238.6
248 098.8	123 440.4	38 072.3	40 203.1	6 587.5	20 405.9
41 891.9	30 845.6	115 565.3	7 195.9	70.6	30 143.9
149 155.6	70 057.5	126 473.4	44 598.6	3 127.6	29 853.8
88 690.0	44 357.1	99 814.9	22 979.6	1 071.6	23 871.6
146 150.0	62 212.1	104 416.4	16 133.8	1 259.7	26 139.0
127 997.7	82 080.7	83 545.4	19 322.5	1 702.5	19 462.6
91 266.7	90 818.3	41 291.6	47 969.9	3 966.9	15 288.9
77 054.4	41 260.7	27 289.4	179 174.6	4 338.6	7 461.9
141 089.7	25 066.9	20 334.1	5 195.7	275.0	14 742.2
90 147.9	83 163.1	26 520.4	16 175.6	1 064.6	7 600.3
68 773.5	43 998.8	42 546.2	47 021.3	5 643.6	16 274.2
79 645.2	74 061.5	18 193.7	15 507.2	1 309.2	11 311.6
32 529.9	102 600.7	18 471.3	9 012.4	120.2	7 302.6
66 367.4	63 780.3	12 117.0	5 097.3	93.9	6 624.4
13 165.0	78 373.3	23 089.9	19 266.5	1 851.1	12 201.5
39 872.9	71 860.6	6 097.4	5 739.7	176.2	6 012.8
55 959.3	23 889.3	14 210.6	4 176.8	151.7	9 421.9
38 596.8	17 123.1	96 683.6	2 448.1	784.6	9 270.9
9 549.6	48 665.8	17 322.5	10 803.7	217.6	15 610.8
72 727.4	381.8	3 785.1	735.1		570.8
11 091.3	16 482.8	29 753.8	2 607.0	95.7	3 414.9
25 035.6	47 426.1	9 428.2	25 792.3	604.7	5 726.6
32 201.6	37 699.6	9 899.4	16 166.5	790.0	6 310.0

[撰稿：苏永强　审稿：张春生]

2011 年中外合资、合作工作大事记

1 月 5 日 工业和信息化部副部长杨学山会见了台湾奇美集团董事长廖锦祥一行，双方就奇美集团在平板显示和化工领域的业务发展情况、未来发展战略以及遇到的问题等交换了意见。

1 月 13 日 工业和信息化部部长苗圩会见了罗马尼亚通信和信息社会部部长弗雷梅，双方就扩大和深化中罗信息通信业的合作等交换了意见，并签署了《中华人民共和国工业和信息化部与罗马尼亚通信与信息社会部信息通信技术领域合作谅解备忘录》。罗马尼亚代表团还赴深圳参观访问了华为技术有限公司和中兴通讯股份有限公司。

1 月 13 日 工业和信息化部总工程师朱宏任会见了以立法会议员谭伟豪为荣誉团长、香港互联网专业协会会长邓淑明为团长的香港互联网业界 2011 年访京团，双方主要就在 CEPA 框架下进一步扩大和加强电信领域交流合作等有关政策问题交换了意见。

1 月 18 日 工业和信息化部副部长杨学山会见了阿尔卡特朗讯集团执行副总裁兼首席市场、战略和传播官斯蒂芬·卡特，双方就全球电信业发展趋势、TD-LTE、宽带发展等交换了意见。

1 月 24 日 工业和信息化部副部长杨学山会见了台湾联发科技股份有限公司董事长蔡明介一行，双方就联发科技产业模式、运营经验和未来发展方向等交换了意见。

2 月 25 日 工业和信息化部副部长奚国华会见了台湾华硕集团董事长施崇棠一行，双方就华硕智能手机的业务发展、全球信息通信技术变革和发展趋势等交换了意见。

2 月 28 日 工业和信息化部部长苗圩会见了诺基亚西门子通信公司总裁兼首席执行官苏立，苗圩介绍了中国通信业“十二五”发展重点，双方就 TD 产业发展交换了意见。

3 月 3 日 工业和信息化部副部长刘利华会见了古巴驻华大使卡洛斯·佩雷拉，双方回顾了两国在信息通信领域的友好交往，并就今后加强交流与合作交换了意见。

3 月 4 日 工业和信息化部副部长杨学山会见了巴西科技部主管信息技术政策事务的副部长维尔基里奥·阿尔梅达，双方就加强两国信息技术领域交流、促进信息产业合作等交换了意见。

3 月 17 日 工业和信息化部部长苗圩会见了爱立信集团总裁兼首席执行官卫翰思，双方就中国通信业“十二五”发展重点、TD 产业发展和知识产权保护等交换了意见。

3 月 22 日 工业和信息化部副部长奚国华会见了美国 IBM 公司全球高级副总裁罗德尼·阿德金斯，双方就信息产业发展趋势、IBM 在华发展与合作等交换了意见。

3 月 23 日 工业和信息化部副部长杨学山会见了美国微软公司首席研究与战略官克瑞格·蒙迪。

3 月 30 日 亚太经济合作组织（APEC）第 43 次电信工作组会议在浙江杭州开幕。工业和信息化部副部长奚国华、浙江省人民政府副省长毛光烈、外交部大使王学贤等出席开幕式并致辞。来自 APEC 成员经济体信息通信政府主管部门、工商界以及经合组织、亚太网络信息中心、国际电信用户组织等的 100 多名代表出席了会议。

4 月 6 日 工业和信息化部副部长杨学山会见了日

本富士通集团专务执行董事肥冢雅博，双方就富士通近年来在华发展及下一步深化合作进行了交流。

4月7日　工业和信息化部副部长奚国华会见了美国苹果公司副总裁、全球政府事务总裁凯瑟琳·纳瓦丽女士，双方就移动互联网产业发展趋势、苹果公司在华发展与合作等交换了意见。

4月8日　工业和信息化部副部长奚国华会见了台湾华聚产业共同标准推动基金会董事长陈瑞隆一行，双方就第八届海峡两岸信息产业技术标准论坛的筹备工作交换了意见。

4月12日　工业和信息化部部长苗圩会见了法国前总理、法国人民运动联盟第一副主席、参议员拉法兰，双方就世界工业经济发展情况，中国“十二五”发展规划，加强中法工业、通信业和信息化领域的合作等交换了意见。

4月20日　工业和信息化部副部长刘利华会见了台湾宏达国际电子股份有限公司全球执行长兼总经理CEO周永明一行，双方就该公司在中国大陆的业务发展等交换了意见。

4月25日　工业和信息化部部长苗圩会见了国际电信联盟秘书长哈马德·图埃博士，双方就进一步加强工业和信息化部与国际电信联盟在信息通信领域的合作问题交换了意见。

4月26日　工业和信息化部总经济师周子学会见了应国家广电总局邀请访华的布隆迪电信、新闻、公共关系和政府与议会关系部部长孔希莉·尼比吉拉女士，双方就进一步加强两国信息通信领域合作交换了意见。

5月3日　工业和信息化部部长苗圩会见了坦桑尼亚通信与科技部部长姆巴拉瓦，双方就进一步加强两国信息通信领域合作交换了意见。

5月13日　工业和信息化部副部长杨学山出席中国国际金融科技论坛期间会见了以香港立法会议员谭伟豪为顾问、香港商务及经济发展局常任秘书长谢曼怡女士为团长的香港代表团主要成员，并专门与谢曼怡女士等香港特区政府相关人员就进一步扩大和深化两地在信息通信领域的交流与合作深入交换了意见。

5月16日　工业和信息化部副部长奚国华会见了英国电信集团主席瑞麦克。瑞麦克介绍了英国电信在中国的发展规划及全球战略，双方就云计算在通信领域的应用、高速宽带普及、通信业节能减排等交换了意见。

5月17日　工业和信息化部副部长奚国华会见了台湾云端产业协会理事长吕学锦一行，双方就两岸云计算产业的发展与合作进行了交流。

5月24日　工业和信息化部部长苗圩会见了美国微软公司首席执行官史蒂夫·鲍尔默，双方就中国信息产业发展、软件正版化、微软在华业务及与中国企业的合作等交换了意见。

5月24日　工业和信息化部部长苗圩会见了诺基亚公司总裁兼首席执行官埃洛普，双方就诺基亚战略调整、通信业未来发展趋势、TD-SCDMA和LTE未来发展等交换了意见。

6月3日　工业和信息化部副部长奚国华会见了美国英特尔公司执行副总裁兼中国区董事长马宏升，双方就全球信息技术发展趋势、中国信息产业现状与规划、英特尔在华业务与合作等交换了意见。

6月10日　由工业和信息化部主办的大湄公河次区域信息通信部长级会议在陕西西安举行，大湄公河次区域的中国、缅甸、老挝、泰国、柬埔寨、越南六国的部级官员率代表团出席了会议，亚洲开发银行及中国相关电信运营和设备制造企业的代表参加了会议，工业和信息化部副部长奚国华出席并主持了会议。此次会议就签署新的共同推进建设大湄公河次区域信息高速公路谅解备忘录达成了一致，通过了《大湄公河次区域信息通信发展战略》及《大湄公河次区域信息通信部长级联合声明》。

6月24日　工业和信息化部部长苗圩访问了保加利

亚，会见了保加利亚交通运输、信息技术和通信部部长莫斯科夫斯基，双方共同签署了《中华人民共和国工业和信息化部与保加利亚共和国交通运输信息技术通信部关于信息技术和通信领域的合作协议》。

6月27日 工业和信息化部副部长刘利华会见了美国商务部副部长弗朗西斯科·桑切斯，双方就中美商贸联委会后续工作及工业和信息产业领域有关问题交换了意见。

6月27日 工业和信息化部部长苗圩与德国副总理兼经济和技术部部长罗斯勒举行了对口会谈，双方就中德电动汽车、中小企业、信息技术和通信等领域的合作，以及中国作为2012年汉诺威博览会伙伴国等事宜交换了意见。

6月28日 工业和信息化部副部长杨学山会见了美国惠普公司全球执行副总裁兼惠普打印成像系统集团总裁乔希，双方就打印成像技术与应用的发展趋势、打印设备的信息安全标准制定、惠普公司在华发展与合作等交换了意见。

6月30日 工业和信息化部副部长刘利华会见了伊拉克总统夫人、库尔德爱国联盟政治局委员希洛·易卜拉欣·艾哈迈德，双方就中伊两国工业和信息化发展及开展相关合作交换了意见。

7月5日 工业和信息化部部长苗圩会见了台湾威盛集团董事长王雪红女士一行，双方就加强两岸通信及电子制造领域合作交换了意见。

8月11日 工业和信息化部副部长刘利华在加拿大渥太华与加拿大工业部高级助理副部长海伦·麦克唐纳共同主持了中加无线电业务工作会谈。双方介绍了各自无线电管理的法律法规、管理框架，以及今后几年无线电频谱和卫星轨道资源管理的重点工作和计划，并就2012年世界无线电通信大会的有关议题交换了意见。

8月22日 工业和信息化部副部长尚冰在华沙会见了波兰基础设施部副部长麦格德莉娜·盖吉，双方就两国信息通信领域的发展交换了意见。同日，尚冰还会见了波兰内政部副部长皮奥特·科罗杰斯基，双方就中波信息化领域的合作交换了意见。

8月25日 工业和信息化部副部长尚冰与俄罗斯通信与大众传媒部副部长纳姆乌·马尔捷夫在俄罗斯下诺夫哥罗德市共同主持了中俄总理定期会晤委员会通信与信息技术分委会第十次会议，双方就中俄在通信、信息技术、邮政、以及中俄边境地区无线电频率协调等方面的合作交换了意见。

9月7日 工业和信息化部总工程师朱宏任出席在北京举行的2011年度日中经济协会访华团交流活动并致辞。中日双方就战略性新兴产业、新材料、电子信息、中小企业等领域的发展情况和相关政策进行了广泛交流。

9月9日 中央纪委驻工业和信息化部纪检组组长、工业和信息化部党组成员郭炎炎在巴西利亚会见了巴西国家电信管理局局长萨登伯格，双方就中巴电信领域的交流与合作交换了意见。同日，郭炎炎还会见了巴西发展、工业和贸易部官员，就中巴高委会工业和信息产业分委会相关工作举行了会谈；并出席了中国工业和信息化部与巴西科技创新部共同举办的中巴信息技术研讨会。

9月14日 工业和信息化部副部长杨学山会见了台湾富士康科技集团副总裁程天纵，双方就加强两岸移动通信领域合作与发展交换了意见。

9月19日 工业和信息化部副部长杨学山会见了孟加拉国议会邮电常务委员会主席哈萨努尔一行，双方就中国通信业发展经验、加强双方信息通信领域合作等议题进行了交流。

9月26日 工业和信息化部副部长杨学山会见了美国微软公司首席研究与战略官克瑞格·蒙迪，双方就全球信息技术产业发展趋势、软件正版化、信息安全及微软对华合作等交换了意见。

9月27日 工业和信息化部部长苗圩会见了伊朗信息通信技术部部长塔基普尔，双方就两国信息通信发展规划和加强通信领域合作交换了意见。

9月28日 工业和信息化部副部长刘利华会见了以立法会议员谭伟豪为荣誉团长、郑松岩为团长的香港资讯科技界国庆访京团，双方就加强两地信息通信领域交流与合作交换了意见。

10月12日 工业和信息化部副部长刘利华会见了全球移动通信协会首席执行官洪曜庄，双方就中国移动通信领域发展趋势以及加强与工业和信息化部合作等议题交换了意见。

10月13日 工业和信息化部副部长杨学山会见了美国前国务卿康多莉扎·赖斯女士，双方就半导体、太阳能发电、LED产业发展和中美相关合作等交换了意见。美国应用材料公司董事长兼总裁斯普林特一同参加了会见。

10月18日 工业和信息化部副部长尚冰会见了来访的尼日利亚通信部部长奥莫波拉·约翰逊，简要向客人介绍了中国信息通信业和航天事业的发展情况，并就加强中尼在航天、信息技术和通信领域的务实合作与奥莫波拉交换了意见。

10月21日 工业和信息化部副部长杨学山会见了美国惠普公司全球执行副总裁兼惠普信息产品集团总裁布拉德利，双方就信息产业发展现状与趋势、惠普公司的战略调整和在华发展等问题交换了意见。

10月24日 工业和信息化部副部长杨学山会见了阿曼商工部次大臣艾哈迈德·迪布，双方就进一步加强中阿在工业和信息技术领域交流合作等交换了意见。

11月3日 工业和信息化部副部长杨学山会见了美国摩托罗拉系统公司全球首席执行官布朗，双方就加强通信系统合作交换了意见。

11月3日 工业和信息化部副部长杨学山会见了华聚产业共同标准推动基金会董事长陈瑞隆，双方就推动落实第八届两岸信息产业和技术标准论坛签署的两岸制定LED照明等三项共通标准备忘录及进一步加强两岸信息通信产业合作交换了意见。

11月14日 工业和信息化部副部长尚冰会见了美国联邦通信委员会主席朱利叶斯·格纳考斯基，双方就宽带、频率管理、云计算、物联网等发展情况交换了意见。

11月16日 工业和信息化部副部长尚冰会见了阿尔卡特朗讯集团首席执行官本·韦华恩，双方就全球电信业发展趋势、阿尔卡特朗讯集团全球发展规划及上海贝尔业务发展等交换了意见。

11月25日 工业和信息化部总经济师周子学会见了越南信息通信部副部长阮明红，介绍了中国电子信息产业发展情况及经验，并就加强双方合作交换了意见。

11月30日 工业和信息化部副部长杨学山与欧盟信息社会和媒体总司副总司长佐兰·斯坦奇奇共同主持召开了第三次中欧信息技术、电信和信息化对话会议（成都）。以杨学山为主席的中方代表团和以佐兰·斯坦奇奇为主席的欧盟委员会代表团就一系列问题进行了富有成效的讨论，双方就进一步扩大和深化中欧相关领域合作与交流深入交换了意见。

12月1日 工业和信息化部副部长尚冰会见了诺基亚西门子通信公司全球总裁兼首席执行官苏立，双方就诺基亚西门子公司全球战略调整、TD-SCDMA及TD-LTE未来发展等交换了意见。

12月15日 工业和信息化部部长苗圩在钓鱼台国宾馆与朝鲜内阁副总理兼电子工业相韩光复举行了工作会谈，双方就两国电子信息产业发展情况进行了交流。

第9部分 地区电子信息产业概况

北 京 市

【综述】

电子信息产品制造业

2011年，北京市电子信息制造业主营业务收入2 362.5亿元，同比下降4.1%；利润总额93.8亿元，同比增长39.3%；出口交货值956.1亿元，同比下降13.4%；累计完成工业产值1 955.6亿元，同比下降7.6%，增加值增速累计同比增长0.5%；全行业完成固定资产投资222.3亿元，同比增长91.5%，实际利用外资1.2亿美元，同比下降22.5%；从业人员99 659人，同比下降15.4%。

基本情况：

一是主营业务收入稳中有降。行业运行呈V型态势，主营业务收入增速在6月份出现小幅反弹后，继续升至9月份，之后呈平稳态势。从企业看，45%的企业主营业务收入出现下降。

二是利润出现波动。2月份增速为427%（原因是2010年同期数额很低），3月份降至2.1%，后几个月出现反复，有2个月出现负增长。最后从11月份增速-8.8%增到12月份的34%，出现较大幅度增长。

三是出口持续下降。全年实现出口交货值956.1亿元，同比下降13.4%，出口大幅下挫拖累全行业主营业务收入下降。在北京行业排名前25位的重点企业中，12家产值同比下降的均为出口型合资或外资企业，13家实现产值增长的多为以国内贸易为主的内资企业。

四是投资保持较高速增长。电子信息行业重点项目新开工和续建项目18项，前期筹备阶段项目16项。全年共完成投资222.3亿元，投资规模超过2010年，同比增长91.5%。

五是各行业产量增速出现分化。全行业主要产品与2010年同期相比，总体产量略有下降。半导体分立器件行业产值下降明显；液晶显示模组、服务器、台式电脑增速较快；受智能手机冲击，手机产量同比下降5.2%。

主要特点：

一是2011年北京市电子信息制造业工业增加值增长率为0.5%，全年有8个月累计工业增加值为负数，同期北京市工业增加值增长率为7.3%，差距较大。

二是两大传统产业进一步深化结构调整。诺基亚通信有限公司、北京索爱普天移动通信有限公司等手机制造厂商上半年降幅较大，经过公司自身努力，调整产品结构已取得一定成效，下半年工业增加值出现回升。

三是内外销比例出现变化，国内市场拉动效应明显。一方面，出口额下挫影响了全行业经济指标；另一方面，国家采取扩内需保增长政策措施，实施电子信息产业调整和振兴规划，出台家电下乡、以旧换新等一系列政策措施，有力拉动了北京市通信行业和计算机行业在国内市场的增长，为北京市电子信息制造业企稳回升做出了贡献。

四是深化结构调整，推进产业转型。北京数字电视产业园全面启动建设，冠捷、康宁、住友化学等一批重要配套项目相继开工建设。龙头项目京东方 8.5 代线成功量产，预计 2012 年液晶显示屏产量将有大幅度提升。京东方 5 代线调整产品结构，转型生产小尺寸手持终端产品，产量开始出现回升趋势。集成电路产业龙头项目中芯国际一期扩产和二期扩建项目进展顺利。移动硅谷产业园、LED 产业园、中关村自主创新成果产业化落地等一批重点项目启动。

典型企业 京东方显示技术有限公司总投资 280 亿元，在数字电视产业园建设的龙头项目京东方 8.5 代线第一条 3 万片/月生产线于 6 月 29 日点亮投产，9 月底已实现 3 万片/月产能的阶段性量产。在京东方 8.5 代 TFT-LCD 生产线的带动下，截至 2011 年底，已有 26 个配套项目入驻北京数字电视产业园，包括全球最大的数字电视代工厂商冠捷科技、全球最大的液晶玻璃基板生产企业康宁科技以及世界 500 强企业住友、林德等。除京东方 8.5 代线 280 亿元投资外，落户园区的配套项目总投资超过 200 亿元。此外，还有近 20 个项目在园区外为京东方提供配套，包括彩虹集团计划分三期投资 26 亿元建设一条产能 3 000kk 的 LED 封装线，北京柏瑞安科技有限责任公司投资 2 亿元建设印刷电路板生产线，吉乐、易美芯光、太时芯光等 LED 芯片及灯条项目投资均在亿元以上。上述项目建成投产后，可形成一个年产值超过千亿元的专业特色园区，新增就业超过 2 万人，还可以带动北京地区芯片、软件、内容制作、增值服务以及三网融合等类型中小企业实现快速发展，对促进北京市产业结构优化升级和中关村国家自主创新示范基地建设具有重要意义。

联想集团积极拓展全球业务，于 2011 年 8 月与 NEC 合作成立合资公司，联想集团以 51%的持股比例控股。此次并购之后，联想个人电脑在全球市场份额一跃位居世界第二。

诺基亚通信有限公司积极应对市场变化，调整产业规划，加大技术改造力度，提升自主创新能力，积极与上下游企业开展合作，并加大研发投入，2011 年引入约 180 名研发人员，研发队伍得到进一步充实。

此外，小米、阿里云、北斗导航、LED 电视等一批战略性新兴产业的自主创新产品相继问世，抢占市场份额，为产业带来了新的活力。

软件和信息服务业

2011 年，北京市软件和信息服务业继续保持快速发展态势，实现营业收入约 3 539 亿元，同比增长约 20.8%，其中软件产业实现营业收入 3 009 亿元，同比增长 24.1%。北京市软件和信息服务业用 6 年时间，实现了营业收入从 100 亿元到 1 000 亿元的突破，又用 4 年时间，实现了从 1 000 亿元到 3 000 亿元的跨越。北京市已经成为全球有重要影响力的软件城市。

2011 年，北京市软件和信息服务业实现增加值 1 492.6 亿元，同比增长 22.9%，在全市经济中的支柱地位进一步加强。

主要特点：

一是战略新兴领域蓬勃发展，市场培育呈现新景象。北京市积极推动战略性新兴产业，着重推进新一代信息技术产业中的云计算、移动互联网、三网融合、物联网、下一代互联网、导航与位置服务、工业软件等领域的发展。北京市新一代信息技术产业已成为发展战略性新兴产业的突破口，2011 年实现收入约 812.7 亿元，同比增长 24.2%，其中云计算、物联网、导航与位置服务收入增速超过 30%。随着 IBM 公司加大在北京云计算和物联网领域的投资，北京市将成为 IBM 全球云计算和物联网创新中心和产业基地。中国移动 OMS、中国联通沃 Phone 操作系统已进入产业化阶段；小米手机操作系统、点心操作系统等项目获得大额风险投资，并已批量上市；网秦天下科技有限公司成为国内首家登陆美国纽约交易所的移动互联网安全企业。祥云工程行动计划发布后，多家企业宣布云计算战略，加强国内外市场布局。百度公司的“公共云”策略、用友软件股份有限公司的“管理软件+云服务”战略、北京华胜天成科技股份有限公司的“揽胜行动”、中金数据系统有限公司的

"云计算服务"战略等在全国产生了广泛影响。

图 1　北京市软件企业云计算建设版图

二是产业投融资环境良好，投融资行为活跃。2011年，北京市共有 14 家软件和信息服务企业登陆资本市场，上市融资累计 159.3 亿元，累计上市软件和信息服务企业达到 105 家。披露兼并案例 28 起，涉及金额超过 28.6 亿元。披露融资案例 100 起，投资金额超过 222 亿元。

三是产业布局进一步优化，形成产业发展新格局。北京市软件和信息服务业已形成"一城两园多基地"的产业发展布局，以中关村科学城为核心发展区，定位战略性新兴产业培育和研发创新，发挥中关村国家自主创新示范区、核心区的引领和辐射作用。产业化基地建设稳步推进，以中关村软件园为核心的中关村云基地和以"北京云基地"为核心的亦庄中国云产业园成为北京云计算产业基地，其中中关村云基地建筑面积 1.1 万平方米；亦庄中国云产业园规划面积 3 平方公里。中移动信息港北方基地总建筑面积 130 万平方米，投资 27 亿元，形成移动互联网产业基地。国家地理信息科技产业园、中国民航信息集团公司总部、金蝶北方基地，占地面积 1 000 亩左右，总投资 70 亿元，形成导航与位置服务产业基地。全市形成聚散合理、分工互补的区域布局，带动了各区县的发展。

典型企业　一批北京市软件和信息服务业重点企业在全国、全球的市场地位明显增强。神州数码信息服务股份有限公司、百度公司两家企业营业收入超过百亿元，百度公司、亚信联创集团股份有限公司、用友软件股份有限公司、文思创新软件技术有限公司、博彦科技（北京）有限公司、北京中软国际信息技术有限公司、软通动力信息技术（集团）有限公司等 7 家企业人员规模过万。30 家软件企业入选 2011 年（第十届）中国软件业务收入前百家企业，55 家企业成为 2010 年国家规划布局内重点软件企业。系统集成资质一、二级企业分别达到 80 家和 147 家，项目驱动和产品驱动等传统业态正在向平台驱动和网络驱动等高端服务业态转型。

电子产品进出口贸易

2011 年，北京市电子信息制造业出口交货值为 956.1 亿元，同比下降 13.4%。重点产品计算机、集成电路出口交货值增速大幅下挫。全行业 54 个出口企业有一半的出口交货值为负增长。

2011 年，出口交货值前 10 名的企业包括：诺基亚通信有限公司、北京索爱普天移动通信有限公司、富泰京精密电子（北京）有限公司、冠捷科技（北京）有限公司、威讯联合半导体（北京）有限公司、北京松下普天通信设备有限公司、瑞萨半导体（北京）有限公司、中芯国际集成电路制造（北京）有限公司、北京京东方光电科技有限公司、三洋能源（北京）有限公司。

2011 年，北京市软件和信息服务业外包出口继续保持高速增长，全年实现出口外包 21 亿美元，同比增长 43%。其中，ITO（信息技术外包）约 18 亿美元，同比增长 45%；BPO（业务流程外包）约 3 亿美元，同比增长 35%。

科技进步与应用

推进中关村科学城建设，成功促成普天集团、大唐电信科技股份有限公司、中国电子科技集团第 15 研究所、彩虹集团等央企签约中关村科学城建设。积极组织中关村科学城产业化项目。推进普天三网融合园建设，2011 年 3 月 29 日，中国普天三网融合创新园一期工程奠基开工建设。

国家科技重大项目 02 专项的牵头组织工作进展顺利。2008—2009 年课题均已开始实施，部分课题即将结题，2010—2011 年度课题已完成立项。2011 年 02 专项北京市有 6 个项目获得中央财政资金支持 10.99 亿元。各承担单位抓住机遇，认真组织开展科技攻关，取得了优异成果。中芯国际 65 纳米低漏电产品工艺已进入批量生产，55 纳米工艺已小批量生产，40 纳米工艺进入量产准备，28 纳米工艺开发取得进展。中国科学院微电子研究所与北京大学、清华大学等承担的“22 纳米先导工艺”研发取得突破，已申请 800 多项专利，包括近 200 项国际专利，开始与生产线合作进行流片验证和开发。北京中电科电子装备有限公司的封装设备关键部件与核心技术项目于 2011 年一季度取得较大进展，达到项目计划节点要求。七星华创 12 英寸、中科信离子注入机等一批集成电路高端装备已进入生产大线考核验证，进展顺利，主要性能指标基本达到国际主流水平。

2011 年，北京市新认定软件企业 826 家，同比增长 2.8%；新登记软件产品 2 770 件，同比增长 9.2%。根据中国版权保护中心统计数据，2011 年北京市软件著作权登记量为 30 036 件，同比增长 20.6%，占全国登记总量的 27.5%，连续 6 年位居全国第一。其中，游戏类软件著作权登记增速突出，以 1 848 件的登记量排名第一，同比增长 106%，占全国游戏类软件登记总量的 33.9%。中国软件与技术服务股份有限公司、神州数码信息服务股份有限公司、中国民航信息网络股份有限公司、博雅软件股份有限公司、中科软科技股份有限公司 5 家入选 2011 中国十大创新软件企业。UC 优视科技有限公司的手机浏览器已经成为移动互联网重要入口，实现对安卓、苹果等 10 个主流手机操作系统的全兼容；北京超图软件股份有限公司发布全球首套 64 位 Service GIS 平台软件，实现地理空间信息和非空间信息的全面整合；百度搜索引擎进行重大技术改进，集成了云计算、互动开放平台、智能语义等最新技术成果。产业发展中的新生力量不断注入，新型产品和服务不断涌现。

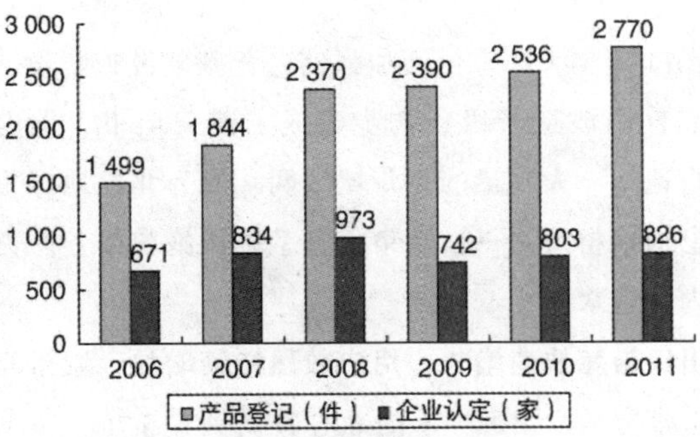

图 2　2006—2011 年北京市新登记软件产品和软件企业数量

信息基础设施建设

2011 年，北京市积极贯彻刘淇书记关于“建设全国最好、世界领先的无线城市”的指示要求，开展以 3G 和无线局域网（WLAN）模式为主的无线城市建设。新建 3G 基站 2 244 个、无线局域网接入点 8.2 万个，3G 用户达到 514 万户，其中 TD 用户 206 万户。支持三大电信运营商在西单、王府井、奥林匹克公园等六个重点区域开通公益性无线宽带服务，向市民提供为期 3 年的免费上网服务。在国内率先利用 4G 网络技术建设政务物联数据专网。2011 年，北京市新增 20M 及以上宽带接入用户 191 万户，累计达到 521 万户；新增光纤接入户数 180 万户，累计达到 380 万户；新增基站 4 300 多个，累计达到 2.2 万个。坚持统一建设、资源共享模式，加快信息管道建设，审批、建设信息管道 1 064 沟公里。完成有线电视双向网络改造 92 万户，累计达到 320 万户，实现城六区双向网络基本覆盖；新增高清交互数字电视用户 130 万户，累计达到 260 万户。截至 2011 年底，北京市网民数达到 1 379 万人，互联网普及率为 70.3%；本地电话用户 883.9 万户；移动电话用户 2 576 万户。

信息技术应用

顶层设计智慧北京　从推广应用和支撑体系两个方面规划全局，科学制定“智慧北京”行动纲要，围绕城市智能运行、市民数字生活、企业网络运营和政府整合服务提出 8 个方面的行动计划。制定并发布《北京市“十二五”时期城市信息化及重大信息基础设施建设规划》，从智能化经济转型、网格化社会管理、精细化城市运行、数字化文化传承以及宽带化基础设施提升等方面明确了任务和行动路径。

不断深化应用示范　推进智能交通、网格化管理、基层信息采集、信息资源共享等城市信息化示范应用。开展首批移动政务应用试点，“首都之窗”连续 5 年在全国省级政府网站评比中排名第一。推出“市民主页”，接入 108 项政府公共服务。开通“信用北京网”，开展中小企业信用体系试点，建设食品企业诚信信息公共服务平台。在海淀、西城等区县开展远程医疗和智慧社区综合应用试点，在平谷、大兴等区县开展农村信息化应用试点。支持一批企业开展两化融合和电子商务试点示范。加强信息安全保障体系建设，组织开展全市信息安全检查，全力做好建党 90 周年信息安全保障工作。

主要问题

电子信息制造业：一是产品单价下降过快，产业增产不增收；二是出口面临国际市场需求疲软和人民币升值双重困境；三是企业运营成本压力上涨；四是产业外移影响北京市产业规模的增长。

软件和信息服务业：一是政策环境尚有提高改善空间，政府支持产业发展的资金不能满足产业快速发展的要求；二是成本上升压力使企业增长后劲不足，许多企业面临加快转型、加强创新的紧迫任务；三是企业国际影响力和海外布局不够，关键产品和服务没有占据国际主流市场。

[供稿：北京市经济和信息化委员会]

天　津　市

【综述】

电子信息产业

2011年，天津市电子信息产业抓住国家大力发展战略性新兴产业的历史机遇，加快推进产业结构优化升级，产业整体保持平稳增长势头，规模进一步扩大，经济效益良好。

经济效益平稳增长　电子信息产品制造业完成主营业务收入2 173.62亿元，实现利润104.5亿元。实现软件业务收入370亿元，同比增长36%。

重点产品继续保持优势　手机、电子元件、数码照相机等重点产品产量在全国处于领先地位。其中，手机产量居全国前列，电子元件产量约占全国的四分之一，滨海高新区曙光计算机产业基地成为亚洲最大的高性能计算机生产基地，“天河一号”超级计算机运算速度位居世界前列。2011年，年产手机9 061.7万部，占全国总产量的8.0%，居全国第三位；显示器677.7万台，占全国产量的5.4%，居全国第六位。

软件产业规模不断扩大　软件产业实现业务收入370亿元。其中，软件产品收入83亿元，增长37%；系统集成收入35亿元，增长44%；嵌入式软件收入120亿元，增长31%。累计认定软件企业467家，登记软件产品1 607件，软件从业人员达到5万人。形成了以滨海新区为龙头的软件产业核心区，以周边区县软件园为主体的软件产业辐射区和以中心城区商务楼宇为主体的软件产业特色区。

战略性新兴产业项目投资增多　2011年，实施重大工业项目8项，总投资175.45亿元，以服务器、存储器、平板电脑、云计算、新型显示器等领域的研发项目为主。其中，云计算领域项目总投资达到32亿元，占该批电子信息产业项目总投资的52%。

产业聚集区不断壮大　开发区和高新区是天津市电子信息产业发展较为迅速的两个区域，其中开发区依托电子信息产品制造业的良好基础，形成了通信设备制造、电子元器件、新型消费电子等主导行业，产值、出口等在全市电子信息产业中占有较大比重；西青区、津南区的电子信息产业也呈现出较快发展势头。

信息基础设施建设

2011年，天津市全面加强信息化基础设施建设，加快信息网络改造升级，初步建成了覆盖全市、国内领先、高速率、大容量的宽带城域网，成为北方地区重要的信息通信枢纽之一，全市信息基础设施和服务能力达到国内先进水平。

出口带宽快速增长，用户数量持续增加　城市互联网出口带宽从“十五”末的60G提高到655.7G。宽带上网用户达到819.3万户，比2010年增加197万户，互联网普及率达到60.5%。全市固定电话普及率持续下降，用户334万户，比2010年减少30万户。移动电话用户达到1 235万户，其中3G用户188万户，移动电话普及率为91.2%，比上年提高7.3个百分点。

基本形成光纤与无线、有线双覆盖的信息通信网

络 无线基站建设数量累计达到约 1.5 万座，2G 网络覆盖全市，3G 网络覆盖核心区域，Wi-Fi 覆盖 2 500 个热点地区，接入点 4.5 万个，网络传输质量及稳定性大幅提升。建成了覆盖全市、国内领先的光纤宽带城域网，160 万户具备光纤接入能力，实际接入 47 万户，3.5G 无线城市工程正在加快实施，住宅带宽的提供能力已经达到 30Mbps。

双向数字化广播电视网络覆盖全市 广播电视网络在整合为全市一张网的基础上，完成数字化整体转换，实现广播电视网络对全市所有社区、村镇、街道的覆盖。全市有线电视用户达到 276 万户，其中数字电视用户 240 万户，已实现双向化升级改造 200 万户，城市双向覆盖率达 90%以上，播出数字电视节目 157 套，其中高清数字电视节目 18 套。基于改造后的双向化广播电视网络开通了高清互动业务，发展用户 10 万户，可提供电视回看、视频点播、时移电视等新业务，以及政务信息、社区信息、文化娱乐、电视商务等服务。

信息技术应用

2011 年，信息技术在天津市工业、农业、现代服务业进入全方位、多层次、宽领域推进的新阶段，呈现出应用重点突出、融合效果显著的发展态势。两化融合发展指数达到 55.4，位居全国第八，初步形成了全行业覆盖、全流程渗透、全方位推进的发展格局。

两化深度融合成效明显 85%的企业实现了计算机辅助设计，20%的企业实现了产品生命周期管理，4 家企业启动了能源中心建设；实施两化融合示范项目 15 项，打造了一批示范企业，自主创新、生产管理、节能减排能力显著增强。2011 年，天津市各有 2 个项目分别入选国家两化融合促进安全生产重点项目和两化融合促进节能减排重点项目。

电子商务发展步伐加快 “易商通”电子商务平台和滨海汽车商务平台正式上线运行，一批国内知名电商落户天津；陆港物流公共服务平台覆盖国内 20 个城市；渤海易生商务服务有限公司和城市一卡通公司获得第三方支付许可，社保卡、城市卡实现了公共服务和生活消费的一卡多用，并在全国首发具有金融功能的社保卡。2011 年，天津市入选国家电子商务示范城市。

新一代信息技术应用范围进一步扩大 物联网应用扩展到管网监测、城市排水等领域，2 个应用类项目获国家物联网发展资金支持；“天河一号”超级计算机服务于资源勘探、卫星遥感处理、仿真设计等多个领域，用户已达 300 家；中新生态城智能电网综合示范工程成为全国首个投入运行的城市综合智能电网。

农业农村信息化助力新农村建设 信息基础设施村覆盖率达 100%，计算机普及率达 45%，气象服务覆盖率超过 95%。已建成 200 个信息服务站，信息化的设施农业覆盖 150 个行政村。市农业综合信息服务平台为农民提供了种养殖咨询、病虫害防治等服务。

【统计数据】

表 1 2011 年天津市电子信息产业人员构成情况

企业类别	企业数（家）	年末从业人员总数（人）	其中：研发人员（人）
国有经济	13	2 748	166
集体经济	8	582	49
股份制经济	79	24 685	2 798
股份合作经济	6	964	2
其他经济	101	7 391	490
外商及港、澳、台投资经济	239	169 971	2 942

注：数据来源于 2011 年天津市电子信息产品制造业年报上报数据。

表2 2009—2011年天津市电子信息产业基本情况

项目名称	单位	2009年	2010年	2011年
工业总产值（现行价）	万元	15 430 691	18 590 697	22 983 171
工业销售产值	万元	15 226 321	18 246 711	22 600 503
出口交货值	万元	8 768 834	10 278 054	12 206 734
资产总计	万元	10 786 618	11 178 302	10 808 072
负债合计	万元	5 222 907	5 835 246	6 139 775
主营业务收入	万元	15 418 002	18 550 918	21 736 186
税金总额	万元	103 783	116 549	337 570
利润总额	万元	469 936	607 261	1 044 945
应交所得税	万元		123 949	159 991
从业人员年末人数	人	141 349	162 646	177 805
从业人员工资总额	万元	476 104	646 734	900 741

表3 2009—2011年天津市电子信息产业三资企业基本情况

项目名称	单位	2009年	2010年	2011年
工业总产值（现行价）	万元	14 340 414	17 596 848	20 857 456
工业销售产值	万元	14 139 233	16 341 343	20 723 564
出口交货值	万元	8 717 194	10 151 466	8 504 267
资产总计	万元	7 728 693	8 096 264	8 969 810
负债合计	万元	3 998 793	4 125 068	5 333 756
主营业务收入	万元	14 416 269	18 108 956	20 635 059
税金总额	万元		12 282	14 129
利润总额	万元	733 002	575 081	836 440
应交所得税	万元		110 544	145 780
从业人员年末人数	人	88 853	119 580	16 997
从业人员工资总额	万元	431 457	546 483	762 659

表 4　2009—2011 年天津市主要电子信息产品产量情况

产品名称	单位	2009 年	2010 年	2011 年
手机	部	85 586 784	91 079 137	90 616 753
微型计算机	台	15 179	10 178	5 696
显示器	台	7 548 425	5 885 614	6 777 254
平板显示器	台	7 549 991	5 874 674	6 777 254
打印设备	台	76 264	133 279	228 004
彩色电视机	台	1 415 031	2 126 679	1 866 116
液晶电视机	台	1 226 355	1 715 818	1 536 442
等离子电视机	台	67 143	106 302	273 082
数字激光音、视盘机	台	6 059 057	2 579 459	2 565 860
集成电路	万块	57 323		88 640

[供稿：天津市经济和信息化委员会]

天津中环电子信息集团有限公司

【综述】

2011 年，天津中环电子信息集团有限公司共有企业 170 家，其中：电子类企业 121 家，含全资和控股子公司 21 家、参股子公司 13 家。固定资产原值 214.9 亿元，固定资产合计 127.9 亿元；从业人员 62 270 人。全集团实现工业总产值 1 087.7 亿元，比上年增长 17.2%；主营业务收入 1 102.8 亿元，增长 16.3%；出口创汇 104.5 亿美元，增长 20.1%；利润总额 58.5 亿元，增长 42.7%。该集团在 2011 年公布的中国企业 500 强中位列第 86 名，中国制造业企业 500 强中位列第 33 名，天津企业 100 强中位列第 5 名。该集团经济运行呈现以下特点：

一是经济规模跃上新台阶。该集团始终坚持的开放带动两翼齐飞的发展战略取得显著成效，2011 年集团整体经济规模突破千亿元大关，国有经济跨越百亿元目标，实现了新的飞跃。

二是结构调整取得新进展。产业结构调整在加快专用通信、半导体材料及器件、智能化仪表及控制、基础电子、系统集成等 5 个重点产业发展的同时，进一步加快培育以太阳能电池用单晶硅为主的新能源、以 LED 照明为主的新光源和以物联网、三网融合为主的新一代信息技术产业等 3 个战略性新兴产业，集团“5+3”的产业格局日趋完善。其中，新能源产业实现主营业务收入 21 亿元，实现利润 1.9 亿元，成为集团国有经济的新亮点。产品结构调整继续取得成果，其中，具有自主知识产权的安全激光打印机开始批量生产；开发生产了高压 G 系列调节阀、电磁流量计、超声波液位计及稳相电缆等新产品。

三是重点项目建设取得新进展。该集团在建的中环天仪股份有限公司三期、普林电路股份有限公司高密度互连积层板两个天津市重点工业建设项目按计划积极推进，内蒙古中环光伏有限公司的一期扩能、通信广播集团有限公司的开发西区一、二期建设等 8 个项目分别完成竣工验收，六〇九电缆有限公司的新厂区、光电集团有限公司的多功能导入装置产业化等 7 个项目相继开工建设。

四是自主创新能力得到新提升。该集团承担的国家科技重大专项《区熔硅单晶片产业化技术与国产设备研制》取得突破性进展，智能光交叉连接设备获得国家重点新产品认定，10 英寸以下触摸屏产品达到国际先进水平。集团国有企业科技投入达 5 亿元，占主营业务收入的 5%。7 家企业技术中心在天津市创新能力综合考评中获得良好评级。申报天津市科技支撑计划 20 项，技术创新计划 64 项。申请专利 766 件，授权专利 295 项，其中两项专利获天津市优秀奖。完成科技成果登记 76 件，比上年增长 1 倍，其中 7 项成果获天津市科技进步奖。继续深入开展技术攻关活动，17 项改进改善项目获部级一等奖，12 项获天津市优秀奖。中环天仪股份有限公司建立了集团公司首家院士专家工作站。集团博士后科研工作分站增至 7 个。

五是人才结构得到新优化。全年引进高层次紧缺人才 16 人，聘请外国专家、顾问 12 人，建立了集团公司网络招聘平台，录用有工作经验的紧缺人才 87 人。招收高校毕业生 412 人，其中硕士以上学历 96 人。组织了中环青年创新人才奖评选活动，30 名优秀人才获得表彰。评定并表彰了新一届集团工程技术授衔专家和国务院政府特贴专家。天津电子信息职业技术学院和天津仪表无线电工业学校顺利迁入海河教育园，教学环境得到极大改善，天津电子信息职业技术学院完成了国家高职示范校建设验收。

六是集团管控建设迈出新步伐。按照现代企业制度要求，健全了法人治理结构，优化了监事局成员，向 24 家企业外派了董事、监事，向 17 家企业外派了监事会主席，进一步完善了监督管理制度。强化了财务监督职能，加大了集团资金监管力度，建立了定期财务分析报告制度，开展了会计基础工作规范化专项活动，完成了国有资本收益收缴工作。进一步加强了集团品牌建设，编制了集团“十二五”品牌发展规划，健全了品牌管理体系，开展了产品品牌准入工作。完善了集团制度建设，162 项行业制度、31 项集团本部制度编印成册并下发执行。

【统计数据】

表 1　2011 年天津中环电子信息集团有限公司人员构成情况

企业类别	企业数（家）	年末从业人员总数（人）	人员构成			
			研发人员（人）	在总人数中所占比例（%）	硕士及以上（人）	在总人数中所占比例（%）
国有企业	14	3 099	86	2.8	21	0.7
国有独资企业	4	1 284	81	6.3	12	0.9
集体企业	10	206				
股份合作企业	3	253				
其他企业	60	14 512	1 880	13.0	213	1.5
三资企业	30	38 621	1 271	3.3	89	0.2

表 2　2009—2011 年天津中环电子信息集团有限公司基本情况

项目名称	单位	2009 年	2010 年	2011 年
工业总产值（现行价）	万元	7 493 034	8 533 099	10 090 107
工业销售产值	万元	7 457 256	8 517 031	10 001 011
出口交货值	万元	4 641 494	5 421 274	6 589 211
流动资产合计	万元	2 239 663	2 437 214	3 003 099
固定资产合计	万元	767 465	872 898	1 057 242
资产总计	万元	3 479 386	3 665 925	4 416 060
负债总计	万元	1 792 923	1 967 418	2 584 526
产品销售收入	万元	7 546 138	8 638 072	10 155 251
税金总额	万元	66 448	32 261	24 254
利润总额	万元	353 044	361 450	517 448
应交所得税	万元	115 258	91 385	131 131
从业人员年末人数	人	43 230	46 121	55 264
从业人员工资总额	万元	161 795	180 103	239 565

表 3　2009—2011 年天津中环电子信息集团有限公司三资企业基本情况

项目名称	单位	2009 年	2010 年	2011 年
工业总产值（现行价）	万元	6 955 670	7 840 113	9 353 712
工业销售产值	万元	6 909 183	7 818 968	9 231 457
出口交货值	万元	4 588 772	5 358 616	6 496 357
流动资产合计	万元	1 708 022	1 791 520	2 087 824
固定资产合计	万元	467 906	488 243	662 598
资产总计	万元	2 344 112	2 362 997	2 870 050
负债总计	万元	1 162 231	1 204 668	1 672 611
产品销售收入	万元	6 971 930	7 900 503	9 315 589
税金总额	万元	56 289	22 518	14 395
利润总额	万元	336 520	315 240	465 203
应交所得税	万元	111 275	83 753	126 964
从业人员年末人数	人	28 145	30 689	38 279
从业人员工资总额	万元	115 172	126 107	172 017

表 4　2009—2011 年天津中环电子信息集团有限公司主要经济效益指标完成情况

项目名称	单位	2009 年	2010 年	2011 年
流动资产周转率	次	3.4	3.7	4.2
产品销售率	%	99.5	99.8	99.2
总资产贡献率	%	13.0	11.0	16.9
资产保值增值率	%	106.9	100.7	158.1
资产负债率	%	51.5	53.7	68.5

表 5　2009—2011 年天津中环电子信息集团有限公司三资企业主要经济效益指标完成情况

项目名称	单位	2009 年	2010 年	2011 年
流动资产周转率	次	4.1	4.5	4.8
产品销售率	%	99.3	99.7	98.7
总资产贡献率	%	17.6	14.4	18.6
资产保值增值率	%	104.6	98.0	103.4
资产负债率	%	49.6	51.0	58.3

表 6　2009—2011 年天津中环电子信息集团有限公司主要电子信息产品产销量情况

产品名称	单位	产量			销量		
		2009 年	2010 年	2011 年	2009 年	2010 年	2011 年
光电端机	端	1 727	467	338	1 364	564	477
传真机	部	76 264	79 360	55 382	78 899	78 038	59 667
扬声器	万只	1 160	1 551	1 064	1 133	1 580	1 056
电子线缆	万千米	6.2	10.96	6.8	6.4	10.67	6.4
印制电路板	平方米	348 825	529 752	446 319	348 825	529 752	414 529
单晶硅	千克	54 158	523 687	64 958	50 035	518 797	51 481
半导体片材	万片	986	3 284	1 319	1 055	3 108	1 287

表 7　2009—2011 年天津中环电子信息集团有限公司三资企业主要电子信息产品产销量情况

产品名称	单位	产量			销量		
		2009 年	2010 年	2011 年	2009 年	2010 年	2011 年
手机	万部	7 006.4	7 628.7	7 480	7 024.3	7 643.4	7 382
彩色电视机	万台	140.5	30.5	186.6	140.2	30.7	186.4
液晶电视机	台	1 216 355	1 715 818	1 536 442	1 217 902	1 663 246	1 534 161
等离子电视机	台	67 143	106 302	273 082	65 720	102 398	273 082
DVD 机	万台	281	258	256.6	219	258	256.5
电子琴	万台	117	146.2	159.9	117	145.7	158.8
平板显示器	万台	753.4	578.5	677.7	753.1	595.9	676.9
打印头	万只	155	197	255	153	195	234
墨盒	万只	8 211	9 226	9 554	8 235	8 971	9 285
键盘	万只	499	655.8	632.9	487	651	590.4
铝电解电容器	亿只	23.2	26.9	18.7	19.2	22.2	17.8
多层瓷介电容器	亿只	1 840	2 850	3 504	1 837	2 814	3 462
片式电阻器	亿只	636	905	990	634	862	969
录像机	万部	151	35.4	120	153	34.9	120
锂电池	万块	12 608	19 786	26 101	12 509	19 571	26 195
图像传感器	万只	5 752	5 867	9 471	5 704	5 591	9 335

注：表 1—表 7 数据来源于该集团公司上报工业和信息化部的统计年报，均为该集团公司电子类数据。

表 8　2011 年天津中环电子信息集团有限公司科技成果情况

项目名称	获奖单位	获奖级别	奖励编号
基于变频控制技术的智能电动执行器及其过程自动化系统	天津津伯仪表技术有限公司	天津市科学技术进步奖一等奖	2011JB–1–007
主动型入侵防御系统	天津中环创新科技有限公司	天津市科学技术进步奖二等奖	2011JB–2–029
<110>无位错硅单晶的制造方法	天津市环欧半导体材料技术有限公司	天津市科学技术进步奖二等奖	2011JB–2–057
EPA 总线型智能化现场仪器仪表研发和产业化	中环天仪股份有限公司	天津市科学技术进步奖二等奖	2011JB–2–060
超高亮度红光发光二极管外延片、功率型芯片产业化及应用示范工程	天津中环新光科技有限公司	天津市科学技术进步奖三等奖	2011JB–3–099
110 指挥智能决策应用平台	天津市中环系统工程有限责任公司	天津市科学技术进步奖三等奖	2011JB–3–164
油、气管道弯管 3PE 防腐自动化生产线	天津工业自动化仪表研究所有限公司	天津市科学技术进步奖三等奖	2011JB–3–202

表9　2011年天津中环电子信息集团有限公司获中国电子信息行业优秀质量管理小组名单

序号	企业名称	小组名称	获奖等级
1	天津市中环天虹微电机有限公司	虹研QC小组	一等奖
2	天津富士通天电子有限公司	零上300C	一等奖
3	天津六〇九电缆有限公司	鸿雁QC小组	一等奖
4	天津六〇九电缆有限公司	勇者无惧	一等奖
5	天津市中环电子计算机有限公司	创新QC小组	一等奖
6	天津七六四通信导航技术有限公司	科研开发QC小组	一等奖
7	天津市环欧半导体材料技术有限公司	磨片QC小组	一等奖
8	天津中环领先材料技术有限公司	来向何方	一等奖
9	天津市中环天佳电子有限公司	先锋QC小组	一等奖
10	天津中环半导体股份有限公司	绿水平原	一等奖
11	天津精通控制仪表技术有限公司	精通（QC）小组	一等奖
12	天津通信广播公司	金钥匙QC小组	一等奖
13	天津通信广播公司	卓越QC小组	一等奖
14	天津通信广播公司	E动力QC小组	一等奖
15	天津中环高科技有限公司	钻石QC小组	一等奖
16	天津光电集团有限公司	聚能卓越QC小组	一等奖
17	天津三星视界移动有限公司	动力QC小组	一等奖

注：表8—表9数据来源于该集团公司的统计年鉴。

［撰稿：胡宗京　审稿：张旭光］

河　北　省

【综述】

2011年，河北省电子信息产业完成主营业务收入998.7亿元，同比增长14.5%。其中，制造业完成主营业务收入874.98亿元，同比增长23.4%。累计实现利税132.99亿元，出口创汇34.60亿美元。全行业完成固定资产投资137.95亿元，同比增长75.5%。

电子信息产品制造业

2011年，纳入统计范围的企业530家，从业人员约16.23万人，主营业务收入超百亿元的企业2家，超亿元的企业76家，进入全国电子信息百强的企业3家，新增上市公司8家。太阳能电池、锂离子电池、电光源、液晶显示屏等主要产品产量分别为2 621 629.7千瓦、0.2亿只、5亿只、0.7亿片，同比分别增长

29.2%、1 083.5%、66.9%和 152.8%。

2011 年，光伏行业完成主营业务收入 319.1 亿元，同比增长 13.0%，占全行业主营业务收入的 32.0%，产业规模居全国第二位。晶龙集团和英利新能源有限公司均是全球十大太阳能电池生产商之一，单、多晶硅产业链完整，非晶硅异军突起，拥有一批太阳能光伏重点企业。晶龙集团单晶硅生产能力已达到 6 000 吨，硅片生产能力 5 亿片，太阳能电池生产能力 2 吉瓦，已跃升为全球最大的晶体硅太阳能电池制造企业。英利新能源有限公司多晶硅电池产能 1 500 兆瓦，出货量超过 1 000 兆瓦，约占全球市场 10%的份额。

软件和信息服务业

全年完成主营业务收入 157.9 亿元，实现利税 69.7 亿元，完成工业增加值 72.6 亿元，软件出口 35 707 万元。累计认定软件企业 411 家，登记软件产品 2 891 个，76 家企业获得计算机系统集成资质，8 家企业获得计算机信息系统工程监理资质。全省主营业务收入超亿元的软件企业有 21 家，超 5 000 万元的有 38 家。石家庄软件园、廊坊信息服务核心区、秦皇岛数据产业基地、唐山工业软件应用与产业化示范区、保定智能电网产业基地等一批软件与信息服务产业基地建设步伐不断加快，产业发展布局基本形成，产业聚集能力不断增强。

科技进步与应用

液晶材料、石英晶体谐振器、三氟化氮电子特种气体等产品位居全国前列。液晶显示材料生产主要集中在石家庄市区域，代表性企业有石家庄诚志永华显示材料有限公司、河北迈尔斯通电子材料有限公司等。乐凯集团公司是中国最大的数字印刷材料科研、生产基地，中国平板显示器产业用高档聚酯薄膜和薄膜深加工大型研发、生产基地及感光材料研制、开发和生产制造基地。中国船舶重工集团公司第七一八研究所是国内最先掌握高纯三氟化氮（99.995%）特种气体研发和生产技术的企业。唐山晶源裕丰石英晶体元器件产品技术水平达到国际同类产品水平。产业规模约占行业的 60%。

信息基础设施建设

2011 年，全省固定及移动电话用户总数 6 337.2 万户，其中：固定电话用户数 1 242.7 万户，移动电话用户数 5 094.5 万户。宽带网络用户规模达 846.3 万户，电话普及率达 88.2 部/百人。

全年电信业务总量完成 486.5 亿元。普遍服务取得新进展，提前 3 个月实现 20 户以上自然村全部通电话目标。加快推进三网融合工作，石家庄市获批国家试点城市。

截至 2011 年底，全省有线电视用户累计 830 万户，新增 104 万户；数字电视用户累计 510 万户，新增 110 万户。11 个设区市和 55 个县城完成有线电视数字化工作。全省双向网覆盖达 360 万户，新增 100 万户，大部分设区市已实现城区双向网覆盖，个别地区双向网覆盖率也已达 70%以上。县级 CMMB 信号覆盖工程新增 50 多个发射站点，累计注册用户 30 万。

信息产业基地建设

保定信息产业基地（太阳能光伏、半导体照明、电力电子、汽车电子、IC 产品制造、石油和地质勘探仪器、磁性材料等），廊坊信息产业基地（通信网络产品、平板显示、新型元器件、新材料、光机电一体化设备、电子专用设备等），石家庄信息产业基地（数字通信和卫星导航设备、数字家庭、半导体照明、关键电子材料、激光器、光收/发模块、光 MEMS 器件、专用集成电路设计与制造等），邢台信息产业基地（单晶硅材料、硅片、太阳能电池、电池组件、太阳能装备、家电整机及半导体照明等）四大信息产业基地产业规模位居全省前列，主营业务收入、工业增加值、利税和出口创汇分别占全行业的 79.3%、79.3%、73.8%和 96.0%；秦皇岛信息产业基地（安防电子、医疗电子、高端印制电路板、电子专用设备、平板显示、半导体照明等）发展势头良好。形成了玉田电子元器件、承德智能仪器仪表、怀来光电子、沧州线路板、邯郸计算机耗材等一批特色产业园。威县深港电子信息产业基地、南宫家电产业园（消毒柜、电磁炉等）按计划推进。

信息技术应用

培育了 31 家两化融合示范企业和 112 家两化融合重点企业。唐山暨曹妃甸国家级两化融合试验区通过工业和信息化部组织的验收。全国产业集群两化融合经验交流会在安平县召开，河北省安平县产业集群两化融合经验在全国推广。命名了 16 家省电子商务示范企业，其中河北玛世电子商务有限责任公司、石家庄商商网络有限公司被授予国家电子商务示范企业。

药品流通实时监控系统实现了全部 487 家药品批发企业、所有中标基本药物的电子监管。工程建设领域项目信息公开和诚信体系建设基本实现全省全覆盖，公开的信用信息超过 15 万条。民政婚姻登记、救助管理和殡葬等业务实现了省市县三级一体化办理。在重点领域开展了跨部门信息共享，其中住房保障系统实现了与公安、民政、计生、人社等部门的人口信息比对，为住房保障政策实施提供了信息支撑。

全省 90%以上中小学校配备了计算机教室，70 多个县（市、区）实现了教育资源共享。社会保障“一卡通”发卡 600 万张。数字住房保障系统实现了住房保障对象、房源、项目进度等方面的动态监管，走在了全国前列。155 家县医院和 4.9 万个村卫生室信息化基础得到加强。文化信息资源共享工程已入库各类数据近 74.5TB。全省 15 条路段高速公路实现了实时视频监控，京津冀高速公路电子不停车收费（ETC）用户已达 3 万。11 个设区市利用数字规划系统审批案卷 4.2 万件，案卷平均办理时间从 10 个工作日缩短为 4.5 个工作日。

热点

2011 年，省政府常务会议审议通过了《河北省信息化条例》（草案），已进入省人大立法程序。省信息化工作领导小组印发了《河北省国民经济和社会发展信息化“十二五”规划》和《河北省电子政务“十二五”发展规划》。开展了全省县级电子政务情况调查和环首都县级电子政务建设模式课题研究。省网络信息安全协调小组印发了《河北省网络与信息安全“十二五”规划》，开展了信息安全检查和测评，网络信息安全保障能力进一步增强。关停违法、违规网站 89 个，进一步规范和净化了互联网环境。2011 年全省电子商务交易额达到 3 000 亿元，网络购物额突破 330 亿元。入围第 26 届电子信息百强企业 3 家，分别为：晶龙实业集团有限公司居第 13 位、风帆股份有限公司居第 84 位、中国乐凯胶片集团公司居第90 位。

主要问题

一是产业规模小，结构不合理。全部电子信息产业企业仅占全省规模以上工业企业的 2%。拉动作用明显的龙头企业少，进入全国电子信息百强的企业只有 3 家。投资类、消费类龙头整机产品匮乏，基础类产品约占全行业的 60%。二是投入不足，创新能力弱。“十一五”期间，固定资产年均投入不足 40 亿元，仅占全省工业固定资产投资的 0.08%。研发资金累计投入 40.36 亿元。三是人才匮乏，流失严重。缺乏既懂技术又擅长管理的复合型人才，急需行业领军人物，高技能人才普遍短缺，人才流失现象严重。

【统计数据】

表 1　2011 年河北省电子信息产业人员构成情况

企业类别	企业数（家）	年末从业人员总数（人）	人员构成					
			工程技术人员（人）	在总人数中所占比例（%）	管理人员（人）	在总人数中所占比例（%）	软件开发研究人员（人）	技术工人（人）
国有企业	14	15 925	1 709	10.7	657	4.1	277	13 282
国有独资企业	2	3 924	497	12.7	57	1.5		3 370
集体企业	2	139	39	28.1	4	2.9		96
股份合作企业	4	987	26	2.6	6	0.6		847
其他企业	466	91 771	4 773	5.2	658	0.7	8 699	77 641
三资企业	50	60 618	875	1.4	174	0.3		59 569

表2 2009—2011年河北省电子信息产业基本情况

项目名称	单位	2009年	2010年	2011年
工业总产值（现行价）	万元	6 456 062	9 799 992	18 850 202
工业销售产值	万元	6 092 393	8 858 305	9 459 356
出口交货值	万元	1 351 670	2 469 504	2 400 698
其中：软件出口	万元	13 988	219 341	35 707
流动资产平均余额	万元	4 254 081	1049 773*	7 669 377*
资产总计	万元	7 749 571	11 252 281	19 741 763
负债合计	万元	3 714 609	5 470 429	10 866 999
产品销售收入	万元	6 313 523	8 719 612	9 986 727
其中：软件产品销售收入	万元	699 423	1 627 146	1 672 052
税金总额	万元	202 845	201 981	231 818
利润总额	万元	737 679	1 437 089	1 098 036
应交所得税	万元	82 981	112 605	164 119
从业人员年末人数	人	144 611	165 514	173 364
从业人员工资总额	万元	317 826	540 462	1 126 043

注：表中带*数据为软件业数据。

表3 2009—2011年河北省电子信息产业三资企业基本情况

项目名称	单位	2009年	2010年	2011年
工业总产值（现行价）	万元	2 323 097	3 309 824	3 349 892
工业销售产值	万元	2 089 260	2 993 857	3 236 923
出口交货值	万元	1 082 591	1 777 026	1 698 550
资产总计	万元	2 594 508	5 105 196	5 205 114
负债合计	万元	1 380 912	3 218 471	3 100 700
产品销售收入	万元	2 075 126	2 990 138	3 526 433
税金总额	万元	33 529	–9 561	30 297
利润总额	万元	232 418	421 425	191 366
应交所得税	万元	16 989	38 480	452 387
从业人员年末人数	人	45 867	66 601	60 618
从业人员工资总额	万元	89 810	137 353	462 986

注：2010—2011年数据均为电子信息产品制造业数据。

表 4 2009—2011 年河北省电子信息产业主要经济效益指标完成情况

项目名称	单位	2009 年	2010 年	2011 年
产品销售率	%	94.4	88.4	50.2
总资产贡献率	%	24.3	13.1	9.5
资产保值增值率	%	118.0	125.2	185.1
资产负债率	%	47.9	54.7	55.0

表 5 2009—2011 年河北省电子信息产业三资企业主要经济效益指标完成情况

项目名称	单位	2009 年	2010 年	2011 年
产品销售率	%	89.9	90.5	96.6

表 6 2009—2011 年河北省主要电子信息产品产销量情况

产品名称	单位	产量			销量		
		2009 年	2010 年	2011 年	2009 年	2010 年	2011 年
程控交换机	线	133 500	124 800	70 000	133 500	124 800	70 000

表 7 2009—2011 年河北省三资企业主要电子信息产品产销量情况

产品名称	单位	产量			销量		
		2009 年	2010 年	2011 年	2009 年	2010 年	2011 年
硅太阳能电池	千瓦	636 000		2 466 000	634 000		2 466 000
单晶硅	吨	1 885.4	3 640.7	5 926	1 277	3 640.7	5 926

注：表 1—表 7 数据来源于河北省电子信息产业年报。

[供稿：河北省工业和信息化厅]

山 西 省

【综述】

2011 年，山西省电子信息产业系统按照“保增长、调结构、促转变、惠民生”的工作思路，大力推进行业结构调整，全面加快经济发展方式转变，全行业继续保持了平稳较快发展态势。

电子信息产品制造业

2011 年，山西省电子信息制造业主营业务收入完成 193.7 亿元，比上年增长 48.9%；实现利润总额 9.1 亿元，同比增长 162.4%；实现税金总额 3.7 亿元，同比增长 116.1%。增速排全国第 5 位。山西省电子信息制造业的优势企业主要集中在通信设备制造业、电子测量仪器制造业、电子元器件制造业、电子工业专用设备制造业、电子信息专用材料制造业、电子信息机电产品制造业等六大行业。

上市公司 太原理工天成电子信息技术有限公司是山西省唯一的 IT 上市企业，是太原理工天成科技股份有限公司（股票代码：600392）的全资子公司，是高新技术企业，注册资金 1 亿元人民币。主营具有自主知识产权的电子信息产品，及以自有产品为核心的信息系统服务。公司业务包括电子信息产品、信息系统集成、软件与信息服务及分销业务，在政府、教育、水资源、煤炭、电力、电信、交通、石油化工、金融等行业信息化建设中得到广泛应用。

典型企业 阳煤集团京宇天成科技公司的钕铁硼磁性元件精密加工能力名列全国第一。该企业年产手机磁片 15 亿片，已成为全球最大的手机扬声器配件生产企业，产品销往飞利浦公司、诺基亚公司、AAC 公司、苹果公司、黑莓手机制造商、TDK 集团、歌尔声学股份有限公司等国际国内知名企业。该企业通过加大自主创新力度，开发出了具有国内、国际领先水平的高档电声产品和交流直接起动同步运行永磁电机。

山西科泰微技术有限公司生产的加速度传感器、压力传感器、带式压力传感器、温度传感器、角速度传感器全国知名。其高性能 MEMS 压力传感器生产项目产品硅微机械加速度传感器已成功应用于航空、航天、兵器、机车监控、地震监测、石油勘探等领域的各项重点工程及产品配套。

山西长城微光器材股份有限公司是中国光纤系列产品规模和出口量最大的企业，是国内唯一生产高规格光纤面板、倒像器、光锥系列产品的高新企业，是世界三大主要传像光纤生产企业之一，每年 80%以上的产品出口。2011 年 9 月 29 日，“天宫一号”带着该公司生产的光学纤维面板 SFOP01 和 SFOP02 飞上太空；11 月 3 日，神舟八号飞船与“天宫一号”成功对接，目标标志器作为 CCD 光学成像敏感器的合作目标，在交会对接的最后逼近阶段发挥了重大作用。“天宫一号”上长城微光的光纤面板应用情况良好，产品性能稳定可靠，各项指标满足预定要求。2011 年，该公司和山西大学联手，创建了山西光电子科技产业园，计划用 5 年时间，将产业园建成国家级光纤、激光产业研发中心、成果转化中心和人才技术孵化中心，建成中国微光、激光中心——太原“光谷”。

中国电子科技集团公司第 2 研究所在光伏产业关键生产设备领域掌握了具有国际领先水平的 600kg 级铸锭炉生产技术。2011 年销售收入达到 2.7 亿元，比 2010 年增长 77.7%，被中国电子专用设备工业协会评为 2011 年最具成长性的 10 家制造商。

海泰电子材料有限公司生产的彩色液晶显示材料，国外只有德国和日本能够生产。该公司可年产 30 吨彩色液晶显示材料中间体，产值可达 4.5 亿元，年利税 1.2 亿元，可解决 450 人就业。

山西中科晶电信息材料有限公司由中科晶电信息材料（北京）有限公司、五四一电厂和中信机电制造公司科研设计院联合成立，以生产砷化钾半导体材料为主导。

山西省平遥煤化（集团）有限责任公司的“液晶电视用新型光学材料项目”在平遥县正式奠基，该项目是技术、设备、管理“三引进”的高科技新材料项目，总投资 5.6 亿元。建成后，预计年均总产值可达 9 亿元，实现利润 3.2 亿元，上缴税金 1.3 亿元。该项目是总投资 38.4 亿元的新型光学材料产业链项目的一期工程，二期、三期工程分别为新型光学材料及新型结构材料、液晶电视用背光模组及 LED 平面照明光源项目建设。整个项目 2015 年 11 月达产达效后，预计可实现年均总产值 98 亿元、利润 22.8 亿元、上缴税金 7.6 亿元，同时还可吸纳 2 200 余人就业。

山西长治太阳能科技产业园一期工程已开始建设。2011 年 9 月 16 日，富士康集团与香港协鑫集团在大同市合资设立富士康协鑫大同新能源产业集团公司，投资 900 亿元打造垂直一体化光伏发电项目。

截至 2011 年底，山西省已形成以山西天能科技股份有限公司、山西潞安矿业（集团）有限责任公司、黎城太阳能科技产业园、晋城市硕阳光电有限公司、山西纳克太阳能科技有限公司等企业为核心的涵盖产业链上、中、下游的太阳能光伏产业发展格局。

主要问题 一是产业发展环境不佳。山西省电子信息制造业战略定位不明确，支持产业发展的政策法规体系、投融资体系、公共服务体系等尚未建立完善。引资能力明显弱于沿海地区，产业发展所需的各类人才缺乏。以企业为主体、产学研用相结合的技术创新体系有待完善。引进技术未与自主创新和提高产业竞争力结合，引进技术消化再创新能力薄弱。

二是企业竞争力不强。山西省从事电子信息制造业的大企业少而不强，缺乏辐射带动作用突出的龙头企业；中小企业多而不活，部分企业经营困难，发展面临严峻挑战。企业普遍缺乏对产业发展趋势的整体认识和科学判断，市场把握能力不佳，战略选择同质化现象严重；无法根据自身特色做到精细化，缺乏与外省企业竞争的优势。

三是高水平科技研发人才奇缺。“专业人才难留”的局面直接导致了电子信息产业中高层次复合型人才和技术带头人缺乏，产业知识产权资源存量不足且质量不高。拥有自主知识产权的产品较少，科技成果转化率低，研发经费投入少。

软件和信息服务业

2011年，山西省共有软件企业84家，年末从业人数6 750人，全年实现主营业务收入42.44亿元，比上年增长72%。软件业务收入21.41亿元，软件服务外包收入701.9万元，软件业务出口97万美元，实现利润总额3.86亿元，实现增加值8.379亿元。

2011年，山西省软件服务业系统主要开展了以下工作：一是召开了山西省软件和信息技术服务业工作座谈会，出台了《山西省软件和信息技术服务业跨越发展实施意见》，对软件服务业发展进行了安排部署。二是建立系统发展体系。以太原罗克佳华工业有限公司等企业为龙头，以山西四和交通工程有限责任公司等企业为骨干，以系统集成三、四级资质企业为网络，在全省形成设计咨询、集成实施和运营维护协同发展的格局。三是按照综改试验区先行先试的政策，对全省各市从事计算机系统集成的企业，按一定流程颁发临时资质进行规范管理，从而带动此类小微企业集群式发展，截至2011年底，已有大同、运城、长治、忻州等市的36家企业，争取用三年时间发展200家。四是以太原罗克佳华工业有限公司等企业为重点，形成全面服务煤炭行业信息化的专业团队，为打造全国一流的数字矿山提供贴身服务。五是以百度云计算中心和太原高新区云计算基地为平台，全面服务以数字城市、物联网、云计算等为内容的智慧城市建设。六是建立山西省软件技术和信息服务业项目储备库。截至2011年底，入库的企业达80余家，入库项目200余个。这些项目覆盖山西省主导产业和国民经济各个领域。项目合计投资近20亿元。

典型企业　太原罗克佳华工业有限公司是目前国内技术最强、规模最大的煤矿综合信息化和自动化总承包商，三维矿井和三网合一技术——“管理者驾驶舱”是其核心竞争力。该公司采用智能MCC技术通过井下智能分站实现矿井中风、水、电、采、掘、运、人员管理、灾害控制等环节的准确监控。截至2011年底，已建成无人化水泵房、无人化风机房、无人化变电所，矿井开采正逐步向无人化采煤发展。

山西四和交通工程有限责任公司采用SOA（面向服务的体系结构）分布式架构，辅助以服务器集群式对外提供服务，实现了对企业现有的不同时间布设、标准各异的视频监控设施之间的整合，在保护企业投资的条件下，完成了资源共享和统一调配。

山西阳光三极科技有限公司拥有40多个煤安认证产品，主要包含安全监控系统及其设备、人员管理系统及其设备、产量监控系统及其设备、无线通讯系统及其设备、广播系统及其设备、井下环网设备、视频设备等。在适应煤矿生产自动化和管理现代化的要求、确保安全生产方面已形成体系化的服务方案。

太原市精英科技股份有限公司利用分布式异构数据库和数据联邦服务，实现省—市（集团）—县（分公司）—煤矿多级联网，将三大系统数据展示于一个平台，具有报警联动、关联分析、互动执法等功能。该成果经山西省科技厅鉴定已达到国际领先水平。

山西问天科技股份有限公司牵头建设的山西绿云产业园区，将填补山西省云计算领域产业空白，并有助于提升山西省城市综合管理和公共服务水平，为数字化山西的建设提供基础支撑。

主要问题　一是人才问题，山西省软件业缺乏高层次复合型经营管理、技术研发以及实用人才队伍，企业技术中心作用不明显，全行业自主知识产权产品较少，科研成果转化率低；二是资金问题，支持山西省软件业发展的电子信息产业发展资金严重缺乏。

电子产品进出口贸易

2011年，山西省进口机电产品23.8亿美元，增长19.2%，出口机电产品15.9亿美元，增长31.2%；出口高新技术产品5.6亿美元，增长21.2%。

2011 年 2 月 6 日，富士康精密电子（太原）有限公司苹果手机 2 条生产线通过苹果公司验收，3 290 部苹果 iPhone 手机正式从太原厂区出口。富士康智能手机整机生产项目是由富士康科技集团投资 1 亿美元在富士康（太原）科技工业园建设的，目前已有 4 条生产线投产，产出智能手机整机 18 万台，年内还将有 12 条生产线投产。截至 2011 年底，富士康（太原）科技工业园投资总额 17.5 亿美元，主要致力于镁合金机构件、精密模具、LED 节能照明产品及汽车零组件、高端智能手机等产品的研发生产。2011 年，园区实现产值 90 亿余元。

科技进步与应用

阳煤集团京宇天成科技公司交流直接起动同步运行的永磁电机关键技术取得突破性进展，并获得 12 项国家专利。其产品体积小，运行可靠，抗退磁能力强，节电效果明显。该公司还计划投入 2 亿元，用于永磁电机的生产与研发。

高平唐一新能源科技公司的锂离子动力电池项目填补了山西省电子信息机电产品制造业的空白。该公司与清华大学等高校签订技术合作协议，建设山西省锂电池工程技术研究中心。该公司自主研发的单体电池、电池管理系统、电控系统，产品技术居于国际领先水平，生产规模位居世界前 5 位。其产品主要应用于电动车辆、调峰储能、风光储能、通信基站及军需用品等行业领域。

太原理工天成电子信息技术有限公司基于“感应式数字液位传感器”技术开发的“感应式数字液位传感器及其测报系统”获得“国家技术发明二等奖”、“国家重点新产品奖”、国家“863”计划引导项目，并在多个省市推广和应用。

太原风华信息装备股份有限公司实现 45 英寸 TFT 液晶显示器后工序生产的整体配套能力，完成新型薄膜电容器膜厚 2μm 以下工艺设备成套组线开发，总体技术水平达到国际先进水平；形成为 0201、0402 规格片式容阻元件生产配套的系统集成能力。

2011 年 11 月 8 日，山西晋越峰巨能科技有限公司年产 1 亿只纳米超级电容电池动力源项目正式落户孝义市。超级电容电池可广泛应用于汽车、家电、发电、军事等多个领域。

聚源电子材料有限公司是引进江苏连云港市晶瑞石英工业开发研究院的“高频等离子体制备球型硅微粉”技术，在祁县经济开发区新建的企业。公司项目为年产 21 000 吨硅材料深加工，主要产品为普通硅微粉、超纯石英砂、球形硅微粉等。该项目占地面积 57 亩，项目投产后预计可实现年销售收入 1.2 亿元，实现年利润 7 300 万元，年可上缴税收 2 400 万元。

信息基础设施建设

2011 年，山西省完成电信业务总量 278.9 亿元，增长 17.4%；固定电话 682.2 万户，比上年减少 38.5 万户；新增移动电话用户 221.8 万户，年末达到 2 446.9 万户，其中，3G 移动电话用户达到 292.4 万户。移动电话普及率 68.1 部/百人。全省宽带接入用户 437.3 万户，增长 27.8%。光缆长度 567 438 皮长千米，年末全省共有广播电台5 座，电视台 6 座，广播电视台 108 座。年末有线电视用户 462.7 万户。网络基础设施建设加快，截至 2011 年底，已建成覆盖全省 100%城市、100%乡镇、98%行政村，通信光缆 50 万皮长千米的宽带网络体系，宽带总容量达到 736 万户。

积极推进电信运营企业集团在山西省的投资力度，中国移动通信集团公司、中国联合网络通信集团有限公司、中国电信集团公司和中国邮政集团与山西省分别签署了战略合作协议。“十二五”期间，四大集团公司将向山西省投资 520 亿元，升级改造全省基础通信网络和邮政基础设施。

加快推进三网融合，电信运营企业实施宽带网络全省覆盖发展战略，完成了有线电视网络物理整合，建成向上连接国家广播电视干线网，向下覆盖各市县，总长 3 万皮长千米，覆盖全省 580 多万用户的省级广电光缆网，其中数字化转换用户约 300 万，双向网改用户约 40 万，为山西省发展三网融合奠定了扎实的网络基础。

山西省广播电视台、中国联合网络通信有限公司山西省分公司与山西省经济和信息化委员会共同签署了《加快推进三网融合战略合作协议》，全力推进三网融合业务开展。目前，中国联合网络通信有限公司山西省分公司已将 IPTV 统一播控监管平台提供的节目资源，在太原市、晋中市部分小区进行了试播传输。为解决山西省部分市县农村看电视难的问题，电信运营企业与广电部门合作在部分县市农村地区开展 IPTV 业务试点。目前，已在忻州市的 7 个县及吕梁、晋中、长治、朔州等部分县乡，发展 IPTV 用户 5.4 万户，为全省推进三网融合业务发展进行了有益探索，也为国家在农村地区开展三网融合积累了一定经验。

为加强三网融合新形势下网络与信息安全和文化安全，山西省传媒集团广电新媒体有限公司建设了全省统一节目内容集成播控平台，对 IPTV、手机电视、互联网视听等节目内容实施集成播控。目前，该平台已具备 IPTV 开播条件。广电部门与中国移动通信集团山西有限公司合作，在全省建成 34 个大功率发射站，满足 11 套广播电视节目的无线传输，实现了 11 个城市和 17 个县及五台山、平遥景区、部分高速路的网络覆盖。2011 年 12 月 31 日，太原市被纳入国家三网融合第二批试点城市，山西省将以此为契机，推动全省三网融合工作。

信息产业基地建设

2011 年 9 月 3日，富士康金匠科技工业园项目启动。未来 5 到 10 年，富士康将投资千亿元，打造世界精密制造之都，其中精密刀具、自动化设备、模具等世界第一生产基地将在此建成。首期投资 300 亿—400 亿元资金到位，进入实质性落地建设阶段。

2011 年 8 月 22 日，中国科学院光学精密机械研究所与山西纳克太阳能科技有限公司签订共同建设光伏实验基地的协议，这是山西省光伏企业与中国科学院首次全面合作、双方共建的光伏实验基地。该基地占地 3 000 平方米，总投资 4 000 余万元，建成后将成为世界一流、国内领先的光伏材料及技术集成实验平台。

信息技术应用

山西省民航机场集团公司与中国移动通信集团山西有限公司历时两年共同打造的“乘机方便行”服务产品正式推出。该两公司于 2010 年 3 月 15 日在太原市签署战略合作框架协议，创新了信息化时代通信企业与机场的新型战略合作模式。2011 年 8 月底，山西机场集团门户网 www.sxairport.org.cn 实现了“太原武宿国际机场网上自助值机”功能，凡乘坐太原机场出港航班的旅客可在航班预计起飞前一天 14 时至航班预计起飞前 2 小时登录网站进行自助值机和自选座位。2011 年 10 月，“乘机方便行”业务投入试运行。经过试运行，该服务产品臻于成熟。

【统计数据】

表 1　2011 年山西省电子信息产业人员构成情况

企业类别	企业数（家）	年末从业人员总数（人）	人员构成				
			工程技术人员（人）	在总人数中所占比例（%）	管理人员（人）	在总人数中所占比例（%）	软件开发研究人员（人）
股份有限公司	1	535	435	81.3	45	8.4	35
有限责任公司	163	90 329					4 358

表 2　2009—2011 年山西省电子信息产业基本情况

项目名称	单位	2009 年	2010 年	2011 年
工业销售产值	万元	1 155 401	1 234 249	2 049 125
出口交货值	万元	505 084	486 426	725 753
其中：软件出口	万元	713	630	618
产品销售收入	万元	1 155 401	1 447 947	2 361 400
其中：软件产品销售收入	万元	50 316	174 816	424 457
税金总额	万元	19 423	30 983	37 441

续表

项目名称	单位	2009 年	2010 年	2011 年
利润总额	万元	31 248	21 701	91 193
应交所得税	万元	2 710	4 522	5 464
从业人员年末人数	人	69 855	84 726	90 329
从业人员工资总额	万元	243 221	264 394	292 356

表 3　2009—2011 年山西省电子信息产业主要经济效益指标完成情况

项目名称	单位	2009 年	2010 年	2011 年
全员劳动生产率	元/人	34 843	36 703	37 819
流动资产周转率	次	1.3	1.1	1.2
产品销售率	%	96.0	92.2	90.5
总资产贡献率	%	2.4	3.2	3.2
资本保值增值率	%	515.5	116.6	124.3
资产负债率	%	67.9	67.4	67.5

表 4　2009—2011 年山西省主要电子信息产品产销量情况

产品名称	单位	产量			销量		
		2009 年	2010 年	2011 年	2009 年	2010 年	2011 年
液晶显示器生产设备	部	213	790	598	211	749	598

注：表 1—表 4 数据来源于山西省经济和信息化委员会。

[撰稿：董晨阳　审稿：常拓]

内蒙古自治区

【综述】

2011 年是“十二五”规划的第一年，也是内蒙古自治区（以下简称内蒙古）电子信息产业回升调整的重要一年，受扩内需政策成效显现和外需市场逐步回暖的共同作用，行业出现恢复性增长，总体呈现前高后稳态势。

电子信息产品制造业

2011 年，内蒙古规模以上电子信息制造企业实现主营业务收入 111.4 亿元，同比增长 25.0%。主要产品产量：彩色电视机 220 万台，同比增长 16.4%；电子元器件 2 068 万只，同比减少 44.8%；多晶硅 700 吨，同比增长 100%；单晶硅 449 吨，同比增长 100%。

软件产业

2011年，内蒙古软件产业稳步发展，规模以上软件企业实现销售收入25.4亿元，同比增长5.8%，为推进两化融合、促进经济社会又好又快发展发挥了积极作用。

2011年，内蒙古电子信息行业经济运行呈现如下特点：

一是电子信息产品制造业结构调整明显。平板电视对CRT的替代加快，液晶电视占彩色电视机比重达77.7%。太阳能及多晶硅、单晶硅、太阳能电池等已成为内蒙古电子信息产品制造业新的经济增长点。

二是大企业加快营销战略调整，积极向上游产品延伸。彩色电视机企业涉入液晶模组和面板领域，计算机企业积极拓展网络服务市场。2011年，内蒙古新增单晶硅、多晶硅、太阳能电池片项目，增加了制造业销售收入，是制造业增速加快的主要原因。

三是软件产业进入健康、快速发展时期。信息技术的广泛应用和市场需求的逐步扩大，对软件企业拉动作用日益显现。内蒙古软件企业的规模实力和综合竞争能力不断提升，但整体规模仍然偏小。

四是在自身发展质量上，部分企业紧密结合内蒙古各行业应用需求，不断提升研发和服务水平，努力在改造和提升传统产业中开拓发展空间。部分企业的软件开发和服务已经延伸到外地，个别企业在北京等发达地区设立了分公司，一方面广泛拓展区域外市场，另一方面为更进一步接近软件行业发展前沿、迅速了解和掌握行业技术发展动态创造了条件和机遇。

信息产业重点项目建设

2011年2月，内蒙古锡林郭勒白音华煤电有限责任公司年产800兆瓦太阳能级硅片项目（一期）在锡林郭勒盟开工建设。项目投资规模为62.2亿元，建设规模为年产800兆瓦太阳能级硅片。

2011年2月，内蒙古锋威光伏科技有限公司年产2 600兆瓦太阳能电池组件项目在鄂尔多斯市开工建设。项目投资规模为213.29亿元，建设规模为太阳能光伏电池和组件生产线与配套硅料加工及4台410吨硫化床锅炉配4台2.5万千瓦背压式等附属生产设施。预计项目建成后，年产2 600兆瓦的太阳能电池及组件、多晶电池及组件等。

2011年3月，惟德新能源开发有限公司年加工1.5万吨硅片材料、1 000兆瓦多晶硅片和电池片建设项目在鄂尔多斯市开工建设。项目投资规模为200亿元，建设规模为1 000兆瓦多晶硅铸锭、开方、切片等。

2011年3月，荣泰光电科技有限责任公司高性能LED用外延片产业链投资建设项目在鄂尔多斯市开工建设。项目总投资规模为39.17亿元。建设规模为：一期投资16亿元，年产SMD产品20亿颗、LED大功率产品3亿颗等产品生产线，LED灯具产品28万套；二期投资24亿元，年产250万片外延片、500万片LED芯片。

2011年3月，中盛光伏有限公司年产1 000兆瓦多晶硅片项目在鄂尔多斯市开工建设。项目投资规模为45亿元，建设规模为：外购多晶硅材料，采用铸锭、开方及硅片切割等工序，形成年产1 000兆瓦多晶硅片生产能力。项目建设分两期实施，每期建设500兆瓦。新建243 590平方米生产、办公及其他辅助设施。购置主要工艺设备871台（套），其中进口设备385台。

2011年3月，源盛光电有限责任公司第5.5代AM-OLED有机发光显示器件项目在鄂尔多斯市开工建设。项目投资规模为220亿元，建设规模为：建设一条第5.5代AM-OLED有机发光显示器件生产线，设计产能为5.4万片／月，玻璃基板尺寸为1 300mm×1 500mm，包括阵列、彩膜、成盒和模组四部分工序。产品以4英寸、7英寸、9.7英寸中小尺寸显示面板为主，以及少量电视用27英寸和55英寸显示面板。

2011年3月，百岁达科技有限公司蒙东云计算中心平台建设项目在赤峰市开工建设。项目投资规模为2.3亿元，建设内容为电信级IDC机房、云计算分布式呼叫中心等。

2011年12月，中国电信集团公司"光网城市和云计算信息园"在呼和浩特市开工，项目投资规模为50亿元，建设工期3年。建设内容包括"光网城市、云计算中心、IDC数据中心、呼叫中心、仓储、办公和生活区"等多功能于一体的"中国电信云计算信息园"基地。

电子产品进出口贸易

2011年，内蒙古电子信息产业出口交货值达14.6亿元；软件外包服务收入3 829万元；软件出口额为110.6万美元。

科技进步与应用

2011 年，内蒙古坚持把增强企业自主创新能力作为地区科学发展、调整产业结构、转变经济增长方式的中心环节来抓，积极建立以企业为主体、市场为导向、产学研相结合的自主创新体系，不断加强创新平台建设和科技成果转化，培育出一批拥有自主知识产权、核心技术和持续创新能力的企业及产品。

内蒙古正安恒泰电力科技有限公司自主研发的“远程载波预付费电能表项目”，主要针对市场存在的“抄表难、付费难”以及卡口窃电、假卡窃电等多种问题而开发，其核心技术获得一项国家实用新型专利。该项目产品能够保证无需 IC 卡或其他中间介质就实现远程载波预付费、远程抄收电量和远程管理预付电量等功能，从而满足用电客户的需求。

内蒙古呼和浩特市立信电气技术有限责任公司自主研发的“火电厂燃料全闭环自动监管系统”项目，能够解决燃料管理信息孤岛、资源不能共享等问题，有效减少发电企业燃料亏吨、亏卡现象，从而实现发电企业一站式全闭环燃料整体解决方案。

内蒙古万德系统集成有限责任公司自主研发的“移动数字化校园系统集成项目”，能够实现目标大学的有线网络及覆盖区域内移动 3G、WLAN 无线网络的自由选择，方便学校师生随时随地登录校园信息系统了解本校实事动态并在网上办理相关业务。目前已成功应用于内蒙古大学等十余个院校的项目建设任务中。

呼和浩特市邦健信息技术有限公司自主研发的“邦健纳税电子报表报送系统”，由财务报表报送、纳税报表报送、重点税源报送、专管员接收、CA 接口系统、消息发布、税种税目维护、系统管理等八大功能模块组成，能够为税务局提升涉税业务信息化水平。

内蒙古证联信息技术有限责任公司自主研发的“内蒙古易支付公共电子支付系统”项目，主要针对内蒙古所有手机、电费缴费和有线电视费缴费用户，以及内蒙古部分盟市的水费和燃气费缴费用户而设计使用。本软件功能包括手机、固话缴费和公共事业缴费。

内蒙古天迅网络科技发展有限责任公司自主研发的“准格尔旗沙圪堵镇民乐新村安全监控系统”，能够进行身份认证和权限管理，保证信息安全，与报警系统联动，并提供与其他业务系统的数据接口，从而实现图像采集、传输、录像、最终输出的全过程数字化。

内蒙古金名计算机系统集成股份有限公司自主研发的“金名煤矿企业能源管理系统”，能够全面、准确、及时地反映公司和各用能工序能源使用状况，对节能措施的效果进行实时自动监测，为企业建立节能信息发布制度、加强节能监督管理提供依据，并为企业领导决策提供信息和技术支持。

鄂尔多斯市市民卡建设有限公司研发的“煤炭交易结算中心管理平台”，主要由交易商信息管理，市场挂单、议价、订单、卖家发货、买家支付、合同管理，银行出入金管理，资金变动管理等功能模块组成，可为煤炭运销企业进行煤炭买卖交易提供资金划拨管理平台，并为相关监管部门对价格水平调控提供数据与技术保障。

信息基础设施建设

电信行业发展　2011 年，内蒙古电信固定资产投资 87.1 亿元，比上年增长 7.8%，其中 3G 投资 20.5 亿元。共建共享工作稳步推进，累计节约投资 2 亿元。“通信村村通工程”投资 5.5 亿元，建设移动通信基站 375 个，900 个自然村和 800 个行政村分别实现了通电话和通宽带，信息应用服务不断深化，并产生了良好的社会效益。

2011 年，内蒙古电信业务总量 258.8 亿元。电信业务收入 191.4 亿元，比上年增长 14.1%。移动电话用户 2 309.6 万户，其中 3G 用户 251 万户；固定电话用户降至 379.5 万户；电话用户普及率达 108.9%。互联网宽带用户 233.8 万户，普及率达 9.5%；移动互联网用户新增 186.9 万户，达 1 267.2 万户，普及率达 51.3%；全区互联网用户普及率达 60.8%。

广播影视产业发展　2011 年，内蒙古全区广播电视总收入 29.6 亿元，同比增长 4.9 亿元，增幅 19.8%。实际创收收入 14.9 亿元，同比增长 1.1 亿元，增幅 8.0%。广告收入 4.9 亿元，同比增长 769.8 万元，增幅 1.6%。其中，广播广告收入 1.5 亿元，电视广告收入 3.3 亿元，其他广告收入 906 万元。网络收入 9.6 亿元，同比增长 1.3 亿元，增幅15.7%。

信息技术应用

两化融合　2011 年 12 月 6 日，内蒙古呼包鄂两化融合试验区通过了工业和信息化部信息化推进司、通信发展司、软件服务业司和国家信息化专家咨询委员会专家组成的首批国家级两化融合创新试验区验收组的验收。

2008 年工业和信息化部批准内蒙古呼包鄂地区为信息化和工业化融合创新实验区以来，呼包鄂地区两化融合推进工作取得积极进展，特别是以能源、化工、冶金、装备制造等六大优势特色产业为龙头的试点示范企业成效显著。一是出台《内蒙古自治区两化融合评估指标体系》，按照标准化、规范化要求做好两化融合推进工作。二是选择鄂尔多斯煤炭行业作为试点，2011 年在鄂尔多斯市召开全区煤炭行业两化融合现场会，学习借鉴鄂尔多斯市煤炭行业信息化管理的先进经验，推动煤炭行业两化深入融合工作。三是借助通信企业、IT 企业进一步加大对融合试验区中小企业相关人员培训工作力度，提高对此项工作的认识，推动两化融合工作深度进展。

2011 年，鄂尔多斯市政府与天骏实业集团合作建设鄂尔多斯物流信息港。截至年底，项目累计完成投资 7 500 万元。鄂尔多斯市政府、达拉特旗政府、内蒙古万通路桥集团公司出资建设鄂尔多斯市现代农牧业科技示范园，推动物联网在设施农业中的应用，已完成投资 2.5 亿元。2011 年，鄂尔多斯市委、市政府将煤炭工业信息化建设确定为重点工程，建成鄂尔多斯市煤炭信息中心、数字煤炭综合平台。目前，已有 255 家煤矿经营企业接入该平台，形成了利用信息化手段对辖区煤矿全方位综合管理的能力。据统计，三年来，鄂尔多斯市累计投入两化融合专项资金 10.9 亿元。

2011 年，呼和浩特市依照工业重点，安排重大专项资金 4 000 万元，在新能源、生物技术、乳品深加工、循环经济等方面对企业予以支持。呼和浩特市本级投入经费 1 000 多万元用于强化区域科技创新载体和平台建设，重点推进创建国家级、自治区级创新载体和平台，培育市级企业研发机构和平台建设。

2011 年，伊利、蒙牛集团利用信息技术，建设统一的产品质量信息监控平台，用信息技术手段实现了从基础的原奶采购、检验、生产加工过程到消费服务的产品质量控制，避免了由于人为判断错误而造成的产品误检和漏检。

2011 年，包钢集团公司在钢铁主业、矿山和稀土生产线上的基础级自动化建设已全部完成，过程控制系统和生产制造执行系统在主业生产线上得到普遍应用。其中，薄板厂的 3 级 MES 系统实现了从合同生产订单输入开始直到成品出库发货为止的全过程跟踪。

2011 年，包头市投资 1 450 多万元建设的装备制造科技创新服务平台（内蒙古中小企业科技创新服务平台）开始运行，逐步形成了以三维设计软件、数控加工软件、仿真分析、机构运动分析、工作站及大型科学计算服务器为支撑的服务体系。至 2011 年底，该平台围绕自治区 6 大支柱产业，为全区中小企业提供了管理创新、产品创新、技术创新、新技术应用等方面的服务，服务企业用户 8 000 多家。

电子政务建设 2011 年，内蒙古建成三级电子政务外网平台并实现互联互通。6 月，组织相关工作人员对外网平台建设工作进行了验收。进一步整合信息资源，重点抓了工商、税务、海关、质监四部门信息资源共享工程。会同自治区纪律检查委员会、政府办公厅抓好工程建设领域项目信息公开和诚信体系建设工作，主要解决工程建设领域信息公开不规范、不透明，市场准入和退出机制不健全，信用缺失等突出问题。积极推进工程项目建设公开透明，逐步建立互联互通的工程建设领域诚信体系。2011 年 12 月，自治区本级栏目已在自治区门户网站部署并试运行，35 个试点部门已全部开通栏目，其中 14 个部门和乌海、锡盟、赤峰、满洲里 4 个盟市已开始上传信息。

数字化城市建设 内蒙古数字城市建设从 2009 年开始起步。2011 年，主要以鄂尔多斯数字东胜为代表，坚持“统筹规划、统一建设、突出应用”的原则，一期重点建设了数字城市综合管理平台、数字城管、便民一卡通和城市应急管理等业务系统，二期数字卫生、数字交通、数字社区、数字校园等项目正在建设中。在鄂尔多斯数字东胜的推动下，数字鄂尔多斯、数字呼和浩特、数字乌海、数字赤峰等已完成总体规划，一批旗县区已完成规划设计，部分项目已开工建设，如：鄂尔多斯市的数字准格尔、数字伊金霍洛、数字达拉特，包头市的数字滨河，呼和浩特市的数字新城，通辽市的数字霍林河等。为贯彻落实《国务院关于进一步促进内蒙古经济社会又好又快发展的若干意见》，自治区经济和信息化委员会牵头起草了《数字化城市建设标准》。

城市地理空间信息系统数据库建设 2011 年，为加快内蒙古城市地理空间信息系统数据库建设，自治区经济和信息化委员会与自治区发展和改革委员会协商，着手编制城市地理空间信息系统数据库建设方案，启动内蒙古城市地理空间信息系统数据库建设。系统建设坚持“整合资源、推动共享”原则，依托自治区电子政务外网平台，进一步整合测绘局、气象局、国土资源厅等有关部门已有的地理空间信息资源，形成内蒙古完整的地理空间信息系统数据库，供各部门、各地区共享和使用。

农村牧区综合信息服务体系建设　该工作从 2004 年起步，重点以“试点先行、推动应用”的模式开始建设，先后在巴彦淖尔市五原县、通辽市奈曼旗等近 20 个旗县开展了试点。2011 年，内蒙古总结出“旗县有信息中心、乡镇苏木有信息站、行政村有信息点、自然村有信息员 4 级服务体系”建设模式，探索出“服务手段多样化、服务模式多元化”、“整合涉农涉牧资源，一套体系多家使用”等经验，出台了农村牧区综合信息服务体系建设标准和规范，制定了农村牧区综合信息服务规章制度，在锡林郭勒盟镶黄旗和通辽市奈曼旗开展了农村牧区综合信息服务体系样板旗县建设试点。

为使信息技术在农牧业生产、管理和销售中发挥应有作用，2011 年，自治区经济和信息化委员会联合内蒙古润和信息技术有限公司，开展基于物联网技术的设施农牧业应用服务项目研究试点工作，重点支持通辽市奈曼旗、赤峰市宁城县、呼和浩特市土左旗的设施农牧业信息化建设，无偿提供信息技术应用设备 1 200 套，从而进一步提高了全区设施农牧业的生产和管理水平。

其他

一是组织完成了内蒙古工业技术创新和电子信息产业“十二五”发展规划。

二是根据内蒙古人民政府、工业和信息化部《关于蒙古文软件开发和推广应用工作的合作协议》精神及 2011 年电子信息产业发展基金《蒙古语言文字软件开发及产业化》招标项目的要求，对内蒙古参加投标单位进行了认真审核，组织内蒙古企业参加投标。工业和信息化部确定了内蒙古大学、蒙科立软件有限公司等 8 家单位分别承担蒙古文软件的部分开发和推广应用项目。国家支持蒙古语言文字软件开发项目专项资金 2 500 万元已全部到位。

三是组织内蒙古新联信息产业有限公司等 7 家企业参加了 6 月份在大连召开的第九届中国国际软件和信息服务交易会。

四是根据工业和信息化部《关于申报 2011 年度电子发展基金项目的通知》要求，组织申报了 2011 年度电子发展基金项目。组织 10 家企业参加了工业和信息化部举办的“十一五”电子发展基金成果汇报展示会。组织 9 家企业申报了国家物联网专项资金，被批准的 5 家企业获得 700 万元专项资金。

五是会同自治区发展和改革委员会、环境保护厅，组织内蒙古神州硅业有限公司、内蒙古盾安光伏科技有限公司、内蒙古锋威硅业有限公司、国电内蒙古晶阳能源有限公司等 4 家多晶硅生产企业申报了行业准入。组织 3 家企业参加了全国电子信息行业优秀企业评审活动，向工业和信息化部报送了“十二五”期间发展基金情况总结报告，对全区电子制造业企业进行了一次摸底调查。

【统计数据】

表 1　2011 年内蒙古自治区电子信息产业人员构成情况

企业类别	企业数（家）	年末从业人员总数（人）	人员构成				
			工程技术人员（人）	在总人数中所占比例（%）	管理人员（人）	在总人数中所占比例（%）	软件开发研究人员（人）
国有企业	1	37			6	16.2	24
集体企业	1	105	26	24.8			
其他企业	83	8 109	175	2.2	564	7.0	1 653

表 2　2009—2011 年内蒙古自治区电子信息产业基本情况

项目名称	单位	2009 年	2010 年	2011 年
工业总产值（现行价）	万元	432 884	696 418	1 002 341
工业销售产值	万元	427 179	638 678	843 438
出口交货值	万元	35 079	72 294	145 969
其中：软件出口	万元	983	762	708
流动资产平均余额	万元	351 001	650 595	780 620
固定资产净值平均余额	万元	91 086	168 864	134 340
资产总计	万元	550 252	1 035 913	1 151 554
负债合计	万元	198 581	588 767	800 055
产品销售收入	万元	672 322	935 634	1 078 834
其中：软件产品销售收入	万元	68 208	242 553	253 737
税金总额	万元	19 388	31 921	34 975
利润总额	万元	36 992	56 049	40 352
应交所得税	万元	6 412	9 737	5 729
从业人员年末人数	人	6 251	9 646	8 251
从业人员工资总额	万元	19 190	24 111	29 554

表 3　2009—2011 年内蒙古自治区电子信息产业主要经济效益指标完成情况

项目名称	单位	2009 年	2010 年	2011 年
全员劳动生产率	元/人	172 420	250 500	225 867
流动资产周转率	%	192	144	139
产品销售率	%	98.7	91.7	85
总资产贡献率	%	8.6	11.7	8
资产保值增值率	%	112.3	133.9	87
资产负债率	%	36.1	56	70

表 4　2009—2011 年内蒙古自治区主要电子信息产品产销量情况

产品名称	单位	产量			销量		
		2009 年	2010 年	2011 年	2009 年	2010 年	2011 年
税控机	万部	2	4		2	3	
彩色电视机	万台	125	189	220	151	177	237
电子元器件	万只	15 376	3 744	2 068	15 422	3 864	1 868

注：表 1—表 4 数据来源于内蒙古自治区统计局、内蒙古自治区经济和信息化委员会。

[撰稿：梁玉龙　审稿：霍航雄]

辽　宁　省

【综述】

2011 年，辽宁省电子信息产业实现了“十二五”良好开局，各项工作又上新台阶，产业规模突破 3 000 亿元。全行业加大工作力度，围绕“工业五项工程”建设，以促进园区发展为载体，以落实项目建设为重点，以举办博览会为手段，鼓励企业提高自主创新能力，促进产业结构调整，完善产业链，电子信息产业实现平稳快速增长。

主要经济指标　全省软件服务业实现工业增加值 639.8 亿元，同比增长 41.2%。电子信息产业实现主营业务收入 3 015 亿元，同比增长 34.6%；实现利润 217.9 亿元，同比增长 75.7%；税金总额 112.2 亿元，同比增长 135.3%；出口交货值 847.8 亿元，同比增长 26.8%。

主要产品产量　彩色电视机 514.2 万台，同比下降 8.8%，其中液晶电视机 347.6 万台，同比增长 8.6%；激光视盘机 364 万台，同比增长 22.1%；打印机 74.3 万台，同比下降 12.6%；汽车音响 742.4 万部，同比增长 20.7%。

科技进步与应用

支持企业自主创新，重点围绕集成电路、软件、现代通信、数字视听、半导体照明、新型元器件等领域，积极落实国家和省政府关于鼓励自主创新的各项政策，继续鼓励、支持电子信息企业提高科技含量，提高企业核心竞争力。大连美明外延片科技有限公司、中国科学院物理研究所、清华大学和大连路美芯片科技有限公司联合研发的《GaN 基蓝绿光 LED 的关键技术及产业化》项目获得 2011 年国家科学技术进步二等奖。

信息产业基地建设

自 2008 年被国家发展和改革委员会授予“国家信息产业基地”称号以来，大连市信息产业一直保持较高增长速度。该市把电子信息产业作为主导支柱产业来抓，在城市规划、基础设施投入、产业政策、资源配置等诸多方面给予重点倾斜。2011 年，基地内电子信息产业工业增加值完成 108.2 亿元，出口交货值 312 亿元；基地内电子信息企业研发资金投入 8.15 亿元，同比增长 133%，占全年主营业务收入的 1.6%，同比增长 89 个百分点。其研发经费多用于知识产权创造实施、研发中心建设、新品研发、产品制造工艺水平升级、引进高端研发人才和提高生产线自动化控制水平等。此举提升了本地电子信息产业技术水平，促进了产业结构升级。基地内半导体集成电路产业跻身国内重要产业位置。据中国半导体行业协会统计数据，当年销售收入占全国半导体集成电路比重为 24%。基地内龙头企业在全国乃至全球具有较大比较优势，英特尔、佳能、东芝、罗姆、欧姆龙、三菱电机等均为全球 500 强企业。

信息化应用与建设

一是推进全省电子政务建设与应用。编制了《辽宁省工程建设领域项目信息公开和诚信体系建设工作实施方案》，协调有关部门，采用“分散与集中建设相结合”的模式，研究编制省级综合检索平台的建设方案。二是依托国家试点，促进三网融合工作。组织编制《辽宁省大连市三网融合试点实施方案》并上报国务院三网融合工作协调小组办公室。积极协调推动大连市相关产业部门、广电企业和电信运营商，在技术路线、产品研发、应用模式等方面开展三网融合试点工作。中国联通有限公司大连市分公司、大连天途有线电视网络股份有限公司已选定小区进行三网融合业务小区试验。同时，推进“一根线入户工程”、“大连市三网融合市民体验中心”等三网融合建设项目，并推荐沈阳市申报第二批国家三网融合试点城市。三是推进企业信息化，促进“两化融合”。沈阳市作为国家级信息化和工业化融合试验区，将发挥广泛的区域辐射作用，促进区域企业信息化整体水平提高。开展省企业信息化宽带商务平台应用和省宽带商务平台建设，有效解决了企业信息化建设中存在的瓶颈，降低了企业成本，提升了企业内部管理效率。

其他

一是成功举办了3个博览会。2011年下半年，举办了“2011中国（沈阳）国际手机博览会”、“2011中国（丹东）国际仪器仪表博览会”、“第一届中国（锦州）国际光伏产业博览会”。3个博览会的成功举办，提高了辽宁省手机、仪器仪表、光伏产业在国内外的知名度和影响力，促进了产业集群（园区）的招商引资工作。博览会取得了丰硕成果，其中，“2011中国（沈阳）国际手机博览会”参展企业200余家，交易额突破10亿元，达成有投资意向项目24项，拟投资金额107亿元，累计8万余人次参展；“2011中国（丹东）国际仪器仪表博览会”参展企业185家，达成签约项目92个，签约总额37亿元，累计2万余人次参展；“第一届中国（锦州）国际光伏产业博览会”参展企业近200家，达成签约项目14个，协议金额232亿元，参展人数3万人次。

二是抓好重大项目建设。一是掌握项目基本信息，加快推进项目落实。二是重点做好投资项目、新兴产业项目的跟踪调度，掌握项目的投资和进度，主动帮助企业解决项目建设过程中出现的问题，保证项目顺利实施。三是积极争取国家对辽宁省电子信息产业的支持。组织相关企业申报“核高基”国家科技重大专项，获支持项目2个、支持资金3 048万元；协助企业申报国家重点产业振兴和技术改造专项（电子信息产业）项目，获支持项目9个、支持资金3 300万元；组织企业申报工业和信息化部电子信息产业发展基金项目，获支持项目4个、支持资金1 400万元；国家物联网发展重大专项7项，获得资金支持1 200万元。

三是推动产业集群发展。一是推进沈北光电产业集群等6个产业集群的工作。召开了全省电子信息产业集群衔接推进会，交流电子信息产业集群发展现状及产业集群发展规划制定情况，探讨推进电子信息产业集群机制建设模式，建立电子信息产业集群省、市、区（集群）联动机制。二是对电子信息产业集群建设情况逐个进行调度和现场调研，掌握集群发展情况，总结发展经验，提供发展支持，推动集群发展。三是从发展战略性新兴产业和传统产业转型两条路径着手，促进以企业为主体、以市场为导向的“官助民办”服务体系建设，着力构建软件产业发展的多层次公共服务平台。沈阳市建立了国家信息技术服务标准（ITSS）推进平台、SaaS服务综合支撑平台、沈北手机产业集群公共检测服务平台、浑南动漫公共技术服务平台等软件及动漫公共技术服务机构。大连市建成了软件测试保税中心、EDA公共技术服务、软件人才服务等平台，设立了万融集团，建成了以创投、担保、小额贷款和科技保险为主的完善的科技金融服务体系。

四是鼓励企业并购。根据全省企业并购政策，鼓励企业实施并购工作。加大并购政策宣传力度，扩大并购政策宣传范围，增强企业对并购政策的认识，鼓励企业实施并购。2011年，全省电子信息产业完成并购项目36个。通过并购，辽宁省在高端智能手机软件研发、工业自动化控制、轨道交通系统、汽车电子及模具研发制造、软件服务外包等领域的竞争能力显著增强，全省电子信息企业的核心竞争力得到提升。

五是做好行业经济运行动态分析。2011年，为掌握行业发展态势，坚持每月出版一期电子信息行业动态分析报告，对行业整体经济运行、重点企业、固定资产投资等情况进行实时监测，预判产业未来走势，为领导决策提供依据。

【统计数据】

表 1 2011 年辽宁省电子信息产业人员构成情况

企业类别	企业数（家）	年末从业人员总数（人）	人员构成				
			工程技术人员（人）	在总人数中所占比例（%）	管理人员（人）	在总人数中所占比例（%）	软件开发研究人员（人）
国有企业	113	56 413	3 398	6.0	3 514	6.2	10 198
国有独资企业	7	1 916	18	0.9	249	13.0	1 503
集体企业	8	6 676	83	1.2	25	0.4	152
股份合作企业	24	3 987	227	5.7	674	16.9	876
其他企业	1 902	239 575	27 057	11.3	36 538	15.3	105 956
三资企业	416	151 254	1 798	1.2	5 891	3.9	31 914

表 2 2009—2011 年辽宁省电子信息产业基本情况

项目名称	单位	2009 年	2010 年	2011 年
工业总产值（现行价）	万元	17 782 050	22 785 220	30 487 745
工业销售产值	万元	17 584 310	22 463 837	30 125 107
出口交货值	万元	4 829 146	6 687 669	8 478 356
其中：软件出口	万元	1 134 838	1 473 506	2 230 462
流动资产平均余额	万元	8 653 804	10 916 626	11 919 169
固定资产净值平均余额	万元	1 981 846	2 283 561	3 302 958
资产总计	万元	13 967 563	20 784 826	21 157 958
负债合计	万元	6 290 711	9 871 579	9 071 457
产品销售收入	万元	17 474 310	22 400 346	30 151 573
其中：软件产品销售收入	万元	6 584 310	9 209 768	14 799 708
税金总额	万元	374 138	477 015	1 122 361
利润总额	万元	912 452	1 240 570	2 179 282
应交所得税	万元	171 567	270 031	273 468
从业人员年末人数	人	318 188	423 657	459 821

表 3 2009—2011 年辽宁省电子信息产业三资企业基本情况

项目名称	单位	2009 年	2010 年	2011 年
工业总产值（现行价）	万元	6 907 374	8 842 700	10 702 812
工业销售产值	万元	6 883 165	8 827 400	10 683 559

续表

项目名称	单位	2009 年	2010 年	2011 年
出口交货值	万元	2 380 609	3 596 268	4 768 337
其中：软件出口	万元	123 045	161 243	1 545 073
流动资产平均余额	万元	3 081 476	3 168 313	3 338 686
固定资产净值平均余额	万元	1 024 388	1 095 763	1 121 065
资产总计	万元	4 343 555	6 207 356	7 351 191
负债合计	万元	1 929 622	3 002 075	3 520 044
产品销售收入	万元	6 882 359	8 827 401	10 604 012
其中：软件产品销售收入	万元	2 987 289	3 410 704	5 337 269
税金总额	万元	149 831	441 506	535 855
利润总额	万元	322 354	637 778	761 811
应交所得税	万元	71 443	205 732	237 203
从业人员年末人数	人	137 768	173 860	151 254

表 4　2009—2011 年辽宁省电子信息产业主要经济效益指标完成情况

项目名称	单位	2009 年	2010 年	2011 年
全员劳动生产率	元/人	124 000	176 369	151 138
流动资产周转率	%	201.9	205.7	253.9
产品销售率	%	98.9	99.2	98.8
总资产贡献率	%	12.4	9.5	16.5
资产保值增值率	%	122.6	121.9	116.1
资产负债率	%	45.0	47.5	42.9

表 5　2009—2011 年辽宁省电子信息产业三资企业主要经济效益指标完成情况

项目名称	单位	2009 年	2010 年	2011 年
全员劳动生产率	元/人	88 000	150 862	208 590
流动资产周转率	%	223.3	279.1	320.6
产品销售率	%	99.6	98.3	99.8
总资产贡献率	%	12.7	14.4	17.7
资产保值增值率	%	119.6	120.3	119.5
资产负债率	%	44.4	48.4	47.9

表 6　2009—2011 年辽宁省主要电子信息产品产销量情况

产品名称	单位	产量			销量		
		2009 年	2010 年	2011 年	2009 年	2010 年	2011 年
彩色电视机	万台	465	564	514.2	454	571	514.8
激光视盘机	万台	263	298	364	263	290	366
汽车音响	万台	417	615	742.4	413	615	735.7
手机	万部	48	127	623.2	48	128	623.2
打印机	万台	49	85	74.3	49	83	73.6

注：表 1—表 6 数据来源于辽宁省电子信息产业统计年报。

[撰稿：张友　审稿：孟继民]

吉　林　省

【综述】

2011 年，吉林省电子信息产业继续保持高速增长的发展态势，产业规模不断壮大，企业自主创新能力不断增强，科教和人才优势日益显现，以光电子、汽车电子、电力电子、新型元器件和软件为特色的产业格局逐步形成。

电子信息制造业

2011 年，全省纳入统计口径电子信息制造业规模以上企业 201 家，累计完成产值 357.32 亿元，同比增长 43.9%；完成销售产值 347 亿元，同比增长 43.9%；主营业务收入 338.86 亿元，同比增长 43.4%；完成工业增加值 95 亿元，同比增长 33.7%；实现利税 33.82 亿元，同比增长 52%；利润总额 23.45 亿元，同比增长 52.9%；全部从业人员平均人数 3.8 万人，同比增长 31.6%。

全年累计生产通信及电子网络用电缆 2.72 万对千米，同比增长 44.9%；电力电缆 30.23 万千米，同比增长 78.3%；太阳能电池 9 774 千瓦，同比增长 1 169.4%；彩色电视机（液晶电视）32.58 万台，同比增长 50%；电工仪器仪表 146.65 万台，同比增长 18.9%；功率半导体分立器件 19.74 亿只，同比减少 13.5%；工业自动调节仪表与控制系统 4 305 台套，同比增长 9.2%；汽车仪器仪表 115.8 万台，同比减少 7.3%；灯具及照明装置 49.23 万套，同比增长 34.7%；高压开关板 1 985 面，同比增长 20.5%；低压开关板 13.43 万面，同比增长 86.6%。

细分行业运行特点：

光电子行业　光电器件及光电仪器设备一直是吉林省光电子产业的优势领域，半导体激光器、光电编码器等光电器件产品销售稳步提升，光电编码器生产企业继续保持国内龙头地位，产品产销率达 97%以上；电子专用设备及激光医疗美容仪器产品的市场占有率不断扩大，自主研发的被动元件生产设备国内市场占有率超过 70%。光显示领域虽整体规模不大，但发展速度较快，高清晰全彩色 LED 显示屏始终处于供不应求状态，OLED 显示材料销售呈上升趋势，国内外市场开拓取得新进展。光伏产品生产企业自二季度以来处境比较艰难，外需市场的波动造成了较大负面影响，企业利润大幅下滑，相关企业通过积极开拓国内市场、严格控制成本等方式，基本保证了企业的合理盈亏。

汽车电子行业　由于 2009 年、2010 年全国汽车产业井喷式增长透支了部分市场空间，2011 年初以来，随着整车市场增幅下滑，汽车电子行业增速也有所下降。同时，部分原材料涨价，用工成本上升，加之整车企业不断向包括汽车电子在内的零部件供应企业转嫁成本压力，导致汽车电子行业整体盈利水平下降，特别是中低端汽车电子产品生产企业的利润率已降至较低水平。市场压力促使省内汽车电子企业纷纷采取措施以提高核心竞争力，通过投建新厂、并购重组、合资合作、同步研发等方式，不断改善产品结构、拓宽市场渠道、提高创新能力、扩大市场占有率，为吉林省汽车电子产业的可持续发展奠定了良好基础。

新型元器件行业 功率半导体分立器件产品是吉林省新型元器件行业的主要产品之一。2011 年初以来，相关企业对现有产品结构进行了战略性调整，减小了传统低附加值产品的比重，加快高附加值产品如 VDMOS、IGBT 等产品的研发和投产速度，提高产品平均利润率，积极向产业链上游扩展经营领域。5 月底，新型外延片生产线正式开工建设，预计 2012 年一季度可进行试产。片式电阻、晶振等产品受原材料价格上涨影响较大，企业利润空间被进一步压缩，其中银丝及导电胶等较上年同期上涨 50%以上，银钯浆价格较上年上涨 30%。目前此类企业的盈利水平相对较低。

电力电子行业 近年来，吉林省内电力电子企业一直致力于永磁开关智能化、全固封小型化的研发和产业化。通过智能部件的研发和产品功能设计，提高现有产品的技术和工艺水平，强化产品的标准化、通用化、模块化，扩大生产规模，提高市场占有率。同时，利用永磁技术优势，拓展其在开关领域的应用范围。2011 年10 月中旬，省内一家电力电子企业在中小板成功上市是吉林省电力电子行业又一重大突破，其上市后所募集资金将投入到 3 个重大项目建设，项目建成后将为吉林省电力电子行业发展注入新的动力。此外，省内电力电子企业还利用东北电力大学等院所的科技优势，在智能电网等领域广泛开展研究与合作，抢占战略性新兴产业的市场空间和技术制高点，为未来实现快速发展积蓄力量。

软件和信息服务业

2011 年，吉林省软件行业全年产业规模达到 222 亿元，同比增长 30%；从业人员超过 4 万人。

从产业构成来看，软件收入主体是软件产品、软件服务和系统集成，嵌入式软件份额增加。其中，软件服务销售额 35 亿元，占软件产业总额的 15.8%；软件产品、系统集成销售额分别为 61 亿元、69 亿元，占软件产业总额的 27.5%和 31.1%；嵌入式软件份额达到 32 亿元。

从企业发展情况来看，2011 年，吉林省从事软件及信息服务业的企业超过千家。其中，收入过亿元的企业 39 家，收入超过 10 亿元的企业 1 家，软件出口外包企业超过 50 家。吉林省软件企业认定家数和登记产品项数总体上均呈稳中有升的趋势。截至 2011 年底，全省累计认定软件企业 495 家，登记备案软件产品 1 571 个。其中，2011 年新认定软件企业 56 家，新登记软件产品 191 个。全省获得计算机信息系统集成资质的企业共 50 家，其中，获得一级、二级、三级资质认证的企业分别有 3 家、5 家和 35 家。全省通过 CMMI3 级的企业 4 家。软件企业在研究开发投入、建立和完善核心技术创新体系、提高自主创新能力、扩大产业规模以及丰富产品结构等方面均有较大突破。拥有自主知识产权、具有核心技术优势和特色的软件产品市场占有率不断提高，品牌效应不断提升。

发展优势及特点 一是区位优势。吉林省 80%以上的软件企业都集中在长春市、吉林市和延边朝鲜族自治州。长春市地处东北亚区域几何中心，交通便利，基础设施建设相对完善，是物流、人流和信息流的重要枢纽地区，为大力发展软件和信息服务业奠定了坚实的物质基础。延边朝鲜族自治州一直以来与日韩等国家关系较为密切，特别是近几年“长吉图开发开放先导区”的建立，促进了吉林省软件和信息服务业外包市场规模的发展壮大。

二是科教人才优势。从人才培养的硬件设施投入来看，目前，吉林省设立软件及相关专业的全日制大学有 40 余所，其中吉林大学计算机专业是中国计算机学会常务理事单位之一。现有国家级软件学院 2 所，省级 15 所，国家级软件技术学院 2 所，有计算机技能培训机构 50 多家。从人才培养的规模和数量来看，吉林省现有计算机及相关专业在校大学生 4 万多人；各级软件学院及软件技术学院年培养计算机及相关专业本科毕业生、硕士毕业生分别达 10 000 多人和 2 500 多人；计算机技能培训机构年培训各类人才 5 000 多人。从人才结构来看，软件工程师所占比例较高，系统分析员和项目总设计师的比例较低。目前，拥有一线软件工程师近 10 000 人。据统计，每年吉林省为全国各地软件及服务外包企业输送人才将近 20 000 人。

三是产业优势。吉林省老工业基地在汽车、轨道客车和装备制造业方面，具备了较高水平的研发、设计、加工、生产等综合能力，拥有中国第一汽车集团公司、一汽-大众汽车有限公司等著名整车生产企业及十几家专用车、改装车企业，拥有全国最大的轨道客车生产基地，该基地将形成年产 800 列高速动车组的生产能力。同时，随着战略性新兴产业规划的进一步确定，新能源、新材料等诸多领域对软件及信息服务业的依存度和需求量不断增加，将为吉林省软件及信息服务业加快发展提供广阔的应用领域和市场空间。

重点企业　启明信息技术股份有限公司：至 2011 年，该公司连续 9 年被评定为“国家规划布局内重点软件企业”。在前期研发储备积累的基础上，公司现有自主知识产权的汽车电子产品近 30 项，管理软件产品涵盖汽车业整个产业链，已获得 31 项软件著作权，具有 10 大核心产品，公司产品水平、服务能力及研发能力达到空前高度。目前公司员工总数 2 200 余人，下属全资子公司 6 家，分公司 6 家，控股合资公司 1 家，参股公司 1 家，进一步优化了覆盖全国的服务体系战略布局，公司知名度和社会影响力持续提升。2011 年 7 月，公司和三菱电机株式会社、越田科贸有限公司签署了《关于设立长春启明菱电车载电子有限公司的合资经营合同》。投资各方本着“平等自愿、互惠互利”的原则，共同出资设立长春启明菱电车载电子有限公司，合作生产车载电子产品。

吉林华微电子股份有限公司：2011 年，该公司在收缩与行业弱相关业务的同时，进一步深化半导体分立器件业务“市场结构、客户结构、产品结构”的调整，即通过高端二极管、新型电力电子器件领域新产品的开发、量产带动公司产品结构的升级与优化，同时，通过产品结构的升级与优化，拉动公司向更高层次市场、更优质更具战略合作价值的客户方向进行调整。2011 年，公司的六英寸新型功率半导体器件生产线项目正式投产，标志着公司在产业升级和产品结构优化等方面取得重大进展。目前，公司已形成了一整套较为成熟的 MOS 产品的产品设计、生产制造、生产管理和品质保障体系，具备月产 4 万片的生产能力，并先后推出了四代产品，产品性能达到或接近国外同行水平，在市场中建立起了良好口碑，产销规模稳步提高。2011 年，公司实现主营业务收入 108 684.39 万元，比上年下降 4.3%；实现净利润 10 174.25 万元，比上年增长 23.3%。

吉林永大集团股份有限公司：2011 年，该公司抓住国家经济发展带来的市场机遇，努力拓展新市场，扩大产品销售规模。全年实现销售收入 36 538.87 万元；实现利润 10 556.28 万元，同比增长 10.9%；并于 2011 年 10 月 18 日在深圳证券交易所上市。该公司上市共募集资金 7.6 亿元，将用于“年产 8 000 台 12kV 永磁高压真空断路器技术改造项目”、“年产 1 200 台 40.5kV 永磁高压真空断路器和 8 000 台万能式永磁低压真空断路器建设项目”以及“企业营销网络建设项目”。

信息产业基地和园区建设

长春国家汽车电子高新技术产业化基地　吉林省启明软件园企业孵化有限公司于 2011 年正式筹建成立国家级“汽车电子高新技术产业化基地”（以下简称基地）。基地分为两个区域，分别位于长春市净月经济开发区和高新技术开发区。净月区基地占地面积约 10 万平方米，拟于 2012 年中旬施工建造厂区与配套设施，规划将此地作为汽车电子行业中车载电子相关产品的研发设计与生产基地。高新区基地占地面积约 12 万平方米，于 2011 年正式施工建设，规划将此地作为车身电子、主动安全、新能源汽车电子等多种汽车电子产品设计生产与电动汽车整车安装基地。截至 2011 年底，已有 8 家企业和科研机构准备入驻，入驻洽谈中的企业涉及日本、中国台湾等地多家知名汽车电子企业。

目前，基地已搭建起“汽车电子配套协作公共服务平台系统”，包括线上网络信息交流与发布模块，线下物流配送、呼叫指挥中心、技术检测实验室、市场规划调研中心等，旨在为基地内各汽车电子企业提供一流的资源共享、产品配套、技术配套、物流配套、产品检测、投资融资、资讯搜集、政策咨询、企业间协作等商务服务。预计基地 2017 年销售额达到 140 亿元左右，紧凑型电动汽车产量超过 10 万辆，产值超过 50 亿元。

信息技术应用

延边州无线城市建设　随着延边州人民政府与中国移动通信集团吉林有限公司关于无线延边建设战略合作框架协议的深入实施，截至 2011 年底，延边无线城市建设已全面启动，延吉市、珲春市部分项目已走在全省、全国的前列。延边州无线城市建设以“点、线、面”结合的方式展开实施。“点”即指部门办公信息化系统、企业个别信息化项目，“线”即指政务协同办公系统、企业电子商务等，“面”即是涵盖政务、商务、行业和民生娱乐各子模块链接到无线城市统一平台内。其特色应用建设情况如下：

一是2008年开始，在延边州内统一建设一个具有信息采集、传输、控制、显示、存储、处理等功能的数字化城市报警与监控系统，该项目延边州共投资4.3亿元。通过3年的建设，截至2011年底，延边州城市报警监控已经覆盖7个县市，建设1 470个监控点、150个报警点、22个城镇派出所监控平台，实现了城市无缝覆盖，公安机关使用监控系统已多次破获重大案件。

二是“数字城管”项目。这是国家住房和城乡建设部为实现数字化城市管理推出的有效手段之一。中国移动通信集团吉林省分公司前期投资2 000万元，为珲春市政府建设了珲春市数字城管系统。目前平台已投入运行，主要包括数字城管系统、数字城市事件督办系统、视频监控系统、数字延吉网站群等四项内容。

三是截至2011年7月，延边州移动通信分公司共投资5 000万元，开发“延边州党建工作手机互动信息平台”、“边陲党旗红党员教育服务网”。目前，平台已覆盖全州党员16万人，利用率高达97.9%，中组部计划以延边为试点，在全国范围内推广党建平台的项目。

四是延边州就业服务局综合服务平台。该平台由延边州就业服务局提供专业的求职服务团队、岗位信源和招聘求职管理系统，由延边州移动通信分公司提供通讯服务通道，为求职者提供安全、便捷包括在线面试和在线录用在内的一站式求职服务，使求职者可以足不出户找到工作。

其他

战略性新兴产业培育计划 2011年4月，吉林省人民政府印发《吉林省战略性新兴产业培育计划（2011—2015年）》。计划中明确了吉林省战略性新兴产业的十大领域，具体包括：生物医药、生物化工、电子信息、新材料、新能源、新能源汽车、先进装备制造、节能环保、文化、旅游共十个领域。计划通过5到10年的努力，使战略性新兴产业成为吉林省国民经济的先导和支柱产业，优势领域居国际国内前列，形成布局合理、牵动性大、竞争力强的战略性新兴产业体系和产业格局。

【统计数据】

表1 2009—2011年吉林省电子信息制造业基本情况

项目名称	单位	2009年	2010年	2011年
工业总产值（现行价）	万元	1 925 527	2 483 735	3 573 210
工业销售产值	万元	1 902 565	2 411 371	3 469 996
资产合计	万元	1 942 294	1 807 625	2 553 402
负债合计	万元	974 504	748 824	1 129 418
产品销售收入	万元	1 849 243	2 362 628	3 388 575
税金总额	万元	67 772	69 058	103 699
利润总额	万元	156 794	153 360	234 498
从业人员年末人数	人	28 866	28 878	38 013

表 2　2009—2011 年吉林省电子信息制造业主要经济效益指标完成情况

项目名称	单位	2009 年	2010 年	2011 年
全员劳动生产率	元/人	172 454	210 848	250 017
流动资金周转率	次	1.8	1.8	3.0
产品销售率	%	98.8	97.9	97.0
总资产贡献率	%	14.4	15.1	16.6
资产负债率	%	50.0	51.0	44.2

表 3　2009—2011 年吉林省电子信息制造业主要产品产销量情况

产品名称	单位	产量			销量		
		2009 年	2010 年	2011 年	2009 年	2010 年	2011 年
汽车专用电路	万块	3 882	4 234	2 907	3 893	4 252	2 893
功率半导体分立器件	万只	197 666	228 088	197 398	215 390	224 663	200 300

表 4　2009—2011 年吉林省软件产业基本情况

项目名称	单位	2009 年	2010 年	2011 年
工业总产值（现行价）	万元	1 353 670	1 869 495	2 455 117
软件出口	万美元	806	1 595	1 983
工业增加值	万元	365 746	418 476	569 816
流动资产平均金额	万元	307 354	309 435	707 102
资产总计	万元	655 929	681 783	1 011 301
负债合计	万元	451 694	197 125	321 350
软件产品销售收入	万元	409 203	502 325	607 821
利润总额	万元	116 790	176 116	220 531
应交所得税	万元	23 782	31 294	35 301
从业人员年末人数	人	28 047	31 761	48 541
从业人员工资总额	万元	122 774	147 418	114 176

注：表 1—表 3 数据来源于吉林省统计局，表 4 数据来源于吉林省软件和信息服务业统计年报。

[撰稿：王增华　张彬　杨锁　吴浩江　审稿：刘基岩]

黑龙江省

【综述】

截至 2011 年底，黑龙江省共有电子信息产品制造企业 500 余家，其中年销售收入 1 000 万元以上的骨干企业 50 多家，从业人员近 4 万人，产品涵盖电力电子、机电一体化等 8 个行业，主要分布在哈尔滨、大庆、牡丹江、齐齐哈尔、绥化等市。2011 年，全省电子信息产品制造业实现工业总产值 113.2 亿元，同比增长 16.8%；主营业务收入 103.24 亿元，同比增长 7.9%；实现利润总额 9.68 亿元，同比增长 0.3%；主营业务税金及附加 8 501.9 万元，同比增长 45.8%；应交增值税 6.24 亿元，同比增长 118.2%。

2011 年，黑龙江省软件产业实现软件业务收入 92.4 亿元，同比增长 18%；软件外包服务收入同比增长 52.2%。软件产业收入增长幅度低于全国平均水平，外包服务增长幅度较大，产业结构继续优化。

电子信息产品制造业

行业运行主要特点：

一是重点项目顺利推进。2011 年，哈尔滨海能达科技有限公司的数字集群通信产学研基地项目基建工程进展顺利并已封顶；哈尔滨奥瑞德光电技术股份有限公司蓝宝石半导体衬底片项目已按计划完成投资，安装调试 240 台炉；哈尔滨工业大学化工学院低能耗、无污染高纯硅烷气体/电子级多晶硅项目已与光宇集团正式签约。绥化中晶、龙晶，牡丹江旭阳、金跃，双鸭山汉能等太阳能项目也在按计划推进。

二是中小企业发展较快。2011 年以来，部分中小企业发展势头迅猛，主营业务收入增长超过或接近 50%。黑龙江瑞兴科技有限公司因国内市场需求扩大，销售好于预期，主营业务收入同比增长（前三季度，下同）261%；哈尔滨威克科技有限公司因年初铁道部招标已执行合同，供货量增加，主营业务收入同比增长 117%；黑龙江龙电电气有限公司因国网电力招标中标合同多，已执行见效益，主营业务收入同比增长 60%；哈尔滨博实自动化股份有限公司因 2010 年订单 2011 年见效益，主营业务收入同比增长 54%；哈尔滨奥瑞德光电技术股份有限公司、哈尔滨工业大学远光光电仪器有限公司等企业新建项目逐渐达产，产量增加。此外，牡丹江市和黑河市中小企业主营业务同比增长均达到或超过 20%。

三是成功入选百强企业。哈尔滨光宇集团股份有限公司在电子信息产业百强企业评选工作中，以 2010 年销售额 43 亿元的业绩成功入选，名列第 74 位。

四是企业合作初见成效。2011 年，哈尔滨工业大学化工学院与光宇集团高纯硅烷气体/电子级多晶硅项目正式签约，哈尔滨海格科技发展有限责任公司与黑龙江天有为电子有限责任公司、航天科技控股集团股份有限公司达成上下游合作，黑龙江瑞兴科技股份有限公司、哈尔滨威克科技有限公司、阿城继电器股份有限公司等参与轨道交通工程的相关工作也正在进行。

软件和信息服务业

2011 年，黑龙江省软件和信息服务业实现了持续稳定发展，逐渐成长为黑龙江省战略性新兴产业的重要组成部分，对黑龙江省自主创新能力提升、产业结构优化等发挥了重要作用。行业运行主要特点如下：

一是软件业务收入持续增长，外包服务稳步发展。2011 年，黑龙江省软件产业实现软件业务收入 92.37 亿元，同比增长 18%。软件外包服务收入 32.43 亿元，同比增长 52.2%。

二是信息技术咨询服务增幅较大，IC 设计增速回落。2011 年，软件产业完成信息技术咨询服务收入 13.55 亿元，同比增长 74.6%；软件产品收入 33.46 亿元，同比增长 43.8%，软件产品收入占软件业务收入的 36.2%；嵌入式系统软件实现收入 12.24 亿元，同比增长 31.8%；信息系统集成服务收入 22.65 亿元，同比增长 4.9%；IC 设计、数据处理和运营服务分别实现收入 983 万元、10.37 亿元，同比分别减少 96.4%、24.3%。

三是产业集聚效应显著。哈尔滨、大庆两个中心城市成为黑龙江省软件产业发展的聚集区，带动全省软件产业快速发展，两市软件业务收入占全省软件业务收入的 98%。

软件外包　2011 年，“中国云谷”被工业和信息化部确定为“中国云计算产业基地联盟成员单位”，未来将成为国家灾备中心，国际金融、互联网、政府及公共服务、新媒体和电子商务数据中心，2015 年成为创造千亿级产业规模的国家重要云计算产业基地。大庆市正积极打造全国金融集中作业外包基地。2011 年底，全国最大的金融业外包企业“京北方”入驻大庆，成立大庆京北方信息技术有限公司，建设运营 3 500 人规模的金融数据处理中心项目，发展金融数据处理等外包业务。加上原有位列行业前三位的华拓数码科技有限公司，黑龙江省金融行业外包业务已遍布国内和欧美市场，发展潜力巨大。

动漫产业　黑龙江动漫产业（平房）发展基地注册的动漫企业数量为 280 家，其始终坚持以发展原创动漫为主导，积极研发生产制作各类原创动漫精品。国家广播电影电视总局下发的《关于 2011 年度全国电视动画片制作发行情况的通告》中，该基地生产制作的 9 部原创动画片，共计 5 325 分钟，位居全国第 10 名。这是该基地生产制作分钟数首次跻身全国十强。截至 2011 年底，入驻企业共生产创作动画片 30 部、网络游戏 11 款。

2011 年，哈尔滨七剑数字动漫科技有限公司制作的三维“酷酷小吉”系列已在中央电视台播出两轮，并在澳门获奖，衍生产品也在设计中；同样致力原创的黑龙江新洋科技有限公司、哈尔滨品格文化传播有限公司等 3 家企业经过重组，已打通从制作到播出全产业链，正同时制作 3 部三维片；以立体动画为主要产品的黑龙江四维数码科技有限公司与上海美术电影制片厂合作，计划把传统经典动画用立体技术进行经典再现；主攻手机动漫的哈尔滨盛源文化公司与中国移动通信集团公司、中国电信集团公司达成供应商协议，打开手机用户消费市场。哈尔滨盛源文化公司通过股份制改造，有望成为黑龙江省首批上市文化企业。

上市公司　黑龙江省上市的软件企业有亿阳信通股份有限公司、哈尔滨九洲电气股份有限公司。

亿阳信通股份有限公司：该公司成立于 1995 年，2011 年软件业务收入 7.17 亿元，同比增长 5%。经过十多年自主创新和技术积累，其软件产品涉及网管产品、安全产品、计费产品、客服产品、增值业务运营平台、互联互通监测产品、3G 系列产品等，并构筑了多种行业解决方案；在电信运营支撑系统（OSS）、安全产品与解决方案集成、增值业务平台、智能交通控制等产品及解决方案领域处于同行业领先地位。

哈尔滨九洲电气股份有限公司：该公司成立于 2000 年 8 月，是国家级高新技术产业开发区认定的高科技股份制企业，是黑龙江省“十大高科技龙头企业”之一，主要致力于电力电子高科技节能产品的研究、开发、制造及销售。其产品结构为三大系列一百多个规格品种，主导产品有：“高压大功率变频调速装置及其软件控制系统”、“兆瓦级风力发电变流器及其软件控制系统”等。

典型企业　黑龙江邮政易通信息网络有限责任公司：该公司主打产品累计销售收入 2 亿元。自成立以来，以邮政实物运递网络、信息传递网络、资金流通网络为依托，积极向现代物流、供应链、电子商务等信息化产业领域拓展，现已成为集邮政、物流供应链、电子商务、商品流通、金融结算等多个领域的信息化解决方案提供商，并发展为以提供电子商务、物流供应链 SaaS 运营服务、软件开发、系统集成、信息技术维护、增值电信业务为主营业务的国内知名高新技术企业。

大庆英辰创新科技有限公司：该公司主营计算机软件开发、服务和运营。自 2006 年起自主开发燃气收费管理系统软件及燃气客户服务系统软件，在国内第一个提出计量终端通用计费模块（GPM 芯片）的概念，并成功应用于燃气表；自主开发了“五险合一”的社会保险综合业务管理系统软件；目前正在制定计量终端通用安全模块（GPM2）规范，并提出基于 GPM 构建燃气物联网云服务系统；是国内第一家以软件服务（SaaS）模式服务影像行业的软件服务商，目前已有 1 000 多家影楼、冲印车间等影像企业运行于该公司的智慧影像云服务系统。

电子产品进出口贸易

2011 年，黑龙江省电子产品出口 8.47 亿元，全部为内资企业出口，主要产品以铅酸阀控密封电池、磁头、焊机、蓝宝石衬底材料、一体化红外接收组件等为主，蓝宝石衬底材料出口保持强劲增长。

科技进步与应用

随着两化融合的深入，黑龙江省工业企业对软件供应商和软件服务商提出了更高要求，软件企业不断开发出新产品。黑龙江共友科技发展有限公司投入 2 000 万元建设一条国内最大和最先进的塔机安全监控系统产品生产线，现已投入生产，月标准产能达到 2 000 台；其研制的自主产权核心产品“GBST—100 塔机安全监控管理系统”是共友“数字化平安工地”系列核心产品之一。黑龙江盛世达仁科技开发有限责任公司研发的“乳制品质量安全信息追溯系统软件 V1.0”，实现了对一定区域内奶户、定点奶站、原奶运输、乳品加工、乳品批发市场、大型超市和大卖场、餐饮企业和定点单位乳制品质量安全进行双向追溯，协助乳制品企业领导员工与各分公司领导员工完成查询、修改、监控管理等工作。目前该系统已在黑龙江省摇篮乳业等多个乳产品企业投入使用。

信息产业基地建设

截至2011 年底，黑龙江省科技园区建设已形成“两个新城一个基地七个园区”，即：哈尔滨哈南工业新城、哈尔滨科技创新城、黑龙江省动漫产业发展基地、哈尔滨国际数据城（经济技术开发区软件及服务外包产业园）、黑龙江省地理信息产业园、哈尔滨市经济技术开发区服务外包示范园（双太园区）、大庆软件园、大庆服务外包产业园、哈尔滨工业大学国家大学科技园、哈尔滨工程大学国家大学科技园。其中哈尔滨、大庆两地的 3 个软件及服务外包园区聚集了 70%以上企业，年产值占全省比例超过 90%，为今后资源整合提升创造了良好的硬件基础。

2010 年 11 月启动的位于哈南工业新城的“中国云谷”，立足于打造一个大规模绿色节能、安全可靠的云计算产业中心，以数据中心项目为龙头，构建完整的云计算核心技术产业链，其中包括云计算产业中心、研发中心、测试中心和客户服务中心。目前已吸引投资 120 亿元的中国移动全国云计算中心、总投资 28 亿元的国裕绿色海量云存储基地、总投资 15 亿元的宇光 Intel 虚拟机研发产业园等一批重点项目入驻；同时，与浪潮集团、宽带资本、宝德集团等国内云计算领军企业达成战略合作协议，初步形成基础云、物联云、政务云、医疗云等齐聚“云谷”的产业发展架构。

哈尔滨科技创新城谋划的云计算产业已由一纸规划变成潜力无穷的“北国硅谷”：中加合作“拿云时代”科技项目率先入驻，成为哈尔滨市云计算领域首个国际合作项目；“中金数据”计划建设东北绿色云计算中心，构建东北乃至全国的云计算后台；“万国数据”计划建设万国哈尔滨数据中心产业园，其国际服务外包总部将打造为国内首个智慧园区。科技创新城入驻的云计算产业项目已达 12 个，总占地面积 137 万平方米，总投资额 306.43 亿元；另有 29 个云计算项目在洽谈中。科技创新城已开始呈现云计算产业集聚发展的“磁吸”效应，以商招商的良性循环正在形成。

2011 年，大庆高新区管委会与联想融科智地房地产股份有限公司签订大庆联想科技城项目合作协议，项目总投资 114.5 亿元，规划占地 100 万平方米、建筑面积 200 万平方米。主要建设云计算中心、移动互联中心、物联网中心、科技孵化器、总部基地、创智工坊、体验式 3C 数码广场、物联网型商业街、数字化智能家庭等，共计 12 类产品。该项目已于 2011 年 6 月开工建设。

热点

云计算产业　2011 年底，《哈尔滨市云计算产业发展规划》出台。哈尔滨市将布局城区南北两座新城为云计算发展区域，以哈南工业新城和松北科技创新城为云计算产业集聚区，打造国家级重要云计算产业基地。随着龙江银行数据中心的交付使用，“中国云谷”国裕国际数据中心群项目一期“金融数据中心”的竣工，位于哈尔滨经济开发区的“中国云谷”已迈出一大步。其中，哈南工业新城以基础设施服务、平台服务为主，积极引进金融、通信、动漫、数字媒体、高性能工业制造等云数据中心，预计到 2015 年完成 6 平方公里园区建设。松北科技创新城规划建设面积 2.5 平方公里的云计算产业基地，重点构建公共技术测试、技术交流、人才培训、投融资、企业孵化等“五位一体”的云计算服务体系。预计到 2015 年，哈尔滨市数据中心服务器总数达到 200 万台，在数据存储、加工、处理方面的规模和能力将达到国际先进水平；云计算企业达到 200 家，云计算及相关产业收入突破 500 亿元。

大庆市依托本地成本优势和品牌优势，其服务外包企业发展以金融数据、保险数据、石油数据、地理数据、农业数据和对日数据为主的数据处理业务，云服务产业已顺势发展。目前，已经启动的联想云计算中心将整合联想控股有限公司在云计算、物联网、移动互联等方面的优势资源，在大庆市打造新 IT 业态综合体，并建成全国第一个智慧社区。预计 2014 年该项目全部建成。

主要问题

一是受国际市场萎缩、企业融资难、产品价格下降等因素影响，光伏产业难以达到预期效果。二是固定资产投资不足，导致电子信息产品制造业增长乏力。三是国际订单减少，对部分出口企业影响较大。四是新项目多未达产，对经济增长贡献未达预期。五是企业竞争加剧，市场进入整合期。六是行业龙头企业少，产品层级偏低。七是缺少专业化的研发团队。

【统计数据】

表 1 2011 年黑龙江省电子信息产品制造业人员构成情况

企业类别	企业数（家）	年末从业人员总数（人）	人员构成	
			工程技术人员（人）	在总人数中所占比例（%）
国有企业	2	843	62	7.4
国有独资企业	1	99	22	22.2
集体企业	1	40		
股份合作企业	37	19 987	2 348	11.7
三资企业	3	291	18	6.2

表 2 2009—2011 年黑龙江省电子信息产品制造业基本情况

项目名称	单位	2009 年	2010 年	2011 年
工业总产值（现行价）	万元	828 422	969 619.7	1 131 978.7
工业销售产值	万元	825 201	706 540.8	1 044 597.6
出口交货值	万元	104 185	82 669.7	84 674.2
流动资产平均余额	万元	348 794.4	964 953.2	953 598.2
固定资产净值平均余额	万元	324 698.3	260 063.5	259 068.2
资产总计	万元	1 220 092.6	1 454 894.9	1 537 459.4
负债合计	万元	592 683.5	697 360.9	7 441 230
产品销售收入	万元	823 458	957 064.2	1 032 442.8
其中：软件产品销售收入	万元	30 221.2	64 766.9	44 399.7
税金总额	万元	4 358	5 831.2	8 501.9
利润总额	万元	80 793	96 475.6	96 797.6
应交所得税	万元	11 126	12 371.6	9 898.6
从业人员年末人数	人	17 723	18 700	21 260
从业人员工资总额	万元	40 014	51 851.2	41 980.7

表 3　2010—2011 年黑龙江省电子信息产品制造业三资企业基本情况

项目名称	单位	2010 年	2011 年
工业总产值（现行价）	万元	488 663.1	4 723.3
工业销售产值	万元	246 933.0	4 240.2
出口交货值	万元	55 042.6	1 787.4
流动资产平均余额	万元	386 004.4	13 968.2
固定资产净值平均余额	万元	79 799.4	6 377.9
资产总计	万元	590 667.9	24 231.7
负债合计	万元	309 772.1	10 159.9
产品销售收入	万元	487 071.3	4 804.7
税金总额	万元	3 651.1	47.5
利润总额	万元	33 597.6	–2 004.5
应交所得税	万元	5 255.6	15.1
从业人员年末人数	人	4 716	263
从业人员工资总额	万元	14 214.8	1 699.4

表 4　2009—2011 年黑龙江省电子信息产品制造业主要经济效益指标完成情况

项目名称	单位	2009 年	2010 年	2011 年
全员劳动生产率	元/人	122 065	105 469	77 186
流动资产周转率	%	236.1	99.0	108.2
产品销售率	%	99.6	72.9	92.2
总资产贡献率	%	9.0	9.0	8.4
资产保值增值率	%		113.0	105.7
资产负债率	%	48.6	47.9	48.4

表 5　2010—2011 年黑龙江省电子信息产品制造业三资企业主要经济效益指标完成情况

项目名称	单位	2010 年	2011 年
流动资产周转率	%	125.0	34.4
产品销售率	%	50.5	89.8
总资产贡献率	%	6.6	–6.9
资产负债率	%	52.4	41.9

表 6　2009—2011 年黑龙江省主要电子信息产品产销量情况

产品名称	单位	产量			销量		
		2009 年	2010 年	2011 年	2009 年	2010 年	2011 年
台式计算机	万台	2.94	3.01	3.45	2.94	3.0	3.45
半导体分立元器件	万只	17 555.6	25 000	32 000	17 477.1	27 500	32 000

表 7　2011 年黑龙江省三资企业主要电子信息产品产销量情况

产品名称	单位	产量	销量
计算机数字式处理部件	台	62 085	63 720

表 8　2011 年黑龙江省软件产业人员构成情况

企业类别	企业数（家）	年末从业人员总数（人）	人员构成				
			工程技术人员（人）	在总人数中所占比例（%）	管理人员（人）	在总人数中所占比例（%）	软件开发研究人员（人）
合计	400	26 750	8 237	30.8	3 209	12.0	15 304
国有企业	10	1 541	375	24.3	196	12.7	970
集体企业	1	5			1	20.0	4
股份合作企业	11	447	141	31.5	48	10.7	258
联营企业	1	175	27	15.4	15	8.6	133
有限责任公司	190	13 645	4 659	34.1	1 454	10.7	7 532
股份有限公司	45	3 663	1 119	30.5	558	15.2	1 986
私营企业	127	6 140	1 725	28.1	817	13.3	3 598
其他内资企业	2	241	44	18.3	17	7.1	180
三资企业	13	893	147	16.5	103	11.5	643

表 9　2009—2011 年黑龙江省软件产业基本情况

项目名称	单位	2009 年	2010 年	2011 年
软件出口	万元	20 985	25 617	7 319.6
工业增加值	万元	225 032	207 352	219 763.5
流动资产平均余额	万元	429 008	647 035	696 224
资产总计	万元	907 198	1 047 082	1 063 616.8
负债合计	万元	261 843	316 868	314 454.6
产品销售收入	万元	854 845	900 561	1 037 400

续表

项目名称	单位	2009 年	2010 年	2011 年
其中：软件产品销售收入	万元	652 799	783 066	918 119.6
税金总额	万元	41 902	39 746	52 872
利润总额	万元	117 190	126 082	138 158.3
应交所得税	万元	16 027	11 211	18 881
从业人员年末人数	人	29 686	29 770	32 628
从业人员工资总额	万元	74 121	91 122	149 552.7

表 10　2009—2011 年黑龙江省软件产业三资企业基本情况

项目名称	单位	2009 年	2010 年	2011 年
软件出口	万元	3 522	2 105	619.1
工业增加值	万元	4 810	3 897	4 424.2
流动资产平均余额	万元	11 737	24 964	6 380.5
资产总计	万元	26 772	44 650	40 253.6
负债合计	万元	4 018	5 514	4 791.2
产品销售收入	万元	22 549	23 668	24 427.7
其中：软件产品销售收入	万元	17 698	19 494	19 329.7
税金总额	万元	772	387	2 152.3
利润总额	万元	1 142	3 793	35 769.9
应交所得税	万元	364	155	154.7
从业人员年末人数	人	1 270	885	893
从业人员工资总额	万元	2 388	2 279	3 962

表 11　2009—2011 年黑龙江省软件产业主要经济效益指标完成情况

项目名称	单位	2009 年	2010 年	2011 年
全员劳动生产率	元/人	81 687.4	72 743	72302
流动资产周转率	次	1.96	1.39	1.49
总资产贡献率	%	16.3	16.1	18.5
资产保值增值率	%	117.2	132.8	137.7
资产负债率	%	28.9	30.3	29.6

表 12　2009—2011 年黑龙江省软件产业三资企业主要经济效益指标完成情况

项目名称	单位	2009 年	2010 年	2011 年
全员劳动生产率	元/人	37 877.2	46 114.5	58 289.9
流动资产周转率	次	1.92	0.91	1.19
总资产贡献率	%	5.8	10.9	89.3
资产保值增值率	%	152.2	160.4	171.6
资产负债率	%	15.0	11.7	11.9

注：表 8—表 12 数据来源于黑龙江省软件产业 2011 年统计数据。

[供稿：黑龙江省工业和信息化委员会]

上　海　市

【综述】

2011 年，上海市信息产业在上年高位增长基础上继续保持平稳增长，全年实现产业规模 10 137 亿元，同比增长 5.7%；增加值 1 874.77 亿元，增长 11.5%，占 GDP 的比重为 9.8%。

电子信息产品制造业完成工业总产值 7 062 亿元，比上年增长 3.2%，实现利润总额 175.43 亿元。其中，集成电路产业完成销售收入 629.2 亿元，比上年增长 17.0%，占同期国内集成电路产业销售额的 35.9%。通信设备制造业完成工业总产值 871.5 亿元，同比增长 15.5%；实现销售收入 877.7 亿元，同比增长 14.2%；创造利润总额 30.4 亿元，同比增长 12.4%。生产手机 1 005.9 万部，程控交换机 164 万线，移动通信基站 490.4 万信道。

信息服务业实现经营收入 3 075.24 亿元，比上年增长 21.5%；实现增加值 1 106.21 亿元，比上年增长 17.3%，占第三产业比重达到 9.96%，占全市国内生产总值比重达到 5.8%。截至 2011 年底，规模以上信息服务企业有 4 000 家，从业人员 35.3 万人。其中，2011 年经营收入超亿元企业 225 家（不包括信息传输服务企业），比上年增加 52 家；累计有 43 家信息服务业企业在海内外上市。经营收入超亿元软件企业 192 家，比上年增加 42 家。其中经营收入超 10 亿元软件企业 19 家，比上年增加 3 家；超千人软件企业 29 家，比上年增加 5 家。累计认定软件企业 2 038 家，全国排名第三。

电子信息产品制造业

一是创新驱动渐显成效。自 2009 年上海市启动高新技术产业化推进工作以来，创新驱动成效渐显，为进一步促进战略性新兴产业中新一代信息技术的发展打下扎实基础。2011 年，上海战略性新兴产业电子信息制造领域实现工业总产值 1 973.3 亿元，比上年增长 6.8%，高于电子信息制造业工业总产值增速 3.6 个百分点，对电子信息制造业增长的贡献率为 57.4%。2011 年，上海市集成电路企业昂宝电子（上海）有限公司、上海新进半导体制造有限公司在境外上市，展讯通信（上海）有限公司 TD-SCDMA 芯片被三星旗舰智能机 Galaxy S II 采用，获得中国移动通信集团公司终端集采 57%的份额。战略性新兴产业中，新一代信息技术重点领域集成电路、通信与网络设备、新型显示已成为产业发展重心，汽车电子、物联网等也已成为产业发展的新亮点。

二是转型发展实现新突破。上海市电子信息制造业积极调结构、促转型，着力优化投资结构，同时积极开拓新领域、培育新业态。电子计算机制造业企业在向内地省市梯度转移电脑生产的同时，主动转型，加大高端服务器产品的生产，部分代工厂在收入增长有限的前提下，利润出现较大幅度增长。“909”工程升级改造项目月产能已达到 1 万片，映瑞 LED 项目第一批蓝光及绿光 LED 芯片相继成功点亮，上海蓝光科技有限公司已建成 26KK 量产线，量产功率型芯片封装白光发光效率达 100 lm/W@350mA，物联网应用示范工程有序推进。

三是服务企业促进产业发展。大力推进国家数字电视工程中心、集成电路研发中心、硅知识产权交易中心、电信研究院华东分院、物联网中心等一批公共服务平台建设，做好上海电子信息制造业公共服务，促进产业发展。2011 年，上海电子信息制造业吸引新增投资 244.7 亿元，比上年增长 22.8%，高于制造业投资增速 18.8 个百分点，成为上海制造业新增投资规模第一的支柱产业。全年服务器产量增长 3.3 倍；打印机产量增长 44.3%；手机产量增长近 7 倍；移动通信基站产量增长 63.8%；传真机产量增长 2.2 倍；集成电路产量增长46.6%。

软件和信息服务业

2011 年，上海市信息服务业中，软件产业和互联网信息服务业的比重不断上升，软件产业结构日趋合理，服务化趋势更加突出。服务收入的增长带动软件业务调整，特别是与网络相关的软件信息服务发展迅速。随着网络视听、第三方支付等市场的成熟，互联网信息服务业摆脱了网络游戏单项发展的局面。

2011 年，上海市软件产业运营呈平稳增长态势，实现经营收入 1 766.1 亿元，比上年增长 21%。全年新认定软件企业 386 家，登记软件产品 3 634 个。截至 2011 年底，有 198 家企业获得计算机信息系统集成资质认证，其中一级 12 家、二级 33 家、三级 105 家、四级 48 家。经营收入超亿元软件企业 192 家，其中超 10 亿元的 19 家；从业人员超千人的 29 家。实现利润总额 275.5 亿元，比上年增长 30.2%，占营业收入的比重达到 15.6%。在国家鼓励软件出口和外包的相关政策激励下，2011 年，上海软件出口增长迅猛，出口产值达到 15.75 亿美元，比上年增长 41.4%。目前，占上海市软件出口比重最大的国家是美国，其次分别是日本、新加坡、法国和爱尔兰等国。

2011 年，上海互联网服务业实现经营收入 494.5 亿元，比上年增长 37%。在网络游戏领域，随着社区交友、网络视听、微博等互联网新应用的不断涌现，2011 年，上海网络游戏收入超过 150 亿元，比上年增长 20% 左右。在网络视听领域，随着网络视听行业商业模式和定位的确立、行业格局的初步形成，上海网络视听产业进入高速增长期。从监测数据看，2011 年，上海网络视听产业的增长速度超过 100%，但由于版权成本节节攀升，整个行业仍然处于亏损状态。在第三方支付领域，随着央行第三批第三方支付企业名单的公布，上海市共有 33 家企业获得 35 张第三方支付牌照，全国排名第一。

科技进步与应用

第三代移动通信及长期演进技术（TD-LTE） 作为 2011 年中国移动通信集团公司牵头开展“TD-LTE 规模试商用网一阶段暨规模技术试验”工作的 6 城市之一，上海市主要在外场条件下进行 TD-LTE 同频组网技术的测试验证。随着试验及全球范围内试商用的逐步推进，上海 TD 产业链上下游企业在 3G 的 TD-SCDMA 技术及长期演进技术（TD-LTE）领域处于全国领先地位。上海拥有完整的 TD 产业链，网络设备企业有：上海贝尔股份有限公司、大唐移动通信设备有限公司等；芯片开发企业有：联芯科技有限公司、展讯通信（上海）有限公司、锐迪科微电子（上海）有限公司等；终端设计企业有：上海闻泰电子科技有限公司、晨讯科技集团、龙旗科技（上海）有限公司等；网络规划企业有：上海百林通信网络科技有限公司等；测试仪器企业有：上海创远仪器技术股份有限公司等。无论网络设备还是终端芯片，上海市都占据了重要的市场份额。各种数据都显示，上海已成为国内 TD 移动通信技术最重要的产业基地。

下一代网络（NGN） 上海下一代互联网产业初具基础，聚集了以运营商和上海贝尔股份有限公司、上海中兴通讯技术有限责任公司、上海华为技术有限公司等为代表的产业链重点企业，在基于国际互联网协议第 6 版的下一代互联网基础理论研究、关键技术研发及设备产业化、技术试验、人才培养等多方面有所拓展，后续规模化商用和发展已具备良好基础。

下一代广电网（NGB） 2009 年 7 月 31 日，国家科学技术部、国家广播电影电视总局和上海市政府签订示范合作协议，宣告中国“下一代广播电视网（NGB）”示范网建设率先在沪启动。作为建设 NGB 网络的排头兵，东方有线目前已完成上海中心城区 150 万户 NGB 示范网建设。预计未来进一步扩大规模，将在三到五年时间内，完成全市 500 多万有线电视用户的 NGB 改造，为上海市三网融合试点和“智慧城市”建设奠定扎实基础。目前，NGB 入户网络带宽已达 100M 接入水平，为高端增值业务如远程医疗、高清通话等应用提供了技术条件。

移动终端 上海市在移动终端领域的优势主要集中在 TD-SCDMA 芯片和手机方案设计环节。以联芯科技有限公司、展讯通信（上海）有限公司为代表的 TD-SCDMA 芯片设计公司占到目前整体市场份额的 50%以上；以上海闻泰电子科技有限公司、龙旗科技（上海）有限公司、晨讯科技集团、上海华勤通讯技术有限公司等为代表的手机设计公司拥有国内手机设计的大部分资源。信息终端产业对于上海地区经济和电子信息制造业的发展具有极大促进作用，是信息产业发展的重点领域。

LED 2011 年，上海 LED 产业蓬勃发展。前端拥有映瑞光电科技（上海）有限公司、上海蓝光科技有限公司等外延和芯片企业。1 月 5 日，映瑞光电科技（上海）有限公司 LED 项目开工建设，目前已实现小批量量产；上海蓝光科技有限公司稳步发展，产值不断提升。后端应用方面，上海三思科技发展有限公司的 LED 显示产品已达到国内第一、国际先进水平，LED 路灯、隧道灯等 LED 照明灯具累计销售 10 万余盏，同时还中标深圳地铁及全国 30 多条隧道 LED 照明灯具项目。上海亚明照明公司建成年产 20 万套 LED 照明灯生产线，积极扩大 LED 照明市场销售，已中标人民大会堂射灯改造项目，并获得上海 6 家超市 LED 灯具改造项目订单。相关配套方面，中微半导体设备（上海）有限公司、理想能源设备（上海）有限公司、上海永胜计算机网络有限公司、中晟光电设备（上海）有限公司等 MOCVD 设备生产厂商正在加紧研制。

平板显示 TFT-LCD 方面，随着大批 TFT-LCD 高世代线的投入，2011 年，平板显示产业整体竞争激烈，相较于大部分企业亏损严重，上海平板显示产业则较为平稳。上海天马微电子有限公司保持良好增长势头，获得国家战略性新兴产业平板显示方面的专项资金支持；上海中航光电子有限公司不断提升产能，实施技术改造，进行产品优化与转型。AM-OLED 方面，上海天马微电子有限公司于 2011 年 2 月 20 日成功点亮第一款 AM-OLED 彩色产品，大尺寸（12.1 英寸）AM-OLED 屏样品于 2011 年 10 月在日本横滨国际平面显示器展会上展出并取得较好反响。激光显示方面，已初步形成激光显示研发和产业集聚基础，以上海三鑫科技发展有限公司、上海广电光显技术有限公司为主的生产厂商不断突破核心技术，扩大产业规模。

信息基础设施建设

2011 年是上海市推进智慧城市建设的启动年，上海成立了由市委、市政府主要领导挂帅的智慧城市建设领导小组，召开了全市推进智慧城市建设动员大会，发布了《上海市推进智慧城市建设 2011-2013 年行动计划》。在信息基础设施建设方面，上海着力推进光纤宽带网、无线城市、三网融合试点等重点工作，进一步完善信息基础设施规划、建设管理规范，为“十二五”开局打下坚实基础。

信息基础设施能级显著提升，信息通信服务基本实现按需接入。截至 2011 年底，上海市互联网国际和城域出口带宽分别达到 450Gbps 和 2 000Gbps，国际出口带宽占全国的 1/3，城域出口带宽为国内城市最高。光纤到户覆盖用户超过 400 万户，实际使用用户超过 100 万户，覆盖区域基本达到“百兆进户、千兆进楼”的网络覆盖能力，全市家庭宽带用户实际使用带宽平均达 4Mbps。3G 宏基站建设超过 4 700 个，室内覆盖合路系统超过 3 000 个，基本实现 3G 网络全市域覆盖。累计建设 WLAN 场点 12 000 个（AP 接入点 70 000 个），进一步拓展了在交通枢纽、商业中心、公共活动中心、大专院校、商务楼宇、星级宾馆等场所的无线局域网覆盖。上海超级计算中心经过十年发展，高性能计算机应用领域不断拓展，计算能力达到 200 万亿次每秒的规模，主机系统全年平均使用率超过 80%。累计敷设集约化信息管线 6 258 沟千米，累计接入商务楼宇、基站、小区 4 242 个；长途光缆线路总长累计 4 729.05 皮长千米；互联网数据中心（IDC）累计建设机架超过 15 000 个。到 2011 年底，上海固定电话用户数 926.4 万户；移动电话用户数 2 620.6 万户，其中 3G 用户数 464.7 万户；宽带接入用户数 530.7 万户，其中家庭宽带用户数 455 万户；下一代广播电视网（NGB）覆盖中心城区约 105 万户，为国内最大规模的 NGB 示范网；数字电视用户 262.2 万户；IPTV 用户 153 万户，为全国最大的 IPTV 应用城市。

扎实推进三网融合试点工作。一是推进电信和广电网络建设。发布了《关于本市“十二五”期间加快推进光纤到户建设的意见》、《关于进一步加强本市新建住宅建筑通信配套工程建设和设施维护工作的通知》，筹建住宅通信配套第三方专业维护公司，修订了原有《住宅建筑通信配套工程技术规范》，为顺利推进光纤宽带网建设打下了基础。发布了《上海市公用移动通信基站站址布局专项规划（2010-2020）》，为解决基站建设难题、完善布局、促进管理体制创新创造了条件。开展了“本市公众无线局域网（WLAN）布局规划和实施策略”研究。完成了国家下一代广播电视网（NGB）上海示范网建设。建成了具备支撑广播电视和互动增值等各类业务的NGB互动业务平台。国家级NGB应用实验室在上海挂牌成立。二是推进IPTV等平台建设和业务开展。建成了IPTV集成播控总平台，完成了与IPTV传输平台的对接。建成了手机电视集成播控平台。IPTV和手机电视集成播控平台均实现了与国家广播电影电视总局监管平台的对接。开办IPTV业务，可提供电视频道直播、轮播和视频点播等基础视频服务，并推出各类增值业务。东方有线推进高清电视发展，已传输17套高清电视节目。中国移动通信集团上海有限公司与中央电视台、上海广播电视台等手机电视集成播控牌照机构合作开办了手机视频业务。三是促进三网融合相关产业发展。将三网融合相关信息服务项目和电子信息制造项目列入上海市高新技术产业化等专项资金支持指南。成功召开中国（上海）国际三网融合技术与应用展览会及论坛。百视通公司成功上市，成为国内第一家广电新媒体上市公司。中国（上海）网络视听产业基地正式挂牌成立，结合已落户上海市的中国电信视讯运营中心、中国移动视频产品创新基地建设，在上海市建立起具有集聚效应的视听产业链。

信息产业基地和平台建设

电子信息制造业 上海国家级微电子产业基地已发展成为国内规模最大、产业链相对最为完整、综合技术相对最高的国家级微电子产业基地。主要包括“一带多区”，即浦东微电子产业带（浦东新区）、张江高科技园区和漕河泾新兴技术开发区等七大产业园区，以及上海国家级集成电路研发中心和上海硅知识产权交易中心等集成电路产业四大公共服务平台。截至2011年底，上海国家级集成电路产业基地拥有418家企事业单位，累计总投资241.81亿美元（其中注册资金107.49亿美元）。拥有员工总数11.7万人，其中技术人员4.92万人，专业技术人员占员工总数的42.1%。

产业规模不断扩大。2011年，上海国家级微电子产业基地销售规模为629.2亿元，增长率17.0%，占中国大陆集成电路产业销售规模的40%。其中，设计业、芯片制造业和封装测试业销售收入分别占中国大陆的31.3%、26.2%和46.9%。从基地各园区集成电路销售收入及其占上海市集成电路产业销售总收入情况来看，浦东新区是上海市集成电路产业最为集中的地区，销售总收入占全市集成电路产业的59.1%，其中张江高科技园区的集成电路产业规模占全市的50%以上；其次是漕河泾新兴技术开发区和松江工业园区，各占全市集成电路产业的14.3%和11.1%。

技术水平不断提升。目前，上海国家级集成电路产业基地的主流生产技术已推进到0.13微米以下，先进生产技术已进入90-65纳米，最先进的设计技术已进入40纳米领域。晶圆生产领域，上海国家级微电子产业基地已拥有12英寸生产线两条：中芯国际集成电路制造（上海）有限公司、上海华力微电子有限公司；8英寸生产线8条：中芯国际集成电路制造（上海）有限公司3条，华虹集成电路有限责任公司NEC2条，上海宏力半导体制造有限公司、台积电（中国）有限公司、上海先进半导体制造有限公司各1条；6英寸生产线3条：上海先进半导体制造有限公司、上海新进半导体制造有限公司及上海新进芯公司各1条；5英寸生产线1条：上海先进半导体制造有限公司；4英寸生产线1条：上海贝岭股份有限公司。12英寸生产线的90-65纳米制程已经进入代工生产，45-40纳米制程开发成功并进入量产，32纳米制程正在开发之中。设计业领域，上海集成电路设计业的技术水平迅速提升。2011年初，展讯通信（上海）有限公司推出40纳米的TD-SCDMA手机芯片，居国内领先地位。采用90-65纳米设计技术开发芯片的设计企业已不在少数。产品遍及移动通信手机及基站芯片、64位及32位多核CPU、高清数字电视芯片、多媒体芯片、电源管理芯片、汽车电子芯片和高端IC卡芯片等领域。封装测试业领域，BGA、QFN、CSP、WLP和MCM（MCP）新型封装形式已进入规模化生产，作为SIP（系统级封装）重要技术基础的TSV（硅通孔）技术和3D（三维）叠式技术已经突破。设备材料业领域，中微半导体设备（上海）有限公司具有世界先进水平的90-65纳米及45-32纳米介质刻蚀机已研发成功并实现产业化，2011年销售30台。上海微电子装备有限公司开发的先进封装光刻机也在江苏长电封装生产线上正式使用，盛美半导体设备（上海）有限公司的12英寸单晶圆兆声波清洗机已被海力士半导体（无锡）有限公司

12 英寸生产线采用。

软件和信息服务业　上海市信息服务业布局日趋完善，集聚效应逐步凸显，形成了“4+7+X”的产业格局，即：1 个国家软件产业基地、1 个国家软件出口基地、1 个国家数字出版产业基地、1 个国家网络视听产业基地、7 个市级软件产业基地以及一批数字媒体、信息服务外包、基础软件、云计算等专业信息服务业基地，产业基地集聚作用逐步显现。软件、信息服务外包、网络游戏、数字出版、投融资等一批专业服务平台建设也取得实效。

加强信息服务产业基地规划布局研究。从总体上看，上海信息服务业产业基地在城市空间布局上呈现以下特征：一是集聚效应已基本形成。信息服务企业在浦东和徐汇等区已有较高集中度，特别是在相关信息服务业园区内集聚效应显著；二是产业主要集聚于中心城区。信息服务企业基本呈现环中环线集聚，尽管向城市外环扩散的趋势初露端倪，但集聚效应尚不明显；三是逐渐向城市外围扩散。随着城市交通的改善，信息服务企业已经明显有向商务成本较低、土地和人力资源较为丰富的嘉定、松江、青浦和崇明地区扩散的趋势。

信息服务业合理定位、聚焦重点、错位竞争的产业格局初步显现。浦东区初步形成以园区为核心的企业集聚；张江区依托浦东软件园、银行卡产业园和数字出版基地，集聚了众多软件产业、数据服务业和数字出版类的龙头企业；金桥区初步形成了网络视频产业链；徐汇区依托在互动娱乐方面的优势地位，积极对接产业链上下游，谋划布局移动互联网产业集聚区；闸北区着力打造上海市云计算产业基地，集聚云计算企业近 100 家，2011 年营业收入突破 30 亿元；杨浦区借助区域内高校资源优势，推动云计算创新基地建设，构建云计算创业孵化器、云计算企业加速器、云计算总部基地和云计算人才实训基地的发展格局；普陀区积极推动区域内企业自主创新，促进企业成为技术创新的主体，并建立人才激励机制，通过培养创新人才来提升企业创新能力；虹口区以国家数字出版基地虹口园区挂牌为契机，加大招商引资力度，吸引了一批数字出版产业企业入驻。

2011 年，依照《关于进一步规范上海市信息服务产业基地管理工作的通知》及其工作方案要求，在各软件和信息服务产业园区自愿申报的基础上，遵循“公平、公正、公开”的原则，浦东软件园、陆家嘴软件园、天地软件园、漕河开发区通过了市级信息服务产业基地的首批复审。市北高新技术服务园区、创智天地、上海数字娱乐中心、智力产业园、E 构空间、金沙 3131 等园区加强招商引资服务、产业统计及其经济运行分析等工作，在基地建设、产业发展、招商引资和经济运行统计数据等公共服务方面特色明显。

信息技术应用

两化融合　2011 年，上海市按照国家推进信息化与工业化深度融合战略要求，加快“两化融合”与战略性新兴产业发展、高新技术产业化、传统产业改造提升等重点工作对接，召开了全市推进两化深度融合工作会议，发布了两化深度融合“十二五”规划。“两化融合”发展水平指数达到 75.53，上海市国家级信息化与工业化融合试验区顺利通过工业和信息化部验收。

推进重点项目建设，加强典型示范。围绕飞机、汽车、海洋装备等关键产品，重点推动完成“大型客机全球协同研制平台”、“集成的支持柔性生产的汽车制造执行系统”、“海洋重工装备 300 英尺水深自升式钻井平台工程研发系统”等项目建设。储备了电气风电、新能源汽车、发电机组、数字造船等一批战略性新兴产业核心产品信息化项目。认定了“上海烟草供应链信息系统”等 30 个“两化融合”示范项目。

推进数字工厂建设，树立企业标杆。围绕节能减排、安全生产、自动控制、数字研发等关键环节，加快企业信息化建设。推进国资国企信息化，市经济和信息化委员会与市国有资产监督管理委员会联合发布《关于加强上海市国资国企信息化工作的意见》。上海华谊集团成立集团信息公司，统筹推动集团信息化建设。中国商用飞机有限责任公司召开“两化融合”专题现场会，加快“ARJ21-700 支线飞机数字化客户服务平台”上线。上海交通大学开展了“数字工厂”理念和关键技术的基础性研究。

推进区域信息化建设，加快集聚发展。制定“数字园区建设与管理规范”企业联合标准，在十余个园区推广应用；认定临港产业区、漕河泾新兴技术开发区、市北高新技术服务业园区、浦东软件园、杨浦科技创业中心等 5 个园区为首批“数字园区”。推进“两化融合”实践区建设，认定闸北区为“两化融合”实践区，浦东、杨浦、松江、宝山等实践区在电子商务创新集聚、产学研服务、中小企业信息化等方面取得进展。

推进融合机制建设，凝聚推动合力。加强与工业和信息化部合作，举办全国“两化融合”深度行上海站活动，扩大“两化融合”工作影响力。提升信息化公共服务水平，上海市促进中小企业发展协调办公室累计建成61家综合服务站、专业服务站和信息化辅导站；电子商务“双推”工程推动累计近7 000家中小企业应用电子商务。加强产学研合作，复旦大学、上海交通大学、同济大学等高校“两化融合”研究中心，以及自动化仪表研究院、电器科学研究院等重点实验室推动了一批行业“两化融合”产学研平台项目。

电子政务 2011年，上海加速推进电子政务建设，提升各级政务服务平台效能，服务型政府建设取得新进展。在政府信息公开方面，全市政府子网站主动公开政府信息目录19.1万条和各类政府信息13.2万条，实现了“中国上海”门户网站的中、英文改版和WAP门户改版，对审计、财政预决算、重大建设项目的公开进行了探索。区县政府网站和市政府部门网站继续开展政府信息公开、网上办事服务和互动交流工作，利用手机、微博等新渠道深入开发便民服务应用。

进一步建设和完善重点业务系统。在便民服务方面，社会保障卡继续扩大新农合发卡对象，增加覆盖范围。在经济管理方面，市经济和信息化委员会完成上海市经济运行物联网监控系统，实时掌握能源存量情况；市财政局完成金财一期配套建设，拓展预算编制子系统，完善预算执行子系统，深化政府采购信息管理平台应用，同时改造上海财政门户网站实现信息公开；市统计局建立全市统一的采集平台，实行企业“一套表”联网直报。在社会管理方面，市公安局金盾工程（二期）全面建成；市人大“上海市选民登记信息管理系统”建设完成。在政府内部管理方面，市电子政务灾难备份中心在首批6家试点单位的基础上，又完成3家增补试点单位的数据容灾业务接入建设。

社会及公共服务领域 2011年，上海市市民信箱、付费通等历年实事项目继续深入推进。上海付费通信息服务有限公司获得央行颁发的《支付业务许可证》，将公用事业缴费服务拓展到全国多个城市，同时依托付费通平台，建设上海市电子账单公共服务平台（www.ezhangdan.com），并开通试运行，为市民提供公用事业电子账单服务。市民信箱继续为市民提供个人医疗记录、社会保障、电子账单等信息推送服务，注册用户409万人。

社会事业领域信息化建设继续深入推进。在教育领域，高校信息化建设持续开展；上海远程教育集团开展上海终身教育学分银行建设。在文化领域，上海图书馆积极推进中心图书馆“一城一网一卡一系统”服务平台建设，启动中心图书馆“少儿一卡通”服务；文化信息资源共享工程、东方社区信息苑等项目继续深入推进；上海广播电视台、东方传媒集团（SMG）等单位推出移动互联视频服务。在医疗卫生领域，市民电子健康档案的卫生信息化工程启动；上海市瑞金医院、第六人民医院和岳阳医院开展整合移动应用、临床路径和质量监管的新一代智能电子病历系统试点；上海市第一人民医院、第十人民医院、肺科医院等12家医院开展基于电子病历的医院信息整合平台试点；医联工程已联网34家市级医院；“基于医联平台的统一医疗预约服务系统”开通运行；22家市级医院开通了“一站式付费”服务。在帮助残疾人工作方面，电信运营商为全市1万名听力言语障碍者提供手机短信优惠服务，为3万多户视力障碍者家庭提供固话通话优惠服务；网站无障碍改造工作继续推进，静安区政府门户网站、上海图书馆“无障碍数字图书馆”投入运行；听力残疾人新闻栏目无障碍建设项目启动建设。

热点

集成电路 2011年，上海集成电路产业完成销售收入629.2亿元，比2010年增长17.0%。上海集成电路设计业持续快速增长，标志着上海集成电路设计逐步趋向成熟，设计企业将市场转向“内需主导”、调整产品结构等工作也取得初步成效。2011年，全球半导体市场下滑，海外代工订单大量减少，以代工为主的上海芯片制造业销售额明显下降，仅127.8亿元，比2010年减少4.2%。其中：中芯国际集成电路制造（上海）有限公司销售收入由2010年的54.5亿元减至2011年的42.5亿元；上海华虹NEC电子有限公司和台积电（中国）有限公司由2010年的24.8亿元和19.4亿元分别增至2011年的26.3亿元和23.66亿元，增幅较大；上海宏力半导体制造有限公司、上海先进半导体制造有限公司、上海新进半导体制造有限公司和上海贝岭股份有限公司基本持平，或略有下降。封装测试业增长幅度为14.8%。在国家科技重大专项02专项和上海市经济和信息化委员会、发展和改革委员会及科学技术委员会集成电路专项推动下，上海半导体设备材料企业自主研发的半导体设备和半导体材料开始上市并取得营业收入，2011 年设备材料业销售额增长 59.6%。

新型显示　上海市新型显示产业已初步形成产业基础，技术和人才集聚效应开始显现，产业规模快速扩展，新技术成果不断涌现，骨干企业迅速成长，市场扩展步伐不断加快。2011 年，新型显示高新技术产业化工业总产值达 587 亿元，同比略有增长。薄膜晶体管液晶平板显示器（TFT-LCD）、发光二极管（LED）等领域产业规模不断扩大；有机发光二极管（OLED）、激光显示等产业也不断壮大。

汽车电子　随着国内汽车工业持续快速增长，越来越多汽车采用更多更复杂的电子系统，助推了上海市汽车电子产业的集聚与发展。综合市场数据分析，2011 年，上海市汽车电子产业规模为 731 亿元，同比增长 10.4%，占全国市场约 30%，成为业内的排头兵。上海市汽车电子产业基本实现产业结构、区域布局的转型调整，形成国内最完整的汽车电子产业链配置，以嘉定、浦东为集聚区，松江、青浦、徐汇、杨浦、闵行、奉贤等为拓展区的国内最具规模的汽车电子产业区域布局。2011 年，区域性聚集更明显，产品结构布局更合理。飞乐股份公司收购了国际品牌 AEES 项目和上海德科电子仪表有限公司；上海华东汽车信息技术公司成功收购南京天擎汽车电子公司等，在业务发展上为打造优秀的国际化中高端汽车电子零部件企业打下了基础。

新能源汽车电子　上海市已开始进入新能源汽车电子领域的企业有 30 多家。其中，上海汽车工业（集团）总公司瞄准汽车驱动电力化趋势，把加速推进“电控系统”的应用开发作为新能源汽车领域自主创新的重点，实现了与整车同步发展的目的。该集团的全资子公司捷能汽车技术公司，专注于混合动力和纯电动汽车的动力系统集成和控制集成开发，实现了为第一个新能源产业化项目荣威 750 混合动力轿车的配套。上海捷新动力电池系统公司已具备锂离子电池和配套系统工程应用开发能力、动力电池及模块验证测试能力和电池系统集成能力。

软件产业技术创新　一是研发投入不断增加，上海软件企业研发资金投入占软件总收入的比重平均达到 25%。二是产品结构不断优化，2011 年，上海登记软件产品 3 634 个，累计 16 803 个，主要包括基础软件、工具软件、网络通信软件、中间件软件、行业管理软件、信息管理软件等。新应用、新业态、新模式不断涌现。在云计算领域，突破了虚拟化、海量存储、云计算管理平台等关键技术，并实现了产业化应用；在移动互联网领域，随着移动终端的逐步普及，互联网信息服务企业纷纷推出各具特色的位置服务应用；在互动娱乐领域，利用云计算技术为版权方提供了包括内容录入、自主定价、营销推广、支付结算等整体解决方案，研制出国内首款具有自主知识产权的大型 FPS（First-Person Shooter Game：第一人称射击游戏）。

【统计数据】

表 1　2009—2011 年上海市电子信息产业基本情况

项目名称	单位	2009 年	2010 年	2011 年
工业总产值（现行价）	万元	55 799 948.8	70 612 575.1	70 619 571
工业销售产值	万元	54 972 048.0	69 656 764.1	69 607 872
出口交货值	万元	39 276 929.0	50 455 958.0	49 494 628
其中：软件出口	亿美元	9.3	11.1	15.8
产品销售收入	万元	57 732 860.8	71 595 328.1	71 395 268
其中：软件产品销售收入	万元	12 061 900	14 595 000	17 661 000
税金总额	万元	332 662.5	357 844	291 410
利润总额	万元	339 181.0	2 002 133	1 754 328
从业人员工资总额	万元	491 223	556 181	529 096

表 2　2009—2011 年上海市主要电子信息产品产销量情况

产品名称	单位	产量			销量		
		2009 年	2010 年	2011 年	2009 年	2010 年	2011 年
笔记本电脑	万台	6 799.4	8 382.8	8 954.2	6 757.6	8 356.5	8 928.8
集成电路	万块	722 883.2	1 134 628.8	1 663 142.6	721 753.4	1 115 789.0	1 653 686.6
液晶电视机	万台	117.6	170.6	128.9	116.5	169.3	130.0
等离子电视机	万台	77.9	83.8	95.7	76.8	83.9	96.5
电子元件	万只	6 751 665.3	10 975 451	10 808 971	6 948 663.3	10 834 137	10 793 398

注：表 1、表 2 数据来源于上海市统计局、上海市经济和信息化委员会。

[撰稿：刘芸　审稿：陆栋生]

长江计算机（集团）公司

【综述】

长江计算机（集团）公司创建于 1987 年 3 月，是国家计划单列企业集团，也是中国早期计算机工业的重要基地。近年来，该集团通过大力调整产业结构、不断创新管理体制和机制，逐步形成软硬产品结合、研发与制造结合、应用与服务结合的新型产业结构和布局所构成的综合优势，成为上海市信息产业的主体企业。

2011 年是该集团的调整年。在上海市国有资产监督管理委员会的指导帮助下，集团领导带领全体员工围绕“凝聚价值，实现突破”的经营主题，实现主营业务收入 58 980 万元；完成考核净利润 1 200 万元，全面实现上海市国有资产监督管理委员会下达的考核指标。总体经营效益、质量有所改善，企业实现平稳有序发展。2011 年，该集团经营工作有 3 个基本特点：

一是注重市场的拓展和延伸，重点业务取得进展。围绕数字能源、智能交通、智能楼宇 3 个主要领域，以重要项目和客户的业务延伸、增值业务和运维服务为重点，为发展培育新的增长点打下基础。在石油领域，2011 年成功进军吉林、辽宁市场，加油卡系统已覆盖 6 省 2 市，继续保持中石化最具竞争力的地方集成商和运维服务商地位；同时，参与中石化加油卡保平稳提升项目、总部查询平台项目、查询系统运维服务项目，为深入行业、拓展加油卡其他业务打下基础。在交通领域，OBU 市场占有率继续拓展，年销售 11 万台，产品销售逐步从上海向浙江、北京、江苏等地延伸；高速公路及联网收费系统的运维服务业务得到拓展；轨道交通运维在已有 2 条线路基础上，实施室内大屏维护向室外 LED 屏维护延伸，中标昆明市轨道交通工程 AFC 系统、ACC 系统采购及安装项目，同时积极在北京、福建等省市拓展系统应用。在智能楼宇领域，明确大型企业与区域拓展业务模式，事业部重点围绕商飞开展业务，新成公司以烟草、振华港机、航天等为主要客户，从工程向设计延伸，中标延福大厦楼宇智能设计；业务覆盖面继续扩大，涉及酒店、厂房、办公。此外，在汽车、文化、医疗等领域也有进展，尤其是 ANDON 系统在业内树立了良好形象，已覆盖上海通用和上汽集团 90%以上生产线。市场拓展成效显著，承接新项目 10 项，涉及沈阳、烟台、上海、无锡和临港等地。

二是注重技术创新和积累，构筑企业核心竞争力。围绕集团业务重点发展方向，结合企业自身的实际和优势资源，加强业务结构优化和调整，抓紧研发具有核心竞争力的技术和产品，取得的主要成效包括：

以 ETC 不停车收费管理系统为核心，完成“自由流技术不停车收费系统”研制和采用全芯片控制的 TQXS6-OBU-S40 型研发，有效提升产品质量；进行光幕模式 ETC 系统、网口模式 RSU 和并列双车道 ETC 系统的研发，提高 ETC 车道过车速度，在解决跟车、旁道干扰等 ETC 技术难题方面实现重大突破，技术处于国内领先地位；在完成国家核高基项目“电子控制器在线状态监控支撑平台”研制基础上，制定了针对乘用车信息服务（4S 店）、商用车智能管理（油耗管理）的“乘用车一站式信息化服务”初步方案，车辆油耗管理取得突破；完成了“基于物联网的高清视频电子警察及卡口系统研发和产业化”项目及轨道交通应急响应系统开发。

围绕中石化加油结算系统，完成了上海市高新技术产业化重点项目“中石化新一代自助式加油站”的研发，以加油卡联网结算为核心业务，向增值及相关业务领域延伸。研制开发的基于 GPS/GIS 技术的全国运维管理平台监管系统、油站交易系统将为集团在石油领域的延伸提供技术保障。

完成国家“863”重大项目“虚拟外翻可视化关键技术及在胃肠道肿瘤诊断中的应用”，推进医疗仪器产品中医舌面像分析系统以及脉像模拟手的开发，产品开始推向市场。同时，“基于云服务的智能跨行业知识管理平台”、“基于云计算的北美幼儿托管信息服务平台”、“基于协同运作的汽车制造执行系统”、“卫导通警务安全智能手机”等项目申报了国家及上海市相关委办专项。

通过技术研发和项目实施，逐步掌握和积累了一批关键技术：①自主知识产权 20 件，其中：发明专利 2 件、实用新型专利 5 件、外观设计 1 件、软件著作权 12 件；“脉象模拟手及其实现脉象模拟方法”长征互联网专题情报监测软件、长征多元情报集成协同加工软件、长征多数据源专题站点智能发布工具软件、长江金鑫文化市场行政执法信息监管软件等研制成功；②培育了两家科技创新小巨人培育企业：集团总部和亚太公司均通过上海市科学技术委员会验收；③2 项成果获上海市科技进步奖：“文化市场行政执法信息监管系统”获科技进步二等奖，“面向发展中国家的社会保障卡信息服务系统”获科技进步三等奖；④2 项成果获优秀软件产品：亚太社会保障卡信息服务软件、亚太汽车生产质量跟踪追溯软件。

三是注重资源整合，积极探索企业间业务协同模式。围绕经营工作目标，积极探索构建由集团业务部门牵头，集团所属事业部、亚太、新成公司、东海二产等企业参与的重点业务发展与特色技术提升支撑平台。组织子公司在智能交通领域联合开展科研任务基础上，初步形成包括交通信息服务、交通（车辆）控制系统、交通管理系统、交通收费系统、公交运营管理系统等 5 部分内容的“城市智能交通信息服务”整体业务分析；围绕医疗、航空/航天、酒店等行业重点客户，组织下属企业市场和技术人员共同梳理相关子系统的行业特点，初步形成面向航空行业的业务框架和解决方案，以及涵盖“医院信息化集成系统”、“数字化医院集成管控平台”、“基础设施（建筑设备）管理系统”的数字化医院整体解决方案。

2012 年重点工作

2012 年，该集团业务发展定位是：以成长性、战略性为方向，寻求产业链上核心业务价值定位，谋取关键技术、产品等竞争资源和优势；业务价值体现于系统方案、关键技术和特色服务能力的结合。

重点工作：一是围绕企业发展的核心主业，重点突出新业务、增长业务的拓展和投入，促进重点项目、客户、业务价值的实施体现，确保年度主要经营目标的有序实现和经营质量的平衡提升。二是以能源、交通、楼宇三个板块为重点，完成资产、业务的整合；以系统、软件、终端结合为机会，加大技术、人才、资金方面投入；以消除重叠、浪费为原则，提升智能楼宇产业的协同和增值价值。

[供稿：长江计算机（集团）公司]

江 苏 省

【综述】

2011 年，江苏省电子信息产业实现销售收入 25 961.3 亿元，同比增长 24.7%。其中，软件产业完成业务收入 3 106.3 亿元，同比增长 35.6%；电子信息产品制造业实现主营业务收入 22 855 亿元，同比增长 23.3%。电子信息产品制造业完成出口交货值 12 232 亿元，同比增长 18.4%。

江苏省电子信息产品制造业规模以上企业①4 202 家，从业人员 244 万人，比上年增加 16 万人。其中，国有企业 16 家，从业人员 9 904 人；集体企业 41 家，从业人员 11 948 人；股份合作企业 13 家，从业人员 4 499 人；三资企业 2 055 家，从业人员 187.69 万人；其他企业 272 家，从业人员 4.3 万人。

2011 年，江苏省集成电路产量 225 亿块，同比增长 2%。彩色电视机产量 1 477 万台，同比下降 10.1%，其中液晶电视 1 467 万台，同比下降 10.5%。全行业共生产个人电脑 9 916 万台，同比增长 5.9%，其中，笔记本电脑产量 8 907 万台，同比增长 5.7%。光缆产量 4 712 万芯千米，同比增长 40.5%。半导体分立器件产量 693 亿只，同比下降4.3%。

电子信息产品制造业

2011 年，全省电子信息产品制造业实现产值 23 562 亿元，占全省工业的比重为 21.7%，比 2010 年提高 1.6 个百分点；实现主营业务收入 22 855 亿元，同比增长 23.3%，增速高于全国 6.2 个百分点，占全省工业的比重为 21.4%；实现利税 1 583 亿元，同比增长 19.1%，其中利润 1 169 亿元，同比增长 14.9%，分别比上年降低 11.7 个和 23.4 个百分点。全行业平均销售利润率从上年的 5.4%降低到 5.1%。全年全行业共有亏损企业 725 家，亏损面达 17.3%，亏损额同比增长 87%，分别比上年提高 4.6 个和 110.2 个百分点。完成出口交货值 12 232 亿元，同比增长 18.4%。主要经济指标保持全国第二。

2011 年，江苏省重点监测的产值前 100 名企业共实现产值 11 615 亿元，同比增长 11%，占全省电子信息产品制造业的 49.3%。有 11 家企业产值超 200 亿元，数量比 2010 年增加 4 家；36 家企业产值超过 100 亿元，比 2010 年增加 11 家。

2011 年，苏中苏北地区发展速度总体快于苏南，所占全省产业的比重逐步增加。其中，苏南地区实现主营业务收入 18 281 亿元，同比增长 20.3%，占全省电子信息产品制造业主营业务收入的 80%，较上年下降 2 个百分点；苏中地区实现主营业务收入 3 262 亿元，同比增长 30.3%，占全省电子信息产品制造业主营业务收入的 14.3%，较上年上升 0.9 个百分点；苏北地区实现主营业务收入 1 312 亿元，同比增长 57.9%，占全省电子信息产品制造业主营业务收入的 5.7%，较上年上升 1.2 个百分点。全年来看，苏北地区增速波动较大，但一直保持在 50%以上，这主要得益于光电器件及材料领域企业的高速发展，其中徐州市、连云港市的增速领跑全省。苏中地区主要受半导体照明等新兴产业快速发展带动，平均增速保持在 30%以上，其中扬州市增势突出，主营业务收入全省排名一度上升到第 4 位，全年增速达 36.5%，排名全省第 5 位。苏南地区增速较为平稳，全年维持在 20%-30%区间，低于全省平均增速，其中苏州市实现主营业务收入突破万亿元，达到 11 199 亿元，同比增长 17.6%。

分行业看，2011 年，通信设备行业保持高速增长，全年实现主营业务收入同比增长 44.1%，实现利润同比增长 39.7%，分别比上年提高 27.7 和 27.4 个百分点。受光电器件拉动，电子器件行业全年实现主营业务收入同比增长 31.2%，但由于产品价格下跌，企业利润大幅压缩，全年同比下降 6.8%。计算机行业总体发展平稳，实现主营业务收入同比增长 14.3%，利润同比增长 16.9%。家用视听行业增速放缓，全年实现主营业务收入、利润同比分别增长 0.5%、-7.3%，增速分别比 2010 年降低

注①统计口径由年产值 500 万元以上改为 2 000 万元以上。

32个和49.2个百分点。

在物联网、太阳能光伏、半导体照明等战略性新兴产业快速发展的带动下，江苏省电子信息产业领域固定资产投资高速增长，一批重点项目顺利推进。根据工业和信息化部统计，1-11月份，全省电子信息产业共完成固定资产投资1 915亿元，同比增长62.6%，投资额在全国排名第一，占全国总投资额的近1/4。中电熊猫第六代液晶面板生产线正式投产并已达到设计产能的75%，与之配套的玻璃基板、彩色滤光片、液晶材料等项目纷纷落户并加快建设；昆山康佳电子的液晶模组与整机一体化项目已完成6条模组线和3条整机线的建设；苏州三星高世代线正在进行基础施工。

2011年，江苏省有19家企业入选2010年度全国电子信息产业百强企业，共实现主营业务收入1 627亿元，占全省电子信息产品制造业主营业务收入的7.1%。

其中，南京中电熊猫信息产业集团有限公司排名第11位，完成主营业务收入314亿元，同比增长10.4%；亨通集团有限公司排名第18位，完成主营业务收入164亿元，同比增长30.6%；宝胜集团排名第20位，完成主营业务收入139亿元，同比增长13.5%；永鼎集团有限公司排名第23位，完成主营业务收入112亿元，同比增长13.5%；江苏宏图高科技有限公司排名第25位，完成主营业务收入110亿元，同比增长4.8%；南京联创科技集团股份有限公司排名第26位，完成主营业务收入85亿元，同比增长63.0%；通鼎集团有限公司排名第28位，完成主营业务收入87亿元，同比增长40.7%；中天科技集团排名第31位，完成主营业务收入95亿元，同比增长15.8%；南京南瑞集团公司排名第41位，完成主营业务收入59亿元，同比增长22.1%；昆山龙腾光电有限公司排名第43位，完成主营业务收入78亿元，同比增长39.3%；震雄铜业集团排名第48位，完成主营业务收入73亿元，同比增长51.0%；南通华达微电子集团有限公司排名第52位，完成主营业务收入42亿元，同比增长37%；中利科技集团股份有限公司排名第53位，完成主营业务收入58亿元，同比增长42.1%；江苏新潮科技集团有限公司排名第64位，完成主营业务收入41亿元，同比增长42.2%；江苏通光信息有限公司排名第75位，完成主营业务收入39亿元，同比增长7.5%；江苏迅达电磁线有限公司排名第77位，完成主营业务收入31亿元，同比增长13.4%；江苏双登集团有限公司排名第78位，完成主营业务收入40亿元，同比下降20.8%；华润微电子有限公司排名第79位，完成主营业务收入38亿元，同比增长20.6%；镇江环太硅科技有限公司排名第81位，完成主营业务收入23亿元，同比增长299.9%。

在2011年全国电子元件百强企业中，江苏省有亨通集团有限公司、中天科技集团等17家企业入围，共实现销售收入429亿元，占全国电子元件百强企业总销售收入的27.8%。

软件和信息服务业

2011年，江苏省实现软件业务收入3 106.3亿元，同比增长35.6%，比全国平均水平高3.2个百分点，列广东省之后，位居全国第二，占全国软件业务收入的16.9%。其中，软件产品收入784.1亿元，信息系统集成服务收入533.4亿元，信息技术咨询服务收入265.8亿元，数据处理和运营服务收入390.2亿元，嵌入式系统软件收入929.7亿元，IC设计收入203.1亿元。

江苏省软件产业实现增加值847.09亿元；软件外包服务收入150.93亿元，同比增长105%，占全省软件业务收入的4.8%；软件业务出口75.13亿美元，同比增长48.6%。江苏省软件产业从业人员总数为59.93万人。

2011年当年计算机软件著作权登记量为11 899件。截至2011年底，全省累计认定软件企业2 803家，当年认定软件企业542家；累计登记软件产品13 477项，当年登记软件产品3 094项。

2011年，江苏省软件收入超亿元的企业有412家，全省软件收入超50亿元的企业有4家，分别是华为软件技术有限公司、南京中兴软件有限责任公司、南京联创科技集团股份有限公司和南京南瑞集团公司（含国电南瑞）。

2011年，江苏省列为2010年度国家规划布局内重点软件企业21家，低于北京市（55家）、广东省（49家）、上海市（31家），与浙江省持平。分别是：国电南瑞科技股份有限公司、南京南瑞继保电气有限公司、联创亚信科技（南京）有限公司、南京中兴软创科技股份有限公司、南京国电南自软件工程有限公司、江苏金智科技股份有限公司、焦点科技股份有限公司、南京三宝科技股份有限公司、南京擎天科技有限公司、南京欣网视讯通信科技有限公司、南京智达康无线通信科技股份有限公司、江苏爱信诺航天信息科技有限公司、软通动力信息系统服务有限公司、南京富士通南大软件技术有限公司、联迪恒星（南京）信息系统有限公司、横新软件工程（无锡）有限公司、冲电气软件技术（江苏）有限公司、爱可信（南京）技术有限公司、新宇软件（苏州工业园区）有限公司、江苏润和软件股份有限公司、南京新模式软件集成有限公司。

2011 年，江苏省有 8 家软件企业进入第十届中国软件业务收入前百家企业。企业名称及其在全国的排名分别是：南京联创科技集团股份有限公司，第 6 位；南京南瑞集团，第 9 位；国电南京自动化股份有限公司，第 26 位；江苏通信服务有限公司，第 39 位；江苏集群信息产业股份有限公司，第 49 位；江苏南大苏富特科技股份有限公司，第 56 位；江苏国光信息产业股份有限公司，第 71 位；江苏金智科技股份有限公司，第 82 位。

软件企业上市融资继续推进。2011 年，江苏天瑞仪器股份有限公司、天泽信息产业股份有限公司在深圳证券交易所成功上市。目前江苏软件企业在国内外证券交易所挂牌上市的有 13 家。

2011 年，新组建成立江苏海洋工程与船舶信息技术应用产业联盟、智能工业产业联盟，加上之前的国产芯片与软件应用联盟、软件服务外包联盟、传感网产业联盟、数据库产业联盟、信息安全产业联盟、软件人才服务联盟、互联网服务产业联盟、软件园合作发展联盟，江苏省软件产业联盟已达 10 家。江苏省云计算产业联盟及江苏省云计算中心和腾云公司正在筹建之中。

2011 年，工业和信息化部批准认定江苏省集成电路设计企业 20 家，成为连续两年认定最多的省（市）。江苏省历年累计认定 84 家，占全国的 17.0%，仅次于上海市、北京市。2011 年，江苏省共有 168 家企业被认定为计算机信息系统集成资质企业，比上年增加 16 家，其中一级 13 家、二级 27 家、三级 97 家、四级 31 家。经认定的信息系统工程监理单位共 17 家，其中部临时资质 3 家。

2011 年，江苏省开展选拔软件和物联网“创新团队”项目，经严格遴选，共支持 4 家企业的创新引进团队，另有 3 家软件企业获得科技、现代服务业“创新团队”引进项目称号和资助。组织江苏软件企业家参加清华大学高级研修班，共有 88 位高层次人才参加培训。免费培训软件架构师 109 名、项目经理 106 名，分别有 91 名和 72 名学员顺利结业。国内软件学院的 61 名在读大学生获得江苏软件奖学金。由江苏省经济和信息化委员会主办的“大学生软件设计大赛”升格为由工业和信息化部、教育部和江苏省人民政府共同主办的“中国软件杯”大学生软件设计大赛，并正式启动。

电子产品进出口贸易

受欧美经济增长乏力、市场需求疲软、出口产品价格下跌以及贸易摩擦增多等因素影响，2011 年，江苏省电子信息产品出口增速呈现下滑态势。全年共实现出口交货值 12 232 亿元，同比增长 18.4%。分季度看，一季度出口交货值增幅 27.6%，为全年最高值。二季度至四季度增速分别为 20.2%、17.0%、11.2%。出口对全行业增长的贡献率也从年初的 53%下降到全年的 41.7%。从重点地区看，总量占全省 84.5%的苏州、无锡两市全年分别实现出口交货值 9 091 亿元、1 272 亿元，同比分别增长 16.3%、15.3%，比全省平均增速低 2.1 个和 3.1 个百分点。

分行业看，通信设备行业全年实现出口交货值 325 亿元，同比增长 42.8%，比上年提高 9.8 个百分点；电子器件行业实现出口交货值 2 490 亿元，同比增长 28.8%，高于行业增速 10.4 个百分点；计算机行业实现出口交货值 4 686 亿元，同比增长 15.4%，比上年降低 0.4 个百分点；家用视听行业实现出口交货值 482 亿元，同比下降 3.5%，增速比上年降低 36.2 个百分点。

科技进步与应用

至 2011 年底，江苏省拥有国家认定的电子信息领域企业技术中心 7 家，省认定的电子信息领域企业技术中心 72 家，分别占全省工业领域企业技术中心的 13.0%、9.8%。

2011 年，江苏通鼎集团有限公司、国电南京自动化股份有限公司、江苏苏净集团有限公司 3 家企业技术中心成为国家级企业技术中心。东南大学的“宽带移动通信容量逼近传输技术及产业化应用”成功解决此项技术的世界性难题，获得国家技术发明一等奖，实现了江苏获国家技术发明一等奖“零”的突破。昆山维信诺显示技术有限公司研制成功国内首款 12 英寸有源驱动有机发光显示器（AM-OLED）全彩显示屏。无锡华润华晶微电子有限公司、苏州固锝电子股份有限公司、苏州长电科技股份有限公司等 10 家企业的项目被评为“第六届(2011 年度）中国半导体创新产品和技术”，总数约占全国 1/3；无锡江南计算机研究所、苏州国芯科技有限公司等 7 家单位承担或参与了国家科技重大专项“核高基”和“新一代宽带无线移动通信网”项目。TD-LTE 基站天线、支持国产计算机的固件、集成电路设计 EDA 平台、移动信息终端 SoC 芯片等一批科研成果成功转化和推广应用。

信息基础设施建设

截至 2011 年底，江苏省光缆线路长度达 1 127 038 皮长千米，居全国第 1 位；互联网宽带接入端口 2 041.6 万个，居全国第 2 位，仅次于广东省；局用交换机容量 4 126.5 万线、移动电话容量 9 536 万户。2011 年，江苏省固定电话用户 2 370.9 万户，居全国第 2 位，仅次于广东省；移动电话用户 6 684 万户，居全国第 3 位；固定电话普及率 30.1 部/百人，移动电话普及率 85 部/百人，宽带接入用户 1 221.3 万户，居全国第 2 位。

2011 年，江苏省三网融合协调小组组织广电、电信试点企业向国家有关部门申报业务双向进入许可并获得批准。组织无锡市、常州市、苏州市、南通市、扬州市、镇江市、泰州市为主体的沿江城市带申报国家三网融合第二批试点城市，根据工业和信息化部、国家广播电影电视总局等有关部委反馈信息，申报方案已通过国务院协调办公室评审，江苏省有望成为全国最大的三网融合试点地区，实现三网融合工作由点到面的重大突破。

组织江苏省广播电视总台（集团）、省电信公司联合开展 IPTV 试点工作，推动三网融合业务有序开展。组织完成省级 IPTV 集成播控平台建设及与电信传输分发系统的对接，开展部分用户的应用测试及专家测试评估工作。IPTV 试点、广电网宽带业务、云媒体电视等广电、电信业务双向进入工作取得阶段性成果。截至 2011 年底，全省 IPTV 用户达 300 万户。

组织省内 20 余家三网融合骨干企业、院校发起成立了江苏省三网融合发展联盟，组织拟订江苏三网融合试点示范园区、企业认定标准和规范。

信息产业基地建设

2011 年，江苏吴江经济技术开发区、江苏南京雨花软件园分别被评为第三批“国家新型工业化产业示范基地”。截至 2011 年底，江苏省共有 6 家单位被工业和信息化部授予电子信息领域“国家新型工业化产业示范基地”，在各省份中排名第一。以基地园区为载体，一批重点企业、重大项目加快集聚，2011 年，以新型显示为主导产业的南京新港开发区电子信息产品制造业实现主营业务收入 1 093 亿元，同比增长 36.6%，占全市总量的 57.3%，为中电熊猫 6 代线配套的彩色滤光片、合成化学液晶材料等一批项目纷纷落户；以现代通信为主导产业的南京江宁开发区电子信息产品制造业实现主营业务收入 560 亿元，同比增长 66.2%，占全市总量的 29.4%，开发区内无线谷工程和未来网络谷建设有序推进，重点项目进展顺利。

2011 年，江苏省启动建设以中国（南京）软件谷为核心、南京软件园和江苏软件园为两翼、规划面积约 100 平方公里的软件产业集聚区，培育一批“双自”软件企业，建设一批公共服务平台，集聚一批高端软件人才，提升软件名城建设水平。2011 年，南京市软件业务收入 1 521 亿元，同比增长 50%，占全省软件业务收入的 49.0%，占全国软件业务收入的 8.1%；全市涉软从业人员超过 20 万人。全市电力自动化、通信、智能交通 3 大应用软件产品分别占国内市场份额的 50%、30%、20%。8 家本地软件企业入围全国软件业务收入百强，26 家世界 500 强软件企业和 27 家中国软件百强企业落户南京。

2011 年新认定 3 家省级软件园，累计已认定 24 家，覆盖了江苏省各市。据统计，2011 年省级以上软件园载体面积增加 173 万平方米，累计达到 1 373 万平方米；驻园企业共实现软件业务收入 1 720.7 亿元，同比增长 27.8%，占全省软件业务收入的 55.4%。其中，5 个国家级软件园实现软件业务收入 1 010 亿元，省级软件园实现 710.7 亿元，分别占全省软件业务收入的 32.5%和 22.9%。中国（南京）软件谷（目前仍属省级软件园）实现软件业务收入 488 亿元，成为全省软件产业园的龙头。江苏省软件和信息服务产业基地包括：中国（南京）软件谷、南京徐庄软件产业基地、昆山软件园、南京新城科技园、扬州信息服务产业基地、江阴高新技术开发区服务外包产业园、淮安软件园、南京国际服务外包产业园、南通软件园、泰州数据产业园、镇江软件园、无锡山水城（江苏基础软件产业园）、苏州吴中经济开发区、宿迁软件园/宿迁软件和服务外包产业园、江苏海安软件科技园、如皋软件园、沭阳软件产业园、盐城国际软件园、无锡太湖国际科技园（江苏软件外包产业园）、常熟国家大学科技园、常州信息产业园、徐州软件园、连云港开发区软件园、南通国际软件园。

信息技术应用

电子政务 制定《江苏省政府信息化服务管理办法》。按照省政府的服务型政府制度建设要求，起草完成省政府行政规章——《江苏省政府信息化服务管理办法（草案）》。推动该管理办法进入立法程序。

开展省信息资源共享交换平台可行性研究。完成江苏省省级信息资源共享需求调研和共享信息调查，确定首批政府信息资源共享目录和平台一期工程共建共享单位；完成平台建设可行性研究报告，研究确定省信息资源共享交换平台的建设目标、建设任务、总体框架和技术方案，基本完成平台建设立项准备。

积极承担国家电子政务相关指南编制。完成国家《依托电子政务平台加强县级政府政务公开和政务服务实施指南》编制起草，该指南已由工业和信息化部、监察部、预防腐败局等部门联合印发。

根据工业和信息化部要求，全面启动 2011 年全省地方电子政务发展水平评估深化应用试点、县级政府网站发展试评估工作，已分别形成评估发展报告上报工业和信息化部。

两化融合 2011 年，江苏省共认定两化融合示范试点企业 429 家，其中示范企业 44 家，试点企业 385 家，累计组织申报企业 1 033 家。

大力加强两化融合示范载体建设。继续推动南京市做好国家级两化融合试验区建设工作，并已通过工业和信息化部验收。

2011 年，全省共有 44 家园区申报省两化融合示范区。经综合评审，新增南通经济技术开发区等 10 个示范区、扬州江都经济开发区等 6 个试验区。目前，全省已分别建成省两化融合示范区和两化融合试验区 17 个，建成两化融合示范基地 1 个。

积极贯彻落实工业和信息化部等五部委《关于加快推进信息化与工业化深度融合的若干意见》，结合江苏省实际，会同省科技厅等研究制定《关于加快推进全省信息化与工业化深度融合的实施意见》（苏经信信推[2011] 950 号）。按照工业和信息化部要求，积极推动节能减排、石油化工等领域两化融合工作，《南钢能源管理系统 EEMS》等 11 个项目被工业和信息化部评为全国首批“两化融合促进节能减排重点推进项目”。

2011 年度江苏省信息化和工业化融合示范区包括：南通经济技术开发区、苏州国家高新技术产业开发区、无锡江阴高新技术产业开发区、淮安经济技术开发区、盐城经济技术开发区、徐州高新技术产业开发区、泰州市泰州港核心港区、镇江经济技术开发区、扬州维扬经济开发区、南京雨花经济开发区。

2011 年度江苏省信息化和工业化融合试验区包括：扬州江都经济开发区、苏州张家港经济开发区、淮安洪泽经济技术开发区、徐州新沂经济开发区、江苏泗阳经济开发区、连云港东海经济开发区。

物联网 对农业、节能环保、矿山、家居安防、交通物流、医护等 6 个领域的物联网应用示范工程进行顶层设计，制定完成各领域应用示范工程总体方案。做好方案优化和项目立项，对入围重点项目进行资源整合，优化和完善各示范工程项目实施方案，确定示范工程承担单位，按照要求做好项目立项和合同签订、资金拨付等相关工作。

举办 2011 年中国物联网应用与标准大会、第三届中国物联网和 RFID 发展年会，加大对江苏物联网产业优势企业的推介和宣传力度，加强省内外研发资源和产业资源的整合，打造行业优势品牌。

信息安全 2011 年，江苏省经济和信息化委员会研究制定《江苏省信息安全“十二五”发展规划》，制定出台《“十二五”时期江苏省保密事业发展规划》。在全国率先制发《网安执法规范化标准手册》，组织汇编《网安工作技战法手册》。开展了物联网、三网融合等新技术新应用信息安全课题研究，完成相关研究报告。开展工业和信息化部“物联网信息安全审查试点”、“党政机关网站专项整治”等试点工作。

开展灾备中心二期建设研究，启动江苏省人力资源和社会保障厅应用级灾备建设试点。加快建立政府网站和重要信息系统安全监测预警体系。完善电子政务内网违规外联安全监管平台，全年核查并督促整改违规外联报警信息 110 起。启动“电子认证证书系统升级改造”和“电子政务内网密码应用支撑平台”建设，电子政务中心统一安全认证平台通过专家组验收。全省电子商务数字证书发证总量累计突破 130 万。开展长三角电子商务数字证书交叉互认试点，推动跨区域数字证书互联互通。

妥善完成灾备中心日常运维管理和全国“两会”、“建党 90 周年”、“高考”等重要敏感时期值班值守以及基础网络与重要信息系统的安全监测预警管控。加大等级保护监督检查和指导力度，部署实施信息安全等级保护“955”工程。基本完成省级机关 191 个计算机网络定性定级情况的报备。对 20 家党政机关、高等院校和军工单位的涉密信息系统进行现场测评和现场审查，审批颁发了《涉及国家秘密的信息系统使用许可证》。完成全省政府信息系统安全检查、涉密信息系统安全检查、党委和科研院所信息安全专项检查、公共基础信息网络安全检查工作。

开展应急预案宣贯和培训，完成 38 家省级部门应急预案备案，组织 6 家部门进行应急预案效能评估。提升公共基础信息网络和重要信息系统安全应急处置能力。全年共检测政务网站 423 站次，发现严重安全隐患 64 站次，制发书面整改通知 14 份。利用公共互联网安全监测平台对重要信息系统监测，向涉事单位通报信息 206 次、安全事件 12 362 起。

组建信息安全产业联盟。支持信息安全企业产品研发与产业化，全年共支持 8 个优秀信息安全产品产业化项目资金 1 137.6 万元。成立中国密码学会江苏工作站、江苏省通信行业协会通信网络安全专业委员会、江苏省信息安全保密工程技术研究中心。举办“全国窃密泄密案例警示教育展览”江苏会展。印发《关于加强信息安全管理人员培训工作的意见》，举办多期专项培训工作，培训各类业务人员近 7 000 人次。

其他

国家项目　2011 年，江苏省共有焦点科技股份有限公司等 10 家单位、南京三宝科技股份有限公司等 19 家单位分别申报“核高基”和“新一代宽带无线移动通信网”2012 年专项，涉及项目总经费 7.7 亿元，其中中国电子科技集团公司第 14 研究所、南京大学等 6 个项目入选。2011 年，江苏省共争取到工业和信息化部电子发展基金 11 个项目 5 800 万元的资金支持。

产业转型升级　2011 年，江苏省电子信息产品制造业加快转型升级，产业结构进一步优化，核心竞争力进一步增强。战略性新兴产业中的物联网产业实现主营业务收入 1 106 亿元，同比增长 36.6%；电子元、器件行业实现主营业务收入同比分别增长 19.1%、31.2%，出口交货值同比分别增长 19.4%、28.8%，成为拉动全行业增长的主要力量。产业链不断向上延伸；内销贡献进一步提升，对产业增长的支撑力不断增强。2011 年，全行业共实现内销产值 10 894 亿元，同比增长 32.2%，对全行业增长贡献率为 58.3%；实现出口交货值 12 232 亿元，同比增长 18.4%。全行业出口依存度为 52.9%，较上年降低 2.7 个百分点；内资企业占比进一步提高，全年全省电子信息产品制造业内资企业实现产值 6 483 亿元，同比增长 35.6%，占全行业的比重为 27.5%，较上年提高 2.1 个百分点。三资企业共实现产值 17 079 亿元，同比增长 21.2%，占全行业的比重为 72.5%。

“十二五”规划编制　通过多轮征求意见会、规划论证会、专家评审会等，广泛征求意见，积极与国家和江苏省“十二五”规划纲要衔接，对部分兄弟省市“十二五”规划编制工作进行了研究借鉴。以江苏省人民政府名义印发实施《江苏省“十二五”国民经济和社会发展信息化规划》，发布《江苏省电子信息产业“十二五”发展规划》、《江苏省物联网产业发展“十二五”规划》、《江苏省软件和信息服务“十二五”发展规划》等专项规划，指导行业发展重点和方向。

【统计数据】

表 1　2011 年江苏省电子信息产品制造业人员构成情况

企业类别	企业数（家）	年末从业人员总数（人）	企业类别	企业数（家）	年末从业人员总数（人）
国有企业	16	9 904	其他企业	272	43 016
集体企业	41	11 948	三资企业	2 055	1 876 888
股份合作企业	13	4 499			

表 2　2009—2011 年江苏省电子信息产品制造业基本情况

项目名称	单位	2009 年	2010 年	2011 年
工业总产值（现行价）	万元	149 111 821	191 079 853	235 620 630
工业销售产值	万元	146 755 958	188 832 807	231 252 183
出口交货值	万元	81 878 078	104 968 709	122 317 630
流动资产平均余额	万元	51 005 800	71 177 067	86 826 787
资产总计	万元	91 341 000	114 029 805	140 064 816
负债总计	万元	50 396 100	63 242 169	79 867 028
产品销售收入	万元	143 150 000	185 350 000	228 550 000
税金总额	万元	2 572 100	3 034 531	4 147 930
利润总额	万元	6 872 900	10 107 889	11 686 045
从业人员年末人数	人	1 982 700	2 340 000	2 438 300

表 3　2009—2011 年江苏省电子信息产品制造业三资企业基本情况

项目名称	单位	2009 年	2010 年	2011 年
工业总产值（现行价）	万元	113 286 888	141 753 942	170 788 846
工业销售产值	万元	111 717 898	140 344 316	167 844 696
流动资产平均余额	万元	37 032 500	51 305 049	59 315 871
资产总计	万元	67 969 800	82 961 503	96 584 860
负债总计	万元	37 111 400	45 759 474	54 612 511
产品销售收入	万元	110 294 700	140 189 658	166 091 055
税金总额	万元	1 529 400	1 527 798	2 107 286
利润总额	万元	5 073 600	7 356 173	7 665 750
从业人员年末人数	人	1 539 600	1 820 000	1 877 000

表 4　2009—2011 年江苏省电子信息产品制造业主要经济效益指标完成情况

项目名称	单位	2009 年	2010 年	2011 年
流动资产周转率	次	2.8	2.6	2.6
产品销售率	%	98.4	98.8	98.1
总资产贡献率	%	11.0	12.2	12.0
资产负债率	%	55.2	55.5	57.0

表 5 2009—2011 年江苏省电子信息产品制造业三资企业主要经济效益指标完成情况

项目名称	单位	2009 年	2010 年	2011 年
流动资产周转率	次	3.0	2.7	2.8
产品销售率	%	98.6	99.0	98.3
总资产贡献率	%	10.2	11.2	10.6
资产负债率	%	54.6	55.2	56.5

表 6 2009—2011 年江苏省主要电子信息产品产量情况

项目名称	单位	2009 年	2010 年	2011 年
个人电脑	万台	8 181	9 365	9 916
其中：笔记本电脑	万台	7 018	8 426	8 907
彩色电视机	万台	1 151	1 767	1 477
集成电路	亿块	165	223	225
光缆	万皮长千米	2 926	3 383	4 712
半导体分立器件	亿只	686	724	693

注：表 1—表 6 数据来源于江苏省统计局。

表 7 2011 年江苏省软件产业人员构成情况

企业类别	企业数（家）	年末从业人员总数（人）	人员构成			
			管理人员（人）	在总人数中所占比例（%）	软件开发研究人员（人）	在总人数中所占比例（%）
国有企业	48	49 779	5 134	10.3	9 888	19.9
集体企业	4	157	25	15.9	132	84.1
股份合作企业	19	914	71	7.8	193	21.1
国有联营企业	3	645	153	23.7	103	16.0
其他企业	343	152 369	7 914	5.2	20 574	13.5
三资企业	2 949	395 426	40 105	10.1	106 677	27.0

表 8 2011 年江苏省软件产业基本情况

项目名称	单位	2011 年	项目名称	单位	2011 年
软件出口	万元	4 755 729	税金总额	万元	1 481 080
流动资产平均余额	万元	21 633 911	利润总额	万元	4 452 679
资产总计	万元	37 100 820	应交所得税	万元	596 551
负债总计	万元	18 830 038	从业人员年末人数	人	599 290
软件产品销售收入	万元	31 063 413	从业人员工资总额	万元	2 723 587

表9　2011年江苏省软件产业三资企业基本情况

项目名称	单位	2011年	项目名称	单位	2011年
软件出口	万元	2 877 928	税金总额	万元	419 970
流动资产平均余额	万元	5 564 245	利润总额	万元	1 201 283
资产总计	万元	11 438 420	应交所得税	万元	181 130
负债总计	万元	5 453 964	从业人员年末人数	人	152 369
软件产品销售收入	万元	22 974 832	从业人员工资总额	万元	899 485

注：表7—表9数据来源于江苏省经济和信息化委员会软件与信息服务业处。

[撰稿：张文浩　审稿：徐一平]

浙　江　省

【综述】

2011年，浙江省电子信息产业抓住加快培育发展战略性新兴产业的契机，坚持科学发展，深入实施“创业富民、创新强省”总战略，围绕“四大建设”，积极培育发展新一代信息技术产业，加快推动“两化”深度融合和“智慧浙江”建设，全力促进产业又好又快发展。2011年，全省电子信息产业总体运行好于预期，呈现出“生产持续增长，内需驱动突出，创新投资引领增长”的良好发展态势，为“十二五”良好开局奠定了坚实基础。

2011年，浙江省电子信息全行业有规模以上企业4 365家，从业人员超过96万人。全行业实现主营业务收入9 136亿元，同比增长13.4%；实现利税总额890亿元，同比增长13.9%，其中利润总额657亿元，同比增长12.3%；完成出口交货值2 373亿元，同比增长11.5%。全行业增加值占全省GDP比重为5.8%，出口总量位居全省各行业前列，较好实现了全省电子信息产业持续快速发展的目标。同时，信息技术在全省各行各业中的应用不断深入，应用水平大幅提升，效果日益明显，“两化”深度融合和“智慧浙江”建设明显加快。工业和信息化部电信研究院发布的2010年全国“两化”融合发展指数显示，浙江省“两化”融合综合指数为0.472，位居全国第4位，仅次于广东省、江苏省和北京市，在国内处于领先地位。

电子信息产品制造业

2011年，浙江省电子信息产业处于较快增长运行平台，增幅连续12个月高于全省规模以上工业，全年增幅走势为前高后稳，产业规模再创新高，综合竞争力不断提升。主要特点如下：

一是生产高于全省工业平均增幅，成为全省高新技术产业主力军。生产持续快速增长。2011年，浙江省电子信息产业持续保持较快增长态势，全省规模以上电子制造业完成增加值1 014.4亿元，同比增长13.2%，高于全省规模以上工业增速2.3个百分点，占全省规模以上工业增加值比重为9.3%，占全省装备制造业增加值的比重为28.2%，占全省高新技术产业增加值的比重为38.7%，成为高新技术产业增长的主动力。产业整体实力增强。全省电子信息产业共实现主营业务收入9 136亿元，其中规模以上电子制造业实现主营业务收入5 271亿元，同比增长16.3%，产业发展跃上新台阶，成为全省重要的支柱产业和国民经济发展的主要增长点。

二是内需驱动突出，对全行业增长贡献明显。2011年，受欧美经济放缓影响，外需表现出疲软态势，内需逆势驱动表现突出，内外销结构变化明显，内销比重持续上升，对全行业贡献进一步增强。全省规模以上电子信息制造业内销产值 3 567.1 亿元，同比增长 25.8%，高出同期出口交货值增幅 16.4 个百分点；内销占比超过六成以上，达到 67.8%，比上年提高 3.2 个百分点。内销对全行业增长的贡献率达到 83.4%，拉动全行业增长 16.7 个百分点。产销率 97.1%，产销衔接良好。主要产品产量增长较快，增幅均在 25%以上，尤其是半导体分立器件、集成电路、单晶硅、多晶硅和光伏电池产品增速明显，分别增长 29.1%、25.1%、46.2%、67%和 57.3%。

三是高附加值显现，盈利水平明显好于全国平均水平。2011 年，浙江省电子信息全行业盈利水平好于全国电子行业平均水平。全省规模以上制造业实现利税 456.9 亿元、利润 335.2 亿元，其中通信设备、计算机及其他电子设备行业利润同比增长 23.5%，高出全省规模以上工业企业利润增幅 13.6 个百分点。经济发展的质量和效益持续提高，行业销售利润率为 7.2%，比全省规模以上工业销售利润率高 1.4 个百分点，比全国电子信息行业高 3.4 个百分点。企业亏损面为 12.4%，比全国电子信息行业低 7.1 个百分点。主要行业继续引领增长，利润继续向投资类行业、新兴行业集中。其中通信、计算机、广播电视、电子专用设备和电子元件分别增长 25.6%、53.1%、18.9%、27.1%和 24%，通信设备制造业和计算机制造业利润增幅均明显好于全国。

四是投资明显加快，引领行业可持续发展。2011 年，浙江省电子行业抓住加快培育发展战略性新兴产业的有利契机，积极培育发展新一代信息技术产业，以市场转型驱动加快推动投资增长，行业可持续发展能力进一步增强。全省电子信息产业 500 万元以上项目完成固定资产投资 417.6 亿元，同比增长 144.6%，比全国电子信息行业投资额增速高 88.6 个百分点，也高于全省规模以上工业投资增幅。其中光电器件和新能源电池成为投资最大的领域，增幅明显高于行业平均水平，成为拉动行业投资快速增长的重要力量。各市不断加强新兴产业投资力度，11 个市地中，嘉兴、湖州、金华和温州等地市增长加快，分别同比增长 54.7%、77.1%、26.1%和 25.9%，杭州、宁波和绍兴等地市投资增长减缓。

软件和信息服务业

2011 年，在《国务院关于印发进一步鼓励软件产业和集成电路产业发展若干政策的通知》（国发 [2011] 4 号）等产业扶持政策推动下，浙江省软件产业进入快速发展的新阶段，并继续保持良好增长态势。产业规模继续扩大，收入、结构、盈利和出口协同发展，实现“四突破四增长”，新兴信息技术服务增势突出，龙头骨干企业带动性突显，集聚效应显著，综合竞争力提升。

全省软件产业实现软件业务收入 901.6 亿元，同比增长 33.2%；实现利润总额 237.9 亿元，同比增长 56.0%；上交税金总额 59.4 亿元，同比增长 25.2%；软件业务出口 10.3 亿美元，同比增长 36.5%，主要面向日本和欧美市场。全省现有从事软件开发、服务的规模以上软件企业 1 374 家，从业人员 15.1 万人，产业发展迈上新台阶，为“十二五”发展奠定了良好基础。2011 年，累计认定软件企业 1 741 家、软件著作权登记数 8 522 件；通过计算机信息系统集成资质认证企业 223 家，其中一级 13 家、二级 30 家。年销售收入超亿元企业 90 家，其中 13 家企业超 10 亿元；入选国家规划布局内重点软件企业有 21 家，占全国总量的 8.75%；海内外上市软件企业 37 家；通过 CMM/CMMI3 以上认证的企业 172 家。软件产业基地、软件行业（企业）技术（研发）中心建设稳步推进，企业自主创新能力不断提高。杭州、宁波、嘉兴等地加大对软件和信息服务业的扶持力度，取得明显成效。

软件与信息服务业快速发展，成为浙江电子信息产业结构调整、促进浙江经济转型升级、推进两化深度融合的一大亮点。一批优秀软件企业在国内具有较高知名度，一批特色优势软件产品市场占有率在国内居领先地位，特别在金融、通信、交通、电力、财税、工业控制、医疗卫生、纺织印染、安防监控等应用领域，形成了浙江行业应用软件的特色和优势，享有较高市场占有率和品牌知名度。积极支持信息服务业发展，以互联网业务、动漫游戏、电子商务为主的网络与数字增值业务发展迅速。

电子产品进出口贸易

2011 年，受欧债危机扩散升级、全球经济增长放缓、人民币持续升值和出口成本高等多种因素综合影响，出口增势有所减缓，呈现平稳增长。全省规模以上电子信息制造业完成出口交货值 1 696.1 亿元，同比增长 9.4%，分别低于全省规模以上工业和全国电子行业增速 2.9 个和 4.5 个百分点。规模以上电子信息制造业出口交货值占全省规模以上工业比重为 15.5%，行业出口依存度为 32.2%，比全省规模以上工业出口依存度高 12.1 个百分点，电子信息行业已成为浙江省高新技术产业的主要出口行业。广播电视、电子元件、电子信息机电、电子专用设备等行业出口增长较快，分别同比增长 32.9%、28.7%、22.1%和 19.3%，电子器件、电子材料等行业出口增幅有所回落。

强化合作交流，提升行业开放发展水平。积极推动省市互动，共同促进信息产业发展，在有关地方政府和部门支持下，成功搭建"2011 年杭州中国电子信息博览会"、"宁波首届智慧城市技术和应用博览会"、"嘉兴智慧城市建设论坛暨应用产品展示会"和"'十一五'全国电子信息产业发展基金成果展"等多个交流合作平台。2011 年杭州中国电子信息博览会以"信息技术助推低碳经济"为主题，全面展示物联网、云计算、三网融合等新一代信息技术与产品，吸引来自美国、英国、芬兰、日本、韩国、澳大利亚等国家和欧盟、东南亚以及港澳台地区的知名厂商布展参会，展位 558 个，观展 3 万余人次，取得显著成效。继续强化与国内外 IT 大公司的全面合作，与诺基亚西门子通信、IBM 公司、华为技术有限公司、中兴通讯股份有限公司建立了交流合作机制。做好宁波两岸产业合作无线城市试点和杭州 TD-LTE 规模技术试验等相关工作，推进新一代网络产业发展。贯彻落实《浙江省关于鼓励和引导民间投资健康发展的实施意见》，鼓励和引导民间投资进入新一代信息网络、LED、太阳能光伏、云计算、物联网、新型元器件及信息新材料等新兴产业。

科技进步与应用

组织实施电子信息产业自主创新能力提升行动计划，着力提升企业自主创新能力，形成了明显的技术发展特色和优势。移动通信、计算机网络、数字音视频、软件、集成电路设计、平板显示、电子元器件和电子材料等发展较为突出，在国内具有一定的比较优势。2011 年，全省规模以上电子制造业完成科技活动经费支出 112.8 亿元，同比增长 24.8%，占全省规模以上工业科技经费支出比重达到 21.1%；科技活动经费支出占全省规模以上电子信息行业增加值的比重达到 11.2%，在上年（8.9%）基础上提高 2.3 个百分点，是全省规模以上工业占比（3.6%）的 3.1 倍。企业科研投入不断增强，新产品产值增长迅猛。2011 年，全省规模以上电子制造业完成新产品产值 1 959.8 亿元，同比增长 28.1%，占全省规模以上工业新品产值的比重达到 16%。新产品产值率达 36.2%，比全省规模以上工业新产品产值率高 14.2 个百分点，比上年高 2.1 个百分点。新产品对工业总产值增长的贡献率达 45.9%，产值拉动工业总产值增长 9.6 个百分点，新产品成为推动浙江省电子信息产业增长的重要力量。据第 13 届信息技术领域专利态势分析报告，浙江省电子信息技术领域专利申请总数达 62 062 件，其中发明专利 22 013 件，均居全国第 5 位。一批有实力的企业主动参与制定国际标准、国家标准和行业标准，一批项目获国家、省级科技进步奖。近年来，全省电子信息行业累计有 20 余项技术分别获得国家自然科学奖、科技进步奖和技术发明奖。

信息基础设施建设

浙江省信息网络建设取得跨越式发展，三网融合试点各项工作稳步推进，已成为支撑国民经济和社会发展的重要基础设施，服务地方社会的能力和水平持续增强，信息网络规模、频率资源利用率居全国前列，信息网络基础设施建设在全国领先。以三网融合试点为契机，加快推动信息网络基础设施建设。支持电信行业加快实施"光进铜退"战略和具有自主知识产权的 TD 等 3G 网络建设，光纤城市、宽带网络覆盖进一步加快，基本实现 3G 网络全省覆盖。电信业经营收入总额、固定电话数、移动电话数和互联网普及率均居全国前列。至 2011 年底，全省移动电话普及率 105.19 部/百人，固定电话普及率 35.60 线/百人，互联网宽带用户 4 944 万户，互联网宽带普及率 19.63 线/百人。全省共有有线电视用户 1 343.8 万户，其中有线数字电视用户 1 016.2 万户，有线电视整体转换率分别达到城市 97.1%和农村 62.9%。2011 年，全省完成电信业务收入总量 669.5 亿元，电信业规模总量位居全国第 3 位。加快推动浙江省三网融合工作，杭州三网融合试点取得突破性进展，"一省一网"整合发展创浙江模式，技术产品创新优势明显，融合业务开展领先全国。2011 年，省级 IPTV、手机电视集成播控平台初步建成并投入试运行，中国电信浙江公司 IPTV 用户超过 180 万户，有线电视宽带用户数超过 45 万户，中国电信浙江公司、中国移动浙江公司、中国联通浙江分公司的手机电视用户数超过 450 万户，这标志着浙江省三网融合双向业务的实质性进入和快速推进。杭州市、宁波市率先成为全国“三网融合”试点城市，华数数字电视运营模式全国先进，服务区域已从杭州市迈向全省并向国内其他省市延伸，已与全国 25 个省市区的 100 多个城市广电网络开展了互动电视业务合作。

信息产业基地建设

推动产业集聚发展，努力培育百亿园区和千亿集群。继续推进和强化 12 个国家级电子信息产业基地（园区）和 18 个省级信息产业特色基地（园区）的基础设施、公共服务平台建设，对已认定为全省块状经济向现代产业集群转型升级示范区的嘉善电子信息产业群、东阳磁性电子材料产业群、平湖光机电产业群等加强指导、服务和支持力度，细化和落实各项扶持政策。积极发展行业新兴基地园区，推动杭州市滨江（高新）区将物联网产业园区申报国家新型工业化产业示范基地；加强杭州华数集团公司等的国家数字家庭应用示范基地创建工作。2011 年，全省形成了通信和计算机网络、软件与信息服务业、电子机电和电子元器件及材料等超千亿元产业集群 4 个，超百亿元园区（基地）7 家，并呈现出“专精特高”的特点，各基地（园区）集聚效应明显，发展态势良好，有力促进了区域信息产业发展和产业链完善。

充分发挥行业龙头企业在产业配套、技术创新、科技人才等方面的优势，带动中小企业建立技术联盟和产业联盟，形成产业链，增强竞争优势。浙江省电子信息产业规模以上企业数量持续增加，一批优势企业在技术创新、机制转变、市场开发、品牌建设等方面取得可喜成绩，要素资源、人才、市场份额逐步向优势企业集中，行业内大企业大集团总体实力不断增强。平板显示、LED、数字电视、软件与信息服务业、计算机与网络等领域已形成新的经济增长点。着力培育电子行业超百亿企业，百亿企业数实现新突破，龙头骨干企业带动性明显。2011 年，制造业 30 强企业分别实现主营业务收入和利润 1 365.4 亿元和 122.4 亿元，分别占 473 家重点监测企业的 54.3%和 61.2%。全省收入百亿元及近百亿元企业 5 家（新增 4 家），超 10 亿元企业 75 家（新增 21 家），超亿元企业 286 家（新增 26 家）。全省入围全国电子信息百强企业 9 家（入围数居全国第 4 位），全国软件百强企业 11 家（入围数居全国第 3 位），全国电子元件百强企业 29 家（入围数居全国第 2 位）。

信息技术应用

两化深度融合　全面推进浙江传统产业“两化”深度融合，改造提升传统产业，助推经济转型升级。出台《关于加快推进信息化和工业化深度融合的意见》和《浙江省产业集群“两化融合”试验区实施方案》。明确了聚焦“十大传统行业”，实施“八大工程”，并将两化深度融合工作纳入浙江省政府与工业和信息化部、国家标准化委员会的战略合作协议。推进产业集群“两化”深度融合试验区建设。开展首批产业集群“两化”深度融合试验区申报工作，确定了永康五金、慈溪家电、海宁皮革、乐清电气、舟山船舶等 13 个产业集群为浙江省产业集群“两化”深度融合第一批试验区。继续实施印染、造纸等传统行业两化融合行动计划，制定实施了《浙江省推进信息化和工业化融合行动计划之二——化工、医药行业专项行动（2011-2013 年）》，围绕化工、医药等传统行业的节能减排、生产过程、企业管理、生产安全、电子商务与现代物流等关键环节，加强信息技术应用的研究和推广。信息技术逐步向工业领域各环节深度渗透。74%的企业在产品设计研发过程中利用 CAD 技术；54%的企业已实施 ERP 等管理信息系统；25%的企业在建或者在用电子商务平台；49%的企业信息化已覆盖一半以上的主要业务流程。信息技术在装备、化工、医药、冶金、建材、纺织等重点行业的融合应用程度不断深化，绩效显著提高。

“智慧浙江”建设　创新推进机制，营建“智慧城市”，推进“智慧城市”建设试点工作。积极推进省政府与工业和信息化部、国家标准化委员会在“智慧城市”建设试点方面的战略合作，签署了《共同推进浙江省信息化与工业化深度融合和“智慧城市”建设试点战略合作框架协议》。在加强战略研究、联合开展“两化”深度融合试点、加强信息化领域标准化建设、加快支撑体系建设等方面开展合作，奠定了以省部委“3+X”和“11+1”模式推进全省“智慧城市”建设试点的工作基础。做好“智慧城市”试点工作部署，宁波、嘉兴、台州、杭州、温州、绍兴（诸暨）等 6 个城市试点工作取得进展。积极推进中国航天科工集团公司、中国电子科技集团公司、中国航天科技集团公司等央企和三大通信运营商参与全省“智慧城市”建设。开展“智慧城市”试点项目调研，加强对全省智能电网、“智慧医疗”和“智慧安保”等试点项目的调研推进工作。协助宁波市举办智慧城市博览会，并与嘉兴市政府共同举办“智慧城市”论坛暨应用产品展示会，加大“智慧城市”的宣传和交流。

农村信息化建设 继续实施农村信息化示范创星“十百千”工程，组织开展第二批农村信息化省级示范县（市、区）、乡镇（街道）和村的认定工作。2011 年，认定宁波市江北区等省级示范县（市、区）5 个，杭州市余杭区南苑街道等省级示范乡镇（街道）25 个，湖州市吴兴区织里镇大溇村等省级示范村 124 个，以点带面提升农村信息化综合水平，促进社会主义新农村建设。推进农村信息化综合服务平台的应用。“时代先锋·农村信息化综合服务平台”新增 180 个乡镇，其中内网覆盖新增 35 个乡镇，共 291 个乡镇、6 382 个行政村。深入实施浙江省“万村联网工程”。通过开展“万村联网工程”新农村示范网站创建活动，制定发布并组织实施“万村联网工程”村级网站信息发布指导目录。深入推进“信息大篷车千村行”活动，信息大篷车共开展培训 116 期，体验和服务人数 9 500 余人次。

信息安全保障 加强浙江省信息安全组织责任体系、信息安全“136”保障工程和省市县三级信息安全舆情通报机制建设工作，印发《2011 年浙江省网络与信息安全工作要点》和《2011 年网络与重要信息系统安全检查指南》。推进信息化促进条例落实和行政执法，加强对信息安全服务的规范管理，建立信息安全的标准体系和应急与防治体系。完成浙江省党政机关网站信息安全专项整治国家试点任务，为“十二五”期间全面履行全省网络与信息安全工作职能奠定基础。做好信息安全等级保护的定级、备案和测评等工作，推进省商务厅、省信用中心、浙江理工大学等 7 个单位共 18 个重要信息系统的等级保护定级评审。组织开展信息安全风险评估工作，不断完善网络与信息安全应急处置机制，加强对部分政府和重要信息系统安全技术检测工作，组织对省直 45 个部门、11 个市政府进行网站远程检测，对省交通厅、省教育厅、省文化厅、省广电集团信息安全现场检查和检测。积极推进电子认证工作，全省共发放 65 万张企业数字证书，推进电子认证在省工商、地税、社保等领域进一步深化应用和长三角电子认证互联互通工作。推进人才素质体系建设，开展信息安全管理和技术专题培训。全年共举行 4 场信息安全培训，培训人员 900 人。加强无线电管理工作，强化监测和执法力度，在频率资源管理、台站管理、空中电波秩序维护等方面取得成果。制定《浙江省无线电管理“十二五”发展规划》，提出未来五年浙江省无线电管理重点要完成的“413”工程。2011 年，全省完成无线电管理行政许可 1 699 件，其中：无线电频率指配 133 件，无线电台站设置及变更行政许可 976 件，无线电发射设备进关核准 124 件，无线电台站呼号审批 466 件，建立卫星通信网和设置卫星地球站行政许可 1 件。制定《浙江省经济和信息化委员会关于规范无线电管理行政执法行为的通知》，全省共受理各类干扰申诉 84 起，查处干扰 84 起。做好无线电保障工作，完成第八届全国残疾人运动会、高考等重大活动保障，维护了空中电波秩序。

热点

电子商务和网络经济 资源共享，创新突破，浙江电子商务进入跨越发展期。杭州、金华、绍兴、宁波和嘉兴等市构成全国电子商务经济创新之源，行业电子商务在数量、规模和发展水平方面均居全国第一。2011 年，浙江电子商务总交易规模达到 9 250 亿元，比 2007 年增长 81.4%；全省拥有各类电子商务网站近 4 000 家，其中行业电子商务网站约 2 000 家，占全国的 20%，全省 60%以上工商企业开始涉足电子商务领域；全省网站总数 32.5 万个，占全国总数的 10.1%，列全国第 3 位。电子商务支撑服务形成规模，阿里巴巴、中国化工网、淘宝网、银泰网、网盛生意宝等构成了浙江省电子商务集群，阿里巴巴以 48.6%的市场占有率稳居 B2B 服务商市场首位，淘宝网以 90.7%的市场占有率稳居 C2C 市场首位。进一步发挥电子商务发展优势，推进杭州建设国际电子商务中心，培育一批具有国际竞争力的电子商务服务企业，在服务模式、电子支付、网络信用、交易安全和物流配送以及传统市场电子商务等方面积极开展试点。推进义乌市结合国际贸易综合改革试验区建设，创建传统市场电子商务与物流信息化融合发展国家试点。围绕“三位一体”港航物流信息服务体系建设，推进大宗商品电子商务平台和第四方物流平台建设。

其他

加强规划引导和政策落实，加大产业扶持力度。制定和发布《浙江省电子信息产业发展“十二五”规划》，该规划已正式列入省级“十二五”规划编制体系目录。

进一步贯彻落实国家振兴行业规划，制定实施《浙江省电子信息产业转型升级规划 2011 年度实施计划》，明确了 2011 年的工作目标和工作重点。加强政策研究，积极推动国家行业产业政策落实。加强对《国务院关于印发进一步鼓励软件产业和集成电路产业发展若干政策的通知》（国发［2011］4 号）等文件有关集成电路产业政策的宣传贯彻工作，开展电子信息行业产业政策评价和实施状况调查。加快推动电子信息产业转型升级步伐，积极推动下一代通信网络、物联网、三网融合、云计算、集成电路、平板显示、LED、高端软件和高端服务器等新一代信息技术产业发展，提升全省新一代信息技术产业研发能力和产业化进程。加强行业管理和服务。定期发布产业动态运行分析报告，完善产业预测预警机制。加强政府资金引导，做好各类专项的组织申报工作，促进信息化和信息产业发展投资持续增长。2011 年已申报“核高基”、新一代宽带无线移动通信网、国家电子发展基金、国家电子信息产业振兴等国家专项 132 个，项目计划总投资 42.26 亿元。制定《2011 年浙江省工业转型升级（信息产业）专项资金项目指南》和浙江省信息产业重点投资项目，确定集成电路、平板显示、3G、数字电视、下一代互联网、信息技术应用和平台建设方面重点投资项目 110 个，总投资 13.8 亿元。争取各类财政资金共 21 894.5 万元对浙江省电子信息行业进行支持，以提升企业自主创新能力，提高行业竞争力。

主要问题

一是产业创新能力不强。产业在核心领域和关键技术开发方面仍待突破，产品和应用技术水平总体不高，以企业为主体的技术创新体系尚未形成，产学研用的技术合作和服务水平有待增强。二是市场结构不平衡。经济增长受出口拉动影响较大，贸易保护倾向加剧，国际市场竞争环境恶化，受国际市场形势变化影响程度大。三是转型升级压力加大。推动电子信息产业加快发展的力度不够大，传统增长模式惯性较大，推动工业转型升级的市场机制和政策支撑体系尚不完善。四是企业生产要素成本压力加大。原材料价格上涨过快，通胀压力加大；用工成本大幅上升，降低了企业盈利增长空间；人民币升值压力加大，影响部分出口企业增长。

【统计数据】

表 1　2011 年浙江省电子信息产业重点企业人员构成情况

企业类别	企业数（家）	年末从业人员总数（人）	人员构成					
			制造业研发人员（人）	在制造业总人数中所占比例（%）	软件业管理人员（人）	在软件业总人数中所占比例（%）	软件开发研究人员（人）	在软件业总人数中所占比例（%）
国有企业	31	7 252	994	28.5	212	5.6	1 107	29.4
集体企业	3	851	62	11.2	23	7.8	57	19.3
股份合作企业	16	4 769	137	8.2	441	14.3	2 354	76.1
有限责任公司	738	184 063	12 209	9.1	7 378	14.9	16 788	34.0
股份有限公司	176	98 866	6 931	13.0	4 825	10.6	13 706	30.1
私营企业	527	70 932	2 087	9.8	5 070	10.2	17 203	34.6
联营企业	2	115			5	4.3	1	0.8
港澳台企业	110	54 695	5 126	16.3	5 287	22.7	6 791	29.1
外商投资企业	148	88 981	4 527	6.2	1 685	10.6	6 637	41.7
其他企业	6	694	34	6.8	12	6.2	83	43.1
国有独资公司	17	1 384	61	12.1	94	10.8	359	40.9
合计	1 774	512 602	32 168	10.0	25 032	13.1	65 086	33.9

注：数据来源于浙江省经济和信息化委员会。

表 2　2009—2011 年浙江省电子信息产品制造业规模以上企业基本情况

项目名称	单位	2009 年	2010 年	2011 年
工业总产值（现行价）	万元	36 743 938	50 487 481	54 202 263
工业销售产值	万元	35 470 866	49 171 627	52 632 035
其中：出口交货值	万元	12 236 255	16 971 912	16 960 987
流动资产平均余额	万元	21 210 926	26 284 536	30 542 532
资产总计	万元	34 597 718	45 619 919	50 135 021
负债合计	万元	20 093 139	25 524 070	29 152 794
主营业务收入	万元	35 389 179	49 783 239	52 710 820
税金总额	万元	885 093	1 160 568	1 216 922
利润总额	万元	1 811 873	3 376 221	3 351 870
从业人员年末人数	人	770 520	922 844	809 828
从业人员工资总额	万元	1 934 253	2 726 519	2 916 139

表 3　2009—2011 年浙江省电子信息产品制造业规模以上企业三资企业基本情况

项目名称	单位	2009 年	2010 年	2011 年
工业总产值（现行价）	万元	15 395 150	19 956 003	21 720 447
工业销售产值	万元	14 862 977	19 586 693	21 201 535
其中：出口交货值	万元	8 073 123	10 560 318	10 297 136
流动资产平均余额	万元	8 510 013	9 768 116	11 452 128
资产总计	万元	13 806 532	16 804 255	18 830 666
负债合计	万元	7 740 431	9 100 251	10 849 807
主营业务收入	万元	14 944 916	19 938 798	21 150 657
税金总额	万元	276 379	287 874	379 950
利润总额	万元	771 261	1 335 052	1 212 138
从业人员年末人数	人	276 757	323 939	309 278
从业人员工资总额	万元	808 054	1 062 504	1 198 660

表 4　2009—2011 年浙江省电子信息产品制造业规模以上企业主要经济效益指标完成情况

项目名称	单位	2009 年	2010 年	2011 年
全员劳动生产率	元/人	90 313	108 990	125 261
流动资产周转率	%	166.8	189.4	172.6
产品销售率	%	96.5	98.1	97.6
总资产贡献率	%	9.6	12.4	11.6
资产保值增值率	%	115.5	138.5	116.8
资产负债率	%	58.1	55.9	58.1

表 5　2009—2011 年浙江省电子信息产品制造业规模以上三资企业主要经济效益指标完成情况

项目名称	单位	2009 年	2010 年	2011 年
全员劳动生产率	元/人	113 760	125 183	131 435
流动资产周转率	%	175.6	204.1	184.7
产品销售率	%	96.5	98.2	97.6
总资产贡献率	%	8.9	11.6	10.4
资产保值增值率	%	112.5	127.1	114.6
资产负债率	%	56.1	54.2	57.6

注：表 2—表 5 数据来源于浙江省统计局电子信息产业规模以上企业数据（2011 年为年主营业务收入 2 000 万元以上的企业）。

表 6　2009—2011 年浙江省主要电子信息产品产销量情况

产品名称	单位	产量			销量		
		2009 年	2010 年	2011 年	2009 年	2010 年	2011 年
移动通信手机	万部	1 179	2 933	2 835	1 169	2 898	2 816
程控交换机	万线	153	183	190	154	179	193
电视机	万台	199	224	343	188	205	347
其中：彩色电视机	万台	17	11	5	60	12	8
液晶电视机	万台	180	213	338	161	193	339
液晶显示模组	万套	4 483	5 067	5 947	4 457	5 076	5 869
集成电路	亿块	13.4	11.4	17.9	12.7	11.5	18.3
半导体分立器件	亿块	269.3	270.7	312.1	258.3	252.1	286.8
电子元件类	亿块	347.8	671.6	557.3	331.8	665.1	570.3
笔记本电脑	万台	89.5	157	155	90.6	157	154

表 7　2009—2011 年浙江省三资企业主要电子信息产品产销量情况

产品名称	单位	产量			销量		
		2009 年	2010 年	2011 年	2009 年	2010 年	2011 年
移动通信手机	万部	1 179	1 415.8	1 030.1	1 169	1 439.4	1 019.1
笔记本电脑	万台	89.5	157	155	90.6	157	154
集成电路	亿块	4.7	4.0	6.3	4.5	4.0	6.4
半导体分立器件	亿块	94.3	94.8	124.8	90.4	88.2	114.7
电子元件类	亿块	121.7	235.1	222.9	116.1	232.8	228.1
液晶显示模组	万套	4 483	5 067	5 947	4 457	5 076	5 869

表 8　2009—2011 年浙江省软件产业主要指标情况

<table>
<tr><th>项目名称</th><th>单位</th><th>2009 年</th><th>2010 年</th><th>2011 年</th></tr>
<tr><td>软件业务收入合计</td><td>万元</td><td>5 051 145</td><td>6 767 463</td><td>9 015 899</td></tr>
<tr><td>（一）按业务类型分列</td><td></td><td></td><td></td><td></td></tr>
<tr><td>其中：软件产品收入</td><td>万元</td><td>1 552 475</td><td>2 164 139</td><td>2 688 751</td></tr>
<tr><td>信息系统集成收入</td><td>万元</td><td>1 409 008</td><td>1 666 026</td><td>1 689 367</td></tr>
<tr><td>信息技术咨询服务收入</td><td>万元</td><td rowspan="2">1 432 423</td><td rowspan="2">1 602 619</td><td>1 140 567</td></tr>
<tr><td>数据处理和运营服务收入</td><td>万元</td><td>2 524 964</td></tr>
<tr><td>嵌入式系统软件收入</td><td>万元</td><td>537 024</td><td>1 141 917</td><td>1 360 832</td></tr>
<tr><td>IC 设计收入</td><td>万元</td><td>120 215</td><td>192 762</td><td>186 592</td></tr>
<tr><td>（二）按服务模式分列</td><td></td><td></td><td></td><td></td></tr>
<tr><td>其中：软件外包服务收入</td><td>万元</td><td>170 011</td><td>195 329</td><td>334 831</td></tr>
<tr><td>（三）按销售地分列</td><td></td><td></td><td></td><td></td></tr>
<tr><td>其中：软件业务出口</td><td>万美元</td><td>55 589</td><td>75 616</td><td>103 234</td></tr>
<tr><td>其中：软件外包服务出口</td><td>万美元</td><td>16 986</td><td>22 930</td><td>28 235</td></tr>
<tr><td>嵌入式系统软件出口</td><td>万美元</td><td>12 013</td><td>11 867</td><td>8 730</td></tr>
<tr><td>利润总额</td><td>万元</td><td>939 911</td><td>1 525 672</td><td>2 379 385</td></tr>
<tr><td>税金总额</td><td>万元</td><td>376 052</td><td>474 584</td><td>594 405</td></tr>
<tr><td>从业人员工资总额</td><td>万元</td><td>580 985</td><td>776 670</td><td>1 060 177</td></tr>
<tr><td>从业人员平均人数</td><td>人</td><td>100 858</td><td>127 084</td><td>150 853</td></tr>
</table>

注：表 6—表 8 数据来源于浙江省经济和信息化委员会。

[撰稿：郑闽红　审稿：姚建中]

安　徽　省

【综述】

2011 年，安徽省电子信息产业规模首次突破千亿元，实现工业总产值 1 107 亿元，比上年增长 37%；产品产销率 97.3%，高于上年 3.9 个百分点；实现主营业务收入 1 029 亿元，比上年增长 37.7%；实现出口交货值 114 亿元，比上年增长 167.5%。全年生产彩色电视机 444 万台，比上年增长 37%，其中液晶电视生产量同比增长 71%，占彩色电视机生产总量的 96.5%，所占比重较上年提高 18.9 个百分点；新增笔记本电脑产量 120 余万台、32 英寸以上 TFT-LCD 薄膜晶体管液晶显示屏 1 000 多万片；PDP 等离子显示屏及模组、LED 半导体发光二极管芯片、太阳能电池及组件等逐步量产。

2011 年，安徽省规模以上电子信息三资企业实现工业总产值 242.6 亿元，占全行业的比重为 21.9%；民营经济实现主营业务收入 963.8 亿元，占全行业的比重为 93.6%，民营经济占据行业发展的主导地位。

电子信息产品制造业

2011 年，安徽省规模以上电子信息产品制造业实现工业总产值 1 002 亿元，比上年增长 38.4%；实现主营业务收入 924 亿元，比上年增长 39.4%。铜陵精达铜材(集团) 有限公司入围全国电子信息百强企业，在 2011 年（第 25 届）全国电子信息百强企业中，排第 42 位，比上届排名前移 51 位。安徽铜峰电子集团有限公司入围全国电子元件百强企业，在 2011 年（第 24 届）全国电子元件百强企业中，排第 52 位，比上届排名前移 2 位。安徽祁门县黄山电器有限公司、安徽四创电子股份有限公司荣获全国电子信息行业优秀企业称号，其中：安徽四创电子股份有限公司获优秀创新企业称号、安徽祁门县黄山电器有限公司获优秀企业称号。

2011 年，安徽省有 148 家规模以上电子信息制造企业实现产值超亿元，比上年增加 53 家，总数首次突破百家。新增合肥京东方光电科技有限公司、安徽鑫昊等离子显示器件有限公司、赛维 LDK 太阳能高科技（合肥）有限公司、合肥宝龙达信息技术有限公司、安徽三安光电有限公司、芜湖德豪润达光电科技有限公司、合肥鑫虹光电科技有限公司等一批行业骨干企业，以“领军企业—重大项目—产业链—产业集群—产业基地”为特色的发展格局更为突出，合肥等中心城市电子信息产业集聚度提升。

2011 年，安徽省电子信息制造业共安排亿元以上投资导向计划项目 88 项，总投资额约 890 亿元。合肥京东方光电科技有限公司建设的薄膜晶体管液晶显示器件(TFT-LCD) 6 代生产线于 2011 年 4 月实现满产，彩色滤光片月平均综合良品率保持 98.3%以上，产品良率和产能爬坡速度均达到国际一流水平；与 TFT-LCD6 代生产线配套的彩虹（合肥）高世代液晶玻璃基板项目完成阶段性配套测试，产品技术性能指标与国外水平基本相当；安徽鑫昊等离子显示器件有限公司等离子显示屏(PDP) 及模组项目于 2011 年 1 月第一块 50 英寸全高清 PDP 屏下线（中国大陆生产的首块大尺寸高清 PDP 屏），当年完成与整机企业产品认证，年底进入批量生产，并完成 51 英寸屏小批量试制和 64 英寸、85 英寸屏的投屏试制；芜湖德豪润达光电科技有限公司、安徽三安光电有限公司、合肥彩虹蓝光科技有限公司 LED 外延片/芯片逐步量产；总投资 285 亿元的合肥鑫晟光电科技有限公司第 8.5 代 TFT-LCD 生产线项目获国家批复核准建设；正威半导体有限公司在池州市签订投资协议，一期计划投资 203 亿元建设正威中华芯都半导体产业园；合肥宝龙达信息产业基地（一期）投入使用，形成年产 120 万台笔记本电脑生产能力；联想集团与合肥市签订建立联想（合肥）产业基地合作协议，生产联想笔记本电脑和一体台式机。

软件和信息服务业

2011年，安徽省规模以上软件企业实现主营业务收入105亿元，比上年增长25.3%，收入规模首次突破百亿元，比2000年增长35倍；实现利润总额13.8亿元，比上年增长16%；上交税金总额4.2亿元，比上年增长31.2%；研发经费投入7.5亿元，比上年增长31.6%，研发投入占行业总收入比重7.1%；从业人数2.2万人，比2000年增长17倍。全年新认定软件企业79家，登记软件产品363件。截至2011年底，全省已累计认定软件企业384家，登记软件产品2 017件，64家企业获得计算机信息系统集成资质认证，其中：一级5家、二级7家、三级39家、四级13家，5家单位获得信息系统工程监理资质，其中1家单位获得部级监理资质。

2011年，安徽省有23家规模以上软件企业实现主营业务收入超亿元，比上年新增1家。安徽四创电子股份有限公司、安徽科大讯飞信息科技股份有限公司、安徽皖通科技股份有限公司等上市软件企业累计实现主营业务收入19.3亿元，同比增长37.8%。

2011年，文化部、国家广播电影电视总局、国家新闻出版总署和安徽省政府主办，芜湖市政府、安徽省经济和信息化委员会等12家单位承办，以“新创意、新动漫、新欢乐”为主题在芜湖市举办了第三届中国国际动漫创意产业交易会，央视动画有限公司、盛大游戏有限公司、上海巨人网络科技有限公司等一批国内动漫领军企业和来自美国、英国、丹麦、西班牙、日本等国的动漫企业共471家单位参会，推出签约项目55项，总投资额约190亿元。中国动漫创意产业交易网联合安徽省软件行业协会动漫游戏专业委员会在合肥市共同举办了国家动漫和服务外包基地开放日活动，活动以“项目融资、外包合作”为主题，来自全国各地约150家动漫企业参加活动。

电子产品进出口贸易

2011年，安徽省电子信息产业实现出口交货值113.6亿元，比上年增长167.5%，出口产品主要包括笔记本电脑、液晶显示屏、汽车电子仪表、电源管理模块、电子元器件、数据线缆、家电配套件、集成电路封装模具等。全省规模以上软件企业实现软件业务出口3 768万美元，比上年增长55.4%，出口国家包括美国、新加坡和日本等。

科技进步与应用

2011年，全省电子信息产业完成技术改造投资166亿元，比上年增长50%以上，带动产业转型升级取得良好成效，企业创新发展能力得到增强。参与联合承担国家2011年“核心电子器件、高端通用芯片及基础软件产品”科技重大专项课题2项——“超高性能万亿次CPU的运行时系统研究”、“低功耗高密度SRAM单元建库及编译器设计”，由中国电子科技集团公司第38研究所研制的核高基“魂芯”BWDSP100芯片亮相国家“十一五”重大科技成就展；芯硕半导体（合肥）有限公司的“130-65纳米掩膜版制造专用设备研制与产业化”项目列入国家“极大规模集成电路制造装备及成套工艺”科技重大专项。全省电子信息领域共4项成果获得国家科技进步奖，27项成果获得省级科技进步奖，其中：一等奖3项、二等奖4项、三等奖20项。合肥工大高科信息科技股份有限公司联合合肥工业大学、淮南矿业（集团）有限责任公司、淮北矿业股份有限公司、安徽省皖北煤电集团有限责任公司的“矿井移动目标安全监控系统关键技术研发及其产业化”项目，安徽科大讯飞信息科技股份有限公司的“语音交互核心技术研究及产业化”项目获得工业和信息化部2011年第11届信息产业重大技术发明奖，占据所评出5个获奖项目的两席；中国电子科技集团公司第38研究所、合肥工业大学完成的“雷达结构自主协同设计技术”项目与中国科学技术大学、安徽宝龙环保科技有限公司完成的“多车道机动车尾气在线监测监控分析软件系统”分获2010年度中国电子学会电子信息科学技术奖二、三等奖；安徽四创电子股份有限公司被工业和信息化部、财政部首批认定为国家技术创新示范企业。

2011年，安徽科大讯飞信息科技股份有限公司第六次蝉联国际英文合成评测大赛英文合成系统综合评分第一名，并被批准设立目前智能语音领域唯一的国家级研究平台——语音及语言信息处理国家工程实验室；安徽三联集团获批准组建“国家车辆驾驶安全工程技术研究中心”。

信息基础设施建设

2011年，安徽省本地固定电话交换机总容量1 443.6

万门，比上年减少 85.2 万门；本地固定电话用户 1 243.9 万户，比上年增加 13 万户；移动电话用户 3 259.4 万户，增加 460.7 万户；每百人拥有电话（含移动）73.5 部，比上年增加 7.7 部。年末基础电信运营企业计算机互联网宽带接入用户 457.4 万户，比上年增加 115.3 万户。2011 年 12 月，合肥市入选全国三网融合第二阶段试点地区(城市)。

信息产业基地建设

合肥新型显示产业基地　合肥新站综合开发试验区以合肥京东方光电科技有限公司 TFT-LCD6 代生产线、安徽鑫昊等离子显示器件有限公司 PDP 显示模组生产线建设为带动，不断完善上下游配套环境和平板显示产业链，产业基地集聚发展效应初步显现。2011 年，基地围绕产业链核心环节——显示面板生产，加大产业链招商引资力度，不断吸引上下游配套环节集聚。截至 2011 年底，全区已有 2 000 万元标准规模以上企业 123 家，其中从事新型平板显示及其关联产业企业近 30 家，TFT-LCD、PDP 产业链本土配套程度居国内同类园区前列，包括上游光学薄膜、电子化学品、大宗气体、表面贴装、金属件、背光源模组、浆料专业物流配送等在内的近 20 家上游企业提供本地配套，合肥鑫晟光电科技有限公司、合肥京东方光电科技有限公司被批准列入国家集成电路重大项目企业名单。

铜陵电子材料产业园　以安徽铜峰电子集团有限公司、铜陵中发三佳科技股份有限公司、铜陵精达特种电磁线股份有限公司等上市企业为龙头，铜陵电子材料产业园已形成七大系列产品集群：一是以聚丙烯光膜、粗化膜、金属化膜和安全防爆膜为主导的电子基础材料产品系列；二是以空调防爆电容器、小型独石电容器、石英晶体谐振器、模糊控制电源变压器、交直流电容器为主导的电子元器件产品系列；三是以测速雷达、驼峰雷达、“证眼”雷达为主导的智能交通电子装备系列；四是以二氧化硫（SO_2）在线检测系统、空气质量检测系统、大气颗粒物 PM2.5 监测仪为主导的光机电装备系列；五是以电子塑封模具、引线框架、集成电路塑封压机等为主导的集成电路装备系列；六是从电解铜到铜箔、铜带、铜合金粉、铜杆、单晶铜、磷铜球，到覆铜板、印制电路板、集成电路引线框架、干式变压器、铜线、电磁线、电缆等铜基电子材料产品链；七是从 LED 外延片、芯片、器件封装到应用光电产品生产的 LED 产业链。2011 年，工业总产值总量达到 156 亿元，比 2005 年增长 3.5 倍，形成年销售收入超亿元企业 14 家、超 10 亿元企业 2 家、超 100 亿元企业 1 家。2011 年 1 月，铜陵狮子山省级经济开发区光电产业园被认定为省级电子信息产业园，规划用地约 3 000 亩，建设 LED 产业区、光伏产业区、半导体器件产业区、光电产业孵化区和研发以及综合测试/管理、配套服务区等五大功能区，发展 LED、半导体元器件、太阳能电池及其相关生产设备、检测、应用等产品。

芜湖光电产业基地　芜湖经济技术开发区以安徽三安光电有限公司、安徽德豪润达光电科技有限公司、芜湖长信科技股份有限公司、芜湖宏景光电科技有限公司等企业为龙头，以 LED 外延片/芯片、平板显示玻璃基板等一批重点项目为带动，不断推进光电产业基地建设。2011 年，全区已拥有光电产品生产企业 17 家，其中规模以上企业 7 家，主要产品包括液晶显示背光源玻璃，触控导电玻璃，LED 外延片、芯片、器件封装和应用产品，光伏用平板玻璃等，规划项目总投资超过千亿元，其中：三安光电芜湖光电产业化基地项目一期于 2011 年 2 月开始部分投产，二期建设同期开工；东旭集团芜湖平板显示玻璃基板产业园项目于 2011 年 9 月开工建设。

信息技术应用

推动行业应用软件开发　2011 年，安徽省应用软件开发收入占全省软件产品收入 68.9%，其中行业应用软件收入占应用软件总收入 76.7%。行业应用软件开发涉及工业控制、交通、电力、通信、教育等领域，其中：安徽科大讯飞信息科技股份有限公司的语音技术在网站、手机、学习机等领域推广普及；合肥工大高科信息科技股份有限公司牵头制定了有关矿井安全生产的一系列国家标准；安徽皖通科技股份有限公司、安徽科力信息产业有限责任公司、安徽蓝盾光电子股份有限公司等企业的智能交通产品已广泛服务于交通信息化建设；安徽南瑞继远软件有限公司、安徽继远电网技术有限责任公司等企业的智能电网软件已应用于国家电网电力信息化建设。

促进信息技术应用产业化　“电子信息技术应用产业化”列入安徽省 2011 年度信息产业发展专项支持重

点，在智能电网、汽车电子、煤矿井下安全和控制、商品数字化分拣配送、安防监控等领域共支持信息技术应用推广项目7项，财政资金支持合计140万元，带动项目总投资17 780万元。安徽省“ETC5.8GHz全集成射频芯片的研发”、“RFID无线互联安全控制智能终端”等8个项目列入工业和信息化部2011年物联网发展专项资金项目支持计划。

热点

“十二五”产业发展重点明确 2011年3月，安徽省政府发布《安徽省国民经济和社会发展第十二个五年规划纲要》，明确安徽省电子信息产业“十二五”将重点发展新型显示、智能家电、集成电路、软件、信息服务和物联网，打造中国（合肥）国家级新型平板显示产业基地，提升合滁芜信息家电产业带，建立合肥语音产业基地，形成一批电子元器件产业园区。2011年5月，发布《合芜蚌自主创新综合试验区“十二五”发展规划纲要》，明确合肥、芜湖、蚌埠电子信息产业“十二五”将重点发展集成电路设计、制造、封装、测试技术与装备，开发基于三网融合、云计算、物联网的面向不同行业的应用软件、嵌入式软件和智能语音软件，以及仪器装备和增值服务，发展动漫等文化创意产业，并实施新型显示重大专项，打造合肥新型显示产业基地。

家电下乡政策实施成效突出 2011年，安徽省共销售家电下乡产品673.9万台，销售额180亿元，同比分别增长15%、27.5%，兑付农民消费者财政补贴21.6亿元。自2008年12月安徽省家电下乡政策启动以来，至此已累计销售家电下乡产品1 445万台，销售额358.6亿元，兑付农民消费者财政补贴44.1亿元，受惠农户700多万户，户均受益600元左右。安徽省是家电生产大省，家用电冰箱、家用洗衣机、房间空调器、彩色电视机等家电生产在全国居前，家电下乡政策对全省工业生产拉动作用明显。2011年，全省轻工业增加值实现同比增长27.2%，高于规模以上工业增加值增长率6.1个百分点，家用电冰箱、房间空调器、彩电电视机、家用洗衣机产量同比分别增长49.8%、72.8%、37%、28.6%，全省家电生产企业年新增就业人数约3 000人，农村地区家电销售服务体系建设得到推进。

家电以旧换新政策落实良好 截至2011年底，全省家电以旧换新五大产品销售总量达351.4万台，销售总额124.9亿元；旧机回收总量356万台，回收总额3 590万元；财政兑付补贴数量333.5万台，补贴金额10.3亿元；拆解企业回收旧机总量275.2万台，已拆解247万台，拆解率89.7%。

其他

财政专项发挥积极引导作用 国家电子信息产业振兴和技术改造专项、电子信息产业发展基金以及省战略性新兴产业专项、省信息产业发展专项等给予全省电子信息产业发展以大力支持，环境优化有力推动了产业的稳定快速发展。2011年，安徽省信息产业发展专项共对36项电子信息制造项目、25项软件项目安排财政支持资金1 300万元，引导项目总投资21.5亿元。自2004年安徽省信息产业专项设立以来，已对全省294项电子信息产业项目给予财政资金支持10 900万元。

战略新兴领域实现较好突破 2011年，安徽省八大战略性新兴产业中，电子信息新兴产业无论在发展规模还是在发展增速上均居前列，其中：规模占新兴产业总量的25%，仅次于高端装备制造业；增速仅次于新能源产业，高于全省新兴产业平均增速20个百分点。

主要问题

一是产业总体规模较小，带动力强的领军企业数量偏少。安徽省电子信息产业规模在全国所占比重较小，对全省工业及其增长带动力仍然有限；带动性强、规模突出、技术领先的龙头骨干企业数量偏少；有较大影响力的专业化、特色化产业基地（园区）数量少，产业集聚度、产业链以及本地化配套能力等亟待提升。

二是产业整体层次偏向低端，高端环节发展不足。安徽省当前电子信息产业的总体结构仍然偏向低端，技术先进、附加值高、低能耗、低污染的高端环节发展与发达地区相比存在差距。

三是核心竞争力不强，新一代信息技术发展存在差距。近年来，安徽省电子信息技术领域自主创新虽呈现较多亮点，但产业总体创新发展实力不强，研发投入比重偏低；现阶段的承接转移仍以制造环节为主，产业链关键环节依赖进口；新一代信息技术领域的技术和产品储备不足，技术成果产业化面临市场、资金、人才等制约。

【统计数据】

表 1 2011 年安徽省电子信息产业人员构成情况

企业类别	企业数（家）	年末从业人员总数（人）	人员构成				
			工程技术人员（人）	在总人数中所占比例（%）	管理人员（人）	在总人数中所占比例（%）	软件开发研究人员（人）
国有企业	15	8 465	878	10.4	387	4.6	484
集体企业	1	220	5	2.3	6	2.7	
股份合作企业	2	237	6	2.5	8	3.4	
国有独资企业	1	875	15	1.7	65	7.4	
其他有限责任公司	135	40 461	3 677	9.1	1 925	4.8	2 809
股份有限公司	38	17 779	3 195	18.0	1 570	8.8	2 647
私营企业	210	32 443	1 976	6.1	1 744	5.4	1 764
其他内资企业	6	32 263	333	1.0	676	2.1	
港、澳商合资经营企业	12	7 309	1 181	16.2	337	4.6	1 141
港、澳商独资经营企业	10	7 878	127	1.6	178	2.3	
港、澳商投资股份有限公司	2	1 632	78	4.8	56	3.4	
中外合资经营企业	17	8 676	564	6.5	233	2.7	65
外资企业	16	5 910	204	3.5	150	2.5	166
外商投资股份有限公司	1	350	15	4.3	10	2.9	

表 2 2009—2011 年安徽省电子信息产业基本情况

项目名称	单位	2009 年	2010 年	2011 年
工业总产值（现行价）	万元	6 505 669	8 077 578	11 069 729
工业销售产值	万元	6 264 083	7 599 901	10 770 518
其中：出口交货值	万元	355 237	424 645	1 136 072
软件出口	万元	13 205	6 780	24 117
流动资产平均余额	万元	3 286 948	3 624 364	5 768 472
固定资产净值平均余额	万元	1 061 906	1 097 788	3 617 800
资产总计	万元	5 382 981	6 171 990	10 706 498
负债合计	万元	2 598 473	3 174 793	5 730 234
产品销售收入	万元	5 933 903	7 472 459	10 293 094

续表

项目名称	单位	2009 年	2010 年	2011 年
其中：软件产品销售收入	万元	704 571	839 239	1 050 600
税金总额	万元	294 495	352 064	463 069
利润总额	万元	495 858	775 863	759 291
应交所得税	万元	64 529	86 901	61 795
从业人员年末人数	人	109 533	127 877	138 214
从业人员工资总额	万元	249 304	263 043	544 814

表 3　2009—2011 年安徽省电子信息产业三资企业基本情况

项目名称	单位	2009 年	2010 年	2011 年
工业总产值（现行价）	万元	1 483 433	2 243 407	2 426 449
工业销售产值	万元	1 370 402	2 184 087	2 366 768
其中：出口交货值	万元	165 282	169 437	218 035
软件出口	万元	8 752	1 985	16 077
流动资产平均余额	万元	612 534	895 703	908 070
固定资产净值平均余额	万元	248 304	306 418	486 631
资产总计	万元	1 110 411	1 609 307	1 529 054
负债合计	万元	559 273	829 108	745 472
产品销售收入	万元	1 203 889	1 885 628	2 194 072
其中：软件产品销售收入	万元	37 486	43 665	56 517
税金总额	万元	87 861	114 478	69 836
利润总额	万元	142 306	266 732	237 408
应交所得税	万元	22 803	36 154	24 549
从业人员年末人数	人	28 442	40 060	31 755
从业人员工资总额	万元	51 701	66 870	124 434

注：表 1—表 3 数据来源于安徽省统计局及软件企业数据。

表 4　2009—2011 年安徽省电子信息产业主要经济效益指标完成情况

项目名称	单位	2009 年	2010 年	2011 年
全员劳动生产率	元/人	155 993	180 556	242 847
流动资产周转率	%	181	206	178
工业产品销售率	%	96.3	93.4	97.3
总资产贡献率	%	14.7	20.3	12.4
资本增值保值率	%	109.6	107.6	104.3
资产负债率	%	48.3	51.4	53.5

表 5　2009—2011 年安徽省电子信息产业三资企业主要经济效益指标完成情况

项目名称	单位	2009 年	2010 年	2011 年
全员劳动生产率	元/人	146 157	147 130	251 682
流动资产周转率	%	197	211	242
工业产品销售率	%	92.4	97.4	97.5
总资产贡献率	%	20.7	28.7	20.7
资本增值保值率	%	111	141.6	112.1
资产负债率	%	50.4	51.5	48.8

表 6　2009—2011 年安徽省主要电子信息产品产销量情况

产品名称	单位	产量			销量		
		2009 年	2010 年	2011 年	2009 年	2010 年	2011 年
彩色电视机	万台	248	324	444	248	331	444
电子元件	万只	91 210	109 440	138 529	94 055	108 360	140 396
半导体器件	万只	46 915	71 669	211 350	46 567	75 650	203 701

表 7　2009—2011 年安徽省三资企业主要电子信息产品产销量情况

产品名称	单位	产量			销量		
		2009 年	2010 年	2011 年	2009 年	2010 年	2011 年
彩色电视机	万台	64	71	142	66	71	142

注：表 4—表 7 数据来源于安徽省统计局。

[撰稿：安徽省经济和信息化委员会电子信息处、软件服务业处　审稿：曹晓武]

福 建 省

【综述】

2011 年，福建省信息产业和信息化系统按照“十二五”信息产业专项规划确定的“万千百”发展目标(即：万亿产业规模、6 个千亿产业集群、25 个百亿龙头企业)，积极应对复杂多变的经济环境，各项工作取得明显成效。

一是产业规模持续扩大。2011 年，全省信息产业完成销售总收入 5 085 亿元，同比增长 23%；增加值 1 925 亿元，同比增长 24.2%，信息产业增加值占全省 GDP 的比重首次达到 11%，拉动福建经济平稳较快增长。其中：信息产品制造业销售收入 3 432 亿元，同比增长 19%，增速在全省三大主导产业中排名第一；软件产业销售收入 807 亿元，同比增长 40.1%，继续保持高位增长；全省信息产品出口额 288 亿美元，同比增长 19.5%，占全省外贸出口总额的 31%。

二是产业发展质量提升。从三大传统主导产业向代表新一代信息技术产业发展方向的 6 个千亿级产业集群顺利转型。2011 年，平板显示产业率先突破千亿，软件、计算机及网络等两个集群 2012 年有望突破千亿；物联网和移动通讯产业集群增长率都在 50%以上，突破 300 亿元，尤其是移动通讯产业通过大力推动对讲机“模拟转数字”进程，率先研发成功芯片，获得国家标准立项，并建立国家级数字对讲机新型工业化产业示范基地。据统计，2011 年，福建省战略性新兴产业实现增加值 1 200 亿元，其中超过 60%归功于新一代信息技术领域增加值。此外，百亿企业培育有新进展。全省信息产品制造业已有 5 家企业销售额超过百亿元，分别是：戴尔（中国）有限公司、友达光电股份有限公司、福建捷联电子有限公司、华映光电股份有限公司、宸鸿科技有限公司。软件产业销售额亿元以上企业达 75 家（新增 20 家），其中 10 亿元以上 7 家（新增 3 家），50 亿元以上 1 家。

三是产业创新能力增强。促进闽台信息产业部分领域标准互认，开创全国之先；推动 16 项标准列为福建省地方标准，为历年最多；推动数个创新带动性强的项目进入国家布局，争取国家“核高基”等项目扶持资金 1.64 亿元，为历年最多，在全国排名前列。

四是信息化建设进程加速。有效推动物联网“129”示范工程、10 万家“智慧企业”、平潭智慧岛、国际离岸数据中心建设以及厦门、福州三网融合试点等工作，全省信息化与工业化融合指数位居全国第 6位。

电子信息产品制造业

2011 年，全省信息产品制造业继续保持较快增长速度，累计完成工业总产值 3 432 亿元，比上年增长 18.9%，增速超出“十二五”信息产业发展规划原定目标 0.9 个百分点，产值规模继续位居全国第 6 位；产销衔接良好，产品产销率达 97.8%；累计完成工业销售产值 3 355 亿元，增长 19%；完成出口交货值 1 841.4 亿元，增长 16.8%。全省信息产品制造业外商与港澳台投资企业完成产值 2 789 亿元，占行业比重 81.3%，产值比上年增长 17.8%。全省信息产品制造业产值分季度增长情况来看，第一、二、三、四季度产值比上年同期分别增长 34.3%、16.8%、12.5%、22.6%，增速总体呈现前高中低后受政策拉动作用又再度回升的态势。主要特点如下：

一是新型显示产业集群规模率先实现千亿元以上。2011 年，全省新型显示产业集群实现产值 1 200 亿元。为苹果公司配套生产触控产品的宸鸿科技有限公司全年完成产值 285.7 亿元，同比增长 145.7%；生产大尺寸液晶电视的冠捷显示科技（厦门）有限公司全年完成产值 77 亿元，同比增长 42.3%；超薄液晶显示器厂商捷星显示科技（福建）有限公司实现产值 39.6 亿元，同比增长 282.4%。马尾（国家）显示器件产业园实行技术改造，加快产品转型，已成为重要的液晶显示模组生产基地。福建华映显示科技有限公司全年完成产值 89.1 亿元，同比增长 43.8%；福建华映光电股份有限公司全年完成产值58.1亿元，同比增长32.3%；华映科技（集团）股份有限公司与金丰亚太有限公司共同投资设立科立视公司，从事平板显示屏及触控组件材料器件的研发、生产和销售，向上游延伸，完善产业链。该项目总投资10亿美元，其中一期项目投资1.7亿美元已动工建设。冠捷集团拟投资建设冠捷科技平潭园区，暂定总投资16.4亿美元，主要生产液晶电视、液晶显示器等产品，有望建成新的平板显示产业基地。

二是计算机和网络产业集群稳步增长。2011年，全省计算机和网络产业集群实现产值950亿元。显示器产量位居全国第2位。戴尔（中国）有限公司实现产值323.7亿元，比上年增长19%；福建爱普生有限公司受益于地税工程在全国的延续展开和推广，针式票据打印机需求量增加，生产经营规模扩大，公司销量连续16年位居全国第一，预计实现销售收入7.4亿元，同比增长51%；福建联迪商用设备有限公司连续4年荣获国家金卡工程优秀成果“金蚂蚁奖”，获奖产品非接触式读卡器R80，是中国首个通过非接触认证的金融POS产品，预计实现销售收入7.3亿元，同比增长28%；福建新大陆通信科技股份有限公司是2011年广播电视十大传输民族品牌，其自主研发的机顶盒在福建省的市场占有率遥遥领先。

三是新一代宽带移动通信产业集群转型升级加快。2011年，全省新一代宽带移动通信产业集群实现产值300亿元。联想移动开拓运营商市场，定制手机及3G智能手机市场销售良好，全年完成产值72.4亿元，同比增长38.9%。泉州丰泽高新产业园（数字对讲机基地）被工业和信息化部认定为“国家新型工业化产业示范基地”，福建联拓科技有限公司在国内率先研发出拥有自主知识产权的数字对讲机SOC基带芯片，制定的数字对讲机ARC国家标准被国家标准化管理委员会立项并已经过公示阶段。福建三元达通讯股份有限公司与厦门大学开始合作研究“开发基于TD-LTE商用平台的TD-LTE-Advanced无线中继传输技术的实验设备”，福建三元达通讯股份有限公司预计完成产值7亿元，同比增长52%。福建邮科通信技术有限公司完成“新一代宽带无线移动通信网”国家重大专项“无线局域网与蜂窝移动通信网络融合技术研究与验证”的课题研究，完成产值4.4亿元，同比增长42%。

四是LED和太阳能光伏产业集群重大投资项目不断。2011年，全省LED和太阳能光伏产业集群实现产值300亿元，其中LED产业实现产值200亿元，太阳能光伏产业实现产值100亿元。2011年6月在厦门火炬高新区奠基的开发晶照明（厦门）有限公司，计划总投资5亿美元左右，主要从事LED芯片和外延片、LED光源模组、LED灯源、LED灯具和LED应用产品的研发、封装、生产制造等。项目全部达产后，有望成为该行业全球最大生产基地。2011年5月在福州奠基的福建兆元光电有限公司总投资30亿元，主要从事高亮度发光二极管、LED外延片、LED芯片的制造、器件封装及应用产品的研发、生产，有望在2015年产值超过100亿元。随着阳光大地（福建）新能源有限公司、霞浦吉阳新能源有限公司等太阳能光伏产业新增重点项目的投产，以及福建钧石能源有限公司和金保利（泉州）科技实业有限公司等重点企业的扩产，福建省太阳能光伏产业有望达到5GW的生产能力，成为全国重点省份之一。

软件产业

2011年，福建软件产业持续高位增长运行态势。全省软件产业实现软件及系统集成销售收入807亿元，同比增长40.1%，规模居全国软件产业第9位。全年新增认定的软件企业143家，累计认定软件企业889家；全省上市软件企业17家；新增登记的软件产品900个，累计登记5 229个；共46部动画作品获得播出许可证，总时长26 079分钟，比上年增长227%，9部作品获得国家优秀国产动画片奖。1家IC设计企业获“中国芯”最具潜质奖，7家IC设计企业通过工业和信息化部2011年度集成电路设计企业的认定和年审。全省共有计算机信息系统集成资质企业111家，其中一级12家、二级19家、三级65家、四级15家。主要特点如下：

一是软件企业实力提升。2011年，全省有10家骨干软件企业入选2010年度国家规划布局内重点软件企业，比上年新增4家，其中：福建新大陆电脑股份有限公司、福建榕基软件股份有限公司、福建富士通信息软件有限公司、厦门东南融通科技有限公司、福建三元达通讯股份有限公司、福建邮科通信技术有限公司实现蝉联，厦门三五互联科技股份有限公司、厦门美亚柏科资讯科技有限公司、厦门吉比特网络技术股份有限公司、福建南威软件工程发展有限公司是2011年新晋企业。全省有6家软件企业入选第十届中国软件业务收入前百家企业。福大自动化科技有限公司位居第19位，比上届前进2位；福建星网锐捷网络有限公司位居第40位，比上届前进1位；另外4家分别是福建新大陆通信科技股份有限公司、国脉科技股份有限公司、福建南威软件工程发展有限公司、福建富士通信息软件有限公司。2011年，全省有75家软件企业年收入超亿元，其中7家企业超10亿元。

二是企业创新能力增强。2011年，福建星网锐捷网络有限公司和福建新大陆通信科技股份有限公司获工业和信息化部、财政部“2011年国家技术创新示范企业”认定，列全国首批55家之内，也是福建省唯一获评的两家企业。福建榕基软件股份有限公司、福建国通信息科技有限公司、福建伊时代信息科技股份有限公司、福建南威软件工程发展有限公司、厦门美亚柏科资讯科技有限公司、厦门雅迅网络股份有限公司、厦门市巨龙软件工程有限公司等11家软件企业被认定为第二批“福建省创新型企业”。天晴数码公司的手机阅读软件“91熊猫看书”和福建富士通信息软件有限公司的“福富统一认证平台软件”荣获“2011中国年度十大创新软件产品”。福建首次实施软件产业重大专项，2011年集中省发展和改革委员会、经济贸易委员会、信息化局的资源重点，扶持高端芯片产业化、基于互联网的高端信息技术服务、物联网智能应用、云计算、嵌入式软件等5类软件重大专项，推动了福建软件企业创新发展和核心竞争力提升。

三是软件产品推陈出新。福建星网锐捷网络有限公司荣获“2010年度福建省政府质量奖”（全省共4家），是福建省行业内唯一获奖企业。该公司相继推出国内首个全面具备云计算特性的数据中心交换机系列和国内首个面向云计算的下一代防火墙系列产品，抢占国内云计算IaaS领域的市场先机。福建富士通信息软件有限公司的社区信息化管理系统在全省超过200个社区推广，得到国家民政部肯定。福建新大陆通信科技股份有限公司的“屠宰加工过程中动物产品追溯方法”获发明专利，“肉品蔬菜流通追溯体系”软件平台开发进展顺利。福建国通信息科技有限公司的邮政便民服务站系统已在全国建设33 000多个网点，成为国内唯一一家实现规模化运营的邮政便民服务综合信息运营商。福建亿榕信息技术有限公司的电子公文安全传输系统、企业级协同办公系统已在国家电网公司、各省电网公司等得到应用，电力行业市场占有率排名第一。福建福诺移动通信技术有限公司推动全国首个OMP（开放移动互联网平台）落地福建，促进了实时路况、公交查询等多个无线城市应用的移植和开发。厦门优讯高速芯片有限公司在光通信收发芯片领域的领先优势得到中兴通讯股份有限公司认可，双方拟开展战略合作。福建三元达通讯股份有限公司推出直放站、广电两大类数十项新产品。易联众信息技术股份有限公司等3家软件企业的相关产品荣获福建省2011年优秀新产品奖。福昕软件开发有限公司发布福昕PDF阅读器5.0等3款新产品，并于8月获得“美国旧金山地区2011年度全球民族科技公司”称号。福建省凯特科技有限公司的数字化远程监控系统、煤矿综合信息管理系统、煤矿安全监控指挥系统已在省内成功部署。福建锐思软件开发有限公司推出新产品“坚守者——(药企）非现场一体化监管终端”，是药品、食品追溯体系中的重要系统。厦门美亚柏科资讯科技有限公司实现取证云和搜索云的转型，研究出多路并行取证系统。

四是园区建设速度加快。作为福州市“五大战役”的重点工程，福州软件园五期和动漫二期建设进展顺利。截至2011年底，综合楼A已施工至18层，动漫二期多数研发楼已封顶，闽港澳台广告创意中心、福昕软件服务外包示范基地等多个项目以及20多家企业有意入驻。8月，福州软件园开创性招聘台湾籍专业人才任副主任，有力推动了闽台软件、动漫合作与外包；聘请张钹、李德毅、林惠民等院士作为园区科技顾问，推进了园区企业需求与院士科技成果的对接。2011年，福州软件园已有入园企业660家，实现收入280亿元。全园实现无线上网和三维导航。厦门软件园二期作为软件业聚集发展的载体作用更加明显，已入驻企业512家，全年实现销售收入201.6亿元，税收6.67亿元。软件园三期规划用地面积11.8平方公里，占地6.17公顷的起步区已开工建设，目前已有意向入驻企业60多家。泉州软件园加快基础设施建设，2011年实际完成投资3亿多元，一期土石方工程和A、B、C号市政道路工程完工。已审核确定首期10家入驻企业，并成功举办“海西（泉州）云计算产业园”高端研讨会，与 IBM 公司、软通动力公司、中国移动泉州分公司、北京中油瑞飞信息技术有限公司等进行合作。中国国际信息技术（福建）产业园已完成基础设施配套，数据灾备机房区业务处理楼、灾备指挥中心区管控大楼、APEC 电子商务交流中心等单体建筑已渐成形，并与厦门大学、台湾大学等洽谈筹建人才培养机构。

五是重大项目落户福建。2011 年，推动中国电子科技集团公司、中国数码港等央企，戴尔、GE、IBM 等外企，深圳华强集团、软通动力公司、上海水木动画等民企带来一批重大投资项目落户福建。已落地的中国移动和中国电信手机动漫基地开始商业化运作，带动效应明显。2011 年，中国移动手机动漫基地手机动漫业务已在广东、江苏、河南、湖南、内蒙古、福建等 6 省区开展商用，发展用户 1 200 万，收入近 5 000 万元，签约合作伙伴 280 家，带动 67 家动漫企业在厦门市注册公司。中国电信动漫运营中心发展用户 774 万，收入 2 126 万元，签约合作伙伴 200 多家，带动 5 家企业在厦门市设立分支机构。

六是“海西动漫”形象提升。2011 年，福建省动漫游戏产业全行业实现销售收入 56 亿元，同比增长 42%，其中网龙网络有限公司、厦门游家网络有限公司等 6 家企业收入超过亿元（新增 2 家），中国移动手机动漫基地、中国动漫集团中娱文化传播股份有限公司等 22 家企业收入超过千万元（新增 14 家），增幅为历年之冠。全省从事动漫游戏相关业务的企业超过 200 家，从业人员近 20 000 人。福建动漫游戏公共技术服务平台的动漫集群渲染平台和动漫高清非线性编辑系统基本建成。动漫游戏新品迭出，其中，福建天之谷网络科技有限公司的 3D 动画短片《小小天空》在第七届中国国际动漫节获得国内最高级别的动漫奖项——“美猴奖·中国动画短片大奖”，是福建省动漫作品第一次获此殊荣。网龙网络有限公司的《魔域》在 2011 年中国游戏产业年会上获“2010 年度中国民族游戏海外拓展奖”。福建省子燕动漫科技有限公司的《燕尾侠》、福建神画时代数码动画有限公司的《红军长征的故事》、福州五彩动漫数字科技有限公司的《白马少年》、厦门音像出版有限公司的《马拉松王子》、福建育港信息技术有限公司的《三七小福星之海峡兄弟》、福建省时代华奥动漫有限公司的《乌龙小子（一）》、厦门嘉影动漫有限公司的《神奇的游戏之智慧少年组》、厦门天熹文化传播有限公司的《美其乐》、厦门利根斯动漫有限公司的《毛毛王历险记》等 9 部作品获得国家优秀国产动画片奖，是获奖最多的一年。此外，福建省成功举办第四届厦门国际动漫节，工业和信息化部软件服务业司首次作为指导单位、台湾中华资讯软体协会首次作为协办单位。动漫节共收到来自 30 个国家和地区的 2 520 部作品角逐金海豚奖，同比增长 71.8%。

七是集成电路设计业稳步发展。2011 年，全省 IC 设计业总收入 30 亿元，同比增长 20%。全省 7 家 IC 设计企业通过工业和信息化部 2011 年度集成电路设计企业年审，厦门集成电路设计中心与工业和信息化部软件与集成电路促进中心（CSIP）合作，将共同建设 CSIP 厦门分中心。福州瑞芯微电子有限公司继续在移动互联网终端、平板电脑等数字音视频产品领域保持国内市场领先地位，其 3 月正式推出的 50 纳米 RK2918 移动互联芯片占据国内平板电脑 40%以上市场份额，已与索尼、东芝、富士康、联想集团等国内外知名厂商签订了合作协议。福州高奇晶圆电子科技有限公司开发的高能效变频微波炉电源模块，与格兰仕集团等国内著名家电厂商签订战略合作协议，产业化效果显著，2011 年销售收入比上年增长 3 倍以上。厦门优迅高速芯片有限公司的光通讯芯片入围国家发展和改革委员会“国家高技术产业化示范工程”，其自主研发的 UX3328 产品（用于用户端的突发模式收发一体芯片）获第六届“中国芯”最具潜质奖，这是继福建省瑞芯微电子有限公司荣获“中国芯”之后第二家获此殊荣的 IC 设计企业。福建联拓科技有限公司已将数字对讲机基带芯片成功推向市场，成为进口芯片的替代产品，打破了数字对讲机芯片市场由国外大公司垄断的局面。

对外合作与进出口贸易

2011 年，福建省信息产业紧紧抓住国务院支持海西经济区方针出台的机遇，与境内外信息产业行业商会、协会及贸易促进机构的互动、交流日益常态化，合作领域涉及平板显示、光电、软件、物联网、信息化等各个方面，推进了福建省信息产业外经贸的发展。

招商引资 按验资口径，2011年全省信息产业共利用外资项目118项，同比减少7.8%。合同利用外资15.7亿美元，同比增长47.6%，实际到资10.4亿美元，同比增长38.6%。总体引进项目数量虽同比有所下降，但引进的大项目数增多，2011年，全省信息产业类新批和增资3 000万美元以上项目有32个，以福州市、厦门市为主。

经贸交流 闽港交流合作进一步强化，主办“闽港动漫产业合作洽谈会”，现场签约项目4项，达成合作意向8个，投资金额达5.12亿美元。闽台产业对接持续深化，依托“闽台经济合作研讨会”平台，牵头组织闽台LED和电子信息产业专家组定期进行技术交流和趋势研讨。闽台联合发布闽台LED路灯标准，开展闽台绿色照明合同能源管理项目合作，签署成立闽台物联网合作联盟。对日产业对接有新突破。集中力量争取对日动漫产业合作和震后电子信息项目转移。日本动漫协会与中国移动、中国电信手机动漫基地（中心）签订动漫作品合作协议；日本早稻田大学、厦门大学、中国移动手机动漫基地签约共同筹建新媒体动漫研究中心。

产品出口 2011年，全省信息产品出口288亿美元，同比增长19.5%，占全省外贸出口总额的31%，占全省信息产品销售产值的54.9%，保持全国第7位。福州、厦门、漳州三地市出口额分别为84.4亿美元、176.8亿美元、12.1亿美元，分别增长10.5%、24.2%、3.7%。出口额超过亿美元的重点企业20家，以福州、厦门和漳州三地为主。前三名是：厦门友达光电股份有限公司（出口46.8亿美元），同比增长9.6%；宸鸿科技有限公司（出口42.8亿美元），同比增长147.3%；福建捷联电子有限公司（出口30.9亿美元），同比下降22%。三大类主要产品出口情况为：电子元器件产品出口147.5亿美元，增长44%；计算机类产品（包括整机和外部设备）出口75.7亿美元，下降0.3%；家用视听产品出口39.2亿美元，下降1.3%。

信息基础设施建设

2011年，全省IPTV用户110万户，手机电视用户200万户，有线电视网络宽带用户30万户，厦门有线电视网还开展了多项互联网增值业务。

2011年，全省完成电信业务总量454亿元，同比增长19.3%；完成业务收入384亿元，同比增长9.9%；全省电话用户总数4 568万户，其中，固定电话用户1 015万户，移动电话用户3 553万户。全省电话普及率为125部/百人，其中，移动电话普及率97.2部/百人。

2011年，全省广播电视创收46.5亿元，同比增长20.9%。其中，广告收入20.3亿元，同比增长24.8%；网络收入16.6亿元，同比增长2.6%；其他收入9.6亿元，同比增长59.5%。全省有线电视用户数652.1万户，同比增长6.3%，其中数字电视用户333.9万户，同比增长15.4%，有线电视入户率64.6%。

2011年，全省互联网用户数2 872万户，互联网用户普及率78.6%。全省互联网宽带接入端口907万个，光缆线路长度48.5万千米，建制村宽带覆盖率98.1%。全省域名总数52.8万个，占全国域名总数的6.8%，列全国第5位；网民数量2 102万人，占全国网民总数的4.09%，列第9位；网民普及率57%，列第4位；网站数量15.1万个，占全国网站总数的6.6%，列第5位。

信息产业基地建设

福清融侨开发区 2011年，福清融侨开发区完成规模以上工业产值534亿元，实现固定资产投资35.1亿元，合同利用外资2 300万美元，实际利用外资4 000万美元，内资实际到资5.13亿元。2011年引进大项目、新项目共43项。其中，外资项目16项，总投资额19 440万美元；内资项目12项，总投资额18.68亿元；科技对接项目15项，项目总金额约6.57亿元。福融辉BOPP第二条生产线、日春里保健品、明辉保健品、天使二期等六个项目已投产；中能电气一期、福光光电一期、华顺集成线路等三个项目基建已进入扫尾阶段；大朋电子、盛辉物流、融达物流等六个项目将动工。

马尾科技园区 2011年，完成工业产值400.88亿元，同比增长20.3%；合同利用外资4 411万美元，同比下降73%；实际利用外资2.62亿美元，同比增长12.5%；直接进口7.2亿美元，同比增长8%；直接出口6.3亿美元，同比增长5%；固定资产投资40.8亿元，同比下降32%。园区规模以上工业企业102家，其中超亿元企业40家。2011年园区列入区级以上重点项目共17项，总投资53.13亿元。其中：续建项目

5 项，新开工项目 8 项，前期预备项目 4 项，建成投产 3 项。列入省重点项目 2 项，市重点项目 13 项；列入市新增长区域战役 6 项，计划投资 6.7 亿元，累计完成投资 6.9 亿元，市城市建设战役 4 项，计划投资 1.9 亿元，累计完成投资 2.6 亿元，列入省新增长区域战役 12 项，计划投资 6.5 亿元，累计完成投资 10.1 亿元。

厦门火炬高新区　2011 年，实现产值 1 569.44 亿元，同比增长 20.9%；出口 151.84 亿美元，增长 34.3%；合同利用外资 4.20 亿美元，增长 48.8%；实际利用外资 2.70 亿美元；固定资产投资 77.66 亿元，增长 87.5%；区级财政收入 13.26 亿元，增长 37.2%；财政总收入 35.71 亿元，增长 26.4%。驻区企业 2 368 家，3 家企业年产值过百亿元，17 家企业年产值过 10 亿元，68 家企业年产值过 1 亿元。光电显示产业年产值 860.84 亿元，占全市的三分之二以上；计算机及移动通信设备产业年产值 580.98 亿元；输配电及控制设备产业年产值 115.82 亿元。2011 年主要建设项目有天马微电子、LED 开发晶、宸鸿科技等新建扩建项目，厦门天马微电子有限公司在厦门火炬（翔安）产业区正式开工，国内第一条、也是全球第二条第 5.5 代低温多晶硅 TFT-LCD 生产线落户厦门；由 4 家全球领先的光电企业共同投资的开发晶照明（厦门）有限公司在高新区奠基，计划总投资近 5 亿美元。2011 年，厦门火炬高新区在提升产业创新实力、吸引产业研发机构、企业总部方面取得重大阶段性成果，正在着力打造低碳高新技术示范区，科技创新园获批建设国家可再生能源建筑应用集中连片推广示范区。

信息技术应用

坚持把“示范应用促发展”作为重中之重，以物联网和三网融合为重点领域，加快数字福建建设进程。

平潭智慧岛建设　完成《平潭科技智慧岛总体规划》、《闽台共建平潭综合实验区离岸数据园区规划纲要》和《平潭离岸数据中心建设研究报告》；推动台湾中华电信公司、中国电信集团公司、平潭综合实验区管委会签订一系列协议，在平潭综合实验区开展物联网、云计算等的实质性合作。

三网融合试点　厦门率全国之先出台“光纤入户”建设规范；实施“宽带城市”建设，全市城区宽带接入能力达到 100M，“光纤入户”率达到 50%，比试点前增长 200%；实施有线电视网络数字化、双向升级改造，数字化率约为 80%。厦门市、福州市、泉州市实施 IPTV 工程，全省 IPTV 用户 70 万户，手机电视用户（订制）180 万户，有线电视宽带用户 25 万户，全国领先。福州市获批国家第二批三网融合试点。

物联网“129”工程　推进福州鼓楼和武夷山两个物联网示范区实施 10 多个物联网示范项目。在交通、旅游、食品溯源、安全、环保等行业实施 30 多个物联网示范应用项目，包括推动食用菌生产使用物联网技术，推广车联网、船联网，扶持食品溯源系统产业化，开展智能楼宇节能降耗试点等。推进物联网 EPC 认证检测平台、闽台旅游物联网信息服务等重大项目。在全国率先启动物联网专业人才培养改革试点，成立福州大学新大陆物联网学院。成立国内首支由政府和企业合作成立的物联网产业创投基金。

企业信息化　推动 10 万家“智慧企业”建设，2011 年底已完成 1 万多家。启动万家中小企业人才管理信息化提升工程。

热点

物联网产业　福建省从事物联网研发、生产、应用、服务的机构和企业已有 150 多家，2011 年物联网相关产业产值达到 300 亿元。标识、传感器、网络传输、数据处理、应用等产业链基本完善，涌现出福建新大陆通信科技股份有限公司等在部分领域产品研发和应用推广全国领先的一批骨干企业。交通监控、食品溯源、工业控制、环保节能、家居安防等领域的物联网产品市场保持全国领先优势。物联网在制造业信息化、农业精细化生产、城市节能降耗等领域得到深入应用，形成了更为成熟的商业运营模式。福建省在传感仪表、自动化控制、电子回执、射频读卡器、自助终端、物联网操作系统级中间件平台、智能家居系统等领域的研发居国内领先水平。校企研发合作日益密切，省内骨干企业与中国科学院、清华大学、厦门大学、台湾工业技术研究院等知名高校、科研院所的合作有序开展。二维码芯片等一批核心关键技术取得重大突破。2010 年，新大陆通信科技股份有限公司发布了全球首颗二维码解码芯片，2011 年芯片获国家 60 项专利。华拓能源监控平台相关标准 2012 年有望成为国家标准。

其他

产业政策 2011年，福建省人民政府出台与信息产业发展有关的政策文件主要有：

●《福建省人民政府关于促进科技成果转化和产业化的若干意见》（闽政〔2011〕111号），从研发、创新平台、成果转化、税收等方面对高新技术产业项目予以扶持。信息产业作为高新技术产业的重要组成部分，其符合条件的成果转化项目即可适用该政策。

●《福建省人民政府关于印发福建省加快战略性新兴产业发展实施方案的通知》（闽政〔2011〕104号），将新一代信息技术产业列为福建省战略性新兴产业发展重点，加大财政、项目、科技创新、市场、信贷、用地、人才等方面的扶持力度。

●《福建省人民政府关于印发支持小型和微型企业发展的十二条金融财税措施的通知》（闽政〔2011〕89号），提出切实降低小微企业融资成本，完善小微企业融资担保服务，减轻小微企业税费负担，加大对小微企业的财政扶持力度，对于信息产业领域小微企业的发展具有重要推动作用。

●《福建省人民政府关于促进当前工业稳定增长六项措施的通知》（闽政发明电〔2011〕4号）以及《福建省人民政府关于促进当前工业稳定增长补充措施的通知》（闽政发明电〔2011〕5号），从财政、进出口、市场、税费等方面支持企业增加生产、扩大出口，有力刺激了福建省信息产业增长。

主要问题

一是企业生产成本大幅升高，增加了企业生产压力。2011年，福建省工业生产者购进价格指数为108，比上年上涨8%，但电子产品价格却基本呈下跌趋势，全年福建省电子工业品出厂价格指数为92.5，比上年下降7.5%，两者形成明显剪刀差。企业用工工资较上年平均增加15%以上，企业生产成本大大提升。

二是固定资产投资规模偏小，产业发展后劲不足。2011年1-11月，全省信息产品制造业完成固定资产投资217.3亿元，虽然较上年同期增长60.8%，但投资规模在全国仅排名第15位，较销售产值规模全国排名低9位，产业发展后劲与全国各省相比显得不足。

三是部分行业发展速度放缓，影响全行业增速。受美国对中国反倾销立案以及行业景气度下降的影响，太阳能光伏产业各重点项目投资速度均显著放缓，产值增长明显低于预期。占全省信息产品制造业产值约三分之一的平板显示产业，受液晶电视市场趋于饱和以及整机产品价格下跌的影响，相关企业面临困难加大。

四是国际经济形势复杂多变，而福建省信息产品制造业偏向外向型经济，受不利影响较为明显，全年完成出口交货值1 841.4亿元，增长16.8%，增速低于行业产值增速2.1个百分点。

【统计数据】

表1 2011年福建省电子信息产业人员构成情况

企业类别	企业数（家）	年末从业人员总数（人）	人员构成			
			工程技术人员（人）	在总人数中所占比例（%）	管理人员（人）	在总人数中所占比例（%）
国有企业	2	753	147	19.5	143	19.0
集体企业	1	85	19	22.4	15	17.6
股份合作企业	6	423	78	18.4	58	13.7
其他企业	86	44 127	7 436	16.9	6 672	15.1
三资企业	110	172 321	22 401	13.0	27 358	15.9

表 2　2009—2011 年福建省电子信息产业基本情况

项目名称	单位	2009 年	2010 年	2011 年
工业总产值 (现行价)	万元	22 100 000	28 650 000	34 320 000
工业销售产值	万元	21 092 875	28 000 000	33 550 000
软件产品销售收入	万元	4 100 000	5 760 000	8 070 000
工业出口交货值	万元	12 027 100	15 930 000	18 414 000
流动资产平均余额	万元	8 319 545	10 890 000	11 210 000
固定资产净值平均余额	万元	2 031 245	2 140 500	2 230 300
资产总计	万元	12 261 253	14 900 000	13 596 000
负债总计	万元	7 350 476	8 582 000	8 109 000
工业产品销售收入	万元	2 210 000	28 000 000	33 550 000
税金总额	万元	200 247	248 500	329 600
利润总额	万元	739 344	1 266 500	1 622 000
应交所得税	万元	166 616	206 700	266 500
从业人员年末人数	人	288 700	333 300	323 000
从业人员工资总额	万元	657 300	680 000	712 000

表 3　2009—2011 年福建省电子信息产业三资企业基本情况

项目名称	单位	2009 年	2010 年	2011 年
工业总产值（现行价）	万元	15 138 639	19 504 000	23 350 000
工业销售产值	万元	14 563 437	19 110 000	22 900 000
工业出口交货值	万元	8 863 720	13 350 000	15 400 000
流动资产平均余额	万元	5 252 185	534 500	54 500
固定资产净值平均余额	万元	1 484 794	1 514 500	1 523 500
资产总计	万元	7 799 800	9 144 000	8 343 700
负债总计	万元	5 146 844	5 920 900	5 620 000
工业产品销售收入	万元	1 220 630	1 890 000	22 900 000
税金总额	万元	65 073	136 500	181 200
利润总额	万元	484 737	843 400	1 125 000
应交所得税	万元	63 053	114 500	153 000
从业人员年末人数	人	161 893	173 432	172 321
从业人员工资总额	万元	477 010	512 000	531 000

表 4　2009—2011 年福建省电子信息产业主要经济效益指标完成情况

项目名称	单位	2009 年	2010 年	2011 年
全员劳动生产率	元/人	118 213	121 000	131 000
流动资产周转率	次	2.21	2.48	2.51
产品销售率	%	98.3	97.7	97.8
总资产贡献率	%	8.1	8.5	8.6
资产保值增值率	%	105.3	105.6	105.5
资产负债率	%	60.0	57.6	59.6

表 5　2009—2011 年福建省信息产业三资企业主要经济效益指标完成情况

项目名称	单位	2009 年	2010 年	2011 年
全员劳动生产率	元/人	108 535	112 350	121 200
流动资产周转率	次	2.62	2.63	2.58
产品销售率	%	98.3	97.7	97.8
总资产贡献率	%	7.8	8.3	8.5
资产保值增值率	%	106.4	105.7	105.6
资产负债率	%	66.0	62.0	67.0

表 6　2009—2011 年福建省主要电子信息产品产销量情况

产品名称	单位	产量			销量		
		2009 年	2010 年	2011 年	2009 年	2010 年	2011 年
电话机	万部	345.1	845	565	339	826	552
显示器	万台	2 418.7	2 761	3 119	2 378	2 697	3 050
彩色电视机	万台	681.8	903	1 115	670	882	1 090
微型计算机	万台	607.2	790	898	597	772	878

表 7　2009—2011 年福建省三资企业主要电子信息产品产销量情况

产品名称	单位	产量			销量		
		2009 年	2010 年	2011 年	2009 年	2010 年	2011 年
电话机	万部	344.8	836	563	338	817	550
显示器	万台	2 418.7	2 761	3 119	2 378	2 697	3 050
彩色电视机	万台	676	903	1 115	669	882	1 090
微型计算机	万台	607.2	790	898	597	772	878

注：表 1—表 7 数据来源于福建省统计年报。

[供稿：福建省信息化局]

江　西　省

【综述】

电子信息产品制造业

2011 年，江西省电子信息产品制造业总体规模不断壮大，企业竞争力逐步增强，产业进入持续快速发展轨道。半导体照明特色产业链向中下游产品应用纵深发展；手机等通信产品产业规模迅速扩张，骨干企业支撑作用日益突出；特色园区、基地和重点项目建设取得新成绩；承接沿海发达地区产业转移获得丰硕成果。全年完成主营业务收入 1 031.01 亿元，同比增长 20.7%；实现利税总额 92.82 亿元，同比增长 17.1%。

半导体照明产业链不断完善和延伸，应用产品带动产业发展的模式逐渐形成。在国家大力扶持 LED 产业、江西省大力发展战略性新兴产业的良好环境中，全省 LED 产业快速发展，已形成 LED 芯片年产能 350 亿片、LED 器件封装能力超过 150 亿只、LED 背光源 5 000 万块、LED 显示屏 40 万平方米、LED 小型灯具（包括各种节能灯、装饰灯）1 500 万套和 LED 路灯及隧道灯 20 万盏的生产能力。2011 年，全省半导体照明（LED）产业实现主营业务收入 80 亿元，同比增长 60%；实现利税 10 亿元，同比增长 30.2%。

手机产业迅猛增长，产业链条建设取得新进展。江西省手机产业抓住智能手机换代和 3G 网络应用普及的契机谋发展，产业规模不断壮大，智能手机终端制造强劲增长。全年手机及通信产业实现主营业务收入 180 亿元，同比增长 68%；实现利税 5.9 亿元，同比增长 72%。手机整机生产能力达 3 500 万部；2011 年累计生产手机 3 237 万部，同比增长 111.1%，列全国同行业第 7 位，中部地区第 1 位。手机整机生产初具规模。

数字视听产品向高新化、多样化方向发展。全省纳入统计口径数字视听企业 22 家，2011 年实现主营业务收入 100 亿元，同比增长 30%。其中，液晶电视整机生产企业 2 家，2011 年生产液晶电视机 103.52 万台，同比增长 53.0%。江西高飞数码科技有限公司是数字视听产业的骨干企业，主导产品液晶电视机近年取得快速发展。2011 年，液晶电视机生产量同比增长 1.52 倍，完成主营业务收入比 2010 年增长 55%。

光伏产业主营业务收入突破 800 亿元，同比增长 50%。新余市、上饶市产业规模位居全省前两位，分别实现主营业务收入 409 亿元和 266 亿元。目前，江西省拥有在册光伏企业 170 多家，投产企业 70 多家，在建项目 60 多个，总投资规模逾千亿元，已形成硅料 2.6 万吨、硅片 7 450 兆瓦、电池片 2 235 兆瓦、组件 3 728 兆瓦、薄膜电池 130 兆瓦产能。光伏产业已成为江西省基础较好、优势突出、具有国际竞争力的战略性新兴产业。

软件和信息服务业

2011 年，江西省软件服务业实现主营业务收入 74.91 亿元，同比增长 18.2%。其中，软件业务收入 50.44 亿元，同比增长 23.4%；软件外包服务收入 4 895.24 万元，同比增长 9.2%；软件业务出口 2 479 万美元，同比增长 4.3%；利润总额 6 亿元，同比增长 24.2%。全省软件服务业研发经费 5.34 亿元，同比增长 113.6%；软件著作权数达到 509 件，同比增长 65.8%。

科技进步与应用

技术改造成果显著。2011 年，推进亿元以上电子信息产业项目 214 项，总投资 762 亿元，预计全部达产后，年新增主营收入 1 783 亿元，利税 181 亿元。其中，全年新开 95 项，续建 129 项，当年累计完成投资 232 亿元。全年共有 62 个项目竣工投产。江西晶和照明有限公司是江西省最大的 LED 照明应用产品生产企业，已形成年产 20 万盏 LED 路灯及隧道灯的生产能力。该公司在使用平均光效为 125.5lm/W 芯片的情况下，经国家电光源检测中心检测，其自主研发的 LLRA120 大功率 LED 路灯、隧道灯具技术已踏入世界同行的前列。晶能光电（江西）有限公司凭借原创技术优势和规模化成本优势，保持快速发展势头，新增 9 条生产线已全部投入生产，目前拥有23条生产线，LED芯片产能达到230亿片，比2010年增长64.3%。

在充分发挥原创技术优势的同时，江西省积极致力于LED产业持续发展的技术支撑体系建设。2011年1月，经科技部批准的硅基半导体照明国家工程中心落户南昌；11月，国家发展和改革委员会批准依托江西晶和照明有限公司在南昌市组建全国第一个国家地方固态光源联合工程中心。两个国家级工程中心的建立，标志着江西LED技术在全国处于领先地位。

电子产品进出口贸易

2011年，江西省电子信息产品出口取得较快增长，全年完成出口交货值280.02亿元，同比增长22.5%。光伏产品、半导体器件依然是主要出口产品，出口创汇额在全省机电产品出口总额中分别占25%和19.8%；液晶电视、数字激光视盘机和手机等数字整机产品出口继续保持较快增长势头，全年出口液晶电视12.42万台、数字激光视盘机11.74万台、手机500万部。

信息产业基地与园区建设

在江西省工业和信息化委员会和当地政府大力推动下，吉安市吉泰工业走廊电子信息产业基地建设取得显著成效。2011年，实现主营业务收入208亿元，同比增长58%；实现利税18亿元，同比增长60%。基地还形成了红板（江西）有限公司、江西井冈山盛泰通讯技术有限责任公司、友利电电子（江西）有限公司、博硕科技（江西）有限公司、协讯电子（吉安）有限公司等一批年主营业务收入超10亿元的重点企业。

赣州市信丰省级电子信息产业基地自2010年6月被江西省工业和信息化委员会正式授予为江西省省级产业基地以来，基地规模不断壮大，产业集聚效益初步显现。2011年，实现主营业务收入20亿元，同比增长27.3%；实现利税0.6亿元，同比增长7.9%。以江西高飞数码科技有限公司、信丰福昌发电子有限公司等骨干企业为龙头，基地新招一批投资数额较大、产业集中度高的企业入驻，新入园电子企业11家，目前基地内电子企业总数为46家。

龙南稀土发光材料和绿色照明产业配套基地在巩固和扩大稀土传统领域基础上，围绕发光材料、照明产品两项产业重点，着力延伸产业链，提升产业水平，推动产业升级。在稀土发光材料上，实现稀土发光材料年产6 800吨的产业规模；在绿色照明产品上，形成五矿东林规划产能节能灯管3亿支、整灯1亿支的规模。

于都半导体照明配套产业基地共有于都上晴电子有限公司等8家生产企业，已呈现明显的集群化、基地化发展趋势，初步形成包括原材料、外延片、芯片、器件封装、应用及相关配套件、设备仪器仪表等在内的较为完整的产业链，产业规模持续壮大。

信息基础设施建设

2011年，全省光缆总长度40万皮长千米；移动电话基站4.9万个，其中3G基站1.4万个；移动电话交换机容量超过3 800万线。全省电话用户总数3 054万户，新增540万户。其中，固定电话674万户；移动电话2 380万户，新增570万户；3G用户250万户，新增165万户。互联网宽带用户313万户，新增57万户，互联网宽带接入端口550万个。全省广播综合人口覆盖率97.06%，电视综合人口覆盖率98.18%。全省11个设区市基本完成有线电视数字化整体转换，82.6%的县城网基本实现有线电视数字化整体转换。有线广播电视传输干线总长8.22万千米。继续实施行政村通光纤工程，加快农村通信设施建设，行政村通光纤比例92%，电信公司3G网络实现乡镇全覆盖。

信息技术应用

信息化和工业化向纵深融合。全省认真贯彻国家《关于加快信息化与工业化融合的若干意见》，积极落实扶持两化融合的政策措施，发挥社会各方面积极性，启动了万家数字企业建设活动，争取国家专项资金支持江西省物联网发展应用，推动鄱阳湖生态经济区智慧工程建设。

城镇信息化建设稳步推进。全省积极促进信息化与城镇化融合，示范镇信息化建设不断推进，“政务网乡乡通”工程和县乡（镇）两级政务部门网上办公业务协同平台建设为城镇信息化打下坚实基础。南昌市被列为国家第二批三网融合试点城市。

热点

电子信息暨半导体照明产业合作推进会召开 2011年11月12日，江西省人民政府电子信息暨半导体照明产业合作推进会在南昌市召开。会议旨在借助世界低碳与生态经济大会这个平台，加强交流与合作，优化产业结构，从整体上提高江西省电子信息暨半导体照明产业的科技创新能力和核心竞争力。会上共签约 20 个项目，签约总额 91.4 亿元。

半导体及绿色照明产业专题研讨会召开　5 月 6 日，院士专家赴赣咨询服务活动半导体及绿色照明产业专题研讨会在南昌市举办。会议旨在加强江西省半导体照明行业与中国半导体照明领域院士专家对话交流，推动江西省战略性新兴产业超常规发展。

2011 光伏产业合作推进会举行　11 月 12 日，江西省人民政府光伏产业合作推进会在南昌市举行。会议旨在推介江西光伏产业发展成果，增进互信与交流，加强江西企业与国际国内同行的对接与合作，有效延伸产业链，扩大品牌影响力，提升综合竞争力，促进江西光伏产业进一步凝聚优势、跨越发展。会上共签约 13 个光伏项目，总投资额 68 亿元。

宜春获“全国数字城市建设示范市”称号　4 月 28 日，宜春市“数字宜春”地理空间框架建设项目通过国家测绘局验收，该市被授予“全国数字城市建设示范市”称号。该项目以大比例尺地形图为基础建设地理信息公共平台，为政府、企事业单位和公众提供基于空间位置的应用服务，实现了测绘成果服务由传统数据提供向在线服务的转变，并完成了国土城镇地籍管理系统、规划三维可视化城市管理系统、城市监管管理系统、宜春市公众地图服务网站等应用示范项目。

【统计数据】

表 1　2011 年江西省电子信息产业人员构成情况

企业类别	企业数（家）	年末从业人员总数（人）	人员构成					
			工程技术人员（人）	在总人数中所占比例（%）	管理人员（人）	在总人数中所占比例（%）	软件开发研究人员（人）	技术工人（人）
国有企业	15	14 317	1 514	10.6	243	1.7	331	11 009
其中：国有独资企业	3	817	8	1.0	42	5.1	57	235
其他企业	76	67 590	3 396	5.0	258	0.4		63 936
三资企业	20	24 815	469	1.9	233	0.9	343	23 015
合计	111	106 722	5 379	5.0	734	0.7	674	97 960

表 2　2009—2011 年江西省电子信息产业基本情况

项目名称	单位	2009 年	2010 年	2011 年
工业总产值（现行价）	万元	3 639 241	8 619 683	10 399 959
工业销售产值	万元	3 486 756	8 275 874	9 902 452
出口交货值	万元	1 279 385	2 538 610	2 800 248
其中：软件出口	万元	5 516	15 149	15 727
流动资产平均余额	万元	1 653 920	3 586 736	4 018 298
固定资产净值平均余额	万元	1 756 746	2 715 788	3 006 959
资产总计	万元	4 151 864	7 644 209	7 709 101

续表

项目名称	单位	2009年	2010年	2011年
负债总计	万元	2 891 139	4 844 877	4 999 709
产品销售收入	万元	3 436 900	8 543 583	10 310 092
其中：软件产品销售收入	万元	533 493	104 318	749 103
税金总额	万元	42 828	19 007	208 400
利润总额	万元	271 617	773 683	719 854
应交所得税	万元	5 709	29 579	74 628
从业人员年末人数	人	51 229	114 507	115 545
从业人员工资总额	万元	84 739	473 629	433 634

表3　2009—2011年江西省电子信息产业三资企业基本情况

项目名称	单位	2009年	2010年	2011年
工业总产值（现行价）	万元	1 799 117	2 827 305	3 110 577
工业销售产值	万元	1 782 000	2 768 768	3 016 162
出口交货值	万元	1 105 062	1 087 218	812 052
其中：软件出口	万元		15 385	15 727
流动资产平均余额	万元	1 239 194	1 533 759	1 816 744
固定资产净值平均余额	万元	1 478 149	2 009 954	1 888 652
资产总计	万元	3 092 978	3 651 358	3 681 728
负债总计	万元	2 298 776	2 737 879	2 776 309
产品销售收入	万元	1 755 128	2 891 473	3 019 260
其中：软件产品销售收入	万元		104 318	14 994
税金总额	万元	15 553	717	4 394
利润总额	万元	187 224	324 863	149 659
应交所得税	万元	244	10 138	2 531
从业人员年末人数	人	24 038	23 745	24 815
从业人员工资总额	万元	36 705	64 610	113 101

表 4　2009—2011 年江西省电子信息产业主要经济效益指标完成情况

项目名称	单位	2009 年	2010 年	2011 年
全员劳动生产率	元/人	159 753	156 655	184 050
流动资金周转率	次	2.07	2.38	2.56
产品销售率	%	99.0	96.01	95.22
总资产贡献率	%	7.9	10.9	12.8
资本保值增值率	%	111.5	133.6	116.0
资产负债率	%	69.6	63.4	64.9

表 5　2009—2011 年江西省电子信息产品产销量情况

产品名称	单位	产量			销量		
		2009 年	2010 年	2011 年	2009 年	2010 年	2011 年
程控交换机	线	9 436	12 519	13 504	9 436	12 519	13 504
手机	万部	33	1 533	3 237	33	1 532	3 236
笔记本电脑	台	241	90 559	177 761	241	90 559	177 761
彩色电视机	台	909 400	676 770	1 035 200	905 100	677 970	1 023 300
DVD 视盘机	台	438 000	459 800	172 600	439 000	453 200	172 600
汽车音响	台	418 768	332 422	1 600 000	418 768	328 384	1 600 000
电容器	万只	33 405	52 140	260 960	35 096	52 024	261 341
控制元件	万只	2 423	61 473	257 934	2 259	61 384	257 934
印制电路板	平方米	2 805	950 476	5 002 209	2 805	913 112	5 012 793
电声器件	万只	7 425	12 467	15 532	7 374	12 464	15 047
光电器件合计	万只	64 687	537 900	461 253	63 428	552 000	414 199
电线电缆	千米	446 553	592 829	696 165	450 384	592 829	700 600
光缆	皮长千米	79 102	125 739	75 309	76 480	102 293	65 400
LED 芯片	亿片	70	128	224	60	127	182
电解铜箔	吨	9 735	14 047	11 443	9 646	13 883	11 576

注：表 1—表 5 数据来源于统计年报。

[撰稿：黄美昌　审稿：谢碧联]

山 东 省

【综述】

2011年，山东省信息技术产业规模以上企业有3 196家，实现主营业务收入9 119.43亿元，同比增长24.2%，增速比2010年提高1.3个百分点，占全省规模以上工业主营业务收入的8.9%；实现利润486.75亿元，同比增长26.8%；实现利税719.33亿元，同比增长24.0%。信息技术制造业规模以上企业有1 438家，按属地原则统计，实现主营业务收入7 041.5亿元，同比增长20.8%；实现利润410.68亿元，同比增长27.9%；实现利税582.12亿元，同比增长25.0%。

电子信息产品制造业

2011年，山东省电子信息制造业保持健康平稳发展，经济效益较快增长，产业布局和结构进一步优化，信息化与工业化深度融合，信息产业大省正在向强省跨越。

一是立足自主研发，成立了RFID产业、LED产业、集成电路设计、软件产业等多个产业联盟，努力打造自主可控的创新体系。通过信息技术产业发展专项资金等的引导，积极组织科技攻关，着力突破重点核心关键技术。2009年以来，全省共承担国家“核高基”重大专项9个，获得资金支持近2.3亿元。海尔集团公司的流媒体技术、歌尔声学股份有限公司的电声器件、山东中创软件工程股份有限公司的中间件软件、山东山大华天软件有限公司的CAD软件、济南概伦电子科技有限公司的EDA工具等一大批自主技术已形成较强的竞争优势，其中浪潮服务器连续十余年保持国产服务器市场占有率第一，海信集团有限公司的“信芯”结束了中国平板电视全部采用进口芯片的历史。积极发展云计算产业，建成高效能服务器和存储技术国家重点实验室、国家超算中心和省云计算中心，开展了软件在线开发测试、卫生行业云应用等云计算试点，一批企业在云计算领域具有较强的技术储备。

二是实施“名城、名园、名企、名品”工程，提高产业竞争能力。着力扶持骨干企业和产业园区做大做强，培育在国际国内有影响力的重点名牌产品。全省5家企业进入2011年全国电子信息百强，2家企业进入全国电子元器件百强，7家企业进入软件百强，10家企业进入国家规划布局内重点软件企业；4个信息技术产业聚集区被认定为国家新型工业化产业示范基地；济南市被工业和信息化部授予全国第二个“中国软件名城”。目前，全省以青岛市为龙头、以胶东半岛为制造业基地、沿胶济铁路线铺开的信息技术产业带已经基本形成。其中，济南市的软件和高性能计算机产品，青岛市的家用电子和通信产品，烟台市的计算机及网络、通信产品，威海市的传真机、打印机等计算机外设产品，潍坊市的电声器件、光电子产品，淄博市的IC卡封装等，特色鲜明，优势明显，产业国际竞争力进一步提升。

三是突出抓好重点项目建设，抢占产业链制高点。围绕信息技术产业链上的关键领域和薄弱环节，实施大项目带动。山东省按照“先两头、后中间”的发展思路，优先发展集成电路设计和封装测试产业。山东华芯半导体有限公司继成功收购奇梦达西安研发中心并研发出国内首片65纳米存储器芯片后，又建成国内首条12英寸高端存储器集成电路封装测试生产线。淄博恒汇电子科技有限公司年产20亿片IC封装载板项目成功投产并填补国内空白。山东浪潮华光光电子股份有限公司、歌尔声学股份有限公司等一大批光电子项目陆续启动，为全省培育起新的高端发展载体。

四是加快推进两化融合，坚持以应用带发展。牢固树立以用兴业理念，不断以新的应用带动技术和产业发展。2011年，山东省出台了《物联网产业发展规划纲要》，启动了智能矿山、智能交通等12项示范工程。在智能交通领域，推动高速公路不停车收费（ETC）系统建设，车载电子标签用户已达15.5万，数量居全国第三位；在酒类、食品、药品等领域，成功推广了张裕集团RFID技术在仓储、物流、防伪及安全追溯方面的应用经验。通过一批示范应用工程，推动了物联网产业发展。

软件和信息服务业

2011 年，山东省软件业在国家、省相关扶持政策推动下，在济南创建中国软件名城带动下，规模持续快速增长，城市聚集、龙头带动作用明显，经济效益稳步回升，两化融合、传统产业升级和产业结构调整的结合进一步紧密。主要特点如下：

一是软件业务规模持续快速增长，利润、利税回升力度进一步加大。2011 年，山东省统计规模以上软件企业共 1 758 家，同比增加 22.6%；累计完成软件业务收入 1 329.1 亿元，同比增长 45.7%，增速高于全国平均增速 13.3 个百分点，高于“十一五”期间平均增速 18.7 个百分点，占全省信息产业业务收入的 14.6%，高于上年 3 个百分点。软件产品增值税实施细则的推出，使年底利润、利税回升力度进一步加大，全年完成利润总额 76 亿元，同比增长 21.4%；利税合计 137.2 亿元，同比增长 19.9%，分别比全年最低点同比增幅回升 8.7 个和 5.7 个百分点。

二是软件业网络化、服务化、智能化发展趋势明显，对两化融合的支撑作用进一步增强。2011 年，山东省软件业结构调整步伐加快。数据处理和运营服务收入 138.05 亿元，占行业比重比上年提高 2.78 个百分点，同比增长 88.8%，高于全省软件业务收入增速 43.1 个百分点，拉动全省软件业务收入 7.2 个百分点；软件产品和 IC 设计收入增长快于上年，分别实现收入 382.7 亿元和 10.03 亿元，同比增长 45.2%和 46.7%，高于上年 8.4 个和 1.7 个百分点；信息系统集成服务收入 270.8 亿元，同比增长 41.1%；信息技术咨询服务收入 290.45 亿元，同比增长 36.5%。

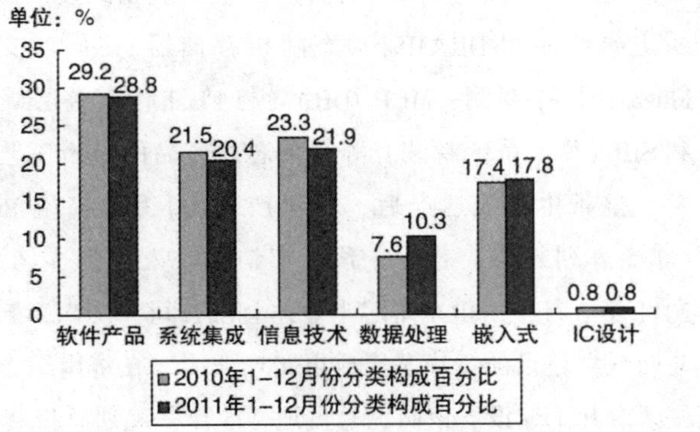

图 1　2010—2011 年山东省软件业产品分类占比情况

三是软件出口增速回落，外包服务保持稳定增长。2011 年，山东省实现软件业出口 6.14 亿美元，同比增长 16.4%，高于全年最低点 7.5 个百分点，但下半年增速逐步回落。嵌入式软件出口受电子产品整机出口下滑影响增速放慢，全年累计完成嵌入式软件出口 3.26 亿美元，同比增长 5.4%，低于全省软件业出口增速 28.1 个百分点。软件外包服务出口增势平稳，全年累计出口 2.72 亿美元，同比增长 33.5%，高于全省软件出口增速 17.1 个百分点。

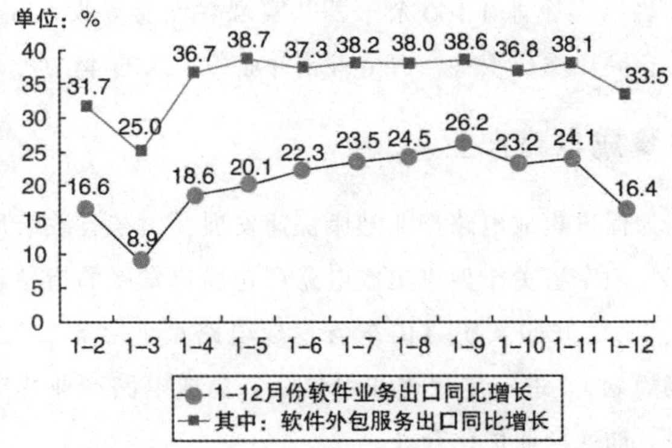

图 2　2011 年山东省软件业务出口增长情况

四是三大载体助推山东省软件业快速发展。一是重点地市保持领先优势，多地市加快发展。2011 年，山东省软件业务收入前 5 名的地市分别为济南、青岛、烟台、潍坊和威海。其中，济南、青岛两市共完成软件业务收入 1 181 亿元，占全省软件业务收入的 88.9%。济南市在创建中国软件名城推动下实现跨越式发展，实现软件业务收入 830 亿元，居全国 15 个副省级城市第 3 位，同比增长 36.1%，拉动全省软件业增长 24.2 个百分点。青岛市主要得益于海尔集团产品结构持续升级的强力拉动，全年实现软件业务收入 351 亿元，同比增长 60.7%，增速位居全国副省级城市第 2 位，拉动全省软件业增长 14.5 个百分点。软件业务收入高于全省增速的地市分别为济宁、临沂、潍坊、德州、日照、烟台、青岛、滨州和淄博，分别增长 235.5%、148.1%、119%、112.7%、103.2%、86.7%、60.7%、53.2%和 46.4%。其中烟台市发展规模明显加快，全年完成软件业务收入 91.3 亿元，同比增长 86.7%，增速分别高于全省及上年 41 个和 58.2 个百分点。二是龙头企业带动效应明显。海尔集团公司、浪潮集团有限公司、威海北洋电器集团股份有限公司、山东中创软件工程股份有限公司、东方电子集团有限公司、海信集团有限公司、山东巨洋神州信息技术有限公司7家软件百强企业2011年累计完成软件业务收入442亿元，同比平均增长51.3%，高于上年20个百分点，占全省软件业务收入的33.3%，拉动全省软件业务收入16.5个百分点。三是重点软件园区稳步发展。齐鲁软件园和青岛软件园凭借在产业特色、产业规模、发展质量、区域品牌等方面的优势，成功入围2011年国家新型工业化产业示范基地，成为中国软件园区积极探索走新型工业化道路的排头兵。截至12月底，两园区入园企业1 100余家，共实现软件业务收入594亿元，同比增长18%，占全省软件业务收入的44.7%。

集成电路产业

为促进集成电路产业健康快速发展，山东省政府出台了《山东省关于促进集成电路产业加快发展的指导意见》，制定并印发了《山东省集成电路产业“十二五”发展规划》，进一步促进和引导全省集成电路产业快速发展，加速产业优化升级。

2011年，山东省共有集成电路企业30多家，实现业务收入40多亿元，年均增长30%以上。产业发展势头良好，集成电路设计产业实现突破，封装测试业已初步形成规模，集成电路制造部分配套材料研发和生产具有一定优势，初步形成了涵盖集成电路材料以及集成电路设计、封装测试、制造的产业链条。

主要特点：

一是集成电路设计产业实现突破。2008年5月，济南市被认定为8个国家级集成电路设计产业化基地之一。截至2011年底，已聚集了山东华芯半导体有限公司、山东华翼微电子技术有限公司、山东力创赢芯集成电路有限公司、济南概伦电子科技有限公司、山东神思电子技术股份有限公司等十几家集成电路设计企业，并与山东大学、济南大学等高校建立了密切合作关系。山东大学、浪潮集团等8家单位被认定为省级集成电路设计中心。海信集团的视频处理芯片、海尔集团的数字电视信源解码芯片以及系统解决方案、浪潮集团的税控收款机SOC等产品成功实现量产并不断升级，替代了国外产品。山东大学、哈工大威海国际微电子中心、山东欧龙电子科技有限公司、山东神思电子技术股份有限公司、山东华翼微电子技术有限公司、山东力合美科技有限公司、山东科达半导体有限公司、山东力创科技有限公司等一批集成电路设计单位以消费类电子、通信、计算机、工业控制、汽车电子、RFID、电力电子等领域为重点，已形成较强的集成电路设计能力。

山东华芯半导体有限公司通过收购奇梦达西安研发中心，使山东省拥有了完整的大规模集成电路产品设计所需要的设备、测试平台和国内一流的设计团队，其自主研发的65纳米存储器芯片填补了中国没有自主DRAM（动态随机存储器）产品的空白。目前产品已批量应用于浪潮服务器、基于龙芯的龙梦一体电脑、基于瑞芯微主控的系列平板电脑、浪潮数字机顶盒、深圳国微机顶盒和平板电脑等，也开始面向欧洲和韩国（三星和LG的平板电脑）供货。截至2011年底，公司成功销售70万片大容量存储器芯片，实现销售收入4 059万元。

2010年EDA（电子设计自动化）工具开发企业济南概伦电子科技有限公司落户济南，使集成电路产业链进一步延伸，为全省集成电路设计产业发展提供了有力的技术支持。该公司推出的“基于良率导向设计（DFY）的纳米级电路仿真和验证等解决方案”主要技术指标国际领先，部分技术为国际首创，已得到来自尔必达公司、三星公司、ARM公司、高通公司、华为技术有限公司、展讯通信有限公司等全球多家合作伙伴的采购、合作和试用意向。公司的FPGA（现场可编程门阵列）项目已通过专家答辩，列入“十二五”期间国家863计划项目储备库。

二是集成电路封装测试产业初具规模。济南、淄博、东营、威海等市的集成电路封装测试产业蓬勃发展，在DRAM、IC卡、电力电子功率器件封装测试领域实现了新的突破。

2010年，山东华芯半导体有限公司投资近亿元，成功收购奇梦达一条成套、主流的12英寸集成电路封装测试生产线。该生产线于2011年12月底正式投产。初期主要产品为DRAM（动态随机存储器），同时支持Flash（闪存）封测、MCP（DRAM与Flash闪存叠层封装）和SiP（片上系统封装）等复杂芯片产品的量产工艺研发。整条生产线达产后，可年产6 000万片高端BGA（球栅阵列封装）芯片，预计年销售收入达到3亿元。2011年6月，由山东华芯半导体有限公司和济南高新区共同规划建设的“华芯集成电路产业园”在济南综合保税区内开工建设。该园区总占地295亩，规划总投资50亿元，项目建成后将年产6亿片高端芯片，预计年销售收入可达到 100 亿元。其中一期为规模化高端芯片封装测试厂，建筑面积 3.8 万平方米，总投资 7.5 亿元，计划 2013 年底竣工投产。

淄博 IC 卡封装测试企业聚集度高，产能居全国第 2 位，生产能力已达到 IC 卡模块封装 6.2 亿片、集成电路芯片测试 3 亿片、RFID 电子标签 8 000 万枚。淄博市聚集了山东山铝电子技术有限公司、淄博凯胜电子技术有限公司、淄博美林电子有限公司、淄博科讯集成电路测试有限公司、淄博泰宝防伪技术产品有限公司等一批集成电路封装测试企业和 RFID 生产企业。淄博科讯集成电路测试有限公司的电源管理芯片设计项目和年测试 10 亿片 12 英寸晶圆测试项目、山东凯胜电子技术有限公司的高安全性智能卡操作系统（COS）开发项目、淄博泰宝防伪技术产品有限公司的 RFID 电子标签新型天线技术开发及产业化项目等陆续开工建设，达产后将成为山东省集成电路产业新的增长点。

东营科达半导体有限公司、威海新佳电子有限公司等一批电力电子生产企业在功率半导体封装测试和生产领域形成优势，部分产品打破国外垄断。东营科达半导体有限公司自主开发了达到国际先进水平、具有自主知识产权的新型功率半导体器件 IGBT（绝缘栅双极型晶体管），一期投资 1.3 亿元，已开始批量生产。

三是集成电路制造配套材料产业凸显优势。全省拥有一批从事集成电路专用金丝、硅铝丝、框架、封装材料、硅单晶材料等配套材料生产的优势企业。贺利氏招远贵金属材料有限公司是国内最大的键合金丝生产企业，金丝产品占国内市场份额的 60%以上；济南晶恒山田电子精密科技有限公司具有年产集成电路引线框架 20 亿只、分立器件引线框架 20 亿只以及 LED 引线框架 3.5 亿只的产能，成为国内重要的集成电路框架生产基地和供应商，产品质量在行业名列前茅。济南、济宁、潍坊、临沂等市集成电路框架、插座、塑封材料、电子级硅晶体材料生产已形成一定基础。

信息产业基地和软件园区

截至2011 年底，山东省共有国家电子信息产业基地和软件园区 16 个，其中国家级电子信息产业基地 3 个、国家级软件园区 2 个、省级软件园区 11 个。园区共汇集软件研发、动漫游戏、服务外包企业超过 1 800 家，从业人员 11 万人。2011 年，全省 13 家软件产业园区完成基建及配套服务设施建设 500 万平方米，规划总建筑面积超过 800 万平方米。各类入园企业超过 1 800 家，总销售收入 1 978 亿元，同比增长 21%；软件业务收入 1 005 亿元，占全省软件业务收入的 75%；软件外包出口 2.03 亿美元。1 000 余家企业通过国家“双软”认定，年产值超千万元的有 200 余家，其中超亿元的有 30 余家。青岛高校软控股份有限公司、东方电子集团有限公司、法因数控机械股份有限公司、普联软件公司、积成电子股份有限公司等 11 家企业先后上市。以 NEC 软件、日立软件、创迹软件为代表的知名企业纷纷入驻，成为推动园区外向型发展的重要力量。“泉城软件园”规划占地面积 75.7 公顷、建筑面积 300 万平方米，项目已完成拆迁和土地熟化，进入项目立项实施阶段。青岛信息谷规划占地面积 9 平方公里，建成后将与青岛东部市南软件园、崂山软件园形成“东园西谷”的发展格局。

为更好地服务企业，山东省各市先后出台了扶持企业发展的相关政策措施，如《济南市人民政府关于印发济南市创建中国软件名城若干政策的通知》、《东营市人民政府办公室关于印发东营软件园入园企业优惠政策的通知》、《潍坊市人民政府办公室印发〈关于进一步加快全市软件产业发展的实施意见〉的通知》等规范性文件共 24 个，为企业构建了良好的政策平台。

软件园区创新能力和产品层次不断提高。目前共登记软件产品 2 912 个，拥有发明专利 147 个。中间件软件等基础软件，GIS 软件，ERP 软件，CAD/CAM 软件，信息安全软件，政府、矿山、电力、石油、交通等行业应用软件产品以及动漫游戏产品处于国内领先水平。中创软件、浪潮软件等多个基础软件类项目获得国家“核高基”重大专项支持，其中中创软件 2 个项目顺利通过“核高基”专项办验收。华天软件自主版权 CAD/CAM 软件 SINOVASION 得到高度评价，目前产品在全国范围装机 2 510 套，成功应用于潍柴、江淮、奇瑞等知名企业。青岛高校软控轮胎管控网络系统国内市场占有率超过 85%。积成电子股份有限公司研发的全国产电力调度系统成功试点应用。神思嵌入式系统、康威通信电力隧道多状态集中监控系统先后中标国家重大项目。

电子产品进出口贸易

2011 年，山东省电子产品出口增速总体回落。截至

12 月份，全省信息技术制造业实现出口交货值 1 662.74 亿元，同比下降 0.6%，占全省规模以上工业出口交货值的比重为 21.8%。软件方面，出口额同比增长 16.4%，保持健康发展。此外，全省电子产品出口几大支柱，如通信设备及零件、移动通信设备、消费类电子产品及零件等，出口增速均为负值，特别是移动通信设备类（包括手机、移动通信基站等产品），降幅达到 23%。重点产品出口压力较大，全省行业出口增长受限。

信息化建设

2011 年，《山东省国民经济和社会信息化“十二五”发展规划》、《山东省电子政务“十二五”发展规划》、《山东省宽带网络基础设施“十二五”发展规划》等正式发布实施，信息化发展方向进一步明确；《山东省“十二五”电子签名及认证服务业发展规划》，《关于加强电子认证管理和数字证书应用工作的意见》，山东省经济和信息化委员会、科技厅、财政厅、商务厅、国有资产监督管理委员会等 5 部门联合制定出台的《关于加快推进两化深度融合促进转方式调结构的意见》、《关于推动生产性服务业加快发展的意见》等一批重要政策，以及全国首个两化融合评价体系地方性标准相继出台，培育首批两化融合示范工程 92 个，启动两化融合助企服务行动，推广冶金、电力、机械等行业的 67 项先进实用技术与装备，培育山东省计算机应用优秀成果 60 个。信息化发展环境进一步改善；国家县域政务公开和政务服务试点、现代农业信息化试点在山东省纷纷落地，一批新的“无线城市”和“一卡通”试点启动实施，“两化融合”试验区、“三网融合”试点深入推进，经济社会信息化加速融合；省级物联网产业基地、省市两化融合促进中心、电子政务综合服务平台等陆续建设开通，支撑作用更加明显；全省电子商务年交易额、物联网及相关产业年营业收入预计分别超过 6 000 亿元、1 200 亿元，新产业、新业态发展迅速。山东省信息化建设已经逐步走上“十二五”规划确定的轨道。

其他

三网融合　山东省自 2010 年推广实施三网融合以来，各项工作取得长足进展。主要工作如下：

一是工作体系不断健全。2010 年 5 月印发了《山东省人民政府办公厅关于成立省政府三网融合工作协调小组的通知》，成立了由省委常委、副省长王军民同志为组长，14 个相关部门为成员的三网融合工作协调小组，负责全省三网融合工作的组织领导。同时，组建了三网融合工作协调小组办公室和由省内外知名专家组成的技术支撑队伍。山东省广播电影电视局、山东省通信管理局和中国联通山东分公司、中国电信山东分公司，也根据工作需要分别成立了由部门、单位主要领导任组长的三网融合工作协调机构。

二是基础平台基本建设完成。山东省广播电影电视局、山东省电视台已经完成山东省 IPTV 集成播控分平台的建设，并在省通信管理部门、省联通公司的积极配合下，于 2011 年 5 月 13 日提前调通央视一级播控平台到山东省二级播控平台间的 2 条 155M 测试线路；省二级播控平台到青岛内容平台之间 20M 的 MSTP 测试线路已于 2011 年 3 月份调通。至此，山东省 IPTV 内容传输线路全线贯通。青岛广电 IPTV 内容服务平台和高清交互电视业务平台已建设完成，青岛联通公司完成了 IPTV 传输分发平台省中心节点和业务运营管理平台的建设，并实现与省广电播控平台之间的对接。

三是省广电网络公司组建完成。2010 年 12 月 28 日，山东广电网络公司及 17 市分公司正式成立，全省广电“一张网”的任务目标基本完成。至此，广电网络统一规划、统一建设、统一管理、统一运营的垂直管理体制基本建立，推进三网融合的前提条件已经具备。

四是有条件的市正在抓紧推进相关配套工程。除青岛市外，全省其他城市都将三网融合作为推动当地经济和社会发展的新增长点，大力改造升级基础网络，积极推进广电有线网络双向数字化转换，不断优化通信城域网，推进 NGN 网络智能化和 3G 网络建设，基本实现了“城区光纤到楼”，“农村光纤到村”，具备了开展三网融合业务的良好基础。济南市积极推进广电网络整体数字转换工程，不到 3 个月就完成 60 万户整体转换，居民满意率达 98%以上。同时，同步推进广电网络双向化改造，已完成 32 个机房 EPON 设备的调试工作，总共覆盖用户 32 万户。其中，开通双向用户近 6 万户，2011 年底已完成全市网络双向化改造，入户平均带宽达到 8-10M。潍坊、日照等市已开通直播、点播、回看等互动电视基本服务业务。其他城市也在不同程度探索开展三网融合相关业务。

五是 IT 企业乘势快速发展。按照国家和省里三网融合试点的总体部署，省内有实力的 IT 企业抓住有利时机，大力研发三网融合相关产品，着力延伸三网融合产业链，助推山东省三网融合产业快速发展。浪潮集团研发的“视频”云计算解决方案，实现了高清互动数字电视的整体平移，电视、电脑、手机的三屏联动以及利用电视机收看网络电视台的节目，受到中央政治局常委李长春、国务委员刘延东等领导同志的肯定。海尔集团、海信集团等企业积极做好技术研发和产业化，“支持三网融合的互联网电视智能终端研发及产业化”和“面向三网融合的具有 IPTV/DVB-C 功能的多媒体终端产品研发及产业化”两个项目均已研发出可商用产品。基于三网融合的 3D 多点触控一体机电脑研发及产业化、面向三网融合的运营支撑平台研发及试商用、广电网双向改造宽带接入产品 EOC（基于同轴电缆的数据传输终端产品）等三网融合项目均已取得明显成果。山东泰信电子有限公司及其他省内有条件的 IT 企业也已进入或正在探索三网融合相关领域。

六是安全监管不断加强。按照“属地化管理，谁主管谁负责、谁经营谁负责、谁审批谁监管、谁办网谁管网”的原则，山东省认真落实管理责任，切实加强监管。山东省广播电影电视局等部门召开专题会议，学习国务院两个方案文件精神，进一步明确了广播电视播出机构和电信企业在三网融合试点业务开展过程中的职责权限。为加强对 IPTV 系统的监管，按照三网融合总体方案和试点方案、国家广播电影电视总局的要求，山东省广播电影电视局组织制定了《山东省 IPTV 监管系统建设方案》和实施计划，已上报国家，待方案批准后将加快实施。青岛市网络信息安全技术管控平台的属地化建设方案已经上报工业和信息化部，等待批复；青岛通信管理局管控平台机房的土建工作已完成。

七是相关企业努力探索融合共赢的发展模式。按照国家和省里的统一要求，以《山东省人民政府办公厅关于推进三网融合试点工作的意见》为指导，各试点单位以合作共赢的态度积极参与试点工作，在工作思路、发展定位等方面逐步达成共识，积极加强合作，努力实现共赢。中国联通有限公司山东分公司与广电部门互相配合，共同开展业务测试工作，并形成了《业务测试备忘录》。中国移动通信集团山东有限公司与广电部门共同搭建的手机电视业务专线已调通，认证、计费等具体合作正在协商。中国电信山东分公司、浪潮集团等与广电部门也在多个领域积极寻求合作。全省三网融合相关企业密切合作，融合发展的氛围正逐步形成。

八是发展环境不断优化。省政府三网融合工作协调小组先后召开两次全体会议，进一步明确了山东省三网融合阶段任务，促进了全省三网融合发展。先后起草了《山东省人民政府关于加快推进我省三网融合的意见》和《山东省人民政府办公厅关于推进三网融合试点工作的意见》等文件，为有效推进山东省三网融合工作提供了政策依据。积极协调省住房城乡建设、广电、通信管理、质监等职能部门以及相关企业，加快制定山东省通信基础设施共享意见，编制三网融合地方标准。为加快促进山东省三网融合产业发展，山东省三网融合相关企业、研究院所及单位还组建成立了三网融合产业联盟。

主要问题

一是受国际市场、国内政策及其他相关因素影响，部分信息技术产品产量下降；二是产品新增长点尚未显现，成本压力上升过快；三是电子信息制造业出口压力加大；四是信息资源开发利用和管理不够；五是信息技术创新能力不强，自主装备水平较低，产业链条不够完整。

【统计数据】

表 1　2011 年山东省电子信息产业人员构成情况

企业类别	企业数（家）	年末从业人员总数（人）	企业类别	企业数（家）	年末从业人员总数（人）
国有企业	5	15 665	股份合作企业	10	4 824
国有独资企业	1	245	三资企业	267	178 666
集体企业	10	30 118	其他企业	622	210 247

表 2　2011 年山东省电子信息产业规模以上企业基本情况

项目名称	单位	2011 年	项目名称	单位	2011 年
工业总产值（现行价）	万元	63 487 790.4	税金总额	万元	1 747 557.7
工业销售产值	万元	59 783 757.7	利润总额	万元	4 106 800
出口交货值	万元	15 176 790	应交所得税	万元	735 726.7
资产总计	万元	36 784 715.8	从业人员年末人数	人	439 745
负债合计	万元	18 477 558.1	从业人员工资总额	万元	1 751 007
产品销售收入	万元	62 194 176.7			

表 3　2011 年山东省电子信息产业三资企业基本情况

项目名称	单位	2011 年	项目名称	单位	2011 年
工业总产值（现行价）	万元	20 197 304.4	税金总额	万元	301 359.7
工业销售产值	万元	19 949 065.6	利润总额	万元	800 557.8
出口交货值	万元	8 253 570.8	应交所得税	万元	638 256
资产总计	万元	6 112 815.6	从业人员年末人数	人	178 666
负债合计	万元	3 212 104.4	从业人员工资总额	万元	443 051.8
产品销售收入	万元	19 135 924			

表 4　2011 年山东省电子信息产业主要经济效益指标完成情况

项目名称	单位	2011 年	项目名称	单位	2011 年
产品销售率	%	94.0	资产保值增值率	%	18.7
总资产贡献率	%	16.0	资产负债率	%	50.2

表 5　2011 年山东省电子信息产业三资企业主要经济效益指标完成情况

项目名称	单位	2011 年	项目名称	单位	2011 年
产品销售率	%	98.8	资产保值增值率	%	84.3
总资产贡献率	%	35.0	资产负债率	%	59.6

表 6　2011 年山东省主要电子信息产品产销量情况

产品名称	单位	产量	销量
液晶电视	万台	1 196.5	1 196.5
电子元件	亿只	85.9	83.1
打印机	万台	751.4	751.4

续表

产品名称	单位	产量	销量
手机	万部	4 531.0	4 576.3
笔记本电脑	万台	296.7	296.7

表 7　2011 年山东省三资企业主要电子信息产品产销量情况

产品名称	单位	产量	销量
手机	万部	1 644.4	1 662.4
电子元件	亿只	2.01	1.97
打印机	万台	354.4	357.5
笔记本电脑	万台	296.7	296.7

注：表 1—表 5、表 7 数据来源于 2011 年山东省信息技术产业统计年报，表 6 数据来源于山东省统计局。

表 8　2010—2011 年山东省软件业主要经济指标情况

指标名称	单位	2010 年	2011 年	同比增长（%）
单位个数	个	1 434	1 758	22.6
软件业务收入合计	万元	9 119 368	13 291 139	45.7
（一）按业务类型分列				
合计中：1. 软件产品收入	万元	2 635 570	3 827 113	45.2
2. 信息系统集成服务收入	万元	1 919 041	2 708 357	41.1
3. 信息技术咨询服务收入	万元	2 127 341	2 904 524	36.5
4. 数据处理和运营服务收入	万元	731 051	1 380 481	88.8
5. 嵌入式系统软件收入	万元	1 637 960	2 370 285	44.7
6. IC 设计收入	万元	68 405	100 378	46.7
（二）按服务模式分列				
其中：软件外包服务收入	万元	518 789	772 527	48.9
（三）按销售地分列				
其中：软件业务出口	万美元	52 740	61 388	16.4
其中：软件外包服务出口	万美元	20 414	27 249	33.5
嵌入式系统软件出口	万美元	30 941	32 620	5.4
利润总额	万元	626 885	760 743	21.4
税金总额	万元	517 212	611 318	18.2
从业人员工资总额	万元	440 487	574 294	30.4
从业人员平均人数	人	135 372	151 306	11.8

注：数据来源于山东省经济和信息化委员会。

[撰稿：杨颖　审稿：刘庆彦]

河 南 省

【综述】

2011 年，河南省电子信息产品制造业实现主营业务收入 1 131.72 亿元，同比增长 122.6%。全省纳入统计口径内软件和信息技术服务企业实现业务收入 98.46 亿元，同比增长 17.1%；软件业务收入 38.55 亿元，同比增长 16.8%。

电子信息产品制造业

2011 年，河南省电子信息企业有 2 300 余家，从业人员 35 万余人，富士康科技集团、许继集团有限公司、洛阳中硅高科技有限公司等一批优势骨干企业快速成长，特色产业链加速形成，太阳能光伏、新型电池领域在国内具有一定领先优势，LED 照明、应用电子、电子元器件、信息安全等领域形成了局部竞争优势，新型显示、高端消费电子等领域发展初见端倪。全省以郑州、洛阳为一体，以新乡、安阳、鹤壁和许昌、南阳、漯河为两翼的“一体两翼”电子信息产业发展布局初步形成，产业发展基础得到增强，成为全省名副其实的高成长行业。

产业集聚发展 河南省 18 个省辖市中，郑州、洛阳、新乡、许昌、安阳、南阳、鹤壁 7 市的电子信息产业产值占全省电子信息产业的 90%以上，带动辐射作用突出。

龙头作用明显 河南省现有的许昌电力电子、新乡新型电池、安阳显示器件、郑州信息安全等 4 个国家级产业园区和洛阳硅电子、南阳光电子、濮阳电光源等 3 个省级产业园区产业聚集效应逐步释放，起到良好的示范带动作用。郑州航空港区、郑州高新技术、郑州经济技术、鹤壁金山、漯河东城、南阳高新技术、信阳工业城等 7 个重点电子信息产业集群起步发展平稳。

产业转移增速 中原经济区建设为承接产业转移带来重大机遇，一批大项目相继进驻，河南省承接电子信息产业转移硕果斐然。郑州市与富士康科技集团、友旺科技有限责任公司合作创造了“郑州速度”。鹤壁市与深圳电子商会合作推出的第三方委托招商形成了“鹤壁模式”。漯河市与光华电子有限责任公司、圣华电子有限责任公司等台商合作建立了高端消费电子“漯河集群”。招商模式的不断创新，有力推动了产业转移向纵深发展。

链式发展优势显现 根据产业发展布局及基础条件，河南省在智能终端、太阳能光伏、新型电池、LED 照明等领域形成了链式发展格局，通过延伸产业链、垂直整合产业链、引进充实高端价值链等手段，链式发展优势日益显现。郑州市重点发展了智能手机及关联配套产业链、LED 照明及显示产业链，洛阳市、安阳市重点发展了太阳能光伏产业链，新乡市重点发展了新型电池产业链，南阳市重点发展了光电产品产业链。

产品结构调整 电子信息产品技术发展快、产品更新快。河南省新增的平板电脑、智能手机、新型视听数码产品等整机终端产品不断填补空白，初步改善了全省重电子材料、元器件，缺整机终端产品的现状，形成了全省电子信息产业新的经济增长点。

科技创新发展 2011 年，河南省电子信息产业中的高新技术企业、国家及省级企业技术中心、工程实验室以及信息技术领域专利申请总量都较前一年有较大增长；许继集团有限公司、洛阳中硅高科技有限公司、河南中光学集团有限公司、中国电子科技集团公司第 27 研究所、华阳科技有限公司等多家企业、科研单位获得国家、省级科技进步、新产品奖；智能终端、万吨级多晶硅产业化、物联网应用等多个领域取得新突破。新产品开发步伐加快，全年规模以上电子信息制造业实现新产品产值超过 400 亿元，占销售产值的比重为 38.4%。

软件业

2011 年，河南省新认定软件企业 33 家，软件产品 151 个；全省软件企业总数达到 439 家，软件产品达到

1 499 个。

积极推进大型工业企业软件研发机构剥离，在壮大行业队伍的同时推动“两化”融合。6 月，安阳钢铁集团有限责任公司所属安钢集团自动化有限责任公司实现整体剥离并获得“软件企业”称号，成为继许继集团有限公司、中信重型机械公司之后河南省大型重点工业企业第三家实现软件研发机构剥离的企业。

2011 年，河南省新增系统集成四级企业 3 家，系统集成企业总数达到 119 家。按照工业和信息化部计算机信息系统集成资质认证工作办公室要求，深入推进设计资质试点工作，对进入试点的 5 家企业进行了备案。

2011 年 5 月 27 日，由工业和信息化部软件与集成电路促进中心与河南省工业和信息化厅共同建设，河南盛世云图软件科技公司具体承建的国家软件公共服务平台河南分中心在郑州市金水文化创意园举行揭牌仪式。这是国家软件与集成电路促进中心在中原地区成立的首个分中心，为河南省软件与信息技术服务业今后的发展提供了有效保障。

电子产品进出口贸易

2011 年，受富士康项目拉动，河南省电子信息产业对外贸易发展迅猛，增速超过 1 054.8%。富士康科技集团完成进出口贸易 76.26 亿美元，占全省进出口贸易的 26.8%，成为支撑全省对外贸易发展的中坚力量。

科技进步与应用

2011 年，河南省继续抓好许继集团有限公司的大功率电子、河南中光学集团有限公司的硅基液晶显示光学引擎、洛阳中硅高科技有限公司的多晶硅、洛阳浮法玻璃集团的等离子显示屏基板玻璃、南阳金光数字显示有限公司的数显大屏幕电视等高新技术产业化项目，培育了一批新的经济增长点。

许继集团有限公司的大功率电力电子项目实现了产业化发展。

河南中光学集团有限公司的硅基液晶显示光学引擎已形成产业化，月产量达到 3 000 套。

洛阳中硅高科技有限公司的多晶硅项目取得新突破，其中一期、二期和三期工程全部建成投产，实现了产业化发展。

洛阳浮法玻璃集团的等离子显示屏基板玻璃项目已形成 500 万平方米生产能力，具备了产业化条件。

南阳金光数字显示有限公司的大屏幕电视项目技术改造已经完成，年产能达到 10 万台。

晶诚（郑州）科技有限公司的集成电路（半导体芯片）封装线开始生产，8 英寸半导体晶圆项目正在建设中。

信息产业基地建设

河南省的国家级和省级电子信息产业基地聚集了全省 80%以上的信息产业企业，是全省电子信息产业的发展重点和重要载体。全省重点建设以下 6 个产业基地。

郑州消费类电子产业基地　该基地是以晶诚（郑州）科技有限公司的 70 万片 8 英寸以上集成电路芯片建设为依托，以郑汴产业带为载体，以承接产业转移为途径，建设中西部地区重要的消费类电子产品制造基地。

洛阳光伏产业基地　该基地依托洛阳中硅高科技有限公司、洛阳单晶硅有限责任公司、洛阳尚德太阳能电力有限公司、阿特斯光伏电力（洛阳）有限公司等企业，重点扩大多晶硅、单晶硅等硅材料生产规模，发展大尺寸硅抛光片、太阳能电池片及组件等下游产品，打造全国最大的光伏电池产业基地。

南阳光电产业基地　该基地依托河南中光学集团有限公司、乐凯集团第二胶片厂、南阳金光数字显示有限公司、南阳迅天宇硅晶有限公司等企业，提高光学引擎的生产能力，打造全国最大的光成像、光学冷加工产业基地。

新乡物理与化学电源基地　该基地依托河南新飞太行电源股份有限公司、河南环宇电源股份有限公司、河南新乡太行电源股份有限公司、河南科隆集团、新乡市中科科技有限公司等企业，重点发展镍氢电池、镍镉电池、锂离子电池、太阳能电池、动力电池及其应用产品，打造全国绿色电池产业基地。

许昌平顶山电力电子系统基地　结合中原电气谷发展规划，依托许继集团有限公司、平高集团有限公司、河南森源电气有限公司、许昌稳润光电科技有限公司、河南统一电器制造有限公司等企业，重点发展交直流输变电、电力通信、光缆通信、智能控制开关、风力发电等产品，打造全国电力装备供应基地。

郑州信息安全产品基地 以解放军信息工程大学为支撑，加快涉密计算机、涉密服务器、涉密软件等信息安全产品的开发和应用，打造全国信息安全产品基地。

信息技术应用

信息基础设施 2011年，中国移动通信集团公司、中国联合网络通信集团有限公司、中国电信集团公司三大运营商总投资151.1亿元，其中3G网络建设累计完成20.06亿元，网络覆盖范围进一步拓宽。落实河南省政府与三大运营商《战略合作框架协议》，3G网络实现了县（市、区）以上城区、高速公路、机场和重点景区的全覆盖。河南省有线电视网络集团实现年度投资10亿元，基本完成18个省辖市有线网络双向改造，同时完成了3个省辖市有线网络数字化整体转换工作。

两化融合 出台了关于进一步加快信息化建设的若干意见，编制了信息化“十二五”规划，自2010年起，把信息化纳入了河南省各省辖市政府责任目标考核体系。从区域、行业、企业等3个方面深入推进两化融合工作，郑州市跻身国家级两化融合试验区。稳步推进“三网融合”，完成了省辖市市区有线电视数字化整体转换。开展信息惠农综合服务，全省18个省辖市和绝大多数农业县（市、区）建设了信息管理服务机构和信息服务网站。交通、教育、科技、社保、卫生等领域信息化建设稳步推进，社会信息化应用逐步普及。

电子政务 一是深化普及电子政务应用。稳步推进以“金字”工程为代表的一批电子政务系统应用，金盾、金水、金质、金关和金卡业务覆盖范围不断拓宽，金保工程覆盖了16个省辖市，“一站式”公共服务模式不断普及，在各级行政服务大厅得到广泛应用。二是推进政务信息公开。门户网站成为公开政务信息的重要手段，县区以上门户网站年公开各类信息100多万条，省、省辖市政府综合门户网站群年政务信息公开量20多万条。省电子政务外网网站累计采集各类信息近200万条，年度信息更新公开量达10万条。三是稳步推进资源整合。进一步优化电子政务内网互联互通平台（一期）建设方案，完成了平台建设前期准备工作。电子政务外网完成了互联网出口改造，累计接入省直单位83家、省辖市5个，省直部门注册外网用户3 300多个。四是积极推进项目建设。行政效能电子监察系统、环境自动检测系统、地理信息公共服务平台、省应急指挥平台二期工程建设快速推进，完成了阶段建设任务。启动了企业基础信息共享系统建设，完成了建设方案的可行性分析论证，规划了“三个系统一个体系”，立项工作正在推进中。充分发挥信息化专项资金的引导作用，完成了8个省级电子政务建设项目的资金拨付工作。

农业农村信息化 一是完善农村信息服务体系。18个省辖市均设立了农业信息中心，159个县（市）农业部门设立了专门的农业信息服务机构。农村综合信息服务站基本实现全省行政村全覆盖，文化资源共享站建设逐步普及。累计培训农村信息员2.3万人次，农村信息员队伍初具规模。以“河南省农业信息网”为核心的农业农村信息化服务网络体系初具规模，带动8万多个龙头企业、合作组织、经营大户和经纪人上网。8个农村综合信息服务站、8名信息员受到工业和信息化部表彰，数量位居全国前列。二是普及涉农信息系统应用。农村党员现代远程教育系统累计发展“机顶盒”用户30多万户，12316“三农”服务热线覆盖了全省17个省辖市、58个县，接听农民群众咨询26万个。信阳、驻马店、新乡、郑州、许昌、济源、鹤壁、三门峡等市的一批特色农业农村信息化项目应用进一步深化，产生了很好的社会效益和经济效益，受到农民好评。三是推进农业信息服务创新。着力推进农村商务信息服务国家试点工作，2011年10月，组织承办了全国“农村商务信息服务业务培训暨试点工作推进会议”，河南省依托农村党员现代远程教育系统开展农村商务信息服务的做法，受到国家农村党员干部现代远程教育领导小组办公室和商务部高度评价，建设模式在全国推广。指导、协调河南省农业科学院、河南农业大学等单位成立了省级农村科技信息服务中心，研发的农村科技信息服务系统“智能农业科技信息服务平台”在郑州、漯河、许昌、濮阳、三门峡等试点市取得良好效果。

网络与信息安全 一是完善信息安全保障体系。依据国家安全生产标准化技术委员会和国家信息安全测评中心有关要求，初步形成了一整套系统测评技术和管理规范，初步制定了《河南省网络与信息安全应急预案》（草案）。积极推进河南省信息数据容灾备份中心建设，经河南省机构编制委员会办公室批准，河南省国家无线电备份中心增挂“河南省信息数据容灾备份中心”的牌子。为规范河南省电子认证工作，推进河南省网络信任体系建设，出台了《河南省数字证书使用管理办法（试行）》（豫政 [2011] 74 号），数字证书应用不断普及，累计发放数字证书 234 万张，其中企业用户达 20 万张。二是协调推进重点工程建设。依据年度信息项目建设计划，稳步推进密钥管理系统建设（总投资 1 892 万元），一期工程正在顺利进行。三是着力推进等级保护。累计完成全省 3 776 个非涉密信息系统等级保护定级备案工作，共备案一级信息系统 1 344 个、二级系统 2 110 个、三级系统 304 个、四级系统 18 个。

【统计数据】

表 1　2009—2011 年河南省电子信息产业基本情况

项目名称	单位	2009 年	2010 年	2011 年
工业总产值（现行价）	万元	4 233 452	5 234 995	11 317 206
工业销售产值	万元	3 988 457	3 960 000	6 892 000
出口交货值	万元	324 139	463 319	3 903 100
固定资产投资	万元	221 623	352 392	5 331 000
产品销售收入	万元	1 351 000	2 041 300	6 762 900
税金总额	万元	102 321	120 000	172 323
利润总额	万元	252 346	410 000	689 227

表 2　2011 年河南省主要电子产品产销量情况

产品名称	单位	产量	销量
多晶硅	吨	5 760	5 380
彩色电视机	万台	78.5	63.8
冰箱	万台	467.6	406.3
电子元器件	万只	95 386.2	89 053.8

注：表 1—表 2 数据来源于河南省统计局。

[撰稿：李永健　王冰　周行民　路景明　审稿：李涛　郭瑞山]

湖 北 省

【综述】

2011 年，湖北省信息产业呈现“前高后稳、效益提升、结构优化、活力增强”的良好发展态势，实现主营业务收入 1 878 亿元，同比增长 22.7%。据工业和信息化部公布的数据显示，湖北省信息产业规模继续保持全国第 11 位、中部第 1 位。其中，电子信息制造业实现主营业务收入 1 681.1 亿元，同比增长 23.4%；软件业务收入 196.9 亿元，同比增长 16.9%。全年主营业务收入超过亿元的企业有 294 家，比 2010 年增加 69 家。全省有三资企业 79 家，比 2010 年减少 10 家，共实现产值 217.1 亿元，同比减少 2.5%。

主要产品产量 2011 年，湖北省光纤产量达到 2 837 万千米，同比减少 31%；光缆产量 1 731 万芯千米，同比减少 51.9%；台式计算机产量 217.3 万台，同比增长 330.4%；笔记本电脑产量 20.7 万台，同比减少 24.8%；电话单机产量 42.1 万部，同比增长 58.2%；平板显示器产量 1 828 万台，同比增长 28.1%；半导体分立器件产量 781 万只，同比增长 111%；集成电路产量 1 146.9 万片，同比增长 1 107.3%；多晶硅 258 万千克，同比增长 84.3%；手机产量 361.6 万部，同比减少 29.9%。

电子信息产品制造业

2011 年，湖北省 778 家规模以上电子信息制造业企业实现主营业务收入 1 681.1 亿元，同比增长 23.4%，占全国规模以上电子信息产品制造业主营业务收入的 2.2%，占湖北省规模以上工业企业主营业务收入的 6.6%。全年实现利税 103.7 亿元，增长 2.3%。其中，实现利润总额 75.5 亿元，增长 1.5%。全行业工业总产值过 100 亿元企业 3 家，与上年持平；过 10 亿元企业 28 家，比上年增加 8 家；过亿元企业 252 家，比上年增加 54 家。年末全行业从业人员 25.6 万人，增长 11.3%；全行业亏损企业 122 家，同比增加 67 家，亏损企业亏损额 11.63 亿元。

2011 年，湖北省电子信息产品制造业区域发展更趋协调。11 个市（州）电子信息产品制造业主营业务收入同比增速均超过 25%。武汉市电子信息产品制造业实现主营业务收入 1 266 亿元，占全省电子信息产品制造业主营业务收入的 75.3%，同比增长 19.7%。恩施、黄冈、仙桃、潜江、咸宁、宜昌、随州等市电子信息产品主营业务收入同比增长均超过 50%。

电子百强企业 2011 年，湖北有 3 家企业入选电子信息产业百强企业，比 2010 年净增 1 家。其中，武汉邮电科学研究院、长飞光纤光缆有限公司、华工科技产业股份有限公司分别名列第 19 位、第 72 位、第 99 位。上述 3 家企业共实现营业收入 204.8 亿元，占全省电子信息制造业营业收入的 12.2%。其中，武汉邮电科学研究院完成营业收入 140.9 亿元，同比增长 17.1%；长飞光纤光缆有限公司完成营业收入 42.7 亿元，同比增长 18.2%；华工科技产业股份有限公司完成营业收入 21.2 亿元，同比增长 7%。

上市公司 2011 年，湖北省电子信息制造业有上市公司 16 家，实现主营业务收入共计 257 亿元，占全行业主营业务收入的 13.7%。各公司完成主营业务收入情况：华工科技产业股份有限公司 21.2 亿元，同比增长 7%；湖北凯乐集团 24.5 亿元，同比增长 65.5%；武汉长江通信产业集团股份有限公司 8.3 亿元，同比增长 20.3%；烽火通信科技股份有限公司 89.3 亿元，同比增长 92.8%；武汉光迅科技股份有限公司 10.8 亿元，同比增长 20%；湖北新华光信息材料股份有限公司 29.3 亿元，同比增长 95%；武汉凡谷电子技术股份有限公司 9.7 亿元，同比减少 19.8%；荆门市格林美新材料有限公司 8.2 亿元，同比增长 57.7%；武汉高德红外股份有限公司 3 亿元，同比减少 30.4%；湖北台基半导体股份有限公司 3.2 亿元，同比增长 23.1%；湖北鼎龙化学股份有限公司 2.4 亿元，同比增长 9%；武汉中元华电科技股份有限公司 1.3 亿元，与上年持平；湖北骆驼蓄电池股份有限公司 39.1 亿元，同比增长 5.4%；武汉华中数控股份有限公司 3.7 亿元，同比增长 15.6%；武汉力源信息技术股份有限公司 1.6 亿元，同比增长 433.3%；武汉金运激光股份有限公司 1.4 亿元，同比增长 27.2%。

典型企业 2011 年，被纳入全省电子信息制造业重点监测的 20 家企业实现主营业务收入共计 720.5 亿元，占全行业主营业务收入的 42.9%。各公司完成主营业务收入情况：鸿富锦精密工业（武汉）有限公司 305.5 亿元，同比增长 79.7%；武汉新芯集成电路制造有限公司 6.8 亿元，同比增长 119.4%；冠捷显示科技 (武汉) 有限公司 64.3 亿元，同比减少 17.9%；武汉邮电科学研究院 140.9 亿元，同比增长 17.1%；长飞光纤光缆有限公司 42.7 亿元，同比增长 18.2%；武汉凡谷电子技术股份有限公司 9.7 亿元，同比减少 19.8%；名幸电子（武汉）有限公司 16 亿元，同比减少 4.7%；武汉恒生誉天实业有限公司（原武汉恒生光电产业有限公司）6.4 亿元，同比减少 9.8%；武汉中原电子集团有限公司 6.1 亿元，同比减少 56.1%；武汉非凡电源有限公司 9.7 亿元，同比增长 49.2%；武汉恒发科技有限公司 8.3 亿元，同比增长 29.7%；武汉天马微电子有限公司 18 亿元，同比增长 350%；珈伟太阳能（武汉）有限公司 3.7 亿元，同比增长 60.9%；武汉蓝星电脑集团有限公司 1.7 亿元，同比减少 34.6%；武汉日新科技股份有限公司 2 亿元，同比增长 17.6%；武汉日电光通信工业有限公司 1.5 亿元，同比增长 25%；宜昌南玻硅材料有限公司 8 亿元，同比增长 42.5%；宜都东阳光化成箔有限公司 25.1 亿元，同比增长 87.3%；宜昌劲森照明电子有限公司 14.7 亿元，同比增长 53.1%；湖北凯乐集团 24.5 亿元，同比增长 65.5%；随州波导电子有限公司 4.9 亿元，同比减少 30%。

软件业

湖北省软件业 2011 年实现主营业务收入 374.3 亿元，同比增长 17.8%，占全省信息产业总产值的 19.3%。软件业务收入 196.9 亿元，同比增长 16.9%，占全省信息产业收入的 10.5%。软件业务收入在 1 000 万元以上的企业 274 家，比上年度增加 41 家，其中 5 000 万元以上的企业 86 家，增加 9 家；1 亿元以上的企业 42 家，增加 3 家。

2011 年新认定软件企业 141 家，注销 53 家，累计有效认定软件企业 638 家；新登记软件产品 549 个，注销 8 个，累计有效登记软件产品 2 251 个。全省获得计算机信息系统集成资质单位 131 家，其中一级 3 家，二级 24 家，三级 92 家，四级 12 家。软件行业从业人员超过 7 万人。

上市公司 湖北省软件业有上市公司 2 家。其中，精伦电子股份有限公司实现主营业务收入 2.6 亿元，同比减少 7.4%；武汉天喻信息产业股份有限公司完成主营业务收入 6.5 亿元，同比增长 24.3%。

典型企业 2011 年，湖北省武汉邮电科学研究院入选中国第 10 届软件业务收入百家企业，排名由 2009 年的第 31 位上升至第 18 位。武汉虹信通信技术有限责任公司完成业务收入 22.9 亿元，同比增长 35.3%。烽火通信科技股份有限公司软件业务收入保持了 24%以上的稳定增长。武汉佰钧成技术有限责任公司、武汉传神信息技术有限公司等软件企业发展形势较好，收入成倍增长。

电子产品进出口贸易

2011 年，湖北省电子信息产业对外贸易供销两旺，有 8 家电子信息企业名列全省进口前 20 名，全年累计进口 27.3 亿美元，比上年增长 26.4%，占全省外贸进口比重由上年的 20.9%上升到 28.4%；有 4 家电子信息企业名列全省出口前 20 名，全年累计出口 39.2 亿美元，比上年增长 48.5%，占全省外贸出口比重由上年的 20.3%上升到 45.0%。其中，鸿富锦精密工业（武汉）有限公司全年累计出口 31.1 亿美元，比上年增长 92.0%。

科技进步与应用

湖北省全行业拥有国家级企业技术中心 5 个，国家级工程研究中心（工程实验室）4 个，国家级工程技术研究中心 6 个；省级企业技术中心 33 个，省级工程研究中心（工程实验室）7 个，省级工程技术研究中心 15 个，省校企共建研发中心 6 个。2011 年，武汉邮电科学研究院“光纤通信核心技术研发与产业化技术创新工程”荣获国家科技进步二等奖，被科技部评为“‘十一五’国家科技计划执行优秀团队奖”。烽火通信科技股份有限公司入选首批“国家技术创新型示范企业”。精伦电子股份有限公司研制的家庭智能多媒体终端分获科技部文化创新奖、广播电影电视总局科技创新奖。武汉华中数控股份有限公司成功申报国家“核心电子器件、高端通用芯片及基础软件产品”项目（课题），获得中央财政预算资金 1 238.75 万元。华工科技产业股份有限公司成功研制出全国首台汽车白车身激光焊接生产线、全固态 11W 紫外激光器等一批原创自主知识产权成果，由其承担的“十一五”国家科技支撑计划项目“工业激光器及其成套设备关键技术研究与示范”也成功开发出 4 种新型国产工业激光器和 8 种具有重大应用前景的工业激光加工成套设备。

信息基础设施建设

截至 2011 年底，全省固定电话用户 1 020.3 万户，电话普及率 17.8 部/百人；移动电话用户 3 953.7 万户，移动电话普及率 69.1 部/百人；互联网出口总带宽达到 1 500G，互联网用户总数 2 739.5 万户，其中互联网宽带用户 592.3 万户；移动互联网用户 2 136.3 万户，占全部手机用户总数的 54%。全省有线数字电视用户 669.42 万户，数字电视转换率为 68.0%；全省地级市市辖区转换率达到 81%，其中有 4 个地级市市辖区转换率超过 90%；全省县（市）数字电视转换率达到 59%，其中有 14 个县（市）的转换率超过 90%。

信息产业基地建设

2011 年，国家（宜昌）电子材料产业园完成固定资产投资 3.7 亿元，研发投入 6 227.6 万元；实现工业总产值 68.4 亿元，占全行业总产值的 3.5%；完成出口交货值 17.7 亿元。国家（武汉）光电子产业基地拥有企业 304 家，全年完成固定资产投资 127.7 亿元，研发投入 30.2 亿元；实现工业总产值 770.3 亿元，占全行业总产值的 39.6%；完成出口交货值 245.8 亿元，同比增长 52%。

信息化应用与建设

企业信息化 2011 年，全省 36%的重点企业信息化总体投入增幅大于 30%，信息化投入中软件、硬件和咨询服务的比例调整为 38:54:8，软件和信息服务投入有所上升。按照湖北省采用的信息化评估体系对重点企业进行评判，24%的企业信息化应用成熟度处于初始级，53%的企业处于规范级，23%的企业处于精细级，企业信息化应用成熟度平均为 1.37，总体处于规范级，较上年提高 5%。

信息技术应用 运用信息化自动控制技术，对生产过程各用能环节实行用能优化和智能化管理，实现能源介质调控的可视、可控、可管。武汉钢铁（集团）公司、湖北兴发化工集团股份有限公司、湖北新冶钢有限公司、大冶有色金属集团控股有限公司等七家企业的工业企业能源管理中心建设示范项目，投入约 6 亿元，建成后年节约标煤 23 万吨，每年可产生直接经济效益 2 亿元。信息技术在冶金、化工、建材等高能耗、高污染行业的推广应用，重点推进生产装备数字化和智能化，优化生产工艺流程，提高资源综合利用效率，推动了工业发展向低碳绿色转型。

新兴业态 2011 年，武汉市获批国家电子商务第一批试点城市，被评为“中国电子商务最具创新活力城市”。目前，武汉市已注册的电子商务企业超过 400 家，规模以上电子商务企业 102 家，电子商务交易额达到 1 400 亿元。武烟集团公司、神龙汽车有限公司等制造业企业商务电子化、物流信息化水平在全国处于前列。东风汽车公司、武昌船舶重工有限责任公司等一部分信息化发展水平较高的制造企业剥离非主营业务，催生一批以信息服务为核心业务的第三方服务企业，促进了软件和信息服务业的发展壮大。交通运输、现代物流、金融服务、工业设计、商务会展等生产性服务业利用信息技术加快自身现代化，物联网、云计算等新一代信息技术在工业各领域开始得到应用。

电子政务 推进省电子政务网络全覆盖建设。2011 年，省级电子政务网络已基本实现对省、市（州）、县（市区）的三级覆盖，部分市（州）实现乡镇（街道）、村（社区）的五级覆盖。

加强省级电子政务应用系统建设。2011 年，完成省移民信息管理系统、省粮食信息监测预警系统、省扶贫信息管理系统、湖北产学研合作与创新服务平台、省宏观政策咨询与决策支持信息系统等 5 个第二批电子政务重点应用系统项目验收，累计已完成 18 个应用系统项目验收。

加强省级电子政务应用系统运行监控工作。对集成在省政务门户上的人口库、法人库、电子监察、网上信访等 65 个重点应用系统（第一批 47 个，第二批 18 个）的运行和数据更新、交换情况进行定期监控。

市州电子政务应用系统建设及外网体系建设顺利推进。宜昌市将城区 121 个社区划分成 1 110 个网格，实时更新数据共享，实现社会管理地域全覆盖、社情全摸清和服务全方位。黄石市 TD3G 移动电子政务建设取得显著成效，工业和信息化部确定在全国推广。黄冈市社会治安视频监控系统通过建设三级中心和四级平台，实现各县（市区）、乡镇主要街道路口、重点区域部位、重要卡口小区场所的社会治安视频网络监控覆盖率100%。孝感市本地电子政务外网覆盖至县（市区）“四大家”办公室、市直党政各部门、派出机构及相关企事业等167家单位，开通政务门户及协同办公、宏观决策支持、行政审批及电子监察等系统，推动各县（市区）电子政务汇聚平台和基层网络建设，并不断向乡、村区域延伸，初步形成纵向和横向全覆盖态势。

热点

重大项目建设　武汉新芯集成电路制造有限公司与中芯国际集成电路制造有限公司合资经营，全年完成投资10亿元，生产NORSLASH芯片12万片，实现产值6.8亿元，同比增长119.4%。随着DELL、宏碁电脑生产线陆续投产，鸿富锦精密工业（武汉）有限公司产值产量稳定增长，累计完成工业总产值303.2亿元。武汉天马4.5代TFT-LCD及彩色滤光片项目正式投产，累计实现产值17.9亿元。烽火通信科技股份有限公司高速远距离智能光网络设备、武汉光迅科技股份有限公司光纤放大器和子系统产品等项目完成竣工验收，开始投产发挥效益。

数字家庭发展　2011年6月30日，武汉三网融合和数字家庭产业协会成立，有96家会员单位。12月28日，湖北省数字家庭产业促进会（筹）召开了第一次会员大会，有61家会员单位参会。2011年，组织编制了《国家数字家庭（武汉）示范产业基地建设推进工作方案（初稿）》。9月28日，在工业和信息化部电子信息司、广东省经济和信息化委员会联合主办的第一届“数字家庭整体解决方案设计大赛”上，武汉光谷高清科技发展有限公司的“光谷数字家庭整体解决方案”获二等奖（优秀方案奖），精伦电子股份有限公司的“精伦H3数字家庭解决方案”获三等奖（创新成果奖）。

三网融合试点　武汉市成为全国首批三网融合试点以来，依托“光城计划”开展光纤到户，并对城域网进行扩容改造，不断提高网络承载能力。截至2011年底，全市光纤到户覆盖规模达150万户，宽带业务发展支撑能力大幅提升，城区已具备8M–20M独享提速能力，农村地区行政村光缆通达率100%。IPTV用户发展至近20万户。开展手机视频业务、基于有线网的互联网业务、高清互动电视业务等三网融合便民服务，提高社会服务质量，提高市民幸福指数。

无线电管理　全省登记在册的除公众移动用户3 900多万个之外，还有各类无线电台站123 678个。其中，通信基站54 636座、广播电视及差转台772个、微波接力站809个、无线接入中心站1 057个、卫星地球站125个，公众移动通信基站及个人业余电台的数量每年都在大幅度增加。每年利用频率资源创造产值达200多万元。国际电信联盟划分的42种无线电业务在湖北省得到科学合理利用，无线电频率资源在广播电视、公众通信、卫星业务、航空导航、铁路运输、水上交通、公共安全等诸多领域发挥了重要作用。

家电下乡　2011年，湖北省有湖北华扬太阳能有限公司、武汉索星电器有限公司、湖北金威新能源科技有限公司、宜昌三峡新能源设备有限公司、黄石东贝机电集团太阳能有限公司、武汉奥普阳光科技有限公司、湖北吉祥泉太阳能有限公司、武汉蓝星电脑集团有限公司、小天鹅（荆州）电器有限公司、小天鹅（荆州）三金电器有限公司等10个家电下乡中标企业。全年累计销售家电下乡产品300.6万台，销售金额28.3亿元。其中，销售计算机225台，销售额85万元；冰箱160万台，销售额19.1亿元；太阳能热水器18.4万台，销售额4.6亿元；洗衣机122.2万台，销售额4.6亿元。小天鹅洗衣机家电下乡“精致”系列滚筒洗衣机荣膺“2011中国家电下乡明星产品”称号。

依据《湖北省电子电器产品维修服务条例》和相关法律法规，规范行业依法行政工作。2011年全省家电维修行业管理系统共受理行政许可申请752件，审核办理555件，不合格退回197件，全年办理无一差错，顺利通过了省监察厅组织的行政许可专项检查。加强特有工种职业技能培训鉴定。2011年共培训和鉴定电子行业特有工种2 480人次，电子类普通工种5 580人次，满足了行业建设发展需求。完成湖北省家电下乡售后维修服务综合信息平台建设并投入运营，成为全国首家专业平台。

其他

出台政策　2011年9月30日，湖北省委省政府制定下发了《关于进一步促进全省中小企业发展的意见》（鄂政发［2011］63号）。4月28日，湖北省商务厅、湖北省财政厅、湖北省经济和信息化委员会、湖北省质量技术监督局、湖北省工商行政管理局、湖北省国家税务局联合出台了《湖北省家电下乡流通网点管理实施办法》（鄂商运通 [2011] 21号）。

发布规划 先后编制出台了《湖北省工业和信息化“十二五”发展规划》、《湖北省信息化与工业化融合“十二五”发展规划》、《湖北省电子信息产业“十二五”发展规划》、《湖北省软件和信息服务业“十二五”发展规划》、《湖北省电子政务“十二五”发展规划》、《湖北省无线电管理“十二五”规划》、《湖北省家电下乡售后服务体系建设规划》等。

【统计数据】

表1 2011年湖北省电子信息产业人员构成情况

企业类别	企业数（家）	年末从业人员总数（人）	人员构成				
			工程技术人员（人）	在总人数中所占比例（%）	管理人员（人）	在总人数中所占比例（%）	软件开发研究人员（人）
国有企业	60	45 444	7 395	16.3	464	1.0	2 500
国有独资企业	175	25 889	1 742	6.7	382	1.5	3 164
集体企业	3	660	24	3.6			
股份合作企业	7	412	68	16.5	9	2.2	120
国有联营企业	1	2 050	1	0.1			
三资企业	79	29 576	2 750	9.3	287	1.0	3 096
其他企业	516	31 883	17 637	55.3	3 925	12.3	27 554

注：数据来源于湖北省经济和信息化委员会电子信息产业2011年报。

说明：①根据2011年电子制造业统计报表制度，“工程技术人员”已不再统计，此处以“研发人员”数据代替。②根据2011年电子制造业统计报表制度，“管理人员”已不再统计，此处仅为软件企业“管理人员”数据，所占比重也为在软件企业相应分组汇总人数中的比重。

表2 2009—2011年湖北省电子信息产业基本情况

项目名称	单位	2009年	2010年	2011年
工业总产值（现行价）	万元	13 216 241	17 135 331	19 429 006
工业销售产值	万元	12 668 695	16 167 467	18 720 273
出口交货值	万元	1 839 926	3 974 758	4 151 482
其中：软件出口	万元	39 358	5 242	13 912
流动资产平均余额	万元	7 239 917	10 013 595	11 007 283
固定资产净值平均余额	万元	3 553 500	3 656 461	4 708 053
资产总计	万元	13 958 245	16 825 078	19 578 216
负债合计	万元	6 029 953	9 046 004	10 433 787
产品销售收入	万元	12 481 561	15 309 828	18 778 966
其中：软件产品销售收入	万元	1 386 031	1 685 206	1 969 259
税金总额	万元	304 387	382 437	403 359

续表

项目名称	单位	2009年	2010年	2011年
利润总额	万元	811 371	1 107 733	1 122 218
应交所得税	万元	76 364	111 390	131 202
从业人员年末人数	人	217 273	270 154	289 022
从业人员工资总额	万元	693 198	568 520	1 050 715

注：数据来源于湖北省经济和信息化委员会电子信息产业2009—2011年报。

说明：根据2010、2011年信息产业统计报表制度，某些指标未作统计，造成数据缺失，因此本表有些数据只能以类似指标代替。①电子制造业的"流动资产平均余额"以"流动资产合计"代替，"固定资产净值平均余额"以"固定资产合计"代替，"产品销售收入"以"主营业务收入"代替，"从业人员工资总额"以"本年应付工资总额"代替。②软件业的"工业总产值（现行价）"以"主营业务收入"代替，"工业销售产值"、"产品销售收入"以"软件业务收入合计"代替。③"固定资产净值平均余额"不包含软件业数据（未作统计）。

表3 2009—2011年湖北省电子信息产业三资企业基本情况

项目名称	单位	2009年	2010年	2011年
工业总产值（现行价）	万元	1 116 073	2 226 869	2 058 775
工业销售产值	万元	1 038 823	2 147 752	1 968 278
出口交货值	万元	68 455	330 101	292 830
其中：软件出口	万元	4 080	692	3 617
流动资产平均余额	万元	637 839	1 453 426	1 378 251
固定资产净值平均余额	万元	292 308	594 488	829 111
资产总计	万元	1 207 604	2 307 990	2 476 563
负债合计	万元	516 854	1 167 437	1 261 537
产品销售收入	万元	1 172 748	2 175 394	2 301 949
其中：软件产品销售收入	万元	62 744	91 213	80 508
税金总额	万元	43 282	51 829	34 848
利润总额	万元	99 478	142 244	225 065
应交所得税	万元	8 339	18 990	26 724
从业人员年末人数	人	16 271	31 244	29 576
从业人员工资总额	万元	79 198	67 136	116 676

注：数据来源于湖北省经济和信息化委员会电子信息产业2009—2011年报。

说明：根据2010、2011年信息产业统计报表制度，某些指标未作统计，造成数据缺失，因此本表有些数据只能以类似指标代替。①电子制造业的"流动资产平均余额"以"流动资产合计"代替，"固定资产净值平均余额"以"固定资产合计"代替，"产品销售收入"以"主营业务收入"代替，"从业人员工资总额"以"本年应付工资总额"代替。②软件业的"工业总产值（现行价）"以"主营业务收入"代替，"工业销售产值"、"产品销售收入"以"软件业务收入合计"代替。③"固定资产净值平均余额"不包含软件业数据（未作统计）。

表4　2009—2011年湖北省主要电子信息产品产销量情况

产品名称	单位	产量			销量		
		2009年	2010年	2011年	2009年	2010年	2011年
电话单机	部	211 428	266 198	421 109	215 714	272 219	410 799
手机	部	8 914 914	5 158 819	3 616 085	9 095 379	5 139 848	3 596 085
台式计算机	台	864 041	504 900	2 173 250	864 041	504 900	2 168 579
笔记本电脑	台	4 890	274 500	206 500	4 680	226 450	196 450
显示器	台	11 529 511	14 275 339	18 290 084	11 529 511	14 275 339	18 247 489
平板显示器	台	11 529 485	14 275 339	18 280 084	11 529 485	14 275 339	18 237 489
集成电路	万块	29	95	1 146.9	32	91	545.7
光缆	皮长千米	16 057 029	36 002 648	17 306 407	22 507 636	40 492 500	25 309 715

注：数据来源于湖北省经济和信息化委员会电子信息产业2009—2011年报。

说明：以2010、2011年电子信息制造业年报为准，2009年数据只摘录可比项目。

[撰稿：郑汪洋　审稿：王成祥]

湖　南　省

【综述】

截至2011年底，湖南省已形成几大电子信息产业链条，亿元以上电子信息企业达到162家。太阳能光伏产业从无到有高速发展。中国电子科技集团公司第48研究所成为首个跻身全光伏装备制造业全球十强的中国企业。在其带动下，湖南太阳能光伏产业链全线拉通，成为全国最重要的光伏产业基地之一。轨道交通电子、电力电子渐成气候，株洲南车时代电气股份有限公司已发展成为国内最大的大功率半导体器件研制基地。新型显示器件和消费类电子整机产业也取得重大突破。蓝思科技（湖南）有限公司三年前落户湖南省，生产用于电脑、电视等消费类整机电子显示屏的玻璃基板，已跻身百亿企业行列，并成为全省出口额最大的加工贸易企业。此外，软件和信息服务业、电池及储能材料产业等也形成了一定规模。

2011年，按工业和信息化部统计口径，湖南省电子信息产业实现主营业务收入突破千亿大关，达1 010.39亿元，比2006年增长4.5倍，成为全省规模工业第八个千亿产业。其中，电子信息制造业797.29亿元，同比增长65.9%；软件业务收入213.1亿元，同比增长32%。

电子信息产品制造业

发展速度持续快速　2011年，全省规模工业电子信息制造业增加值增幅49.1%，位列全省各主要行业增幅之首，高出全国平均水平33.2个百分点。电子信息产品出口交货94.91亿元，增长55%，高出全国平均41.1个百分点。移动电子商务年交易额达121亿元，合作商务超过2万家，用户规模和月交易额居全国第一。

骨干企业群体壮大　全省亿元以上规模电子信息企业达162家。其中，过百亿元的企业有1家，实现百亿企业的突破；过50亿元的企业3家，过10亿元的企业11家，过5亿元的企业9家，分别比上年增加2家、7家和4家。蓝思科技（湖南）有限公司跻身百亿企业行列，为全省出口额度最大的加工贸易企业。株洲南车时代电气股份有限公司排名全国软件业务收入前百家企业第 14 位。蓝思科技（湖南）有限公司、台达电子郴州有限公司、湖南科力远新能源股份有限公司、湖南三一智能控制设备有限公司、长沙景嘉微电子股份有限公司等企业增幅超 100%。

发展后劲持续增强 重大项目稳步推进，富士康（衡阳）工业园、蓝思科技（湖南）有限公司星沙项目、介面光电（湖南）有限公司、湖南兴业太阳能科技有限公司、长沙宇顺电子股份有限公司等重大项目建成投产。集成电路、LED 等高端电子信息项目取得突破，投资约 3 亿美元的长沙创芯集成电路有限公司集成电路 6 英寸晶圆项目、投资 14 亿元的国内最大规模大功率 IGBT 产业基地和 8 英寸 IGBT 芯片生产线项目开工建设，湖南省华磊光电有限责任公司一、二期共 32 台 MOCVD 全部到位。长沙中电软件园正式开园，共签约包括富士康科技整合服务事业群在内的 123 家企业和机构，注册资本总额 14 亿元。中移电子商务有限公司获得支付业务许可证，将带动业务交易额和沉淀资金的大幅增长，助推湖南省移动电子商务和金融发展，吸引产业链相关企业落户湖南省。

创新能力不断提升 国防科技大学成功研制出“天河一号”千万亿次高性能计算机，应用于国家超级计算天津中心、长沙中心。中国电子科技集团公司第 48 研究所研发的大角度离子注入机进入集成电路生产线，并成为首个跻身光伏装备制造业全球十强的中国企业。株洲南车时代电气股份有限公司通过传统电气技术与信息技术对接融合，形成七大核心技术，打造出中国高铁的“中国脑”、“中国芯”，开发的大功率光伏逆变器通过金太阳、TUV 和 CE 等权威认证，成功应用于海拔 3 100 米的青海锡铁山中广核一期光伏电站并实现并网发电。湖南国科广电科技有限公司发布国内首款支持中国直播卫星标准的解码芯片 GK6105S，结束同类产品长期依赖国外解码芯片的历史。中国电子科技集团公司第 48 研究所、长沙湘计海盾科技有限公司、衡阳恒飞电缆有限责任公司、湘潭市特种线缆有限公司等企业助力“神舟”飞天，为载人航天工程提供传感器、空间键盘、飞船仪表、地面电缆、导航仪高压线。

软件和信息服务业

产业规模持续增长 2011 年，湖南省软件和信息服务业保持了又好又快发展。全年完成软件业务收入 213.1 亿元（工业和信息化部统计口径），同比增长 32%。根据湖南省统计局发布的数据，2011 年湖南企业景气指数中，信息服务业为 152.55，比全省平均数 128.99 高出 23.56 个点。湖南企业家信心指数中，信息服务业为 164.92，比全省平均数 134.73 高出 30.19 个点，两个指数均高居各行业榜首。

企业实力逐渐增强 截至 2011 年底，全省已累计认定软件企业 765 家，从业人员突破 5 万人。7 家企业成功上市，10 家企业拟近三年上市。125 家企业获得工业和信息化部计算机信息系统集成资质，其中一级 3 家，二级 14 家，三级 84 家，四级 24 家。16 家通过 CMM/CMMI3 级以上认证，2 家列入国家规划布局内重点软件企业。全年 166 家企业年主营业务收入过千万元，占企业总数的 30%，比上年增加 16 家。其中，36 家企业年主营业务收入过亿元，比上年增加 4 家。同时，软件企业在研究开发投入、建立和完善新技术创新体系、提高自主创新能力、扩大产业规模及丰富产品结构等方面均有较大突破。

载体建设稳步推进 2011 年，湖南省着力加强软件园的规划与建设，努力促进技术、人力、政策等资源的集成，加速产业集群和规模经济的形成。国家级长沙软件基地长沙软件园当年新增注册企业 100 多家。长沙中电软件园正式开园，已引进包括富士康科技整合服务事业部、中兴通讯股份有限公司在内的 123 家企业，注册资本总额达 14 亿元，基本形成以龙头企业为依托、中小企业为主体、上下游配套企业为补充的比较完整的产业链。

融合发展特色鲜明 截至 2011 年底，全省累计登记软件产品 2 034 项。在智能交通、工业控制、数字金融、能源、数字医疗、文化创意等领域形成一批优势特色产品和服务。株洲南车时代电气股份有限公司的轨道交通牵引设备交流传动和控制系统产品占国内市场 80% 份额，机车安全监控装置系统产品占国内市场 75% 份额。株洲时代电子技术有限公司的国内养路机械和机车空调控制系统产品分别占国内市场份额的 81.6% 和 46.4%。衡阳镭目科技有限公司的“钢水液面”、“漏钢预报系统”等控制软件已应用在包钢等大型钢铁企业并出口到韩国、印度等 10 多个国家。湖南三德科技发展有限公司的“热值测试软件”与“硫工业分析软件”，湖南长天自控工程有限公司、长沙博越自控工程有限公司的烧结控制软件也在国内冶金行业占据一定市场。长城信息产业股份有限公司研发的移动终端嵌入式系统在金融领域保持行业第一。湖南长城医疗科技有限公司的自助综合服务系统在医院的应用居全国领先地位。湖南省青苹果数据中心有限公司的华文报刊数据库得到习近平等国家领导人的高度评价。华自科技股份有限公司在中小型水电站控制设备以及泵站自动化和信息化领域市场占有率居全国第一，成为联合国工业发展组织全球首个水电控制设备制造示范基地。湖南湘邮科技股份有限公司承担的国产基础软件在中国邮政集团公司的重大应用示范项目中成功申报核高基国家科技重大专项。各类工业设计、控制、嵌入式软件广泛应用于能源装备制造、冶金、汽车等领域，软件与服务业的融合不断深入，商贸、物流、交通、旅游、房地产等基本实现网络化运营，数字内容、网络增值等信息服务业得到快速发展。

新兴业态茁壮成长　深圳中兴网信科技有限公司全球共享服务中心暨衡阳研发基地在衡阳高新技术产业开发区奠基，计划三年内投资10亿元，建成中国内地城市云服务的典范，打造城市云、教育云、医疗云、社区云、金融云、科技云、商旅云、企业云八大城市“云服务”。国家超算长沙中心“天河1号”由原计划的300万亿次/秒扩充到1 372.5万亿次/秒，计算能力全部研发完成并投入运行。中国电信湖南IDC及云计算运营中心于2011年10月正式成立，成为省内首家提供云计算服务的运营商。三一集团有限公司自主研发的远程监控系统，可对遍布全球的近10万台机械设备实施卫星定位、远程监测、数据采集分析、故障诊断和技术支持，通过有效提高企业服务速度、精度和广度，实现由“生产型制造”向“服务型制造”的转变。拓维信息系统股份有限公司获“最佳动漫技术成果奖”。湖南长城医疗科技有限公司自主研发软件产品和服务，创立了医院就诊全程自助服务模式，极大地方便病人就诊。

科技进步与应用

2011年，中国电子科技集团公司第48研究所成为首个跻身光伏装备制造业全球十强的中国企业。该所是湖南光伏产业的龙头企业，通过自主研发，打破了光伏产业装备技术依赖进口的局面，已成为国内最大的光伏装备制造商，能提供晶体硅太阳能电池制造产业链上的硅片加工设备，如铸锭炉、多线切割机等；电池制造设备，如清洗/制绒机、扩散炉、等离子刻蚀机、管式PECVD、石英管清洗机、丝网印刷机、高低温烘干烧结炉、自动分选测试仪等，并能为国内外光伏企业提供晶体硅太阳能电池制造成套装备和工艺解决方案。

2011年8月，中国南车株洲研究所自主研制的GTI-500型光伏逆变器在海拔3 100米的青海锡铁山中广核一期光伏电站顺利实现高海拔并网发电。该研究所依托其在国内大功率变流技术领域的领先优势，已成为国内首家获得国际TUV认证的企业。其自主研制的GTI-500型光伏逆变器采用公司独有的逆变器并联技术和无变压器设计，已通过金太阳、TUV和CE等权威认证。

2011年10月27日，湖南国科广电科技有限公司在北京市举办新品发布会，正式发布直播卫星解码芯片GK6105S。这是国内首款支持中国直播卫星标准的解码芯片，打破了以往同类产品长期依赖国外解码芯片的历史。该公司作为直播卫星芯片及方案供应商，将推出更多芯片和解决方案，促进中国直播卫星相关产品的战略升级。

2011年12月27日，中国文化艺术政府奖首届动漫奖颁奖典礼在天津市隆重举行。拓维信息系统股份有限公司的手机动漫公共技术服务平台获“最佳动漫技术成果奖”。

2011年11月3日1时30分许，“神舟八号”飞船与“天宫一号”成功实现“无缝”对接。在此次对接中，4家湖南企业做出了卓越贡献。中国电子科技集团公司第48研究所提供了确保对接时两舱密闭的关键元件对接压力传感器、气瓶压力温度复合传感器等10种型号的26个传感器。长沙湘计海盾科技有限公司是神舟飞船仪表显示器的独家供应单位，在为“天宫一号”成功研制计算机、智能仪表和空间键盘等系列空间信息设备之后，这次又为“神舟八号”飞船独家提供系列飞船仪表显示设备，且首次实现了飞船的高清视频信号显示与复杂图形智能仪表等的空间应用，为航天员提供精确的坐标信息、飞船姿态、地图信息以及多路、全方位的图像显示。运送“神舟八号”上太空的长征系列火箭上航空航天用特软电缆的制作以及火箭推进器底部的耐高温特种电缆出自衡阳恒飞电缆有限责任公司。湘潭市特种线缆有限公司则提供了 9 月 29 日“天宫一号”升天的地面电缆、导航仪高压线等产品。

信息基础设施建设

邮政电信业务快速成长 2011 年，湖南省邮电业务总量 434.83 亿元，比上年增长 17.9%。其中，邮政业务总量 32.95 亿元，增长 22.5%；电信业务总量 401.88 亿元，增长 17.6%。年末局用交换机总容量 1 247.43 万线，增长 3.1%。年末固定电话用户 1 011.41 万户；移动电话用户 3 772.11 万户，新增 539.54 万户。年末互联网宽带用户 495.99 万户，增长 34.8%。全省光缆线路长度 432 366 皮长千米，互联网宽带接入端口 736.2 万个，固定电话普及率 15.4 部/百人，移动电话普及率 57.1 部/百人。

“三网融合”取得新进展 加快光网城市建设和农村光进铜退进程，大力推进建设宽带网络基础设施。2011 年，接入网端口已基本达到升级至 8M 的能力，城区宽带网络 4M 端口速率达标率 99%，宽带用户 20M 及以上带宽覆盖率达 70%。新增 FTTH 覆盖户数超过 60 万。农村已实现 100%乡镇通宽带，行政村宽带通达率超过 80%，4M 带宽覆盖率 70%以上，已建设农村综合信息服务点 2 821 个。长株潭“三网融合”试点城市群完成了光纤到楼 80 万户的覆盖工作，双向网改入户 24 万户。省内其他地区完成双向网改入户约 10 万户。

信息化基础条件进一步完善 国家超级计算中心落户长沙，“天河一号”运算速度每秒 2 570 万亿次，位居世界前列；北斗导航卫星产业园、中南国家数字出版基地落户湖南；原创动漫总产量继续排名全国第一，数字媒体、电视购物、手机报、网络出版等新兴业态走在全国前列；上连国务院应急平台，下连市、县（区）安全生产应急指挥系统，横连省级部门应急平台的国内一流省级应急平台建成；全省“一体两翼”农村农业信息化体系基本形成，国家农村农业信息化示范省建设试点工作全面起步。

信息技术应用

长株潭城市群获批国家级两化融合试验区 2011 年 4 月 26 日，工业和信息化部正式发文，批准长株潭城市群为国家级信息化和工业化融合试验区。7 月 22 日，工业和信息化部杨学山副部长专程到长沙出席长株潭国家级两化融合试验区授牌仪式。根据本省实际，湖南省还认定岳阳经济技术开发区等 13 个工业园区为省级两化融合试验区。年内，以各试验区为重点，开展了 60 家企业利用信息技术改造传统产业试点工作，组织了 1 000 人次的领导干部及专业人才培训，支持了“现代电机产业综合信息服务平台”等 82 个重点项目，两化融合各项工作取得显著成效。

国家中小企业信息化公共云服务平台——湖南轻工分中心投入运行 2011 年 5 月 18 日，该中心签约暨授牌仪式在湖南科技职业学院举行，全国首家以行业为基础的信息化公共云服务平台正式投入运行。平台在工业和信息化部软件与集成电路促进中心统一规划指导下，由神州数码在线科技有限公司和学院提供技术支持，湖南集成轻工信息技术服务中心负责云平台的操作运营。该平台不但包括政府行业管理、轻工行业人力资源公共服务、轻工行业技术交流服务、轻工企业和产品展示等各项公共服务，同时也包括众多轻工中小企业迫切需要的在线电子商铺、客户关系管理、人力资源管理、进销存管理、企业 ERP、财务管理应用、商务智能分析、协同办公、供应链管理等各类在线应用软件，为轻工企业的营销、财务、客户服务、人才管理等提供一体化的在线信息化云服务。

全省企业信息化“登高计划”暨“数字企业”创建活动启动 2011 年 7 月 23 日，湖南省经济和信息化委员会、中国电信湖南公司在长沙联合启动企业信息化“登高计划”。计划在 2011 至 2013 年三年间，在全省创建 10 000 家“数字企业”，实现工业化与信息化深度融合的阶段性目标。此次创建活动提出以“七个一”为主要内容的“数字企业”建设模式，即“一条互联网高速接入通道、一个企业数据通信网络、一个企业门户、一套自动化管理系统、一套电子商务系统、一套网上培训系统、一个企业内部图像监控平台”。根据企业信息化程度不同，“登高计划”将“数字企业”划分为四个认定标准：D 级企业要求实现“三个一”达标、C 级企业实现“五个一”达标、B 级企业实现“六个一”达标、A 级企业实现“七个一”达标。至 2011 年底，全省已完成 1 500 家“数字企业”的创建任务。

《数字湖南规划（2011—2015 年）》等发布实施 2011 年 11 月 26 日，湖南省人民政府发布《数字湖南规划（2011—2015 年）》。12 月 23 日，中共湖南省委、湖南省人民政府出台《数字湖南建设纲要》。《规划》和《纲要》提出了数字湖南建设的总体目标：到“十二五”末，覆盖城乡的下一代信息基础设施建成，信息化与工业化深度融合，信息产业成为先导性支柱产业，信息化发展水平总指数达到 0.80 以上，“数字湖南”基本建成，对全省经济发展和“两型社会”建设的支撑与推动作用明显增强。数字湖南建设的主要内容包括：五项基本原则、六大建设目标、七项主要任务、十七个重点工程、七大保障措施。

全省工程建设领域项目信息公开和诚信体系建设取得初步成效 2011 年初，制定了《湖南省推进工程建设领域项目信息公开和诚信体系建设试点工作方案》（湘专治办发 [2011] 1 号）。7 月 14 日，召开全省工作推进会，下发了《湖南省工程建设领域项目信息公开和诚信体系建设实施方案》（湘纪发 [2011] 28 号）。为完成全省统一的工程建设领域项目信息公开和共享系统建设，根据信息工程建设的相关政策要求，编制了《湖南省工程建设领域项目信息公开和共享系统建设项目可行性研究报告》和《湖南省工程建设领域项目信息公开和共享系统初步设计方案》，开展了《工程建设领域项目信息公开数据元规范》地方标准的编制工作。在全省 14 个市州开展了为期一个月的检查和培训工作。2011 年底，采购了相关软硬件设备，更新了省级工程建设项目信息公开共享专栏内容，完成了省级专栏目录信息采集并向国家级平台注册，实现了与全国工程建设项目信息和信用信息公开共享平台的对接。

【统计数据】

表 1　2011 年湖南省电子信息产业（制造业）人员构成情况

企业类别	企业数（家）	年末从业人员总数（人）	人员构成	
			工程技术人员（人）	在总人数中所占比例（%）
国有企业	5	13 775	46	0.3
国有独资企业	2	4 709	83	1.8
集体企业	2	120	8	6.7
股份合作企业	9	46 812	113	0.2
三资企业	32	20 305	1 564	7.7
其他企业	233	85 527	8 147	9.5
合计	283	171 248	9 961	5.8

表 2　2011 年湖南省电子信息产业（软件业）人员构成情况

企业类别	企业数（家）	年末从业人员总数（人）	人员构成			
			管理人员（人）	在总人数中所占比例（%）	软件开发研究人员（人）	在总人数中所占比例（%）
三资企业	24	4 716	413	8.8	1 898	40.2
内资企业	558	78 693	7 240	9.2	19 989	25.4
合计	582	83 409	7 653	9.2	21 887	26.2

表 3　2009—2011 年湖南省电子信息产业基本情况

项目名称	单位	2009 年	2010 年	2011 年
工业总产值（现行价）	万元	5 808 938.5	8 659 034.3	13 881 804.0
工业销售产值	万元	5 120 662.8	8 655 261.5	12 345 124.8
其中：出口交货值	万元	289 175.8	739 766.9	541 984.0
软件出口	万元	19 818.9	27 064.0	29 560.8
流动资产平均余额	万元	3 464 271.4	5 268 154.7	7 030 720.0
固定资产净值平均余额	万元	938 379.0*	1 277 252.9*	1 080 022.7*
资产总计	万元	7 375 890.0	8 883 946.4	13 271 959.2
负债合计	万元	3 667 287.1	4 459 767.7	6 388 381.3
产品销售收入	万元	5 548 939.4	8 095 214.7	12 016 473.5
其中：软件业务收入	万元	1 384 904.3	1 646 268.0	2 115 462.0
税金总额	万元	204 069.3	304 358.7	15 164.9
利润总额	万元	287 792.4	855 090.8	1 536 096.9
应交所得税	万元	67 785.3	103 056.4	100 954.7
从业人员年末人数	人	128 338.0	153 564.0	254 657.0
从业人员工资总额	万元	343 417.5	557 499.5	982 033.3

表 4　2009—2011 年湖南省电子信息产业三资企业基本情况

项目名称	单位	2009 年	2010 年	2011 年
工业总产值（现行价）	万元	902 730.7	1 361 564.0	1 713 177.1
工业销售产值	万元	842 912.0	1 337 622.8	1 613 981.4
其中：出口交货值	万元	103 892.1	130 247.4	949 144.0
流动资产平均余额	万元	711 554.3	953 891.1	912 921.7
固定资产净值平均余额	万元	584 947.9*	273 229.8*	127 090.0*
资产总计	万元	1 549 507.6	1 482 638.2	1 428 770.9
负债合计	万元	842 286.7	838 618.2	710 109.4
产品销售收入	万元	890 092.0	1 048 144.2	1 573 521.8
税金总额	万元	26 743.0	24 173.9	8 529.5
利润总额	万元	64 543.2	136 353.9	93 368.0
应交所得税	万元	7 581.5	30 916.6	7 103.6
从业人员年末人数	人	25 073.0	42 074.0	25 021.0
从业人员工资总额	万元	64 033.8	59 990.9	73 849.4

表 5　2009—2011 年湖南省电子信息产业主要经济效益指标完成情况

项目名称	单位	2009 年	2010 年	2011 年
全员劳动生产率	元/人	91 530.5	160 295.3	150 744.1
流动资产周转率	次	1.6	1.5	1.7
产品销售率	%	88.2	100.0	88.9
总资产贡献率	%	7.3	13.1	11.7
资产保值增值率	%	101.0	119.3	185.6
资产负债率	%	49.7	50.2	48.1

表 6　2009—2011 年湖南省电子信息产业三资企业主要经济效益指标完成情况

项目名称	单位	2009 年	2010 年	2011 年
全员劳动生产率	元/人	79 251.7	90 571.1	135 766.0
流动资产周转率	次	1.3	1.1	1.7
产品销售率	%	93.4	98.2	94.2
总资产贡献率	%	6.5	10.6	7.1
资产保值增值率	%	171.0	115.0	101.6
资产负债率	%	54.4	56.6	49.7

表 7　2009—2011 年湖南省主要电子信息产品产销量情况

产品名称	单位	产量			销量		
		2009 年	2010 年	2011 年	2009 年	2010 年	2011 年
显示终端	万台	9.5	54.5	21.5	9.6	54.5	21.0
机顶盒	万台	300.0	529.4	171.9	292.0	529.4	192.8
打印机	部	57 906	53 342	43 456	55 096	52 542	42 726
电子元件	万只	3 340 110.0	153 110 015.5	4 085 846.3	3 385 064.9	153 278 120.5	3 989 449.9
手机摄像头	万只	347.2	1 470.0	665.0	340.0	1 446.0	653.4
电池	万千伏安	3 847.4	123 766.0	286 319.9	3 954.7	119 783.0	266 343.9
卫星接收天线	万部	361.8	1 600.0	18.9	348.8	1 550.0	19.2
集成电路	万块	640	485.0	1 004.4	430.0	485.0	1 001.0
DVD 视盘机	万台	6.6	1.2	0.3	6.6	1.2	0.3
笔记本电脑	台	19 988	35 112	148 800	19 908	35 261	147 013

表 8 2009—2011 年湖南省三资企业主要电子信息产品产销量情况

产品名称	单位	产量			销量		
		2009 年	2010 年	2011 年	2009 年	2010 年	2011 年
手机摄像头	万只	347.2	70.5	589.0	340.0	62.2	587.0
电子元件	万只	1 201 877.9	2 017 708.8	2 317 216.4	1 188 933.3	1 964 404.4	2 292 601.8
手机	万部	42.5	49.6	29.1	43.9	48.7	28.8

注：表 1—表 8 数据来源于 2011 年工业和信息化部统计年报。凡带 * 的数据仅含制造业。

[供稿：湖南省经济和信息化委员会]

广 东 省

【综述】

电子信息产品制造业

根据广东省统计局数据显示，2011 年，广东省规模以上电子信息产品制造业实现主营业务收入 2.28 万亿元，同比增长 11.6%，占全国比重 30.4%；销售产值 2.32 万亿元，同比增长 14.6%，占全国比重 30.7%；实现出口交货值 1.5 万亿元，同比增长 8.0%，占全国比重 36.3%；税金总额 354.3 亿元，同比增加 23.1%，占全国比重 28.5%；利润总额 775.1 亿元，同比下降 12.4%，占全国比重 23.5%；全年完成固定资产投资（500 万元以上项目）591.1 亿元，同比增长 12.2%；规模总量连续第 21 年位居全国首位。

重点企业 2011 年，广东省共有 23 家企业入围全国电子信息产业百强，与上届持平，其中华为技术有限公司、长城科技股份有限公司、中兴通讯股份有限公司、TCL 集团股份有限公司、比亚迪股份有限公司等 5 家企业进入前十名，分别排名第一、四、五、八、十名。广东省 23 家电子信息百强企业主营业务收入、利润总额占全国电子信息百强比重均超过 30%。2011 年，广东省共有 31 家企业入围全国电子元件百强，比上届增加 2 家，其中广东生益科技股份有限公司、瑞声声学科技控股有限公司进入前十名，分别位列第三名和第六名。深圳市以 14 家企业名列城市拥有数榜首，东莞市以 6 家企业位居城市拥有数第三名；以盈利能力排序，瑞声声学科技控股有限公司以其利润总额排名第三、销售收入利润率排名第一的优异成绩再次成为元件百强中盈利能力最好的企业，潮州三环（集团）股份有限公司位居第三名。以专利指标排序，瑞声声学科技控股有限公司（3 项发明专利、193 项其他专利）位列第三名。广东省 31 家电子元件百强企业销售收入占全国电子元件百强的 22.2%，出口创汇占全国电子元件百强的 42.7%，广东省电子元件企业创汇能力位居全国第一。

主要产品 根据广东省统计局数据显示，2011 年，随着结构调整转型升级持续深入，广东省主要电子信息产品总体呈现量增质升趋势。其中：程控交换机（含移动）2 223.8 万线，同比增长 13.0%；移动电话机 59 284.1 万部，同比增长 27.6%，特别是 3G 手机 12 970.68 万部，同比大幅度增长 87.4%；电话单机 12 241.7 万部，同比下降 5.3%；电子计算机整机 5 966.99 万台，同比增长 57.4%；彩色电视机 4 862.4 万台，同比增长 9.6%，特别是液晶（LED）电视机 812.75 万台，同比大幅度增长 97.5%；传真机 182.9 万部，同比增长 3.6%；激光视盘机 6 834.49 万台，同比下降 11.1%；发光二极管（LED）395.2 亿只，同比大幅度增长 54.3%；电子元件 14 931.53 亿只，同比下降 1.2%。

进出口贸易 2011 年，广东省电子信息产品实现出口交货值 1.50 万亿元，同比增长 8.0%；进口额 1 843.4

亿美元，同比增长11.7%，占国内电子信息产品制造业进口总额的39.4%；出口额2 727.6亿美元，同比增长13.5%，占国内电子信息产品制造业出口总额的36.3%；电子信息产品进出口规模位居全国首位。

结构调整持续优化 一是从产品产量来看，移动通信手持机、平板显示、光电子器件、发光二极管（LED）等高端新兴电子信息产业发展迅速，产量大幅增长。例如：显像管彩色（CRT）电视机连续三年产量大幅度负增长，液晶电视机连续三年大幅度正增长，同时，增长的比重由液晶（LCD）电视机逐步转向液晶（LED）电视机；而半导体存储器播放器、激光视盘机等传统产业收缩，产量连续三年负增长，显示产业结构调整持续优化。二是从产业转移趋势来看，产业转移和引进呈良性发展。劳动密集型、传统型、低附加值电子信息产品制造业持续向外转出（包括由珠三角向省内产业转移园转出或向省外转出），高附加值的电子信息制造项目和研发项目加快转入，以东莞市为例：制造业占全行业9成以上，2008年以来转出的电子制造企业总投资约为20亿元；但转入的更多，仅2010年以来承接的中国电子信息产业集团有限公司、宇龙计算机通信科技(深圳)有限公司以及台湾胜华科技股份有限公司等手机、触摸屏的整机和元器件项目规划投资累计超过百亿元。三是从产业链建设来看，产业呈一体化发展。结合“双转移”战略的实施，依托省级产业转移园，平板显示、手机等重点领域初步形成各具特色和优势互补的产业一体化发展格局。如平板显示领域，液晶面板在深圳市，整机制造在惠州市，周边发展相关配套产业；手机领域，深圳市重点打造设计和营销中心，周边惠州市、河源市则重点发展整机和零部件制造。深圳河源产业转移园区内电子电器项目超过70%。

企业经营压力加大 一是市场竞争加剧，加上人民币持续升值，外贸企业出口愈加困难。二是融资难，珠三角诸多电子制造企业尤其是中小型企业缺乏简便快速的融资渠道。三是用工成本上升。珠三角电子制造企业用工综合成本上升2成，生产线员工工资普遍在2 000元以上，个别企业生产线员工平均工资高达5 000元。同时，较高的工资并未解决招工难问题，企业劳动力年流动率普遍超3成，部分企业甚至过半，人力培训成本大幅上升。四是电力缺乏，影响企业正常生产。除各地特别支持的个别重点企业外，电子行业众多企业遇到“开五停二”或“开四停三”的局面。五是原材料上涨，压缩下游制造企业利润。特别是电子行业企业综合成本上升导致利润大幅下滑，2011年全行业利润累计775.08亿元，同比下降12.4%，但税金总额为354.30亿元，同比增加23.1%，企业负担进一步加重。

软件和信息服务业

2011年，广东省软件和信息服务业继续保持平稳较快发展态势。全省软件业实现业务收入3 122.5亿元，同比增长28.1%，占全国的16.9%，总量居全国第一位。在软件业务收入中，软件产品收入1 203.0亿元，同比增长23%，占全国的19.5%；信息系统集成服务收入471.4亿元，同比增长41.8%，占全国的12.0%；信息技术咨询服务收入140.1亿元，同比增长35.6%，占全国的7.5%；数据处理和运营服务收入583.8亿元，同比增长35.7%，占全国的19.3%；嵌入式系统软件收入663.9亿元，同比增长21.6%，占全国的23.7%；集成电路（IC）设计收入60.3亿元，同比增长29.2%，占全国的8.7%。截至2011年底，全省认定软件企业5 681家，其中超10亿元企业25家，从业人员65.5万人。

重点企业 2011年，广东省14家企业入围中国软件业务收入前百家企业，比前一届增加2家，14家企业软件业务收入占全国前百家软件企业比重的43.7%，总量位居全国第一。49家企业入选国家规划布局内重点软件企业，占全国20%。截至2011年底，广东省软件和信息服务业上市企业82家。打造出中望CAD、金山WPS和金蝶ERP等民族软件品牌和深圳腾讯公司、迅雷网络技术有限公司等全国移动互联网增值服务龙头企业。广州市动景计算机科技有限公司手机浏览器产品全球用户超过1亿元，广州久邦数码科技有限公司在全国率先运营移动互联网站点3G门户。

信息服务业 2011年，为充分发挥财政资金引导和激励作用，按照《关于加快发展我省现代信息服务业的意见》和《2011年促进软件和现代信息服务业加快发展行动方案》的要求，广东省对现代信息服务业以战略重点和区域协调两大领域实施重点推进，重点发展软件和集成电路设计、信息化与工业化融合、物联网和云计算信息技术服务、现代信息服务业集聚发展支撑载体、现代信息服务业环境建设等，共安排1.9亿元扶持80个项目建设，直接带动项目投资12.6亿元，带动了集成电路设计、两化融合、工业软件、移动互联网、物联网和云计算等领域现代信息服务业加快发展。

科技进步与应用

科研创新成果 2011年，华为技术有限公司和东南大学合作的“宽带移动通信容量逼近传输技术及产业化应用”获得国家技术发明奖一等奖，华为技术有限公司的“高性能移动分组核心网智能化技术创新及应用”和珠海格力电器股份有限公司的“变频空调关键技术的研究及应用”获得国家科学技术进步奖。

自主创新突破 2011年，瑞声声学科技控股有限公司以电声元件类产品为基础，同时进入语音软件技术、射频无线技术、低温共烧陶瓷技术等高端技术领域，保持在高端产品领域的优势地位，成为全国元件百强中盈利能力排名第一、专利数排名第三的企业。潮州三环（集团）有限公司利用其在电子陶瓷技术领域的坚实基础，积极开展光纤连接器陶瓷插芯、IGBT模块用陶瓷基板等新产品的技术研发，成功打破日本企业的技术垄断，成为全球最大的陶瓷插芯生产基地，目前该公司陶瓷插芯的年产量占据全球总产量的40%以上。

能力建设 2011年，广东省广州数控设备有限公司、中山华帝燃具股份有限公司、广东万和新电气股份有限公司、广东联邦家私集团有限公司、广东嘉宝莉化工集团有限公司、广东生益科技股份有限公司、广东新会美达锦纶股份有限公司、广州中船黄埔造船有限公司、深圳市比克电池有限公司、深圳市嘉达高科技产业发展有限公司、深圳市比亚迪汽车有限公司等11家企业获得国家认定企业技术中心资格，获认定数量为历史最好成绩，企业自主创新能力建设再上新台阶。目前，广东省国家认定企业技术中心数量上升至59家，位居全国第二。

信息基础设施建设

信息化建设和应用 2011年，广东省信息化建设和应用紧紧围绕“加快转型升级，建设幸福广东”这一核心任务，重点推进信息化与工业化深度融合、软件和信息服务业加快发展、电子政务资源纵横整合等工作。全省互联网普及率达到60.4%，位居全国第三。互联网用户数6 300万人，居全国首位。家庭宽带普及率60.1%。全省固定电话用户3 154.36万户，移动电话用户10 953.34万户，3G移动电话用户1 713.36万户。全省宽带接入端口总容量2 509万个，3G网络覆盖了全省所有城市市区和县城城区。全省、珠三角无线宽带网络覆盖率分别达到51.6%、68.6%。省政府和省直单位100%建立了政府网站，这一数据在市、县、镇、村分别为93.6%、58.4%、57%、7.7%。全省21个地级以上市的数字城市地理空间框架建设全面启动。电子监察的范围从行政审批向政务信息资源共享、行政投诉处理、重大项目审批等17个领域拓展，省、市、县覆盖率100%，镇（乡、街道）级覆盖率30%，村级覆盖率23%。

三网融合 一是深圳市试点指标在全国第一批12个城市（地区）处于领先水平。各类信息网络接入能力得到大幅提升。电信网可提供网络接入高达12M/20M/100M的光纤大带宽，光纤宽带网已基本具备12M速率的接入能力。截至2011年底，FTTH覆盖规模达到200万户，全网基本具备提供20M速率的接入能力。已建的本地IPTV内容分发网络，具备支撑100万IPTV用户的能力。同时，全市已基本完成有线电视双向化改造。深圳移动CMMB用户约有9万户。涌现出如“甩信”等各类三网融合增值业务及产品。二是广州市、佛山市、云浮市第二批试点工作取得新进展。珠三角地区包括广州、佛山等地积极探索实施高清互动数字家庭网络工作项目、电力线家庭网络和多业务平台项目试点，佛山市编制了当地数字家庭三网融合系统结构方案，启动了“三网融合”应用工程，开通了南海“三网融合”数字家庭平台，为“四化融合，智慧佛山”建设迈出新步伐。

信息产业基地建设

高端新型电子信息产业基地建设 2011年，为贯彻落实省委省政府关于培育和发展战略性新兴产业的战略部署，以省市共建的方式联手推动战略性新兴产业集约集聚发展，在高端新型电子信息、新材料、新能源、节能环保、高端装备制造等领域，培育建设一批战略性新兴产业基地。确定广州天河软件产业基地、佛山物联网和云计算产业基地、惠州物联网终端及应用产业、肇庆新型电子元器件产业、顺德物联网技术及应用示范产业、佛山三水太阳能光伏产业、河源太阳能光伏产业、中山风电装备产业、佛山南海新材料产业、韶关金属新材料产业、清远光电子材料产业、珠海航空产业、江门轨道交通装备产业、揭阳精密装备制造产业、顺德精密智能装备制造产业等17个产业基地为广东省省市共建战略性新兴产业基地。至此，广东省已公布31个战略性新兴产业基地。

软件基地建设 一是推动广州、深圳两市创建“中国软件名城”。2011年3月，工业和信息化部与广东省人民政府以及广州市人民政府、深圳市人民政府在北京市共同签署《部省市协同开展中国软件名城创建工作合作备忘录》。广州市和深圳市将立足产业基础和资源优势，按照工业和信息化部提出的试点要求，建立推进机制，制定专门政策措施，加大工作力度，相互支持，突出各自特色，协同集聚资源，实现优势互补，建设成为有显著带动作用、较高国内外知名度的中国软件名城，为软件和信息服务业发展做出积极贡献。二是提升广州、深圳、珠海国家级软件产业（出口）基地集聚能力。广州天河软件园集聚软件和信息服务企业1 450家，从业人员9万人，集聚了投资超15亿元的中国移动南方基地产业集聚中心、运行速度达10亿亿次的广州超级计算中心（建设中），以及国家五大骨干数据中心之一的广州“亚太信息引擎”等产业龙头项目；深圳市列入国家首批5家云计算创新发展试点，投资12.2亿元建成占地1.2公顷、拥有5 800台高性能服务器的超级计算中心和计算云中心，深圳软件园高端信息服务企业超过500家，聚集了IBM、甲骨文、微软、惠普等一批国际知名软件巨头以及国家级集成电路设计企业。珠海高新区南方软件园进驻软件企业约200家，推动“金山做大，巨人归来”，并吸引一批国内外数字娱乐和动漫网络游戏开发企业落户，建成南方数字娱乐公共服务中心为港澳提供服务。

信息技术应用

电子政务 广东省省级信息资源共享平台实现35个政务部门160类信息共享，数据总量达10.4亿条。省直部门行政许可事项网上办理率从2008年的30.6%提高到2011年的80.0%，年均增长53.8%；地级副省级市政府行政许可事项网上办理率从2008年的48.7%提高到2011年的86.0%，年均增长25.6%；全年省市各类网上办事量达2.28亿件，老百姓足不出户便可办理大部分的服务事项。2011年，省直部门网上政务公开新增9.8万份，占政务公开量的95%；地级副省级市网上政务公开新增108.5万份，占政务公开量的94%。省直部门收到网民意见15.2万条，回复反馈13.9万条，网上反馈率91.4%；地级副省级市收到网民意见96.3万条，回复反馈84.6万条，网上反馈率达87.9%。

信息兴农工程 2011年，广东省深入开展信息兴农工程。一是以“完善基础、巩固成果、推广应用、提升效益”为重点，继续对全省农村信息化进行扶持，重点支持在农村社会管理、农业生产经营、农村信息资源以及服务平台建设等方面的应用。二是加强农村信息化培训，提高农民综合素质。实施“全省百万农民学电脑活动”，截至2011年底，共培训3.2万人，影响覆盖人数达16.2万，全面提升了所覆盖市县（区）农村青年的信息获取能力和信息技术运用能力。实施农村中青年信息能力培训，完成培训2.2万人次。三是探讨新型发展模式，完善农村信息服务体系建设。积极引导各地充分利用各种传播渠道、因地制宜地开展信息服务，探索新型农村信息服务模式。积极发挥涉农企业、运营商的力量，形成共建共用、市场运作、农民受益的可持续发展模式。

物联网应用 截至2011年底，广东省物联网规模以上企业超过900家，发明专利受理和技术标准达到1 100项，机器对机器（M2M）应用终端达1 000万台。印发《加快发展物联网建设智慧广东的实施方案(2011–2015年)》。重点推动广州、深圳、佛山等地的智慧城市试点。认定广州、东莞、佛山、惠州、顺德等物联网和云计算产业基地，启动顺德广东省物联网应用产业基地、肇庆华南智慧城建设，建设广东省物联网应用孵化扶持（广州）基地。与中国电信股份有限公司广东分公司、中国移动通信集团广东有限公司、中国联通有限公司广东分公司共同合作推进智慧广东、无线城市和农村信息化建设。加快智能交通、“车联网”、智能电网等应用，广州“车联网”用户超过3万户。南方电网在全省实现智能抄表总量突破850万户。推进中新知识城和横琴岛智能配网建设。开展云浮畜牧养殖物联网应用示范。粤港合作推进RFID应用，供港活猪RFID耳标应用突破23万个，粤马港清真食品项目顺利运行。全省发放各类民生服务智能卡超过1 000万张。

云计算应用 2011年，广东省制定《广东省云计算发展实施意见》，引导云计算和产业化健康发展。推动深圳、中山“健康云”，佛山、东莞中小企业云平台等试点示范工程建设，积极参与工业和信息化部国家云计算标准工作，联合香港资讯科技总监办公室开展粤港云计算标准合作。华为云解决方案已被国家"云计算示范工程"普遍采用。广州、深圳、佛山、东莞等地积极部署云计算发展，将云计算列为本地区战略性新兴产业的重要内容，加强云计算基础设施建设。深圳市建成超级计算中心和云计算中心，北京中金数据系统有限公司落户广州增城市，佛山市禅城区与中国电信股份有限公司广东分公司、世纪互联数据中心有限公司合作共建节能云计算数据中心，阿里巴巴商业云计算中心和国际运营总部也在深圳市动工。

热点

《广东省国民经济和社会信息化"十二五"规划》、《广东省无线城市发展"十二五"规划》印发实施 2011年11月，省政府发布《广东省国民经济和社会信息化"十二五"规划》。该规划总结了广东省"十一五"时期信息化建设所取得的主要成就，提出"十二五"时期"全省信息化总体达到中等发达国家水平，成为全国网络民生民情应用示范区、华南地区网络创新创业集聚地和面向世界服务全国的信息化中心区域，基本形成全面网络化、高度信息化的"数字广东"框架，其中珠三角地区进入全球信息化先进水平行列，成为重要的国际电子商务中心。"同时提出了7个方面的五年信息化建设重点任务，设定了17个定量目标，着力促进信息技术成果惠及广大人民群众。

2011年12月，作为《广东省国民经济和社会信息化"十二五"规划》子规划之一的《广东省无线城市发展"十二五"规划》发布实施。该规划科学分析了"十二五"时期广东省无线城市群发展面临的新趋势、新机遇和新挑战，指出了广东省无线城市发展的指导思想和发展原则，制定了"到2015年，率先建成国内领先的无线宽带网络基础设施，热点区域超过2万个，实现全省主要区域的无线宽带网络全覆盖，校园无线覆盖率100%，所有城市重要公共区域提供无线城市服务，无线宽带普及率达到70%，无线宽带网络覆盖率达到65%，珠三角移动互联网普及率达到80%"的发展目标，提出了八大任务、九大重点工程及保障措施等，对推进广东省无线城市群发展建设，促进经济竞争力发展，创新社会管理，服务"幸福广东"建设具有重要现实意义和指导作用。

首届国家数字家庭整体解决方案设计大赛举行 在工业和信息化部电子信息司和广东省经济和信息化委员会的指导下，广州市科技和信息化局、文化广电新闻出版局、番禺区政府联合主办了首届国家"数字家庭整体解决方案设计大赛"。由广东广联电子科技有限公司提供的解决方案摘得本次大赛的特等奖桂冠，该方案以电力线作为家庭网络载体，能够以最高的性价比通过一个网络支持包括电视、电脑和电话在内的家庭多个多媒体终端的互动应用，具有大规模的推广可行性；深圳创维-RGB电子有限公司、四川长虹电器股份有限公司、北京朝歌数码科技股份有限公司等提供的3项整体解决方案也从其他18个参赛方案中脱颖而出，夺得大赛一等奖，并获"最具推广价值奖"荣誉称号。

其他

两化融合 2011年10月，广东省启动开展"两化融合"牵手工程，得到全省各市的积极响应。12月8日，珠三角国家级"两化融合"试验区顺利通过工业和信息化部组织的专家组验收，并得到高度评价。成立云计算、集成电路设计、工业软件三大产业联盟。认定深圳、佛山、广州开发区、佛山顺德、东莞石龙等5个省级"两化融合"示范试验区。在全省实施"两化融合""4个100"示范工程。其中，2011年选出125家示范企业，认定10家传统工业数字化改造示范优秀企业、5家装备制造数字化标杆企业。举办国际咨询会"两化融合"专题论坛及工业和信息化部"全国两化融合深度行(广州站)"活动。依托中介组织在全省21个地市开展企业"两化融合"培训100多场。与中国移动通信集团广东有限公司开展"中小企业信息化体验之旅"，培训企业2 000家。联合阿里巴巴开展"广东省中小企业电子商务启航工程"活动100多场，参加培训企业超过2万家。阿里巴巴与华南理工大学联合建设电子商务人才实训基地，吸引7万多家网商参与。

粤港电子签名互认工作 粤港双方在电子签名互认规范、互认方式、证书策略、互认标准列表等一系列重大问题上取得共识，互认工作列入《〈内地与澳门关于建立更紧密经贸关系的安排〉补充协议八》。全省签发数字证书68.75万张，居全国首位。通过粤港数字证书互认试点平台实现交易货物总额超43亿元。"基于粤港合作CA互认环境下的跨境电子报关支撑平台"获得2010年"香港智能城市大奖"和2011年香港资讯及通讯科技奖"最佳协同合作奖"项下的四项大奖。开展深圳大运会政府网站安全应急保障工作，实行政府网站安全“一日一报”。在深圳大运会期间，全省64个重点政府网站经受住了日均65万次的安全攻击，运行良好，未发生网站安全事故。

【统计数据】

表 1 2009—2011 年广东省电子信息产品制造业基本情况

项目名称	单位	2009 年	2010 年	2011 年
主营业务收入	亿元	15 632.5	20 209.5	22 758.0
工业销售产值	亿元	16 438.6	20 389.0	23 209.7
出口交货值	亿元	11 033.5	13 864.5	14 994.2
利润总额	亿元	581.8	807.3	775.1
税金总额	亿元	194.6	324.7	354.3

注：数据来源于工业和信息化部，其中2011年数据为广东省统计局数据。

表 2 2009—2011 年广东省主要电子信息产品产量情况

项目名称	单位	2009 年	2010 年	2011 年
程控交换机（含移动）	万线	1 808.2	1 602.6	2 223.8
移动电话	万部	18 091.8	48 626.6	59 284.1
电话单机	万部	12 984.5	14 766.8	12 241.7
传真机	万部	218.8	176.6	182.9
彩色电视机	万部	4 092.8	4 494.8	4 862.4
微型计算机	万台	1 961.8	3 581.1	4 420.7
其中：笔记本电脑	万台	720.7	1 102.0	915.2
集成电路	亿块	96.5	161.0	186.3
发光二极管（LED）	亿只			395.2
LED 节能灯	万只			3 806.0

注：数据来源于工业和信息化部，其中2011年数据为广东省统计局数据。

表 3 2009—2011 年广东省软件业基本情况

项目名称	单位	2009 年	2010 年	2011 年
软件业务收入	亿元	1 978.4	2 445.1	3 122.5
增加值	亿元	964.0	1 165.2	1 467.2
利润总额	亿元	332.2	473.2	584.6

注：数据来源于工业和信息化部软件产业统计制度，其中2011年数据为广东省上报工业和信息化部年报数据。

[供稿：广东省经济和信息化委员会]

广西壮族自治区

【综述】

电子信息产业是广西壮族自治区（以下简称广西）"十二五"时期重点发展的 14 个千亿元产业之一，2011 年继续保持了平稳快速发展态势，经济运行情况良好，电子信息产品制造业、软件和信息服务业增速均在两位数以上，为广西经济发展做出了积极贡献。目前，广西电子信息产业主要以北海市至桂林市的高速公路为主轴，以北海、南宁、柳州、桂林等城市为区域中心，初步构建成"相互配套、相互支撑、软硬结合"的电子信息产业经济带雏形，具备了快速发展和规模发展的基础，后发优势逐渐显现。尤其是北海、南宁、桂林已形成产学研相配套的发展体系，优势和特色明显，总产值占全行业的 80%以上，具有很强的集聚效应。

电子信息产品制造业

2011 年，广西电子信息产品制造业列入统计范围的企业有 136 家，其中国有企业 8 家，有限责任公司 84 家，股份有限公司 8 家，外商及港澳台投资企业 22 家，其他企业 14 家。年末职工总数 42 977 人，固定资产 135.98 亿元，流动资产 126.52 亿元。全年完成工业总产值（现行价）393.92 亿元，同比增长 101.0%；完成工业销售产值（现行价）374.96 亿元，同比增长 152.2%，其中：出口交货值 53.76 亿元，同比增长 40.6%；完成固定资产投资 9.65 亿元，其中：基本建设投资 4.2 亿元，技改措施项目投资 2.24 亿元。完成主营业务收入 329.33 亿元，同比增长 159.7%；实现利润 17.14 亿元，同比增长 60.2%；税金 6.23 亿元。

重点企业　重点企业包括冠德科技（北海）有限公司、北海景光电子有限公司、北海恒基伟业科技发展有限公司、北海银河高科技产业股份有限公司、广西新未来信息产业股份有限公司、广西长城计算机有限公司、广西领华数码科技有限公司、南宁富宁精密电子有限公司、丰达电机（南宁）有限公司、桂林 NEC 无线通信有限公司、桂林思奇通信设备有限公司、桂林长海发展有限责任公司、桂林大为（光通）电子工程公司、桂林市啄木鸟医疗器械有限公司、桂林漓江信息产业集团有限责任公司、桂林优利特电子集团有限公司、桂林广陆数字测控股份有限公司、桂林海威船舶电器有限公司、领冠电子（梧州）有限公司、贺州桂东电子科技有限责任公司等。

主要产品产量　主要产品包括：以光通信、数字微波通信设备等为代表的通信产品，以片式电阻、传感器、多层印刷电路板等为代表的新型元器件产品，以汽车故障检测仪、数显量具、医疗电子仪器等为代表的应用电子产品，以配电自动化系统、变电站综合自动化系统等为代表的电力自动化设备产品和以电子计算机、汽车电子产品等为代表的电子信息产品。

电子计算机（含显示器）1 612 万台，同比增长 16.1%；微波通信设备 926 台，同比增长 10.2%，光通信设备 2 480 台，同比增长 18.1%；医疗电子设备 6 960 台，同比增长 20.4%；电子通用设备 123 台，同比增长 89.2%；铝电解电容 4.6 亿只，同比增长 58.6%；可变电容器 4.12 亿只，同比增长 44.1%；数显量具 188 万件，同比增长 38.2%；电子印刷电路板 12 692 平方米，同比增长 44.9%；电子铝箔 869 万平方米，同比增长 40.2%；通信测试分析仪 3 600 台，同比增长 65.1%；汽车电子产品 152 万套，同比增长 4.8%；开关设备 13 600 面，同比增长 5.4%。

软件和信息服务业

2011 年，广西软件和信息服务业列入统计范围的企业有 133 家，其中国有企业 1 家，有限责任公司 71 家，股份有限公司 7 家，私营企业 54 家。年末从业人员 5 647 人（其中从事软件产品研发的技术人员 1 871 人）。新认定软件企业 32 家，登记软件产品 91 个。截至 2011 年底，已累计认定软件企业 211 家，登记软件产品 591 个，计算机信息系统集成资质认证有效期内的企业 116

家（其中：正式资质认证的企业 32 家，临时资质认证的企业 84 家）。完成主营业务收入 68.02 亿元，同比增长 21.5%。完成软件业务收入 65.11 亿元，同比增长 25.2%，其中：软件产品收入 37.21 亿元，同比增长 24.0%；信息系统集成服务收入 15.26 亿元，同比增长 22.5%；信息技术咨询服务收入 2.61 亿元，同比下降 53.3%；数据处理和运营服务收入 2.86 亿元，同比下降 63.6%；软件业务出口 405 万美元，同比增长 20.9%。

2011 年，广西软件业享受政策优惠增值税退税额为 2 921 万元，累计享受政策优惠增值税退免税总额已达 23 429 万元。截至 2011 年底，软件主营业务收入 1 000—2 000 万元的企业 7 家，2 000—5 000 万元的企业 15 家，5 000—10 000 万元以上的企业 6 家，超过 1亿元以上的企业 1 家。

重点企业 重点企业有北海石基信息技术有限公司、广西德意数码股份有限公司、广西三原高新科技有限公司、南宁平方软件新技术有限责任公司、柳州腾龙煤电科技有限公司、南宁超创信息工程有限公司、桂林力港网络科技有限公司、广西桂能软件有限公司、广西宏智科技有限公司、柳州蓝海科技有限公司、桂林瀚特信息产业有限公司等。产品涉及教育、医疗、社保、金融、交通、电力、旅游、保险等国民经济各个部门。

电子产品进出口贸易

2011 年，广西电子信息产品制造业完成出口交货值 53.51 亿元，同比增长 40.1%。主要出口企业有冠德科技（北海）有限公司、北海景光电子有限公司、桂林思奇通信设备有限公司、桂林广陆数字测控股份有限公司、桂林 NEC 无线通信有限公司、丰达电机（南宁）有限公司、桂林市光隆光电科技有限公司、桂林漓江信息产业集团有限责任公司、领冠电子（梧州）有限公司、贺州桂东电子科技有限责任公司等。主要出口产品是电子计算机（含显示器）、微波通信设备、医疗电子设备、电子铝箔、数显量具、通信测试分析仪、电网调配自动化系统、石英振子等。

2011 年，广西软件业务出口 405 万美元，同比增长 20.9%。主要出口企业有广西三原高新科技有限公司、南宁海蓝数据有限公司、南宁奇网计算机有限公司、柳州蓝海科技有限公司、柳州市达迪通信设备有限公司、桂林力港网络科技有限公司等，出口的国家和地区主要是美国、德国、马来西亚、中国香港特别行政区等。软件外包服务企业主要有桂林瀚特信息产业有限公司、南宁平方软件新技术有限责任公司等，软件外包服务国家主要是日本。

科技进步与应用

2011 年，广西安排电子信息产业科技技改项目 11 项，项目总投资 35 184 万元。其中：银行贷款 7 625 万元，企业自筹 26 169 万元，广西财政补助 1 390 万元。主要项目：一是企业技术中心创新能力建设项目 3 项，分别是柳州腾龙煤电科技股份有限公司的“企业技术中心能力建设项目”；柳州市华航电器有限公司的“技术中心能力建设项目”；桂林长海发展有限责任公司的“企业技术中心创新能力提升建设项目”。二是新产品新技术产业化项目 8 项，分别是广西地凯光伏能源有限公司的“年产 30 兆瓦铜铟镓锡（CIGS）太阳能光伏电池组件产业化项目”；广西领华数码科技有限公司的“年产 150 万套车载导航多功能终端产业化项目”；南宁新歌山电子科技有限公司的“低成本多样化无源超高频电子标签产业化项目”；广西佳微电子科技有限公司的“微型投影仪生产项目”；中联科伟达（兴安）精密科技有限公司的“太阳能光伏及其相关配套设备产业化项目”；桂林航天电子有限公司的“高等级固体继电器产业化项目”；广西新未来信息产业股份有限公司的“微电机用环型电阻产业化项目”；广西贺州市桂东电子科技有限责任公司的“540Vf 液馈高压长寿命化成工艺技术产业化项目”。

2011 年，广西财政安排信息服务业发展专项资金 1 500 万元，扶持项目 59 项，重点支持了网络信息服务、数字内容服务、软件技术服务、城市信息服务、农村信息服务、信息安全服务、面向东盟的信息服务及工业软件、行业应用软件、基于物联网应用软件、信息安全软件等项目。这批项目总投资 31 073 万元，项目完成期限内预计可实现销售收入 82 686 万元，利润 23 780 万元，税金 9 394 万元。

2011 年，广西获得工业和信息化部电子发展基金资助项目 1 项，资助资金 200 万元。该项目是桂林市思奇通信设备有限公司承担的“地面数字电视国家标准（DTMB）演进技术研发与应用”项目，总投资 2 200 万元，主要研发基于 DTMB 提出的射频单频网组网、小功率多布点、有线网络无线延伸以及“三网融合”解决方案，形成的产品有数字宽频激励器、宽带发射机、射频单频网适配器、回波信号消除器等。

2011年，广西获得工业和信息化部物联网专项资金资助的项目6项，资助资金共计1 000万元。获得资助的单位是：广西百色美联能源科技有限责任公司、桂林市晶瑞传感技术有限公司、广西德意数码股份有限公司、桂林海威科技有限公司、广西超大运输集团有限责任公司、广西凭祥万通国际物流有限公司等6家企业。

信息基础设施建设

2011年，广西信息基础设施建设力度不断加大，通信网络能力不断提高，信息网络覆盖全区，形成了以电信、网通、移动、联通、铁通、广电网络等运营商互为补充、覆盖广西的信息传输网络，基本实现了村村通电话和互联网。移动通信网络信号覆盖全区100%的城市、县城、乡镇和行政村。

中国联通南宁区域性国际出入口等项目的启动，深化了中国和东盟电信界的交流合作，推动了中国—东盟区域性信息交流中心建设，提升了中国—东盟区域内的通信能力，提高了中国—东盟自由贸易区的信息服务水平。

中国联通广西分公司、中国移动广西分公司和中国电信广西分公司与广西壮族自治区人民政府签订战略合作框架协议，推进了广西信息化基础设施建设。

南宁市和中国电信广西分公司、广西广播电视信息网络股份有限公司正在申报第二批国家“三网”融合试点城市和试点企业，推进了广西“三网”融合试点工作。

信息产业基地建设

北海电子信息产业基地 该基地是按照一区多园模式，着眼长三角、珠三角等东部地区的产业转移，以中国电子北海产业园和台湾（北海）电子产业园为核心，“十二五”时期将建设成为千亿元产业基地。随着清华同方公司、三诺电子公司、朗科科技公司、中电长城电脑公司、创新科公司、微创软件公司、中电兴发公司、景光电子公司、八达光电公司、松禾电子公司、富诚电子公司等多家龙头企业相继进驻，该基地已基本形成。基地重点发展：一是计算机整机及零部件板块，以清华同方公司、三诺电子公司和朗科科技公司等为龙头企业，切入计算机产业链，进而逐步向产业链中、上游延伸。二是光电显示板块，以冠捷电子公司、惠科电子公司等为龙头企业，加快引进先进投影仪制造商雅图视频，打造中西部地区最大的光电显示研发生产基地。三是电力电子板块，培育发展LED新光源等电力电子产业，以银河科技公司等为龙头企业，组成松散协作型产业集团，打造国内有影响力的北海电力电子特色产品基地。四是电子元件及组件板块，以永昶科技公司、景光电子公司、六禾科技公司、广西新未来公司等为龙头企业，做大以激光头、电容、压敏电阻为主的电子元件产业。

南宁电子信息产业基地 该基地主要包括富士康产业园、高新区电子信息产业基地。随着南宁富宁精密电子有限公司、丰达电机（南宁）有限公司、广西大象信息科技有限公司等龙头企业相继进驻，南宁电子信息产业基地已基本形成。基地重点发展：通讯、数字家电、智能仪表、新型电子元器件等电子信息产品；围绕数字终端设备制造，逐步壮大电子元器件产业规模，形成产业链；打造以太阳能电池和半导体照明为核心的光电产业集聚区；生产电子书、智能手机、GPS、高端路由器、高端交换机网卡等电子产品。

桂林电子信息产业基地 该基地主要包括桂林市区、临桂县、灵川县、兴安县等工业园区。通过对各园区资源整合，优化园区产业布局，打造优势产业集群，逐步形成了电子信息制造业和光伏产业等各有鲜明特色的基地。基地重点发展：一是微波通信、光通信系列主机及部件产品、核心芯片开发，培育做强通信产业链；二是医疗器械、测量器具，提高产业化能力，形成特色产品群；三是太阳能电池及组件、太阳能照明灯具、半导体照明等太阳能光伏产品。兴安太阳能光伏产业园引进桂林尚科光伏技术有限责任公司、中联科伟达（兴安）太阳能光伏应用有限公司等大企业，使桂林市光伏产业得到快速发展。

信息技术应用

两化融合 2011年4月，工业和信息化部批复同意广西柳州市和桂林市为国家级两化融合试验区。两个国家级试验区获批，凸显了广西两化融合工作的亮点，示范带动作用明显。

截至2011年底，柳州市70%以上大中型企业应用了信息化技术，先进控制技术在流程型生产中应用普及率达到75%以上；80%以上大中型企业应用CAX技术；规模以上工业企业中40%实现了管理信息化，25%实现了产品设计研发和流程控制信息化；实施了28个有典型带动作用的试点示范项目，培育了16家典型示范企业和示范基地；培育了应用信息技术实现节能降耗示范企业和应用信息技术实施循环经济建设示范企业6家。企业自主创新能力持续提升，一批国有大中型企业建立了国家、自治区级技术中心，规模以上企业普遍建立了技术开发机构。

桂林市84%规模以上企业应用了包括ERP、精益生产、5S等在内的管理方式，企业管理水平明显提升。制造业企业72%应用了自动化技术，57%的企业实现了产品数字化，30%的企业开展了电子商务应用。电子信息、机械制造、食品饮料、生物医药四大支柱产业中，骨干企业自动化技术、管理信息化、产品数字化等方面的应用比例分别达到76%、96%和65%。利用信息技术促进节能减排提高了生产效率，工业万元增加值能耗下降5.2%以上。两化融合促进了新兴产业发展，云计算、物联网、光伏产业、新能源汽车都得到较快发展。全市光伏企业已达20余家。桂林客车工业集团公司、桂林星辰科技公司致力于新能源汽车的研究与发展，已获得"电动汽车安全节能型电池箱"、"电动液压混合纯电动汽车"、"电池直接耦合油电混合动力总成"等多项专利。

2011年，广西糖网食糖批发市场有限责任公司、广西柳工机械股份有限公司等企业分别在全国两化融合安全生产、节能减排、全国中小企业信息化经验交流会上作典型案例发言或展览；广西金桂浆纸业有限公司"浆线IMIS系统"获工业和信息化部两化融合促进安全生产重点推进项目，广西节能监察中心"能源监控预警指挥平台"、广西柳工机械股份有限公司"能效管理系统及综合节能项目"、广西都安永鑫糖业有限公司"年加工50万吨甘蔗两化融合节能减排示范工程"等获工业和信息化部首批两化融合促进节能减排重点推进项目。

2011年，广西编制出台了《广西十八大产业"两化"融合评估体系（试行）》和《广西"两化"融合工作指南》等。在全区开展创建企业信息化应用示范千百工程，启动全区创建信息化应用企业1 000家、信息化示范企业100家（简称千百工程）。

2011年，广西财政安排两化融合专项资金2 350万元，资助项目46项。重点支持了柳州、桂林两个国家级两化融合试验区及企业，支持领域涵盖电子信息、制糖行业、有色金属、冶金工业、石油化工业、机械装备业、汽车制造业、电力工业、建材工业、轻工纺织等，对产业转型升级起到积极推动作用。

电子政务 2011年，广西电子政务建设与应用已具备良好的基础和水平，建立了自治区、市、县三级联网的电子政务骨干网络，实现了政务网络的互联互通，自治区部门横向和自治区到市、市到县的纵向网络带宽分别为100M、622M和155M。广西电子口岸、劳动力市场、科技、公安、人口计生与卫生等一批大型业务信息系统专网已建成应用。市级电子政务建设成效明显。

电子商务 2011年，广西现代物流、网上交易安全体系等相关配套环境正在不断形成和完善，食糖、有色金属、农产品、医药等建立了专业化或综合性的电子商务平台。广西糖网成为国内最先进的电子商务平台之一，2011年实现电子化交易量约7 800万吨，交易额624亿元。广西移动公司"甜蜜通"项目提升了糖料蔗生产、食糖生产、销售及仓储物流等环节的信息化水平，在全国移动电子商务领域具有示范意义。

企业信息化 2011年，广西企业信息化建设和应用进程不断加快，信息化应用普及率接近90%。信息化与工业化融合不断推进，成效显著。85%的大中型企业建设了局域网、互联网站或信息管理应用系统，信息技术已广泛应用于企业的研发设计、企业管理、过程控制和营销物流等重要环节和关键工序控制。

农村信息化 2011年，广西通信网络建设和信息服务到村得到大力推进，互联网宽带网络及农村远程教育网络已覆盖全区行政村，信息服务终端部署到位率达90%；已建设有"信息大篷车"、"农业短信息服务平台"、"12316三农热线"、"广西农产品贸易网"、"三农科技服务网"等平台，"三农"信息服务涵盖农业生产、加工和流通领域。利用互联网拓宽农产品流通渠道成效显著，网上农产品展示、信息查询发布以及购销洽谈等活动非常活跃。同时，通过农村基础信息数据库与短消息平台建设，为农民提供农业科技、农产品市场等有效、及时的信息服务，成效明显。

物联网 2011年，广西着力推进物联网技术的推广应用，积极组织企业申报工业和信息化部物联网专项资金项目。广西百色美联能源科技有限责任公司、桂林市晶瑞传感技术有限公司、广西德意数码股份有限公司、桂林海威科技有限公司、广西超大运输集团有限责任公司、广西凭祥万通国际物流有限公司等 6 家企业的6 个项目获得工业和信息化部物联网专项资金资助共计 1 000 万元，推动了物联网技术在广西多领域的示范应用。百色矿务局东怀煤矿利用信息技术实现绿色安全生产，国家领导人为此作出重要批示，要求“对百色矿务局经验要认真总结，加以推广”。中国移动广西公司在智能交通、城市配电、金融行业、环境监测等方面进行了示范应用，并取得成效。其中，建设车船监控调度无线终端超过 2 万台；建设无线抄表、配电变压监控无线终端近万台；建设无线 POS、自助终端超过 5 000 台；建设水文监控、水质污染监控、大气污染监控终端超过 4 000 台。广西德意数码股份有限公司、桂林海威科技有限公司等企业积极参加了 2011 年深圳高交会。广西经济管理干部学院获批为“全国物联网技术应用专业人才实训基地”。

信息安全　为加强信息安全管理，广西出台了《自治区政府系统电子政务网络平台建设和运行维护管理办法》、《自治区人民政府门户网站管理暂行办法》、《自治区政府系统电子政务安全保密管理办法》和《自治区电子政务工程建设项目信息安全风险评估工作方案》等文件，对全区政府网站和计算机、网络、信息系统、移动存储等提出了严格的管理要求。区直、各市县政府部门结合本单位实际，制定了具有可操作性的规章制度，从而形成了较完整的信息安全建设与管理体系，为全面推进广西政府信息系统安全建设与管理提供了制度保证。

2011 年，根据《工业和信息化部关于印发〈2011 年度政府信息系统安全检查指南〉的通知》（工信部协 [2011] 214 号）要求，广西及时制定和下发了《关于做好 2011 年广西壮族自治区人民政府信息系统安全检查工作的通知》及《2011 年度广西壮族自治区政府信息系统安全检查工作实施方案》，明确了检查原则、检查范围、检查内容、检查方式、时间安排、材料报送、安全保密等有关工作要求。

2011 年，广西各级政府部门自查信息系统数量为 1 594 个，其中进行信息系统安全等级保护定级的系统有 445 个；自查服务器 3 429 个、终端机 73 256 台。重点检查 589 个单位，其中：自治区级政府部门 96 个，市县（区）级政府部门 493 个。有 517 个单位建立了岗位信息安全和保密责任制度，423 个单位重要岗位人员均签订了信息安全保密协议；471 个单位制定了人员离岗离职信息安全管理规定；501 个单位制定了资产管理制度；505 个单位建立了设备维修和报废管理制度，其中维修维护和报废记录完整的有 353 个单位；在信息技术外包服务安全管理方面，大多数单位与外包服务机构都签订了保密协议。

电子认证服务　广西数字证书认证中心有限公司（以下简称广西 CA）是广西唯一一家电子认证服务企业。2011 年，广西 CA 开展电子认证服务的单位有：广西交通投资集团、广西党员干部远程教育管理办公室、广西高速公路管理局、广西国土资源厅、广西农业厅、广西卫生厅、广西工人医院、广西区社保局、广西公共资源招标投标服务中心、广西江滨医院、梧州市红十字会医院、南宁市财政局、南宁市社保局等。全年主营业务收入 507 万元，数字证书发证量 25 600 份。

2011 年，广西 CA 通过股份合作方式引进两家合作伙伴，引进资金 2 920 万元，使广西 CA 注册资金达到 3 000 万元。完成了数字证书认证系统功能建设、物理建设以及人事管理、运营管理、监督和审核规范制度建设等工作，构建了符合国家《电子认证服务管理办法》要求的 CA 认证平台。按照电子认证服务机构的相关要求，完成了机房重建工作，并通过第三方检测。在新机房内部署了国家密码管理局规定的 SM2 椭圆曲线密码算法的数字证书认证系统。目前正在办理国家密码管理局的相关安全审查申请工作。

电子发展基金项目完成情况　2011 年，经工业和信息化部电子发展基金管理办公室授权委托，依据《电子信息产业发展基金项目验收办法》的有关规定，广西工业和信息化委员会组织有关专家组成项目验收小组，对“十一五”期间获得工业和信息化部电子发展基金资助的项目进行验收。经专家评审，6 个项目通过验收。

其他

2010 年 12 月，广西壮族自治区人民政府出台了《广西壮族自治区人民政府关于加快信息服务业发展的实施意见》（桂政发 [2010] 75 号）；2011 年 4 月，广西壮族自治区人民政府办公厅印发了《广西推进信息服务业发展工作方案》（桂政办发 [2011] 44 号）；2011 年 5 月，广西壮族自治区人民政府办公厅印发了《关于成立自治区信息服务业发展领导小组的通知》（桂政办发 [2011] 66 号），确定由一名自治区副主席任组长，成员由 21 个部门的一名副厅级领导担任；领导小组下设办公室，办公室设在广西工业和信息化委员会。

2011 年，广西设立信息服务业发展专项资金，自治区财政安排专项资金 1 500 万元，用于支持网络信息服务、数字内容服务等项目。为加强对专项资金的管理，广西财政厅和广西工业和信息化委员会联合出台了《广西信息服务业发展专项资金管理办法》。

2011 年 10 月，广西壮族自治区信息服务业发展领导小组办公室印发实施《广西信息服务业品牌培育工作方案》，明确了“十二五”时期广西信息服务业品牌培育工作的目标，确定了信息服务业品牌建设的重点，提出了信息服务业品牌培育工作的保障措施等。

2011 年 11 月，广西工业和信息化委员会印发实施《广西电子信息制造业发展“十二五”规划》，规划的发展目标是：到 2015 年，广西电子信息产品制造业实现工业总产值 1 500 亿元，完成工业增加值 500 亿元。2011 年 11 月，广西工业和信息化委员会印发实施《广西软件与信息服务业发展“十二五”规划》，规划的发展目标是：到 2015 年，广西软件与信息服务业主营业务收入达到 300 亿元，成为广西现代服务业的主导产业之一。

主要问题

广西电子信息产业发展存在的主要问题：一是产业规模偏小，在全区 GDP 或工业增加值中的比重都还很低；二是企业自主创新能力整体偏弱，自主创新产品较少，整体技术水平偏低；三是产业集聚效应不明显，缺乏龙头企业；四是地区发展不平衡比较突出，桂西地区更为薄弱；五是各层次人才比较缺乏，尤其缺乏创新人才、管理人才和技术领军的高层次人才。

【统计数据】

表 1　2011 年广西壮族自治区电子信息产业人员构成情况

企业类别	企业数（家）	年末从业人员总数（人）	人员构成				
			工程技术人员（人）	在总人数中所占比例（%）	管理人员（人）	在总人数中所占比例（%）	软件开发研究人员（人）
国有企业	9	2 931	783	26.7	369	12.6	5
有限责任公司	155	29 039	7 261	25.0	4 326	14.9	986
股份有限公司	15	2 632	623	23.7	318	12.1	96
外商及港澳台投资企业	22	10 623	3 183	30.0	1 526	14.4	
私营企业	54	2 136	1 382	64.7	259	12.1	784
其他企业	14	1 263	329	26.0	235	18.6	

表 2　2009—2011 年广西壮族自治区电子信息产业基本情况

项目名称	单位	2009 年	2010 年	2011 年
工业总产值（现行价）	万元	1 862 012	2 524 720	4 619 400
工业销售产值	万元	1 267 000	1 487 029	3 749 597
出口交货值	万元	293 754	382 364	537 652
其中：软件出口	万元	2 099	2 178	2 552

续表

项目名称	单位	2009 年	2010 年	2011 年
流动资产平均余额	万元	300 876	388 546	1 265 208
固定资产净值平均余额	万元	308 626	428 028	1 359 772
资产总计	万元	1 036 648	1 186 808	2 676 995
负债合计	万元	212 539	386 642	1 006 070
产品销售收入	万元	1 255 000	1 570 092	3 944 489
其中：软件产品销售收入	万元	190 000	302 050	651 100
税金总额	万元	8 962	12 132	62 300
利润总额	万元	53 266	106 995	171 423
应交所得税	万元	4 496	5 263	8 473
从业人员年末人数	人	50 548	53 343	48 624
从业人员工资总额	万元	151 644	160 029	137 809

表 3　2009—2011 年广西壮族自治区电子信息产业主要经济效益指标完成情况

项目名称	单位	2009 年	2010 年	2011 年
全员劳动生产率	元/人	89 604	91 315	90 682
流动资金周转率	次	1.4	1.5	1.7
产品销售率	%	93.6	96.2	91.8
总资产贡献率	%	9.7	8.3	9.1
资产保值增值率	%	125.0	119.0	116.0
资产负债率	%	55.1	53.5	48.9

表 4　2009—2011 年广西壮族自治区主要电子信息产品产销量情况

产品名称	单位	产量			销量		
		2009 年	2010 年	2011 年	2009 年	2010 年	2011 年
电子计算机（含显示器）	万台	1 360	1 389	1 612	1 332	1 376	1 598
微波/光通信设备	台	2 560	2 940	3 406	2 400	2 780	3 288
医疗电子设备	台	5 600	5 780	6 960	5 500	5 690	6 897
电子通用设备	台	55	65	123	51	60	120
电容器	万只	40 000	57 600	87 200	40 000	57 400	87 120
数显量具	万件	105	136	188	100	123	186
电子印刷电路板	平方米	8 000	8 760	12 692	7 500	8 420	12 632

续表

产品名称	单位	产量			销量		
		2009年	2010年	2011年	2009年	2010年	2011年
电子铝箔	万平方米	550	620	869	500	610	796
通信测试分析仪	台	2 000	2 180	3 600	1 900	2 100	3 512
汽车电子产品	万套	133	145	152	130	138	143
开关设备	面	12 800	12 900	13 600	12 788	12 892	13 580

注：表1—表4按工业和信息化部年报统计口径填报，数据来源于广西壮族自治区统计局、广西壮族自治区软件行业协会。其中：2009年电子信息产品制造业统计企业数为122家，软件和信息服务业统计企业数为83家；2010年电子信息产品制造业统计企业数为139家，软件和信息服务业统计企业数为97家；2011年电子信息产品制造业统计企业数为136家，软件和信息服务业统计企业数为133家。各表的统计数据为不完全统计。

[撰稿：罗家泰　黄翀　审稿：杜文宏]

海南省

【综述】

2011年，海南省信息产业实现主营业务收入160.09亿元，同比增长46.7%，其中，电子信息产品制造业实现主营业务收入11.65亿元，同比增长15.0%；规模以上软件服务业实现主营业务收入61.78亿元，其中软件业务收入30.83亿元，同比增长402.1%；通信业实现主营业务收入86.66亿元，同比增长20.7%。

电子信息产品制造业

2011年，海南省电子信息产品制造业实现主营业务收入11.65亿元，同比增长15.0%；完成出口交货值6.13亿元，同比增长8.3%。全年经济运行特点如下：

一是电子信息产品制造业发展平缓。2011年，海南省电子信息产品制造企业产销衔接良好，产品销售率达99.03%，产值比2010年略有增长。

二是投资规模和吸引外资增速显著减小。以液晶显示片、双面印制板、光纤光缆、IC卡为主要产品的电子信息产品制造业固定资产投资和实际利用外资额不断减少。

三是电子信息产品制造业节能降耗达标。电子信息产品制造企业在积极发展行业经济的同时，认真贯彻落实企业节能目标责任制，确保企业能耗符合国家和省里规定的节能降耗标准。

软件和信息服务业

全省现有53家软件企业通过认定，256个软件产品通过登记，23家企业获得国家级计算机信息系统集成资质。全年经济运行特点如下：

一是全行业发展迅速。2011年，海南省软件服务业呈现较快增长态势，规模以上软件服务业实现主营业务收入61.78亿元，其中软件业务收入30.83亿元，同比增长402.1%。

二是软件产品、系统集成和支持服务、信息技术咨询服务等收入均大幅增长。海南生态软件园产业集群效应逐渐扩大，全年实现软件业务收入23.73亿元，具有较强市场竞争力。

三是软件业务出口收入大幅提高。2011年，海南省软件业务出口收入0.48亿元，同比增长718.9%。出口业务区域从2010年的日本扩展到2011年的东南亚、北美、欧洲等区域。

电子产品进出口贸易

2011年，海南正红科技发展有限公司生产刚性印制电路板 297 900 平方米，销售率 100%，其中有 80%的产品销往国外。

信息产业基地建设

2011 年，海南省继续以海南生态软件园和三亚创意产业园（简称“两园”）为依托集聚发展电子信息产业。

海南生态软件园由海南生态软件园投资发展有限公司主导建设，一期规划建设面积 1 000 亩，二期 2 000 亩。软件园定位以软件研发、软件外包、IT 培训、呼叫中心、灾备中心、互联网媒体等为主要方向。计划建设国家应急管理产业基地、旅游信息化示范基地、手机产业链整合基地、软件服务外包基地、国际动漫产业基地等五大基地，吸引世界知名 IT 企业入驻，集聚省内骨干 IT 企业，构建以核心企业带动产业联盟群的产业链体系。目前已有日本领信有限公司、东软集团股份有限公司、海航集团有限公司、中国电信股份有限公司海南分公司、海南天涯在线网络科技有限公司等 195 家企业入园，2011 年实现产值 33.9 亿元，其中软件业务收入 23.73 亿元。未来，园区将达到 50 万平方米的综合建设规模，可容纳 4–5 万名软件工程人员，预计 2012 年可实现产值 50 亿元以上。

三亚创意产业园由三亚市政府主导开发，规划面积 12 平方公里。园区重点发展太阳能光伏产业、集成电路产业、3G 芯片及软件研发制造和动漫游戏创意产业。规划到 2020 年实现年产值 300—500 亿元，年税收 30—50 亿元，吸引高科技研发人员 2 万人以上，创造就业岗位 3 万个。目前已与深圳中兴国际公司、海南海云天网络技术有限公司、清华大学研究生院、北京大学科技园等企业签订项目投资协议，总投资约 121 亿元。

信息基础设施建设

全省形成了“三纵两横”覆盖各市县的骨干网络，城市正向小区、商住楼延伸；农村在通达乡镇基础上向行政村延伸，初步形成了大容量、高速率、覆盖全省城乡的信息通信网络，综合通信能力显著增强。2011 年，互联网用户数为 618.11 万户（含手机上网用户），其中，宽带接入用户净增 23.64 万户，达到 86.65 万户。互联网拨号上网用户减少 0.02 万户，为 30 万户，用户数量逐年减少，但宽带接入用户逐年增加。全省共有 204 个乡镇，2 509 个行政村，20 户以上的自然村 12 495 个。所有乡镇均通互联网，所有行政村均通电话，普遍服务连续五年保持“双百”：乡镇通互联网率 100%，行政村通电话率 100%；已通电话的自然村 12 495 个，20 户以上自然村通电话率 100%，全省通宽带行政村 2 238 个，行政村通宽带率 89%；完成了 3 161 个农村地区党支部宽带视频业务接入建设工作。

【统计数据】

表 1　2011 年海南省电子信息产业人员构成情况

企业类别	企业数（家）	年末从业人员总数（人）	人员构成			
			工程技术人员（人）	在总人数中所占比例（%）	管理人员（人）	在总人数中所占比例（%）
国有企业	1	533	164	30.8	61	11.4
其他企业	1	51	16	31.4	17	33.3
三资企业	3	1 301	105	8.1	79	6.1

表 2　2009—2011 年海南省电子信息产业基本情况

项目名称	单位	2009 年	2010 年	2011 年
工业总产值（现行价）	万元	102 004	100 810	112 360
工业销售产值	万元	120 784	101 261	116 478
其中：出口交货值	万元	55 488	56 607	61 290
从业人员年末人数	人	2 212	2 143	1 885
从业人员工资总额	万元	9 273	9 672	9 581

表 3　2009—2011 年海南省电子信息产业三资企业基本情况

项目名称	单位	2009 年	2010 年	2011 年
工业总产值（现行价）	万元	78 047	67 799	74 157
工业销售产值	万元	97 015	69 350	73 735
其中：出口交货值	万元	55 482	56 607	61 290
从业人员年末人数	人	1 663	1 685	1 301
从业人员工资总额	万元	6 228	6 311	5 388

表 4　2009—2011 年海南省主要电子信息产品产销量情况

产品名称	单位	产量			销量		
		2009 年	2010 年	2011 年	2009 年	2010 年	2011 年
印制电路板	平方米	465 600	357 100	297 900	465 600	357 100	297 900
非接触智能卡	个	9 152 712	9 500 000	9 360 000	9 152 712	9 500 000	9 360 000
单模光纤	千米	1 052 699	1 083 202	1 107 321	1 048 208	1 062 348	1 141 032
通信用光缆	芯千米	2 334 170	2 845 428	2 943 151	2 310 565	2 844 030	2 914 326
图形图像终端	万片	237.81	272.89	28 143	237.81	272.89	28 143

表 5　2009—2011 年海南省三资企业主要电子信息产品产销量情况

产品名称	单位	产量			销量		
		2009 年	2010 年	2011 年	2009 年	2010 年	2011 年
印制电路板	平方米	465 600	357 100	297 900	465 600	357 100	297 900
单模光纤	千米	1 052 699	1 083 202	1 107 321	1 048 208	1 062 348	1 141 032
通信用光缆	芯千米	2 334 170	2 845 428	2 943 151	2 310 565	2 844 030	2 914 326
图形图像终端	万片	237.81	272.89	28 143	237.81	272.89	28 143

注：表 1–表 5 数据来源于海南省电子信息产品制造企业上报数据。

[撰稿：袁泉　审稿：邓月琴]

重庆市①

【综述】

2011年，重庆市电子信息全行业实现工业总产值及软件业务收入共计2 522.4亿元，同比增长85.5%。其中，规模以上电子制造业销售产值2 016.6亿元，同比增长95.3%；软件行业主营业务收入505.8亿元，同比增长32.9%。

主要产品 计算机2 547.8万台，是2010年的13倍；手机592.48万部，同比基本持平；集成电路9.46万块，同比增长33.2%；彩电85.05万台，同比增长29.1%；显示器220.66万台，同比增长128%；电子元件5.53亿只，是2010年的11倍；光电子器件3 658.66万只，同比增长70.6%。

电子信息产品制造业

2011年，重庆电子制造业保持快速增长态势，规模以上企业销售产值2 016.6亿元，同比增长95.3%。实现主营业务收入1 862.19亿元，同比增长87.7%；主营业务税金及增值税共约26.2亿元，同比增长5%。全行业从业人员17.23万人，同比增加5.4万人。中冶赛迪工程技术股份有限公司和中国四联仪器仪表集团有限公司成功入围2011年（第25届）中国电子信息百强，分别排名第37位和51位，排名分别提升10位和12位，综合排名位居西部第二。

规模以上电子制造业中，电子计算机行业全年产值629.95亿元，同比增长646%，占全行业31.2%；电子元器件行业（含汽车电子、医疗电子、线缆）557.39亿元，同比增长53.1%，占全行业27.6%；视听及家电行业305.85亿元，同比增长52.3%，占全行业15.2%；电子信息专用材料171.6亿元，同比增长68.9%，占全行业8.5%；电子测量仪器行业134.67亿元，同比增长30.6%，占全行业6.7%；通信设备行业108.73亿元，同比增长7.8%，占全行业5.4%；电子信息机电产品行业87亿元，同比增长26.4%，占全行业4.3%；电子工业专用设备行业21.4亿元，同比增长152.1%，占全行业的1.1%。

软件和信息服务业

2011年，全市软件和信息服务业总收入505.8亿元，同比增长32.9%，连续十年保持30%以上的增速。利润总额超过52亿元，产业规模位列全国第12位，西部第2位。其中，软件业务收入253亿元，占软件和信息服务业总收入的50.1%，同比增长44.6%。重庆市已经成为西部地区软件和信息服务业的重要聚集地之一。

随着产业规模持续扩大，重庆市软件和信息服务企业实力不断增强，市场竞争力稳步提高。2011年，重庆市新认定计算机信息系统集成资质企业25家，软件企业60家，新登记软件产品234个，新认定软件及信息服务外包企业7家，通过CMMI3认证企业3家，申报国家规划布局内重点软件企业3家。截至2011年底，全市累计通过认定的软件企业430家，软件产品登记1 291个，经认定的软件及信息服务外包企业51家；通过重庆市认定的计算机信息系统集成资质认证企业37家，通过国家计算机信息系统集成资质认证的企业104家，其中一级资质认证5家；通过CMMI认证的企业18家。2011年，全市营业收入超亿元的软件和信息服务企业27家，超过5 000万元的企业49家。其中，重庆梅安森科技股份有限公司成为重庆市首家在创业板成功上市的软件企业，中冶赛迪工程技术股份有限公司在中国软件百强企业列第21位，西部第1位；重庆先特服务外包产业有限公司、重庆美音信息服务有限公司、重庆广典传媒有限公司、重庆好音达科技有限公司等企业在业界已具备一定的影响力。

动漫产业 重庆市动漫产业链已初步搭建完成，形成动画、漫画、游戏、衍生品、教育培训等周边产业齐全的格局，呈现出多元化和纵深化的发展态势。重庆市

注① 本文数据如未注明，均来源于重庆市统计局。

动漫协会数据显示，据不完全统计，2011年，重庆市共有动漫游戏类生产企业30余家，总产值超过4 000万元，动漫生产主业发展态势良好。

2011年，重庆市动画产量共7部3 340分钟，居全国第14位，西部地区第1位。动漫卡通图书出版成果喜人，共出版图书48种，其中新书品种29种、合作书9种，与2010年相比，码洋与销售收入增长2倍，平均单品种印量超过1万册。2011年，重庆市动漫企业除在动漫生产主业取得优异成绩外，更在衍生产业方面做足了文章。据不完全统计，2011年重庆动漫衍生产业创收超过1.2亿元。

电子产品进出口贸易

2011年，重庆市电子制造业出口交货值522.49亿元，为2010年的7.65倍；软件业务出口总额2 635.34万美元，同比增长45.5%。全行业瞄准世界500强和行业龙头企业，笔记本电脑及周边、云计算离岸数据处理开发、集成电路、物联网等产业集群全面发力，实现了重大项目引进不断向纵深突破。

1月，全球六大电脑代工商之一的和硕公司、全球最大键盘及笔记本电脑摄影机供应商群光电子相继签约落户。3月，欧洲最大印刷电路板生产商——奥地利奥特斯集团正式入驻；南岸茶园工业园区被工业和信息化部授予“国家物联网产业示范基地”。4月，全球知名电脑品牌商华硕电脑签约落户，建立全球第二营运总部；中国国际电子商务中心重庆数据产业园在水土高新技术产业园开建。5月，中国航空工业集团正式收购重庆渝德科技有限公司8寸芯片生产线；世界第三大笔记本电脑代工企业纬创与重庆市签订协议；新加坡太平洋电信正式入驻两江新区，建设大中华地区最大云计算数据中心。6月，仁宝公司正式入驻，全球六大笔记本电脑代工企业齐聚重庆；惠普公司与重庆市签署进一步深化合作战略协议；重庆软件与服务外包国际培训学院暨合作项目签约仪式在两江新区核心区北部新区举行。7月，宏碁智能终端全球研发中心落户重庆，开创国际知名电子信息产品制造商在渝设立全球研发机构的先河；“北斗”卫星导航技术应用的龙头企业——北京北斗星通导航技术股份有限公司携手重庆深渝北斗汽车电子有限公司，建设主要基于北斗导航车载产品的研发、制造、营销和运营服务中心。8月，全球最大物流公司UPS将建重庆快递中心；重庆市首支纯外资IT基金——华威开创基金中心在两江新区设立，其规模将达到4亿美元。9月，世界500强企业之一的中国邮政集团公司与重庆市签订战略合作协议，将把其在线交易的国际结算业务转移至重庆市，并在重庆市注册成立结算服务公司和具有保税功能的集货物流中心。10月，世界500强企业沙特基础工业公司（SABIC）的战略业务部之一——沙伯基础创新塑料集团与重庆市正式签约投资建造工程热塑料产品生产基地，成为重庆市笔记本电脑基地的重量级配套厂商。11月，国际知名IT分销企业伟仕电脑、佳杰科技宣布把结算中心设在重庆市，标志着一条由品牌商、国际分销商、总代理、二级分销商组成的全新笔记本电脑结算产业链初现轮廓。

科技进步与应用

2011年，重庆市电子信息产业继续鼓励加强技术创新，企业研发投入强度为1.2%，比2005年上升0.5个百分点，有效助推了信息产业的内生增长。

电子技改投资项目完成情况良好。2011年，重庆市电子制造业完成投资157亿元，同比增长36%。华硕、纬创、思科等电脑整机生产项目和瀚宇博德PCB面板、航凌高精度多层电路板、西南计算机民用数字产品生产基地等一批配套项目陆续建成，为全市工业转型升级注入强大动力。

产学研用联合创新进一步发展。包括重庆长安汽车股份有限公司、重庆邮电大学在内的汽车电子相关企业、高校和研究院所等25家单位成立了重庆市汽车电子产业技术联盟和长安汽车—重庆邮电大学汽车工程研究中心。

通信、LED、医疗电子等领域一批核心技术创新取得新进展。重庆重邮信科（集团）股份有限公司在基于IPv6的无线传感器网络协议研发及验证等领域攻关效果明显，在具有自主知识产权的TD-SCDMA新一代宽带无线移动通信领域的行业领军地位进一步凸显。重庆四联光电科技有限公司自主研发的首片6英寸蓝宝石衬底，成功通过Philips Lumileds、OSRAM等国际LED芯片企业的工厂认证，该企业具备了世界领先水平的大尺寸蓝宝石晶体生长及衬底制备技术，成为中国批量出口蓝宝石大尺寸衬底的唯一企业。重庆海扶医疗科技股份有限公司占领技术制高点，牢牢把握中国自主原创超声治疗技术的核心优势，共有 360 多项国内外专利申报，并已获得国内外 180 余件专利授权，其中，授权国际发明专利 78 件，国内发明专利 62 件。

信息基础设施建设

根据重庆市通信管理局的数据，截至 2011 年底，全市电信业务总量 215 亿元，同比增长 19.7%；电信业务收入 177 亿元，同比增长 11.0%，其中非话业务收入 80 亿元，占电信业务收入的 45.2%。电话用户 2 360 万户，同比增长 5.0%，其中固定电话用户 571.3 万户，固定电话普及率为 19.7 部/百人；移动电话用户 1 801.2 万户，移动电话普及率为 64.9 部/百人；3G 用户 240 万户，其中 TD 用户 122 万户；电话普及率达到 84.6 户/百人（以上普及率数据均按常住人口计算），比上年净增 3.8 户/百人。互联网用户 1 535.2 万户，其中固定互联网宽带用户 330 万户，比上年净增 66.8 万户，同比增长 25.4%；行政村互联网宽带覆盖率达到 94.5%。

重庆市三网融合基础网络建设成效显著。电信网已全面升级到软交换网络（NGN），IP 承载网络和光纤网络覆盖全市所有区县（自治县）和乡镇，全市电话网、互联网融合已完成。移动电话交换机容量为 3 000 万户，固定电话交换机容量为 1 120 万户，光缆线路长度 30.6 万公里，短消息中心容量为 10 404 万条，基站数达到 3.7 万个，其中 3G 基站 1.3 万个。3G 网络在主城区、主城以外区县（自治县）、特色工业园区实现全覆盖，乡镇覆盖率超过 50%。IP 骨干网出口能力达到 1 120G，其中：中国电信股份有限公司重庆分公司 600G，中国联合网络通信有限公司重庆市分公司 440G，中国移动通信集团重庆有限公司 80G。主城区宽带接入网络线路的光纤化率接近 70%，宽带接入带宽能力达到 8M 以上，20M 带宽覆盖率达到 75%。区县城区宽带接入网络线路光纤化率达到 40%，宽带接入带宽能力达到 2M 以上，12M 带宽覆盖率达到 75%。

重庆市广播电视网逐渐实现了数字化、宽带化、双向化、光缆化的全面升级，建立了覆盖全市的 SDH、IP 承载网，互联网出口带宽提升为 5.4G，广播电视实现市级与区县（自治县）、乡镇、村网络互联互通。全市有线电视用户数为 523 万户，有线电视入户率为 53.7%，其中数字电视用户 180 万户。全市双向化改造数量 230 万户，双向化率为 44.0%。IP 宽带覆盖率 90%，数字电视实际用户近 200 万户，高清电视用户 40 万户，互联网宽带用户 15 万户。

重庆市三网融合业务应用增长较快。电信 IPTV 用户数达到 25 万户；在手机电视业务上，重庆市已建成包括 36 个大站和 110 个直放站的主体 CMMB 网络，全市 38 个区县的 CMMB 手持电视信号已全部开通，全市移动手机电视访问用户数超过 50 万户。社区信息化在全市范围内得到推广，截至 2011 年底，全市建设信息化小区 119 个，覆盖用户 58 497 户。

信息技术应用

2011 年，重庆市成功组织重庆西南集成电路设计有限责任公司等 7 家电子企业共 8 个项目参加由工业和信息化部、财政部主办的“十一五”电子信息产业发展基金成果汇报展示会。展会上，重庆市电子信息产业“十一五”期间所取得的技术创新成果得到中央领导以及工业和信息化部、科技部等国家部委领导的充分肯定。此外，重庆市还出台了《重庆市经济和信息化委员会关于国家科技重大专项地方配套资金管理办法》；积极配合 2011 年度国家科技重大专项监督评估工作并获得督察组的充分肯定；向工业和信息化部“电子发展基金评审专家信息库”推荐了陈蜀宇等 22 名重庆市行业专家。

电子政务　电子政务外网建设：2011 年，重庆市信息产业发展资金立项开展了重庆市电子政务外网“十二五”建设规划研究，编制《重庆市电子政务外网“十二五”建设规划》，为各级政务部门依托电子政务外网开展社会管理和公共服务提供指导。立项开展了重庆市电子政务外网建设标准和规范研究，构建出较为完善的重庆市电子政务外网建设标准和规范。推进国家电子政务外网重庆节点建设，广域骨干网主电路由 8M 升速到 155M，备份电路由 2M 升速到 4M。

行政审批电子监察系统建设：重庆市行政审批电子监察系统建设工程取得阶段性成果。完成了电子监察专网、电子监察数据交换平台、电子监察视频监控系统、电子监察数据监控系统、并联审批系统、电子监察安全系统、公共资源交易平台的建设。97%的涉及行政审批职能的市级部门和 89%的区县完成与市电子监察中心网络和数据的接入。全市统一的电子监控中心投入试运行，所有接入系统的数据和视频在中心平台上得到调用和监督。政府采购、土地交易、工程建设领域招投标三个电子监察子系统新模块的开发也初步完成。制定出台了重庆市行政审批电子监察数据交换、接入视频图像命名以及三个电子监察子系统数据交换等相关技术规范。

工程建设领域项目信息和信用信息公开：依托重庆市政府公众信息网设立了“工程建设领域项目信息和信用信息公开共享专栏”，实现与重庆市各有关部门和区县“工程建设领域项目信息和信用信息公开共享专栏”的链接，整合和相对集中公开项目信息，开展“一站式”信息公开服务。截至2011年底，通过各级专栏已累计发布有关工程建设领域项目信息242 819条，信用信息4 859条，不良行为信息624条。重庆市工程建设领域项目信息和信用信息公开综合检索平台正式上线，并与国家级综合检索平台实现了对接，满足了社会公众快捷方便查询检索项目信息的需要。

政府网站评估：委托第三方中介机构，使用国家统一提供的数据采集软件，对重庆市61个市级部门、38个区县政府及其13个部门网站的政府信息公开、网上办事、政民互动情况进行指标数据采集和评估。同时确定专业评估机构，按照统一的评估指标和评估指南，建立评估体系。

两化融合 按照“重点突破，示范先行，打造精品，务求实效”的原则，以智能工业为突破口，以示范项目为载体，以试点区县推进、支撑体系构建、CIO制度建设为抓手，强力推进重庆市国家级两化融合试验区建设，成效显著。

一是加快推进智能工业发展。2011年已启动30多个智能工业示范项目的实施，其中政府资助1 800万元，拉动社会投入20亿元，推进成效较为明显。例如，重庆长安汽车股份有限公司自主研发能力跃居全国同行业第一，近期正与中国移动通信集团公司合作开发具有自主创新特色的“智能汽车”；中国四联仪器仪表集团有限公司智能仪器仪表开发能力处于国内领先和国际先进水平；重庆机床集团自主开发的数控滚齿机技术处于国内领先、国际先进水平，目前正在开发国内首创的“网络智能滚齿机”。

二是完善两化融合评价体系。在推进实践中依据“科学、实用、可操作”的原则，对两化融合评价指标体系进行深入探讨与实践，形成包括战略层面融合度、基础层面融合度、应用层面融合度和效益等4个层面、15个二级指标和51个三级指标的两化融合评价指标体系。

三是充分发挥重庆市两化融合促进和服务中心以及重庆CIO协会的作用。2011年，重庆市两化融合促进和服务中心已累计为10多个区县和80多个大中型企业提供两化融合技术咨询和规划设计，指导完成10多个企业两化融合工程的实施，开展2万多人时的两化融合人才培训。该中心自主研发的多功能生产过程信息化系统(eMES)已在30多个企业成功实施和应用，在实现信息化与车间制造过程核心业务相融合、支持企业有效实施精益生产和车间优化运行、提高企业生产制造能力和市场综合竞争能力等方面取得了显著的应用效益。重庆CIO协会现有注册会员企业600余家、CIO会员2 000余人，组织和承办了两化融合线下培训、交流等活动6场次，培训1 500余人，深入调研100多家企业，完成专题报道100余篇，征集典型案例100多个。

四是大力推进两化融合项目。全市申报项目200多个，经过专家评审和到企业实地考察，共评选出“总装生产过程信息化提升工程”、“车间装备层信息化应用示范工程”、“基于物联网的远程心电系统示范应用”等33个项目为2011年度应用示范项目。同时，组织专家深入企业，对往年实施的“重庆市物联网产业发展规划与实施策略”、“基于SaaS模式的中小企业信息化公共服务平台建设与试点”等10余个两化融合示范项目进行了检查验收，促进了两化融合示范项目的顺利实施。

五是申报国家示范项目有新进展。组织企业积极开展两化融合促进安全生产及两化融合促进节能减排示范项目的申报工作，葛洲坝易普力股份有限公司的“安全生产视频信息监控指挥调度系统”、顺安爆破器材有限公司的“安全生产信息化监测监控管理建设”和重庆钢铁股份有限公司的“安全信息管理系统”等3个项目入选两化融合促进安全生产示范项目；派威能源管理有限责任公司的“企业用能监测与节能管理系统”入选两化融合促进节能减排示范项目。

物联网 2011年3月，重庆市政府出台《关于加快推进物联网发展的意见》，明确提出按照“科技引领发展，应用促进市场，市场带动产业”的发展思路，大力推进重庆市物联网产业发展，强调在物联网应用上下工夫，以应用为牵引，积极培育和引进规模企业，打造完整的物联网产业链，争取率先成为享誉全球的“智慧城市”。

申报首批国家物联网专项项目成果喜人。遴选上报15个项目，有8个项目得到共计1 400万元物联网专项资金支持。

大力推进典型应用项目。“基于RFID的智能交通物联网应用示范工程”项目已发放电子车牌103万张，将使重庆市城市交通管理水平上一个新台阶，实现高速公路、停车场收费以及路桥年费缴纳、交强险缴纳等自动化和智能化管理，达到机动车辆运行管理的动态化和智能化；远程医疗物联网平台完成投资2.7亿元，已建成立足重庆市、面向全国的综合服务平台，为上千家医院5 000万人次提供远程心电检测和健康管理服务，服务收益累计达15亿元，2012年卫生部已决定在全国加大推广应用力度。

信息安全 2011年，重庆市信息安全工作紧紧围绕《重庆市信息安全“十二五”规划》提出的“一套长效机制、两个核心能力、三个基础平台”的“123”目标，在组织协调、制度创新、技术创新、产业发展等方面取得新突破，为维护国家安全、社会稳定和公共利益，促进重庆市信息化建设健康发展做出积极贡献。

积极推动企业自主创新，全年共支持信息安全重点创新项目14个，其中，重庆爱思网安信息技术有限公司“跨安全域隔离与信息交换技术及应用”项目获得2010年度国家科技进步二等奖。积极开展信息安全标准化建设，组织完成的《云计算信息安全标准》、《安全WEB网站系统设计编码技术规范》2个项目正在申报地方标准。加强电子认证服务体系建设，指导推进数字证书推广应用工作，2011年增发数字证书5万张。指导企业建立国内第一家信息安全呼叫中心（400-110-9551），为社会提供信息安全服务。大力推进信息安全外包服务模式，扶持信息安全外包服务机构发展。其中，重庆网安计算机技术服务中心全年签订信息安全外包服务协议单位40家，实现外包收入160万元，税收9万元。

推进园区建设，促进产业发展。根据《重庆市信息安全“十二五”规划》，制定了重庆市第一部《重庆市信息安全产业发展规划》，提出力争在“十二五”期末将重庆市建设成为“布局集中、资源集约、功能集成”、产值规模300亿元的信息安全产业高地的发展目标。积极推进“重庆云计算信息安全产业园”建设，已成功引进中国科学院高能物理研究所、杭州攀普科技有限公司等5家大中型信息安全研发机构和企业；策划总投资29.7亿元、主营业务达产后年产值36.2亿元的“重庆信息安全服务云”平台等2个园区核心项目。

电子基金项目完成情况 2011年，重庆市获得工业和信息化部电子信息产业发展基金项目2项，新一代宽带无线移动通信网科技重大专项2项，累计资金支持近8 000万元，比2010年增长16.6%。

热点

2011年，重庆市电子信息产业发展热点为笔记本电脑产业，并为此创建了垂直整合和全微笑曲线的发展模式。目前，已有惠普、宏碁、华硕、东芝、富士通等五大品牌，广达、富士康、英业达、仁宝、纬创、和硕六大代工企业分别布局西永综合保税区和空港保税港区，500余家零部件企业聚集璧山、铜梁、永川、江津等区县，引进了惠普、华硕、佳杰、贝宝结算中心以及惠普、宏碁研发中心等，形成了“品牌+代工+配套”的“5+6+500”产业体系和“研发+制造+结算”的发展模式。全年笔记本电脑产量占全球产量的10%，产值占全市电子制造业比重超过40%。笔记本电脑产业已成为重庆电子信息产业的重要支柱。

【统计数据】

表1 2011年重庆市电子信息产业人员构成情况

企业类别	企业数（家）	年末从业人员总数（人）	企业类别	企业数（家）	年末从业人员总数（人）
国有企业	9	4 199	股份合作企业	2	5 073
国有独资企业	7	3 658	三资企业	167	75 899
集体企业	5	4 728	其他企业	198	78 816

表2　2009—2011年重庆市电子信息产业基本情况

项目名称	单位	2009年	2010年	2011年
工业总产值（现行价）	万元	6 937 723	10 323 939	20 239 007
工业销售产值	万元	6 617 155	10 014 096	19 835 451
出口交货值	万元	271 658	693 896	5 241 629
其中：软件出口	万元		11 470	16 686
流动资产平均余额	万元		4 641 694	6 867 165
资产总计	万元		8 023 768	10 353 696
负债合计	万元		4 872 733	6 938 052
产品销售收入	万元		13 773 344	23 679 819
其中：软件产品销售收入	万元		3 852 348	5 057 937
税金总额	万元		272 260	262 568
利润总额	万元		5 434 322	6 590 309
从业人员年末人数	人		118 292	172 373

表3　2009—2011年重庆市电子信息产业三资企业基本情况

项目名称	单位	2009年	2010年	2011年
工业总产值（现行价）	万元	2 383 451	3 814 822	10 327 863
工业销售产值	万元	2 299 524	3 727 586	10 240 091
出口交货值	万元	214 013	565 404	5 027 385
流动资产平均余额	万元		1 800 118	3 292 272
资产总计	万元		3 619 219	5 294 378
负债合计	万元		2 249 189	3 619 505
产品销售收入	万元		3 692 471	9 879 853
税金总额	万元		125 541	102 250
利润总额	万元		231 734	243 873
从业人员年末人数	人		37 941	75 899

表4　2009—2011年重庆市电子信息产业主要经济效益指标完成情况

项目名称	单位	2009年	2010年	2011年
全员劳动生产率	元/人		220 104	305 276
流动资产周转率	次		3.0	3.4

续表

项目名称	单位	2009 年	2010 年	2011 年
产品销售率	%	95.4	97.0	98.0
总资产贡献率	%		72.2	67.4
资产负债率	%		61.0	67.0

表 5　2009—2011 年重庆市电子信息产业三资企业主要经济效益指标完成情况

项目名称	单位	2009 年	2010 年	2011 年
全员劳动生产率	元/人		261 419	353 791
流动资产周转率	次		2	3
产品销售率	%	96.5	97.7	99.2
总资产贡献率	%		11.2	8.0
资产负债率	%		62.1	68.4

表 6　2009—2011 年重庆市主要电子信息产品产量情况

产品名称	单位	2009 年	2010 年	2011 年
电子计算机整机	台	7 214	1 980 629	25 478 229
微型计算机设备	台	2 090	1 953 988	25 478 229
其中：笔记本电脑	台		910 262	24 073 940
电话单机	部	56 174	5 403	18 421
移动通信基站设备	信道	3 328	14 848	6 822
移动通信手持机（手机）	台	3 749 301	6 502 617	5 924 760
通信及电子网络用电缆	对千米	411 164	142 357	131 150
光缆	芯千米	139 362	350 963	274 777
电子元件	万只	15 835	4 653	55 314
印制电路板	平方米	485 248.6	2 546 790	3 165 732.1
集成电路	万块		7.1	9.5
多晶硅	千克	3 309 190	3 948 000	4 585 747
单晶硅	千克		519 616.1	737 269
显示器	台		963 712	2 206 570
其中：平板显示器	台		963 712	2 206 570
液晶显示屏	万片		120	398.7
光电子器件	万只（片）	20.9	2 145	3 658.7

续表

产品名称	单位	2009 年	2010 年	2011 年
彩色电视机	台	381 602	658 682	850 516
液晶（LCD）电视机	台	381 602	658 682	850 516
锂离子电池	只（自然只）	331 564	104 998	134 777

注：表 1—表 6 数据来源于重庆市统计局。

[撰稿：苏波　审稿：李忠云]

四　川　省

【综述】

2011 年，四川省电子信息产业实现营业收入 3 292 亿元，同比增长 58.5%。其中，规模以上电子信息产品制造业实现主营业务收入 2 263 亿元，同比增长 65.1%；软件业务收入 1 029 亿元，同比增长 45.8%，占全国软件业务收入的5.8%。

电子信息产品制造业

2011 年，四川省规模以上电子信息产品制造业实现主营业务收入 2 263 亿元，同比增长 65.1%；实现利润 103.9 亿元，同比增长 65.4%，利润总额居全国第 9 位，增速居全国第 5 位；上缴税金 94.5 亿元，同比增长 150.6%。主要特点如下：

一是规模扩大，位次上升。四川省规模以上电子信息产品制造业总体规模继续稳居中西部第一，在全国的位次从 2010 年的第 9 位上升到第 8 位；规模以上企业主营业务收入在 2010 年首次超过千亿元大关后，2011 年达 2 263 亿元，同比增长 65.4%，增速排全国第 4 位，比全国电子制造业增速高 48.3 个百分点。

二是承接产业转移取得突破性进展。自 2003 年英特尔入川以来，微软、IBM、华为技术有限公司、中兴通讯股份有限公司、德州仪器、戴尔、仁宝、富士康、纬创、联想集团等相继入川。据初步统计，截至 2011 年底，共有 40 余家（IT 类）世界 500 强企业来四川投资。

三是一批重大项目相继竣工投产。2011 年，四川省电子信息产品制造业 500 万元以上项目完成固定资产投资 500 亿元，同比增长 90%，完成投资在全国居第 6 位，增速在完成投资前六位省份中居第 2 位。22 个省确定的电子制造业重点项目计划总投资 1 153 亿元，四川省 2011 年计划投资 75.5 亿元，完成投资 216 亿元，为计划投资的 286.1%。

四是多种产品产量名列全国前茅。2011 年，四川省生产平板电脑 2 043 万台，居全国第 1 位，全球 70%的苹果平板电脑是“四川造”；生产半导体分立器件 41 亿只，居全国第 2 位；生产彩色电视机 1 305.6 万台，居全国第 4 位；生产集成电路 33.7 亿块，居全国第 4 位，全球 50%的笔记本电脑芯片在四川省封测。此外，北斗授时终端、无线电监测系统及设备、机顶盒、空中交通管制系统、PDP 面板产量均居全国第 1 位，军事电子装备、信息安全产品、中小尺寸液晶面板、物联网、云计算、自动控制系统等整体实力名列全国前茅。

五是电子百强企业增长平稳，新建企业支撑作用明显。2011 年，四川长虹电子集团有限公司实现销售收入 723 亿元，同比增长近 20%，连续三年实现跨百亿增长；实现工业总产值 685 亿元，同比增长 25%；国内彩电整体销量突破 670 万台，成功跻身行业第 2 位；冰箱整机销量突破 460 万台，继续保持行业第一集团军地位；冰箱压缩机销量突破 2 400 万台，继续保持全球第 2 位。四川九洲电器集团有限责任公司实现工业总产值 120.86 亿元，营业收入 125.29 亿元，利润总额 5.84 亿元，上缴税金 3.27 亿元，出口创汇 4.74 亿美元，除出口创汇同比增长 3.37%外，其他指标均实现 20%以上增长。鸿富锦精密电子（成都）有限公司实现销售收入 536.7 亿元，出口交货值 523.4 亿元，生产平板电脑超过 2 000 万台。

软件和信息服务业

2011 年，四川省软件产业完成软件业务收入 1 029 亿元，同比增长 45.8%。其中，信息技术咨询服务、数据处理和运营服务两项收入同比分别增长 43.2%、32.3%，信息技术服务类收入已占软件业务收入的 59.1%，产业结构调整趋势明显。主要特点如下：

一是产业发展持续高速。2011 年，四川省软件业务收入在全国各省（市）排名第 7 位、中西部第 1 位，占整个西部软件业务收入的 58.2%；完成增加值 492.4 亿元，同比增长 42%。四川省工商登记的从事软件研发、生产、销售及服务的企业超过 1 万家，从业人员近 14 万人。通过认证的软件企业 1 041 家，已登记软件产品 3 826 个，系统集成资质企业 147 家（其中：一级 6 家，二级 28 家，三级 72 家，四级 41 家）。四川东方电气自动控制工程有限公司入选 2011 全国软件百强行列；四川银海软件有限责任公司等 7 家企业先后列入国家规划布局内重点软件企业。全省上市企业 6 家，服务外包 20 强企业 2 家，CMMI 认证企业 73 家。

二是布局逐步优化，集聚效应初现。以国家软件产业基地（成都）、国家集成电路设计成都产业化基地、国家信息安全成果产业化基地（四川）、国家数字娱乐产业示范基地和武侯科技工业园、青城山软件产业基地、绵阳科创软件园为主要聚集区的产业带初步显现，逐步形成软件与服务外包、信息安全、嵌入式软件、动漫与数字娱乐、行业应用软件、IC 设计等六大产业集群。以成都市为中心、成德绵共同发展格局形成，以园区建设为重点形成集聚效应凸显。2011 年 12 月，工业和信息化部正式授予成都市“中国软件名城”称号，该市成为全国第三家获此称号的城市，全省软件企业形成进一步向成都等地聚集的态势。

三是产业结构发生变化，新兴服务领域蓬勃发展。随着下一代互联网、移动互联、物联网、云计算等技术的发展，四川省软件与信息服务业产业结构进一步调整，信息服务类比重逐渐增大。2011 年，信息系统集成服务、信息技术咨询服务、数据处理和运营服务等信息技术收入占全省软件业务收入的 56.3%，比上年增加 11 个百分点。

四是动漫与网络游戏产业发展较快。2011 年，成都逸海情天数字娱乐有限公司、成都锦天科技发展有限责任公司、上海盛大网络发展有限公司成都分公司、成都金山数字娱乐科技有限公司、四川精锐动画有限公司、成都恒风动漫制作有限公司等企业发展迅速。其中，成都恒风动漫制作有限公司出品的“2011 星系宝贝”荣获 2011 年中国首届动漫春晚“优秀节目奖”，入围韩国首尔国际动画节。

电子产品进出口贸易

2011 年，四川省电子信息产品制造业出口增长迅速。出口 110.6 亿美元，同比增长 193.8%；规模以上电子信息产品制造业完成出口交货值 944.8 亿元，占全省工业出口交货值的 63.3%，位居全省各行业榜首。其中，鸿富锦精密电子（成都）有限公司出口交货值为 523.4 亿元；英特尔产品（成都）有限公司出口交货值为 301.5 亿元。

科技进步与应用

2011 年，四川省信息产业科技整体水平得到较大提升，引进消化吸收再创新能力进一步强化，集成创新能力显著增强，原始创新能力有所提高，掌握一批核心技术，拥有一批自主知识产权，初步形成自主创新型的产业发展模式和持续发展能力。按照四川省人民政府《四川省重大科技成果转化工程实施方案（2011–2015 年）》（川府发 [2011] 20 号）要求，“十二五”期间，启动实施 150 个信息产业科技成果转化专项，其中，重大项目 15 项，重点项目 45 项，培育项目 90 项，财政支持投入引导资金 2.5 亿元，带动社会投入 200 亿元，预计带动实现产值 2 000 亿元；重点在集成电路、应用软件、信息安全、军工电子、数字视听及数字媒体、网络与通信、三网融合等领域实现突破。在电子信息行业，四川省现有国家级企业技术中心 3 个，省级企业技术中心 48 个，国家级基地 3 个（软件基地、信息安全基地、集成电路设计基地），国家级科技城 1 个（绵阳科技城）。

科技创新支撑产业发展 2011 年，申报四川省科技进步奖 49 项，申报成功 19 项。其中，一等奖 2 项、二等奖 3 项、三等奖 14 项。在省工业发展资金的产业研究和开发资金中，共支持电子信息产业项目 125 个，资金 3 820 万元，带动投入 12.16 亿元，实现销售 60.17 亿元。2011 年，重点在新一代网络及通信、卫星移动通信、网络增值服务领域启动和实施了 30 个科技成果转化项目。其中，重大项目 3 项、重点项目 9 项、培育项目 18 项，财政支持投入引导资金 5 000 万元，带动实现产值 400 亿元。

企业产权保护意识提高 2011 年，申请和授权的各类知识产权技术和产品共计 2341 项，比 2010 年增长 18.7%。

信息基础设施建设

2011 年，四川省网络基础进一步夯实，支撑经济社会发展作用进一步凸显。2011 年底，全省电话用户累计 6 183 万户，其中移动电话用户 4 800 万户，比年初新增 644 万户；电话普及率 68.8%，比年初提高 5.4 个百分点；互联网宽带上网用户 682 万户，比年初新增 165 万户；移动互联网用户 3 332 万户，比年初新增 419 万户；长途光缆线路长度 53 529 千米，比年初新增 5 949 千米；本地网光缆线路长度 64.24 万千米，比年初新增 12.8 万千米。

光网等信息基础设施建设 2011 年，四川省光纤入户达到 200 万户以上，城区普遍可提供 12M 以上带宽能力；乡镇普遍具备 4M 以上带宽能力；新增 VLR 容量 1 028 万户；HLR（归属位置寄存器）容量 310 万户；光缆建设 26 341 千米；新建 GSM 基站 5 131 个；新增 TD 基站 2 253 个；新建 WCDMA 室外基站 856 个，累计 8 968 个，共覆盖全省 21 地市的全部城区、130 个县城、131 处 A 级景区、85.89%的城际高铁和客运专线(76.18%的城际高铁，88.35%的客运专线)、77.51%的高速公路、34.56%的普通铁路，全省面积覆盖比例为 20%。WLAN 已开通 800 个热点，覆盖全省交通枢纽和大型聚集场所，包括大型交通枢纽、公共图书馆及会展中心、高校校园、星级宾馆、高档写字楼、大型商场。

“智慧城市”建设 2011 年，中国电信股份有限公司四川分公司启动基于云计算和物联网技术的智慧社区产业化项目建设。该项目是实施智慧政务、智慧民生、智慧产业三大工程之智慧民生工程的重要举措，将覆盖全省 32 000 多个小区，500 万户城镇家庭。项目初期每年建成 1 000 个智慧社区，预计将增加产值超过 7 亿元。

“无线城市”建设 第二代无线通信技术（2G）在全省各市区、郊区、高速公路基本实现全覆盖，国道、省道除三州外基本实现覆盖，4A 级以上景区基本全覆盖。三州以外的乡镇 99%已覆盖，三州地区乡镇覆盖率为 51%。行政村覆盖率 75%。第三代移动通信技术（3G）在全省各市区、郊区均已部署，乡镇 3G 覆盖率 75%。全省 3G 基站/2G 基站共占比例 80%。无线网络（Wi-Fi）已实现主要高校区域基本覆盖，酒店、商务楼等公众区域部分覆盖。

农村通信建设 2011 年，实际完成 2 903 个行政村宽带网建设，超额完成全年计划目标，全省行政村宽带通达率达到 61%。

信息技术应用

电子政务工作 截至 2011 年底，全省政务外网全面覆盖省、市、县三级政务部门及部分公共企事业单位，保持畅通率达 99.8%，已成为连接政务部门最广、承载业务种类最多的骨干网络。组织实施了全省电子政务内网 IP 地址和域名重构及省网络中心改造建设。审核增加 12 家省直部门介入内网；新增省至市（州）高清晰会议电视系统 4M 带宽的备份线路。支持财政网上支付、国有资产网上登记管理、机关事业单位编制和人员网上登记管理、战略储备账库网上监管、公务车辆使用管理等业务应用，对中共四川省委组织部、中共四川省委编办、中共四川省直机关工委、中共四川省委信访办等网站的应用服务器进行了集中托管。“金税”工程全面完成征管数据省级集中，财税库银联网系统进入全面实施阶段，网上报税试点工作取得重大进展。“金人工程”初步建成人口全员管理、数据省级集中的全员人口信息管理系统。“金盾工程”逐步形成以普及应用为基础，以深度应用为主线，以高端应用为龙头的多维立体应用格局。“金保工程”在部分市州基本实现“同城同人同库”。“金农工程”一期项目建设全面完成。四川省水利厅组建全省防汛抗旱骨干网络，实现省至各市、州防汛抗旱专网通信。2011 年底，四川省国土资源“一张图”数据库及数据应用管理系统完成。信访系统、编委系统等多单位项目立项开建。成都市推进网上政务大厅与行政审批系统、电子监察系统以及部门业务系统互联互通，组织编制了政务信息资源交换标准。整合农业、科普、文化、卫生等延伸至基层服务事项的全市统一的基层公开综合服务平台，已在全市推广应用。泸州市组织召开“全市社会信息资源整合协调会”，全面开展政府职能部门资源整合工作。广安市初步实现以政府网为核心，以电子政务平台为基础，以政府网数据库为依托，以市各机关各专业网站为子网站的网站群体系。资阳市采取“统一建设、统一管理、统一运维和市县分级投资”

的建设模式，建成全市统一的数据交换平台。四川省工商行政管理局组织相关业务处室及部分市州局，分批对业务需求、流程和采集项进行全面重新梳理和逐一确认，对准入、案件等系统所涉及到的数据结构按照总局最新数据标准体系逐项比对和设计，准确把握系统改造需求，在此基础上对全省综合业务系统实施了整体改造。

电子政务应用　在探索开展四川省政府门户网站无障碍改造过程中，已完成首页 8 个主栏目、40 多个子栏目的改造任务。优化搜索引擎、网站纠错等 30 项性能，对原系统 50 万条数据全部迁移。2011 年，网站日均访问量 34 万人次，网页平均传输速度提高 19.1%。四川省人民政府网站 2011 年绩效排名居全国第 4 位。组织实施"万网工程"（五年内帮助一万家基层机构单位建立网站），2011 年，完成建站 2 000 家的目标，实际建站 2 300 余家。开通省级电子政务大厅。2011 年 6 月，所有市（州）完成电子政务大厅的安装部署工作；截至 11 月底，全省已有 72 个县（市、区）完成电子政务大厅安装部署工作。自贡市等 15 个市级电子政务大厅 80% 以上的政务服务事项可通过网上申报，其中绵阳市、广安市、南充市、内江市、眉山市、雅安市 6 市已达 90% 以上。四川省人民政府网站电子政务大厅月度访问量达 47 万人次，为群众办事服务 16 000 多件，有 400 多件事项实现了全程网上办理。继续丰富行政审批电子监察系统功能。研发新增非税收入收费管理、证照管理、窗口人员考勤管理和效能监察管理等 4 个子系统，对 30 多项功能进行了升级优化，完成甘孜州九龙、乡城、色达 3 个县新建政务服务中心软件安装部署，将视频监控系统延伸到四川省国家税务局、四川省地方税务局、四川省社保中心等部门办事服务大厅，实现四川省建设厅、四川省质量技术监督局相关审批事项的专网数据对接，跨网络、跨平台办理业务 7 000 多件。中共四川省委组织部开展农村党员干部远程教育"百千万示范站点"创建活动。四川省农村党员干部现代远程教育站点基本实现乡镇村全覆盖，成都市、自贡市、攀枝花市、眉山市、遂宁市、南充市等地还将站点建设延伸到街道、社区和企业。中共四川省委组织部对 100 个省级示范站点进行了统一授牌；同时，指导市、县创建 923 个市级示范站点和 10 821 个县级示范站点，初步形成串点成线、以线带面的示范站点联动体系。工程建设领域项目信息公开共享平台试点完成。作为全国工程建设领域项目信息公开和诚信体系建设试点省之一，四川省工程建设领域项目信息公开平台建立了专栏链接服务系统、信息检索服务系统、信息整合发布服务体系。依托该平台建立各级政府网站项目信息公开专栏 45 个（其中省级 5 个，市、县 40 个），网站专栏开通率 100%。截至 2011 年底，平台公开项目建设管理信息 17 064 条，项目从业单位信用信息 26 248 条、从业人员信用信息 104 707 条。2011 年，在中纪委与工业和信息化部组织的评审中，四川省项目平台列全国第 4 位。

农村信息化建设　四川省经济和信息化委员会与中国电信股份有限公司四川分公司联合推动"宽带信息百镇千村"工程，2011 年，全省签约推广约 1 400 个宽带信息镇、6 900 个宽带信息村；双方还共同打造全省 3G 应用辅导"千站万员"体系，在 21 个市（州）建成 2 538 个辅导站，培训及转训 6 003 名辅导员，辅导量累计超过 20 万人次。2011 年 7 月，四川省经济和信息化委员会、四川省教育厅、共青团省委联合中国电信股份有限公司四川分公司、电子科技大学、信息工程学院，启动"信息下乡暨大学生暑期社会实践活动"。四川省农业厅继续推动"三电合一"建设。2011 年，完善了电话语音系统、电脑网络系统、电视节目制作系统和数据库建设，农业服务手段焕然一新，服务功能突破性加强，农业信息服务取得长足进展。四川省科技厅组织开发的四川省统筹城乡发展综合信息服务平台，是利用多种通信终端（电脑、手机、电视、广播等）为农民、涉农企业和专合组织、市民、农业专家、政府机关等用户提供统一的信息访问门户和接入平台。2011 年，该平台已开设农业科技、远程诊断、城乡互动、乡村旅游、电子商务等 12 类 70 多个栏目，已在省内 11 个市（州）试点示范，并率先在成都开通市（州）分站点。中国电信股份有限公司四川分公司不断完善"信息田园"农村综合信息服务平台。截至 2011 年 11 月，发展镇村广播系统信息管理员约 3 150 个，月信息群呼量超过 160 万条，月覆盖用户 64 万户；田园网站镇村级网站 3 010 个，月均访问量 60 万次。2011 年 4 月 1 日，中国移动通信集团四川有限公司联合新华社四川分社启动"新农通"信息服务平台建设。全省已有 6 个地市在本地启动项目，用户突破 120 万户，信息员队伍超过 1 200 人。

数字化城市管理　从 2011 年起，以成都市为示范，包括南充市、绵阳市在内的 10 个数字化城市管理城市作为首批试点，推行数字化城市管理新模式；泸州市、自贡市、宜宾市、凉山州等地也随后跟进。

光网智慧小区建设 2011年8月，以数字物管为核心的电信级小区综合信息服务平台上线，提供含数字物管、九大行业引擎在内的数字小区行业综合信息服务平台，以及含龙湖、万达在内的700余家数字物管小区的用户信息及小区关系资源。2011年10月，四川省经济和信息化委员会与中国电信股份有限公司四川分公司启动"全省共同推进智慧产业发展暨2011年度四川万家数字企业巡展"活动，拟用三年时间，建设百家"智慧园区"、万家"数字企业"。截至2011年11月30日，全省新增签约发展1 720个光网智慧小区，建立了成都市、宜宾市两个全省智慧小区建设基地，在全省打造了25个样板示范小区，发展了6个团购小区。

两化融合 截至2011年底，信息化推进工程已覆盖四川省21个市（州）、3 600多家中小企业，发放《四川中小企业信息化服务指南》和软件体验光盘10万份。建立了以四川省中小企业网为龙头的网站集群。通过门户网站、《中小企业手机报》和《中小企业》电子期刊、《中小企业舆情分析》、962555服务热线等方式为中小企业开展信息服务；搭建中小企业在线投融资公共服务平台，先后为1.3万家中小企业提供投融资服务；在工业和信息化部支持下建立了移动互联网公共服务平台，为移动互联网开发企业、运营企业提供从产品开发、研发测试、产品上线前的预测试认证到产品试营业的配套基础技术服务。

园区信息化示范平台建设 2010年，四川省人民政府信息化工作办公室将眉山市确定为全省工业系统信息化建设示范城市。2011年，眉山市在仁寿、青神、东坡区、丹棱共4个区（县）搭建信息化平台基础上，又选择4个产业园区搭建信息化平台。宜宾市启动数字化园区建设示范工程，重点围绕园区管理、园区与区内企业互动、区内企业服务等问题，采取"2（政府主管部门+园区管委会）+2（通信运营企业+技术服务企业）"合作建设模式，力争将宜宾罗龙园区打造成为全省数字化园区建设的样板和标杆。

热点

三网融合 绵阳市按照国家三网融合试点工作安排，发挥电信、广电以及长虹、九州、灵通电讯等产业链优势，本着"共建、共生、共享、共赢"原则稳步推进三网融合工作。一是推进IPTV业务。2011年7月已完成业务平台及产品，业务试商用网络能力初步形成。截至2011年底，绵阳市已开通三网融合ITV业务的用户达到1万余户。二是推进广电网络合作。充分利用电信、广电双方优势资源，积极探索合作模式，已开通17例EOC试点用户，得到地方政府肯定和认同。三是与本地第三方公司灵通电讯合作。积极合作探索利用电力猫方式进行宽带、ITV信号传输，通过住户家中布放好的电力线来解决二次网络布线问题。四是推进信息化工作。以FTTH、翼机通、IPTV等业务为依托，以"科博会"召开、"数字北川"建设为契机，稳步推进数字小区、数字农村、数字北川建设，已建成农村宽带及天翼信息化村、镇500余个。中国电信股份有限公司四川分公司与广电协商合作，并结合四川长虹电器股份有限公司、四川九洲电器集团有限责任公司、中兴通讯股份有限公司、华为技术有限公司等供应商的设备终端制造优势，以IPTV、三网融合互动类增值业务、社会信息化应用为突破，积极推进多类型融合业务发展，带动产业链升级。共同研究制定三网融合终端标准，合作研发生产融合性家庭网关设备，以期在绵阳市建立三网融合终端研发和产业基地，促使绵阳市在全国三网融合产业链中占据关键环节。2011年底，成都市被确定为国家三网融合第二批试点城市。

物联网 据初步统计，2011年，四川省物联网企业近100家，从业人员36 350人，销售收入约208亿元，上缴税金约25亿元。四川省经济和信息化委员会发布了《四川省物联网发展"十二五"规划》；协助成立了四川省物联网产业联盟和成都市物联网产业联盟；主办了"2011物联网产业年会（成都）"，评选了2011年成都物联网十大优秀、十大最具潜力企业。在国家物联网专项资金支持项目申报中，四川省获得国家支持项目8个，支持资金1 800万元；项目数量和支持资金金额均居全国第2位。成都市规划了以成都高新区为高端研发区，建设成都物联网产业科技园；以双流县为制造产业区，建设成都物联网产业园。2010年、2011年成都市连续两年召开了以"物联天下，感知成都"为主题的"中国（成都）国际物联网峰会"。

云计算 2011年，成都市制定、发布了《云计算应用及产业发展"十二五"规划纲要》，完成流动人口、信用系统、成都社工网站向云计算中心的迁移，推进劳动保障信息系统、工商金信工程应用级灾备、区域卫生信息平台等在云计算中心的部署，促进基础设施及应用平台的共享，启动了成都云计算中心异地扩建工程。2011 年 7 月，中国电信集团“中国西部云计算中心”项目正式落户成都，使成都市成为中国电信全国三大云计算基地之一，其辐射范围覆盖整个西部地区。同时，中国电信股份有限公司四川分公司联合四川大学、电子科技大学和西南交通大学共同组建“中国西部信息中心云计算高校联合实验室”。

【统计数据】

表 1 2011 年四川省电子信息制造业人员构成情况

企业类别	企业数（家）	年末从业人员总数（人）	人员构成	
			工程技术人员（人）	在总人数中所占比例（%）
国有经济	11	22 635	4 783	21.1
集体经济	2	964		
股份合作经济	2	260	25	9.6
股份制经济	113	177 137	11 374	6.4
外商及港、澳、台投资经济	21	22 176	1 896	8.5
其他经济	33	10 342	679	6.6
合计	182	233 514	18 757	8.0

表 2 2009—2011 年四川省电子信息产业基本情况

项目名称	单位	2009 年	2010 年	2011 年
工业总产值（现行价）*	万元	5 095 852	12 639 626	23 637 687
工业销售产值 *	万元	48 170 684	12 070 442	22 573 533
出口交货值 *	万元	503 077	1 306 409	9 447 675
软件出口	万元	318 565	413 447	506 135
资产总计 *	万元	7 448 594	12 337 333	16 768 011
负债合计 *	万元	4 647 543	7 524 276	10 840 827
产品销售收入	万元	15 071 000	21 362 000	32 917 030
其中：软件产品销售收入	万元	6 536 000	9 002 000	10 287 908
税金总额	万元	306 620	311 513	415 130
利润总额	万元	729 933	1 777 620	2 090 637
应交所得税	万元	63 716	142 252	169 327
从业人员年末人数	人	183 929	271 653	363 514
从业人员工资总额	万元	833 353	1 423 170	1 827 444

注：带 * 指标不含软件企业数据。

表 3　2009—2011 年四川省电子信息制造业主要经济效益指标完成情况

项目名称	单位	2009 年	2010 年	2011 年
流动资产周转率	次	1.24	1.47	1.76
产品销售率	%	94.5	95.5	96.5
总资产贡献率	%	4.2	6.9	7
资产保值增值率	%	123.7	115.1	123.8
资产负债率	%	62.4	61.0	64.6

表 4　2009—2011 年四川省电子信息制造业三资企业基本情况

项目名称	单位	2009 年	2010 年	2011 年
工业总产值（现行价）*	万元	232 592	4 355 497	5 309 398
工业销售产值 *	万元	232 670	4 137 300	5 043 928
出口交货值 *	万元	141 280	528 541	3 824 947
资产总计 *	万元	173 518	1 241 280	1 633 544
负债合计 *	万元	80 609	606 553	588 112
产品销售收入	万元	2 115 877	1 587 258	1 928 859
税金总额	万元	52 138	7 476	642
利润总额	万元	97 047	135 702	180 385
应交所得税	万元	10 332	3 495	8 200
从业人员年末人数	人	31 453	19 128	22 176
从业人员工资总额	万元	199 449	105 194	94 711

注：带 * 指标不含软件企业数据。

表 5　2009—2011 年四川省电子信息制造业三资企业主要经济效益指标完成情况

项目名称	单位	2009 年	2010 年	2011 年
流动资产周转率	次	1.31	2.17	2.25
产品销售率	%	100.0	95.0	95.0
总资产贡献率	%	6.9	11.7	12.1
资产保值增值率	%	101.1	129.2	164.7
资产负债率	%	46.5	48.9	36.0

表 6 2009—2011 年四川省主要电子信息产品产销量情况

产品名称	单位	产量			销量		
		2009 年	2010 年	2011 年	2009 年	2010 年	2011 年
彩色电视机	万台	854.0	1 196.9	1 305.6	814.8	1 135.4	1 259.2
平板电脑	万台			2 043			457.4
手机	万部			745.9			1 989.1
机顶盒	万台	228.7	962.0	1 560.4	228.2	956.6	1 548.6
光纤光缆	万芯千米	243.3	1 066.4	988.5	238.1	982.8	952.8
集成电路	万块	126	260 496 779	337 081	133	260 492 435	340 360
电子元件	万只	116 138	861 171	485 818	114 871	430 712	453 106
电子器件	万只	2 608 153	9 347 724	800 201	2 608 152	9 324 891	7 970 915

表 7 2009—2011 年四川省三资企业主要电子信息产品产销量情况

产品名称	单位	产量			销量		
		2009 年	2010 年	2011 年	2009 年	2010 年	2011 年
彩色电视机	万台		281.4	188.5		281.4	188.5
光纤光缆	万千米	4.8	438.2	300	4.8	433.8	295
电子元件	万只	2 133	544 626	46 959	2 191	19 765	46 956
电子器件	万只	2 608 153	5 880 507	3 432 810	2 608 152	5 859 712	3 433 501
集成电路封装测试	万只		260 447 956	226 534		260 444 807	22 752

注：表 1—表 7 数据来源于工业和信息化部年报资料。

[撰稿：苏平 审稿：饶初阳]

贵州省

【综述】

2011 年，贵州省信息产业累计实现规模产值 320.81 亿元，同比增长 23.9%，其中电子信息产业主营业务收入 154.86 亿元，同比增长 38.9%。通信业务收入、电子信息制造业主营业务收入、软件业务收入同比分别增长 11.8%、37.7%、41.1%，占信息产业比例为 13:8:4。

电子信息制造业

2011 年，贵州省电子信息制造业经济运行呈现规模不断扩大、经济效益明显提高、投资规模大幅增长、龙头企业带动明显的良好态势，产业效益和质量进一步提升，产业发展后劲增强。

一是产业规模不断扩大。2011 年，全省规模以上电子信息制造业实现主营业务收入 104 亿元，同比增长 37.7%，较上年增速提高近 24 个百分点，高于全国电子信息制造业同期增速 20.6 个百分点。完成工业总产值 121.8 亿元，同比增长 32.4%，家电制造、电子元器件、电子信息机电产品、通信设备、电子测量仪器、电子工业专用设备、电子信息产品专用材料等主要行业分别占比 38.6%、24.4%、11.9%、11.5%、7.6%、3.8%、1.6%；贵阳市、遵义市、黔南、黔东南等重点地区累计占比 95.8%，其中贵阳市、遵义市分别占比 62.6%、27.9%。

二是经济效益明显提高。2011 年，全省规模以上电子信息制造业实现利润总额 6.3 亿元，同比增长 12.5%。主营业务成本占主营业务收入的比重达到 80%，比 2010 年降低 0.2 个百分点。亏损企业 4 家，累计亏损额 2 211 万元，同比下降 35.8%。

三是重点企业生产经营形势良好。2011 年，中国振华电子集团有限公司、贵阳海信电子有限公司、贵州海尔电器有限公司以及航天、航空电子等重点企业累计完成主营业务收入 96.3 亿元，占行业比重 92.6%。全省规模以上企业中，主营业务收入超亿元企业 21 家，占总统计企业数的 51%，比 2010 年增长近一倍。

四是主要产品生产平稳。2011 年，手机、液晶电视机、电冰箱、电子元器件、密封铅酸蓄电池、锂蓄电池、驱动微电机、电子信息专用材料、集成电路等主要产品产量分别达到 200 万部、77.9 万台、162 万台、78 亿只、9.2 万 KVH、2 912 万只、91 万只、202.4 吨和 1 086 万块，手机、液晶电视机、电子元器件同比分别增长 69.5%、36.7%和 6.1%，电冰箱下降 16.1%，其他产品则与 2010 年基本持平。

五是对国民经济贡献逐步提高。2011 年，全省规模以上电子信息制造业从业人员 2.37 万人，比 2010 年新增 0.86 万人。上缴税金 2.8 亿元，同比增长 16.7%。出口大幅增长，完成出口交货值 13.7 亿元，实现了同比翻番增长。

主要特点 一是新的产业增长点涌现，产业规模稳步提高。历经“十一五”的发展，贵州省电子信息制造业已基本形成以电子元器件、通讯终端、电子信息新材料、家用电器、电子装备仪器为主的电子信息产品研发、制造体系，在“十二五”开局之年，以智能电网设备为代表的高端电子装备制造、以 LED 衬底材料为代表的光电产业、以敏感元器件、传感器为主的物联网制造等产业蓬勃发展，逐渐形成新的经济增长点，产业发展潜力进一步增强。2011 年，贵州省电子信息制造业产业规模实现了跨越，主营业务收入首次突破百亿元大关，工业总产值增速则达到历史最高水平。

二是工业园区建设实现突破，产业聚集加速。2011 年，贵州省大力实施工业强省、城镇化带动战略，工业园区作为工业发展的载体，建设规模、力度空前，以电子信息制造业为主导产业的工业园区数量进一步增加，产业聚集加速。已基本形成以贵阳市、遵义市为主，安顺、黔南、黔东南等地共同发展的产业布局，产业链上下游关联性进一步增强，产业聚集效应逐渐显现。贵阳市已有电子元器件、家用电器、电子信息新材料等产业聚集发展的国家级工业园区 1 个、省级工业园区 2 个，遵义市已有智能电网设备、家用电器、笔记本电脑配套产业等 IT 重点园区 4 个，安顺、黔南、黔东南等地以电子信息产品制造为主的工业园区不断涌现。

三是项目建设力度加大，投资规模大幅增长。2011 年，贵州省大力实施项目建设年，电子信息产品制造项目投资规模、建设数量大幅增长，达到历史最高水平。项目建设范围涵盖了新型电子元器件、电子信息新材料、新能源电池材料、信息家电、汽车电子、LED 光电产品和电子仪器、装备等领域。“年产 3 000 万片 LED 蓝宝石衬底材料项目”、“年产 7 500 吨锂离子电池正级材料生产线建设”、“模组产业化一期项目”、“LED 芯片封装及应用产业化”、“底面电极片式固体电解质钽电解电容器建设”、“微纳级抗电磁干扰滤波连接器及微小型表面贴装连接器生产线建设”等一批重点项目开工建设且顺利推进，进一步增强了产业发展潜力。

四是加强区域合作，共同助推产业发展。以深入实施西部大开发为契机，贵州省加强与东西部省市合作，共同发展电子信息制造业。依托贵州丰富的能源、矿产资源，贵州省及遵义市分别与重庆市签订了战略合作协议，共同推进重庆笔记本电脑配套产业在贵州省发展，重点在贵州省打造笔记本电脑机壳、锂离子电池、新型电子元器件、LED 产品等笔记本电脑配套产业。以扩大产业规模、延伸产业链、调整产业结构为目标，贵州省加强与信息产业强省江苏省的合作，双方将在贵州省共同打造信息产业新城，实现共赢。

软件和信息服务业

2011 年，贵州省实现软件业务收入 50.86 亿元，同比增长 41.1%，其中软件产品收入 23.07 亿元，占比 45.4%，同比增长 43.9%；信息系统集成服务收入 20.11 亿元，占比 39.5%，同比增长 14.0%；信息技术咨询服务收入 7.36 亿元，占比 14.5%，同比增长 209.8%；数据处理和运营服务收入 1 661 万元，嵌入式系统软件收入 1 406 万元，IC 设计收入 133 万元，三项合计占比 0.63%。

软件业务收入中，软件产品收入和系统集成服务收入占 84.9%，这主要受益于近年来贵州省企业信息化建设和 3G 建设步伐加快，电子政务建设投资稳定增长，对系统集成服务需求较为旺盛。

主要特点　一是产业发展稳步推进。产业主营业务收入在上年基础上增长较快。通过进一步优化发展环境、完善项目推进机制、推进产业聚集等措施，促进贵州省软件和信息技术服务业稳步快速发展。互联网和电信增值服务、工业控制软件、行业应用和企业管理软件是贵州省软件和信息技术服务业收入的主要来源。

二是企业发展态势良好，规模不断扩大。2011年，贵州省从事软件和系统集成服务的企业 200 余家，纳入统计范畴企业 172 家，较 2010 年增加 3 家，从业人员 1.1 万余人，项目经理 227 人，高级项目经理 31 人，信息系统工程监理工程师 42 人；累计通过认定软件企业 150 家，系统集成资质企业 48 家，其中二级资质 2 家、三级资质 20 家、四级资质 11 家、省内临时资质 15 家，通过信息系统工程监理资质企业 7 家。软件和信息技术服务企业中，主营业务收入超亿元企业 2 家，较上年增加 1 家，贵阳朗玛信息技术股份有限公司 2011 年通过证监委审核，另有筹备上市企业 3 家：贵州黔驰电力信息技术有限公司、贵州汇通华城股份有限公司正在做上市前准备工作，贵州万华科技有限公司计划 3—5 年内上市。

三是业务领域不断扩大，品牌效应逐渐凸显。省内累计登记软件产品 396 个，初步形成以嵌入式系统、行业应用软件开发、系统集成、互联网和电信增值服务、智能电网、节能系统、数字安防、数字内容及多媒体等为主的多个业务领域，产品涵盖电子政务、食品医药、公共卫生、装备制造等行业信息化。一批本土化企业逐步拥有具有自主知识产权的信息化产品，如振兴铝镁公司铝镁嵌入式系统和控制软件、朗玛公司互联网和电信增值服务软件、万华公司数字化安防综合管理系统、大唐高鸿公司互联网信息服务和移动增值业务、艾玛特公司移动办公电信增值业务、黔驰电力公司智能电网管理软件、华城公司中央空调节能系统、精英公司公共卫生血液安全综合管理平台、科瑞信公司 RFID 数字管理系统软件、亿易通食品安全电子监管执法解决方案、江南航天信息、卓讯公司装备制造业企业过程控制软件和管理软件等。

四是积极推动软件产业园区建设。为做大做强贵州省软件和信息技术服务业，进一步解放思想，更新观念，创新合作模式，鼓励引进国内先进的管理理念、技术、团队入驻贵州省，目前已有江西泰豪科技股份有限公司、大唐移动通信设备有限公司、江苏集群信息产业股份有限公司等落地贵州省，带动促进贵州省企业和产业发展。产业聚集效应有所显现，形成贵阳市、遵义市竞争发展格局。

主要问题　一是全社会对软件和信息技术服务业的发展认识不足；二是政府扶持力度不够，产业政策落实仍需加强；三是引导资金投入严重不足，企业融资渠道单一、担保困难；四是人才瓶颈制约产业发展；五是全省经济和信息化系统从事软件服务业工作的干部队伍人员素质和数量不能满足产业发展需要。

电子产品进出口贸易

2011 年，贵州省电子信息产品出口交货值 7.4 亿元，同比增长 57.4%。

出口产品主要包括微波天线和馈线、手机、电磁继电器、电感器、真空开关管，出口量分别为 7.2 万套、650 万部、9.88 万只、1.2 万只、1.53 万只。

科技进步与应用

2011 年，国家、省级资金加大对全省信息产业投入力度，支持工业信息化、电子信息产品生产线技术改造、软件（动漫）等领域 89 个项目的建设，支持资金 9 513 万元，带动投资近 30 亿元。项目建成后预计年新增销售收入 74 亿元、利润 25 亿元、税金 6.7 亿元、出口2.2亿美元。

2011年，贵州省电子信息制造业建设项目达72个，计划总投资51亿元，其中新开工项目29个，同比增长3.8倍。国家电子信息产业振兴和技术改造资金、国家电子信息产业发展基金、贵州省工业和信息化发展专项资金支持项目19个，总投资32.5亿元，支持资金4 323万元。1 000万元以上项目完成固定资产投资10.2亿元，同比增长6.4倍，高于全省工业投资增速近6倍。其中电子元器件、电子信息机电产品、电子信息产品专用材料、家电制造等行业投资比重位居前列，LED半导体产品及其他电子元器件产业完成固定资产投资7亿元，占全行业投资比重68.6%，成为行业中投资最密集、增长最快的领域。

信息基础设施建设

2011年，贵州省电话用户总数为2 579.18万户，同比增长11.3%，其中：固定电话用户403.96万户，同比减少6.0%；移动电话用户2 175.22万户，同比增长15.3%；3G手机用户186.11万户，同比增长195.4%。

2011年，全省（固定）互联网宽带接入用户214.52万户，同比增长43.5%；移动互联网用户1 308.09万户，同比增长16.1%，其中：手机上网用户1 294.98万户，同比增长16.0%；无线上网卡用户13.11万户，同比增长33.6%。

2011年，全行业共新增通信光缆2.34万千米，新增移动电话基站7 154个，其中新增3G基站2 116个，新增WLAN热点2 116个，新增移动电话语音信道33.12万个，新增移动短消息中心容量1 800万条/小时，新增互联网宽带接入端口210.29万个，新增互联网出省带宽213Gbps。

截至2011年12月，全省通信光缆线路长度25.80万千米，移动电话基站42 824个，其中3G基站9 546个，WLAN热点3 927个，移动短消息中心容量达到8 478万条/小时，互联网宽带接入端口数量437.82万个，互联网出省带宽545Gbps。

信息产业基地建设

国家电子元器件高新技术产业化基地 2010年1月，科技部发文认定贵阳国家电子元器件高新技术产业化基地为国家高新技术产业化基地。该基地以片式电子元器件、电子新材料为主，以中国（贵阳）片式元器件产业园为依托，整合贵阳软件园、贵州火炬软件园以及贵阳市范围内其他片式电子元器件、电子材料、电子专用设备、消费电子产品、电子通信等企业建成。

国家（贵阳）片式元件产业园 位于新天高新技术工业园内。新天高新技术工业园是1992年经国务院批准设立的贵阳国家高新技术产业开发区“一区三园”布局园区之一，园区规划面积1.31平方公里，聚集了中国振华集团科技股份有限公司等20余家电子元器件骨干企业，重点发展片式钽电容器、片式二三极管、CDMA移动通信手机等电子产品。

贵阳市软件园 建于2000年9月，经原贵州省信息产业厅、贵阳市人民政府正式批复成立。软件园按“一园二区”规划，位于贵阳市沙冲南路202号，坐落在贵阳药用植物园内，可用孵化面积2 700平方米。已投入基础设施建设资金1.2亿元，园区总建筑面积3万平方米。

贵阳市数字内容产业园 成立于2007年，由省科技厅、原省经济和贸易委员会、省新闻出版局、省文化厅、原省信息产业厅五家单位联合授牌。园区位于贵阳市白云区白云南路，占地面积42亩，建筑面积2.7万平方米，入驻企业27家，其中动漫（游戏）企业20家，初步形成了创意设计、动画制作和衍生产品开发产业链。

信息技术应用

电子政务 积极推动政府系统门户网站绩效评估工作，完成了省直各部门、9个地区（含88个县级人民政府）2011年政府门户网站绩效评估工作。推动电子政务外网骨干传输网的应用，省财政厅、省国土资源厅、省安全生产监督管理局、省经济和信息化委员会、新华社贵州分社、省统计局、省司法厅等部门利用骨干传输网开通省—市—县的电路，并利用电子政务外网开展各项业务。按省政府2011年50项重点工作任务要求，组织制定了《省信息化领导小组办公室关于印发贵州省电子政务外网骨干传输网管理办法（暂行）的通知》（黔信领办[2011] 5号）。落实《贵州省电子政务电子认证体系建设总体规划》关于全省电子政务内、外网密钥管理和电子认证基础设施（简称“两个基础设施”）建设的有关内容。

两化融合　按照“应用示范，带动辐射”原则，立项 38 个工业信息化项目，包括企业信息化项目和信息化公共服务平台项目，支持资金 1 190 万元，带动工业投资 18 251 万元；承办“全国两化融合深度行贵阳首发式”活动；完成《贵州省中小企业信息化工作总结材料》、《贵州省两化融合促进安全生产工作总结材料》、《贵州省两化融合促进节能减排经验交流材料》等报工业和信息化部；组织贵州省 44 家企业成功在线注册成为“工业和信息化部工业信息化运行形势监测指数企业”；搭建省信息化支撑平台，不断提升对全省信息化建设的指导、协调和服务能力；开展贵州省物联网产业发展规划的编制工作。

农业农村信息化　组织完成《2011 年村级农民多功能信息服务站建设》方案；以省级信息化专项资金项目为抓手推进一批农业农村信息化类项目实施；开展农村信息员培训，共组织培训农村信息化各类人员 804 人次。

电子信息产业发展基金项目　2011 年，贵州省电子信息产业发展基金在建项目 4 个，总投资 5 266 万元，少数民族传统文化动漫产品工具及资源库开发，超级电容器研发及产业化，高清、全高清感光性、刻蚀法及喷砂法精细结构障壁材料研发等项目建设进展顺利。同时，对已竣工的叠层片式电阻器产业化项目进行了验收。

热点

8 月 17 日，贵州省、重庆市签署《重庆市人民政府贵州省人民政府全面战略合作协议》。“十二五”期间，双方将积极引导和推动重庆企业对贵州能源、IT 和信息产业投资。

9 月 16 日，工业和信息化部在贵阳市启动“两化融合深度行”活动，将在全国近 10 个重点省市宣传贯彻国家关于推动信息化和工业化深度融合的政策，同时发现新鲜经验，推广成功案例。

12 月 30 日，国务院办公厅下发《关于印发三网融合第二阶段试点地区（城市）名单的通知》（国办函[2011] 164 号），正式将贵阳市等 42 个城市列为三网融合第二阶段试点地区（城市）。

【统计数据】

表 1　2011 年贵州省电子信息产业人员构成情况

企业类别	企业数（家）	年末从业人员总数（人）	人员构成	
			工程技术人员（人）	在总人数中所占比例（%）
国有企业	12	7 248	1 309	18.1
国有独资企业	2	3 135	477	15.2
其他有限责任公司	20	10 829	877	8.1
股份有限公司	4	2 086	308	14.8
三资企业	3	383	97	25.3

表 2　2009—2011 年贵州省电子信息产业基本情况

项目名称	单位	2009 年	2010 年	2011 年
工业总产值（现行价）	亿元	80.5	92.2	121.8
工业销售产值	亿元	79.4	90.6	113.9
出口交货值	亿元	3.4	4.7	13.7

续表

项目名称	单位	2009 年	2010 年	2011 年
资产总计	亿元		89.3	123.9
负债合计	亿元		34.4	59.4
税金总额	亿元		2.4	2.8
利润总额	亿元		3.9	6.3
应交所得税	亿元		0.6	1.1
从业人员年末人数	人	14 250	15 113	23 681
从业人员工资总额	亿元	4.0	4.8	9.5

表 3　2011 年贵州省电子信息产业三资企业基本情况

项目名称	单位	2011 年	项目名称	单位	2011 年
工业总产值（现行价）	亿元	7.2	税金总额	亿元	3.3
工业销售产值	亿元	7.1	利润总额	亿元	5.3
出口交货值	亿元	6	应交所得税	亿元	0.8
资产总计	亿元	2.5	从业人员年末人数	人	383
负债合计	亿元	1	从业人员工资总额	亿元	2.4

表 4　2009—2011 年贵州省电子信息产业主要经济效益指标完成情况

项目名称	单位	2009 年	2010 年	2011 年
全员劳动生产率	元/人	163 254	217 426	156 691
流动资产周转率	次	2.1	1.6	2.4
产品销售率	%	98.6	98.2	98.6
总资产贡献率	%	6.8	6.3	6.4
资产保值增值率	%	160.7	140.2	117.3
资产负债率	%	41.3	38.5	48.0

表 5　2011 年贵州省电子信息产业三资企业主要经济效益指标完成情况

项目名称	单位	2011 年	项目名称	单位	2011 年
全员劳动生产率	元/人	303 955	总资产贡献率	%	6.7
流动资产周转率	次	2.5	资产保值增值率	%	150.3
产品销售率	%	98.6	资产负债率	%	38.1

表 6　2009—2011 年贵州省主要电子信息产品产销量情况

产品名称	单位	产量			销量		
		2009 年	2010 年	2011 年	2009 年	2010 年	2011 年
手机	万部	118.2	118	200	120	119	200
电子元器件	亿只	70.4	73.5	78	65.5	75.1	77
电视机	万台	72.6	67	77.9	71.1	66	77.3
电冰箱	万台	164	193	162	164	193	162
电子信息专用材料	千克	117 782	203 783	202 375	189 858	108 472	196 452

表 7　2011 年贵州省三资企业主要电子信息产品产销量情况

产品名称	单位	产量	销量
手机	万部	200	200
电子信息专用材料	千克	118 168	112 690

注：表 1—表 7 数据来源于《贵州电子信息产业年度统计报表（2011 年）》，统计对象范围为贵州省内规模以上电子信息产品制造企业。

[撰稿：龙美美　审稿：程三知]

云　南　省

【综述】

电子信息产品制造业

2011 年，云南省电子信息制造业重点发展方向是硅太阳电池及组件制造、高效太阳能电池用锗晶片、控制器、逆变器等光伏产业；以红外及夜视系统、LED 半导体照明、新型显示器、半导体材料、贵金属信息材料、OLED 新材料、电子元器件等为重点的电子信息产业；以存折打印机类产品、自主类产品、智能机器人 AGV 系统、城市轨道交通设备、计算机及数字音视频产品等为主的计算机及数字视听产业；以物联网、移动支付和三网融合技术为主的新一代信息技术产业；以芯片及多功能化合物半导体为主的集成电路制造产业。

云南省电子信息制造业有 20 多家骨干企业，主要包括：北方夜视科技集团有限公司、云南南天电子信息产业股份有限公司、云南北方奥雷德光电科技股份有限公司、云南天达光伏科技股份有限公司、昆明冶研新材料股份有限公司、贵研铂业股份有限公司、云南昆船数码科技有限公司、云南临沧鑫圆锗业股份有限公司、云南蓝晶科技股份有限公司、个旧圣比和实业有限公司、云南新威电子工业有限公司等。

2011 年，全省统计的 17 家电子信息制造企业实现主营业务收入 77.84 亿元，增长 21.7%；累计完成利润总额 6.9 亿元，上缴税金 1.84 亿元；从业人员 10 233 人；实现出口交货值 4.1 亿元。

2011 年，全省电子信息制造业累计实现利润 6.9 亿元，同比下降 1.2%。其中：北方夜视科技集团有限公司实现利润 3 亿元，比 2010 年 1.99 亿元增长 52.1%；云南临沧鑫圆锗业股份有限公司实现利润 1 亿元，比 2010 年 0.92 亿元增长 11.7%；云南南天电子信息产业股份有限公司实现利润 4 500 万元，同比增长 1.1%；贵研铂业股份有限公司实现利润 4 038 万元，同比增长 18%；云南山灞图像传输科技有限公司实现利润 3 701 万元，比 2010 年 1 025 万元增加 2 676 万元；昆明金质先锋智能仪表有限公司实现利润 179 万元，同比增长 33.3%；云南蓝晶科技股份有限公司实现利润 1.34 亿元，同比下降 21.5%；云南昆船电子设备有限公司实现利润 2 429 万元，同比下降 30%。

软件和信息服务业

2011 年，云南省软件和信息服务业继续保持平稳快速发展态势。云南南天电子信息产业股份有限公司、云南省通信产业服务有限公司、昆明昆船物流信息产业有限公司进入全国软件业务收入百强企业。

2011 年，云南省软件和信息服务业业务收入有所上升，但总体效益较上年略有下降。统计内规模企业 100 家，累计完成软件业务收入 46.83 亿元，比上年 42.03 亿元增长 11.4%；实现利润 2.18 亿元，比上年 2.56 亿元下降 14.8%。软件业务收入上亿元的企业有 7 家，上千万元的有 52 家。

主要特点：

一是软件产品收入有所下降。2011 年，全省完成软件产品收入 6.85 亿元，占软件业务收入的 14.6%，同比降低 16.7%。其中：云南省通信产业服务有限公司下降 1.3%，云南南天电子信息产业股份有限公司下降 32.8%，昆明昆船物流信息产业有限公司下降 16.2%。云南南天电子信息产业股份有限公司软件产品收入下降的原因是：软件业务收入类型进行了细分，导致数据处理和运营服务收入增加。

二是信息系统集成服务收入增速放缓。2011 年，全省实现信息系统集成服务收入 34.92 亿元，占软件业务收入的 74.6%，同比增长 9.1%。其中：云南省通信产业服务有限公司增长 17.1%，云南南天电子信息产业股份有限公司增长 18.8%，昆明昆船物流信息产业有限公司增长 7.3%，云南邮电工程有限公司和云南云电同方科技有限公司信息系统集成收入均达上亿元。

三是信息技术咨询服务收入略有下降。2011 年，实现信息技术咨询服务收入 0.81 亿元，占软件业务收入的 1.7%，同比下降 3.6%。

四是数据处理和运营服务收入上升。2011 年，实现数据处理和运营服务收入 3.87 亿元，占软件业务收入的 8.3%，是 2010 年的 3.58 倍。

五是部分企业经济效益同比下降。2011 年，全省软件企业实现利润 2.18 亿元，同比下降 15.2%。其中：云南南天电子信息产业股份有限公司实现软件业务收入 11.15 亿元，同比增长 41.0%，实现利润 1 047 万元，同比下降 60.2%；云南省通信产业服务有限公司实现软件业务收入 7.91 亿元，比上年 10 亿元下降 2.09 亿元，实现利润 4 289 万元，同比下降 16.8%；昆明昆船物流信息产业有限公司实现软件业务收入 6.06 亿元，同比增长 2.4%，利润 405 万元，同比下降 60.2%；昆明阳光基业股份有限公司收入 0.79 亿元，亏损 0.34 亿元，2010 年赢利 1 471 万元。

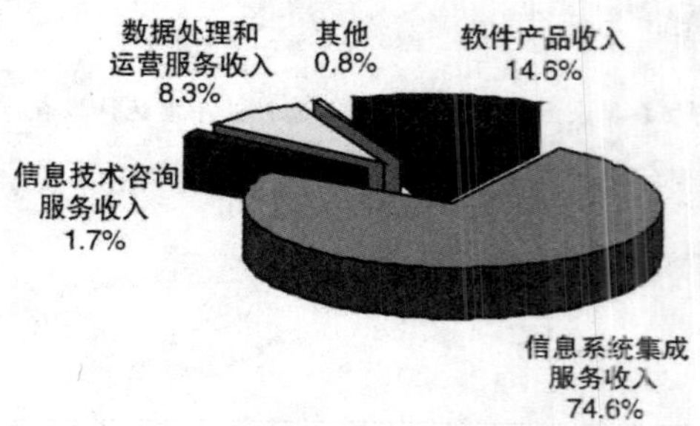

图 1　2011 年云南省软件业务收入分类比重

开展的相关工作包括：

一是软件产业行业管理。截至 2011 年 12 月，云南省批准认定的软件企业共计 192 家，其中 2011 年新认定软件企业 26 家；批准登记备案的软件产品共计 704 个，其中 2011 年新认定软件产品 145 个。

二是计算机信息系统集成资质获证企业资质管理工作。2011 年，计算机系统集成四级资质新申报 5 家；信息系统工程监理新申报（部）临时资质 1 家；信息系统工程监理（部）临时资质换证 1 家；计算机系统集成资质变更 11 家；计算机系统集成资质证书增发 1 家；计算机系统集成高级项目经理资质申报 15 人；计算机系统集成项目经理资质申报 64 人；信息系统工程监理师资质申报 54 人；计算机系统集成高级项目经理延续换证申报 21 人；计算机系统集成项目经理延续换证申报 108 人；计算机系统集成资质换证三级资质企业 5 家，四级资质企业 9 家。目前，云南省共有计算机信息系统集成获证企业 69 家，其中一级资质 3 家，二级资质 9 家，三级资质 18 家，四级资质 39 家；信息系统工程监理单位 6 家，其中（部）临时资质 3 家，（地方）临时资质 1 家；全省共有 140 人获得高级项目经理资质证书，680 人获得项目经理资质证书。

三是召开信息产业发展专题会议。会议专题研究电子信息制造业、软件和信息服务业、电子信息材料等产业发展工作，讨论分析当前云南省信息产业发展面临的形势、任务及存在的困难和问题，安排部署下一步重点工作和任务。

四是组织开展软件和信息服务业专题调研。围绕贯彻落实 2011 年 3 月在广州市召开的全国软件和信息技术服务业工作会议精神以及《国务院关于支持云南省加快建设面向西南开放重要桥头堡的意见》（国发 [2011] 11 号）要求，云南省工业和信息化委员会做了大量调研、梳理与沟通工作，最终形成《云南省信息产业发展调研报告》和《云南省工业和信息化委员会关于抢抓桥头堡建设重要机遇推动云南省信息产业快速发展的调研报告》。

五是支持和指导昆明市开展面向两亚的“电子信息制造业基地”和“软件和信息服务业基地”选址和规划拟制。2011 年，云南省工业和信息化委员会承办产业发展调研和基地建设选址相关工作，其关于面向两亚的软件和信息服务业基地初步工作思路是：依托呈贡大学城高度集聚的智力资源，拟在呈贡新区建设面向“两亚”的软件和服务外包基地、软件和信息服务业人才培训基地，合并部署。重点发展：（1）软件业，包括“小语种”软件技术研发和产业化，软件研发，新一代信息技术中的软件开发、物联网和云计算等新兴产业研发及产业化，“两化融合”通用和关键软件研发及产业化，承接东部软件产业转移；（2）信息服务业，包括云南省旅游、有色金属、烟草、电力和交通物流等特色、优势产业、行业的相关信息服务业，网络、数字内容、软件技术、软件和信息服务外包等新兴产业信息服务业，面向“两亚”的信息服务业，面向“两亚”的电子商务基地。（3）小语种软件和信息技术服务业人才培训基地，包括面向“两亚”地区的语言+技术复合型软件和信息服务业人才培养、培训、在职培训等。上述工作思路得到工业和信息化部对口司局主要领导的认可和支持。

六是开展物联网项目申报工作。2011 年，根据工业和信息化部、财政部的统一部署，会同省财政厅开展物联网项目申报，共有 5 个项目得到国家物联网专项资金 900 万元的支持。

科技进步与应用

2011 年，云南蓝晶科技股份有限公司 LED 半导体照明衬底片产业化、云南南天电子信息产业股份有限公司南天移动支付终端及系统平台产业化等 4 个项目获得国家电子信息产业振兴和技术改造项目专项扶持资金 1 650 万元；云南南天电子信息产业股份有限公司信息系统（金融）运行维护支持系统研发及产业化等 2 个项目获得国家电子信息产业发展基金 700 万元。云南北方奥雷德光电科技股份有限公司自主研发、拥有自主核心知识产权的 EYE-TOP 穿戴式电脑产品，技术性能指标达到或超过国外水平，填补了国内 OLED 微型显示器批量生产的空白。云南玉溪蓝晶科技有限公司蓝宝石单晶生长技术、晶体炉研发拥有自主知识产权，是国内规模最大、唯一拥有从长晶体至切割、研磨、抛光、清洗封装完整生产线的 LED 衬底片生产企业，产能居全球第四。

电子信息制造业以新一代信息技术为突破口，向价值链高端延伸。云南昆船数码科技有限公司与云南广电网络股份公司合作，研究开发出具有自主知识产权的“数字电视多媒体信息平台”，成功应用于大理州“新农村数字电视服务平台”，并在大理、玉溪、红河、昭通、临沧、保山等地广泛应用，有 20 余万用户。昆船数码公司投入大量资金、人员、设备用于开发设计 ABS-S 卫星接收机产品，其软件、硬件指标均达到国家广播电影电视总局《中国广播电视直播卫星“村村通”系统技术体制白皮书》的规定要求，经小批量生产，产品质量稳定可靠，其技术、生产条件已具备大批量生产的能力。南天公司生产的 POS 产品已入围中国移动通信集团公司等国内各大运营商的手机支付 POS 终端采购，移动支付终端及系统平台产业化项目建成达产后，可实现年产 8 万台 POS 终端、类 POS 终端、外围设备等三类移动支付终端的生产能力。云南北方奥雷德光电科技公司主动式 OLED 微型显示器产品经测试已达到国际先进水平，共申请国家专利 11 项，已建成 45 万片/年的生产线，是目前国内唯一一家能够批量生产的厂家。

2011 年，云南省共有 1 家在建多晶硅企业、3 家太阳能电池生产企业，基本形成较为完整的硅石—工业硅—多晶硅—太阳能电池—光伏发电站产业链。

信息化建设

信息化规划 2011 年，由云南省人大组织，云南省工业和信息化委员会和相关部门参加，开展全省《云南省信息化促进条例》的执法检查，通过对昆明市、红河州等地实地检查，促进了条例的贯彻落实。会同省发展和改革委员会等相关部门完成对《云南省国民经济和社会发展信息化“十二五”专项规划》、《云南省电子政务发展规划（2011-2015 年）》（送审稿）两个重点专项规划的修订、完善、报批工作，其中，“十二五”信息化规划已经省政府常务会议审批通过并颁布，“十二五”电子政务规划待省信息化领导小组会议审议通过后发布。

电子政务主题式项目建设 根据《云南省电子政务发展规划（2011-2015 年）》，会同省发展和改革委员会、省财政厅开展了《关于征集省级电子政务主题式推进项目的通知》，共收到 50 个部门申报的 80 个项目。2011 年 10 月，会同省发展和改革委员会、省财政厅，对申报项目进行梳理、筛选，对成熟度较高的主题式项目，开展项目需求分析报告的咨询评估工作，并启动课题研究任务和可研报告编制，做好项目审查、评审工件，稳步推进主题式电子政务建设。

农业农村信息化 牵头起草并会同相关部门出台了《云南省农业农村信息化三年行动计划》，加强对涉农信息资源的整合，发挥整体效益。

两化融合 启动“两化融合”信息技术及产品推广应用指导目录的编撰。组织编制了区域、行业、企业的“两化融合”评估指标体系。召开了“两化融合”培训会议。

国防信息动员 以“军事综合信息网”和省电子政务网为依托，构建国防动员通信信息网、国防动员远程视频会议系统，建设省国防动员指挥控制中心和各专业指挥要素。开发了与之相配套的国防动员信息系统、安全防护系统，为提高云南省国防动员信息化水平打下坚实基础。国防动员相关网络工程建设已取得进展。

农村党员远程教育 2011 年，云南省工业和信息化委员会包干联系点会泽县共建成终端接收站点 398 个（其中，电信宽带模式站点 111 个，依托中小学卫星模式站点 222 个，自建“卫星模式”站点 65 个）。对全省农村党员教育项目给予立项支持，并在人力、财力、物力和技术等方面给予支持。从 2010 年开始，为会泽县鲁纳乡、南华县沙桥镇各建多媒体教室 1 个，配备电脑 50 台、投影仪 2 台、UPS 电源等设备共计 40 余万元。经与中国电信股份有限公司云南分公司协商，免去所有宽带和运维费用。

重大信息化建设项目 一是云南省政府与微软（中国）有限公司合作项目。根据云南省委对微软公司提交的《关于建立中国面向西南的区域信息枢纽的合作框架》及相关文件的批示，云南省工业和信息化委员会牵头组织省级相关部门组成工作组，与微软公司代表围绕“确定合作框架，拟定合作备忘录，达成项目合作协议”等共同目标，通过座谈交流、项目洽谈、实地考察、研讨论证等形式做了大量前期工作，并于 2011 年 12 月 27 日、28 日邀请微软工作组来滇展开第一轮面商。在双方共同努力下，对合作备忘录基本框架、合作事宜项目化等工作达成一致和共识，形成 5 个合作项目意向。

二是云南省云计算产业规划布局启动。组织有关方面专家和省直相关部门制定了彩云计划，总体目标是：依托良好的信息化基础条件，利用云南省区位优势和建设云南省“桥头堡”信息通道的机遇，把云南省建设成为立足西南面向全国辐射泛亚地区重要的云计算产业基地。到 2016 年，形成集云计算技术、产品和服务一体化发展的产业格局，建设一批高效能、高安全、低成本的云服务应用，培育一批在国内具有较强实力和影响力的云计算企业，云计算产业规模超亿元，云服务规模占全国市场的比重超过 5%，使云南省成为全国乃至东南亚地区较大的云服务和终端产品制造基地。

三是推进桥头堡信息化建设。《国务院关于支持云南省加快建设面向西南开放重要桥头堡的意见》中提出：“建设面向东南亚、南亚的信息枢纽和区域信息汇集中心”。根据省政府对推进桥头堡信息化建设的工作安排和任务分工，云南省工业和信息化委员会牵头负责区域信息汇集中心建设，指导区域通信枢纽建设工作。一是在前期研究基础上，开展区域信息汇集中心建设规划编制工作。规划编制完成后，由工业和信息化部组织的专家论证和评审，并提请省政府常务会议审议。二是积极争取工业和信息化部、国家发展和改革委员会支持，推动建立西南区域信息化建设协调工作机制，开展西南区域信息化研究，明确一批区域共同推进的建设项目，从国家层面启动一批区域试点示范项目的开展。三是按照云南省"十二五"信息化规划要求，加快启动规划中涉及区域信息汇集中心建设的重点工程前期工作，协调省发展和改革委员会、财政厅，建立项目审批备案库，加快项目的论证、研究和立项审批及开工工作。四是指导中国电信股份有限公司云南分公司、中国移动通信集团云南有限公司、中国联合网络通信有限公司云南省分公司开展区域通信枢纽、宽带云南建设的前期研究和规划编制工作，组织好相关工作的协调和推进。

【统计数据】

表 1　2011 年云南省规模以上电子信息制造业人员构成情况

企业类别	企业数（家）	年末从业人员总数（人）	人员构成	
			软件开发研究人员（人）	在总人数中所占比例（%）
国有企业	9	8 625	2 830	32.8
有限责任公司	12	5 200	922	17.7
其中：国有独资企业	5	4 345	750	17.3
股份有限公司	5	5 044	2 206	43.7
私营企业	7	1 317	265	20.1
三资企业	1	302	33	10.9

表 2　2009—2011 年云南省规模以上电子信息制造业基本情况

项目名称	单位	2009 年	2010 年	2011 年
工业总产值（现行价）	万元	454 780.7	485 560	547 535.5
工业销售产值	万元	431 666.5	469 638.2	495 351.8
出口交货值	万元	21 234.6	52 833.2	41 017.5
流动资产平均余额	万元	377 001.2	581 392.8	737 869.5
固定资产平均净值余额	万元	130 405.5	134 322.7	263 324.9
资产总计	万元	691 517.1	844 773	1 267 138.9
负债总计	万元	305 315.4	353 577.3	451 700.8
产品销售收入	万元	479 708	531 734.5	785 264.8
其中：软件产品销售收入	万元	7 496.0	9 033.1	13 100.8
税金总额	万元	4 392.2	4 751.2	3 565.3
利润总额	万元	49 977.4	49 912.7	66 412
应交所得税	万元	5 650.4	7 296	10 246.5
从业人员年末人数	人	6 892	7 789	10 233
从业人员工资总额	万元	25 905.7	43 803.5	62 983.7

注：2011 年流动资产和固定资产净值是年末余额。

表 3　2009—2011 年云南省主要电子信息产品产销量情况

产品名称	单位	产量			销量		
		2009 年	2010 年	2011 年	2009 年	2010 年	2011 年
台式计算机	万台	3.1	2.61	1.99	3.12	2.63	2
笔记本电脑	万台	0.22	0.08	0.01	0.23	0.09	0.01
针式打印机	台	81 331	103 818	114 340	89 592	108 818	110 926
气敏元器件	万只	4.24	4.29	5.5	5.24	4.24	5.45
硅太阳能电池	千伏安	16 500	41 335	31 206	16 443	39 592	26 494

注：表 1—表 3 数据来源于云南省电子工业协会。

[供稿：云南省工业和信息化委员会]

西藏自治区

【综述】

软件和信息服务业

信息服务企业资质地方评审机构设立　根据原信息产业部《关于发布〈计算机信息系统集成企业资质和信息系统工程监理单位资质评审机构管理办法〉的通知》要求，西藏自治区（以下简称西藏）工业和信息化厅积极开展计算机信息系统集成企业资质和信息系统工程监理单位资质管理工作。目前共有四人获得评审员资格，其中两人参与了工业和信息化部电子五所组织的 7 次资质评审工作，具备了主评审员资质。在工业和信息化部计算机信息系统集成资质认证工作办公室和相关行业部门的关心支持下，制定完成作为评审机构的质量管理体系文件。经过多方面努力，2011 年，向工业和信息化部审查推荐西藏自治区信息资源中心作为资质评审机构，提交了成立地方评审机构的文审材料并通过评审。根据工作流程，工业和信息化部电子化标准研究院将于 2012 年 9 月对西藏地方评审机构现场评审。

信息化建设与应用

截至 2011 年底，西藏信息化整体水平明显提升。一是信息基础设施实现跨越式发展，综合通信能力明显增强。二是党政信息化建设明显加强，一批重要业务系统相继建成并发挥效益。三是国民经济信息化稳步推进，信息技术对产业发展的促进作用日益显现。四是社会领域信息化初见成效，对公众服务和社会管理的支撑能力不断增强。五是信息化管理体制基本确立，信息化发展环境初步形成。

其他

《西藏自治区“十二五”时期信息化规划》编制工作　根据西藏自治区关于“十二五”规划工作的总体部署，组织开展了《西藏自治区“十二五”时期信息化规划》（以下简称《规划》）编制工作，共经历前期调研、研究编制、征求意见、修改完善四个阶段。《规划》编制工作以科学发展观为指导，按照《西藏自治区“十二五”时期国民经济和社会发展规划纲要》和《西藏自治区 2006-2020 年信息化发展规划》总体要求，立足于西藏经济社会发展对信息化的现实需求，明确提出了“十二五”西藏信息化发展的基本原则和战略目标，部署了八个领域的重点任务，提出了十个重大工程。

西藏“十二五”信息化建设的总体目标是：基本建成广泛覆盖、先进适用的基础信息网络体系，电子政务有力支撑党政部门公共管理和社会服务，信息安全保障能力显著增强，信息化发展环境明显改善，信息技术在社会发展、安全维稳、国民经济、生态环保等各领域广泛应用并取得明显成效，对实现科学发展、跨越式发展和长治久安做出显著贡献。具体目标是：力争实现乡乡通光缆、80%以上的行政村通宽带，村村能上网，通信信号覆盖到具备条件的自然村。全区电话普及率达到93%，互联网宽带家庭普及率达到43%。全区县级以上党政部门100%接入全区统一的电子政务传输网络，100%部署办公自动化系统，建成一批重点业务系统并发挥良好效益。全区农村综合信息服务体系基本形成，60%以上的行政村建有农村信息服务站。全区90%以上的中小学建有计算机网络教室。全区规模以上企业100%建有网站，40%左右部署应用企业资源计划(ERP)管理系统，电子商务和物流信息化发展环境持续改善。区内软件和信息技术服务业销售收入年均增长21%以上。

重点任务是：一是完善信息网络基础设施，构建宽带融合信息网络。二是加快社会事业信息化发展，服务保障和改善民生。三是加强政法系统信息化建设，提高社会公共管理和安全维稳能力。四是加快推进国民经济信息化，有力促进产业发展。五是统筹推进电子政务建设，提升党政部门管理服务水平。六是加强国土资源与生态环保信息化工作，服务高原生态安全屏障建设。七是加快发展信息技术服务业，培育西藏特色信息产业。八是加强信息安全保障体系建设，切实维护网络与信息安全。

[供稿：西藏自治区工业和信息化厅]

陕 西 省

【综述】

2011年，陕西省电子信息产业实现主营业务收入1 010.4亿元，同比增长32.9%。其中：电子信息产品制造业规模以上企业实现主营业务收入426.9亿元，同比增长31.3%；实现利润总额26.0亿元，同比增长4.3%；全年实现出口交货值46.5亿元，同比增长20.0%。软件服务业实现总收入583.5亿元，同比增长35.6%；实现利润总额25.2亿元，同比增长44.0%；软件出口2.91亿美元，同比增长35.4%。

产值产量 2011年，陕西省规模以上电子信息制造企业完成工业总产值423亿元，同比增长1.1%。主要产品：雷达设备生产444台套，销售429台套，分别上升5.9%和4.4%；彩色电视机生产2.24万台，销售2.24万台，均下降98.2%；电子元件生产50.7亿只，销售57.6亿只，分别下降14.1%和0.7%；半导体电子器件生产38.8亿只，销售38.7亿只，分别下降23.5%和19.1%；彩色显像管生产190.7万只，销售234.7万只，分别下降73.0%和64.8%；集成电路生产1.98亿只，销售1.90亿只，分别上升14.4%和24.8%。

软件服务业中，软件产品收入104.8亿元，同比增长58.3%，占总业务收入的27.4%；信息系统集成服务收入112.9亿元，同比增长42.1%，占总业务收入的29.5%；信息技术咨询服务收入92.8亿元，同比增长73.1%，占总业务收入的24.2%；数据处理和运营服务收入15.7亿元，同比下降34.8%，占总业务收入的4.1%；嵌入式系统软件收入39.1亿元，同比增长74.5%，占总业务收入的10.2%；IC设计收入17.4亿元，同比下降22.0%，占总业务收入的4.5%。

电子信息产品制造业

陕西省现有电子信息产品制造企业450余家，从业人员约11.3万人，产品涉及雷达、通信、广播电视、电子计算机、家用视听、电子器件、电子元件、电子测量仪器、电子专用设备、电子信息机电设备、电子信息材料等11个行业，形成了以西安、宝鸡、咸阳3个中心城市为聚集地的电子信息产业带，是中国电子信息产业重要的生产、研发基地，也是西北地区电子信息产业的集聚区域。

主要特点如下：

一是行业收入大幅增长，经济效益显著提高。2011年，电子信息产品制造业规模以上企业主营业务收入增幅高于全国同期平均水平。雷达设备、通信设备、物联网、电子专用设备等领域最为瞩目，增幅分别为 23.8%、54.7%、228.9%、63.7%，有效拉动了全行业高速增长。

二是产品产销平衡，产品结构调整进一步加快。陕西省重点产品中，彩色电视机产销量相当，但由于陕西康佳电子有限公司逐步撤出，产量大幅减少；由于平板电视等数字显示设备已成为主流，显像管生产量较上年萎缩约 73.0%；电子元件生产和销售分别下降 14.1%和 0.7%。陕西省"十二五"规划引导企业从加工生产向技术开发逐步转变，从 2011 年起各种元器件的产量略有下调，为企业下一步布局腾出了空间。2011 年，半导体分立器件产量为 3.01 亿只，同比减少 16.1%，销售量为 3.02 亿只，同比减少 16.5%，产销平衡；集成电路产量则在上年大幅增长基础上再次刷新为 1.98 亿只，销量 1.90 亿只，产销率 96%。2011 年以来，陕西省在保留和强化现有优势产品的同时，对部分产品进行精简及整合，将研发资源尽量安排到更有发展潜力的领域中去。随着陕西省推进新一代信息技术产业发展，全省产品结构调整进一步加快，成效显著。

三是招商引资成效显著，区域竞争力开始凸显。2011 年，一批有影响力的中外企业落户陕西省或在陕西省扩大投资规模，区域核心竞争力逐步显现。IBM 公司在陕西省成立了全球研发中心；华新丽华股份有限公司投资 2.5 亿美元在西安高新区建立生产基地，目前已在西安市设立 4 家投资公司和 2 家合资公司，成为陕西省和台湾电子信息企业合作的典范；中兴通讯股份有限公司、华为技术有限公司等企业继续加大在陕西省的投资力度，将陕西省作为其总部之外最为核心的区域发展中心；中国电子信息产业集团在陕西省投巨资建设信息产业园，依托陕西省科教优势，发展电子信息产业；中国电子科技集团整合其内部产业和科技资源，在陕西省投资建设新一代导航产业园；韩国三星存储芯片项目落户西安市，西安三星科技城已建成。随着中外知名企业在陕西省的集聚，陕西省电子信息产业规模将快速增长，核心竞争力将进一步增强。

四是龙头企业发展势头良好。陕西电子信息集团有限公司拥有一级企业 16 家，是中国重要的军工电子装备科研、生产基地，也是陕西省发展电子信息、太阳能光伏和半导体照明产业的龙头企业，致力于军工电子从材料到整机的研发、制造和销售。主营业务涉及雷达、通信、导航整机、电子专用设备、电子元器件和原材料等，同时积极发展太阳能光伏、半导体照明、电力电子功率件和物联网等战略性新兴产业，其中许多产品技术处于国际领先水平。2011 年，该公司实现营业收入 104.06 亿元，资产总额 172.29 亿元；在第 24 届（2010）全国电子信息百强综合排名中居第 38 位；拥有省级企业工程技术研究中心 11 个、公司级设计研究所 24 个、博士后工作站 1 个；拥有各类工程技术人员 4 022 人，其中高级工程师 763 人、工程师 1 539 人；先后有 300 多项产品和研究成果获得省部级以上表彰奖励。彩虹集团公司是国务院国有资产监督管理委员会管理的 118 家国有骨干企业之一，拥有全资、控股公司 20 多家，员工 2 万余人，在彩色显像管行业排名国内第一、世界第三。主业定位是"显示器件及其零部件的研发制造、光电产品整机及相关零部件研发制造"。目前，该集团在 OLED 显示器研发方面加大投入和技术攻关，进行自身的产业结构升级与调整，相关技术走在全国同行业前列。此外，还投入巨资建设了若干条高世代液晶玻璃基板生产线，2011 年主营业务收入达到 51.3 亿元。

软件和信息服务业

陕西省是全国最早从事软件产品研发生产和信息服务的省份之一，近年来整体规模迅速扩大，聚集效应不断显现。2011 年，全省拥有从事软件开发、集成电路设计、系统集成、网络工程、工业控制等软件和服务外包企业 1 020 家，其中外资企业 190 多家，双软认定企业 682 家，通过 CMMI3 级以上认证企业 29 家，通过 ISO27001/20000 认证企业 27 家，从业人员 9.8 万余人。其中，5 000 人以上企业 3 家，过千人的企业 11 家，年营业收入过千万的企业 124 家。2011 年，软件服务业总收入 583.5 亿元，其中软件业务收入 382.7 亿元，同比增长 42.7%；出口额 2.91 亿美元，同比增长 35.4%。

主要特点如下：

一是形成了以西安软件园为主要载体的软件服务产业聚集区。西安软件园是国家软件产业基地、国家软件出口基地，是国内 4 个拥有国家软件"双基地"的园区之一，是商务部认定的国家服务外包基地城市示范区，也是工业和信息化部认定的"国家软件与信息服务外包公共支撑平台西安中心"。经过十年发展积淀，西安软件园确立了国家重点发展软件服务外包产业格局中第一方阵的地位。自 2006 年起，科技部从产业规模、创新能力、成长性、综合环境四大方面共计 20 个指标，对全国 37 个火炬计划软件产业基地进行综合评估。西安软件园 2008 年进入全国十强，2009 年升至第 8 位。2010 年，综合排名上升至全国第 6 位，其中，产业化环境、产业发展规模分别排在全国第 9、第 10 位，而成长性及创新能力则分别排第 2 和第 7 位。2011 年持续保持第 6 位。在服务外包领域覆盖 21 个服务外包基地城市、近百家园区的评选中，被中国外包网评为“2011 年度中国服务外包最佳园区十强第五”。目前，7 平方公里的西安软件新城开始建设，以西安市为中心的陕西软件服务外包产业格局已经形成。

二是软件创新能力与研发实力较强，形成了一批具有自主知识产权的先进产品。目前，陕西省有 600 余家科研机构从事信息技术研发，50 多所高等院校设有电子信息和软件专业，每年培养约 2.5 万名相关专业本科及硕士毕业生；先后有 30 多家境外企业，以及华为技术有限公司、中兴通讯股份有限公司、神州数码控股有限公司等国内重点企业在陕西省设立了研发中心；培育出西安西电捷通公司、西安交大捷普网络科技有限公司、西安三茗科技有限责任公司等一批本地企业，开发生产具有自主知识产权的软件产品取得成效。陕西省在国内外有较高声誉的产品有：西安协同软件公司的中间件产品、西安通视数据公司的绿色出版系统、西安未来国际信息股份有限公司的电子政务平台、西安天和国安公司的城市防空作战系统、西安宏源视讯公司的虚拟演播系统、西安信利软件公司的网际巡警、西安交大捷普公司的防火墙设备、西电捷通公司的 WAPI 协议、西安青松科技公司的指纹识别软件、西安交大长天软件公司的环境监测系统、西安山脉科技公司的水利行业信息系统、西安三茗科技有限公司的电脑卫士等。

信息产业基地建设

陕西省电子信息产业在“西安高新技术开发区”、“宝鸡高新技术开发区”和“咸阳显示器件产业园”即“两区一园”形成聚集发展格局，围绕“两区一园”已汇集了产业链上中下游各环节众多制造企业，形成了一批具有自主知识产权、高附加值和高技术含量的国内外知名品牌产品。此外，汉中高新区围绕中航电测仪器股份有限公司等骨干企业，加快推进物联网产业集聚发展。

西安高新技术开发区　已集聚电子信息企业 1 000 多家，形成了以西安中兴新软件有限责任公司、西安锐信科技有限公司、陕西电子信息集团有限公司、中国电子科技集团公司第 20 研究所、中国电子科技集团公司第 39 研究所、威世半导体（西安）有限公司、美光半导体（西安）有限责任公司等龙头企业为核心，西安富士达科技股份有限公司、西安瑞联近代电子材料有限责任公司、西安未来国际信息股份有限公司、安费诺科耐特（西安）科技有限公司、西安华晶电子技术股份有限公司等一大批中小科技企业为支撑的产业集群，是全省通讯、集成电路、软件服务业、电子元器件及材料产业的主要集聚区。

宝鸡高新技术开发区　聚集了陕西烽火通信集团有限公司、陕西凌云电器集团有限公司、陕西长岭电气有限责任公司、陕西宝光真空电器股份有限公司、陕西秦明电子（集团）有限公司、宝鸡市秦川测控科技有限公司、宝鸡市麦克传感器有限公司、宝鸡恒通电子有限公司等一批电子信息企业，初步形成了通信导航、电子元器件产业集群，产品涉及通信设备、航空仪表、电声器材、导航设备、继电器、传感器、电真空器件、电子专用设备等，在全国军工电子领域具有较强优势。

国家（咸阳）显示器件产业园　是陕西唯一一家国家级显示器件产业园，已聚集显示器件生产和配套企业 30 多家，形成了以彩虹集团、偏转集团等骨干企业为依托的显示器件产业集群。主要产品有彩色显像管、荧光灯、特种电子玻璃基板、偏转线圈、磁性材料、覆铜板、电子元器件等。

主要问题

一是产品结构不尽合理，产业升级压力大。陕西省电子信息行业传统基础电子信息产品居多，具有高技术含量、高附加值的产品较少。二是缺乏消费类电子终端产品，规模效益不明显。2011 年以来，陕西省电子计算机、家电制造、广播电视设备等主营业务收入持续减少，同比下降超过 50%，严重制约着产业总体规模的扩张。三是龙头企业数量偏少，企业竞争力不强。截至 2011 年底，陕西省重点监测的 62 家企业中，主营业务收入在 10 亿元及以上的企业仅有 17 家，且大部分是央企或省、市属国有及国有控股企业。而机动性更强的民营企业以及拥有竞争优势的外资企业在陕西省所占比例较小，产业整体竞争力较弱。

【统计数据】

表 1　2011 年陕西省电子信息产业人员构成情况

企业类别	企业数（家）	年末从业人员总数（人）	人员构成	
			研发人员（人）	在总人数中所占比例（%）
国有企业	18	41 771	4 835	11.6
有限责任公司	22	34 522	9 171	26.6
股份有限公司	7	4 508	327	7.3
私营企业	4	447	64	14.3
港澳台商投资企业	5	2 308	330	14.3
外商投资企业	6	4 737	218	4.6
合计	62	88 293	14 945	16.9

注：数据来源于陕西省工业和信息化厅 2011 年电子信息制造业年报资料。表中数据仅含重点监测企业，不含软件业。

表 2　2009—2011 年陕西省电子信息产业基本情况

项目名称	单位	2009 年	2010 年	2011 年
工业总产值（现行价）	万元	3 019 540	4 185 111	4 230 208
工业销售产值	万元	2 739 056	2 811 537	4 064 493
出口交货值	万元	287 669	411 349	465 018
软件出口 *	万美元		22 265	29 025
资产总计	万元	5 919 472	5 712 813	7 042 029
负债合计	万元	3 399 711	3 133 932	4 199 258
产品销售收入	万元	3 072 068	3 299 136	4 268 718
软件产品销售收入 *	万元		396 783	1 014 484
税金总额	万元	9 255	6 839	16 407
利润总额	万元	51 812	350 461	259 950
应交所得税	万元	14 644	36 347	31 445
从业人员年末人数	人	103 060	82 675	88 293
从业人员工资总额	万元	295 170	294 549	401 231

注：数据来源于陕西省工业和信息化厅电子信息制造业、软件业年报资料。除 * 数据外，其余数据均为电子信息制造业数据。

表 3　2009—2011 年陕西省主要电子信息产品产销量情况

产品名称	单位	产量			销量		
		2009 年	2010 年	2011 年	2009 年	2010 年	2011 年
彩色显像管	万只	750	707	190.7	764	667	234.7
彩色电视机	万台	84	123	2.24	84	123	2.24
广播发射设备	部	103	61	80	103	61	80
电子通用设备	台	78	865	1 381	83	998	1 083
电子元件	亿只	38.1	59	50.7	37.9	58	57.6
电子器件	亿只	16.6	21	38.8	16.4	20	38.7
中高压真空开关管	万只	64	80	90	60	80	90

注：数据来源于陕西省工业和信息化厅电子信息制造业年报资料。

[供稿：陕西省工业和信息化厅]

甘 肃 省

【综述】

2011 年，甘肃省电子信息产业认真贯彻落实国家、部省出台的一系列支持甘肃工业和信息化发展的政策措施，突出顶层设计、创新发展思路，突出政策引领、优化发展环境，突出产业聚集、重视典型带动，突出产业特色、提升服务能力，突出招商引资、承接产业转移，突出项目建设、壮大产业规模，发展环境更趋完善，创新能力显著提升，产业聚集效应显现，总体实力明显增强。全省信息产业实现主营业务收入 174.06 亿元，同比增长 15.1%。统计内电子信息企业实现主营业务收入 51.37 亿元，同比增长 7.2%；实现利润总额 4.35 亿元，同比增长 9.7%。通信业实现主营业务收入 128.35 亿元，同比增长 12.7%；电信业务总量 155.5 亿元，同比增长 11.8%。

全省统计内电子信息企业共 97 家，其中电子信息产品制造企业 11 家，经认定的软件企业 56 家，计算机信息系统集成企业 47 家，计算机信息系统工程监理企业 5 家；国有企业 3 家，国有独资企业 1 家，集体企业 1 家，三资企业 1 家，其他企业 91 家；年末从业人员 16 999 人，资产总额 62.54 亿元。

电子信息产品制造业

2011 年，全省电子信息产品制造业统计内企业 11 家，共实现主营业务收入 25.67 亿元，同比增长 6.8%；完成工业总产值 28.63 亿元，同比增长 5.3%；实现利润总额 2.2 亿元，同比增长 36.6%；年末从业人员 11 211 人。骨干企业天水华天电子集团总资产达到 25.14 亿元，完成集成电路产量 65.28 亿块，工业总产值 17.68 亿元，同比增长 19.4%；出口交货值 3.03 亿元，同比增长 30.8%；主营业务收入 16.13 亿元，同比增长 22.3%。长风信息集团完成工业总产值 24 757.7 万元，同比增长 10.1%；主营业务收入 23 496 万元，同比增长 6.6%。

经过多年发展，目前，在天水市形成以天水华天电子集团、天光半导体公司、天水华洋电子公司、天水 6913 电子科技公司等企业为龙头的产业集聚区，重点发展集成电路封装、特种集成电路芯片制造、电子器件、半导体分立器件、移动终端设备及相关配套产品的电子通信制造业。在兰州市以长风集团、瑞德集团、兰飞公司、510 所等为依托，形成特种及应用电子制造业集聚区，产业布局结构进一步优化。

主要产品产销量 集成电路产量65.27亿块，销量65.34亿块，同比分别增长18.6%、19.4%；综合电缆产量12 318千米，同比下降23.6%；电真空器件产量1.71万只，同比下降31.3%，销量2.42万只，同比增长1.7%；波导元器件产量26 063套，销量26 063套，同比均下降22.3%。

软件和信息服务业

2011年，全省行业统计内86家软件企业（含系统集成企业）实现主营业务收入25.69亿元，同比增长7.6%；软件业务收入20.19亿元，同比增长10.5%；从业人员5 957人，同比增长20%；资产总额25.98亿元，同比增长12.3%。经认定的软件企业56家，计算机信息系统集成企业47家，计算机信息系统工程监理企业5家。甘肃省信息产业协会顺利通过工业和信息化部评审，取得全省范围内从事计算机信息系统集成企业三、四级资质和信息系统工程监理单位丙级、地方临时资质的评审资质。

行业发展呈现以下主要特点：

一是产业规模逐步扩大。2011年，统计内软件企业总体呈现平稳发展，实现软件产品收入6.96亿元，同比增长32.2%；信息系统集成服务收入10.30亿元，同比增长0.1%；信息技术咨询服务收入1.61亿元，同比增长17.2%；数据处理和运营服务收入1.3亿元，同比增长21.6%；软件外包服务收入3 258.7万元，同比增长25.7%；享受优惠政策已退税额1 294.67万元。软件产业占电子信息产业的比重为47.3%，产业结构逐步优化。

二是项目建设步伐加快。2011年，甘肃省软件产业获得国家及甘肃省支持资金2 410万元，带动产业投资10.09亿元。兰州大成科技股份有限公司全电子化计算机联锁系统（LDJLZ-Ⅱ型）产业化、甘肃万维信息技术有限责任公司万维企业决策支持系统等一批项目竣工验收、建成投产并发挥效益。总投资27.4亿元的甘肃信源公司西部软件信息和文化创意产业园、兰州联创公司联创智业园等项目在兰州新区开工建设，助推全省软件服务业快速发展。总投资2.2亿元的敦煌软件及动漫基地产业园建设取得积极进展。

三是自主创新能力提升。截至2011年底，共有5家企业建立省级企业技术中心和重点实验室，1家企业创建国家级企业（工程）技术中心。共取得软件著作权191项，年内新认定软件产品33个，全年投入研发经费1.12亿元。兰州大成公司全电子计算机联锁系统和铁路车站应急联锁系统、兰州北科维拓公司“三维数字社区”综合信息管理系统获得第十五届中国国际软件博览会金奖。

四是产业聚集发展效应显现。全省经认定的软件企业98%集中在兰州市，收入占软件服务业总收入的97%以上，排列前10名的软件企业收入占总收入的58.3%。充分发挥兰州市比较优势，积极引进浪潮集团建设西北云计算产业基地，规划建设国家大型云计算数据中心基地，发展云计算产业，培育软件企业。兰州高新技术产业开发区软件与信息服务产业示范基地被认定为省级新型工业化产业示范基地。

五是产业应用特色显著。甘肃软件和信息技术服务业围绕行业应用和经济社会信息化发展，在一些领域形成应用突出、特色鲜明的行业解决方案，涌现出一批典型示范项目，其中“三维数字社会管理系统”、“导游助手”等软件在全国得到推广应用。兰州北科维拓科技股份有限公司结合社区社会管理开发的“三维数字社会管理系统”得到中央、省市区各级政府领导的充分肯定，第十五届中国国际软件博览会期间受到中央电视台关注并专题报道。

六是人才结构逐步优化。企业更加重视人才队伍建设，优化用人模式，人才发展、成长的环境进一步改善。以高等院校计算机应用、软件等专业设置为主，社会培训和企业培训为补充的人才培育体系初步形成，为企业人才积蓄力量。2011年，软件服务业企业中研发人员2 558人，占从业人员总数的42.9%；大学本科以上4 661人，占从业人员总数的78.2%，其中硕士以上377人，占从业人员总数的6.3%。

典型企业 甘肃紫光智能交通与控制技术有限公司立足长远练内功，创新发展举措，凝聚发展合力，继续保持稳健的发展态势。2011年，共完成主营业务收入27 794万元，同比增长17%；实现利润5 737万元，同比增长22%。其中，软件产品收入10 641万元，信息系统集成服务收入17 048万元，信息技术咨询服务收入105万元。

甘肃万维信息技术有限责任公司致力于软件研发，2011年在电信、企业和政府等领域推出众多具有前沿性和市场推广价值的产品。其中，旅游信息交互平台及导游助手是集 SaaS 应用和手机客户端为一体的综合信息服务软件产品，该产品融入互联网业务和服务元素，创新旅游行业信息化模式，体现了中国电信向互联网业务转型的成果，目前由中国电信集团向全国推广应用。此外，基于 CDMA2000 的移动支付中间件系统、万维自主版式电子文件管理系统、矿井综合安全监测系统、电脑保姆远程服务平台等都取得较好的市场应用。

兰州天际环境保护有限公司是中国交通储运扬尘治理系列喷洒装备、扬尘治理成套设备全自动控制系统、扬尘治理系列抑尘剂的主要研究、开发及生产基地，是铁道部煤炭交通储运扬尘治理两大行业标准的制定者。2011 年，实现主营业务收入 8 432 万元，纳税额 895 万元，实现利润 1 418 万元，资产总计 6 110 万元。交通储运扬尘治理成套装备在全国铁路（18 个路局）全面覆盖，共建立 316 个推广应用示范体系（站点），使铁路沿线及隧道扬尘削减率达 95%以上，煤炭损失由 1.2%减少至 0.25%以内；在铁道部煤炭抑尘市场的占有率超过 70%，可实现直接经济效益超过 25 亿元，抑尘节省煤炭经济效益和生态环境改善节省的经济效益超过 120 亿元；每年通过抑尘节约煤炭超过 1 500 万吨。该企业已成为行业内具有一定影响力和知名度的高新技术企业。

兰州奥普信息技术有限公司形成了以光纤光栅和分布式监测为核心的 6 大系列、32 种新产品，并成为国内该领域有突出影响和竞争力的高新技术企业。目前，奥普智信的产品和解决方案已经应用于全国二十多个省份和亚洲、非洲地区，以及中国石油天然气股份有限公司、中国石油化工集团公司、中国航天科技集团公司、中国航空油料集团公司、国家电网公司、中国电力投资集团公司等知名用户。

甘肃新网通科技信息有限公司致力于交通运输行业的系统集成、软件开发和网络运营信息化服务等领域研究，2011 年，参与甘肃省交通运输行业信息化标准的认定工作，开发完成省级交通应急处置平台、交通地理信息系统等项目。该公司开发的舟曲泥石流自然灾害应急处置系统在舟曲泥石流自然灾害交通指挥处置中发挥了重要作用。

科技进步与应用

2011 年，全省电子信息企业在技术创新、结构调整等方面加大投入，产业自主创新能力得到增强。到 2011 年底，累计有 11 家企业建立省级企业技术中心和重点实验室，2 家企业创建国家级企业（工程）技术中心，新产品年销售收入所占比重达到 60%以上。全省 93%以上的软件企业通过 GB/T19000-ISO9000 系列质量保证体系认证，2 家企业通过 CMMI3 级认证评估。

近年来，天水华天电子集团依托自身搭建的国家级企业技术中心、甘肃省微电子工程研究实验室、甘肃省微电子封装工程技术中心，以及国内一流水平的可靠性试验室，通过承担“十一五”、“十二五”国家科技重大专项“极大规模集成电路制造装备及成套工艺”（02 专项）、“多芯片封装（MCP）技术研发”项目、“多圈 V/UQFN、FCQFN 和 AAQFN 封装工艺技术研发及产业化”项目，以及集成电路产业研究与开发专项资金“层叠 SiP 封装技术研发及产业化”项目等，掌握了 30 多项具有国际先进、国内领先水平的技术和产品，申请并获得授权专利 90 多项。2011 年，通过省级科技成果鉴定 31 项，其中 4 项达到国际先进水平，27 项达到国内领先水平。获国家授权专利 50 项，其中发明专利 14 项，实用新型专利 36 项。

兰州大成科技公司建成国家绿色镀膜技术与装备工程技术研究中心，拥有国家重点新产品 5 项、授权专利 27 项、软件著作权 11 项，获得国家、省部级科技进步奖 17 项。电子计算机联锁系统和铁路车站应急联锁系统获得第十五届软博会金奖。

兰州正远科技有限公司在铁路站段信息化、民航机场货运信息化监控管理、大型自动化立体仓库/车库等领域拥有一系列国内领先、部分达到国际领先水平的项目，解决了中国航空运输大型机场货运物流仓储多系统多设备并行运行、专业化航空物流作业信息平台及大型数据库安全运行等关键技术难题。2011 年，该公司获得国家首批现代服务业创新示范企业称号，大型机场货运物流系统工程关键技术研究及产业化项目获得中国物流与采购联合会科技进步一等奖，区域铁路物流服务平台研发与应用课题获科技部“十二五”国家支撑科技计划项目支持。

甘肃万维信息技术有限责任公司 2011 年实现主营业务收入 21 210 万元，利税总额 1 972 万元，投入研发费用 976 万元。该公司设立企业技术中心，借助在电信领域融合计费、投资管理和商务智能等方面的开发优势，实现由解决方案提供商向电信行业信息化全面解决方案咨询服务业务的转变。在企业领域，依托公司主打的"万维企业经营分析和决策支持系统"产品，不断拓展省外市场，在全国范围形成核心竞争力；在政府领域，聚焦医疗卫生、旅游教育、民政房产等部门，研发行业融和产品，为政府信息化提供全面解决方案。目前，该公司通过工程化的软件开发管理模式，成为本地区重要的软件产业基地。

平凉虹光电子有限公司坚持以科技带动生产，以技术创新提高新品研发速度，企业核心竞争力不断增强。该公司紧跟先进武器装备技术进步步伐，在保障雷达整机系统配套需求的同时，依托军品科研平台大力推动民品技术进步，不断提高企业自主创新能力。2011 年，新品研发取得重大进展，在研新品项目 25 项，完成工艺技术改进项目 31 项，其中 15 项获奖，《一种环状钡钨阴极发射体的制造方法》获国家发明专利，"虹恒"牌商标被评为"甘肃省著名商标"。

兰州瑞德实业集团有限公司持续实施技术创新，不断改善和提高科研手段和辅助设计能力，实现了 CAD 辅助设计、CAM 辅助制造；对生产线和生产设备进行数字化改造，实现了柔性生产、灵捷制造。该公司生产的电子专用设备获得"陇货精品"称号，X61 1112K-1 型、X61 1112B-1 型数控精密研磨机被科技部、商务部、国家质量监督检验检疫总局等部门授予国家重点新产品，并入选中国半导体创新产品，开发研制的 X61 1572L-1 型数控精密研磨机及 X07 150-1 型多线切割机通过省级技术鉴定，可替代进口产品，达到国内先进水平。

信息基础设施建设

2011 年，全省新增电话用户 207.45 万户，电话用户达到 2 010 万户，其中，固定电话用户 396.43 万户，移动电话用户 1 613.57 万户。固定互联网用户 156.5 万户，其中互联网宽带接入用户 145.63 万户。全省电话普及率 78.58 部/百人，比上年提高 10.21 个百分点，其中固定电话普及率 15.5 部/百人，移动电话普及率 63.08 部/百人，城市固定电话普及率 29.22 部/百人，农村固定电话普及率 7.74 部/百人，行政村通电话率 100%。开通互联网业务的乡镇 1 220 个，乡镇互联网覆盖率 100%，开通互联网宽带业务的行政村 7 099 个，占行政村总数的 43%。电信光缆总长度 249 744 千米。

2011 年，三大电信运营企业投入近 50 亿元加快信息基础设施建设，建成广电微波传输网 4 042.95 千米，广电有线传输干线网 4.83 万千米。全省有线电视用户 220.46 万户，其中数字有线电视用户 147.79 万户。广播电台 4 座，电视台 7 座，广播电视台 76 座，调频转播发射台 839 座，电视转播发射台 3 183 座。广播节目 86 套，电视节目 104 套，广播和电视综合覆盖率分别为 93.7%和 94.05%。兰州市于 2011 年 12 月被列入第二批全国三网融合试点城市名单，全省三网融合工作积极推进。甘肃省成立了广播电视网络有限责任公司，广电网络宽带数据平台、广播电视网络枢纽中心等进入论证阶段，广电网络城域网双向改造工程、广电网络家庭智能终端研发及推广、广播电视干线网扩容及环网建设工程进入实施阶段，广电网络高清及互动电视项目进入市场推广阶段，部分观众可以收看到高清互动电视节目和 3D 电视。中国电信股份有限公司甘肃分公司与乐视网等合作开展 IPTV 业务，以电信宽带网络为传输渠道，以电视机为终端，集互联网、多媒体、通讯等多种技术于一体，向家庭提供点播、直播等多种交互式内容服务。

信息产业基地建设

甘肃省信息产业集聚发展态势明显，经认定的软件企业 98%集中在兰州市，收入占软件服务业总收入 98%以上，排列前 10 名的软件企业收入占总收入的 58.3%，制造业龙头企业集中分布在兰州、天水等地区。

天水 6913 电子科技有限责任公司和上海戎讯电子科技有限公司合作，共同投资 2.1 亿元的天水明讯通讯产业基地已开工建设，2012 年 8 月底一期将建成投产。项目建成后，将形成月生产能力 77 万片 GSM 手机模块的生产规模，填补甘肃省通信制造业空白，可实现年营业收入 12 亿元，上缴税金 3 865 万元，投资利润率 39.05%。总投资 36 亿元的天水华天电子科技产业园，实施集成电路封装测试扩大规模和产业升级、半导体功率器件扩大出口规模和产业升级、LED 封装研发及产业化、MEMS 传感器封装研发及产业化、集成电路封装设备模具扩大规模、集成电路包装材料扩大规模等六大类产业和产品项目。项目建设完成后，华天电子产业园将成为以微电子封装为核心，相关产业链为集群的国内外一流的电子科技产业园，其一期工程的集成电路封装生产线已建成投产。以此为基础，将在天水初步形成以集成电路封装、特种集成电路芯片制造、电子器件、半导体分立器件、引线框架、移动终端设备及相关配套产品等为主的电子信息产品制造业聚集区。

引进山东浪潮集团投资20亿元在兰州市建设西北云计算产业基地。总投资27.4亿元的甘肃信源公司西部软件信息和文化创意产业园项目、兰州联创公司联创智业园项目、甘肃汇丰科技公司数字化智能项目在兰州新区开工建设，将实现技术、人才、产业集聚，形成集软件开发、文化创意、职业培训和信息技术服务为一体的产业集聚区。投资5亿元的甘肃百能汇通公司新能源电力储能电池项目、兰州盛世光电公司的大功率LED照明技术规模化应用产业园项目也签约落户兰州新区。总投资2.2亿元的敦煌软件及动漫基地产业园建设取得积极进展，首部本土动漫作品正在进行后期完善剪辑。

信息技术应用

电子政务 电子政务整体推进，基础性、公共性、战略性电子政务基础设施和应用系统建设取得重大进展。甘肃省政务专网已建成，连通50个省直部门、14个市（州）、86个县（市、区）以及部分乡镇近1万个接入点，广泛开展了视频会议、公文传输、办公自动化等应用，承载了近30个部门的核心业务。初步建成甘肃省政务地理信息平台和基础地理信息数据库。依托甘肃省政务专网建设的甘肃省政府系统专网、甘肃省信访信息系统专网、甘肃省企业信息共享平台等跨部门、跨地区的协同工作系统成效显著，甘肃省电子政务专网建设应用初见成效。

电子政务外网工程深入实施，已开通省级部门节点20多家、市（州）节点14家、县（区）节点86家，市县节点覆盖率100%。与国家电子政务外网骨干网及77个中央部委、31个省区市和新疆生产建设兵团实现了互联互通，全省电子政务外网“纵向到底”的目标基本实现，统一网络平台初步构建。目前，省、市、县三级城域网建设正在抓紧推进，部分市县城域网与甘肃省政务外网实现了互联互通。随着网络覆盖面不断扩大，业务承载能力不断提升，各种应用正加快部署。各部门、各地区网络互联互通、信息资源共享、跨部门业务协同、防止重复建设的目标正在逐步实现，助力服务型政府建设的作用日益明显。

物联网 2011年3月，甘肃省政府下发《关于加快物联网发展的意见》，进一步加强工业和信息化、发展和改革、科技、财政、交通、电力、农牧、环保、旅游等多部门合作，推动重点领域、重点行业的物联网应用示范，建立和完善协同工作机制，解决技术、标准、产业发展、安全保障等方面的问题，加快全省物联网应用示范推广，力争到“十二五”末，培育、扶持一批具有一定影响力的物联网龙头企业，初步形成较为完善的物联网标识、感知、处理和信息传送等产业链条、产业集群，实现多网无缝接入与信息交互标准化。2011年，甘肃物联网产业获得国家物联网发展专项资金项目支持800万元。其中，兰州中兴通电子技术有限公司“物联网认证中心管理系统”项目进展顺利，已完成集成测试；兰州奥普信息技术有限公司“基于AWG的高速并行光纤传感解调器——光纤传感物联网核心传感解调器”项目已完成产品研发、生产准备、消防鉴定、计量验收、小批生产和前期销售等工作，初步具备产业化基础；天水华天科技股份有限公司MEMS传感器封装技术项目顺利实施，研发出具有自主知识产权的中高端压阻、电容、滤波MEMS传感器塑料封装产品，已实现部分产品小批量封装能力，打破国外对MEMS传感器塑封技术的垄断，替代部分进口。在推动物联网研发应用方面，甘肃万华实业集团与公安部第三研究所就合作建设的“兰州面向物联网时代的智能交通系统（物联网感知交通平台）”为全国新一代智能交通管理技术的推广提供应用示范。

两化融合 一是国家和地方加强了对甘肃省两化融合工作支持力度，中共中央组织部和工业和信息化部领导数次莅临甘肃省指导信息化发展工作和两化融合发展，甘肃省委、省政府领导也多次对相关工作做出重要批示，提高了社会各界对两化融合工作的认识，形成了良好发展环境。二是通过支持兰州市申报国家级两化融合试验区等工作，积极发挥试点示范的带动效应，逐步形成以点带线、由线及面的整体推进格局。三是实施“千家数字企业”工程，举办两化融合高峰论坛、软件服务业发展专题报告等活动，营造两化融合发展的良好氛围。四是建设天水华天电子科技产业园等一批重大项目，落实产业发展专项资金6 100万元，带动信息产业投资近28亿元、全省工业投资1 450多亿元，发挥出了信息产业对两化融合发展的支撑效应。五是针对信息化发展水平亟待提高的实际情况，编制“十二五”发展规划，夯实发展基础。

两化融合典型企业案例：

● 金川集团股份有限公司围绕跨国经营推进管理信息化，着力构建集团管控平台，围绕两化深度融合推进生产自动化，着力打造智能化工厂，建成私有“企业云”，实现生产管理过程的全流程管控智能化。

● 酒泉钢铁（集团）有限责任公司建立采购集中管控体系，实现采购全过程流程化和信息化管理，降低物资采购成本，增强企业盈利能力。实施阳光采购，防范廉政风险，为企业带来显著的经济效益和良好的社会效益。

● 祁连山水泥集团股份有限公司建设生产控制（DCS、PCS、PDM）、市场开发、财务管理、供应链管理（SCM）、客户关系管理（CRM）、仓储管理、销售管理、协同办公自动化（CIOA）等管理系统，构建制造系统（MES），将生产过程主信息集成为一个综合数据仓库集成系统平台，实现企业管理全过程信息化，促进企业效益最大化和两型产业体系建设。

● 甘肃省机械科学研究院通过开发建设中小企业公共服务示范平台，开展计算机辅助设计、计算机辅助分析、虚拟仿真、实验测试、工业设计、信息标准、管理创新等服务，为中小企业提供持续、高效的信息技术应用支撑。

● 中国电信股份有限公司甘肃分公司与甘肃省工业和信息化委员会联合发起共建甘肃千家数字企业工程，充分利用中国电信品牌、服务、网络、渠道和客户资源优势，将企业产、供、销、人、财、物数字化，为客户提供一揽子信息化应用解决方案，推进企业生产经营管理的科学化、网络化和智能化，提升企业的经济效益和竞争力。

信息安全　推进信息安全工作，清理网络环境，开展了互联网领域打击侵犯知识产权和制售假冒伪劣商品专项行动，组织对部分市州开展“打击侵犯知识产权和制售假冒伪劣商品专项行动”的实施情况进行督查。建立了打击和防范网络传销违法犯罪活动长效工作机制，组织了“打击网络传销违法犯罪专项行动”，加大了抵制和防范遏制网络传销违法犯罪活动的宣传，惩治了网络传销组织，净化了网络环境。按照中央宣传部总体要求，积极协调各市、州工业和信息化部门，对全省网络共享网站及设备产品进行排查、治理，保障了网络安全。进一步加强军工企业保密管理，对全省30多家军工单位进行了保密交叉检查。成立了甘肃军工保密资格认证工作廉政领导小组，落实军工和民口配套单位“六条规定”和“七类人员管理”措施，军工保密工作水平有效提高。强化对安全保卫工作的安排部署和相关政策、法规的贯彻落实，进一步夯实安全保卫工作基础。与省安全厅共同对承担高新工程项目的军工和民口配套企业的国家安全状况进行调研，加强企业的国家安全工作。在军工单位中不断落实反奸防谍四项制度，推动人民防线建设，优化单位周边环境，强化安全保卫措施，为军工单位发展提供安全保障。

电子基金项目　2011年，天水华天微电子股份有限公司承担的2009年基金项目《新型DC/DC电源变换器模块研发及产业化》实施完成并组织验收。该项目建成一条先进的DC/DC电源变换器模块生产线，形成年产新型DC/DC电源变换器模块4万块的生产能力，企业通过该项目实施取得良好的社会和经济效益。

甘肃同元信息系统技术有限责任公司承担的2010年基金项目《多载体藏文/维文不良信息的识别监控系统及产品研发》，已完成项目调研、整体方案论证、系统设计、试运行等环节，正在进行系统二次改进设计与研制、推广应用，2011年底将全面完成。

甘肃万维信息技术有限责任公司承担的2011年基金项目《万维自主版式电子文件管理系统》正在积极组织实施。

其他

一是积极争取领导重视，发挥高层引领效应。积极争取省委、省政府、工业和信息化部对甘肃省信息产业发展工作给予指导、支持，提高了社会各界对信息化及信息产业发展工作的认识，形成了发展信息产业、推进全省经济社会信息化进程的良好环境。

二是编制出台规划，发挥行业指导效应。围绕全省信息化及信息产业、无线电管理、信息安全等工作实际，编制《甘肃省信息化“十二五”发展规划》、《甘肃省信息产业“十二五”发展规划》、《甘肃省无线电“十二五”发展规划》等规划，从目标任务、发展重点、政策保障等方面入手，完善政策体系，强化行业指导，注重示范带动，为信息化及信息产业科学、持续与跨越式发展理清思路，指明方向，夯实基础。

三是加强宏观指导，发挥政策推动效应。针对信息产业发展基础相对薄弱、信息化应用水平较低等实际，研究起草政策性文件。省政府出台了《甘肃省人民政府关于加快推进全省数字城市建设的指导意见》等政策文件，从发展导向、政策支持、资金扶持、行业监管、税收优惠等方面加强宏观指导，健全完善保障机制，着力推进信息化及信息产业发展。

四是重视项目建设，发挥产业支撑效应。2011 年，全省信息产业累计完成固定资产投资 63.26 亿元，同比增长 118.2%。其中电子信息产业 500 万元以上项目完成投资 14.3 亿元，同比增长 224.5%。落实省政府与三大通信运营商战略合作框架协议，分解细化总投资 250 亿元具体项目。落实国家、省级产业发展发展专项资金 6 100 万元，支持项目 117 个，带动总投资近 28 亿元。总投资 36 亿元的天水华天电子科技产业园一期工程等一批重大项目建成投产；总投资 34.5 亿元的一批产业项目陆续开工建设，敦煌软件及动漫基地产业园建设取得突破性进展。

五是确定试点示范，发挥典型带动效应。从区域、行业、企业等多个层面抓典型，树标杆，分类指导，整体推进信息化进程。支持兰州市成功申报国家级两化融合试验区、第二批全国三网融合试点城市，创建省级软件和信息技术服务业示范基地，争创国家级新型工业化示范基地。启动数字城市天水试点工作，全省数字城市建设快速推进。全省城市社区信息化服务平台建设初见成效，企业两化融合逐步形成以点带线、由线及面的整体推进格局。

六是优化发展环境，发挥社会联动效应。主动加强联系沟通，凝聚各方力量，形成上下部门联动、各方共同推进的发展环境。充分发挥行业监管职能，认真做好系统集成资质认证、“双软”认定、无线电管理、军工保密资格认证等基础管理工作。实施“千家数字企业”等工程，举办两化融合高峰论坛、软件服务业发展专题报告、无线电管理宣传月等活动，营造了信息化及信息产业发展的良好氛围。

七是加强自身建设，充分发挥组织保障效应。积极争取省政府将全省信息化领导小组办公室由省政府办公厅调整到省工业和信息化委员会，全省信息化工作管理职能、工作机制更加明晰完善。理顺无线电管理委员会和无线电检测机构管理体制，人、财、物等管理全面加强。

主要问题

一是信息产业基础薄弱，发展明显滞后于国内发达地区，在全国排名靠后。二是信息产业规模小，产业链延伸不长，主导产品多数是配套产品，处于产业链中低端，附加值偏低；拥有自主品牌、具有较强竞争力的龙头骨干企业较少，产业“牵引力”不足。三是人才制约严重。受地域、经济发展水平等的影响，高学历高素质的专业人才较少，有研发能力的专业技术人才（包括技师）、高级管理人才、复合型人才缺乏，企业面临着人才难招、人才难留等现实问题。四是企业资金紧缺与融资抵押困难。五是经济社会信息化发展水平亟待提高。对信息资源的开发利用程度低，信息资源条块分割，共享程度不高，存在部分信息资源浪费、闲置、重复建设等现象。

【统计数据】

表 1　2011 年甘肃省电子信息产业人员构成情况

企业类别	企业数（家）	年末从业人员总数（人）	人员构成		
			管理人员（人）	在总人数中所占比例（%）	软件开发研究人员（人）
国有企业	3	1 874	54	2.9	507
国有独资企业	1	1 885			
集体企业	1	73	14	19.2	37
三资企业	1	15	2	13.3	13
其他企业	91	13 152	954	7.3	2 001

表 2　2009—2011 年甘肃省电子信息产业基本情况

项目名称	单位	2009 年	2010 年	2011 年
工业总产值（现行价）	万元	209 214	271 853	286 380
工业销售产值	万元	189 247	264 911	289 111
出口交货值	万元	12 617	30 289	35 715
其中：软件出口	万元	311	160	325 807
资产总计	万元	657 261	847 344	625 462
负债合计	万元	319 005	443 806	425 718
产品销售收入	万元	404 630	479 139	543 253
其中：软件产品销售收入	万元	154 727	182 647	256 873
税金总额	万元	23 339	33 370	20 556
利润总额	万元	31 589	39 634	43 497
应交所得税	万元	5 506	15 782	4 631
从业人员年末人数	人	16 128	17 406	16 999
从业人员工资总额	万元	25 975	40 833	91 002

表 3　2009—2011 年甘肃省电子信息产业三资企业基本情况

项目名称	单位	2009 年	2010 年	2011 年
软件出口	万元			27
产品销售收入	万元	5 278	5 142	183
其中：软件产品销售收入	万元	1 804	5 142	183
利润总额	万元	333	353	17
应交所得税	万元	89	89	4
从业人员年末人数	人	132	112	15
从业人员工资总额	万元	291	194	82

表 4　2009—2011 年甘肃省主要电子信息产品产销量情况

产品名称	单位	产量			销量		
		2009 年	2010 年	2011 年	2009 年	2010 年	2011 年
集成电路	万块	328 525	550 252	652 746	326 968	547 264	653 362
综合电缆	千米	15 481	16 116	12 318	15 320	13 890	12 751

续表

产品名称	单位	产量			销量		
		2009 年	2010 年	2011 年	2009 年	2010 年	2011 年
电真空器件	万只	3.5	2.49	1.71	3.2	2.38	2.42
波导元器件	件/套	36 378	33 546	26 063	36 769	33 546	26 063

注：表 1—表 4 数据来源于《甘肃省电子信息产业年报》。

[撰稿：冯昱　审稿：曹学义]

青　海　省

【综述】

电子信息产品制造业

截至 2011 年底，青海省以西宁（国家级）经济技术开发区为主要载体，以亚洲硅业（青海）有限公司、黄河上游水电开发有限公司、青海电子材料产业发展有限公司、青海金阳光电子材料股份有限公司、青海瑞合铝箔有限公司、青海佛照锂电正极材料有限公司、凯普松电子科技青海有限公司等为核心企业，以硅材料、箔材料、锂电池正极材料为主要产品的电子信息产品制造产业体系正在形成，现已形成 4 250 吨多晶硅、1 000 吨单晶硅、3 000 万平方米箔材料和 30 000 吨碳酸锂的生产能力。其中，亚洲硅业（青海）有限公司、青海黄河水电新能源有限公司被工业和信息化部认定为全国首批多晶硅行业准入企业。

软件和信息服务业

青海省大力培育发展软件与信息服务业，现已延伸到工业应用软件、动漫产业、社会信息化等领域。

一是青海省以国家重点培育和支持文化产业发展为契机，将动漫产业与发展文化产业、建设文化名省结合起来，高起点发展动漫产业，先后推出了青海省首个动漫软件“基于 3D 搜索引擎技术的藏族史诗《格萨尔王》网络游戏制作工具与资源库研制及产业化”，以及《寻找智慧精灵》、《圣湖传说》、《藏羚羊》和《格萨尔王》等一批原创动漫，并与全国 30 家知名动漫企业签订了协议，为青海省动漫产业发展争取到设备、人才培训、动画制作等方面支持。

二是为贯彻落实国务院《关于进一步鼓励软件产业和集成电路产业发展若干政策的通知》，进一步促进青海省软件产业发展，推动青海省电子信息产业向规模化、集聚化方向发展，拟定了《青海省关于进一步鼓励软件产业和集成电路产业发展若干政策的实施细则》。

此外，青年创业园、海东科技园等信息产业聚集区蓬勃发展，为青海省电子信息产业发展注入了新的动力。

科技进步与应用

青海省围绕电子信息产业发展和产业链延伸过程中的技术瓶颈，积极组织力量，加大产学研联合和招商引资工作力度，广泛开展新技术、新工艺、新产品的研究，攻克了一系列技术难题，取得了一大批技术水平较高、应用价值较大的科技成果。

一是科技投入力度加大。通过政府财政投入引导和鼓励，电子信息产业科技投入明显增加，企业已成为科技投入的主体，带动相关产业科技水平不断提高。

二是科研队伍持续壮大。近年来，青海省不断完善人才激励机制和成长环境，特别是依托产业发展、招商引资和重点科研项目，吸引了大批适用人才为青海省所用，为企业研发队伍水平的提高奠定了坚实基础。

三是科技基础平台建设取得较大进展。青海省重点骨干企业充分发挥自身优势，积极与科研院所、高等院校开展合作，先后建立了国家级盐湖资源综合利用工程技术研究中心、14家省级以上企业技术中心、22家省级研发中心和企业孵化器、18个产业技术研究与开发省级重点实验室，为技术创新活动的开展和成果产业化提供了保障。

四是关键技术取得实质突破。电子级多晶硅、单晶硅为主的晶硅材料和铜箔、铝箔、电子箔、化成箔为主的箔材料的规模化生产技术，锂离子电池正极材料生产技术和多晶硅生产过程中副产物的综合利用技术，盐湖提锂等关键技术取得突破，并不断趋于成熟。其中，青海瑞合铝箔有限公司实施的“万吨级电子铝箔产业化工程”项目，研发出适合高原地区生产中高压铝化成箔关键技术，达到国内外先进水平；青海电子材料产业发展有限公司实施的“万吨级高档电解铜箔产业化工程”项目，形成具有自主知识产权的国内最大单项铜箔工程，生产的铜箔7—18μm，是目前中国最薄的铜产品。

信息基础设施建设

2011年，青海省信息基础设施建设保持稳中有快的发展态势，为地方经济和社会发展提供了有力支撑。

一是通信服务水平不断提高。全省电话用户总数566万户，固定电话用户总数104.2万户，占电话用户总数的18.4%，电话普及率达到100.6部/百人，位居全国第十，西部第二。互联网用户329.4万户，固定互联网用户42.1万户。

二是通信网络规模进一步扩大。全省交换机容量达到709万门，光缆线路总长度71 475千米，其中，长途光缆线路27 972千米，本地中继光缆线路34 457千米，接入网光缆线路9 046千米。

三是通信能力进一步增强。传输网、交换网、移动网、数据网技术水平和覆盖能力大幅度提高，综合通信能力持续增强，全省建设了以光缆为主，卫星为辅，通达全省各州、地、市、县的大容量、高速率、技术先进、安全可靠、稳定运行的立体基础传输网，为全省信息化建设提供了良好的传输通道、网络平台和技术支撑。

此外，西宁市被确定为全国“三网融合”试点城市，试点工作正在扎实推进。

信息技术应用

青海省信息技术应用推进工作坚持“统筹规划、分类推进，点面结合、示范推广，集群发展、深度融合”的发展思路，重点围绕十大特色优势产业，大力推进信息技术在工业各领域的应用、渗透和融合。

一是组织开展了“全省两化融合示范企业”的认定工作，经青海省经济委员会调研、审核和组织推荐，在全省工业和信息化工作会议上，青海省人民政府首次对青海省10家两化融合工作成绩突出的企业给予了表彰，对推进青海省两化深度融合发挥了积极的示范带动作用。

二是结合青海省实际，在以信息化带动和提升十大特色优势产业、推动两化融合示范企业和项目建设、助力中小微型企业信息化建设、促进企业节能减排和安全生产、培育发展战略性新兴产业等两化融合的重点领域，研究提出了《关于加快推进全省信息化与工业化深度融合的实施意见》。该《意见》是青海省首个以加快两化深度融合推进十大特色优势产业科学持续发展的政策措施，将对进一步提升对两化融合重要性的认识，加快建设国家循环经济发展先行区，培育新的经济增长点，逐步扭转青海省工业化和信息化发展不相协调的局面起到积极推动作用。

三是组织开展了“两化深度融合水平提升行动”，旨在通过树立一批两化深度融合示范企业、建设一批两化深度融合重点推进项目、研究制定一系列企业两化深度考核指标体系，加快推进青海省两化深度融合。

四是加快培育发展青海省新一代信息技术产业，重点围绕物联网技术推广应用，研究制定了《青海省物联网发展专项资金管理实施办法》，并组织实施了一批物联网项目，带动企业资金投入近亿元。

此外，青海省工程建设领域项目信息公开和诚信体系建设工作正在有序开展。

主要问题

一是青海省未设立信息产业发展专项资金，在很大程度上制约了信息产业的培育和发展；二是青海省信息技术人才紧缺，企业难以找到合适的专业复合型人才；三是青海省企业自主研发能力弱，信息产业发展和信息技术的推广应用主要依赖于省外企业；四是青海省从事信息产业研发、服务的企业数量少、底子薄、起步晚、能力弱，尤其缺乏能实现硬件、软件、网络、平台、应用和业务流程综合集成的信息技术企业。

【统计数据】

表 1　2011 年青海省电子信息产业人员构成情况

企业类别	企业数（家）	年末从业人员总数（人）	人员构成					
			工程技术人员（人）	在总人数中所占比例（%）	管理人员（人）	在总人数中所占比例（%）	软件开发研究人员（人）	技术工人（人）
国有企业	4	6 657	1 699	25.5	15	0.2	16	2 112
集体企业	12	3 526	350	9.9	41	1.2	82	1 553
股份合作企业	4	2 730	215	7.9	33	1.2	116	1 093
三资企业	1	635	72	11.3	18	2.8	7	17
其他企业	70	750	210	28.0	350	46.7	70	280

表 2　2010—2011 年青海省电子信息产业基本情况

项目名称	单位	2010 年	2011 年
工业总产值（现行价）	万元	655 050	203 460
出口交货值	万元		3 185
资产总计	万元		262 670
产品销售收入	万元		187 747
从业人员年末人数	人	12 100	11 250

表 3　2010—2011 年青海省电子信息产业三资企业基本情况

项目名称	单位	2010 年	2011 年
工业销售产值	万元		77 000
资产总计	万元		130 000
产品销售收入	万元		77 000
从业人员年末人数	人	635	1 100

表 4　2011 年青海省主要电子信息产品产销量情况

产品名称	单位	产量	销量
电子级多晶硅	吨	618.8	152.8
多晶硅	吨	2 400	
数控机床	台	392	390
数字千分尺	把	950 000	

表 5　2011 年青海省三资企业主要电子信息产品产量情况

产品名称	单位	产量
多晶硅	吨	2 400

注：表 1—表 5 数据来源于青海省统计局。

[撰稿：罗文贵　审稿：蒋青波]

宁夏回族自治区

【综述】

电子信息产品制造业

宁夏电子信息制造业涉及半导体材料、电子元器件和仪器仪表 3 个门类中较小范围，共有规模以上企业 5 家，分别是宁夏阳光硅业有限公司、宁夏隆基硅材料有限公司、宁夏星日电子有限公司、宁夏索特科新型器件有限公司、宁夏隆基宁光仪表有限公司，主要分布在银川、石嘴山两市。

截至 2011 年底，全区电子信息制造业实现销售收入 21.6 亿元，同比增长 20.3%；实现利润 2.1 亿元，同比增长 7.3%；实现工业总产值 26.1 亿元，同比增长 16.7%。2011 年，生产多晶硅 1 527 吨，销售 1 342 吨，比上年分别增长 84.3%和 63.5%；单晶硅生产 2 376 吨，销售 2 345 吨，比上年分别增长 14.9%和 10.0%；钽电解电容器生产 3.6 亿只，销售 2.6 亿只，比上年分别下降 12.2%和 31.6%；电表生产 350 万台，销售 327 万台，比上年分别增长 3.6 倍和 3.3 倍。从业人员 3 198 人，其中工程技术人员 376 人，硕士以上 4 人，本科以上 22 人。

软件和信息服务业

2011 年，宁夏全区软件产业累计完成业务收入 53 020.6 万元，同比增长 20.9%。其中，软件产品收入 22 337.5 万元，同比增长 8.2%，占软件业务收入的 42.1%；信息系统集成服务收入 19 492.4 万元，同比增长 14.9%；信息技术咨询服务收入 3 038.4 万元，比上年降低 25.1 个百分点；数据处理和运营服务收入 2 782.9 万元，同比增长 27.6%；嵌入式系统软件收入 5 188 万元，同比增幅较大；软件服务外包收入 1 142.3 万元，同比增长 346.6%。

截至 2011 年底，全区认定软件企业达到 52 家；登记软件产品 306 项；认证计算机信息系统集成企业 21 家，其中二级 1 家、三级 9 家、四级 11 家。2011 年，完成新软件园投资 2.5 亿元，已建成 8 栋软件和动漫产业综合楼，其中主楼 1 栋，副楼 7 栋；建筑面积约 7.58 万平方米，占总建筑规划面积的 50%，完成投资约 2.5 亿元。从业人员 2 300 多人，其中 43%是具有大学以上学历的专业技术人员。

信息基础设施建设

2011 年，宁夏电信网实现质的飞跃，建成大容量、高带宽、广覆盖的骨干传输和宽带接入的通信网络。光缆总长度超过 4.1 万千米，光纤铺设到了全区各市、县(区)。全区固定电话用户总数 108.5 万户，普及率 17.1 部/百人。移动通信网实现了 2G 网络逐步向第三代移动通信的过渡。全区移动电话用户 524.8 万户，普及率 82.9 部/百人。

广播电视网日益完善，建成广播电视光缆干线 2 000 多千米；建成宁夏有线数字电视平台，具备了播出 109

套数字电视节目的能力。城镇有线数字电视用户达到104 万户，339.45 万人；农村有线数字电视用户 93 万户，300 万人。在全国率先实现了广播电视“户户通”，电视综合覆盖率 99.8%。

互联网迅猛发展，全区互联网端口超过 56 万个，出口带宽达到 80G，实现了全区 191 个乡镇、466 个社区、75%行政村通 3M 以上的宽带。全区互联网接入专线 1 300 多条，网站 4 050 个。全社会计算机拥有量 70 万台，互联网用户 53.9 万户，宽带用户普及率 8.25 户/百人。全区网民 335 万人。移动互联网用户 52 万户。

信息技术应用

电子政务　自治区信息中心平台已基本建成，形成了高速宽带的党政内网和政务专网（外网），为自治区各机关、各市、县（区）互联互通、信息共享奠定了基础。实现了与自治区党委各部门、政府各部门、人大、政协、检察院、法院，5 市、22 县（区）和部分大型企业的网络连接。在此之上，已拥有公文交换、信息资源传播、数字图书馆、视频会议、应急指挥等应用系统。开通了宁夏回族自治区人民政府门户网站，实现了政府与公众的网上沟通。依托自治区政府专网平台，建设了全区政务服务网上审批和公共服务及电子监察系统，初步实现区市县乡村五级服务网络，形成了互为贯通、上下联动的政务服务体系。

两化融合　宁夏企业积极利用信息技术，提高了生产、管理、营销等环节的运行效率。信息技术在企业的应用逐步拓宽，涉及办公自动化、财务管理、营销管理、生产管理、人力资源管理、电子商务等多个领域。90%规模以上企业建立了不同类型的信息系统，神华宁煤集团、吴忠仪表有限责任公司等企业采用计算机数字控制等技术，将企业的信息流、资金流、物流、工作流进行集成和整合，实现了资源优化配置，使企业在管理决策、生产经营、生产过程等环节走向科学化和信息化，提升了企业生产过程的自动化水平，促进了节能降耗，缩短了生产周期。建设了宁夏中小企业信息服务平台，为全区中小企业提供信息服务，全面提升了中小企业的综合经济实力和市场竞争能力。

主要问题

一是缺乏核心技术，企业自主创新能力不足；二是尖端人才少，企业高技术人才匮乏；三是企业融资难，资金投入不足；四是政策支持和公共支撑环境亟待改善。

【统计数据】

表 1　2011 年宁夏回族自治区电子信息产业人员构成情况

企业类别	企业数（家）	年末从业人员总数（人）	人员构成					
			工程技术人员（人）	在总人数中所占比例（%）	管理人员（人）	在总人数中所占比例（%）	技术工人（人）	在总人数中所占比例（%）
国有企业	7	1 238	141	11.4	47	3.8	73	5.9
其他企业	58	4 286	1 032	24.1	290	6.8	1 119	26.1

表 2　2009—2011 年宁夏回族自治区电子信息产业基本情况

项目名称	单位	2009 年	2010 年	2011 年
工业总产值（现行价）	万元	155 444	220 778	313 990
工业销售产值	万元	75 440	192 575	219 683
出口交货值	万元	1 456	2 528	1 896
其中：软件出口	万元	80	107	165
流动资产平均余额	万元	176 830	91 121	39 641
固定资产净值平均余额	万元	36 509	215 267	36 675
资产总计	万元	369 298	341 868	396 642
负债总计	万元	263 200	226 047	242 919
产品销售收入	万元	89 696	169 170	268 667
其中：软件产品销售收入	万元	13 892	20 654	22 338
税金总额	万元	557	6 347	3 359
利润总额	万元	16 446	22 336	27 003
应交所得税	万元	846	265	2 753
从业人员年末人数	人	3 392	4 394	5 524
从业人员工资总额	万元	6 755	10 543	15 648

注：表 1—表 2 数据来源于宁夏回族自治区经济和信息化委员会电子与信息安全处、软件服务业处。

表 3　2009—2011 年宁夏回族自治区主要电子信息产品产销量情况

产品名称	单位	产量			销量		
		2009 年	2010 年	2011 年	2009 年	2010 年	2011 年
单晶硅	千克	1 143 800	2 067 000	2 376 000	740 000	2 132 000	2 345 000
多晶硅	千克	87 000	828 474	1 527 000	21 000	821 034	1 342 000
钽电解电容器	万只	34 007	41 206	36 000	34 461	38 048	26 000

注：表 3 数据来源于宁夏回族自治区经济和信息化委员会电子与信息安全处。

[撰稿：吴燕燕　审稿：文建国]

新疆维吾尔自治区

【综述】

电子信息产品制造业

2011 年，新疆维吾尔自治区（以下简称新疆）电子信息产品制造业继续保持经济平稳发展态势，运行质量相对较好，优势产业发展加速，以电子信息专用材料、光伏电子装置、电子元器件、电子机电产品、电子测量仪器等为特色的电子信息产品制造业已初步形成。2011 年，9 家规模以上企业实现主营业务收入 53.5 亿元，同比增长 58.6%；受人工和原材料成本上升影响，实现利润 5.4 亿元，同比下降 15.9%。主要特点如下：

一是光伏产业重点项目稳步推进，产业初具规模。新疆新能源股份有限公司投资 3.3 亿元的“100 兆瓦高效晶体硅片改扩建”项目基本完成，形成了新增年产 50 兆瓦高效单晶硅片生产线和年产 50 兆瓦高效多晶硅片生产线各 1 条，硅片产量 3 180 万片，同比增长 25%；特变电工新疆硅业有限公司的新增 1 500 吨/年多晶硅技改项目 8 月底完工，多晶硅产量达 1 698 吨，同比增长 81%。2011 年，新疆共有 7 座大型光伏电站实现 14 万千瓦并网发电，大型光伏离（并网）发电站装备、逆变控制系统及系统集成能力显著提高。

二是铝、硅等特色电子新材料、电子元器件产业发展取得突破。新疆众和股份有限公司是新疆第一家工业企业上市公司。2011 年，该企业主要产品电子铝箔产量 2.64 万吨，同比增长 15.8%；电极箔实现了由低压向中高压技术的突破，实际产能 169 万平方米，同比增长 99.4%。新疆龙海硅业有限公司年产碳化硅 62 019 吨，同比增长 16.7%。新疆中科传感有限公司年产热敏电阻 476 万只，同比增长 46.9%，LED 衬底用蓝宝石晶体已投入生产。

三是电子信息产业初步实现集聚发展。新疆围绕电子材料、光伏产业等重点园区，推动专业化生产协作与配套，产业结构调整更加深入；围绕铝、硅电子材料、光伏系统集成等领域，规划电子信息产业“一轴二翼”的布局，现已逐步形成以乌鲁木齐市、石河子市和阿克苏市为主的电子新材料、光伏新能源产业基地，以哈密地区、吐鲁番地区为主的光伏应用示范基地。

软件和信息服务业

2011 年，新疆软件服务业实现高速增长，110 家规模以上软件企业实现主营业务收入 46.9 亿元，同比增长 38.3%；实现利润 3.58 亿元，同比增长 69.7%。实现软件业务总收入 29.06 亿元，同比增长 53.9%，其中：系统集成和支持服务收入 23.12 亿元，同比增长 62.8%；软件产品收入 3.9 亿元，同比增长 73.0%。

2011 年，新疆新认定软件企业 13 家，新登记备案软件产品 5 批，共计 70 个。从业软件及技术服务人员约 1.2 万余人，经专业培训，近 5 000 人取得信息工程项目经理证书。主营业务收入超过亿元的软件企业 11 家，超过 5 000 万元的 9 家。软件企业经营状况良好，成长迅速，在通信、石油、金融、信息安全等行业拥有重大影响力，服务能力逐步提升。

2011 年，新疆新认定系统集成企业 7 批，共计 83 家。从业人员 9 119 人，从事多语种信息技术开发应用的专业技术人员近 1 000 人，在多语种信息技术领域已初步建立起一支优秀的研发队伍。2011 年，新疆信息技术领域营业收入亿元以上的企业 11 家，是 2010 年的两倍。

主要特点如下：

一是多语种软件产业形成特色。制定了“维哈柯文信息交换用编码标准”、“维哈柯文信息交换用字型标准”、“维哈柯文信息交换用界面标准”等三项地方标准。截至 2011 年底，新疆已开发完成并通过技术鉴定的多语种软件项目有 10 余项，其中 5 项达到国际先进水平，6 项为国内首创并达到国内领先水平。新疆大学和中国科学院新疆理化技术研究所分别成立了多语种信息技术重点实验室、多语种信息技术重点学科（包括该方向的博士和硕士培养点）。

二是软件和信息技术服务外包产业茁壮成长。2011年，新疆实现软件服务外包收入6 550万元，在信息系统设计、建设、运营、维护等领域的业务收入逐年上升，在互联网内容服务提供（ICP）、软件服务、数据处理等领域也形成了一定产业规模。离岸服务外包初现端倪。2011年4月，新疆与中兴通讯股份有限公司签订战略合作协议，确定中兴通讯股份有限公司2012年向新疆信息技术企业发包2 000万美元的ITO业务。10月，在第31届中东电脑及网络博览会上，新疆软件企业承接了“沙特三维虚拟现实系统开发”、伊斯坦布尔历史博物馆“高清动画电影制作”等5个ITO项目，合同总金额2 015万美元。克拉玛依红有软件有限公司承接了中国石油天然气集团公司在土库曼斯坦阿姆河气田的数字气田项目。一批多语种嵌入式软件产品开发完成，将随手机、平板电脑等移动终端出口到周边国家。

三是新疆已经成长起一批在各自领域具有雄厚实力和重大影响力的企业。新疆公众信息产业股份有限公司2007年被中国通信服务股份有限公司确定为6家软件基地之一，与多家国内外知名企业建立了战略技术联盟，与IBM公司成立了联合试验室，与新疆大学联合创办了新疆大学软件学院，并于2006年成立了北京研发中心，具有较强的技术实力。新疆天择数码科技有限公司是国家规划布局内的重点软件企业，在油田数据管理系统、石油应用软件、应用支持服务方面拥有独特而深厚的专业能力，开发的《油田生产管理信息系统平台》从2002年起在中国石油天然气集团公司、中国石油化工集团公司全面推广，取得了显著的经济效益。

科技进步与应用

2011年，新疆维哈柯文多语种软件成果获国家科技进步二等奖、三等奖各1项，获自治区科技进步一等奖5项、二等奖和三等奖10余项。

针对各行业的关键技术难题，新疆各级政府通过技术改造、科技等方面的资金予以支持，企业积极开展技术攻关，新疆信息产业科技研发力量得到进一步增强。特变电工新疆硅业有限公司通过改良西门子法，使中间产物四氯化硅得到完全回收利用，提高了多晶硅成品率，大幅度提高了多晶硅生产能力，1 500吨/年多晶硅技改项目已顺利投产。阿拉尔市哥兰德新能源有限公司采用物理法和冶炼法生产太阳能级多晶硅，具有投资省、能耗低、生产成本低、环境污染小、易治理的优点，属新疆首创。新疆紫晶光电技术有限公司与中国科学院上海光学精密机械研究所合作，进行LED衬底蓝宝石晶体生产，目前采用自主研发的泡生法生长工艺技术生长出的晶体重量达35kg，直径200mm，长度200mm以上，能够满足LED基片的要求。

信息基础设施建设

2011年，新疆通信业务总量完成212.7亿元，同比增长16.5%，通信业务收入完成164.1亿元，同比增长17%。新增电话用户304.1万户，总数达2 211.4万户，其中：固定电话用户减少7万户，同比下降1.3%，总数为540.5万户；移动电话用户新增311.1万户，总数达1 670.9万户，同比增长22.9%，其中：3G用户182.6万户，同比增长229%。固定电话普及率和移动电话普及率分别为25部/百人、77.4部/百人，同比分别下降1.5%、增长22.9%。光缆线路总长度28.4万千米，同比增长9.7%；局用交换机容量535.6万门，同比下降2.1%；移动电话交换机容量3 643万户，同比增长21.5%；移动电话基站3.3万个，同比增长26.9%。100%的行政村实现了通电话。

2011年，新疆有线广播电视传输干线总长2.8万千米，建立了全区统一的数字电视平台，开通多语种频道100多个，其中包含8套高清节目。电视人口综合覆盖率达到95.3%。

2011年，新疆全区互联网宽带用户新增47.7万户，达208.8万户，同比增长29.7%；移动互联网用户新增230万户，达901.7万户，同比增长34.2%；互联网域名总数26 945个，其中：CN域名数10 463个，www站点数3 885个。新疆总体网民普及率达40%以上。

2011年，新疆深入推进以乌鲁木齐市为试点的三网融合工作。2011年底，乌鲁木齐市已建成大容量、高速率数字传输主干网络，互联网已基本实现光纤化、宽带化。宽带网络已覆盖乌鲁木齐市所有区（县）、乡镇团场以及94%以上的行政村。宽带互联网用户数61.7万户，其中：73%以上城市用户和70%以上农村用户已具备8M以上接入能力。IP城域网总宽带能力达580G，3G无线网络已覆盖全市。乌鲁木齐市广电网络双向覆盖超过95%。作为三网融合试点中的关键核心工程，自治区IPTV、手机电视播控平台一期工程正在加紧建设中。

信息产业基地建设

2011 年，新疆电子信息产业集聚步伐进一步加快，围绕电子新材料、太阳能光伏设备生产与制造、软件与信息服务业等领域形成了一批规模大、产业链完整的园区，形成“一轴二翼”的产业布局。乌鲁木齐高新区国家光伏发电装备技术产业化基地进一步扩容，已有特变电工新疆硅业有限公司、新疆新能源股份有限公司、新疆紫晶光电技术有限公司等多家光伏制造企业入驻，是新疆当前最为核心的光伏产业聚集区。新疆众和股份有限公司在乌鲁木齐甘泉堡园区建设电子新材料循环经济产业基地，致力于高纯铝、电子铝箔、电极箔等产品的研发与生产。阿拉尔市台州光伏示范产业园区于 2011 年成立，已落户哥兰德新能源有限公司、新疆金胡杨光电有限公司等 8 家企业，致力于多晶硅铸锭、拉晶、切片，太阳能电池组件制造，太阳能电站组装等产业链各环节。3 月，大全集团新疆石河子“光伏产业园”项目在石河子经济技术开发区化工新材料产业园开工建设。奎屯—独山子经济技术开发区已建成国内较大规模的碳化硅冶炼和碳化硅微粉生产基地，碳化硅年生产规模超过 10 万吨，碳化硅微粉年生产规模达 5 万吨。

2011 年，新疆软件园建设步伐进一步加快。6 月，园区主体工程创业智能大厦正式开工建设，工业和信息化部、新疆自治区领导为开工仪式剪彩。2011 年底，创业智能大厦 3 层裙楼封顶，预计将于 2013 年 8 月全面建成。新疆软件公共服务平台实施方案已制定，设计和开发已完成，预计2012 年初投入试运行。

信息技术应用

电子政务　2011 年，新疆电子政务内网、外网和政府门户网站建设不断完善，“十二金”工程建设取得积极进展，电子政务系统的应用使政府行政能力和行政效率显著提高。建设了以新疆自治区人民政府为中心，纵向到县市，横向到各部门、各单位的电子政务专网。政务专网还接入到新疆自治区党委、人大、政协、高级法院、高级检察院、新疆军区和新疆生产建设兵团。依托电子政务专网，实现了公文网上交换和政务信息处理等应用；建设了自治区突发公共事件应急平台，提升了政府办事效率和应急处置能力。2011 年，新疆作为全国 18 个政府网站发展评估试点省区市之一，重点对全疆 180 个政府网站进行了发展评估，其中，自治区政府部门网站 68 个，地州市政府网站 18 个，县市区政府网站 94 个。截至 2011 年底，新疆 14 个地州市人民政府建站率达 100%，94 个县市区人民政府仅有 2 个未建政府网站，网络运行与安全指标达标率达 83%以上。

两化融合　2011 年初，新疆自治区党委、人民政府明确提出加快推进两化融合向纵深发展。自治区经济和信息化委员会编制实施了《自治区国民经济和社会信息化“十二五”规划》和《自治区企业信息化“十二五”规划》，制定了《自治区两化融合示范工程实施方案》，围绕新型工业化建设的重点企业、重点产业、重点行业和重点区域开展两化融合示范工程，先后确定了 114 家自治区级两化融合试点企业及 3 个自治区级两化融合试验区。完善两化融合技术与支撑服务体系，研究建立两化融合评估指标体系，扶持 21 家两化融合重点支撑服务单位。同时，结合需求，以乌鲁木齐、昌吉、石河子等地工业园区为载体，把生产自动化、管理网络化、商务电子化作为推动两化深度融合的着力点，积极推进石化、能源和农业等领域的两化深度融合及中小企业信息化。据不完全统计，截至 2011 年底，新疆 86%的企业建立了企业内网，42%的企业建立了企业外部网站，78%的企业应用了生产经营管理信息化系统。制造业信息化工程也取得突破，80%的大中型企业实现“双甩”(甩帐表+甩图纸) 目标。

物联网应用　2011 年，新疆整合各方资源，加强交流与协作，积极促进物联网产、学、研、用等方面协调发展。在工业和信息化部支持下，重点在石油、石化、油气管道输送、交通等行业，开展了物联网光纤应力/定位传感报警系统的产业化开发、基于物联网技术的特种设备集成监管公共服务平台、基于 RFID 的电子车牌动态监测处理、基于物联网 DIC 平台的工业安全智能化控制等 4 个物联网项目应用。

信息安全　启动自治区重要信息系统异地灾难备份中心建设，已完成机构设立、项目选址、用地审批手续和项目建设规划、环境评估、可行性研究报告等前期工作。编制完成《自治区网络与信息安全“十二五”规划》和《自治区网络与信息安全事件应急预案》。组建自治区网络与信息安全专家组，发布专家数据库管理系统，建立了专家数据库。在克孜勒苏柯尔克孜自治州开展了信息安全风险评估试点工作，组织研究开发开放的、具有自主知识产权的风险评估系统工具。7月，新疆自治区经济和信息化委员会在第一时间紧急发布多个政府网站存在严重安全漏洞的通报，组织有关部门整改和督促检查。

热点

2011年是新疆光伏产业发展迅速扩张的一年，国内知名光伏企业纷纷进驻新疆投资建厂。江苏大全集团“光伏产业园”项目落地石河子市，该公司将在园区内建设年产2万吨多晶硅、1 000兆瓦硅片、500兆瓦太阳能电池组件等项目，建成后预计可实现工业总产值400亿元左右，并吸纳近万人就业。通威集团控股企业四川永祥股份有限公司计划在新疆阜康市投资260亿元，打造“太阳能光伏一体化项目”，包括5万吨太阳能级多晶硅项目、3GW太阳能硅片及电池项目和5座各35万千瓦火力发电机组，可解决当地2万人就业。该项目建成后预计年销售收入将超过300亿元，年利税超过50亿元。阿拉尔市台州光伏示范产业园区已落户企业8家，计划实施建设2 600兆瓦太阳能电池组件、350兆瓦太阳能光伏并网发电等项目，形成5万吨高纯原生多晶硅和10万吨工业硅生产能力。项目合计总投资397.5亿元。

光伏并网发电项目建设取得突破。通过国家能源局2010年光伏特许招标和国家金太阳工程，新疆已在哈密、吐鲁番、和田、乌鲁木齐、石河子等地开工建设并网光伏电站，建成后总规模将达140兆瓦。

云计算产业发展取得新进展。以建设国家重要信息资源战略备份基地作为切入点，新疆着力推进云计算产业发展。乌鲁木齐市、克拉玛依市两个云计算产业基地建设工作顺利启动。通过高位推动，已有华为技术有限公司、曙光公司、天地图等正式决定落户新疆云计算产业基地。中国电信集团公司、中国移动通信集团公司、中国联合网络通信集团有限公司、浪潮集团、中兴通讯股份有限公司等也已启动了相关前期工作。

其他

新疆已确定了软件和信息服务产业发展的“321”战略目标，即：着力建设国家多语种嵌入式软件技术研发中心、多语种自主知识产权软件技术研发中心和多语种离岸服务外包支撑服务中心，打造国家多语种软件产业基地和国家多语种离岸服务外包产业基地，使新疆成为中国软件服务业向西开放的桥头堡。

主要问题

一是市场竞争加剧，传统优势产品增长缓慢。如：水、电、气、热等IC智能表的生产量和销售量仅增长10%。二是产品附加值低，技术创新能力较弱。主要产品产量和销量与上年相比都有较大幅度提高，但产品附加值不高。三是信息产业各类人才仍显不足，亟待加大人才培养力度。

【统计数据】

表1　2011年新疆维吾尔自治区电子信息产业人员构成情况

企业类别	企业数（家）	年末从业人员总数（人）	人员构成					
			工程技术人员（人）	在总人数中所占比例（%）	管理人员（人）	在总人数中所占比例（%）	软件开发研究人员（人）	技术工人（人）
其他企业	121	16 073	1 676	10.4	1 898	11.8	1 077	12 280

表 2　2009—2011 年新疆维吾尔自治区电子信息产业基本情况

项目名称	单位	2009 年	2010 年	2011 年
工业总产值（现行价）	万元	536 830	748 043	1 020 051
工业销售产值	万元	361 580	569 622	824 242
出口交货值	万元		294 047	46 561
流动资产平均余额	万元		404 399	860 236
固定资产净值平均余额	万元		458 074	528 284
资产总计	万元		1 014 792	2 437 159
负债合计	万元		482 921	1 436 121
产品销售收入	万元		408 844	572 994
其中：软件产品销售收入	万元	20 929	36 210	39 427
税金总额	万元		12 248	42 004
利润总额	万元	40 835	85 318	89 617
应交所得税	万元		4 825	10 676
从业人员年末人数	人		13 236	16 073
从业人员工资总额	万元		45 943	75 532

表 3　2009—2011 年新疆维吾尔自治区电子信息产业主要经济效益指标完成情况

项目名称	单位	2009 年	2010 年	2011 年
产品销售率	%	90	85	79
总资产贡献率	%		9.6	5.4
资产保值增值率	%		121	142
资产负债率	%		48	59

表 4　2009—2011 年新疆维吾尔自治区主要电子信息产品产销量情况

产品名称	单位	产量			销量		
		2009 年	2010 年	2011 年	2009 年	2010 年	2011 年
多晶硅	千克		938 275	1 698 000		938 275	1 698 000
硅片	万片		2 544	3 180.9		2 430	3 084.3
太阳能光伏组件	块		3 800	5 000		3 200	3 700
太阳能电池	千伏安		5 200	6 500		4 100	4 800
IC 卡电表	万只	25	24.3	26.8	25	20	22
电子铝箔	万吨	1.3	2.3	2.6	1.3	2.3	2.6

续表

产品名称	单位	产量			销量		
		2009 年	2010 年	2011 年	2009 年	2010 年	2011 年
特高压电极箔	万平方米		99.4	169.3		87.4	168.2
碳化硅	吨		53 133	62 019		49 311	67 342
热敏电阻	万只	240	324	476	149	269	309

注：表 1—表 4 数据来源于新疆维吾尔自治区经济和信息化委员会经济运行局。

[撰稿：张磊　审稿：陈彬]

大　连　市

【综述】

电子信息产品制造业

2011 年，大连市电子信息产品制造业以促进产业转型升级、加大产品结构调整为主线，全面实施“五项工程”（即以工业企业提升工程、项目工程、并购工程、产业集群工程和节能与淘汰落后工程为主要内容的工业五项工程），加快推进重大项目建设，布局战略性新兴产业，实现电子信息产品制造业平稳发展。截至 2011 年底，全市有规模以上电子信息产品制造企业 175 家，其中外资企业 105 家、内资企业 70 家；从业人员 10.1 万人。全年实现主营业务收入 801.1 亿元，比上年增长 14.3%；实现利税 61.4 亿元，增长 17.1%，其中利润 45.6 亿元，增长 1.6%，税金总额 15.8 亿元，增长 107.9%；出口交货值 537.2 亿元，增长 22.2%。

半导体产业发展　英特尔芯片项目自 2010 年 10 月投产以来，良品率不断提高，产量稳步增长，工程质量、产品质量创英特尔公司历史上全球新建工厂之最，并获得英特尔（内部）两项全球成就大奖。2011 年，英特尔（大连）半导体有限公司产值突破 100 亿元大关，成为中国东北地区规模最大的 IT 高科技企业。半导体光电子产业集群继续壮大，德豪光电项目建成投产。德豪光电 LED 芯片项目总投资 23.6 亿元，被列为国家发展和改革委员会与工业和信息化部重点电子信息产业振兴项目。项目占地面积约 15 万平方米，建筑面积约 12 万平方米，已竣工投产。大连德豪光电科技有限公司成为大连市光电子产业新领军企业。旭沅光电冷光片项目已建成 2 条生产线并正式投产。太阳能光伏产业特色明显。光伏产业关键技术和产品研发与产业化取得新的突破，大连连城数控机器有限公司获得“中国半导体创新产品和技术奖”，成功开发出多线切片机；大连融科储能技术发展有限公司全钒液流电池系统已成功示范应用于通讯基站电源、并网光伏电站以及风光储能等领域，获得专利 11 项，该公司成为国家液流储能电池标准起草单位。

产业转型升级　中国华录集团有限公司被确定为大连市发展新一代平板显示的重点企业，已成立项目组，并制定了技术、工艺、生产线设计和团队建设方案。大连东方科脉电子有限公司自主研发电子纸和耐低温仪表显示屏，并与台湾元太科技公司开展技术合作，投资 1.5 亿元在长兴岛临港工业区建设 2.5 万平方米液晶产业园区。大连中建材光电应用材料有限公司积极筹备 ITO（铟锡氧化物）靶材项目。中国华录集团有限公司投资 1.5 亿元，新上蓝光光头生产线。大连辽无二电器有限公司投资 8 000 万元，新建厂房 4 万平方米，引进汽车音响和汽车发动机控制系统项目。

国内外合作　大连市经济和信息化委员会组织 IT 产业代表团，分别赴美国参观拉斯维加斯国际消费类电子展，赴中国台湾开展考察交流活动，组织企业参加第十九届中国国际广播电视信息网络展览会、第十三届全国消费电子技术年会暨数字电视研讨会、中国（丹东）国际仪器仪表博览会、中国海创周、辽宁省电子信息企业融资上市会议、辽宁省产业集群发展座谈会、大连市金融发展局中小企业境内上市培训会等活动，帮助企业利用各种平台拓展市场、洽谈合作、加快融资。通过这些活动全年达成协议 80 多项，合同额 50 多亿元。

其他 大连市电子信息产业“十二五”规划编制完成。2011 年，大连市经济和信息化委员会编制完成大连市电子信息产业“十二五”规划，确定电子信息产业发展思路为：深入贯彻落实科学发展观，以自主创新为动力，转变发展方式为重点，推动产品结构调整为主线，立足现有产业基础和优势，做大优势产业（高清互动新媒体、新一代通信和网络设备等），做优战略性新兴产业（物联网等），做强基础产业（新型电子元器件、新型电子材料等），做精应用电子产业（汽车电子、船舶电子、医疗电子、数控系统等），以“五项工程”为抓手，推动产业集群发展。同时，培育骨干企业和知名品牌，增强产业核心竞争力，努力实现大连市电子信息产品制造业又好又快稳步发展。

双 D 港创业孵化中心升格为国家级示范平台。2011 年 3 月 30 日，工业和信息化部公布大连市双 D 港创业孵化中心升格为国家级中小企业公共服务示范平台。

3 家企业入选全国电子信息百强。2011 年 6 月 2 日，第 25 届中国电子信息百强企业评选揭晓，中国华录集团有限公司、大连环宇阳光集团、大连辽无二电器有限公司入选，分别排名第 36 位、第 65 位、第 70 位。

国家数字交换系统工程技术研究中心大连分中心成立。2011 年 7 月 8 日，国家数字交换系统工程技术研究中心大连分中心正式成立。大连环宇阳光集团作为具体运营机构，主要开展三网融合、网络安全防护、管控技术和国家专网特种装备方面的技术攻关、标准研究、产品开发和推广等工作。

全国复合导体标准化工作组在大连市成立。2011 年 8 月 18 日，全国复合导体标准化工作组在大连市成立，成为首个由大连市筹建运行、从事全国性标准化工作的技术组织。

大连德豪光电科技有限公司芯片项目投产。2011 年 12 月 25 日，大连德豪光电科技有限公司芯片项目投产仪式在大连金州新区银帆宾馆举行。该项目位于金州新区 IT 产业园，总投资 23.6 亿元，总占地面积约 15 万平方米，主要生产国际先进的 4 英寸晶圆、120 流明/瓦的 LED 功率型芯片，预计建成后年销售收入将超过 60 亿元。全部工程分为两期建设，其中一期为 LED 芯片生产基地，二期为芯片研发中心。一期工程完成固定资产投资 18 亿元，于 2010 年 9 月 13 日全面开工建设，2011 年 9 月 10 日试投产，9 月 26 日生产出第一批 LED 芯片，创造了大规模芯片项目从签约到投产不到 2 年的“大连速度”。

软件和信息服务业

2011 年，大连市软件和信息服务业重点围绕“促创新、抓集群”和“五项工程”，展开自主创新、软件人才、园区建设、企业提升、并购和产业集群等工作，提升企业的自主研发和市场拓展能力，提高行业应用水平和创新能力，产业总体运行保持平稳增长态势。全市有软件和信息服务企业 1 200 家，其中百人以上规模企业 120 多家，千人以上规模企业 12 家；从业人员 12 万人。全年实现销售收入 705 亿元，比上年增长 31.8%；出口总额 22.5 亿美元，比上年增长 25%。大连高新技术产业园区软件和信息技术服务产业集群获“辽宁省示范产业集群”称号，并被科技部授予全国唯一的“国家创新型软件产业集群”称号。大连亿达信息技术有限公司获“2011 年度中国软件和信息服务十大领军企业”称号。

产业集中度 新区产业集群成为辽宁省示范产业集群，新增办公楼宇面积 50 万平方米，聚集 800 多家企业，人员增长近 2 万人，产业集群收入占全市软件和服务业总规模的近 90%；华信（国际）软件园、亿达软件园、韩国浦项 IT 软件园等专业园区基本建设进展迅速；集成电路设计和工业设计产业园建成投入使用；动漫游戏和网络产业大厦内企业高度集聚；美国富达基金软件服务业基地、四达高技术数控产业园、船舶软件及设计园、凌水湾总部经济基地等特色基地（园区）进入总体设计和招商阶段。

工业软件产品自主创新能力 大连四达高技术发展有限公司自主研发的“飞机大部件数字化钻铆装配系统”和“飞机壁板爬行机器人制孔系统”达到国际先进水平；大连美恒时代科技有限公司成功研发的集重型机械操作、故障监测、诊断、管理于一体的计算机信息管理系统以及重载电机调速控制系统，拥有 14 项软件著作权和 4 项专利发明，是中国冶金、航天和工业起重机自动化领域主要的技术与服务提供商；大连奥托股份有限公司自主研发的数字化汽车自动装备生产线可实现整条车身焊装无人化操作，成为国内奥迪、大众、宝马、奔驰等高档车生产线的第一个供应商，产品出口到德国、巴西、南非等国。

其他 2011 年 4 月 11 日，IBM 大连分公司正式开业。这是 IBM 在中国成立的第 31 家分支机构。

6 月 15 日，大连生态科技创新城启城。这是辽宁省第一座以生态和科技创新为主题的新城，规划面积 65 平方千米。

6 月 27 日，NEC（中国）有限公司与东软信息技术服务有限公司在大连市成立了合资公司——日电东软信息技术有限公司。NEC 集团与东软集团将以新公司为中心，向中国本土企业、在华投资的日本企业、欧美企业等提供综合云计算服务。

9 月 27 日，微软（中国）有限公司大连分公司开业。该公司将作为区域总部，着力推进微软与大连市的战略合作实施。

10 月，印度软件企业 Infosys 技术（中国）有限公司与大连高新技术产业园区政府签署协议，将在高新区成立一家分公司，主要业务为软件开发和外包业务。

11 月 24 日，大连航天科研试验保障中心及航天软件产业园项目在高新区正式奠基。该项目将依托大连高新区成熟的软件配套资源，通过与高校的互动，建设中国运载火箭技术研究院在中国北方的产学研平台。项目占地面积 2.09 万平方米，建筑面积 9.39 万平方米，计划总投资约 5.8 亿元，预计在 2013 年建成运营。

12 月 6 日，大连市政府与中国电信辽宁省分公司签署“十二五”战略合作框架协议及“离岸外包呼叫中心”项目协议。

信息化建设

2011 年，大连市电话用户达到 1 047 万户，其中，移动电话用户 775.5 万户，移动电话普及率 143%；互联网宽带接入用户 133.7 万户；电信长途光缆线路总长度 14 040 千米。全市行政村电话通达比例达 100%，行政村移动网覆盖率 100%。“三网融合市民体验中心”建设加快推进，“IPTV 小区试点”用户达到 2.4 万户。

政务信息化 出台《大连市政府信息系统安全检查实施办法》，完成首批政府部门信息系统安全抽查工作。开展数字证书认证，全年发放认证证书 5 200 个。成立新一届大连市信息化专家咨询委员会，开展政府系统数据资源共享目录编制工作。经工业和信息化部批准，大连市成为全国唯一获批的国家电子政务发展水平评估试点城市。已形成以政府门户网站、政府内外网为主体的“一门两网”基础网络架构，初步实现网络互联互通、资源整合和共享。至 2011 年底，大连市政府门户网站已形成由主网站和 70 多个委办局区市县子网站组成的政府门户网站群，建成以信息公开、网上办事、公众交流、在线访谈和市民邮箱等为主要特色的政府网上服务体系，共发布动态类信息 36 万余条，提供网上服务事项 6 000 余项，日平均点击量百万余次。

产业信息化 大连市经济和信息化委员会投入扶持资金 500 万元，带动行业投入 7 000 多万元，促进工业化和信息化深度融合。加强传统中小企业与 IT 企业自主创新对接交流，25 家机床和轴承企业成功应用大连天翼信息科技有限公司、大连华铁海兴科技有限公司等企业自主研发的 ERP 系统、CIMS 集成制造系统等软件产品。重点在装备、钢铁、石化、电力及危险品运输等行业实施信息化应用，大连中远船务工程公司基于物联网技术的企业安全生产管理系统、大连重工·起重集团有限公司的能源管理系统、大连经济技术开发区循环经济信息服务平台等项目成为国家两化融合促进安全生产、节能减排重点试点示范项目。

商务信息化 大连市经济和信息化委员会投入扶持资金近 300 万元，带动行业投入 2.5 亿元。建设电子商务工程，全年实现电子商务交易额 1 000 多亿元。推动传统大中型企业探索电子商务应用，大商集团、大连大杨创世股份有限公司、桑扶兰集团等利用电子商务提升市场占有率，其中大商集团推出的大商网自 2009 年开通以来销售额增长 10 倍。发展第三方电子商务服务，引导培育中国航运在线、锦联国际订仓中心等一批电子商务专业化应用服务网站，加快发展乐佰同城购物平台、星脉音乐网、速购全球电子商务平台、国际时装电子商务平台、麦客商城网、餐饮行业电子商务平台、婚庆行业电子商务平台等新兴电子商务项目，形成以大连—阿里巴巴中小企业电子商务工程、大连电子商务专区、赫格雷医药电子交易、万信石化产品电子交易、北良国际农产品电子交易、水产现货电子交易等大宗商品电子交易平台为主体的大连电子商务架构。2011 年，大连市经济和信息化委员会与阿里巴巴（中国）网络技术有限公司共同推进“大连—阿里巴巴中小企业电子商务工程”项目。双方联合举办联合培训、交流等各种活动，提高大连市中小企业电子商务的应用意识和操作水平，全年举办联合免费培训 150 余场，受训企业 3 008 家。大连电子商务专区全年新增注册会员企业 197 家，会员总数达到 24 万家，总浏览量累计 103 万次，日均浏览量 3.4 万次。

物联网建设　大连环宇移动科技有限公司、大连现代高技术集团有限公司、大连诚高电子有限公司、大连永佳电子技术有限公司、中铁铁龙集装箱物流股份有限公司 5 家企业的物联网项目入选国家首批物联网重点支持项目，获得国家专项资金 700 万元。推进物联网技术研发和技术应用，大连亿达信息技术有限公司负责大连生态科技城物联网技术应用，大连海事大学建设院校能耗物联网监管系统平台。推进物联网产业基地建设，大连市经济和信息化委员会起草了大连市市级物联网产业基地认证办法讨论稿，推动高新园区建立物联网产业基地，并编制完成基地总体规划。

其他　2011 年 11 月 30 日，大连市人民政府与中国移动通信集团辽宁有限公司全面战略合作协议签约仪式暨“无线城市”大连门户网站开通仪式在大连香格里拉大酒店举行。根据协议，双方按照“发挥优势、相互促进、长期合作、互利共赢”的原则，实施 TD 第三代无线通信技术创新战略，开展 TD 基础设施建设、物联网技术应用、“无线城市”建设、移动电子商务发展、位置服务应用推广、企业信息化建设等方面的战略合作，推动大连市具有自主知识产权信息技术和产品的研发与应用，促进信息产业快速发展和经济转型升级。

[供稿：大连市经济和信息化委员会]

宁 波 市

【综述】

2011 年，宁波市电子信息全行业积极应对各种不利因素，经济运行保持平稳增长，主要经济指标基本稳定。从逐月走势看，受 2010 年基数逐步走高影响，产业增速呈前高后低、逐步放缓走势，特别是出口增速放缓幅度较大。

电子信息产品制造业

2011 年，宁波市规模以上电子信息产品制造业企业共计 823 家，实现主营业务收入 1 514.8 亿元，同比增长 13.6%，经济总量创历史新高。实现工业总产值 1 578.86 亿元，占全省电子制造业比重为 29.1%，居全省各城市首位。实现出口交货值 728.1 亿元，出口占全省电子制造业比重为 42.9%，出口交货值位居全省第一。

电子产品制造业企业总体上保持健康良好态势，新一代信息技术产业特色明显，体现出强劲的活力和成长性。尽管全行业出口受“欧债”危机加深等不利因素影响，经济效益有一定下滑，但宁波市电子制造业产业基础良好，企业经营基本平稳。2011 年，全行业规模以上企业亏损面为 11.4%，为五年来新低，比全市工业企业亏损面低 4 个百分点。全市 823 家规模以上电子信息产品制造企业继续保持高速增长态势，若剔除个别大企业影响，规模以上企业工业总产值同比增长 21.7%；主营业务收入同比增长 19.1%，出口交货值同比增长 10.9%，分别比全市工业增长率高 3.8 个百分点、5.5 个百分点、5.8 个百分点；新一代电子信息产业企业工业总产值同比增长 21.6%，比全市工业高 3.7 个百分点，出口交货值同比增长 6.4%，比全市工业高 1.3 个百分点，利税总额同比增长 12.7%，比全市工业高 1.9 个百分点。

2011 年，宁波市电子信息产品制造业骨干企业、重点产品带动作用明显。以新一代信息技术企业为主的龙头企业在全市电子信息产业发展中发挥了重要带动作用。全市拥有全国电子百强企业 2 家、元器件百强企业

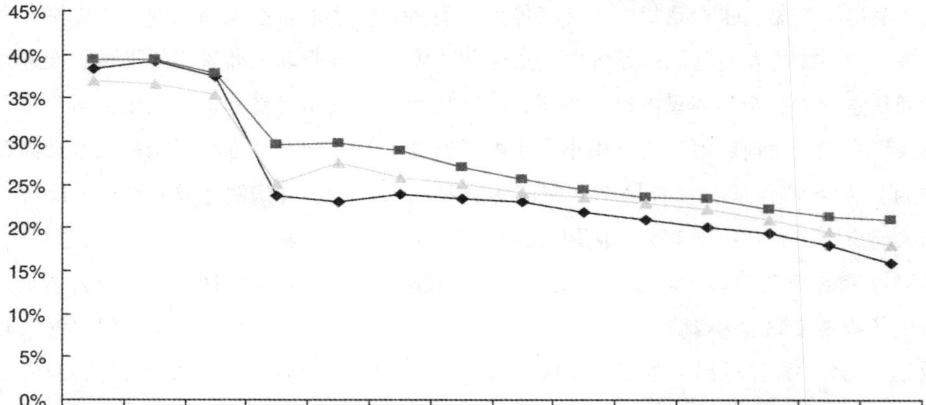

	2010年1–10月	2010年1–11月	2010年1–12月	2011年1–2月	2011年1–3月	2011年1–4月	2011年1–5月	2011年1–6月	2011年1–7月	2011年1–8月	2011年1–9月	2011年1–10月	2011年1–11月	2011年1–12月
市电子产品制造业	38.4%	39.2%	37.5%	23.8%	23.1%	23.9%	23.3%	23.0%	21.8%	20.9%	20.0%	19.3%	18.0%	15.9%
省电子产品制造业	39.4%	39.4%	37.9%	29.7%	29.9%	28.9%	27.1%	25.7%	24.5%	23.5%	23.3%	22.1%	21.3%	20.9%
市工业	37.0%	36.6%	35.4%	25.2%	27.6%	25.8%	25.2%	24.1%	23.5%	22.9%	22.1%	20.9%	19.5%	17.9%

图 1 宁波市电子信息产品制造业、浙江省电子信息产品制造业、宁波市工业规模以上工业总产值增幅走势图

8 家，宁波奇美电子有限公司、宁波技嘉科技有限公司等 11 家企业入围 2011 年浙江省电子信息产品制造业 30 强，韵升股份有限公司等 4 家企业入围浙江省信息产业外贸出口 10 强，全市电子信息产业拥有 14 家上市企业。以宁波奇美电子有限公司为龙头的液晶光电制造产业链集聚基本显现，形成宁波升锐电子有限公司、宁波菱茂光电有限公司、宁波大亿科技有限公司、宁波旺泉电子有限公司等较有实力的关联企业。宁波理工监测科技股份有限公司等重点软件企业对全市软件产业整体快速发展起到了重要引领作用。

据宁波市经济和信息化委员会重点监测的 139 家企业统计数据显示，新兴行业及基础电子行业引领全行业生产销售增长，其中广播电视行业、电子测量仪器行业、电子元件行业等实现较快增长。音视频产品及广播电视行业增长 25.3%，基础电子元件行业增长 44.7%，专用电子测量仪器行业增长 36.4%。占比重较大的部分优势行业出现负增长，其中：电子计算机行业下降 7.24%；通信设备制造行业下降 5.88%；电子信息机电产品行业下降 1.47%。

从统计数据分析，部分大企业产销和出口负增长以及 2010 年同期基数较高等因素，是造成全行业 2011 年经济指标下滑的主要原因。

2011 年，宁波市新一代电子产品制造业实现总产值 589.27 亿元，占全市电子信息产品制造业的比重为37.3%。新一代信息技术产业特色明显，已形成液晶光电、集成电路、信息家电等优势产业集聚格局，部分行业如液晶光电等在全国占有较大市场份额；集成电路产业链较为完整，已成为国内主要的半导体封装和集成电路引线框架、外延片、靶材生产基地，体现出宁波市电子信息产业发展的可持续性和潜力。

大中型重点企业对宁波市电子信息产品制造业的增长仍然起着显著支撑作用。全年全市 139 家重点监测企业中，实现工业总产值 200 亿元以上企业 1 家，40 亿元以上 1 家，20 亿元以上 6 家，10 亿元以上 8 家，5 亿元以上 6 家。10 家重点企业中有 3 家实现较快增长，其中宁波韵升集团股份有限公司、舜宇集团有限公司、宁波东方集团有限公司增速超过平均增幅。宁波奇美电子有限公司、宁波技嘉科技有限公司、宁波云环电子集团有限公司、宁波韵升集团股份有限公司、舜宇集团有限公司、宁波兴业盛泰电子金属材料有限公司等 6 家企业被省经济和信息化委员会评为 2011 年度浙江省电子信息产品制造业 30 强企业称号；宁波奇美电子有限公司、宁波技嘉科技有限公司被评为 2011 年度浙江省电子信息产品制造业外贸出口 10 强企业称号。

软件和信息服务业

2011 年，宁波市软件业实现软件业务收入 133.9 亿元，同比增长 30.4%。其中软件产品收入 16 亿元，同比增长 20.5%；信息系统集成服务收入 24.3 亿元，同比增长 36.9%；信息技术咨询服务收入 5.5 亿元，同比增长

36.9%；数据处理和运营服务收入 25.5 亿元，同比增长 46.9%；嵌入式系统软件收入 58.3 亿元，同比增长 23.9%；IC 设计收入 4.4 亿元，同比增长 33.8%。2011 年，全市通过认定和年审的企业达到 230 家，登记软件产品 468 件。宁波理工监测科技股份有限公司、东蓝数码有限公司首次被列入国家规划布局内重点软件企业，实现了宁波市重点软件企业零的突破。有系统集成资质企业 25 家，其中二级资质 3 家，三级资质 10 家；6 家企业取得信息系统监理资质；23 家企业取得 CMMI3 级以上认证，其中宁波宝迅信息技术公司率先通过 CMMI4 级认证。

主要工作如下：

一是引进和培育相结合，促进企业做大做强。2011 年，宁波市积极引导各县市区不断扩大软件孵化器规模，引进国内优势企业和培育本地企业相结合，上规模企业数量增速较快。非嵌入式软件收入超亿元企业 7 家，5 000 万元—1 亿元之间企业 18 家。软件企业规模进一步扩大，行业龙头企业对宁波市软件产业发展贡献突出。促进软件集聚地建设，指导和协调高新区制定了《宁波智慧城市软件研发推广产业基地建设实施方案》，软件研发示范推广产业基地启动项目已完成整体内部装修，鄞州、慈溪、宁海、余姚、江东等地新的孵化器建设顺利推进。宁波市各县（市、区）都已在建或建成软件孵化器。利用各种活动扩大企业知名度。宁波理工监测科技股份有限公司等 10 家企业荣登创业创新风云榜“软件服务业十强”，受到市政府表彰。按照智博会统一部署，成功组织宁波软件与智能化成果展示，展会期间，与近 20 家企业达成合作意向。组团参加第九届中国国际软件和信息服务交易会，展示了宁波软件各行业应用领域的领头企业和产品。

二是国家和地方资源结合，提高企业自主创新能力。充分利用国家和宁波市专项资金，积极引导企业提高自主创新能力。帮助博一格数码科技有限公司等 5 家企业争取首批国家物联网专项 700 万元资金补助。充分发挥宁波市软件专项资金的作用，确定物联网、数字控制、节能减排和有较大应用市场的行业应用软件研发等领域为支持重点，引导企业开展技术创新和管理创新，提高在信息技术新领域的研发能力。帮助企业开拓市场，促进工业转型升级。举办百项信息技术进千家企业活动，在国内外共收集信息技术项目 134 个，择优选择 47 个项目，制作了《宁波市信息技术推广项目第一期》宣传册。在江东、宁海、余姚等地组织了项目对接会，向工业企业推介信息技术项目。

三是稳定和提高相结合，加强产业管理队伍建设。按照《政府机构改革方案》，宁波市及各县（市、区）软件产业主管部门进行了相应调整。在机构改革过程中，始终保持与各地软件产业管理部门的沟通和联系，及时掌握产业管理队伍的变化情况，并组织召开了全市软件产业工作会议，对县市区所有管理人员集中开展软件产业政策、统计制度、企业认定等相关业务知识培训，保证了产业管理工作的延续，会后还重点走访人员更替较多的地区，就软件产业管理相关工作进行深入交流，稳定和提高了软件产业管理工作水平。

四是引进和培训相结合，建设 IT 人才队伍。2011 年，千方百计加大软件人才引进和培养力度，一方面协助企业开展招聘活动，如组织企业参加创建智慧城市人才培养专场推介会，组织企业赴西安、重庆等地开展招聘活动，另一方面推进 IT 实训基地建设，新认定青软职业培训学校等为宁波市信息技术实训基地，并引导各实训基地针对性开展软件技术培训。

五是预防和打击相结合，切实保护知识产权。按照宁波市政府《打击侵犯知识产权和制售假冒伪劣商品专项行动实施方案》（甬政办发 [2011] 254 号）要求，制定了《市信息产业局打击侵犯知识产权和制售假冒伪劣商品专项行动具体实施方案》。宁波市经济和信息化委员会与市贸易局、工商局、海关等部门加强沟通和协调，全面摸排全市计算机生产企业情况，防止漏报漏查。认真贯彻国家和浙江省使用正版软件工作领导小组的文件要求，先后赴海曙、鄞州、北仑、奉化等 4 个县市区，以及市科技局、市监察局等 10 个市级政府部门，按照国务院检查方案的标准进行实地抽查，顺利完成预定目标任务。

六是主动和被动相结合，开展调研和产业宣传等工作。针对宁波市物联网产业发展的情况，调研起草了《关于推进我市物联网产业发展有关问题的汇报》，此文已被中共宁波市委机关刊物《宁波通讯》录用。2011 年是宁波市软件产业首次破百亿之年，为此，宁波市积极开展相关宣传活动，大力宣传宁波市软件产业发展中的亮点，在《宁波日报》大篇幅进行总体情况和优秀企业宣传，起草的“找准三个支点，发展软件产业”被市政府专报录用。此外，针对产业发展情况进行的不定期宣传多次被《每日要情》采用。

电子产品进出口贸易

2011 年，宁波市电子产品出口交货值继续保持全省第一，但部分经济指标出现近年来少有的下滑。国际市场萧条、部分电子行业整合调整以及汇率升值，是造成宁波市电子信息产业出口高位回落的主要原因。

据统计，2011 年全市规模以上电子产品制造业完成出口交货值 728.1 亿元，同比降低 0.7%，与 2010 年 31.7%的增速相比下滑较大。从数据分析看，全年出口交货值占全市电子制造业工业总产值的比重达到46.1%，比 2010 年下滑 6.31 个百分点。出口高位回落影响了整个行业的经济效益，从全行业看，2011 年实现利税总额 101.42 亿元，同比增长 2.8%，增长率回落较大。从全年各季度运行情况看，全行业前三季度经济效益提高较快，利税总额和利润总额同比增速均超过 20 个百分点，但进入四季度，由于各种不利因素的聚集作用，仅实现利税总额 22.89 亿元，比三季度环比下降 17.6%，比二季度环比下降 25.3%。

科技进步与应用

2011 年，宁波市科技创新体系初步建立，产业结构日益完善。全市已初步建立起以科技为先导、创新为核心、产业化为目的、多种合作方式的“产学研”相结合的区域创新体系。已建立国家级企业技术中心 7 家、省级高新技术企业研发中心近百家，产业层次不断提升，多家企业获得“国家电子发展基金”等国家级项目支持。经过多年发展，宁波市已形成比较齐全的以外向型为主的产业格局，其中电子基础产品、平板显示、半导体集成电路、太阳能光伏、LED 半导体照明、应用电子等行业在全国占有重要地位。新一代电子信息产业成长迅速，产业集聚效应逐步形成，产品结构逐渐趋于合理，骨干企业作用明显。保税区已经形成液晶光电、计算机整机及外围设备制造、半导体和集成电路电子器件、新型电子元件行业、电子测量仪器行业等新一代电子信息优势产业集群，产业规模和质量都达到国内高水平。

2011 年，宁波市电子信息产业中有高新技术企业 185 家，占全市高新技术企业的比例为 21.1%。全市新一代电子信息产品制造企业共有 154 家（不含光伏产业、软件业），占全市规模以上电子信息产业企业（823 家）比重为 18.7%。全市新一代电子信息产业企业科技活动经费支出 8.44 亿元，同比增长 27.4%。

信息基础设施建设

信息网络基础设施建设与服务 一是基本实现通信网络由电网向光网、窄带向宽带升级。截至 2011 年底，宁波市电信和广电业务收入达到 117 亿元，同比增加 7.3%。固定电话用户 310 万户，移动电话用户 1 180 万户。3G 用户 140 万户，同比增长 250%。3G 的无线宽带网络已覆盖城区。互联网宽带接入用户 190 万户。城区

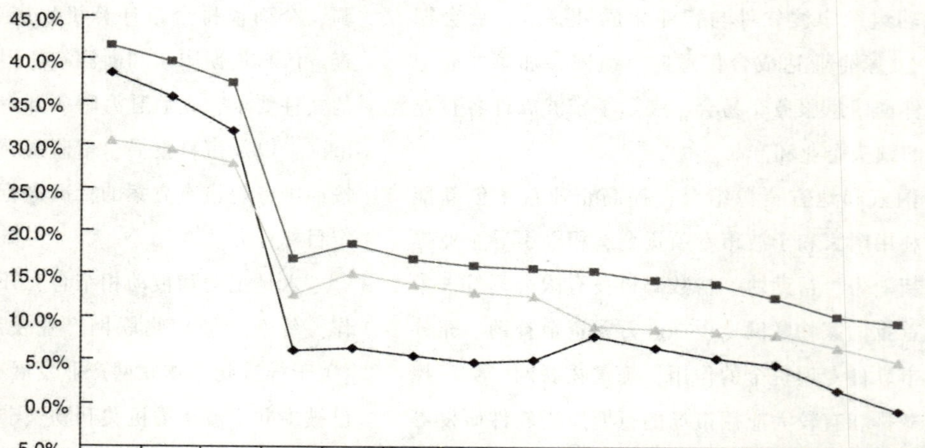

	2010年1–10月	2010年1–11月	2010年1–12月	2011年1–2月	2011年1–3月	2011年1–4月	2011年1–5月	2011年1–6月	2011年1–7月	2011年1–8月	2011年1–9月	2011年1–10月	2011年1–11月	2011年1–12月
市电子制造业出口增幅	38.3%	35.6%	31.7%	6.1%	6.4%	5.4%	4.7%	5.0%	7.8%	6.5%	5.3%	4.6%	1.7%	–0.7%
省电子制造业出口增幅	41.5%	39.6%	37.2%	16.6%	18.4%	16.6%	15.9%	15.7%	15.4%	14.3%	13.9%	12.3%	10.1%	9.4%
市工业出口增幅	30.5%	29.4%	27.8%	12.6%	15.1%	13.7%	12.9%	12.4%	9.0%	8.6%	8.4%	8.1%	6.6%	5.1%

图 2 宁波市电子信息产品制造业、浙江省电子信息产品制造业、宁波市工业规模以上企业出口交货值增幅走势图

居民已基本完成光纤改造，其中 117 万户实现光纤入户，入户率 52%，48%实现光纤到楼道。下一代广播电视逐步普及，数字电视用户数达 124 万户，IPTV 点播用户迅速增长。城区用户的网络通信已完成电网向光网、窄带向宽带升级，各类高清网络数字电视应用也深入到千家万户。

二是全面推进小区驻地网由独建独用向共建共享转变。根据工业和信息化部、建设部《关于进一步规范住宅小区及商住楼通信管线及通信设施建设的通知》（信部联规 [2007] 24 号）等有关文件规定，规范通信驻地网建设，提高基础通信设施利用率，宁波市经济和信息化委员会会同市住房和城乡建设委员会，召集三大运营商共同签订《小区驻地网通信设施共建共享协议》，约定不再独立穿线打洞，现有通信设施实现共享。目前城区全面进行试点，已改造完成约 9 万户，预计年底可完成 10 万户的改造量。在此基础上，为使共建共享能在全市推广，并建起一套长效管理机制，宁波市经济和信息化委员会会同市质量技术监督局，着手起草制定《小区驻地网共建共享建设标准》，目前已列入市质量技术监督局的年度计划，预计 2012 年 2 月完成。标准完成后，全市所有新建楼宇将按共建共享标准实施，从根本上解决乱拉乱接，野蛮施工问题。

三是逐步推进基础网络由互相隔离向三网融合试点。在总结全市综合管线建设经验基础上，为进一步推进资源共享，抓住全国三网融合的良好政策环境，在宁波市经济和信息化委员会指导下，杭州湾新区管理委员会与三大运营商合作，实施基础通信网络设施三网融合的集约化投资建设、集中式运营管理模式的试点，走出一条宁波特色的三网融合建设与使用之路，并积极申报国家第二批三网融合试点城市。目前杭州湾新区已与宁波移动通信有限责任公司基本达成了投资建设与运营之路，包括有线管孔、枢纽机房、无线基站等设施的建设方案也已基本确定。试点完成后，区域内所有通信设施将由一家统一管理与运营，其它广电等需求企业可以租用各类设施，以此实现三网融合、资源共享的目的。

四是逐步实现信息基础设施服务由独立的数据中心模式向泛在的云计算中心模式转变。以基础性设施建设为引领，电子政务建设模式已完成从早期各单位各自建设应用的方式向集约式的数据中心模式转变。市数据中心项目的成功建设与运营，产生了较好社会效益和经济效益，在节约财政资金、减少重复投资、提高服务质量、提升管理水平等方面收到了明显效果，已成为电子政务建设重要的基础设施和公共服务平台。目前，宁波市政府数据中心已完成二期项目建设，截至 2011 年 10 月，中心已承担 101 家单位的 408 项服务，管理的服务器和网络等设备有 264 台，比 2010 年增加 25%。

为适应云计算模式下各类新的电子政务应用，进一步提升政府信息系统的建设和管理水平，推动市电子政府向更高层次发展，宁波市经济和信息化委员会提出了建设政府云计算中心项目的建议。2011 年，该项目建设方案已基本确定，包括信息资源交换目录体系在内的典型云服务、云应用也已明确。宁波市经济和信息化委员会已与曙光计算所、中国电信宁波分公司、东海蓝帆科技有限公司等企业初步确定了投资、建设、管理模式，并对中心的场址进行了多地察看，建设条件已基本具备。

此外，面向企业、商业应用的云计算服务也开始起步。宁波市经济和信息化委员会于 2007 年建立了信息服务业孵化平台，目前平台运营良好。2011 年新申请入驻企业 10 家，有 5 家待审核，在孵企业达到 30 家，下拨资金 180 万元。在 2011 年新入驻企业中，涉及大学生及与大学生有关的创办企业 3 家。根据对 30 家在孵企业经营收入统计，2011 年通过孵化平台产生的经营额超过 50 万元的有 16 家，企业经营状况良好。

信息安全管理　一是切实加强全市信息安全保障工作的协调与部署。充分发挥市网络与信息安全协调小组的作用，及时下发《宁波市网络与信息安全协调小组 2011 年工作要点》，明确工作任务，落实责任单位。顺利做好智博会网络安全、通信保障、安全保障等有关工作。

二是组织开展网络与信息安全专项检查。为切实做好市网络与信息安全保障工作，确保智慧城市顺利进行，市网络与信息安全协调小组办公室于 6 月下发《宁波市 2011 年网络与重要信息系统安全检查指南》，之后委托专门的信息安全检测机构对全市 82 家单位的网站系统进行远程检测，并将检测报告及时送到各单位，要求其针对报告中的问题限时进行整改。11 月 3—10 日，由市网络与信息安全检查组对中国宁波网、市财税局、奉化市等 11 家单位的网络与信息系统进行实地检查，重点检查了安全制度、安全防范措施、应急响应机制等建设落实情况。

三是深入推进信息安全等级保护工作。按照国家、省市有关规定，积极开展全市基础信息网络与重要信息系统的安全等级定级、评审、备案等工作。

四是积极开展信息安全支撑性设施建设。为有效推进信息安全灾难体系建设，宁波市经济和信息化委员会多次就容灾中心项目进行调研，在场地选择上与各县市区政府及有关通信运营商进行了沟通，为后期最后方案的确定提供了充分依据。为加强信息安全人才及服务体系建设，宁波市经济和信息化委员会积极发挥中国信息安全测评中心的作用和影响力，在取得国家信息安全测评中心认证的基础上，多次与市公安局就等级保护测评工作进行沟通，向公安机构推荐中国信息安全测评中心宁波测评中心申报等级保护测评机构资质，共同做好信息安全等级保护测评工作。

五是积极开展信息安全教育培训工作。为切实提高信息安全保障水平，进一步普及网络与信息安全知识，建立长效的信息安全骨干管理人员队伍，宁波市建立了市网络与信息安全员制度，全市党政机关、重要企事业单位及各大网站主要管理人员约100人成为信息安全员。在6月份全市信息安全检查前专门开展了一期党政机关信息系统安全检查技术培训，重点介绍了有关安全技术标准和手段、案例。

六是加强信息安全实战演练。为提高信息安全事件的整体应对能力、提升信息安全应急实战能力，结合信息安全员与信息安全检查讲评，模拟检查中出现的实际问题，举办了一次网络信息安全攻防演练。演练邀请国家专家进行指导，充分展示了信息安全应急事件处理中应急预案管理、应急响应管理、应急事件管理等各环节的处理过程和要求，获得参训人员的好评。

网络应用环境改善 一是积极建设市违法与不良信息举报中心网站，畅通行业举报渠道。举报中心网站开通以来，严格按照相关制度与规定开展工作。截至2011年11月8日，共受理举报信息1 833件，其中有效举报信息1 548件，已处理举报信息1 526件。

二是加强与相关部门的横向联系，形成联动机制。积极配合网络宣传办公室开展“网络社会综合监管体系”的建设工作；协助证监会开展规范网上资本市场信息传播秩序的相关工作；协助市文化广电新闻出版局开展网吧专项整治活动，做好被处罚网吧的断网工作和打击非法“网络共享”网站及设备产品；协助市公安部门组织开展网上“扫黄打非”和反恐等专项整治活动；配合市食品药品监督管理局开展打击网上假药等药品安全专项行动；协助工商局开展整治虚假违法广告和打击网络传销违法犯罪专项行动；配合保密局开展取缔涉密文件非法交易的工作；配合规划局开展地理信息市场专项整治工作；配合应急办加强通信应急保障工作，协助完成《宁波市突发事件应急预案管理暂行规定》、《宁波市雨雪冰冻灾害应急预案》、《宁波市危险化学品事故应急预案》等。

三是加大与运营商的纵向指导与联系，形成监督机制。督促运营商依法及时关闭存在淫秽色情等违法违规内容的网站；加大网吧管理力度（时限），采取有力措施防止淫秽色情等违法有害信息在网吧传播，严把网吧接入互联网审核关，关闭“黑网吧”，积极配合有关部门不断规范网吧市场秩序；清理无证提供IDC主机托管和虚拟主机等互联网接入服务的单位；提高网站备案率和备案信息准确率；督促各大电信运营企业采取技术手段和措施，对不良信息进行技术过滤和隔离，及时封堵和清除互联网上的反动、恐怖、色情、暴力及危害社会稳定等有害信息。通过开展上述工作，网上淫秽色情等有害信息明显减少，网上低俗之风得到有效遏制，网络环境得到进一步净化。

四是积极倡导行业自律，共同推进文明办网。倡导行业企业自觉遵守国家有关互联网发展和管理的法律、法规和政策，积极推动互联网行业的职业道德建设；倡导自觉维护消费者的合法权益；倡导自觉遵守国家有关互联网信息服务管理的规定，自觉履行互联网信息服务的自律义务，共同营造健康文明和谐的网络文化环境。

五是及时处理群众来信来访，共建和谐网络社会。加强与运营商的沟通与协调，把群众的来信来访当作头等大事及时告之运营商。认真做好有关问题的督促处理工作，耐心向群众做好有关政策的解释工作，圆满解决来信来访的相关问题，并及时反馈来信来访者。

信息技术应用

基础设施逐步完善，为智慧城市建设提供有力支撑

一是网络基础设施逐步完善，普遍服务水平稳步提升。

二是政务网络平台已建成，为电子政务应用提供支撑。改造建成全市统一的电子政务内、外网平台，147家市级机关、高等院校、银行等单位以及所有11个县（市）区实现互联互通，77个部门和11个县（市）区接入政务外网。

三是应用基础设施逐步完善，提升了政务应用服务水平。市政府数据中心项目支撑地位凸显。数据中心项目为政府信息化项目和重大公益性信息系统提供硬件支撑和相关服务。目前已有 84 家单位、502 个服务的信息化项目由数据中心提供服务器、系统软件、日常的运维等服务，提高了设备使用效率，减少了重复投资。

四是数据交换平台高效运行，信息资源共享能力不断提高。数据交换平台为市政府部门各类电子政务应用系统之间提供了跨网络、跨操作系统和跨数据库的透明数据交换，实现了与县市区数据交换平台的上下级对接。在国内率先实现了交换域功能，较好地满足政府部门业务协同分散接入、集中交换、分布管理的要求。目前，已经有 17 家政府部门以及部分县（市）区通过该平台实现数据共享交换。

五是驻地网逐步实现共建共享，“三网融合”初见成效。

以应用需求为导向，提升政府行政管理和服务水平　一是信息化建设提升政府公共服务水平。本着让社会公众普遍享受政府服务的原则，适应公众信息服务需求，加强 81890、8718、农村综合信息服务站、信息亭等信息服务相关系统建设，强化政府与公众的沟通，逐步形成了面向市民、企业、农民等不同服务对象的多面多级的信息服务体系，提升了政府信息公共服务能力。加强政府网站建设，提高政务公开水平，全市 53 个政府工作部门、11 个县（市）、区政府和市政府 5 个派出机构全部建立了网站，100%的部门实现了网站公开政务信息，100%的部门和县（市）、区网站开通了领导信箱。截至 2011 年底，市政府各部门、各有关单位共主动公开政府信息 251 262 条。在 2011 年度中国政府网站绩效评估活动中，列省会及计划单列市政府门户第三名，被省政府办公厅评为“政府门户网站建设先进单位”。

二是信息化建设提高政府社会管理能力。宁波市各个部门按照职能分工，通过技术手段实现管理创新，社会管理效率明显提高。除“金字”工程外，85%市级机关各部门都根据自身的职能建立了业务系统，社会管理综合管理系统、宁波征信系统、智慧城市管理系统、肉类蔬菜追溯系统、食品药品安全管理系统等各类业务系统的建成投入使用，有效提高了城市管理、社会治安和安全生产管理能力。

三是信息化建设提供政府行政决策支撑。依托各类信息应用系统，直观反映城市运行和宏观经济的动态变化，支撑各级领导、各个部门在应急指挥、经济运行、城市管理等领域的决策。“金财”、“金税”、“金卡”等一批关系国民经济监管、财政预算管理的动态信息工程全面实施，发挥了重要作用。市企业征信系统已形成覆盖全市 120 万家企业的信用记录，汇集了工商、质监、劳动保障等 18 个政府部门的企业信用信息记录，信息量达到 3 600 余万条。宁波市个人征信信息综合查询核心平台自开通运行以来，已成功采集到房地产抵押查封、银行卡风险、缴库及滞纳税、部分企业资信评级等 6 类信息，总记录数超过 30 万条。

加强项目管理，推进智慧城市应用体系建设　2011 年，宁波市智慧城市建设工作领导小组办公室会同发展和改革委员会、财政局等相关部门，按照统一规划、资源整合、共建共享和基础优先、重点先行、资金平衡的原则，在项目规划、审核和绩效考评方面做了有益探索，摸索信息化项目管理和绩效考评的新方法和新经验。2011 年，共安排信息化建设项目 26 项，投入建设资金 1.3 亿元。

一是宁波市人口基础数据库建设启动。在前期充分调研的基础上，根据市级各部门对人口基础数据应用需求，编制完成了宁波市人口基础数据库建设方案，并通过市发展和改革委员会立项。市公安局成立宁波市人口数据管理中心，市委常委、副市长余红艺为中心揭牌，教育、民政、财政、人社、卫生等部门分别与宁波市人口数据管理中心签订了《宁波市人口基础数据库信息服务交换及保密协议书》，为人口基础数据信息的共建共享奠定了基础。

二是法人单位基础数据库进展顺利。已完成法人基础信息数据库、数据桥接、法人基础信息管理等系统的开发工作。已录入工商企业数据 47.6 万家，其中有效企业 17.5 万家、质监机构代码企业数据 35.6 万家，形成 18.2 万家有效企业法人数据。第一批 11 家单位已申请接入该系统，与市统计局已进行 2 个月的实时数据交换测试，双向数据交换实时稳定。

三是自然资源和空间地理数据库共享交换平台建成使用。平台已建成 240 类空间专题数据，有 7 个政府部门通过互联网、政府内外网实现在线、共享等地理信息服务。

四是宁波智慧城管系统开始运行。截至2011年9月，宁波市智慧城管建设一期项目已基本完成五大支撑体系和四大应用系统软件开发建设。与市级机关相关部门建立了智慧城管联动机制，有效整合分散在各区和市级有关部门的城市管理力量，实现信息资源的最大化利用。目前，市、区两级公安、城管、街道等部门的4 761个街面视频监控资源已实现整合共享，同时实现了38个智能管控视频监控、24个车载视频和10个单兵装备的配置，形成多路、多点动态监控网络，中心城区主干道实现管理全覆盖。

五是宁波市基层社会管理信息系统建成投入应用。会同市社会治安综合治理办公室，积极探索运用信息化平台创新社会管理，完成宁波市社会管理综合信息平台建设，实现基础信息网上录入、办事服务网上管理、工作过程网上监督、责任目标网上考核等四大功能，构建纵向到底、横向到边的社会综合管理系统。目前，全市已完成操作人员培训15批500余人次，开通3 800多个用户账号，逐步实现对全市所有乡镇、街道、行政村综治管理。

六是智慧健康保障体系建设正式启动。2010年9月，市政府与华为技术有限公司签署共建智慧健康保障体系合作框架协议。2011年6月15日，华为智慧健康研究院正式落户宁波国家高新区，宁波市智慧健康保障试点工作规模化启动。经前期调研，已经完成宁波市智慧健康保障体系一期建设方案的编制工作。

七是81890服务能力明显提高。通过前期建设，全市9个分中心已经建立健全保障机制，基本实现“统一服务号码、统一服务平台、统一服务资源、统一服务标准”。截至2011年10月，共接受处理各类电话求助事项累计110多万个，加盟企业6 706家，办结率100%，满意度99%以上。全年为80岁以上老人和60岁以上患病老人免费安装“一键通”电话超过2万多部。

八是企业征信系统应用成效显著。宁波企业征信系统已经实现与18个部门企业基础信息和信用信息的共享和交换，为市级各部门对企业的监管和服务提供了支撑。

加强试点示范力度，引领企业信息化发展 一是以试点示范为牵引，引领企业信息化建设。2011年，以智慧城市十大应用系统示范工程为重点，采取企业申报、专家评选方式共确定示范企业64家，试点企业61家。其中，对能士智能港科技发展有限公司等26家示范企业给予200万元资金补助，对宁波市民卡运营管理有限公司等12个单位的公共服务平台给予435万元补助。

二是组织企业CIO活动，提高企业信息化管理水平。通过组织企业CIO活动，为企业信息化管理人员提供学习交流的平台，邀请专家讲授企业信息化新技术、新应用和管理方式、方法，传达学习市委市政府创建智慧城市的相关文件精神，学习交流企业信息化建设和管理的经验，为企业信息化发展起到了积极作用。

加强本地企业培育，提高信息化建设队伍素质 一是加强人才培养，提高业务素质。积极指导宁波市信息化服务中心做好项目经理资质考核培训工作。2011年共举办2期项目经理培训班，参加培训的人员62名，有效提升了信息项目管理人员的业务素质。

二是加大扶持力度，培育系统集成企业。对2011年符合系统集成素质提升企业9家补助资金23万元，系统集成上规模企业2家补助资金35万元。

三是做好资质审批及换证工作。2011年新申报系统集成企业7家，换证5家，信息系统工程监理换证4家；新申报计算机信息系统集成项目经理11名，高级项目经理1名，计算机信息系统集成项目经理换证34人，高级项目经理换证8人，申报信息系统工程监理工程师17名。

热点

智慧城市建设 2011年，根据市委市政府“六个加快”战略部署和宁波市国民经济社会发展“十二五”规划的要求，对智慧城市建设进行了一系列探索和实践，在智慧城市推进机制、智慧应用体系、智慧产业建设、智慧基础设施方面都取得了较好进展，智慧城市建设成果显著。

一是智慧基础设施建设水平取得新提升。2011年，宁波市优化基础通信设施布局，发挥通信运营商的主力军作用，加大基础性网络通信设施和资源中心建设，创新各种应用和管理模式，为智慧城市建设提供了强有力的基础性支撑。

二是智慧应用体系建设取得新成效。智慧城市应用体系建设涉及面广，基础和条件不一，在具体推进过程中，宁波市注重在全面统筹的基础上，突出重点，坚持试点先行，示范带动，积极稳妥推进。2011年，全市范围内共确定61个智慧应用体系示范工程项目，经过一年多的建设探索，成效逐步显现。

● 三大先行试点重点智慧应用体系项目成效明显。在智慧物流试点建设方面，《宁波市智慧物流试点工作实施方案》出台，明确了近两年的重点示范工程建设任务；宁波电子口岸和第四方物流市场两大平台不断完善，基本打通了通关环节和物流环节，实现了宁波通关、物流、外贸协同发展，提高了宁波智慧物流的功能，扩大了辐射范围；《宁波市智慧物流发展专项资金管理办法》将于年底前印发，以进一步引导智慧物流企业和智慧物流技术应用；IBM智慧物流软件园区建设加快推进，年底将建设宁波物联网智能平台、智慧物流数据中心；以“智慧物流”为主题的第七届国际物流节成功举办。

在智慧健康试点建设方面，华为智慧健康研究院正式落户宁波国家高新区，宁波市智慧健康保障体系一期建设方案编制完成，已经进入立项程序，智慧健康保障试点工作规模化启动；市级卫生专网的升级改造工作已经完成，建立了横向联通市级医疗卫生单位、纵向联接各县（市）区卫生局的千兆裸光纤骨干网络；宁波市医疗专家预约挂号平台提供预约挂号服务的医院已扩展到12家，累计预约挂号数达56万多人次，极大方便了患者就医，取得了良好社会效益。

在智慧社会管理系统建设方面，为构建纵向到底、横向到边的社会综合管理系统，全市已完成500余人次人员培训、全市所有村（社区）的网格划分和基础信息采集等工作，开始进入系统实际操作、全面运行阶段。

● 各重点领域智慧应用示范项目建设取得进展。智慧城管、智慧食品药品监管、智慧公共服务、数字文化、智慧旅游等社会经济各领域项目建设成效显现。智慧城管已基本完成一期五大支撑体系和四大应用系统软件建设，宁波市智慧城管中心正式成立，市级相关部门协同参与的智慧城管联动机制建立，市、区两级的公安、城管、街道等部门的视频监控资源已经实现整合共享，形成多路、多点动态监控网络，中心城区主干道实现管理全覆盖。

在智慧食品药品监管建设方面，全市网上监管系统的升级和完善工程取得较大进展。2011年，全市已完成2 248家药品经营企业和医疗机构的网上监管系统安装，有2 065家单位已与全市中心服务器对接，实现了数据传递交换。目前，除江东区正在安装外，其他县（市）区已基本完成。

在智慧公共服务方面，数字乡村、81890求助中心等公共信息服务平台取得新进展。全市所有2 512个行政村农村综合信息服务站的建站任务全面完成，综合信息服务站已成为促进农民增收、农业增产和农村文明建设的重要载体。81890服务能力明显提高。被列为市政府当年十项实事工程之一的肉菜流通追溯体系，已基本建成宁波市管理平台，批发市场、菜市场、超市、团购单位等首批建设的114个流通节点与该平台成功对接、试运行。2011年底，海曙、江东、江北和鄞州的59个节点正式运行。数字文化工程建设成效明显，全市所有乡镇街道公共图书馆实现了“一卡通”，文化共享工程资源库进一步丰富。数字天一阁工程建设进展顺利，首批3万册古籍实现数字化载体转换，向市民开放。2011年底，注册用户达到2 740余个，查阅次数近18万次。智慧旅游建设成效明显，建成了宁波旅游公共查询系统和宁波旅游手机WAP网站，使游客能便捷获取宁波市的吃、住、行、游、购、娱等信息和相关预订服务。东钱湖、溪口等主要景区已建成电子门票系统，使游客及景区管理者充分享受到智慧旅游带来的便捷、高效。

● 四大数据库建设取得进展。宁波市人口基础数据库项目启动，宁波市人口数据管理中心成立，并分别与教育、民政、财政、人社、卫生等部门签订了《宁波市人口基础数据库信息服务交换及保密协议书》，整合了20多个部门的人口相关数据，为下一步开工建设和共建共享打下了基础。

法人单位基础数据库已完成法人基础信息数据库、数据桥接、法人基础信息管理等系统的开发工作。宁波企业信用管理系统已实现与18个部门企业基础信息和信用信息的共享和交换。自然资源和空间地理数据库共享交换平台建成使用，涵盖了240类空间专题数据，有7个政府部门通过互联网、政府内外网实现在线共享地理信息服务。

三是以新一代信息技术为核心的智慧产业取得新进展。2011年，宁波市以智慧城市建设为着力点，积极培育发展新一代信息技术产业，积极推进自主创新和工业转型升级，加快推动“两化”融合，不断提升新一代信息技术产业竞争力。

● 以两大基地为载体，推动产业集聚发展。完成了高新区智慧软件研发推广产业基地试点实施方案和规划，明确将软件基地划分为20个功能区块，布局10大智慧应用系统研发、生产、应用与推广，初步安排物联网产业、云计算与云服务产业、电子商务产业等产业园和公共服务平台项目。杭州湾新区完成了宁波杭州湾新区智慧装备和产品研发与制造基地实施方案，以及宁波杭州湾新区“智慧新城”规划，并开展了相关子规划的制订。正在推进一批已引进的智慧家电、智慧交通设备、智慧网络配套设备、智能健康医疗等智慧产业项目落地。其中物联网传感器项目推进顺利，嘉莱光子已开始生产工业低频激光器，其相关配套与应用项目相继引进后，将形成激光感知产业园；上海奇达电子科技有限公司和宁波盛光集团合作投资年产1 500万只物联网磁性传感器项目，投资总额达10亿元。

● 以招商引资为抓手，发挥大企业大项目带动作用，推进智慧产业发展。宁波市自世博会主题论坛及智慧城市建设启动以来，共有49个项目签约，其中签约智慧城市战略合作协议12个，云计算项目合作协议5个，物联网项目5个，技术合作协议7个，其中16个项目已经落户。高新区引入了印度塔塔智慧教育和服务外包交付中心、比天云计算中心、曙光云计算中心等项目。宁波杭州湾新区引入了宁波电信云计算中心、中国移动浙江数据分中心和万国数据的中国国际服务外包云计算产业园等一批智慧项目。

● 以政策扶持为引导，提高企业自主创新能力。利用国家有关专项资金，帮助博一格数码科技有限公司等5家企业争取首批国家物联网专项700万元资金补助。充分发挥宁波市软件专项资金的作用，重点扶持物联网、数字控制、节能减排和有较大应用市场的行业应用软件研发等新一代信息技术产业领域项目，引导企业开展技术创新和管理创新，提高在信息技术新领域的研发能力。

四是首届中国智博会成功举办。2011中国（宁波）智慧城市技术与应用产品博览会于2011年9月2—4日在宁波市成功举办。智博会期间，共有包括12家世界500强企业在内的310家企业参展，5.2万余人次参观。会上举办了主论坛“智慧城市发展高峰论坛”和“智慧健康高层论坛”、“智慧装备高层论坛”、“三网融合高层论坛”以及“第三届电子服务大会暨2011宁波智慧产品创意设计大赛颁奖盛典”4个分论坛。智博会同期还有总投资金额共约65亿元的16个智慧城市合作项目落户宁波。

五是智慧城市推进机制基本形成。智慧城市建设的组织领导和工作机构建设得到明显加强。市和各县（市）区成立了加快创建智慧城市协调推进领导小组和办公室，编制完成了《宁波市加快创建智慧城市行动纲要（2011-2015）》和2011年行动计划。建立了协调联络、督查考核等工作制度。智慧城市建设决策咨询和评估考核机制已经建立。加大了智力支撑体系建设，成立了市智慧城市规划标准发展研究院和智慧城市建设推进工作专家咨询委员会。智慧城市目标管理考核体系建立。围绕智慧城市重点任务进行协调、调研和督导，重点开展了列入年度行动计划以及“六个加快”的重点项目督查工作。财政投入和扶持机制建设得到加强。完善政策体系，研究制定了智慧城市建设专项资金政策，明确了智慧城市基础设施建设、综合应用体系项目建设、智慧产业基地创建、智慧项目合作引进及智慧城市建设推进工作五大扶持重点。智慧城市知识不断普及。举办了全市县局级领导干部“六个加快”战略和“加快创建智慧城市”专题培训班，各县（市）区也举办了智慧城区建设专题培训班。编制了《智慧改变生活——宁波智慧城市建设简明读本》（印刷3 000册）、《智慧生活，提升生活品质——科学问答500题》（印刷4万册），分别面向领导干部和社区居民发放。通过“智慧改变生活——宁波市社区居民主题知识竞赛活动”、科普大讲堂、“智慧城市、创意生活”第二届宁波市大学生创意设计大赛等活动载体，普及智慧城市知识。开设了国内第一个以“智慧城市”命名的官方网站——智慧城市专业网站，并利用各种媒体，对全市加快创建智慧城市战略进行广泛宣传和引导，提高了全社会对创建智慧城市工作的认知度。

其他

宁波市荣获“2011中国城市信息化卓越成就奖” 9月23—24日在北京市召开的2011中国城市信息化发展大会上，宁波市经济和信息化委员会（宁波市智慧城市建设工作领导小组办公室）上报的“宁波市智慧城市建设成果”喜获“2011中国城市信息化卓越成就奖”。

两企业入选全国首批两化融合促进安全生产重点推进项目 8月30—31日，工业和信息化部信息化推进司和安全生产司在北京市组织召开两化融合促进安全生产经验交流会。会上公布了全国首批两化融合促进安全生产重点推进的 100 个项目，宁波镇海区宁波乐金甬兴化工有限公司“综合防灾系统”和宁波金洋化工物流有限公司“第二代 GPS 全球定位系统与车载 3G 视频监控系统”成功入选。

全面完成农村综合信息服务站建设　根据创建智慧城市以及“三思三创”主题教育实践活动文件要求，2011 年 10 月底，按照工业和信息化部“五个一”的标准，全面完成全市所有 2 512 个行政村农村综合信息服务站的建站任务。培训农村信息员和乡镇管理员 4 000 多人。与市委组织部远程教育办公室联合在农村综合信息服务站——数字乡村服务平台上开发完成“党员干部站点服务管理系统”并投入使用。农村综合信息服务站已经成为促进农民增收、农业增产、农村文明建设的重要平台。

智慧城市博览会应用成果展示收效明显　宁波智慧城市建设成果展示分为宁波市智慧城市建设总体情况介绍、十大智慧应用体系和智慧海洋以及 GIS 应用 13 个展块。共有 51 个应用系统 46 家单位参加展示。展示期间接待参观者超过 2 万人次，发放宁波市智慧城市建设应用成果汇编材料 500 余册。

【统计数据】

表 1　2009—2011 年宁波市电子信息产业基本情况

项目名称	单位	2009 年	2010 年	2011 年
工业总产值（现行价）	万元	10 315 461	14 667 461	15 788 565
工业销售产值	万元	9 897 986	14 208 629	15 147 742
出口交货值	万元	5 591 669	7 689 577	7 281 017
税金总额	万元	463 935	232 017	236 024
利润总额	万元	63 538	789 735	778 150

表 2　2011 年宁波市网络与通信基础数据

项目	单位	全市数	其中：市 6 区数	公布数（全市）
电信和广电业务收入	亿元	117.2	62.6	117
其中：传统业务收入	亿元	81.7	44.6	
增值业务收入	亿元	25.7	13.8	
光缆皮长	千米	159 565.7	35 044.5	150 000
光缆芯长	芯千米	3 129 617.8	652 609.3	3 000 000
固定电话交换总容量	万门	461.3	32.5	580
固定电话主干配线数	万对	1 214.6	69.6	1 224
固定电话用户总数	万户	309.7	159.7	310
其中：小灵通用户数	万户	19.4	8.5	19
移动电话交换容量	万门	1 358.7	700	1 360
移动电话用户数	万户	1 180.5	637	1 180
3G 用户数	万户	143.6	85.4	140
有线电视用户数	万户	218.5	110.8	218

续表

项目	单位	全市数	其中：市6区数	公布数（全市）
其中：数字电视用户数	万户	156.9	97.5	156
互联网接入用户总数	万户	207.2	113.3	200
互联网宽带接入用户数	万户	197.5	109.5	190
其中：小区宽带用户数	万户	47.2	30.4	
商务宽带用户数	万户	2.6	1.6	
互联网城域出口带宽	G	493.1		600

注：表1、表2数据来源于宁波市经济和信息化委员会、宁波市统计局。

[撰稿：董其岳　审稿：方巍]

厦　门　市

【综述】

电子信息产业是厦门市重点扶持的三大支柱行业之一，是企业最多、产值最高、配套设施最全的一个行业大类，也是高新技术最为集中的行业，已形成以计算机、通信、数字视听、手机、电器等为主的产业结构。2011年，厦门市电子信息产业克服各种不利因素影响，保持平稳健康发展态势，成为拉动全市经济较快发展的主导力量。截至2011年底，全市共有规模以上电子信息产品制造企业198家，完成工业产值1 622.08亿元，同比增长22.2%；全年实现主营业务收入1 598.55亿元，同比增长24%；实现利税87.24亿元，同比增长25.7%，其中实现利润总额79.56亿元，同比增长24.8%。主要产品产量均大幅提升，其中：移动电话1 612.0万部，同比增长51.6%；微型电子计算机872.1万台，同比增长22.5%，其中笔记本计算机474.3万台，同比增长45.7%；彩色电视机934.7万部，同比增长63.1%。

电子信息产品制造业

2011年，厦门市电子信息产品制造业呈现以下特点：

一是重点企业支撑拉动作用显著。厦门市电子信息产品制造业骨干大企业相对较多，这些企业管理规范，产品竞争力较强，经营稳健。DELL、友达系列、宸鸿科技集团、冠捷科技集团、联想移动通信科技有限公司等原有重点企业快速增长。其中，宸鸿集团产值达286亿元，比上年增长169亿元；DELL产值388亿元，增长39亿元；友达系列产值300亿元，增长15亿元；冠捷科技集团产值77亿元，增长23亿元；联想移动通信科技有限公司产值72亿元，增长20亿元。厦门宏发电声股份有限公司、厦门松下电子信息有限公司、贝莱胜电子（厦门）有限公司、厦门科华恒盛股份有限公司、厦门法拉电子股份有限公司、厦门台和电子有限公司等元器件企业也实现较快增长。

二是行业集中度进一步提高。通过实施以大企业为龙头建设产业链、产业集群的战略，集中力量发展了一批占据行业技术高端、具有国际竞争力的百亿以上产值产业链（群），并取得显著成效。厦门市电子工业经历了大幅度结构调整，光电技术产品迅速发展，成为支撑行业发展的主要因素，2011年确定重点培育的平板显示产业链、计算机与通信设备产业链、现代照明和太阳能光伏产业集群等3个产业链发展势头良好。

三是经济效益指标平稳增长。全行业克服诸多不利因素影响，利润和税收均大幅增长，亏损面仅23.7%。

四是产业链日趋完善。2011年以来，部分新开工项目填补了厦门市产业链空白或增强了产业链，如厦门集顺半导体制造有限公司的集成电路制造项目、厦门天马微电子有限公司的5.5代TFT项目、中国电子信息产业集团的开发晶项目、宸鸿科技（厦门）有限公司五期等。

软件和信息服务业

2011年，厦门市软件和信息服务业实现销售收入353.77亿元，同比增长36.4%。规模以上企业628家，同比增长7.9%。行业从业人员6.3万人，同比增长21.2%。行业发展呈现以下特点：

一是培育新增长点取得成效。中国移动手机动漫基地和中国电信动漫运营中心投入商用。中国移动手机动漫基地发展用户1 200万，销售收入近5 000万元，与280家合作伙伴签约，带动67家动漫企业在厦门市注册公司。中国电信动漫基地发展用户超过700万，销售收入2 126万元，与200多家合作伙伴签约，带动5家企业在厦门市设立分支机构。两个基地已成为动漫产业发展的骨干力量。厦门信息集团有限公司完成组建，该公司的成立将进一步加强城市公共信息化基础设施、软件产业基地的统筹规划和建设管理，并增强项目投融资能力。软件园三期启动建设，规划用地面积11.8平方千米，占地6.17公顷的起步区已开工建设。意向入驻企业60多家。软件园三期的开工建设，将进一步拓展厦门软件产业的发展空间。一批重要项目落户厦门市，DELL服务中国总部、通用汽车安全信息服务中心、歌乐电子软件研发中心、日本图书电子化外包业务、美国RingCentral公司中国研发中心等项目落户厦门市，台湾SONY电脑娱乐公司在厦门市设立创新体验中心，中国数码港海西运营中心开工。

二是对台交流合作取得新进展。对台交流实现新突破，台湾中华资讯软体协会、台湾电脑同业公会相继在厦门市设立大陆首个代表处。台资企业发展势头良好，新增台资软件企业14家，增长17.3%，累计达到95家。对台交流活动有序开展，成功举办第二届海峡两岸数字化学习与未来教室高峰论坛和第八届海峡两岸信息化论坛，台湾中华资讯软体协会首次作为厦门国际动漫节的协办单位并组团参展。组织3个团组赴台参加两岸交流活动。

三是产业创新发展能力进一步增强。企业创新能力进一步提高，全年新认定软件企业71家，增长18.0%，累计达到466家；新登记软件产品364件，增长16.1%，累计达到2 623件。公共平台建设取得新进展，与工业和信息化部软件与集成电路促进中心（CSIP）合作，共同建设厦门软件公共技术服务平台，达成建设CSIP厦门分中心合作意向。

四是产业促进体系更加完善。政策支持力度进一步加大，全年共落实国家和省、市产业扶持资金3 812.46万元，为历年最多。其中，国家和福建省财政扶持资金2 089.3万元。软件产业园区功能不断完善，软件园二期入驻企业512家，从业人员4.15万人。全年销售收入201.6亿元，同比增长38.2%。园区税收总额6.67亿元，同比增长32.8%。成功举办第四届厦门国际动漫节，工业和信息化部软件服务业司、福建省信息化局首次作为指导单位，台湾中华资讯软体协会首次作为协办单位；金海豚奖动漫作品大赛共有来自30个国家和地区的2 520部作品参赛，同比增长71.8%。企业服务工作进一步加强，指导市软件行业协会完成换届工作；对双软认定实行补贴，取消对企业的双软认定收费；举办本地信息化项目与软件企业对接会，帮助企业开拓市场。

科技进步与应用

2011年，厦门市电子信息产业围绕产业调整和振兴，通过组织实施一批产业振兴和技术改造专项、继续建设和完善企业技术创新体系和表彰优秀新产品，以行业关键技术和共性技术为重点，有效推动企业自主创新能力提升和产业转型升级。全年实施了厦门雅迅网络股份有限公司快速消费品行业物联网终端及服务平台等14个重点项目，总投资25亿元。厦门市三安光电科技有限公司的S-30ABMUP通用照明级白光小功率LED芯片、厦门宏发电力电器有限公司的HFE25磁保持继电器、联想移动通信科技有限公司的云应用移动互联智能终端（01、03）、厦门华侨电子股份有限公司的KS系列数字高清一体机等4个新产品获得市优秀新产品一等奖，厦门宏美电子有限公司的UEM5Z1智能塑壳断路器等3个产品获得市优秀新产品二等奖。联想移动通信科技有限公司的彩色透明屏手机（Lenovo S800）等5个产品获得市优秀新产品三等奖。新增厦门宏发汽车电子有限公司、厦门永红科技有限公司、厦门弘信电子科技有限公司和厦门亿联网络技术有限公司等4家企业技术中心为市级技术中心。

信息产业基地建设

2011年，厦门火炬高技术产业开发区继续保持良好发展势头，全年园区规模以上企业累计实现产值1 569.44亿元，同比增长20.9%，累计增量336.48亿元，完成年度计划的102.6%。其中3家企业年产值过百亿元，17家过10亿元，68家过1亿元。2011年园区产业发展呈现以下特点：

一是光电产业增长迅速。2011年，厦门火炬高新区光电显示产业完成规模以上工业总产值860.84亿元，占高新区工业总产值的54.9%，同比增长36.4%，累计贡献增量229.63亿元。其中，触控产业成为拉动光电显示产业发展的重要力量，累计实现产值312.96亿元，同比增长161.6%，累计贡献增量193.35亿元。平板显示产业中，模组产业累计完成工业总产值371.71亿元，同比增长8.2%，累计贡献增量28.13亿元。平板整机生产企业累计实现产值160.19亿元，同比增长10.4%。

二是固定资产投资大幅增长。2011年，厦门火炬高新区完成固定资产投资77.66亿元，同比增长87.5%，完成全年计划数的149.4%。其中，企业完成固定资产投资71.03亿元，占高新区固定资产投资额的91.5%。财政投融资项目完成7.03亿元，占高新区固定资产投资的9.5%。

三是内外资招商均超额完成全年计划。2011年，厦门火炬高新区共批准入区企业362家，注册资本70.48亿元，总投资额110.63亿元。其中批准内资企业322家，注册资本59.68亿元，占总注册资本的84.7%。其中亿元以上企业11家，500万元以上企业122家。批准外商投资项目88个，合同利用外资42 004万美元，完成年度计划的140.0%。2011年，厦门火炬高新区实际利用外资27 029万美元。

信息化建设

2011年，厦门市信息化水平持续提升，电子政务中心揭牌投入运行，三网融合试点工作取得实际成效，第四代移动通信网（TD-LTE）规模技术试验进展顺利。厦门市政府网站在“2011中国政府网站绩效评估”332个地市级城市中排名第4位。厦门市信息化局获得中国信息协会评选的“2011中国城市信息化卓越成就奖”。

三网融合 宽带城市建设快速推进。全市“光纤入户”率达到54%，比试点前增长400%。城区网络接入能力达到100M，具备普遍提供20M带宽的服务能力。平均入户带宽提高4倍以上。

无线城市应用不断丰富。TD-LTE规模技术试验网建设进展顺利。TD无线城市应用超过100项，手机用户数超过30万户，总访问量达到1 000万次，同比增长300%。

出台光纤宽带网络建设标准。出台《厦门市光纤宽带网络建设规范》和《厦门市光纤宽带网络室内布线设计施工指南》，将光纤宽带网络纳入审图和验收范围，明确了房地产开发企业和电信运营商之间的责任界限，保障了用户对“光纤到户最后一公里”的自主选择权。

电子政务 政府网站绩效显著。在第十届（2011）中国政府网站绩效评估活动中，厦门市政府网站在全国332个地市级政府网站中排名第4位，在15个副省级城市中排名第3位，是历年来最好成绩。

党政机关信息化水平全面提升。全市行政部门业务电子化率达到99%，行政审批事项电子化率达到85%。全市域三维地理数据库、公务员门户等一批项目建成投入使用。政务服务中心信息化系统建设也在加紧推进中。

“电子政务云”不断完善。新增托管服务器106台，累计达到626台，托管单位数73家。政务二级外网新增18个接入点，总接入点数708个。为150个政务部门提供统一的互联网接入服务。

社会信息化 数字城管效果突出。对城市管理问题的发现率提升90%以上，案件初查率达到100%，市民投诉处置时间从一周缩短到12小时，结案率达到97.49%。

市民健康信息系统进一步完善。市民健康档案建档率达到85%以上。主要公立医院实现全程数字化，推广使用预约挂号、预交金诊疗和自助服务模式，患者平均就诊时间由原来的2—3小时缩短为30—40分钟。

社会保障卡系统完成升级改造。实现了医保待遇城乡“同城同权”和社会保障卡的全省通用。

厦漳泉大都市区同城化首期信息化项目　厦漳泉公共交通智能管理系统顺利推进。三市确定使用厦门GPS平台，厦门市、泉州市已经上线，漳州市 2012 年上线。厦门 GPS 系统接入各类车辆（船舶）15 950 辆（艘），新增 2 764 辆（艘），同比增长 21.0%；实现销售收入 2 000 万元，同比增长 4.2%。

城市基础数据库项目完成方案和标准起草工作。人口、法人、地理空间三个基础数据库已在厦门市 25 部门实现共享使用，基于三个基础数据库的协同应用项目达到 11 个。

易通卡应用项目进展顺利。漳州市、泉州市 600 多辆公交车开通服务，累计交易量分别达到 1 200 多万张、2 000 万张。易通卡新增发卡量 59 万张，累计 384 万张。年刷卡金额 4.1 亿元，同比增长 6%。

信息化发展环境　信息化普及率进一步提高。全市宽带出口达到 334.5G，同比增长 7.2%。互联网宽带用户超过 110 万户，同比增长 42.8%。全市固定电话用户数为 152 万户，移动电话用户数为 518 万户。数字电视用户 52.4 万户，同比增长 14%；IPTV 用户数量为 20 万户，同比增长 100%。2011 年前 11 个月，全市银行卡刷卡消费金额 662.86 亿元，同比增长 32.7%，刷卡消费金额占全市社会商品零售总额的比重达到 54.4%。

信息安全保障能力进一步增强。开展安全检查、安全测评，加强日常监测，举办安全培训，各部门信息安全意识和能力进一步提高。

信息化对外交流与合作进一步加强。与中国电信福建公司、中国移动福建公司签署战略合作备忘录，共同推动厦门市信息化基础设施、移动互联网、无线城市、物联网等领域的发展。

其他

电子基金使用情况　2011 年，厦门市共有 9 家企业 10 个项目获得 4 366.57 万元的基金支持。其中，共有 4 家企业获得国家物联网专项资金 800 万元，4 家企业获得国家电子信息产业发展基金 1 700 万元，1 家企业 2 个项目获得新一代无线宽带移动通信网科技重大专项 1 866.57 万元。基金支持的项目包括 LED、移动智能终端研发、物联网服务平台、软件等的研发及产业化，带动企业投资 4.36 亿元。

政策扶持和产业调整　2011 年，厦门市出台《厦门市人民政府推进物联网产业的意见》（厦府 [2011] 394 号），明确了物联网产业发展思路、发展目标和主要任务，确立了以智能工业、智能交通、智能电网、智能物流、智能家居、智能公共安全、智能环保和智能市政等为重点应用示范领域，并辅以充分实施保障措施。同时，按照工业和信息化部《电子信息制造业“十二五”发展规划》提出的“整机产业价值链提升工程”和“基础电子产业跃升工程”要求，厦门市努力促进产业技术创新和升级发展。主要包括：在加快产品技术创新的基础上，通过整机制造企业向服务领域延伸，推动产业链核心环节从以制造为主向以服务为主过渡；以云计算、移动互联网等新兴应用快速发展为契机，开拓增值服务；以关键电子元器件、新型平板显示、LED、太阳能光伏为主，加强产品创新和企业技术改造；在信息化和工业化融合发展过程中发挥行业优势，加强信息技术及产品向工业各领域及生产各环节持续深化应用的力度，拓展新的市场空间，积极推动企业由制造型向服务型制造转变等。

【统计数据】

表 1　2011 年厦门市电子信息产品制造业人员构成情况

企业类别	企业数（家）	年末从业人员总数（人）	企业类别	企业数（家）	年末从业人员总数（人）
国有企业	7	134 758	其他企业	42	
三资企业	117				

表 2　2009—2011 年厦门市电子信息产品制造业基本情况

项目名称	单位	2009 年	2010 年	2011 年
工业总产值（现行价）	万元	9 373 543	12 862 536	16 011 338
工业销售产值	万元	9 293 476	12 755 845	15 710 938
出口交货值	万元	5 832 068	8 315 212	10 376 370
流动资产平均余额	万元	3 736 143	4 852 611	5 712 183
固定资产净值平均余额	万元	1 195 516	1 435 425	1 916 643
资产总计	万元	4 931 659	6 288 036	7 628 826
负债合计	万元	3 632 292	4 337 431	5 169 739
产品销售收入	万元	9 491 367	12 955 286	15 771 354
税金总额	万元	52 585	87 739	82 203
利润总额	万元	334 371	637 245	791 553
应交所得税	万元	11 279	81 610	120 130
从业人员年末人数	人	114 111	134 758	158 549
从业人员工资总额	万元	413 656	661 328	785 039

表 3　2009—2011 年厦门市电子信息产品制造业三资企业基本情况

项目名称	单位	2009 年	2010 年	2011 年
工业总产值（现行价）	万元	8 784 533	11 965 746	14 976 978
工业销售产值	万元	8 722 833	11 910 171	14 732 946
出口交货值	万元	5 681 927	8 080 287	19 130 062
流动资产平均余额	万元	3 321 896	4 167 464	4 957 861
固定资产净值平均余额	万元	977 117	1 189 735	1 656 132
资产总计	万元	4 299 013	5 357 199	6 613 993
负债合计	万元	3 345 397	3 940 184	4 710 298
产品销售收入	万元	8 921 178	12 087 771	15 030 187
税金总额	万元	30 401	63 847	55 154
利润总额	万元	268 233	507 753	658 628
应交所得税	万元	2 479	63 310	103 031
从业人员年末人数	人	92 460	106 682	131 810
从业人员工资总额	万元	352 987	567 473	673 291

表 4　2009—2011 年厦门市电子信息产品制造业主要经济效益指标完成情况

项目名称	单位	2009 年	2010 年	2011 年
全员劳动生产率	元/人	145 943	187 041	215 604
流动资产周转率	次	2.5	2.7	2.8
产品销售率	%	99.2	99.2	98.1
总资产贡献率	%	7.6	14.0	12.0
资产保值增值率	%	126.6	127.5	121.3
资产负债率	%	73.7	69.0	67.8

表 5　2009—2011 年厦门市电子信息产品制造业三资企业主要经济效益指标完成情况

项目名称	单位	2009 年	2010 年	2011 年
全员劳动生产率	元/人	162 640	227 881	238 601
流动资产周转率	次	2.7	2.9	3.0
产品销售率	%	99.3	99.5	98.4
总资产贡献率	%	11.4	11.0	11.3
资产保值增值率	%	133.6	124.6	123.5
资产负债率	%	77.8	73.6	71.2

表 6　2009—2011 年厦门市主要电子信息产品产量情况

产品名称	单位	2009 年	2010 年	2011 年
移动电话	万部	671.5	1 064.3	1 612.0
微型电子计算机	万台	551.6	711.8	872.1
其中：笔记本计算机	万台	229.2	325.6	474.3
半导体分立器件	万只	766 495	15 412	12 683
半导体集成电路	万块	814	1 115	1 008
彩色电视机	万台	292.0	573.1	934.7

注：表 1—表 6 数据来源于厦门市统计局。

[供稿：厦门市经济发展局　厦门市信息化局]

青 岛 市

【综述】

2011 年，青岛市信息产业坚持以培育新兴产业项目建设为重点，紧紧围绕转方式、调结构，突出抓好产业布局优化、骨干企业培育、产品技术创新和产业应用推广，把发展新一代信息技术和产业，加速推进信息化作为重中之重，不断提高企业自主创新能力，积极推动产业转型升级，全行业努力克服诸多不利因素的影响，电子信息制造业平稳增长，软件产业高速发展。2011 年，全市电子信息制造业按集团口径统计实现主营业务收入 2 831 亿元，同比增长 10.7%；全市软件业务收入 396.74 亿元，同比增长 81%。

电子信息制造业

本土优势大企业集团综合竞争力突出 大企业集团仍然是青岛市电子信息制造业发展的主力军，主营业务收入总额占全市电子信息制造业主营业务收入 70%以上，其中，海尔集团同比增长 10.7%，海信集团同比增长 10.3%，澳柯玛集团同比增长 9.4%，对全市电子信息制造业拉动作用明显。在 2011 年（第 25 届）全国电子信息百强企业排序中，海尔集团、海信集团分列第 3 位和第 6 位。

多数外商投资企业由于直接接收海外总部的订单和指令来安排生产和销售，在产品生产和生产规模等方面没有自主决定权；同时，受国际金融危机、欧债危机、自然灾害等诸多因素影响，企业订单减少，产品产量下降，销售收入等主要经济指标有不同程度下滑。

主要产品保持较高产销率 2011 年，青岛市电子信息制造业多数主要产品保持了较好发展趋势，产品继续向高端高质提升，升级换代明显。各生产企业加大产品生产和营销力度，主要产品产销衔接良好。彩色电视机产销率达 99.8%。海信电视获得“亚洲质量卓越奖”，市场占有率连续 8 年位居全国前列。受国外品牌冲击和产品升级换代的影响，青岛市手机产量有所减少，但相关企业积极调整营销战略，产销率仍达 100.4%。计算机及相关配件产销率达 99.9%。电子元件不断研发新技术、开发新产品，产销率达 99.1%。

内资企业出口整体向好 2011 年，受国际经济形势和欧债危机等因素影响，电子信息产品出口中，欧美订单急剧减少，出口增速明显放缓。青岛市内资电子信息制造企业及时调整海外市场战略布局，在确保原有市场的同时，积极寻求新的、潜力大的市场，加大对外经济技术合作力度，使出口保持了增长态势。全年出口交货值占全市出口交货值的 46.3%，同比增长 2.4%。

海尔集团、海信集团以创世界名牌为目标，加大开拓国际市场力度，海外业务不断推进，出口交货值同比增长 7.3%。海尔集团大型家用电器品牌零售量在全球市场的占有率达到 7.8%。

青岛市外资企业以外来加工企业为主，研发在外，产品生产受制于总部，所生产产品基本全部出口，由于受国际环境变化和订单的影响，出口增幅回落明显。

企业自主创新能力提升 青岛市电子信息企业加快产品结构调整步伐，加大高端产品研发投入，积极申报“核心电子器件、高端通用芯片及基础软件产品”、“新一代宽带无线移动通信网”国家科技重大专项、国家重点产业振兴和技术改造电子信息行业专项、国家电子信息产业发展基金等，在新型显示技术、通信等领域取得新的突破，自主创新能力不断增强，为促进产业结构调整发挥了积极作用，助推了企业技术创新和专利发明创造。

海尔集团不断进行技术探索与创新，先后推出“U-home”、“物联网家电”、“裸眼 3D 电视”、“四核平板电脑”等新概念与新技术，2011 年荣获国家科学技术进步奖。海信集团坚持智能化发展战略，率先推出个人智能电视；海信电视获得“亚洲质量卓越奖”，有 5 项发明专利被授予“中国彩电行业重点专利”荣誉称号。澳柯玛集团在产品升级和技术创新方面取得显著成效，获得国家重点新产品项目和国家火炬计划项目称号；该集团还开展了远程云计算网络冰箱、高端洗衣机等新技术研究，提升了公司产品技术含量和美誉度。

产业园区聚集发展成效显著　青岛市是首批国家新型工业化产业示范基地（家电及电子信息），电子信息制造业拥有一批配套设施完善、创新能力强、聚集度高的产业园区，包括国家（青岛）通信产业园、国家（青岛）家用电子产品产业园、山东（城阳）电子信息产品出口加工产业园、山东（平度）电子零部件产业园。园区坚持以大项目建设为重点，积极发展区域特色产业，加大对外招商引资力度，实施定向招商，优化产业和产品结构，推动产业向产业链高端延伸，产业园区聚集发展成效凸显。2011 年，四大产业园区共实现工业总产值近千亿元。

软件产业

产业保持高速增长，总量规模持续扩张　2011 年，全市软件业务收入 396.74 亿元，同比增长 81%；软件业务出口 3.85 亿美元，同比增长 46.9%。

发展布局优化完善，“东园西谷”格局形成　实施“东园西谷”发展战略，在东部市南软件园、崂山软件园基础上，在西海岸黄岛区规划了总面积 9 平方千米的青岛信息谷，调整优化软件产业发展空间布局。“东园”重点发展云计算和软件产业；“西谷”重点发展新一代信息技术产业等。2011 年，投资 5 亿元的中国联通云计算、投资 20 亿元的中国电信信息服务（青岛）基地、投资 2.5 亿元的智能交通物联网产业园等一批大项目落地东园西谷。

骨干企业加速成长，带动能力显著增强　着力扶持 10 家领军软件企业和 30 家高成长软件企业做大做强，培育骨干龙头企业，增强产业拉动能力。2011 年，全市 50 家骨干软件企业实现软件业务收入 348 亿元，占全市软件企业收入的 98%。全市共有中国软件百强企业 2 家，国家规划布局内重点软件企业 3 家，三级以上系统集成资质软件企业 41 家。

技术创新步伐加快，产业应用得到加强　重点抓好 50 个投入过 200 万元的软件研发项目，全市软件产业研发投入占销售收入的比重超过 10%。2011 年，全市新登记软件产品 109 个，累计登记软件产品 1 272 个。积极组织软件企业参加北京国际软件博览会，召开软件企业与工业企业供需对接会，引进工业设计 CAD 在线服务平台，加快软件产品和服务的产业化应用和市场化推广。目前，青岛高校软控股份有限公司的橡胶轮胎生产管控一体化系统软件、青岛海信网络科技股份有限公司的智能交通系统和产品、青岛东软载波科技股份有限公司的电力载波系统、太阳软件股份有限公司的农村信息化软件均在国内市场上占据了显著份额。

培训体系日益完善，人才集聚步伐加快　截至 2011 年底，青岛市已有 15 所院校设置了软件相关专业，专科、本科和研究生等在校生规模超过 3 万人。引进建立了摩托罗拉 IT 学院、微软 IT 学院、1.5 学历软件人才实训基地、IBM 外包实训基地、青岛 NIIT 国际软件工程师培训基地、青岛翰子昂软件培训学校和北大青鸟青岛中新培训中心等培训机构。

信息基础设施建设

2010 年下半年，青岛市被确定为国家“三网融合”首批试点城市之一。青岛市按照国家《三网融合试点方案》，制定《青岛市三网融合试点实施方案》，加强网络基础设施建设和升级改造，大力开展三网融合业务推广。2011 年，青岛联通加大网络建设投资，宽带网络 4M 端口速率达标率 95%，20M 以上宽带用户网络覆盖率超过 50%；青岛有线公司全面启动“合纤同缆”网络升级改造工程和三网融合业务试验，实现入户带宽超过 50M，光纤到户带宽超过 400M；青岛市启动“三网融合业务小区试点”，选择部分具备条件的居民小区，分别开展高清互动电视和 IPTV 业务试验，对三网融合业务的管理和服务进行验证和优化。2011 年，全市高清互动电视试验用户数近 12 000 户。

2011 年，全市光缆总里程达 220 万皮长千米，市话交换机总容量 355 万门，移动电话交换机总容量 2 300 万门，城域网出口带宽 270G，IDC 出口带宽 320G，宽带总端口达到 217 万个。全市互联网用户累计 185.69 万户，使用时长达 1 695.55 亿分钟，增长 15.1%；固定电话用户 251.33 万户；移动电话发展到 1 094.88 万户，其中，年内新增 138.38 万户；全市有线电视用户 268.2 万户，数字电视用户 243.88 万户；全市城市每百户居民拥有家用电脑 86 台、移动电话 207.5 部，农村每百户住户拥有家用电脑 34 台、移动电话 170 部。

信息技术应用

青岛市加快信息化和工业化融合，促进工业转方式、调结构，传统产业和新兴产业协调发展，2011 年顺利通过首批国家级信息化和工业化融合试验区验收。据统计，全市工业企业互联网普及率达 98%以上，企业资源计划（ERP）应用率达到 53%；设计信息化普及率达到 56%；全市电子商务交易额超过 900 亿元，中小企业应用电子商务达 32%。

两化融合 深化“国家级两化融合试验区”建设，编制出台了《青岛市两化融合评价指标》，为青岛市区市、园区、企业、项目两化融合深度发展评价确立了标准，使两化融合评价从实践到理论实现了飞跃；在全国工业和信息化部门负责同志座谈会上作了“大力实施信息化和工业化融合，推动工业转型升级”的经验介绍。突出中小企业信息化建设，以“一线一网”和短信群发平台为核心，依托完备的后台支撑信息库、数据库，把政策体系和服务体系汇入平台，更好地为全市中小企业提供普惠的信息化服务，使两化融合向广度发展。

物联网产业发展 2010 年出台了《物联网应用与产业发展行动方案（2011-2015）》，开展物联网技术在工业生产、现代物流、港口管理、车辆管理、轮胎生产、养殖管理、智能电网、精准农业、家电产品等领域的试点应用。截至 2011 年底，青岛市拥有 3 个山东省 RFID 工程技术中心、中国 RFID 产业联盟海尔开放实验室、青岛市射频识别（RFID）技术及产业促进会、青岛市 RFID 实验室。参与了国家 RFID 技术白皮书、科技部 RFID 项目规划等工作，2011 年山东科技大学、青岛科技大学获批设立物联网专业，青岛职业技术学院成为国家教育部确定的全国物联网应用技术专业人才实训基地。已建立起以“政府—协会—产业联盟”为主线的物联网产业推进机制。

科技创新

开展项目建设年活动，鼓励企业培育新项目，加快技术改造，积极申报承担“核心电子器件、高端通用芯片及基础软件产品”、“新一代宽带无线移动通信网”国家科技重大专项、国家电子发展基金项目，促进了企业技术创新和技术进步。

截至 2011 年底，青岛市电子信息产业共有市以上认定企业技术中心 15 家，其中国家认定企业技术中心 4 家，包括海尔集团公司技术中心、海信集团有限公司技术中心、澳柯玛股份有限公司技术中心、青岛高校软控股份有限公司技术中心，已经成为国内同行业技术创新的领军力量。青岛市电子信息产业共有 195 个市重点技术创新项目通过年度鉴定，申报当年研究开发费总计 12.2 亿元，同比分别增长 17.5%和 5.2%，其中信息技术领域研究开发费达 3.5 亿元，同比增长 40%，在软件、集成电路、物联网和移动通信等领域取得一系列技术创新成果，有力支撑了青岛市信息产业的快速增长。

【统计数据】

表 1 2011 年青岛市电子信息产业人员构成情况

企业类别	企业数（家）	年末从业人员总数（人）	企业类别	企业数（家）	年末从业人员总数（人）
国有企业	8	15 858	私营企业	106	9 723
集体企业	4	37 079	港澳台企业	10	2 112
有限责任企业	67	6 674	外资企业	95	43 752
股份有限企业	6	2 957			

表 2　2009—2011 年青岛市电子信息产业基本情况

项目名称	单位	2009 年	2010 年	2011 年
工业总产值（现行价）	万元	11 814 000	13 948 106	15 426 019
工业销售产值	万元	11 808 000	13 880 253	15 302 102
出口交货值	万元	3 441 800	4 168 709	3 679 657
其中：软件出口	万元	124 800	170 300	250 250
资产总计	万元	8 178 285	16 784 537	15 641 464
负债合计	万元	4 492 114	7 314 283	9 361 063
产品销售收入	万元	14 278 858	16 757 325	18 437 314
其中：软件产品销售收入	万元	106 858	122 309	232 118
税金总额	万元	513 163	628 876	666 689
利润总额	万元	661 714	1 060 101	1 394 865
应交所得税	万元	123 887	176 079	244 675
从业人员年末人数	人	116 475	125 498	118 155
从业人员工资总额	万元	408 313	516 873	1 030 902

表 3　2009—2011 年青岛市主要电子信息产品产销量情况

产品名称	单位	产量			销量		
		2009 年	2010 年	2011 年	2009 年	2010 年	2011 年
电视机	万台	1 474	1 516	1 585	1 458	1 513	1 583
手机	万部	3 118	2 999	2 767	3 122	3 001	2 779
计算机	万台	77	106	171	76	105	171
电子元器件	万只	50 187 231	53 700 337	55 522 787	46 263 646	49 502 101	45 456 041

注：表 1—表 3 数据来源于工业和信息化部电子信息制造业、软件业统计报表制度统计数据。

[撰稿：李中强　张东升　姜明霞]

深 圳 市

【综述】

2011 年，深圳市规模以上电子信息制造业实现工业总产值 11 589.79 亿元，同比增长 8.7%，产业规模居全国大中城市首位，分别占全省、全国的 50%、15.3%。

软件业完成软件业务收入 2 074.7 亿元，同比增长 37.3%，占全国软件产业的 11%，在全国软件主要城市中排名第 2 位。其中，软件出口 141.2 亿美元，同比增长 15.5%，占全国软件出口的 40.8%，继续位居全国大中城市首位。

电子信息产品制造业

行业运行主要特点：

一是主要行业支撑作用突出。通信设备和电子元件制造业成为拉动行业增长的主导力量，占全市电子信息制造业比重超过 60%。通信设备制造业快速增长，主要受益于国内 3G 网络建设推动了系统设备、宽带接入设备和手机、数据卡等产品生产，同时，华为技术有限公司、中兴通讯股份有限公司、宇龙计算机通信科技（深圳）有限公司等行业内主要企业发展态势良好，iPhone 代工也推动了行业增长。

二是重点企业支撑拉动作用显著。2011 年，深圳市产值前 10 位企业实现产值 6 931.71 亿元，占全市电子信息制造业产值的 59.8%，为全行业较快增长发挥了明显的支撑作用。此外，15 家产值超 10 亿元的重点企业产值增速高于全行业 20.4%的平均水平。根据 2011 年电子信息产业统计年报数据，深圳市有 15 家企业进入第 26 届全国电子百强，其中华为技术有限公司、中兴通讯股份有限公司、长城科技股份有限公司和比亚迪股份有限公司 4 家企业进入前 10 位，华为技术有限公司连续五年蝉联首位，中国长城计算机深圳股份有限公司在对冠捷科技有限公司形成实质性控股后，成为全球最大的显示器制造商。

三是重点产品增长明显，产品集中度进一步提高。受国家加大移动通信网络建设等因素拉动，深圳市代表消费趋势升级的无线产品、液晶器件、集成电路、笔记本电脑等产品保持较快增长。全年手机产量约 3.8 亿部，同比增长 31.5%；集成电路 159 亿块，同比增长 28.1%；液晶显示屏 6.2 亿片，同比增长 21.4%；彩色电视机 2 203 万台，同比增长 7.8%，其中液晶电视比重继续提高，占比近九成；笔记本电脑 4 171.84 万台，同比增长 22.6%。CRT 电视、彩色显像管、数字激光音视盘机等传统电子产品则继续呈现萎缩态势。

软件和信息服务业

行业运行主要特点：

一是产业规模较快增长。2011 年，深圳市软件产业实现主营业务收入 4 783.3 亿元，同比增长 33.2%，其中，软件业务收入 2 074.7 亿元，同比增长 37.3%。软件出口 141.2 亿美元，同比增长 15.5%，但增速显著放缓，低于 2010 年（21.57%）6.07 个百分点，低于全国(18.5%) 3 个百分点。深圳市软件出口额多年占据全国第一的位置，软件出口额已占软件总收入的 43.5%，占全国软件出口的 40.8%。软件外包服务收入 41.4 亿元，同比增长 1.5%。软件外包出口 3.36 亿美元。软件从业人员超过 32.8 万人，同比增长 33.3%，其中，软件研发人员 24.3 万人，占软件从业人员的 74.1%，远高于全国平均水平。全市软件企业利润总额 379.6 亿元，同比增长 24.9%。“双软认定”取得明显成果，全年新认定软件企业 425 家，登记软件产品 2 280 件，累计认定软件企业 3 287 家，累计登记软件产品 14 596 件。软件企业和软件产品群体总体规模居全国前列。

二是结构调整持续深化，服务化趋势明显。在软件业务收入中，软件产品收入 796.07 亿元，占 38.4%；嵌入式系统软件收入 584.9 亿元，占 28.2%；两者合计占 66.6%，继续成为软件产业的主导行业。同时，深圳市软件产业服务化趋势日渐明显。在软件业务收入中，数据处理和运营服务收入 267.94 亿元，占 12.9%；信息系统集成服务收入 371.37 亿元，占 17.9%；信息技术咨询服务收入 39.89 亿元，占 1.9%；IC 设计收入 14.55 亿元，占 0.7%。

三是骨干企业快速增长。2011 年，深圳市大中型软件企业规模快速增长，软件业务收入超百亿元企业 3 家，增长 50%；超十亿元企业 16 家，增长 45.5%；超亿元企业 147 家，增长 31.3%；超千万元企业 793 家，增长 21.6%。国家规划布局内重点软件企业 27 家；全国软件百强企业 9 家，总收入 1 272.04 亿元，占全国软件百强企业总收入的 40.6%。

四是创新能力显著增强。2011 年，全市软件企业投入软件研发经费 496.9 亿元，同比增长 26.8%。软件著作权登记量 9 529 件，同比增长 19.5%，位列全国第 2 位，软件企业创新持续活跃。其中，中兴通讯股份有限公司以 2 826 项专利申请居全球首位，华为技术有限公司以 1 831 项专利申请名列第 3 位。

科技进步与应用

信息产业是深圳市建设国家创新型城市最为重要的产业载体。2011 年，深圳市进一步完善跨区域资源配置、联合研发和成果转化机制，成果显著。

企业创新能力继续提升　2011 年，深圳 PCT 国际专利申请量达 7 933 件，申请量连续八年居全国榜首，中兴通讯股份有限公司和华为技术有限公司分别位居全球企业 PCT 国际专利申请量的第 1 位和第 3 位，在中兴通讯股份有限公司近 3 000 项 PCT 专利申请中，LTE/3G、云计算及物联网、智能终端等为主的新技术领域占比超过六成。2011 年全国发明专利授权量排行榜上，中兴通讯股份有限公司、华为技术有限公司、鸿富锦精密工业（深圳）有限公司囊括前三甲。2011 年，深圳计算机软件著作权登记量为 9 529 件，同比增长 19.5%，位居全国第 2 位。全年全国信息技术领域专利申请总量为 136.4 万件，华为技术有限公司和中兴通讯股份有限公司的专利申请量分别为 3.04 万件和 2.48 万件，明显领先于其他企业。在工业和信息化部公布的 2011 年信息产业重大技术发明 5 个项目中，中兴通讯股份有限公司承担的“高性能 LTE 无线接入通信系统”成功入选。

新技术新业态发展迅速　2011 年，深圳互联网、云计算、三网融合和下一代移动通信等新兴技术和服务业态呈现强劲发展势头。全市互联网产业规模突破 550 亿元，同比增长 57%；实现电子商务交易额约 2 600 亿元，同比增长 20%，占深圳市全年 GDP 的 22%，高于全国平均水平。深圳市作为全国首个创建国家电子商务示范城市，目前已形成高新区、天安数码城、福田电子商务产业园、南山互联网产业基地、罗湖互联网产业基地和蛇口网谷等 6 大产业聚集区，并初步形成具有国际竞争力的电子商务创新发展环境。深圳市作为中国五个云计算服务创新发展试点示范城市之一，具有发展云计算产业的良好基础条件，率先制定了云计算产业战略和投资方案，成立了全国第一个云计算产业协会，云集着华为技术有限公司、中兴通讯股份有限公司、腾讯公司、金蝶国际软件集团有限公司、深圳市迅雷网络技术有限公司、太平洋电信（深圳）有限公司、宝德科技集团等云计算领先企业，全市云计算产业呈现爆发式增长。作为全国首批三网融合试点城市，深圳市制定了《深圳市三网融合试点工作方案》，提出到 2012 年底，全市三网融合相关产业规模达 3 000 亿元的发展目标，该领域已聚集华为技术有限公司、深圳市天威视讯股份有限公司、深圳市同洲电子股份有限公司等产业链上下游的一批重量级企业。深圳市同洲电子股份有限公司与深圳市天威视讯股份有限公司深度合作，专门定制满足深圳市民三网融合业务需求的产品——现代有线数字电视一体机，是深圳首款内置高清互动机顶盒的有线智能数字一体 LED 电视。

科技创新载体进一步完善　国家超算深圳中心总投资 12.3 亿元，是国家 863 计划、国家级重大科研基础设施建设项目，于 2011 年 11 月启动运营。该中心业务主要涉及高性能计算、云计算两大领域，主机系统曙光 6000 超级计算机拥有 12 万颗 CPU 核心，实测运算能力位居全球第 4 位。其高性能计算业务将缓解华南乃至东南亚地区高性能计算能力紧张的局面，在众多领域发挥重要作用。在云计算方面，深圳市云计算公共服务平台“鹏云系统”将大幅提升信息资源开发利用的服务能力。深圳市还拥有分布在移动通信、计算机、集成电路、互联网、平板显示等领域的一大批工程中心等创新支撑平台，截至 2011 年底，深圳市信息产业领域共有近 100 个市级以上企业工程中心，其中 15 个为省级以上工程中心；拥有 9 个省级以上重点实验室和超过 30 个公共技术服务平台。

企业技术改造活跃 深圳市对企业技术改造给予了贷款贴息的支持，2008 年国际金融危机后，更适时增加了投资补贴的支持方式，有效激发了企业技术改造活力。2011 年，全市电子信息制造业备案的技术改造项目超过 210 项，技术改造投资总额超过 120 亿元，项目主要分布在 LED 显示和照明、TFT-LCD 平板显示模组、锂离子电池、通信网络和终端设备、印制电路板等领域的技术研发中心建设、生产线改造与优化、生产基地建设等。

信息基础设施建设

全市固定电话交换机总容量 650 万门，与上年持平；年末固定电话用户 551.11 万户，增长 8.3%。移动电话交换机容量 2 812 万门，与上年持平；年末移动电话用户 2 313.2 万户，增长 15.2%。国际互联网宽带用户 280.52 万户，增长 7.3%。

2011 年，深圳市信息网络进一步向新一代网络演进，网络全光化持续向用户端延伸，通信网络实现全网数字化，3G 移动网络实现全覆盖，互联网普及率和家庭宽带普及率分别达到 80.6%和 76.4%，无线宽带网络覆盖率为 83.2%。

信息产业基地建设

国家新型工业化产业示范基地 深圳高新区深圳湾园区始建于 1996 年 9 月，是国家“建设世界一流高科技园区”的六家试点园区之一，是“国家知识产权试点园区”、“国家高新技术产业标准化示范区”、“国家海外高层次人才创新创业基地”和“国家新型工业化产业示范基地（电子信息产业）”。该园区规划面积 11.5 平方千米，其中高新技术产业用地面积 3.2 平方千米，重点发展通信、数字视听、生物医药、新材料、航空航天、环保节能产业。2011 年，该园区实现工业总产值3 630.12 亿元，同比增长 20.2%，占全市工业总产值的 17.8%；出口 179.03 亿美元；实现税收 255.96 亿元。该园区涌现出华为技术有限公司、中兴通讯股份有限公司、腾讯公司、迈瑞公司、中国长城计算机深圳股份有限公司等一大批富有创新活力、具有全球视野和较强国际竞争力的电子信息龙头企业，已经发展成为全球重要的电子信息产业研发设计基地和电子信息企业总部区域。

深圳软件园 该软件园是经认定的“国家软件出口基地”、“国家火炬计划软件产业基地”、“国家服务外包基地城市示范园区”，荣获“2010 年度中国软件与信息服务外包最佳投资环境奖”、“2011 中国软件和信息技术服务业最具品牌影响力的产业园区”。经过几年的建设与发展，该软件园在嵌入式软件系统、大型行业（电信、金融、制造业）应用软件与服务、IC 设计、互联网服务业与软件出口外包方面已形成五大特色产业集聚。2011 年，软件园企业超过 800 家，软件与信息服务销售收入 1 798 亿元（含华为技术有限公司），占全市软件收入近 80%。目前产业园区面积 30 万平方米，2010 年 62 万平方米的深圳软件产业基地开工建设，2012 年将形成约 100 万平方米的核心产业空间。该软件园已成为中国重要的软件产品研发基地、软件企业孵化基地、软件与服务外包出口基地、软件人才培养基地和国际软件技术合作基地，在全国软件行业占有重要地位。

国家集成电路设计深圳产业化基地 2011 年，该基地进一步完善公共服务平台和产业发展载体，形成了较为完善的集成电路设计“三平台”（公共 EDA 平台、IP 复用与 SOC 开发平台、MPW 服务平台）、“两中心”（测试验证工程技术中心、教育培训中心）、“十一园区”（一个核心园、十个扩展园）的产业支撑服务体系和产业园区布局；形成以高新区为中心，辐射南山区、福田区、龙岗区的 IC 设计应用产业集聚园区，并在珠海、东莞、惠州、从化、中山等地设立分园，构建“泛珠三角集成电路设计协作网”。基地通过联合北京大学深圳研究生院、深圳大学等机构合作建设“集成电路测试验证工程技术中心”等，增强了支撑能力，形成了适合 IC 设计公司创业、创新和发展的支撑环境，促进了深圳及周边地区 IC 设计产业发展，并形成了具有相当规模的 IC 设计及应用产业聚集基地。

信息技术应用

从 2004 年开始，深圳市每年安排 1 000 万元-1 500 万元的企业信息化专项扶持资金引导和支持企业加大信息化建设力度。从 2007 年开始，深圳市又专门安排资金用于支持中小企业信息化建设，重点引导支持企业提高财务管理、企业资源计划、供应链管理和客户关系管理等方面的信息化应用水平。2011 年，深圳市给予 15 个企业信息化重点项目 500 万元的资金扶持。

下一代互联网（IPv6）应用拉开序幕 2011 年 7

月，深圳大运会 IPv6 官方网站正式启动，这是大运会历史上首次利用下一代互联网搭建官方网站。该项目由市发展和改革委员会、中国电信集团公司、深圳大学城信息中心共同完成，是中国下一代互联网应用示范项目的子项目之一，也是国家发展和改革委员会的重点示范项目。该网站开通为全球 IPv6 用户提供一条直接访问的“高速公路”，不仅使用户获得更加快捷安全的大运会互联网服务，也降低了原有大运会官方网站的访问压力，使其运行更加稳定，为深圳市迈入下一个互联网时代提供了应用范例。

热点

华星光电 8.5 代面板生产线 2011 年 8 月，深圳华星光电 8.5 代液晶面板项目首期设备正式投产启动，标志着中国完全自主创新建设的最高代 TFT-LCD 生产线正式转向全面生产经营阶段。该项目由 TCL 集团和深超科技投资有限公司共同投资 245 亿元建设，是深圳建市以来投资规模最大的工业项目，也是迄今国内最高世代的项目。随着华星光电 8.5 代线液晶面板、旭硝子 8.5 代玻璃基板、深超光电低温多晶硅液晶面板、盛波光电宽幅偏光片生产线等一批重点项目上马，深圳光电显示产业加快转型。预计到 2013 年，深圳光电显示行业产值将达 1 000 亿元。

IT 领袖峰会 2011 年 3 月 28 日，由深圳市人民政府和数字中国联合会主办的“2011 中国（深圳）IT 领袖峰会”在深圳市召开。峰会以“转型发展：IT 新使命”为主题，全国政协常委、教科文卫体委员会主任徐冠华、工业和信息化副部长刘利华、广东省副省长佟星、深圳市市长许勤等应邀出席峰会并致辞，来自 IT 企业、金融机构、创业投资机构、行业协会、高校科研机构以及政府机关的 600 多名代表出席峰会。

【统计数据】

表 1 2009—2011 年深圳市电子信息产业基本情况

项目名称	单位	2009 年	2010 年	2011 年
工业总产值（现行价）	万元	90 448 964	106 629 920	115 897 925
工业销售产值	万元	88 114 140	104 605 887	113 306 332
软件出口	亿美元	100.6	122.3	141.2
资产总计	万元	58 098 106	97 192 399	85 666 884
负债合计	万元	37 625 313	47 931 049	54 618 665
税金总额	万元	6 459 156	9 671 834	515 165
利润总额	万元	4 838 977	6 836 295	4 420 232
从业人员年末人数	人	1 330 206	1 436 737	1 529 141

表 2　2009—2011 年深圳市电子信息产业主要经济效益指标完成情况

项目名称	单位	2009 年	2010 年	2011 年
全员劳动生产率	元/人	154 738	158 357	163 117
流动资产周转率	次	2.00	1.87	1.74
产品销售率	%	97.4	98.1	97.8
总资产贡献率	%	11.3	10.0	12.8
资产保值增值率	%	110.0	241.2	62.8
资产负债率	%	64.8	49.3	63.8

表 3　2009—2011 年深圳市主要电子信息产品产量情况

产品名称	单位	2009 年	2010 年	2011 年
电话机	万部	5 313	5 559	3 230
微型计算机	万台	1 802	3 403	4 172
电视机	万台	1 910	2 044	2 203
集成电路	万块	737 265	1 240 820	1 589 988
程控交换机	万线	1 745	1 526	2 156
硬盘机	万部	5 510	6 866	7 180
电子元件	万只	10 557 452	21 862 763	21 382 825

注：表 1—表 3 数据来源于《深圳统计年鉴》。

[供稿：深圳市经济贸易和信息化委员会]

新疆生产建设兵团

【综述】

2011 年，新疆生产建设兵团（以下简称兵团）实现信息产业产值 6.83 亿元，信息产业逐渐成为兵团经济新的增长点。碳化硅晶体、电极箔等基础原材料产业快速发展，节水滴灌自动控制装备、国产采棉机等智能化农机装备稳步推进，自主开发的软件产品市场份额逐步扩大。

信息基础设施建设

以光纤传输为主要特征的综合宽带传输网络基本形成，光纤网络和移动通信网络覆盖服务能力显著提高。各类信息基础设施不断优化，信息网络环境极大改善，通信瓶颈问题得到切实解决。“信息进连入户”、“宽带普及提速”等惠民工程顺利推进。截至 2011 年底，团场家庭平均每百户拥有固定电话 66 部、移动电话 161

部，城镇家庭平均每百户拥有固定电话 76.6 部、移动电话 180.8 部。城镇家用电脑普及率 68.3 台/百户，连队宽带网络通达率 93.45%，团场家庭网络普及率 20 户/百户。相对完备的广播电视传输网络已经形成，广播、电视覆盖率分别达到 96.5%和 98.5%，团场有线电视入户率达到 76%。部分边境和偏远团场、连队打电话、看电视难的问题得到切实解决。兵、师广域网和 145 个团场的局域网相继建成，部分师在一套网络上实现了通讯、数据和有线电视的传输，"三网融合"取得一定进展。

信息技术应用

农业领域 以精量播种、自动滴灌、平衡施肥、视频田管、水情监测、自控采摘等信息技术为主导的精准农业技术已广泛应用到农业生产和管理各个环节，网络化微机平衡施肥、土壤水分监控、病虫害预测预报、农业气象服务等农业信息系统广泛应用，以各类信息服务平台为主要载体的农业综合信息服务体系进一步完善，高新节水灌溉面积累计达到 1 100 万亩，占有效灌溉面积的三分之二。机采棉面积累计达到 385 万亩，占棉花种植面积的一半。"十一五"末，连队信息服务站 2 395 个（其中综合信息服务站 333 个），水库、灌区建成水情自动测报控制系统，五家渠、阿拉尔国家级现代农业示范区建设加速推进，北疆现代农业示范带启动建设。

工业领域 信息化与工业化融合初显成效，企业在生产装备、研发设计、过程控制、技术改造、业务流程、市场营销、信息管理、决策系统等环节普遍运用信息技术，促进了结构调整、产业优化升级和节能减排，提高了资源、能源利用水平，降低了污染排放和企业成本，保障了企业安全生产，推动了新型工业发展。组织相关单位和各师、兵直有关企业开展了"两化融合深度行"活动、"两化融合促进安全生产重点推进项目"、"两化融合促进节能减排重点推进项目"、"两化融合示范（试点）企业申报项目"、"两化深度融合专项申报工作"。石河子经济技术开发区被确定为国家新型工业化（化工）产业示范基地，天业集团被确定为全国首批 60 家两化融合促进节能减排试点示范企业，新疆青松建材化工（集团）股份有限公司和新疆天富热电股份有限公司被确定为国家两化融合促进节能减排试点示范重点关注企业，20 家企业被评为两化融合示范（试点）企业。

服务业领域 交通物流、商贸流通、金融保险、信息服务、社区服务等行业信息化水平明显提高，部分企业建成了电子商务系统。农二师中联客运有限公司利用信息化手段建立了整体物流系统支撑、物流运输调试、物流仓储管理、货物分拣、客户管理、决策分析和电子商务为一体的"新联运物流信息综合服务平台"，初步实现了大网络、大客运、大物流、大服务的发展理念。新疆中基实业股份有限公司的供应链项目涵盖了农产品的合同签订、原料种植、原料采摘、原料收购、产品加工、成品物流、产品销售、产品追溯、智能分析等全业务过程，大幅度提高了管理水平和经济效益。一师与阿里巴巴合作建设新疆特色农产品电子商务交易平台，新疆天康畜牧生物技术股份有限公司建立信息化配送追溯体系，八师中小企业电子商务公共服务平台建成运营，客运管理信息系统、农资物流信息管理系统、医药物流信息系统等投入运行，加快了信息服务业发展。

信息化基础工作

政策研究 2011 年，兵团出台了《兵团国民经济和社会信息化发展"十二五"规划》。编制完成《兵团电子政务"十二五"规划》、《兵团网络与信息安全"十二五"规划》、《兵团"十二五"信息产业规划》、《兵团促进信息化与工业化融合"十二五"规划》、《兵团电子商务"十二五"规划》等专项规划。

信息化培训 兵、师信息化培养体系基本建立，管理体制逐步健全，与国家职能部门关系全面理顺。信息化人才培养广泛开展，举办了多期公务员信息化与电子政务培训，各师分管领导参加由中组部、工业和信息化部共同在北京市举办的"第九届政府管理与创新专题研究班"。每年两次的全国计算机与软件资格考试和全国信息技术水平考试如期完成，石河子大学、塔里木大学为社会培养了一批实用信息技术人才。各类应试教育、职业教育和继续再教育工作广泛深入开展，促进了兵团全民信息能力的提升。

行业管理 全年开展了计算机信息系统集成资质的年检换证工作；及时向工业和信息化部报送了兵团信息服务业经济运行情况报告，组织兵团软件企业相关人员参加第十五届大连软博会。积极争取国家支持，新疆吉尔利数字技术有限公司"基于物联网农田信息数字化采集与生产决策系统应用示范"、新疆北疆果蔬产业发展有限责任公司“物联网信息化平台建设”项目被列入国家2011年物联网发展专项资金项目支持计划，共获得国家资助400万元。通过国家组织的两轮评审答辩，新疆金丰收信息技术公司“基于SOA的非接触式移动支付安全中间件研发和产业化”获得电子信息产业发展基金资助500万元。兵团软件行业协会被列入2011年全国“双软认定”机构，开展了软件产品登记工作。

【统计数据】

表1 2010—2011年新疆生产建设兵团信息基础设施建设情况

项目名称	单位	2010年		2011年	
		城镇	农牧团场	城镇	农牧团场
固定电话	部/百户	79.0	71.0	76.6	66.0
移动电话	部/百户	161.2	147.0	180.8	161.0
广播覆盖率	%	96.0		96.5	
电视覆盖率	%	98.2		98.5	
家用计算机	台/百户	55.0	15.0	68.3	27.0

注：数据来源于新疆生产建设兵团统计局。

[撰稿：杨紫平　审稿：杨佳伟]

资料

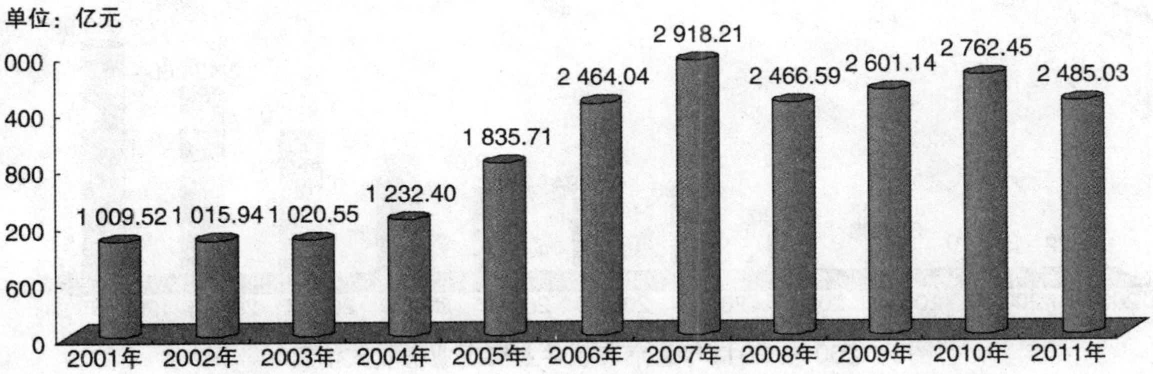

图1 2001—2011年北京市电子信息产品制造业实现主营业务收入情况

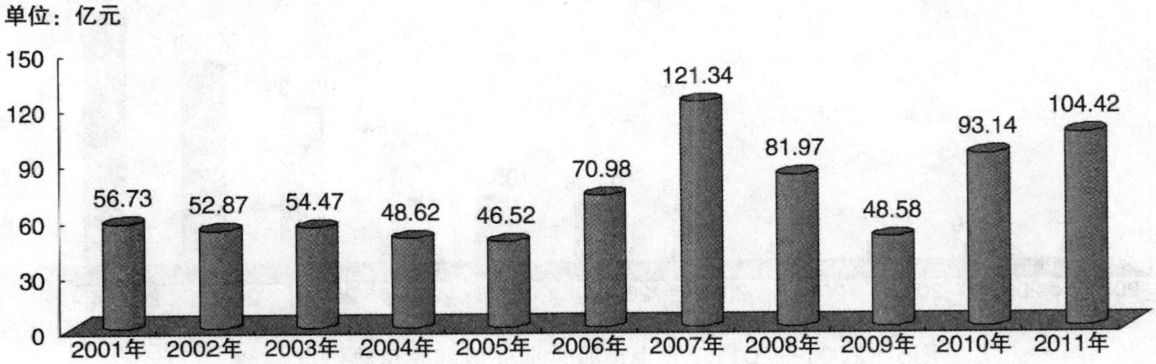

图2 2001—2011年北京市电子信息产品制造业实现利润总额情况

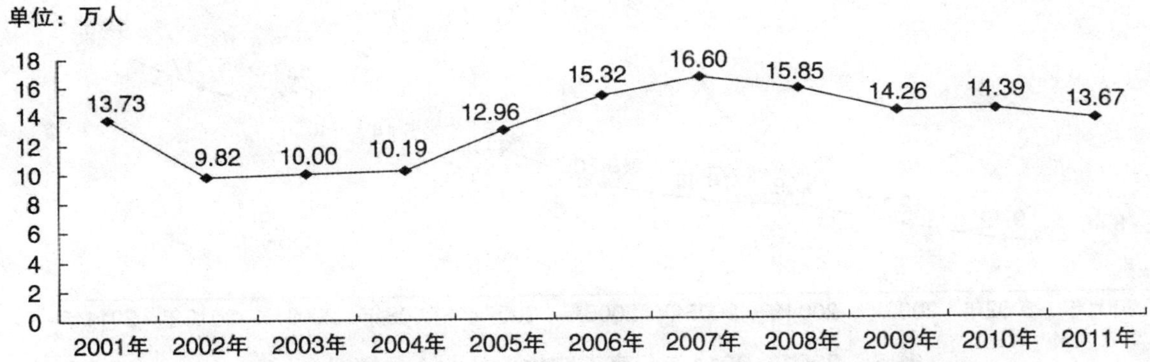

图3 2001—2011年北京市电子信息产品制造业从业人员情况

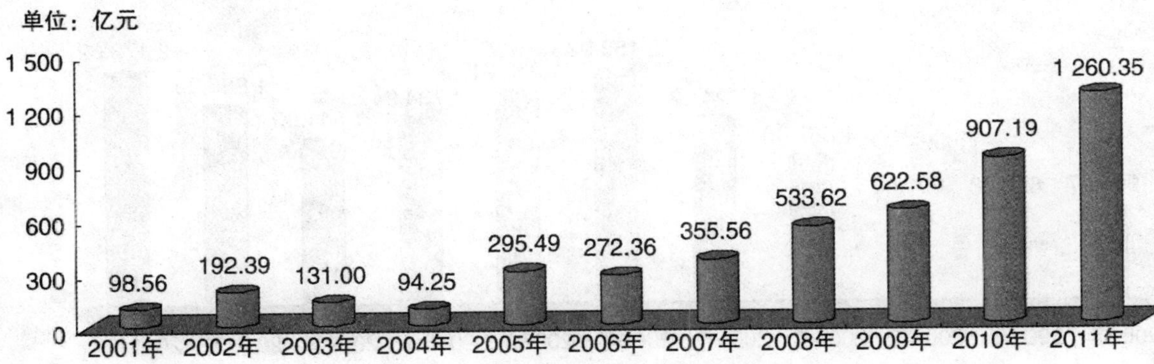

（2003年的数据来源于北京市统计局）

图4 2001—2011年北京市软件业实现工业增加值情况

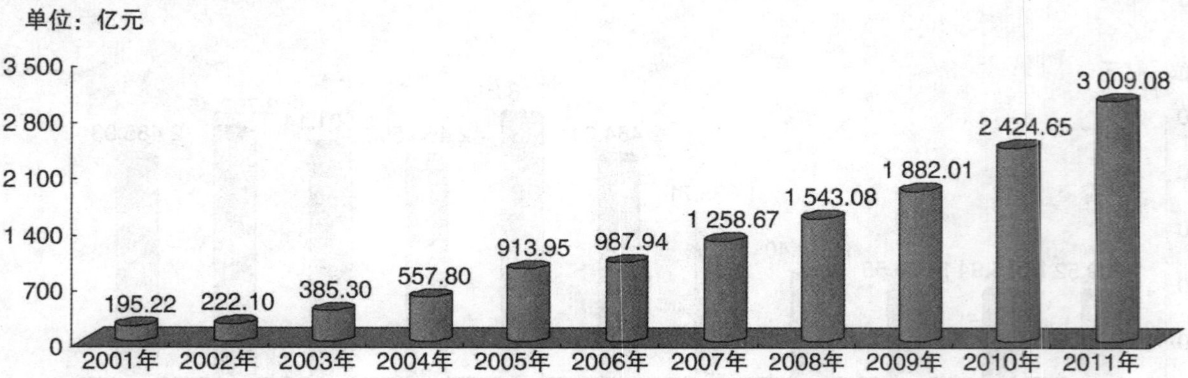

图5　2001—2011年北京市软件业实现业务收入情况

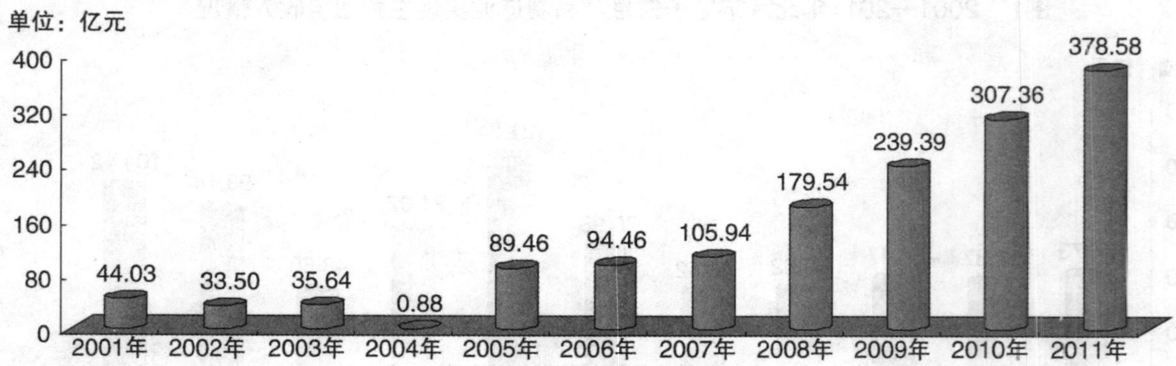

（2003年的数据来源于北京市统计局）

图6　2001—2011年北京市软件业完成利润总额情况

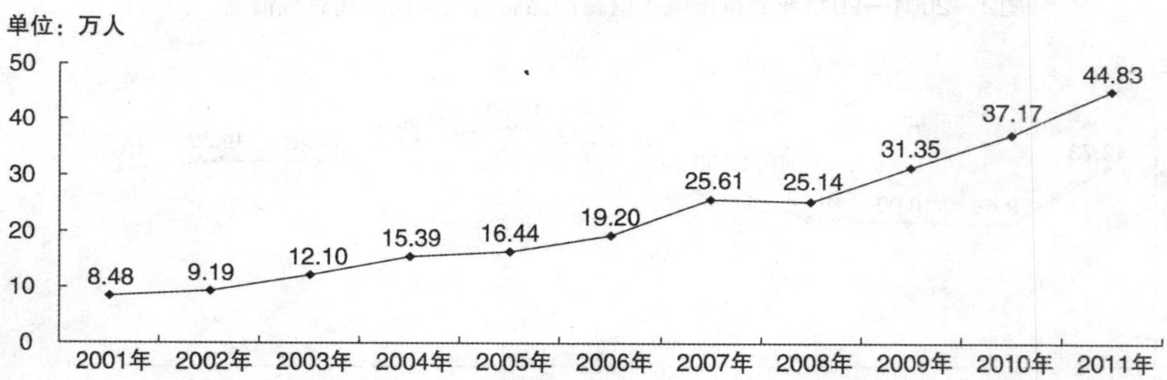

图7　2001—2011年北京市软件业从业人员情况

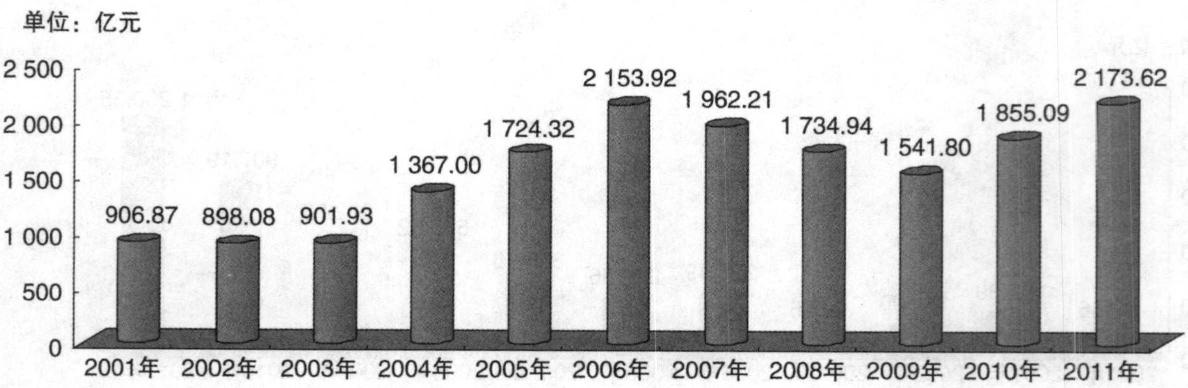

图8　2001—2011年天津市电子信息产品制造业实现主营业务收入情况

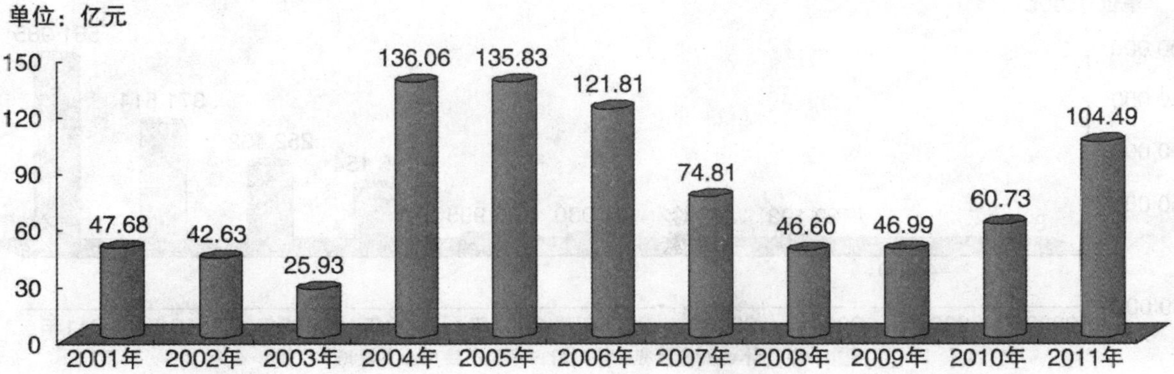

图9　2001—2011年天津市电子信息产品制造业实现利润总额情况

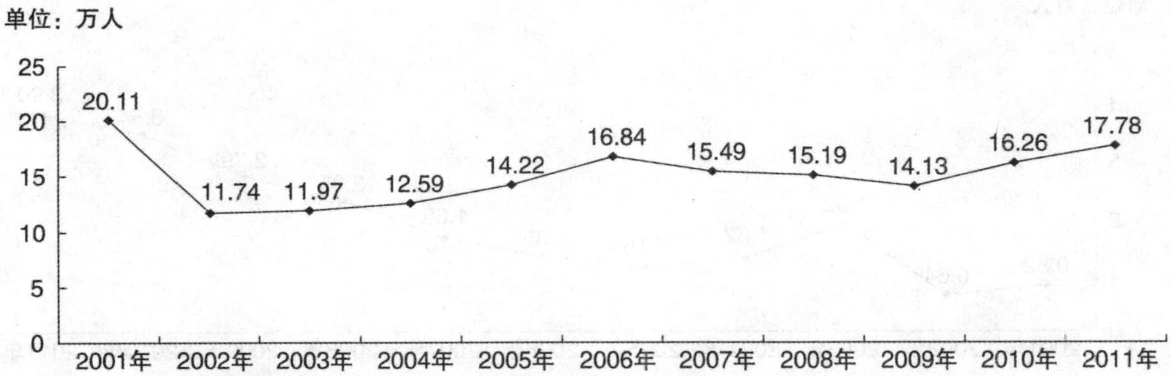

图10　2001—2011年天津市电子信息产品制造业从业人员情况

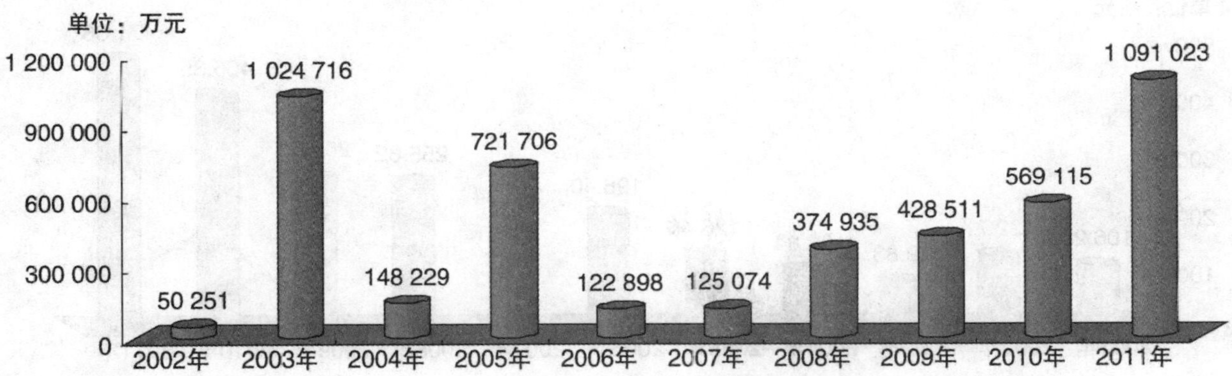

图11　2002—2011年天津市软件业完成工业增加值情况

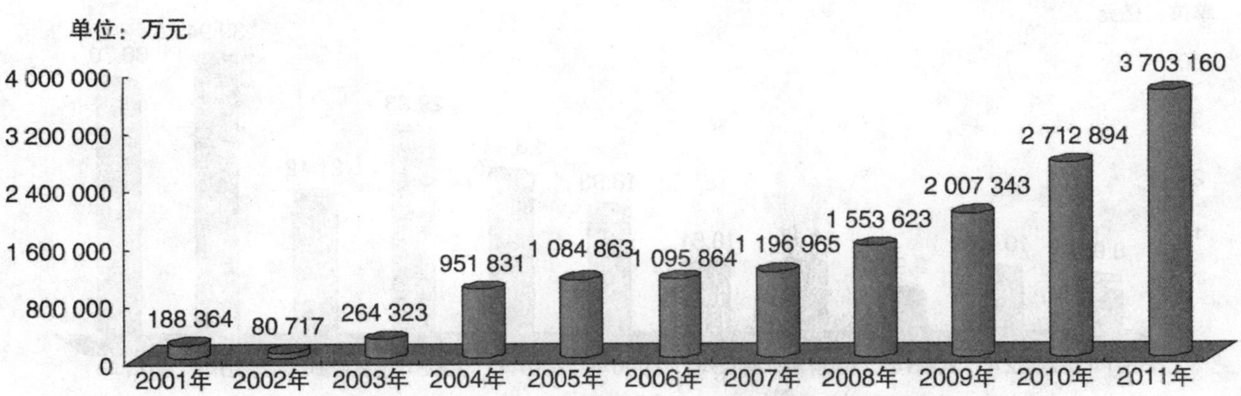

图12　2001—2011年天津市软件业完成业务收入情况

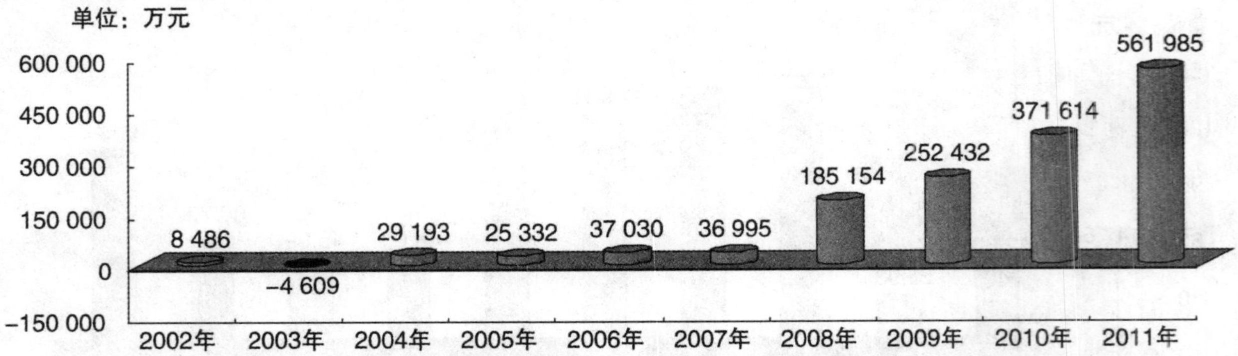

（2008年统计数据在原有统计范围内增加了腾讯业务数据）

图13　2002—2011年天津市软件业完成利润总额情况

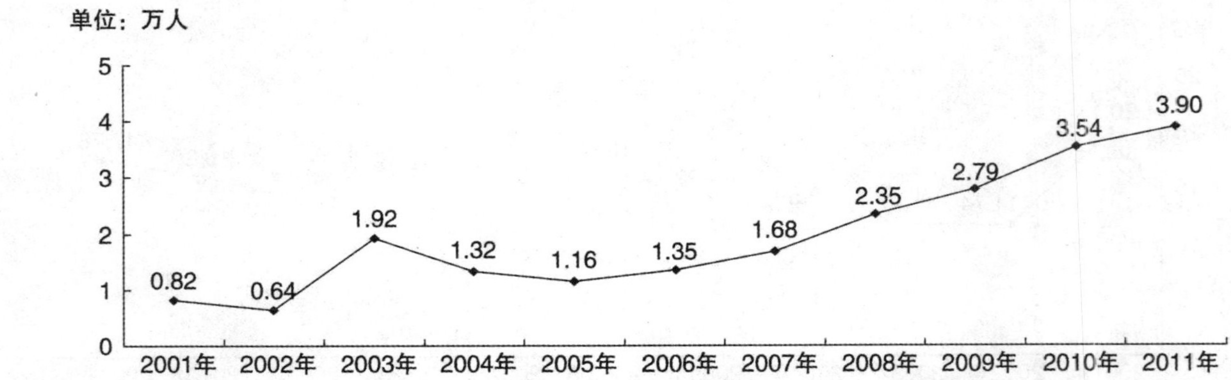

图14　2001—2011年天津市软件业从业人员情况

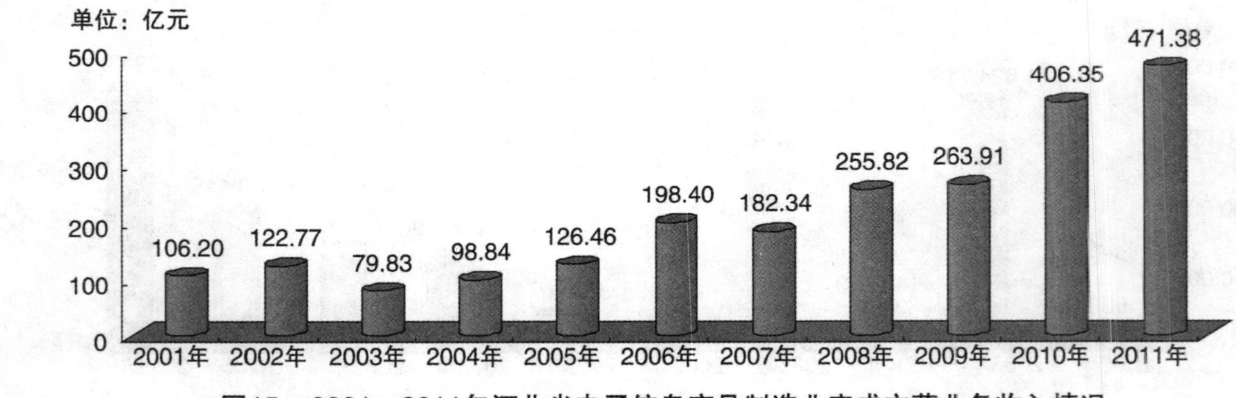

图15　2001—2011年河北省电子信息产品制造业完成主营业务收入情况

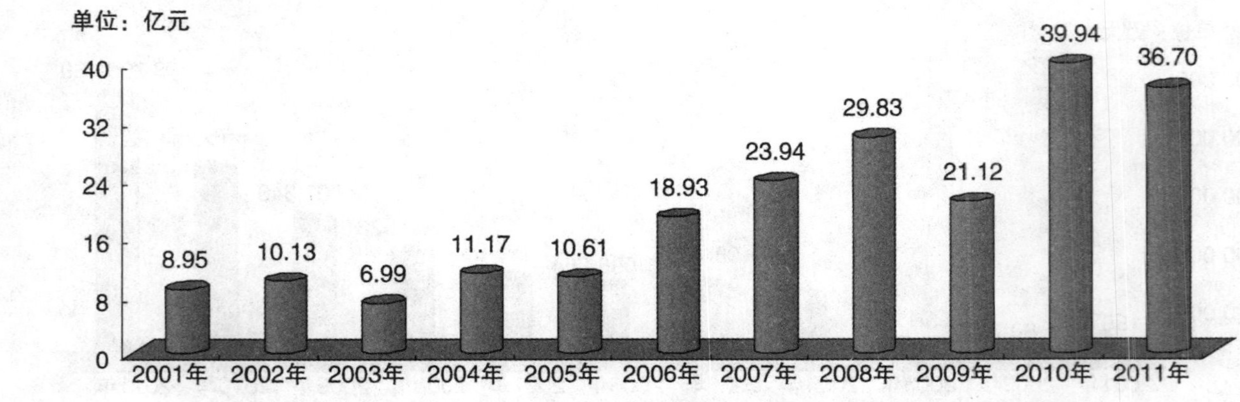

图16　2001—2011年河北省电子信息产品制造业完成利润总额情况

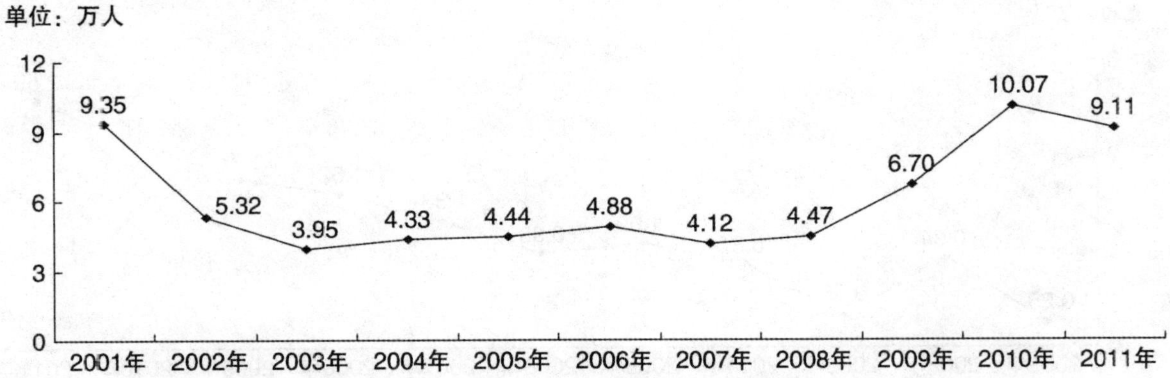

图17　2001—2011年河北省电子信息产品制造业从业人员情况

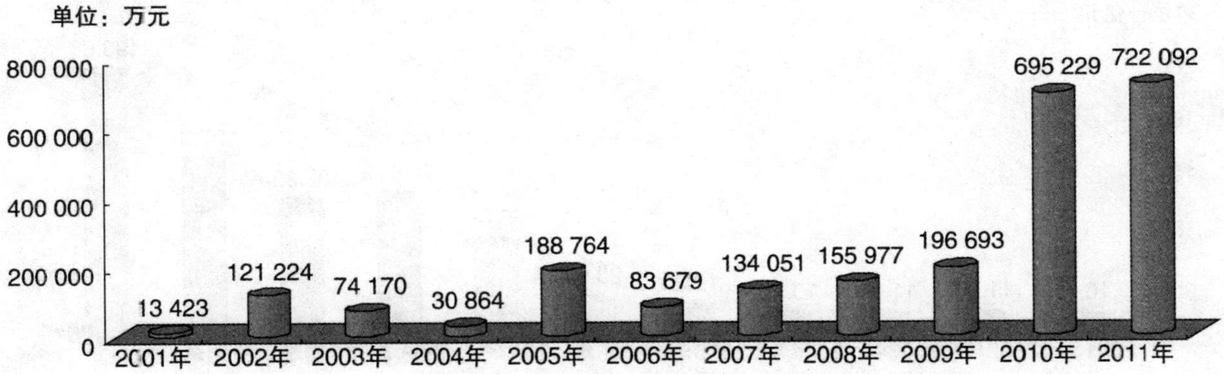

图18　2001—2011年河北省软件业完成工业增加值情况

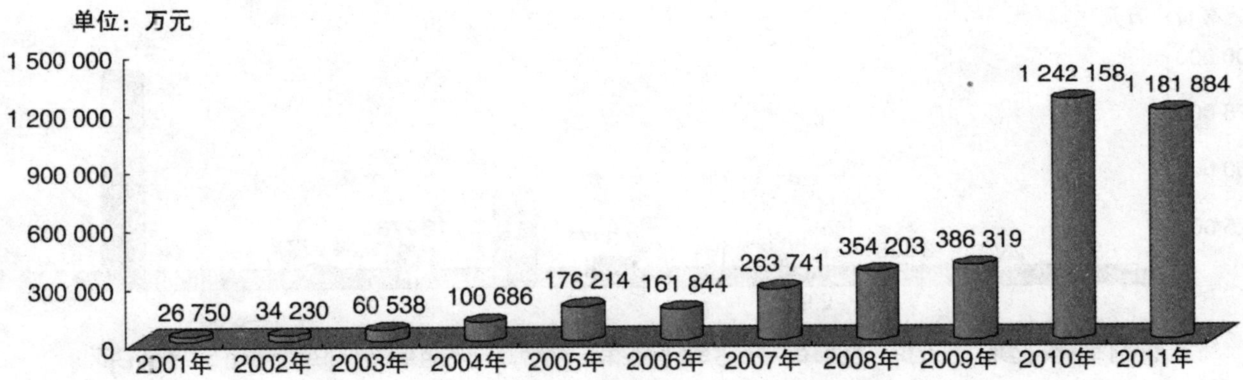

图19　2001—2011年河北省软件业完成业务收入情况

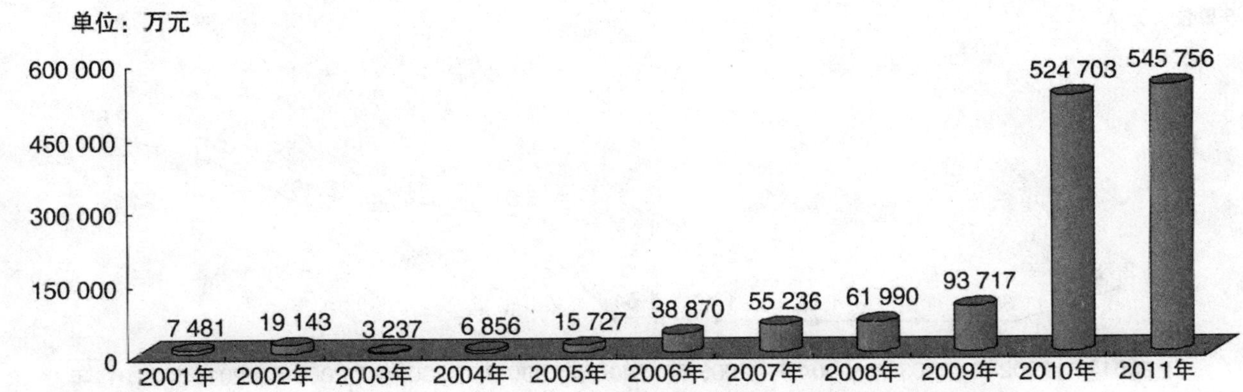

图20　2001—2011年河北省软件业完成利润总额情况

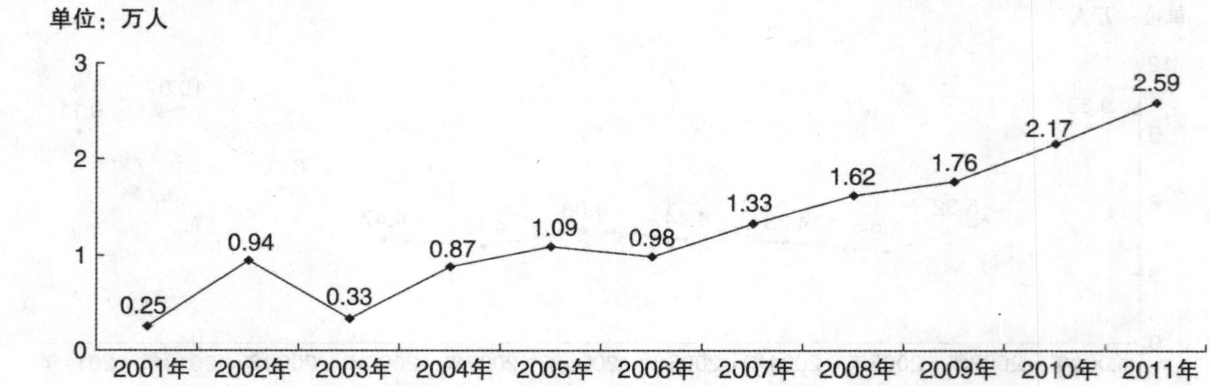

图21 2001—2011年河北省软件业从业人员情况

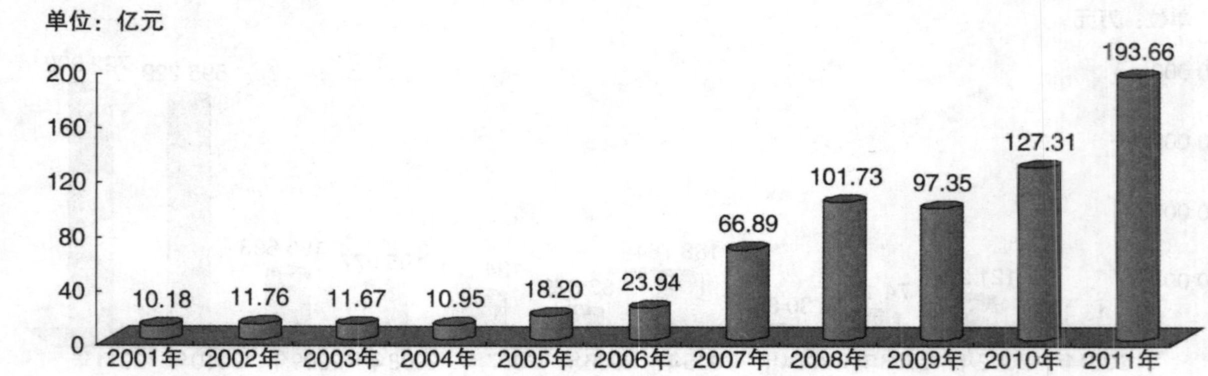

图22 2001—2011年山西省电子信息产品制造业完成主营业务收入情况

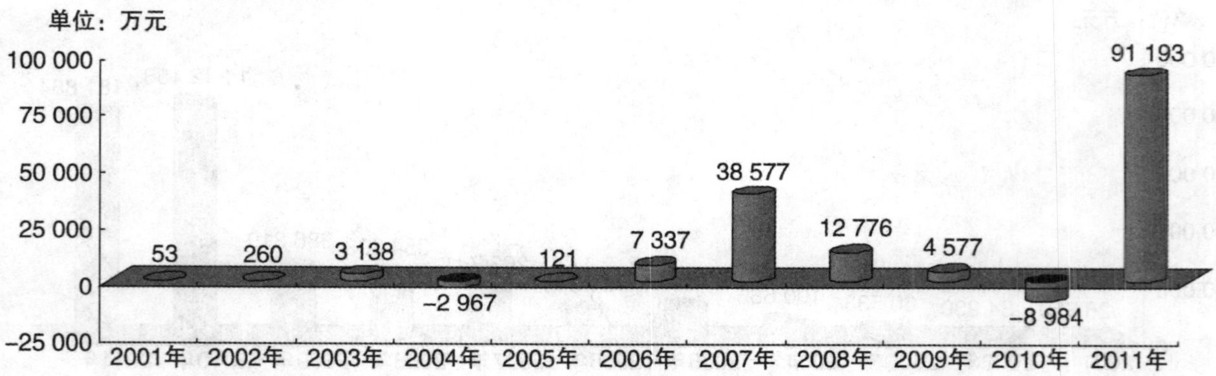

图23 2001—2011年山西省电子信息产品制造业完成利润总额情况

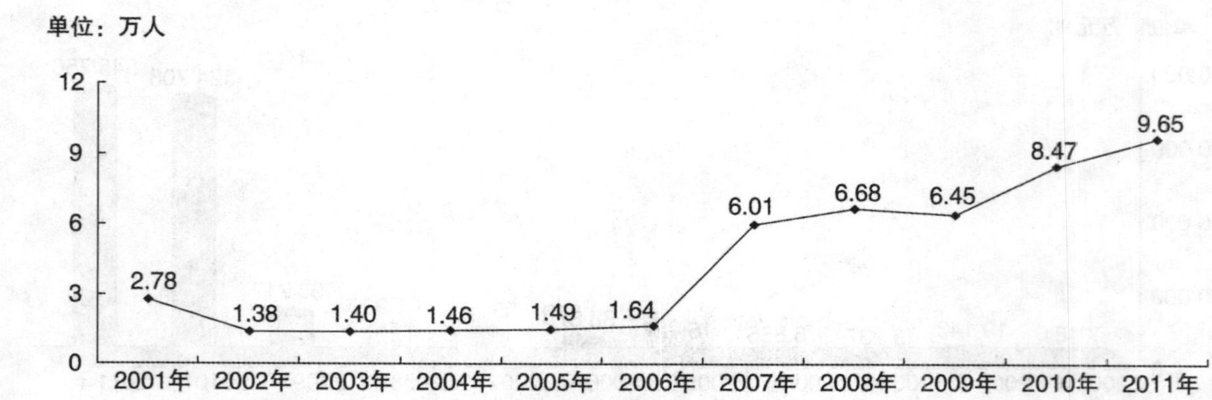

图24 2001—2011年山西省电子信息产品制造业从业人员情况

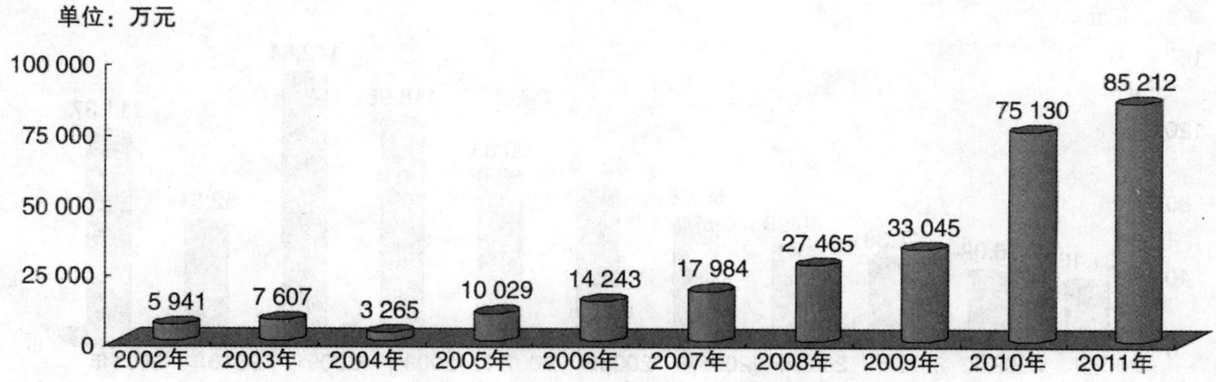

图25　2002—2011年山西省软件业完成工业增加值情况

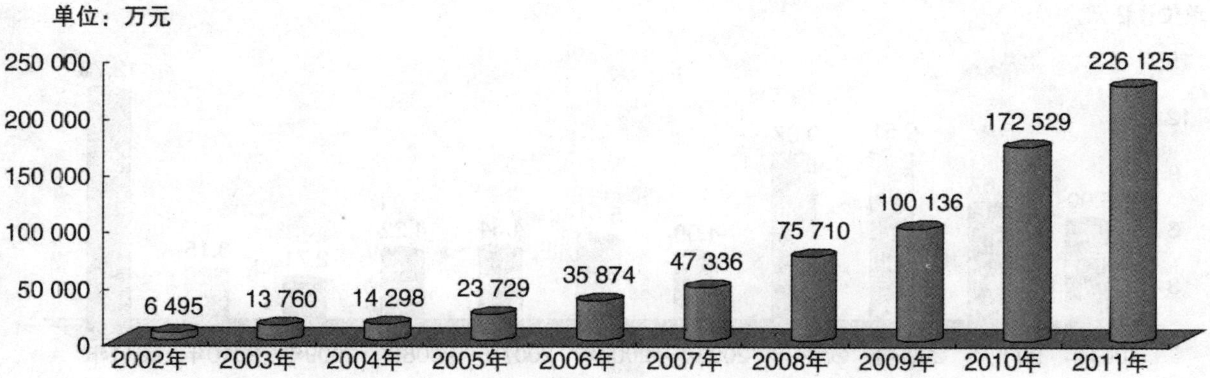

图26　2002—2011年山西省软件业完成业务收入情况

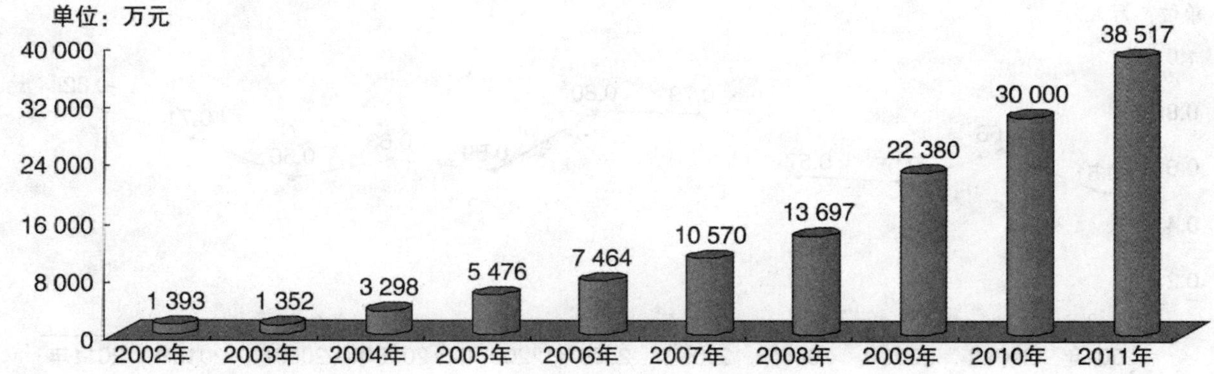

图27　2002—2011年山西省软件业完成利润总额情况

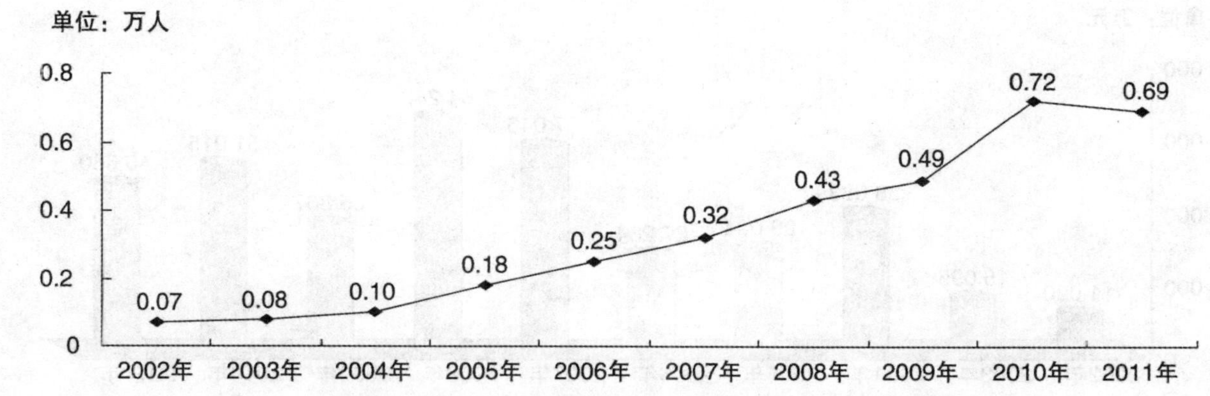

图28　2002—2011年山西省软件业从业人员情况

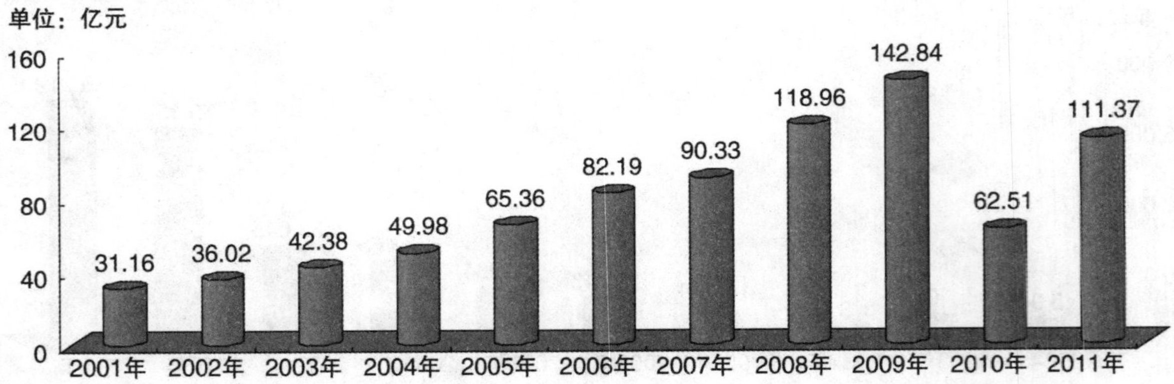

图29　2001—2011年内蒙古自治区电子信息产品制造业完成主营业务收入情况

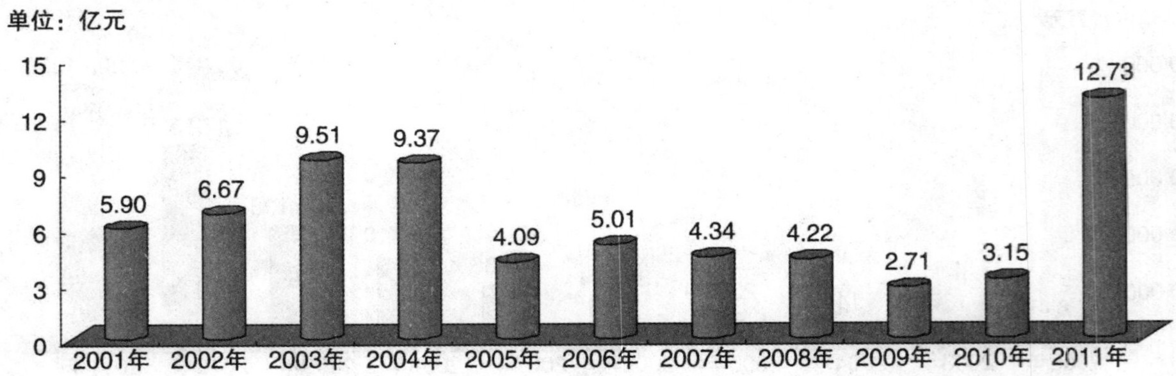

图30　2001—2011年内蒙古自治区电子信息产品制造业完成利润总额情况

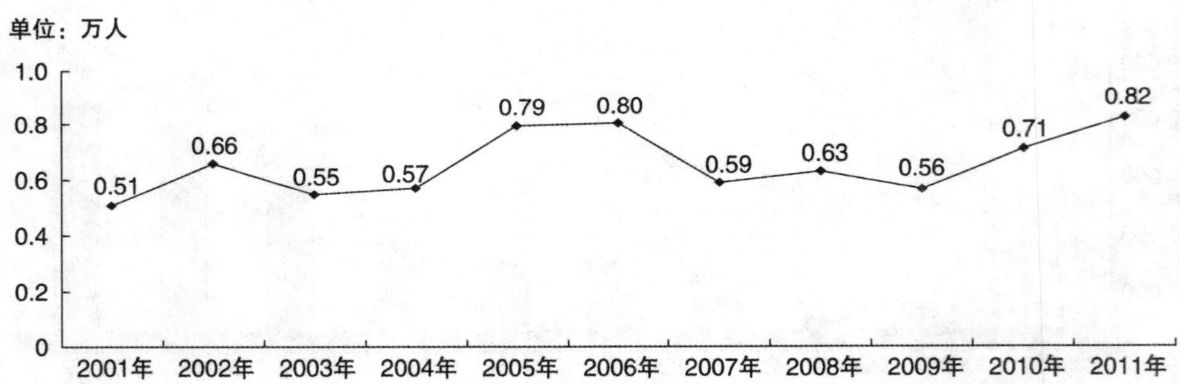

图31　2001—2011年内蒙古自治区电子信息产品制造业从业人员情况

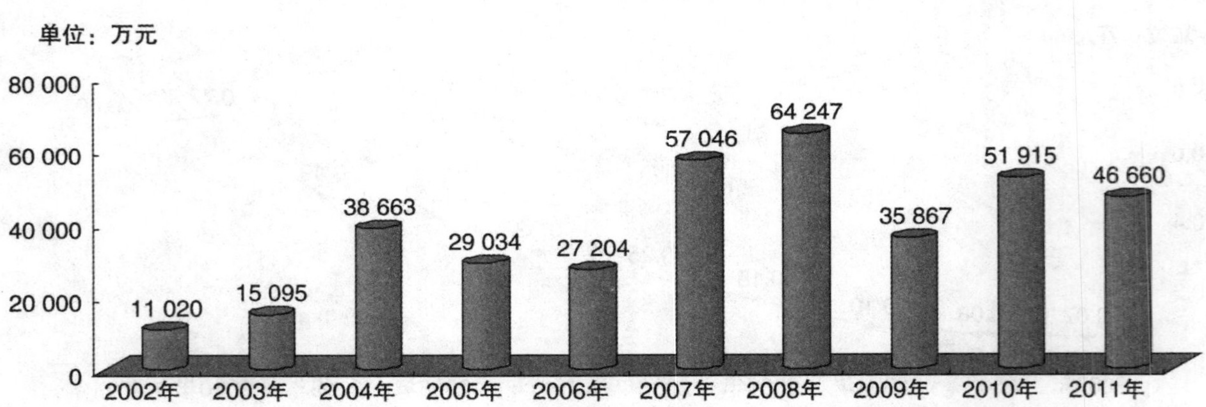

图32　2002—2011年内蒙古自治区软件业完成工业增加值情况

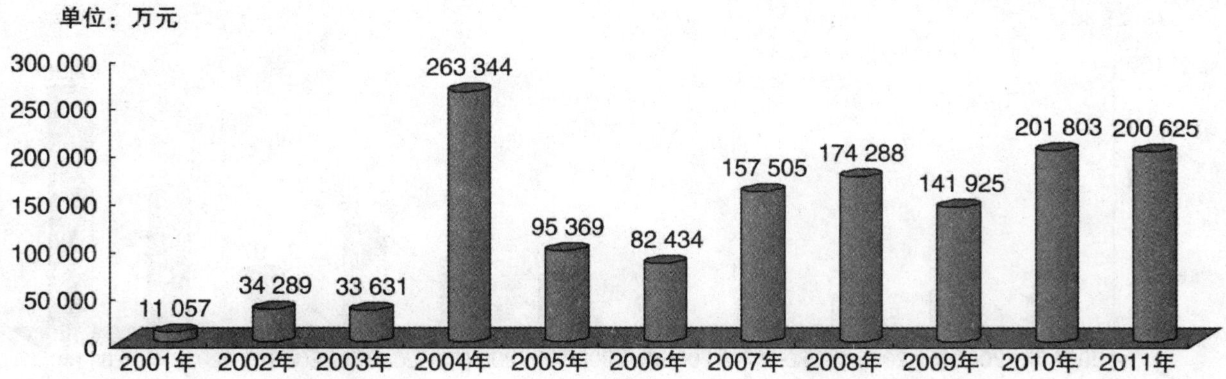

图33　2001—2011年内蒙古自治区软件业完成业务收入情况

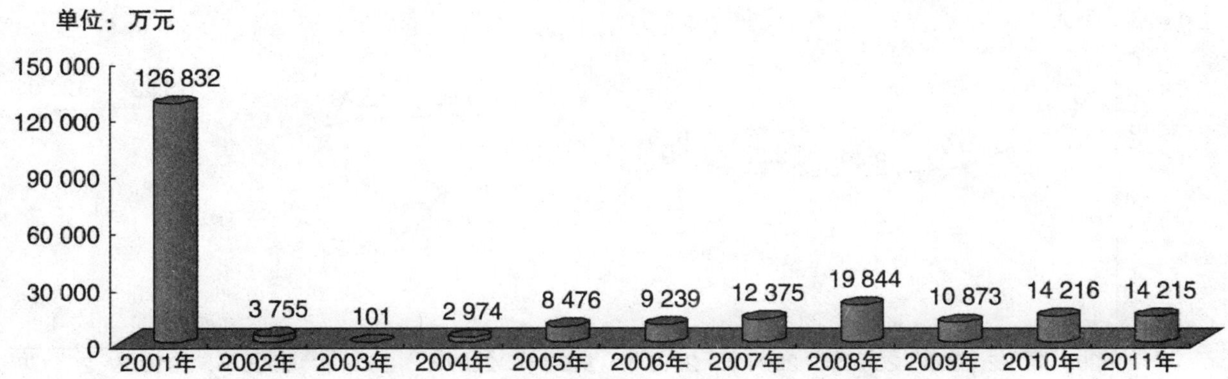

图34　2001—2011年内蒙古自治区软件业完成利润总额情况

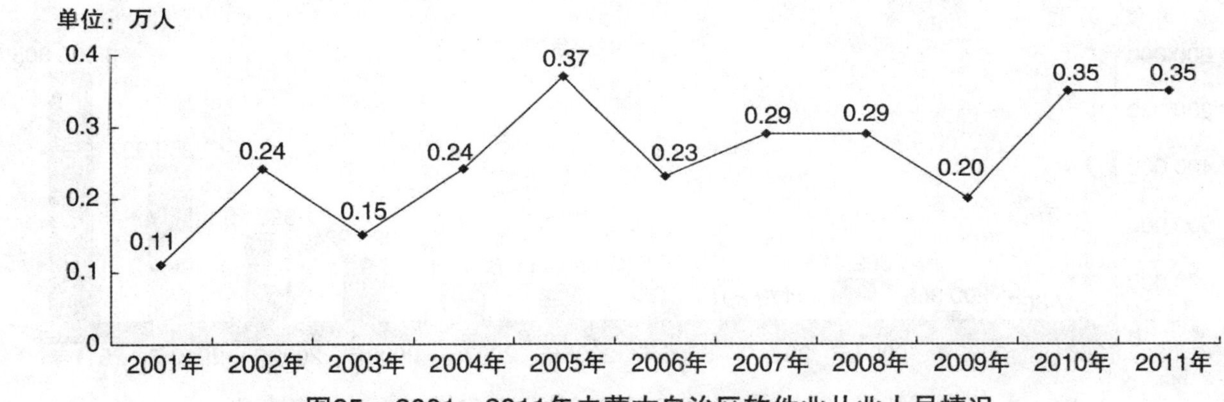

图35　2001—2011年内蒙古自治区软件业从业人员情况

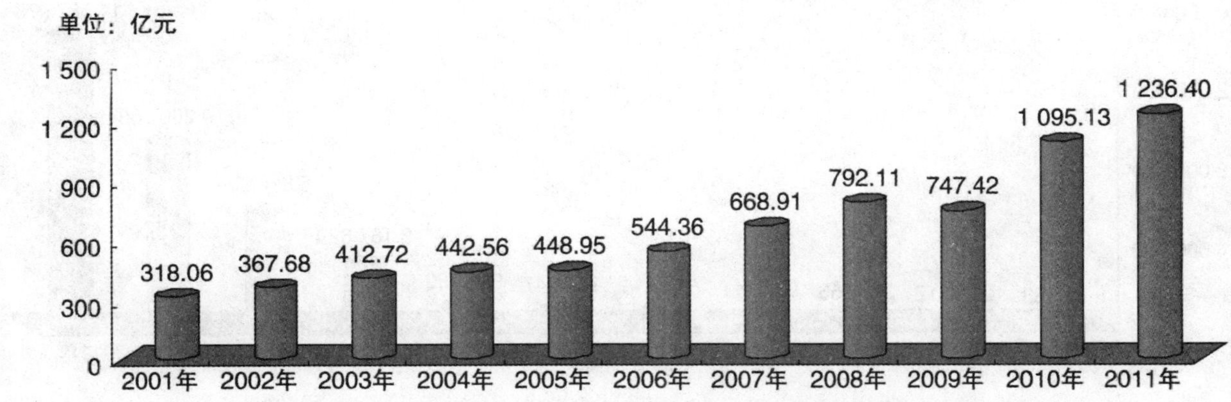

图36　2001—2011年辽宁省电子信息产品制造业完成主营业务收入情况

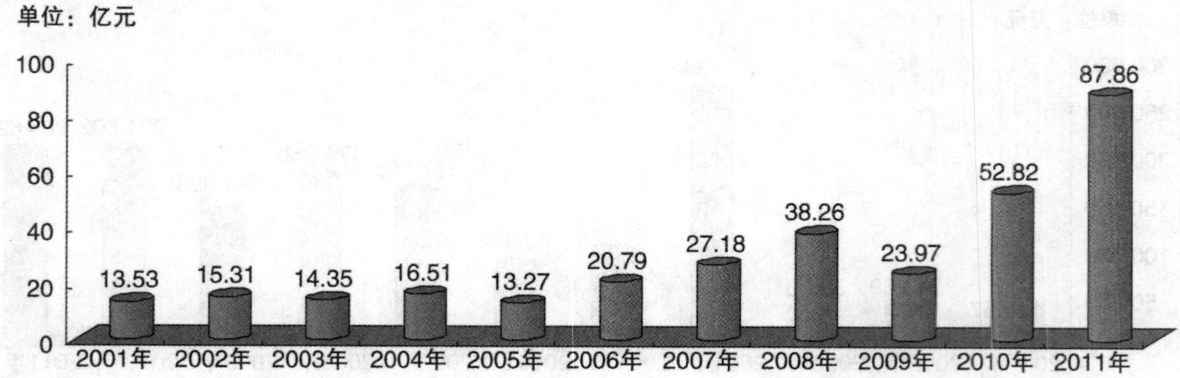

图37　2001—2011年辽宁省电子信息产品制造业完成利润总额情况

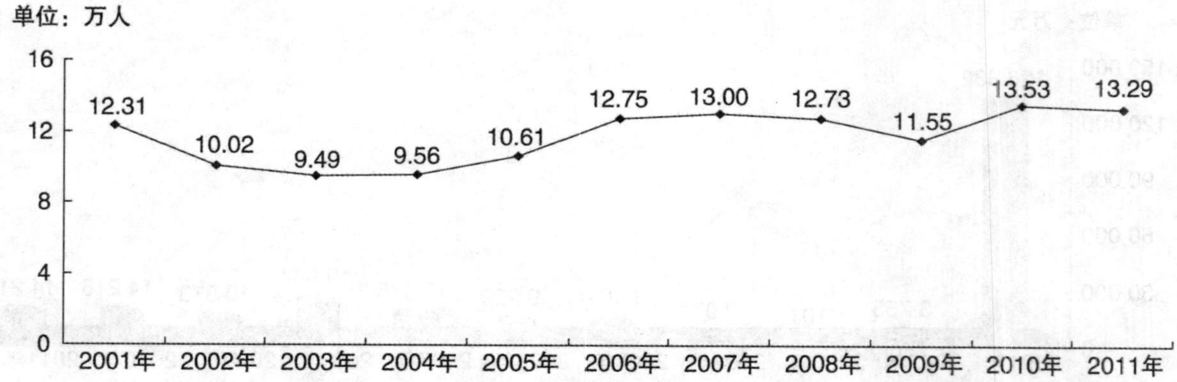

图38　2001—2011年辽宁省电子信息产品制造业从业人员情况

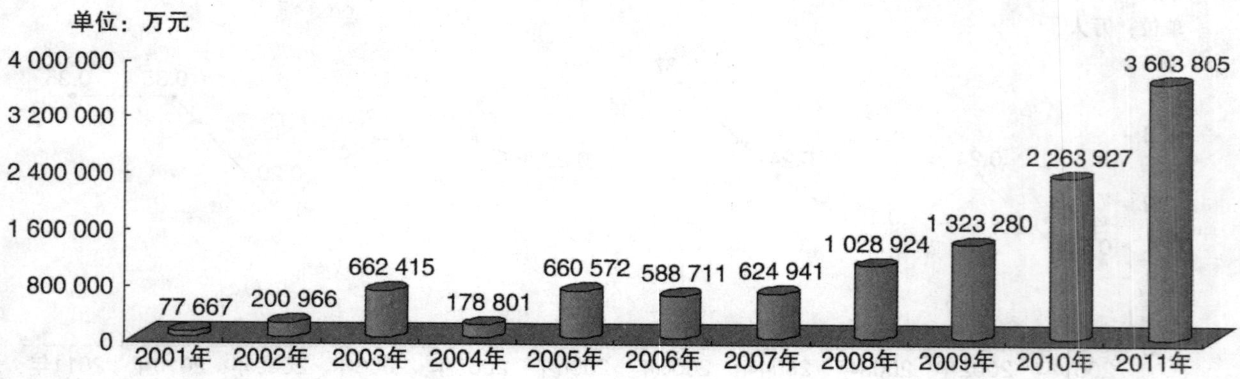

图39　2001—2011年辽宁省软件业完成工业增加值情况

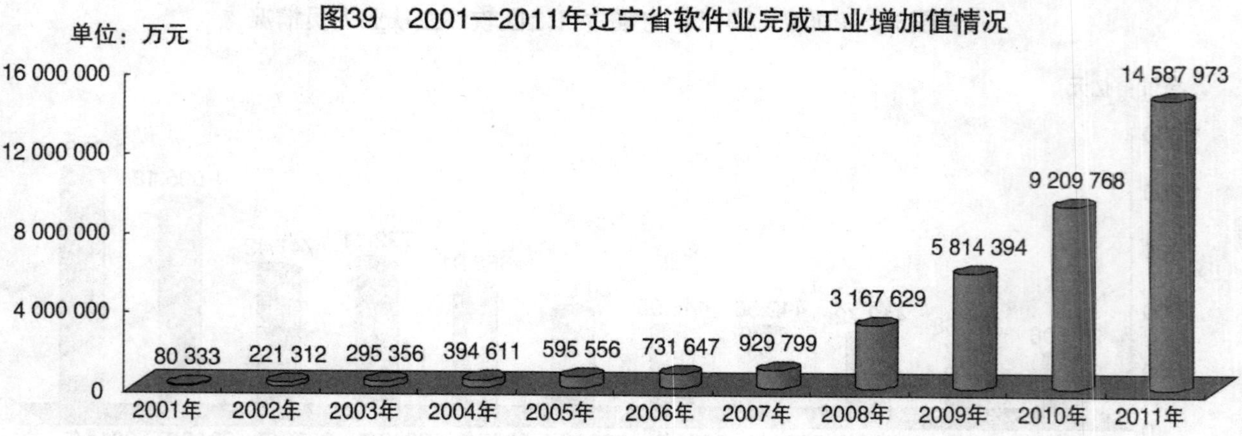

图40　2001—2011年辽宁省软件业完成业务收入情况

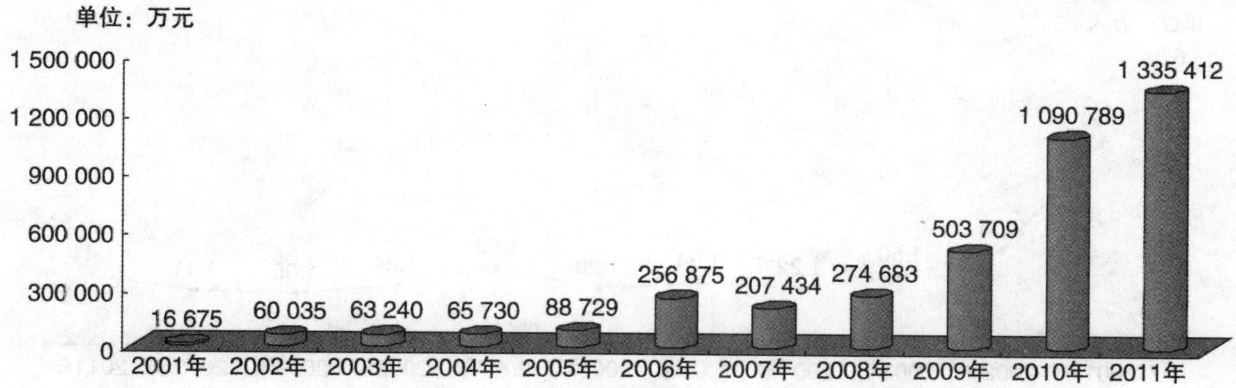

图41　2001—2011年辽宁省软件业完成利润总额情况

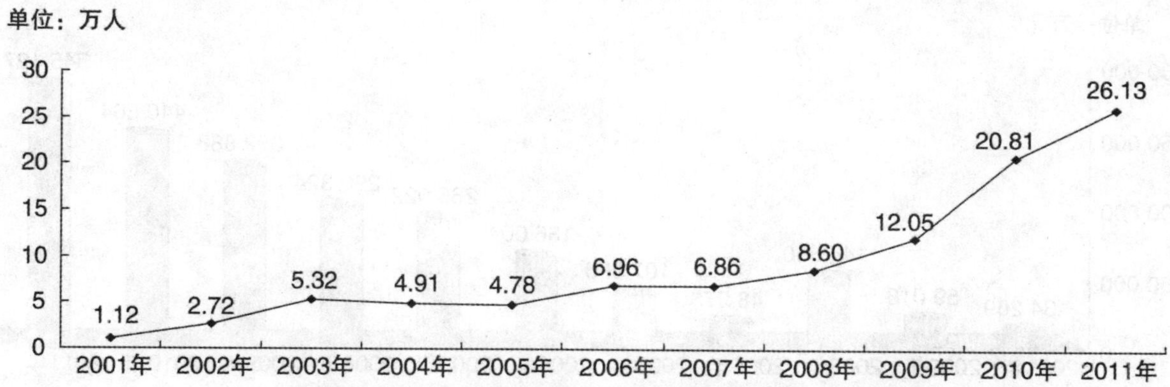

图42　2001—2011年辽宁省软件业从业人员情况

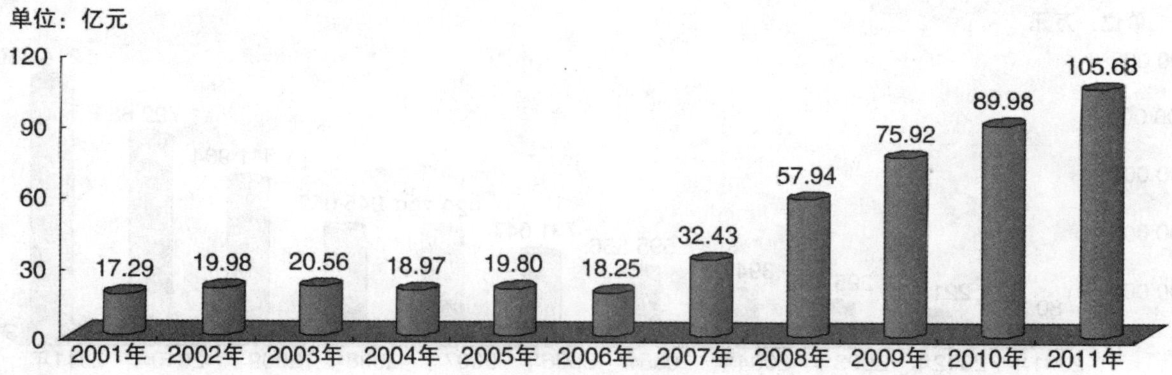

图43　2001—2011年吉林省电子信息产品制造业完成主营业务收入情况

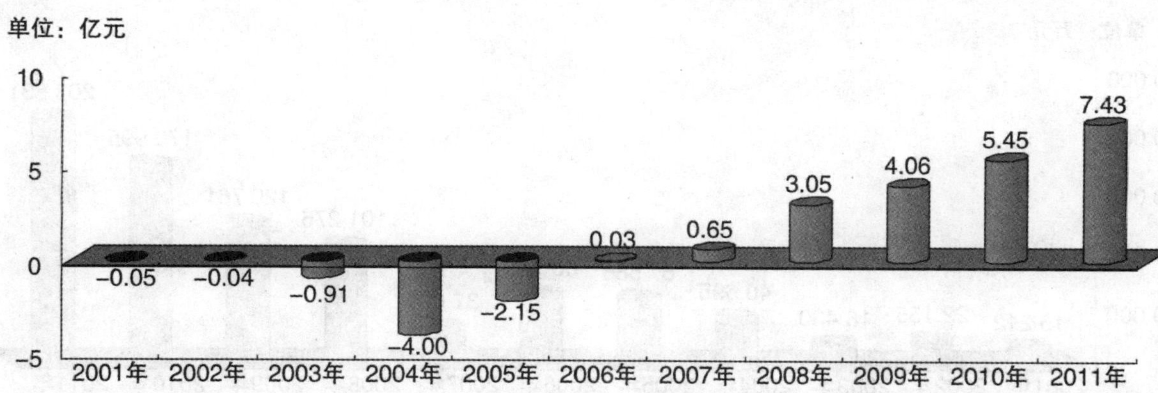

图44　2001—2011年吉林省电子信息产品制造业完成利润总额情况

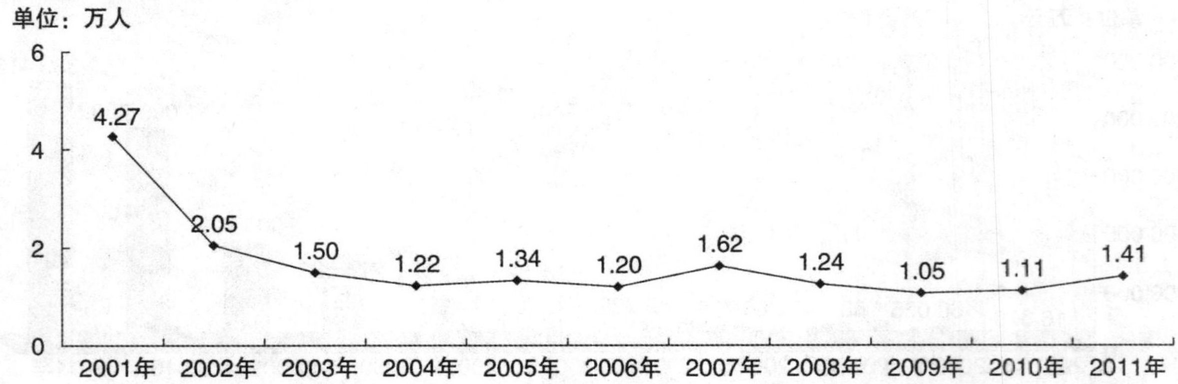

图45　2001—2011年吉林省电子信息产品制造业从业人员情况

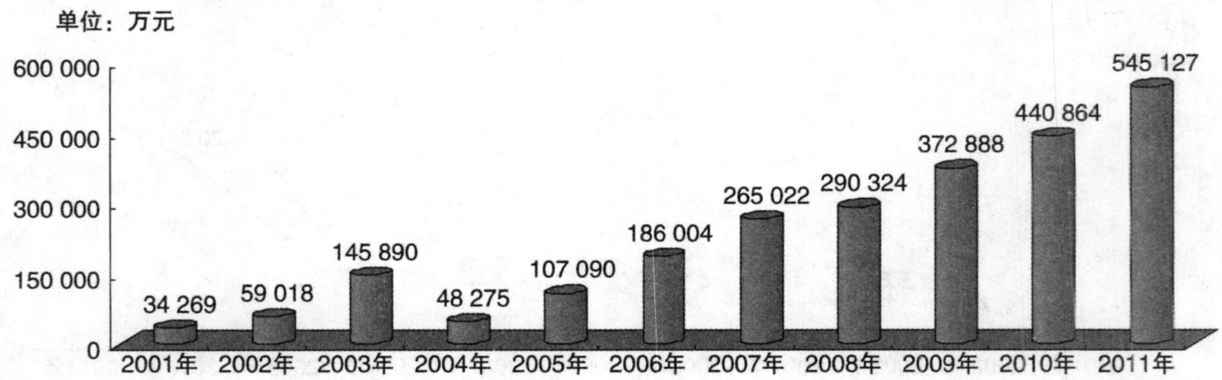

图46　2001—2011年吉林省软件业完成工业增加值情况

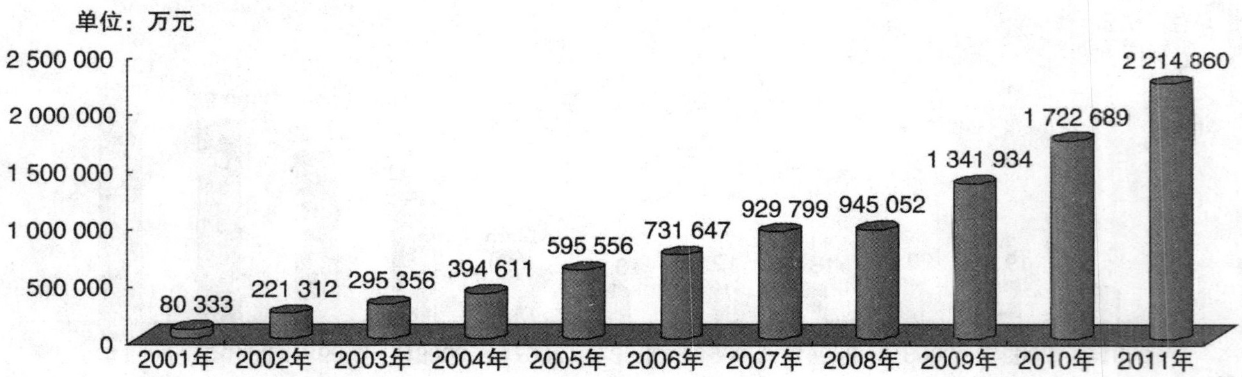

图47　2001—2011年吉林省软件业完成业务收入情况

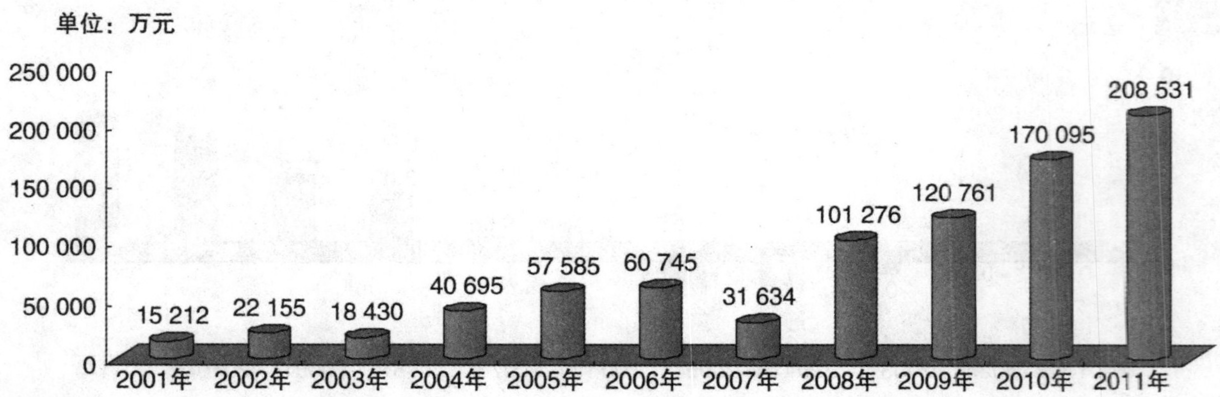

图48　2001—2011年吉林省软件业完成利润总额情况

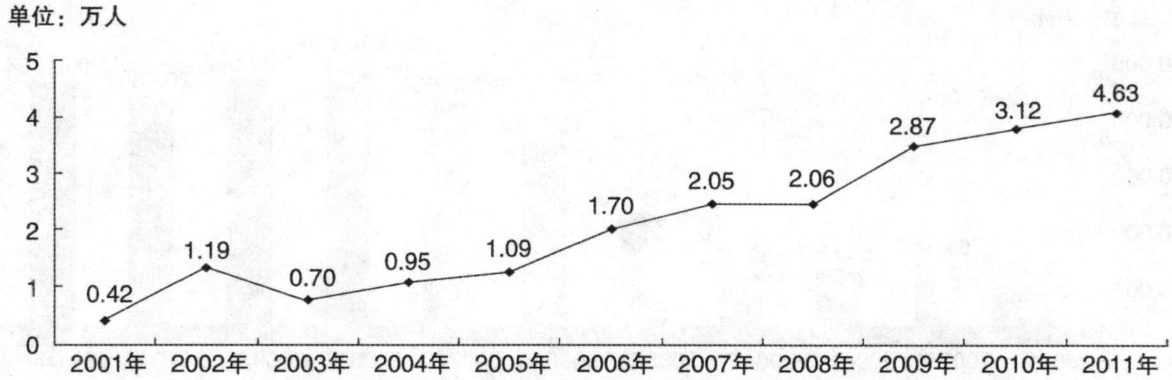

图49　2001—2011年吉林省软件业从业人员情况

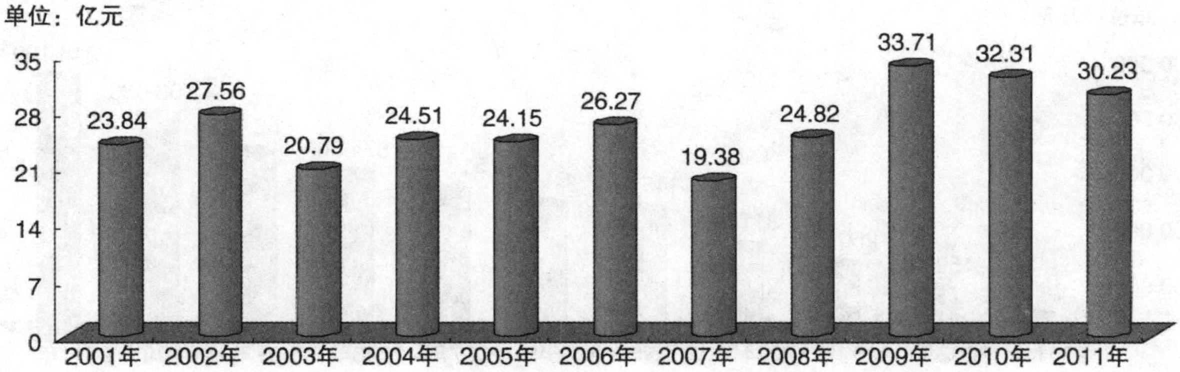

图50　2001—2011年黑龙江省电子信息产品制造业完成主营业务收入情况

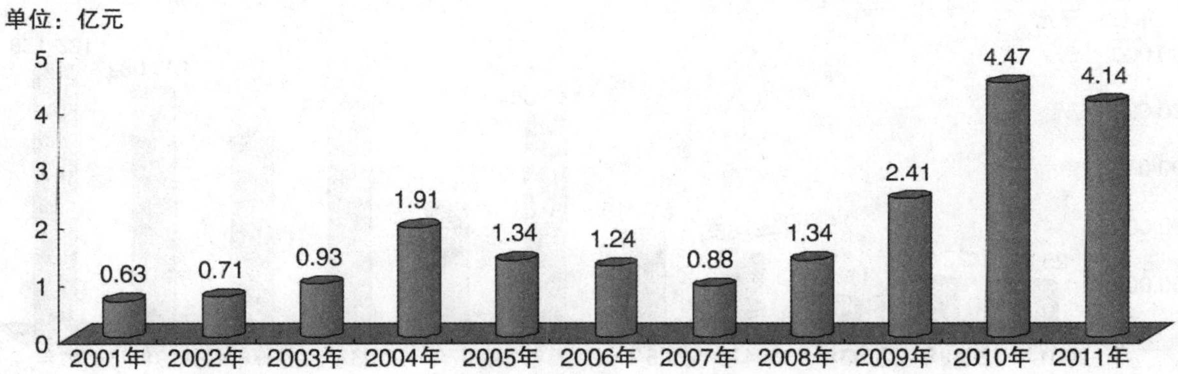

图51　2001—2011年黑龙江省电子信息产品制造业完成利润总额情况

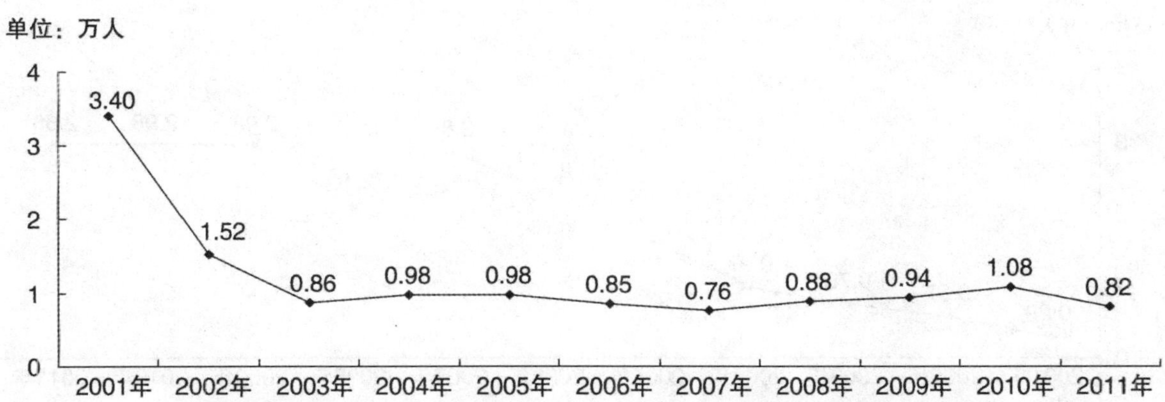

图52　2001—2011年黑龙江省电子信息产品制造业从业人员情况

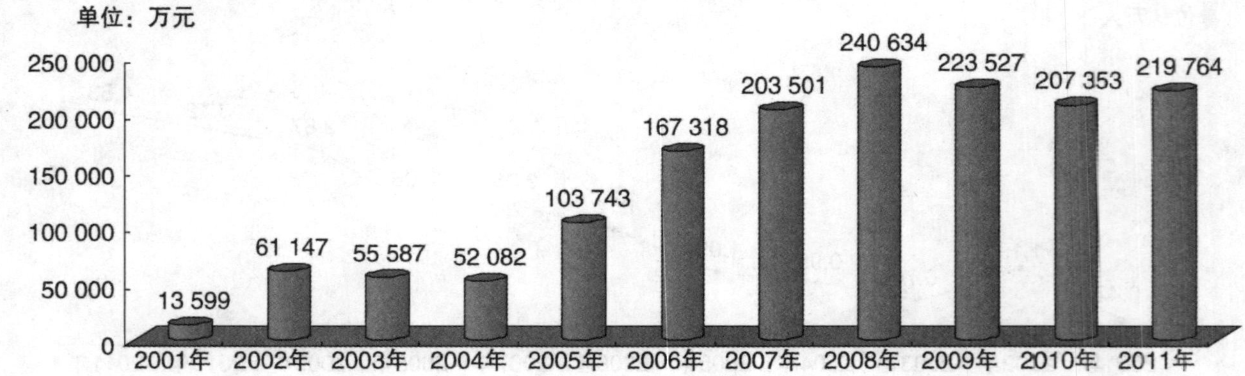

图53 2001—2011年黑龙江省软件业完成工业增加值情况

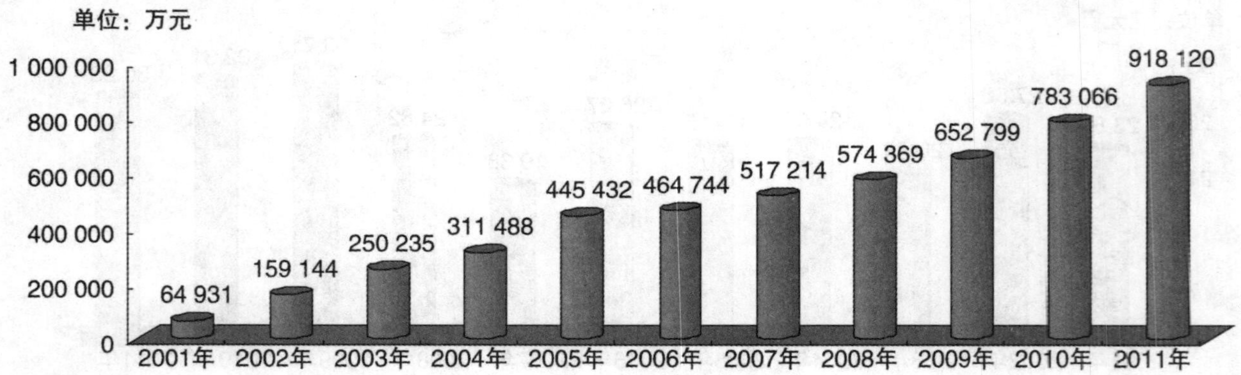

图54 2001—2011年黑龙江省软件业完成业务收入情况

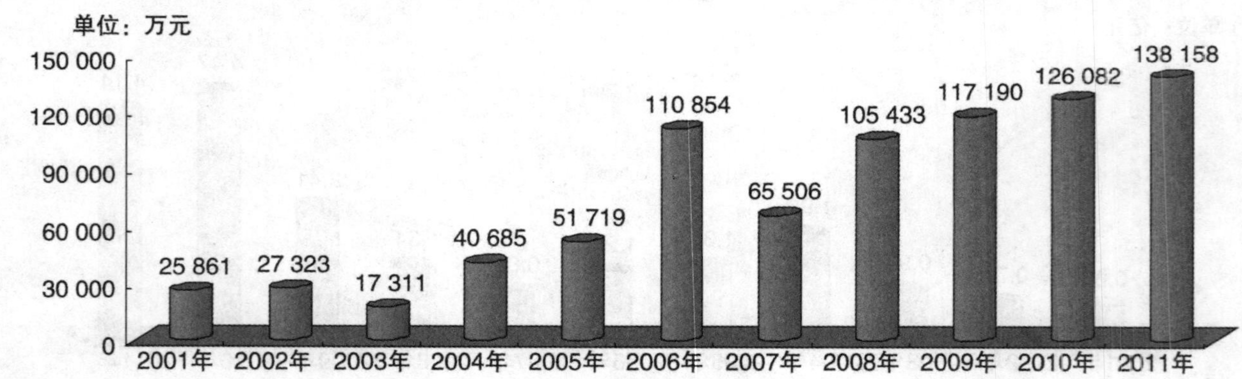

图55 2001—2011年黑龙江省软件业完成利润总额情况

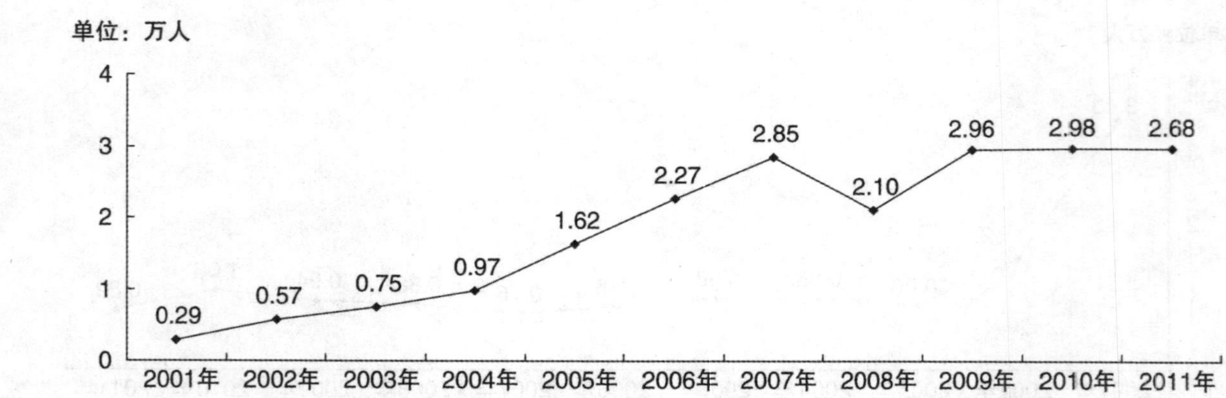

图56 2001—2011年黑龙江省软件业从业人员情况

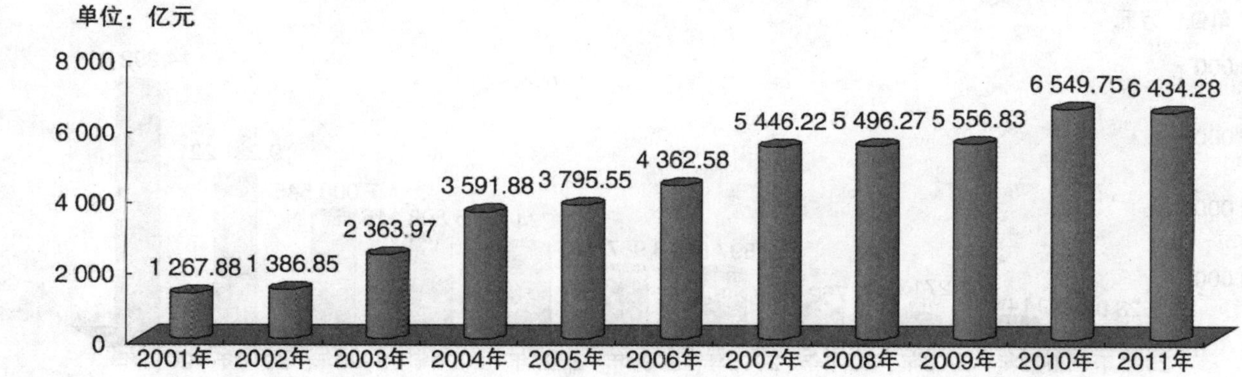

图57　2001—2011年上海市电子信息产品制造业完成主营业务收入情况

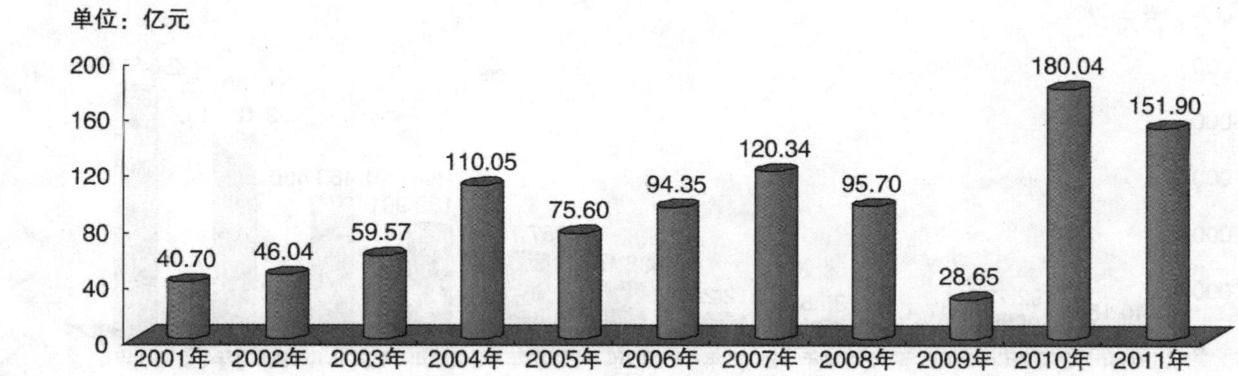

图58　2001—2011年上海市电子信息产品制造业完成利润总额情况

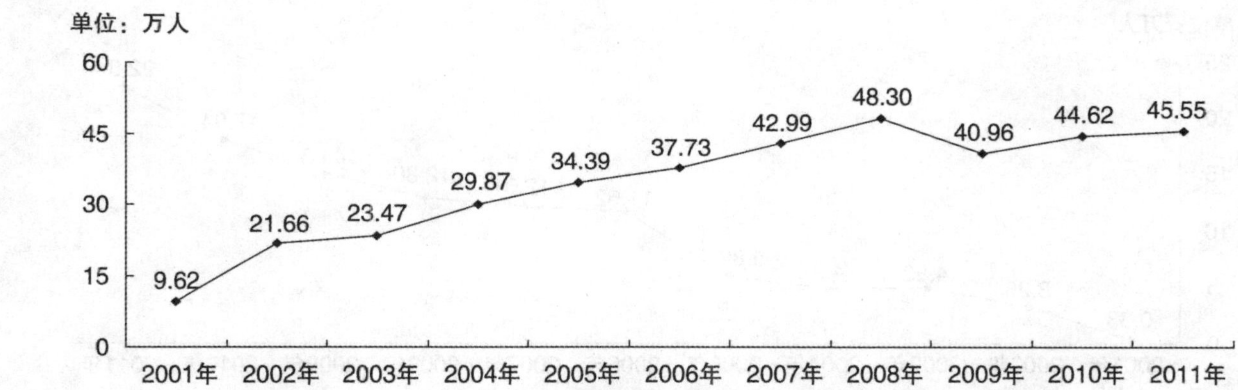

图59　2001—2011年上海市电子信息产品制造业从业人员情况

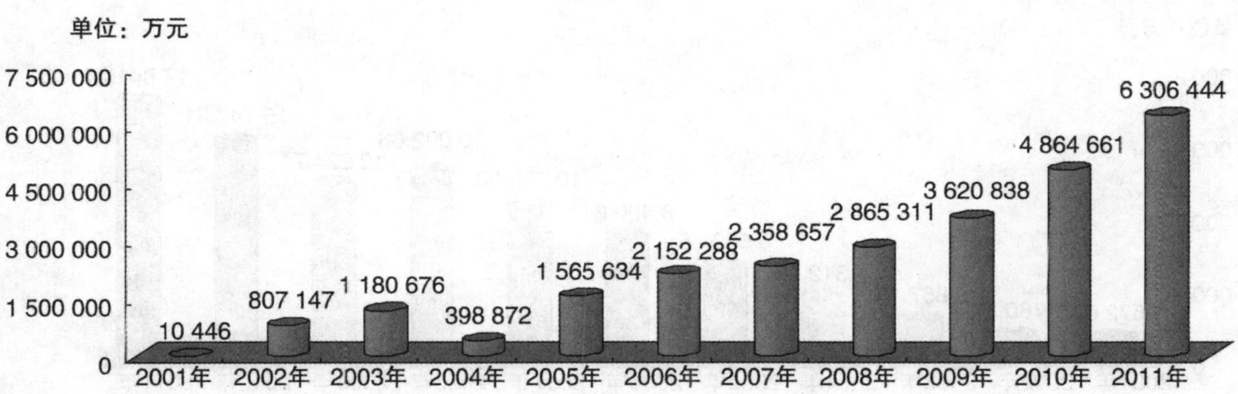

图60　2001—2011年上海市软件业完成工业增加值情况

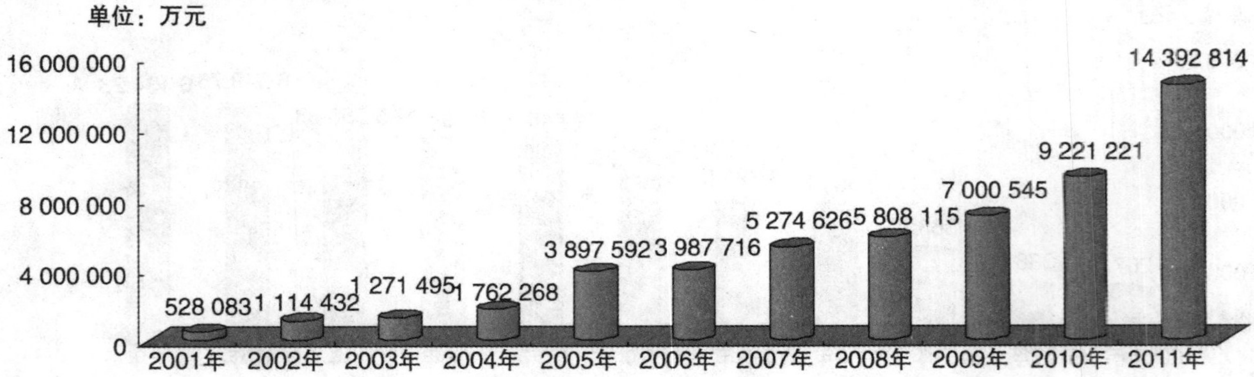

图61　2001—2011年上海市软件业完成业务收入情况

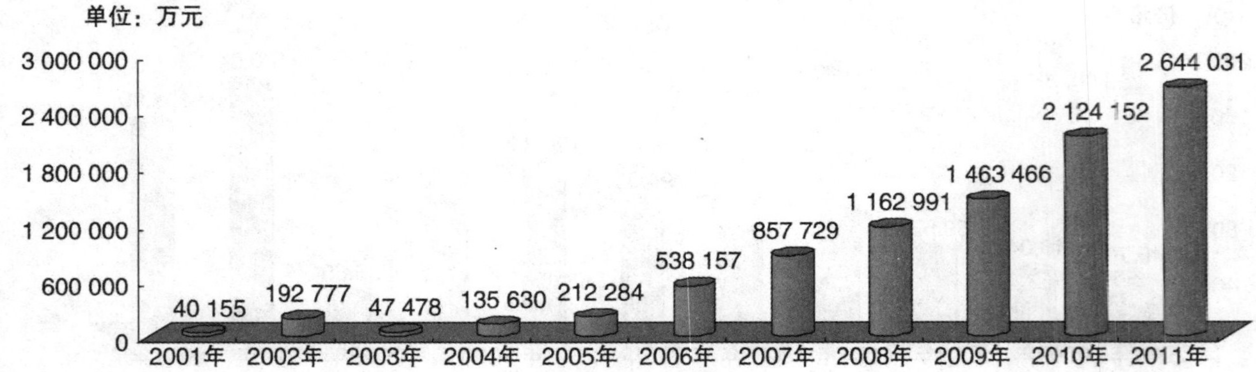

图62　2001—2011年上海市软件业完成利润总额情况

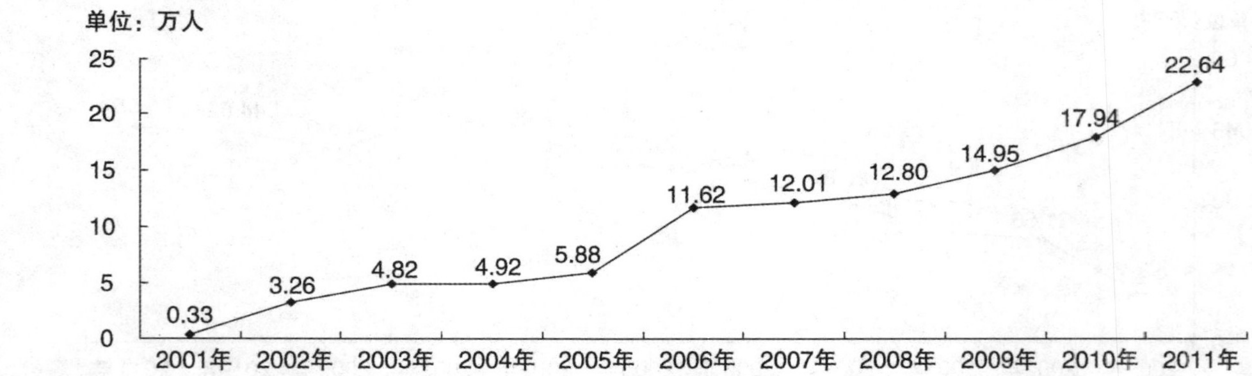

图63　2001—2011年上海市软件业从业人员情况

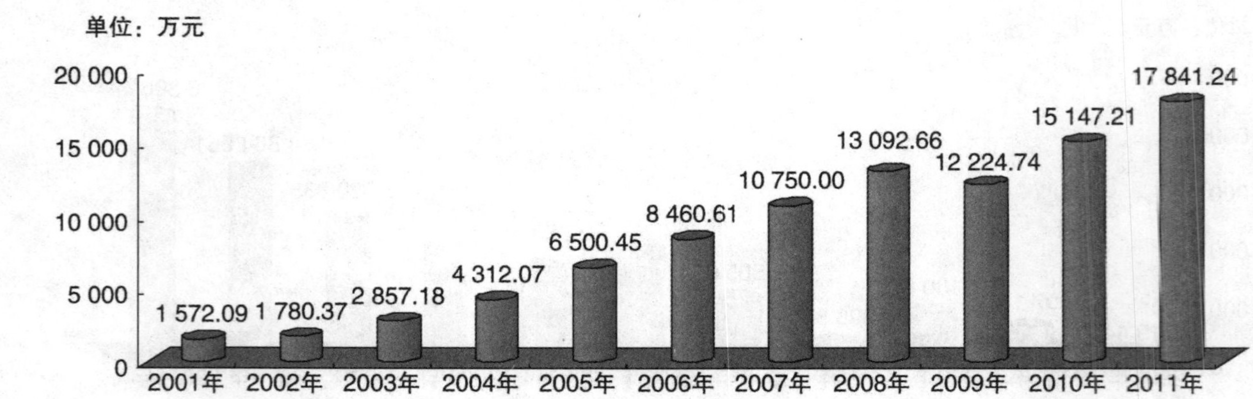

图64　2001—2011年江苏省电子信息产品制造业完成主营业务收入情况

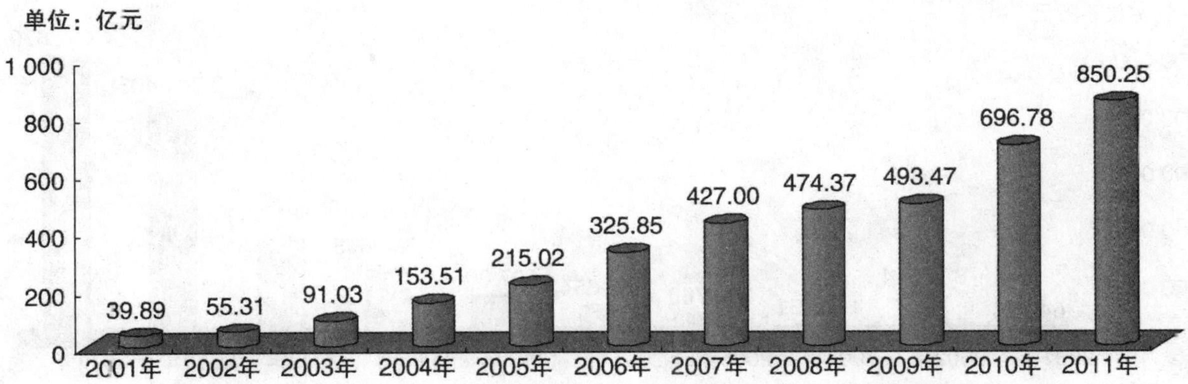

图65　2001—2011年江苏省电子信息产品制造业完成利润总额情况

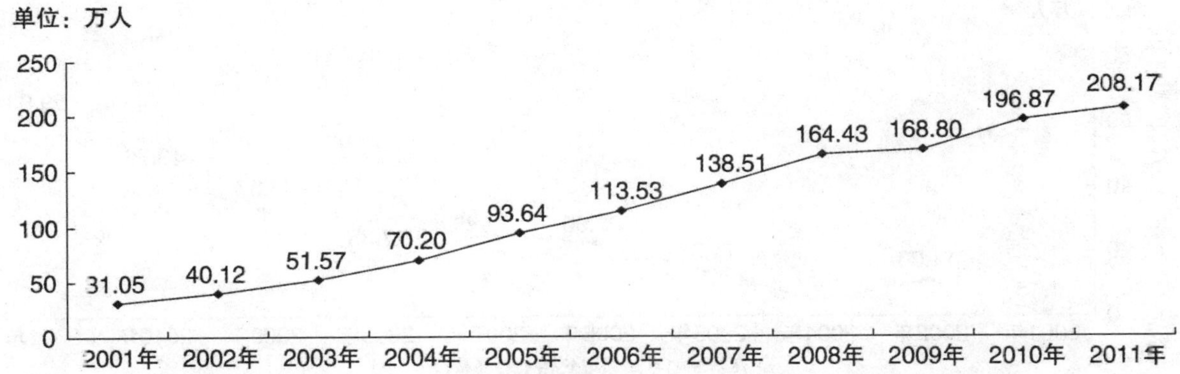

图66　2001—2011年江苏省电子信息产品制造业从业人员情况

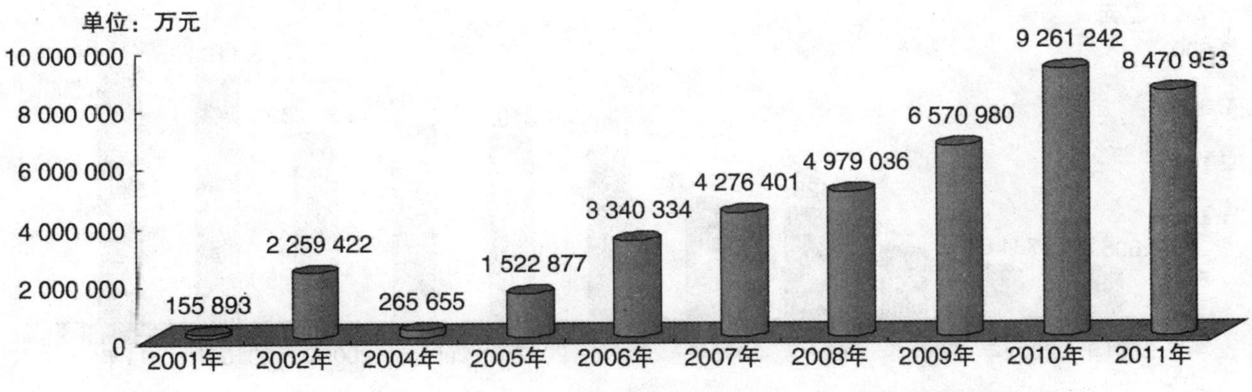

图67　2001—2011年江苏省软件业完成工业增加值情况

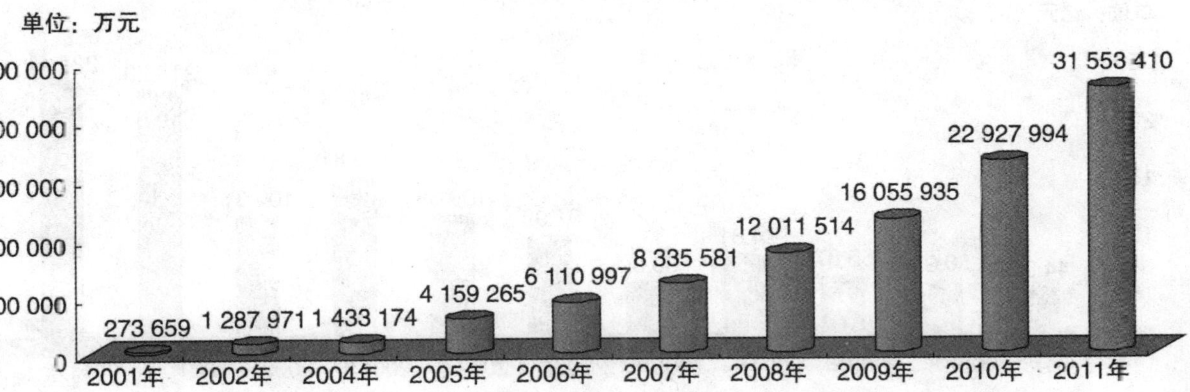

图68　2001—2011年江苏省软件业完成业务收入情况

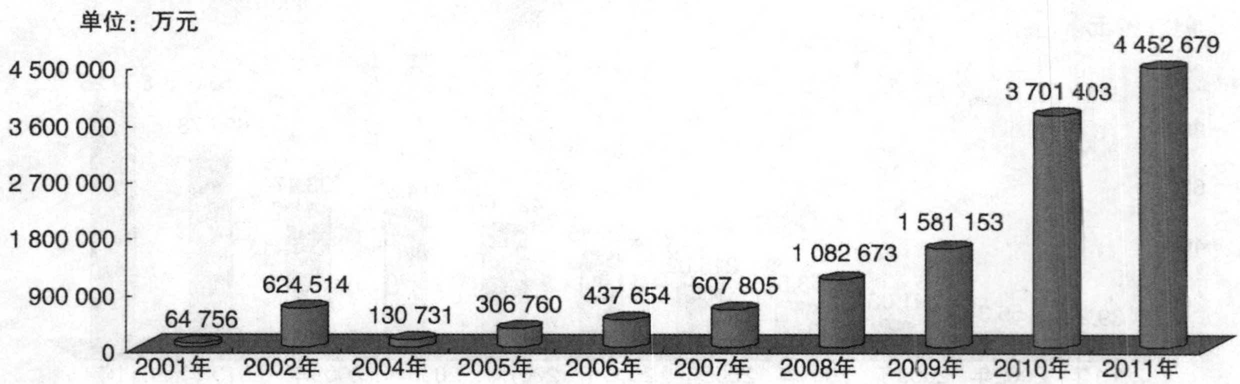

图69　2001—2011年江苏省软件业完成利润总额情况

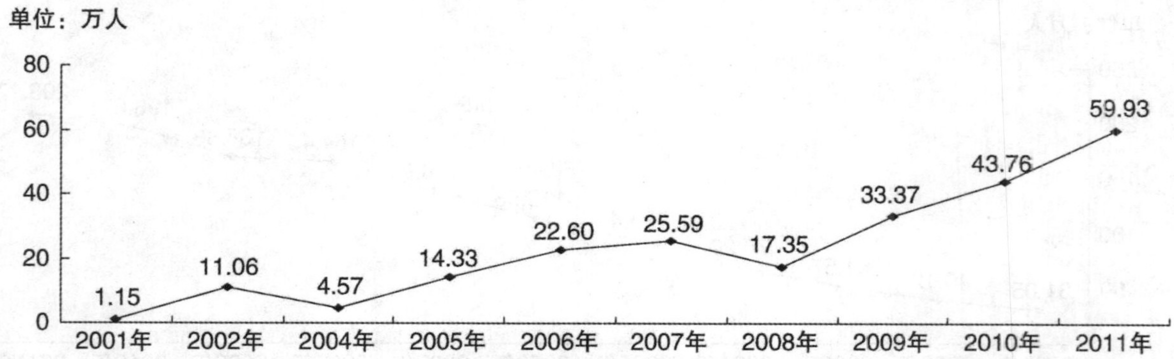

（注：2003年江苏省软件业数据暂缺）

图70　2001—2011年江苏省软件业从业人员情况

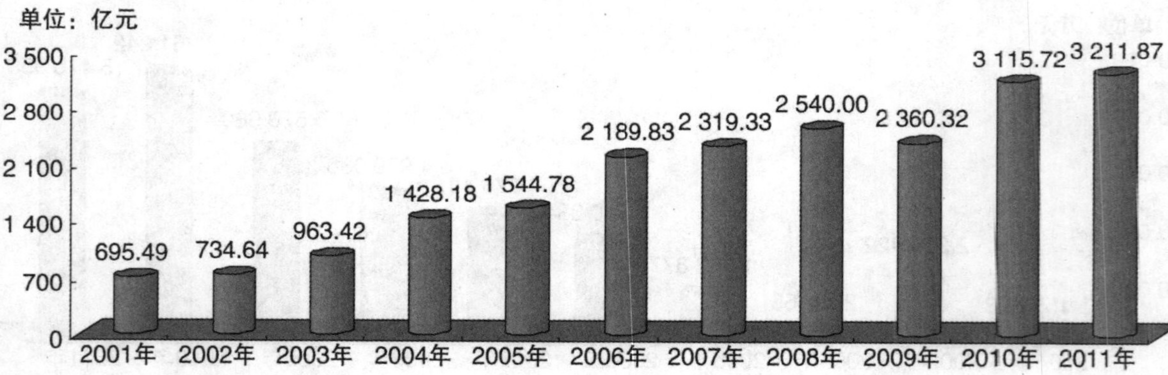

图71　2001—2011年浙江省电子信息产品制造业完成主营业务收入情况

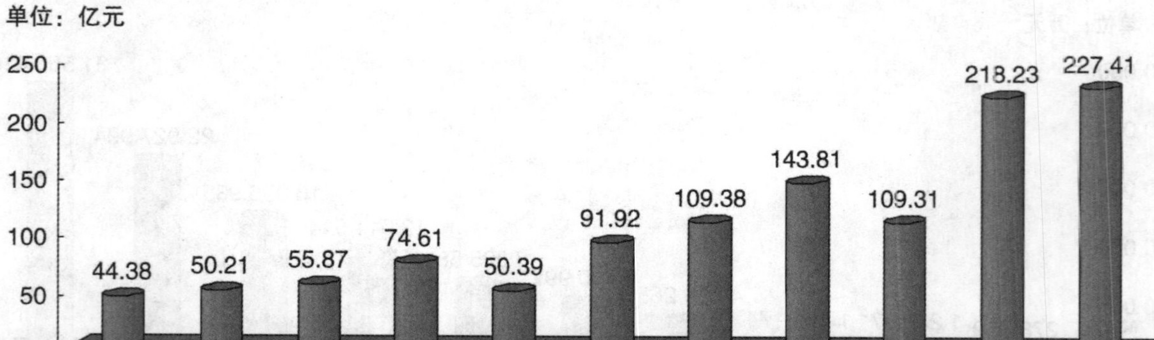

图72　2001—2011年浙江省电子信息产品制造业完成利润总额情况

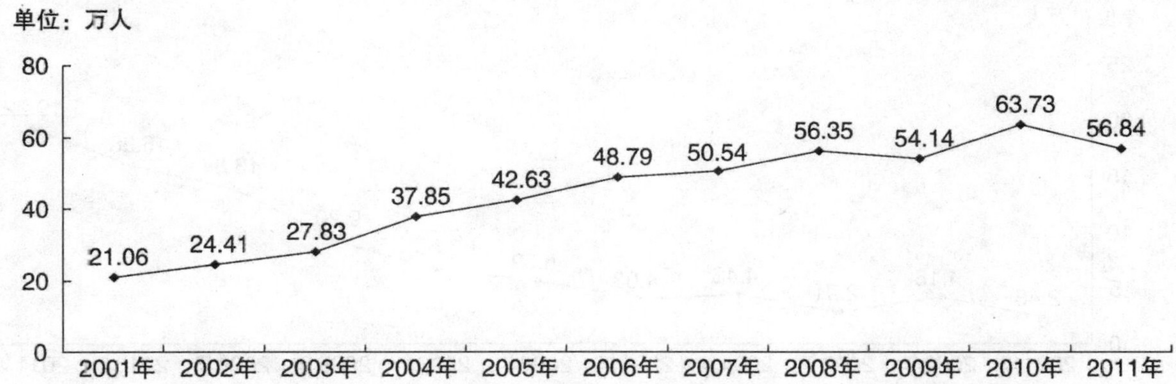

图73　2001—2011年浙江省电子信息产品制造业从业人员情况

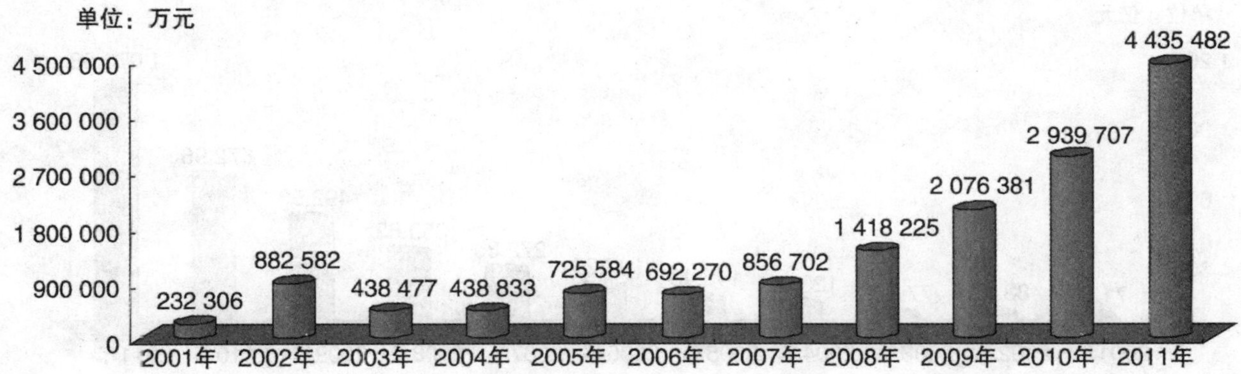

图74　2001—2011年浙江省软件业完成工业增加值情况

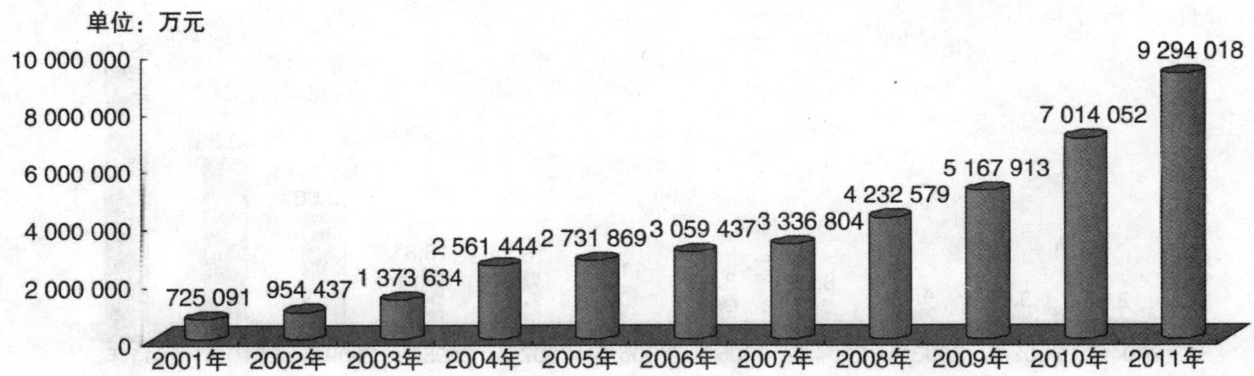

图75　2001—2011年浙江省软件业完成业务收入情况

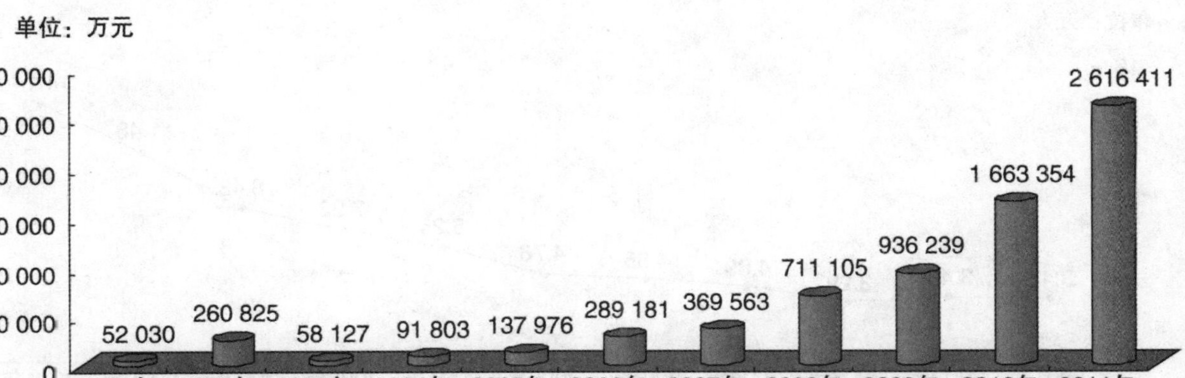

图76　2001—2011年浙江省软件业完成利润总额情况

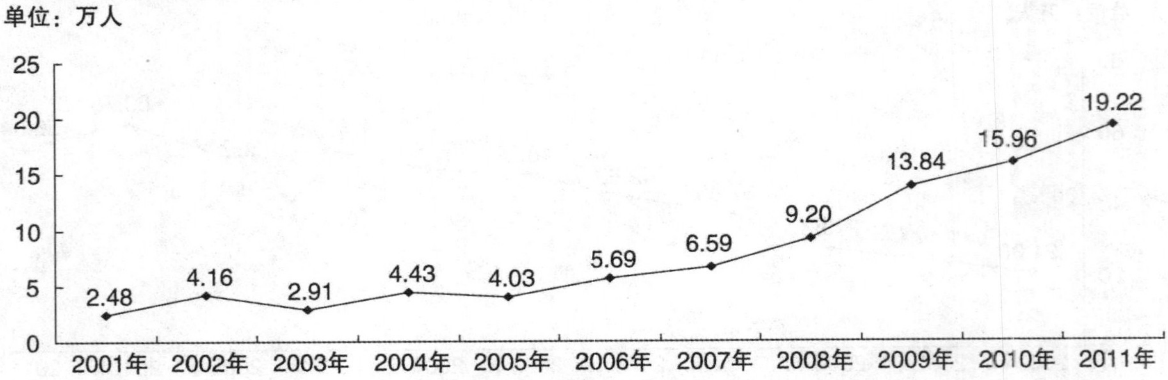

图77　2001—2011年浙江省软件业从业人员情况

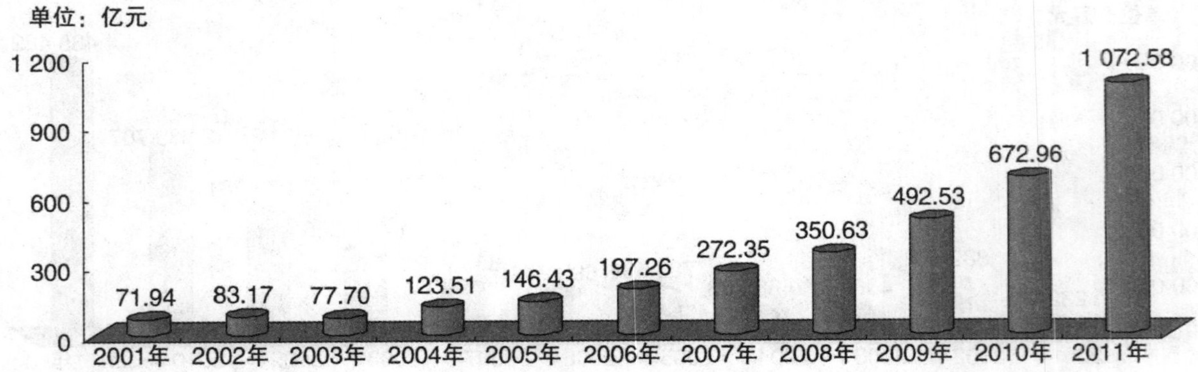

图78　2001—2011年安徽省电子信息产品制造业完成主营业务收入情况

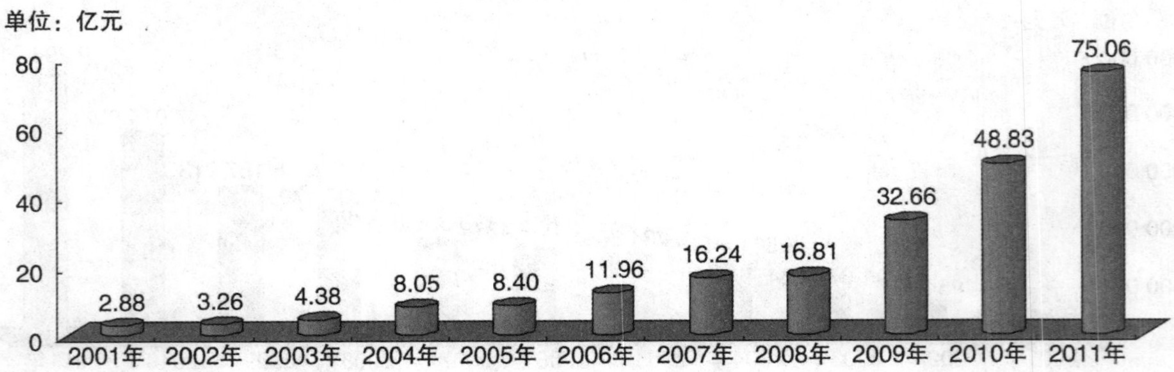

图79　2001—2011年安徽省电子信息产品制造业完成利润总额情况

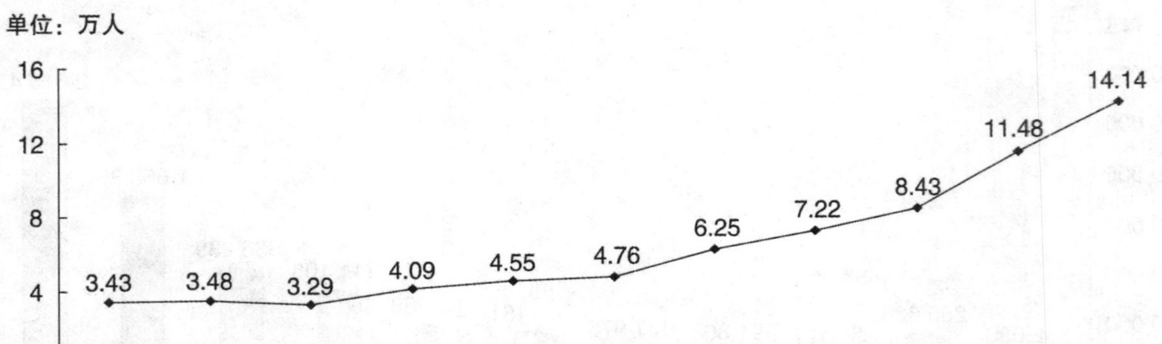

图80　2001—2011年安徽省电子信息产品制造业从业人员情况

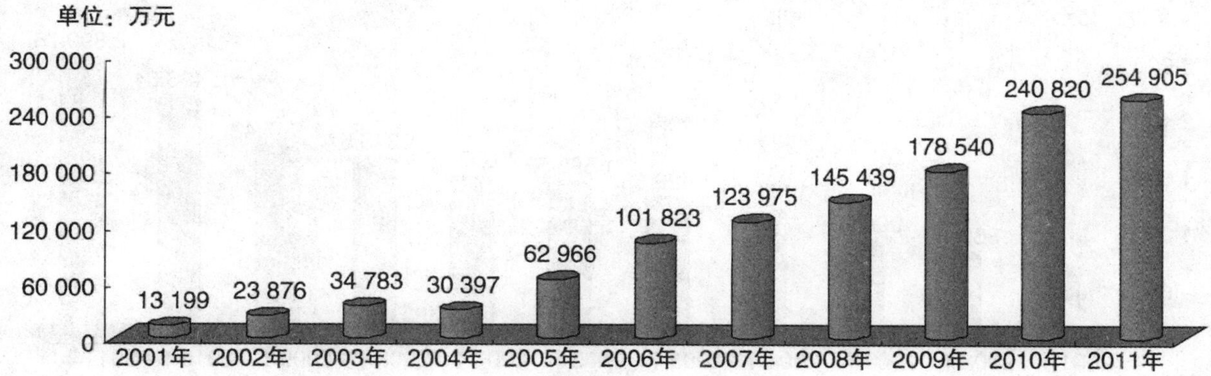

图81　2001—2011年安徽省软件业完成工业增加值情况

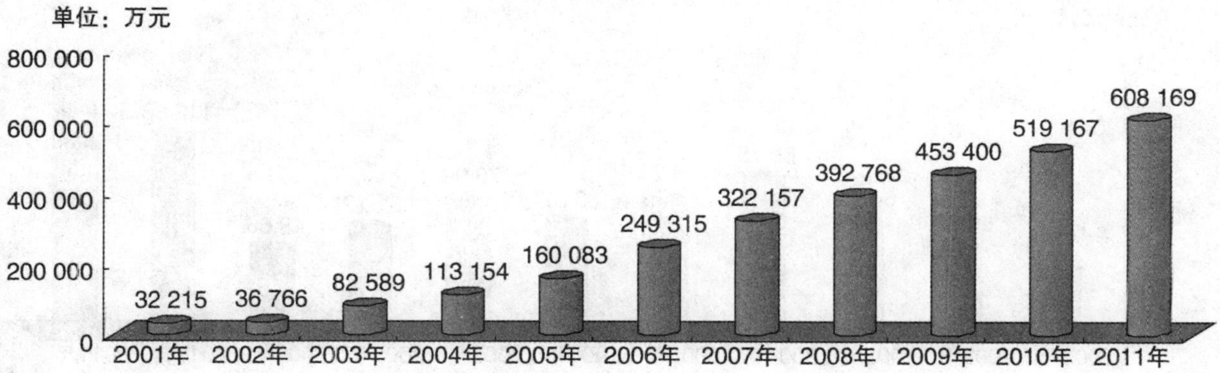

图82　2001—2011年安徽省软件业完成业务收入情况

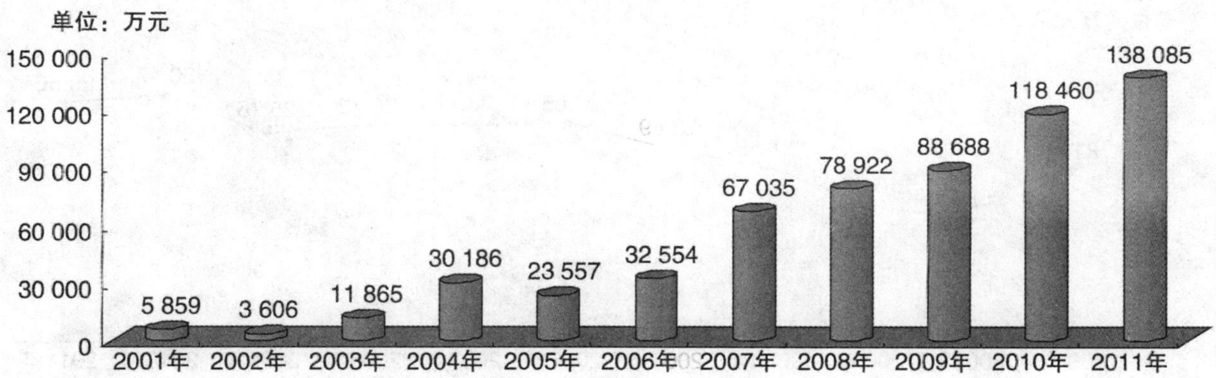

图83　2001—2011年安徽省软件业完成利润总额情况

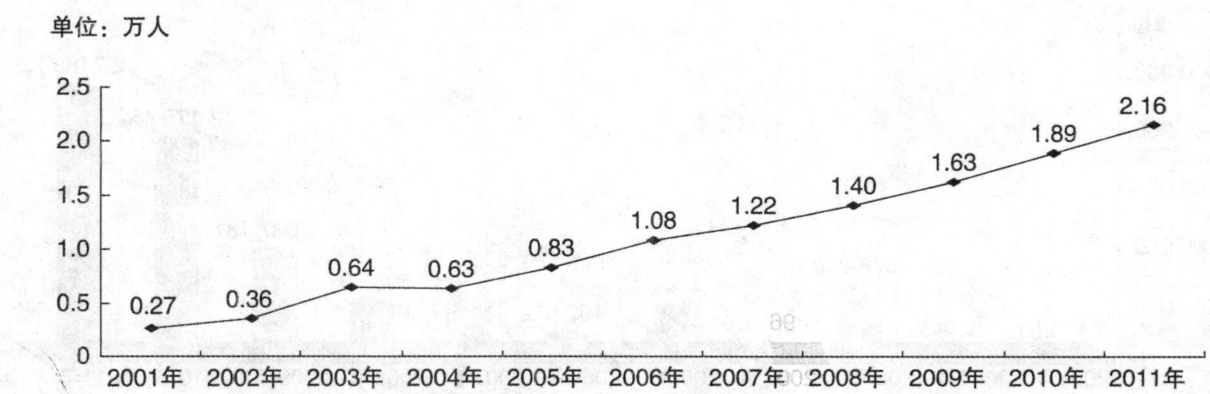

图84　2001—2011年安徽省软件业从业人员情况

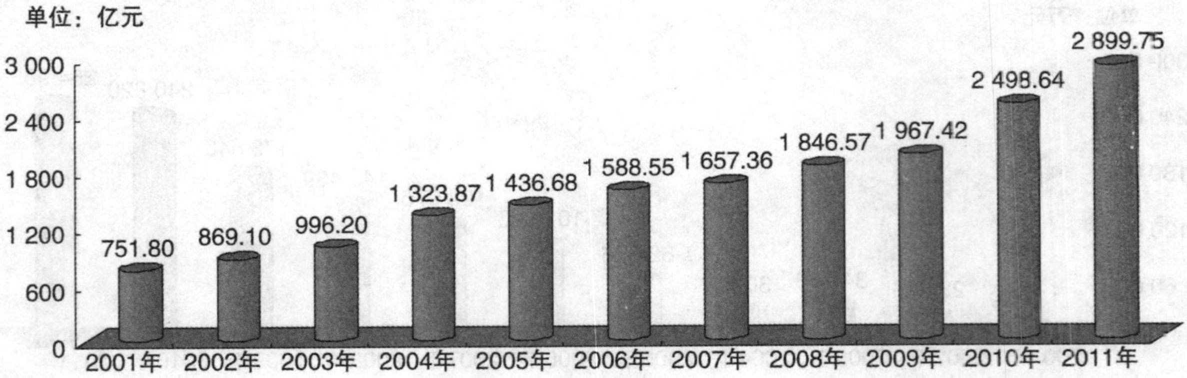

图85　2001—2011年福建省电子信息产品制造业完成主营业务收入情况

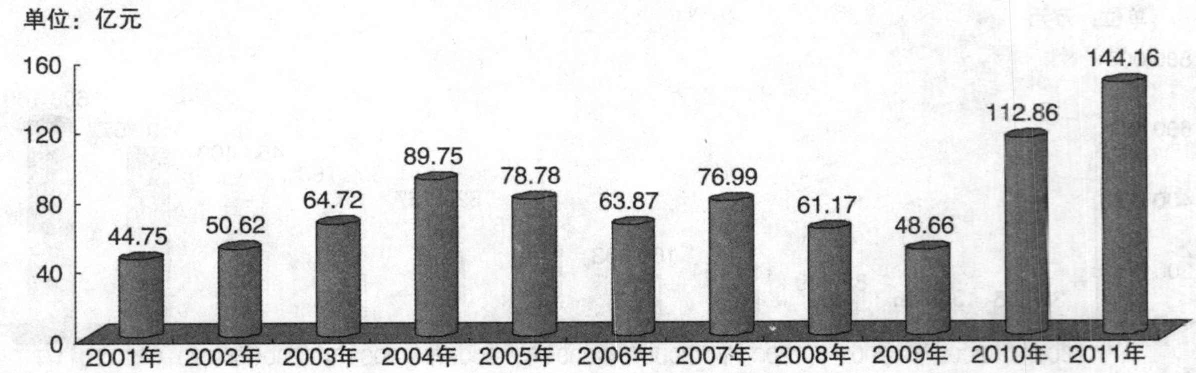

图86　2001—2011年福建省电子信息产品制造业完成利润总额情况

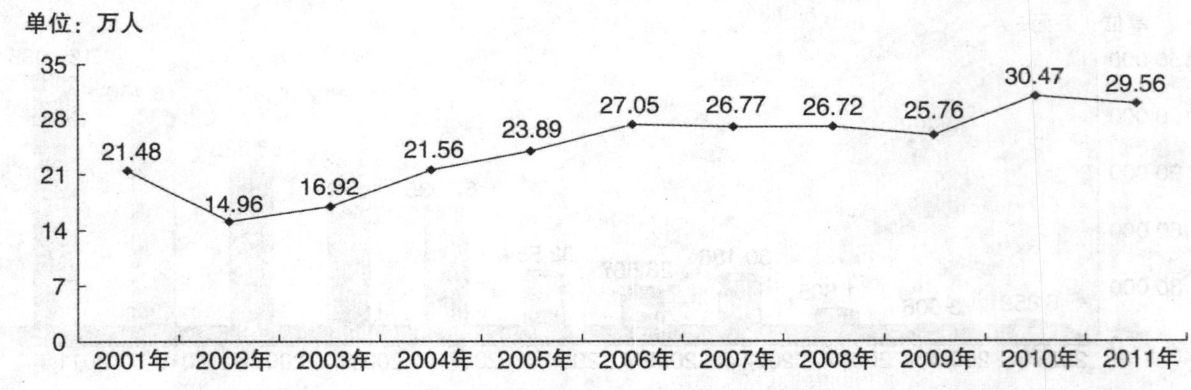

图87　2001—2011年福建省电子信息产品制造业从业人员情况

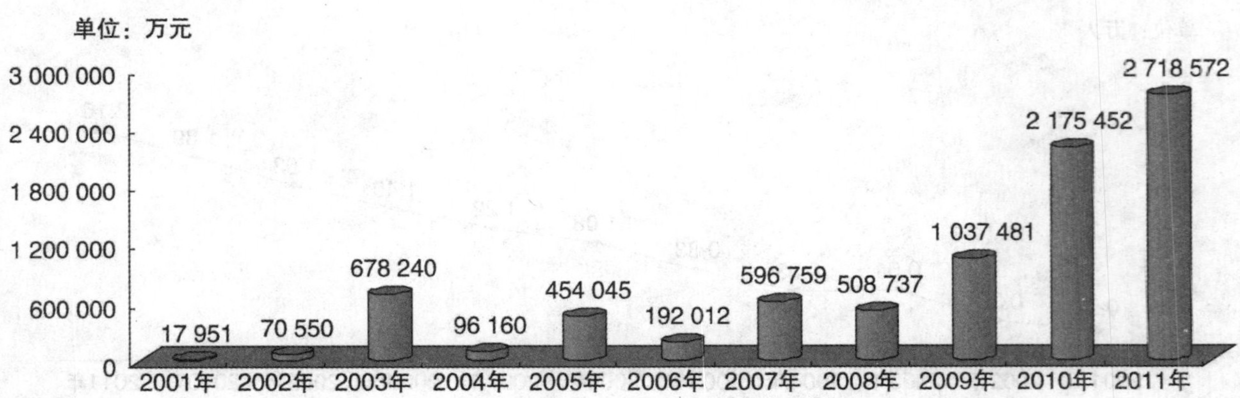

图88　2001—2011年福建省软件业完成工业增加值情况

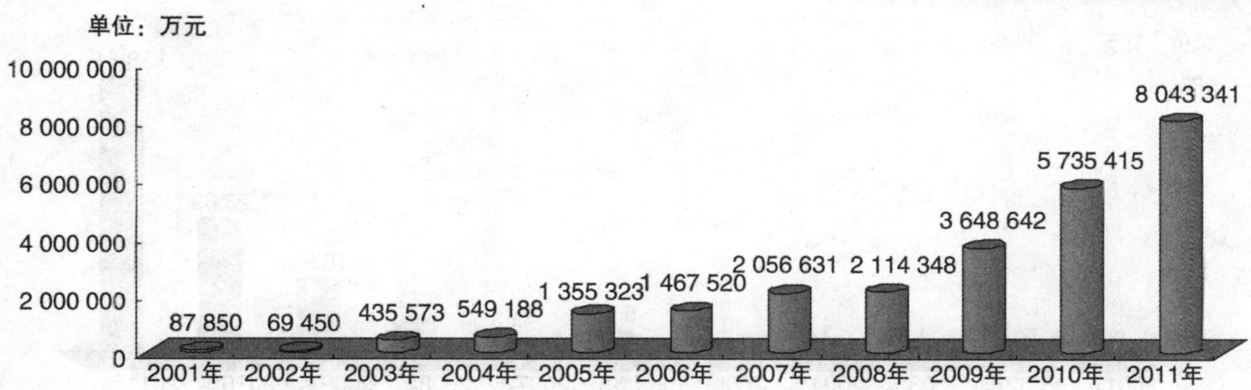

图89 2001—2011年福建省软件业完成业务收入情况

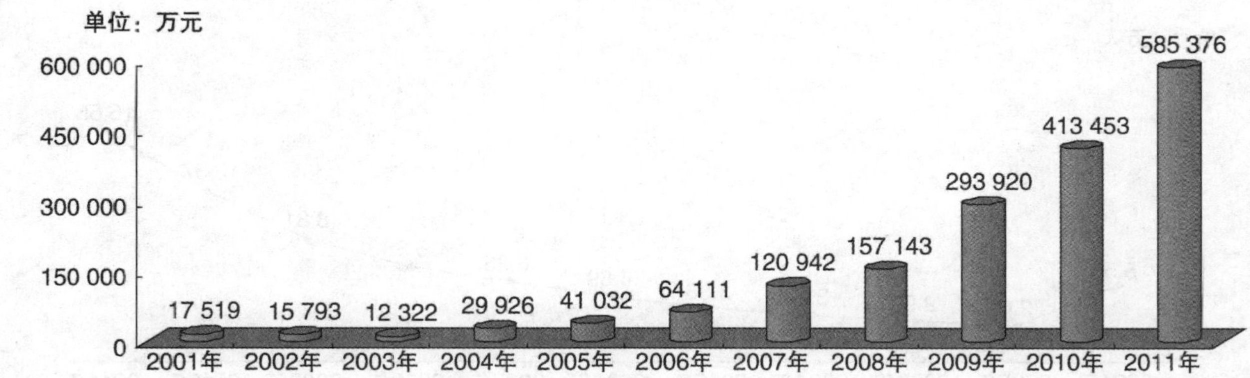

图90 2001—2011年福建省软件业完成利润总额情况

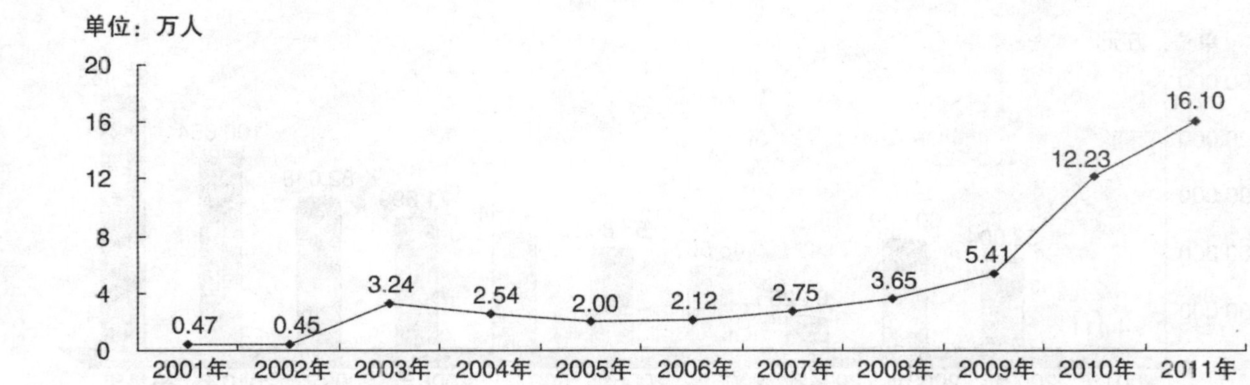

图91 2001—2011年福建省软件业从业人员情况

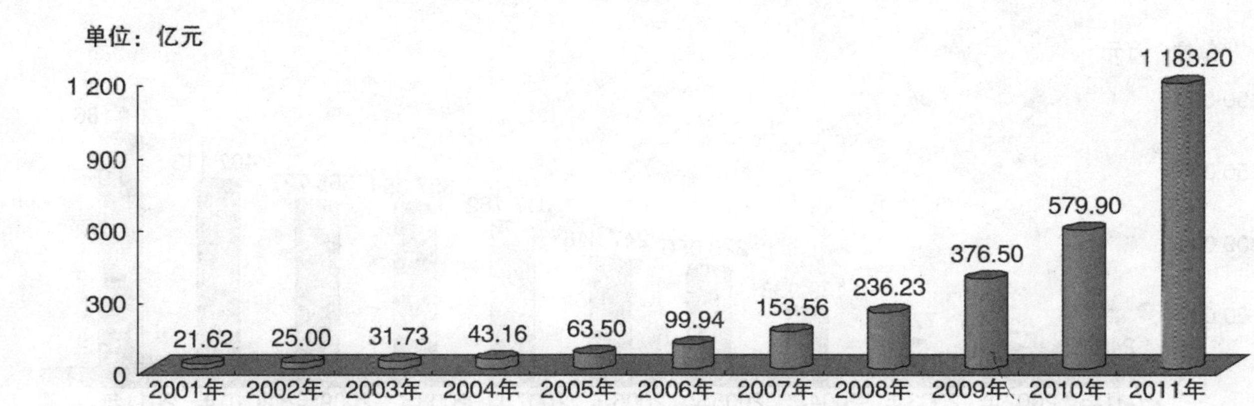

图92 2001—2011年江西省电子信息产品制造业完成主营业务收入情况

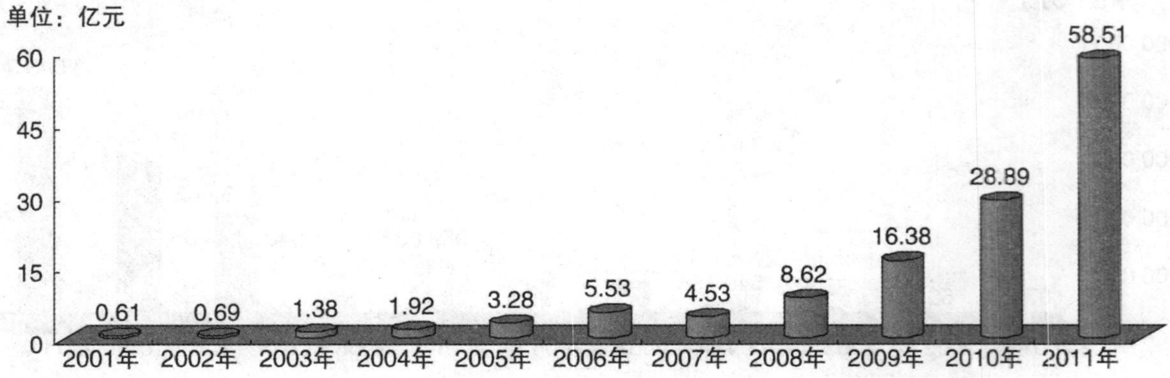

图93　2001—2011年江西省电子信息产品制造业完成利润总额情况

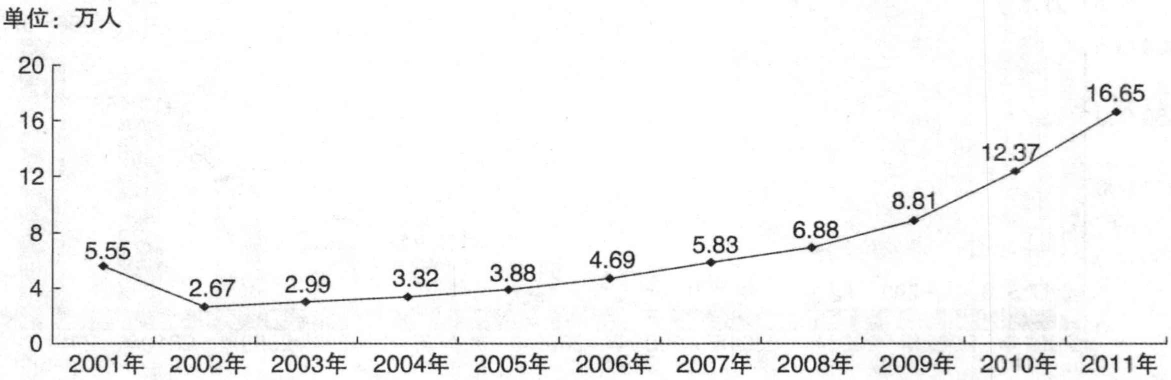

图94　2001—2011年江西省电子信息产品制造业从业人员情况

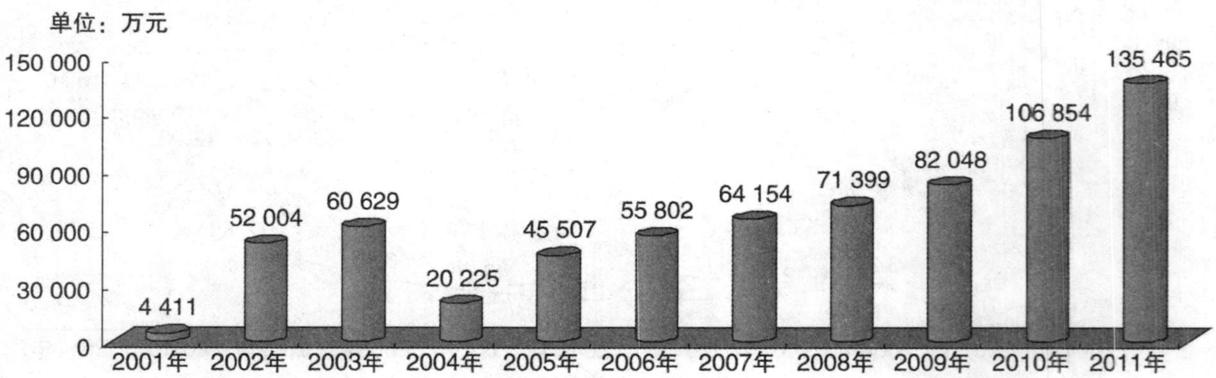

图95　2001—2011年江西省软件业完成工业增加值情况

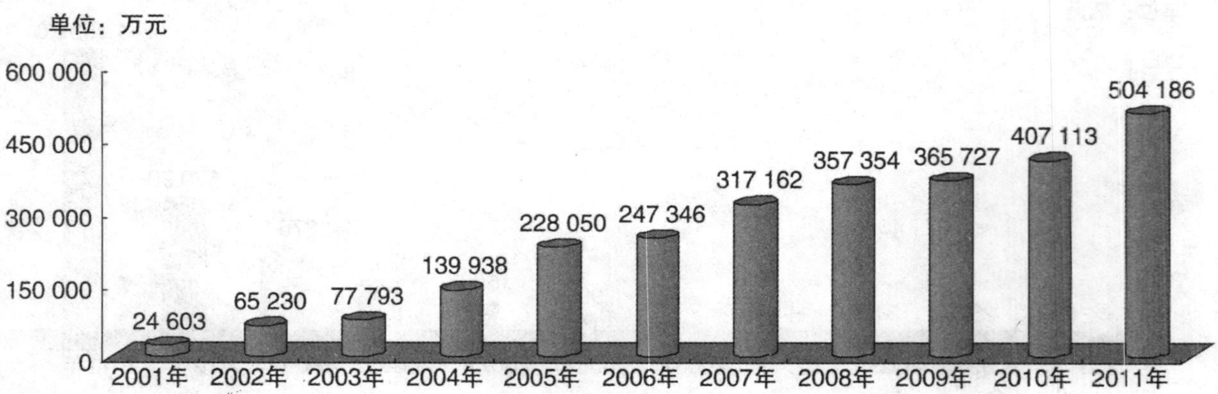

图96　2001—2011年江西省软件业完成业务收入情况

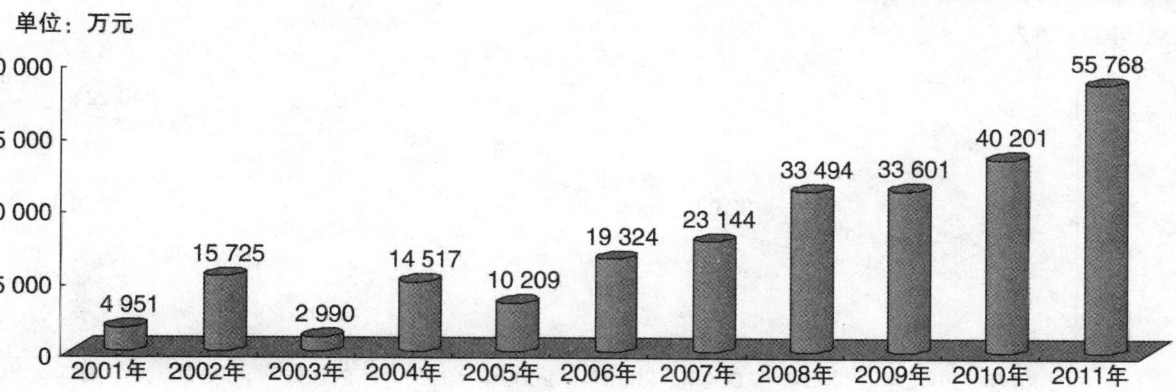

图97 2001—2011年江西省软件业完成利润总额情况

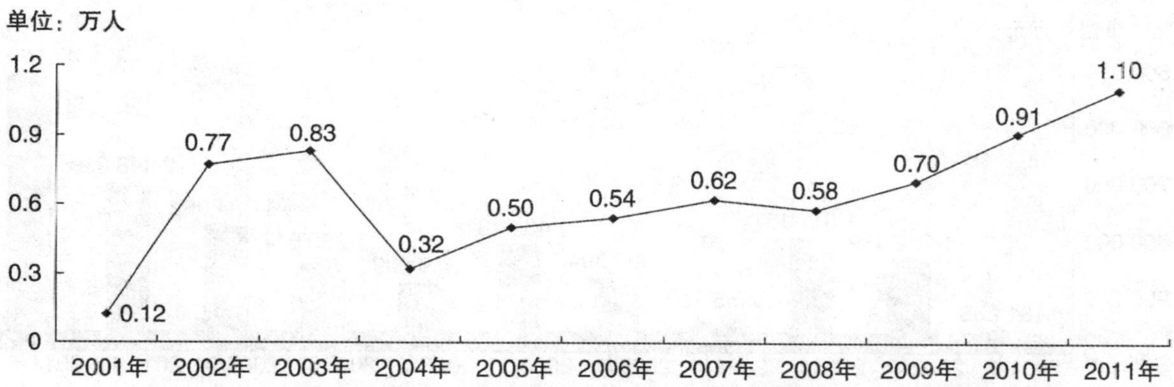

图98 2001—2011年江西省软件业从业人员情况

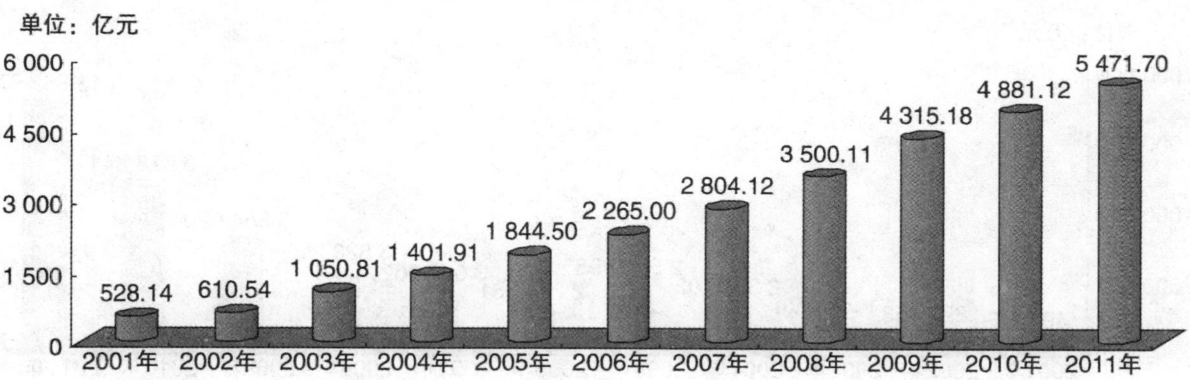

图99 2001—2011年山东省电子信息产品制造业完成主营业务收入情况

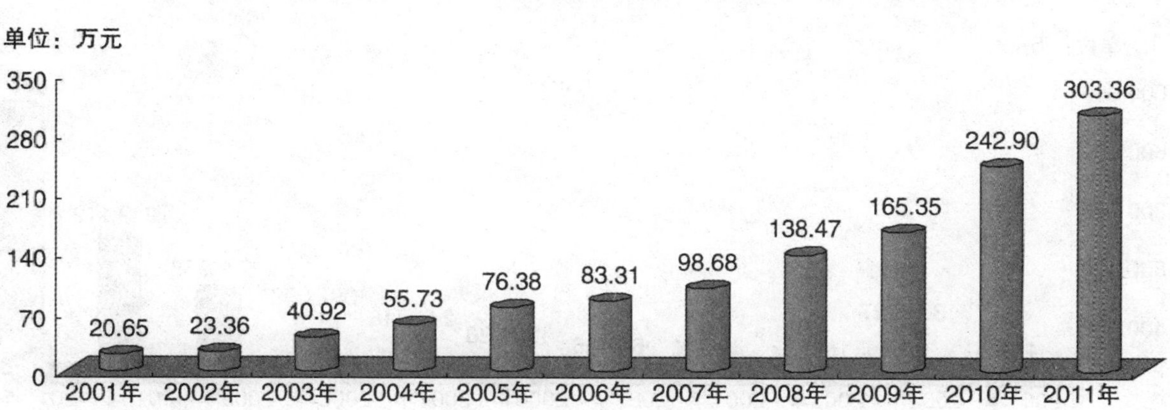

图100 2001—2011年山东省电子信息产品制造业完成利润总额情况

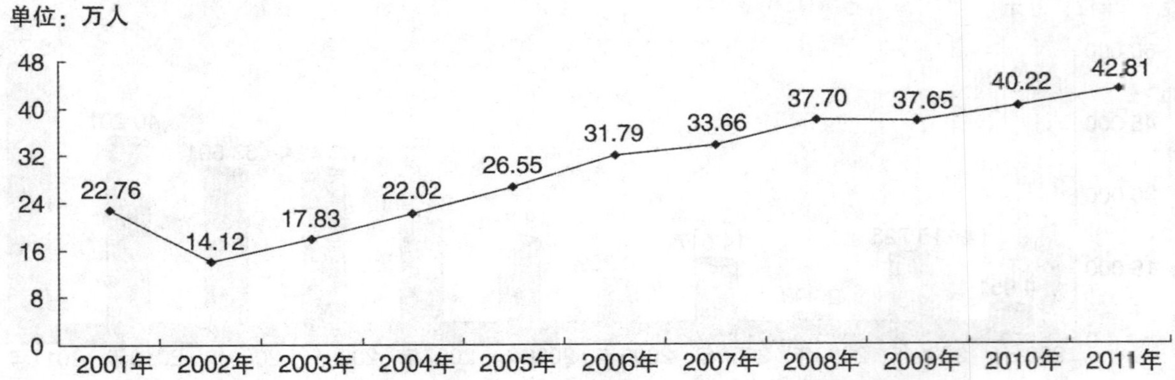

图101　2001—2011年山东省电子信息产品制造业从业人员情况

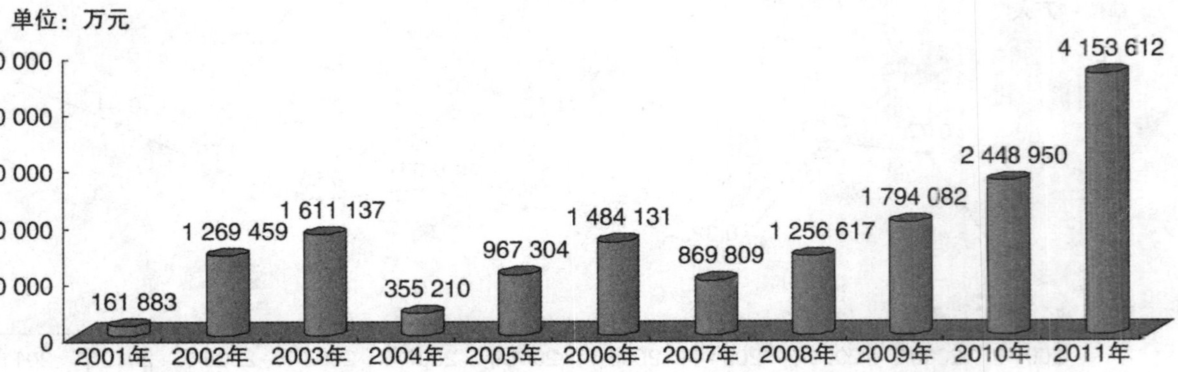

图102　2001—2011年山东省软件业完成工业增加值情况

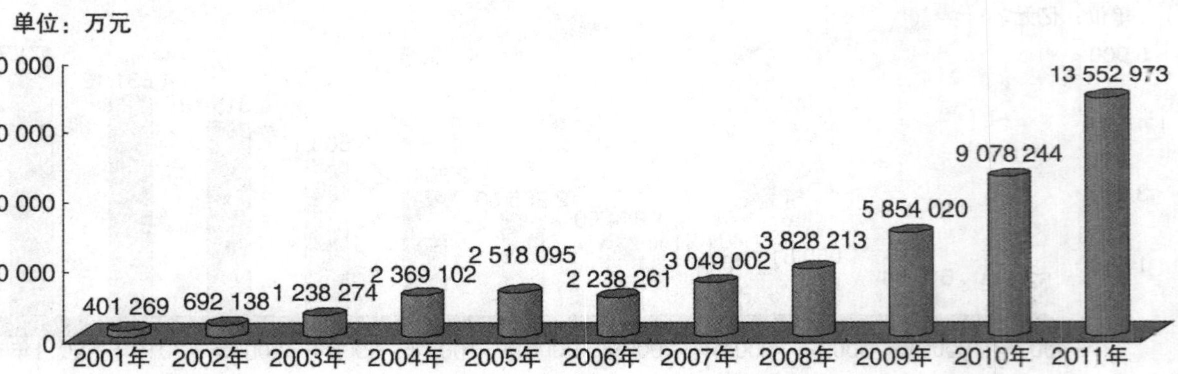

图103　2001—2011年山东省软件业完成业务收入情况

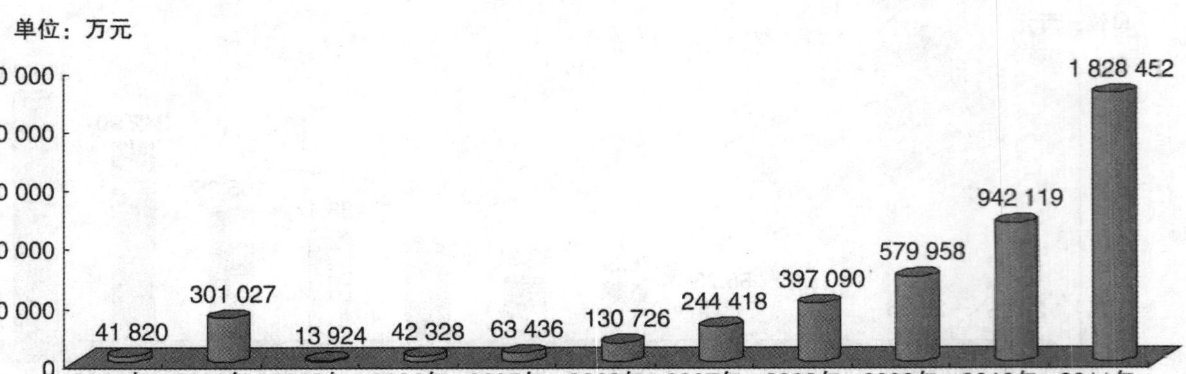

图104　2001—2011年山东省软件业完成利润总额情况

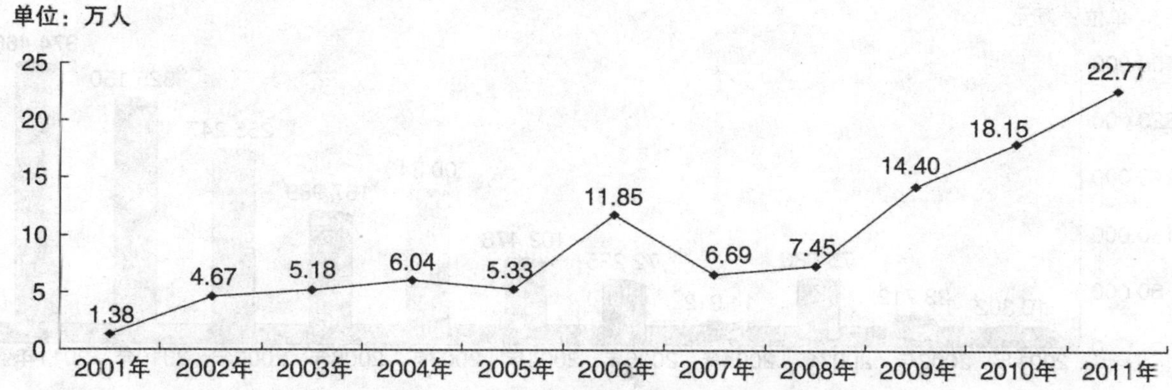

图105　2001—2011年山东省软件业从业人员情况

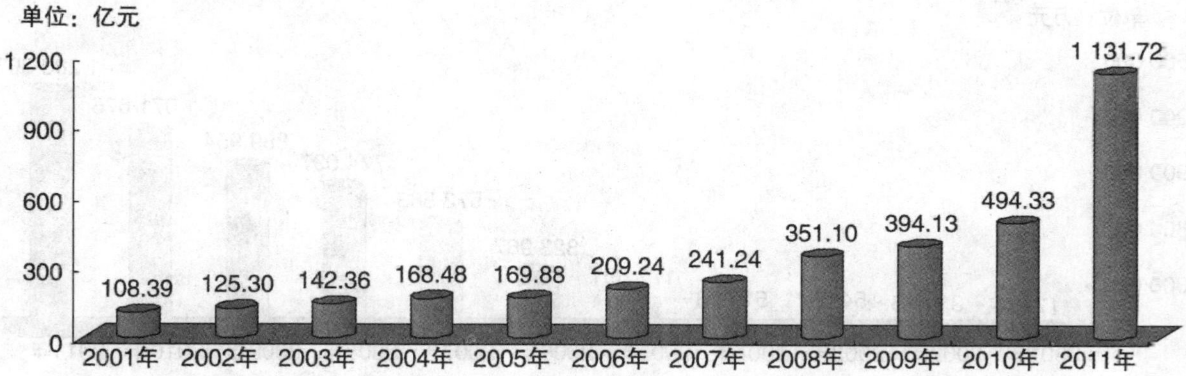

图106　2001—2011年河南省电子信息产品制造业完成主营业务收入情况

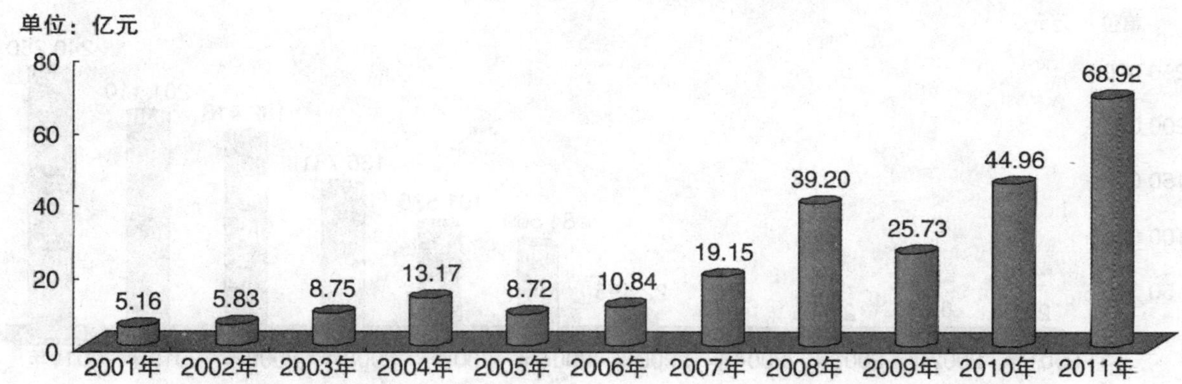

图107　2001—2011年河南省电子信息产品制造业完成利润总额情况

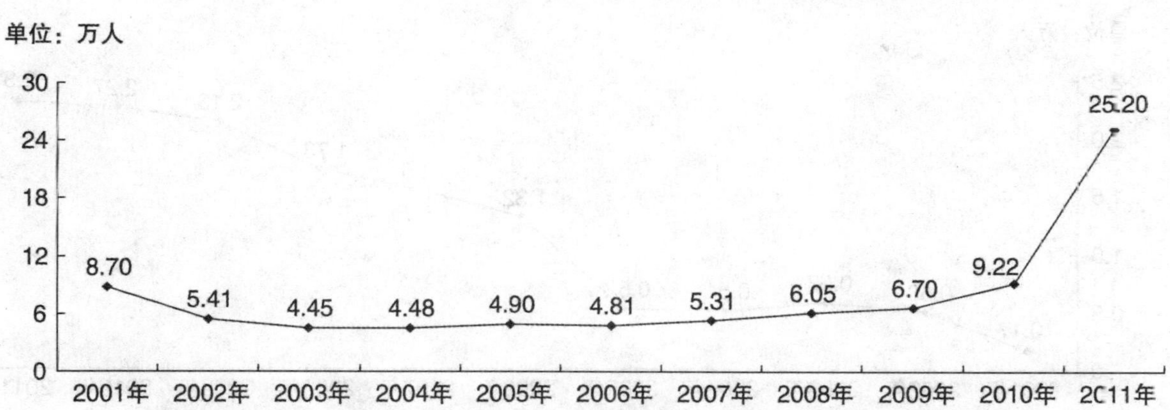

图108　2001—2011年河南省电子信息产品制造业从业人员情况

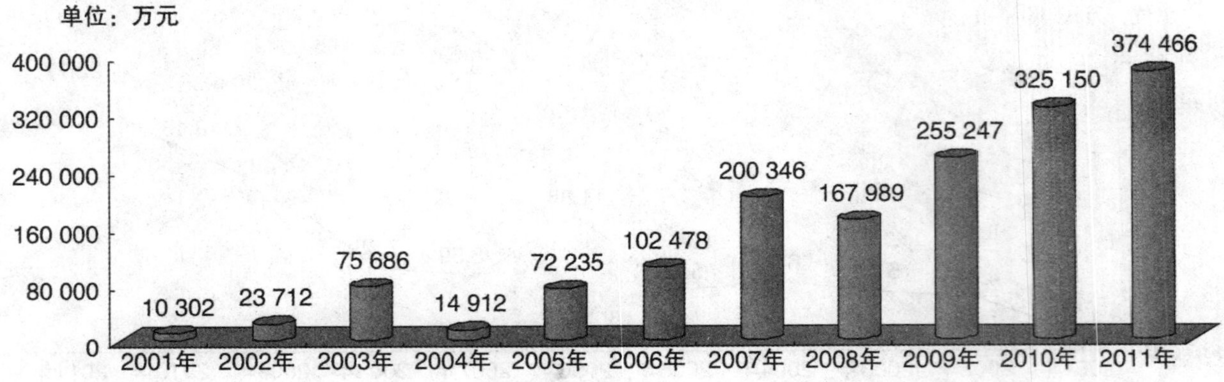

图109　2001—2011年河南省软件业完成工业增加值情况

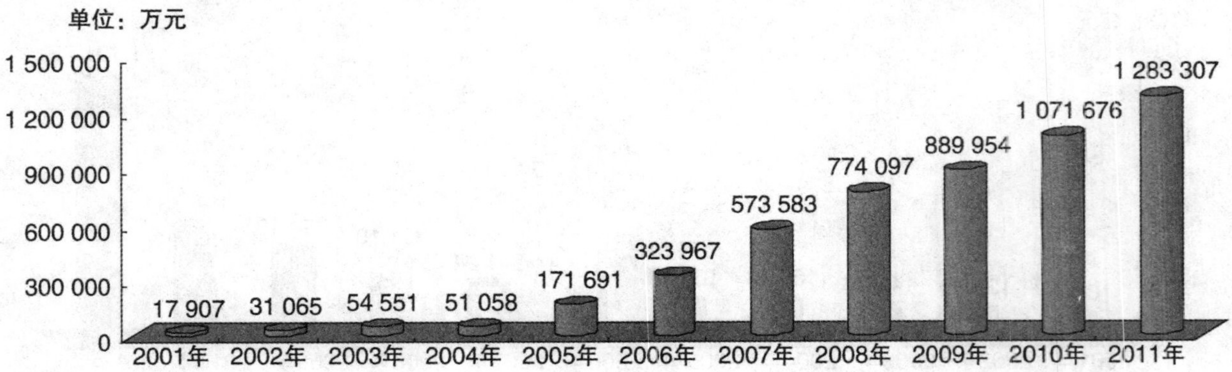

图110　2001—2011年河南省软件业完成业务收入情况

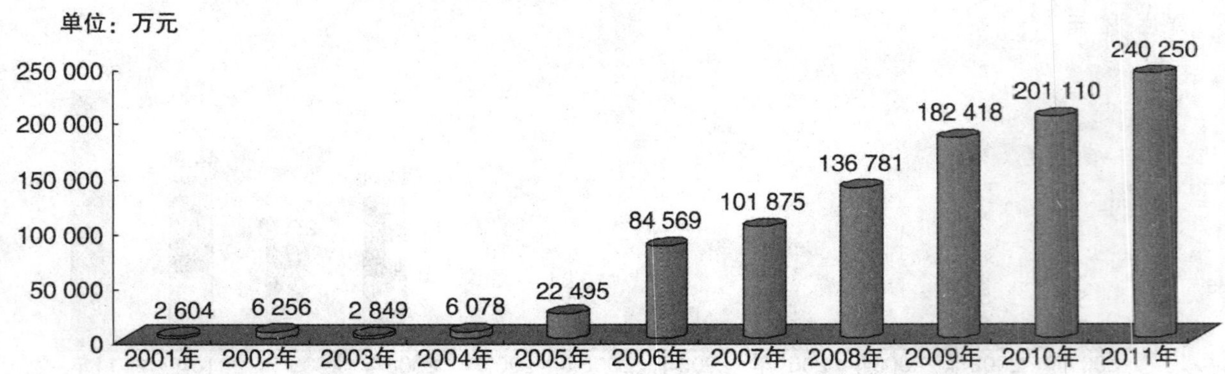

图111　2001—2011年河南省软件业完成利润总额情况

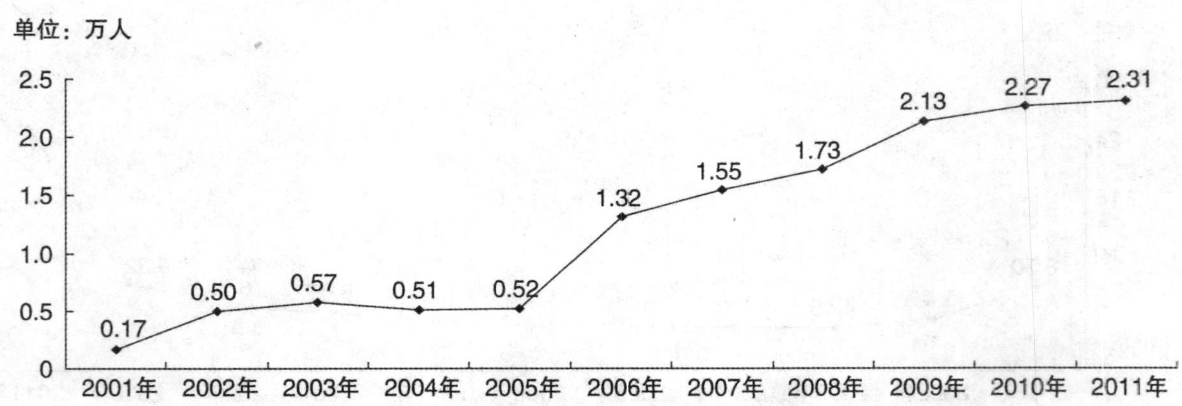

图112　2001—2011年河南省软件业从业人员情况

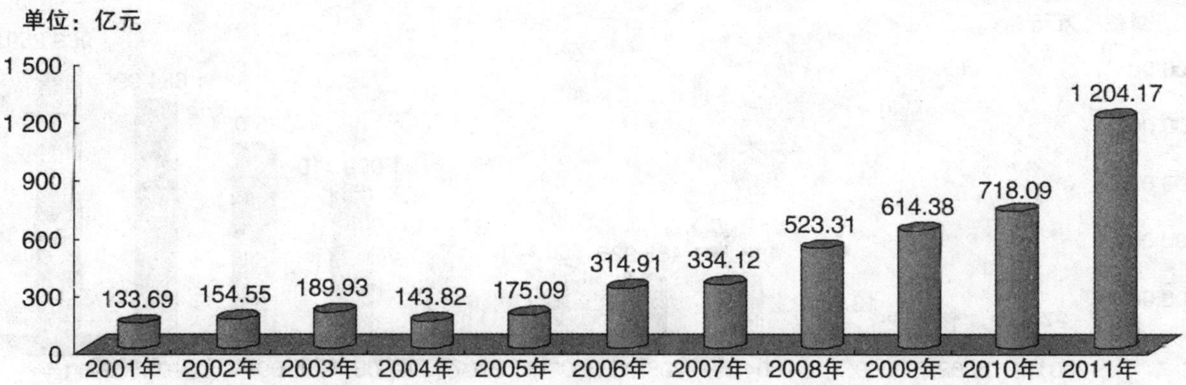

图113　2001—2011年湖北省电子信息产品制造业完成主营业务收入情况

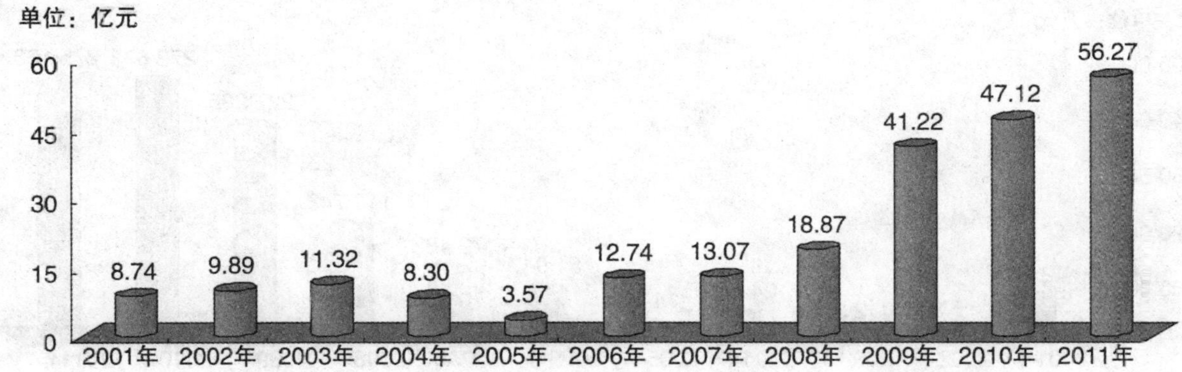

图114　2001—2011年湖北省电子信息产品制造业完成利润总额情况

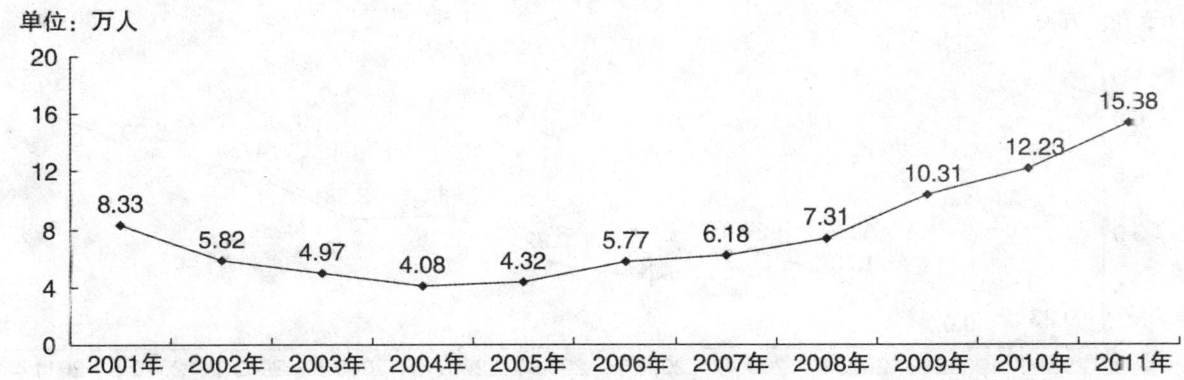

图115　2001—2011年湖北省电子信息产品制造业从业人员情况

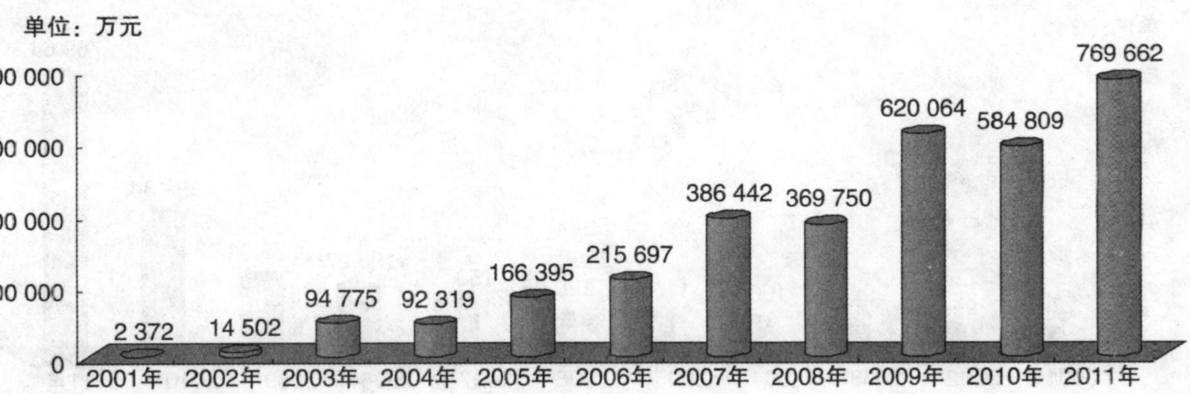

图116　2001—2011年湖北省软件业完成工业增加值情况

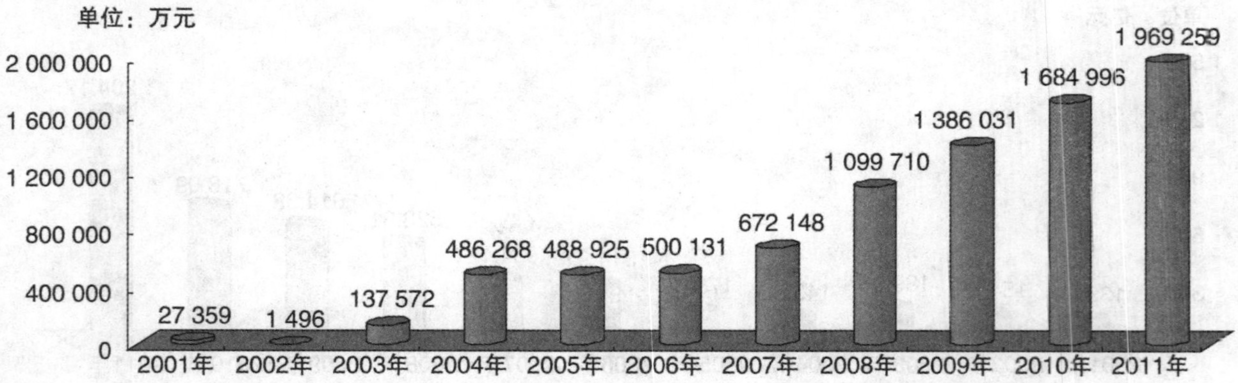

图117　2001—2011年湖北省软件业完成业务收入情况

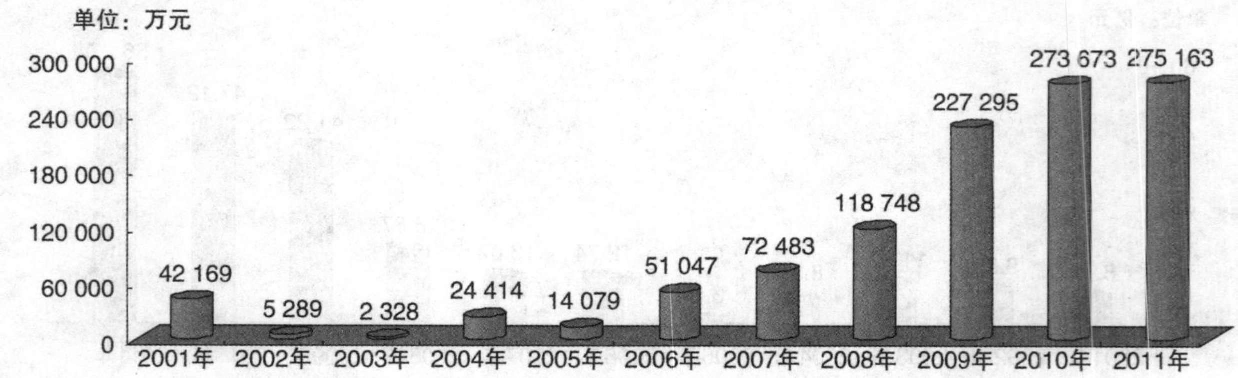

图118　2001—2011年湖北省软件业完成利润总额情况

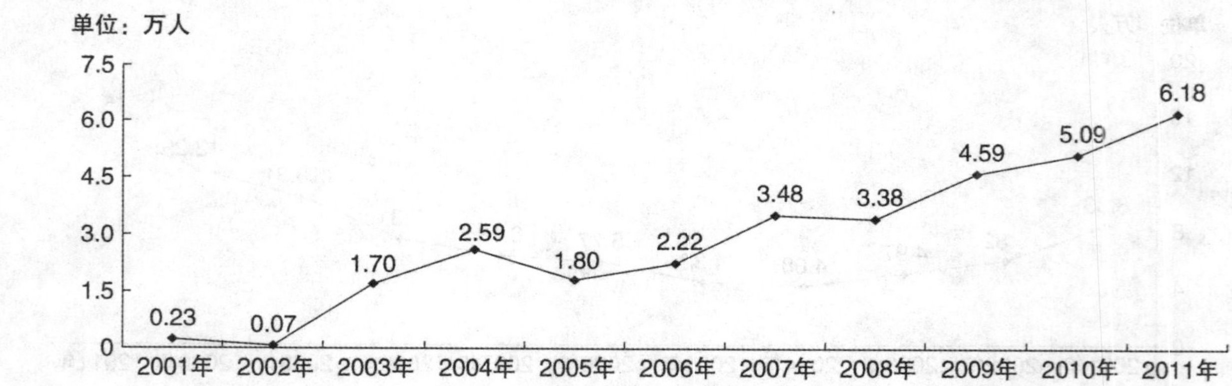

图119　2001—2011年湖北省软件业从业人员情况

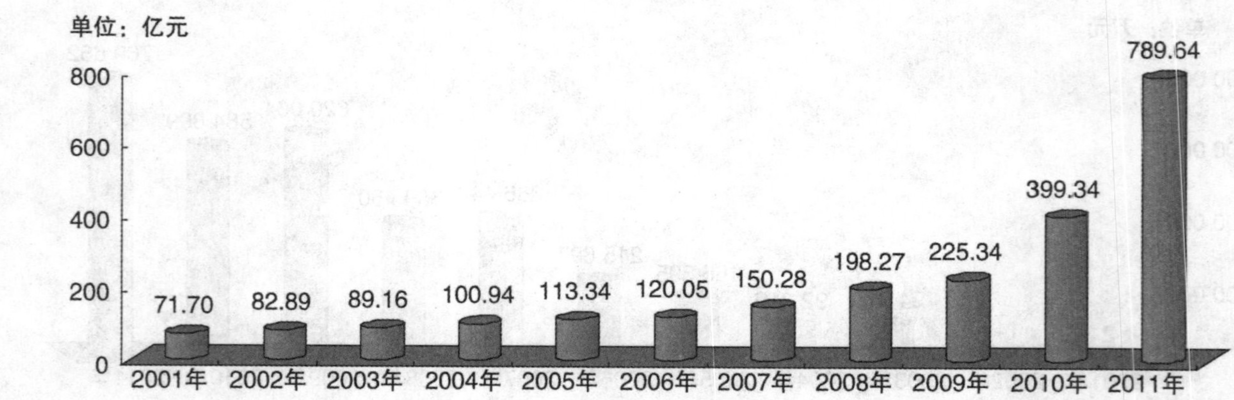

图120　2001—2011年湖南省电子信息产品制造业完成主营业务收入情况

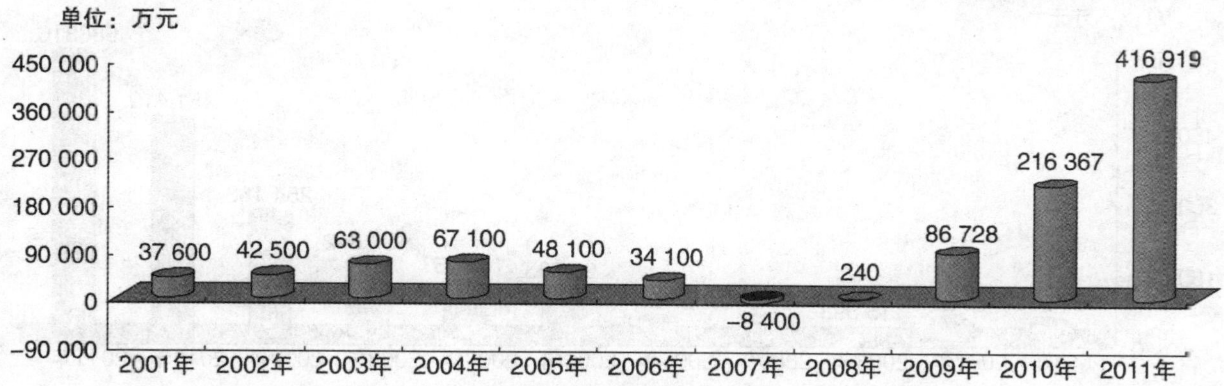

图121　2001—2011年湖南省电子信息产品制造业完成利润总额情况

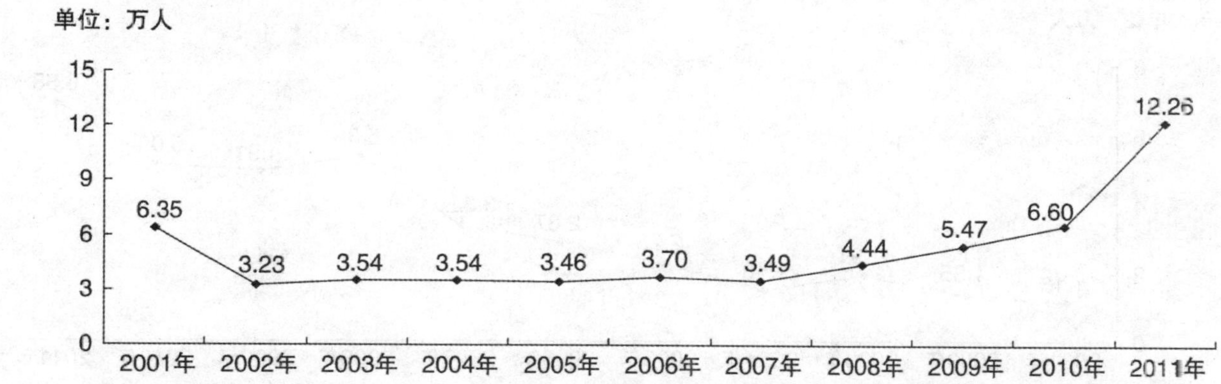

图122　2001—2011年湖南省电子信息产品制造业从业人员情况

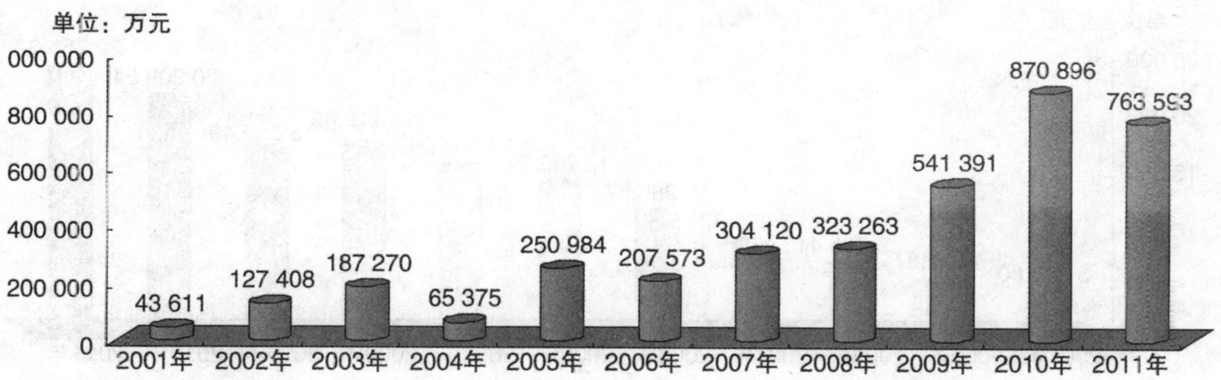

图123　2001—2011年湖南省软件业完成工业增加值情况

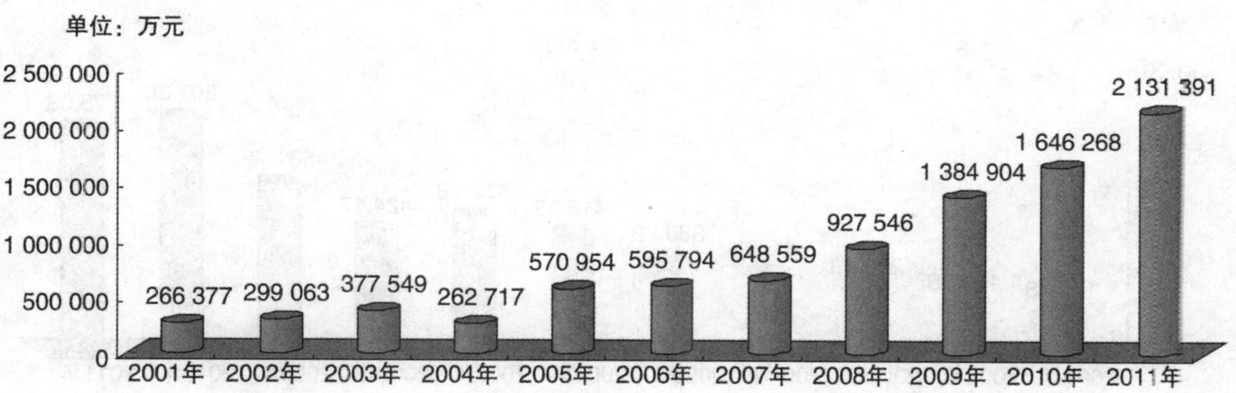

图124　2001—2011年湖南省软件业完成业务收入情况

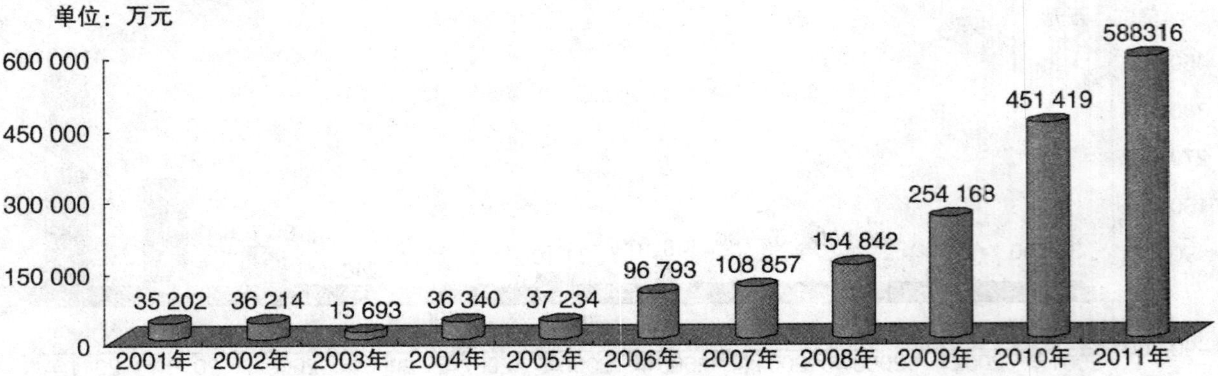

图125　2001—2011年湖南省软件业完成利润总额情况

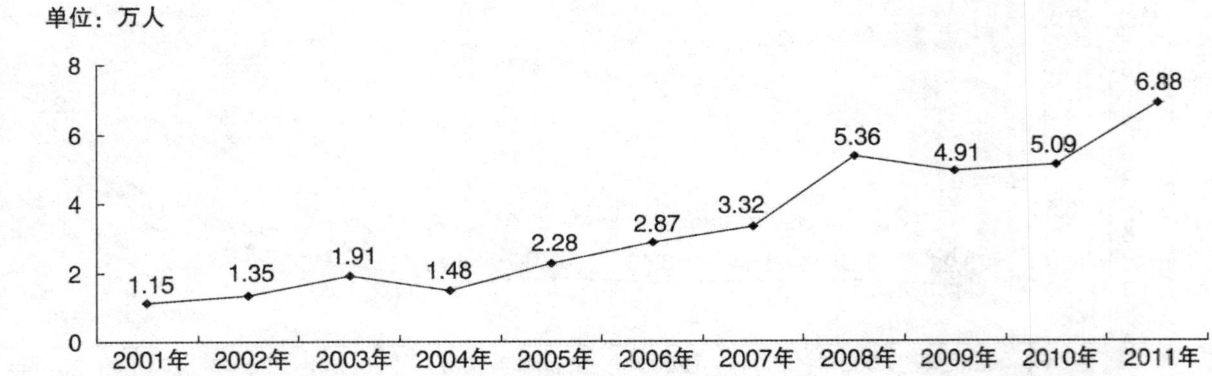

图126　2001—2011年湖南省软件业从业人员情况

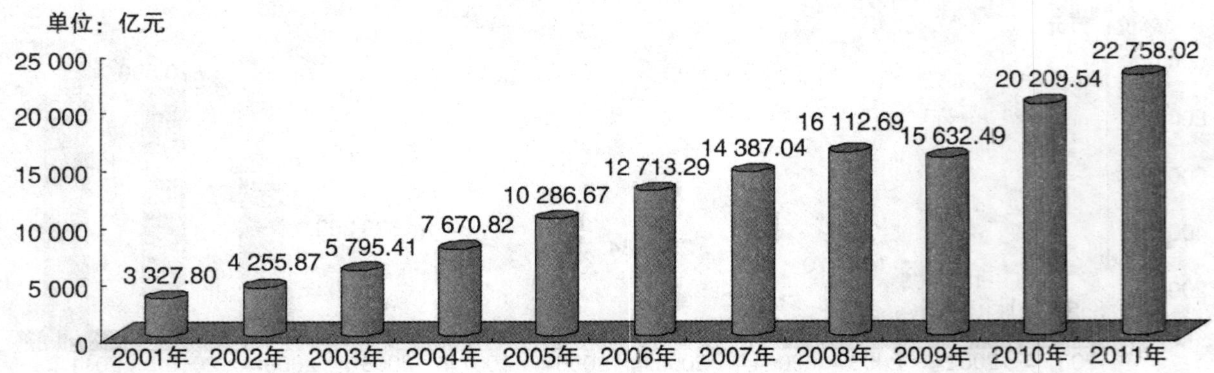

图127　2001—2011年广东省电子信息产品制造业完成主营业务收入情况

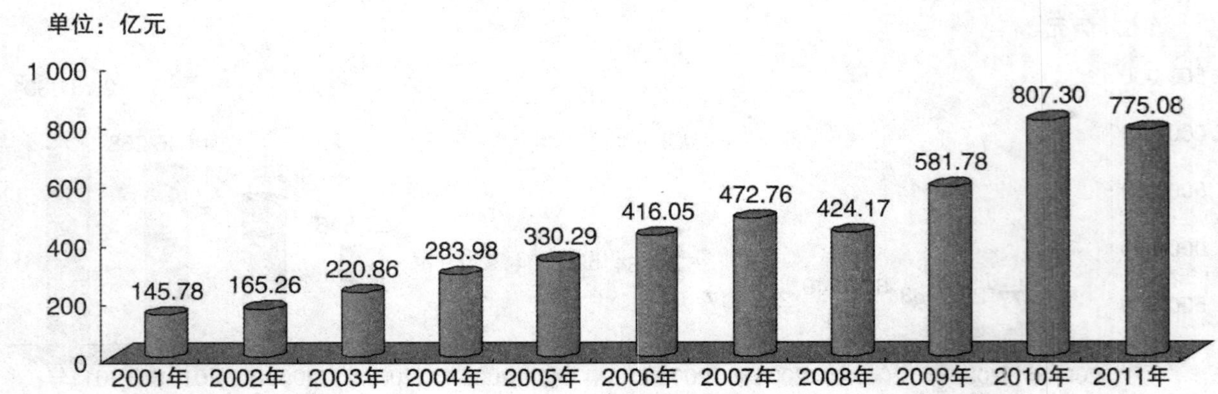

图128　2001—2011年广东省电子信息产品制造业完成利润总额情况

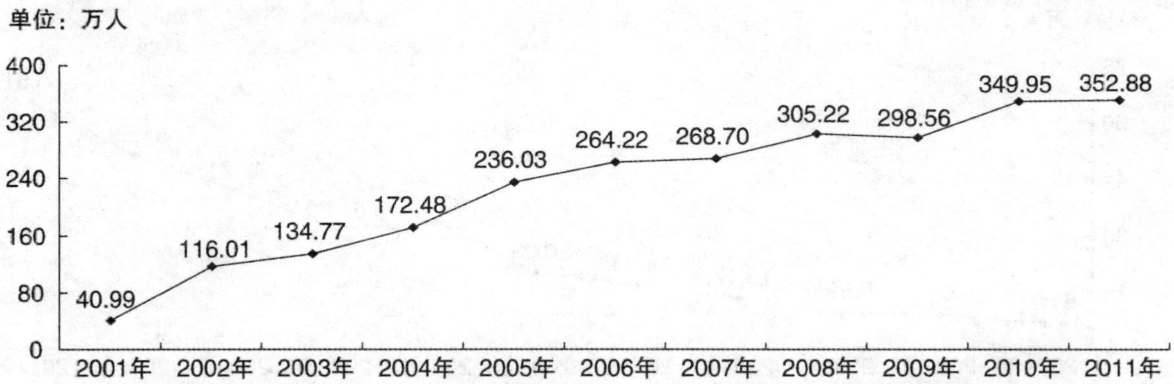

图129　2001—2011年广东省电子信息产品制造业从业人员情况

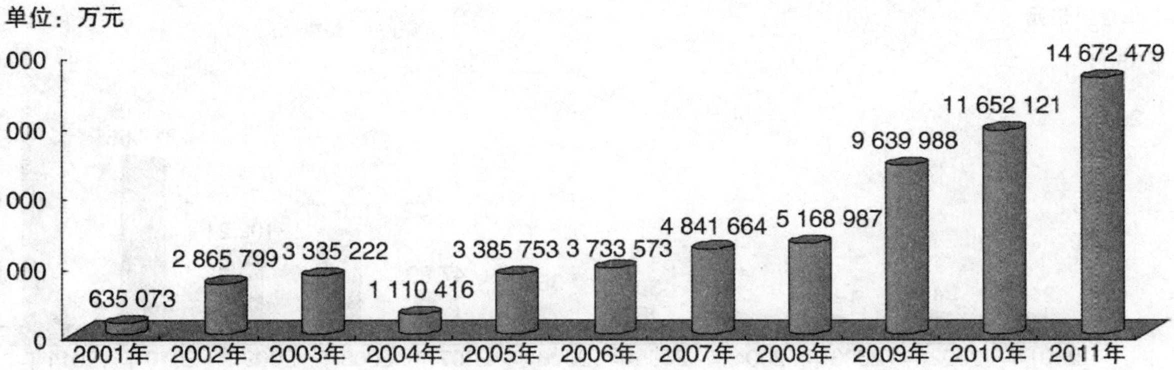

图130　2001—2011年广东省软件业完成工业增加值情况

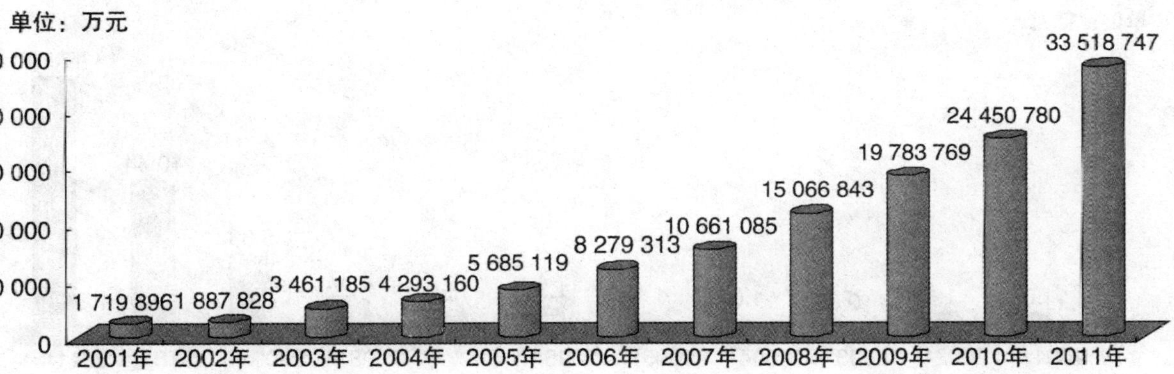

图131　2001—2011年广东省软件业完成业务收入情况

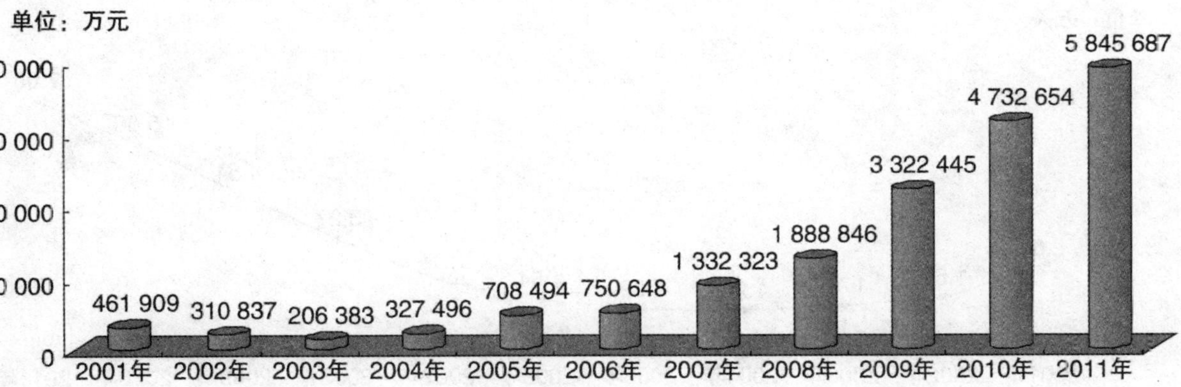

图132　2001—2011年广东省软件业完成利润总额情况

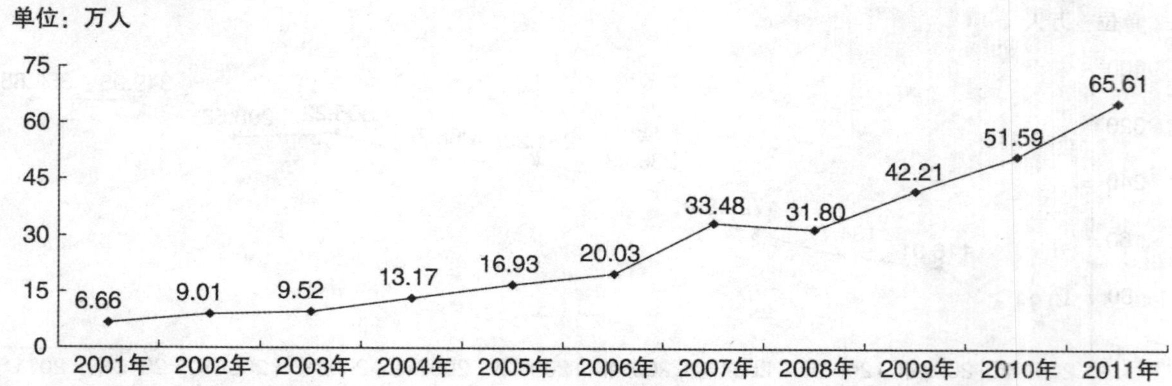

图133　2001—2011年广东省软件业从业人员情况

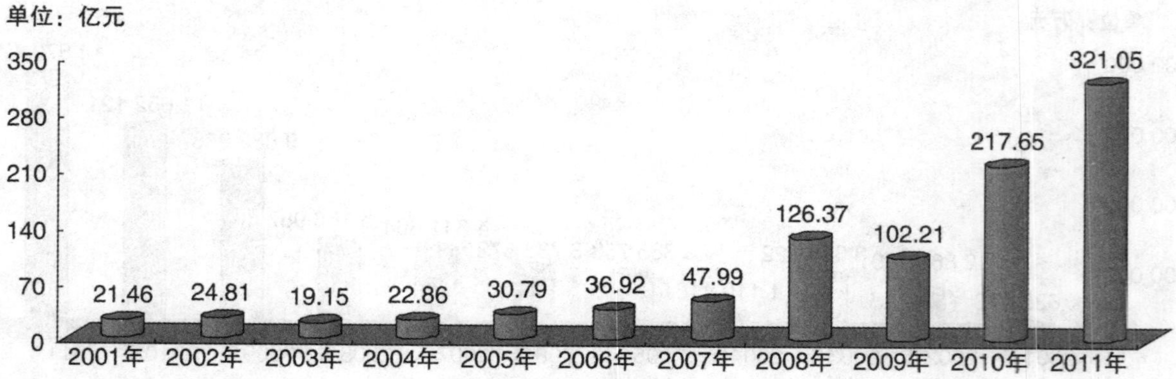

图134　2001—2011年广西壮族自治区电子信息产品制造业完成主营业务收入情况

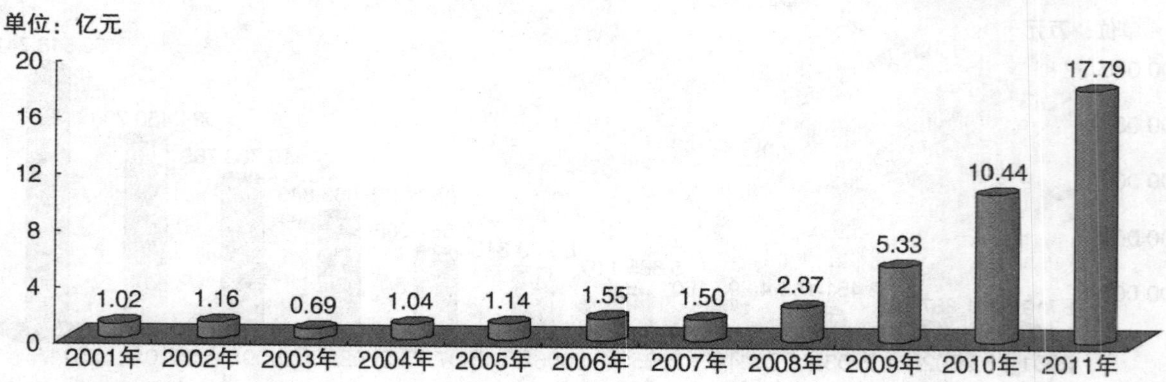

图135　2001—2011年广西壮族自治区电子信息产品制造业完成利润总额情况

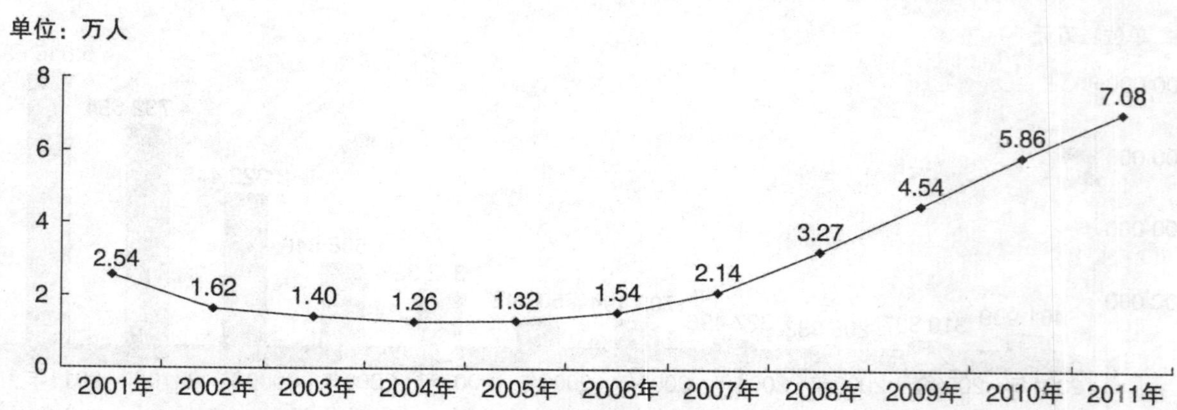

图136　2001—2011年广西壮族自治区电子信息产品制造业从业人员情况

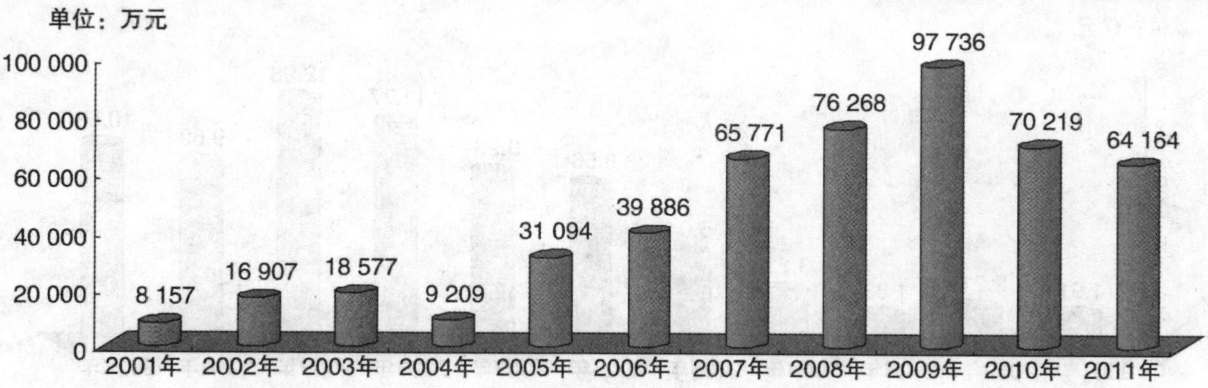

图137 2001—2011年广西壮族自治区软件业完成工业增加值情况

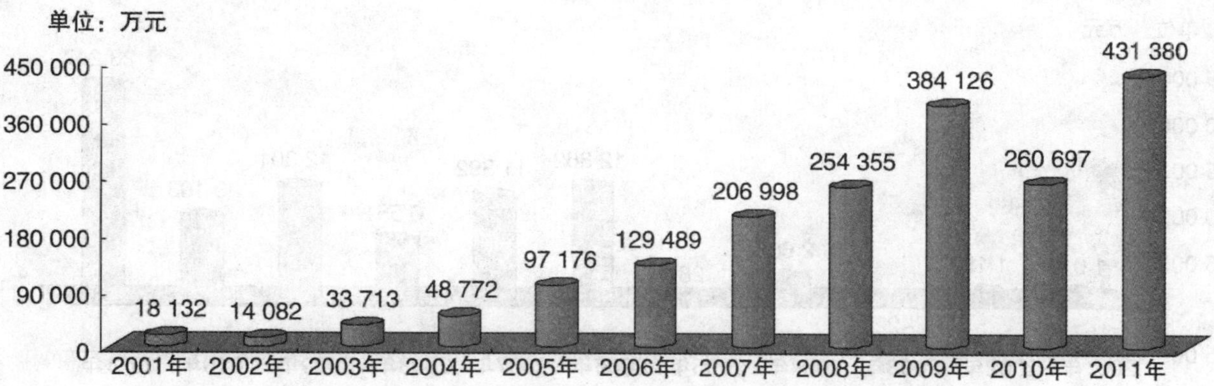

图138 2001—2011年广西壮族自治区软件业完成业务收入情况

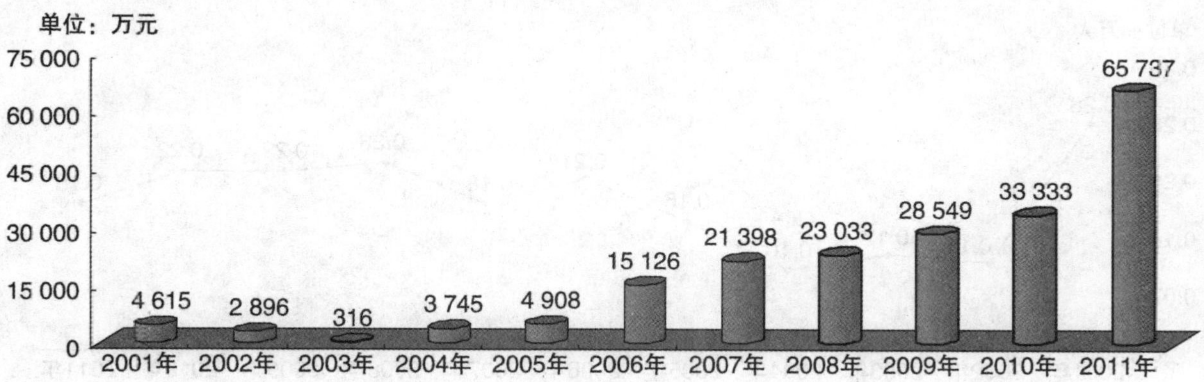

图139 2001—2011年广西壮族自治区软件业完成利润总额情况

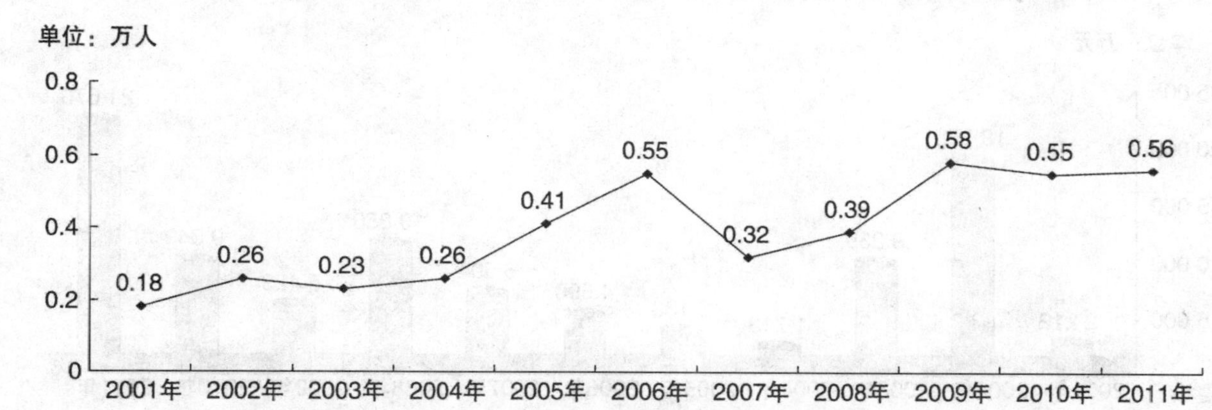

图140 2001—2011年广西壮族自治区软件业从业人员情况

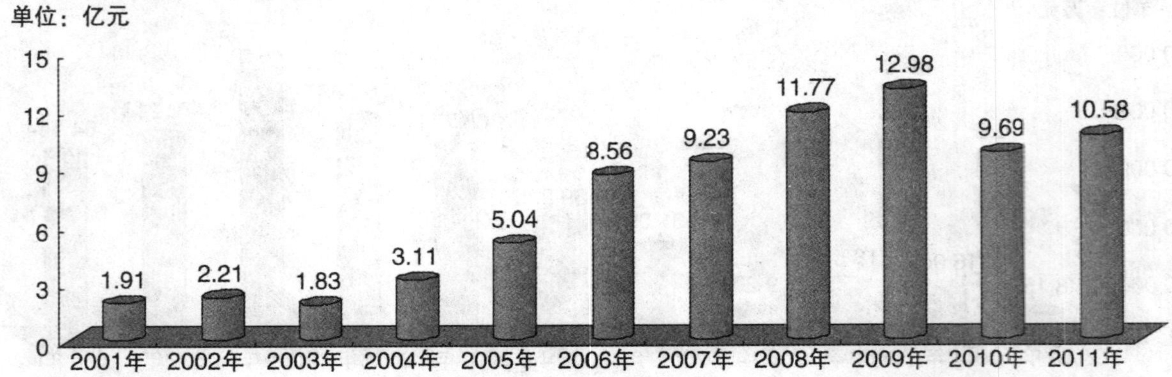

图141　2001—2011年海南省电子信息产品制造业完成主营业务收入情况

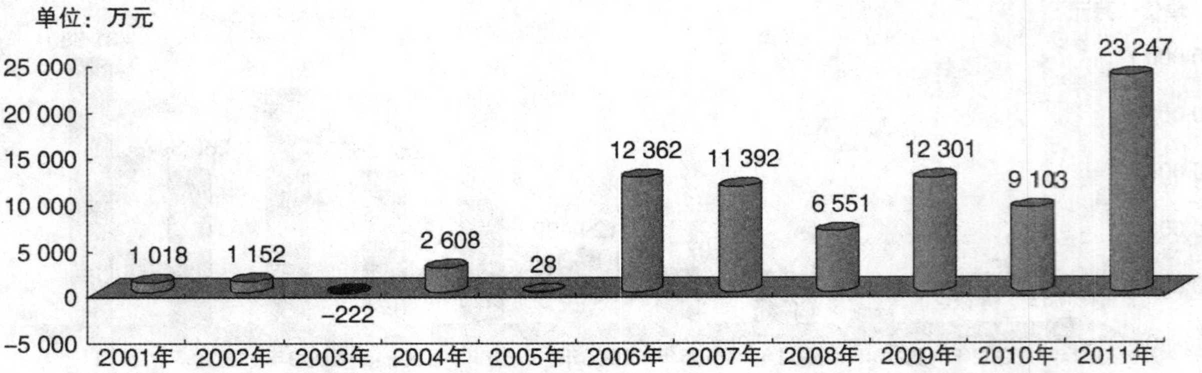

图142　2001—2011年海南省电子信息产品制造业完成利润总额情况

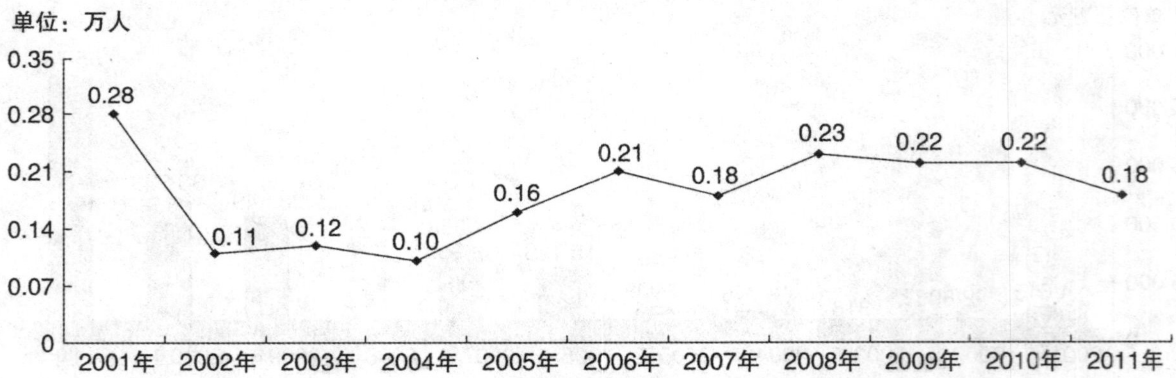

图143　2001—2011年海南省电子信息产品制造业从业人员情况

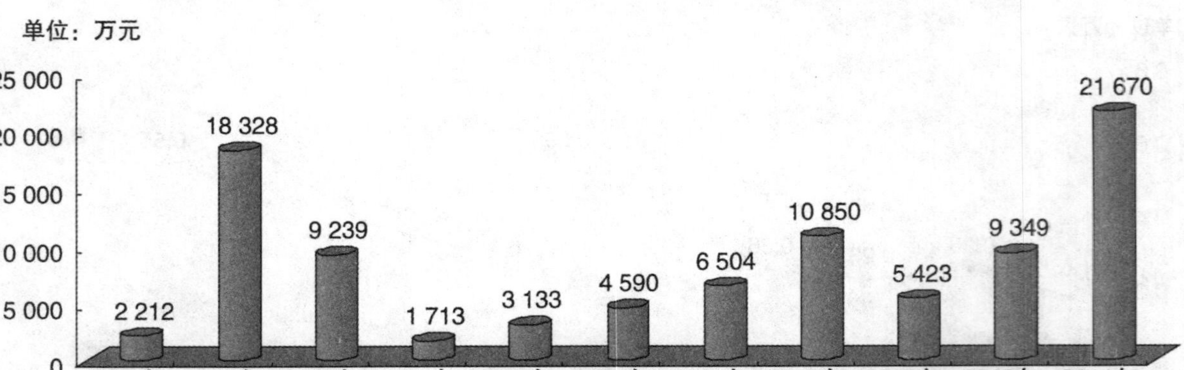

图144　2001—2011年海南省软件业完成工业增加值情况

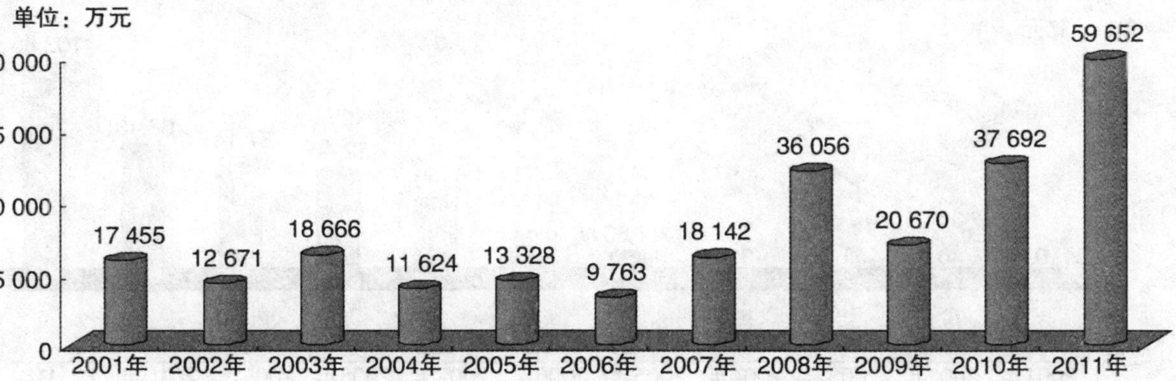

图145　2001—2011年海南省软件业完成业务收入情况

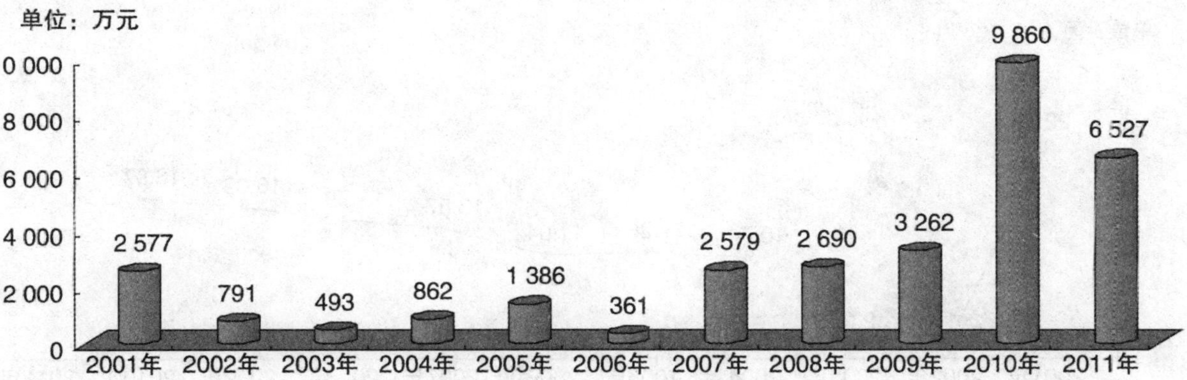

图146　2001—2011年海南省软件业完成利润总额情况

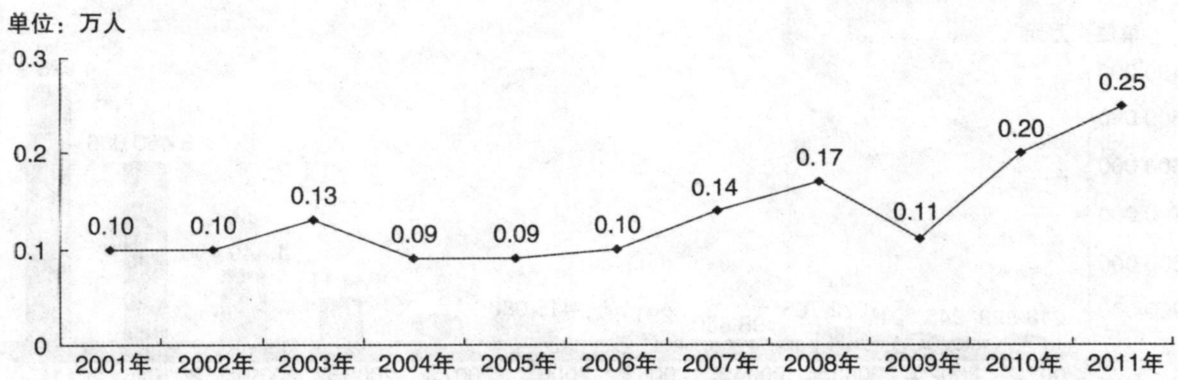

图147　2001—2011年海南省软件业从业人员情况

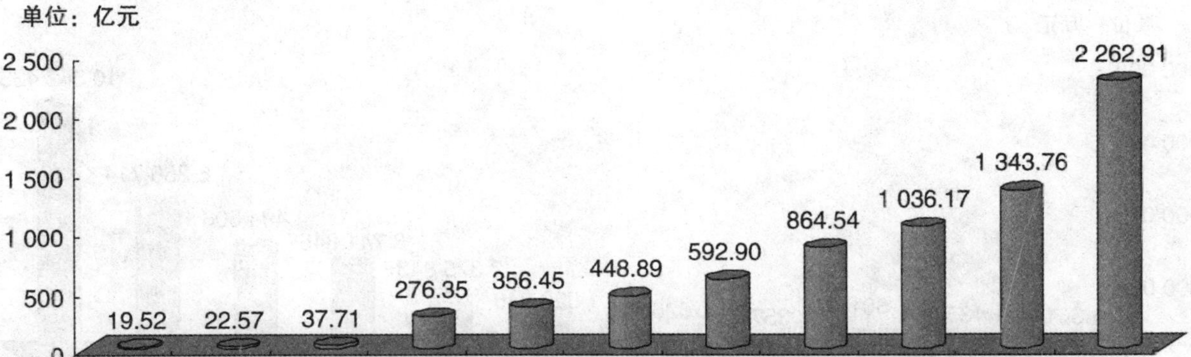

图148　2001—2011年四川省电子信息产品制造业完成主营业务收入情况

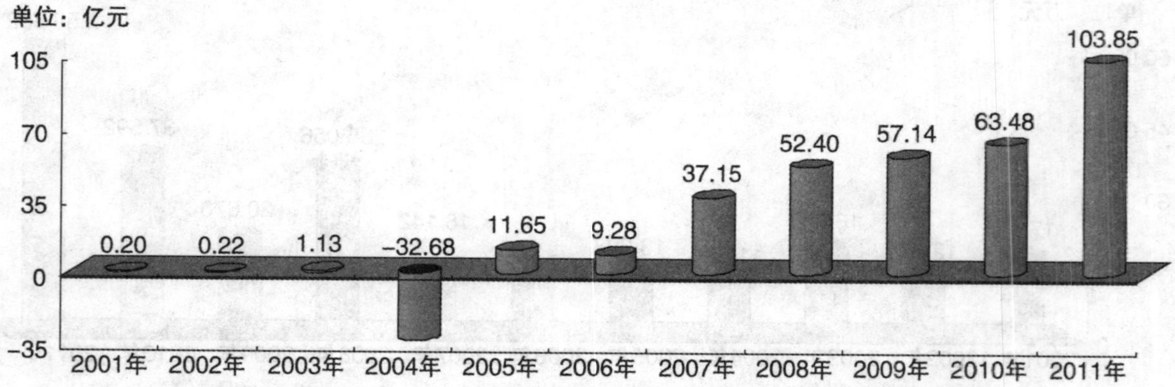

图149　2001—2011年四川省电子信息产品制造业完成利润总额情况

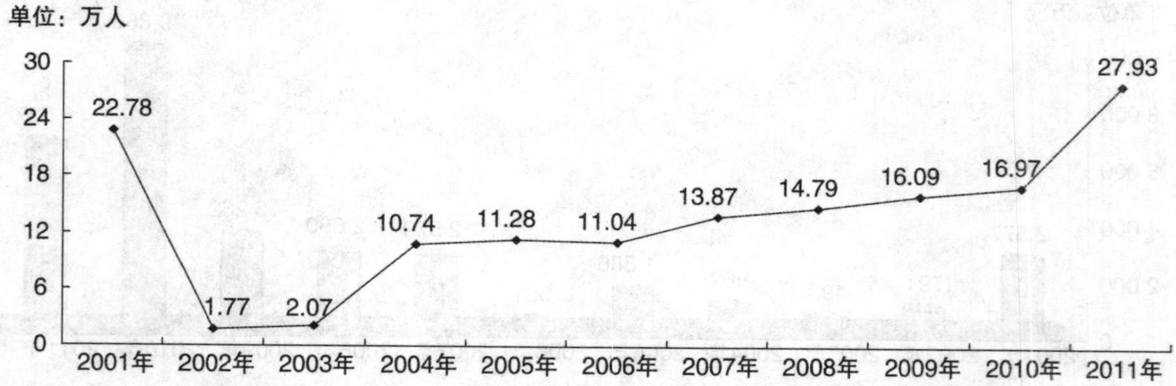

图150　2001—2011年四川省电子信息产品制造业从业人员情况

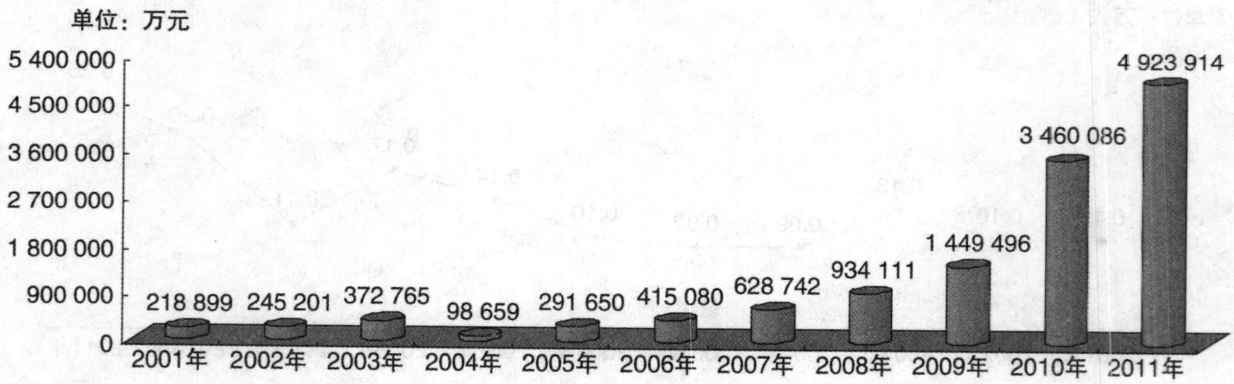

图151　2001—2011年四川省软件业完成工业增加值情况

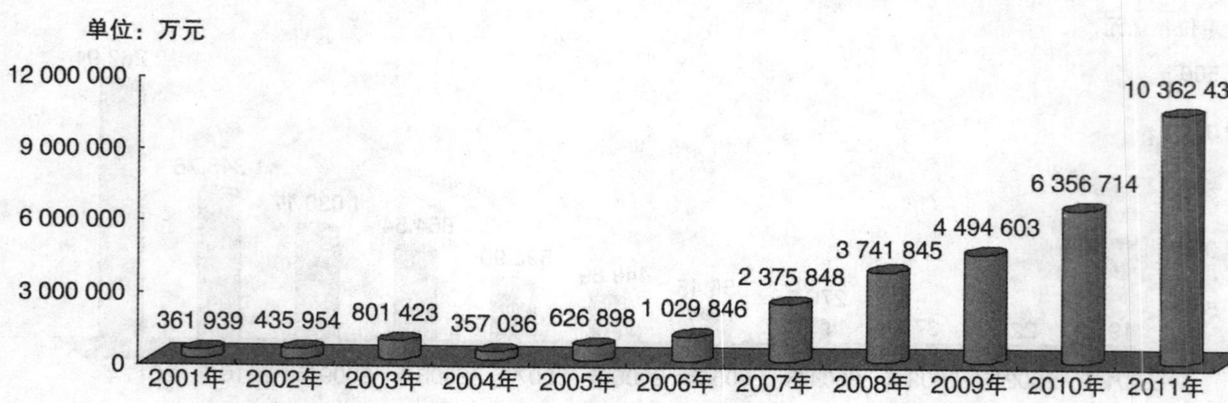

图152　2001—2011年四川省软件业完成业务收入情况

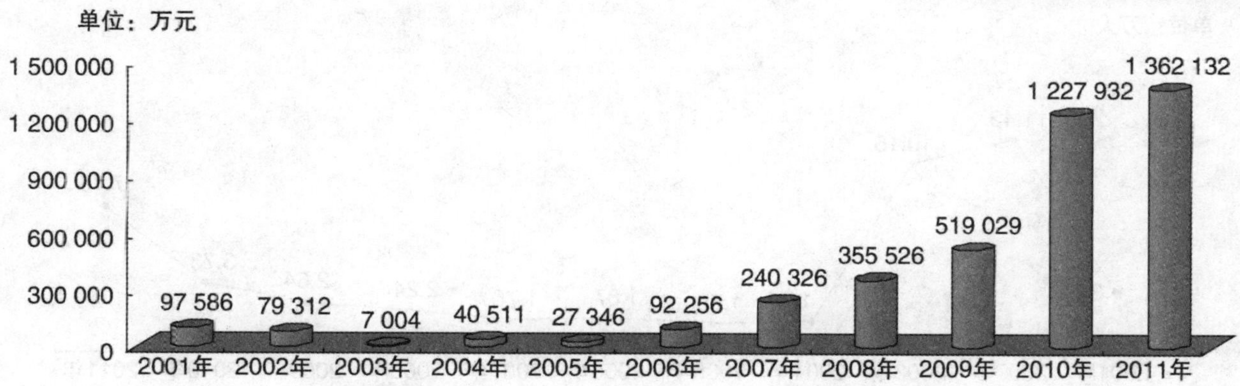

图153 2001—2011年四川省软件业完成利润总额情况

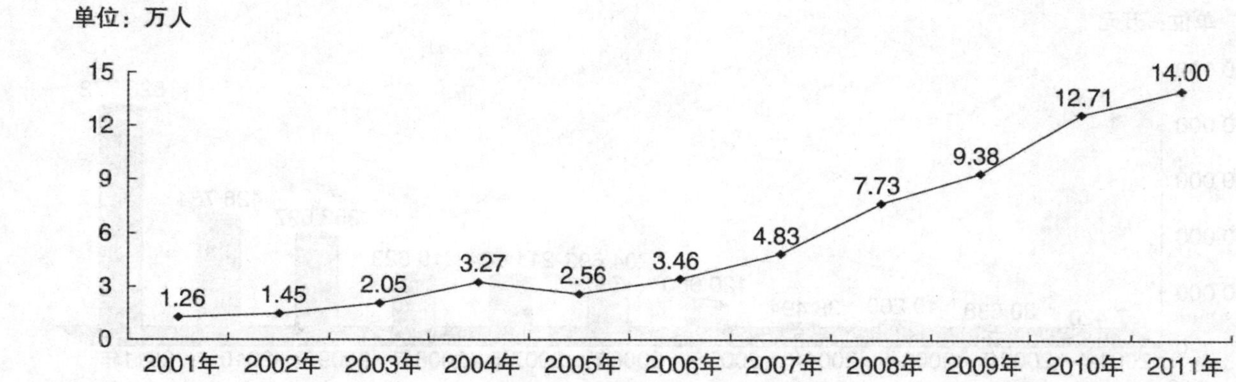

图154 2001—2011年四川省软件业从业人员情况

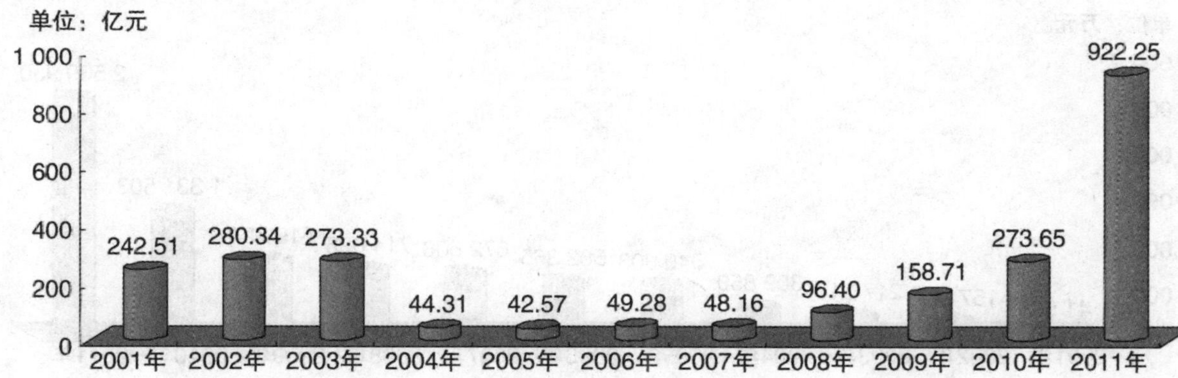

图155 2001—2011年重庆市电子信息产品制造业完成主营业务收入情况

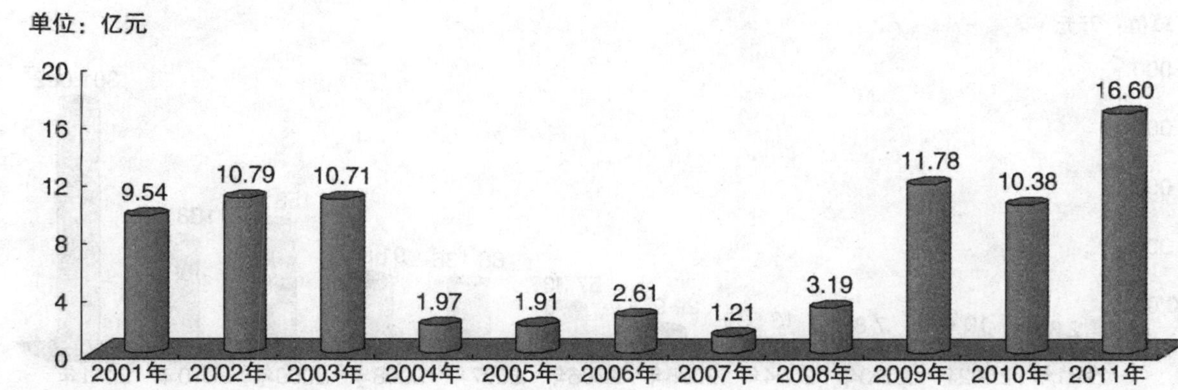

图156 2001—2011年重庆市电子信息产品制造业完成利润总额情况

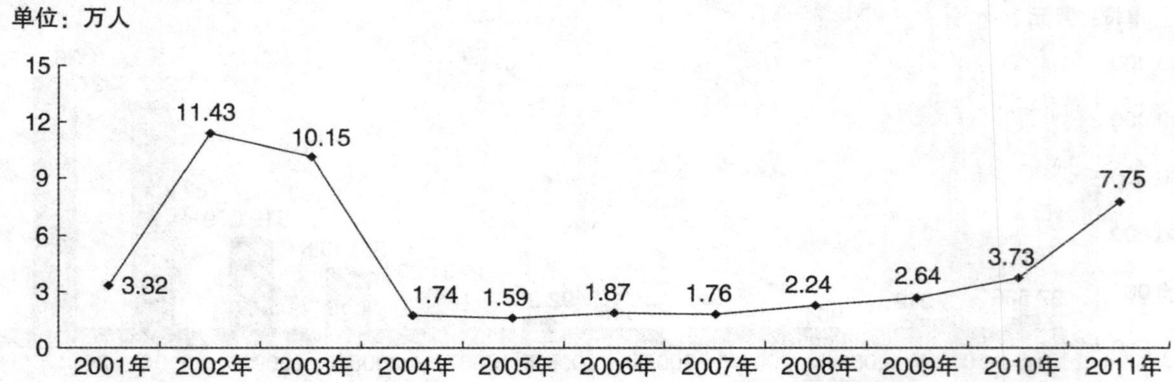

图157　2001—2011年重庆市电子信息产品制造业从业人员情况

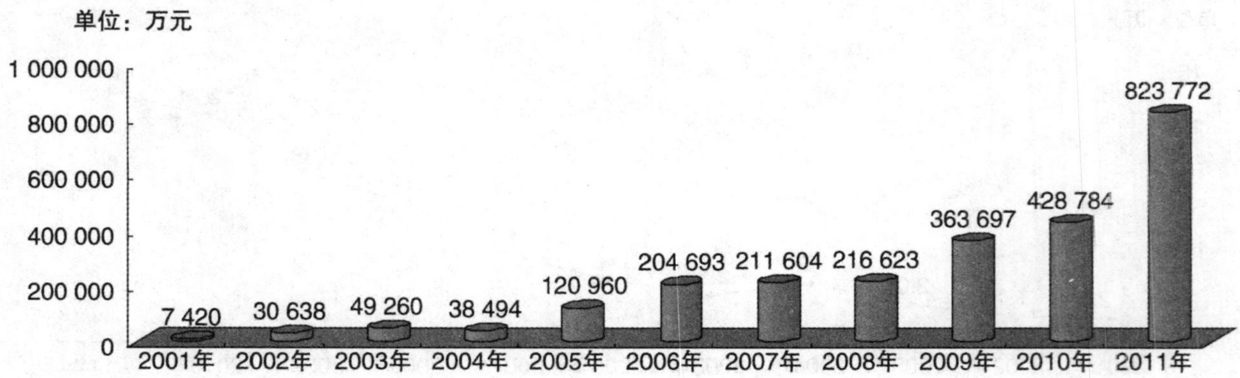

图158　2001—2011年重庆市软件业完成工业增加值情况

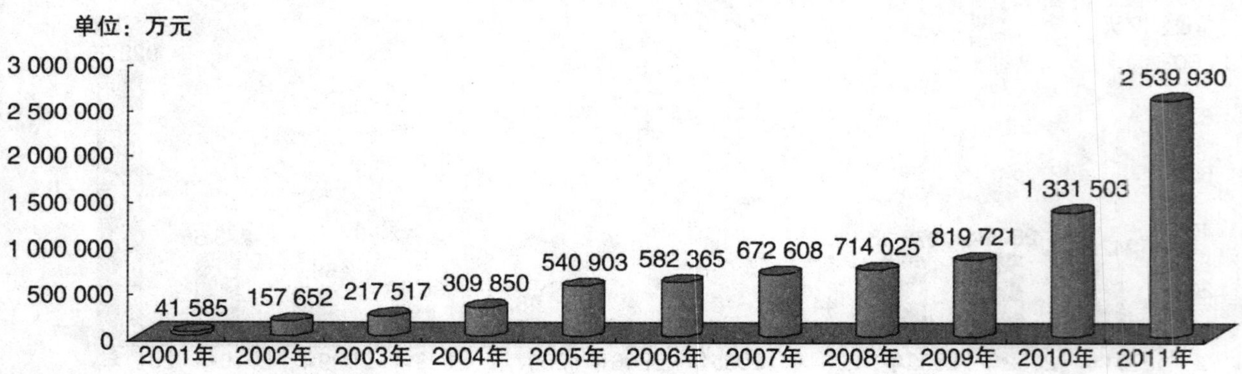

图159　2001—2011年重庆市软件业完成业务收入情况

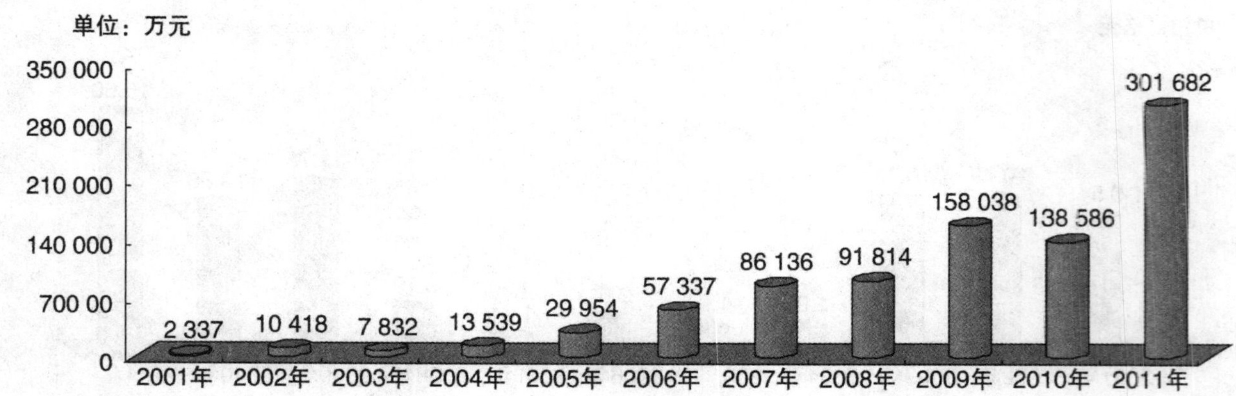

图160　2001—2011年重庆市软件业完成利润总额情况

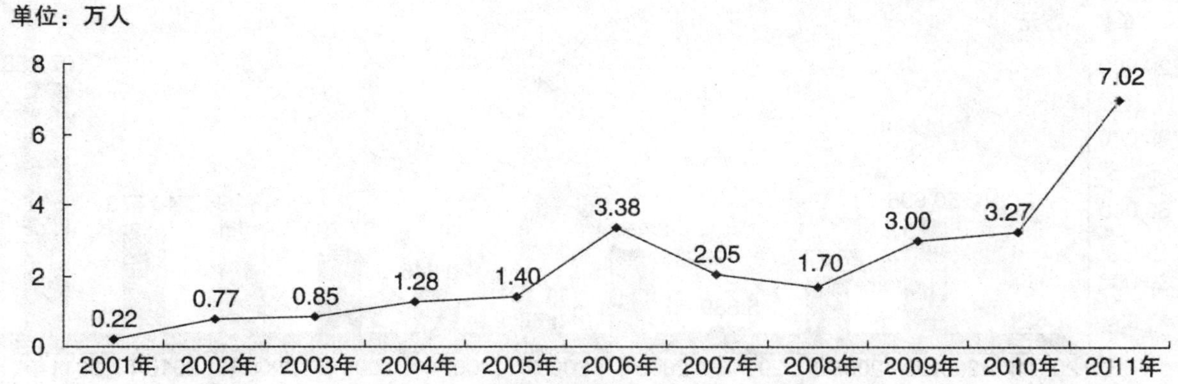

图161　2001—2011年重庆市软件业从业人员情况

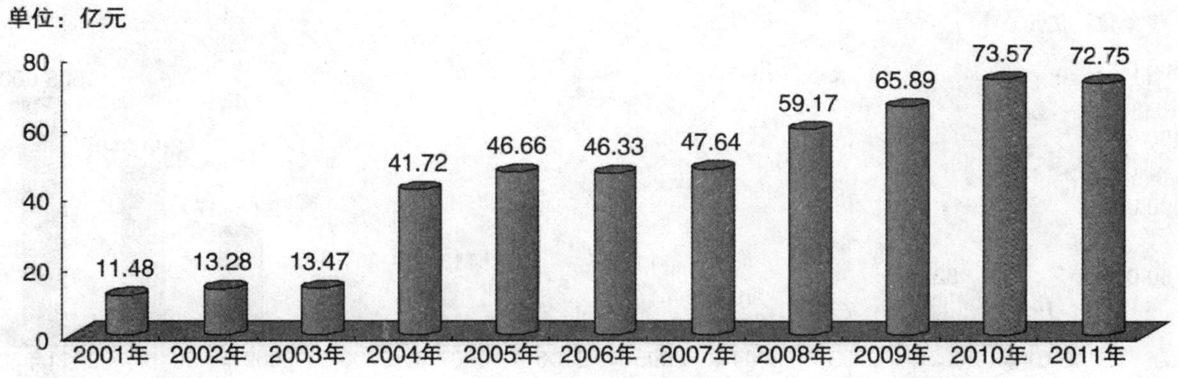

图162　2001—2011年贵州省电子信息产品制造业完成主营业务收入情况

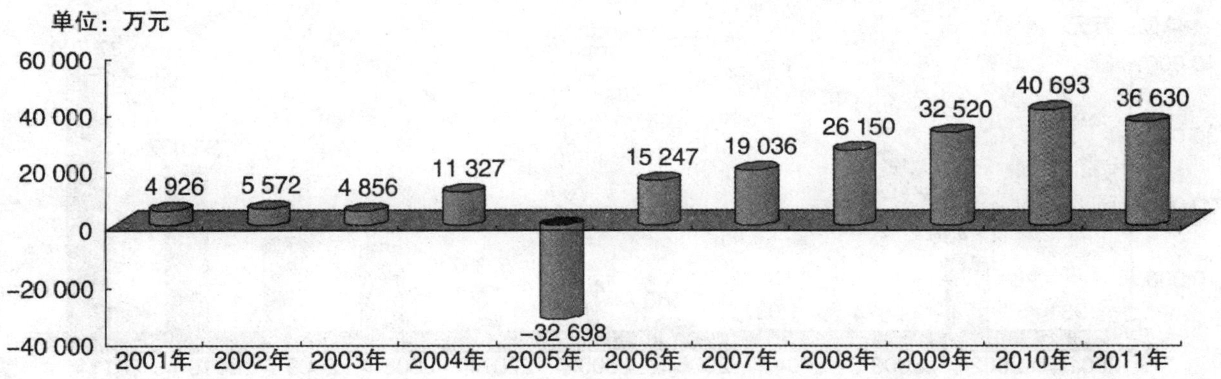

图163　2001—2011年贵州省电子信息产品制造业完成利润总额情况

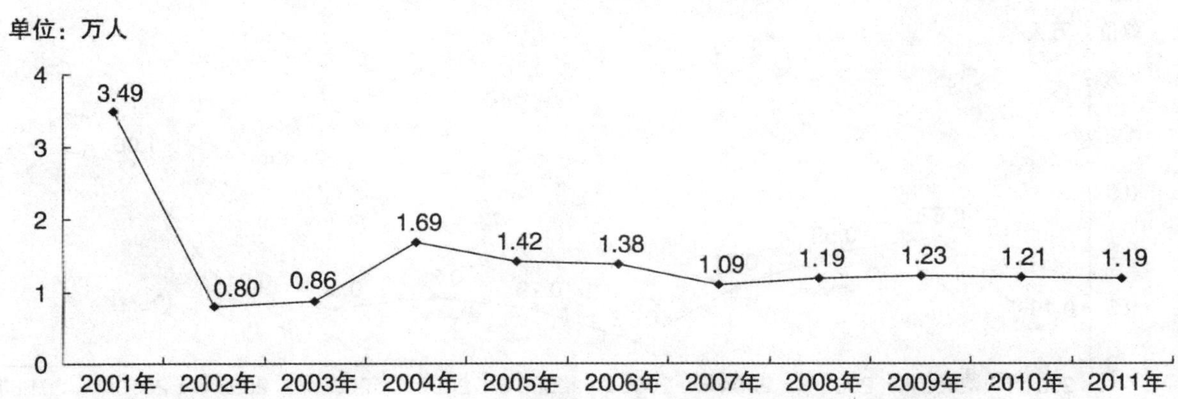

图164　2001—2011年贵州省电子信息产品制造业从业人员情况

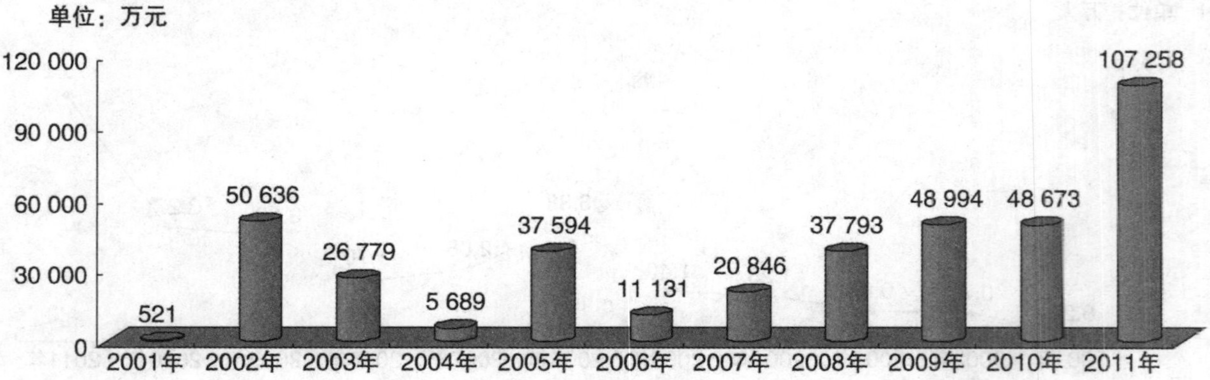

图165　2001—2011年贵州省软件业完成工业增加值情况

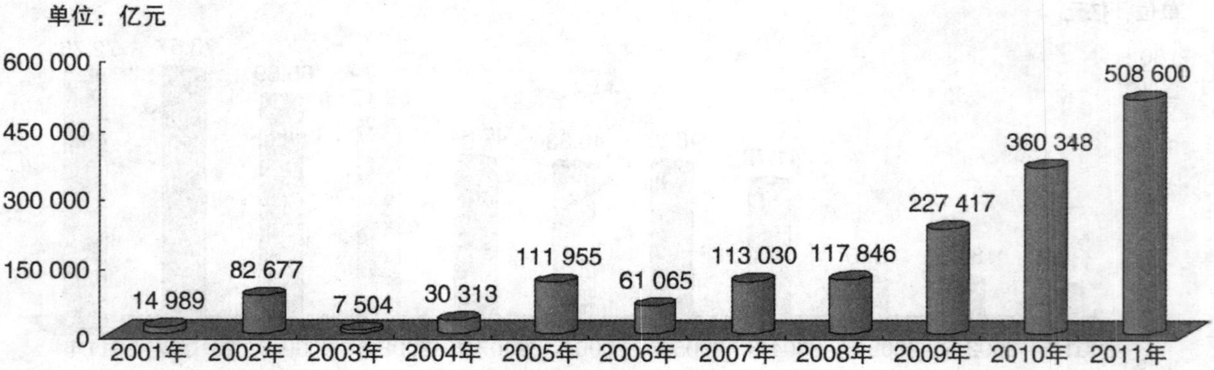

图166　2001—2011年贵州省软件业完成业务收入情况

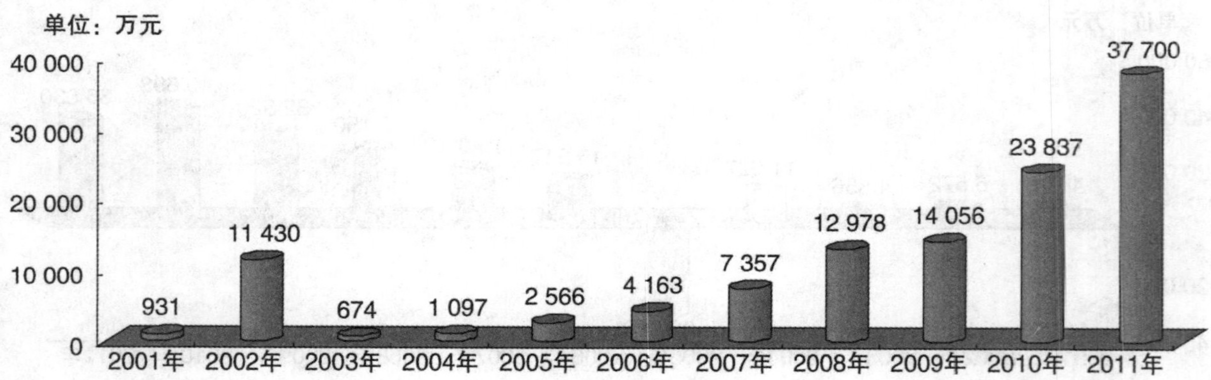

图167　2001—2011年贵州省软件业完成利润总额情况

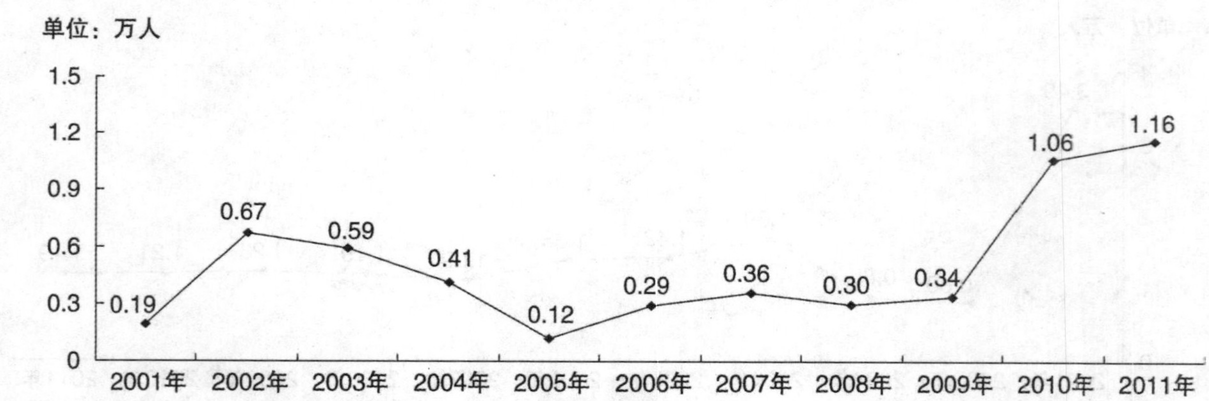

图168　2001—2011年贵州省软件业从业人员情况

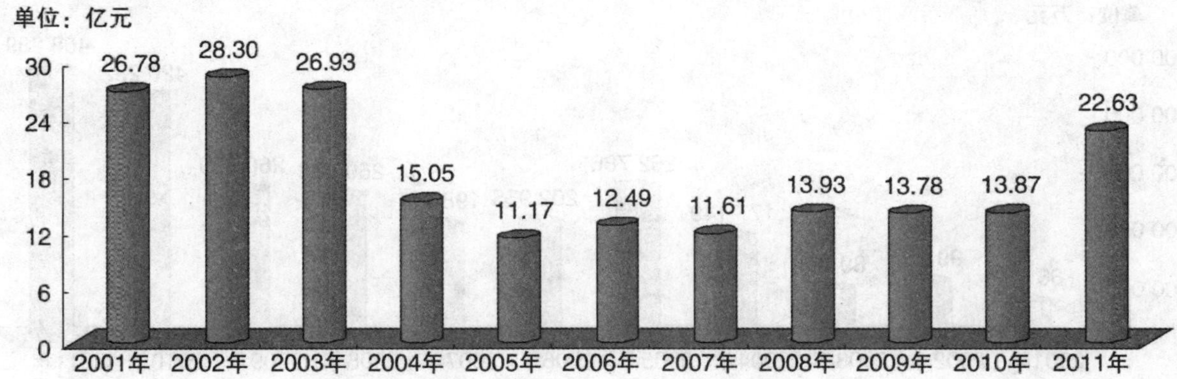

图169 2001—2011年云南省电子信息产品制造业完成主营业务收入情况

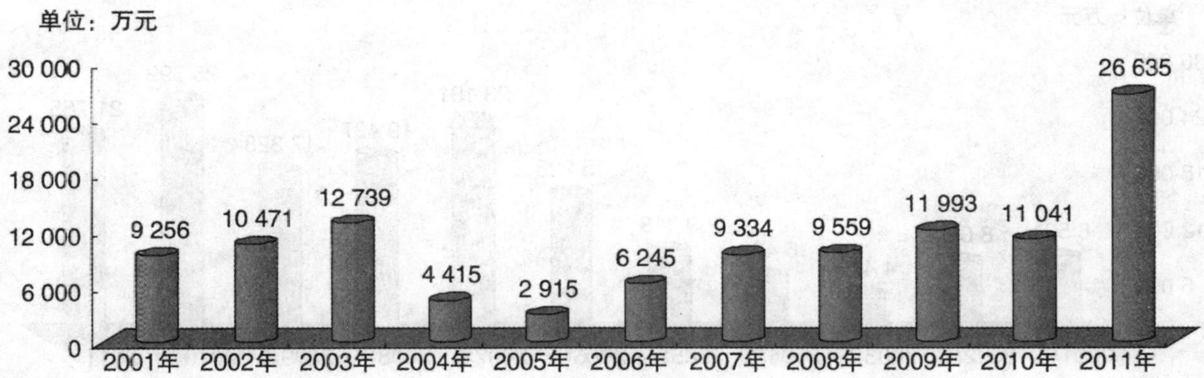

图170 2001—2011年云南省电子信息产品制造业完成利润总额情况

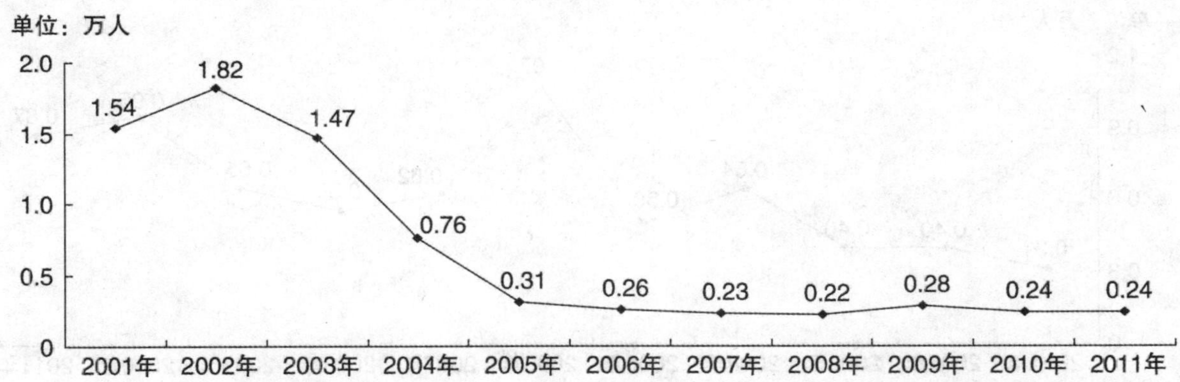

图171 2001—2011年云南省电子信息产品制造业从业人员情况

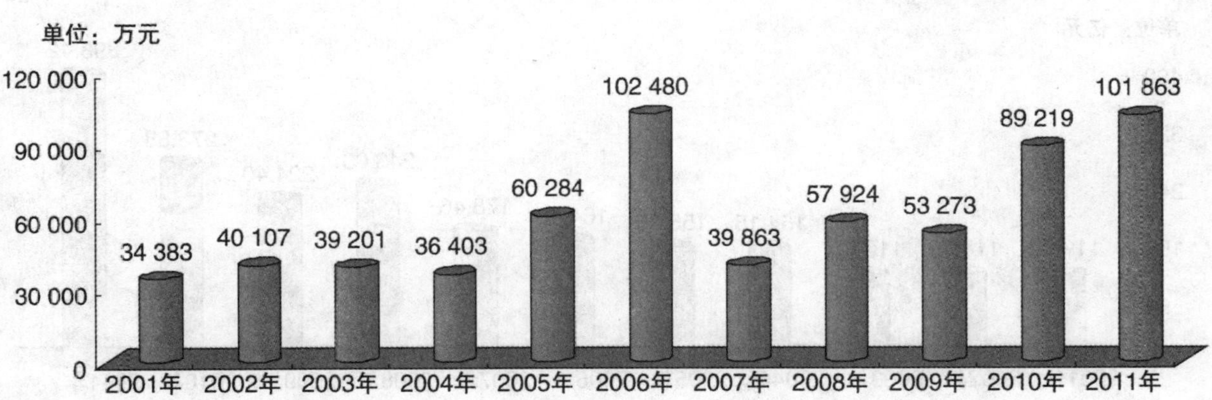

图172 2001—2011年云南省软件业完成工业增加值情况

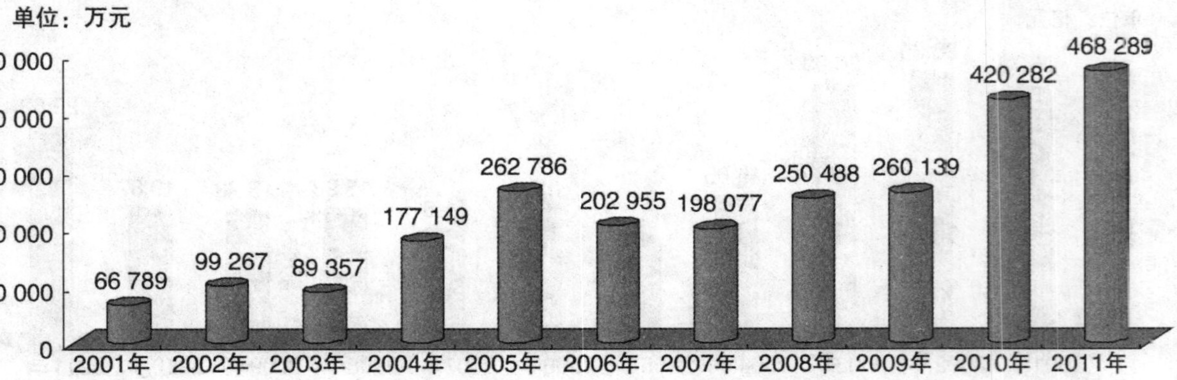

图173　2001—2011年云南省软件业完成业务收入情况

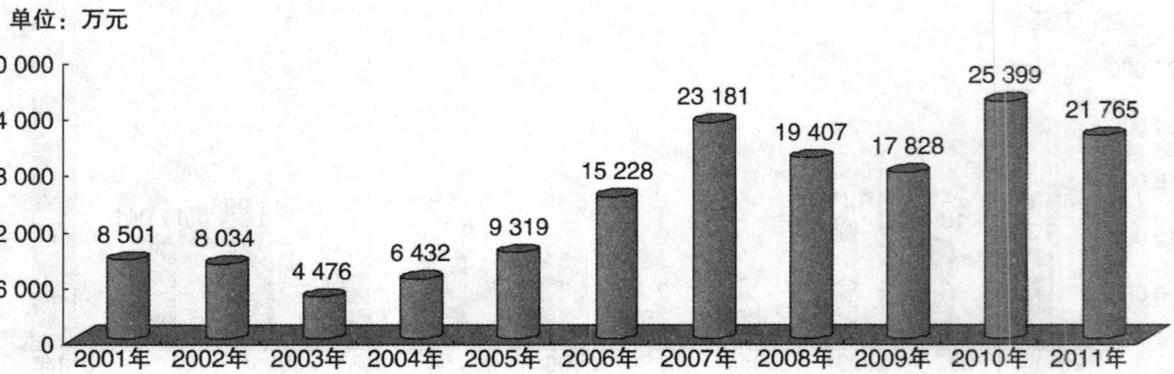

图174　2001—2011年云南省软件业完成利润总额情况

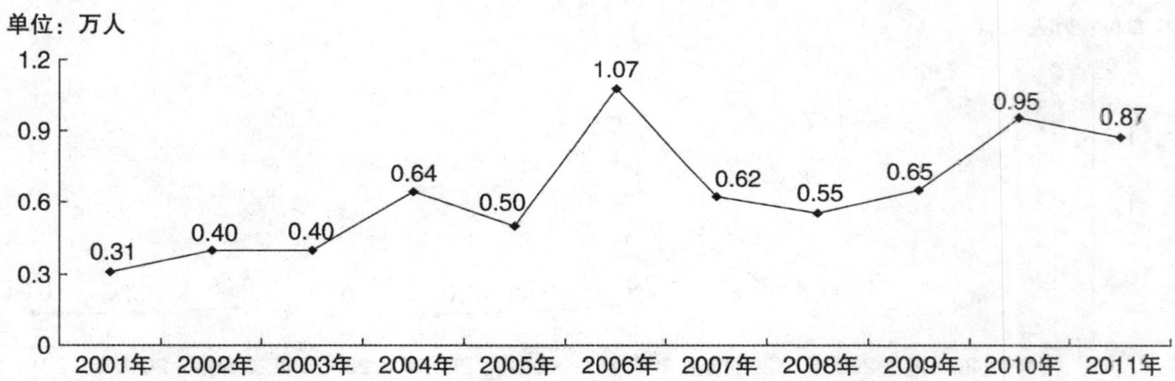

图175　2001—2011年云南省软件业从业人员情况

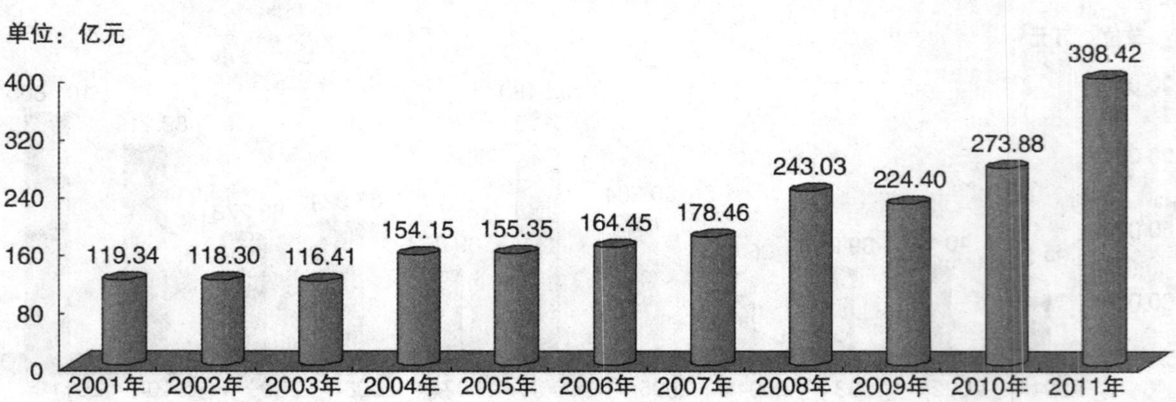

图176　2001—2011年陕西省电子信息产品制造业完成主营业务收入情况

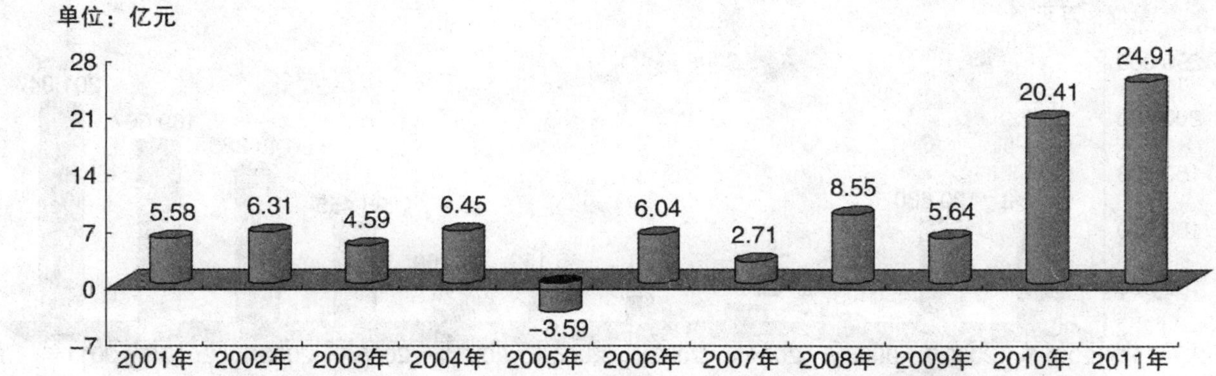

图177　2001—2011年陕西省电子信息产品制造业完成利润总额情况

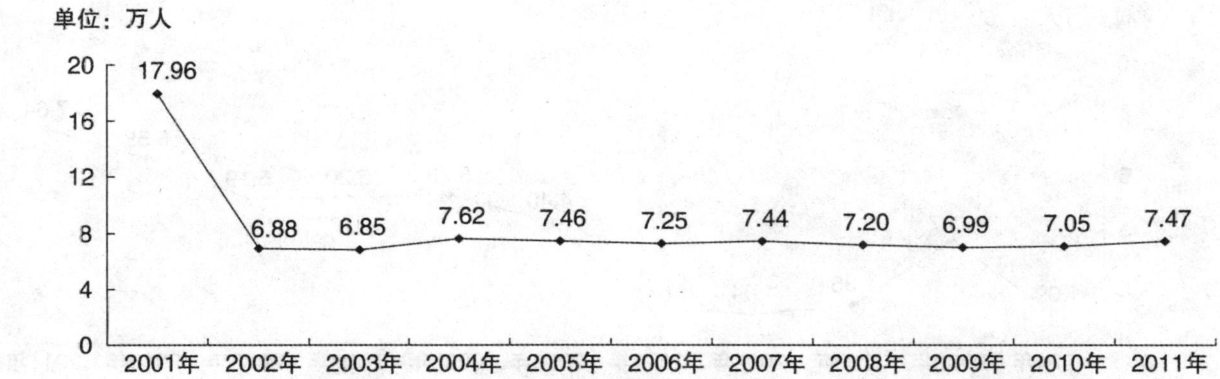

图178　2001—2011年陕西省电子信息产品制造业从业人员情况

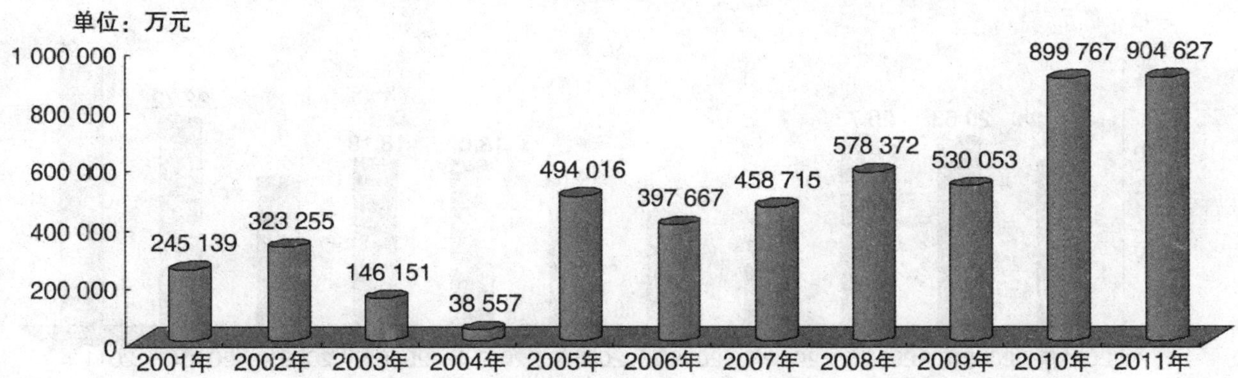

图179　2001—2011年陕西省软件业完成工业增加值情况

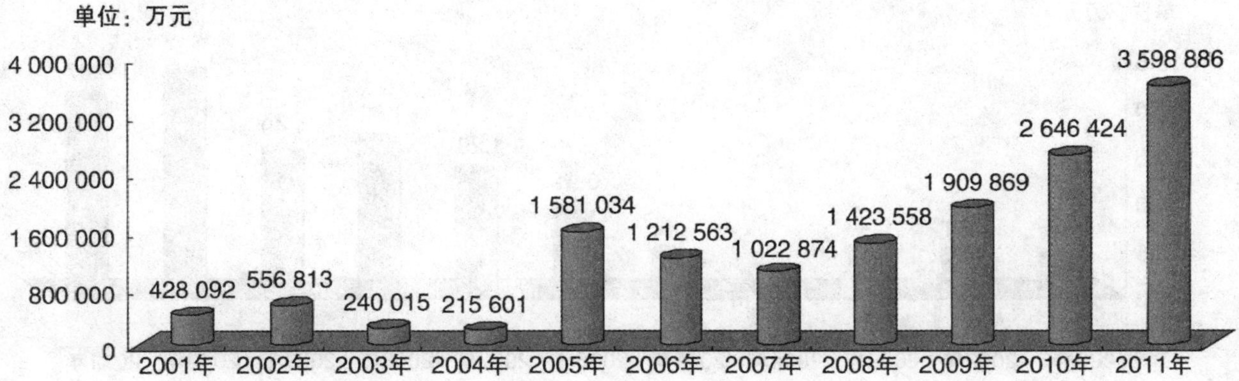

图180　2001—2011年陕西省软件业完成业务收入情况

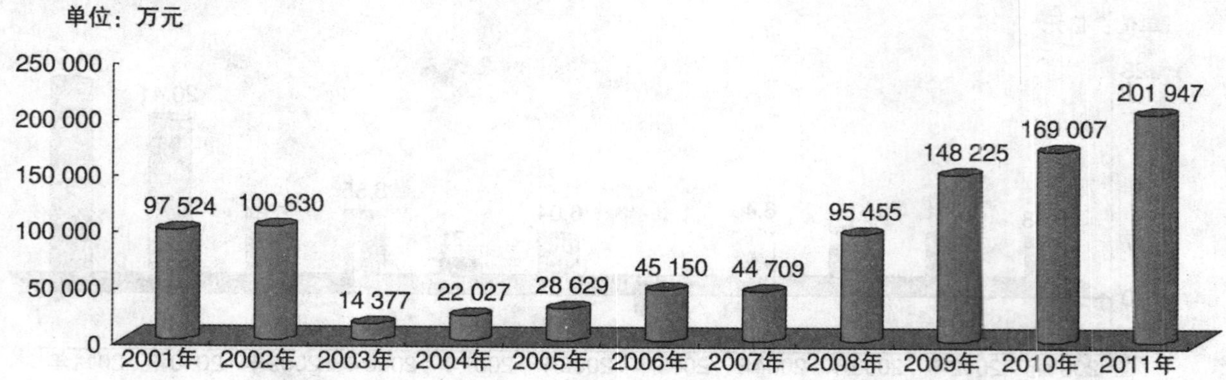

图181　2001—2011年陕西省软件业完成利润总额情况

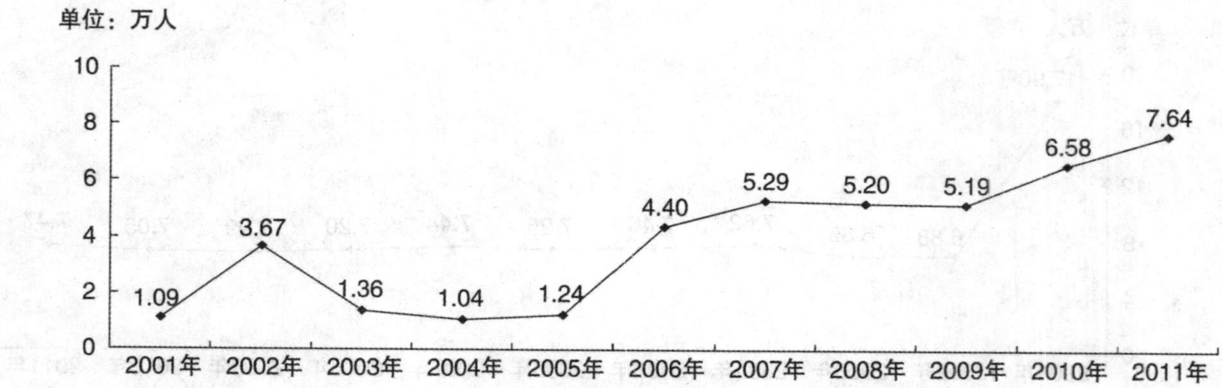

图182　2001—2011年陕西省软件业从业人员情况

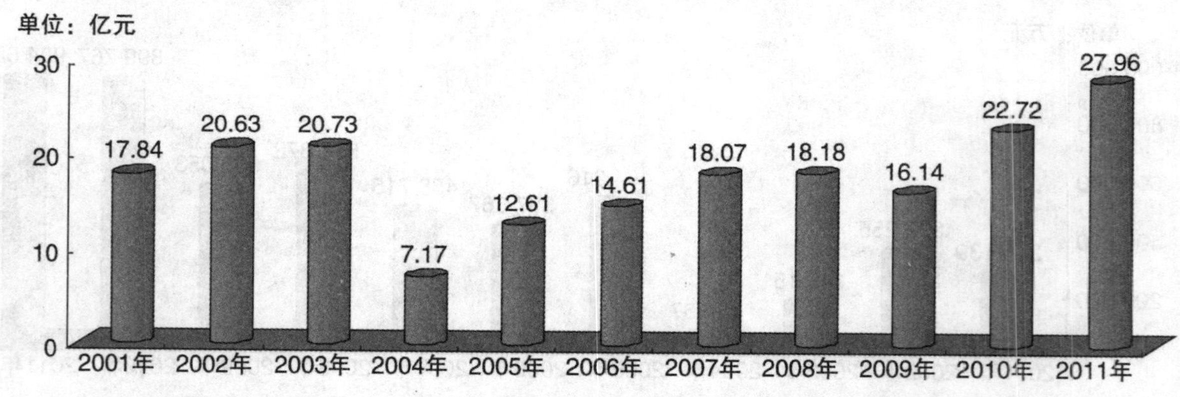

图183　2001—2011年甘肃省电子信息产品制造业完成主营业务收入情况

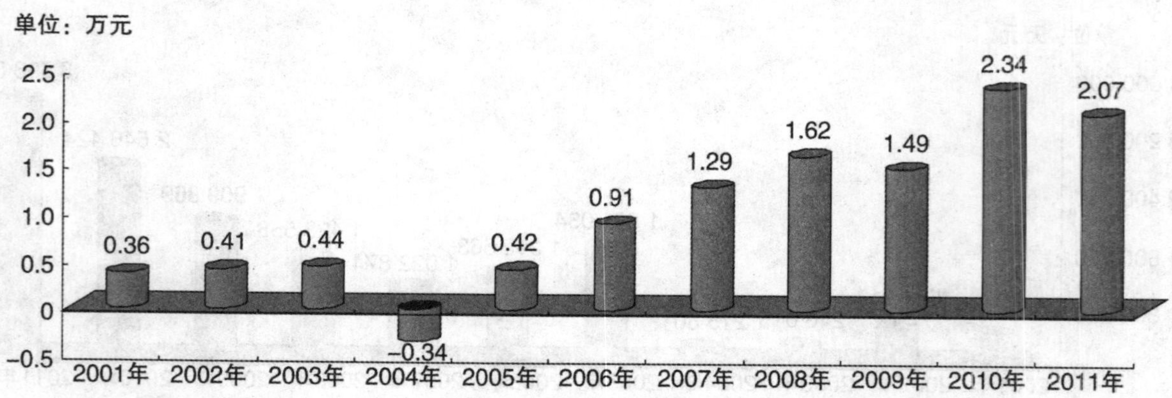

图184　2001—2011年甘肃省电子信息产品制造业完成利润总额情况

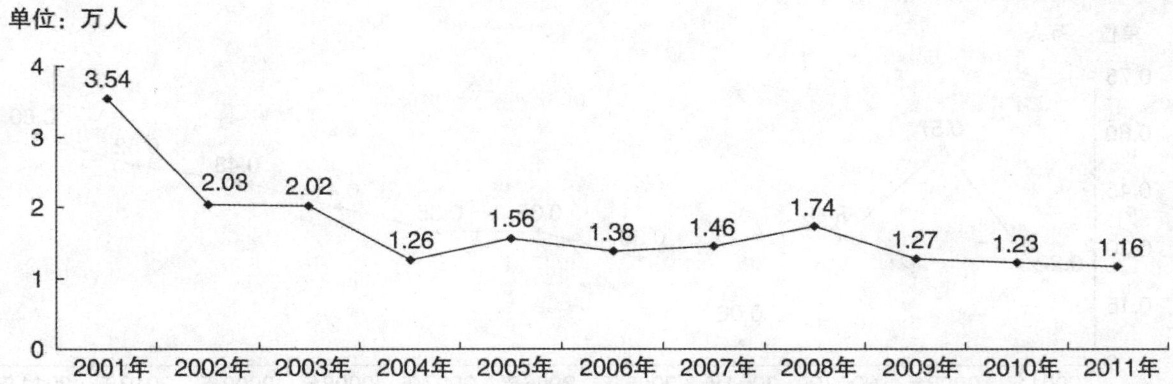

图185　2001—2011年甘肃省电子信息产品制造业从业人员情况

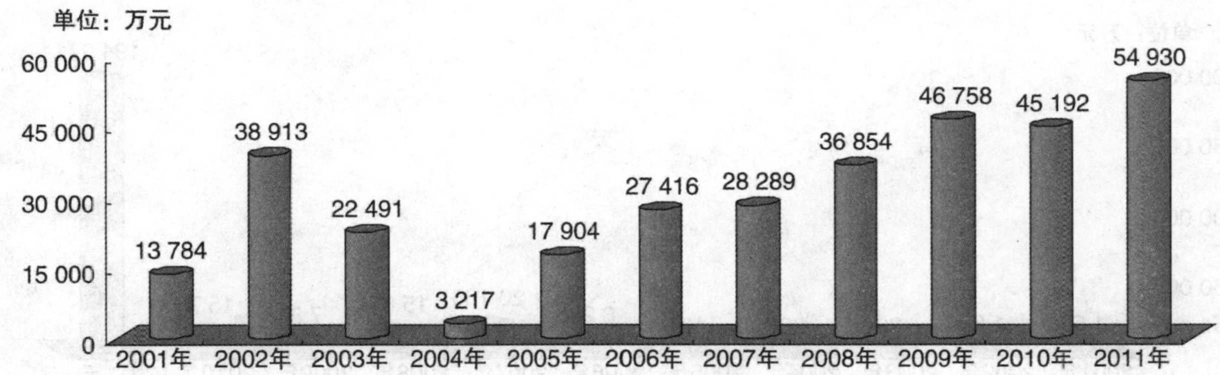

图186　2001—2011年甘肃省软件业完成工业增加值情况

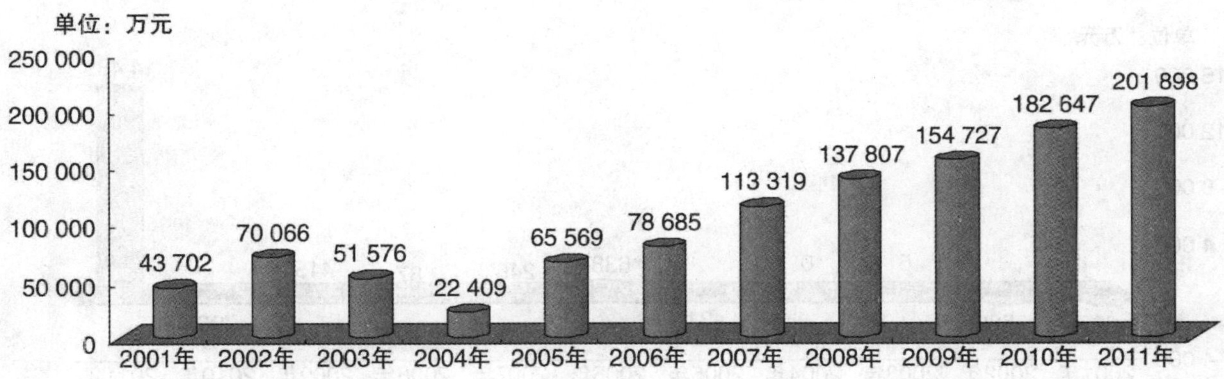

图187　2001—2011年甘肃省软件业完成业务收入情况

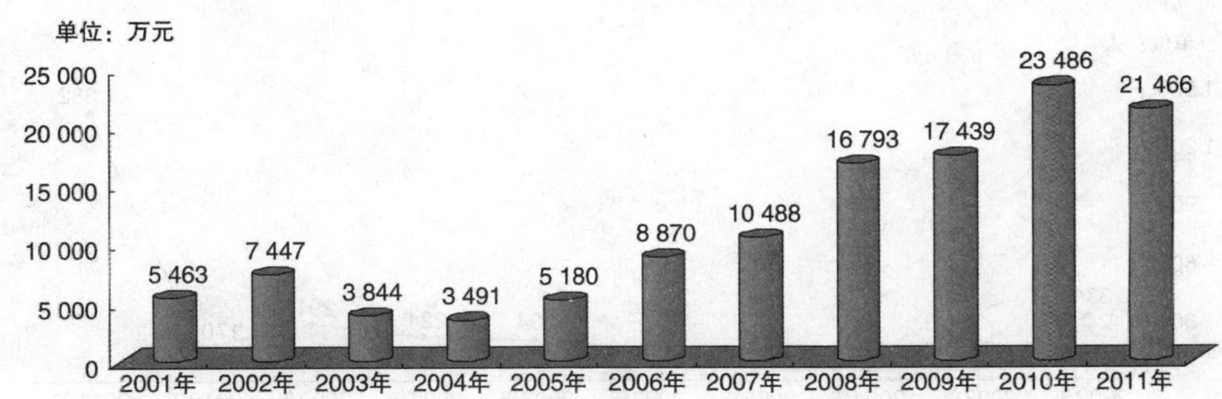

图188　2001—2011年甘肃省软件业完成利润总额情况

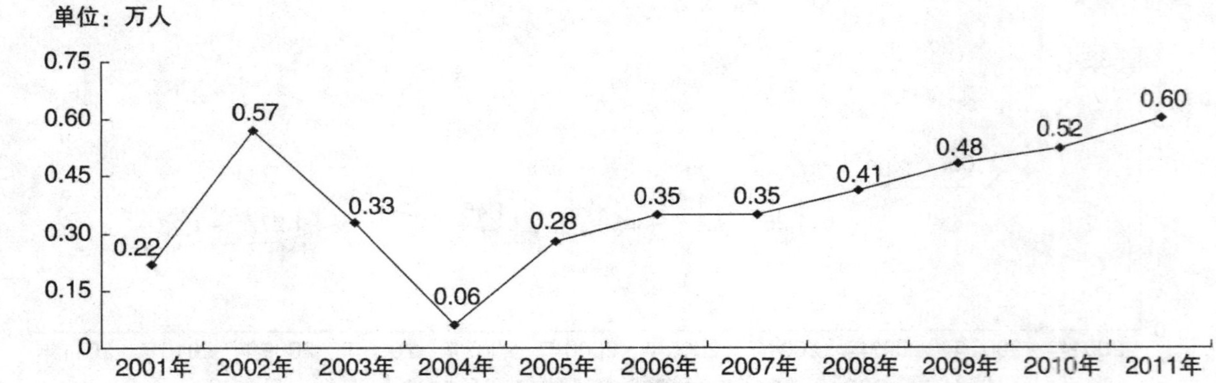

图189　2001—2011年甘肃省软件业从业人员情况

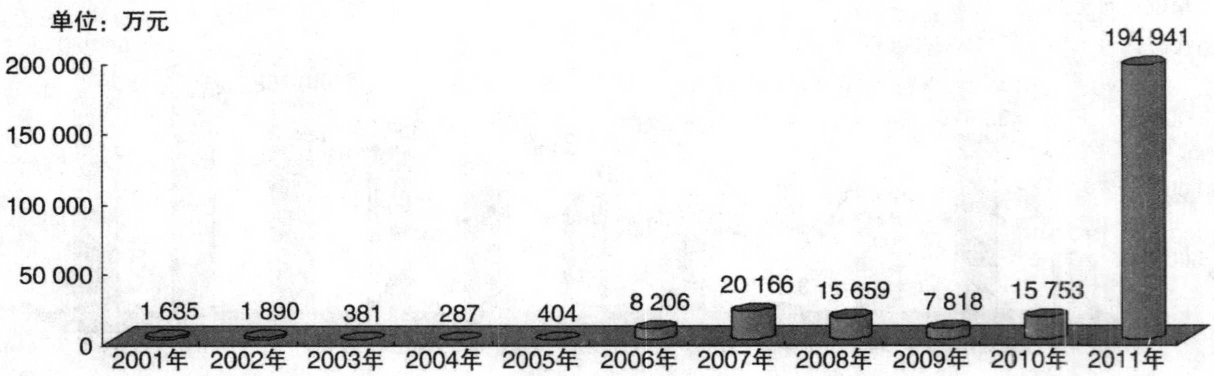

图190　2001—2011年青海省电子信息产品制造业完成主营业务收入情况

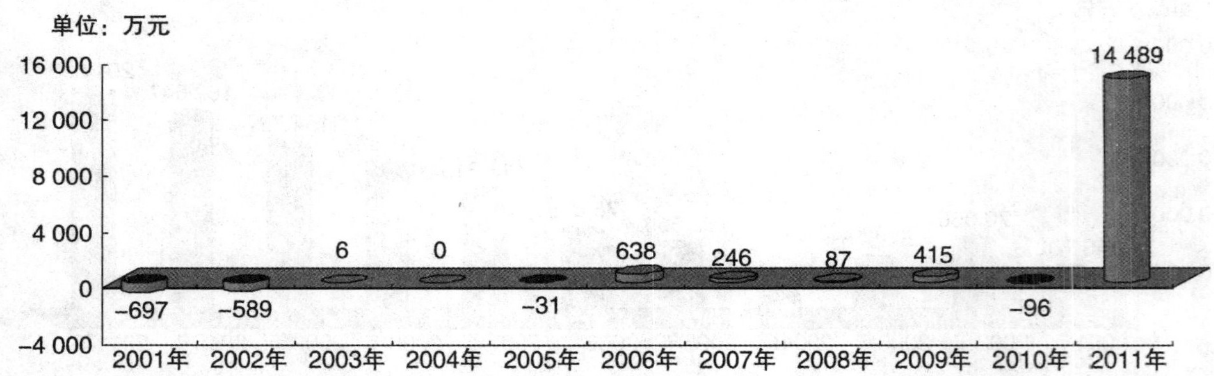

图191　2001—2011年青海省电子信息产品制造业完成利润总额情况

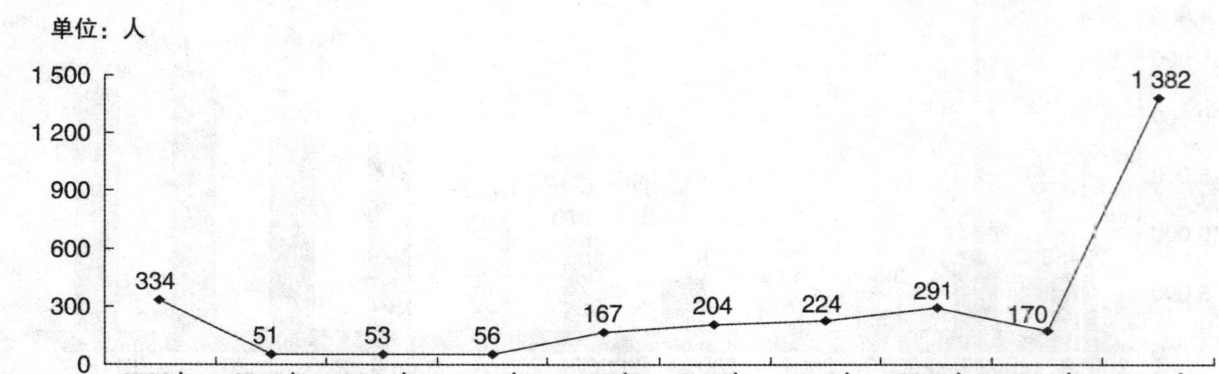

图192　2002—2011年青海省电子信息产品制造业从业人员情况

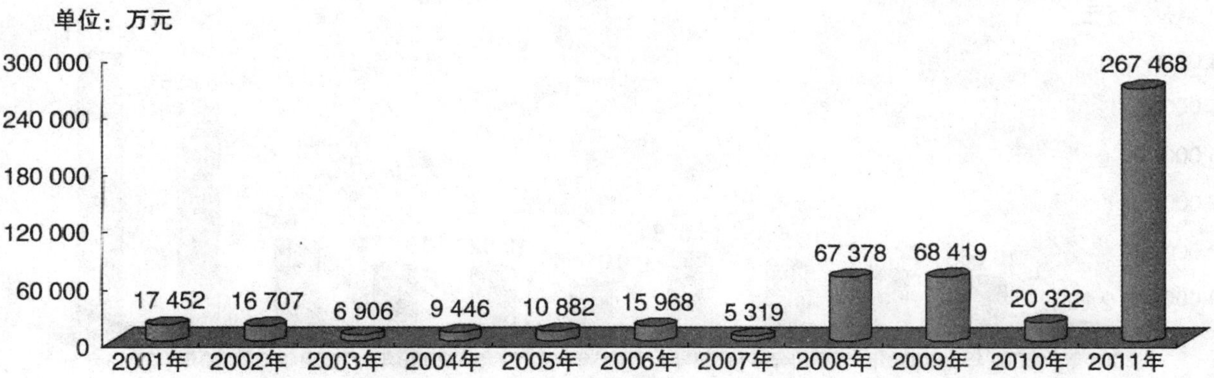

图193　2001—2011年宁夏回族自治区电子信息产品制造业完成主营业务收入情况

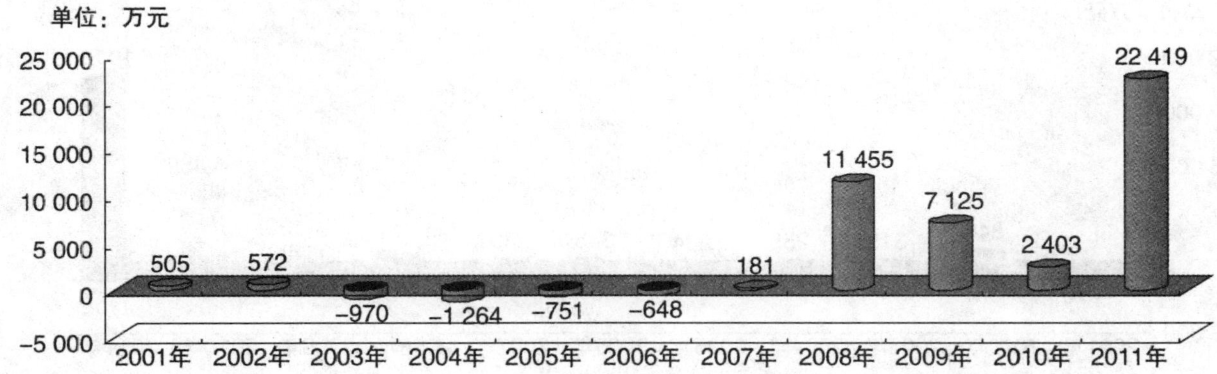

图194　2001—2011年宁夏回族自治区电子信息产品制造业完成利润总额情况

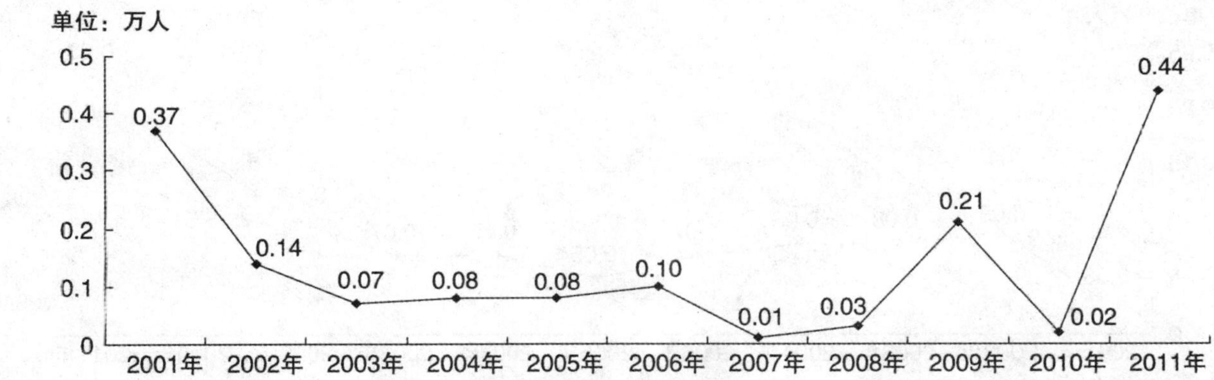

图195　2001—2011年宁夏回族自治区电子信息产品制造业从业人员情况

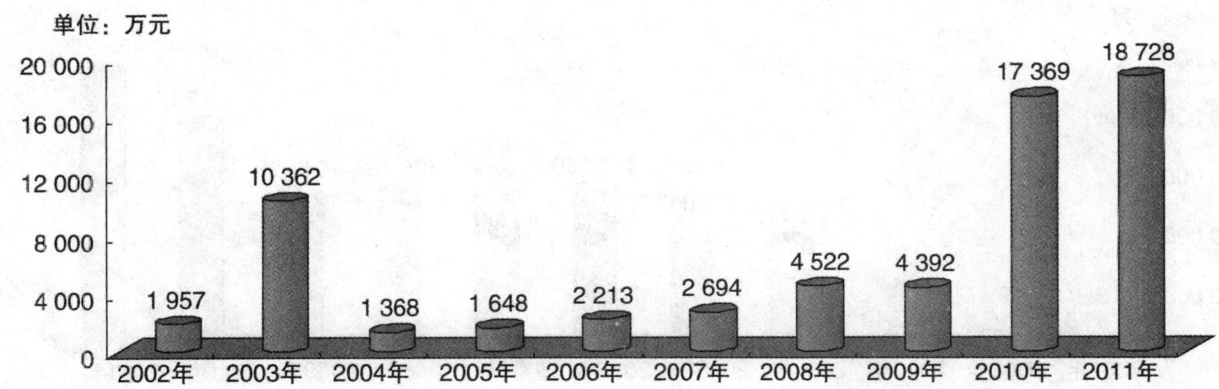

图196　2002—2011年宁夏回族自治区软件业完成工业增加值情况

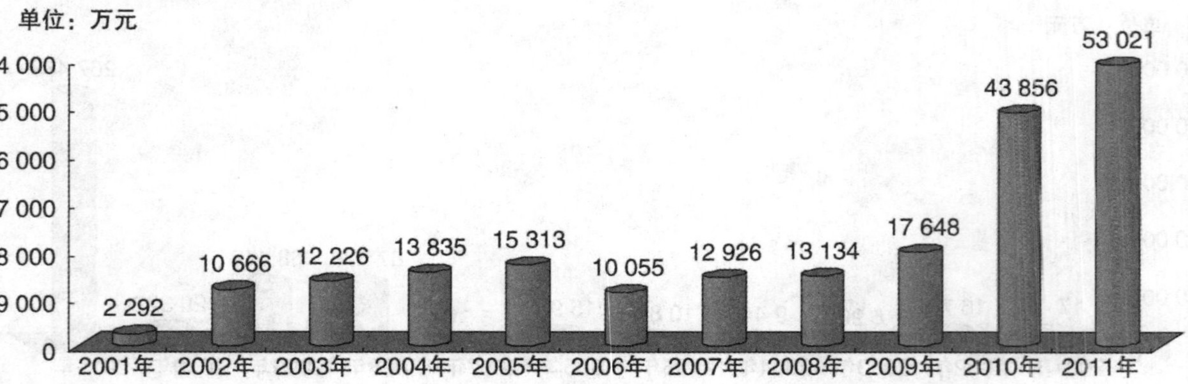

图197　2001—2011年宁夏回族自治区软件业完成业务收入情况

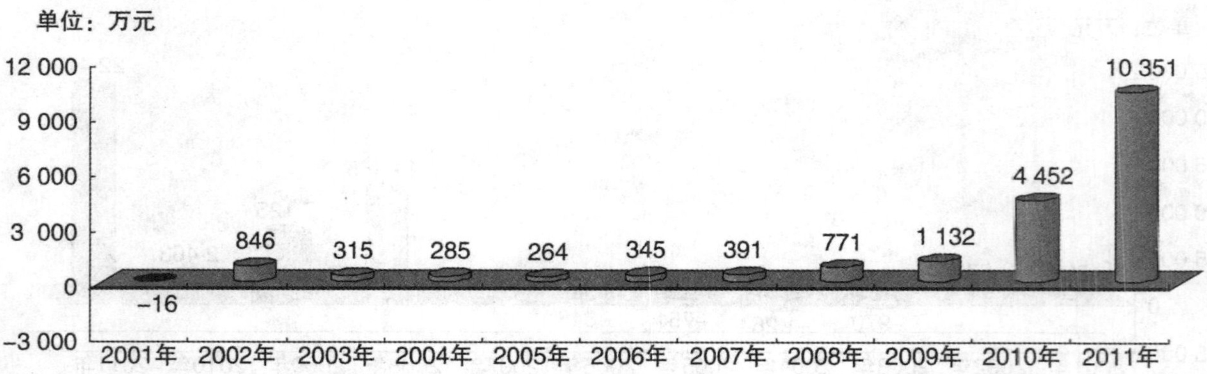

图198　2001—2011年宁夏回族自治区软件业完成利润总额情况

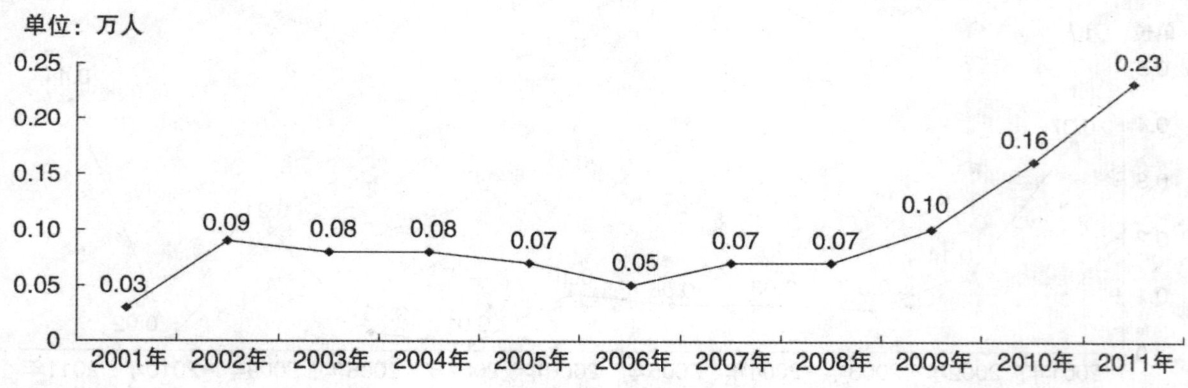

图199　2001—2011年宁夏回族自治区软件业从业人员情况

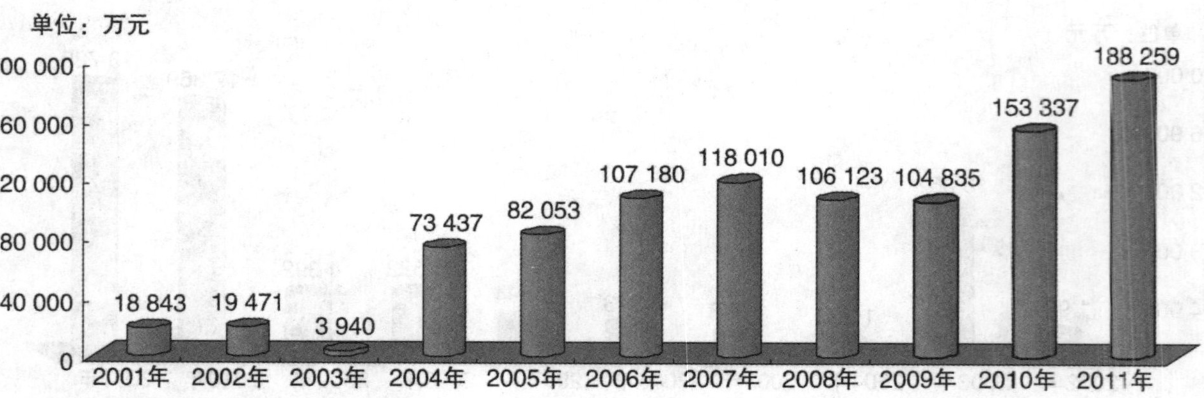

图200　2001—2011年新疆维吾尔自治区电子信息产品制造业完成主营业务收入情况

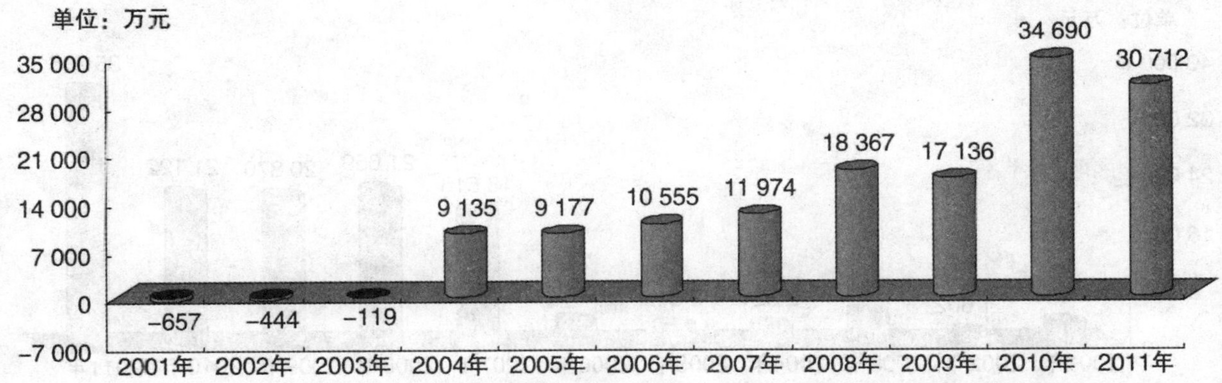

图201　2001—2011年新疆维吾尔自治区电子信息产品制造业完成利润总额情况

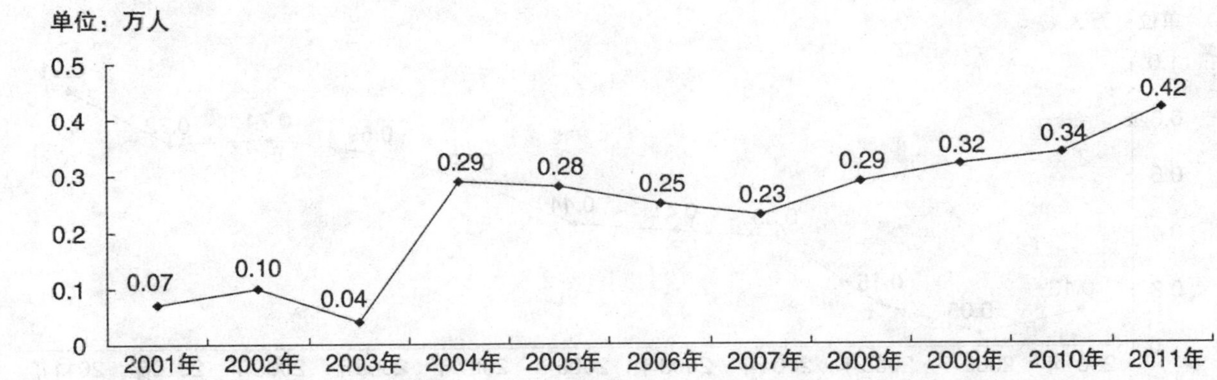

图202　2001—2011年新疆维吾尔自治区电子信息产品制造业从业人员情况

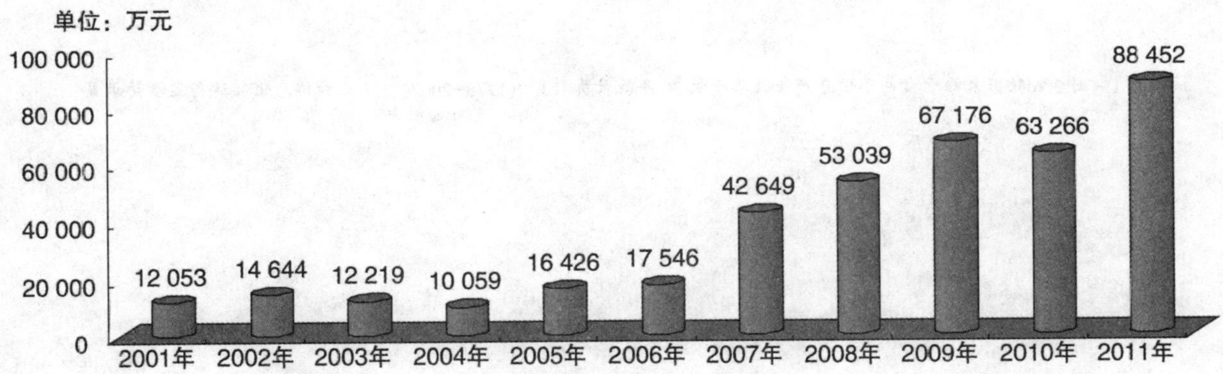

图203　2001—2011年新疆维吾尔自治区软件业完成工业增加值情况

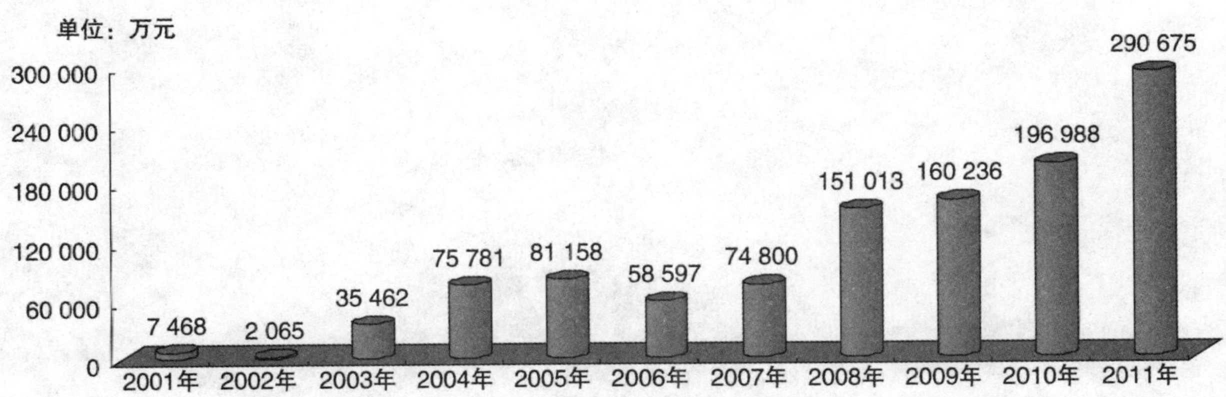

图204　2001—2011年新疆维吾尔自治区软件业完成业务收入情况

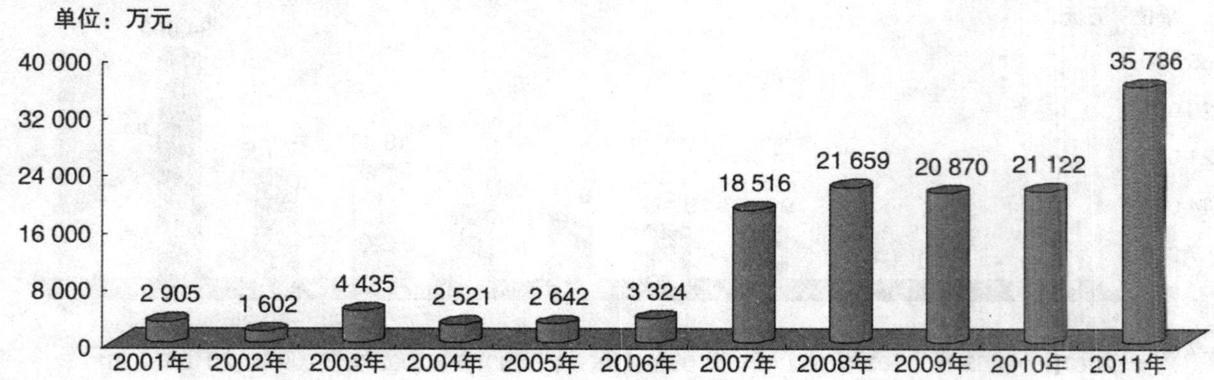

图205　2001—2011年新疆维吾尔自治区软件业完成利润总额情况

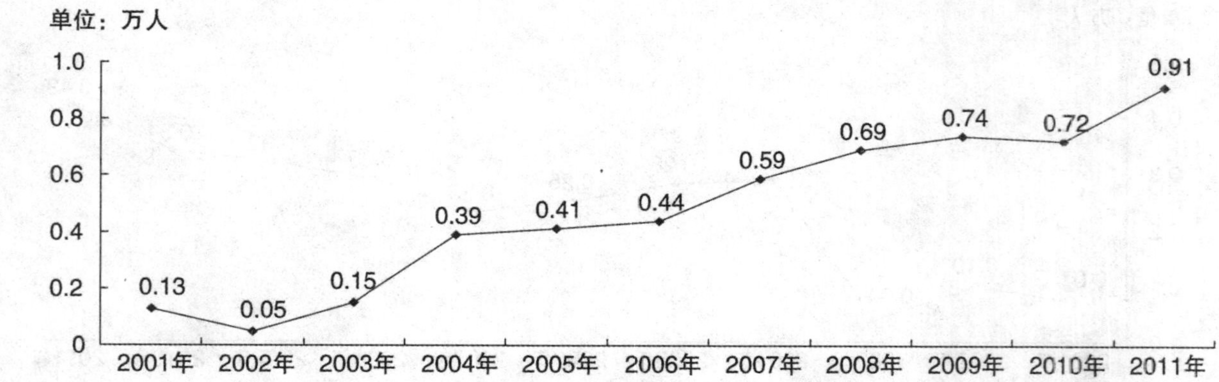

图206　2001—2011年新疆维吾尔自治区软件业从业人员情况

注：图1—图206数据来源于《电子信息产业改革开放30年统计资料》（1978-2007）、工业和信息化部运行监测协调局。

第10部分 政策环境

2011年电子信息产业政策法规环境建设

2011年，中国电子信息产业政策法规工作紧紧围绕产业发展新形势、新特点，切实加强全局性、前瞻性、战略性重大问题研究，务实推进体制改革，不断完善法律法规体系，加快政府职能转变和管理创新。中国电子信息产业发展的政策法规和体制环境得到进一步改善。

完善电子信息产业发展政策

工业转型升级规划（2011—2015年）发布 2011年12月30日，《国务院关于印发工业转型升级规划（2011—2015年）的通知》（国发［2011］47号）发布。《工业转型升级规划（2011—2015年）》（以下简称《规划》）将“增强电子信息产业核心竞争力”作为一项重要任务。

《规划》在“增强电子信息产业核心竞争力”专题中明确提出，要坚持创新引领、融合发展，攻克核心关键技术，深化技术和产品应用，积极拓展国内需求，引导产业向价值链高端延伸，着力提升产业核心竞争力。为实现这一要求，电子信息制造业确立了以转型升级为主线，坚持创新引领、应用驱动、融合发展的指导思想。

《规划》按照最终产品形态的不同，将电子信息制造业分为基础电子和整机产品。同时，在“提高工业信息化水平”章节中提到应用电子产业。其中，基础电子包括集成电路、关键电子元器件和材料、新型平板显示、发光二极管、太阳能光伏等领域；整机产品包括计算机与网络设备、通信设备及终端、数字视听等领域；应用电子包括机床电子、汽车电子、医疗电子、电力电子、航空电子、船舶电子等领域。《规划》明确了“十二五”电子信息制造业转型升级的主要任务和战略导向。

《进一步鼓励软件产业和集成电路产业发展的若干政策》出台 2011年1月28日，《国务院关于印发进一步鼓励软件产业和集成电路产业发展若干政策的通知》（国发［2011］4号，以下简称国发4号文件）发布。国发4号文件是国务院继续鼓励软件和信息技术服务业加快发展的重要扶持政策。2011年，工业和信息化部加快推动国发4号文件配套政策和实施细则的落实出台，积极营造良好政策环境，推动产业加快发展。

一是推动制定国发4号文件落实分工方案并报国务院批复后印发，明确目标，确定各部门责任。

二是以财税政策（软件增值税、企业所得税和营业税优惠政策）落实为重点，加强与相关部门的沟通和对接，广泛征求业界各方面的意见和建议，推动软件增值税、企业所得税等优惠政策实施细则尽快出台。

三是根据国发 4 号文件精神，开展全国软件企业认定和软件产品登记备案（以下简称“双软认定”）制度执行情况检查评估工作，认真梳理和总结双软认定工作情况，总结经验、发现问题，研究制定加强双软认定的工作方案。组织修订完善软件企业认定管理办法和软件产品管理办法，研究制定软件产品登记测试管理办法，进一步夯实落实国发 4 号文件的基础。

四是加强与国家发展和改革委员会等各有关部门的沟通，积极完善国家规划布局内重点软件企业认定管理办法，支持骨干软件企业做大做强。

发布《工业企业“信息化和工业化融合”评估规范》开展两化融合发展水平评估 2011 年 11 月 9 日，工业和信息化部以公告的形式发布《工业企业“信息化和工业化融合”评估规范》（试行）。为增强评估规范的可操作性，引导行业提高两化融合应用水平，工业和信息化部历时两年多，研究起草了《工业企业“信息化和工业化融合”评估规范》，并先后在钢铁等 17 个重点行业进行了测评。

2011 年，工业和信息化部开展了钢铁、冶金矿山、纯碱、有色、电解铝、机床、商用车、船舶、棉纺织、服装、家电、乳制品等 12 个细分行业的两化融合发展水平评估工作，形成了各行业两化融合发展水平评估报告。各行业评估报告从行业两化融合现状、特点、关键点等方面进行了详细分析，并对政府、行业中介机构、企业等提出了建议。12 个行业两化融合水平评估报告已向社会发布。

《物联网发展专项资金管理暂行办法》出台 为了促进物联网研发和应用，中央财政于 2011 年研究设立了物联网发展专项资金，用于支持物联网的技术研发与产业化、标准研究与制定、应用示范与推广和公共服务平台等方面的项目。2011 年 4 月，财政部、工业和信息化部联合印发了《物联网发展专项资金管理暂行办法》（财企 [2011] 64 号）。

2011 年 5 月，工业和信息化部、财政部下发《关于做好 2011 年物联网发展专项资金项目申报工作的通知》（工信厅联科［2011］88 号），提出了项目支持原则，明确了支持重点和申报条件，并要求各省市、各有关单位组织做好物联网专项资金的项目申报工作。通知下发后，全国各地方工业和信息化及财政主管部门、有关中央企业集团高度重视，积极开展申报项目的初审、推荐上报工作。

2011 年 6 月，工业和信息化部、财政部组织专家对上报项目进行了评审，并根据专家评审意见，研究确定了项目支持计划。2011 年物联网发展专项资金突出了以企业为主体、以技术研发和产业化为重点，总资金的 90% 支持了企业承担项目，总资金的 2/3 用于支持技术研发和产业化项目。

2011 年物联网发展专项资金所支持项目实施顺利。物联网发展专项资金充分发挥了国家财政资金的引导作用，贯彻落实了“推动物联网关键技术研发和在重点领域的应用示范”的重点任务，支持鼓励了全国物联网技术研发、产业发展的积极性，加强了对于物联网技术创新、产业发展的支持力度，推动了物联网在重点行业、领域的应用发展，推进了产业链完善和产业化进程，促进了中国物联网的快速有序发展。

国务院发布稀土行业持续健康发展 22 条意见 2011 年5 月 10 日，国务院发布《关于促进稀土行业持续健康发展的若干意见》（以下简称《意见》），全文共 22 条。

《意见》指出，将大幅提高稀土资源税征收标准，抑制资源开采暴利。改革稀土产品价格形成机制，加大政策调控力度，逐步实现稀土价值和价格的统一。

《意见》要求按照国家储备与企业（商业）储备、实物储备和资源（地）储备相结合的方式，建立稀土战略储备。此外，积极推进行业兼并重组，工业和信息化部要会同有关部门尽快制定推进稀土行业兼并重组的实施方案。

《意见》还指出，要加快转变稀土行业发展方式，促进稀土产业结构调整，严格控制开采和冶炼分离能力，大力发展稀土新材料及应用产业，进一步巩固和发挥稀土战略性基础产业的重要作用，确保稀土行业持续健康发展。

《产业关键共性技术发展指南（2011）》发布 2011 年 7 月 1 日，工业和信息化部发布《产业关键共性技术发展指南（2011）》（工信部科 [2011] 320 号，以下简称《指南》）。《指南》包括了八大领域 176 项技术。《指南》印发主要是用于指导关键共性技术的发展和应用，引导地方、行业、企业和研究机构开展针对性的技术创新工作。

在电子制造业领域，《指南》提出要大力发展集成电路大规模生产先进工艺技术、万吨级多晶硅生产技术、高效晶硅电池制造技术、硅基薄膜电池制造技术、LED外延及芯片制造共性关键工艺技术、物联网感知技术、数字音视频编解码技术等。

在软件和信息技术服务业领域，《指南》提出要大力发展云计算软件技术、物联网软件技术、数字内容产业关键技术、云计算系统可靠性评测技术等。

在通信业领域，《指南》提出要大力发展IPv6过渡关键技术、移动互联网关键技术、云计算虚拟化运维关键技术、物联网系统可靠性及安全性评测技术等。

在信息化和生产性服务业领域，《指南》提出要大力发展绿色制造与节能减排信息化综合支持技术、基于物联网的工业品管控技术、企业信息化IT治理与综合集成技术、面向精密制造业的自动测量技术等。

加强法制建设，推进依法行政

推进《电信法》、《无线电管理条例》等立法和修订工作 2011年，工业和信息化部加强与全国人大法工委、国务院法制办以及有关部门协调沟通，积极推动《电信法》立法工作。深入研究《电信法》立法进程中的主要问题，召开专题会议研究关于三网融合、互联网管理、职责争议、不对称管制等问题的处理意见。协助国务院法制办开展《电信法》立法调研、论证工作，配合国务院法制办进一步修改完善《电信法》（草稿）。研究将《电信设施保护条例》并入《电信法》事宜并组织提出意见。积极推进《无线电管理条例》修订工作，配合国务院法制办形成《无线电管理条例（修订草稿）》。

组织召开信息化法律制度交流座谈会 2011年10月21日，工业和信息化部政策法规司在贵阳组织召开“信息化法律制度交流座谈会”，部分省（区、市）工业和信息化主管部门参加了会议。

会议是根据工业信息化立法部省联动机制的安排召开的专题会议。会上，工业和信息化部电子科学技术情报研究所的研究人员报告了国外和地方信息化立法的专题研究情况。与会代表介绍了本单位信息化立法的有关情况，交流了有关立法经验，一致认为此次专题会议为地方立法工作搭建了交流平台，通过该平台可以节省立法成本，加深对立法项目的认识，提高立法的针对性及可操作性，并提出了一些建设性意见和建议。

《军工关键设备设施管理条例》公布 2011年6月24日，国务院总理温家宝、中央军委主席胡锦涛签署第598号国务院、中央军委令，公布《军工关键设备设施管理条例》（以下简称《条例》）。

《条例》共25条。制定这一条例，是为了保持和提高国防科研生产能力，加强军工关键设备设施的管理，保障军工关键设备设施的安全、完整和有效使用。

《条例》要求，企业、事业单位应当建立健全军工关键设备设施使用管理制度，保证军工关键设备设施的安全、完整和有效使用，并对其占有、使用的军工关键设备设施的名称、规格、性能、状态、数量、权属等基本情况作完整记录。

《条例》自2011年10月1日起施行。

《废弃电器电子产品回收处理管理条例》施行 《废弃电器电子产品回收处理管理条例》（以下简称《条例》）于2008年8月20日经国务院第23次常务会议审议通过，2011年1月1日起正式施行。

《条例》的正式施行标志着作为电子产品的生产、消费大国，中国已形成了一套完善的废旧电器电子产品回收和处理体系。《条例》鼓励电器电子产品的生产者自行或者委托销售者、维修机构、售后服务机构等回收废弃电器电子产品。《条例》规定，电器电子产品销售者、维修机构、售后服务机构应当在其营业场所显著位置标注废弃电器电子产品回收处理提示性信息。

《条例》规定，国家对废弃电器电子产品处理实行资格许可制度。申请废弃电器电子产品处理资格，应具备完善的废弃电器电子产品处理设施和与所处理的废弃电器电子产品相适应的分拣、包装以及其他设备。

《卫星移动通信系统终端地球站管理办法》出台 2011年4月21日，工业和信息化部公布了《卫星移动通信系统终端地球站管理办法》（中华人民共和国工业和信息化部令第19号，以下简称《办法》）。

《办法》规定了移动地球站的含义，即：使用卫星移动业务频率的卫星移动通信系统中民用的船载终端、航空器载终端、车载终端、固定终端、便携式终端和手持机。规定了设置使用移动地球站的条件：使用工业和信息化部批准的卫星移动通信系统或者卫星移动业务频率，通过工业和信息化部批准的境内关口地球站进行通信，并通过国家批准的在境内经营卫星移动通信业务的服务提供者办理入网手续。规定了申请办理陆地移动地球站注册登记手续需要提交的材料。

《办法》规定了境内经营者的义务。规定境内经营者负有代用户办理陆地移动地球站无线电台注册登记手续的义务；规定境内经营者入网开通各种类型或者型号的陆地移动地球站设备，应当提前四十五日填写《移动地球站技术资料备案表》报工业和信息化部备案；规定境内经营者应当按照工业和信息化部的要求报送系统中移动地球站的有关资料，配合无线电管理机构对系统中的移动地球站进行监督管理。

《办法》对陆地移动地球站的临时设置使用进行了规定。规定应对突发事件、危及人民生命财产安全等紧急情况的，可以临时设置使用未取得电台执照的陆地移动地球站，但是应当及时向临时设置使用地的省、自治区、直辖市无线电管理机构报告。规定临时设置使用移动地球站，涉及使用未经批准的卫星移动通信系统或者卫星移动业务频率的，应当向工业和信息化部提出申请。

《办法》规定境外短期来华的团体和个人临时入境使用已在境外办理入网手续的陆地移动地球站的，由国内接待单位或者对口的业务主管部门向工业和信息化部提交书面申请、使用人身份证明材料和相关技术材料。经审查批准、领取电台执照后方可在境内设置使用，使用期限不得超过六个月。

《办法》规定了违反规定擅自设置使用陆地移动地球站的法律责任和未按照规定办理注册登记手续和注销手续的法律责任。

《规范互联网信息服务市场秩序若干规定》出台 2011年12月29日，工业和信息化部公布了《规范互联网信息服务市场秩序若干规定》（中华人民共和国工业和信息化部令第20号，以下简称《若干规定》）。《若干规定》主要对互联网信息服务活动中的下述事项进行了规范：

一是明确了禁止实施的侵犯其他互联网信息服务提供者权益的行为。《若干规定》以“列举加概括”的方式规定了互联网信息服务提供者不得实施的行为，包括：恶意干扰用户终端上其他互联网信息服务提供者的服务，或者产品的下载、安装、运行和升级；捏造、散布虚假事实损害其他互联网信息服务提供者的合法权益等。其中，考虑到反病毒等安全软件之间不兼容是正常的，宜通过市场机制解决安全软件兼容问题，《若干规定》仅禁止“恶意”实施的不兼容。

二是规范了互联网“评测”活动。提供平台供用户评价，或者以其他方式对互联网信息服务或者产品的性能等进行评价和测试，已成为互联网信息服务模式之一。为了防止互联网信息服务提供者操纵评测结果、滥用评测活动，《若干规定》要求评测活动应当客观公正；在公开评测结果的同时应当全面完整地提供与评测活动相关的信息；评测方与被评测方的服务相同或者功能类似的，在评测结果中不得含有其主观评价；评测方不得利用评测结果，欺骗、误导、强迫用户对被评测方的服务或者产品作出处置。《若干规定》还就被评测方对评测结果的异议作了规定，允许其就评测结果进行再评测，并规定评测方应当予以配合。《若干规定》在对评测活动、评测结果进行规范的同时，设置了相应的处罚措施。对于违反有关规定开展评测活动、可能对用户权益产生重大影响的，还可以依据《若干规定》设立的“报告”和“叫停”制度予以处理。

三是明确了禁止实施的侵犯用户合法权益的行为。《若干规定》针对互联网信息服务过程中易于出现的侵犯用户合法权益的行为，参照《合同法》和《电信条例》的规定，规定了互联网信息服务提供者不得实施的八种行为，包括：无正当理由拒绝、拖延向用户提供服务或者产品；限定用户使用其指定的服务或者产品等。

四是规范了在用户终端上安装、运行或者捆绑软件的行为。《若干规定》要求在用户终端上进行软件下载、安装、运行、升级、卸载等操作的，应当事先征得用户同意并提供明确完整的软件功能等信息，禁止欺骗、误导或者强迫用户安装、运行软件。对于互联网信息服务终端软件捆绑其他软件的行为，《若干规定》要求互联网信息服务提供者以显著方式提示用户，并提供独立的卸载或者关闭方式。

五是规范了广告窗口弹出行为。互联网信息服务提供者在用户终端上弹出广告窗口，是用户反映强烈的问题。考虑到中国互联网信息服务的免费模式建立在广告收入补贴的基础上，如果完全禁止弹出广告窗口，将改变现有互联网信息服务的商业模式，最终将损害用户的利益，影响互联网产业的发展。针对这个问题，《若干规定》要求互联网信息服务提供者以显著的方式向用户提供关闭或者退出窗口的功能标识。

六是强化了对用户个人信息的保护。《若干规定》在将“用户个人信息”界定为“与用户相关、能够单独或者与其他信息结合识别用户的信息”的基础上，对用户个人信息的收集、使用行为作了原则性规定。同时要求：互联网信息服务提供者应当妥善保管用户个人信息，不得擅自提供给他人；保管的用户个人信息泄露或者可能泄露的，应当立即采取补救措施；造成或者可能造成严重后果的，应当立即报告电信管理机构并配合调查处理。

深化行政审批制度改革 2011 年，工业和信息化部在取消和下放管理层级行政审批项目基础上，重点推进行政审批规范化工作。组织编写了《工业和信息化部许可项目实施情况表》和流程图模板，用于指导各业务司局具体许可项目实施程序及流程图的编制。2011 年，工业和信息化部保留的 56 项许可项目中的 53 项已完成了实施程序和流程图编制，并通过部门户网站向社会公开。通信建设等条件成熟的许可事项，实现了在线办理。电子认证、通信建设、电信业务等许可项目的审批结果实现了网上公示。

经济体制改革和企业社会责任建设

加强经济体制改革研究和对重点领域改革的统筹协调 2011 年，在经济体制改革方面，组织开展了三网融合体制机制问题研究、大部门体制改革研究、创新行业管理专题研究、推进企业社会责任建设研究等热点问题和前瞻性问题研究，形成的研究成果为相关决策起到了重要参考作用。

将三网融合和完善中小企业发展政策等重点改革工作任务分解落实到部内相关司局，明确时序进度和工作要求。建立健全改革工作协调机制，坚持改革情况定期报送制度，及时发现和分析改革中出现的新情况、新问题，并研究提出相应的对策措施。

“三网融合”取得新进展 第一阶段试点任务圆满完成。第一批 12 个试点地区（城市）确定后，为保证试点工作有序开展，协调小组办公室组织各试点地区制定试点实施方案。经审核并完善后，于 2011 年 2 月和 4 月分两批对 12 个试点地区给予了函复。各试点地区的电信企业和广电播出机构按照有关要求，在继续修改完善试点实施方案的同时，加快建成了内容分发、用户和计费管理等业务系统，完成了系统相互对接、全流程业务验证等前期工作，为合作开展融合业务奠定了基础。电信和广电部门积极探索产业协作新模式，促进广电、电信业务双向进入，实现互利共赢。截至 2011 年底，全国 IPTV 用户达到 1 350 万，手机电视和手机视频用户达到 5 900 万。

三网融合促进网络建设改造和共建共享。2011 年，工业和信息化部继续按照《关于推进光纤宽带网络建设的意见》和《关于推进第三代移动通信网络建设的意见》要求，大力推动 3G 网络和宽带网络建设。中国电信全面启动“宽带中国 光网城市”工程，加快光进铜退和 FTTH 建设，全面实施宽带提速，南方城市地区 20M 接入带宽覆盖率达 73%；中国联通以光进铜退工程为基础，着重加快城市地区光纤到户进程，同时在农村地区加快扩展宽带覆盖范围并提升接入速率。截至 2011 年底，宽带接入用户达到 1.56 亿，3G 用户达到 1.28 亿。

在统筹规划和共建共享方面，工业和信息化部鼓励具备条件的长途和城域网设施开放共享，新建的实施共建，同时，推动各地将通信网络建设纳入当地土地利用总体规划和城乡规划。但电信网与有线电视网的统筹规划和共建共享机制尚未建立。

第二阶段试点工作正式启动。三网融合协调小组办公室在全面总结第一阶段试点经验和各省（区、市）申报基础上，审核提出了第二阶段试点城市推荐名单。《国务院办公厅关于印发三网融合第二阶段试点地区（城市）名单的通知》（国办函 [2011] 164 号）于 2011 年 12 月 30 日发布，第二阶段试点工作正式启动。

附：三网融合第二阶段试点地区（城市）名单

一、直辖市（2 个）

天津市、重庆市

二、计划单列市（1 个）

浙江省宁波市

三、省会、首府城市（22 个）

石家庄市、太原市、呼和浩特市、沈阳市、长春市、合肥市、福州市、南昌市、济南市、郑州市、广州市、南宁市、海口市、成都市、贵阳市、昆明市、拉萨市、西安市、兰州市、西宁市、银川市、乌鲁木齐市

四、其他城市（17 个）

江苏省扬州市、泰州市、南通市、镇江市、常州市、无锡市、苏州市，湖北省孝感市、黄冈市、鄂州市、黄石市、咸宁市、仙桃市、天门市、潜江市，广东省佛山市、云浮市

完善扶持中小企业发展的政策 加强中小企业发展的政策协调。发挥国务院促进中小企业发展领导小组办公室协调机制的作用，加强政策协调，研究提出进一步支持小型微型企业健康发展的政策建议等。2011 年 10 月 12 日，国务院第 175 次常务会议研究确定了扶持小微企业发展的金融财税政策措施。这是继国发 36 号文件之后，国务院扶持中小企业发展的又一重大举措，标志着扶持小微企业发展的财税、金融政策取得了新突破。

修订中小企业划型标准。中小企业划型标准是研究制定和实施中小企业政策的重要基础和依据。2011 年 6 月 18 日经国务院同意后由工业和信息化部、国家统计局、国家发展和改革委员会和财政部联合发布实施。新标准增加了微型企业标准，扩大了行业覆盖范围，对政府研究制定并实施更有针对性的政策提供依据。

发布《“十二五”中小企业成长规划》。工业和信息化部于 2011 年 9 月发布《“十二五”中小企业成长规划》（工信部规 [2011] 434 号），这是中国第一个关于中小企业发展的国家级专项规划。规划明确提出了“十二五”时期进一步增强创业创新活力、提高产业集群发展水平、提升企业管理水平、完善中小企业服务体系等促进中小企业发展的主要任务，把“专精特新”之路作为促进中小企业成长的重要途径，把集聚发展作为促进中小企业成长的着力点，推动中小企业自主创新和转型发展，切实提高中小企业发展的质量和效益。

清理和减少涉企收费。自 2011 年 2 月 1 日起，在全国统一取消 31 项涉企行政事业性收费和 20 项社团收费；自 2012 年 1 月 1 日至 2014 年 12 月 31 日，对小型微型企业免征管理类、登记类和证照类等部分行政事业性收费；自 2012 年 2 月 1 日起，取消 253 项各省、自治区、直辖市设立的涉企行政事业性收费。

中小企业服务体系建设步伐加快。工业和信息化部、科技部、财政部、人力资源和社会保障部和国家税务总局联合印发了《关于加快推进中小企业服务体系建设的指导意见》（工信部联企业 [2011] 575 号），提出了培育服务队伍、加快服务平台建设、创新服务机制和加强措施保障等意见。工业和信息化部认定了首批 99 家国家中小企业公共服务示范平台，各省认定了 1 131 家省级公共服务平台。2011 年，中央财政安排 3.5 亿元中小企业服务体系发展专项资金，支持了 10 个省市中小企业公共服务平台网络建设和中国中小企业信息网建设，支持开展了中小企业信息咨询、人才培训等服务活动。

深入推进电子信息产业企业社会责任建设 《工业转型升级规划（2011—2015 年）》在“主要目标”中提出，“十二五”时期工业企业社会责任建设要取得积极进展。同时在“重点工作任务”和“保障措施”中明确提出要推进工业企业的社会责任体系建设，建立重点企业社会责任信息披露制度；加强企业管理和企业家队伍建设，积极推进企业社会责任建设；充分发挥行业协会、中介组织等在推动企业社会责任建设等方面的积极作用。2011 年，工业和信息化部政策法规司明确电子信息产业领域作为工业通信业企业社会责任建设行业试点。

深入推进电子信息产业领域企业社会责任建设试点工作。2011 年 1 月 24 日，召开纺织、电子行业企业社会责任工作座谈会，研究中国纺织企业社会责任管理体系（CSC9000T）向电子信息产业领域推广问题。同年 7 月 18 日，召开电子信息行业企业社会责任建设工作研讨会，会议讨论了中国电子工业标准化技术协会工作机构组建方案，对管理体系文件定位、关注的议题、研究方法、分工和实施办法等问题进行了研讨，并对下一步工作进行了部署。8 月 26 日，政策法规司组织召开专题会议，研究制定中国电子信息企业社会责任标准和管理体系问题。

推动成立中国电子工业标准化技术协会社会责任工作委员会。在工业和信息化部政策法规司指导下，经民政部批准，中国电子工业标准化技术协会社会责任工作委员会（以下简称“中电标协社责委”）正式成立。成立大会暨首届会员大会和成立仪式分别于 2011 年 12 月 21、22 日在北京举行。这是民政部批准成立的全国第一个专门从事企业社会责任建设工作的机构。组建中电标协社责委，旨在进一步推进电子信息产业行业社会责任建设，研究、制定和推广电子信息企业社会责任规范和相关应用工具，为企业履行社会责任搭建全方位的建设、服务和交流平台。

首批 23 家会员向全国电子信息企业发起“积极履行社会责任”的倡议，呼吁全国电子信息行业的所有利益相关方携起手来，共同为电子信息行业全面可持续发展贡献力量，为保持绿色环境，创造繁荣、和谐的社会而不懈努力，希望更多电子信息产业领域的企业积极参加中电标协社责委工作和活动。

发起倡议的企业和单位名单：

1. 中国电子科技集团公司及所属 50 家成员单位
2. 中国普天信息产业股份有限公司
3. 联想集团
4. 海信集团有限公司
5. TCL 集团
6. 京东方科技集团股份有限公司
7. 浪潮电子信息产业股份有限公司
8. 曙光信息产业（北京）有限公司
9. 创益科技发展有限公司
10. 上海宝信软件股份有限公司
11. 福州福昕软件有限公司
12. 无锡永中软件有限公司
13. 中标软件有限公司
14. 东方钢铁电子商务有限公司
15. 易安信电脑系统（中国）有限公司
16. 微软（中国）有限公司
17. 索尼（中国）有限公司
18. 中国电子技术标准化研究所
19. 中国电子信息产业发展研究院
20. 中国电子质量管理协会
21. 中国国际贸易促进协会电子分会
22. 中国印刷电路行业协会
23. 薄膜太阳能电池标准工作委员会

[供稿：郭秀明 孙华庆 审稿：范斌]

国务院关于印发进一步鼓励软件产业和集成电路产业发展若干政策的通知

国发 [2011] 4 号

各省、自治区、直辖市人民政府，国务院各部委、各直属机构：

现将《进一步鼓励软件产业和集成电路产业发展的若干政策》印发给你们，请认真贯彻执行。

软件产业和集成电路产业是国家战略性新兴产业，是国民经济和社会信息化的重要基础。近年来，在国家一系列政策措施的扶持下，经过各方面共同努力，我国软件产业和集成电路产业获得较快发展。制定实施《进一步鼓励软件产业和集成电路产业发展的若干政策》，继续完善激励措施，明确政策导向，对于优化产业发展环境，增强科技创新能力，提高产业发展质量和水平，具有重要意义。各地区、各有关部门要高度重视，加强组织领导和协调配合，抓紧制定实施细则和配套措施，切实抓好落实工作。发展改革委要会同有关部门及时跟踪了解政策执行情况，加强督促指导，确保取得实效。

国务院

二〇一一年一月二十八日

进一步鼓励软件产业和集成电路产业发展的若干政策

《国务院关于印发鼓励软件产业和集成电路产业发展若干政策的通知》（国发 [2000] 18 号，以下简称国发 18 号文件）印发以来，我国软件产业和集成电路产业快速发展，产业规模迅速扩大，技术水平显著提升，有力推动了国家信息化建设。但与国际先进水平相比，我国软件产业和集成电路产业还存在发展基础较为薄弱，企业科技创新和自我发展能力不强，应用开发水平急待提高，产业链有待完善等问题。为进一步优化软件产业和集成电路产业发展环境，提高产业发展质量和水平，培育一批有实力和影响力的行业领先企业，制定以下政策。

一、财税政策

（一）继续实施软件增值税优惠政策。

（二）进一步落实和完善相关营业税优惠政策，对符合条件的软件企业和集成电路设计企业从事软件开发与测试，信息系统集成、咨询和运营维护，集成电路设计等业务，免征营业税，并简化相关程序。具体办法由财政部、税务总局会同有关部门制定。

（三）对集成电路线宽小于 0.8 微米（含）的集成电路生产企业，经认定后，自获利年度起，第一年至第二年免征企业所得税，第三年至第五年按照 25%的法定税率减半征收企业所得税（以下简称企业所得税“两免三减半”优惠政策）。

（四）对集成电路线宽小于 0.25 微米或投资额超过 80 亿元的集成电路生产企业，经认定后，减按 15%的税率征收企业所得税，其中经营期在 15 年以上的，自获利年度起，第一年至第五年免征企业所得税，第六年至第十年按照 25%的法定税率减半征收企业所得税（以下简称企业所得税“五免五减半”优惠政策）。

（五）对国家批准的集成电路重大项目，因集中采购产生短期内难以抵扣的增值税进项税额占用资金问题，采取专项措施予以妥善解决。具体办法由财政部会同有关部门制定。

（六）对我国境内新办集成电路设计企业和符合条件的软件企业，经认定后，自获利年度起，享受企业所得税“两免三减半”优惠政策。经认定的集成电路设计企业和符合条件的软件企业的进口料件，符合现行法律法规规定的，可享受保税政策。

（七）国家规划布局内的集成电路设计企业符合相关条件的，可比照国发 18 号文件享受国家规划布局内重点软件企业所得税优惠政策。具体办法由发展改革委会同有关部门制定。

（八）为完善集成电路产业链，对符合条件的集成电路封装、测试、关键专用材料企业以及集成电路专用设备相关企业给予企业所得税优惠。具体办法由财政部、税务总局会同有关部门制定。

（九）国家对集成电路企业实施的所得税优惠政策，根据产业技术进步情况实行动态调整。符合条件的软件企业和集成电路企业享受企业所得税“两免三减半”、“五免五减半”优惠政策，在 2017 年 12 月 31 日前自获利年度起计算优惠期，并享受至期满为止。符合条件的软件企业和集成电路企业所得税优惠政策与企业所得税其他优惠政策存在交叉的，由企业选择一项最优惠政策执行，不叠加享受。

二、投融资政策

（十）国家大力支持重要的软件和集成电路项目建设。对符合条件的集成电路企业技术进步和技术改造项目，中央预算内投资给予适当支持。鼓励软件企业加强技术开发综合能力建设。

（十一）国家鼓励、支持软件企业和集成电路企业加强产业资源整合。对软件企业和集成电路企业为实现资源整合和做大做强进行的跨地区重组并购，国务院有关部门和地方各级人民政府要积极支持引导，防止设置各种形式的障碍。

（十二）通过现有的创业投资引导基金等资金和政策渠道，引导社会资本设立创业投资基金，支持中小软件企业和集成电路企业创业。有条件的地方政府可按照国家有关规定设立主要支持软件企业和集成电路企业发展的股权投资基金或创业投资基金，引导社会资金投资软件产业和集成电路产业。积极支持符合条件的软件企业和集成电路企业采取发行股票、债券等多种方式筹集资金，拓宽直接融资渠道。

（十三）支持和引导地方政府建立贷款风险补偿机制，健全知识产权质押登记制度，积极推动软件企业和集成电路企业利用知识产权等无形资产进行质押贷款。充分发挥融资性担保机构和融资担保补助资金的作用，积极为中小软件企业和集成电路企业提供各种形式的贷款担保服务。

（十四）政策性金融机构在批准的业务范围内，可对符合国家重大科技项目范围、条件的软件和集成电路项目给予重点支持。

（十五）商业性金融机构应进一步改善金融服务，积极创新适合软件产业和集成电路产业发展的信贷品种，为符合条件的软件企业和集成电路企业提供融资支持。

三、研究开发政策

（十六）充分利用多种资金渠道，进一步加大对科技创新的支持力度。发挥国家科技重大专项的引导作用，大力支持软件和集成电路重大关键技术的研发，努力实现关键技术的整体突破，加快具有自主知识产权技术的产业化和推广应用。紧紧围绕培育战略性新兴产业的目标，重点支持基础软件、面向新一代信息网络的高端软件、工业软件、数字内容相关软件、高端芯片、集成电路装备和工艺技术、集成电路关键材料、关键应用系统的研发以及重要技术标准的制订。科技部、发展改革委、财政部、工业和信息化部等部门要做好有关专项的组织实施工作。

（十七）在基础软件、高性能计算和通用计算平台、集成电路工艺研发、关键材料、关键应用软件和芯片设计等领域，推动国家重点实验室、国家工程实验室、国家工程中心和企业技术中心建设，有关部门要优先安排研发项目。鼓励软件企业和集成电路企业建立产学研用结合的产业技术创新战略联盟，促进产业链协同发展。

（十八）鼓励软件企业大力开发软件测试和评价技术，完善相关标准，提升软件研发能力，提高软件质量，加强品牌建设，增强产品竞争力。

四、进出口政策

（十九）对软件企业和集成电路设计企业需要临时进口的自用设备（包括开发测试设备、软硬件环境、样机及部件、元器件等），经地市级商务主管部门确认，可以向海关申请按暂时进境货物监管，其进口税收按照现行法规执行。对符合条件的软件企业和集成电路企业，质检部门可提供提前预约报检服务，海关根据企业要求提供提前预约通关服务。

（二十）对软件企业与国外资信等级较高的企业签订的软件出口合同，政策性金融机构可按照独立审贷和风险可控的原则，在批准的业务范围内提供融资和保险支持。

（二十一）支持企业“走出去”建立境外营销网络和研发中心，推动集成电路、软件和信息服务出口。大力发展国际服务外包业务。商务部要会同有关部门与重点国家和地区建立长效合作机制，采取综合措施为企业拓展新兴市场创造条件。

五、人才政策

（二十二）加快完善期权、技术入股、股权、分红权等多种形式的激励机制，充分发挥研发人员和管理人员的积极性和创造性。各级人民政府可对有突出贡献的软件和集成电路高级人才给予重奖。对国家有关部门批准建立的产业基地（园区）、高校软件学院和微电子学院引进的软件、集成电路人才，优先安排本人及其配偶、未成年子女在所在地落户。加强人才市场管理，积极为软件企业和集成电路企业招聘人才提供服务。

（二十三）高校要进一步深化改革，加强软件工程和微电子专业建设，紧密结合产业发展需求及时调整课程设置、教学计划和教学方式，努力培养国际化、复合型、实用性人才。加强软件工程和微电子专业师资队伍、教学实验室和实习实训基地建设。教育部要会同有关部门加强督促和指导。

（二十四）鼓励有条件的高校采取与集成电路企业联合办学等方式建立微电子学院，经批准设立的示范性微电子学院可以享受示范性软件学院相关政策。支持建立校企结合的人才综合培训和实践基地，支持示范性软件学院和微电子学院与国际知名大学、跨国公司合作，引进国外师资和优质资源，联合培养软件和集成电路人才。

（二十五）按照引进海外高层次人才的有关要求，加快软件与集成电路海外高层次人才的引进，落实好相关政策。制定落实软件与集成电路人才引进和出国培训年度计划，办好国家软件和集成电路人才国际培训基地，积极开辟国外培训渠道。

六、知识产权政策

（二十六）鼓励软件企业进行著作权登记。支持软件和集成电路企业依法到国外申请知识产权，对符合有关规定的，可申请财政资金支持。加大政策扶持力度，大力发展知识产权服务业。

（二十七）严格落实软件和集成电路知识产权保护制度，依法打击各类侵权行为。加大对网络环境下软件著作权、集成电路布图设计专有权的保护力度，积极开发和应用正版软件网络版权保护技术，有效保护软件和集成电路知识产权。

（二十八）进一步推进软件正版化工作，探索建立长效机制。凡在我国境内销售的计算机（大型计算机、服务器、微型计算机和笔记本电脑）所预装软件必须为正版软件，禁止预装非正版软件的计算机上市销售。全面落实政府机关使用正版软件的政策措施，将软件购置经费纳入财政预算，对通用软件实行政府集中采购，加强对软件资产的管理。大力引导企业和社会公众使用正版软件。

七、市场政策

（二十九）积极引导企业将信息技术研发应用业务外包给专业企业。鼓励政府部门通过购买服务的方式将电子政务建设和数据处理工作中的一般性业务发包给专业软件和信息服务企业，有关部门要抓紧建立和完善相应的安全审查和保密管理规定。

鼓励大中型企业将其信息技术研发应用业务机构剥离，成立专业软件和信息服务企业，为全行业和全社会提供服务。

（三十）进一步规范软件和集成电路市场秩序，加强反垄断工作，依法打击各种滥用知识产权排除、限制竞争以及滥用市场支配地位进行不正当竞争的行为，充分发挥行业协会的作用，创造良好的产业发展环境。加快制订相关技术和服务标准，促进软件市场公平竞争，维护消费者合法权益。

（三十一）完善网络环境下消费者隐私及企业秘密保护制度，促进软件和信息服务网络化发展。逐步在各级政府机关和事业单位推广符合安全要求的软件产品。

八、政策落实

（三十二）凡在我国境内设立的符合条件的软件企业和集成电路企业，不分所有制性质，均可享受本政策。

（三十三）继续实施国发18号文件明确的政策，相关政策与本政策不一致的，以本政策为准。本政策由发展改革委会同财政部、税务总局、工业和信息化部、商务部、海关总署等部门负责解释。

（三十四）本政策自发布之日起实施。

关于印发《物联网发展专项资金管理暂行办法》的通知

财企 [2011] 64号

各省、自治区、直辖市、计划单列市财政厅（局）、工业和信息化主管部门，新疆生产建设兵团财务局、工业和信息化主管部门，有关中央管理企业：

为促进我国物联网健康发展，规范物联网发展专项资金的管理，根据《中华人民共和国预算法》等法律法规，我们制定了《物联网发展专项资金管理暂行办法》。现予印发，请遵照执行。执行中有何问题，请及时向我们反映。

附件：物联网发展专项资金管理暂行办法

财政部

二〇一一年四月六日

物联网发展专项资金管理暂行办法

第一章 总则

第一条 为了促进我国物联网健康发展，充分发挥财政资金的引导和扶持作用，规范物联网发展专项资金（以下简称专项资金）的管理，根据财政预算管理规定，特制定本办法。

第二条 专项资金是由中央财政预算安排，用于支持物联网研发、应用和服务等方面的专项资金。

第三条 专项资金的使用应当突出支持企业自主创新，体现以企业为主体、市场为导向、产学研用相结合的技术创新战略，符合国家宏观经济政策、产业政策和区域发展政策，坚持公开、公正、公平的原则，确保专项资金的规范、安全和高效使用。专项资金鼓励和支持企业以产业联盟组织形式开展物联网研发及应用活动。

第四条 专项资金由财政部、工业和信息化部各司其职，各负其责，共同管理。

财政部负责专项资金的预算管理、项目资金分配和资金拨付，并对专项资金的使用情况进行监督检查。

工业和信息化部负责确定专项资金的年度支持方向和支持重点，会同财政部组织项目评审，确定项目支持计划，并对项目实施情况进行监督检查。

第二章 支持范围与方式

第五条 专项资金的支持范围包括物联网的技术研发与产业化、标准研究与制订、应用示范与推广、公共服务平台等方面的项目。

第六条 项目申报单位应当具备以下资格条件：

（一）在中华人民共和国境内注册的独立法人；

（二）财务管理制度健全，会计信用和纳税信用良好；

（三）财务状况良好，具备承担项目的财务投资能力；

（四）专业技术人员不少于15人，其中高级职称不少于5人；

（五）拥有相应的专利、软件著作权或省部级以上认定的科技成果等研发成果，以及具有相应的市场应用基础。

第七条 项目申报单位应同时提供下列资料：

（一）法人执照副本及章程（复印件并加盖单位公章）；

（二）项目可行性研究报告；

（三）经会计师事务所审计的上一年度会计报表和

审计报告（复印件并加盖单位公章）；

（四）相应的专利、软件著作权或省部级以上认定的科技成果等证明材料，以及已开展的市场应用方面的证明材料（复印件并加盖单位公章）；

（五）其他需提供的资料。

第八条 专项资金的支持采用无偿资助或贷款贴息方式。申请专项资金的项目原则上只采用一种支持方式。

无偿资助方式主要支持以自有资金为主投入的项目，贷款贴息方式主要支持以银行贷款为主投入的项目。原则上，技术研发、标准研究与制订、公共服务平台类项目，以无偿资助方式为主；产业化、应用示范与推广类项目以贷款贴息方式为主。

第九条 无偿资助额度或贷款贴息比例，由财政部根据专项资金年度预算安排及年度项目指南确定。

第十条 已通过其他渠道获取财政资金支持的项目，专项资金不再予以支持。

第三章 专项资金的申请与审核

第十一条 专项资金采取项目管理方式。工业和信息化部会同财政部根据国家宏观经济政策、产业政策以及行业发展规划，组织研究编制年度项目指南，明确专项资金年度支持方向和支持重点。

第十二条 省级工业和信息化主管部门应会同同级财政部门根据年度项目指南，组织做好本地区项目的初审工作。

第十三条 省级财政部门应会同同级工业和信息化主管部门依据项目初审意见，将审核汇总后的项目推荐名单和申请材料上报财政部与工业和信息化部。

第十四条 中央管理企业直接向财政部与工业和信息化部申报，中央部门（单位）所属企业通过归口管理部门申报。

第十五条 工业和信息化部会同财政部建立专家评审机制，组织技术、财务、市场等方面的专家对申报项目进行评审或委托专业咨询机构进行评估。

第十六条 工业和信息化部会同财政部依据专家评审意见或专业咨询机构评估意见，研究提出年度项目支持意见。

第十七条 财政部根据年度项目支持意见，确定项目资金及支持方式，下达专项资金预算指标，并根据规定及时拨付资金。

第十八条 项目承担单位收到专项资金后，按国家统一的财务会计制度规定处理。

第四章 监督检查

第十九条 各级财政部门与同级工业和信息化主管部门应加强对专项资金使用情况和项目实施情况的监督检查，对专项资金使用情况和项目实施进展情况采取定期或不定期检查。

第二十条 中央级项目承担单位应在项目完成后3个月内向财政部、工业和信息化部报送项目完成情况及专项资金的使用情况；地方级项目承担单位应在项目完成后3个月内向省级财政部门与工业和信息化主管部门报送项目完成情况及专项资金的使用情况；省级财政部门会同同级工业和信息化主管部门于项目完成后6个月内向财政部、工业和信息化部报送项目完成情况及专项资金使用情况的总结报告。

第二十一条 对弄虚作假骗取专项资金、不按规定用途使用专项资金的单位，财政部依据《财政违法行为处罚处分条例》（国务院令［2005］第427号）的有关规定进行处罚，并取消三年内的申报资格。项目因故中止（不可抗力因素除外），财政部将收回全部或部分专项资金。

第五章 附则

第二十二条 省级财政部门与工业和信息化主管部门可根据本地实际情况，比照本办法制定具体的实施办法。

第二十三条 本办法由财政部会同工业和信息化部负责解释。

第二十四条 本办法自发布之日起施行。

中华人民共和国国务院
中华人民共和国中央军事委员会 令

第598号

现公布《军工关键设备设施管理条例》，自2011年10月1日起施行。

国务院总理 温家宝

中央军委主席 胡锦涛

二〇一一年六月二十四日

军工关键设备设施管理条例

第一条 为了保持和提高国防科研生产能力，加强军工关键设备设施的管理，保障军工关键设备设施的安全、完整和有效使用，制定本条例。

第二条 本条例所称军工关键设备设施，是指直接用于武器装备科研生产的重要的实验设施、工艺设备、试验及测试设备等专用的军工设备设施。

军工关键设备设施的目录，由国务院国防科技工业主管部门会同军队武器装备主管部门、国务院国有资产监督管理机构和国务院有关部门制定。

第三条 国家对军工关键设备设施实行登记管理，对使用国家财政资金购建的用于武器装备总体、关键分系统、核心配套产品科研生产的军工关键设备设施的处置实行审批管理。

第四条 国务院国防科技工业主管部门会同国务院有关部门依照本条例规定，对全国军工关键设备设施进行管理。

省、自治区、直辖市人民政府负责国防科技工业管理的部门会同同级有关部门依照本条例规定，对有关军工关键设备设施进行管理。

第五条 军工关键设备设施管理，应当遵循严格责任、分工负责、方便有效的原则。

第六条 占有、使用军工关键设备设施的企业、事业单位（以下简称企业、事业单位）及其工作人员，负责军工关键设备设施管理的部门、单位及其工作人员，对知悉的国家秘密和商业秘密负有保密义务。

第七条 中央管理的企业负责办理所属单位军工关键设备设施的登记。国务院教育主管部门负责办理所属高等学校军工关键设备设施的登记。中国科学院负责办理所属科研机构军工关键设备设施的登记。

省、自治区、直辖市人民政府负责国防科技工业管理的部门负责办理本行政区域内前款规定以外的企业、事业单位军工关键设备设施的登记。

第八条 企业、事业单位应当自军工关键设备设施投入使用之日起30日内向负责登记的部门、单位提交载明下列内容的文件材料，办理登记手续：

（一）企业、事业单位的名称、住所等基本情况；

（二）军工关键设备设施的名称、产地、价值、性能、状态、资金来源、权属等基本情况。

企业、事业单位应当对其提交的文件材料的真实性负责。

第九条 负责登记的部门、单位应当自收到提交的文件材料之日起30日内办结登记，并对军工关键设备设施赋予专用代码。

第十条 军工关键设备设施登记的具体内容和专用代码，由国务院国防科技工业主管部门统一规定和分配。

第十一条 企业、事业单位占有、使用的军工关键设备设施损毁、报废、灭失或者权属发生变更的，应当自上述事实发生之日起 30 日内向负责登记的部门、单位报告。负责登记的部门、单位应当及时变更登记信息。

第十二条 负责登记的部门、单位应当按照国务院国防科技工业主管部门的规定将登记信息报送国务院国防科技工业主管部门。

国务院国防科技工业主管部门和负责登记的部门、单位可以根据需要，对登记信息进行核查。

第十三条 企业、事业单位应当建立健全军工关键设备设施使用管理制度，保证军工关键设备设施的安全、完整和有效使用，并对其占有、使用的军工关键设备设施的名称、规格、性能、状态、数量、权属等基本情况作完整记录。

第十四条 企业、事业单位应当按照国务院国防科技工业主管部门的规定，在需要特殊管控的军工关键设施外围划定安全控制范围，并在其外沿设置安全警戒标志。

第十五条 企业、事业单位改变其占有、使用的军工关键设备设施的用途的，应当向负责登记的部门、单位提交有关文件材料，办理补充登记。负责登记的部门、单位应当按照国务院国防科技工业主管部门的规定向国务院国防科技工业主管部门报送补充登记信息。

企业、事业单位改变使用国家财政资金购建的军工关键设备设施的用途，影响武器装备科研生产任务完成的，国务院国防科技工业主管部门应当及时予以纠正。

第十六条 企业、事业单位拟通过转让、租赁等方式处置使用国家财政资金购建的用于武器装备总体、关键分系统、核心配套产品科研生产的军工关键设备设施，应当经国务院国防科技工业主管部门批准。申请批准应当提交载明下列内容的文件材料：

（一）军工关键设备设施的名称、数量、价值、性能、使用等情况；

（二）不影响承担武器装备科研生产任务的情况说明；

（三）处置的原因及方式；

（四）受让人或者承租人的基本情况。

第十七条 国务院国防科技工业主管部门应当自收到处置申请之日起 30 日内，作出批准或者不予批准的决定。作出批准决定的，国务院国防科技工业主管部门应当向申请人颁发批准文件；作出不予批准决定的，国务院国防科技工业主管部门应当书面通知申请人，并说明理由。

国务院国防科技工业主管部门作出批准或者不予批准的决定，应当征求军队武器装备主管部门、国务院国有资产监督管理机构和国务院有关部门的意见。涉及国防科研生产能力、结构和布局调整的，应当按照国家有关规定会同军队武器装备主管部门、国务院国有资产监督管理机构和国务院有关部门，作出批准或者不予批准的决定。

企业、事业单位取得批准文件后，应当依照本条例第十一条的规定及时向负责登记的部门、单位报告。

第十八条 国有资产监督管理机构等有关部门依照法定职责和程序决定企业、事业单位合并、分立、改制、解散、申请破产等重大事项，涉及使用国家财政资金购建的用于武器装备总体、关键分系统、核心配套产品科研生产的军工关键设备设施权属变更的，应当征求国防科技工业主管部门的意见。

第十九条 企业、事业单位未依照本条例规定办理军工关键设备设施登记，或者其占有、使用的军工关键设备设施损毁、报废、灭失或者权属发生变更未及时向负责登记的部门、单位报告的，责令限期改正；逾期未改正的，处以 1 万元以上 2 万元以下罚款。

第二十条 企业、事业单位提交虚假文件材料办理登记的，责令改正，处以 1 万元以上 2 万元以下罚款。

第二十一条 企业、事业单位违反本条例规定，未经批准处置使用国家财政资金购建的用于武器装备总体、关键分系统、核心配套产品科研生产的军工关键设备设施的，责令限期改正，处以 50 万元以上 100 万元以下罚款，对直接负责的主管人员和其他直接责任人员处以 5 000 元以上 2 万元以下罚款；有违法所得的，没收违法所得。

第二十二条 企业、事业单位以欺骗、贿赂等不正当手段取得有关军工关键设备设施处置的批准文件的，处以 5 万元以上 20 万元以下罚款；对违法取得的批准文件依法予以撤销。

第二十三条 本条例规定的行政处罚，由国务院国防科技工业主管部门决定。但是，对本条例第七条第二款规定的企业、事业单位有本条例第十九条规定的违法行为的行政处罚，由省、自治区、直辖市人民政府负责国防科技工业管理的部门决定。

第二十四条 负责军工关键设备设施登记管理、处置审批管理的部门、单位的工作人员滥用职权、玩忽职守、徇私舞弊的，依法给予处分；构成犯罪的，依法追究刑事责任。

第二十五条 本条例自2011年10月1日起施行。

中华人民共和国工业和信息化部令

第19号

《卫星移动通信系统终端地球站管理办法》已经2011年3月23日中华人民共和国工业和信息化部第17次部务会议审议通过，现予公布，自2011年6月1日起施行。

部长：苗圩

二〇一一年四月二十一日

卫星移动通信系统终端地球站管理办法

第一条 为了规范卫星移动通信系统终端地球站的设置使用，避免和减少卫星移动通信系统之间、卫星移动通信系统与其他无线电业务系统之间的干扰，根据《中华人民共和国无线电管理条例》，制定本办法。

第二条 在中华人民共和国境内设置使用卫星移动通信系统终端地球站，适用本办法。

本办法所称卫星移动通信系统终端地球站（以下简称“移动地球站”），是指使用卫星移动业务频率的卫星移动通信系统中民用的船载终端、航空器载终端、车载终端、固定终端、便携式终端和手持机。

第三条 设置使用移动地球站的，应当使用中华人民共和国工业和信息化部（以下简称“工业和信息化部”）批准的卫星移动通信系统或者卫星移动业务频率；通过工业和信息化部批准的境内关口地球站进行通信，并通过国家批准的在境内经营卫星移动通信业务的服务提供者（以下简称“境内经营者”）办理入网手续。但是，本办法另有规定的除外。

第四条 设置使用卫星移动通信系统车载终端、固定终端、便携式终端和手持机（以下统称“陆地移动地球站”）的，应当按照本办法的规定向无线电管理机构申请办理无线电台注册登记手续，领取电台执照。

在具有中华人民共和国国籍的船舶或者航空器上设置使用卫星移动通信系统船载终端、航空器载终端的，应当按照《中华人民共和国无线电管理条例》的规定办理设置使用无线电台手续，领取电台执照。

第五条 工业和信息化部委托省、自治区、直辖市无线电管理机构负责受理陆地移动地球站无线电台注册登记手续的申请，核发电台执照。

第六条 陆地移动地球站的设置使用人可以自行办理无线电台注册登记手续，也可以委托为其办理入网手续的境内经营者代办。

第七条 陆地移动地球站的设置使用人或者其代理人应当向设置使用人住所地的省、自治区、直辖市无线电管理机构申请办理无线电台注册登记手续，领取电台执照。

申请办理无线电台注册登记手续，应当提交下列材料：

（一）《移动地球站注册登记申请表》（附录一）；

（二）单位证明或者个人身份证明材料的原件、复印件或者扫描件；

（三）已办理相关卫星移动通信系统入网手续的证明材料的原件、复印件或者扫描件。

受理单位在验证前款第二项、第三项材料的真实性后应当及时将原件退还申请人。

申请人可以通过受理单位指定的信息系统，进行网上申请。

第八条 申请材料不全、不符合法定形式的，无线电管理机构应当当场或者在五个工作日内一次告知申请人需要补正的全部内容。

申请材料齐全、符合法定形式和本办法规定的，无线电管理机构应当当场或者在二十个工作日内核发电台执照；不符合规定条件的，应当书面通知申请人不予核发电台执照并说明理由。

第九条 变更已领取电台执照的陆地移动地球站的设备或者使用人的，应当按照本办法的规定重新办理无线电台注册登记手续，换发电台执照。

停止使用已领取电台执照的陆地移动地球站的，应当到原发照机构办理注销手续，交回电台执照，并告知设备处理情况。

第十条 无线电管理机构应当自核发、换发或者注销电台执照之日起三十日内，将相关陆地移动地球站的有关资料和电台执照编号录入工业和信息化部的无线电管理相关数据库。

第十一条 境内经营者入网开通各种类型或者型号的陆地移动地球站设备，应当提前四十五日填写《移动地球站技术资料备案表》（附录二），报工业和信息化部备案。

资料齐备、真实的，工业和信息化部应当在相关设备入网使用前将上述陆地移动地球站技术资料录入工业和信息化部无线电管理相关数据库，并通知各省、自治区、直辖市无线电管理机构。

第十二条 境内经营者为陆地移动地球站设置使用人办理入网手续，应当告知其需按照本办法的规定办理无线电台注册登记手续，领取电台执照。

第十三条 境内经营者应当按照工业和信息化部的要求报送系统中移动地球站的有关资料，配合无线电管理机构对系统中移动地球站进行的监督管理。

第十四条 应对突发事件、危及人民生命财产安全等紧急情况的，可以临时设置使用未取得电台执照的陆地移动地球站，但是应当及时向临时设置使用地的省、自治区、直辖市无线电管理机构报告。紧急情况解除后需要继续使用的，应当按照本办法的规定办理无线电台注册登记手续，领取电台执照。

第十五条 临时设置使用移动地球站，涉及使用未经批准的卫星移动通信系统或者卫星移动业务频率的，应当向工业和信息化部提出申请。经审查批准、领取电台执照后方可设置使用，使用期限不得超过六个月。

第十六条 境外短期来华的团体和个人拟临时入境使用已在境外办理入网手续的陆地移动地球站的，由国内接待单位或者对口的业务主管部门向工业和信息化部提交书面申请、使用人身份证明材料和相关技术材料。经审查批准、领取电台执照后方可在境内设置使用，使用期限不得超过六个月。

第十七条 外国船载、航空器载移动地球站需要在我国境内使用的，其使用的频率应当经工业和信息化部批准，并遵守中华人民共和国缔结或者参加的国际条约和中华人民共和国的法律规定。

第十八条 移动地球站的设置使用人，应当接受无线电管理机构对其使用的设备和无线电台执照的核验和监督检查。

第十九条 违反本办法第三条、第十五条、第十六条规定，擅自设置使用陆地移动地球站的，按照《中华人民共和国无线电管理条例》第四十三条的规定处罚。

第二十条 违反本办法第四条第一款、第九条第一款规定的，由有关省、自治区、直辖市无线电管理机构责令限期改正；逾期不改的，按照《中华人民共和国无线电管理条例》第四十三条的规定处罚。

第二十一条 各国驻中华人民共和国使（领）馆和享有外交特权与豁免的国际组织驻中华人民共和国的代表机构设置使用移动地球站、外国领导人访华临时设置使用移动地球站的，应当事先通过外交途径向工业和信息化部提出申请。

第二十二条 本办法自2011年6月1日起施行。

附录一：移动地球站注册登记申请表（略）

附录二：移动地球站技术资料备案表（略）

中华人民共和国工业和信息化部令

第20号

《规范互联网信息服务市场秩序若干规定》已经2011年12月7日中华人民共和国工业和信息化部第22次部务会议审议通过，现予公布，自2012年3月15日起施行。

部长：苗圩

二〇一一年十二月二十九日

规范互联网信息服务市场秩序若干规定

第一条 为了规范互联网信息服务市场秩序，保护互联网信息服务提供者和用户的合法权益，促进互联网行业的健康发展，根据《中华人民共和国电信条例》、《互联网信息服务管理办法》等法律、行政法规的规定，制定本规定。

第二条 在中华人民共和国境内从事互联网信息服务及与互联网信息服务有关的活动，应当遵守本规定。

第三条 工业和信息化部和各省、自治区、直辖市通信管理局（以下统称“电信管理机构”）依法对互联网信息服务活动实施监督管理。

第四条 互联网信息服务提供者应当遵循平等、自愿、公平、诚信的原则提供服务。

第五条 互联网信息服务提供者不得实施下列侵犯其他互联网信息服务提供者合法权益的行为：

（一）恶意干扰用户终端上其他互联网信息服务提供者的服务，或者恶意干扰与互联网信息服务相关的软件等产品（“与互联网信息服务相关的软件等产品”以下简称“产品”）的下载、安装、运行和升级；

（二）捏造、散布虚假事实损害其他互联网信息服务提供者的合法权益，或者诋毁其他互联网信息服务提供者的服务或者产品；

（三）恶意对其他互联网信息服务提供者的服务或者产品实施不兼容；

（四）欺骗、误导或者强迫用户使用或者不使用其他互联网信息服务提供者的服务或者产品；

（五）恶意修改或者欺骗、误导、强迫用户修改其他互联网信息服务提供者的服务或者产品参数；

（六）其他违反国家法律规定，侵犯其他互联网信息服务提供者合法权益的行为。

第六条 对互联网信息服务提供者的服务或者产品进行评测，应当客观公正。

评测方公开或者向用户提供评测结果的，应当同时提供评测实施者、评测方法、数据来源、用户原始评价、评测手段和评测环境等与评测活动相关的信息。评测结果应当真实准确，与评测活动相关的信息应当完整全面。被评测的服务或者产品与评测方的服务或者产品相同或者功能类似的，评测结果中不得含有评测方的主观评价。

被评测方对评测结果有异议的，可以自行或者委托第三方就评测结果进行再评测，评测方应当予以配合。

评测方不得利用评测结果，欺骗、误导、强迫用户对被评测方的服务或者产品作出处置。

本规定所称评测，是指提供平台供用户评价，或者以其他方式对互联网信息服务或者产品的性能等进行评价和测试。

第七条 互联网信息服务提供者不得实施下列侵犯用户合法权益的行为：

（一）无正当理由拒绝、拖延或者中止向用户提供互联网信息服务或者产品；

（二）无正当理由限定用户使用或者不使用其指定

的互联网信息服务或者产品；

（三）以欺骗、误导或者强迫等方式向用户提供互联网信息服务或者产品；

（四）提供的互联网信息服务或者产品与其向用户所作的宣传或者承诺不符；

（五）擅自改变服务协议或者业务规程，降低服务质量或者加重用户责任；

（六）与其他互联网信息服务提供者的服务或者产品不兼容时，未主动向用户提示和说明；

（七）未经提示并由用户主动选择同意，修改用户浏览器配置或者其他设置；

（八）其他违反国家法律规定，侵犯用户合法权益的行为。

第八条 互联网信息服务提供者在用户终端上进行软件下载、安装、运行、升级、卸载等操作的，应当提供明确、完整的软件功能等信息，并事先征得用户同意。

互联网信息服务提供者不得实施下列行为：

（一）欺骗、误导或者强迫用户下载、安装、运行、升级、卸载软件；

（二）未提供与软件安装方式同等或者更便捷的卸载方式；

（三）在未受其他软件影响和人为破坏的情况下，未经用户主动选择同意，软件卸载后有可执行代码或者其他不必要的文件驻留在用户终端。

第九条 互联网信息服务终端软件捆绑其他软件的，应当以显著的方式提示用户，由用户主动选择是否安装或者使用，并提供独立的卸载或者关闭方式，不得附加不合理条件。

第十条 互联网信息服务提供者在用户终端弹出广告或者其他与终端软件功能无关的信息窗口的，应当以显著的方式向用户提供关闭或者退出窗口的功能标识。

第十一条 未经用户同意，互联网信息服务提供者不得收集与用户相关、能够单独或者与其他信息结合识别用户的信息（以下简称“用户个人信息”），不得将用户个人信息提供给他人，但是法律、行政法规另有规定的除外。

互联网信息服务提供者经用户同意收集用户个人信息的，应当明确告知用户收集和处理用户个人信息的方式、内容和用途，不得收集其提供服务所必需以外的信息，不得将用户个人信息用于其提供服务之外的目的。

第十二条 互联网信息服务提供者应当妥善保管用户个人信息；保管的用户个人信息泄露或者可能泄露时，应当立即采取补救措施；造成或者可能造成严重后果的，应当立即向准予其互联网信息服务许可或者备案的电信管理机构报告，并配合相关部门进行的调查处理。

第十三条 互联网信息服务提供者应当加强系统安全防护，依法维护用户上载信息的安全，保障用户对上载信息的使用、修改和删除。

互联网信息服务提供者不得有下列行为：

（一）无正当理由擅自修改或者删除用户上载信息；

（二）未经用户同意，向他人提供用户上载信息，但是法律、行政法规另有规定的除外；

（三）擅自或者假借用户名义转移用户上载信息，或者欺骗、误导、强迫用户转移其上载信息；

（四）其他危害用户上载信息安全的行为。

第十四条 互联网信息服务提供者应当以显著的方式公布有效联系方式，接受用户及其他互联网信息服务提供者的投诉，并自接到投诉之日起十五日内作出答复。

第十五条 互联网信息服务提供者认为其他互联网信息服务提供者实施违反本规定的行为，侵犯其合法权益并对用户权益造成或者可能造成重大影响的，应当立即向准予该其他互联网信息服务提供者互联网信息服务许可或者备案的电信管理机构报告。

电信管理机构应当对报告或者发现的可能违反本规定的行为的影响进行评估；影响特别重大的，相关省、自治区、直辖市通信管理局应当向工业和信息化部报告。电信管理机构在依据本规定作出处理决定前，可以要求互联网信息服务提供者暂停有关行为，互联网信息服务提供者应当执行。

第十六条 互联网信息服务提供者违反本规定第五条、第七条或者第十三条的规定，由电信管理机构依据职权责令改正，处以警告，可以并处一万元以上三万元以下的罚款，向社会公告；其中，《中华人民共和国电信条例》或者《互联网信息服务管理办法》规定法律责任的，依照其规定处理。

第十七条 评测方违反本规定第六条的规定的，由电信管理机构依据职权处以警告，可以并处一万元以上三万元以下的罚款，向社会公告。

第十八条 互联网信息服务提供者违反本规定第八条、第九条、第十条、第十一条、第十二条或者第十四条的规定的，由电信管理机构依据职权处以警告，可以并处一万元以上三万元以下的罚款，向社会公告。

第十九条 互联网信息服务提供者违反本规定第十五条规定，不执行电信管理机构暂停有关行为的要求的，由电信管理机构依据职权处以警告，向社会公告。

第二十条 互联网信息服务提供者违反其他法律、行政法规规定的，依照其规定处理。

第二十一条 本规定自2012年3月15日起施行。

第11部分　信息产业"十二五"相关规划

工业转型升级规划（2011—2015年）

前言

"十一五"期间，面对国际国内环境的深刻变化和风险挑战，在党中央、国务院的正确领导下，工业保持平稳较快发展，结构调整取得积极成效，有力地促进了经济社会又好又快发展。

"十二五"时期是全面建设小康社会的关键时期，是深化改革开放、加快转变经济发展方式的攻坚时期。工业是我国国民经济的主导力量，是转变经济发展方式的主战场。今后五年，我国工业发展环境将发生深刻变化，长期积累的深层次矛盾日益突出，粗放增长模式已难以为继，已进入到必须以转型升级促进工业又好又快发展的新阶段。转型就是要通过转变工业发展方式，加快实现由传统工业化向新型工业化道路转变；升级就是要通过全面优化技术结构、组织结构、布局结构和行业结构，促进工业结构整体优化提升。工业转型升级是我国加快转变经济发展方式的关键所在，是走中国特色新型工业化道路的根本要求，也是实现工业大国向工业强国转变的必由之路。

《工业转型升级规划（2011—2015年）》是指导今后五年我国工业发展方式转变的行动纲领，是落实《中华人民共和国国民经济和社会发展第十二个五年规划纲要》的具体部署，是工业领域其他规划的重要编制依据。

《工业转型升级规划（2011—2015年）》由工业和信息化部会同发展改革委、科技部、财政部、国土资源部、环境保护部、商务部、国资委及国防科工局、烟草局等部门和单位联合编制。

第一章　"十一五"工业发展回顾和"十二五"形势分析

第一节　"十一五"工业发展取得的主要成绩

"十一五"期间，我国工业发展经历了极不平凡的五年。面对国内外环境的复杂变化，中央果断实施了一系列强有力的宏观调控措施，有效应对了国际金融危机的巨大冲击和特大地震等自然灾害的严峻挑战，我国工业总体上保持了平稳较快发展，在新型工业化进程中迈出了坚实步伐。

工业保持持续快速增长。在全面应对金融危机过程中，及时制定出台的十大产业调整和振兴规划，对国民经济企稳回升和平稳较快发展发挥了重要作用。“十一五”期间，全部工业增加值年均增速达11.3%，全国城镇工业企业投资总额年均增速达26.1%，规模以上工业企业实现利润总额年均增速达30.2%。2010年，全部工业实现增加值16万亿元，占国内生产总值的40.2%，全国城镇工业企业完成投资9.9万亿元，规模以上工业企业实现利润总额4.2万亿元。

产业结构不断优化。组织实施重点产业调整和技术改造项目8 955项，带动社会投资1万亿元。“十一五”期间重点领域淘汰落后产能取得积极进展，其中淘汰炼铁产能1.2亿吨、水泥产能3.5亿吨、造纸产能1 070万吨。2010年全国高技术产品出口占全部商品出口的31.2%，较2005年提高3.1个百分点。企业兼并重组步伐加快，钢铁、汽车、船舶、水泥等行业产业集中度明显提高。东部向中西部地区产业转移步伐加快，“十一五”期间中西部地区工业增加值占全国工业增加值的比重提高5.8个百分点。

技术创新能力不断增强。到2010年，依托工业企业设立了127个国家工程研究中心、729个国家级企业技术中心和5 532个省级企业技术中心，企业发明专利申请数已占国内发明专利申请总数的53%。机械工业主要产品中约有40%的产品质量接近或达到国际先进水平。载人航天、探月工程、新支线飞机、大型液化天然气船（LNG）、高速轨道交通、时分同步码分多址接入通信（TD-SCDMA）、高性能计算机等领域取得一批重大技术创新成果。

节能减排和安全生产取得积极成效。“十一五”期间规模以上企业单位工业增加值能耗累计下降26%，单位工业增加值用水量下降36.7%，工业化学需氧量及二氧化硫排放总量分别下降17%和15%；工业固体废物综合利用率达69%，大宗固体废物等综合利用取得明显进展。工业企业本质安全生产水平不断提高，2010年工矿商贸事故死亡人数和工矿商贸企业就业人员10万人生产安全事故死亡率较2005年分别下降33%和45%。

中小企业发展和产业集聚水平不断提高。目前，全国各类中小企业达4 400万户（含个体工商户），完成了全国50%的税收，创造了60%的国内生产总值，提供了近80%的城镇就业岗位。中小企业发展的外部环境明显改善，社会化服务体系建设取得积极进展。各类产业集聚区成为工业发展的重要载体，东部地区工业园区实现工业产值已占本地区工业总产值的50%以上，中西部地区涌现出一批特色产业园区，128家国家新型工业化产业示范基地创建工作有序推进。

信息技术深化应用和军民融合式发展稳步推进。信息技术在研发设计、生产过程控制、节能减排、安全生产等领域的应用不断深化。国家级“两化”（工业化和信息化）融合试验区建设和重点行业信息化工作取得初步成效。2010年，我国实现软件业务收入1.3万亿元、电子商务交易额4.5万亿元，分别为2005年的3.3倍和3倍。民口单位获武器装备科研生产许可证已占全部许可证的2/3，国防科技工业完成民品产值占国防科技工业产值的74.5%。

对外开放和体制改革不断深化。目前，我国工业制成品出口额已占全球制成品贸易的1/7，较2005年提高5个百分点。2010年，制造业外商直接投资（FDI）为496亿美元，占全国实际利用外资的46.9%；企业对外直接投资遍布129个国家和地区，实现非金融类对外直接投资590亿美元，比2005年增加3.8倍。跨国公司在华设立的研发中心已超过1 400家，较“十五”末增长近一倍。国有工业大型企业布局调整步伐加快，非公有制经济发展环境不断完善。工业行业管理体系进一步健全。

经过五年的努力，我国工业整体素质明显改善，总体实力跃上新台阶。同时，必须清醒地看到，工业发展方式仍较为粗放，主要表现在：自主创新能力不强，关键核心技术和装备主要依赖进口；资源能源消耗高，污染排放强度大，部分“两高一资”行业产能过剩问题突出；规模经济行业产业集中度偏低，缺少具有国际竞争力的大企业和国际知名品牌，中小企业发展活力有待进一步增强；产业集聚和集群发展水平不高，产业空间布局与资源分布不协调；一般加工工业和资源密集型产业比重过大，高端制造业和生产性服务业发展滞后。这些矛盾和问题已严重制约工业持续健康发展，必须尽快加以研究解决。

第二节 “十二五”工业转型升级面临的形势

“十二五”时期，我国仍处于可以大有作为的重要战略机遇期，但工业发展的内外部环境发生深刻变化，既有国际金融危机带来的深刻影响，也有国内经济发展方式转变提出的紧迫要求，只有加快转型升级才能实现工业又好又快发展。

国际环境呈现新趋势。当今世界正处于大发展大变革大调整之中，我国工业发展面临的国际环境更趋复杂，既面临着难得机遇，也伴随着严峻挑战，给我国工业转型升级带来深刻影响。

——世界经济增长和市场需求发生新变化。当前和今后一个时期，经济全球化持续深入发展，为我国进一步实施“走出去”战略，提高在全球范围内的资源配置能力，拓展外部发展空间提供了新机遇。同时，国际金融危机影响深远，全球需求结构出现明显变化，贸易保护主义有所抬头，围绕市场、资源等方面的竞争更趋激烈，能源资源、气候变化等全球性问题错综复杂，世界经济的不确定性仍然较大，对我国工业转型升级形成新的压力。

——科技创新和新兴产业发展孕育新突破。信息网络、生物、可再生能源等新技术正在酝酿新的突破，全球范围内新兴产业发展进入加速成长期。我国在新兴产业领域已取得了一定突破，把握好全球经济分工调整的新机遇，加强战略部署和统筹规划，就有可能在新一轮国际产业竞争中抢占先机、赢得优势。同时，发达国家纷纷推行“制造业再造”，加紧在新兴科技领域前瞻布局，抢占未来科技和产业发展制高点的竞争日趋激烈，如果应对不当、贻误时机，我国在新技术和新兴产业领域与发达国家的差距有可能进一步拉大。

——全球化生产方式变革不断加快。随着信息技术与先进制造技术的深度融合，柔性制造、虚拟制造等日益成为世界先进制造业发展的重要方向。全球化、信息化背景下的国际竞争新格局，客观上为我国利用全球要素资源，加快培育国际竞争新优势创造了条件。同时，跨国公司充分利用全球化的生产和组织模式，以核心技术和专业服务牢牢掌控着全球价值链的高端环节，我国工业企业提升国际产业分工地位的任务还十分艰巨。

国内环境呈现新特征。今后五年，我国工业发展的基本条件和长期向好趋势没有改变，但传统发展模式面临诸多挑战，工业转型升级势在必行。

——城镇化进程和居民消费结构升级为工业转型升级提供了广阔空间。城镇化是扩大内需的最大潜力所在，巨大的消费潜力将转化为经济持续发展的强大动力。“十二五”期间，我国城镇化率将超过50%，内需主导、消费驱动、惠及民生的一系列政策措施将进一步引导居民消费预期，推动居民消费结构持续优化升级，为我国工业持续发展提供有力支撑。同时劳动力、土地、燃料动力等价格持续上升，生产要素成本压力加大，转型升级的约束相应增多。

——信息化、市场化与国际化持续深入发展为工业转型升级提供了重要契机。信息化发展正进入一个新的历史阶段，信息化与工业化深度融合日益成为经济发展方式转变的内在动力。近年来，资本、技术、劳动力等各类要素市场逐步健全，市场配置资源的深度和广度不断拓展，对外经济技术交流合作日益扩大，开放型经济体系不断完善，经济体制活力显著增强。同时，我国信息化和国际化水平与发达国家仍有较大差距，社会主义市场经济体制仍处于完善过程中，经济增长的内生动力还不足，健全与科学发展要求相适应的体制机制尚需较长过程。

——能源资源和生态环境约束更趋强化对工业转型升级提出了紧迫要求。随着资源节约型、环境友好型社会加快推进，绿色发展的体制机制将进一步完善，为工业节能减排、淘汰落后产能等创造良好环境，也将促进节能环保、新能源等新兴产业加速发展。同时，由于长期粗放式发展，我国工业能源资源消耗强度大，能源消耗和二氧化硫排放量分别占全社会能源消耗、二氧化硫排放总量的70%以上，钢铁、炼油、乙烯、合成氨、电石等单位产品能耗较国际先进水平高出10%-20%；矿产资源对外依存度不断提高，原油、铁矿石、铝土矿、铜矿等重要能源资源进口依存度超过50%。随着能源资源刚性需求持续上升，生态环境约束进一步加剧，对加快转变工业发展方式形成了“倒逼机制”。

总体上看，“十二五”时期是我国工业转型升级的攻坚时期。转型升级如能加快推进，就能推动我国经济社会进入良性发展轨道；如果行动迟缓，不仅资源环境难以承载，而且会错失重要的战略机遇期。必须积极创造有利条件，着力解决突出矛盾和问题，促进工业结构整体优化升级，加快实现由传统工业化向新型工业化道路的转变。

第二章 总体思路和主要目标

第一节 指导思想和基本要求

"十二五"工业转型升级，要坚持走中国特色新型工业化道路，按照构建现代产业体系的本质要求，以科学发展为主题，以加快转变经济发展方式为主线，以改革开放为动力，着力提升自主创新能力；推进信息化与工业化深度融合，改造提升传统产业，培育壮大战略性新兴产业，加快发展生产性服务业，全面优化技术结构、组织结构、布局结构和行业结构；把工业发展建立在创新驱动、集约高效、环境友好、惠及民生、内生增长的基础上，不断增强工业核心竞争力和可持续发展能力，为建设工业强国和全面建成小康社会打下更加坚实的基础。

工业转型升级涉及理念的转变、模式的转型和路径的创新，是一个战略性、全局性、系统性的变革过程，必须坚持在发展中求转变，在转变中促发展。基本要求是：

——坚持把提高发展的质量和效益作为转型升级的中心任务。正确处理好工业增长与结构、质量、效益、环境保护和安全生产等方面的重大关系，以提高工业附加值水平为突破口，全面优化要素投入结构和供给结构，改善和提升工业整体素质，强化工业企业安全保障，加快推动发展模式向质量效益型转变。

——坚持把加强自主创新和技术进步作为转型升级的关键环节。努力突破制约产业优化升级的关键核心技术，提高产业核心竞争力，完善产业链条，促进由价值链低端向高端跃升。支持企业技术改造，增强新产品开发能力和品牌创建能力，培育壮大战略性新兴产业。加快推动发展动力向创新驱动转变。

——坚持把发展资源节约型、环境友好型工业作为转型升级的重要着力点。健全激励与约束机制，推广应用先进节能减排技术，推进清洁生产。大力发展循环经济，加强资源节约和综合利用，积极应对气候变化。强化安全生产保障能力建设，加快推动资源利用方式向绿色低碳、清洁安全转变。

——坚持把推进"两化"深度融合作为转型升级的重要支撑。充分发挥信息化在转型升级中的支撑和牵引作用，深化信息技术集成应用，促进"生产型制造"向"服务型制造"转变，加快推动制造业向数字化、网络化、智能化、服务化转变。

——坚持把提高工业园区和产业基地发展水平作为转型升级的重要抓手。完善公共设施和服务平台建设，进一步促进产业集聚、集群发展。改造提升工业园区和产业集聚区，推进新型工业化产业示范基地建设。优化产业空间结构，加快推动工业布局向集约高效、协调优化转变。

——坚持把扩大开放、深化改革作为转型升级的强大动力。充分利用"两种资源、两个市场"，稳定外需、扩大内需，实现内需外需均衡发展。进一步深化改革，充分发挥市场配置资源的基础性作用，激发市场主体活力，加快推动宏观调控手段向更多依靠市场力量转变。

第二节 主要目标

根据走中国特色新型工业化道路和加快转变经济发展方式的总体要求，"十二五"时期要力争实现以下主要目标：

——工业保持平稳较快增长。全部工业增加值年均增长8%，工业增加值率较"十一五"末提高2个百分点，全员劳动生产率年均提高10%，经济运行的质量和效益明显提高。

——自主创新能力明显增强。规模以上工业企业研究与试验发展（R&D）经费内部支出占主营业务收入比重达到1%，重点骨干企业达到3%以上，以企业为主体的技术创新体系进一步健全。企业发明专利拥有量增加一倍，攻克和掌握一批达到世界领先水平的产业核心技术，重点领域和新兴产业的关键装备、技术标准取得突破。

——产业结构进一步优化。战略性新兴产业规模显著扩大，实现增加值占工业增加值的15%左右；面向工业生产的相关服务业发展水平明显提升。规模经济行业产业集中度明显提高，培育发展一批具有国际竞争力的企业集团。中小企业发展活力进一步增强。中西部地区工业增加值占比进一步提高。

——信息化和军民融合水平显著提高。重点骨干企业信息技术集成应用达到国际先进水平，主要行业关键工艺流程数控化率达到70%，大中型企业资源计划（ERP）普及率达到80%以上。军民资源开放共享程度明显提高，军民结合产业规模显著扩大。

——质量品牌建设迈上新台阶。新产品设计、开发能力和品牌创建能力明显增强，主要工业品质量标准接近或达到国际先进水平，食品、药品、纺织服装等民生产品的质量安全水平进一步提高。工业企业社会责任建设取得积极进展。

——资源节约、环境保护和安全生产水平显著提升。单位工业增加值能耗较“十一五”末降低21%左右，单位工业增加值用水量降低30%，单位工业增加值二氧化碳排放量减少21%以上；工业化学需氧量和二氧化硫排放总量分别减少10%，工业氨氮和氮氧化物排放总量减少15%；主要耗能行业单位产品能耗持续下降，重点行业清洁生产水平明显提升。安全生产保障能力进一步提升。

到“十二五”末，努力使我国工业转型升级取得实质性进展，工业的创新能力、抵御风险能力、可持续发展能力和国际竞争力显著增强，工业强国建设迈上新台阶。

第三章　工业转型升级的重点任务

坚持以市场为导向，以企业为主体，强化技术创新和技术改造，促进“两化”深度融合，推进节能减排和淘汰落后产能，合理引导企业兼并重组，增强新产品开

专栏 1：“十二五”时期工业转型升级的主要指标

类别	指标		2010 年	2015 年	累计变化
经济运行	工业增加值增速（%）				[8] ①
	工业增加值率提高（百分点）				2
	全员劳动生产率增速（%）				[10] ①
技术创新	规模以上企业 R&D 经费内部支出占主营业务收入比重（%）			>1.0	
	拥有科技机构的大中型工业企业比重（%）			>35	
产业结构	战略性新兴产业增加值占工业增加值比重（%）		7	15	8
	产业集中度（%）②	钢铁行业前 10 家	48.6	60	11.4
		汽车行业前 10 家	82.2	>90	7.8
		船舶行业前 10 家	48.9	>70	21.1
“两化”融合	主要行业大中型企业数字化设计工具普及率（%）		61.7	85.0	23.3
	主要行业关键工艺流程数控化率（%）		52.1	70.0	17.9
	主要行业大中型企业 ERP 普及率（%）			80.0	
资源节约和环境保护	规模以上企业单位工业增加值能耗下降（%）				21
	单位工业增加值二氧化碳排放量下降（%）				>21
	单位工业增加值用水量下降（%）				30
	化学需氧量、二氧化硫排放量下降（%）				10
	氨氮、氮氧化物排放量下降（%）				15
	工业固体废物综合利用率（%）		69	72	3

注：①［ ］内数值为年均增速；

②是按产品产量计算的产业集中度。

发能力和品牌创建能力，优化产业空间布局，全面提升核心竞争力，促进工业结构优化升级。

第一节 增强自主创新能力

紧紧抓住增强自主创新能力这个中心环节，大力推进原始创新、集成创新和引进消化吸收再创新，突破关键核心技术，加快构建以企业为主体、产学研结合的技术创新体系，为工业转型升级提供重要支撑。

支持企业真正成为技术创新的主体。支持企业参与国家科技计划和重大工程项目，健全由企业牵头实施应用性重大科技项目的机制，重点支持和引导创新要素向企业集聚，使企业真正成为研究开发投入、技术创新活动、创新成果应用的主体。进一步研究落实财政、投资、金融等政策，引导企业增加研发投入。鼓励和支持企业技术中心建设，支持有条件的企业建立院士工作站和博士后科研工作站。鼓励骨干企业建立海外研发基地，收购兼并海外科技企业和研发机构。面向企业开放和共享国家重点实验室、国家工程实验室、重要试验设备等科技资源。支持骨干企业加强产业链上下游合作，提升协同创新能力。鼓励中小企业采取联合出资、共同委托等方式进行合作研发。

健全产业创新体系，攻克共性及关键核心技术。加强技术创新能力建设，面向主要工业行业，依托大型转制院所和骨干企业，整合相关资源，健全基础研究和共性技术研发体制机制，支持建设一批产业技术开发平台和技术创新服务平台。推动建立一批由企业、科研院所和高校共同参与的产业创新战略联盟，支持创新战略联盟承担重大研发任务，发挥企业家和科技领军人才在科技创新中的重要作用。以核心装备、系统软件、关键材料、基础零部件等关键领域为重点，结合国家重大工程建设及国家科技重大专项、国家科技计划（专项）等，推进重点产业技术创新，突破和掌握先进制造、节能减排、国防科技等领域的一批关键核心技术，研制一批重大装备和关键产品。支持和促进重大技术成果工程化、产业化，加强军民科技资源集成融合，加快提升制造业领域知识、技术扩散和规模化生产能力。

实施知识产权战略，加强标准体系建设。加强重点产业专利布局，建立重点产业知识产权评议机制、预警机制和公共服务平台，完善知识产权转移交易体系，大力培育知识产权服务业，提升工业领域知识产权创造、运用、保护和管理能力。深入开展企事业单位知识产权试点示范工作，实施中小企业知识产权战略推进工程和知识产权优势企业培育工程。完善工业技术标准体系，加快制定战略性新兴产业重大技术标准，健全电子电气、关键零部件等工业产品的安全、卫生、可靠性、环保和能效标准，完善食品、化妆品、玩具等日用消费品的安全标准。支持基于自有知识产权的标准研发、评估和试验验证，促进更多的技术标准成为国际标准，增强我国在国际标准领域的影响力和话语权。

专栏2：实施重点产业技术创新工程

组织实施国家科技重大专项。依托"核心电子器件、高端通用芯片及基础软件产品"、"极大规模集成电路制造装备与成套工艺"、"新一代宽带无线移动通信网"、"高档数控机床与基础制造装备"、"重大新药创制"、"大型飞机"、"载人航天与探月工程"、"高分辨率对地观测系统"等重大科技专项，重点突破一批核心关键技术，加强知识产权布局和技术标准制定，在重点领域形成自主开发能力。

组织实施重大科技成果转化。制定国家产业技术发展指南，每年组织实施一批国家科技进步奖和国家技术发明奖等重大科技成果项目的工程化和产业化。推广一批能带动形成新的市场需求、改善民生的科技成果。

建设重点行业技术创新平台。整合现有研发资源，推动行业技术创新平台建设。积极推进工业重点领域实验室建设。建设重点行业知识产权公共服务平台，建立健全知识产权预警机制。加强重点企业和重点产业基地知识产权能力建设。建立标准化管理和信息服务平台。

发展产业联盟。在节能与新能源汽车、TD-SCDMA及长期演进趋势（LTE）、支线及通用飞机、重大节能环保装备、物联网、云计算、应用电子和工业软件、数字内容等若干新兴产业领域，推动一批技术创新示范企业和重点产业联盟发展。制定支持产业联盟发展的政策措施。

加强创新型人才和技能人才队伍建设。积极推动"创新人才推进计划"在装备制造、航空航天、电子信息等重点领域的组织实施，培养大批面向生产一线的实用工程人才、卓越工程师和技能人才，造就一批产业技术创新领军人才和高水平团队。依托国家科技重大专项和重大工程，加强战略性新兴产业等领域紧缺人才的引进和培养。进一步完善专业技术和技能人才评价标准和职业资格认证工作。加强中西部地区产业技术和管理人才的培养。支持建立校企结合的人才综合培训和实践基地。

第二节　加强企业技术改造

技术改造是促进企业走内涵式发展道路的重要途径，充分发挥技术改造投资省、周期短、效益好、污染少、消耗低的优势，通过增量投入带动存量调整，优化工业投资结构，推动工业整体素质跃上新台阶。

运用先进适用技术和高新技术改造提升传统产业。以企业为主体，以提高工业发展质量和效益为中心，紧紧围绕传统产业提升、智能及清洁安全发展等重点，通过不断采用和推广新技术、新工艺、新流程、新装备、新材料，对现有企业生产设施、装备、生产工艺条件进行改造，提高先进产能比重。大力推广重点行业关键、共性技术，支持企业改造提升研发设计、试验验证、检验检测等基础设施及条件，支持工业园区公共服务平台升级改造。注重把企业技术改造同兼并重组、淘汰落后、流程再造、组织结构调整、品牌建设等有机结合起来，提高新产品开发能力和品牌建设能力，提升企业市场竞争力。

促进新兴产业规模化发展。加快新兴科技与传统产业的有机融合，促进新技术、新产品和新业态的发展。围绕发展潜力大、带动性强的若干新兴领域，立足现有企业和产业基础，实施产业链升级工程，着力突破新兴产业发展的瓶颈制约，促进高新技术产业化，完善产业链条，加快形成一批先进的规模化生产能力。强化企业技术改造与技术引进、技术创新的结合，切实提高企业原始创新、集成创新和引进技术消化吸收再创新能力，加快产品和技术升级换代。

优化工业投资结构。加强工业投资监测分析，研究制定工业投资指南，建立国家重点技术改造项目库，编制发布年度导向目录，引导社会资金等要素投向。完善和落实支持企业技术改造的财政、金融、土地等政策，创新资金投入模式，支持一批重点行业、重点领域的重大技术改造项目，支持中小企业加强技术改造，逐步提高技术改造投资在工业投资中的比重。加强准入管理和产能预警，严格控制产能过剩行业固定资产投入，抑制盲目扩张和重复建设。强化技术改造基础工作，加强统计监测分析，完善技术改造管理体制和服务体系，健全支持企业技术改造长效机制。

专栏3：“十二五”技术改造专项工程

传统产业升级改造。围绕品种质量、节能降耗、安全生产、“两化”融合、军民结合等重点领域，创新研发设计，改造工艺流程，改善产品检验检测手段，开发新产品，提高产品质量，创建知名品牌，提高传统产业先进产能比重。

智能及清洁安全示范。深化信息技术在企业研发设计、生产流通、经营管理等各环节的应用。推进数字化研发设计工具的普及应用，推动生产装备的数字化和生产过程的智能化。支持重点节能、节水、节材技术和设备的推广应用。支持重点行业污染治理设施设备升级改造。支持高耗能、高污染企业建立环境和污染源监控信息系统。加大化工、有色、民爆等行业安全生产改造力度。

产业链升级。围绕新一代信息技术、高端装备制造、新材料、新能源汽车、生物医药等新兴产业领域，实施重点领域产业链改造升级，完善产业链条，形成新的经济增长点。

中小企业专业化发展。支持中小企业加快技术进步，促进走“专精特新”发展道路，支持工艺专业化企业发展，健全协作配套体系，提高中小企业聚集度，发展产业集群。

公共服务平台升级。支持重点工业园区研发设计、质量认证、试验检测、节能与污染治理、信息网络服务等平台升级改造；围绕产业共性关键技术研发和推广，对现有重点产业基础技术研发平台、行业共性检测试验平台、共性服务平台进行升级改造。

第三节　提高工业信息化水平

充分发挥信息化在工业转型升级中的牵引作用，完善信息化推进机制，推动信息技术深度应用，不断提高工业信息化的层次和水平。

加快发展支撑信息化发展的产品和技术。加快应用电子等产品的开发和产业化，着力提升汽车、飞机、船舶、机械、家电等行业的产品智能化水平。突破一批关键技术瓶颈，大力发展研发设计及工程分析软件、制造执行系统、工业控制系统、大型管理软件等应用软件和行业解决方案，逐步形成工业软件研发、生产和服务体系，为数字化、网络化、智能化制造提供有力支撑。组织开展重点行业工业控制系统的安全风险评估，研究开发危险自动识别和故障实时诊断共性关键技术，加快监控和数据采集系统（SCADA）等工业控制系统的安全防护建设。

专栏4：发展信息化相关支撑技术及产品

工业控制。加强分布式控制系统、可编程控制器、驱动执行机构、触摸屏、文本显示器等软硬件产品的研制，提升工业控制的集成化、智能化水平。

嵌入式系统。重点支持开发核心芯片、嵌入式操作系统、集成开发环境和嵌入式应用软件产品，加强嵌入式系统与网络技术的融合，推进嵌入式技术在各行业的应用。

工业软件。发展计算机辅助设计（CAD）、计算机辅助工程分析（CAE）、计算机辅助工艺设计（CAPP）、制造执行系统（MES）、产品生命周期管理（PLM）、产品数据管理（PDM）、过程控制系统（PCS）、企业资源计划（ERP）等工业软件，加快重点领域推广应用。

应用电子。突破数控系统现场总线、通信协议、高速伺服驱动等技术。加快发展车载网络、动力电池及管理控制系统、动力总成控制系统和车用芯片。突破数字化医学影像诊断、医用传感器、治疗微系统等的自主研制。促进绝缘栅双极型晶体管（IGBT）等新型器件开发和应用。发展航空机载电子设备及其相关计算机辅助设计和应用系统。研发综合船桥技术、船载全球定位系统（GPS）产品系统集成技术、船舶自动识别技术。

全面提高企业信息化水平。深化信息技术在企业生产经营环节的应用，推进从单项业务应用向多业务综合集成转变，从企业信息应用向业务流程优化再造转变，从单一企业应用向产业链上下游协同应用转变。推进数字化研发设计工具的普及应用，优化研发设计流程，加快构建网络化、协同化的工业研发设计体系。推动生产装备数字化和生产过程智能化，加快集散控制、制造执行等技术在原材料企业的集成应用；加快精益生产、敏捷制造、虚拟制造等在装备制造企业的普及推广；加大数字化、自动化技术改造提升消费品企业信息化水平力度。全面普及企业资源计划、供应链、客户关系等管理信息系统，以集成应用促进业务流程优化，推动企业管理创新。加强企业信息化队伍建设，鼓励有条件的企业建立首席信息主管（CIO）制度。

创新信息化推进机制。建立健全企业信息化推进服务体系，以服务能力建设为中心，实施行业信息化服务工程，推动信息技术研发与行业应用紧密结合，发展一批面向工业行业的信息化服务平台，培育一批国家级信息化促进中心，建设一批面向重点行业的国家级工程数据中心，树立一批信息化示范企业。依托国家新型工业化产业示范基地和国家级"两化"融合试验区，健全信息网络基础设施，提升智能化发展水平。建立工业企业信息化评估体系和行业评估规范，规范发展第三方评价机构。

第四节 促进工业绿色低碳发展

按照建设资源节约型、环境友好型社会的要求，以推进设计开发生态化、生产过程清洁化、资源利用高效化、环境影响最小化为目标，立足节约、清洁、低碳、安全发展，合理控制能源消费总量，健全激励和约束机制，增强工业的可持续发展能力。

大力推进工业节能降耗。围绕工业生产源头、过程和产品三个重点，实施工业能效提升计划，推动重点节能技术、设备和产品的推广和应用，提高企业能源利用效率，鼓励工业企业建立能源管理体系。完善主要耗能产品能耗限额和产品能效标准，严格能耗、物耗等准入门槛。深入开展重点用能企业对标达标、能源审计和能源清洁度检测活动。健全节能市场化机制，加快推行合同能源管理和电力需求侧管理。健全高耗水行业用水限定指标和新建企业（项目）用水准入条件；组织实施重点行业节水技术改造，加快节水技术和产品的推广使用，推进污废水再生利用，提高工业用水效率。推广节材技术工艺，发展木基复合材料、生物材料、再生循环和节材型包装。加强政策引导，促进金属材料、石油等原材料的节约代用。

促进工业清洁生产和污染治理。以污染物排放强度高的行业为重点，加强清洁生产审核，组织编制清洁生产推行方案、实施方案和评价指标体系，推动企业清洁生产技术改造，提高新建项目清洁生产水平。研究建立生态设计产品标识制度，发布工业企业生态评价设计实施指南。加强造纸、印染、制革、化工、农副产品加工等行业的水污染治理，削减化学需氧量及氨氮排放量。推进钢铁、石油化工、有色、建材等行业二氧化硫、氮氧化物、烟粉尘和挥发性有机污染物减排，逐步削减大气污染物排放总量。切实加强有色金属矿产采选、有色金属冶炼、铅蓄电池、基础化工等行业的铅、汞、镉、铬等重金属和类金属砷污染防治，推动工业行业化学品环境风险防控。稳步推进电子电气产品污染控制合格评定体系的建立，控制和减少废弃电子电气产品对环境的污染。

发展循环经济和再制造产业。开发应用源头减量、循环利用、再制造、零排放和产业链接技术。以工业园区、工业集聚区等为重点，通过上下游产业优化整合，实现土地集约利用、废物交换利用、能量梯级利用、废水循环利用和污染物集中处理，构筑链接循环的工业产业体系。加强废旧金属、废塑料、废纸、废旧纺织品、废旧铅酸电池及锂离子电池、废弃电子电器产品、废旧合成材料等回收利用，发展资源循环利用产业。加强共性关键技术研发及推广，推进大宗工业固体废物规模化增值利用。以汽车零部件、工程机械、机床等为重点，组织实施机电产品再制造试点，开展再制造产品认定，培育一批示范企业，有序促进再制造产业规模化发展。

专栏5：工业节能降耗减排专项

工业节能。组织开展工业企业能效对标达标活动和企业能效“领跑者”行动，加强钢铁、有色、石化、建材等重点用能行业节能改造，推进能源管理体系建设，实施百项重点节能技术、节能产品（设备）推广应用工程，吨钢能耗、吨铝综合交流电耗、吨乙烯平均能耗、吨水泥综合能耗分别由2010年的615公斤标准煤、14 250千瓦时、910公斤标准煤、100千瓦时下降到2015年的590公斤标准煤、13 800千瓦时、880公斤标准煤、92千瓦时。

工业节水。对高用水行业实施节水技术改造。实施干法除尘、工业废水处理回用、矿井水资源化利用等节水工程。组织工业废水处理回用成套装置攻关，加强工业废水资源化利用，提高工业用水重复利用率。

工业节材。组织开展机电产品包装节材代木试点，推动节材代木包装产品的研究开发和扩大应用，开展包装物周转使用示范。组织开展贵重金属节材试点。

清洁生产和污染防治。在重点行业开展共性、关键清洁生产技术应用示范，推动实施一批重大清洁生产技术改造项目。实施重点行业挥发性有机物治理、钢铁烧结机脱硫、水泥厂脱硝、石化行业催化裂化烟气脱硫、造纸及印染行业废水深度治理、二口恶英减排等工作方案。加快推行电子电气产品污染控制自愿性认证。

资源综合利用及循环经济。推动大宗工业固体废弃物规模化高值利用。推进工业固废综合利用示范基地建设。组织开展有色金属再生利用示范工程，建设废旧汽车、家电、电子产品拆解加工利用示范基地及机电产品再制造示范基地。

“两型”企业创建。推进电力、钢铁、有色、化工、建材等重点行业资源节约型、环境友好型企业创建试点，培育一批示范企业。

积极推广低碳技术。加强低碳技术研发及产业化，推动重大低碳技术的示范应用，积极开发轻质材料、节能家电等低碳产品，控制工业领域的温室气体排放。建立企业、园区、行业等不同层次低碳评价指标体系，开展低碳工业园区试点，探索低碳产业发展模式。研究编制重点行业低碳技术推广应用目录，研究建立低碳产品评价标准、标识和认证制度，探索基于行业碳排放的经济政策和碳交易措施。

加快淘汰落后产能。充分发挥市场机制作用，综合运用法律、经济及必要的行政手段，加快形成有利于落后产能退出的市场环境和长效机制。强化安全、环保、能耗、质量、土地等指标约束作用，完善落后产能界定标准，严格市场准入条件，防止新增落后产能。加快资源性产品价格形成机制改革，实施差别电价等政策，促进落后产能加快淘汰；采取综合性调控措施，抑制高消耗、高排放产品的市场需求。严格执行环境保护、能源资源节约、清洁生产、安全生产、产品质量、职业健康等方面法律法规和技术标准，依法淘汰落后产能。

专栏6：主要行业淘汰落后产能的重点 *

钢铁。重点淘汰90平方米以下烧结机、8平方米以下球团竖炉、400立方米及以下高炉、30吨及以下电炉、转炉。

焦炭。重点淘汰炭化室4.3米（捣固焦炉3.8米）以下常规机焦炉、未达到焦化行业准入条件要求的热回收焦炉等产能。

铁合金。重点淘汰6 300KVA及以下普通铁合金矿热炉等产能。

有色金属。铜冶炼重点淘汰密闭鼓风炉、电炉、反射炉等落后产能。电解铝重点淘汰100千安及以下小预焙槽等产能。铅冶炼重点淘汰采用烧结机、烧结锅、烧结盘、简易高炉等工艺设备。淘汰落后的再生铜、再生铝、再生铅生产工艺及设备。

电石。重点淘汰开放式电石炉，单台炉变压器容量小于12 500千伏安的电石炉等落后设备。逐步淘汰高汞触媒电石法聚氯乙烯生产工艺。

水泥。重点淘汰3.0米以下水泥机械化立窑，小型水泥回转窑，水泥粉磨站直径3.0米以下的球磨机等产能，淘汰落后生产能力2.5亿吨。

平板玻璃。全部淘汰平拉（含格法）普通玻璃生产线。

造纸。重点淘汰单条年生产能力3.4万吨以下的非木浆生产线，年生产能力5.1万吨以下的化学木浆生产线，年生产能力1万吨以下的废纸制浆生产线等产能。

制革。重点淘汰年加工生皮能力5万标张牛皮以下的生产线，年加工蓝湿皮能力3万标张牛皮以下的生产线等产能。

印染。重点淘汰74型染整设备、浴比大于1:10的棉及化纤间歇式染色设备等落后设备。化纤。重点淘汰湿法氨纶生产工艺，硝酸法腈纶常规纤维生产工艺，年产2万吨以下常规粘胶短纤维生产线等产能。

注：*落后产能淘汰重点将根据国家产业政策和有关规定进行动态调整。

提高工业企业安全生产水平。落实企业安全生产主体责任制，建立健全企业安全生产预防机制。加强重点行业安全生产政策、规划、标准的制定和修订，提升安全生产准入条件，对不符合安全生产标准、危及安全生产的落后技术、工艺和装备实施强制性淘汰。实施高风险化工产品、工艺和装备的替代和改造，推进高安全风险、高环境风险和安全防护距离不足的化工企业搬迁调整，规范建设安全、环保、风险可控的化工园区。研发和推广安全专用设备，加快安全生产关键技术装备升级换代，实现危险作业场所的人机隔离、遥控操作、远程监控或减少在线操作人员，增强事故的预防、预警和应急处理能力。

第五节 实施质量和品牌战略

以开发品种、提升质量、创建品牌、改善服务、提高效益为重点，大力实施质量和品牌战略，引领和创造市场需求，不断提高工业产品附加值和竞争力。

提升工业产品质量。健全技术标准，优化产品设计，改造技术装备、推进精益制造，加强过程控制，完善检验检测，为提升产品质量提供基础保障。强化企业质量主体责任，结合行业特点推广先进质量管理方法和质量管理体系认证，推动企业建立全员、全方位、全生命周期的质量管理体系。组织开展关键原材料和基础零部件的工艺技术、质量与可靠性攻关。加强重大装备可靠性设计、试验与验证技术研究，提高产品内在质量和使用寿命。加快重点行业质量和检测标准的制修订，深入推进重点工业产品质量对标和达标工作。结合食品、化妆品、家电等行业的产品质量与安全性能的强制性认证和现行法律制度及管理措施，加强质量基础能力建设，提高产品质量检测能力。

加强自主品牌培育。鼓励企业制定品牌发展战略，支持企业通过技术创新掌握核心技术，形成具有知识产权的名牌产品，不断提升品牌形象和价值。引导企业推进品牌的多元化、系列化、差异化，创建具有国际影响力的世界级品牌。鼓励有实力的企业收购海外品牌，支持国内品牌在境外的商标注册，促进品牌国际化。发展专业品牌运营机构，在信息咨询、产品开发、市场推广、质量检测等方面为企业品牌建设提供公共服务。建立品牌评价机制，指导重点行业定期发布品牌报告，加强自有品牌培育过程的动态监测。

加强工业产品质量安全保障。以食品、药品、化妆品等为重点，完善企业产品质量追溯和质量安全检验检测体系，健全产品安全法规和标准体系。引导企业开展"质量安全承诺"活动，有序推进企业质量诚信体系建设和评价工作，逐步建立企业质量安全诚信档案，引导企业创建诚信文化。规范企业质量自我声明，建立工业产品质量监测预警制度。加强行业自律，建立企业质量诚信管理体系和评价机制。强化质量安全基础工作，加快建设废弃工业产品的环境影响数据库、产品伤害监测数据库、重点产品缺陷数据库、有害物质限量安全数据库。支持企业运用信息化手段，加强对产品全生命周期和全供应链的质量控制。支持建立面向中小企业的质量公共服务平台。推进工业企业的社会责任体系建设，建立重点企业社会责任信息披露制度。

专栏7：工业产品质量和品牌建设

工业产品质量提升。支持建设500个权威的工业产品质量技术评价实验室和800个用于产品质量改进的公共服务平台；组织实施关键基础产品质量攻关计划，提升关键原材料、基础元器件性能的稳定性；组织实施重大装备可靠性增长计划，支持开展可靠性设计、试验与验证，提升重大装备可靠性、一致性水平。

工业企业质量诚信体系建设。以组织机构代码实名制为基础，健全工业企业质量诚信信息征集和披露、评价体系，完善政府、协会、企业联动的工作机制。建立健全企业质量安全诚信档案，完善食品质量安全追溯体系。完善工业产品技术和质量信息发布制度。建立奖惩并举、疏堵结合、多部门联动的工业产品质量信誉社会评价机制。组织完善自律规范。健全和规范“质量承诺”、“产品召回”等制度。

自主品牌培育。指导工业企业通过强化意识、增强能力、创新开发、评估改进和树立信誉等工作，积极培育知名品牌。以消费品、电子信息、机械装备等领域为重点，整合相关政策资源，重点培育100个具有国际影响力的品牌及1 000个国内著名品牌。

第六节 推动大企业和中小企业协调发展

在规模经济行业促进形成一批具有国际竞争力的大集团，扶持发展大批具有“专精特新”特征的中小企业，加快形成大企业与中小企业协调发展、资源配置更富效率的产业组织结构。

推进企业兼并重组，发展一批核心竞争力强的大企业大集团。以汽车、钢铁、水泥、船舶、机械、电子信息、电解铝、稀土、食品、医药、化妆品等行业为重点，充分发挥市场机制作用，推动优势企业强强联合、跨地区兼并重组、境外并购和投资合作，引导兼并重组企业管理创新，促进规模化、集约化经营，提高产业集中度。清理限制跨地区兼并重组的规定，理顺地区间利益分配关系，加快国有经济布局和结构的战略性调整，支持民营企业参与国有企业改革、改制和改组。鼓励通过壮大主业、资源整合、业务流程再造、资本运作等方式，加强技术创新、管理创新和商业模式创新，在研发设计、生产制造、品牌经营、专业服务、系统集成、产业链整合等方面形成核心竞争力，壮大一批具有竞争优势的大企业大集团。

促进中小企业走“专精特新”发展道路。继续实施中小企业成长工程，着力营造环境、改善服务，鼓励、支持和引导中小企业进一步优化结构和转型成长。增强创业创新活力和吸纳就业能力，鼓励和支持创办小企业、开发新岗位，积极发展劳动密集型和特色优势中小企业，鼓励中小企业进入战略性新兴产业和现代服务业领域。引导和支持中小企业专业化发展，支持成长性中小企业做精做优，发展一批专业化企业，支持发展新模式、新业态。鼓励中小企业挖掘、保护、改造民间特色传统工艺，发展地方特色产业，形成特色产品和特色服务。引导大型企业与中小企业通过专业分工、服务外包、订单生产等多种方式开展合作，培育一批“配套专家”，提高协作配套水平。大力发展产业集群，提高中小企业集聚度，优化生产要素和资源配置。

加强企业管理和企业家队伍建设。引导企业牢固树立依法经营、照章纳税、诚实守信意识，切实维护投资者和债权人权益，切实维护职工合法权益。加强企业文化建设，积极推进企业社会责任建设。加快现代企业制度建设，依法建立完善的法人治理结构，完善股权激励等中长期激励制度。引导企业加强设备、工艺、操作、计量、原料、现场、财务、成本管理等基础管理工作，推动管理创新，提高管理水平和市场竞争能力。大力开发人才资源，以职业经理人为重点，培养造就一批具有全球战略眼光、管理创新能力和社会责任感的优秀企业家和一支高水平的企业经营管理者队伍。建立企业经营管理人才库，实施企业经营管理人才素质提升工程和国家中小企业银河培训工程。

第七节 优化工业空间布局

按照国家区域发展总体战略和全国主体功能区规划的要求，充分发挥区域比较优势，加快调整优化重大生产力布局，推动产业有序转移，促进产业集聚发展，促进区域产业协调发展。

调整优化工业生产力布局。按照主体功能区规划和重大生产力布局规划的要求，引导产业向适宜开发的区域集聚。根据国家产业政策要求，综合考虑区域消费市场、运输半径、资源禀赋、环境容量等因素，合理调整和优化重大生产力布局。主要依托能源和矿产资源的重大项目，优先在中西部资源富集地布局；主要利用进口资源的重大项目，优先在沿海沿江地区布局，减少资源、产品跨区域大规模调动。加强对战略性新兴产业的布局规划，引导各地根据自身的基础和条件，合理选择发展方向和布局重点。

推进产业有序转移。坚持政府引导与市场机制相结合、产业转移与产业升级相结合、优势互补与互利共赢相结合、资源开发与生态保护相结合，引导地区间产业合作和有序转移。支持中西部地区以现有工业园区和各类产业基地为依托，加强配套能力建设，进一步增强承接产业转移的能力。鼓励通过要素互换、合作兴办园区、企业联合协作，建设产业转移合作示范区。鼓励东部沿海省市在区域内有序推进产业转移。促进海峡两岸产业融合对接。开展多种形式对口支援，加强对新疆、西藏和青海的产业援助。严格禁止落后生产能力异地转移，强化产业转移中的环境和安全监管。

推动产业集聚发展。按照"布局合理、特色鲜明、集约高效、生态环保"的原则，积极推动以产业链为纽带、资源要素集聚的产业集群建设，培育关联度大、带动性强的龙头企业，完善产业链协作配套体系。加强对工业园区发展的规划引导，提升信息网络、污染集中治理、事故预防处置和公共服务平台等基础设施能力，提高土地集约节约利用水平，促进各类产业集聚区规范有序发展。发挥县域资源优势和比较优势，支持劳动密集型产业、农产品加工业向县城和中心镇集聚，形成城乡分工合理的产业发展格局。按照新型工业化要求，在国家审核公告的开发区（工业园区）和国家重点规划的产业集聚区内，创建一批产业特色鲜明、创新能力强、品牌形象优、配套条件好、节能环保水平高、产业规模和影响居全国前列的国家新型工业化产业示范基地，发展若干具有较强国际竞争力的产业基地。支持以品牌共享为基础，大力培育国家地理标志、集体商标、原产地注册、证明标志等集体品牌，提高区域品牌的知名度。

专栏8：产业集聚区及工业园区提升改造

创建国家新型工业化产业示范基地。在现有依法设立的工业园区（集聚区）中，开展国家新型工业化产业示范基地创建工作。基本条件是：一是集约程度高，规模效益好。主导产业特色突出，规模和水平居国内同行业前列；单位土地平均投资强度和平均产出均在3 000万元/公顷以上。二是资源消耗低，安全有保障。单位工业增加值能耗及用水量处于国内同行业先进水平；工业"三废"排放、固体废物综合利用率指标全部达到国家标准；企业强制清洁生产审核实施率达到100%；未发生重大安全生产事故。三是创新能力强，技术水平高。研发投入占销售收入比重原则上不低于2%；有效发明专利拥有量居国内同行业前列；骨干企业工艺技术和装备先进。四是产品质量好，品牌形象优。主导产业产品质量处于国际或国内同行业先进水平；拥有一批国际国内知名品牌。五是信息化水平高。信息基础设施完备，企业在生产经营环节信息化应用达到国内同行业先进水平。六是配套服务体系完善。技术开发、检验检测、现代物流、人才培养等公共服务设施齐全，功能完善；社会保障体系健全，劳动关系和谐。

提升省级开发区（工业园区）发展水平。加强对省级开发区规划编制、产业升级、节能减排、"两化"融合等工作的指导和支持，健全省级开发区管理机制，逐步完善支持省级开发区规范发展的政策措施。

建设产业转移合作示范区。按照"政府引导、市场主导、优势互补、合作共赢"的原则，在有条件的中西部省市探索要素互换、企业合作、产业链协作等合作对接新模式，建立3–5个东（中）西产业转移合作示范区。

第八节　提升对外开放层次和水平

适应我国对外开放的新形势，更加注重引进产业升级亟需的先进技术设备，着力引进高端人才，加快实施"走出去"战略，努力提高工业对外开放的质量和水平。

提高工业领域利用外资水平。加强外资政策与产业政策的协调，鼓励外资投向先进制造、高端装备、节能环保、新能源、新材料等产业领域，积极推进战略性新兴产业的国际合作。利用国内市场优势、资源优势和智力资本优势，加强引进消化吸收再创新，积极引进研发团队等智力资源，更好地利用全球科技成果，努力掌握一批核心技术。鼓励跨国公司在华设立采购中心、研发中心和地区总部等功能性机构，发展国内配套企业。鼓励国内企业深度参与跨国公司全球价值链合作，鼓励港澳台企业到西部地区进行投资。

加快实施"走出去"战略。鼓励国内技术成熟、国际市场需求大的行业，向境外转移部分生产能力。加强统筹规划，推动在有条件的国家和地区建立境外重化工园区。鼓励有实力企业开展境外油气、铁矿、铀矿、铜矿、铝土矿等重要能源资源的开发与合作，建立长期稳定的多元化、多渠道资源安全供应体系。鼓励国内企业在科技资源密集的国家（地区）设立研发中心，与境外研发机构和创新企业加强技术研发合作。鼓励实力强、资本雄厚的大型企业开展成套工程项目承包、跨国并购、绿地投资和知识产权国际申请注册，建立境外营销网络和区域营销中心，在全球范围开展资源配置和价值链整合。

推动加工贸易转型升级。推进加工贸易转型升级试点和示范，延长加工贸易国内增值链条，推动加工贸易从组装加工向研发、设计、核心元器件制造、物流等环节拓展；在中西部地区培育和建设一批加工贸易梯度转移重点承接地，鼓励加工贸易向中西部地区转移。完善海关特殊监管区域政策和功能，鼓励加工贸易企业向海关特殊监管区域集中。

第四章　重点领域发展导向

按照走中国特色新型工业化道路的要求，促进传统产业与战略性新兴产业、先进制造业与面向工业生产的相关服务业、民用工业和军事工业协调发展，为加快构建结构优化、技术先进、清洁安全、附加值高、吸纳就业能力强的现代产业体系夯实基础。

第一节　发展先进装备制造业

抓住产业升级的关键环节，着力提升关键基础零部件、基础工艺、基础材料、基础制造装备研发和系统集成水平，加快机床、汽车、船舶、发电设备等装备产品的升级换代，积极培育发展智能制造、新能源汽车、海洋工程装备、轨道交通装备、民用航空航天等高端装备制造业，促进装备制造业由大变强。

关键基础零部件及基础制造装备。加强铸、锻、焊、热处理和表面处理等基础工艺研究，加强工艺装备及检测能力建设，提升关键零部件质量水平。推进智能控制系统、智能仪器仪表、关键零部件、精密工模具的创新发展，建设若干行业检测试验平台。继续推进高档数控机床和基础制造装备重大科技专项实施，发展高精、高速、智能、复合、重型数控工作母机和特种加工机床、大型数控成形冲压、重型锻压、清洁高效铸造、新型焊接及热处理等基础制造装备，尽快提高我国高档数控机床和重大技术装备的技术水平。

重大智能制造装备。围绕先进制造、交通、能源、环保与资源综合利用等国民经济重点领域发展需要，组织实施智能制造装备创新发展工程和应用示范，集成创新一批以智能化成形和加工成套设备、冶金及石油石化成套设备、自动化物流成套设备、智能化造纸及印刷装备等为代表的流程制造装备和离散型制造装备，实现制造过程的智能化和绿色化。加快发展焊接、搬运、装配等工业机器人，以及安防、深海作业、救援、医疗等专用机器人。到2015年，重大成套装备及生产线系统集成水平得到大幅度提升。

节能和新能源汽车。坚持节能汽车与新能源汽车并举，进一步提高传统能源汽车节能环保和安全水平，加快纯电动汽车、插电式混合动力汽车等新能源汽车发展。组织实施节能与新能源汽车创新发展工程，通过国家科技计划（专项）有关研发工作，掌握先进内燃机、高效变速器、轻量化材料等关键技术，突破动力电池、驱动电机及管理系统等核心技术，逐步建立和完善标准体系；持续跟踪研究燃料电池汽车技术，因地制宜、适度发展替代燃料汽车。加快传统汽车升级换代，提高污染物排放标准，减少污染物排放；稳步推进节能和新能源汽车试点示范，加快充、换电设施建设，积极探索市场推广模式。完善新能源汽车准入管理，健全汽车节能管理制度。大力推动自主品牌发展，鼓励优势企业实施兼并重组，形成3–5家具有核心竞争力的大型汽车企业集团，前10强企业产业集中度达到90%。到2015年，节能型乘用车新车平均油耗降至5.9升/百公里；新能源汽车累计产销量达到50万辆。

船舶及海洋工程装备。适应新的国际造船标准及规范，建立现代造船新模式，着力优化船舶产品结构，实施品牌发展战略，加快推进散货船、油船（含化学品船）、集装箱船等主流船型升级换代。全面掌握液化天然气船（LNG）等高技术船舶的设计建造技术，加强基础共性技术和前瞻性技术研究，完善船舶科技创新体系。提升船舶配套水平，巩固优势配套产品市场地位，提升配套产品技术水平，完善关键设备二轮配套体系。重点突破深水装备关键技术，大力发展海洋油气矿产资源开发装备，积极推进海水淡化和综合利用以及海洋监测仪器设备产业化，打造珠三角、长三角和环渤海三大海洋工程装备产业集聚区。组织实施绿色精品船舶、船舶动力系统集成、深海资源探采装备、深海空间站等创新发展工程，全面提升绿色高效造船、信息化造船能力和本土配套能力。到2015年，主流船型本土化设备平均装船率达到80%，海洋工程装备世界市场份额提高到20%，船舶工业前10强企业产业集中度达到70%以上。

轨道交通装备。以满足客货运输需求和构建便捷、安全、高效的综合运输体系为导向，以快速客运网络、大运量货运通道和城市轨道交通工程建设为依托，大力发展具备节能、环保、安全优势的时速200公里等级客运机车、大轴重长编组重载货运列车、中低速磁悬浮车辆、新型城轨装备和新型服务保障装备。组织轨道交通装备关键系统攻关，加速提升关键系统和核心技术的综合能力。到2015年，轨道交通装备达到世界先进水平。

民用飞机。坚持军民结合、科技先行、质量第一和改革创新的原则，加快研制干线飞机、支线飞机、大中型直升机、大型灭火和水上救援飞机、航空发动机、核心设备和系统。深入推进大型飞机重大科技专项的实施，全面开展大型飞机及其配套的发动机、机载设备、关键材料和基础元器件研制，建立大型飞机研发标准和规范体系。实施支线飞机和通用航空产业创新发展工程，加快新支线飞机研制和改进改型，推进支线飞机产业化和精品化，研制新型支线飞机；发展中高端喷气公务机，研制一批新型作业类通用飞机、多用途通用飞机、直升机、教练机、无人机及其他特种飞行器，积极发展通用航空服务。到2015年，航空工业销售收入比2010年翻一番，国产单通道大型客机实现首飞，国产支线飞机、直升机和通用飞机市场占有率明显提高。

民用航天。完善我国现役运载火箭系列型谱，完成新一代运载火箭工程研制并实现首飞；实施先进上面级、多星上面级飞行演示验证；启动重型运载火箭和更大推力发动机关键技术攻关。实施月球探测、高分辨率对地观测系统等国家科技重大专项。推进国家空间基础设施建设，实施宇航产品型谱化与长寿命高可靠工程，发展新型对地观测、通信广播、新技术与科学实验卫星，不断完善应用卫星体系。进一步完善卫星地面系统建设，推进应用卫星和卫星应用由科研试验型向业务服务型转变。加强航天军民两用技术发展，拓展航天产品与服务出口市场，稳步提高卫星发射服务的国际市场份额。

节能环保和安全生产装备。紧紧围绕资源节约型、环境友好型社会建设需要，依托国家节能减排重点工程和节能环保产业重点工程，加快发展节能环保和资源循环利用技术和装备。大力发展高效节能锅炉窑炉、电机及拖动设备、余热余压利用和节能监测等节能装备。重点发展大气污染防治、水污染防治、重金属污染防治、垃圾和危险废弃物处理、环境监测仪器仪表、小城镇分散型污水处理、畜禽养殖污染物资源化利用、污水处理设施运行仪器仪表等环保设备，推进重大环保装备应用示范。加快发展生活垃圾分选、填埋、焚烧发电、生物处理和垃圾资源综合利用装备。围绕"城市矿产"工程，发展高效智能拆解和分拣装置及设备。推广应用表面工程、快速熔覆成形等再制造装备。发展先进、高效、可靠的检测监控、安全避险、安全保护、个人防护、灾害监控、特种安全设施及应急救援等安全装备，发展安全、便捷的应急净水等救灾设备。

能源装备。积极应用超临界、超超临界和循环流化床等先进发电技术，加大水电装备向高参数、大容量、巨型化转变。大力发展特高压等大容量、高效率先进输变电技术装备，推动智能电网关键设备的研制。推进大型先进压水堆和高温气冷堆国家科技重大专项实施，掌握百万千瓦级核电装备的核心技术。突破大规模储能技术瓶颈，提升风电并网技术和主轴轴承等关键零部件技术水平，着力发展适应我国风场特征的大功率陆地和海洋风电装备。依托国家有关示范工程，提高太阳能光电、光热转换效率，加快提升太阳能光伏电池、平板集热器及组件生产装备的制造能力。推动生物质能源装备和智能电网设备研发及产业化。掌握系统设计、压缩机、电机和变频控制系统的设计制造技术，实现油气物探、测井、钻井等重大装备及天然气液化关键设备的自主制造。

专栏9：重大技术装备创新发展及示范应用工程

智能制造装备发展工程。围绕感知、决策、执行三个关键环节，研究开发新型传感器、自动控制系统、工业机器人等感知、决策装置，以及高性能液压件与气动元件、高速精密轴承、高速精密齿轮和变频调速装置等执行部件；重点开发基于机器人的汽车焊接生产线、自动化仓储与分拣系统等自动化装备；推进数字制造技术、自动测控装置、智能重大基础制造装备在百万吨乙烯工程、百万千瓦级火电、数字化车间、煤炭综采等领域的示范应用。

节能与新能源汽车。重点开展柴油机高压共轨技术等高效内燃机技术、先进变速器和汽车电子控制技术的研发与应用。大幅提高小排量发动机的技术水平和性能。支持开展普通混合动力汽车技术研发。重点突破动力电池核心技术，支持电机及驱动系统，以及电动空调、电动转向、电动制动器等的研发和产业化，支持开展燃料电池电堆、燃料电池发动机及其关键材料的核心技术研发。支持建设新能源汽车共性技术平台。

深海探采工程装备。紧密围绕“勘、探、钻、采、运”五个核心环节，重点研制高性能物探船、深水勘察船、半潜式钻井平台、钻井船、深水生产储卸装置、深水半潜式生产平台、大功率平台供应船、潜水作业支持船、深水半潜式起重铺管船等装备，以及核心设备和系统，到2015年掌握3 000米以内深水资源开发所需装备的设计建造能力。

轨道交通装备及关键系统。依托重点建设工程，健全研发、设计、制造、试验验证、标准体系和平台，突破永磁电传动、列车运行控制、安全信息传输等核心关键技术；研制配套轮轴轴承、传动齿轮箱、牵引变流器、大功率制动装置等关键零部件；开发牵引传动与控制、列车运行及网络控制等关键系统。

支线飞机和通用飞机。加强航空基础研究，开展航空发动机、机载系统和设备等的研发。积极推进ARJ21支线飞机的批量交付和系列化发展，加快新舟系列支线飞机改进改型和市场推广，根据市场需求研制新型支线飞机；发展高端公务机，研制一批新型通用飞机及其他特种飞行器。选择若干地区和相关行业进行通用航空试点。

第二节　调整优化原材料工业

立足国内市场需求，严格控制总量，加快淘汰落后产能，推进节能减排，优化产业布局，提高产业集中度，培育发展新材料产业，加快传统基础产业升级换代，构建资源再生和回收利用体系，加大资源的国际化保障力度，推动原材料工业发展迈上新台阶。

钢铁工业。严格控制新增产能和总量扩张，以技术改造、淘汰落后、兼并重组、循环经济为重点提高行业整体素质。规范行业秩序，分批公布符合生产经营规范条件的钢铁企业名单。鼓励企业差异化开发品种，重点提升大宗产品的质量和性能，鼓励开发国内短缺的关键钢材品种。推广使用400MPa及以上钢筋等节能高效钢材，力争到2015年高强度钢筋使用比重超过60%。支持以优势企业为主体，实施跨地区、跨所有制兼并重组，形成3–5家具有较强国际竞争力，6–7家具有较强实力的大型钢铁企业集团，前10位钢铁企业集团产量占全国钢铁总产量的60%左右。综合考虑资源、市场、环境和运输等条件，有序推进中心城市城区钢厂搬迁改造，调整优化钢铁工业空间布局。大力发展循环经济，提高钢铁渣、尘泥和尾矿的综合利用水平。加快废钢回收体系建设，鼓励废钢资源回收利用和废钢进口。加大国内铁矿资源勘探开发力度，加强境外资源合作开发，力争海外权益矿石进口量占铁矿石进口总量的30%以上，健全资源保障体系。鼓励企业在境外发展钢铁冶炼及深加工。

有色金属工业。以发展精深加工、提升品种质量和资源综合利用水平为重点，大力发展支撑战略性新兴产业的关键材料和市场短缺产品。提高行业准入门槛，从严控制铝、铅、锌、钛、镁冶炼产能增长。积极利用低温低压电解、强化熔炼、生物冶金等先进适用技术，加快淘汰铜、铝、铅、锌等常用有色金属落后产能，大力实施技术改造，加强含二氧化硫、氮氧化物、烟气、二口恶英和汞、铅及其他重金属污染防治。鼓励低品位矿、共伴生矿、难选冶矿、尾矿和熔炼渣等资源开发利用，建设和完善再生利用体系。鼓励大型企业投资勘探开发铜、铝、铅锌、镍等国内短缺的有色金属矿产资源，进一步推进现有老矿山深部和外围找矿。加强稀土、钨、锡、锑等稀有金属行业管理，整顿和规范勘探、开采、加工、贸易等环节秩序，继续严格控制开采和冶炼产能，大力发展稀有金属深加工。支持煤电铝加工一体化，有序扩大直供电试点。积极推进上下游企业联合重组，到2015年，铜、铝、铅、锌前10家企业产业集中度分别达到90%、90%、60%、60%。

石化及化学工业。按照一体化、集约化、基地化、多联产发展模式，从严控制项目新布点，加快推进炼化一体化新建扩建项目，统筹建设一批具有国际先进水平的千万吨级炼油和百万吨级乙烯炼化一体化基地。促进烯烃原料轻质化、多元化，全面提升炼化技术和大型装备国内保障能力。积极开发煤炭高效洁净转化和有机化工原料来源多样化技术，有序发展煤制烯烃、煤制天然气等现代煤化工；实施煤制合成氨等传统煤化工产业的技术改造，优化工艺流程，推动产业升级；鼓励煤基多联产，促进化工生产与能源转化有机结合。加强对挥发性有机物的控制与消耗臭氧层物质的逐步淘汰工作，严格氯碱、纯碱、无机盐、轮胎、涂料、氟化工、染料等行业准入，加强化学品分类和标签管理。大力发展化工新材料、高端石化产品、新型专用化学品、生物化工和节能环保等产业。优化氮肥生产原料路线和动力结构，鼓励发展专用肥料；支持中小化肥企业生产向肥料二次加工转移，促进基础肥料生产向资源地集中，完善磷、钾肥基地建设。发展高效、低毒、低残留的环境友好型农药，淘汰高毒、高残留、高环境风险的农药品种。促进化工行业推广绿色化学技术，逐步替代和淘汰对环境危害严重的持久性有机污染物及其化学品。

建材工业。重点发展节能环保型建筑构件、工程预制件等建材产品，以及具有保温隔热、隔音、防水、防火、抗震等功能的新型建筑材料及制品。大力推广窑炉余热利用、水泥粉磨节电和浮法玻璃全氧燃烧等节能技术，加强工业粉尘、氮氧化物和大气汞的治理。按等量置换原则推广新型干法水泥生产工艺，到2015年基本淘汰落后水泥产能，新型干法水泥熟料比重超过90%。重点支持利用水泥窑协同处置城市生活垃圾、城市污泥和工业废弃物生产线建设；加大非金属矿关键技术研发应用，推进建筑卫生陶瓷产品减量化工程，开发建筑陶瓷干法生产技术及装备；建立与电力、煤炭、钢铁、化工等产业相衔接的循环经济生产体系，提高工业固体废弃物利用总量。推进企业兼并重组，到2015年前10家水泥企业、平板玻璃企业产能占全国总产能比重分别达到35%、75%以上。

专栏10：原材料行业调整升级重点

钢铁。加大高强度、高抗腐蚀性、高专项性能等关键钢材品种的开发和应用，关键品种国内保障率达到95%以上。在减少或不增加产能的前提下，综合考虑资源、市场、环境和运输等条件，加快建设湛江、防城港钢铁精品基地，积极推进中心城市城区钢厂转型和搬迁改造。重点推动鞍钢与福建三钢等跨区域兼并重组，以及河北渤海钢铁集团、太钢等区域内兼并重组。研究支持海峡西岸和新疆等地区钢铁工业发展。

电解铝。原则上不再审批新增产能项目，鼓励东部能源紧张、环境容量有限地区的电解铝产能向中西部能源资源富集地区、特别是水电资源丰富的地区转移。支持在具有水电优势、资源富集的广西、云南、四川、青海、陕西、贵州等西部地区合理有序建设有色金属工业基地。

稀有金属。坚持保护性开采与合理利用相结合，严格勘察、开采、生产加工、进出口管理，大力推进稀有金属深加工和应用。到2015年，力争使稀有金属高技术产品销售比率达到40%以上，稀土、钨、锡、锑、钼等稀有金属工业前5家企业产业集中度达到80%以上。

水泥和平板玻璃。在产能相对过剩的地区，严格执行淘汰落后产能的原则，严禁新上新增产能项目。在落后产能较多的地区，引导企业加大联合重组的力度，通过等量置换、上大压小等手段加快淘汰落后产能。

煤化工。在传统煤化工领域，不再审批单纯扩能的焦炭、电石项目，结合淘汰落后产能，对合成氨和甲醇等通过上大压小、产能置换等方式提高竞争力。在现代煤化工领域，加强统筹规划，严格行业准入，在煤炭资源和水资源丰富、环境容量较大的地区有序推进煤制烯烃产业化项目，鼓励产业链延伸，积极发展高端产品；支持具备条件地区适度发展煤制天然气项目，严格控制煤制油项目。

石化炼化一体化。立足现有企业，综合考虑原油来源、环境、市场等因素，统筹规划建设炼化一体化项目，进一步改造提升长三角、珠三角和渤海湾等传统产业区，适度发展以武汉、成都为核心的中西部内陆产业集中区，优化东北和西部地区资源配置，发展深加工产品。严格市场准入，新建炼油项目规模不得低于1 000万吨/年，乙烯规模不得低于100万吨/年。

新材料产业。以支撑战略性新兴产业发展、保障国家重大工程建设为目标，大力发展稀土功能材料、高性能膜材料、硅氟材料、特种玻璃和功能陶瓷等新型功能材料，积极发展新型合金材料、高品质特殊钢、工程塑料、特种橡胶等先进结构材料，提升高性能纤维及其复合材料发展水平，加强纳米、生物、超导、智能等前沿新材料研究。加快材料设计、制备加工、服役行为、高效利用及工程化的技术研发，促进产学研用相结合，实现新材料产业与原材料工业融合发展，增强材料支撑保障能力。到2015年，新材料产业产值占原材料工业比重达到6%。

专栏11：新材料产业化及应用

高性能金属材料。加快发展高端铝合金、钛合金、镁合金等轻质高强度合金材料、高性能铜合金材料及非晶合金材料，组织开发具有高强度、耐高温、耐腐蚀、延寿等综合性能好的高品质特殊钢。

稀有金属和稀土功能材料。重点发展高性能磁体、新型显示和半导体照明用稀土发光材料和高端硬质合金，加快推进新型储氢材料、催化材料、高纯金属及靶材、原子能级锆材和银铟镉控制棒等产业化，研究突破新一代高储能密度电池材料及技术。

先进高分子材料。加快发展工程塑料、特种橡胶、高性能硅氟材料、功能性膜材料和复合功能高分子材料，加强改性及加工应用技术开发，大力发展环保型高性能涂料，防水材料和胶黏剂等材料。

高性能纤维及高性能复合材料。加强高性能增强纤维工艺及技术装备攻关，发展碳纤维、芳纶、超高分子量聚乙烯纤维、新型无机非金属纤维等高性能增强纤维。发展新型超大规格、特殊结构的树脂基复合材料、碳/碳复合材料等，积极开发陶瓷基复合材料，努力扩大产品应用范围。

无机非金属新材料。重点发展超薄基板玻璃、光伏太阳能电池用超白玻璃、导电氧化物镀膜（TCO）玻璃，鼓励发展应用低辐射（Low-E）镀膜玻璃、真空及中空玻璃等节能玻璃。组织推广高效阻燃安全保温隔热等新型建材。

第三节　改造提升消费品工业

以品牌建设、品种质量、优化布局、诚信发展为重点，增加有效供给，保障质量安全，引导消费升级，促进产业有序转移，塑造消费品工业竞争新优势。

轻工业。加强轻工产品品牌建设，引导企业增强研发设计、经营管理和市场开拓能力。重点发展智能节能型家电、节能照明电器、高效节能缝制设备、新型动力电池、绿色日用化学品、高档皮革和陶瓷，加快造纸、塑料、皮革、日化等重点行业装备关键技术产业化，推进重点行业节能减排，健全能效标准及标识管理。大力发展降解性好的包装新材料、新型绿色环保包装产品和先进包装装备。加强废旧包装、废纸、废塑料、废旧家电和电池等工业固体废弃物和废旧产品回收与综合利用。加快做强做大一批骨干企业，合理、有序引导产业转移，提升产业集群发展水平。

纺织工业。加大高新技术改造力度，发展技术先进、引领时尚、吸纳就业能力强的现代纺织工业体系。加强超仿真、功能性、差别化纤维、新型生物质纤维等的开发应用，力争使我国纤维材料技术水平达到国际先进水平。推动废旧纤维制品循环利用，再生纤维利用占纤维加工总量比重提高到15%。组织实施产业用纺织品应用示范，加强产品标准和使用规范的对接，加快产业用纺织品开发及应用。发展高效纺纱、高速织造、短流程印染等成套装备及工艺，优化毛、麻、丝等独特资源的纺织染加工技术。提升纺织服装新产品设计和研发能力，加强营销创新和供应链管理，健全品牌价值体系，重点发展一批综合实力强的自主品牌企业。积极推进产业转移，引导企业在棉花、麻、蚕茧、羊毛等主产区发展精深加工，中西部地区纺织工业产值占全国比重提高到28%。

食品工业。加快发展现代食品工业，推广应用高效分离、节能干燥、食品生物工程、非热杀菌等先进技术，开发健康、营养、保健、方便食品。推广清洁生产技术，促进资源高效利用，提高食品加工副产物和废弃物增值综合利用水平。重点支持发酵、制糖、饮料、酿酒、调味品等行业发展循环经济。加强食品行业标准体系建设，改善企业产品质量安全检验检测条件，推进企业诚信体系建设，加强食品工业优质原料基地建设，提高产品质量安全保障能力。

专栏 12：轻纺工业改造提升重点

智能节能家电。重点突破变频、空调制冷剂替代、太阳能混合动力、新材料和材料替代等应用技术，开发变频控制模块和芯片、高效环保压缩机和变频压缩机、直流电机、空气源热泵等关键零部件，发展环保、智能型家电产品。到2015年，主要家电产品能效水平平均提高10%，自有品牌家电出口比例达到30%。

高性能电池。大力发展锂电池、镍氢电池、新型结构铅蓄电池等动力电池；逐步降低电池行业铅、汞、镉的耗用量，淘汰普通开口式铅蓄电池，加快镍氢电池替代镉镍电池步伐。

制革。加大对清洁化制革、末端污染治理以及环保型皮革化学品的研发推广力度，推进节水降耗，减少制革污染排放，发展生态皮革。到2015年，皮革产品市场知名度和市场占有率有较大幅度提高。

日用玻璃和陶瓷。推广玻璃瓶罐轻量化制造技术、节能玻璃配方，发展自动化配料及均化系统、废（碎）玻璃自动化处理系统。优化窑炉结构设计，推广节能型干燥、球磨、成型设备，及高效燃烧控制、循环利用等先进技术。

化学纤维及产业用纺织品。通过分子结构改性、共混、异性、超细、复合等技术，发展仿棉涤纶和仿毛纤维；突破新型溶剂法等关键技术，实现生物质纤维产业化。发展百万吨级精对苯二甲酸（PTA）装置、大型粘胶装置、连续聚合氨纶等技术和装备。开发和提升非织造成型、织造成型、复合加工及功能性后整理技术，重点发展土工、医疗卫生、环保过滤、交通工具、安全防护等产业用纺织品。到2015年，产业用纺织品占纤维消费比重提高到25%。

食品。重点支持肉制品、乳制品等12个食品行业企业工艺技术装备的更新改造，完善原料检验、在线检测、成品质量等检测设施和手段，健全质量可追溯体系和食品工业企业诚信体系。

医药工业。以提高重大疾病防治能力和提升居民健康水平为目标，加快实现基因工程药物、抗体药物、新型疫苗关键技术和重大新产品研制及产业化，支持利用基因工程、酶工程等现代生物技术改造传统制药工艺和流程。加强化学新药研发及产业化，抓住全球通用名药市场快速增长的机遇，培育国际市场新优势。坚持继承和创新相结合，发展疗效确切、物质基础清楚、作用机理明确、质量稳定可控的现代中药。提高先进医疗装备和高端生物医用材料的发展水平，推进核心技术和关键部件的研发及产业化。促进基本药物生产向优势企业集中，提高生产集约化、规模化水平。推动药品质量标准和生产质量管理规范升级。建立军民结合的应急特需药品研发、生产体系，健全民族药研发及产业化机制，满足应急救治的药物需求。"十二五"期间，医药工业产值年均增速保持在20%以上。

专栏13：生物医药技术创新和结构调整

重大疾病防治新药创制。以提高重大疾病防治能力为目标，支持现代生物技术药物、化学药和现代中药领域的创新药物研发及产业化。到2015年，培育20个以上创新药物投放市场，培育20个以上具有国际竞争优势的通用名药物新品种，培育50个以上现代中药品种。

先进医疗设备创制。部署核心部件与共性关键技术研究，重点突破主要依赖进口的数字医学设备、精密医疗器械等产品，支持中医诊疗设备发展。到2015年，培育50个以上掌握核心技术、形成较大市场规模的医疗设备产品。

质量升级示范。支持综合实力较强的企业率先实施新版《药品生产质量管理规范》（GMP），鼓励优势企业开展发达国家GMP认证。到2015年，50家以上制剂企业通过发达国家GMP认证。

国际化示范。鼓励国内企业在境外同步开展临床研究，鼓励企业在境外以直接投资或并购的方式设立研发机构或生产基地，加快开展产品国际注册。到2015年，20家以上的国内企业在境外设立研发机构或生产基地。

中药材（民族药）产业化。鼓励企业建立中药材原料基地，推广规模化种植，加强重要野生药材品种人工选育。运用生物技术进行优良种源的繁育，建立和完善种子种苗基地、栽培试验示范基地，推动野生药材的家种。加强中药材认证。到2015年，建成100个以上中药材（民族药）重点品种规模化生产示范基地。

第四节　增强电子信息产业核心竞争力

坚持创新引领、融合发展，攻克核心关键技术，夯实产业发展基础，深化技术和产品应用，积极拓展国内需求，引导产业向价值链高端延伸，着力提升产业核心竞争力。

基础电子。把握电子信息产品发展新趋势，突破关键电子元器件、材料和设备的核心技术和工艺，提高产品质量和档次，形成结构优化、配套完整的基础电子产业体系。结合国家科技重大专项和产业创新发展工程，着力发展集成电路设计业，持续提升先进和特色集成电路芯片生产技术和能力，发展先进封装工艺，进一步提高测试水平，攻克关键设备、仪器、材料和电子设计自动化（EDA）工具技术工艺，实现重大产品、重大工艺和新兴领域的突破。到"十二五"末，集成电路产业规模占全球15%以上。统筹规划、合理布局，重点支持高世代薄膜晶体管液晶显示器件（TFT-LCD）面板发展，提高等离子体显示器件（PDP）产业竞争力，加快大尺寸有机电致发光显示器件（OLED）、电子纸、三维（3D）显示、激光显示等新型显示技术的研发和产业化，发展上游原材料、元器件及专用装备等配套产业，完善新型显示产业体系，平板显示产业规模占全球比重提高到20%以上。支持高端微电子器件、光电子器件、绿色电池、功率器件、传感器件等产品及关键设备、材料的研发及产业化，推动传统元器件向智能化、微型化、绿色化方向发展。

专栏14：基础电子产业跃升工程

集成电路。突破高端通用芯片核心技术，开发面向网络通信、数字视听、计算机、信息安全、工业应用等领域的集成电路产品。加快12英寸集成电路生产线技术升级和建设，开发45纳米（nm）及以下先进工艺模块和特色工艺模块；提升先进封装工艺和测试水平；增强刻蚀机、离子注入机、互联镀铜设备、大尺寸硅片等8-12英寸集成电路生产线关键设备、仪器和材料的开发能力。加强对18英寸集成电路生产技术的储备性研发。加快国家级集成电路研发中心和公共服务平台建设。

关键电子元器件和材料。支持片式阻容感、机电组件、电声器件、智能传感器、绿色电池、印刷电路板等产品的技术升级及工艺设备研发。积极发展半导体材料、太阳能光伏材料、光电子材料、压电与声光材料等，以及用于装联和封装等使用的金属材料、非金属材料、高分子材料等。

新型平板显示。重点支持6代以上TFT-LCD面板生产和玻璃基板等核心技术研发。围绕高光效技术（高能效、低成本）、高清晰度技术（3D、动态清晰度、超高清晰度）以及超薄技术进行研发，提高PDP产品性能，完善配套产业链。重点支持大尺寸OLED相关技术和工艺集成开发，攻克低温多晶硅（LTPS）技术，加强OLED关键原材料及设备本土化配套。支持电子纸及关键材料研发及产业化。

发光二极管（LED）。重点突破外延生长和芯片制造关键技术，提高外延片和高端芯片的国内保障水平。增强功率型LED器件封装能力，加大对封装结构设计、新型封装材料及新工艺的研究与开发。加快实现金属有机化合物化学气相淀积（MOCVD）设备的量产，推进衬底材料、高纯金属有机化合物（MO源）、高性能环氧树脂以及高效荧光粉等研发和产业化。加快检测平台建设，制定和完善LED相关标准。

计算机。提升产品研发和工业设计能力，完善和延伸产业链，增强自主品牌国际竞争力。统筹部署云计算等关键技术、产品的研发、产业化及应用，积极推动设计、产品、应用、服务融合创新和互动发展，加快移动互联网终端的研制，加强云计算平台建设，推进先导部署和应用示范。大力支持自主设计研发中央处理器（CPU）等芯片在整机中的应用，加快平板电脑、高性能计算机及服务器、网络产品、存储系统及打印输出设备、工业控制计算机、自主可信安全产品等重点产品的研发及产业化。推进绿色智能数据中心及技术业务服务平台建设，拓展行业应用市场。加快新一代空管信息系统建设。

通信设备及终端。重点支持TD-SCDMA高端产品、TD-LTE等新一代移动通信设备和系统的研发及产业化，完善TD-LTE移动终端基带和射频芯片、应用平台和测试仪器等配套产业。积极推进大容量、超高速、高智能的光传输、交换和接入技术，以及宽带无线接入技术和产品的研发及产业化。发展传感网络关键传输设备及系统，统筹部署下一代互联网、三网融合、物联网等关键技术的研发和产业化，培育自主可控的物联网感知产业和应用服务业。积极参与国际通信标准制定，推动我国标准更多地成为国际主流标准。大力发展智能手机及信息终端、卫星应用终端等新型终端产品。加强设备制造业与电信运营业的互动，推进产品和服务的融合创新。

数字视听。加快完善平板电视产业链，重点支持网络化、智能化、节能环保、具有立体显示功能的新型彩电产品的研发与应用，促进彩电产业转型升级。加快研发适应三网融合业务要求的多种数字家庭智能终端和新型消费电子产品，支持高清投影机、高保真音响的研发与应用，大力推动数字家庭多业务应用示范，加强音视频编解码、地面数字电视传输等技术标准的推广应用。支持数字家庭产业基地建设。支持电视整机企业与上游企业资源整合，加强与内容服务企业间的联合与合作。培育具有全产业链竞争优势的行业龙头企业，完善产业配套体系。

软件业。坚持以系统带动整机和软硬件应用、以应用带动产业发展，促进软件业做强做大。加强操作系统、数据库、中间件、办公软件等基础软件的研发和推广应用，发展新一代搜索引擎及浏览器、网络资源调度管理系统、智能海量数据存储与管理系统等网络化的关键软件。重点支持数字电视、智能终端、应用电子、数字医疗设备、下一代互联网等领域嵌入式操作系统及关键软件的研发及产业化，提升工业装备和产品智能化水平。大力发展工业软件、行业应用软件和解决方案，推动工业生产业务流程再造和优化。加快发展信息安全技术、产品和服务，构建自主可控信息安全体系和架构，完善信息安全产品及服务认证制度，提高对国家安全和重大信息系统安全的支撑能力。支持数字内容处理技术及相关产品的研发和产业化。着力培育龙头企业，鼓励中小软件企业特色化发展，形成良好的产业生态环境。推动中国软件名城创建。"十二五"期间，软件业年均增速保持在22%以上，占信息产业比重提高到20%以上。

专栏 15：物联网研发、产业化和应用示范

着力突破物联网的关键核心技术。围绕高端传感器、新型射频识别（RFID）、智能仪表、智能信息处理软件等瓶颈环节，突破核心技术，重点支持面向应用的数据挖掘和智能分析决策软件技术及产品的研发，加强高可靠、低成本传感器专用芯片、传感节点、微操作系统、嵌入式系统和适于传感器节点使用的高效电源等产品的研发及产业化，开发与新型网络架构相适应的虚拟化、低功耗技术及相应产品。

加快构建物联网标准化体系。从总体、感知、传输、应用等方面系统构建物联网标准体系。加快传感器网络组网、物品标识编码、信息传输、智能处理、安全等关键技术标准研究制定，建立跨行业、跨领域的物联网标准化协作机制。

统筹重点领域的物联网先导应用。研究制定物联网应用行动计划，分步骤、分层次开展先导应用示范，加快形成市场化运作机制。推进物联网在先进制造、现代物流、食品安全、数字医疗、环保监测、安全生产、安全反恐（周界防护）、智慧城市以及在交通、水利、电网等基础设施中的应用。研究推进无锡国家物联网创新示范区建设。加强物联网创新服务体系建设。

第五节　提高国防科技工业现代化水平

按照走中国特色军民融合式发展道路的要求，加快推进先进国防科技工业建设，建立和完善军民结合、寓军于民的武器装备科研生产体系，确保国防和军队现代化建设需要。

提升武器装备研发制造水平。根据国防建设需要，调整优化能力布局，加强武器装备研发条件建设，提升总体设计、总装测试和系统集成等核心能力，提高武器装备研制体系化和信息化水平。开展基础理论与前沿技术探索，增强原始创新能力。推进产学研用结合，形成创新合力，突破一批基础技术、前沿技术和关键技术，提高集成创新水平。以产业关键技术和先进制造技术为重点，大力推进引进消化吸收再创新，推动高技术武器装备自主式、跨越式和可持续发展。进一步推进国防科技工业投资体制改革，深化军工企业改革，稳步推进军工科研院所改革。

促进军民融合式发展。进一步完善武器装备科研生产许可制度体系，形成管理科学、规范有序、政策协调的武器装备科研生产准入和退出机制。引导和鼓励民间资本进入国防科技工业建设领域，形成面向全国、分类管理、有序竞争的开放式发展格局。加强国防工业与民用工业在规划、政策上的协调衔接，促进军、民科研机构的开放共享；加速军工和民用技术相互转化，促进国防领域和民用领域科技成果、人才、设施设备、信息等要素的交流融合，提高资源利用效率。开发军民两用技术和产品，加快国防科技成果转化和产业化进程，大力发展军民结合产业和军工优势产业；建设军民结合产业基地，促进军工经济与区域经济融合。到"十二五"末，基本实现国防科技与民用科技、国防科技工业与民用工业的互通、互动、互补发展。

第六节　加快发展面向工业生产的相关服务业

按照"市场化、专业化、社会化、国际化"的发展方向，大力发展面向工业生产的现代服务业，加快推进服务型制造，不断提升对工业转型升级的服务支撑能力。

工业设计及研发服务。围绕外观造型、功能创新、结构优化、包装展示以及节材节能、新材料使用等重点环节，创新设计理念，提升设计手段，壮大设计队伍，大力发展以功能设计、结构设计、形态及包装设计等为主要内容的工业设计产业。支持工业企业与设计企业开展多种形式合作，扩大工业设计服务市场。充分利用现代信息网络技术及平台，培育发展一批具备较强竞争力的专业化研发服务机构。扶持一批专业化的技术成果转化服务企业，构建多领域、网络化的技术成果转化服务体系。支持发展面向生产过程的分析、测试、计量、检测等服务，鼓励发展检索、分析、咨询、数据加工等知识产权服务。

专栏16：工业设计及研发服务发展专项

培育高素质工业设计和研发人才。推动建立工业设计专业技术人员职业资格制度。建立国家工业设计奖励制度。鼓励有条件的企业创建工业设计实训基地。吸引海外优秀工业设计和研发服务人才回国创业。

培育龙头企业。引导企业加大设计创新投入，鼓励加强设计研发服务能力建设，创新服务模式，重点培育一批工业设计和研发服务骨干企业。组织认定一批国家级企业设计中心，建立工业设计企业资质评价制度。

培育国家级示范区。面向重点产业和重点区域，加强公共服务平台建设，促进工业设计企业集聚发展，培育一批辐射能力强、带动效应显著的国家级工业设计及研发服务示范区。加强研发设计领域共性和基础性技术研发，依托产业基地建设一批研发公共服务平台。

发展生物医药等专业研发服务外包。大力发展临床前研究、药物安全性评价、临床试验及试验设计等领域的专业化第三方服务，支持发展医药研发外包（CRO）等专业服务。

制造业物流服务。引导工业企业加快物流业务整合、分离和外包，释放物流需求。推进重点行业电子商务平台与物流信息化集成发展。加强危险品流向跟踪、状态监控和来源追溯的信息化管理，提高食品、农产品等冷链物流信息管理水平。支持第三代移动通信（3G）、3S（全球卫星导航系统GNSS、地理信息系统GIS、遥感RS）、机器到机器（M2M）、射频识别（RFID）等现代信息通信技术在制造业物流领域的创新与应用。加快信用、认证、标准、支付和物流平台建设，鼓励服务创新和商业模式创新，完善企业间电子商务（B2B）发展的支撑环境。

信息服务及外包。大力发展网络化、全链条的信息传输、信息技术、信息内容等服务业。引导信息系统集成服务向产业链前后端延伸，推动咨询设计、集成实施、运行维护、测试评估、数据处理与运营服务等业务向高端化发展。支持发展面向网络新应用的信息技术服务，加快发展软件即服务（SaaS）等新型业务模式。制定推广信息技术服务标准（ITSS），加快信息技术服务支撑工具研发和服务产品化进程，促进重点软件企业面向金融、电信、医疗、能源交通等行业的知识库建设。鼓励发展信息技术外包服务（ITO）、业务流程外包服务（BPO）和知识流程外包服务（KPO），扩大服务对象和业务规模。提高信息服务及外包公共服务平台和项目分包平台的服务能力，支持外包人才培训和实训基地建设。扶持一批由制造企业中剥离形成的专业化信息服务企业，提升外包业务承接能力。

节能环保和安全生产服务。加快发展合同能源管理、清洁生产审核、绿色产品（包括节能产品、环保装备）认证评估、环境投资及风险评估等服务。推动节能服务公司为用能单位提供节能诊断、设计、融资、改造、运行等“一条龙”服务。鼓励大型重点用能单位组建专业化节能服务公司，为本行业其他用能单位提供节能服务。加大污染治理设施特许经营实施力度，引导民间投资节能环保服务产业。创新合同能源管理模式，积极推广市场化节能服务模式。积极培育企业安全生产服务市场，加快发展安全生产技术咨询、合同安全管理、工程建设、产品推广和安全风险评估、装备租赁、人才培训等专业服务。

制造服务化。鼓励制造企业积极发展精准化的定制服务、全生命周期的运维和在线支持服务，提供整体解决方案、个性化设计、多元化的融资服务、便捷化的电子商务等服务形式。引导有条件的企业从提供设备，向提供设计、承接项目、实施工程、项目控制、设施维护和管理运营等一体化服务转变，支持大型装备企业掌握系统集成能力，开展总集成总承包服务。鼓励制造企业围绕产品功能拓展，发展故障诊断、远程咨询、呼叫中心、专业维修、在线商店、位置服务等新型服务形态。推动制造企业通过业务流程再造，发展社会化专业服务，提高专业服务在产品价值中的比重。积极开发和保护工业旅游资源，推进工业旅游示范与服务标准化建设，大力开发工业专题旅游线路和旅游产品，加快完善工业旅游市场体系。

第五章　保障措施及实施机制

第一节　完善保障措施

进一步完善政策法规体系，健全促进工业转型升级的长效机制，为实现规划目标及任务提供有力保障。

健全相关法律法规。围绕推进工业转型升级的重点任务，在产业科技创新、技术改造、节能减排、兼并重组、淘汰落后产能、质量安全、中小企业、军民融合式发展等重点领域，健全和完善相关法律法规。加强民用飞机、软件、集成电路、新能源汽车、船舶、高端装备、新材料等战略性、基础性产业发展的法律保障。

完善产业政策体系及功能。动态修订重点行业产业政策，加紧制定新兴领域产业政策，加强产业政策与财税、金融、贸易、政府采购、土地、环保、安全、知识产权、质量监督、标准等政策的协调配合。充分考虑资源状况、环境承载能力和区域发展阶段，研究实施针对特定地区的差异化产业政策。制定发布战略性新兴产业和先进生产性服务业发展指导目录，逐步消除生产性服务业与工业企业在生产要素价格等方面的差异。贯彻全国主体功能区规划，制定产业转移指导目录，促进区域间生产要素合理流动、产业有序转移和生产力合理布局。依法实施反垄断审查，建立产业安全监测预警指标体系和联动机制。

强化工业标准规范及准入条件。完善重点行业技术标准和技术规范，加快健全能源资源消耗、污染物排放、质量安全、生产安全、职业危害等方面的强制性标准，制定重点行业生产经营规范条件，严格实施重点行业准入条件，加强重点行业的准入与退出管理。进一步完善淘汰落后产能工作机制和政策措施，分年度制定淘汰落后产能计划并分解到各地，建立淘汰落后产能核查公告制度。

加大财税支持力度。整合相关政策资源和资金渠道，加大对工业转型升级资金支持力度，加强对重点行业转型升级示范工程、新型工业化产业示范基地建设、工业基础能力提升、服务型制造等方面的引导和支持。完善和落实研究开发费用加计扣除、股权激励等税收政策。研究完善重大装备的首台套政策，鼓励和支持重大装备出口；完善进口促进政策，扩大先进技术装备和关键零部件进口。稳步扩大中小企业发展专项资金规模。发挥关闭小企业补助资金作用。制定政府采购扶持中小企业的具体办法，进一步减轻中小企业社会负担。

加强和改进金融服务。鼓励汽车、电子信息、家电等企业与金融机构密切合作，在控制风险的前提下，开发完善各类消费信贷产品。鼓励金融机构开发适应小型和微型企业、生产性服务企业需要的金融产品。完善信贷体系与保险、担保之间的联动机制，促进知识产权质押贷款等金融创新。加快发展主板（含中小板）、创业板、场外市场，完善多层次资本市场体系；积极推进债券市场建设，完善信用债券发行及风险控制机制；支持符合条件的工业企业在主板（含中小板）、创业板首次公开发行并上市，鼓励符合条件的上市企业通过再融资和发行公司债券做大做强。支持企业利用资本市场开展兼并重组，加强企业兼并重组中的风险监控，完善对重大企业兼并重组交易的管理。

健全节能减排约束与激励机制。完善节能减排、淘汰落后、质量安全、安全生产等方面的绩效评价和责任制。建立工业产品能效标识、节能产品认证、能源管理体系认证制度，制定行业清洁生产评价指标体系。加强固定资产投资项目节能评估和审查。研究制定促进"两型"企业创建的政策措施。严格限制高耗能、高排放产品出口。建立完善生产者责任延伸制度，研究建立工业生态设计产品标志制度。制定鼓励安全产业发展和鼓励企业增加安全投入的政策措施，支持有效消除重大安全隐患的搬迁改造项目。加强重点用能企业节能管理，完善重点行业节能减排统计监测和考核体系。

推进中小企业服务体系建设。以中小企业服务需求为导向，着力搭建服务平台，完善运行机制，壮大服务队伍，整合服务资源。充分发挥行业协会和科研院所作用，支持各类专业服务机构发展，重点支持国家中小企业公共服务示范平台建设，构建体系完整、结构合理、资源共享、服务协同的中小企业服务体系。发挥财政资金引导作用，鼓励社会投资广泛参与，加快中小企业公共服务平台和小企业创业基地等公共服务设施建设。建立多层次的中小企业信用担保体系，推进中小企业信用制度建设。加强对小型微型企业培训力度，提高经营管理水平。

深化工业重点行业和领域体制改革。加快推进垄断行业改革，强化政府监管和市场监督，形成平等准入、公平竞争的市场环境。健全国有资本有进有退、合理流动机制，促进国有资本向关系国家安全和国民经济命脉的重要行业和重要领域集中。完善投资体制机制，落实民间投资进入相关重点领域的政策，切实保护民间投资的合法权益。进一步简化审批手续，落实企业境外投资自主权，支持国内优势企业开展国际化经营。完善工业园区管理体制，促进工业企业和项目向工业园区和产业集聚区集中。

第二节 健全实施机制

地方各级人民政府及国务院有关部门要切实履行职责，强化组织领导，周密部署、加强协作，保障规划顺利实施。

建立部际协调机制。建立由工业和信息化部牵头、相关部门和单位参加的部际协调机制，加强政策协调，切实推动规划实施。工业和信息化部牵头制定重点行业和领域转型升级总体方案，各地根据实际情况制定具体实施方案。

明确规划实施责任。规划提出的预期性指标和产业发展等任务，主要依靠市场主体的自主行为实现。地方各级人民政府及国务院有关部门要完善规划实施环境和市场机制，加强对市场主体行为的引导。对规划确定的约束性任务，地方各级人民政府及国务院有关部门要加强宏观指导，做好跟踪监测和信息发布，定期公布各地区规划目标完成情况，切实发挥规划的导向作用。

加强和创新工业管理。进一步强化工业管理部门在制定和实施发展规划、产业政策、行业标准等方面的职责，创新工业管理方式和手段。完善行业工业经济监测网络和指标体系，强化行业信息统计和信息发布。加强工业生产要素衔接。充分发挥行业协会、中介组织等在加强行业管理、推动企业社会责任建设等方面的积极作用。

强化规划监测评估。建立动态评估机制，强化对规划实施情况的跟踪分析和督促检查。工业和信息化部要提出规划实施年度进展情况报告，并适时开展中期评估，不断优化规划实施方案和保障措施，促进规划目标和任务的顺利实现。

电子信息制造业“十二五”发展规划

前言

电子信息制造业是国民经济的战略性、基础性、先导性产业，是加快工业转型升级及国民经济和社会信息化建设的技术支撑与物质基础，是保障国防建设和国家信息安全的重要基石。“十二五”时期是我国坚持走新型工业化道路、加快转变经济发展方式、全面建设小康社会的关键时期，也是电子信息制造业调结构、转方式、增强产业核心竞争力、提升发展质量效益、由大变强的攻坚时期。为贯彻落实《国民经济和社会发展第十二个五年规划纲要》，按照《工业转型升级“十二五”规划》、《国民经济和社会发展信息化“十二五”规划》及《信息产业“十二五”发展规划》的总体部署和要求，编制《电子信息制造业“十二五”发展规划》，作为“十二五”期间电子信息制造业发展的指导性文件。

一、“十一五”发展回顾

“十一五”时期，我国电子信息制造业抓住国家经济社会发展和国际产业转移的重大机遇，克服国际金融危机的不利影响，积极推进结构调整，着力加强自主创新，实现了产业的稳步增长，对经济社会发展的支撑引领作用愈益凸显。

（一）产业规模稳步扩大

2010年，我国规模以上电子信息制造业销售收入达63 945亿元，较2005年（31 010亿元）翻一番，五年间年均增速超过15%；出口占全国外贸出口的比重一直保持在30%以上；彩电、微型计算机、手机等主要整机产品产量分别达1.2亿台、2.5亿台和10亿部，均占全球总产量40%以上，五年间年均增速分别为7.4%、24.9%和26.9%；规模以上电子信息制造业从业人员达880万人，比2005年增长329万人，占全国工业从业人员比重从2005年的8%提高到10%。

电子信息制造业“十一五”规模指标增长情况表

指标	2005年	2010年	年均增长（%）
销售收入（亿元）	31 010	63 945	15.6
利润（亿元）	1 358	2 825	15.8
出口额（亿美元）	2 682	5 912	17.1
从业人员（万人）	551	880	9.8

（二）结构调整初见成效

技术升级换代加快，高端产品增速强劲。2010年，平板电视、笔记本电脑占彩电和计算机比重均已超过75%，多条集成电路12英寸线、首条六代液晶面板线建成投产。积极适应网络化、智能化、服务化新趋势，大型整机企业向服务领域延伸，着力发展移动互联网、云计算、物联网等新兴应用。产业集中度明显提高，以百强企业为代表的骨干企业竞争力显著增强。2005年到2010年，电子信息百强企业主营业务收入由9 643亿元增长到15 354亿元，创造了全行业1/4的销售收入、1/3以上的利润和1/2以上的税收，出现了华为、联想、海尔等销售收入过千亿元的企业。中、西部地区发展步伐加快，2008年至2010年，规模以上电子信息制造业销售收入增速连续三年高于全国平均水平10个百分点以上。

（三）自主创新能力有所增强

国家投入力度不断加大，科技重大专项持续实施，企业为主体的创新体系逐步形成。高世代薄膜晶体管液晶显示屏（TFT-LCD）和等离子显示屏（PDP）面板规模化生产技术取得重大进展，填补了国产平板电视面板空白。中央处理器（CPU）、移动通信芯片等一批中高端集成电路产品取得突破，65纳米先进工艺和高压工艺等特色技术实现量产，三维封装等新型封装技术均有开发和生产应用。高密度离子刻蚀机、大角度离子注入机等集成电路核心制造设备进入生产线。千万亿次高性能计算机研制成功，迈入国际先进行列。时分同步码分多址接入（TD-SCDMA）技术形成完整的产业链体系，实现规模商用，40G超大容量光传输系统领域取得技术突破。数字电视地面传输技术及数字音视频编解码技术达到国际先进水平。标准和知识产权战略有力推进，形成了时分双工长期演进技术（TD-LTE）、数字视频编解码标准（AVS）、数字音频编解码标准（DRA）、地面数字电视传输标准（DTMB）、闪联等一批以自主知识产权为依托的技术标准。2010年全国信息技术领域专利申请总量超过110万件，稳居各行业之首。

（四）产业集聚发展效应明显

长江三角洲、珠江三角洲、环渤海和福厦沿海四大产业集聚区的工业增加值、销售收入、利润和从业人员占全行业比重均已超过80%，建立了高度细化的产业配套分工体系，具备了较为完备的产业配套能力，发展成为影响全球市场的国际化生产制造基地，提升了我国在全球产业链中的地位。中西部承接产业转移能力不断增强，形成了整机制造、光电子、平板显示、太阳能光伏等特色化发展的产业基地，产业集聚效应日益显现。

（五）支撑引领作用愈益凸显

信息技术及产品在推动工业转型升级、促进两化深度融合等方面发挥了积极作用，钢铁、化工、汽车、船舶、航空等主要行业大中型企业数字化设计工具普及率超过60%，关键工序数（自）控化率超过50%，制造技术和信息技术融合步伐进一步加快。信息技术在工业领域深度融合和渗透，汽车电子、机床电子、医疗电子、智能交通、金融电子等量大面广、拉动性强的产品及信息系统发展迅速，为加快推进国民经济与社会信息化建设、保障信息安全提供了重要的技术和产品支撑。

经过五年的发展，我国电子信息制造大国的地位进一步巩固，总体实力跃上新台阶，但产业发展的深层次问题和结构性矛盾仍然突出，主要表现为：关键核心技术受制于人，产业总体上仍处价值链中低端，代工制造和加工贸易所占比重较高，研发投入强度与发达国家相比尚有差距，资源配置较为分散，产业政策环境亟待完善，内需带动机制尚未健全。这些问题和矛盾制约了我国电子信息制造业由大变强，需要在"十二五"时期着力解决。

二、"十二五"面临的形势

（一）电子信息产业仍是全球竞争的战略重点

电子信息产业具有集聚创新资源与要素的特征，仍是当前全球创新最活跃、带动性最强、渗透性最广的领域。新一代信息技术正在步入加速成长期，带动产业格局深刻变革。金融危机以来，不仅美国、日本、欧盟等主要发达国家和地区纷纷将发展电子信息产业提升到国家战略高度，抢占未来技术和产业竞争制高点，巴西、俄罗斯、印度等国也着力发展电子信息产业，增长尤为迅速，竞争在全球范围内更加激烈。

（二）融合创新推动产业格局发生重大变革

信息产业各行业边界逐渐模糊，信息通信技术在各类终端产品中应用日益广泛，云计算、物联网、移动互联网等新兴领域蓬勃发展。价值链重点环节发生转移，组装制造环节附加值日趋减少，国际领先企业纷纷立足内容及服务环节加快产业链整合，以争夺产业链主导权。制造业、软件业、运营业与内容服务业加速融合，新技术、新产品、新模式不断涌现，对传统产业体系带来猛烈冲击，推动产业格局发生重大变革，既为我国带来发展的新机遇、新空间，也使我国面临着新一轮技术及市场垄断的严峻挑战。

（三）工业转型升级催生新的产业增长点

在实现由传统工业化道路向新型工业化道路转变、促进工业结构整体优化升级的进程中，信息技术及产品在工业各领域及生产各环节持续深化应用，综合集成度不断提升，与汽车、船舶、机械装备、新型材料等产品加速融合，为产业发展创造了广阔的市场空间。同时，随着节能环保、高端装备制造、新能源汽车等战略性新兴产业的崛起，信息技术在经济和社会各领域将得到更为深入的应用，形成一批辐射范围广、带动作用强的产业新增长点，为产业持续稳定健康发展提供坚实保障。

（四）国内外市场环境机遇与挑战并存

国际市场规模稳步扩大，新产品、新应用不断涌现，产业发展空间更为广阔；国家信息化建设全面深化，城镇化进程持续加速，市场化程度不断提升，居民收入增长、内需扩张、消费结构升级和市场机制完善，为产业发展提供新动力、新方向。同时，产业发展也面临严峻挑战，人民币升值压力增大，生产成本持续上升，资源和环境承载力不断下降，周边国家和地区同质竞争日益激烈，国际贸易保护势力抬头，以知识产权、低碳环保、产品安全为代表的技术性贸易限制措施被广泛使用，对我国电子信息制造业持续稳定发展造成一定的压力。

三、“十二五”发展思路和目标

（一）指导思想与发展思路

深入贯彻落实科学发展观，以转型升级为主线，坚持创新引领、应用驱动、融合发展。突破重点领域核心关键技术，夯实产业发展基础，深化信息技术应用，推动军民结合，统筹内外需市场，优化产业布局，着力提升产业核心竞争力，持续引导产业向价值链高端延伸，推动产业由大变强，为加快工业转型升级及国民经济和社会信息化建设提供有力支撑。

——以转型升级为主线。加快新一代信息技术研发及产业化进程，培育壮大战略性新兴产业；加强培育自主品牌，提升国际化经营水平，增强产业发展质量与效益；完善重大产业布局，培育龙头骨干企业，提高产业集中度、规模效应及配套协作水平；稳定国际市场，进一步优化贸易结构；积极开拓国内市场，强化内生增长动力。

——以创新引领为根本动力。努力突破原始创新，大力推进集成创新，加强消化吸收再创新，不断完善以企业为主体的产业创新体系，形成完整创新链条，提升成果产业化效率；以国家科技重大专项及重大工程为抓手，加大研发投入，着力攻克一批核心关键技术。

——以应用驱动为关键支撑。加强信息技术推广应用，改造提升传统产业；重点发展工业控制、机床电子、汽车电子、医疗电子、金融电子、电力电子等量大面广、拉动作用强的产品，形成产业新增长点；加快培育战略性新兴领域，形成一批可快速带动产业增长的关键应用。

——以融合发展为重要途径。积极推进制造业向服务延伸，推动产品制造与软件和信息服务融合、制造业与运营业融合，大量催生新产品、新业态，鼓励引导商业模式创新；引导并加快产业链垂直整合进程，促进资源优化重组；推动军民技术互通互用，加快军民融合发展。

（二）发展目标

1、结构目标

“十二五”期间，我国规模以上电子信息制造业销售收入年均增速保持在10%左右，2015年超过10万亿元；工业增加值年均增长超过12%；电子信息制造业中的战略性新兴领域销售收入年均增长25%。稳步推进加工贸易转型升级，鼓励加工贸易企业延长产业链、提升产品附加值，一般贸易比重不断增加。显著增强骨干企业核心竞争力及自主品牌市场影响力，形成5到8家销售收入过千亿元的大型骨干企业，努力培育销售收入过5 000亿元的大企业。打造一批具有国际影响力、特色鲜明、配套合理的新型工业化产业示范基地和产业园区。军民融合发展取得新进展。

2、创新目标

百强企业研发投入占销售收入比重超过5%；信息技术领域发明专利申请累计总量达到130万件左右；在集成电路、新型显示器件、关键元器件、重要电子材料及电子专用设备仪器等领域突破一批核心关键技术。集成电路产品满足国内市场需求近30%，芯片制造业规模生产技术达到12英寸、32/28纳米工艺；平板电视面板自给率80%以上；建立完善TD-LTE产业体系。

3、节能环保目标

显著提升计算机、电视机等整机产品能效；生产过程能源、资源消耗进一步降低，太阳能级多晶硅生产平均综合电耗低于120千瓦时/公斤，印制电路行业铜回收再利用率提高到80%以上、水回收再利用率提高至30%以上；有效控制铅、汞、镉等有毒有害物质使用；废弃电器电子产品回收处理和再利用率显著提高。

四、主要任务与发展重点

（一）主要任务

1、集中突破核心关键技术，全面提升产业核心竞争力

追踪和把握新一代信息技术重点方向及产业机遇，以企业为主体，坚持产学研用相结合，完善创新体系、增强创新能力，集中力量和资源突破核心关键技术。以整机需求为导向，大力开发高性能集成电路产品；加快发展新型平板显示、传感器等关键元器件，提高专用电子设备、仪器及材料的配套支撑能力；以新一代移动通信、下一代互联网、物联网、云计算等领域自主技术为基础，推动计算机、通信设备及视听产品升级换代；推进军民融合发展，加速军民共用电子信息技术开发和转化。

2、着力发展战略性新兴领域，培育产业新增长点

紧密结合产业转型升级的趋势，统筹考虑市场需求和支撑条件，引领新兴产业发展。以新一代网络通信系统设备及智能终端、高性能集成电路、新型显示、云计算、物联网、数字家庭、关键电子元器件和材料七大领域作为战略性新兴领域，以重大工程应用为带动，加速创新成果产业化进程，打造完整产业链，培育一批辐射面广、带动力强的新增长点。

3、推动企业做大做强，构建合理分工体系

加大企业技术改造力度，建立健全企业技术改造长效机制，提升企业效率效益。鼓励和引导企业兼并重组，支持龙头骨干企业开展并购。大力推动产业链整合，提高产业链管理及运作水平，强化产业链整体竞争力。以资本为纽带推进资源整合及产业融合，加快发展和形成一批拥有自主知识产权、创新能力突出、品牌知名度高、国际竞争力强的跨国大公司。促进中小企业向"专、精、特、新"方向发展，与大企业共同构建合理分工体系。探索创新合作机制，加强企业间的联合与协作，推动形成密切合作的研发体系，支持组建产业联盟。

4、优化产业空间布局，加快形成区域新增长极

继续发挥东部地区的辐射带动作用，增强珠三角、长三角、环渤海和福厦沿海等优势地区的集聚效应，率先实现产业转型升级。支持中西部地区和东北等老工业基地立足自身优势，积极吸引国外投资，因地制宜地承接东部产业转移，切实增强研发能力，提高在产业分工体系和价值链中的地位。形成东、中、西部优势互补、良性互动、特色突出、协调发展的产业格局，培育一批具有较强辐射带动作用的新型工业化产业示范基地，加快推动中西部地区形成新增长极。

5、统筹利用国内外市场资源，促进产业均衡发展

充分利用国内信息化、城镇化建设机遇，大力挖掘电子信息产品的行业应用市场，不断满足城乡消费者的多样化需求。积极拓展国际市场，持续优化出口结构，加大新兴市场开发力度，推动出口市场多元化。大力实施"走出去"战略，通过政策扶持、信用担保、完善通关服务等手段，鼓励有条件的骨干企业在境外设立分支机构、拓宽市场渠道、建立研发中心，与海外科技企业和研发机构开展多层次合作，增强国际竞争力。

6、积极推进绿色制造，实现产业持续健康发展

突出"源头控制"与"末端治理"，构建产品全生命周期绿色化发展模式。建设产业绿色发展技术支持和公共服务平台，加强节能清洁生产技术和工艺的研发。针对各行业特点，建立环境影响评价体系和能效标准体系。提升低碳环保电子产品的标准和检测水平，减少有毒有害物质使用。严格控制"三废"排放，鼓励开展电子产品回收、处理和再利用。

7、深化信息技术应用，服务经济社会发展

支持信息技术企业与传统工业企业开展多层次合作，推进信息技术和产品在工业各领域的广泛应用，提升工业研发设计、生产制造、营销服务等环节的自动化、智能化和信息化水平，支持应用电子产品和系统的研发及产业化，切实推动两化深度融合。推进信息技术和产品在交通、能源、水利、环保等领域的深度应用，加快国计民生重要领域基础设施智能化进程；大力推进信息技术和产品在医疗卫生、交通运输、文化

教育、就业和社会保障等领域的广泛应用，提高公共服务水平。

8、完善公共服务体系，优化产业发展环境

围绕基础产业和战略性新兴产业的发展，着力构建集成电路、平板显示、数字家庭、云计算、物联网、太阳能光伏、绿色照明等专业性公共服务平台，提供技术研发、成果转化、资本运作、知识产权、标准制定、产品检测、资质认证、人才服务、企业孵化和品牌推广等专业服务；加强产用合作，依托行业组织，推动重点工业领域信息技术应用平台建设，提供共性技术支持和公共服务；依托产业基地和专业园区，建设特色的区域性公共服务体系，引导和加强电子信息产业聚集区配套服务体系建设。

（二）发展重点

1、计算机

加快计算机前沿技术创新，实现核心技术和关键领域的突破，进一步增强计算机产品自主研发、工业设计和主板制造能力，提升产业核心竞争力。把握移动互联网发展趋势，大力发展具备轻薄便携、低功耗、触控、高清与三维（3D）显示等特点的笔记本计算机、平板计算机等移动智能终端，以及大屏幕、触摸型一体式等新型计算机；促进“终端+应用+服务”的产业链整合，推动整机企业向服务延伸。加强计算机外部设备及耗材产品研发和产业化，发展彩色网络激光打印机、扫描仪、投影仪、闪存以及智能娱乐教育等产品。大力支持高安全性工业控制计算机、工控产品及系统的研发与应用，加快研究新一代工业控制计算机体系结构，积极开展工业控制计算机软硬件基础平台和安全性、可靠性技术等研究，提升我国工控产品及系统竞争力，在过程控制、安全生产、节能降耗、环境监控、智能交通、智能建筑、智能电网等领域推动工控产品及系统的应用。加快安全可靠计算机研发与应用，加强信息安全技术研究，大力推进网络安全、可信计算、数据安全等信息安全产品的研发与产业化。

以云计算应用需求为牵引，重点突破虚拟化、负载均衡、云存储以及绿色节能等云计算核心技术，支持适于云计算的服务器产品、网络设备、存储系统、云服务终端等云计算关键产品的研发及产业化，建立配套完整的云计算相关产业链，为云计算规模化示范应用提供完整的设备解决方案，完善云计算公共服务体系。加强物联网技术研发，突破物联网感知信息采集、传输、处理、反馈控制等关键技术，支持无线射频识别（RFID）、编码识别设备、传感及处理控制节点等重点产品的研发与产业化，建立完善物联网标准体系，推动物联网应用。面向下一代互联网发展需求，重点支持高性能路由器、大容量汇聚交换设备、智能网关等网络关键设备研发与产业化，加快推进自主知识产权技术标准的国际化。

2、通信设备

紧抓新一代通信网络建设和移动互联网快速发展机遇，加大TD-SCDMA终端研发力度，推进长期演进技术及增强型长期演进技术（LTE/LTE-Advanced）研发和产业化。研究LTE/LTE-Advanced在应用过程中无线及网络组织的关键技术、网络演进、多技术协调等技术解决方案，推动新型绿色基站、无线网络组网、无线网络节能减排等关键技术与产品研发，推进TD-SCDMA/LTE/LTE-Advanced在数字城市、农村信息化等重点领域的应用示范。加速推动移动互联网相关技术产品和业务应用的研发与产业化进程，重点支持新型移动互联网终端、终端核心芯片、操作系统和中间件等关键技术和产品，以及IP承载网、接入感知与控制、移动互联网平台与资源关键技术研发与产业化。支持多模、多频终端芯片及高效能、低成本终端，IPv6/v4双栈网络设备和终端、网络测试专用仪器、天线等关键配套产业体系。

推进智能光网络和大容量、高速率、长距离光传输、光纤接入（FTTx）等技术和产品的发展。重点支持N×100G比特/秒波分多路复用（WDM）高速光传输设备，N×T比特/秒交叉容量的光传送网/分组传送网（OTN/PTN）大容量组网调度光传输设备，支持智能控制平面的光交换设备、光传输设备的研发与产业化；支持10G无源光网络（PON）局侧设备和光网络单元、PON互通性测试系统的研发与产业化；支持高速相干光接收、超大功率低噪声光放大、波长选择性光交换等高端模块，高速激光芯片、光多片集成组件、光电集成芯片、高速数模芯片等高端芯片的研发。

推进宽带无线接入、多媒体数字集群及数字对讲技术和产业的发展。支持广域覆盖低成本宽带接入、超高速无线局域、面向专网应用的数字集群通信和数字对讲技术和产品的研发及产业化，加快推动无线局域网鉴别和保密基础结构（WAPI）技术的产业链成熟和更广泛应用。推广在政府事务、公共安全、能源、物流、交通运输、现代农业等重点领域和行业的应用示范，提升相关技术产品在资源动态分配、管理和调度，协同干扰降噪，负载均衡，自适应和自组网，网络安全和信息保密等方面的能力，建设面向行业领域的专用通信系统完整产业链。积极推进基于北斗卫星通信导航系统的相关产品研发及产业化和推广应用。

3、数字视听

加快推动彩电业转型升级，加强新型背光技术、3D技术、激光技术、节能技术的研发及应用，提升核心技术掌控能力。加快发展3D电视、互联网电视、智能电视等新型产品，不断提升产品附加值。支持整机龙头企业向面板、模组等中、上游领域延伸，支持彩电产业配套的核心芯片、软件、关键器件、一体化模组、专用设备研发及产业化，推进终端制造业与内容服务业融合发展，提升平板电视全产业链竞争力。重点支持数字家庭智能终端、互联网关、多业务系统及应用支撑平台的研发及产业化；支持智能化、网络化视频监控设备及应用系统的研发与应用；大力推进数字家庭示范应用和数字家庭产业基地建设。加快推动地面数字电视接收机普及，支持AVS、DRA等自主音视频标准的应用，进一步推动地面数字电视标准的国内外应用。支持数字电视演播室设备、发射设备、传输设备、接收设备发展，鼓励发展高密度激光视盘机、数字音响系统、数字电影设备，推动视听产业向数字化、网络化、智能化和节能环保方向发展。支持骨干企业加强质量品牌建设和国际化经营，打造具有全球竞争力的龙头企业和知名品牌。

专栏1：整机价值链提升工程

产品创新。支持基于移动互联网业务的计算机、通信设备及终端创新，以及基于云计算的产品创新、技术创新和模式创新；支持高端服务器、网络存储系统等关键产品的研发和产业化，推动绿色智能数据中心关键设备及各类终端产品的研发与产业化；支持网络化、智能化、节能型数字电视产品和3D电视研发及产业化；支持多屏融合的数字家庭智能终端研发及产业化；推进下一代地面数字电视传输体系关键技术和系统技术研究，建设多业务平台；支持整机产品深度参与配套芯片研发及产业化。

模式创新。推动大型电子信息产品制造企业向服务领域延伸，加强设计、制造、服务融合互动，围绕核心价值环节促进产业链整合；抓住云计算、移动互联网等新兴应用快速发展契机，开拓增值服务，创新商业模式；健全产业公共服务体系，推进开放式运营平台、内容服务平台、网络服务平台、产品测试认证平台及知识产权服务平台建设。

品牌建设。支持数字视听、计算机和通信设备制造企业建设自主品牌，提升国产设备及终端的国际竞争力；引导企业加强产品质量管理，完善产品质量管理体系，提升品牌形象；鼓励企业加强国际战略合作，加快建设安全可控的市场渠道；制定知识产权战略，推动自主知识产权标准的产业化和国际化应用。

4、集成电路

以重点整机和重大信息化应用为牵引，加强技术创新、模式创新和制度创新，着力发展设计业，壮大芯片制造业，提升封装测试水平，增强关键设备、仪器及材料自主开发能力，推动集成电路产业做大做强。着力发展芯片设计业，开发高性能集成电路产品。围绕移动互联网、信息家电、物联网、智能电网和云计算等战略性新兴产业和重点领域的应用需求，突破CPU/数字信号处理器（DSP）/存储器等高端通用芯片，重点开发网络通信芯片、数模混合芯片、信息安全芯片、数字电视芯片、RFID芯片、传感器芯片、汽车电子芯片等量大面广产品，以及两化融合、战略性新兴产业重点领域的专用集成电路产品，形成系统方案解决能力。壮大芯片制造业规模，增强先进和特色工艺能力。持续支持12英寸先进工艺制造线和8英寸/6英寸特色工艺制造线的技术升级和产能扩充。加快45纳米及以下制造工艺技术的研发与应用，加强标准工艺、特色工艺模块开发和IP核的开发。提升封测业层次和能力，发展先进封测技术和产品。顺应集成电路产品向功能多样化的重要发展方向，大力发展先进封装和测试技术，推进高密度堆叠型三维封装产品的进程，支持封装工艺技术升级和产能扩充。提高测试技术水平和产业规模。完善产业链，突破关键专用设备、仪器、材料和电子设计自动化（EDA）工具。推进8英寸集成电路设备的产业化进程，支持12英寸集成电路生产设备、材料、工具、仪器的研发，形成成套工艺，推动国产装备在生产线上规模应用，推进集成电路产业链各环节的紧密协作，建立试验平台，加快产业化。

5、关键电子元器件

大力发展基于表面贴装技术（SMT）的新型片式元件，积极支持基于微电子机械系统（MEMS）技术的新型元器件和基于低温共烧陶瓷（LTCC）技术的无源集成元件的研发和产业化。努力发展汽车电子系统所需的继电器、连接器、微电机、超级电容器等关键电子元件；加快为新能源汽车配套的镍氢电池，动力型、储能型锂离子电池及电池管理系统、电池成组技术的研发和产业化。围绕新一代通信技术发展，推动低成本光纤光缆、光器件、频率器件、数字音频声器件和混合集成电路等产业的发展。积极开发物联网、新能源、高端装备等战略性新兴产业发展所需的高性能高可靠传感器、电力电子功率元件、超薄锂离子电池、专用真空电子器件等产品。加快发展高密度互连板、特种印制板、发光二极管（LED）用印制板及现代光学所需的红外焦平面探测器、紫外探测器、微光像增强器等关键核心器件。在着眼于当前成熟技术发展的同时，密切关注未来技术发展趋势，准确把握创新性技术方向，优先支持创新性、共性技术研发，为产业可持续发展提供技术储备，为电子信息制造业的结构调整、产业升级、发展方式转变奠定重要的技术和产业基础。

6、电子材料

半导体材料重点发展硅材料、化合物半导体材料、氮化镓和碳化硅等衬底材料、外延用原料、高性能陶瓷基板；高端LED封装材料，高亮度、大功率LED芯片材料；新型电力电子器件用关键材料；石墨和碳素系列保温材料。光电子材料重点发展高世代液晶显示屏（LCD）用玻璃基板，偏光片、彩色滤光片、液晶等相关材料，大尺寸靶材，高纯电子气体和试剂；有机发光显示器（OLED）用高纯有机材料、导电玻璃基板、封装材料、高精度掩模板等；PDP用玻璃基板及电极浆料、湿化学品、玻璃粉、荧光粉等配套材料；电子纸用微胶囊、油墨、介电材料；发展大尺寸锗系材料、硫化锌（ZnS）、硒化锌（ZnSe）、碳化硅（SiC）红外材料，满足制造高端光电子产品需求。电子元器件用覆铜板、电子铜箔、压电与系统信息处理材料、高热导率陶瓷材料和金属复合材料、小型锂电池和动力锂电池材料、片式超薄介质高容电子陶瓷材料及电容器材料、高性能电容器薄膜、高端电子浆料、LTCC多层基板、高性能磁性材料等。重点突破高端配套应用市场，提高产品附加值和技术含量，增强电子材料行业发展的质量和效益，支撑下游产业跨越式发展。

7、新型显示器件

液晶显示器件方面，重点提升薄膜晶体管（TFT）性能，提高载流子迁移率和液晶面板的透过率，降低生产成本。等离子显示器件方面，围绕高光效技术、高清晰度技术以及超薄技术进行相关技术研发，研究新材料、新工艺来提高PDP产品性能。有机发光显示器件方面，推进中小尺寸OLED的技术开发和产业化应用，研究大尺寸OLED相关技术和工艺集成。电子纸方面，推动有源驱动电子纸显示技术开发与产业化，重点发展大尺寸、触屏式、彩色、柔性有源驱动电子纸显示屏。积极研发触摸屏、三维显示等新技术新产品，促进其产业化。发展激光显示等特色显示技术。推动OLED照明技术和产品开发。大力发展平板显示器件生产设备和测试仪器，形成整机需求为牵引、面板产业为龙头、材料及设备仪器为基础、产业链各环节协调发展的良好态势。力争到“十二五”末，我国新型显示产业达到国际先进水平，全面支撑我国彩电产业转型升级。

8、电子专用设备和仪器

电子专用设备方面，重点发展8英寸和12英寸半导体级单晶生长、切割、磨片、抛光设备，8英寸集成电路成套生产线设备，推进12英寸集成电路关键设备产业化；积极推动多晶硅、单晶硅生长、切割设备，全自动晶硅太阳能电池生产线设备、薄膜太阳能电池生产设备研发和产业化，重点突破高亮度LED芯片生产线设备和后封装设备；大力发展新型元件生产设备和表面贴装设备。电子仪器方面，着重研发半导体和集成电路测试仪器，通信与网络测试仪器，高性能微波/毫米波测试仪器，数字电视及数字音视频测试仪器，物联网测试仪器，新型电子元器件测试仪器，高性能通用电子测试仪器，时间、频率测试仪器以及医疗、环保、农业、矿山等电子应用仪器。夯实产业发展基础，提升产业核心竞争力和可持续发展能力。

9、发光二极管（LED）

突破产业链薄弱环节，提升高亮度、功率型LED外延片及芯片技术水平和产业化能力，增强产业自主发展能力。加强对封装结构设计、新封装材料、新工艺、荧光粉性能、多基色荧光粉、散热机理的研究，着力提高器件封装的取光效率、荧光粉效率和散热性能，增强功率型LED器件封装能力。加快LED上游原材料如衬底、金属有机化合物（MO）源、超高纯气体、荧光粉、高性能环氧树脂、有机硅胶的研发和产业化，实现金属有机化学气相沉积设备（MOCVD）等关键生产设备和仪器的量产和应用，提高产业配套能力，完善LED产业链。推进景观照明、液晶显示背光源、户外大屏幕显示以及室内商业照明等应用。加快LED相关基础标准、产品标准制定，完善LED标准体系。增强产品标准符合性检测，加快国家级LED器件、光源检测机构的建设，提高检测水平和服务能力。强化行业引导和管理，促进LED产业健康科学有序发展。

10、太阳能光伏

重点支持高质量、低能耗、低成本、副产物综合利用率高的太阳能级多晶硅生产。发展高效、低成本、低能耗硅锭生产技术，突破薄型化硅片切割技术，提高硅片质量。支持高效率、低成本、长寿命太阳能电池的研发与产业化，加快超高效太阳能电池、新型聚光电池、薄膜电池开发与应用。鼓励光伏用逆变器、控制器和储能系统等产品及技术研发。重点发展等离子体增强化学气相沉积（PECVD）、激光切割、刻蚀、丝网印刷以及封装检测等设备，鼓励开发晶硅和薄膜太阳能电池成套设备生产线。积极发展光伏建筑一体化（BIPV）组件生产技术，扩大建筑附着光伏（BAPV）组件应用范围。鼓励发展坩埚、高纯石墨、碳碳复合材料、乙烯-醋酸乙烯共聚物（EVA）胶、电子浆料、线切割液、导电氧化物薄膜（TCO）玻璃等配套材料。

鼓励光伏企业加强系统集成及应用拓展，积极关注离网应用市场和新兴并网应用市场，支持小型光伏系统、分布式光伏系统、离网系统研发及应用。支持有能力的企事业单位建设国家级光伏技术研发平台、产品检测认证平台、公共服务平台，开展产品检测、系统工程验收、专利池建设、标准制订推广、关键共性技术研发等公共性服务。支持骨干企业增强技术创新能力、提高生产工艺水平、降低光伏发电成本、拓展光伏应用市场，提升我国光伏产业的核心竞争力。

专栏2：基础电子产业跃升工程

集成电路。突破高性能CPU、移动通信芯片、DSP等高端通用芯片，移动互联、数模混合、信息安全、数字电视、射频识别等量大面广芯片以及重点领域的专用芯片。持续支持12英寸先进工艺制造线的建设和8英寸/6英寸工艺制造线的改造升级。加快先进生产线和特色生产线工艺技术升级及产能扩充，提高先进封装工艺和测试水平。进一步完善产业链，增强刻蚀机、离子注入机、互联镀铜设备、外延炉、光刻匀胶显影设备等8-12英寸集成电路生产线关键设备、仪器和材料的自主开发和供给能力，支持大生产线规模应用。加快提升国家级集成电路研发公共服务平台水平和能力，组织多种形态的技术创新平台。

关键电子元器件和材料。重点支持微电子器件、光电子器件、MEMS器件、半导体功率器件、电力电子器件、RFID模块及器件、绿色电池、片式阻容感、机电组件、电声器件、智能传感器、印刷电路板产品的技术升级及设备工艺研发，有效支撑物联网发展。积极发展半导体材料、太阳能光伏材料、光电子材料，压电与声光材料、电子功能陶瓷、磁性材料、电池材料和传感器材料，以及用于支撑、装联和封装等使用的金属材料、非金属材料、高分子材料等。

新型平板显示。重点支持6代以上尺寸TFT-LCD显示面板关键技术和新工艺开发，实施玻璃基板等关键配套材料和核心生产设备产业化项目，完善配套产业链。突破PDP高光效技术（高能效、低成本）、高清晰度技术（三维、动态清晰度、超高清晰度）以及超薄技术，提高PDP产品性能。开展高迁移率TFT驱动基板技术开发，攻克OLED有机成膜、器件封装等关键工艺技术，攻克低温多晶硅（LTPS）技术，加强关键材料及设备的国产化配套。围绕移动终端等需求，重点开发触摸屏功能、宽视角、高分辨率、轻薄节能的小尺寸显示产品。开展三维显示、电子纸、激光显示等新技术研发和产业化。

发光二极管（LED）。重点突破外延生长、芯片制造关键技术，提高外延片和高端芯片的国内供给能力。增强功率型LED器件封装能力，加大对封装结构设计、新封装材料、新工艺、荧光粉性能、散热机理的研究与开发。进一步完善产业链，加快实现国产MOCVD设备的量产，推进衬底材料、高纯MO源，高性能环氧树脂以及高效荧光粉等研发和产业化。加快检测平台建设，制定和完善LED相关标准，推进知识产权建设。

太阳能光伏。支持多晶硅行业节能降耗和高质、高效、低成本太阳能电池的产业化，鼓励新型太阳能电池和高质低成本多晶硅工艺技术研发。全面提升装备技术水平，突破平板式PECVD、全自动丝网印刷机、高效切割机等设备瓶颈。支持控制器、逆变器等配套部件和石墨、坩锅、电子浆料、TCO玻璃等配套材料的研发及产业化。支持多样化、宽领域的太阳能光伏应用，拓展离网应用市场和新兴并网市场。

11、信息技术应用

推动信息技术在各领域的广泛应用，加强产用合作，促进两化深度融合，进一步提升产业为国民经济和社会发展支撑服务的能力。应用信息技术改造和提升传统产业，以研发设计、流程控制、企业管理、市场营销、人力资源开发等关键环节为突破口，支持信息技术企业与传统工业企业开展多层次合作，提高工业自动化、智能化和管理现代化水平，推动综合集成应用与业务协同创新，加快制造与服务融合发展，促进资源节约型生产方式的形成。加大信息技术在农业生产、经营管理和服务各环节的应用，促进农业集成化信息管理，提高精准农业技术水平，提高农业生产效率。结合国家改善民生相关工程的实施，加强信息技术在交通运输、医疗卫生、文化教育、就业和社会保障等领域应用，带动电子信息产品及相关服务发展。大力发展应用电子产品，针对工业控制、机床电子、汽车电子、医疗电子、金融电子、电力电子等量大面广、带动性强的应用电子领域，加大研发投入，突破关键技术，努力实现产业化，形成新的增长点。

专栏3：重点应用电子产品

工业控制。加强分布式控制系统、可编程控制器、控制芯片、传感器、驱动执行机构、触摸屏等产品的研制，提升工业控制的集成化、智能化水平。

机床电子。突破高档数控系统现场总线、通信协议、高精度高速控制和数字化高速伺服驱动等技术，大力发展中高档数控系统；加强机床电子功能部件（包括电主轴、电动刀架、检测装置、测试设备、机床电器等）研发和应用。

汽车电子。重点支持汽车电子电气专用元器件、车用芯片、车载信息平台和网络、动力电池和管理控制系统、动力总成控制系统、驱动电机控制、底盘控制、车身控制、车载电子、汽车安全等关键技术和产品的研发与规模化应用。

医疗电子。重点突破数字化医学影像诊断、临床检验与无创检测诊断、数字化医院及协同医疗卫生系统、便携式医疗电子设备、康复治疗设备、器官功能辅助替代医疗电子设备、精准智能手术设备、治疗微系统、医用传感器等先进医疗电子产品的自主研制。

金融电子。重点支持金融IC卡、移动支付终端、税控收款机、自动存/取款机、清分机、金融自助服务设备等产品开发和规模化应用，提升金融信息化水平，保障金融安全。

电力电子。大力推进绝缘栅双极型晶体管（IGBT）、金属氧化物半导体场效应管（MOSFET）、快速恢复二极管（FRD）等高频场控电力电子芯片和模块的技术创新与产业化；重点解决高阻区熔硅单晶、陶瓷覆铜板、铝碳化硅基板、结构件等制造技术；积极开展宽禁带半导体材料（碳化硅和氮化镓）和器件的研发及产业化。支持高功率密度、高性能的电力电子装置的研究与开发。建立国家级的高频场控电力电子器件的检测测试平台，制定和完善电力电子器件标准。

五、保障措施

（一）健全产业政策法规体系，完善产业发展环境

贯彻落实《国务院关于加快培育和发展战略性新兴产业的决定》（国发[2010] 32号），围绕新一代信息技术产业重点领域，制定相关配套政策措施。加快出台《国务院关于印发<进一步鼓励软件产业和集成电路产业发展的若干政策>的通知》（国发[2011] 4号）的实施细则。研究完善扶持平板显示产业发展的相关政策。落实《多晶硅产业准入条件》，加强对行业发展的指导。落实《废弃电器电子产品回收处理管理条例》，研究制定配套行业政策。完善促进信息技术推广应用的政策环境，推动安全可靠的软硬件产品开发和应用。进一步落实扩大内需政策，继续做好家电下乡、家电以旧换新工作，研究制定家电下乡后续政策措施，建设完善家电产品售后维修服务体系。推动制定国内光伏发电上网电价政策实施。积极推广LED、OLED节能照明产品。营造芯片、整机、系统互动的产业生态环境，推进电子专用设备首台套的应用和推广。

（二）提高财政资金使用效率，增强产业创新能力

加大技术改造专项资金投入，对核心关键领域重大项目给予重点支持。加快实施“核心电子器件、高端通

用芯片及基础软件产品”、“极大规模集成电路制造装备及成套工艺”、“新一代宽带无线移动通信网”等国家科技重大专项，进一步明确资金支持重点，加强产业链配套。充分利用电子信息产业发展基金等专项资金，支持产业核心关键技术研发和产业化，推进重点产品示范应用。加大对信息技术应用的资金支持力度，重点支持安全可靠信息技术及产品的行业应用。落实战略性新兴产业专项资金，细化电子信息领域资金使用方案。落实国家扶持中小企业的各项金融政策，支持金融机构为中小企业提供更多融资服务。

（三）引导产业有序转移，促进区域协调发展

充分发挥行业管理部门、地方政府在产业转移和合作中的引导作用，以及市场在资源配置方面的基础性作用，加强规划、资源和市场的对接，研究制定电子信息制造业产业转移与合作的相关政策，建立健全“部省对接、协同推进”的合作机制。推动珠三角、长三角、环渤海和福厦沿海等优势地区向研发设计、服务等产业价值链高端延伸，发挥优势地区辐射带动作用；立足产业承接地区自身特色优势，统筹重大项目在中西部地区和东北等老工业基地的合理布局，引导产业有序转移。促进新型工业化产业示范基地和产业园区建设，促进区域协调发展。

（四）推动企业兼并重组，优化产业组织结构

完善促进企业兼并重组的政策体系，以产业政策为引导、以产业发展的重点关键领域为切入点、以国家重大工程为带动，积极推动企业兼并重组取得显著进展。推动设立产业投资基金，重点关注重大生产力布局，鼓励龙头骨干企业开展海外兼并重组和技术收购。建立健全中小企业服务体系，培养一批“专、精、特、新”的中小企业，形成大中小企业优势互补、协调发展的产业组织体系。支持 AVS、闪联、数字家庭、太阳能光伏、OLED 等产业联盟发展，围绕移动互联网、云计算、物联网、半导体照明等新兴领域加强产业创新联盟建设。

（五）实施知识产权战略和标准战略，提升产业竞争优势

全面落实《国家知识产权战略纲要》，引导企业将技术创新、知识产权保护、标准制定相结合，提升产业竞争优势。建设和完善电子信息领域知识产权公共服务平台，定期发布各重点领域知识产权态势，促进企业提高创造、保护、运用和管理知识产权的水平。加快建立电子信息产业知识产权预警机制，加强知识产权信息采集，及时发布知识产权相关报告，提升行业知识产权预警能力。加强电子信息领域标准化技术组织建设，继续以企业为主体制定标准，充分发挥标准化相关组织、相关协会、研究单位等各方面的作用，提高标准化工作水平。针对新一代信息技术产业发展，加快研究制定相应技术标准，增强标准服务产业发展的能力。加强重点领域军民标准资源共享建设，推动技术和标准的双向应用。推动更多的自主创新技术标准成为国际标准，提升在国际标准制定中的话语权。组织重点产品标准化试点示范，加强技术标准与检测认证的联动。

（六）加强创新人才引进和培养，加快专业人才队伍建设

围绕规划确定的重点领域，制定电子信息制造业人才队伍中长期建设方案。争取国家人才发展重大项目对电子信息制造业人才队伍建设的支持。加快建设和发展职业培训机构，大力培养专业技术人才和行业信息技术应用人才，重点培养高水平复合型人才。以重大专项和重大工程为依托，建立相应的高端人才培育和引进机制。加强对企业特别是中小企业经营管理者培训，提高队伍整体素质。

电子基础材料和关键元器件“十二五”规划①

前　言

电子材料和元器件是电子信息产业的重要组成部分，处于电子信息产业链的前端，是通信、计算机及网络、数字音视频等系统和终端产品发展的基础，对于电子信息产业的技术创新和做大做强有着重要的支撑作用。

为全面科学地总结“十一五”的发展经验，明确“十二五”期间我国电子基础材料和关键元器件产业的发展方向，确保产业健康发展，根据《工业转型升级“十二五”规划》、《信息产业“十二五”发展规划》和《电子信息制造业“十二五”发展规划》，制定本规划。

本规划涉及电子材料、电子元件、电子器件三大行业中的基础材料和关键元器件，是“十二五”期间我国电子基础材料和关键元器件产业发展的指导性文件，以及加强行业管理、组织实施重大工程的重要依据。

一、“十一五”产业发展回顾

（一）产业规模稳步增长

我国电子材料和元器件产业在“十一五”期间产量、销售额、进出口总额都有较大幅度提升，增强了我国作为基础电子生产大国的地位。虽然期间受金融危机冲击，产业经历小幅调整，但总体发展稳定。2010年，在国内行业整体增长特别是新兴产业快速发展的带动下，行业恢复发展到历史最高水平。

“十一五”期间，我国电子材料行业销售收入从2005年的540亿元增长至1 730亿元，年均增长率26%；电子元器件销售收入年均增长率16%，从2005年的6 100亿元增长到超过13 000亿元，其中印制电路销售收入1 230亿元，化学与物理电源销售收入2 978亿元，显示器件销售收入380亿元。

（二）企业实力进一步增强

随着“大公司”战略的深入，我国已初步建立起一批具有自主创新能力、具备国际竞争力的电子材料和元器件大公司。在某些专业领域，已经具有相当强的实力，不论是产品产量还是质量，都位居世界前列。

近10年来，我国电子元件百强的销售收入总额增长2.84倍，年平均增长率为12.32%。2010年，我国电子元件百强企业共完成销售收入1 544.9亿元，实现利润总额139.58亿元，出口创汇55.83亿美元。2010年元件百强中，有39家企业的销售收入超过10亿元，有7家企业的销售收入超过50亿元。“十一五”期间我国印制电路产业规模超过日本和美国成为世界第一大生产国，2010年，我国印制电路百强企业平均销售额超过8.26亿元，合计规模占全国总量60%，年均增长超过15%。

民营电子材料和元器件企业的生产规模、产品质量在“十一五”期间飞速发展，“十一五”末，民营企业数量占全行业的48%，销售收入占全行业的30%，上缴税金占全行业的47%，上市公司逐年增多。

（三）生产技术水平持续提升

“十一五”期间，电子材料配套能力显著提高，在硅材料、半导体照明材料、电子陶瓷材料等领域技术水平进步显著。在最能代表行业发展水平的硅材料上，产品水平有了大幅的提升，已建成了年产12万片的12英寸硅片中试线，12英寸掺氮直拉硅单晶抛光片也可以小批量生产，标志着我国电子材料技术正逐步进入到国际先进水平行列。

“十一五”期间，我国电子材料和元器件生产技术水平持续提升，重点产品本地化率大幅提高。“十一五”初期，我国光纤预制棒完全依赖进口；“十一五”末，我国光纤预制棒总产量达700吨，已占国内使用总量的30%。国内印制电路技术由传统单、双面生产技术向高多层、高密度互联板（HDI）方向迈进，国内企业

① 本规划系《电子信息制造业“十二五”发展规划》的子规划之一。

已经掌握先进的HDI生产技术，主要产品产量、销售额的绝对量已经由传统多层板向高多层乃至20层以上提升。

第6代及以上高世代液晶面板生产线建成并量产，扭转了我国大尺寸电视用液晶面板完全依赖进口的被动局面，标志着我国平板显示产业开始进入大尺寸产品领域。等离子显示器（PDP）领域，国内已具备量产50寸PDP模组的能力，技术水平进一步提升，产业链本地化配套建设取得阶段性成果。为在未来显示竞争中争取主动权，企业已纷纷开展有机发光显示器（OLED）技术研发及产业化布局，已有1条无源有机发光显示器（PM-OLED）生产线投产，多条有源有机发光显示器（AM-OLED）生产线正在进行紧张建设。

（四）清洁生产稳步推进，循环经济初步发展

"十一五"期间，电子材料和元器件产业以印制电路、多晶硅和电池行业为重点，稳步推进节能减排和循环经济发展。印制电路行业一批先进的技术和设备如"废印制电路板物理回收技术及设备"、"蚀刻废液循环再用技术及设备"、"低含铜废液处理技术及设备"在行业推广应用，许多企业自愿开展了清洁生产审核。

"十一五"期间，氢镍电池、锂离子电池等电动车用动力电池已进入产业化发展阶段，太阳能电池等可再生能源快速发展，电池生产企业"节能、降耗、减排、治污"取得了一定成效，企业的生产环境和条件大为改善。

（五）产业发展仍存在突出问题

本土企业规模偏小且分散不集中，缺乏具有国际竞争能力的龙头企业；研发能力较弱，产业上下游缺乏协作、互动；全行业的对外依存度过高，许多关键原材料及零配件需要从国外进口；行业标准发展相对滞后，关键电子元器件和电子材料质量与可靠性水平有待进一步提高；推进节能减排、清洁生产和发展循环经济仍面临较大的压力。

二、"十二五"期间产业发展面临的形势

（一）产业面临良好发展机遇

在国家转变经济发展方式的大方针指引下，我国电子材料和元器件产业将迎来促进产业升级关键时期和历史性发展机遇。战略性新兴产业的培育和发展，数万亿的投资规模，给电子材料和元器件产业提供了前所未有的创新发展空间。新兴产业带来巨大配套需求让行业呈现出更为广阔的市场前景。

（二）技术创新孕育新的突破

智能、绿色、低碳、融合等发展趋势催生产业技术创新。埋置元件技术、印制电子技术、多功能电子模块技术等突破性技术正快速发展。面向新兴产业采用新工艺、新技术、新材料的新型产品，以及不断缩短的产品更新换代时间，将更为有力地促进技术的发展与提升。为达到体积更小、成本更低、精度和集成度更高的目的，采用新工艺、新技术的新型电子材料和元器件的发展前景十分光明。

（三）外部环境变化对产业的挑战日趋严峻

"十二五"期间，人力资源成本压力更大，单纯依靠低廉劳动力开展生产经营的企业将步履维艰，通过产业转移降低人力成本，提高产品的附加值，将成为生产企业发展壮大的必由之路。

随着世界经济全球化的发展，国际竞争将更加激烈，由此产生的贸易摩擦也将日益增多。新兴国家和地区将逐渐成为新的电子材料和元器件主要生产区，对我国在该产业的"世界工厂"地位形成威胁。

国际经济形势不确定性因素日益增强，尤其是对全球资源的争夺和国际大宗商品价格波动对国内产业影响越来越大。国际汇率波动，尤其是人民币升值对电子材料和元器件出口厂家竞争力具有较大影响。

（四）产业面临转型升级的迫切需要

随着全球经济结构的进一步调整和产业转移，我国电子材料和元器件产品结构已逐步向中高端迈进。"十二五"期间需抓紧新一轮经济发展机遇，主动引导产业淘汰落后产能，优化产业资源配置，增强产业配套能力，提高自动化生产效率，为推动电子信息产业发展提供有力支撑。

三、产业发展的指导思想和目标

（一）指导思想

按照国务院加快培育和发展战略性新兴产业的总体部署，紧紧围绕电子信息产品和战略性新兴产业的发展需求，以推动产业结构升级为主线，以创新主导价值提升，以优化产品性能、降低成本为动力，提高电子材料和元器件产业竞争力；以量大面广的产品为突破口，大

力推进市场前景广、带动作用强、发展基础好、具有自主知识产权的电子材料和元器件产业化发展。

（二）发展目标

1、经济指标

“十二五”期间，我国电子材料年均增长率8%，到2015年销售收入达2 500亿元；电子元件年均增长10%，到2015年销售收入超18 000亿元，其中化学与物理电源行业销售收入达4 000亿元，印制电路行业实现销售收入1 700亿元；电子器件年均增长25%，达到1 800亿元，其中平板显示器件产业年均增长超过30%，销售收入达到1 500亿元，规模占全球比重由当前的5%提升到20%以上。

2、结构指标

高端电子材料占全行业产品的40%以上，本地化材料配套能力显著提升。继续推动大公司战略，培养10个以上年销售收入超过100亿元的电子元件大公司，争取电子元件销售收入亿元以上企业占到全行业销售收入总额的75%。国内平板显示生产技术达到国际先进水平，形成2-3个年销售收入在300亿元以上的龙头企业，全面支撑我国彩电产业转型和升级。

3、创新指标

大力加强自主创新和民族品牌的建设，形成一批掌握关键核心技术、具有国内国际知名品牌与影响的企业，初步形成一批以研发为驱动力的创新型中小企业。推进知识产权建设，力争“十二五”期间，全行业新申请的核心专利数量和重要标准拥有量有较大幅度的提升，其中发明专利增长10%以上。

4、节能环保指标

规划期间，通过节能减排和资源综合利用及推进清洁生产，提高三废中有用物质的回收利用，减少对环境的影响，印制电路行业实现铜回收再利用率由目前的45%提高到80%以上，水回收再利用率由20%提高至30%以上。

四、主要任务和发展重点

（一）主要任务

1、推动产业升级

借助战略性新兴产业迅猛发展的契机，加快为战略性新兴产业配套的高端产品的研发和产业化速度，提升关键元器件及材料的质量和档次，争取在关键领域实现部分甚至全面本地化替代。结合实施重大工程，推动结构调整和产业升级，继续实施大企业战略，引导大型骨干企业加强对本土材料、设备的应用，形成结构优化、配套完整的基础产业体系。

2、加强科技创新

发挥政府引导和推动作用，创新行业管理方式，引导创新要素向企业集聚，引导企业围绕产业技术创新的关键、共性技术问题进行联合攻关。完善以企业为主体，“产、研、学、用”相结合的自主创新体系，依托企业建立产业联盟突破核心技术、关键设备与材料。

3、统筹规划产业布局

通过宏观调控和市场资源配置等手段，聚集资源，推动企业联合重组，提高产业集中度，培育和鼓励骨干企业做大做强。以地区和产品为纽带，打造产业集群，推进产业链的进一步完善和形成，做强电子材料和元器件产业。积极推动通过产业转移进行结构调整和新的产业布局，为行业持续长久发展创造条件。

4、加强自主品牌建设

支持企业创立自主品牌，提升本土产品的国际竞争力；引导企业加强产品质量管理，提升品牌形象；强化产品质量体系建设，通过树立品牌更好地参与国际竞争。

5、促进产业协同发展

引导电子元器件企业与上游材料、设备企业开展合作，突破原材料、设备核心技术；引导和推动计算机、通信、家电等行业有实力的整机企业向产业链上游“纵向发展”，使其在提升自身配套能力的同时，推动元器件行业发展，形成联动的产业格局。

6、积极参与国际合作

发挥现有优势，继续吸引国外大企业来华投资，同时注重鼓励其在内地设立研发机构，通过学习与竞争，促进国内产业提升技术水平。充分利用国际国内两种资源，建立具有国际竞争力的一流企业。

（二）发展重点

紧紧围绕节能环保、新一代信息技术、生物、高端装备制造、新能源、新材料和新能源汽车等战略性新兴产业发展需求，发展相关配套元器件及电子材料。

1、电子材料

半导体材料。重点发展硅材料（硅单晶、抛光片、外延片、绝缘硅、锗硅）及化合物半导体材料；蓝宝石和碳化硅等衬底材料；金属有机源和超高纯度氨气等外延用原料；高端发光二极管（LED）封装材料，高亮度、大功率 LED 芯片材料；高性能陶瓷基板；新型电力电子器件所用的关键材料；石墨和碳素系列保温材料。

薄膜晶体管液晶显示器件（TFT-LCD）材料。重点发展高世代 TFT-LCD 相关材料，主要包括大尺寸玻璃基板；混合液晶和关键新型单体材料；偏光片及相关光学薄膜材料；彩色滤光片及相关材料；大尺寸靶材；高纯电子气体和试剂等。

OLED 材料。重点发展 OLED 用高纯有机材料；柔性导电基板；高端氧化铟锡（ITO）导电玻璃基板；封装材料；大尺寸高精度掩模板等。

PDP 材料。重点发展玻璃基板、电极浆料、湿化学品、玻璃粉、荧光粉和乙基纤维素等材料，并实现产业化。

电子纸。重点发展微胶囊、油墨、介电材料等。

新型元器件材料。覆铜板材料及电子铜箔；压电与系统信息处理材料；高热导率陶瓷材料和金属复合材料；片式超薄介质高容电子陶瓷材料、电容器材料及高性能电容器薄膜；高端电子浆料；低温共烧陶瓷（LTCC）多层基板；高性能磁性材料等。

电池材料。重点实现以下材料的产业化技术突破：锂电池隔膜，特别是动力型及储能型锂离子电池隔膜材料；新型电极材料，如磷酸铁锂、钛酸锂、锰酸锂及其他新型正负极材料；新型电解质、溶剂和添加剂，如锂离子电池用的含氟化合物六氟磷酸锂、氟代碳酸乙烯酯、双亚铵锂等。

2、电子元件

物联网配套。发展满足物联网需求的超薄锂离子电池和各种专业传感器，重点发展微型化、集成化、智能化、网络化传感器，研究开发具有无线通信、传感、数据处理功能的无线传感器网络节点；推进传感器由多片向单片集成方向发展，减小产品体积、降低功耗、扩大生产规模。

新能源配套。开发为太阳能光伏、风力发电等新能源产业配套的新型储能电池、超级电容器、功率型电容器、特种功率电阻器以及电力电子用关键电子元件。

新能源汽车配套。大力发展新能源汽车用高效节能无刷电机、高性能磁性元件和动力电池，推动锂离子动力电池的产业化，提高锂离子动力电池安全性、提升循环寿命、降低成本；开发电池管理系统和电池成组技术，开发适合新能源汽车使用的电池系统；推动快速充电技术研发及产业化。

新一代通信技术配套。发展适用于光纤宽带网络的低成本光纤光缆、光纤预制棒及相关光器件；积极研发通信基站用石英晶体振荡器；大力开发新型通信设备用连接器、继电器、滤波器及线缆组件。

其他新型电子元件。发展满足我国汽车及汽车电子制造业配套需求的高质量、高可靠性的电子元件；针对新一代电子整机发展需求，大力发展新型片式化、小型化、集成化、高端电子元件；加强高密度互连板、特种印制板、LED 用印制板的产业化，研发印制电子技术和光电印制板并推动产业化；发展为节能环保设备配套的电子元件以及电子元件本身的节能环保和清洁生产技术。

3、电子器件

TFT-LCD。进一步提升液晶面板的透过率和开口率，提高分辨率，扩大可视角度，增加产品的附加值；加快高效节能背光源的研发和应用，在确保产品性能的前提下，简化生产工序，降低生产成本，提高产品能效。

PDP。围绕高光效技术（高能效、低成本）、高清晰度技术（三维、动态清晰度、超高清晰度）以及超薄技术方面进行相关技术研发；研究新材料、新工艺、新型驱动电路与控制软件技术来提高 PDP 产品性能及降低功耗。

OLED。进一步完善 PM-OLED 的技术并加快产业化进程；开发大尺寸 AM-OLED 相关技术和工艺集成，加快氧化物基等薄膜晶体管（TFT）的研发及其在 AM-OLED 中的应用，掌握并逐步完善低温多晶硅技术，推动小尺寸 AM-OLED 产品实现产业化。

电子纸。推动有源驱动电子纸显示技术与产业化，重点发展大尺寸、触屏式、彩色、柔性有源驱动电子纸显示屏，突破彩色电子纸膜材料制造技术，推动产业化应用。

真空电子器件。重点发展高可靠、高电压、大容量、大电流、长寿命真空开关管及专用真空器件。

激光和红外器件。重点发展大功率半导体激光器、高功率气体激光器、光纤激光器、紫外激光器，推进高性能的红外焦平面器件、高分辨率砷化铟镓（InGaAs）

探测器产业化。

五、政策措施和建议

（一）加强政府引导，完善产业政策

积极修订完善产业结构调整指导目录、外商投资产业指导目录等产业政策，通过国家政策引导投资方向与重点；对国家鼓励项目的重要进口设备、材料，在国内没有替代产品的情况下，继续保持现有税收优惠政策。积极支持本土电子材料和元器件企业实施“走出去”战略。

（二）发挥财政资金作用，创造良好投融资环境

充分发挥技术改造专项资金、电子发展基金等各类财政资金的引导和带动作用促进产业发展；推动建立政府导向的产业投资基金，发挥财政资金带动作用，引导社会资源支持产业发展；积极促进企业与资本市场的结合，创造有利于产业发展的投融资环境。

（三）提升产业创新能力，推动产业升级

完善电子材料和元器件行业的创新体系，推动建立国家层面的公共服务平台，为企业创新提供支持；继续推进技术改造，鼓励企业增加技术投入，强化企业的创新基础。进一步促进行业基础研究成果与工程化、产业化的衔接，提升产业核心竞争力。通过组建产业联盟或技术协作联盟等形式，推进产业链上下游合作，开展联合攻关，提高产品技术水平，促进推广应用。积极引导企业转型升级，向精细化、节能环保型发展。

（四）优化产业布局，统筹规划区域发展

针对产业内迁趋势，适时地推动在内陆省份建设新的我国电子材料和元器件产业集中区域，为内陆省份在政策方面争取相关优惠政策。引导行业有序转移，杜绝污染分散，并利用产业转移的机会进行结构调整和产业布局，为行业持续长久发展创造条件。

（五）加强行业管理，促进产业健康发展

完善市场、环保等优胜劣汰机制，通过行业准入，对涉及环境保护和应用安全的产业如锂离子电池、印制电路等行业加强管理，督导企业进一步向规模化和规范化发展，加快推进节能环保和产品质量安全长效机制的建立，确保产业有序健康发展。

（六）重视人才培养，积极参与国际交流合作

围绕电子材料和元器件产业转型升级对专业技术人才的需求，充分发挥行业协会、高等院校、科研院所及各类相关社会机构的作用，为行业的持续发展培养各级各类专业人才。加强国际交往与合作，积极参与国际标准工作，增强我国在国际标准领域的话语权。

电子专用设备仪器“十二五”规划①

前　言

电子专用设备产业是重大装备制造业的重要分支，是知识、技术、资本高度密集型产业，处于电子信息产业链最高端，其基础性强、关联度高、技术难度大、进入门槛高，决定着一个国家或地区电子信息产品制造业的整体水平，也是电子信息产业综合实力的重要标志。

电子仪器产业是电子信息产业重要的基础性产业，具有高投入、多品种、小批量、更新换代快的特点，在国民经济总产值中的占比不高，但对经济发展的“杠杆”和“倍增”作用却十分巨大。

为推动电子专用设备仪器产业持续发展，缩小与国际同类产品的差距，根据《工业转型升级“十二五”规划》、《信息产业“十二五”发展规划》和《电子信息制造业“十二五”发展规划》，制定本规划。

本规划涉及电子专用设备和电子仪器两大行业，是“十二五”期间我国电子专用设备仪器产业发展的指导性文件和加强行业管理、组织实施重大工程的依据。

一、“十一五”产业发展回顾

（一）产业规模持续稳定增长

我国电子专用设备仪器产业在“十一五”期间保持

① 本规划系《电子信息制造业“十二五”发展规划》的子规划之二。

了较高的增速。虽然期间受全球金融危机影响，2008年下半年至2009年上半年呈现出下滑态势，但在国内多项政策激励下，随着世界经济逐步回暖，电子专用设备仪器业企稳回升，实现了生产、销售和经济效益总体平稳增长的态势。

据统计，"十一五"期间我国电子专用设备销售收入年均增长率为20%，从2005年的783亿元增长到超过1 987亿元，电子专用设备工业协会统计的行业骨干企业年均增长率为25%，从52.7亿元增长到160.6亿元。统计数据表明，"十一五"期间我国电子仪器规模以上企业年均增长19%，到"十一五"末实现销售收入940亿元。五年间，电子专用设备仪器产品中太阳能光伏设备以及元器件参数测量仪器、超低频测量仪器等保持了较大幅度的增长。

（二）重点产业领域取得较大成绩

"十一五"期间，国家科技重大专项围绕光刻机、刻蚀机、65纳米制造工艺、先进封装设备等重点任务，集中资源重点投入，取得很大进展。北方微电子及上海中微公司2种12英寸65纳米刻蚀机产品样机已进入大生产线进行考核验证；上海微电子公司封装光刻机已进入长电科技考核测试；七星华创12英寸氧化炉已进入大线测试；中科信12英寸离子注入机已完成3台样机组装，正在进行测试。多种12英寸关键设备陆续进入大生产线考核验证，标志着我国集成电路设备产业已初步形成产业化发展态势。

"十一五"期间新兴产业的发展，为电子专用设备产业带来了良好的发展契机。尤其是我国晶硅太阳能电池设备年均增长率达到58%，基本具备了从晶体硅到太阳能电池片的成套生产线设备供应能力，为我国光伏产业的发展提供了有力保障。晶硅太阳能设备爆发式增长，为电子专用设备产业实现"十一五"规划目标提供了有力支撑。

（三）电子仪器产业结构调整初见成效

电子仪器产业根据市场应用需求的变化，不断调整结构，产品种类日益丰富。针对多功能、多参数的复合测试需求，测试设备从单台仪器向大型测试系统形式迈进；电子测量仪器向模块化和合成仪器方向发展；野外工程应用需求不断促进测试仪器向便携式和手持式升级；新型的实时频谱分析仪开始推向市场；3G、数字电视等民用领域专业测试仪器新品不断涌现。

（四）产业自主创新能力不断提升

"十一五"以来，电子专用设备仪器行业内主要企业通过引进国内外的高科技人才，加强与高校、科研单位的合作，在关键设备和开发中规避已有的国外专利，开发出一批技术含量高、性能稳定、具有自主知识产权的产品，初步建立起了以企业为主体的技术创新体系。

在国家"863"计划、国家科技重大专项的支持下，一批具有自主知识产权的集成电路设备进入了大生产线。我国的无铅焊接设备达到了国际先进水平，成为我国表面贴装设备市场中最具竞争力的产品。电子仪器行业的本土企业逐步进入自主研发阶段，初步掌握核心和高端仪器技术，能够为国家重大工程提供大部分配套电子仪器。在部分特种电子仪器产品方面打破了国外禁运和技术封锁，为重点装备的技术保障和研制建设提供了有力支撑。

（五）产业链整合进程日益加速

在国家科技重大专项引导下，以龙头企业为核心的产业链整合进程持续加速。北方微电子、上海中微、七星华创等整机企业与北京科仪、沈阳科仪、沈阳新松等零部件企业围绕刻蚀机、注入机、氧化炉等高端芯片制造装备与关键部件进行联合攻关；江苏长电、南通富士通等国内封装龙头企业联合26家企业开展成套封装设备与配套材料的系统应用工程。按照上下游配套的"项目群"方式，系统部署实施重大专项，有力促进集成电路产业链的建立、产业规模的增长和综合配套能力的形成。

（六）产业扶持政策逐步完善

《国务院关于加快振兴装备制造业的若干意见》将集成电路关键设备、新型平板显示器件生产设备、电子元器件生产设备、无铅工艺的整机装联设备列入了国家重大技术装备中，加大政策支持和引导力度，鼓励本土重大技术装备订购和使用，为产业发展创造了有利的市场环境。"极大规模集成电路制造装备及成套工艺"国家科技重大专项的实施，有力带动了我国电子专用设备仪器技术提升。

"十一五"期间我国电子专用设备仪器行业取得较大成绩，但仍存在突出问题：产业规模偏小，本土企业实力不强；自主创新能力有待提高，高端设备开发相对落后；部分产品性价比虽高，但可靠性较差，市场占有率低；设备开发与产品制造工艺脱离，影响了技术成果产业化的进程；高水平、复合型人才缺乏。

二、“十二五”面临的形势

“十二五”期间，随着政策环境的不断完善、战略性新兴产业的快速发展，国际国内市场迅速增长、新兴增长点不断涌现、应用领域进一步拓宽，为我国电子专用设备仪器产业发展提供了广阔的空间和坚实的政策支持。但全球经济形势存在不确定性、国产设备仪器的推广应用难度加大，也使产业发展面临较大挑战。

（一）产业发展形势分析

2010年全球半导体制造设备销售总额达到395.4亿美元，恢复到历史最高水平。各个地区的设备支出都呈现了两位数甚至三位数百分比的增长，增长最快的是中国大陆和韩国。2010年中国内地半导体设备市场为22.4亿美元，预计2011年为26.4亿美元。按此增长率推算，到2015年，我国半导体设备市场规模将达到300亿元人民币。

2010年，全球光伏生产设备销售额比上年增长40%，达到104亿美元，预计2011年将达到124亿美元，同比增长24%。从区域市场来看，2010年中国大陆地区占全球市场51%的份额，预计未来5年还将继续保持这一较高比例。据此，可以判断到2015年我国光伏设备将继续保有巨大市场空间。

新能源汽车用锂离子动力电池、高性能驱动永磁式同步电机、金属化超薄膜电力电容器等新型电子元器件生产设备将成为我国电子专用设备市场新的增长点。

多学科交汇为电子仪器开辟了新的发展空间，物联网技术发展和三网融合对电子仪器提出新的测试需求，预计上述领域的电子仪器以及环境保护测试仪器和医疗电子仪器会面临大发展。

（二）技术发展趋势分析

集成电路技术发展将继续遵循“摩尔定律”，制造工艺水平的提升对相应制造设备提出了新的挑战。不仅是特征尺寸的缩小和套刻精度的提高等技术指标的改进，而且需要更高的生产效率和更低的用户拥有成本等经济指标的提升。不仅仅局限于集成电路的制造设备，太阳能电池制造设备、平板显示设备、整机装联设备等设备功能和性能的提升也将符合这一发展趋势。

电子仪器向宽频带、大实时带宽、大功率、高精度、高密度、高速方向发展；将广泛采用新型元器件，与信息技术和计算机技术融为一体，向智能化、系统化、模块化、网络化、开放式、可重构、微型化、抗恶劣环境、测量功能集成集约化方向迈进。

（三）面临的环境条件

“十二五”期间，随着我国继续加快发展战略新兴产业，加大对“极大规模集成电路装备制造技术及成套工艺”、“新一代宽带无线移动通信网”等重大科技专项的支持，新能源、新材料等新兴产业的发展以及量大面广的电子元器件的需求，将为电子专用设备仪器企业的进一步发展创造良好的发展机遇。

同时，产业也面临着制造企业对于采购本地设备仪器的积极性不高，在采购本土设备时需要面对工艺与设备的融合，新工艺开发缺乏技术支持等一系列问题。

为本地开发的专用设备仪器提供良好的市场销售环境和政策支持，进一步降低国产设备仪器的使用成本，提升本土产品的配套率，提升本土产品的竞争优势，提振用户对国产设备仪器信心，是“十二五”期间需重点关注和解决的问题。

三、发展思路和发展目标

（一）发展思路

深入贯彻落实科学发展观，充分发挥重大科技专项、战略性新兴产业发展的引领作用，推动形成以企业为主体、产学研用结合的技术创新体系；以市场亟需的、带动性较显著的电子专用设备、电子测量仪器为重点，集中力量重点突破，开发满足国家重大战略需求、具有市场竞争力的关键产品，批量进入生产线，提升市场自给率；以承担重大专项为契机，形成一批自主知识产权核心技术，扶植起一批电子专用设备仪器重点企业。

（二）发展目标

1、经济指标

“十二五”时期，我国电子专用设备产业将实现17%的年均增长速度，其中骨干企业年均增长20%，到2015年实现销售收入400亿元；电子仪器产业年均增长速度达15%，到2015年实现销售收入达到1 800亿元。

2、创新指标

12英寸65纳米集成电路制造装备实现产业化，研发成功45纳米–32纳米制造装备整机产品并进入生产线应用。在若干技术领域形成具有特色的创新技术和创新产品，大幅提升创新实力和差异化竞争能力。研发出8–

10种前道核心装备、12–15种先进封装关键设备并形成批量生产能力。

缩小我国集成电路设备、工艺技术水平与当时国际先进水平的差距，除光刻机外基本缩小到1代甚至基本同步；晶硅太阳能电池设备达到国际先进水平；表面贴装设备除自动贴片机外达到国际先进水平；集成电路后封装设备、液晶显示器件后工序设备、发光二极管(LED)设备（除金属有机化学气相沉积设备外）、片式元件设备、净化设备、环境试验设备接近国际先进水平。

电子仪器总体技术水平达到2005年前后国际先进水平，在新一代移动通信、数字电视、绿色环保等应用领域的电子仪器基本达到与国际先进水平同步。

四、主要任务和发展重点

（一）主要任务

1、围绕战略性新兴产业，提升配套能力

加强为战略性新兴产业配套的电子专用设备仪器的研发和产业化，围绕集成电路、太阳能光伏、中小尺寸平板显示、下一代通信等重点领域所需电子专用设备仪器，大力推进关键技术研发和产业化，加快产品推广应用进程。

2、加强基础能力建设，提升产业整体水平

针对关键设备和仪器产业化水平低、可靠性差等问题，加强基础工艺研究，提升重点设备和仪器质量水平，积极发展电子专用设备制造的关联产业和配套产业，加大技术改造投入，提高基础零部件和配套产品的技术水平，不断满足电子信息制造业发展的需要。

3、以重大专项实施为契机，加强产业互动

引导承担重大专项的企业在攻克技术难关的同时延展技术应用，推动集成电路设备相关技术在半导体、显示、光伏、元器件等领域的应用，推动通信网络测试设备在通用测试仪器中的应用。针对新兴市场需求，加强产业链上下游联动，共同探索新工艺，联合研发新型设备仪器。

（二）发展重点

1、集成电路生产设备

（1）8英寸0.13微米集成电路成套生产线设备产业化

在"十一五"攻关的基础上，以设备生产能力的提升和产业化为重点。解决以光刻设备、刻蚀设备、离子注入设备、退火设备、单晶生长设备、薄膜生长设备、化学机械抛光设备和封装测试设备为代表的8英寸0.13微米工艺的集成电路成套设备的自主研发，突破核心关键技术，在国内建立成套生产线，提高半导体设备行业的配套性和整体水平。

（2）12英寸65纳米–45纳米集成电路关键设备产业化

光刻机：基于国产核心部件完成90纳米光刻机的产品定型，形成小批量生产能力，实现产品销售。

刻蚀机：使国产65纳米–45纳米刻蚀机进入主流生产线，实现刻蚀机的产业化；完成45纳米以下栅刻蚀和介质刻蚀产品研制，逐步完成关键技术攻关，实现设备生产线验证及商业设备定型设计。通过纳米刻蚀机研制和工艺开发掌握高密度等离子刻蚀机制造的核心技术。

封测设备：开展先进封装圆片减薄设备、三维系统封装通孔设备、高密度倒装键合设备、新型晶片级封装用设备等的研发。

其它设备：完成45纳米薄膜设备、掺杂设备、互联设备、平坦化设备、清洗设备、工艺检测设备等整机产品的研发，在工程样机设计及工艺开发的基础上，结合可靠性、稳定性等产业化指标要求，改进设计，制造中试样机，通过大量工艺验证与优化试验，确定商业机设计，实现产业化销售。

2、太阳能电池生产设备

（1）太阳能级多晶硅及单晶硅生长、切割、清洗设备产业化

多晶硅生长设备：突破热场分控技术、定向凝固技术，实现投料量吨级及以上产品硅铸锭炉的研发和产业化，并实现成品率达到75%以上。

单晶硅生长设备：突破单晶生长全自动控制技术，实现8英寸（156毫米×156毫米硅片）以上尺寸全自动单晶炉产业化。

切割设备：突破张力控制软件技术、水冷却气密封技术、砂浆温度闭环控制技术等关键技术，保证能满足太阳能硅片大生产切割需求，切割硅片尺寸8英寸，切割精度优于10微米、厚度在180微米以下的太阳能硅片多线切割机产业化。

清洗设备：突破槽体温度控制技术、溶液循环技

术、大行程直线传输技术等关键技术，提升产品质量的一致性，实现碎片率小于0.3‰的太阳能晶硅清洗制绒设备产业化，促进晶硅太阳能电池片转化效率提升。

(2) 全自动晶硅太阳能电池片生产线设备研发及产业化

重点发展扩散炉、等离子增强化学气相沉积设备(PECVD)等关键设备，突破单机自动化及生产线设备之间物流传输自动化技术，实现整线自动化集成。

重点突破自动图像对准技术、柔性传输技术、高精度印刷技术、高速高精度对准技术、测试分选技术、智能化控制及系统集成技术，进一步提高电池片电极印刷、烘干、测试分选速度，实现产能达到1 440片/小时以上、碎片率低于0.5%的全自动太阳能印刷线设备产业化。

(3) 薄膜太阳能生产设备

硅基类薄膜太阳能电池设备：重点提高大面积沉积的均匀性，进一步提升设备运行的稳定性，适度提升自动化程度，提高生产效率。

碲化镉(CdTe)薄膜太阳能电池设备：突破真空镀膜设备技术难点，研发新型升华源的结构，进一步提高温度均匀性，开发在高温、真空环境下的传动系统。

铜铟镓硒(CIGS)薄膜太阳能电池设备：突破真空镀膜设备、材料溅射、硒化技术等技术难点，实现元素配比的精确控制，保证大面积沉积的均匀性，提高生产效率，降低制造成本。实现0.7平方米以上、电池转化效率达14%以上的CIGS整线设备集成。

3、新型元器件生产设备

(1) 中小尺寸有机发光显示(OLED)生产设备研发及产业化

解决无源有机发光显示(PM-OLED)用有机蒸镀和封装等关键设备大面积化和低成本化等问题，重点发展蒸发源、掩模对位、玻璃和掩模板固定装置等设备，进一步提高生产效率。

开展中小尺寸有源有机发光显示(AM-OLED)产品生产工艺和制造设备研发，突破溅镀台、PECVD系统、热蒸发系统等AM-OLED用的薄膜晶体管(TFT)薄膜沉积装备；涂胶机、曝光机、干湿法刻蚀机等AM-OLED用的TFT图形制作装备；退火炉、退火气体管道、激光退火设备等AM-OLED用TFT退火装备；TFT电学测试设备、OLED光学测试设备等AM-OLED用检测装备；AM-OLED用缺陷检测修补装备，如激光修补机等。

(2) 高储能锂离子电池生产设备研发及产业化

突破电池浆料精密搅拌技术、电极极片精密涂敷技术、极片精密轧膜技术及快速极片分切技术，实现400升(装量)浆料搅拌设备、650毫米(幅宽)齐出式涂布设备、Φ800(轧辊直径800毫米)强力轧膜设备、极片分切设备(分切速度30-35米/分钟)研发及产业化，实现整线设备集成。

(3) 其他元器件生产设备研发及产业化

重点发展高性能永磁元件生产设备、高亮度LED生产设备、金属化超薄膜电力电容器生产设备、超小型片式元件生产设备、高密度印制电路板生产设备、高精密自动印刷机高速、多功能自动贴片机无铅再流焊机、高精度光学检测设备。

4、通信与网络测试仪器

满足时分双工长期演进技术(TD-LTE)网络测试的多模终端样机的研发，开发TD-LTE路测分析仪并达到商用化要求，配合TD-LTE技术网络试验和规模商用。

针对TD-LTE基站和终端特点及相关新技术和实际测试需求，开发模块化的TD-LTE基站和终端射频测试系统，推动基站和终端性能进一步提高。

针对长期演进技术(LTE)网络接口进行协议一致性测试的需求，研究更方便、更简洁的测试工具对LTE的核心网络设备和无线网络设备进行测试，推动设备接口实现一致性。

针对TD-LTE终端一致性测试开发扩展测试集仪器；针对TD-LTE-Advanced终端一致性测试开发终端协议仿真测试仪。

其他通信方式以及网络测试所需的新一代通信测试仪器、计算机网络测试仪器、射频识别综合测试仪器、各类读卡器、近距离无线通信综合测试仪器。

5、半导体和集成电路测试仪器

满足对多种功能半导体和集成电路进行测试需求的射频与高速数模混合信号集成电路测试系统；存储器等专项测试系统；半导体和集成电路在线测试系统、测试开发系统。

6、数字电视测试仪器

满足数字电视和数字音视频测试需求的数字电视信号源、数字音视频测试仪、码流监测分析仪、图像质量分析仪、数字电视上网融合分析仪、网络质量和安全监测仪、数字电视地面信号覆盖监测系统。

五、政策措施

（一）加强战略引导，完善产业政策

充分利用优惠政策，降低企业在技术进步中的风险，合理地运用优惠政策促进科研成果产业化。制定并完善《重大技术装备和产品进口关键零部件、原材料商品清单》，进一步加强对电子专用设备关键零部件税收优惠政策的支持力度。

加快出台《关于印发<进一步鼓励软件产业和集成电路产业发展若干政策>的通知》（国发［2011］4 号）的实施细则，对符合条件的集成电路专用仪器以及集成电路专用设备相关企业给予企业所得税优惠，支持行业发展。

（二）加大投入力度，支持技术创新

充分发挥国家科技重大专项、电子信息产业发展基金等引导作用，以多种形式支持电子专用设备仪器行业技术创新，重点支持战略意义大、技术难度高、市场前景广、带动作用强、发展基础好的关键电子专用设备仪器发展。

推动落实《首台（套）重大技术装备试验示范项目管理办法》，鼓励支持集成电路关键设备、新型平板显示器生产设备、电子元器件生产设备、无铅工艺的整机装联设备自主创新，为首台（套）重大电子专用设备应用创造良好条件。

（三）提升产品可靠性，加强服务能力建设

抓好零部件配套和维修服务工作，推行平均失效间隔（MTBF）、平均恢复时间（MTTR）等可靠性指标，采用可靠性设计、元器件筛选等行之有效的办法，提高零部件产品可靠性，拓展维修、备件供应等服务范围，提高专用设备仪器的服务水平。

（四）引导专项成果辐射，推动技术应用扩展

在支持企业承担重大专项的企业攻克技术难关、强化核心竞争力的同时，积极引导将掌握的技术向相关领域进行应用扩展，重点推动半导体专用设备技术和产品在太阳能电池、LED、平板显示等领域的应用。

（五）重视人才战略，集聚高端人才

推动在高等院校和科研院所加强电子专用设备仪器相关学科建设与专业技术人才的培养，建设高校、企业联动的人才培养机制。以国家科技重大专项为平台，加快人才引进，进一步提升高端复合型人才的积累。

数字电视与数字家庭产业"十二五"规划①

前　言

数字电视作为电子信息产业和文化产业有机融合的产物，是指采用数字技术实现节目内容制作、存储、播出、传输、接收及应用服务的整套系统，本规划中的数字电视产业主要指与数字电视系统相关的产品制造业。数字家庭是指通过网络实现家庭内部各种家用电子电器产品之间及其与外部的互联互通，使家庭成员能够便捷地实现互动娱乐、信息服务与智能控制，本规划中的数字家庭产业主要指与数字家庭系统相关的制造业以及与应用服务相关的配套产业。

随着数字化、网络化、智能化生活理念的日益普及，作为传统家庭生活娱乐中心的数字电视与新兴的数字家庭关系更加紧密。数字电视产业的发展极大丰富了数字家庭的内涵，为数字家庭业务提供了重要支撑，数字家庭业务的创新和拓展则促进了数字电视产业的快速发展。发展数字电视与数字家庭产业，是培育发展新一代信息技术产业、推动产业转型升级、促进经济发展方式转变的战略要求，对于推动三网融合取得实质性进展、提高经济社会信息化水平、提升人民生活品质、促进国民经济长期平稳较快发展具有重要意义。

按照《工业转型升级"十二五"规划》、《信息产

① 本规划系《电子信息制造业"十二五"发展规划》的子规划之三。

业“十二五”发展规划》、《电子信息制造业“十二五”发展规划》的总体部署和要求，依据部门职责分工，制定本规划，用以指导未来五年我国数字电视和数字家庭产业的发展。

一、“十一五”发展回顾

“十一五”时期，虽然经历了国际金融危机，但随着《电子信息产业调整和振兴规划》的实施以及家电下乡、家电以旧换新等一揽子刺激内需政策的落实，我国数字电视与数字家庭产业仍然取得了较快发展，产业转型和结构调整取得阶段性成果，技术研发与应用实现重大突破，自主品牌竞争力逐步增强，国际化步伐显著加快，基本实现“十一五”的预期目标。

（一）数字电视产业规模稳步增长，产业转型与结构调整初见成效

从2006年到2010年，以数字电视为主的视听产业销售收入从3 967亿元增长到10 039亿元，工业增加值率从17.4%提升到21%。其中，2010年我国彩电产量为1.18亿台，占全球彩电总产量的49%，数字电视机顶盒产量为1.23亿台，占全球机顶盒产量的76.6%，全球制造大国地位进一步得到巩固。产业数字化、平板化、绿色化发展成效显著，平板电视比重从25%提高到79%，节能发光二极管（LED）背光电视2010年占比达到18%；平板显示产业链逐步完善，高世代薄膜晶体管液晶显示器（TFT-LCD）面板及模组、多面取等离子显示屏（PDP）面板规模化生产技术取得重大进展。

（二）数字家庭技术与应用取得进展，以应用促发展局面初步形成

以数字电视应用为中心、面向三网融合的数字家庭产业初步形成，“闪联”、“e家佳”和“广联”等各具特色的数字家庭标准组织相继组建，自主技术标准的国际化及推广应用取得重大进展；构建了包括数字家庭网络运营、数字家庭智能终端、数字化家用电子产品制造、面向三网融合的数字家庭内容服务在内的技术链，产品涵盖消费电子、通信、安防、建筑、网络运营、内容服务等众多行业。广州、杭州、武汉、青岛、长沙等城市的数字家庭研发与应用示范步伐加快，部省共建广东国家数字家庭应用示范产业基地建设初显成效。以互动娱乐、智能家居、信息服务为代表的面向三网融合的数字家庭业务应用创新取得较大进展。

（三）以企业为主体的技术创新能力增强，标准体系建设取得较大进展

数字电视新型显示器件与材料、数字电视系统级芯片（SOC）、数字电视中间件、大容量光存储等新技术和新应用不断取得突破，相继推出了LED背光电视、互联网电视、三维电视、智能电视等新产品。产业链不断完善，多条液晶电视模组整机一体化生产线已实现量产。以地面数字电视传输标准（DTMB）、数字视频编解码标准（AVS）、数字音频编解码标准（DRA）、中国蓝光光盘格式标准（CBHD）、数字接口内容保护标准（UCPS）为代表的自主知识产权技术标准体系已经形成。其中DTMB已经取得国际电信联盟（ITU）地面数字电视D系统代号，AVS成为国际主流视频编解码标准之一，DRA成为蓝光高清视盘国际联盟可选标准，“闪联”、“e家佳”标准分别被国际标准化组织（ISO）和国际电工委员会（IEC）发布为国际标准。

（四）产业区域发展辐射作用明显，骨干企业综合实力进一步提升

初步形成了北京辐射圈、长三角地区、珠三角地区、环渤海地区、海西经济区、成渝地区等各具特色数字电视及数字家庭产业集聚区，产业集聚及辐射带动作用明显。海尔、海信、长虹、TCL、创维、康佳等企业均进入电子信息百强前20名，年营业收入超过百亿元，通过家电下乡、家电以旧换新等拉动内需政策，进一步巩固市场优势地位，整体竞争力和国际影响力不断攀升。2010年，海信、海尔、TCL、长虹、创维、康佳、厦华等7家企业的彩电产量占国内彩电总产量的49%，产业集中度进一步提升。

（五）产业国际化步伐加快，自主标准国际化应用取得重大突破

“十一五”期间累计出口彩电26 664万台，出口额523.7亿美元，出口量占总销售量的58.6%。中国成为全球机顶盒的制造中心，占全球总销售量的70%以上。企业在坚持开拓传统市场的基础上，进一步向新兴市场进军，并通过发展自主品牌，实现了从单一产品出口向全面“走出去”的转变，海信、海尔、TCL、长虹、创维、康佳、厦华等整机企业在欧洲、东盟、南非等国家和地区开始建立研、产、销机构，自主品牌的国际影响力不断提升。我国地面数字电视传输标准国际化应用取得突破性进展，已经在柬埔寨、老挝等海外国家和地区得到

应用，并带动了相关技术、产品及系统的国际应用。

尽管“十一五”期间我国数字电视产业发展取得较大成绩，数字家庭技术研发和产业应用取得较大进展，但仍然面临诸多问题：彩电业转型升级与配套核心器件缺失的矛盾依然存在；企业的技术能力积累不足，难以适应核心技术快速发展的需要；文化体制改革有待进一步深化，与产业支撑的协调性有待进一步增强。

二、“十二五”面临的形势

（一）宏观环境促进产业转型

我国经济发展方式将逐步从主要依靠投资、出口拉动向依靠消费、投资、出口协调拉动转变。工业化和信息化深度融合、战略性新兴产业积极培育、数字电视和三网融合政策进一步贯彻落实，将为数字电视和数字家庭产业的发展提供有力支持。绿色环保、低碳节能作为数字电视与数字家庭产业转型升级的重要方向，是产业可持续性发展的内在要求。

（二）消费升级助推产业发展

“工业化、信息化、城镇化、市场化、国际化”五化并举，产品更新换代加速，城市化带动城市家庭数量快速增加，居民对精神文化需求日益增长，数字家庭娱乐、智能家居、远程教育、社区服务等发展势头迅猛，内需市场的扩大将为数字电视与数字家庭产业发展提供强大的内需动力。

（三）技术进步促进转型升级

新一代信息技术为代表的战略性新兴产业的蓬勃发展，网络化、智能化、绿色环保为特征的科技进步，下一代互联网、下一代广播电视网、物联网、云计算、新一代显示、人机交互、内容保护与可信安全等新技术的广泛应用，以融合创新为特征的新型产品和服务形态，将为数字电视和数字家庭产业转型升级注入新的活力，形成新的增长点。

（四）发展模式发生重大变革

“4C”（计算机、通信、消费电子、内容）融合的不断推进，将促进产业从单纯整机生产向上游高附加值领域延伸，从产品制造向内容服务、运营服务和生产服务等领域渗透。产业集群正加速从成本导向型向创新驱动型升级，生产与服务融合、软件与硬件融合的趋势愈加明显。

（五）投资环境继续保持宽松

良好的经济前景、稳定的政治环境、充裕的劳动资源、庞大的消费市场等有利因素，使得我国仍然是全球最佳的产业转移地。宏观调控将促进投资结构的进一步优化，地方政府和民间投资持续跟进，将为数字电视及数字家庭产业发展营造宽松环境。

（六）国际市场面临新的形势

经济全球化进一步加强，区域/次区域经济合作深入发展，市场全球化进一步深化，以服务外包为核心的生产全球化体系将发生深刻变革。国际市场需求处于恢复期，不确定因素依然存在。发达国家提出重振制造业，国际贸易保护主义抬头，技术壁垒、反倾销、知识产权等问题依然突出，将影响我国企业国际市场竞争力提升。

三、指导思想、发展原则及目标

（一）指导思想

以科学发展为主题，以加快转变发展方式为主线，以推动产业结构调整和转型升级为主攻方向，全面提升自主创新能力，统筹规划产业布局，打造完整的技术链和产业链；创新体制机制，以市场需求为牵引，以应用服务为导向，支持制造业与运营业的互动融合，推动应用促进产业发展；健全公共服务，发挥第三方服务的主体作用，结合产业集聚地区资源优势，推动公共服务体系的专业化、网络化和一体化建设。促进数字电视与数字家庭产业发展方式向创新驱动型、资源节约型、环境友好型转变，全面提升产业核心竞争力。

（二）发展原则

坚持创新发展。以关键技术创新和发展模式创新为突破口，以自主技术标准应用带动产业集聚发展。

坚持应用促发展。以需求为导向，通过应用示范，推动新产品、新业务、新业态和新服务的快速发展。

坚持协调发展。推动产业链上下游协同发展，制造与运营融合，利用国内国际两个市场资源，优化产业发展环境。

坚持绿色发展。秉承节能减排、绿色环保的理念，产品设计生态化，产品制造绿色化，推动产业向节能环保转变。

（三）发展目标

1、产业规模

未来五年，数字电视产业销售收入保持平稳较快增长，数字家庭应用规模不断扩大，力争在“十二五”末成为全球最大的数字电视整机和关键件开发、生产基地，主要产品产量和质量水平位居世界前列。到 2015 年，以数字电视和数字家庭为主的视听产业销售产值比 2010 年翻番，达到 2 万亿元，出口额达到 1 000 亿美元，工业增加值率达到 25%。

2、产业结构

产业结构进一步优化，在平板显示、机顶盒、芯片设计制造等领域的技术和产品层次大幅提升，自给率不断提高，管理水平和竞争能力有较大提高，初步形成相对完整的配套体系，形成研发、生产、应用、服务“四位一体”的产业体系；平板电视占彩电产量比重达到 95%以上；数字家庭产业链逐步健全，多业务数字内容服务形成规模。

3、产业布局

形成一批产学研用相结合、规模效应和产业链配套协作水平较高、以完善的产业服务体系为支撑的产业集群，以及一批效益突出、竞争力强的优势企业；推动建成 5-10 个应用特色鲜明、持续创新能力强、引领带动作用显著的国家级数字家庭应用示范产业基地；培育 2-3 个具有国际竞争力、年销售收入突破千亿元的领军企业，为做大做强信息产业提供有力支撑。

4、自主创新

自主创新能力明显提高，形成以企业为主体的创新体系，培育一批具有较强自主创新能力、拥有自主知识产权的企业；掌握数字电视和数字家庭核心技术，建立健全数字电视和数字家庭国家标准体系，新一代数字电视技术标准研究取得突破，提升对技术标准、产业发展方向、产品升级的话语权；推动国家地面数字电视传输标准成为国际标准，国际化应用取得重大进展。

四、主要任务与发展重点

（一）主要任务

1、突破核心关键技术

在数字电视 SOC、嵌入式操作系统、中间件、人机交互、新型显示、模组驱动和控制、终端设备的内容保护与可信安全等领域掌握关键技术，在先进的数字电视传输、音视频编解码、面向数字家庭的互联互通与服务协同等技术上力争获得突破。

2、打造完整产业链条

以大型骨干企业为龙头，完善大型企业与中小企业互动协作格局，打造完整产业链；横向联合网络运营商、内容提供商、系统集成商等相关机构，加强特色应用和服务，推进整个行业从单纯的制造向“制造+服务”延伸。

3、推进应用模式创新

发展具有“三网融合+高清互动+智能控制”功能的新型数字家庭系统，不断培育开放、融合的业务形态和应用环境，形成可持续发展的商业模式。

4、发展绿色优质产品

推广绿色生态设计、绿色制造、节能和环境友好材料的应用，加大彩电、音响等行业的能效标准执行力度，促进产业节能环保技术与国际接轨；推动企业强化质量管理，促进产品质量水平提高。

5、实施知识产权战略

按照“共性整合、个性兼容”的总体思路，进一步完善具有我国自主知识产权的标准体系，搭建标准应用产业化的支撑平台；积极参与国际标准的研究制定，推进自主技术标准成为国际标准，提升我国企业在国际市场上的话语权。

6、开拓国内国际市场

推动骨干企业建立多渠道营销和服务平台，拓展服务内容，提升服务质量，满足用户消费需求。加强国际战略合作，开拓新兴市场，推动自主技术标准国内外推广应用，进一步提升自主品牌的国际影响力。

（二）发展重点

1、数字电视终端设备

密切跟踪网络化、智能化发展趋势，加快数字电视软硬件产品升级及关键标准研制，推进三维电视、智能电视嵌入式软件系统、超高清电视系统的研发与应用，支持数字电视终端安全系统的研发与应用。加快新型显示技术在电视终端中的应用，支持 LED 背光源液晶电视、节能型 PDP 电视、大尺寸有机发光显示屏（OLED）电视研发与产业化。发展基于地面、卫星、有线、IP 网络等传输方式的数字电视终端以及移动多媒体电视，满足广播电视发展多样化需求。推进高清晰三维投影、短焦投影、便携式微型投影和激光投影等产品的研发与产业化。

2、数字电视广播前端设备

以提升自主研发产品竞争力为目标，加大对数字电视和数字广播制作设备、演播室设备、播出设备、发射设备等前端设备研发与产业化的支持力度，积极引导基于 AVS、DRA 等自主技术标准的数字电视前端设备研发及应用，面向高清电视、三维电视、移动电视、数字电影等领域发展需求，大力发展摄像、录制、编辑、存储、播放等设备。

3、数字家庭设备

充分发挥地方政府引导和骨干企业的主体作用，建设数字家庭产业应用示范基地，推动产业集聚发展。支持终端厂商与网络运营商、内容提供商、系统集成商等联合，研发并推广新型信息终端、桥接设备、多业务网关、智能感知与控制设备，以及网络侧的应用云平台等产品，推动多屏融合、互联互通、智能控制的数字娱乐、数字教育、数字健康、智能家居等业务系统研发和产业化。

4、音响光盘设备

提升音响产品质量、品牌和工业设计水平，推进音响产品时尚化、精品化、特色化。大力发展高保真和超薄音响器件与系统、高保真音源产品、专业数字音响系统。推动光盘产业加快转型升级，支持全息（TB 级）大容量、可刻录、三维播放、高保真的新一代光盘研发及产业化。

5、视频应用系统

面向“平安城市”、数字社区、数字家庭等以及银行、交通等行业应用领域，大力发展智能化、网络化视频监控设备，推进高清、宽动态、低照度、无线视频监控网络摄像设备以及大容量、高压缩、智能分析的监控后端系统和云存储系统的研发及产业化。

6、应用服务平台

面向数字家庭多样化用户需求，充分运用云计算、物联网等技术，推动跨平台、跨领域的数字内容服务平台和综合性数字应用平台的开发建设，支持在线用户服务、远程医疗、远程教育、动漫游戏、资讯信息等业务系统及应用程序商店等平台的开发与应用，实现三屏（电视屏幕、手机屏幕、电脑屏幕）互动与三屏融合以及内容保护等功能。

五、重大工程

（一）彩电业转型升级专项工程

推进彩电整机企业向芯片、软件、背光、模组、面板等上游领域延伸，支持国家规划布局内的高世代 TFT-LCD、PDP、新型 OLED 面板生产线建设及其配套产业建设，支持彩电产业配套的核心芯片、软件、关键器件、一体化模组、专用设备研发及产业化。推动产业向网络化、智能化和节能环保等方向发展，支持三维电视、智能电视、超高清电视及交互式软件平台的研发和应用。鼓励彩电企业进行商业模式、服务模式创新，支持彩电终端产品与内容服务融合发展。

（二）地面数字电视接收设备普及专项工程

结合国家数字电视整体转换进程，制定普及地面数字电视接收设备的实施意见，引导和支持企业推动地面数字电视接收设备普及，加快实施和宣贯地面数字电视配套技术标准，进一步完善地面数字电视配套技术标准体系，开展地面数字电视终端产品标准符合性检测，推进地面数字电视接收设备普及。支持地面数字电视演进技术的研发和应用，进一步推动地面数字电视国家标准的国内外应用。

（三）整机与芯片、器件、软件联动工程

鼓励和支持掌握自主核心技术的芯片、器件、软件研发生产企业与整机企业间的联合与合作，加强产学研用结合的创新体系建设，以数字电视和数字家庭领域的先导应用和典型应用为引领，实施重大专项，实现以重大工程带动芯片研发与应用的突破。推动整机企业联合芯片、软件企业，共同开展技术研发，建立从芯片、器件、软件、整机、系统到应用的产业生态环境，形成“整机带动芯片技术进步，芯片提升整机系统竞争力”的良性循环。

（四）面向三网融合的数字家庭应用示范工程

充分发挥地方政府引导和骨干企业的主体作用，重点开发面向三网融合的多媒体智能终端等产品以及配套的芯片、关键元器件和软件。推动终端厂商与网络运营商、内容提供商、系统集成商等联合，共同开发数字家庭应用集成平台和业务支撑平台。实施数字家庭标准体系建设、核心芯片开发、内容服务平台建设等工程，建设面向三网融合的数字家庭应用示范区，推动自主技术标准的规模应用。

（五）公共服务体系建设工程

充分发挥市场配置资源的基础性作用，加快实施数字电视和数字家庭领域公共服务体系建设，着力推进技术标准公共服务平台、专利和知识产权公共服务平台、家电售后维修服务公共服务平台、技术交流与成果推广应用公共服务平台的建设。推动公共服务体系的专业化、网络化和一体化建设，形成覆盖全国、资源共享、互联互通、高效便捷的公共服务网络。

六、政策措施

（一）完善产业政策体系，优化产业发展环境

加快落实《国务院关于加快培育和发展战略性新兴产业的决定》（国发 [2010] 32号），进一步贯彻落实国务院《关于鼓励数字电视产业发展的若干政策》（国办发 [2008] 1号）文件精神，继续执行和完善彩电业转型升级相关政策，推动实施地面数字电视普及意见，完善配套标准和产品认证体系，推进节能环保相关产业政策的落实。研究制定和推动实施家电下乡、家电以旧换新后续政策措施，建设完善家电售后维修服务体系。

（二）用好财政支持手段，提升产业创新能力

充分发挥电子信息产业发展基金、国家科技重大专项等引导作用，加大在核心技术、关键原材料、核心部件和设备的投入力度，支持产业自主创新。通过政策引导、制度创新，推动建立政府导向的产业投资基金，发挥财政资金对社会资金的带动作用，创造有利于产业发展的投融资环境。

（三）加强协调与合作，促进产业良性互动

坚持运营业务拓展带动终端制造业发展、终端创新促进运营业务变革的发展思路，继续加强部委之间、部省之间的协调和联动，重点加强产业链各环节间的衔接以及运营机制的协调，推进制造业和运营业的融合发展。

（四）统筹规划产业布局，促进区域协调发展

统筹规划，合理布局，充分发挥地方政府积极性和骨干企业的主体作用，进一步推动现有平板显示产业区域的协调发展；在产业基础较集中区域，引导支持建设数字家庭产业基地，推动产业集聚发展。

（五）抓好重点人才建设，健全专家咨询机制

充分发挥高校、国家工程中心、国家重点实验室以及企业研发部门等科研机构的人才优势，实施重点人才建设工程；不断完善数字电视与数字家庭领域的专家人才库，充分发挥数字视听专家委员会的作用，为产业可持续发展提供咨询指导。

（六）构建应用创新体系，促进产业融合发展

抓住三网融合机遇，探索机制创新，促进产业、网络和业务融合发展。进一步加强与地方联系，完善与地方共建工作机制，开展面向三网融合的数字家庭应用示范，促进三网融合取得实质性进展。

（七）推进国际合作战略，拓展海外新兴市场

继续实施"走出去"战略，巩固传统优势，开拓新兴市场。积极推进新型显示、节能环保、网络互联、智能终端等新兴产品的市场推广，适应国际市场需要，建立海外生产基地。继续推广自主技术标准的国际化应用，提升出口产品附加值，促进产业对外贸易方式的转变。

软件和信息技术服务业"十二五"发展规划

前　言

软件和信息技术服务业是关系国民经济和社会发展全局的基础性、战略性、先导性产业，具有技术更新快、产品附加值高、应用领域广、渗透能力强、资源消耗低、人力资源利用充分等突出特点，对经济社会发展具有重要的支撑和引领作用。发展和提升软件和信息技术服务业，对于推动信息化和工业化深度融合，培育和发展战略性新兴产业，建设创新型国家，加快经济发展方式转变和产业结构调整，提高国家信息安全保障能力和国际竞争力具有重要意义。

"十二五"时期是我国全面建设小康社会的关键时期，是深化改革开放、加快转变经济发展方式的攻坚时期。全球软件技术和产业格局孕育着新一轮重大变革，为我国软件和信息技术服务业带来创新突破、应用深化、融合发展的战略机遇。为深入贯彻《国务院关于印发进一步鼓励软件产业和集成电路产业发展若干政策的通知》（国发 [2011] 4号）和《国务院关于加快培育和

发展战略性新兴产业的决定》（国发 [2010] 32 号），按照《国民经济和社会发展第十二个五年规划纲要》的总体部署，落实《工业转型升级规划（2011–2015）》、《信息化发展规划（2011–2015）》和《信息产业"十二五"发展规划》的总体要求，编制本规划。

一、"十一五"发展回顾

（一）主要成就

"十一五"时期，我国软件和信息技术服务业持续快速发展，年均增速达 28.3%，产业规模不断扩大，创新能力显著增强，产业集聚日益明显，国际化水平持续提高，人才队伍不断壮大，对国民经济和社会发展的支撑作用进一步增强，已具备再上新台阶的坚实基础。

产业规模持续扩大，产业结构不断优化。2010 年，我国软件和信息技术服务业务收入达到 1.36 万亿元，是 2005 年的 3.5 倍，超额完成"十一五"规划目标。软件和信息技术服务业占电子信息产业产值的比重从 2005 年的 10.2%提高到 2010 年的 18%，从业人员超过 300 万人。产业结构向服务化发展，信息技术服务所占比重稳步上升，新兴网络软件和应用服务快速发展。

产业聚集效应突出，企业实力明显提高。2010 年，广东、北京、江苏、山东、辽宁、上海、浙江、福建和四川 9 个省市的软件和信息技术服务业务收入之和占全国的 87%。中国软件名城创建工作取得显著成效，示范带动作用和影响力快速提升。2010 年，我国年收入过亿元的软件和信息技术服务企业（以下简称软件企业）已经超过 2 000 家，其中业务收入超过 50 亿元的企业有 7 家，超过 100 亿元有 4 家，超过 500 亿元有 1 家，大企业日益成为产业创新和规模发展的主导力量。

创新能力显著增强，部分领域取得突破。在"核高基"国家科技重大专项的有力推动下，操作系统、数据库、办公套件、中间件等产品的质量和性能明显提升，集成整合不断深化，在党政等关键部门、电子政务等重点领域以及电信、电力、邮政、制造等重点行业得到了较好应用。信息安全关键技术和产品研发取得良好进展，信息安全服务迅速发展。企业管理软件、互联网应用软件、游戏软件等产品技术创新能力不断增强，市场份额逐步扩展。中小企业创新活跃，在移动互联网、电子商务等新兴领域迅速崛起。

知识产权保护不断加强，产业发展环境持续改善。软件和信息技术服务业领域的知识产权创造、保护和应用等各方面取得较大进展，知识产权意识进一步增强，极大激发了产业创新活力。政府软件正版化工作实现预期目标。计算机预装正版操作系统软件比例逐年提高。企业积极运用知识产权手段提高核心竞争力，参与国际市场竞争，主动应对技术标准制约和市场竞争纠纷，维护合法权益。在《国务院关于印发鼓励软件产业和集成电路产业发展若干政策的通知》（国发 [2000] 18 号）等一系列产业政策的推动下，产业发展的市场环境、应用环境、政策环境得到改善。

产业地位显著提升，对经济社会发展贡献突出。软件和信息技术服务业推动了国民经济和社会信息化建设，带动了传统产业改造升级，催生了一批高附加值、绿色低碳的新兴产业，为提升社会管理和公共服务水平提供了技术支撑。许多省市立足产业资源优势，把软件和信息技术服务业作为重要的战略性新兴产业和支柱产业加快培育发展，创造了大量就业机会，有力促进了当地经济结构调整和发展方式转变。

（二）主要问题

近年来，我国软件和信息技术服务业发展迅速，但产业规模和实力还不能满足国民经济和社会发展需要，依然存在一些制约产业发展的突出问题，具体表现在：缺乏具有全球领先地位的大企业，产业整体上处于价值链的中低端；产业创新体系不健全，核心技术缺乏；产业链协同效应尚未充分发挥，亟待建立龙头企业带动、中小企业支撑的产业发展格局；人才结构矛盾突出，高层次、复合型、领军型人才依然缺乏；以市场为导向、政产学研用结合的支撑体系有待完善，产业可持续发展能力亟需提升。

二、发展趋势和发展环境

（一）发展趋势

"十二五"时期，伴随信息通信技术的迅速发展和应用的不断深化，软件与网络深度耦合，软件与硬件、应用和服务紧密融合，软件和信息技术服务业加快向网络化、服务化、体系化和融合化方向演进。产业技术创新加速，商业模式变革方兴未艾，新兴应用层出不穷，将推动产业融合发展和转型升级。

网络化。计算技术的重心正逐步从计算机转向网络，软件的技术和业务创新与网络发展将深度耦合，网络将成为软件开发、部署、运行和服务的主流平台。软件产品基于网络平台开发和运行、内容基于网络发布和传播、应用基于网络构架和部署、服务基于网络创新和发展成为大趋势，网络化操作系统、网络软件开发工具、网络运行管理平台、智能终端平台、远程运维等基于网络的技术、产品和服务应运而生，基于云计算、物联网、移动互联网、下一代互联网等的新兴服务将推动服务模式、商业模式不断创新。网络化趋势进一步打破了市场竞争的区域、国别界限，全面呈现出全球性竞争态势。网络化环境下，网络空间安全面临的挑战更加严峻，并严重影响国家经济安全、社会安全、国防安全和信息安全，提高安全保障能力成为软件和信息技术服务业的重要战略任务。

服务化。软件服务化进程不断加快，原有软件产品开发、部署、运行和服务模式正在改变，软件技术架构、企业组织结构和商业模式将面临重大调整。以软件应用商店等为代表，服务导向的业务创新、商业模式创新推动了产业的转型升级。以用户为中心，按照用户需求动态提供计算资源、存储资源、数据资源、软件应用等服务成为软件服务的主要模式。产品和服务的进一步深化耦合，推动了硬件、软件、应用与服务协同发展，加速了软件产品开发企业和部分电子制造企业向服务的转型。服务化趋势促进了产业的服务模式、商业模式变革，加快了产业结构调整，推动了产业转型和升级。

体系化。操作系统、数据库、中间件和应用软件相互渗透，软件向更加综合、广泛的一体化软件平台的新体系演变，硬件与软件、内容与终端、应用与服务的一体化整合速度加快。未来软件和信息技术服务业将围绕主流软件平台体系构造产业链，市场竞争从单一产品的竞争发展为基于平台体系的产业链竞争，产业纵向、横向整合步伐加快，围绕主流软件平台体系形成的产业生态系统将主导市场竞争。产品、资源和服务的体系化趋势日趋明显，软件即服务（SaaS）、平台即服务（PaaS）和基础设施即服务（IaaS）等基于平台的服务模式日趋成熟，移动互联网、移动智能终端、数字电视等综合平台不断涌现，基于产品、信息、客户的资源整合平台及其商业模式创新成为产业核心竞争力。

融合化。随着信息技术应用的不断深化，与业务融合的日趋紧密，软件正成为经济社会各领域重要的支撑工具。基于移动智能终端的个人计算、通信与娱乐等服务功能的融合，网络平台上通信、内容、计算等服务的融合，软硬件之间的融合，为软件和信息技术服务业带来了巨大的业务创新空间。信息技术加快向传统产业、现代制造业和现代服务业等领域渗透，将推动行业间的融合渗透，促进战略性新兴产业、面向生产的信息服务业的发展。

（二）发展环境

1、面临的机遇

“十二五”时期，是全球软件和信息技术服务业转型的关键时期。新一代信息技术和通信技术加快融合，云计算、物联网、移动互联网等蓬勃发展，信息通信技术的应用渗透到经济和社会生活各个领域，将培育众多新的产业增长点。软件和信息技术服务产业格局面临重大调整，为后发国家实现追赶和跨越带来更多机会。

“十二五”时期，是我国软件和信息技术服务业加快发展和提升的重要战略机遇期。我国以加快转变经济发展方式为主线，推动经济结构战略性调整，促进信息化和工业化深度融合，培育发展战略性新兴产业，加快发展生产性服务业，着力推进社会民生事业发展，软件和信息技术服务支撑引领的作用和地位将更加突出。软件和信息技术服务向经济社会各个领域的融合渗透不断深化，行业应用需求更为强劲，这为产业带来了更为广阔的创新发展空间。《国务院关于印发进一步鼓励软件产业和集成电路产业发展若干政策的通知》（国发[2011] 4号）发布后，各级地方政府正在加快制定和完善扶持政策，产业发展环境将不断优化。

2、存在的挑战

“十二五”时期，我国软件和信息技术服务业面临着外部竞争和自我提升的双重压力。国外大企业凭借雄厚的技术、资本和人才优势，加快技术创新、业务转型和产业整合，不断强化技术领先优势，力图继续占领软件和信息技术服务产业链的高端环节。我国软件企业由于规模不大、创新能力不强、高端和领军人才不足，缺乏拥有自主知识产权的核心技术和关键产品，无法满足国内市场需求。同时，长期以来软件和信息技术服务价值被低估的局面未得到根本改观，企业竞争行为需进一步规范，国内市场在地域和行业上相对分散，不利于企业做大做强。

三、发展思路和发展目标

（一）指导思想

以邓小平理论和"三个代表"重要思想为指导，深入贯彻落实科学发展观，抓住我国加快经济发展方式转变和结构调整、推进信息化和工业化深度融合、培育和发展战略性新兴产业的重大契机，以市场驱动、应用牵引、创新支撑、融合扩展为主线，以促进软件和信息技术服务业做大做强、提高对经济社会发展的支撑服务能力为目标，注重政府引导与市场机制结合，进一步优化发展环境，促进产学研用结合，大力培育龙头企业，着力增强产业自主创新能力，推进产业链协同发展，不断提高产业规模化、创新化、高端化和国际化发展水平。

（二）发展原则

市场主导、创新发展。发挥市场机制的基础性作用，强化企业的市场主体地位，加强政府推动与市场机制的结合，进一步完善市场环境，培育市场需求，规范市场秩序。加快培育以企业为主体、市场为导向、政产学研用相结合的创新体系，以技术能力、产业能力、市场能力、服务能力融合为主要方法，构建符合国情和产业特征的自主发展模式，集中力量突破基础软件、新型网络化高端软件等核心关键技术，形成一批拥有自主知识产权、市场地位领先的技术、产品和标准，初步建立安全可靠的产业技术体系。

应用牵引、融合发展。坚持以用立业、以用兴业、以用强业，以应用带动软件技术、服务模式和商业模式创新，提升软件对业务的支撑服务能力，形成应用、技术、产业良性互动的发展格局。把握信息化和工业化深度融合的市场机遇，营造良好的应用环境，拓展市场空间，促进面向生产的信息服务业发展，大力发展社会民生领域的软件和信息技术服务。加快推进软件与硬件、软件与网络、产品与服务、软件与业务之间相互融合，推动行业间横向和纵向整合，扩展产业发展空间。

培育龙头、协同发展。充分发挥企业的主体作用，政府积极引导，重点扶持，加快做大做强龙头企业。鼓励企业兼并重组，实现优势联合，提高企业技术创新能力、市场拓展能力、经营管理能力和国际竞争能力，在具有国际市场竞争潜力的重点领域培育扶持一批龙头企业。强化整机和系统对软件核心技术和产品的牵引带动作用，促进技术、产品、应用和服务的一体化协同发展。发挥龙头骨干企业的引领作用，构建产业链上下游良性互动、大中小企业协作发展的产业生态系统。

优化布局、集聚发展。突出区域比较优势，推进产业差异化发展，加强区域合作，促进资源共享，实现优势互补，加快形成特色明显、布局合理的区域一体化发展格局。加快中国软件名城、软件和信息服务业示范基地建设，依托重点地区、重点园区，汇聚优势资源，发挥产业集聚效应。

（三）发展目标

"十二五"时期，实现软件和信息技术服务业平稳较快发展，产业的整体质量效益得到全面提升，创新能力显著增强，应用水平明显提高，推动经济社会发展、促进信息化和工业化深度融合的服务支撑能力显著增强。具体发展目标如下：

1、产业规模

到2015年，业务收入突破4万亿元，占信息产业比重达到25%，年均增长24.5%以上，软件出口达到600亿美元。信息技术服务收入超过2.5万亿元，占软件和信息技术服务业总收入比重超过60%。

2、技术创新

基本形成以企业为主体的产业创新体系，软件业务收入前百家企业的研发投入超过业务收入的10%。拥有自主知识产权的基础软件、业务支撑工具和核心技术取得重大突破，自主发展能力显著提升。技术水平和产业化能力进一步提高，具备主要应用领域安全可靠解决方案的提供和实施能力。基本形成软件和信息技术服务标准体系，各类技术和服务的标准、规范得到普遍推广。

3、应用推广

初步建立安全可靠软件应用推广体系，推动安全可靠的基础软件进入自我良性发展阶段。操作系统、数据库、中间件、办公软件等基础软件的成熟度、可靠性、安全性全面提升，与整机和应用系统的集成应用能力、系统协同运行水平和综合服务保障水平得到显著提高，基于安全可靠关键软硬件的产业生态链基本形成，在国民经济重要领域得到规模化应用推广，对国家信息安全的保障能力得到实质性提高。

4、产业组织

培育一批具有国际竞争力的龙头企业，扶持一批具有创新活力的中小企业，打造一批著名软件产品和服务品牌。到2015年，培育10家以上年收入超过100亿元的软件企业，产生3到5个千亿级企业。

5、人才建设

调整和优化人才队伍结构，创新人才培养模式，拓宽人才引进渠道，营造有利于优秀人才脱颖而出的成长环境，着力培养一批高端领军人才，形成结构合理、满足产业发展需求的高素质人才队伍。到2015年，从业人员超过600万人。

6、区域布局

产业集聚度进一步提高，创建若干中国软件名城、软件和信息服务业示范基地，形成充分利用区域资源优势、能够发挥区域协同效应的产业发展格局，有力支撑城市经济社会转型和可持续发展。到2015年，形成10个以上产业收入超过千亿元的城市，培育2到3个产业收入超过5千亿元的产业集聚区。

四、发展重点

（一）基础软件

加强基础软件核心技术研发，重点支持高可信服务器操作系统、安全桌面操作系统、高可靠高性能的大型通用数据库管理系统等基础软件的开发应用，加快突破网络资源调度管理系统和移动互联环境下跨终端操作系统研发和产业化，着力打造新型计算模式和网络应用环境下的安全可靠基础软件平台。面向新型网络应用需求，加快研发新一代搜索引擎及浏览器、智能海量数据存储与管理系统、云计算平台等网络化关键软件，加快培育新兴网络化高端软件，创新应用与服务模式。加强非结构化数据处理技术和产品的开发及产业化。支持开源软件开发和应用推广，加快形成基于开源模式的产业生态系统。

（二）工业软件与行业解决方案

围绕工业产品研发设计、生产控制、生产管理、市场流通、销售服务、回收再制造等关键环节，重点扶持计算机辅助设计和辅助制造（CAD/CAM）、制造执行管理系统（MES）、计算机集成制造系统（CIMS）、过程控制系统（PCS）、产品生命周期管理（PLM）、企业管理、绿色制造等软件研发。加快工业软件应用和产业化进程，提高产品技术水平、安全可靠程度和综合集成应用能力，推动工业软件在航空、航天、船舶、机械、汽车、石化、钢铁、有色、建材、电子、轻工和纺织等工业领域的广泛应用。加强工业控制系统软件安全研究，提高安全隐患发现能力。

面向政府、金融、通信、交通、贸易、物流、能源等领域的行业信息化需求，提高关键核心应用的业务架构、应用架构、技术架构和信息架构的规划、设计与开发能力，重点突破核心业务信息系统、大型应用系统研发和应用。集中优势力量，提高应用系统与基础平台的整合能力、信息系统间的综合集成能力，形成结构完整、扩充性强、安全可靠的整体应用解决方案。重视社会民生领域软件研发，提高在科技、教育、医疗、社保、环保和安全生产等领域的应用水平，大力支持面向生活领域的软件开发和消费型信息服务业发展，满足人民群众日益增长的物质生活和精神文化新需求。

（三）嵌入式软件

面向工业装备、通信网络、汽车电子、消费电子、医疗电子、数控机床、电力电子、交通运输、环保监测等重点领域，积极开展符合开放标准的嵌入式软件开发平台、嵌入式操作系统和应用软件的开发，加快研发面向下一代互联网、物联网应用的嵌入式系统软件，推动软件研发模式创新发展，进一步提高产业化水平和产品出口能力。

（四）信息安全软件与服务

加强网络安全、数据安全、可信计算、安全测评等关键技术的研发与产业化，重点发展安全可靠的安全基础产品、电子认证公共服务平台、网络与边界安全产品、信息安全支撑工具等，发展云计算、物联网等新一代信息技术应用环境下的安全技术产品。加大相关标准的研制力度，推进国家信息安全产品制度建设。规范和促进风险评估、容灾备份和灾难恢复、安全集成、安全测评等信息安全服务。开展安全可靠产品应用试点示范和推广，提升重要信息系统和工业系统的安全可靠水平。

（五）信息系统集成服务

做大做强信息系统集成服务，完善信息系统集成资质管理，重点发展信息系统设计、集成实施、系统运维等服务，提高信息系统的综合集成、应用集成能力。以集成拉动整机、整机拉动软硬件协同发展，提高信息系统安全可靠水平，满足重点部门和重要领域信息化发展需要。大力培育高水平的专业化信息系统集成企业，支持专业化支撑工具开发，鼓励信息系统运维模式、机制创新。以软件技术为核心，以信息技术服务为主线，推动软件技术、产品和服务的一体化协同发展。

（六）信息技术咨询服务

发展业务咨询、信息化规划、企业架构规划、信息技术管理、信息系统工程监理、测试评估、信息技术培训等服务，增强高端咨询能力、设计规划能力。引导支持信息技术服务企业加强知识库建设，不断提升咨询服务水平。以咨询服务为牵引，加强与信息系统集成服务和软件产品研发应用间的互动，促进软件产品和信息技术服务的应用推广。

（七）数字内容加工处理

加快开发支持虚拟现实、三维重构等技术的内容制作系统和基于互联网、移动互联网的内容管理平台，重点在动漫、游戏、数字影音、数字出版、数字学习、空间地理信息等领域支持自主知识产权的数字内容加工处理技术开发和产业化。促进信息网络、数字内容和智能终端的融合发展，拓展数字影音、数字动漫、健康游戏、网络文学、数字学习等生活领域的内容服务，大力发展生产经营领域的数字内容服务。加强数字文化教育产品开发和公共信息资源深化利用，构建便捷、安全、低成本的数字内容服务体系，进一步推进人口、地理、医疗、社保等信息资源深度开发和社会化服务。面向日益增长的数据处理需求，积极发展数据编辑、整理、分析、挖掘等数据加工处理服务。

（八）服务外包

积极拓展服务外包业务领域，重点发展软件开发、软件测试、系统租赁、系统托管等信息技术外包(ITO)，扶持基于信息技术的业务流程外包（BPO），推动工业设计、研发服务、知识产权服务等知识流程外包(KPO)，促进业务向规模化、高端化方向发展。积极承接全球离岸服务外包业务，提升服务外包企业承接和交付能力、管理能力与国际市场开拓能力。探索并推动云计算模式下服务外包模式创新。

（九）新兴信息技术服务

依托新一代移动通信、下一代互联网、数字广播电视网、卫星导航通信系统等信息基础设施，大力发展数字互动娱乐、数字媒体、数字出版、移动支付、位置服务、社交网络服务等基于网络的信息服务。加快培育下一代互联网、移动互联网、物联网等环境下的新兴服务业态，着力推进云计算等业务创新和服务模式创新。

发展电子商务服务。鼓励电子商务企业与相关企业加强合作，促进信息服务、交易服务和物流、支付、信用、融资、保险、检测和认证等服务协同发展。鼓励集交易、电子认证、在线支付、物流、信用评估等服务于一体的第三方电子商务综合服务平台建设，培育一批骨干电子商务服务企业。

（十）集成电路（IC）设计

面向通信网络、消费电子、工业装备、信息安全等领域的应用需求，提高高端通用芯片设计能力，开发网络通信芯片、数模混合芯片、信息安全芯片以及重点领域专用集成电路产品，形成系统方案解决能力。完善集成电路设计公共技术服务平台，发展覆盖集成电路设计全流程的高端工具和开发环境，提升集成电路设计产品测试、认证、标准、专利等服务能力。

五、重大工程

（一）龙头企业培育工程

积极培育行业龙头企业，扶持一批"专、精、特、新"的中小企业，提高产业集中度，优化产业组织结构。支持骨干企业进一步提升已有优势技术和产品的核心竞争力，尽快形成规模优势。鼓励企业兼并重组，推动产业链横向和纵向整合，加快培育一批管理水平先进、创新能力强、规模效益好、市场竞争力强的龙头企业，培育一批名牌产品，打造一批服务品牌。集中政产学研用多方资源，优先安排公共资金，加强产业链薄弱环节的技术攻关，支持企业开发应用前景广、产业链带动作用强的新兴软件平台。充分发挥龙头企业带动作用，以龙头企业为引领形成良好的产业生态环境，提高中小企业专业化、区域化集聚发展能力，形成全产业链协同发展的局面。

（二）基础软件提升工程

加快实施"核高基"国家科技重大专项，在战略部署上强化应用导向，以重大信息化应用、系统整机为牵引，以重大产品为目标，突破服务器操作系统、桌面操作系统、网络化操作系统、新型智能移动终端操作系统、大型通用数据库等重点领域关键技术，形成产业化和市场竞争能力。加快安全可靠基础软件应用推广，加强军民结合、软硬件协同，组建基础软件应用联盟，搭建基础软件集成应用的验证和移植测试环境，在政府部门、公共领域率先开展应用试点，形成示范效应。

（三）工业软件应用促进工程

针对我国工业发展的迫切需求，重点支持一批应用效果好、技术创新性强、市场认可度高的工业软件产品。根据不同行业特点，制定工业软件推广计划，建立工业软件行业解决方案中心，促进工业软件规模化应用。推动工业软件公共服务平台建设，支持工业软件产业联盟发展，联合产业链上下游企业制定工业软件相关技术标准。大力推动软件产业和传统工业的融合发展，引导软件企业与工业企业开展多层次合作，支持工业企业充分利用软件技术提升自身创新发展能力。加快制定工业软件安全评测和监理的标准规范，确保工业软件应用安全和质量。

（四）信息技术服务能力提升工程

加快信息技术服务业务支撑工具研发和服务产品化进程，重点研发信息技术咨询、信息系统设计、集成实施、运行维护、测试评估、数据处理与运营服务等领域的业务支撑工具。研究制定和应用推广信息技术服务标准（ITSS），加强业务标准库、知识库和案例库建设，鼓励相关企业依据自主标准建立服务能力体系。推动建立信息技术服务企业与工业企业间的协调机制，开展面向生产的信息服务业务示范工作，支持工业企业内设的信息服务机构面向行业和社会提供专业化服务。在数字内容加工处理服务、数字媒体服务、基于云计算环境的新型在线信息服务等领域开展特色示范，引导并推动信息技术服务业创新发展。

（五）软件名城和示范基地创建工程

开展中国软件名城创建工作，不断汇聚和引导城市资源投向软件和信息技术服务业，培育若干集聚效应明显、示范带动作用突出、质量效益良好、各具特色的中国软件名城，逐步增强产业在经济社会各方面的融合发展与辐射带动效应。开展软件和信息服务业示范基地创建工作，认定和建设一批特色鲜明、对地方经济社会发展带动和支撑效果好的示范基地，试行相关信息技术服务标准和规范，积极开展各项示范工作，树立典型。加强对地方产业基地和园区建设的引导，参考国家整体规划和区域分工布局，根据比较优势原则，确立各园区重点发展领域和主导产业，形成特色产业聚集区。

（六）公共服务体系建设工程

继续完善国家软件和信息服务业公共服务支撑平台，推动与指导地方平台的建设，面向产业发展需求，不断丰富平台资源和内容，创新服务运营模式，形成覆盖全国、资源共享、互联互通的服务平台网络，促进产业公共服务体系的专业化、网络化、一体化建设。扶持一批面向软件企业的知识产权、投融资、产权交易、人才服务、企业孵化和品牌推广等专业服务机构，建立支持企业实施“走出去”战略的服务平台。在有条件的地区和园区部署一批产业创新平台和工程技术中心，加快共性技术研发和成果转化。

（七）安全可靠软硬件应用推广工程

以满足国民经济各领域的应用需求、安全需求和服务保障需求为目标，以整体集成为应用方向，以系统集成商为纽带，建立和完善各项标准、制度，加强资金、人才等措施保障，加快安全可靠软硬件的应用推广，实现应用与技术、产业的互动发展。通过先试点、再示范、后推广的方式逐步推进，在关系国计民生的重点领域大力推广安全可靠关键软硬件应用，提高软硬件的成熟度、可靠性、安全性和质量，增强系统整体集成应用和协同运行水平，提高服务保障能力。

（八）云计算创新发展工程

结合国民经济和社会发展重大需求，开展云计算服务创新发展试点示范。以加快我国云计算服务产业化为主线，坚持以服务创新拉动技术创新，以示范应用带动能力提升，推动云计算服务模式发展。以重点领域应用示范和产业化项目为牵引，发展一批面向智慧城市、智能交通、医疗卫生、教育科普、文化资源、生产制造、中小企业等领域的云计算服务示范应用，在整合计算资源、创新服务模式、保障信息安全、促进节能减排等方面推广典型经验，形成一批满足重点领域需求的安全可靠关键技术和产品，初步建立较为完整的技术支撑体系。制定一批重要的标准规范，建立健全产业公共服务体系，形成产业链较为健全、相关服务国际竞争力明显提升的云计算产业发展格局。

六、保障措施

（一）全面贯彻落实产业政策

加快推动出台《国务院关于印发进一步鼓励软件产业和集成电路产业发展若干政策的通知》（国发［2011］4号）相关配套措施和实施细则，完善产业政策环境。积极推动软件和信息技术服务业相关立法进程。加快实施软件和信息技术服务业知识产权战略，提升知识产权创造、运用、保护、管理和服务能力。进一步推进软件正版化工作，制定相关技术标准和规范，探索建立长效机制。推动完善相关制度，积极推进安全可靠软硬件在各个行业的应用。鼓励各地因地制宜出台支持产业发展的政策法规，积极落实相关配套政策，支持有条件的地区开展软件和信息技术服务业政策创新试点。

（二）鼓励企业创新发展

发挥市场机制的基础性作用，加强政策引导和资金扶持，鼓励企业承担国家重大科技专项，着力提高基础软件的自主创新能力，重点攻克系统软件核心关键技术。强化创新引领，鼓励企业在云计算、物联网、移动互联网等重点和新兴领域开展创新研究，推动企业技术中心建设。探索创新合作机制，鼓励企业间建立以产业链为基础的多层次合作机制，支持以龙头企业为引领建立产学研用结合的技术、标准和应用等各类联盟，实现联合创新和应用推广，充分激发中小企业的创新活力，在基础软件、应用软件、软件服务方面实现协同发展。推动软件企业技术改造，对企业的研发环境、测试环境、质量保障体系予以支持，提高企业研发、生产和服务能力。

（三）加快拓宽应用市场

适应信息化和工业化深度融合和经济社会信息化建设需要，加快面向重点领域拓宽应用和市场，形成应用与产业发展的良性互动与协调发展。面向船舶、机械、汽车、石化、钢铁、电子制造、轻工、通信、流通、物流、能源等重点行业，开展基于自主知识产权的工业软件和行业解决方案的试点示范与应用推广工作。在信息服务、知识产权、检验检测等领域进一步开放市场准入，充分发挥非公有制企业的作用，增加市场供给。结合国家改善民生相关工程的实施，加强软件和信息技术服务在科技、教育、医疗、就业、社保、交通、环保和安全生产等领域中的应用。鼓励政府部门、事业单位、国有大中型企业将信息技术服务外包给专业企业，积极培育信息技术服务市场。鼓励大中型企业将其信息技术研发应用业务机构剥离，成立专业软件企业，为全行业和全社会提供服务。支持少数民族地区的软件开发和应用推广。

（四）强化标准体系建设与推广

顺应产业发展与技术创新的趋势，完善有利于应用的标准化机制，以市场立标准，以应用支撑标准，促进标准与自主知识产权的结合，推进产业标准体系建设。加快基础软件、面向服务体系结构（SOA）、中文办公软件文档格式规范（UOF）、版式文档、少数民族语言文字软件、工业软件和测试评估等重点软件和服务标准的制定和实施。完善信息技术服务标准（ITSS）体系，加快信息系统运行维护等重点标准的研究制定，开展标准验证和应用试点示范，建立标准符合性评估体系，强化标准培育服务市场、提升服务能力、支撑行业管理的作用。加强对云计算、物联网等相关标准的跟踪研究，及时推动相关标准的制订和实施。积极参与国际标准的制订，提升在国际标准领域的话语权。

（五）加快人才培养和引进

强化财税、金融、科研、创业、管理和服务等综合支持手段，健全医疗、科研、住房、户籍、职称、奖励等人才政策，建立和完善期权、股权、技术入股、业绩等分配制度和激励机制，建立高层次人才的创业与创新支持体系、人才评价体系、管理与服务保障体系，营造有利于高端人才脱颖而出的人才发展环境。推动建立多层次的软件和信息技术服务人才培养体系，创新培养模式。引导发挥社会教育与培训机构的作用，鼓励企业与高等院校及培训机构合作培养人才，建立企业实习培训机制，建设实践实训基地，积极开辟海外培训渠道，加强品牌企业认证培训。制定领军人才梯队培养计划，依托中国软件名城、软件和信息服务业示范基地创建工作，开展领军人才滚动培养。加快软件和信息技术服务业海外高层次人才的引进，鼓励海外留学人员特别是海外高端人才回国就业、创业。

（六）完善产业投融资环境

落实国家鼓励软件和信息技术服务业发展的投融资政策，推动各类产业投资机构和担保机构加大对软件企业的支持力度，通过出口补助、贷款贴息等方式支持软件出口、服务外包和境外并购。鼓励地方设立支持软件企业发展的风险投资基金和股权投资基金，建立投资风险补偿机制，引导社会资金、特别是国内风险投资基金投资软件和信息技术服务业。积极支持软件企业进入境内外资本市场融资，努力为企业境内外重组并购创造更加宽松的金融、外汇政策环境。鼓励金融创新，探索开展软件企业股权质押、知识产权质押、合同质押、信用保险等试点，提高金融机构对软件企业的服务能力和水平。

（七）加速产业国际化进程

推进建立多层次的国际合作体系，加快建立和完善软件和信息技术服务业国际合作与交流平台。逐步建立以专业化、市场化为导向的海外市场服务体系，拓宽海外市场渠道，提高企业国际市场拓展能力。各级政府应努力营造良好的政策环境，鼓励骨干企业在境外设立公司、组建营销网络和研发中心、开展跨国并购等。鼓励外商投资软件和信息技术服务业，鼓励跨国软件企业在我国设立离岸服务中心、研发中心、经营总部，着力提高利用外资的质量和水平。巩固软件开发离岸外包，支持软件和信息技术服务出口。

（八）加强产业管理工作

各级主管部门应加强对行业的指导、监管和服务，充分发挥部省市合作机制的作用，加强部门间、区域间协调配合。加大内地与港澳台地区产业交流与合作的力度，推动建立海峡两岸软件和信息技术服务业协作机制。加强行业统计和运行监测分析工作，建立健全相关工作体系，逐步完善行业统计指标体系和运行分析系统。充分发挥中介组织的桥梁纽带作用，注重发挥中介组织在市场调研、人才培训、行业运行分析、政策研究、诚信建设、资质认证、知识产权运用与保护、标准推广等方面的作用。建立公平竞争的市场环境，规范市场秩序，反对恶性竞争，加强资质认证、市场准入、价格管理、反垄断、反倾销、反盗版等工作，形成良好的行业规范。完善网络环境下消费者隐私及企业秘密保护制度，促进软件和信息技术服务向网络化发展。

集成电路产业“十二五”发展规划

前　言

集成电路（IC）产业是国民经济和社会发展的战略性、基础性和先导性产业，是培育发展战略性新兴产业、推动信息化和工业化深度融合的核心与基础，是转变经济发展方式、调整产业结构、保障国家信息安全的重要支撑，其战略地位日益凸显。拥有强大的集成电路技术和产业，是迈向创新型国家的重要标志。

未来五至十年是我国集成电路产业发展的重要战略机遇期，也是产业发展的攻坚时期。科学判断和准确把握产业发展趋势，着力转变发展方式、调整产业结构，以技术创新、机制体制创新、模式创新为推动力，努力提升产业核心竞争力，推动产业做大做强，实现集成电路产业持续快速健康发展，有着十分重要的现实意义和历史意义。

贯彻落实《国民经济和社会发展第十二个五年规划纲要》，按照《工业转型升级规划（2011-2015年）》、《战略性新兴产业“十二五”发展规划》、《信息产业“十二五”发展规划》和《电子信息制造业“十二五”发展规划》的总体要求，在广泛调研、深入研究的基础上，提出发展战略思路，编制集成电路专题规划，作为集成电路行业发展的指导性文件和加强行业管理的依据。

一、“十一五”回顾

“十一五”期间，我国集成电路产业延续了自2000年以来快速发展的势头，克服了全球金融危机和集成电路产业硅周期的双重影响，产业整体实力显著提升，对电子信息产业以及经济社会发展的支撑带动作用日益显现。

（一）产业规模持续扩大

产业规模翻了一番。产量和销售收入分别从2005年的265.8亿块和702亿元，提高到2010年的652.5亿块和1 440亿元，占全球集成电路市场比重从2005年的4.5%提高到2010年的8.6%。国内市场规模从2005年的3 800亿元扩大到2010年的7 350亿元，占全球集成电路市场份额的43.8%。

（二）创新能力显著提升

在《核心电子器件、高端通用芯片及基础软件产品》和《极大规模集成电路制造装备及成套工艺》等国家科技重大专项等科技项目的支持下，大部分设计企业具备0.25微米以下及百万门设计能力，先进设计能力达到40纳米，中央处理器（CPU）、数字信号处理器（DSP）、微控制单元（MCU）、存储器等高端通用芯片取得重大突破，时分同步码分多址接入（TD-SCDMA）芯片、数字电视芯片和信息安全芯片等一批系统级芯片（SoC）产品实现规模量产；芯片制造能力持续增强，65 纳米先进工艺和高压工艺、模拟工艺等特色技术实现规模生产；方形扁平无引脚封装（QFN）、球栅阵列封装（BGA）、圆片级封装（WLP）等各种先进封装技术开发成功并产业化；高密度离子刻蚀机、大角度离子注入机、45 纳米清洗设备等重要装备应用于生产线，光刻胶、封装材料、靶材等关键材料技术取得明显进展。

（三）产业结构进一步优化

我国集成电路产业形成了芯片设计、芯片制造和封装测试三业并举、较为协调的发展格局。设计业销售收入占全行业比重逐年提高，由 2005 年的 17.7%提高到 2010 年的 25.3%；芯片制造业比重保持在 1/3 左右；集成电路专用设备、仪器与材料业形成一定的产业规模，有力支撑了集成电路产业，以及太阳能光伏产业和光电产业的发展。

（四）企业实力明显增强

四家集成电路企业进入电子信息百强行列。集成电路设计企业销售收入超过 1 亿元的有 60 多家，2010 年进入设计企业前十名的入围条件为 6 亿元，比 2005 年提高了一倍多，排名第一的海思半导体销售收入为 44.2 亿元；制造企业销售收入超过 100 亿元的有 2 家，中芯国际 65 纳米制造工艺已占全部产能的 9%，是全球第四大芯片代工企业；在封装测试企业前十名中，中资企业的地位明显提升，长电科技已进入全球十大封装测试企业行列。

（五）产业聚集效应更加凸显

依托市场、人才、资金等优势，长三角、京津环渤海地区和泛珠三角的集成电路产业继续迅速发展，5 个国家级集成电路产业园区和 8 个集成电路设计产业化基地的聚集和带动作用更加明显。坚持特色发展之路，作为发展侧翼，武汉、成都、重庆和西安等中西部地区日益发挥重要作用。

尽管"十一五"期间成绩显著，但是我国集成电路产业仍存在诸多问题。产业规模不大，自给能力不足，产品国内市场占有率仍然较低；企业规模小且分散，持续创新能力不强，核心技术少，与国外先进水平有较大差距；价值链整合能力不强，芯片与整机联动机制尚未形成，自主研发的芯片大都未挤入重点整机应用领域；产业链不完善，专用设备、仪器和材料发展滞后等等。

二、"十二五"面临的形势

集成电路产业是全球主要国家或地区抢占的战略制高点。一方面，这一领域创新依然活跃，微细加工技术继续沿摩尔定律前行，市场竞争格局加速变化，资金、技术、人才高度密集带来的挑战愈发严峻。另一方面，多年来我国集成电路产业所聚集的技术创新活力、市场拓展能力、资源整合动力，以及广阔的市场潜力，为产业在未来五年实现快速发展、迈上新的台阶奠定了基础。

（一）战略性新兴产业的崛起为产业发展注入新动力

当前以移动互联网、三网融合、物联网、云计算、节能环保、高端装备为代表的战略性新兴产业快速发展，将成为继计算机、网络通信、消费电子之后，推动集成电路产业发展的新动力，多技术、多应用的融合催生新的集成电路产品出现。过去五年我国集成电路市场规模年均增速 14%，2010 年达到 7 349.5 亿元。预计到 2015 年，国内集成电路市场规模将超过 1 万亿元。广阔、多层次的大市场为本土集成电路企业提供了发展空间。全球产业分工细化的趋势，也为后进国家进入全球细分市场带来了机遇。

（二）集成电路技术演进路线越来越清晰

一方面，追求更低功耗、更高集成度、更小体积依然是技术竞争的焦点，SoC 设计技术成为主导；芯片集成度不断提高，仍将沿摩尔定律继续前进。目前国际上 32 纳米工艺已实现量产，2015 年将导入 18 纳米工艺。另一方面，产品功能多样化趋势明显，在追求更窄线宽的同时，利用各种成熟和特色制造工艺，采用系统级封装（SiP）、堆叠封装等先进封装技术，实现集成了数字和非数字的更多功能。此外，集成电路技术正孕育新的重大突破，新材料、新结构、新工艺将突破摩尔定律的物理极限，支持微电子技术持续向前发展。

（三）全球集成电路产业竞争格局继续发生深刻变化

当前全球集成电路产业格局进入重大调整期，主要国家/地区都把加快发展集成电路产业作为抢占新兴产业的战略制高点，投入了大量的创新要素和资源。金融危机后，英特尔、三星、德州仪器、台积电等加快先进工艺导入，加速资源整合、重组步伐，不断扩大产能，强化产业链核心环节控制力和上下游整合能力，急欲拉大与竞争对手的差距。行业门槛的进一步提高，对于资源要素和创新要素积累不足的国内集成电路企业而言，面临的挑战更为严峻。

(四) 商业模式创新给产业在新一轮竞争中带来机遇

创新的内涵不断丰富，商业模式创新已成为企业赢得竞争优势的重要选择。当前，软硬件结合的系统级芯片、纳米级加工以及高密度封装的发展，对集成电路企业整合上下游产业链和生态链的能力提出了更高要求，推动虚拟整合元件厂商（IDM）模式兴起。特别是随着移动互联终端等新兴领域的发展，出现了“Google-ARM”、苹果等新的商业模式，原有的“WINTEL（微软和英特尔）体系”受到了较大挑战。

(五) 新政策实施为产业发展营造更加良好的环境

“十二五”时期，国家科技重大专项的持续实施，发展战略性新兴产业的新要求，将推动集成电路核心技术突破，持续带动集成电路产业的大发展。《国务院关于印发进一步鼓励软件产业和集成电路产业发展若干政策的通知》（国发［2011］4号）保持了对《国务院关于印发鼓励软件产业和集成电路产业发展若干政策的通知》（国发［2000］18号）的延续，进一步加大了对集成电路产业的扶持力度，扩大了扶持范围，优惠政策覆盖了产业链各个环节，产业发展环境将进一步得到优化。

三、指导思想、基本原则和发展目标

(一) 指导思想和基本原则

深入贯彻落实科学发展观，以转方式、调结构为主线，坚持“应用牵引、创新驱动、协调推进、引领发展”的原则，以共性关键技术和重大产品为突破口，提升产业核心竞争力；优化产业结构，延伸完善产业链条；大力推进资源整合优化，培育具有国际竞争力的大企业；落实产业政策，建设完善产业公共服务体系；提升产业发展质量和效益，深入参与国际产业细化分工，提高产品国内供给能力；优化产业生态环境，打造芯片与整机大产业链，为工业转型升级、信息化建设以及国家信息安全保障提供有力支撑。

坚持应用牵引。以重大信息化推广和整机需求为牵引，开发一批量大面广和特色专用的集成电路产品。针对重点领域和关键环节，发挥政府的规划引导、政策激励和组织协调作用。

坚持创新驱动。结合国家科技重大专项和重大工程的实施，以技术创新、模式创新、机制体制创新为动力，突破一批共性关键技术。加强引进消化吸收再创新，走开放式创新和国际化发展道路。

坚持协调推进。调整优化行业结构，着力发展芯片设计业，壮大芯片制造业，提升封装测试层次，增强关键设备、仪器、材料的自主开发和供给能力。按照“扶优、扶强、扶大”的原则，优化企业组织结构，推进企业兼并、重组、联合。优化区域布局，避免低水平、重复建设。

坚持引领发展。把壮大规模与提升竞争力结合起来，充分发挥集成电路产业的引领和带动作用，推进战略性新兴产业的关键技术研发与产业化，支撑传统产业转型升级。

(二) 发展目标

到“十二五”末，产业规模再翻一番以上，关键核心技术和产品取得突破性进展，结构调整取得明显成效，产业链进一步完善，形成一批具有国际竞争力的企业，基本建立以企业为主体的产学研用相结合的技术创新体系。

1、主要经济指标

集成电路产量超过1 500亿块，销售收入达3 300亿元，年均增长18%，占世界集成电路市场份额的15%左右，满足国内近30%的市场需求。

2、结构调整目标

行业结构：芯片设计业占全行业销售收入比重提高到三分之一左右，芯片制造业、封装测试业比重约占三分之二，形成较为均衡的三业结构，专用设备、仪器及材料等对全行业的支撑作用进一步增强。

企业结构：培育5-10家销售收入超过20亿元的骨干设计企业，1家进入全球设计企业前十位；1-2家销售收入超过200亿元的骨干芯片制造企业；2-3家销售收入超过70亿元的骨干封测企业，进入全球封测业前十位；形成一批创新活力强的中小企业。

区域结构：坚持合理区域布局，继续强化以长三角、京津环渤海和泛珠三角的三大集聚区，以重庆、成都、西安、武汉为侧翼的产业布局，建成一批产业链完善、创新能力强、特色鲜明的产业集聚区。

3、技术创新目标

芯片设计业：先进设计能力达到22纳米，开发一批具有自主知识产权的核心芯片，国内重点整机应用自主开发集成电路产品的比例达到30%以上。

芯片制造业：大生产技术达到12英寸、32纳米的成套工艺，逐步导入28纳米工艺。掌握先进高压工艺、MEMS工艺、锗硅工艺等特色工艺技术。

封装测试业：进入国际主流领域，进一步提高倒装焊（FC）、BGA、芯片级封装（CSP）、多芯片封装（MCP）等的技术水平，加强SiP、高密度三维（3D）封装等新型封装和测试技术的开发，实现规模生产能力。

专用集成电路设备、仪器及材料：关键设备达到12英寸、32纳米工艺水平；12英寸硅单晶和外延片实现量产，关键材料在芯片制造工艺中得到应用，并取得量产。

四、主要任务和发展重点

（一）主要任务

1、集中力量、整合资源，攻破一批共性关键技术和重大产品

强化顶层设计和统筹安排，围绕国家战略和重点整机需求，面向产业共性关键技术和重大产品，引导和支持以优势单位为依托，建立开放的、产学研用相结合的集成电路技术创新平台，重点开发SoC设计、纳米级制造工艺、先进封装与测试、先进设备、仪器与材料等产业链各环节的共性关键技术，重点部署一批重大产品项目。健全技术创新投入、研发、转化、应用机制，力争在一些关键领域有重大技术突破，培育一批高附加值的尖端产品，建立以企业为主体，市场为导向、产学研相结合的技术创新体系。

2、做强做优做大骨干企业，提升企业核心竞争力

加大要素资源倾斜和政策扶持力度，优化产业资源配置，推动优势企业强强联合、跨地区兼并重组、境外并购和投资合作。推动多种形态的企业整合，鼓励同类企业整合、上下游企业整合、整机企业与集成电路企业整合，培育若干个有国际竞争力的设计企业、制造企业、封测企业以及设备、仪器、材料企业，打造一批"专、精、特、新"的中小企业，努力形成大中小企业优势互补、协调发展的产业组织结构。

3、完善产业生态环境，构建芯片与整机大产业链

推动产品定义、芯片设计与制造、封测的协同开发和产业化，实施若干从集成电路、软件、整机、系统到应用的"一条龙"专项，形成共生的产业生态链/价值链。引导芯片设计企业与整机制造企业加强合作，以整机升级带动芯片设计的有效研发，以芯片设计创新提升整机系统竞争力。政府引导，发挥市场机制的作用，积极探索和实现虚拟IDM模式，共建价值链，形成良好产业生态环境，实现上下游企业群体突破和跃升。

4、完善和加强多层次的公共服务体系，推动产业持续快速发展

针对产业重大创新需求，采取开放式的建设理念，集中优势资源，建立企业化运作、面向行业的、产学研用相结合的国家级集成电路研发中心，重点开发SoC等产品设计、纳米级工艺制造、先进封装与测试等产业链各环节的共性关键技术，为实现产业可持续发展提供技术来源和技术支持。支持集成电路公共服务平台的建设，为企业提供产品开发和测试环境以及应用推广服务，促进中小企业的发展，使其成为芯片与整机沟通交流的平台。

（二）发展重点

1、着力发展芯片设计业，开发高性能集成电路产品

围绕移动互联网、信息家电、三网融合、物联网、智能电网和云计算等战略性新兴产业和重点领域的应用需求，创新项目组织模式，以整机系统为驱动，突破CPU/DSP/存储器等高端通用芯片，重点开发网络通信芯片、数模混合芯片、信息安全芯片、数字电视芯片、射频识别（RFID）芯片、传感器芯片等量大面广芯片，以及两化融合、战略性新兴产业重点领域的专用集成电路产品，形成系统方案解决能力。支持先进电子设计自动化（EDA）工具开发，建立EDA应用推广示范平台。

专栏1：芯片与整机价值链共建工程

高端通用芯片：加强体系架构、算法、软硬件协同等设计研究，开发超级计算机和服务器CPU、桌面/便携计算机CPU、极低功耗高性能嵌入式CPU以及高性能DSP、动态随机存储器（DRAM）等高端通用芯片，批量应用于党政军和重大行业信息化领域，形成产业化和参与市场竞争的能力。

移动智能终端SoC芯片：面向以平板电脑和智能手机为代表的移动智能终端市场，以极低功耗高性能嵌入式CPU为基础，坚持软硬件协同、国际兼容、自主发展路线，开发移动智能终端SoC产品平台，突破多模式互联网接入、多种应用、系统级低功耗设计技术等，打通移动智能终端产业生态链。

网络通信芯片：围绕时分同步码分多址长期演进（TD-LTE）的产业化，开发TD-LTE终端基带芯片、

终端射频芯片等，提升 TD-LTE 及其增强产业链最重要环节的能力，打造从芯片和移动操作系统到品牌机型的完善产业生态链/价值链。开发数字集群通信关键芯片、短距离宽带传输芯片以及光通信芯片等。

数字电视芯片：适应三网融合、终端融合、内容融合的趋势，重点突破数字电视新型 SoC 架构、图像处理引擎、多格式视频解码、视频格式转换、立体显示处理技术等。继续提升在卫星直播和地面传输领域的芯片设计和制造水平。

智能电网芯片：围绕智能电网建设，开发应用于智能电网输变电系统、新能源并网系统、电机节能控制模块、电表计量计费传输控制模块的各类芯片。

信息安全和视频监控芯片：发展安全存储、加密解密等信息安全专用芯片、提高芯片运算速度和抗攻击能力，促进信息安全功能的硬件实现；满足平安城市建设需求，开发视频监控 SoC 芯片。

汽车电子芯片：服务于汽车电子信息平台的需要，围绕汽车控制系统和车载信息系统核心芯片，开发汽车音视频/信息终端芯片、动力控制管理芯片、车身控制芯片等。积极配合新能源汽车开发的需要，开发电机驱动与控制、电力储存、充放电管理芯片及模块。

金融 IC 卡/RFID 芯片：顺应银行卡从磁条卡向 IC 卡迁移的趋势，开发满足金融 IC 卡电性能、可靠性和安全性等需求，具有自主创新、符合相关技术标准和应用标准、支持多应用的金融 IC 卡芯片，推进金融 IC 卡芯片检测和认证中心建设。开发超高频 RFID 芯片，满足物联网发展需要。

数控/工业控制装置芯片：发展广泛应用于家电控制、水表等计量计费传输控制、生产过程控制、医疗保健设备智能控制的 MCU 系列芯片。加强应用开发研究，增强开发工具提供能力。针对实际应用需要开展高端 DSP、模数/数模（AD/DA）、现场可编程门阵列(FPGA) 等芯片工程项目。

智能传感器芯片：针对物联网应用，精选有实际应用目标的智能传感器芯片，开发智能传感器与节点处理器的集成技术，极低功耗设计技术，信息预处理技术等。

2、壮大芯片制造业规模，增强先进和特色工艺能力

持续支持 12 英寸先进工艺制造线和 8 英寸/6 英寸特色工艺制造线的技术升级和产能扩充。加快 45 纳米及以下制造工艺技术的研发与应用，加强标准工艺、特色工艺模块开发和 IP 核的开发。多渠道吸引投资进入集成电路领域，引导产业资源向有基础、有条件的企业和地区集聚，形成规模效应，推进集成电路芯片制造线建设的科学发展。

专栏 2：先进工艺/特色工艺生产线建设和能力提升工程

先进工艺开发及生产线建设。加快 12 英寸先进工艺生产线的规模化、集约化建设。坚持国际化原则，采取开放合作的方式，推动 45 纳米/32 纳米/28 纳米先进工艺的研发及产业化，为 22 纳米研发和量产奠定基础，从而大大缩短与国际技术的差距，形成具有国际竞争力和持续发展力的专业代工业。

特色工艺开发及生产线建设。支持模拟工艺、数模混合工艺、微电子机械系统（MEMS）工艺、射频工艺、功率器件工艺等特色技术开发，推动特色的工艺生产线建设。加快以应变硅、绝缘衬底上的硅（SOI）、化合物半导体材料为基础的制造工艺开发和产业化。

3、提升封测业层次和能力，发展先进封测技术和产品

顺应集成电路产品向功能多样化的重要发展方向，大力发展先进封装和测试技术，推进高密度堆叠型三维封装产品的进程，支持封装工艺技术升级和产能扩充。提高测试技术水平和产业规模。

4、完善产业链，突破关键专用设备、仪器和材料

推进 8 英寸集成电路设备的产业化进程，支持 12 英寸集成电路生产设备的研发，加强新设备、新仪器、新材料的开发，形成成套工艺，推动国产装备在生产线上规模应用，培育一批具有较强自主创新能力的骨干企业，推进集成电路产业链各环节（设计、制造、封测、设备仪器、材料等）的紧密协作，建立试验平台，加快产业化。

专栏 3：集成电路产业链延伸工程

先进封装测试。支持 BGA、CSP、多芯片组件封装(MCM)、WLP、3D、硅通孔（TSV）等先进封装和测试技术，推进 MCP、SiP、封装内封装（PiP）、封装上封装（PoP）等集成电路产品特别是高密度堆叠型三维封装产品的进程。

专用设备、仪器、材料。支持刻蚀机、离子注入机、外延炉设备、平坦化设备、自动封装系统等设备的开发与应用，形成成套工艺，加强 12 英寸硅片、SOI、

引线框架、光刻胶等关键材料的研发与产业化，支持国产集成电路关键设备和仪器、原材料在生产线上规模应用。

五、政策措施

（一）落实政策法规，完善公共服务体系

贯彻落实国发 [2011] 4 号文件，加快相关实施细则和配套措施的制订。加强产业调研，适时调整《集成电路免税进口自用生产性原材料、消耗品目录》。进一步完善集成电路发展法律制度，完善集成电路产业公共服务体系，加强公共服务平台建设，促进设计与应用的紧密联系。

（二）提升财政资金使用效率，扩大投融资渠道

精心组织实施国家科技重大专项和战略性新兴产业创新工程等，突破重点整机系统的关键核心芯片，支持和部署对新器件、新原理、新材料的预先研究。通过技术改造资金、集成电路研究与开发专项资金、电子信息产业发展基金等渠道，持续支持集成电路产业自主创新能力和核心竞争力提升。鼓励国家政策性金融机构支持重点集成电路技术改造、技术创新和产业化项目。鼓励各行业大型企业集团参股或整合集成电路企业。支持集成电路企业在境内外上市融资，引导金融证券机构积极支持集成电路产业发展，支持符合条件的创新型中小企业在中小企业板和创业板上市。鼓励境内外各类经济组织和个人投资集成电路产业。

（三）推进资源整合，培育具有国际竞争力大企业

按照战略协调、资源配置有效的原则，规范推进与各类所有制企业的并购重组。通过设立引导资金、直接注资、贷款贴息和减免相关费用等方式，克服分散重复，推进企业整合，优化企业结构，提高产业集中度，形成一批符合重大产品、重大工艺发展方向的大型企业，以适应产业发展新形势和国际市场竞争的需要。推进政、银、企大力协同，调动、引导、挖掘相关资源，广泛建立银企金融合作的项目开发平台，推动政、银、企合作纵深发展。支持产业联盟发展，以横向联盟推动技术和工艺攻关，以纵向联盟加快产业化进程和推动建立应用市场。

（四）继续扩大对外开放，提高利用外资质量

坚持对外开放，继续优化环境，大力吸引国外（境外）资金、技术和人才，承接国际高端产业转移。吸引跨国公司在国内建设研发中心、生产中心和运营中心。鼓励在华研究机构加大研究投入力度和引进高端研发项目，推动外资研发机构与本地机构的合作。完善外商投资项目核准办法，适时调整《外商投资产业指导目录》，引导外商投资方向。鼓励企业扩大国际合作，整合并购国际资源，设立海外研发中心，积极拓展国际市场。

（五）加强人才培养，积极引进海外人才

建立、健全集成电路人才培训体系，加快建设和发展微电子学院和微电子职业培训机构，形成多层次的人才梯队，重点培养国际化的、高层次、复合型集成电路人才；加大国际化人才引进工作力度，创造有力的政策环境，大力引进国外优秀集成电路人才；引入竞争激励机制，制定激发人才创造才能的奖励政策和分配机制。注重环境建设，努力造就开拓型、具有国际视野的企业家群体。

（六）实施知识产权战略，加大知识产权保护力度

大力实施知识产权战略，在重点技术领域掌握一批具有自主知识产权的关键技术；鼓励企业进行集成电路布图设计的登记，加强集成电路布图设计专有权的有效利用；在专项工程中开展知识产权评议，加大知识产权保护力度，促进市场公平有序的发展；鼓励行业组织、产学研用联盟等开展专利态势分析、建立知识产权预警机制，通过知识产权交流与合作，促进集成电路产业发展。

太阳能光伏产业“十二五”发展规划

前　言

太阳能资源丰富、分布广泛，是最具发展潜力的可再生能源。随着全球能源短缺和环境污染等问题日益突出，太阳能光伏发电因其清洁、安全、便利、高效等特点，已成为世界各国普遍关注和重点发展的新兴产业。

在此背景下，近年来全球光伏产业增长迅猛，产业规模不断扩大，产品成本持续下降。2009 年全球太阳能电池产量为 10.66 吉瓦（GW），多晶硅产量为 11 万吨，2010 年分别达到 20.5GW、16 万吨，组件价格则从 2000 年的 4.5 美元/瓦下降到 2010 年的 1.7 美元/瓦。

“十一五”期间，我国太阳能光伏产业发展迅速，已成为我国为数不多的、可以同步参与国际竞争、并有望达到国际领先水平的行业。加快我国太阳能光伏产业的发展，对于实现工业转型升级、调整能源结构、发展社会经济、推进节能减排均具有重要意义。国务院发布的《关于加快培育和发展战略性新兴产业的决定》，已将太阳能光伏产业列入我国未来发展的战略性新兴产业重要领域。

根据《工业转型升级规划（2011-2015 年）》、《信息产业“十二五”发展规划》以及《电子信息制造业“十二五”发展规划》的要求，在全面调研、深入研究、广泛座谈的基础上，编制太阳能光伏产业“十二五”发展规划，作为我国“十二五”光伏产业发展的指导性文件。

一、“十一五”发展回顾

（一）我国光伏产业概况

1、产业规模迅速提高，市场占有率稳居世界前列

“十一五”期间，我国太阳能电池产量以超过 100%的年均增长率快速发展。2007-2010 年连续四年产量世界第一，2010 年太阳能电池产量约为 10GW，占全球总产量的 50%。我国太阳能电池产品 90%以上出口，2010 年出口额达到 202 亿美元。

2、掌握关键材料生产技术，产业基础逐步牢固

“十一五”期间，我国投产的多晶硅年产量从两三百吨发展至 4.5 万吨，光伏产业原材料自给率由几乎为零提高至 50%左右，已形成数百亿元级的产值规模。国内多晶硅骨干企业已掌握改良西门子法千吨级规模化生产关键技术，规模化生产的稳定性逐步提升。

3、主流产品技术与世界同步，产品质量稳步提高

“十一五”末期，我国晶硅电池占太阳能电池总产量的 95%以上。太阳能电池产品质量逐年提升，尤其是在转换效率方面，骨干企业产品性能增长较快，单晶硅太阳能电池转换效率达到 17-19%，多晶硅太阳能电池转换效率为 15-17%，薄膜等新型电池转换效率约为 6-8%。

4、节能减排成效明显，资源利用率大幅提升

光伏产业节能减排取得显著成效，副产物综合利用水平稳步提高，资源利用率整体取得大幅提升。2006 年每生产 1 公斤多晶硅的平均单耗水平为：工业硅 1.3-2.0 公斤、液氯 1.8 公斤、综合电耗 300-350 千瓦时，到 2010 年分别下降为：工业硅 1.3-1.4 公斤、液氯 1.0 公斤、综合电耗 160-180 千瓦时，部分骨干企业达到 130-150 千瓦时/公斤。生产晶硅太阳能电池的多晶硅用量从 2006 年的 11 克/瓦下降到 2010 年的 7-8 克/瓦。

5、生产设备不断取得突破，本土化水平不断提高

国产单晶炉、多晶硅铸锭炉、开方机等设备逐步进入产业化，占据国内较大市场份额。晶硅太阳能电池专用设备除全自动印刷机和切割设备外基本实现了本土化并具备生产线“交钥匙”的能力。硅基薄膜电池生产设备初步形成小尺寸整线生产能力。2010 年我国光伏专用制造设备销售收入超过 40 亿元人民币，出口交货值达到 1 亿元人民币。

6、国内光伏市场逐步启动，装机量快速增长

我国已相继出台了《太阳能光电建筑应用财政补助资金管理暂行方法》和《关于实施金太阳示范工程的通知》等政策，并先后启动了两批总计 290 兆瓦（MW）

的光伏电站特许权招标项目。截止 2010 年，我国累计光伏装机量达到 800MW，当年新增装机容量达到 500MW，同比增长 166%。

（二）我国光伏产业发展特点

1、充分利用国内外市场要素，产业发展国际化程度高

我国光伏产业充分运用国内外资金、人才两大市场要素，“十一五”末期，已有数十家企业实现海外及国内上市，产品广销国际市场。国内光伏企业以民营企业为主，主要企业实力不断增强，有 4 家企业太阳能电池产量位居全球前十，成为国际知名企业。

2、自主创新与引进吸收相结合，形成自主特色产业体系

通过自主创新与引进消化吸收再创新相结合，初步形成了具有我国自主特色的光伏产业体系，多晶硅、电池组件及控制器等制造水平不断提高，制造设备的本土化率已经超过 50%，太阳能电池的质量和技术水平也逐步走向世界前列。

3、产业链上下游协同发展，推动光伏发电成本下降

“十一五”期间，我国光伏产业突破材料、市场以及人才等发展瓶颈，产业规模迅速壮大，上下游完整产业链基本成型。我国光伏产业的崛起带动了世界光伏产业的发展，有效地推动了技术进步，降低了光伏产品成本，加快了全球光伏产业应用步伐。

4、产业呈现集群化发展，有效提高区域竞争力

我国光伏产业区域集群化发展态势初步显现，依托区域资源优势和产业基础，国内已形成了江苏、河北、浙江、江西、河南、四川、内蒙等区域产业中心，并涌现出一批国内外知名且具有代表性的企业，主要企业初步完成垂直一体化布局，加快海外并购和设厂，向国际化企业发展。

二、“十二五”面临形势

目前，各主要发达国家均从战略角度出发大力扶持光伏产业发展，通过制定上网电价法或实施“太阳能屋顶”计划等推动市场应用和产业发展。国际各方资本也普遍看好光伏产业：一方面，光伏行业内众多大型企业纷纷宣布新的投资计划，不断扩大生产规模；另一方面，其他领域如半导体企业、显示企业携多种市场资本正在或即将进入光伏行业。

从我国未来社会经济发展战略路径看，发展太阳能光伏产业是我国保障能源供应、建设低碳社会、推动经济结构调整、培育战略性新兴产业的重要方向。“十二五”期间，我国光伏产业将继续处于快速发展阶段，同时面临着大好机遇和严峻挑战。

（一）我国光伏产业面临广阔发展空间

世界常规能源供应短缺危机日益严重，化石能源的大量开发利用已成为造成自然环境污染和人类生存环境恶化的主要原因之一，寻找新兴能源已成为世界热点问题。在各种新能源中，太阳能光伏发电具有无污染、可持续、总量大、分布广、应用形式多样等优点，受到世界各国的高度重视。我国光伏产业在制造水平、产业体系、技术研发等方面具有良好的发展基础，国内外市场前景总体看好，只要抓住发展机遇，加快转型升级，后期必将迎来更加广阔的发展空间。

（二）光伏产业、政策及市场亟待加强互动

从全球来看，光伏发电在价格上具备市场竞争力尚需一段时间，太阳能电池需求的近期成长动力主要来自于各国政府对光伏产业的政策扶持和价格补贴；市场的持续增长也将推动产业规模扩大和产品成本下降，进而促进光伏产业的健康发展。目前国内支持光伏应用的政策体系和促进光伏发电持续发展的长效互动机制正在建立过程中，太阳能电池产品多数出口海外市场，产业发展受金融危机和海外市场变化影响很大，对外部市场的依存度过高，不利于持续健康发展。

（三）面临国际经济动荡和贸易保护的严峻挑战

近年来全球经济发展存在动荡形势，一些国家的新能源政策出现调整，相关补贴纷纷下调，对我国光伏产业发展有较大影响。同时，欧美等国已发生多起针对我国光伏产业的贸易纠纷，类似纠纷今后仍将出现，主要原因有：一是我国太阳能电池成本优势明显，对国外产品造成压力；二是国内光伏市场尚未大规模启动，产品主要外销，可能引发倾销疑虑；三是我国相关标准体系尚不完善，存在产品质量水平参差不齐等问题。

（四）新工艺、新技术快速演进，国际竞争不断加剧

全球光伏产业技术发展日新月异：晶体硅电池转换效率年均增长一个百分点；薄膜电池技术水平不断提高；纳米材料电池等新兴技术发展迅速；太阳能电池生产和测试设备不断升级。而国内光伏产业在很多方面仍存在较大差距，国际竞争压力不断升级：多晶硅关键技术仍落后于国际先进水平，晶硅电池生产用高档设备仍

需进口，薄膜电池工艺及装备水平明显落后。

（五）市场应用不断拓展，降低成本仍是产业主题

太阳能光伏市场应用将呈现宽领域、多样化的趋势，适应各种需求的光伏产品将不断问世，除了大型并网光伏电站外，与建筑相结合的光伏发电系统、小型光伏系统、离网光伏系统等也将快速兴起。太阳能电池及光伏系统的成本持续下降并逼近常规发电成本，仍将是光伏产业发展的主题，从硅料到组件以及配套部件等均将面临快速降价的市场压力，太阳能电池将不断向高效率、低成本方向发展。

三、指导思想、基本原则与发展目标

（一）指导思想

深入贯彻落实科学发展观，抓住当前全球大力发展新能源的大好机遇，紧紧围绕降低光伏发电成本、提升光伏产品性能、做优做强我国光伏产业的宗旨，着力推动关键技术创新、提升生产工艺水平、突破装备研发瓶颈、促进市场规模应用，使我国光伏产业的整体竞争力得到显著提升。

（二）基本原则

1、立足统筹规划，坚持扶优扶强

加强国家宏观政策引导，坚持做好行业统筹规划和产业合理布局，规范光伏产业健康发展。集中力量支持优势企业做优做强，鼓励重点光伏企业推进资源整合和兼并重组。

2、支持技术创新，降低发电成本

以企业为技术创新和产业发展的主体，强化关键技术研发，提升生产工艺水平，从高纯硅材料规模化生产、电池转换效率提高、生产装备国产化、新型电池和原辅材料研发、系统集成等多方面入手，努力降低光伏发电成本。

3、优化产业环境，扩大光伏市场

推动各项光伏扶持政策的落实，调动各方面的资源优势，优化产业发展环境。充分发挥市场机制作用，巩固国际市场，扩大国内多样化应用，使我国光伏产业的发展有稳定的市场依托。

4、加强服务体系建设，推动产业健康发展

加强公共服务平台建设，建立健全光伏标准及产品质量检测认证体系，严格遵守环境保护和安全生产规定，推进节能减排、资源循环利用，实现清洁生产和安全生产。

（三）发展目标

1、经济目标

“十二五”期间，光伏产业保持平稳较快增长，多晶硅、太阳能电池等产品适应国家可再生能源发展规划确定的装机容量要求，同时积极满足国际市场发展需要。支持骨干企业做优做强，到2015年形成：多晶硅领先企业达到5万吨级，骨干企业达到万吨级水平；太阳能电池领先企业达到5GW级，骨干企业达到GW级水平；1家年销售收入过千亿元的光伏企业，3-5家年销售收入过500亿元的光伏企业；3-4家年销售收入过10亿元的光伏专用设备企业。

2、技术目标

多晶硅生产实现产业规模、产品质量和环保水平的同步提高，还原尾气中四氯化硅、氯化氢、氢气回收利用率不低于98.5%、99%、99%，到2015年平均综合电耗低于120度/公斤。单晶硅电池的产业化转换效率达到21%，多晶硅电池达到19%，非晶硅薄膜电池达到12%，新型薄膜太阳能电池实现产业化。光伏电池生产设备和辅助材料本土化率达到80%，掌握光伏并网、储能设备生产及系统集成关键技术。

3、创新目标

到2015年，企业创新能力显著增强，涌现出一批具有掌握先进核心技术的品牌企业，掌握光伏产业各项关键技术和生产工艺。技术成果转化率显著提高，标准体系建设逐步完善，国际影响力大大增强。充分利用已有基础，建立光伏产业国家重点实验室及检测平台。

4、光伏发电成本目标

到2015年，光伏组件成本下降到7 000元/千瓦，光伏系统成本下降到1.3万元/千瓦，发电成本下降到0.8元/千瓦时，光伏发电具有一定经济竞争力；到2020年，光伏组件成本下降到5 000元/千瓦，光伏系统成本下降到1万元/千瓦，发电成本下降到0.6元/千瓦时，在主要电力市场实现有效竞争。

四、“十二五”主要任务

（一）推动工艺技术进步，实现转型升级

发展清洁、安全、低能耗、高纯度、规模化的多晶硅生产技术，提高副产物综合利用率，缩小与国际先进生产水平的差距。实现太阳能电池生产技术的创新发

展，鼓励规模化生产，提高光伏产业的核心竞争力。推动行业节能减排。密切关注清洁、环保的新型光伏电池及材料技术进展，加强技术研发。

（二）提高国产设备和集成技术的研发及应用水平

以提高产品质量和光电转换效率，降低生产能耗为目标，支持多晶硅、硅锭/硅片、电池片及组件、薄膜电池用关键生产设备以及发电应用设备研发与产业化，加强本地化设备的应用。推动设备企业与光伏产品企业加强技术合作与交流。

（三）提高太阳能电池的性能，不断降低产品成本

大力支持低成本、高转换效率和长寿命的晶硅太阳能电池研发及产业化，降低电池产品成本和最终发电成本，力争尽快实现平价上网。推动硅基薄膜、铜铟镓锡薄膜等电池的技术进步及产业化进程，提高薄膜电池的转率效率。

（四）促进光伏产品应用，扩大光伏发电市场

积极推动上网电价政策的制定和落实，并在农业、交通、建筑等行业加强光伏产品的研发和应用力度，支持建立一批分布式光伏电站、离网应用系统、光伏建筑一体化（BIPV）系统、小型光伏系统及以光伏为主的多能互补系统，鼓励大型光伏并网电站的建设与应用，推动完善适应光伏发电特点的技术体系和管理体制。

（五）完善光伏产业配套服务体系建设

建立健全标准、专利、检测、认证等配套服务体系，加强光伏行业管理与服务，支持行业自律协作。积极参与国际标准制定，建立完善符合我国国情的光伏国家/行业标准体系，包括多晶硅材料、电池/组件的产品标准，光伏生产设备标准和光伏系统的验收标准等。加快建设国内认证、检测等公共服务平台。

五、"十二五"发展重点

（一）高纯多晶硅

支持低能耗、低成本的太阳能级多晶硅生产技术。在现有的基础上，通过进一步的研究、系统改进及完善，支持研发稳定的电子级多晶硅生产技术，并建立千吨级电子级多晶硅生产线。突破高效节能的大型提纯、高效氢气回收净化、高效化学气相沉积、多晶硅副产物综合利用等装置及工艺技术，建设万吨级高纯多晶硅生产线，综合能耗小于120度/公斤。

（二）硅碇/硅片

支持高效率、低成本、大尺寸铸锭技术，重点发展准单晶铸锭技术。突破150–160微米以下新型切片关键技术，如金刚砂、钢线切割技术，提高硅片质量和单位硅材料出片率，减少硅料切割损耗。

（三）晶硅电池

大力发展高转换率、长寿命晶硅电池技术的研发与产业化。重点支持低反射率的绒面制备技术、选择性发射极技术及后续的电极对准技术、等离子体钝化技术、低温电极技术、全背结技术的研究及应用。关注薄膜硅/晶体硅异质结等新型太阳能电池成套关键技术。

（四）薄膜电池

重点发展非晶与微晶相结合的叠层和多结薄膜电池。降低薄膜电池的光致衰减，鼓励企业研发5.5代以上大面积高效率硅薄膜电池，开发柔性硅基薄膜太阳电池卷对卷连续生产工艺等。及时跟进铜铟镓硒和有机薄膜电池的产业化进程，开发并掌握低成本非真空铜铟镓锡薄膜电池制备技术，磁控溅射电池制备技术，真空共蒸法电池制备技术，规模化制造关键工艺。

（五）高效聚光太阳能电池

重点发展高倍聚光化合物太阳能电池产业化生产技术，聚光倍数达到500倍以上，产业化生产的电池在非聚光条件下效率超过35%，聚光条件下效率超过40%，衬底剥离型高倍聚光电池转化效率在非聚光条件下效率超过25%。突破高倍聚光太阳电池衬底玻璃技术、高效率高倍聚光化合物太阳电池技术、高倍率聚光电池测试分析和稳定性控制技术等，及时发展菲涅尔和抛物镜等配套设备。

（六）BIPV组件

重点发展BIPV组件生产技术，包括可直接与建筑相结合的建材、应用于厂房屋顶、农业大棚及幕墙上的双玻璃BIPV组件、中空玻璃组件等，解决BIPV组件的透光、隔热等问题，设计出美观、实用、可直接作为建材和构件用的BIPV组件。扩大建筑附着光伏（BAPV）组件应用范围。

（七）光伏生产专用设备

支持还原、氢化等多晶硅生产设备，大尺寸、低能耗、全自动单晶炉，吨级多晶硅铸锭炉，大尺寸、超薄硅片多线切割机，硅片自动分选机等关键生产设备。支持多槽制绒清洗设备、全自动平板式等离子体增强化学汽相沉积（PECVD）、激光刻蚀机、干法刻蚀机、离子

注入机、全自动印刷机、快速烧结炉等晶硅太阳能电池片生产线设备和 PECVD 等薄膜太阳能电池生产设备。促进光伏生产装备的低能耗、高效率、自动化和生产工艺一体化。

（八）配套辅料

在关键配套辅料方面，实现坩埚、高纯石墨、高纯石英砂、碳碳复合材料、玻璃、乙烯-醋酸乙烯共聚物（EVA）胶、背板、电子浆料、线切割液等国产化。

（九）并网及储能系统

掌握太阳能光伏发电系统集成技术、百万千瓦光伏发电基地的设计集成和工程技术，开发大功率光伏并网逆变器、储能电池及系统、光伏自动跟踪装置、数据采集与监控系统、风光互补系统等。

（十）公共服务平台建设

支持有能力的企事业单位建设国家级光伏应用系统检测、认证等公共服务平台，包括多晶硅、电池片和组件、薄膜电池的检测，光伏系统工程的验收等。支持相关服务平台开展行业共性问题研究，制订和推广行业标准，研发关键共性技术等。

六、政策措施

（一）提升光伏能源地位，加强产业战略部署

光伏能源是一种可持续、无污染、总量大的绿色新能源，应当充分认识太阳能光伏发电的战略价值和重要意义，切实在国家能源经济和社会可持续发展的总体部署中予以统筹考虑，提升太阳能光伏产业在国民经济发展中的战略地位。通过实施工业转型升级和可再生能源等相关规划，统筹制订产业、财税、金融、人才等扶持政策，积极促进我国光伏产业健康发展。

（二）加强行业管理，规范光伏产业发展

根据产业政策要求和行业发展实际需要，切实加强行业管理，推动行业节能减排，规范我国光伏产业发展，建立健全光伏行业准入标准，引导地方政府坚决遏制低水平重复建设，避免一哄而上和市场恶性竞争。推动相关职能部门联合加强产品检查，对于不达环保标准、出售劣质产品、扰乱正常市场竞争秩序的企业，依照相关规定给予处罚和整顿。

（三）着力实施统筹规划，推进产业合理布局

加强行业统筹规划，推动企业转型升级，坚持市场主导与政府引导相结合，扶持产业链完备、已具有品牌知名度的骨干企业做优做强。鼓励实力领先的光伏企业依靠技术进步、优化存量、扩大发展规模，实施“走出去”战略，积极参与国际产业竞争。实施差异化政策，引导多晶硅等产业向西部地区转移。推动资源整合，鼓励企业集约化开发经营，支持生产成本低、竞争力强的企业兼并改造生产经营不佳的光伏企业。

（四）积极培育多样化市场，促进产业健康发展

推动制订和落实上网电价实施细则，继续实施“金太阳工程”等扶持措施，鼓励光伏企业与电力系统等加强沟通合作，加快启动国内光伏市场。坚持并网发电与离网应用相结合，以“下乡、富民、支边、治荒”为目标，支持小型光伏系统、离网应用系统、与建筑相结合的光伏发电系统等应用，开发多样化的光伏产品。通过合理的电价标准、适度的财政补贴和积极的金融扶持，积极扩大国内光伏市场。

（五）支持企业自主创新，增强产业核心竞争力

支持光伏企业转型升级，通过技术改造等手段扶持掌握自主技术的骨干企业，巩固和提高核心竞争力。加大对光伏产业技术创新的扶持力度，重点支持多晶硅节能降耗、副产物综合利用、太阳能电池高效高质和低成本新工艺技术的研发和产业化项目。加强产学研结合，支持关键共性技术研发，全面提升本土化光伏设备技术水平。加大人才培养力度，支持建立企业技术研发中心与博士后科研流动站。

（六）完善标准体系，推动检测认证、监测制度建设

重视光伏产品和系统标准体系建设，以我国自主知识产权为基础，结合国内产业技术实际水平，推动制定多晶硅、硅锭/硅片、太阳能电池等产品和光伏系统相关标准，积极参与制订国际标准，建立健全产品检测认证、监测制度，促进行业的规范化、标准化发展。加强对光伏产品质量标准符合性的行业管理，避免劣质产品流入市场。推动企业加强光伏产品回收。

（七）加强行业组织建设，积极参与国际竞争

建立健全光伏行业组织，推动行业自律管理，加强行业交流与协作，集中反映产业发展愿景，打造国内光伏产业合作创新平台。充分发挥市场机制作用，以行业组织为纽带，以企业为主体，以市场为导向，提高产业应对国际竞争和市场风险的能力。加强国际交流和合作，优化产业发展环境，完善出口风险保障机制，鼓励企业积极争取海外资金，巩固和拓展国际市场。

信息安全产业"十二五"发展规划

前 言

信息安全产业是保障国家信息安全的战略性核心产业，肩负着为国家信息化基础设施和信息系统安全保障提供信息安全产品及服务的战略任务。"十二五"时期是我国全面推进经济和社会信息化的关键时期，迫切需要加快发展信息安全产业，提供安全可控的信息安全技术、产品和服务。为指导和推动信息安全产业持续快速发展，根据《国民经济和社会发展第十二个五年规划纲要》、《国家信息安全工作"十二五"规划》的总体部署和要求，编制本规划。

本规划中信息安全是指保护信息、信息系统和网络的安全以避免未授权的访问、使用、泄漏、破坏、修改或者销毁，以确保信息与信息系统的完整性、保密性和可用性。信息安全技术是指用以保障信息、信息系统和网络安全的技术，包括密码技术、数据安全技术、系统安全和防护技术、网络安全技术等。信息安全产品是保障信息安全的软件、固件或硬件及其组合体，它提供信息安全相关功能且可用于或组合到多种系统中。信息安全服务是指为保障信息安全所需要的服务，包括信息系统安全分析评估、规划设计、测试、实施、运行和维护，以及相关的测评、预防、监测、响应、恢复、咨询和培训等服务内容。信息安全产业是指从事信息安全技术研究开发、产品生产经营以及提供相关服务的产业。

一、发展现状与趋势

（一）发展现状

"十一五"时期，在国家高度重视和业界共同努力下，我国信息安全产业实现了较快发展，在部分关键领域基本满足了信息化建设的需要，有力支撑了国家信息安全保障体系建设，为"十二五"时期的信息安全产业发展奠定了基础。

产业规模持续扩大。"十一五"期间，我国信息安全产业规模迅速扩大，2010 年达 182 亿元，年均增速超过 30%。信息安全产业占信息产业的比重稳步提高。

产品体系逐渐健全。信息安全产品种类不断丰富，密码产品、防火墙、病毒防护、入侵检测、终端接入控制、网络隔离、安全审计、安全管理、备份恢复等技术领域产品研发取得明显进展，产品功能逐步向集成化、系统化方向发展。

企业实力逐步提升。截至 2010 年底，国内信息安全相关企业已超过 700 家，信息安全业务年收入超亿元企业 10 多家，建立了一批国家级信息安全研发中心。安全可控的信息安全产品和服务在国家重要信息系统和基础信息网络以及重点行业信息化建设和个人信息安全中应用比例不断提高，在北京奥运会、上海世博会和广州亚运会等国家重大活动的信息安全保障工作中发挥了重要作用。

人才队伍得到强化。国内设立信息安全专业及信息安全学科的高等院校数量明显增加，社会机构和企业也日渐重视信息安全技能、意识教育和培训，信息安全人才培养培训体系逐步形成。初步建立了涵盖技术研究、产品开发、安全服务等领域的信息安全产业人才队伍，人员素质不断提升。

标准化体系不断完善。"十一五"期间，信息安全标准化工作有序推进，初步建立了信息安全标准体系框架，形成了覆盖信息安全基础、技术、管理、测评等领域一批支撑国家信息安全保障体系建设的国家标准，信息安全产品认证认可体系逐步完善。

我国信息安全产业虽然取得了长足发展，但依然存在以下问题：产业整体相对弱小，关键产品和高端服务依赖进口，对国家信息安全保障的支撑能力需要进一步提升；产业核心技术积累不足，创新能力急需提升，缺乏引领产业发展的大企业；高端信息安全人才不能满足产业快速发展的需要；市场竞争急需进一步规范，管理体制迫切需要调整优化，产业发展环境有待完善。

（二）发展趋势

随着信息技术的快速发展和广泛应用，基础信息网络和重要信息系统安全、信息资源安全以及个人信息安全等问题与日俱增，应用安全日益受到关注，主动防御技术成为信息安全技术发展的重点，信息安全产品与服务演化为多技术、多产品、多功能的融合，多层次、全方位、全网络的立体监测和综合防御趋势不断加强。

向系统化、主动防御方向发展。信息安全保障逐步由传统的被动防护转向“监测–响应式”的主动防御，信息安全技术正朝着构建完整、联动、可信、快速响应的综合防护防御系统方向发展。产品功能集成化、系统化趋势明显，功能越来越丰富，性能不断提高；产品间自适应联动防护、综合防御水平不断提高。

向网络化、智能化方向发展。计算技术的重心从计算机转向互联网，互联网正在逐步成为软件开发、部署、运行和服务的平台，对高效防范和综合治理的要求日益提高，信息安全产品向网络化、智能化方向发展。网络身份认证、安全智能技术、新型密码算法等信息安全技术日益受到重视。

向服务化方向发展。信息安全产业结构正从技术、产品主导向技术、产品、服务并重调整，安全服务逐步成为产业发展重点。信息技术网络化、服务化等都在积极推动信息安全服务化，信息安全服务在产业中的比重将不断提高，将逐渐主导产业的发展。

（三）面临的机遇和挑战

1、面临的机遇

国家高度重视信息安全。十六届四中全会把信息安全与政治安全、经济安全和文化安全提到同等高度；《2006–2020年国家信息化发展战略》提出“促进我国信息安全技术和产业的自主发展”；《国民经济和社会发展第十二个五年规划纲要》对“加强网络与信息安全保障”提出了明确要求；《进一步鼓励软件产业和集成电路产业发展的若干政策》（国发[2011]4号）明确提出“完善网络环境下消费者隐私及企业秘密保护制度，……逐步在各级政府机关和事业单位推广符合安全要求的产品”。国家还出台了多项加强信息安全技术研发、推进产业发展的政策措施，为信息安全产业的发展、企业技术创新能力的提高和核心竞争力的提升提供了良好的市场环境和政策保障。

信息安全保障需求日益增加为信息安全产业带来更大的发展机遇。随着我国信息化进程的不断加速，信息化和工业化深度融合，信息安全保障体系建设稳步推进，信息安全等级保护、风险评估、分级保护等工作扎实开展，数字产品广泛普及，隐私保护、个人终端与企业信息系统的安全、数字版权保护等方面的需求越来越受到重视。2010年我国信息安全产业与软件和信息服务业相比不到1.5%，远低于全球的平均水平，具有很大发展空间。

云计算等新技术、新应用和新模式带来新的发展机遇。云计算、物联网、移动互联网等新技术、新应用和新模式的出现，对信息安全提出了新的要求，拓展了信息安全产业的发展空间。同时，新技术、新应用和新模式在国内外市场的全面开拓将加快国内信息安全技术创新速度，催生云安全等新的信息安全应用领域，为国内企业与国际同步发展提供了契机。

2、面临的挑战

信息安全领域竞争日益激烈给我国信息安全产业带来巨大压力。随着信息技术的广泛应用，国际上围绕信息资源和互联网发展主控权的争夺愈演愈烈，发达国家争相出台网络空间发展战略，给我国信息安全产业带来挑战，迫切需要技术、产品和服务模式创新，提高信息安全防护支撑能力。从市场竞争态势看，国内外信息安全企业之间、大型IT企业与信息安全企业之间的并购不断加速，并采用捆绑销售策略占领市场空间,对国内信息安全企业发展带来了较大的市场压力，增加了产业管理的难度。

应用环境日趋复杂和新技术的不断涌现对信息安全提出更高要求。随着云计算、物联网、移动互联网等新技术、新模式的应用和发展，信息的获取方法、存储形态、传输渠道和处理方式等发生了新的变化，网络结构的复杂化、用户的爆炸性增长、数据的快速膨胀增加了信息安全防护的难度，要求开发性能更高、功能更丰富、智能化更高的信息安全技术和产品。信息安全产品形态不断发生变化，安全产品之间、安全产品与信息设备之间加快融合，新产品开发、交付和服务模式发生变革，给产业发展带来重大影响。信息安全产业需要加快创新步伐，满足国家信息安全保障体系建设对安全可控信息安全产品和服务的需求。

二、指导思想和发展目标

（一）指导思想

以邓小平理论和“三个代表”重要思想为指导，深入贯彻落实科学发展观，紧紧围绕国家信息安全保障要求，面向信息安全市场需求，以提升对国家信息安全保障的支撑能力为目标，以保障基础信息网络安全和重要信息系统安全为中心，按照"安全可控、创新发展、应用牵引、环境营造"的原则，推进技术产品创新、应用和服务模式创新，积极培育骨干企业，加快发展特色中小企业，构建产业链完整、分工合理的产业体系，推动信息安全产业向体系化、规模化、特色化、高端化方向发展，做大做强信息安全产业。

（二）发展原则

安全可控。建立完整的信息安全技术、产品、服务和标准体系，保障新技术、新应用的安全可控，保障基础信息网络和重要信息系统的安全可控，为国家、企业和个人的信息安全保障提供产业支撑。

创新发展。聚集各方资源，加大信息安全技术创新投入力度，突破影响产业发展的核心技术和关键产品，创新服务模式，占领价值链高端，提升产业核心竞争力。

应用牵引。面向国家信息化建设和两化深度融合带来的信息安全保障需求，加快安全可控信息安全技术、产品和服务的应用推广。鼓励和支持采用安全可控的产品和服务，通过重大应用提升产业竞争能力，加速产业发展。

环境营造。加大政府在政策、规划和标准等方面的支持、引导和规范力度，营造良好的产业发展环境，充分发挥市场机制作用，促进产业持续、健康、快速发展。

（三）发展目标

产业规模目标。到2015年，我国信息安全产业规模突破670亿元，保持年均30%以上的增长速度，占信息产业的比重稳步提高。

产业结构目标。信息安全产品体系进一步丰富，服务在信息安全产业中的比重以及安全可控的信息安全产品和服务在国内市场的占有率明显提高，集聚效应明显、协同效应突出、发展特色鲜明的产业格局逐步形成，信息安全产业链日趋完整。

技术创新目标。进一步提升信息安全技术和服务创新能力，突破一批信息安全关键技术和产品，形成支撑云计算、物联网和移动互联网等应用的信息安全保障能力，逐步提高信息安全防护水平，部分信息安全技术和产品达到国际先进水平，信息安全竞争能力显著提高。

产业组织目标。形成以具有核心技术研发能力、新技术创新能力、国际竞争力的信息安全骨干企业为龙头，具有创新活力强、特色明显、产业链协同的中小企业为基础的产业发展格局，打造一批信息安全产品和服务知名品牌，发展一批特色突出、专业水平高、创新能力强的中小企业，形成30家信息安全业务收入过亿元企业，力争培育出信息安全业务收入达50亿元的骨干企业。

三、发展重点和重大工程

（一）发展重点

1、信息安全关键技术

加大新型信息安全架构的研发力度，积极开发主动防护技术。加强密码技术、保密技术、安全芯片技术、可信计算技术、安全智能技术、数据安全技术、访问控制技术、安全审计跟踪与取证技术、网络与信息安全监测技术、网络安全管理与服务技术、终端安全管理和配置技术、应用安全支撑技术、工业控制系统安全技术、数字版权保护技术、隐私保护技术等信息安全关键技术的研发和产业化。发展数据隔离与交换、虚拟化安全、安全认证等支撑云计算、物联网、移动互联网等应用的信息安全技术，重点发展保障下一代国家宽带基础网络相关的网络空间安全防护技术。

2、信息安全产品

（1）基础类产品

发展安全芯片、安全操作系统、安全数据库、安全中间件以及高可靠基础密码设备、可信主机与可信终端设备、可信计算平台、可信软件配置管理工具等部署在主机及其计算环境中的产品，加强对基础安全硬件平台架构研究，促进安全硬件平台快速发展。

（2）网络与边界安全类产品

面向大规模复杂网络环境及云计算技术与应用模式的应用需求，重点发展下一代防火墙、大规模入侵检测与防御、面向应用内容安全防护的深度包检测系统、高性能信道与网络密码设备、密码网关、安全Web网关、安全邮件网关、虚拟专用网、安全路由及交换设备、统一威胁管理平台、高性能网络隔离与交换系统、网络行为监控系统、基于云计算的安全查杀和防御类网关产品、反垃圾邮件系统、恶意代码检测与防护系统等部署在网络设备或安全域边界上的网络与边界安全类产品。

（3）终端与数字内容安全类产品

重点发展病毒木马识别引擎、反钓鱼反欺诈反恶意网址系统、终端接入控制、数据保护与防泄密、主动防御等终端安全防护产品。发展数据加密、容灾备份和数据恢复、身份认证与授权管理等保障数据安全相关的产品。发展数字版权保护、隐私保护、网站安全监测与防护等相关的产品和系统。

(4) 安全管理类产品

重点发展面向大规模网络应用的网络内容、流量、安全状态、信息泄密以及系统行为的安全监控与审计类产品，发展面向大规模网络环境的集成产品配置管理、网络安全事件管理、网络安全态势评估以及安全策略管理等功能的网络综合安全管理系统。

(5) 信息安全支撑工具

重点发展系统及网络脆弱性评估工具、安全配置核查类工具、信息安全等级保护支撑工具、信息系统风险评估工具、密码测评工具、安全测评工具、应急响应工具、软件安全保障工具、信息安全技术与产品的标准符合性评估工具，以及其他信息安全管理与服务支撑工具产品。加快面向云计算、物联网、移动互联网等信息安全保障的相关支撑工具产品的研发与产业化。

3、信息安全服务

重点发展信息安全风险评估、信息系统等级保护咨询、信息系统安全方案设计咨询、信息系统安全集成、信息安全工程监理、信息系统安全运维、网络安全应急处理、数据与系统容灾备份、电子认证、信息安全测评、信息安全认证、信息安全培训、电子取证、安全审计等信息安全服务，提高国内企业的信息安全服务能力，满足信息化建设对安全可控信息安全服务的需求。

(二) 重大工程

1、关键技术和重点产品研发及产业化工程

针对制约信息安全产业发展的关键技术和重点产品，聚集国家和地方资源，发挥产学研用资源优势，继续实施国家信息安全专项，进行技术攻关和产业化。制定信息安全关键技术和重点产品目录，基础信息网络和重要信息系统优先使用目录产品，引导企业和普通消费用户使用目录产品。通过工程的实施突破一批核心技术，形成一批具有市场竞争力的产品，建立和推广自主知识产权的标准规范，构建完整的产品体系和产业链。

2、新一代信息技术应用安全支撑工程

研究建立支撑云计算、物联网、移动互联网等新一代信息技术应用保障的信息安全技术体系架构，开发关键信息安全技术产品和系统，加强云计算安全服务创新，通过试点示范逐步推动应用，提升信息安全防护水平，促进新一代信息技术的安全可控发展和应用。

3、信息安全示范工程

充分利用国家重点信息化工程建设机遇，开展安全可控信息安全产品和服务在电子政务、电子商务、电子医疗、金融、能源、交通运输、远程教育等领域，以及云计算、物联网、移动互联网和工业控制系统中的示范应用。建设集规划设计、咨询、培训、宣传、展示等为一体的信息安全应用推广中心，推动组建相应的产业应用联盟，加快安全可控信息安全产品和服务产业化步伐。

4、信息安全公共服务平台建设工程

加强信息安全公共服务基础设施建设，建设国家级和区域级信息安全专业服务平台，开展等级保护设计咨询、风险评估、安全咨询、安全测评、病毒快速预警响应、第三方资源共享的容灾备份、标准验证等服务；建设国家级信息安全数据库，包括脆弱性漏洞库、安全事件检测库、软件补丁库、恶意代码库、标准信息库等，为国家和社会公众提供快速、高效的信息安全咨询、预警、应急处理等服务，实现信息安全公共资源的共享共用，切实提高信息安全保障能力。

四、保障措施

(一) 完善政策和法律制度，优化产业发展环境

贯彻落实《进一步鼓励软件产业和集成电路产业发展的若干政策》（国发 [2011] 4 号），加快制定促进信息安全产业发展的产业政策，鼓励地方出台扶持信息安全产业发展的政策措施。鼓励将信息安全产业纳入国家相应的基金和专项资金支持范围。加快制定和完善信息安全相关法律法规，加强信息安全的宣传和教育培训，提高公众信息安全意识，营造有利于产业健康、快速发展的良好环境。

(二) 加强创新能力建设，增强产业竞争实力

加强政产学研用相结合，鼓励企业与科研机构、高校合作共建研发中心、技术与产业联盟。创新合作机制，鼓励企业间建立以产业链为基础的多层次合作联盟，支持以骨干信息安全企业和专业研发机构为核心的联合团队通过共同承担国家重大项目等方式开展信息安

全技术自主创新，提升创新能力。通过推进信息安全技术成果的转移和交易，加强知识产权的保护和管理等手段，促进创新成果产业化。加强以骨干企业为龙头的国家信息安全产业基地建设，促进产业集聚发展。

（三）加快培育骨干企业，引领产业发展

联合政产学研用多方资源，加快培育一批管理先进、创新能力强、规模效益好、市场竞争力强的骨干企业，加大国家和地方财政资金对信息安全骨干企业的扶持力度。加大创新产品的政府采购力度，提倡信息安全服务外包，鼓励政府先行先试，提升骨干企业的创新能力和核心竞争力。支持骨干企业通过在国内外资本市场上市、投融资、兼并重组，以及买方信贷等多种手段，构建产业链条，提升市场竞争力，尽快做大做强。

（四）加大应用推广力度，促进产业发展

对基础信息网络和重要信息系统制定明确的信息安全评估和保障要求，鼓励和支持采用安全可控的信息安全产品和服务，以国家重要信息系统建设和重大信息技术应用带动信息安全产业发展。研究建立创新产品的首购风险补偿机制，加快创新产品上市步伐。建立健全供应链安全管理体系，确保基础信息网络和重要信息系统供应链各环节的安全。通过加强应用推广，促进产业发展，提升国家信息安全保障能力，实现产业发展与满足信息安全保障需求的良性互动。

（五）完善标准体系，支撑产业发展

进一步加强信息安全标准化战略与基础理论研究，跟踪信息安全技术和标准化发展动态，推动信息安全技术、产品和服务国家标准和行业规范的制定，围绕国家信息安全工作实际需求强化信息安全标准的自主研制、验证和推广实施机制，全面提升信息安全标准的质量和实施成效。加强政策法规对标准应用的指导作用，加大标准规范的宣传贯彻力度，切实做好标准实施监督和检查工作。积极参与信息安全国际标准化活动及工作规则制定，逐步提升我国在信息安全国际标准化组织中的影响力。

（六）完善信息安全产品认证，规范产业发展

进一步完善国家信息安全产品认证认可制度，推动信息安全等级保护、风险评估等制度的实施。加强信息安全产品检测与认证机构建设，推进信息安全产品测评认证、信息技术产品安全性测评认证等工作，加大统筹协调力度，减少重复检测和认证，切实减轻企业负担。大力提高检测认证技术水平，有效提升认证结果的权威性和效果。

（七）加强人才队伍建设，夯实产业发展基础

加强信息安全学科建设、人员素质教育和高端人才培养，鼓励各类教育、培训机构采用多种形式培养高素质多层次的信息安全专业人才。完善信息安全人才培养和引进机制，支持和鼓励各类企业与高校共建实训基地，推动实用型人才的培养，充分利用各项人才培养和引进计划，培养、引进一批信息安全领军人才。加强对信息安全培训机构和人员认证活动的规范管理，逐步提升人才培养层次和水平。

物联网"十二五"发展规划

物联网已成为当前世界新一轮经济和科技发展的战略制高点之一，发展物联网对于促进经济发展和社会进步具有重要的现实意义。为抓住机遇，明确方向，突出重点，加快培育和壮大物联网，根据我国《国民经济和社会发展第十二个五年规划纲要》和《国务院关于加快培育和发展战略性新兴产业的决定》，特制定本规划，规划期为 2011–2015 年。

一、现状及形势

（一）发展现状

目前，我国物联网发展与全球同处于起步阶段，初步具备了一定的技术、产业和应用基础，呈现出良好的发展态势。

产业发展初具基础。无线射频识别（RFID）产业市

场规模超过100亿元，其中低频和高频RFID相对成熟。全国有1 600多家企事业单位从事传感器的研制、生产和应用，年产量达24亿只，市场规模超过900亿元，其中，微机电系统（MEMS）传感器市场规模超过150亿元；通信设备制造业具有较强的国际竞争力。建成全球最大、技术先进的公共通信网和互联网。机器到机器（M2M）终端数量接近1 000万，形成全球最大的M2M市场之一。据不完全统计，我国2010年物联网市场规模接近2 000亿元。

技术研发和标准研制取得突破。我国在芯片、通信协议、网络管理、协同处理、智能计算等领域开展了多年技术攻关，已取得许多成果。在传感器网络接口、标识、安全、传感器网络与通信网融合、物联网体系架构等方面相关技术标准的研究取得进展，成为国际标准化组织（ISO）传感器网络标准工作组（WG7）的主导国之一。2010年，我国主导提出的传感器网络协同信息处理国际标准获正式立项，同年，我国企业研制出全球首颗二维码解码芯片，研发了具有国际先进水平的光纤传感器，TD-LTE技术正在开展规模技术试验。

应用推广初见成效。目前，我国物联网在安防、电力、交通、物流、医疗、环保等领域已经得到应用，且应用模式正日趋成熟。在安防领域，视频监控、周界防入侵等应用已取得良好效果；在电力行业，远程抄表、输变电监测等应用正在逐步拓展；在交通领域，路网监测、车辆管理和调度等应用正在发挥积极作用；在物流领域，物品仓储、运输、监测应用广泛推广；在医疗领域，个人健康监护、远程医疗等应用日趋成熟。除此之外，物联网在环境监测、市政设施监控、楼宇节能、食品药品溯源等方面也开展了广泛的应用。

尽管我国物联网在产业发展、技术研发、标准研制和应用拓展等领域已经取得了一些进展，但应清醒地认识到，我国物联网发展还存在一系列瓶颈和制约因素。主要表现在以下几个方面：核心技术和高端产品与国外差距较大，高端综合集成服务能力不强，缺乏骨干龙头企业，应用水平较低，且规模化应用少，信息安全方面存在隐患等。

（二）面临形势

“十二五”时期是我国物联网由起步发展进入规模发展的阶段，机遇与挑战并存。

国际竞争日趋激烈。美国已将物联网上升为国家创新战略的重点之一；欧盟制定了促进物联网发展的14点行动计划；日本的U-Japan计划将物联网作为四项重点战略领域之一；韩国的IT839战略将物联网作为三大基础建设重点之一。发达国家一方面加大力度发展传感器节点核心芯片、嵌入式操作系统、智能计算等核心技术，另一方面加快标准制定和产业化进程，谋求在未来物联网的大规模发展及国际竞争中占据有利位置。

创新驱动日益明显。物联网是我国新一代信息技术自主创新突破的重点方向，蕴含着巨大的创新空间，在芯片、传感器、近距离传输、海量数据处理以及综合集成、应用等领域，创新活动日趋活跃，创新要素不断积聚。物联网在各行各业的应用不断深化，将催生大量的新技术、新产品、新应用、新模式。

应用需求不断拓宽。在“十二五’期间，我国将以加快转变经济发展方式为主线，更加注重经济质量和人民生活水平的提高，亟需采用包括物联网在内的新一代信息技术改造升级传统产业，提升传统产业的发展质量和效益，提高社会管理、公共服务和家居生活智能化水平。巨大的市场需求将为物联网带来难得的发展机遇和广阔的发展空间。

产业环境持续优化。党中央和国务院高度重视物联网发展，明确指出要加快推动物联网技术研发和应用示范；大部分地区将物联网作为发展重点，出台了相应的发展规划和行动计划，许多行业部门将物联网应用作为推动本行业发展的重点工作加以支持。随着国家和地方一系列产业支持政策的出台，社会对物联网的认知程度日益提升，物联网正在逐步成为社会资金投资的热点，发展环境不断优化。

二、指导思想、发展原则、发展目标

（一）指导思想

以邓小平理论和“三个代表”重要思想为指导，深入贯彻落实科学发展观，把握世界新科技革命和产业革命的历史机遇，抓住我国加快培育和发展战略性新兴产业的契机，加强统筹规划，促进协同发展；加强自主创新，注重应用牵引；加强监督管理，保障信息安全；加强政策扶持，优化发展环境。重点突破核心技术，研制关键标准，拓展规模应用，构建产业体系，为我国物联网的全面发展并在新一轮国际竞争中占据有利位置奠定坚实基础。

（二）发展原则

1. 坚持市场导向与政府引导相结合。既要充分遵循市场经济规律，利用市场手段配置资源，面向市场需求发挥企业主体作用，又要注重政府调控引导，加强规划指导，加大政策支持力度，营造良好产业发展环境，促进产业快速健康发展。

2. 坚持全国统筹与区域发展相结合。做好顶层设计，进行统筹规划、系统布局、促进协调发展。同时，各地区根据自身基础与优势，明确发展方向和重点，大力培育特色产业集群，形成重点突出、优势互补的产业发展态势。

3. 坚持技术创新与培育产业相结合。着力推进原始创新，大力增强集成创新，加强引进消化吸收再创新，充分利用国内外两个市场两种资源，大力推动技术成果的产业化进程，形成以企业为主体、产学研用相结合的技术创新体系，发展培育壮大物联网产业。

4. 坚持示范带动与全面推进相结合。推动信息化与工业化深度融合，加快推进重点行业和重点领域的先导应用，逐步推进全社会、全行业的物联网规模化应用，形成重点覆盖、逐步渗透、全面推进的局面。从政策法规、标准规范、技术保障能力等多角度，全面提升物联网安全保障水平。

（三）发展目标

到 2015 年，我国要在核心技术研发与产业化、关键标准研究与制定、产业链条建立与完善、重大应用示范与推广等方面取得显著成效，初步形成创新驱动、应用牵引、协同发展、安全可控的物联网发展格局。

技术创新能力显著增强。攻克一批物联网核心关键技术，在感知、传输、处理、应用等技术领域取得 500 项以上重要研究成果；研究制定 200 项以上国家和行业标准；推动建设一批示范企业、重点实验室、工程中心等创新载体，为形成持续创新能力奠定基础。

初步完成产业体系构建。形成较为完善的物联网产业链，培育和发展 10 个产业聚集区，100 家以上骨干企业，一批“专、精、特、新”的中小企业，建设一批覆盖面广、支撑力强的公共服务平台，初步形成门类齐全、布局合理、结构优化的物联网产业体系。

应用规模与水平显著提升。在经济和社会发展领域广泛应用，在重点行业和重点领域应用水平明显提高，形成较为成熟的、可持续发展的运营模式，在 9 个重点领域完成一批应用示范工程，力争实现规模化应用。

三、主要任务

（一）大力攻克核心技术

集中多方资源，协同开展重大技术攻关和应用集成创新，尽快突破核心关键技术，形成完善的物联网技术体系。

1. 提升感知技术水平。重点支持超高频和微波 RFID 标签、智能传感器、嵌入式软件的研发，支持位置感知技术、基于 MEMS 的传感器等关键设备的研制，推动二维码解码芯片研究。

2. 推进传输技术突破。重点支持适用于物联网的新型近距离无线通信技术和传感器节点的研发，支持自感知、自配置、自修复、自管理的传感网组网和管理技术的研究，推动适用于固定、移动、有线、无线的多层次物联网组网技术的开发。

3. 加强处理技术研究。重点支持适用于物联网的海量信息存储和处理，以及数据挖掘、图像视频智能分析等技术的研究，支持数据库、系统软件、中间件等技术的开发，推动软硬件操作界面基础软件的研究。

4. 巩固共性技术基础。重点支持物联网核心芯片及传感器微型化制造、物联网信息安全等技术研发，支持用于传感器节点的高效能微电源和能量获取、标识与寻址等技术的开发，推动频谱与干扰分析等技术的研究。

（二）加快构建标准体系

按照统筹规划、分工协作、保障重点、急用先行的原则，建立高效的标准协调机制，积极推动自主技术标准的国际化，逐步完善物联网标准体系。

1. 加速完成标准体系框架的建设。全面梳理感知技术、网络通信、应用服务及安全保障等领域的国内外相关标准，做好整体布局和顶层设计，加快构建层次分明的物联网标准体系框架，明确我国物联网发展的急需标准和重点标准。

2. 积极推进共性和关键技术标准的研制。重点支持物联网系统架构等总体标准的研究，加快制定物联网标识和解析、应用接口、数据格式、信息安全、网络管理等基础共性标准，大力推进智能传感器、超高频和微波RFID、传感器网络、M2M、服务支撑等关键技术标准的制定工作。

3. 大力开展重点行业应用标准的研制。面向重点行业需求，依托重点领域应用示范工程，形成以应用示范带动标准研制和推广的机制，做好物联网相关行业标准的研制，形成一系列具有推广价值的应用标准。

（三）协调推进产业发展

以形成和完善物联网产业链为目标，引入多元化的竞争机制，协调发展与物联网紧密相关的制造业、通信业与应用服务业。重点突破感知制造业发展瓶颈，推进物联网通信业发展，加快培育应用服务业，形成产业链上下游联动、协调可持续的发展格局。

1. 重点发展物联网感知制造业。重点发展与物联网感知功能密切相关的制造业。推动传感器/节点/网关、RFID、二维条码等核心制造业高端化发展，推动仪器仪表、嵌入式系统等配套产业能力的提升，推动微纳器件、集成电路、微能源、新材料等产业的发展和壮大。

2. 积极支持物联网通信业。支持与物联网通信功能紧密相关的制造、运营等产业。推动近距离无线通信芯片与终端制造产业的发展，推动M2M终端、通信模块、网关等产品制造能力的提升，推动基于M2M等运营服务业发展，支持高带宽、大容量、超高速有线/无线通信网络设备制造业与物联网应用的融合。

3. 着力培育物联网服务业。鼓励运营模式创新，大力发展有利于扩大市场需求的专业服务、增值服务等服务新业态。着力培育海量数据存储、处理与决策等基础设施服务业，推进操作系统、数据库、中间件、应用软件、嵌入式软件、系统集成等软件开发与集成服务业发展，推动物联网应用创造和衍生出的独特市场快速发展。

（四）着力培育骨干企业

重点培育一批影响力大、带动性强的大企业；营造企业发展环境，采取灵活多样的模式，做好一批“专、精、特、新”中小企业的孵化和扶持工作；加强产业联盟建设，逐步形成门类齐全、协同发展、影响力强的产业体系。

引导企业间通过联合并购、品牌经营、虚拟经营等方式形成大型的物联网企业或企业联合体，提高产业集中度。在传感器、核心芯片、传感节点、操作系统、数据库软件、中间件、应用软件、嵌入式软件、系统集成、传感器网关及信息通信网、信息服务、智能控制等各领域打造一批品牌企业。

（五）积极开展应用示范

面向经济社会发展的重大战略需求，以重点行业和重点领域的先导应用为引领，注重自主技术和产品的应用，开展应用模式的创新，攻克一批关键技术，形成通用、标准、自主可控的应用平台，加快形成市场化运作机制，促进应用、技术、产业的协调发展。

1. 开展经济运行中重点行业应用示范。重点支持物联网在工业、农业、流通业等领域的应用示范。通过物联网技术进行传统行业的升级改造，提升生产和经营运行效率，提升产品质量、技术含量和附加值，促进精细化管理，推动落实节能减排，强化安全保障能力。

2. 开展面向基础设施和安全保障领域的应用示范。重点支持交通、电力、环保等领域的物联网应用示范工程，推动物联网在重大基础设施管理、运营维护方面的应用模式创新，提升重大基础设施的监测管理与安全保障能力，提升对重大突发事件的应急处置能力。

3. 开展面向社会管理和民生服务领域的应用示范。重点支持公共安全、医疗卫生、智能家居等领域的物联网应用示范工程。发挥物联网技术优势，提升人民生活质量和社会公共管理水平，推动面向民生服务领域的应用创新。

（六）合理规划区域布局

充分尊重市场规律，加强宏观指导，结合现有开发区、园区的基础和优势，突出发展重点，按照有利于促进资源共享和优势互补、有利于以点带面推进产业长期发展、有利于土地资源节约集约利用的原则，初步完成我国物联网区域布局，防止同质化竞争，杜绝盲目投资和重复建设。

加快推进无锡国家传感网创新示范区建设，积累经验，以点带面，辐射带动物联网产业在全国范围内的发展。充分考虑技术、人才、产业、区位、经济发展、国际合作等基础因素，在东、中、西部地区，以重点城市或城市群为依托，高起点培育一批物联网综合产业集聚区；以推进物联网应用技术进步及物联网服务业为导向，以特色农业、汽车生产、电力设施、石油化工、光学制造、家居照明、海洋港口等一批特色产业基地为依托，打造一批具有物联网特色产业聚集区，促进物联网产业与已有特色产业的深度融合。

（七）加强信息安全保障

建立信息安全保障体系，做好物联网信息安全顶层设计，加强物联网信息安全技术的研究开发，有效保障信息采集、传输、处理等各个环节的安全可靠。加强监督管理，做好物联网重大项目的安全评测和风险评估，构建有效的预警和管理机制，大力提升信息安全保障能力。

1. 加强物联网安全技术研发。研制物联网信息安全基本架构，突破信息采集、传输、处理、应用各环节安全共性技术、基础技术、关键技术与关键标准。重点开展隐私保护、节点的轻量级认证、访问控制、密钥管理、安全路由、入侵检测与容侵容错等安全技术研究，推动关键技术的国际标准化进程。

2. 建立并完善物联网安全保障体系。建立以政府和行业主管部门为主导，第三方测试机构参与的物联网信息安全保障体系，构建有效的预警和管理机制。对各类物联网应用示范工程全面开展安全风险与系统可靠性评估工作。重点支持物联网安全风险与系统可靠性评估指标体系研制，测评系统开发和专业评估团队的建设；支持应用示范工程安全风险与系统可靠性评估机制建立，在物联网示范工程的规划、验证、监理、验收、运维全生命周期推行安全风险与系统可靠性评估，从源头保障物联网的应用安全可靠。

3. 加强网络基础设施安全防护建设。充分整合现有资源，提前部署，加快宽带网络建设和布局，提高网络速度，促进信息网络的畅通、融合、稳定、泛在，为新技术应用预留空间，实现新老技术的兼容转换。加强对基础设施性能的分析和行为预测，有针对性的做好网络基础设施的保护。

（八）提升公共服务能力

积极利用现有存量资源，采取多种措施鼓励社会资源投入，支持物联网公共服务平台建设和运营，提升物联网技术、产业、应用公共服务能力，形成资源共享、优势互补的物联网公共支撑服务体系。积极探索物联网公共服务与运营机制，确保形成良性、高效的发展机制。

1. 加强专业化公共服务平台建设。不断明确需求，细化专业分工，加强建设和完善共性技术、测试认证、知识产权、人才培训、推广应用、投融资等公共服务平台，全面提升物联网公共服务平台的专业化服务能力和水平。

2. 加快公共支撑机构建设。依托相关部门和行业的资源，建设物联网重点实验室、工程实验室、工程中心、推广应用中心等公共支撑机构，促进物联网技术创新、应用推广和产业化。

3. 整合公共服务资源。加快整合各区域、各行业现有平台建设资源，采取多种措施吸引相应的社会资源投入，形成资源共享、优势互补的产业公共服务体系，提升物联网技术研发、产业化、推广应用等方面的公共服务能力。

四、重点工程

（一）关键技术创新工程

充分发挥企业主体作用，积极利用高校和研究所实验室的现有研究成果，在信息感知和信息处理技术领域追赶国际先进水平，在信息传输技术领域达到国际领先水平，增强信息安全保障能力，力争尽快突破关键核心技术，形成较为完备的物联网技术体系并实现产业化。

专栏1 关键技术创新工程

1. 信息感知技术

超高频和微波RFID：积极利用RFID行业组织，开展芯片、天线、读写器、中间件和系统集成等技术协同攻关，实现超高频和微波RFID技术的整体提升。

微型和智能传感器：面向物联网产业发展的需求，开展传感器敏感元件、微纳制造和智能系统集成等技术联合研发，实现传感器的新型化、小型化和智能化。

位置感知：基于物联网重点应用领域，开展基带芯片、射频芯片、天线、导航电子地图软件等技术合作开发，实现导航模块的多模兼容、高性能、小型化和低成本。

2. 信息传输技术

无线传感器网络：开展传感器节点及操作系统、近距离无线通信协议、传感器网络组网等技术研究，开发出低功耗、高性能、适用范围广的无线传感网系统和产品。

异构网络融合：加强无线传感器网络、移动通信网、互联网、专网等各种网络间相互融合技术的研发，实现异构网络的稳定、快捷、低成本融合。

3. 信息处理技术

海量数据存储：围绕重点应用行业，开展海量数据新型存储介质、网络存储、虚拟存储等技术的研发，实现海量数据存储的安全、稳定和可靠。

数据挖掘：瞄准物联网产业发展重点领域，集中开展各种数据挖掘理论、模型和方法的研究，实现国产数据挖掘技术在物联网重点应用领域的全面推广。

图像视频智能分析：结合经济和社会发展实际应用，有针对性的开展图像视频智能分析理论与方法的研究，实现图像视频智能分析软件在物联网市场的广泛应用。

4. 信息安全技术

构建"可管、可控、可信"的物联网安全体系架构，研究物联网安全等级保护和安全测评等关键技术，提升物联网信息安全保障水平。

（二）标准化推进工程

以构建物联网标准化体系为目标，依托各领域标准化组织、行业协会和产业联盟，重点支持共性关键技术标准和行业应用标准的研制，完善标准信息服务、认证、检测体系，推动一批具有自主知识产权的标准成为国际标准。

专栏2　标准化推进工程

标准体系架构：全面梳理国内外相关标准，明确我国物联网发展的急需标准和重点标准，开展顶层设计，构建并不断完善物联网标准体系。

共性关键技术标准：重点支持标识与解析、服务质量管理等共性基础标准和传感器接口、超高频和微波RFID、智能网关、M2M、服务支撑等关键技术标准的制定。

重点行业应用标准：面向工业、环保、交通、医疗、农业、电力、物流等重点行业需求，以重大应用示范工程为载体，总结成功模式和成熟技术，形成一系列具有推广价值的行业应用标准。

信息安全标准：制定物联网安全标准体系框架，重点推进物联网感知节点、数据信息安全标准的制定和实施，建立国家重大基础设施物联网安全监测体系，明确物联网安全标准的监督和执行机制。

标准化服务：整合现有标准化资源，建立国内外标准信息数据库和智能化检索分析系统，形成综合性的标准咨询、检测和认证服务平台，建立物联网编码与标识解析服务系统。

（三）"十区百企"产业发展工程

重点培育10个产业聚集区和100个骨干企业，形成以产业聚集区为载体，以骨干企业为引领，专业特色鲜明、品牌形象突出、服务平台完备的现代产业集群。

专栏3　"十区百企"产业发展工程

产业聚集区：培育以研发中心、研发型企业、测试认证中心为主体的综合物联网产业聚集区；紧密结合相关行业应用特点，在感知制造、通信运营、应用服务等领域，打造具有鲜明特色的物联网产业聚集区，实现产业链上下游企业的汇集和产业资源整合。

骨干企业培育：在全国范围内培育100家掌握核心关键技术、经营状况良好、主业突出、产品市场前景好、对产业发展带动作用大、发展初具规模的物联网产业骨干企业。

（四）重点领域应用示范工程

在重点领域开展应用示范工程，探索应用模式，积累应用部署和推广的经验和方法，形成一系列成熟的可复制推广的应用模板，为物联网应用在全社会、全行业的规模化推广做准备。经济领域应用示范以行业主管部门或典型大企业为主导，民生领域应用示范以地方政府为主导，联合物联网关键技术、关键产业和重要标准机构共同参与，形成优秀解决方案并进行部署、改进、完善，最终形成示范应用牵引产业发展的良好态势。

专栏4　重点领域应用示范工程

智能工业：生产过程控制、生产环境监测、制造供应链跟踪、产品全生命周期监测，促进安全生产和节能减排。

智能农业：农业资源利用、农业生产精细化管理、生产养殖环境监控、农产品质量安全管理与产品溯源。

智能物流：建设库存监控、配送管理、安全追溯等现代流通应用系统，建设跨区域、行业、部门的物流公共服务平台，实现电子商务与物流配送一体化管理。

智能交通：交通状态感知与交换、交通诱导与智能化管控、车辆定位与调度、车辆远程监测与服务、车路协同控制，建设开放的综合智能交通平台。

智能电网：电力设施监测、智能变电站、配网自动化、智能用电、智能调度、远程抄表，建设安全、稳定、可靠的智能电力网络。

智能环保：污染源监控、水质监测、空气监测、生态监测，建立智能环保信息采集网络和信息平台。

智能安防：社会治安监控、危化品运输监控、食品安全监控，重要桥梁、建筑、轨道交通、水利设施、市政管网等基础设施安全监测、预警和应急联动。

智能医疗：药品流通和医院管理，以人体生理和医学参数采集及分析为切入点面向家庭和社区开展远程医疗服务。

智能家居：家庭网络、家庭安防、家电智能控制、能源智能计量、节能低碳、远程教育等。

（五）公共服务平台建设工程

在国家和各级地方政府主管部门的政策引导和资金扶持下，充分发挥园区、企业、科研院所等责任主体的作用，实现平台的多方共建，充分整合现有资源，建立资源共享优势互补的公共服务平台。

专栏 5　公共服务平台建设工程

公共技术平台：针对技术的研究开发、产品的验证测试和质量检测等需求，整合全行业的技术资源，提供面向软件、硬件、系统集成方面的共性技术服务。

应用推广平台：针对前沿技术、解决方案、科研成果、专利等内容，为使用者提供最直观的使用体验和前瞻示范，促进科技成果转化。

知识产权平台：建立覆盖支撑技术创新和应用创新的知识产权服务体系，建立关键技术和产品及关键应用领域的专利数据库，建立动态的物联网知识产权数据监测与分析服务机制。

信息服务平台：为政产学研用各类主体提供及时、丰富的物联网各类信息，为用户提供一站式信息服务。

五、保障措施

（一）建立统筹协调机制

建立和完善协同工作机制，加强部门合作，协调物联网在重点领域应用示范工作，解决物联网发展面临的关键技术研发、标准制定、产业发展、安全保障等问题。建立健全行业统计和运行监测分析工作体系，加强对重大项目建设的监督、检查和处理，推动物联网产业发展。

（二）营造政策法规环境

加强对国内外物联网发展形势研究，做好政策预研工作，针对发展中出现的热点、难点问题，及时制定出台相关管理办法。总结推广各地区、各部门的先进经验，加强政策协调，制定促进物联网健康有序发展的政策法规。

（三）加大财税支持力度

增加物联网发展专项资金规模，加大产业化专项等对物联网的投入比重，鼓励民资、外资投入物联网领域。积极发挥中央国有资本经营预算的作用，支持中央企业在安全生产、交通运输、农林业等领域开展物联网应用示范。落实国家支持高新技术产业和战略性新兴产业发展的税收政策，支持物联网产业发展。

（四）注重国际技术合作

发挥各种合作机制的作用，多层次、多渠道、多方式推进国际科技合作与交流。鼓励境外企业和科研机构在我国设立研发机构；鼓励我国企业和研发机构积极开展全球物联网产业研究，在境外开展联合研发和设立研发机构，大力支持我国物联网企业参与全球市场竞争，持续拓展技术与市场合作领域。

（五）加强人才队伍建设

制定和落实相关人才引进和配套服务政策。以良好的服务稳定人才，努力做好引进人才的户口管理以及子女入学、基本养老、基本医保等配套的公共服务，有计划地改进生活配套设施建设，创造适合人才事业发展和健康生活的生存环境。加大力度培养各类物联网人才，建立健全激励机制，造就一批领军人才和技术带头人。

电子认证服务业“十二五”发展规划

根据《国民经济和社会发展第十二个五年规划纲要》和《2006-2020年国家信息化发展战略》的精神，按照《“十二五”工业转型升级规划》和《国民经济和社会发展信息化“十二五”规划》的总体部署，制定《电子认证服务业“十二五”发展规划》。本规划侧重指导第三方电子签名认证服务，是推进行业发展、开展行业管理、组织实施重大工程的依据。

一、“十一五”回顾

（一）《电子签名法》配套政策法规逐步完善

《电子签名法》为电子认证服务奠定法律基础。2005年4月1日实施的《电子签名法》确立了电子签名的法律效力。《电子签名法》关于数据电文的书面形式效力、原件效力、证据效力以及数据电文的存档与收发时间、收发地点的规定和由依法设立的电子认证服务机构提供电子签名第三方认证的要求，为电子签名的应用以及相关认证服务奠定了坚实的法律基础。

《电子签名法》配套政策法规逐步完善。依据《电子签名法》，工业和信息化部制定并发布了《电子认证服务管理办法》，对电子认证服务机构的设立、许可、服务、暂停和终止、法律责任以及监督管理作出了规定。相关部门从电子认证服务机构的密码使用及管理要求、电子政务领域的认证服务应用、电子商务领域的认证服务应用等方面制定了《电子认证服务密码管理办法》、《电子政务电子认证服务管理办法》、《电子支付指引》、《电子银行业务管理办法》等相关政策文件。部分省市还出台了规范本地区电子认证服务市场，推进电子认证应用的规范性文件。

（二）电子认证服务市场规模不断扩大

“十一五”时期，电子认证软、硬件和服务市场规模增长明显。数字证书认证系统建设、硬件介质数字证书发放、电子认证相关应用系统集成及服务等领域得到快速发展。截至2010年底，电子认证服务业市场总规模超过20亿元，“十一五”期间年平均增长速度约为38%，2010年的增长率接近100%。

作为电子认证服务业的主体，电子认证服务机构得到长足发展。截至2010年底，获得工业和信息化部许可的电子认证服务机构共30家，分布在全国21个省、直辖市、自治区，总资产规模达到20.1亿元，销售收入达到13.2亿元，有效数字证书总量达到1 530万张，其中机构证书、个人证书、设备证书分别约为730万张、790万张、1万张。

（三）电子认证应用范围日益广泛

电子认证在公共服务、电子商务等领域应用不断扩大。电子认证在网上报税、报关、工商年检、社保缴纳、公积金管理等公共服务领域获得广泛应用。在网上招投标、在线支付、在线合同等电子商务领域应用迅速增长，并逐步向知识产权保护、物流和供应链管理等领域扩展。

跨地区的电子认证应用稳步推进。2009年粤港两地电子签名证书互认应用试点工作正式启动，“基于粤港电子签名证书互认环境下的跨境电子报关支撑平台”试点项目的实施效果逐步显现。2010年，江苏、浙江、安徽、上海三省一市电子认证服务机构联合建设了“长三角数字证书应用互联互通平台”，在电子认证应用层面推进认证资源共建共享取得突破。

（四）电子认证技术稳步发展

电子认证基础技术日趋成熟。基于国产椭圆曲线公钥密码算法的数字证书认证系统研发成功，国产数字证书认证系统技术水平大大提高，数字证书介质不断丰富和完善。

电子认证应用技术快速发展。电子签章系统、电子签名服务器、身份认证网关和时间戳服务系统等一系列电子签名与应用类产品进入市场，为电子认证应用提供了基本保障。可信电子凭证、可信电子记录和可信电子合同等应用技术研究取得阶段性成果。

（五）电子认证标准规范体系初步形成

证书管理、时间戳、密码协议、系统检测等技术类标准基本完善。已制定数字证书格式、在线证书状态协议、公钥基础设施组件最小互操作规范、证书策略与认证业务声明框架等22项技术类标准。

公钥基础设施系统互操作性评估准则等相关的应用支撑类标准开始研究。《电子认证系统证书分级规范》、《电子签名验证通用指南》等6项电子认证应用支撑类标准起草工作基本完成，形成了征求意见稿。

电子认证服务机构运营管理、岗位设置、业务规则等管理规范框架基本形成。已制定《电子认证服务机构运营管理规范》、《电子认证服务机构服务规范》（试行）、《电子认证服务机构从业人员岗位技能规范》（试行）等7项电子认证服务管理类规范。

我们也要看到，电子认证服务业目前仍然处于发展的初级阶段，应用市场有待进一步培育，发展环境有待进一步完善，发展规律有待进一步探索。跨行业、跨地区电子认证服务存在阻力，信息化监管手段亟待建立，身份认证与签名应用有待规范，服务模式单一、能力不足，行业结构仍不够合理，人才队伍建设有待加强，宣传培训力度不够等等。

二、"十二五"面临形势

（一）电子认证服务作用更加凸显

构建可信网络空间的需求日益迫切。身份盗用、交易诈骗、网络钓鱼等各种安全事件频发，与蓬勃发展的网络应用矛盾日益突出。据统计，我国有近1.28亿互联网用户遭遇过上述安全事件影响，初步估计损失超过150亿元，严重打击网络用户的信心，阻碍网络应用的快速发展。构建可信网络空间的呼声越来越高，需求越来越迫切。电子认证服务通过保障网络身份真实、网络行为可溯和数据电文可靠，为维护权益、追究责任、履行义务提供法律保障和技术支持，是构建可信网络空间不可或缺的重要手段。随着网络应用的普及与快速发展，电子认证服务对构建可信网络空间的地位和作用更加凸显。

（二）电子认证服务发展空间日益广阔

截至2010年底，我国有2.78亿个IP地址，866万个域名，191万个网站，网民数量已突破4.5亿，网络购物用户数量1.61亿，电子商务交易额4.5万亿元。据预测，"十二五"期间，网络应用在国民经济和社会各领域将进一步普及深化，到2015年，电子商务年交易额将突破18万亿元，电子认证服务市场潜力巨大。

社保、医疗、保险等诸多公共服务领域将逐步深化电子认证的应用，电子病历、电子保单等更多业务将得到广泛开展。随着社会对电子认证服务的认可程度进一步提高，网络购物用户数量将迅速增长，网上交易活动开展更为频繁，在线招投标、电子合同签署与电子订购等业务将蓬勃发展。

移动互联网的发展使得传统电子商务逐步向移动电子商务转变，手机支付的应用使得商务交易更加便捷，身份认证、授权管理和责任认定必将发挥更加重要的作用。云计算等新模式的产生使得云端数据的安全存储、访问授权、隐私保护问题逐渐凸显，为电子认证服务提供了更广阔的发展空间。物联网、三网融合等新技术新业务的出现势必为电子认证服务的应用和发展带来新的机遇。

（三）电子认证服务资源亟待整合

数字证书互认与认证资源整合的需求迫切。跨地区、跨行业的网络应用需求旺盛，迫切需要实现数字证书互认。电子认证服务多样性的需求渐趋突出，市场竞争激烈程度日益提高，实施淘汰落后的退出机制条件逐渐成熟，对电子认证服务机构综合服务能力的要求越来越高，迫切需要采用多种形式整合认证资源，实现优势互补。

（四）电子认证服务亟待创新与突破

服务方式亟待拓展，服务质量亟待提高，服务能力亟待加强。移动互联网、物联网、云计算等新的应用领域和应用场景不断涌现，对电子认证服务的需求日趋多样化、个性化，迫切需要以用户为中心，围绕用户需求，加强技术研发，创新服务模式，提高服务质量，改善用户体验，提升服务的便捷性和产品的易用性，保护用户隐私，在现有服务基础上，进一步开展电子签名和数据电文可靠性认证服务。

"十二五"时期是电子认证服务业发展的关键时期，要勇抓机遇，大胆创新，充分发挥促进经济和社会发展方式转变的基础性支撑作用。

三、指导思想与发展目标

（一）指导思想

以《电子签名法》为依据，以推进国家网络信任体系建设和规范网络空间秩序为目的，以加速网络身份认证服务体系建设为重点，坚持统筹全局、规范发展，政府引导、市场运作，应用牵引、服务创新的原则，鼓励和引导第三方电子认证服务，推广可靠电子签名应用，为促进经济和社会发展方式的转变提供支撑。

——统筹全局、规范发展。综合运用技术、行政、法律等手段，统筹政产学研用各方力量，加强部门协调与沟通，优化行业结构与布局，整合资源，营造环境，贯彻落实电子认证服务相关法规与标准，加强监督管理，规范电子认证服务，推动电子认证服务业健康发展。

——政府引导、市场运作。率先在公共服务领域应用第三方电子认证服务和可靠电子签名，发挥政府部门带头作用。制定鼓励产业发展政策，大力发展电子认证服务在电子商务领域的应用。注重发挥市场机制的作用，提升企业服务能力和服务水平，形成满足需求、合理有序、公平竞争的电子认证服务业。

——应用牵引、服务创新。紧紧围绕公共服务、电子商务等领域对电子认证服务的需要，创新服务模式，健全服务体系，丰富服务内容，发展便捷、安全、可扩展、个性化的电子认证服务，不断满足市场需求，实现电子认证服务业可持续发展。

（二）发展目标

到“十二五”末期，形成覆盖全国的网络身份认证服务体系，基本形成可靠电子签名认证体系，并在数据电文可靠性认证服务模式探索方面取得积极进展，电子认证服务市场规模突破80亿元。

——形成覆盖全国的网络身份认证服务体系

形成完善的网络身份证书策略，规范身份认证服务，满足多样化网络身份认证服务需求。依托合法电子认证服务机构，网络身份认证服务覆盖全国，网点覆盖所有省份、延伸到中东部地区80%的城镇和西部地区60%的城市，有效数字证书数量超过1亿张，网络身份认证服务在国家网络信任体系中的基础作用明显加强。

——基本形成可靠电子签名认证体系

可靠电子签名相关政策法规基本完善，可靠电子签名标准体系初步建立，建成技术精湛、职责清晰、配置合理的专业检测队伍，具备产品和系统的检测能力，基本形成可靠电子签名认证体系，满足社会对可靠电子签名的应用需求。

——初步建立数据电文可靠性认证服务模式

形成符合法律要求的数据电文检测和认定标准，在电子合同、电子凭证、电子记录等典型应用取得突破性进展，初步形成数据电文生成、传递、接收、保存、提取、鉴定等可靠性认证相关服务模式。

四、重点任务

（一）健全政策法规，完善电子认证服务发展环境

完善政策法规，规范行业运营环境。根据信息化发展对身份认证、授权管理、责任认定等方面的需求，完善网络身份认证管理政策。研究制定电子签名和数据电文可靠性认定规则，为电子取证、司法鉴定和法律诉讼提供支持。进一步贯彻落实《电子签名法》，推动《电子签名法》与《票据法》、《合同法》、《档案法》等法律法规的衔接。促进电子认证服务在电子商务纠纷解决中的具体应用。鼓励采用依法设立的电子认证服务机构提供的服务，加大执法力度，促进第三方电子认证服务行业发展。

（二）规范认证服务，突破重点领域电子认证服务瓶颈

根据数字证书标识对象不同和安全保障等级不同，针对个人、机构、设备、软件代码等分类分级制定证书策略，规范电子认证服务行为，为证书互认奠定基础。重点针对金融领域网站钓鱼、身份假冒和信息窃取等用户重大关切，培育并指导境内骨干认证服务企业，增强能力，取得网络服务器、移动智能终端、可信软件认证服务上的突破，占据网络设备等认证服务市场的主导地位。

（三）拓展应用市场，发展壮大电子认证服务业

扩大证书服务市场，丰富认证服务内容，提高企业服务能力。巩固机构证书服务市场，大力发展个人证书服务市场，重点推进个人证书在电子商务领域、公共服务领域的使用。发展电子凭证、电子合同等数据电文可靠性认证服务市场。鼓励电子签名技术创新、产品开发和应用推广，推动形成电子签名应用中间件开发和经签名电子数据的证据保全、提取、举证等全流程服务。鼓励企业发挥资本和技术优势，通过联合、并购、重组等方式整合资源，提高服务质量，扩大服务规模，降低服务成本，提高市场开拓能力，打造龙头企业。

（四）开展试点示范，推动电子认证服务创新发展

建设网络身份验证门户，选择招标投标、政府采

购、跨境电子商务等典型应用，提供接口开放、标准统一、服务规范、安全可信的网络身份验证服务，开展数字证书交叉认证及应用试点。选择有影响力的电子商务交易平台，按《电子签名法》对可靠电子签名和数据电文的相关要求开展试点，探索形成可靠电子签名和数据电文的技术和应用规范。探索建立证书互认长效机制，推动全国范围内的电子认证跨区域互认。继续支持长三角地区的电子认证服务联盟试点，推进医院信息化、居民健康卡等领域的跨地区证书互认。总结粤港电子签名证书互认试点经验，探索建立跨境证书互认模式和机制。针对移动互联网、物联网应用的安全需要，选择用户基础好的移动电子商务和物联网相关领域，开展移动互联网、物联网领域认证服务试点示范。

（五）完善标准规范，加强电子签名技术检测与认证服务监督

健全电子认证标准规范体系。加快完善电子认证服务机构从业人员、业务连续性、风险保障、运营管理等有关管理类规范。组织制定《可靠电子签名指南》，明确对不同格式数据电文进行签名的程序、流程和认定标准。加快制定数字证书分级分类管理、互操作规范等应用支撑类标准。研究制定电子签名设备、系统检测等技术类标准，推动制定电子签名行业应用标准。培育和发展专业化机构，对含可靠电子签名模块相关系统和产品进行检测，对认证服务过程和质量进行监督。

（六）开展合作交流，促进电子签名与认证跨境互认

加强电子签名与认证交流和合作。建立核准境外数字证书法律效力的机制，推动数字证书的跨境互认。总结粤港电子签名证书互认的合作模式和试点经验，积极推进海峡两岸经济合作框架协议（ECFA）下的电子签名互认，积极参与亚太经合组织（APEC）、上海合作组织、中澳自由贸易区、中日韩自由贸易区框架下的电子签名互认谈判。积极参与国际间电子签名与认证交流。

五、重大工程

（一）数字证书交叉认证及应用试点工程

开发数字证书应用接口标准、证书类别和安全等级验证系统、平台综合管理系统等，建立数字证书交叉认证平台，为应用系统提供统一验证接口，为公众开放数字证书查询窗口，为实现各电子认证服务机构的证书在不同应用系统中使用奠定基础。建立境外证书验证系统、出境证书备份系统，响应境内外信赖方的数字证书验证请求，支持数字证书的跨境互认和应用。选择有证书交叉认证应用需求的领域或区域开展应用试点。

（二）可靠电子签名与数据电文应用试点工程

为切实保障交易主体身份真实性、交易行为不可抵赖性和交易资金安全性，实施可靠电子签名与数据电文应用试点工程。建立可靠电子签名和数据电文服务平台。开发可靠电子签名和数据电文检测工具，搭建电子签名和数据电文可靠性认证服务平台，与有条件的电子商务网站对接，以电子合同应用为重点，围绕数据电文生成、传递、接收、保存、提取、鉴定等可靠性认证各环节开展试点，满足电子商务对可靠电子签名和数据电文的应用需求。

六、保障措施

（一）改进行政管理模式

依据《电子签名法》和《电子认证服务管理办法》，指导地方工业和信息化主管部门建立规范电子认证服务、推进电子认证应用的工作机制。建设行业监管信息化平台，发挥专业化检测机构作用，提升监管水平。成立电子认证服务专家组，建立电子认证服务行业重大问题的决策咨询机制。成立行业组织，加强交流，推动行业自律，推广应用，促进行业发展。

（二）加大资金保障力度

将有关《电子签名法》贯彻落实所需的行政资金纳入本级政府财政预算予以保障。争取国家高新技术产业化资金、国家科技成果转化资金以及电子信息产业发展基金、中小企业发展专项资金等对电子认证服务业的支持。鼓励风险投资、民营资本进入电子商务领域电子认证服务。鼓励和支持技术实力雄厚、产品应用前景好、服务和风险保障能力强的电子认证服务企业上市。

（三）加快专业人才培养

编写电子认证专业教材，引导有条件的高等院校开设电子认证专业课程。加强岗位职业培训，开展《电子签名法》等相关政策和专业知识技能培训。明确关键岗位人员职业技能要求，提高电子认证服务机构专业技术和复合型人才比例。

（四）营造良好社会氛围

加强电子认证服务的推广和宣传力度。利用广播、电视、网络、报纸等各类媒体，采取研讨会、论坛、讲

座等多种形式宣传《电子签名法》等相关政策法规，进一步普及电子认证相关知识，提高公众利用可靠电子签名保障权益的意识和能力。开展电子签名应用典型案例调查，编辑电子签名优秀应用案例集，大力推广普及电子签名应用。

附件：术语说明

1. 电子认证服务：为电子签名的真实性和可靠性提供证明的活动，包括签名人身份的真实性认证，电子签名过程的可靠性认证和数据电文的完整性认证三个部分，涉及数据电文的生成、传递、接收、保存、提取、鉴定各环节，涵盖电子认证专有设备提供、基础设施运营、技术产品研发、系统检测评估、专业队伍建设等各方面，是综合性高技术服务。

2. 电子认证服务机构（CA）：作为第三方向社会公众提供电子签名人身份真实性、电子签名可靠性证明的服务机构。

3. 电子签名：是指数据电文中以电子形式所含、所附用于识别签名人身份并表明签名人认可其中内容的数据。

4. 可靠电子签名：根据《电子签名法》规定可靠电子签名必须满足四个条件：（1）电子签名制作数据用于电子签名时，属于电子签名人专有；（2）签署时电子签名制作数据仅由电子签名人控制；（3）签署后对电子签名的任何改动能够被发现；（4）签署后对数据电文内容和形式的任何改动能够被发现。

5. 证书策略：是一组安全规则，描述了数字证书签发和管理过程中物理安全、网络安全、审计评估、赔偿和责任等方面的规范性要求，为应用方选择证书提供可参考的标准。

6. 认证业务规则：电子认证服务机构声明的为满足证书策略中所列各项规范性要求所采取的具体措施。

7. 公钥基础设施（PKI）：是集机构、系统（硬件和软件）、人员、程序、策略和协议为一体，利用公钥概念和技术来实施和提供安全服务的、具有普适性的安全基础设施。PKI系统是通过颁发与管理公钥证书的方式为终端用户提供服务的系统，包括电子认证服务机构、注册机构、资料库等基本逻辑部件和在线证书状态协议服务等可选服务部件以及所依赖的运行环境。

8. 椭圆曲线公钥密码算法：基于椭圆曲线在有限域上离散对数求解困难而建立的非对称密码算法。

国家电子政务“十二五”规划

前言

大力推进国家电子政务发展是国家“十二五”的重要任务，是落实科学发展观、深化改革开放、加快转变经济发展方式的必然要求，是党委、人大、政府、政协、法院、检察院系统各级政务部门政务工作的组成部分，是政务部门提升履行职责能力和水平的重要途径，也是深化行政管理体制改革和建设人民满意的服务型政府的战略举措。依据《2006-2020年国家信息化发展战略》、《中华人民共和国国民经济和社会发展第十二个五年规划纲要》，制定本规划，作为“十二五”期间推动国家电子政务发展的指导性文件。

一、发展成绩和形势

（一）“十一五”期间电子政务发展成绩

党中央、国务院高度重视国家电子政务发展。“十一五”期间，国家电子政务快速发展，电子政务在改善公共服务、加强社会管理、强化综合监管、完善宏观调控等方面发挥了重要作用，促进了政府职能转变，已成为提升党的执政能力和建设服务型政府不可或缺的有效手段。

地方和部门电子政务建设普遍开展，组织体系不断健全，专业技术队伍建设不断加强。推动电子政务发展的政策、制度和标准规范继续完善，许多地方制定了相关法规。围绕经济和社会发展的需要，电子政务应用深入推进，富有成效的典型应用不断涌现。中央和省级政务部门主要业务电子政务覆盖率已经达到70%。金关、金税、金盾、金审等一批国家电子政务重要业务信息系统应用进一步深化，取得更大的经济和社会效益。宏观经济管理、财政管理、进出口业务管理等宏观调控信息系统在有效应对国际金融危机冲击、保持经济平稳较快发展方面发挥了重要作用。教育、医疗、就业、社会保障、行政审批和电子监察等方面电子政务积极推进，改善和增强了政府为社会公众提供服务的能力和水平。食品药品安全、社会治安、安全生产、环境保护、城市管理、质量监管、人口和法人管理等方面电子政务应用持续普及，加强和提升了社会管理能力和水平。县级以上政务部门普遍建立政府网站，积极开展政府信息公开、网上办事和政民互动等服务。电子政务基础设施建设取得成效，国家电子政务网络初步满足党委、人大、政府、政协、法院、检察院各系统推进业务应用的需要，技术支撑能力明显提高。电子政务信息安全保障系统普遍建立，管理制度规范逐步健全，网络与信息安全保障能力明显提升。

（二）"十二五"时期电子政务发展形势

"十二五"时期是我国全面建设小康社会的关键时期，是深化改革开放、加快转变经济发展方式的攻坚时期。国家电子政务发展面临新的环境和要求，正处于转变发展方式、深化应用和突出成效的关键转型期。

"十二五"时期，我国改革开放继续深化，加强和改善宏观调控，保持经济平稳较快发展任务加重；保障和改善民生，推进基本公共服务均等化进程加快；加强和创新社会管理，建设资源节约型、环境友好型社会形势紧迫；加快转变政府职能，加大行政审批制度改革力度，进一步加强行政管理创新和服务型政府建设要求更高，这些都对电子政务发展提出了更新更高要求。电子政务依托的信息技术手段发生重大变革，超高速宽带网络、新一代移动通信技术、云计算、物联网等新技术、新产业、新应用不断涌现，深刻改变了电子政务发展技术环境及条件。经济社会发展需求和技术创新为国家电子政务发展提供了难得的历史机遇，必须扎实落实科学发展观，努力转变电子政务发展方式，大力推进国家电子政务健康持续发展。

面对新的形势，必须清醒地认识到电子政务发展中存在着一系列严峻挑战：对发展电子政务作用的认识亟待进一步提高，需要大力提升政务与技术融合程度，不断缩小应用成效与服务型政府建设需要之间的差距；符合电子政务科学发展的体制机制亟待健全，需要着力改变统筹不足、政出多门、分散建设、低水平重复、投资浪费等现象；国家电子政务统筹规划和顶层设计亟待加强，需要着力改变应用发展水平不高和政务信息资源开发利用不足等现状，加大解决行业与地方间条块矛盾突出、信息共享和业务协同难以推进等问题的力度；电子政务建设对国家信息产业发展的拉动作用亟待提升，需要努力提高安全可靠信息技术和产品应用水平，切实转变电子政务信息安全保障薄弱的现状。必须科学判断和准确把握发展趋势，采取更加有力的措施，集中力量解决国家电子政务发展中的突出矛盾和问题。

二、指导思想和发展方针

（一）指导思想

以邓小平理论和"三个代表"重要思想为指导，深入贯彻落实科学发展观，紧紧围绕全面建设小康社会的总目标，以电子政务科学发展为主题，以深化应用和注重成效为主线，转变电子政务发展方式，充分发挥电子政务应用成效，服务经济结构战略性调整，服务保障和改善民生，服务加强和创新社会管理，促进服务型政府、责任政府、法治政府和廉洁政府建设，走一条立足国情、讲求实效、面向未来的电子政务发展道路。

（二）发展方针

1. 必须坚持将科学发展观贯穿电子政务发展全过程。加快转变电子政务发展方式，坚持统筹规划，抓好顶层设计，强调政务与技术深度融合，深化电子政务应用，突出发展质量，注重可持续全面协调发展。

2. 必须坚持把以人为本和构建和谐社会作为电子政务发展的出发点和落脚点。以服务社会公众为中心，围绕解决经济社会重大问题和突出矛盾，把保障和改善民生、促进社会和谐稳定、保持经济平稳较快发展作为发展重点，加快服务向基层延伸，提升服务效率和质量，使电子政务惠及全民。

3. 必须坚持把深化应用和突出成效作为电子政务发展的根本要求。切实以提高各级政务部门履行职责能力为目标，优化业务流程，创新服务模式，强化应用推广，加大政务信息资源开发、利用和管理力度，大力推动信息共享和业务协同，突出建设集约化、应用平台化、服务整体化，进一步提高电子政务的经济和社会效益。

4. 必须坚持创新发展和加强管理的有机统一。积极探索新技术在电子政务中的应用，构建互联互通和高效服务的技术应用体系。顺应发展形势需要，进一步健全管理体制机制，加强建设、运行和服务管理，开展考核评估，加大安全可靠产品的研发和应用力度，带动信息产业发展，提升信息安全保障能力。

三、发展目标

"十二五"期间，电子政务全面支撑政务部门履行职责，满足公共服务、社会管理、市场监管和宏观调控各项政务目标的需要，促进行政体制改革和服务型政府建设的作用更加显著。

——电子政务统筹协调发展不断深化。全面推进电子政务顶层设计，符合科学发展的电子政务工作体制和机制不断完善，统筹协调能力不断提高。

——应用发展取得重大进展。县级以上政务部门主要业务基本实现电子政务覆盖，政务信息资源开发利用成效明显。政务部门主要业务信息化覆盖率，中央和省级超过85%，地市和县区分别平均达到70%、50%以上。

——政府公共服务和管理应用成效明显。县级以上政府社会管理和政务服务电子政务水平明显提高，社会管理和政务服务事项电子政务覆盖率平均达到70%以上。县级以下街道（乡镇）和社区（行政村）的政务服务事项电子政务覆盖率分别平均达到50%、30%以上。

——电子政务信息共享和业务协同取得重大突破。县级以上政府普遍开展跨地区、跨部门信息共享和业务协同，共享内容和范围不断扩大，业务协同能力不断增强。主要业务信息共享率平均达到50%以上。

——电子政务技术服务能力明显加强。电子政务基础设施建设不断发展，专业技术服务水平持续提升，应用支撑服务能力明显提高。电子政务网络互联互通率平均达到85%以上，专业技术服务机构技术服务达标率平均达到60%以上。

——电子政务信息安全保障能力持续提升。县级以上地方电子政务信息安全管理制度普遍建立，信息安全基础设施不断发展，安全可靠软硬件产品应用不断加强，信息系统安全保障取得显著成绩。

四、发展方向和应用重点

（一）加快推动重要政务应用发展

1. 推进业务应用协同发展。坚持统筹协调，充分发挥电子政务基础设施作用，围绕解决经济和社会发展的重点难点问题，优先推进经济运行、财政管理、综合治税、强农惠农、城市管理、国土管理、住房管理、应急指挥、信用监管等一批重要协同业务应用。加大行业与地方应用发展的条块结合统筹力度，努力构建基础统一与应用协同的电子政务应用整体发展格局。兼顾行业与地方业务应用发展，行业业务应用发展纵向部署要充分考虑地方实际，加强与地方应用建设和发展衔接。地方要加强行业与当地应用的统筹协调，建设内容纳入当地电子政务规划和年度计划，做好配套工作，满足行业业务应用要求，确保纵向互联互通的行业电子政务应用整体发展。

2. 推进部门业务应用发展。围绕信息化环境下提升执政和履职能力需要，加强统筹规划和顶层设计，统筹推进政务部门业务应用发展，全面支撑社会主义经济建设、政治建设、文化建设、社会建设以及生态文明建设发展。加强重要信息系统建设，不断扩大应用规模，逐步实现应用全业务、全流程和全覆盖，推动政务与技术深度融合，充分发挥应用成效。加强国民经济预测预警应用功能建设，提高信息分析和利用能力，创新分析研判的方式和手段，提高各类突发事件的应急应对能力，提升宏观调控和科学决策水平。推进法规、规章、政策制定和实施管理，加强实施情况信息采集和落实成效分析评估，支持动态调整，增强科学决策能力。加强信息综合利用，强化信息分析研判，提高宏观调控的科学性和预见性，增强针对性和灵活性。推进国家级全民健康保障、住房保障、社会保障、药品安全监管、食品安全监管、能源安全、安全生产监管、市场价格监管、金融监管、社会信用体系等重点工程建设。

3. 强化政府网站应用服务。加强政府网站建设和管理，促进政府信息公开，推动网上办事服务，加强政民互动。加大政府网站信息公开力度，不断丰富公开信息内容，提高公开信息质量，增强信息公开的主动性、及时性和准确性。大力提升政府网站网上办事能力，以社会公众为中心，扩大网上办事服务事项，优化办事流程，不断提高网上办事事项的办事指南、表格下载、网上咨询、网上申请、结果反馈等五项服务功能覆盖率，提高便捷性和实效性。推进政府网站政民互动服务发展，建立健全公众意见及问题的受理、处理及反馈工作机制，实现网上信访、领导信箱、在线访谈等互动栏目的制度化和规范化，注重民意收集与信息反馈，保障人民的知情权、参与权、表达权、监督权。加强政府网站服务保障和运行维护保障，建立相关制度，明确各方责任，加大管理力度，开展绩效评估和考核，大力提高政府网站服务能力。

（二）加强保障和改善民生应用

1. 深化保障和改善民生应用。加快推进劳动就业、社会保障、医疗卫生、教育、文化等应用服务，促进基本公共服务体系建设发展。加快推进劳动就业应用，提供公共就业信息发布、需求预测、跟踪监测和失业预警等服务，促进构建和谐劳动关系。统筹推进城乡社会保障应用，覆盖社会保险、社会救助、社会福利等社会保障业务。完善医疗卫生应用，健全覆盖城乡居民的基本医疗和药品供应服务体系，拓展新型农村合作医疗服务覆盖面。完善重大疾病防控等专业公共卫生业务应用，提高重大突发公共卫生事件的处置能力。完善教育和文化行政管理信息化应用，促进教育公平，为公众提供优秀文化资源服务。推进交通运输管理应用，促进综合交通运输体系不断完善。加强水资源管理应用，提高水量水质监测能力，确保水资源安全。

2. 加强县级政府和基层政务服务应用。加大县级政府政务公开和政务服务应用推进力度，不断创新政务服务方式和手段，促进基本公共服务体系建设的应用发展。依托县级政府电子政务公共基础设施，开展民政、计生、劳动、教育、卫生、公安、农业等政务服务应用，增加服务内容，扩大服务范围，加强业务应用系统互联互通，推进信息共享和业务协同，提高服务水平。深化政务服务中心和各类政务服务窗口等多种渠道服务应用，充分利用已有的基层为民场所和服务设施，推进基层政务服务窗口的应用服务环境建设，配备服务终端、自助终端和辅助设备，加快推进政务服务应用向乡镇（街道）和社区（行政村）的延伸。不断提升基层政务工作人员电子政务应用能力，开展"一站式"服务，为社会公众提供方便优质、多方式全方位的服务，提高基层服务水平，促进基本公共服务均等化。

（三）加强创新社会管理应用

1. 深化社会管理应用。加快推进维护社会秩序、促进社会和谐、保障人民安居乐业的电子政务应用建设，电子政务要在协调社会关系、规范社会行为、解决社会问题、化解社会矛盾、促进社会公正、应对社会风险、保持社会稳定等方面发挥作用。以解决影响社会和谐稳定突出问题为突破口，深化社会管理应用，逐步建立覆盖全面、跟踪动态、信息共享、功能齐全的社会管理应用服务体系，促进社会管理水平提高。推进实有人口和流动人口管理服务应用，保障人民安居乐业。推进基层社会管理和服务应用，强化基础工作，促进社区和谐稳定。推进公共安全、食品药品安全监管、安全生产监管、应急处置管理等应用，为人民群众提供安全稳定的生活环境。加强生态环境保护应用，确保国家生态安全。推进非公有制经济组织、社会组织管理等应用，推动社会组织健康有序发展。推进信息网络管理应用，提高对虚拟社会的管理水平。大力推进政务公开和权力阳光运行应用，完善权力网上公开运行和电子监察应用，推进公共权力运行、公共资金使用和公共资源交易等领域的综合监控应用，促进行政行为的公开公正和透明廉洁。

2. 促进城镇社会管理创新。加大城镇社会管理应用推进力度，进一步创新管理模式，不断提高社会管理科学化水平。加强城镇人口管理和服务应用，支持"以证管人、以房管人、以业管人"新模式，提高管理服务水平。推进社会治安防控应用，实现城镇社会治安有效防控。推进城镇基层社会管理和服务应用，强化城镇社区自治和服务功能，改善自我管理，提升自我教育，强化自我监督。加强突发事件应急处置和管理应用，提升自然灾害和公共突发事件的预测预警、分析评估、应急处置等能力和水平。推进城镇基础设施服务管理应用，建设文明、卫生、宜人、宜居城镇。加快推进依托电子政务平台促进城镇基层社会管理和服务应用向街道和社区延伸，提高社区自治和服务功能，实现城市网格划分、管理联动，构建城市综合管理格局。

（四）强化政务信息资源开发利用

1. 建设高质量政务信息资源。推进政务部门依据职能建设政务信息资源，逐步覆盖业务活动中产生和获取的各类政务信息。加强政务信息资源建设规划和计划的制定，梳理信息内容，明确程序，建立制度，落实责任，提高质量。大力推进基础信息资源建设，完善基础信息资源体系，动态完善地理、人口、法人、金融、税收、统计等基础信息资源，规范信息采集，保证信息质量，推动应用服务。围绕促进经济平稳较快发展的需要，加强宏观经济、财政、土地、投资、工业经济、科技创新、贸易、商品市场、房地产市场、现代农业、服务业等宏观调控信息资源建设。围绕促进社会和谐稳定的需要，加强食品药品监管、环境保护、公共安全、流动人口、安全生产监管、质量监管、城镇综合管理、网络舆情等社会管理信息资源建设。围绕保障和改善民生的需要，加强劳动就业、教育文化、社会保障、医疗卫生、社会救助等公共服务信息资源建设。

2. 加强政务信息资源管理。建立健全政务信息资源管理制度，提高政务信息资源管理能力，明确政务信息管理要求，提升政务信息资源管理水平。加强政务信息资源专业管理队伍建设，建立政务信息资源产生、传输、存储、管理、维护、服务等环节的管理规范和标准，加强政务信息资源管理系统运行维护，保障信息安全，强化信息服务，提高政务信息资源利用成效。加强政务信息资源准确性管理，明确信息来源，建立实时动态更新机制，确保信息及时准确。加强政务信息资源可靠性管理，明确信息管理要求，建立授权信息使用制度，加强信息防篡改和可恢复管理，确保信息安全可靠。加强政务信息资源可用性管理，确保信息真实、准确和完整。加强国家电子文件管理，确保电子文件的真实、完整、可用和安全，保存国家历史记录。

3. 大力推动信息共享和政务信息资源社会化利用。积极推进跨地区、跨部门、跨层级信息共享，丰富信息共享内容，扩大信息共享覆盖面，提高信息共享使用成效。加强信息共享规划和计划制定，建立跨地区、跨部门、跨层级的信息共享推进机制，以协同业务需求为导向，明确共享信息内容和程序，确定信息共享部门责任，制定信息共享制度，建立信息共享基础设施，保障共享信息安全，进一步完善信息共享管理和服务。重点推进地理、人口、法人、金融、税收、统计等基础信息资源共享，推进宏观经济、财政、国土、投资、工业经济、科技创新、贸易、房地产、现代农业等宏观调控信息共享，推进食品药品监管、环境保护、公共安全、流动人口、安全生产监管、质量监管、社会信用、城镇综合管理等社会管理信息共享，推进劳动就业、教育、文化、社会保障、医疗卫生、社会救助等公共服务信息共享。围绕地市和县级政府深化社会管理和公共服务应用需要，汇聚在国家、省级集中管理的各类基础信息资源和重要业务信息，要采取多种方式和手段，为地市和县级政府深化电子政务应用提供跨层级、跨部门信息共享服务，促进地方政府社会管理和服务水平持续提高。加快推进国家级电子政务信息共享平台建设，为各级政务部门开展跨地区、跨部门、跨层级信息共享和业务协同提供支撑服务。建立完善有利于社会化、市场化利用政务信息资源的机制。

（五）建设完善电子政务公共平台

1. 完成以云计算为基础的电子政务公共平台顶层设计。积极研究云计算模式在电子政务发展中的作用，全面分析新技术对电子政务公共平台发展的影响和全方位业务协同、信息资源共享及信息安全保障对电子政务公共平台发展的需求，适时开展以云计算为基础的电子政务公共平台顶层设计试点，在此基础上开展国家电子政务公共平台顶层设计，充分发挥既有资源的作用和新一代信息技术潜能，加快电子政务发展创新，为减少重复浪费、避免各自为政、信息孤岛创建技术系统。

2. 全面提升电子政务技术服务能力。鼓励地方在国家电子政务规划和顶层设计指导下，在现有基础上建设集中统一的区域性电子政务云平台，降低电子政务建设和运维成本，提高电子政务发展质量，增强电子政务安全保障能力。鼓励电子政务建设的运行维护走市场化、专业化的道路。系统集成资质管理和电子政务管理密切结合，将建设和运维安全可靠、复杂大系统的能力和绩效作为系统集成资质评价的重要内容。

3. 制定电子政务云计算标准规范。加快研究制定基于云计算的电子政务标准规范，主要包括系统架构、技术标准等技术性标准规范，应用分类服务标准、应用迁移标准、数据管理标准等服务性标准规范，公共平台安全规范、应用安全规范、信息安全规范、服务安全规范等信息安全保障标准规范，绩效评价标准、平台和信息管理标准、技术服务管理规范等管理性标准规范。

4. 鼓励向云计算模式迁移。以效果为导向，推行"云计算服务优先"模式，制定电子政务公共平台建设和应用行动计划，明确相关部门的职责和分工，共同推动电子政务公共平台运行和服务。在满足安全需求、遵从法律法规和业务准备的基础上，推动政务部门业务应用系统向云计算服务模式的电子政务公共平台迁移，先期重点推进新建、升级改造的业务信息系统在电子政务公共平台上部署运行，提高基础资源利用率和应用服务成效。开展电子政务公共平台应用试点示范工作，总结推广应用服务成功做法和有益经验。

（六）提高政府信息系统的信息安全保障能力

1. 建设完善信息安全保障体系。加强信息安全防护体系建设，建立电子政务网络信任体系、应急处置体系和监管体系。加强政府网站安全管理，实施政务部门互联网安全接入防护工程。按照国家等级保护和涉密信息系统分级保护的有关要求，建立完善等级保护工作机制，落实涉密信息系统分级保护制度，规范涉密信息系统使用管理。

2. 制定电子政务安全可靠的标准规范。按照安全可靠的要求，保护政府信息系统不被攻破和信息不被窃取泄漏，研究制定政府信息系统的信息安全标准规范。推进安全存储、数据备份与恢复、主动防护、安全事件监控、恶意代码防范等信息安全保障。加大电子政务安全可靠软硬件产品的研制力度，建立应用评估机制，建设安全可靠的电子政务应用。

3. 进一步加强政府信息系统安全管理。建立完善政府信息系统安全管理制度规范，制定政务部门计算机安全配置和审计制度，建立信息系统安全检查制度，加强信息安全检查工作力度，加强对政务部门使用信息技术外包服务的安全管理，不断提高电子政务信息安全保障水平。

五、保障措施

（一）加强组织领导，加大工作力度。加强国家级电子政务部际统筹协同工作制度建设，建立健全部门协同工作机制。地方要结合实际，进一步明确工业和信息化部门、财政部门、投资审批部门、科技部门、业务部门等职责，不断完善在统筹规划、顶层设计指导下的各司其职、各负其责、相互配合的工作体系和机制。加强电子政务发展共性基础性工作，协调电子政务规划、顶层设计、工程投资、应用建设、系统运维、考核评估等环节的管理。地方和部门要重视电子政务发展工作，列入重要议事日程和考核内容，确定分管领导和责任单位及人员，明确目标和任务，精心组织实施，确保认识到位、责任到位、措施到位、投入到位。

（二）加强资金保障，提升使用成效。研究完善适应我国实际情况的电子政务资金投入和管理办法，实现集中统一、高效、低成本的管理制度。加强电子政务建设发展必需的财政资金保障，调整和优化支出结构，统筹各种渠道的建设资金，实行公共基础设施、业务应用和系统运维的资金分类保障制度，加强资金管理和监督，不断提升资金使用成效。推进公共基础设施统建共用和统一运维服务的集中投入，确保基础设施投入效益，坚决制止重复建设和投资浪费。加强业务应用和信息资源开发利用建设投入，满足部门业务发展需要，深化电子政务应用，持续提升电子政务应用成效。保障电子政务系统运维经费，研究制定部门系统运维费用支出核定标准，落实政务部门系统运维费用，确保电子政务可持续发展。做好政府采购和使用电子政务正版软件资金保障。加大中西部地区电子政务建设转移支付力度，地方财政也要加大对贫困地区电子政务建设的转移支付力度。加强经费使用管理和监督，建立科学、规范的管理制度，提高资金使用效率，严肃查处财政专项资金管理和使用中出现的问题。

（三）加强规划实施，落实目标任务。加强电子政务规划组织落实工作，建立目标一致、方向统一、互联互通、层级衔接的全国电子政务规划实施体系。地方工业和信息化部门要根据国家要求结合实际，制定本地区电子政务规划及规划实施方案，加强地方规划与国家规划衔接，按年度分解目标指标，落实保障措施。加强地方和部门规划年度实施的统筹管理，建立规划及年度计划备案制度和实施监测评估机制，加强对规划执行情况的监测、评估、督导和工程项目动态跟踪及实施效果评估。组织开展电子政务发展水平综合评估，积极开展信息共享和业务协同、政府网站发展的专项评估。建立地方和部门规划实施年度报告制度和规划中末期实施成效评估制度，根据变化情况，对规划适时修订和完善。大力推进政务公开，加大信息公开力度，增强规划实施及修编过程的公开性和透明度。

（四）加强队伍建设，提高服务能力。加强行政部门、技术服务单位和专业人员队伍建设，建设一支规模适当、结构合理、德才兼备、符合不同层次需要的高素质、职业化电子政务管理和服务队伍。加强行政机构和干部队伍建设，建立科学考核评价制度，对任务完成情况实行绩效考核，完善激励约束机制，建设一支政治坚定、业务精通、清正廉洁、作风优良的电子政务干部队伍，提高履行职责能力。加强电子政务技术服务单位和专业人员队伍建设，制定技术服务单位服务评价标准和办法，建立服务质量、运维保障、技术管理等综合考核制度，强化队伍职业道德建设，建立专业人员职业资格认证制度，建设一支技能高、专业强、服务优的专业技术服务队伍，提高技术服务能力和质量。强化运行保障服务工作，地方要建立以工业和信息化部门为核心，技术服务单位为主体，专业技术队伍为基础，服务制度为保证，合作密切、功能互补、资源共享的电子政务运行保障服务体系，提升系统运维服务能力。充分利用社会专业技术资源，推行运维服务外包，逐步实现技术服务机构和人员规范化管理。重视西部和困难地区的队伍建设，不断充实工作力量，改善工作环境和条件。结合实际组织开展培训工作，不断提升业务部门工作人员电子政务应用能力，不断提高专业技术人员政务服务能力。

（五）健全法规制度，促进持续发展。加强电子政务相关行政法规研究，积极推进电子政务相关法规制度建设，实施依法行政，完善监督措施和办法，健全行政责任制。开展国家电子政务顶层设计，统筹电子政务发展中整体与局部、行业与地方、建设与应用、统一与分散、管理与服务的关系，促进电子政务全面协调发展。加强电子政务规范性文件和技术标准制定，规范网络、应用、信息、网站、运维、队伍等方面建设，逐步覆盖电子政务全过程。推进业务应用和服务规范化标准化，依据职能结合实际，制定符合应用条件的业务工作规范和服务标准，规范相关职能业务在电子政务条件下的工作程序、内容和要求。开展电子政务理论研究和学科建设，积极学习国外先进经验。加强电子政务发展指导，建立地方电子政务发展指导工作制度，不断总结成功做法和经验，组织开展经验交流。

附录：指标及测算说明

表1 “十二五”时期我国电子政务发展主要指标

领域	指标	“十二五”末目标
政务部门业务信息化	中央部委和省级政务部门主要业务信息化覆盖率	超过85%
	地市级政务部门主要业务信息化覆盖率	平均达70%以上
	县区级政务部门主要业务信息化覆盖率	平均达50%以上
政府公共服务和管理应用	县级以上政府社会管理和政务服务事项电子政务覆盖率	平均达到70%以上
	街道（乡镇）政府政务服务事项覆盖率	平均达到50%以上
	社区（行政村）政府政务服务事项覆盖率	平均达到30%以上
信息共享	主要业务信息共享率	平均达到50%以上
技术应用服务	电子政务网络互联互通率	平均达到85%以上
	专业技术服务机构技术服务达标率	平均达到60%以上

1.政务部门主要业务信息化发展指标：政务部门主要业务指政务部门依据“三定方案”所确定的主要职能业务。信息化覆盖率是指政务部门主要业务实现信息化应用支撑的比例。

通过统计实现信息化支撑的部门主要业务项数与本级主要业务总项数的比例，反映电子政务应用发展的整体水平。计算公式为：主要业务信息化覆盖率=实现信息化支撑的部门主要业务项数÷本级主要业务总项数。

“十一五”期间，中央部委和省、地市、县区政府主要业务信息化覆盖率分别达到80%、60%、40%和25%。考虑到中央部委和省的电子政务基础条件比较好，通过“十二五”时期的发展，预测中央部委和省级政务部门主要业务信息化覆盖率超过85%。考虑到地市和县区电子政务基础还比较薄弱，发展不平衡。

通过“十二五”时期的发展，地市和县区将进一步拓展应用的广度，预测地市和县区主要业务信息化覆盖率分别平均达到70%、50%以上。

2. 县级以上政府社会管理和政务服务事项电子政务发展指标：政府社会管理和政务服务事项是指各级政务部门围绕提升履行社会管理和公共服务职责的需要而确定的管理和服务内容，其中，县级政府政务服务事项（包括街道（乡镇）、社区（行政村））依据全国政务公开领导小组《关于开展依托电子政务平台加强县级政府政务公开和政务服务试点工作的意见》所确定的政务服务事项内容。

通过统计实现信息化支撑的社会管理和政务服务事项数占社会管理和政务服务事项总数的比例，反映政府社会管理和政务服务应用发展水平。计算公式：社会管理和政务服务事项电子政务覆盖率=实现信息化支撑的社会管理和政务服务事项数÷社会管理和政务服务事项总数。

各级政务部门不断加大社会管理和公共服务建设力度，通过“十二五”期间发展，依托电子政务平台，社会管理和公共服务应用将会取得明显成效，预测县级以上政府社会管理和政务服务事项电子政务覆盖率平均将达到70%以上。

依托电子政务平台加强县级政府政务公开和政务服务，将在“十二五”期间全面深化，推动县级政府政务服务事项向街道（乡镇）、社区（行政村）延伸，考虑到街道（乡镇）、社区（行政村）电子政务基础比较薄弱，条件各异，发展不平衡，预测县级政府政务服务事项街道（乡镇）、社区（行政村）电子政务覆盖率分别达到50%、30%以上。

3. 跨部门、跨地区、跨层级信息共享发展指标：信息共享率是指不同部门、不同地区之间，政务部门依据职能提供共享信息和使用共享信息的比率情况。

通过统计实现共享的部门主要业务信息内容占基础信息和部门主要业务信息内容总量的比例，反映部门主要业务信息共享的发展水平。信息共享率计算公式：部门主要业务信息共享率=已经共享的部门主要业务信息内容÷部门主要业务信息内容总量。

“十二五”期间，围绕县级以上政府保障和改善民生、加强和创新社会管理的需要，大力推进跨部门、跨地区、跨层级部门主要业务信息共享，支持业务协同，提高政务部门履行职责的能力，预测部门主要业务信息共享率平均达到50%以上。

4. 电子政务技术应用服务发展指标：电子政务网络互联互通是指各级政务部门局域网络依据需要分别依托政务内网和政务外网实现互联互通，通过统计已经互联互通的各级政务部门局域网络数量占各级政务部门局域网络总数的比例，反映电子政务网络互联互通水平。计算公式：电子政务网络互联互通率=已经互联互通的各级政务部门局域网络数量÷各级政务部门局域网络总数。大力推进国家电子政务网络建设重点在于互联互通，通过“十二五”时期发展，预计电子政务网络互联互通率平均达到85%以上。

专业技术服务机构技术服务达标率是指为各级政务部门电子政务发展提供技术支撑保障服务的企事业单位达到技术服务标准的比例。通过统计专业技术服务机构达到技术服务标准的数量反映专业技术服务机构的技术服务水平。计算公式：专业技术服务机构技术服务达标率=达标的专业技术服务机构数量÷专业技术服务机构总数。“十二五”期间，各级政务部门业务应用信息系统建设快速发展，加强专业技术服务机构对政务部门业务应用发展支撑和保障，制定专业技术服务标准，强化技术服务规范化建设，保障电子政务应用健康发展。通过“十二五”时期发展，预测专业技术服务机构技术服务达标率平均达到60%以上。

电子商务“十二五”发展规划

前　言

加快发展电子商务，是企业降低成本、提高效率、拓展市场和创新经营模式的有效手段，是提升产业和资源的组织化程度、转变经济发展方式、提高经济运行质量和增强国际竞争力的重要途径，对于优化产业结构、支撑战略性新兴产业发展和形成新的经济增长点具有非常重要的作用，对于满足和提升消费需求、改善民生和带动就业具有十分重要的意义，对于经济和社会可持续发展具有愈加深远的影响。

本规划是落实《2006-2020年国家信息化发展战略》、《国民经济和社会发展第十二个五年规划纲要》和《国务院办公厅关于加快电子商务发展的若干意见》的重要举措，是“十二五”时期进一步推动电子商务发展的指导性文件。

一、发展现状与面临的形势

“十一五”期间，我国电子商务保持了持续快速发展的良好态势，交易总额增长近2.5倍，2010年达到约4.5万亿元。电子商务发展的内生动力和创新能力日益增强，正在进入密集创新和快速扩张的新阶段。

（一）发展现状

电子商务不断普及和深化。电子商务在我国工业、农业、商贸流通、交通运输、金融、旅游和城乡消费等各个领域的应用不断得到拓展，应用水平不断提高，正在形成与实体经济深入融合的发展态势。跨境电子商务活动日益频繁，移动电子商务成为发展亮点。大型企业网上采购和销售的比重逐年上升，部分企业的电子商务正在向与研发设计、生产制造和经营管理等业务集成协同的方向发展。电子商务在中小企业中的应用普及率迅速提高，2010年中小企业网上交易和网络营销的利用率达到42.1%。网络零售交易额迅速增长，“十一五”期间年均增速达100.8%，占社会消费品零售总额比重逐年上升，成为拉动需求、优化消费结构的重要途径。2010年我国网络零售用户规模达1.61亿，交易额达到5 131亿元，占社会消费品零售总额比重达到3.3%。

电子商务支撑水平快速提高。“一一五”期间，电子商务平台服务、信用服务、电子支付、现代物流和电子认证等支撑体系加快完善。围绕电子商务信息、交易和技术等的服务企业不断涌现，2010年已达到2.5万家。电子商务信息和交易平台正在向专业化和集成化的方向发展。社会信用环境不断改善，为电子商务的诚信交易创造了有利的条件。网上支付、移动支付、电话支付等新兴支付服务发展迅猛，第三方电子支付的规模增长近60倍，2010年达到1.01万亿元。现代物流业快速发展，对电子商务的支撑能力不断增强，特别是网络零售带动了快递服务的迅速发展，2010年全国规模以上快递服务企业业务量达23.4亿件，业务收入达574.6亿元，其中网络零售带动的业务量占快递总量的一半左右。2010年底有效电子签名认证证书持有量超过1 530万张，电子证书正在电子商务中得到广泛应用。通信运营商、软硬件及服务提供商等纷纷涉足电子商务，为用户提供相关服务。

电子商务发展环境不断改善。“十一五”期间，我国网络基础设施不断改善，用户规模快速增长，2010年互联网普及率达34.3%，网民规模达到4.57亿，移动电话用户数达到8.59亿，其中3G用户数达到4 705万。网络服务能力不断提升，资费水平不断降低。全社会电子商务应用意识不断增强，应用技能得到有效提高。电子商务国际交流与合作日益广泛。相关部门协同推进电子商务发展的工作机制初步建立，围绕促进发展、电子认证、网络购物、网上交易和支付服务等主题，出台了一系列政策、规章和标准规范，为构建适合国情和发展规律的电子商务制度环境进行了积极探索。

电子商务的发展仍然存在着一些比较突出的问题。一是电子商务对促进传统生产经营模式创新发展的作用尚未充分发挥，对经济转型和价值创造的贡献潜力尚未充分显现。二是电子商务的商业模式尚不成熟，服务能力尚待增强，服务水平尚待提高，服务范围尚待拓展。三是电子商务发展的制度环境还不完善，相关法律法规建设滞后，公共服务和市场监管有待增强，信用体系发展亟待加强，网上侵犯知识产权和制售假冒伪劣商品、恶意欺诈、违法犯罪等问题不断发生，网络交易纠纷处理难度较大，在一定程度上影响了人们对电子商务发展的信心。四是推进电子商务发展的体制机制有待健全，投融资环境有待改善，统计与监测评价工作亟待加强，全社会对电子商务的认识有待进一步提高，对网络空间的经济活动规律有待进一步探索。

（二）面临的形势

随着我国工业化、信息化、城镇化、市场化和国际化的深化发展，电子商务将迎来加速发展的战略机遇期。

经济转型升级给电子商务发展提出新需求。"十二五"时期，我国经济发展面临资源环境约束增强、产业结构不合理、投资和消费关系失衡等重大问题，亟待通过信息化与工业化深度融合转变经济发展方式。迫切需要进一步发挥电子商务在创新企业生产经营模式、提高产业组织效率、激发市场活力、优化资源配置、促进节能减排、带动新兴服务业发展中的积极作用，推动产业结构调整，拉动国内市场需求，创造新的经济增长点。

社会结构和消费观念的变革给电子商务发展带来新空间。"十二五"时期，我国社会主义新农村建设和城镇化发展步伐将进一步加快，城乡居民的生产生活方式将发生巨大变化，人均收入不断增长，消费结构升级加快，年轻一代逐步成为新的消费群体，同时，就业总量压力和结构性矛盾进一步凸显。亟需通过加快发展电子商务，促进城乡一体化的便民服务体系发展，更好地满足居民多样化、个性化的消费需求和对美好生活的新期待，带动工作方式的转变和相关服务业的发展，优化就业结构、缓解就业压力、促进社会和谐。

信息技术持续发展给电子商务发展带来新条件。宽带、融合、安全和泛在的下一代国家信息基础设施加快建设，新一代移动通信网、下一代互联网和数字广播电视网加快布局，三网融合全面推进。以云计算和物联网为代表的新一轮信息技术变革正在兴起，重点领域酝酿着新的突破。智能搜索和社区网络等应用形式不断涌现。新技术的发展为电子商务创新发展提供更好的技术条件。

全球竞争与合作深化给电子商务发展提出新挑战。电子商务已成为全球一体化生产和组织方式的重要工具，各国在通过电子商务争夺资源配置主动权、提高经济竞争力的同时，也在密切关注电子商务发展中的不确定性，加强市场风险防范。为赢得国际经济竞争与合作的新优势，我国亟需加快和务实发展电子商务，结合"引进来"和"走出去"战略，利用好"两个市场、两种资源"，提高我国产业和资源的组织能力，优化在全球产业分工中的定位布局，提高国际竞争力。

二、指导思想、基本原则与发展目标

（一）指导思想

以邓小平理论和"三个代表"重要思想为指导，深入贯彻落实科学发展观，立足全面建设小康社会的战略目标，以科学发展为主题，以服务于加快转变经济发展方式为主线，以创新发展为动力，以普及和深化电子商务应用为重点，以营造良好的制度环境和社会环境为保障，不断提高产业组织化程度和资源配置能力，进一步发挥电子商务在经济和社会发展中的战略性作用。

（二）基本原则

企业主体，政府推动。充分发挥企业在电子商务发展中的主体作用，坚持市场导向，运用市场机制优化资源配置。处理好政府与市场的关系，创建更加有利于电子商务发展的制度环境，综合运用政策、服务、资金等多种手段推进电子商务发展。

统筹兼顾，虚实结合。坚持网络经济与实体经济紧密结合发展的主流方向，全面拓展电子商务在各领域的应用，提高电子商务及相关服务水平，努力营造全方位的电子商务发展环境，推动区域间电子商务协调发展。

着力创新，注重实效。推动电子商务应用、服务、技术和集成创新，着重提高电子商务创新发展能力。立足需求导向，坚持务实创新，选准切入点，注重应用性和实效性，避免盲目跟风和炒作。

规范发展，保障安全。正确处理电子商务发展与规范的关系，在发展中求规范，以规范促发展。以网络运行环境安全可靠为基础，促进网络交易主体与客体的真实有效、交易过程的可鉴证，加强对失信行为的惩戒力度，形成电子商务可信环境。

（三）发展目标

总体目标是：到2015年，电子商务进一步普及深化，对国民经济和社会发展的贡献显著提高。电子商务在现代服务业中的比重明显上升。电子商务制度体系基本健全，初步形成安全可信、规范有序的网络商务环境。

具体目标是：电子商务交易额翻两番，突破18万亿元。其中，企业间电子商务交易规模超过15万亿元。企业网上采购和网上销售占采购和销售总额的比重分别超过50%和20%。大型企业的网络化供应链协同能力基本建立，部分行业龙头企业的全球化商务协同能力初步形成。经常性应用电子商务的中小企业达到中小企业总数的60%以上。网络零售交易额突破3万亿元，占社会消费品零售总额的比例超过9%。移动电子商务交易额和用户数达到全球领先水平。电子商务的服务水平显著提升，涌现出一批具有国际影响力的电子商务企业和服务品牌。

三、重点任务

（一）提高大型企业电子商务水平

发挥大型企业电子商务主力军的作用，进一步促进企业电子商务应用系统的规模发展和品牌建设，提高网络集中采购水平和透明化程度，提升企业营销能力。深化大型工业企业电子商务应用，促进实体购销渠道和网络购销渠道互动发展，提高供应链和商务协同水平。推动大型商贸流通企业通过电子商务提高流通效率，扩展流通渠道和市场空间。鼓励有条件的大型企业电子商务平台向行业电子商务平台转化。

专栏1：大型工业企业电子商务协同

在原材料、装备制造、消费品、电子信息、国防科技等重点工业领域，深化电子商务应用，提高大型工业企业的供应链管理水平。引导大型工业企业提高网上集中采购水平，建立具有行业知名度和影响力的采购平台，增强企业采购行动的协调性和竞争力。支持有条件的电子商务企业为行业用户提供网上联合采购服务，提高行业采购行动的协调性。推动电子商务与企业内部业务和管理信息系统的集成，推进企业间网上协同研发、设计和制造，增强产业链商务协同能力。支持大型工业企业利用电子商务增强与产业链下游企业的协同能力，促进产品分销和售后服务水平提升。

（二）推动中小企业普及电子商务

鼓励中小企业应用第三方电子商务平台，开展在线销售、采购等活动，提高生产经营和流通效率。引导中小企业积极融入龙头企业的电子商务购销体系，发挥中小企业在产业链中的专业化生产、协作配套作用。鼓励有条件的中小企业自主发展电子商务，创新经营模式，扩展发展空间，提高市场反应能力。鼓励面向产业集群和区域特色产业的第三方电子商务平台发展，帮助中小企业通过电子商务提高竞争力。稳健推进各类专业市场发展电子商务，促进网上市场与实体市场的互动发展，为中小企业应用电子商务提供良好条件。

专栏2：发展中小企业电子商务

支持第三方电子商务平台品牌化发展，为中小企业提供信息发布、商务代理、网络支付、融资担保、仓储物流和技术支持等服务。推动有条件的专业市场建设网络交易平台，为中小企业提供网络联合购销服务。支持中小型生产制造企业利用电子商务创新生产经营模式，开展在线购销和客户关系管理等活动，拓展国内外市场，提高经营效率和效益。引导中小型商贸流通企业通过电子商务创新服务模式，提高专业化服务能力。支持社区商业、物业和家政服务等中小企业利用电子商务服务社区，便利居民生活。加快中小企业电子商务服务体系建设，多渠道开展电子商务应用技能和信用意识培训。

（三）促进重点行业电子商务发展

积极发展农业电子商务，促进农资和农产品流通体系的发展，拓宽农民致富渠道。着力推进工业电子商务，促进工业从生产型制造向服务型制造转变。深化商贸流通领域电子商务应用，促进传统商贸流通业转型升级。鼓励综合性和行业性信息服务平台深度挖掘产业信息资源，拓展服务功能，创新服务产品，提高信息服务水平。促进大宗商品电子交易平台规范发展，创新商业模式，形成与实体交易互动发展的服务形式。推动交通运输、铁路、邮政、文化、旅游、教育、医疗和金融等行业应用电子商务，促进行业服务方式的转变。

专栏3：重点行业电子商务创新发展

深化现代农业生产组织与连锁超市挂钩的电子商务，推动涉农电子商务平台建设。支持大型商场、批发市场和连锁超市发展电子商务，创新商业模式。推进食品和药品行业的电子商务发展，降低流通成本，提高精细化管理和安全责任可追溯水平。进一步推动民航、铁路、公路和水运等行业加快拓展电子客票、电子货单等服务。鼓励邮政、快递、物流配送企业依托实体网络发展电子商务。大力发展旅游电子商务，创新旅游业发展模式，培育现代旅游服务品牌。

（四）推动网络零售规模化发展

鼓励生产、流通和服务企业发展网络零售，积极开发适宜的商品和服务。培育一批信誉好、运作规范的网络零售骨干企业。发展交易安全、服务完善、管理规范和竞争有序的网络零售商城。整合社区商业服务资源，发展社区电子商务。促进网络购物群体快速成长。拓展网络零售商品和服务种类，拓宽网络零售渠道，满足不同层次消费需求。发展个人间的电子商务，为开展二手物品交易、获取日常生活服务等提供便利。

专栏4：网络零售发展重点

支持生产企业利用品牌优势，面向消费者个性化需求，积极探索网络直销的发展模式。支持流通企业拓展网络零售渠道，结合实体店面和物流配送体系，促进网上网下互动，满足不同层次消费需求。促进网络零售企业和平台完善服务、规范运作，推动高效便捷、安全可靠的新型网络消费模式健康发展，支持网络零售企业创造国际品牌。提升具有自主知识产权的数字内容产品和服务的网络零售比重。引导相关企业扩展流通服务体系，面向社区、农村、非网络用户提供网络零售和物流配送等服务，拉动消费，便捷生活。鼓励利用微博、团购、社交网络等创新网络零售发展模式。

（五）提高政府采购电子商务水平

积极推进政府采购信息化建设，加快建设全国统一的电子化政府采购管理交易平台，探索利用政府采购交易平台实现政府采购管理和操作执行各个环节的协调联动，逐步实现政府采购业务交易信息共享和全流程电子化操作，进一步规范政府采购行为，提高政府采购资金的使用效率。

专栏5：政府采购电子商务

坚持"公开、公平、公正"的原则，完善政府采购电子商务标准规范，积极推动政府采购管理与电子交易一体化系统建设，做好采购管理与部门预算、资金支付及资产管理的衔接等工作，实现中央地方供应商库、商品信息库、评审专家库和代理机构库间的信息共享，规范操作执行程序，完善运行机制，提高采购的效率和质量，促进网上"阳光采购"工程建设。

（六）促进跨境电子商务协同发展

鼓励有条件的大型企业"走出去"，面向全球资源市场，积极开展跨境电子商务，参与全球市场竞争，促进产品、服务质量提升和品牌建设，更紧密地融入全球产业体系。鼓励国内企业加强区域间电子商务合作，推动区域经济合作向纵深方向发展。鼓励商贸服务企业通过电子商务拓展进出口代理业务，创新服务功能，帮助中小企业提高国际竞争能力。

专栏6：跨境电子商务发展重点

推进面向跨境贸易的多语种电子商务平台建设。支持电子商务企业面向两岸三地、东盟、上合组织和东北亚等周边区域开展跨境合作，支持在边贸地区、产业集中度高的区域建设跨境电子商务平台。加快推进电子商务国际标准和国家标准的推广应用。引导电子商务企业为中小企业提供电子单证处理、报关、退税、结汇、保险和融资等"一站式"服务，提高中小企业对国际市场的响应能力。继续推广电子通关和无纸贸易，提高跨境电子商务效率。

（七）持续推进移动电子商务发展

鼓励各类主体加强合作，拓展基于新一代移动通信、物联网等新技术的移动电子商务应用。推动移动电子商务应用从生活服务和公共服务领域向工农业生产和生产性服务业领域延伸，积极推动移动电子商务在"三农"等重点领域的示范和推广。加强移动电子商务技术与装备的研发力度，完善移动电子商务技术体系。加快制定和完善移动电子商务相关技术标准和业务规范。

专栏7：移动电子商务试点示范

加快推动移动支付、公交购票、公共事业缴费和超市购物等移动电子商务应用的示范和普及推广。重点推进移动电子商务在农业生产流通、企业管理、安全生产、环保监控、物流和旅游服务等方面的试点应用。加强移动智能终端、智能卡和芯片、读卡机具和安全管理等关键共性技术的自主研发。支持运营企业建立安全可信的多应用管理平台。推动近距离通信（NFC）、机器到机器（M2M）等技术标准的制定和应用。面向不同的行业应用，协调制定行业技术标准和业务规范。推动移动支付国家标准的制定和普及。推动移动电子商务产业链和各应用领域的相关主体加强合作，加快商业模式创新和社会化协作机制创新。

（八）促进电子商务支撑体系协调发展

探索建立网上和网下交易活动的合同履约信用记录，促进在线信用服务的发展。加快建设适应电子商务发展需要的社会化物流体系，优化物流公共配送中心、中转分拨场站、社区集散网点等物流设施的规划布局，积极探索区域性、行业性物流信息平台的发展模式。鼓励支付机构创新支付服务，丰富支付产品，推动移动支付、电话支付、预付卡支付等新兴电子支付业务健康有序发展，满足电子商务活动中多元化、个性化的支付需求。推动完善电子支付业务规则、技术标准，引导和督促支付机构规范运营。鼓励发展国际结算服务，提高对跨境电子商务发展的支撑能力。鼓励电子商务企业与相关支撑企业加强合作，促进物流、支付、信用、融资、保险、检测和认证等服务协同发展。

专栏8：电子商务支撑体系集成创新

提高物流企业信息化水平，促进物流服务和电子商务集成创新。推进煤炭、钢铁、塑料和粮食等大宗商品电子交易与物流服务集成健康发展。推动快递、零担、城市配送企业依托信息化提高社会化服务水平，增强对网络零售的支撑能力。适时启动物联网在物流领域的应用示范。加强支付服务创新，促进电子商务与电子支付集成发展，为用户提供方便快捷的服务。引导电子商务企业与物流企业、金融机构加强合作，探索供应链金融等服务创新。

（九）提高电子商务的安全保障和技术支撑能力

认真贯彻《电子签名法》，进一步发展可靠的电子签名与认证服务体系，提高认证服务质量，创新服务模式，推动可靠电子签名、电子认证和电子合同在电子商务中的实际应用，在统一的证书策略体系框架下推进电子签名认证证书的互认互操作，发挥电子签名的保障作用，提高电子交易的安全性和效率。鼓励软硬件及系统集成企业通过云服务等模式，为电子商务用户提供硬件、软件、应用和安全服务。鼓励通信运营商加强宽带信息基础设施建设，提高新一代通信网络的覆盖范围和服务水平，为电子商务用户提供接入、服务托管及商务应用解决方案等服务。发挥国家科技计划的引领和支撑作用，加大对电子商务基础性研究、关键共性技术的支持力度，积极开展成果转化、咨询培训等工作。

专栏9：电子商务技术研发和产业化

面向电子商务创新发展重点方向和共性工程技术问题，支持建设国家重点实验室、国家工程技术研究中心和企业技术中心。加强电子商务基础理论研究，推动射频识别、智能终端、系统集成、网络与信息安全等核心技术与关键技术的自主研发和产业化。加强电子认证、电子单证、在线支付、信用管理等电子商务安全交易技术的自主创新。研究制定针对电子商务创新的知识产权保护办法，加强对电子商务创新的保护力度。研究探索电子商务创新和科研成果产业化的财政政策，落实支持电子商务创新和科研成果转化的税收政策。

四、政策措施

（一）加强组织保障

发挥电子商务部际联席会议协调工作机制作用，加强电子商务推进工作的部门协同，落实和强化政府对电子商务发展的宏观指导。坚持统筹兼顾、动态协调的原则，创新电子商务管理机制，加强相关部门在政策制定、重大项目审理、标准规范制定等方面的协调配合，形成管理和服务合力。各地方政府要相应建立协调推进工作机制，将电子商务纳入区域的发展规划。要充分发挥相关行业协会、龙头企业、中介组织、高等院校和专家队伍等在推进电子商务中的积极作用。

（二）建立健全电子商务诚信发展环境

积极营造诚信为本、守信激励和失信惩戒的社会信用环境。推动开展部门指导、行业组织、企业和消费者参与的电子商务自律规范制定工作。大力推进企业和行业自律。鼓励符合条件的第三方信用服务机构、电子商务平台企业，按照独立、公正、客观的原则，开发利用合同履约等信用信息资源，对电子商务经营主体开展商务信用评估，为交易当事人提供信用服务。充分发挥人口、法人和地理空间等国家基础数据库以及银行征信等数据库的基础与协同作用，促进电子商务信用信息与社会其他领域相关信息的有序交换和共享，支撑社会信用体系建设。积极推进电子商务企业信用分类监管，引导企业诚信守法经营。

（三）提高电子商务的公共服务和市场监管水平

推动电子政务与电子商务的衔接，为企业提供更加有效的服务。依法有序推动政府信息资源的开放服务，提高社会化、市场化开发利用水平，改善电子商务发展环境。提高电子口岸发展水平，促进相关机构间的信息交换、业务协同，优化税费电子支付系统，提高电子商务的通关效率。建立部门间电子商务监管协调配合机制。督促网络经营主体特别是网络交易平台切实履行责任，守法经营，加强自律，维护电子商务市场秩序。依法对网上涉及行政许可的商品和服务加强监管，加强对网络信息服务、网络交易行为、产品及服务质量等的监管。加强监管方式方法的创新，加快电子商务监管信息系统与平台建设，实现监管技术手段的现代化，实施对网络商务主体、客体和过程的经常性监管，实现网上巡查的常态化。

（四）加大对电子商务违法行为的打击力度

依法组织开展网络违法交易专项整治，探索建立长效治理机制，杜绝违禁品网上销售。创新社会管理，建立投诉举报与主动发现相结合的机制，加大对利用网络进行的商业欺诈、传销、侵犯知识产权、侵犯个人隐私、侵犯商业机密、销售假冒伪劣商品、发布虚假违法广告和不正当竞争等活动的打击力度。充分利用管理和技术手段，增强电子商务网站的真实可信度。

（五）完善权益保护机制

积极研究和探索网络环境下有效维护消费者权益的制度和措施，推进12315等相关消费维权体系向电子商务领域延伸。畅通网络消费权益保护渠道，及时受理消费投诉举报并查处侵害消费者合法权益的行为。及时发布网络交易风险警示信息，提高网络消费者和经营者的风险防范意识。指导监督网站经营者建立健全消费者权益保护制度、在网站设置消费投诉举报及电子标识链接等多种形式。加强电子商务纠纷调处机制建设。坚持预防与调解相结合，建立分类处理的调处办法。鼓励当事人结合实际情况自行协商解决网上交易纠纷。督促交易平台建立数据保全机制，履行在电子商务纠纷处理中应尽的责任，协助交易双方解决纠纷。积极探索通过仲裁制度，解决电子商务交易纠纷，维护当事人的合法权益。充分发挥司法保护的作用，通过法律诉讼等途径，妥善处置各种复杂疑难电子商务纠纷。依据《侵权责任法》的相关规定，处理网络侵权行为。

（六）加强电子商务法律法规和标准规范建设

在贯彻执行现行法律法规的基础上，继续推动电子商务相关法律法规建设，研究确定电子商务立法的整体思路、调整范围和规范方式。根据需求开展相关法律法规的制修订工作。加强法律解释工作，增强现行法律法规在电子商务领域的适用性和操作性。针对网络促销、电子合同和代收货款等问题，加快研究相应的行政规章和法律法规。面向电子商务不同业务形态发展的实际需求，加快电子商务服务规范和技术标准的制修订和推广应用。着力提高电子商务服务的规范性，促进电子商务服务企业切实履行法定义务和责任，完善交易主体身份认定机制，提高电子商务信息发布、信用服务、网上交易、电子支付、物流配送、售后服务、纠纷处理等服务的规范水平。

（七）完善多元化的电子商务投融资机制

进一步拓宽电子商务投融资渠道，加强对电子商务创新创业的资本支持。培育和发展创业风险投资，促进风险资本对电子商务自主创新和创业的支持。鼓励实体企业在信息化建设中加大对电子商务的投资力度。鼓励金融机构加强对电子商务的信贷扶持。加强政府财政支持对社会投入的引导和带动作用，形成政府引导性投入与社会资本投入互补的投融资机制。加强对投融资效果的评估。

（八）加强电子商务统计监测工作

加强相关部委、地方及有关机构的联合，研究和改进电子商务发展统计指标体系与统计分析方法，逐步建立全国性电子商务调查统计制度，加强对电子商务热点问题及其与实体经济相互关系的研究。充分利用有关部门现有的电子商务企业联系机制，鼓励行业协会和社会性服务机构积极参与电子商务动态发展监测等工作，鼓励各地加强对区域电子商务发展的动态监测，拓展信息获取渠道。做好电子商务统计信息发布工作，加强政策引导。

（九）加快电子商务人才培养

积极引导有条件的高等院校，加强电子商务学科专业建设和人才培养，为电子商务发展提供更多的高素质专门人才。鼓励职业教育和社会培训机构发展多层次教育和培训体系，加快培养既懂商务、又具备信息化技能的电子商务应用人才。积极开展面向企业高级管理人员的电子商务培训。鼓励有条件的地区营造良好的创业环境，吸引并帮助具有国际视野的创新创业型人才成长。

（十）加强国际合作

积极参与国际组织中电子商务相关活动，认真开展国际电子商务法规、标准制定与实施的调查研究，主动参与相关标准规范的制修订，积极参与国际双边、多边涉及电子商务的条约和协议起草工作，推动国内电子商务发展与国际对接。

工业和信息化部牵头，联合相关部门做好规划宣贯工作，增强社会各方面实施规划的主动性和积极性。建立动态评估机制，对规划实施的阶段成果实行动态监测，及时发现规划实施过程中存在的问题，适时对规划内容进行调整。加强跨部门、跨行业、跨区域的规划实施工作经验交流，不断提高工作水平。

第12部分 大事记

2011年电子信息产业大事记

1月

7日 南昌大学国家硅基LED工程技术研究中心正式获得科学技术部立项批复，这是中国第一个国家级LED工程技术研究中心。

8日 中国首台代表国际尖端水平的薄膜太阳能电池关键生产设备——等离子体增强型化学气相沉积设备(PECVD)在上海理想能源设备公司下线，打破了高端薄膜太阳能电池设备一直被国外厂商垄断的局面，并有望大幅降低太阳能发电成本。中共中央政治局委员、上海市市委书记俞正声致信祝贺。

12日 国务院总理温家宝主持召开国务院常务会议，研究部署进一步鼓励软件产业和集成电路产业发展的政策措施。为鼓励软件和集成电路产业发展，会议确定了6项政策措施。

19日 “全球首款40纳米低功耗商用TD-HSPA/TD-SCDMA多模通信芯片报告会”在北京市举行。该款芯片由展讯通信有限公司推出。工业和信息化部副部长杨学山、科学技术部副部长曹健林等出席报告会。

25日 由TD产业联盟主办的“标准之路——TD国际标准创新十年庆典”在北京市举行。工业和信息化部副部长奚国华、国家发展和改革委员会副主任张晓强、科学技术部副部长张来武、国务院国有资产监督管理委员会副主任黄丹华等出席庆典并讲话。

28日 《国务院关于印发进一步鼓励软件产业和集成电路产业发展若干政策的通知》（国发［2011］4号）发布。

1月 中国电子科技集团公司承担的国家重大科技专项——极大规模集成电路制造装备与成套工艺专项课题之一的300mm多线切割机研制成功。该设备具有完全自主知识产权，打破了国内生产线上运行的12英寸多线切割机全部为进口设备的现状。

2月

1日　国务院决定，任命苏波、刘利华同志为工业和信息化部副部长。根据中共中央组织部任免通知，苏波同志任工业和信息化部党组成员。

16日　工业和信息化部电子知识产权中心与英特尔（中国）有限公司在北京市签署战略合作备忘录，双方在知识产权和相关领域结成战略伙伴关系。工业和信息化部科技司副司长韩俊以及合作双方代表出席备忘录签署仪式。

22日　由中国电子信息产业发展研究院主办的“2011中国IT市场年会”在北京市举行。本届年会的主题为“面向‘十二五’规划，布局战略性新兴产业”。工业和信息化部副部长杨学山出席会议并讲话。

25—26日　由中国软件与信息服务外包产业联盟主办的“ChinaSourcing第二届中国软件与信息服务外包产业年会”在江苏省盐城市举行。本届年会的主题为“提升服务外包价值，促进经济发展转型”，并发布《2011中国软件与信息服务外包产业发展报告》。工业和信息化部总经济师周子学、软件服务业司副司长郭建兵出席会议并讲话。

28日　中国联合网络通信集团有限公司在北京市召开新闻发布会，正式推出沃Phone及中国首个自主知识产权的智能终端操作系统。工业和信息化部副部长奚国华、科学技术部副部长曹健林出席发布会并致辞。

28日　工业和信息化部发布《关于加强电子信息产品污染控制管理工作的通知》。

3月

3日　工业和信息化部与吉林省人民政府在北京市举行《加快吉林工业和信息化发展战略合作协议》签字仪式。工业和信息化部部长苗圩、吉林省省长王儒林代表双方签字并致辞。工业和信息化部副部长苏波、吉林省省委书记孙政才等出席签字仪式。

7日　工业和信息化部与广东省人民政府以及广州市人民政府、深圳市人民政府在北京市举行《部省市协同开展中国软件名城创建工作合作备忘录》签署仪式。中共中央政治局委员、广东省省委书记汪洋，工业和信息化部部长苗圩、副部长杨学山，广东省省长黄华华、副省长佟星，广州市市委书记张广宁、市长万庆良，深圳市市长许勤等出席仪式。杨学山、佟星、万庆良、许勤代表四方共同签署合作备忘录。

8—14日　由科学技术部、中共中央组织部、国家发展和改革委员会、财政部、总装备部牵头，会同教育部、中国科学院、中国工程院、国家自然科学基金委员会、中国科学技术协会、国家国防科技工业局等共同主办的“‘十一五’国家重大科技成就展”在北京市举行。该展览的主题为“自主创新，重点跨越”，围绕“依靠科技创新驱动，推动转变经济发展方式”这一主线展开。工业和信息化部有4个专项参展，分别是：“核高基”（核心电子器件、高端通用芯片及基础软件产品）、新一代宽带无线移动通信网、高档数控机床与基础制造装备、商用“大飞机”。

12日　工业和信息化部与宁夏回族自治区人民政府在北京市签订《深入实施西部大开发，加快推进宁夏工业和信息化发展战略合作框架协议》。工业和信息化部部长苗圩、宁夏回族自治区主席王正伟代表双方签字并致辞。工业和信息化部副部长苏波、宁夏回族自治区党委书记张毅等出席签字仪式。

14日　工业和信息化部为中国首个物联网产业示范基地——重庆市南岸区“国家物联网产业示范基地”授牌。工业和信息化部副部长奚国华出席授牌仪式并讲话。

15—20日　“2011上海国际信息化博览会”在上海市举行。本届博览会由上海市经济和信息化委员会、上海市浦东新区人民政府共同主办，国际半导体设备与材料协会、慕尼黑国际博览集团、中国印制电路行业协会联合承办，共有6个专业展和21个论坛及研讨会。6个专业展分别为“国际半导体设备、材料、制造和服务展”、“中国国际平板显示器件、设备材料及配套件展”、“中国国际太阳能技术展”、“慕尼黑上海电子展”、“慕尼黑上海激光、光电展”以及“中国国际电子电路展”。工业和信息化部副部长刘利华出席博览会开幕式并致辞。

21—22 日 “2011 年全国软件和信息技术服务业工作座谈会”在广东省广州市举行。工业和信息化部副部长杨学山出席会议并讲话。广东省副省长佟星出席会议并致辞。工业和信息化部软件服务业司司长陈伟作工作报告。

28 日 国家知识产权局公布 2010 年发明专利授权量前 10 位的内地省份、副省级城市及企业。在发明专利授权量前 10 位的内地企业中，有 9 家是信息技术企业。

28 日 由深圳市人民政府、数字中国联合会共同主办的“2011 中国（深圳）IT 领袖峰会”在深圳市举行。本届峰会的主题为“转型发展：IT 新使命”。工业和信息化部副部长刘利华出席开幕式并致辞。

30 日 落户于江苏省南京经济技术开发区“中国南京液晶谷”的第一个大项目——中电熊猫第六代液晶面板生产线，经过 17 个月的设计、施工、安装和调试，已建成投产。中国电子信息产业集团有限公司、南京市人民政府举行投产仪式，庆贺中国大陆第一块电视用液晶面板下线。工业和信息化部总经济师周子学，江苏省省委书记、省人大常委会主任罗志军，江苏省省长李学勇，国家发展和改革委员会高技术产业司司长綦成元等出席投产仪式。

4 月

6 日 工业和信息化部、科学技术部、财政部、商务部、国务院国有资产监督管理委员会联合印发《关于加快推进信息化与工业化深度融合的若干意见》。

13 日 TCL 奥博（天津）环保发展有限公司投产仪式在天津子牙循环经济产业园区举行。该公司由惠州 TCL 环保资源有限公司、天津市博奇金属制品有限公司、天津子牙环保产业园有限公司共同组建。此次投产的 TCL 奥博一期项目将达到 10 万吨（300 万台）/年废旧家电处理能力。

15—16 日 由工业和信息化部主办的“全国集成电路行业工作会议”在北京市召开。该会议的主题为“政策支持产业健康快速发展，自主创新推进产业结构升级”，并同期同地举办“中国集成电路十年成就展示”。工业和信息化部副部长杨学山出席会议并讲话。工业和信息化部电子信息司司长肖华作工作报告。工业和信息化部办公厅副主任陶少华，电子信息司副司长丁文武、刁石京等出席会议。

18 日 彩虹集团公司和广东省佛山市顺德区人民政府在顺德区华桂园举行彩虹广东高世代玻璃基板项目签约仪式。国内首条 8.5 代玻璃基板项目落户顺德。

21—22 日 “全国工业和信息化系统科技工作座谈会”在山东省济南市召开。工业和信息化部副部长奚国华出席会议并讲话。山东省省委常委、副省长王军民致辞。会议由工业和信息化部科技司司长闻库主持。

22 日 由工业和信息化部电子信息司、工业和信息化部电子科学技术委员会、合肥市人民政府共同组织的“2011 中国（合肥）未来显示技术发展高峰论坛”在安徽省合肥市召开。工业和信息化部总经济师周子学出席会议并致辞。工业和信息化部电子信息司副司长刁石京、工业和信息化部电子科学技术委员会副主任俞忠钰等出席会议。

26—29 日 由工业和信息化部、国家知识产权局、中国国际贸易促进委员会和四川省人民政府共同主办的“第九届中国国际软件合作洽谈会”（以下简称软洽会）在四川省成都市举行。本届软洽会的主题为“智能城市、绿色 IT”。工业和信息化部副部长杨学山出席开幕式并致辞。工业和信息化部软件服务业司司长陈伟出席开幕式主论坛并发表演讲。

5 月

4 日 经国务院同意，国务院办公厅就设立国家互联网信息办公室发出通知。国务院新闻办公室主任王晨任国家互联网信息办公室主任，国务院新闻办公室副主任钱小芊任国家互联网信息办公室副主任，工业和信息化部副部长奚国华、公安部副部长张新枫任国家互联网信息办公室兼职副主任。国家互联网信息办公室不另设新的机构，在国务院新闻办公室加挂国家互联网信息办公室牌子。

6日 中国智能多媒体终端技术联盟在深圳市成立。该联盟由TCL集团股份有限公司、海信集团有限公司、长虹电器股份有限公司三大彩电厂商携手发起，是国内彩电企业联合制定智能终端技术标准的一次尝试。工业和信息化部规划司司长肖华、电子信息司副司长丁文武等出席成立仪式。

12—14日 由工业和信息化部、国家发展和改革委员会、科学技术部、国家外国专家局和北京市人民政府共同主办的“第十五届中国国际软件博览会”（以下简称软博会）在北京市举行。本届软博会的主题为“把握机遇，创新发展，做大做强，服务两化深度融合”，并于开幕式当天举办“2011中国软件和信息技术服务业发展高峰论坛”。工业和信息化部部长苗圩出席开幕式并宣布博览会开幕。工业和信息化部副部长杨学山、国家发展和改革委员会副秘书长李朴民、北京市政府副秘书长戴卫出席会议并致辞。工业和信息化部总经济师周子学、办公厅主任莫玮、软件服务业司司长陈伟，中国科学院院士怀进鹏等出席会议。

18—20日 由中国电子学会主办的“第三届中国云计算大会”在北京市召开。本届大会的主题为“云计算应用之路”。中国电子学会理事长、原信息产业部部长吴基传，工业和信息化部副部长杨学山，北京市副市长苟仲文出席大会并讲话。

20日 由工业和信息化部电信研究院主办的“2011宽带通信及物联网高层论坛”在北京市召开。本届论坛的主题为“融合宽带价值”。工业和信息化部副部长奚国华出席论坛开幕式并致辞。

26日 “兰州国家级两化融合试验区启动仪式暨两化融合高峰论坛”在甘肃省兰州市举行。工业和信息化部副部长杨学山出席会议，向兰州市授牌并讲话。

6月

2日 由工业和信息化部主办的“2011年（第25届）电子信息百强企业工作座谈暨发布会”在广东省惠州市召开。会议发布第25届电子信息百强企业名单并授牌，华为技术有限公司位居榜首，联想控股股份有限公司、海尔集团分列第2、第3名。工业和信息化部副部长杨学山出席会议并讲话。工业和信息化部运行监测协调局副局长高素梅，电子信息司副司长丁文武、刁石京，软件服务业司副司长郭建兵等出席会议。

11—17日 由工业和信息化部等海峡两岸66个相关机构、社团共同主办的“第三届海峡论坛”在福建省厦门市举行。本届论坛的主题为“扩大民间交流、加强两岸合作、促进共同发展”。中共中央政治局常委、全国政协主席贾庆林出席论坛大会并致辞。全国政协经济委员会副主任、工业和信息化部原部长李毅中，工业和信息化部副部长刘利华等出席大会。

15日 由中国互联网协会主办的“互联网服务标准发布会”在北京市召开。大会发布由中国互联网协会组织起草的中国首个互联网服务标准——《互联网服务统计指标　第1部分：流量基本指标》。

17—18日 由中国电子工业标准化技术协会、中国通信标准化协会与中国台湾华聚产业共同标准推动基金会共同主办的“第八届海峡两岸信息产业和技术标准论坛”在中国台湾台北市举行。本届论坛围绕TD、三网融合、平板显示技术、半导体照明等10个专业技术领域，共达成30项共识。工业和信息化部副部长奚国华以中国电子工业标准化技术协会和中国通信标准化协会名誉理事长的名义发表主题演讲。

19日 “台湾TD-LTE试验网启动仪式”在中国台湾新北市板桥“远东通讯园区”举行。中国台湾远东集团董事长徐旭东与中国移动通信集团公司董事长王建宙就合作推动两岸TD-LTE产业发展等话题，依托中国台湾远传电信TD-LTE试验网与中国移动通信集团公司大陆TD-LTE试验网进行两岸TD-LTE高清视频通话。率团赴台参加“第八届海峡两岸信息产业和技术标准论坛”的工业和信息化部副部长奚国华出席启动仪式。

19—20日 由工业和信息化部、新疆维吾尔自治区人民政府、新疆生产建设兵团共同主办的“中国新疆2011产业转移系列对接活动”在乌鲁木齐市举行。本次产业对接活动的主题为“产业援疆、合作共赢”。工业和信息化部部长苗圩、新疆维吾尔自治区主席努尔·白克力、新疆生产建设兵团司令员华士飞共同启动开幕式。

20日 由工业和信息化部负责制定的《地面数字电视接收机通用规范》和《地面数字电视接收器通用规范》等6项地面数字电视接收终端国家标准发布，并于2011年11月1日起正式实施。

23日 由工业和信息化部软件服务业司、运行监测协调局，江苏省经济和信息化委员会共同主办的“2011年（第十届）中国软件业务收入前百家企业名单发布暨龙头企业培育工作座谈会”在江苏省扬州市召开。会议发布第十届中国软件业务收入前百家企业名单及中国自主品牌软件产品前十家企业名单。工业和信息化部副部长杨学山、江苏省副省长史和平出席会议并讲话，工业和信息化部总经济师周子学出席会议并作大会总结。工业和信息化部软件服务业司司长陈伟、副司长郭建兵，运行监测协调局副局长高素梅等出席会议。

26—28日 由工业和信息化部、财政部共同主办的“‘十一五’电子信息产业发展基金成果汇报展示会”在北京市举行。展示会的主题为“创新引领、融和发展，提升产业核心竞争力”。在开幕式上，工业和信息化部部长苗圩发表书面讲话，工业和信息化部副部长杨学山宣布开幕，财政部经济建设司司长李敬辉代为宣读张少春副部长的讲话。工业和信息化部总经济师周子学作了“发挥引领带动作用，加强管理规范创新，为工业转型升级和两化深度融合提供更大支撑”的主题报告。开幕式由工业和信息化部办公厅副主任陶少华主持。工业和信息化部财务司司长王占甫，电子信息司副司长丁文武、赵波、刁石京，软件服务业司司长陈伟与副司长郭建兵、陈英出席会议并讲话。中共中央政治局委员、国务院副总理张德江于27日在参观展示会时强调，加大支持力度，加快创新步伐，大力提升电子信息产业发展水平。

29日 中国大陆首条自主设计与自主建设的最高世代TFT-LCD生产线——京东方北京8.5代TFT-LCD生产线在北京经济技术开发区点亮投产。总投资280亿元的京东方北京8.5代线主要生产26英寸至55英寸显示器和液晶电视用显示屏，是电子信息产业振兴规划宣布后投资规模最大的电子信息产业项目。由此，京东方科技集团股份有限公司实现了从1.8英寸到55英寸全系列主流液晶面板的国产化。

7月

3—8日 中国电子质量管理协会在湖北省宜昌市组织召开“中国电子信息行业第31次质量管理小组暨质量信得过班组代表大会”。本次会议评选出电子信息行业优秀质量管理小组205个（其中创新型课题成果17个，占发表成果的8.3%），优秀质量信得过班组5个，优秀六希格玛项目14个，质量管理小组活动先进单位40个，优秀领导者42名，优秀推进者54名。

4日 “国家级两化融合试验区授牌仪式暨陕西省两化融合推进大会”在陕西省西安市召开。会议为西安市、咸阳市国家级两化融合试验区和宝鸡市、榆林市省级两化融合试验区授牌。工业和信息化部副部长杨学山、陕西省副省长吴登昌出席会议并讲话。

5日 “广西壮族自治区国家级两化融合试验区授匾仪式暨广西加快推进信息化和工业化融合工作会议”在广西南宁市召开。工业和信息化部副部长杨学山出席会议，向柳州市、桂林市授予国家级两化融合试验区牌匾并讲话。

7—10日 由商务部、工业和信息化部、科学技术部和山东省人民政府主办，美国消费电子协会海外主办的“2011中国国际消费电子博览会”（以下简称电博会）在山东省青岛市举行。本届电博会的主题为“联动世界、‘云’筹未来”。全国人大常委会原副委员长顾秀莲宣布电博会开幕。商务部副部长蒋耀平、科学技术部副部长曹健林、工业和信息化部总经济师周子学等出席开幕式。

8日 国务院决定，任命尚冰同志为工业和信息化部副部长；免去奚国华同志的工业和信息化部副部长职务。根据中共中央组织部任免通知，尚冰同志任工业和信息化部党组成员。

11日 由工业和信息化部运行监测协调局、电子信息司和中国电子元件行业协会共同主办的“2011中国电子元件产业峰会暨中国电子元件行业‘十二五’规划发布会”在北京市召开。工业和信息化部总经济师周子学、运行监测协调局副局长高素梅、电子信息司副司长刁石京等出席会议并讲话。工业和信息化部运行监测协调局公布2011年（第24届）中国电子元件百强企业名单。亨通集团有限公司以综合实力再次夺取本届元件百强桂冠，上海飞乐股份有限公司列居第二，广东生益科技股份有限公司位列第三名。

14日 科学技术部与工业和信息化部“共建国家重点实验室培育基地合作备忘录签约仪式”在北京市举行。全国政协副主席、科学技术部部长万钢，工业和信息化部部长苗圩出席签约仪式并致辞。科学技术部副部长陈小娅、工业和信息化部副部长杨学山代表双方在备忘录上签字。

14—15日 工业和信息化部信息化推进司和中小企业司在浙江省杭州市组织召开“全国中小企业信息化推进工作会议”。工业和信息化部党组成员、总工程师朱宏任出席会议并讲话。

21日 中国电子信息产业集团有限公司与中国银联股份有限公司在上海市签署战略合作框架协议，双方约定在金融IC卡、移动支付等创新支付领域全面合作，进一步拓展银行卡多渠道应用，共同推动中国金融IC卡国产化进程，促进中国电子支付产业的发展。中国电子信息产业集团有限公司总经理刘烈宏、中国银联股份有限公司总裁许罗德出席签约仪式。

22日 “湖南长株潭国家级两化融合试验区授牌暨数字湖南领导干部培训班开班仪式”在湖南省长沙市举行。工业和信息化部副部长杨学山出席会议，向湖南省经济和信息化委员会、长沙市、株洲市、湘潭市授予国家级信息化和工业化融合试验区牌匾，并作信息化专题报告。

25日 工业和信息化部、中国社会科学院联合举行新闻发布会，共同发布《中国产业发展和产业政策报告(2011)》（以下简称《报告》）。《报告》是工业和信息化部成立以来针对中国工业发展和产业政策发布的第一份最系统、最权威的报告。工业和信息化部党组成员、总工程师、新闻发言人朱宏任介绍《报告》发布的背景、主要内容及意义，并与全国人大常委、中国社会科学院经济学部主任、学部委员陈佳贵一起回答记者提问。工业和信息化部产业政策司司长郑立新出席发布会，会议由工业和信息化部办公厅副主任陶少华主持。

28日 落户中金数据系统有限公司的北京“祥云工程”中金云后台正式启动。这是中国新兴的云计算产业中第一个建成投入使用的公共云后台。工业和信息化部副部长杨学山、北京市副市长苟仲文出席启动仪式并致辞。

28—29日 “全国工业和信息化主管部门负责同志座谈会”在黑龙江省哈尔滨市召开。工业和信息化部部长苗圩作了《创新思路举措，加快转型升级，推动工业通信业又好又快发展》的报告，黑龙江省省长王宪魁出席会议并致辞。黑龙江省副省长徐广国，工业和信息化部副部长刘利华、尚冰等出席会议。会议由工业和信息化部副部长苏波主持。

29日 工业和信息化部与黑龙江省人民政府在黑龙江省哈尔滨市举行《加快推进黑龙江省工业和信息化发展战略合作框架协议》签字仪式。工业和信息化部部长苗圩、黑龙江省省长王宪魁分别致辞，工业和信息化部副部长苏波、黑龙江省副省长徐广国代表双方签字。

8 月

8 日 深圳华星光电技术有限公司 8.5 代 TFT-LCD 面板生产线项目正式投产。华星光电 8.5 代 TFT-LCD 面板项目由 TCL 集团股份有限公司和深超科技投资有限公司投资成立，总投资 245 亿元，是中国大陆首条没有技术引进、依靠自主创新建设的最高世代液晶面板生产线。

8 日 维信诺公司正式宣布启动 AMOLED（有源驱动有机发光显示器）产业化项目。维信诺公司计划投资建设一条 4.5 代以上 AMOLED 生产线，并在 2013 年投产。该项目的实施，将使维信诺公司成为中国大陆同时拥有自主设计的 PMOLED（无源驱动有机发光显示器）和 AMOLED 生产线的企业，标志着中国大陆 OLED 产业实现从小尺寸向大尺寸的跨越。

10 日 中国首个应用程序商店 SDK 标准正式发布。该标准是中国智能多媒体终端技术联盟成立后为中国智能多媒体终端产业构建的统一的行业技术标准。

16 日 中兴通讯股份有限公司联合中国移动通信集团公司研发的全球首款 TD-LTE/TD-SCDMA/GSM 多模双待智能终端样机亮相深圳大运会，成功演示语音通话、高速上网、在线视频等业务，成为本届大运会的一大科技亮点。

23—25 日 由中国互联网协会主办的“2011（第十届）中国互联网大会”在北京市举行。本届大会的主题为“网络中国——责任与活力”。工业和信息化部部长苗圩出席大会开幕式并致辞。工业和信息化部副部长刘利华、国家互联网信息办公室副主任钱小芊作主旨报告。

29 日 由工业和信息化部电信研究院、中国电信集团公司、中国移动通信集团公司等 17 家单位联合发起成立的“云计算发展与政策论坛”成立大会在北京市召开。工业和信息化部副部长杨学山出席大会并致辞。中国电子学会理事长吴基传出席会议。

30—31 日 工业和信息化部信息化推进司和安全生产司在北京市组织召开“两化融合促进安全生产经验交流会”。工业和信息化部副部长杨学山出席会议并讲话。会议由工业和信息化部信息化推进司司长徐愈主持。

31 日 由工业和信息化部软件与集成电路促进中心联合企业主办的“基于安全可控软硬件产品云计算解决方案推介大会”在北京市召开。工业和信息化部副部长刘利华出席会议并致辞。中国工程院院士李德毅，工业和信息化部办公厅副主任陶少华、软件服务业司副司长郭建兵、电子信息司副司长赵波等出席会议。

31 日 由中国计算机行业协会主办的“中国云计算基地（中心）联盟成立大会”在北京市召开。工业和信息化部总经济师周子学出席大会并致辞。工业和信息化部电子信息司副司长赵波、中国工程院院士倪光南出席大会并发表演讲。

9 月

1 日 由国家质量监督检验检疫总局与工业和信息化部联合主办的“手机产品国家监督抽查质量分析会议”在广东省广州市召开。国家质量监督检验检疫总局副局长魏传忠、工业和信息化部总经济师周子学出席会议并讲话。

2 日 工业和信息化部、国家标准化管理委员会和浙江省人民政府在宁波市签署《共同推进浙江省信息化与工业化深度融合和“智慧城市”建设试点战略合作框架协议》。工业和信息化部副部长杨学山、国家标准化管理委员会主任陈钢、浙江省副省长毛光烈分别致辞并代表三方签约。

2—4 日 由工业和信息化部、国家广播电影电视总局、中国科学院、中国工程院、中国电信集团公司、中国移动通信集团公司、中国联合网络通信集团有限公司和宁波市人民政府共同主办的“首届中国（宁波）智慧城市技术与应用产品博览会”（以下简称智博会）在宁波市举行。本届智博会的主题为“荟萃智慧应用，建设智慧城市”，是国内首个以智慧城市为主题的大型博览会。工业和信息化部副部长杨学山出席开幕式并致辞。

6—7 日 由中国电子学会、南京市人民政府和中国通信标准化协会共同主办的“2011 中国物联网应用与标准大会”在江苏省南京市召开。工业和信息化部副部长杨学山、国际电信联盟副秘书长赵厚麟等出席会议并致辞。

7 日 工业和信息化部与上海市人民政府在上海市举行《部市协同开展中国软件名城创建工作合作备忘录》签署仪式。工业和信息化部副部长杨学山、上海市人民政府副市长艾宝俊代表双方签署合作备忘录。

8 日 工业和信息化部、商务部、国家发展和改革委员会、科学技术部、财政部、环境保护部、海关总署、国家税务总局、国家质量监督检验检疫总局、国家知识产权局等 10 部门联合发布《关于促进战略性新兴产业国际化发展的指导意见》。意见提出，重点推进节能环保、新能源、新一代信息技术、生物医药、高端装备制造、新材料和新能源汽车等七大产业的国际化。

14 日 工业和信息化部与江苏省人民政府在江苏省南京市举行《关于共同推进江苏省信息化发展战略合作框架协议》签字仪式。工业和信息化部部长苗圩、江苏省省长李学勇代表双方签字并致辞。

16 日 工业和信息化部信息化推进司与贵州省经济和信息化委员会共同主办的“两化融合深度行”全国首发式在贵州省贵阳市举行。工业和信息化部副部长杨学山作主旨报告。贵州省副省长孙国强致辞。工业和信息化部信息化推进司司长徐愈对《关于加快推进信息化与工业化深度融合的若干意见》作了解读。

19—23 日 由国家标准化管理委员会主办的“2011 年国际电工委员会平板显示器件技术委员会(IEC/TC110) 年会”在江苏省南京市召开。本次大会举行 IEC/TC110 新旧主席交接仪式，东南大学副校长王保平教授正式担任新一届主席，中国成为 IEC/TC110 新一任主席国。这是中国专家在国际电工委员会电子信息领域内首次担任技术委员会主席职务。国家标准化管理委员会副主任石保权、工业和信息化部电子信息司副司长刁石京等出席大会。

21 日 国家级软件产业基地——长沙中电软件园正式开园。该软件园由中国电子信息产业集团有限公司与湖南省、长沙市共同建设，总投资逾 30 亿元。湖南省省委常委、长株潭试验区工委书记陈肇雄，中国电子信息产业集团有限公司董事长芮晓武等出席开园仪式。

26—30 日 由工业和信息化部、中国国际贸易促进委员会主办的“2011 中国国际信息通信展览会”在北京市举行。本届展览会的主题为“新一代信息技术”。工业和信息化部部长苗圩、中国国际贸易促进委员会会长万季飞出席开幕式并致辞。中共中央政治局委员、国务院副总理张德江于 28 日在参观展览会时强调，大力推动新一代信息技术产业加快发展。

10 月

14 日 由国家标准化管理委员会主办的“2011 年世界标准日大会”在北京市召开。本次会议的主题为“国际标准树立全球信心”。工业和信息化部副部长刘利华出席大会并致辞。

15 日 工业和信息化部与内蒙古自治区人民政府在北京市举行部区战略合作框架协议签约仪式。工业和信息化部部长苗圩与内蒙古自治区主席巴特尔共同签署战略合作框架协议。工业和信息化部副部长苏波、内蒙古自治区党委书记胡春华等出席签约仪式。

17 日 由工业和信息化部、科学技术部、中央组织部共同组织的“《湖南省国家农村农业信息化示范省建设实施方案》专家论证会”在北京市召开。专家组同意该实施方案通过论证并建议尽快组织实施。工业和信息化部副部长杨学山、科学技术部副部长张来武、中央组织部党员教育中心副主任李丰等出席会议并讲话。

20—22 日 由工业和信息化部、国家发展和改革委员会、科学技术部、中国科学院、新华通讯社和江苏省人民政府共同主办的“2011中国国际物联网大会暨博览会”在江苏省无锡市举行。本届博览会的主题为“应用，让物联网从概念走向现实”。工业和信息化部科技司司长闻库出席开幕式并致辞。中国工程院院士刘韵洁、中国物联网研究发展中心主任叶甜春等出席并发表主题演讲。

20—23日 由工业和信息化部、商务部、国务院台湾事务办公室、江苏省人民政府共同主办的“2011年(第十届)中国苏州电子信息博览会”（以下简称电博会）在江苏省苏州市举行。本届电博会的主题为“十年打造电博会，一路引领智慧城”。工业和信息化部副部长杨学山、商务部副部长蒋耀平等出席开幕式并致辞。

24—25日 工业和信息化部在上海市召开全国技术改造工作暨工业和信息化系统战略性新兴产业发展座谈会。工业和信息化部副部长苏波出席会议并讲话。

26—28日 由中国半导体行业协会、中国国际贸易促进委员会电子信息行业分会、上海市经济和信息化委员会共同主办的“第九届中国国际半导体博览会暨高峰论坛（IC China 2011)”在上海市举行。工业和信息化部电子信息司副司长刁石京出席高峰论坛并讲话。

27—28日 工业和信息化部运行监测协调局在福建省福州市召开“2011年全国电子信息产业统计工作会”。工业和信息化部运行监测协调局副局长高素梅出席会议并作主题报告。

11月

1日 “沈阳市国家级信息化和工业化融合试验区授牌仪式暨全市两化融合工作推进会议”在辽宁省沈阳市举行。工业和信息化部副部长杨学山出席会议，向沈阳市授予国家级信息化和工业化融合试验区牌匾并讲话。

1—5日 由工业和信息化部、国家发展和改革委员会、商务部、科学技术部、教育部、中国科学院、中国工程院、中国国际贸易促进委员会和上海市人民政府共同主办的“2011中国国际工业博览会”（以下简称工博会）在上海市举行。本届工博会的主题是“创新转型与战略性新兴产业”，共设置了信息与通信技术应用展等8个专业展。工业和信息化部部长苗圩，上海市市委副书记、市长韩正，国家发展和改革委员会副主任刘铁男，商务部国际贸易谈判副代表崇泉出席开幕式并致辞。中共中央政治局委员、上海市市委书记俞正声出席并宣布工博会开幕。工业和信息化部副部长苏波出席开幕式。

2日 中国电子工业标准化技术协会与中国台湾华聚产业共同标准推动基金会在北京市联合举办“海峡两岸共通标准制定专家技术委员会成立仪式”，同时召开专家技术委员会第一次工作会议。工业和信息化部港澳台办副主任赵文智、中国电子工业标准化技术协会理事长胡燕、中国台湾华聚产业共同标准推动基金会董事长陈瑞隆出席会议并致辞。

2—5日 由工业和信息化部、科学技术部、国家发展和改革委员会、教育部、国家知识产权局、国家测绘地理信息局、中国科学院、中国工程院、中国国际贸易促进委员会和湖北省人民政府共同主办的“第八届‘中国光谷’国际光电子博览会暨论坛”（以下简称光博会）在湖北省武汉市举行。本届光博会的主题为“创新驱动，交易给力，引导发展，聚全球资源，做世界光谷”。工业和信息化部总工程师王秀军出席开幕式并致辞。

3—5日 国家互联网信息办公室在北京市举办“互联网站和互联网企业负责人研讨班”。工业和信息化部部长苗圩、国家发展和改革委员会副主任张晓强、外交部副部长程国平、国务院法制办公室副主任袁曙宏、国家互联网信息办公室主任王晨等出席研讨班并讲话。

6日 新疆云计算产业发展座谈会在新疆维吾尔自治区乌鲁木齐市召开。工业和信息化部副部长杨学山，新疆维吾尔自治区党委常委、纪检委书记宋爱荣，国家信息化专家咨询委员会常务副主任周宏仁等出席会议并讲话。

10日 由国家信息化专家咨询委员会主办的“第八

届国家信息化专家论坛”在北京市召开。本届论坛的主题为“全面提高信息化水平，加快迈向信息社会”。中共中央政治局委员、国务院副总理张德江出席论坛并强调，大力发展信息技术产业，全面提高经济社会信息化水平。工业和信息化部副部长杨学山在主论坛上发表主题演讲。

11—13日 由工业和信息化部、中国工程院、天津市人民政府共同主办的“第十二届中国（天津）信息技术博览会”在天津市举行。本届博览会的主题为“构建智慧城市，引领产业发展”。工业和信息化部副部长杨学山，中国工程院常务副院长潘云鹤等出席开幕式并致辞。工业和信息化部电子信息司副司长刁石京、信息化推进司副司长秦海分别在ICT高峰论坛、物联网和两化融合论坛上发表主题演讲。

12—14日 由工业和信息化部与河南省人民政府共同主办的“第二届中国郑州产业转移系列对接活动”在河南省郑州市举行。本届活动的主题为“开放、合作、发展、共赢”。工业和信息化部部长苗圩、河南省省长郭庚茂在开幕式上致辞并共同启动开幕装置。

14—15日 “全国工业和信息化政策法规工作座谈会”在湖北省宜昌市召开。工业和信息化部副部长刘利华出席会议并讲话。工业和信息化部政策法规司司长郭福华作主题报告。

15日 由工业和信息化部主办的“入世十年中国电子信息产业发展回顾与展望暨中国IT市场指数发布会”在深圳市召开。工业和信息化部副部长杨学山、总经济师周子学，深圳市市长许勤，中国电子商会会长曲维枝等出席并讲话。

15日 南京市人民政府与中国电子信息产业集团有限公司（以下简称中国电子）战略合作协议签字仪式在北京市举行。工业和信息化部副部长刘利华，国务院国有资产监督管理委员会副主任邵宁，江苏省省委常委、南京市市委书记杨卫泽，中国电子董事长芮晓武等出席签字仪式。南京市市长季建业与中国电子总经理刘烈宏分别在协议书上签字。

16—21日 由商务部、科学技术部、工业和信息化部、国家发展和改革委员会、教育部、人力资源和社会保障部、农业部、国家知识产权局、中国科学院、中国工程院、深圳市人民政府共同主办的“第十三届中国国际高新技术成果交易会”（以下简称高交会）在深圳市举行。本届高交会的主题为“促进国际创新合作，加快发展方式转变”。工业和信息化部组织了“物联网技术与应用专题馆”，主题为“技术创新凝聚全球智慧，应用示范共享物联网时代”；主办的“中国物联网”网站开通仪式和“2011中国物联网发展论坛”等系列活动同期举行。工业和信息化部副部长杨学山出席系列活动并讲话。

23日 由中国残疾人福利基金会、中国通信标准化协会、中国互联网协会联合主办的联合国教科文组织资助“网站设计无障碍标准”项目签约仪式在北京市举行。工业和信息化部副部长杨学山出席签约仪式并讲话。

24日 工业和信息化部电子知识产权中心联合业内单位发起组建的“数字家庭知识产权公共服务平台”在广州市成立。工业和信息化部总经济师周子学、电子信息司副司长赵波等出席成立仪式并为平台揭牌。

25日 工业和信息化部在江苏省南京市召开地方信息安全工作会议。工业和信息化部副部长杨学山出席会议并讲话。

25日 “济南市中国软件名城创建试点工作总结大会暨中国软件名城授牌仪式”在山东省济南市举行。济南市成为继南京市之后第二个被授予中国软件名城称号的城市。工业和信息化部副部长杨学山出席并授牌。

26日 由工业和信息化部、财政部和中国企业联合会共同主办的“全国企业技术创新大会”在北京市召开。中共中央政治局委员、国务院副总理张德江出席会议并讲话，他强调，要发挥主体作用，推动技术创新，促进工业转型升级和科学发展。工业和信息化部部长苗圩、中国企业联合会会长王忠禹出席会议并讲话，国务院副秘书长肖亚庆、工业和信息化部副部长杨学山等出席会议。大会还为工业和信息化部、财政部首批认定的55家2011年国家技术创新示范企业授牌。

29日 工业和信息化部科技司在北京市召开“工业和信息化部标准化管理工作宣贯培训会议”。工业和信息化部科技司副司长韩俊出席会议并讲话。

12月

1日 由工业和信息化部、国家知识产权局联合主办的“第十三届信息技术领域专利态势发布会”在四川省成都市召开。本届发布会是工业和信息化部首次与国家知识产权局联合发布。工业和信息化部副部长杨学山、国家知识产权局副局长贺化出席发布会并讲话。工业和信息化部科技司发布《2011年信息技术领域专利态势报告》。该报告显示，2011年电子信息产业的专利申请最为活跃，申请总量达到136.4万件。

1日 由中国电子信息产业发展研究院主办的“2011中国信息产业经济年会”在北京市召开。本届年会的主题为“新市场、新应用、新模式”。工业和信息化部副部长苏波出席会议并致辞。全国政协经济委员会副主任郑新立，工业和信息化部总经济师周子学、软件服务业司司长陈伟、规划司副司长顾强、电子信息司副司长赵波等出席会议并作主题演讲。

1—2日 由工业和信息化部电子科学技术情报研究所、计世传媒集团、计算机世界报社和成都市人民政府共同主办的“2011中国IT两会”（2011中国IT财富年会、中国信息主管年会）在四川省成都市召开。本届IT两会的主题为“转型·升级——寻找‘十二五’中国信息产业新坐标”，是创办12年来首次在北京市以外的城市举办。工业和信息化部副部长杨学山出席会议并发表主题演讲。工业和信息化部电子科学技术情报研究所党委书记葛程远出席会议并致辞。

2日 由中国软件评测中心、人民网、新浪网、神州数码网络有限公司共同主办的“第十届（2011年）中国政府网站绩效评估结果发布暨经验交流会”在北京市召开。工业和信息化部信息化推进司司长徐愈出席会议并致辞。

5—6日 电子签名与认证服务专家组和中国电子认证服务产业联盟在北京市成立。工业和信息化部信息安全协调司司长赵泽良出席会议并致辞。

6日 国际电信联盟无线通信局第六研究组在日内瓦正式通过对《地面数字电视广播的纠错、数据成帧、调制和发射方法》（标准号：ITU-R BT.1306）和《甚高频/超高频（VHF/UHF）频段内地面数字电视业务的规划准则》（标准号：ITU-R BT.1368）两项国际标准的修订，将中国的数字电视地面多媒体广播系统DTMB标准纳入其中。至此，中国DTMB标准正式成为继美国ATSC、欧洲DVB-T、日本ISDB-T之后的第四个数字电视国际标准。

9日 由工业和信息化部、教育部、江苏省人民政府共同主办的第一届“中国软件杯”大学生软件设计大赛正式面向全国高校学生拉开帷幕。本届大赛是工业和信息化部、教育部首度联合举办的横跨IT与教育领域的全国性赛事。工业和信息化部软件服务业司司长陈伟、教育部职业教育与成人教育司司长葛道凯出席仪式并致辞。工业和信息化部办公厅副主任李勇主持仪式。

9日 由工业和信息化部、国家发展和改革委员会、财政部联合支持的云计算示范工程“云计算公共技术服务平台”项目启动。工业和信息化部软件服务业司副司长郭建兵出席启动仪式并致辞。

11—12日 由中国电子企业协会主办的“第二届中国电子高峰论坛暨全国电子信息行业优秀企业表彰大会”在北京市召开。本届论坛的主题是“如何建立自主可控的产业体系”。工业和信息化部总经济师周子学、规划司司长肖华、电子信息司司长丁文武、软件服务业司司长陈伟、运行监测协调局副局长高素梅等出席论坛并发表演讲。

12日 工业和信息化部与云南省人民政府在北京

市举行《加快建设我国面向西南开放重要桥头堡战略合作协议》签约仪式。工业和信息化部部长苗圩、云南省代省长李纪恒代表双方签字。工业和信息化部副部长苏波、云南省省委书记秦光荣等出席签字仪式。

14 日 工业和信息化部在北京市召开贯彻中央经济工作会议精神干部大会。工业和信息化部部长苗圩传达了中央经济工作会议精神，并代表部党组提出五点贯彻意见。

26—27 日 工业和信息化部在北京市召开“2012 年全国工业和信息化工作会议”。中共中央政治局委员、国务院副总理张德江出席会议并讲话。工业和信息化部部长苗圩作了题为“稳增长，促转型，努力实现工业通信业平稳较快发展”的工作报告。会议由工业和信息化部党组副书记、副部长，国防科技工业局局长陈求发主持。总装备部科学技术委员会主任兼总装备部副部长李安东，国务院副秘书长肖亚庆，中共中央宣传部副部长蔡名照，国家发展和改革委员会副主任、国家能源局局长刘铁男应邀出席会议。

29 日 由工业和信息化部主办的“2011 年（第十一届）信息产业重大技术发明评选结果发布会”在北京市召开。获选本届信息产业重大技术发明的项目一共有 5 项。工业和信息化部副部长杨学山出席会议并讲话。工业和信息化部总经济师周子学等出席会议并回答记者提问。

29 日 工业和信息化部发布《规范互联网信息服务市场秩序若干规定》。该规定自 2012 年 3 月 15 日起正式施行。

30 日 工业和信息化部与国家开发银行股份有限公司在北京市签署“十二五”战略合作协议。工业和信息化部部长苗圩、总工程师朱宏任，国家开发银行股份有限公司董事长陈元、副行长李吉平等出席签字仪式。

12 月 工业和信息化部印发《移动互联网恶意程序监测与处置机制》，这是工业和信息化部首次出台移动互联网网络安全管理方面的规范性文件。

第13部分 附 录

附录A

世界电子信息产业发展综述

【综述】

2011年，全球经济发展放缓。在欧洲，主权债务危机的不确定性导致投资者信心严重受挫，金融压力不断加大，仅第四季度，欧洲国内生产总值（GDP）下降了1.3%。在欧洲的新兴市场，土耳其大幅削减财政，匈牙利的财政刺激政策趋弱，加之欧元持续疲弱的影响，导致该地区2011年度经济增长大幅放缓。日本GDP也出现下降。相反，美国在消费增加、投资复苏的带动下，库存流动性加快，信贷和劳动力市场开始恢复活力。在新兴市场，经济活跃度有所下降，特别是在亚洲和拉丁美洲，贸易和生产均出现下滑。在中东和北非，社会动荡和地缘政治的不确定性对经济的增长形成制约。

预计2012年，全球实际GDP增速将从2011年的3.9%放缓至3.5%，2013年可恢复到4.1%。发达经济体方面，2012年的实际GDP增速预计为1.4%，2013年为2%。欧元区则受信心疲软、财政紧张等因素影响，2012年实际GDP预计将萎缩0.3%，而2011年欧元区的经济增速为1.4%。在财务状况有所改善和财政紧缩政策减少的前提下，预计欧元区经济在2013年反弹，约增长0.9%左右。

2012年至2013年期间，预计美国的实际GDP增长会较2011年有所好转，达到2%至2.2%的增长。日本2012年实际GDP预计将恢复增长，增幅为1.5%，而2011年受地震、海啸及泰国洪灾的影响，实际GDP下降了0.7%。

预计2012年到2013年，新兴经济体和发展中经济体的增速将保持在5.5%至6%。除了中欧、东欧和独联体地区，欧元区总体上宽松货币政策的预期将在很大程度上抵消和减少财政紧缩政策的影响，负面因素将逐步减弱。

电子产品产值情况

2010年，世界电子产品总产值为1 731 372百万美元。其中，电子元器件占据首位，为513 063百万美元，占29.6%；电子数据处理设备居第二，产值为476 952百万美元，占27.5%；第三为无线通信与雷达设备，产值为291 228百万美元，占16.8%。2010年，世界电子产品产值排名前五的国家为中国、美国、日本、韩国和德国，其占世界电子产品总产值份额情况见图1。

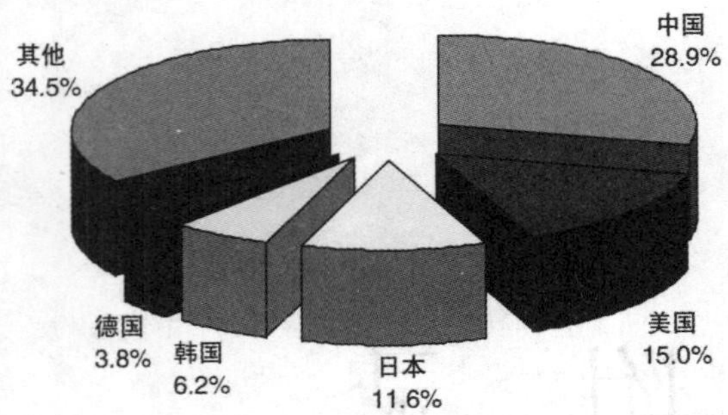

图 1　2010 年世界电子产品产值排名前五的国家市场份额情况

2011 年，世界电子产品总产值为 1 815 201 百万美元，同比增长 4.8%。其中，电子元器件产值居首位，为 533 306 百万美元，占 29.4%；电子数据处理设备位居第二，产值为 503 234 百万美元，占 27.7%；第三为无线通信与雷达设备，产值为 315 187 百万美元，占 17.4%。2011 年世界各类电子产品产值占电子产品总产值的比重见图 2。2011 年电子产品产值排名前五的国家和地区占世界电子产品总产值份额情况见图 3。2009—2012 年世界电子产品总产值的变化情况见图 4 和表 1。

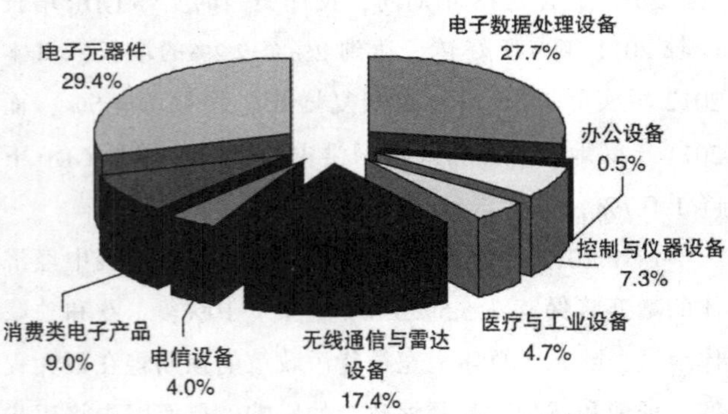

图 2　2011 年世界各类电子产品所占产值份额情况

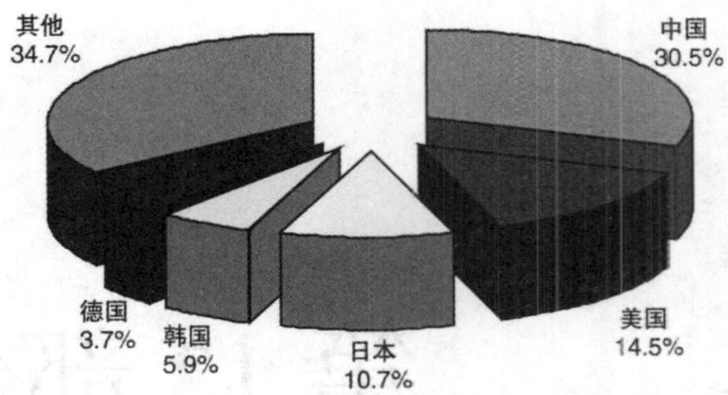

图 3　2011 年电子产品产值排名前五的国家所占份额情况

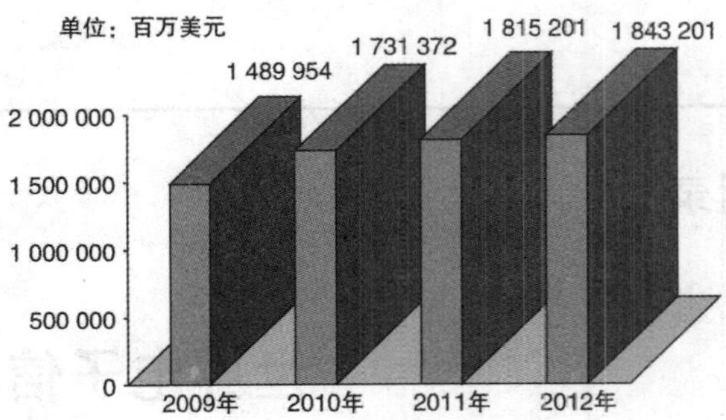

图 4　2009—2012 年世界电子产品总产值情况

注：2012 年为预测值。

电子产品市场情况

2010 年，世界电子产品市场规模为 1 730 997 百万美元，同比增长 13.6%。其中，电子元器件市场规模位居第一，总额为 535 505 百万美元，占 30.9%；第二是电子数据处理设备，市场规模为 476 706 百万美元，占 27.5%；第三是无线通信与雷达设备，市场规模为 271 872 百万美元，占 15.7%。2010 年，电子产品市场规模排名前五的国家和地区为美国、中国、日本、德国和巴西，其占世界电子产品市场规模的份额情况见图 5。

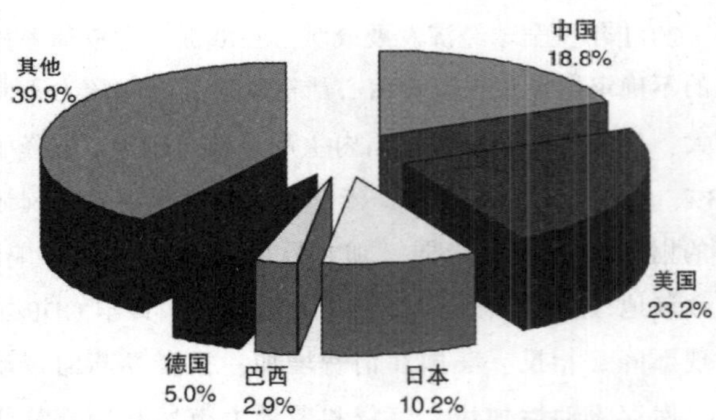

图 5　2010 年电子产品市场规模排名前五的国家所占份额情况

2011 年，世界电子产品市场规模为 1 832 028 百万美元，同比增长 5.8%。其中，电子元器件市场规模位居第一，总额为 563 346 百万美元，占 30.7%；第二是电子数据处理设备，市场规模为 508 195 百万美元，占 27.7%；第三是无线通信与雷达设备，市场规模为 292 359 百万美元，占 16.0%。2011 年世界各类电子产品在世界电子产品市场中所占份额情况如图 6 所示。2011 年电子产品市场规模排名前五的国家和地区占世界电子产品市场规模的份额情况见图 7。2009—2012 年世界电子产品市场规模情况见图8和表2。

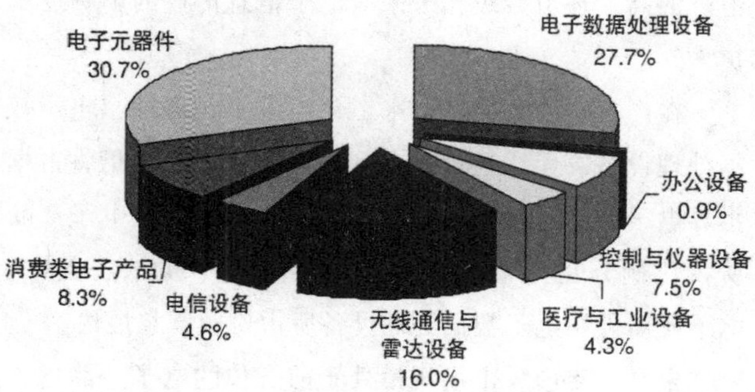

图6 2011年各类电子产品在世界电子产品市场中所占份额情况

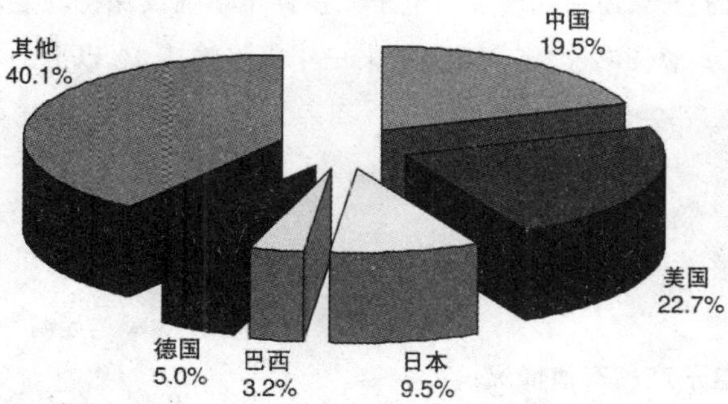

图7 2011年电子产品市场规模排名前五的国家和地区所占份额情况

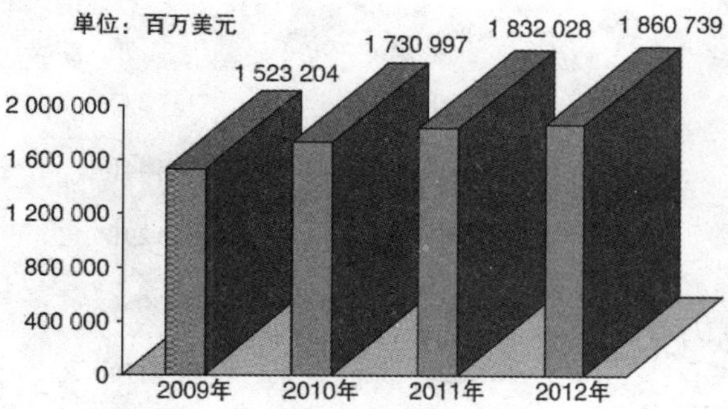

图8 2009—2012年世界电子产品市场规模情况

注：2012年为预测值。

未来发展趋势

未来三年，受欧债危机和美国经济复苏乏力的影响，世界经济整体发展形势不明朗，但是世界主要国家都将电子信息产业视为经济振兴计划的重要组成部分，这为电子信息产业的发展提供了有力支撑。电子信息产业将实现稳步增长，电子信息产品市场规模稳中有升，将维持3.8%到5%的增速，预计2012年市场规模将达到18 607亿美元。电子信息产业格局保持稳定，产品市场结构局部微调；技术创新不断，多样化需求催生新产品，以服务为核心的发展趋势明显；并购重组加速，竞争向生态竞争等深层次发展。

随着技术进步和生活水平提高，消费个性化逐渐成为潮流，人们对电子产品的需求越来越多样化，这也是知识经济时代的重要特点。为了适应多样化、批量小、总量大的市场需求，满足不同消费群体要求的众多产品应运而生。尤其是移动互联网在近几年飞速发展，Facebook、Twitter、YouTube等新兴网络服务形成一股席卷全球的移动互联网热潮，并且通过搭建开放式的应用平台，为众多第三方开发商提供创新的舞台。

以苹果（Apple）、HTC等为代表的设备制造商将产品的研发重点由硬件性能转向软硬件综合优化和用户体验上。苹果通过打造硬件平台、操作系统、应用商店、独立销售渠道的方式，掌控了产业链的各个环节，用良好的使用体验抓住消费者，以高超的营销水平营造出产品持续热销的局面。苹果的成功经验表明，电子信息产业的竞争已经进入一个新的阶段，综合化的、以用户体验为中心的服务已经成为企业的核心竞争优势，单纯比较处理器速度、存储器容量、屏幕大小和分辨率、外设接口的种类和数量的时代已经过去，企业需要通过技术创新、管理升级、品牌升级和商业模式创新，形成全面的竞争优势。在移动互联网应用方面，发达地区用户更趋向于购物和交友。在欧洲，有60%的互联网用户在线购买商品或服务，52%的互联网用户使用社交网络，另有44%的人通过网络收看电影、视频或共享照片。随着智能手机和平板电脑的推广，移动互联网正逐渐成为互联网接入新方式，即使信息化水平较为落后的非洲也开始赶上潮流。如南非39%的城市用户和27%的农村用户主要通过手机浏览互联网。

随着宽带接入的普及和便携式移动终端的发展，电子信息产业正从PC时代步入移动互联网时代。云计算服务将成为未来信息产业服务最重要的商业模式之一。软件的服务化降低了中小企业信息化门槛，使中小企业更为便捷和灵活地使用软件，更符合中小企业的需求。未来，建立在信息技术应用基础上的生产性服务业将保持高速增长，特别是电子商务、现代物流、网络金融、软件和服务外包等新型生产性服务业，加速了全球范围内资源优化配置和产业转移。制造企业服务化趋势日益明显，新的服务业也催生了新的商业模式，很多生产性服务行业从制造业独立出来，实现了产业化、规模化发展。全球生产性服务业发展呈现出以下趋势，一是分工不断细化，并在全球范围内加快转移；二是制造与服务进一步融合，在经济服务化大趋势下，不仅要卖产品还要卖服务；三是集聚化发展，以信息服务外包、创意及研发设计为特色的产业集群逐步形成。

未来三年，预计世界电子产品的市场格局将进行局部调整。国家层面上，美国、中国和日本仍将占据世界电子产品市场的主导地位。产值上，中国将继续居于首位，其次是美国、日本。在市场规模上，美国和日本所占比重小幅下降，中国所占份额持续上升，总体上仍保持美、中、日前三位的格局。包括印度、韩国、中国台湾地区在内的亚太其他国家和地区以及巴西、俄罗斯等新兴国家的电子产品市场发展前景良好，在全球产业布局进一步调整的大背景下，开始逐步向电子信息产业价值链的高端环节升级，未来对电子信息产业的影响逐步扩大。

在产品结构方面，未来三年，电子元器件、电子数据处理设备、无线通信设备和消费类电子产品仍将占据世界电子产品份额的前四位。2011 年上述四种电子产品所占比例分别为 29.4%、27.7%、17.4%、9.0%，其中，电子元器件和电子数据处理设备所占份额增长最快。

未来三年内，市场规模处于前五位的电子产品增长率在 2%-6%之间，电子元器件及消费类电子产品市场规模增长率较高。2011 年，随着经济逐渐复苏以及下游电子产品需求的增加，电子元器件市场继续保持稳定增长，增长率 5.2%。预计未来三年内将维持 4%以上的增速。

【统计数据】

表 1　2009—2012 年世界电子产品产值情况

单位：百万美元

产品名称	2009 年	2010 年	2011 年	2012 年
电子数据处理设备	415 242	476 952	503 234	521 656
办公设备	9 928	9 826	9 891	9 421
控制与仪器设备	107 541	122 663	133 270	137 277
医疗与工业设备	77 680	80 947	84 549	86 441
无线通信与雷达设备	269 639	291 228	315 187	318 291
电信设备	66 529	69 758	73 240	73 061
消费类电子产品	149 894	166 935	162 525	159 179
电子元器件	393 500	513 063	533 060	537 874
总计	1 489 953	1 731 372	1 814 956	1 843 200

数据来源：《The Yearbook of World Electronics Data 2012》。

注：2012 年为预测值；由于四舍五入，各项值累加与总计值有可能存在误差。

表 2 2009—2012 年世界电子产品市场情况

单位：百万美元

产品名称	2009 年	2010 年	2011 年	2012 年
电子数据处理设备	431 224	476 706	508 195	519 874
办公设备	13 436	13 721	14 037	13 889
控制与仪器设备	108 898	125 519	138 088	143 088
医疗与工业设备	69 849	75 027	79 436	81 635
无线通信与雷达设备	251 654	271 872	292 359	304 781
电信设备	76 910	80 785	84 881	86 095
消费类电子产品	141 976	151 862	151 686	147 865
电子元器件	429 257	535 505	563 346	563 514
总计	1 523 204	1 730 997	1 832 028	1 860 741

数据来源：《The Yearbook of World Electronics Data 2012》。

注：2012 年为预测值；由于四舍五入，各项值累加与总计值有可能存在误差。

表 3 2012 年世界各国和地区“网络化准备度指数”（NRI）排名前 50 名

排名	国家和地区	排名	国家和地区
1	瑞典	18	日本
2	新加坡	19	奥地利
3	芬兰	20	以色列
4	丹麦	21	卢森堡
5	瑞士	22	比利时
6	荷兰	23	法国
7	挪威	24	爱沙尼亚
8	美国	25	爱尔兰
9	加拿大	26	马耳他
10	英国	27	巴林
11	中国台湾地区	28	卡塔尔
12	韩国	29	马来西亚
13	中国香港特别行政区	30	阿联酋
14	新西兰	31	立陶宛
15	冰岛	32	塞浦路斯
16	德国	33	葡萄牙
17	澳大利亚	34	沙特阿拉伯

续表

排名	国家和地区	排名	国家和地区
35	巴巴多斯	43	匈牙利
36	波多黎各	44	乌拉圭
37	斯洛文尼亚	45	克罗地亚
38	西班牙	46	黑山
39	智利	47	约旦
40	阿曼	48	意大利
41	拉脱维亚	49	波兰
42	捷克	50	突尼斯

数据来源：世界经济论坛2011至2012年度《全球信息技术报告》。

美　国

【综述】

2011年，美国经济温和改善，2012年初继续保持回暖势头。2011年第一和第二季度实际GDP增长仅为0.1%和0.3%，第三和第四季度则分别加速至0.5%及0.7%，全年平均增长率为1.7%。2012年第一季度，私人消费支出占美国GDP的70%，使美国经济较上一季度增长0.7%。但实际可支配收入没有跟上增长步伐，限制了消费持续加速增长的前景。

政府的财政政策减少了就业机会、支出及投资，造成经济增长缓慢。2011年，政府消费和投资下降了2.1%。

预计2012年至2013年，美国经济将继续保持稳定，实际CDP增长率2012年将达到2.0%，2013年将为2.1%。同时，2012年上半年增速将逐渐放缓，之后将保持温和增长。

2007—2013年美国GDP增长情况见图1。

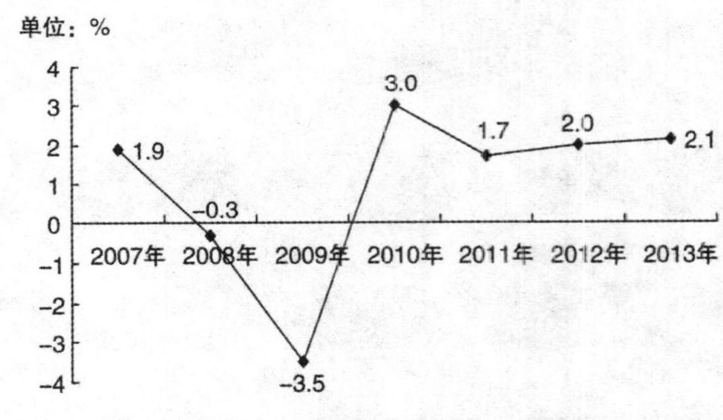

图1　2007—2013年美国GDP增长情况

注：2012年、2013年为预测值。

电子产品进出口情况

2009年，美国电子产品进出口总额为375 075万美元；2010年为434 607百万美元，同比增长15.9%。2009年和2010年，美国电子产品进出口贸易均呈逆差，逆差额分别为123 483百万美元和140 993百万美元。

1. 进口情况

2009年，美国电子产品进口额为249 279百万美元。其中，电子数据处理设备居于首位，进口额为81 010百万美元，占进口总额的32.5%；其次是无线通信与雷达设备，进口额为43 734百万美元，占进口总额的17.5%。

2010年，美国电子产品进口额为287 800百万美元，同比增长15.5%。其中，电子数据处理设备居于首位，进口额为95 427百万美元，占进口总额的33.2%；其次是无线通信与雷达设备，进口额为47 657百万美元，占进口总额的16.6%。2009—2010年美国各类电子产品进口额情况见表1，2010年美国各类电子产品进口份额情况见图2。

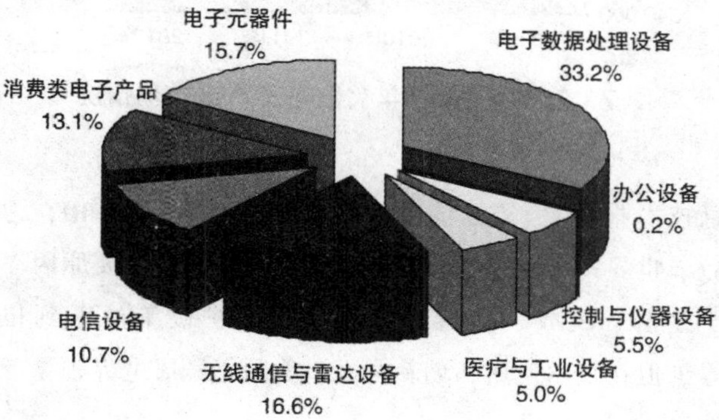

图2 2010年美国各类电子产品进口份额情况

2. 出口情况

2009年，美国电子产品出口额为125 796百万美元。其中，电子元器件居于首位，出口额为31 329百万美元，占出口总额的24.9%；其次是电子数据处理设备，出口额为31 046百万美元，占出口总额的24.7%。

2010年，美国电子产品出口额为146 807百万美元，同比上升16.7%。其中，电子数据处理设备居于首位，出口额为36 404百万美元，占出口总额的24.8%；其次是电子元器件，出口额为35 954百万美元，占出口总额的24.5%。2009—2010年美国各类电子产品出口额情况见表2，2010年美国各类电子产品出口份额情况见图3。

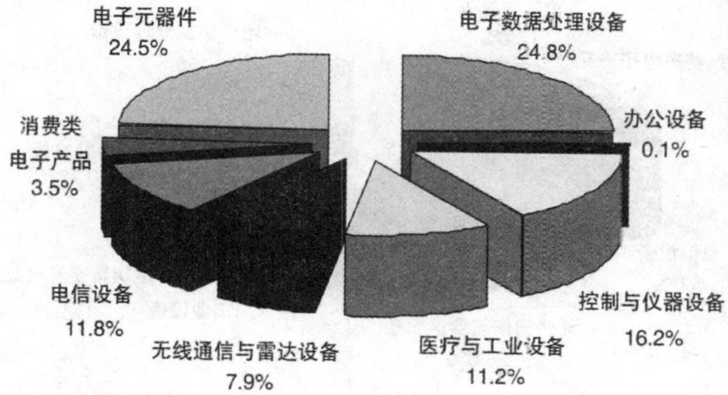

图3 2010年美国各类电子产品出口份额情况

电子产品产值情况

2010年，美国电子产品产值为260 279百万美元。其中，无线通信与雷达设备位居首位，产值为70 721百万美元，占27.2%；其次是电子元器件，产值为59 646百万美元，占22.9%；第三是电子数据处理设备，产值为51 795百万美元，占19.9%。

2011年，美国电子产品产值为262 476百万美元，同比增长0.8%。其中，无线通信与雷达设备居于首位，产值为70 975百万美元，占27.0%；其次是电子元器件，产值为59 487百万美元，占22.7%；第三是电子数据处理设备，产值为53 225百万美元，占20.3%。2011年美国各类电子产品产值份额情况如图4。2009—2012年美国电子产品产值情况见表3和图5。

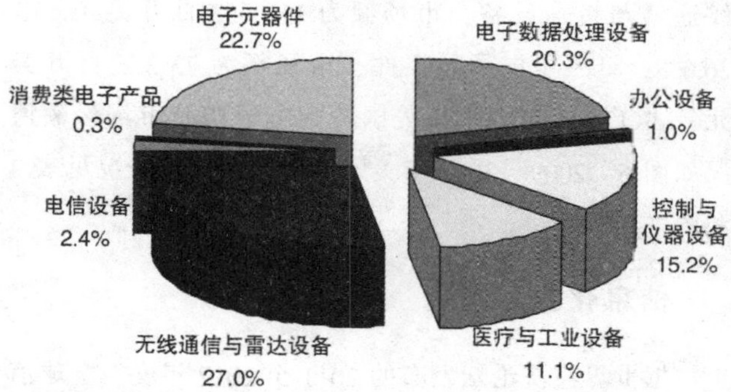

图4 2011年美国各类电子产品产值份额情况

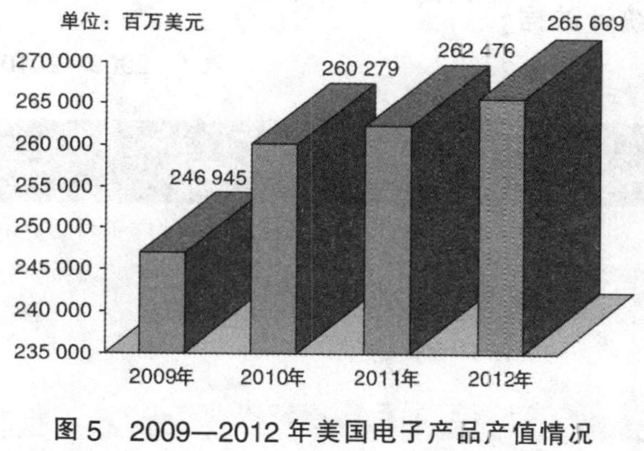

图5 2009—2012年美国电子产品产值情况

注：2012年为预测值。

电子产品市场情况

2010年，美国电子产品市场额为401 272百万美元。其中，电子数据处理设备位居首位，市场额为110 818百万美元，占27.6%；其次是无线通信与雷达设备，市场额为106 804百万美元，占26.6%；第三是电子元器件，市场额为69 066百万美元，占17.2%。

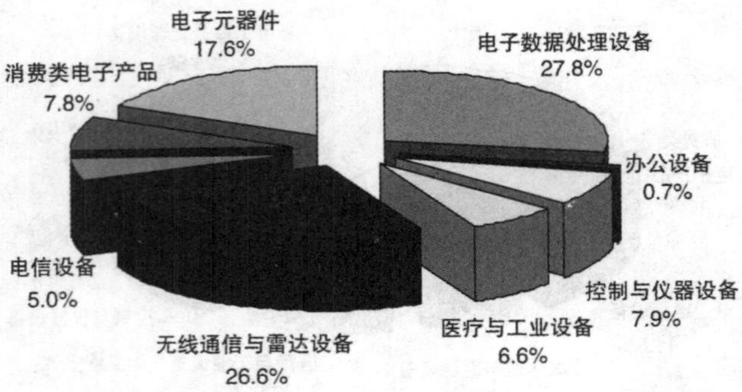

图 6　2011 年美国各类电子产品市场份额情况

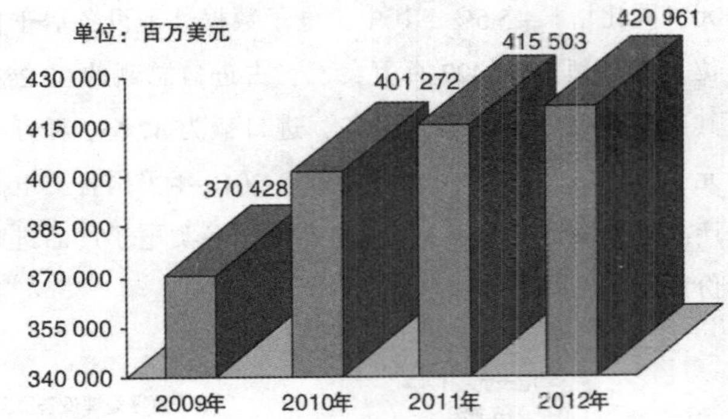

图 7　2009—2012 年美国电子产品市场情况

注：2012年为预测值。

2011 年，美国电子产品市场额为 415 503 百万美元，同比上升 3.5%。其中，电子数据处理设备居于首位，市场额为 115 448 百万美元，占 27.8%；其次是无线通信与雷达设备，市场额为 110 358 百万美元，占 26.6%；第三是电子元器件，市场额为 73 376 百万美元，占 17.6%。2011 年美国各类电子产品市场份额情况如图 6。2009—2012 年美国电子产品市场情况见表 4 和图 7。

信息化发展情况

据世界经济论坛发布的 2011 至 2012 年度《全球信息技术报告》，美国的“网络化准备指数”（NRI）为 5.6，世界排名第 8 位，比2010 年下降 3 位。主要原因在于立法、税收、监管和知识产权保护政策的不到位等。但在技术使用和创新方面，美国仍稳居世界领导者地位。

据《信息经济报告 2012》，2011 年，美国手机普及率为 89.90%，较 2010 年提高 0.04 个百分点。互联网普及率为 74.00%，较 2010 年下降 5 个百分点。宽带普及率达到 27.60%，比 2010 年的 26.34%提高 1.26 个百分点。2008—2011 年美国互联网、宽带和移动电话用户普及率见表 5。

【统计数据】

表 1　2009—2010 年美国电子产品进口情况

单位：百万美元

项目名称	2009 年	2010 年
电子数据处理设备	81 010	95 427
办公设备	430	439
控制与仪器设备	12 823	16 043
医疗与工业设备	12 899	14 509
无线通信与雷达设备	43 734	47 657
通信设备	24 538	30 773
消费类电子产品	37 480	37 578
电子元器件	36 365	45 374
总计	249 279	287 800

数据来源：《The Yearbook of World Electronics Data 2012》。

注：由于四舍五入，各项值累加与总计值有可能存在误差。

表2 2009—2010年美国电子产品出口情况

单位：百万美元

项目名称	2009年	2010年
电子数据处理设备	31 046	36 404
办公设备	159	100
控制与仪器设备	19 797	23 735
医疗与工业设备	15 307	16 453
无线通信与雷达设备	11 559	11 574
通信设备	12 089	17 410
消费类电子产品	4 510	5 177
电子元器件	31 329	35 954
总计	125 796	146 807

数据来源：《The Yearbook of World Electronics Data 2012》。

注：由于四舍五入，各项值累加与总计值有可能存在误差。

表3 2009—2012年美国电子产品产值情况

单位：百万美元

项目名称	2009年	2010年	2011年	2012年
电子数据处理设备	50 140	51 795	53 225	54 290
办公设备	2 870	2 770	2 665	2 399
控制与仪器设备	35 368	38 953	39 752	40 706
医疗与工业设备	27 560	28 530	29 222	29 950
无线通信与雷达设备	71 062	70 721	70 975	71 330
通信设备	7 404	7 061	6 391	6 071
消费类电子产品	843	803	759	744
电子元器件	51 698	59 646	59 487	60 179
总计	246 945	260 279	262 476	265 669

数据来源：《The Yearbook of World Electronics Data 2012》。

注：2012年为预测值；由于四舍五入，各项值累加与总计值有可能存在误差。

表4 2009—2012年美国电子产品市场情况

单位：百万美元

项目名称	2009年	2010年	2011年	2012年
电子数据处理设备	100 104	110 818	115 448	112 562
办公设备	3 141	3 109	3 010	2 950
控制与仪器设备	28 394	31 261	32 668	33 975
医疗与工业设备	25 152	26 586	27 356	28 061

续表

项目名称	2009 年	2010 年	2011 年	2012 年
无线通信与雷达设备	103 237	106 804	110 358	114 993
通信设备	19 853	20 424	20 955	21 332
消费类电子产品	33 813	33 204	32 332	30 761
电子元器件	56 734	69 066	73 376	76 326
总计	370 428	401 272	415 503	420 960

数据来源：《The Yearbook of World Electronics Data 2012》。

注：2012 年为预测值；由于四舍五入，各项值累加与总计值有可能存在误差。

表 5　2008—2011 年美国互联网、宽带和移动电话用户普及率

项目名称	2008 年	2009 年	2010 年	2011 年
互联网（%）	62.74	76.24	79.00	74.00
宽带（%）	26.01	27.10	26.34	27.60
移动电话（%）	88.91	94.83	89.86	89.90

数据来源：联合国贸易和发展会议《2012 年信息经济报告》。

加　拿　大

【综述】

2011 年，加拿大 GDP 增长 2.5%，预计 2012 年将增长 2.0%，高于此前预期。其原因是美国经济有望恢复高增长态势，而加拿大对美国的出口贸易额约占其出口总额的三分之二。然而，欧元区和中国经济增长放缓将对加拿大的贸易造成一定负面影响，与欧元区和中国的贸易占加拿大 GDP 三分之一。

预计 2012 年，加元兑美元将继续保持强势，从而有助于抑制通胀压力。2011 年上半年，大宗商品价格的急剧上升使整体通胀率持续数月不断走高，下半年，这种通胀势头已得到抑制。

2009 年以来，在大宗商品市场疲软和美国经济衰退的共同作用下，加拿大进出口贸易呈现经常性逆差。2011 年逆差金额有所减小，预计 2012 年和 2013 年将维持这种逆差缩小的趋势，但不足以实现顺差。2009—2012 年加拿大 GDP 增长情况见图 1。

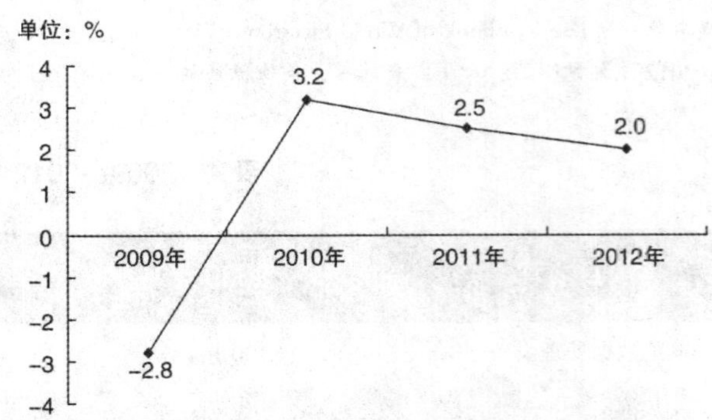

图 1　2009—2012 年加拿大 GDP 增长情况

注：2012 年为预测值。

电子产品进出口情况

2009 年，加拿大电子产品进出口总额为 43 676 百万美元；2010 年为 52 951 百万美元，同比上升 21.2%。2009 年和 2010 年，加拿大电子产品进出口贸易均呈逆差，逆差额分别为 17 920 百万美元和 23 491 百万美元。

1. 进口情况

2009 年，加拿大电子产品进口额为 30 798 百万美元，同比增加 16.9%。其中，电子数据处理设备居于首位，进口额为 9 475 百万美元，占进口总额的 30.76%；其次是电子元器件，进口额为 5 838 百万美元，占进口总额的 18.96%。

2010 年，加拿大电子产品进口额为 38 221 百万美元，同比上升 24.1%。其中，电子数据处理设备居于首位，进口额为 11 543 百万美元，占进口总额的 30.2%；其次是电子元器件，进口额为 6 884 百万美元，占进口总额的 18.0%。2009—2010 年加拿大各类电子产品进口额情况见表 1，2010 年加拿大各类电子产品进口份额情况见图 2。

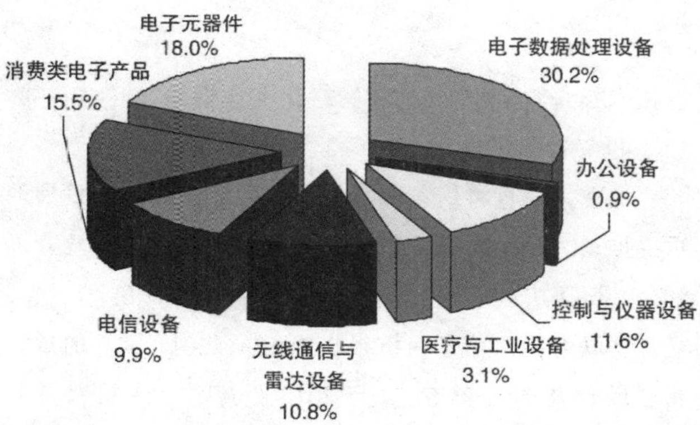

图 2 2010 年加拿大各类电子产品进口份额情况

2. 出口情况

2009 年，加拿大电子产品出口额为 12 878 百万美元，同比降低 23.5%。其中，电子元器件居于首位，出口额为 3 033 百万美元，占出口总额的 23.5%；其次是电子数据处理设备，出口额为 2 790 百万美元，占出口总额的 21.7%。

2010 年，加拿大电子产品出口额为 14 730 百万美元，同比上升 14.4%。其中，电子元器件居于首位，出口额为 3 140 百万美元，占出口总额的 21.3%；其次是控制与仪器设备，出口额为 2 864 百万美元，占出口总额的 19.4%。

2009—2010 年加拿大各类电子产品出口额情况见表 2，2010 年加拿大各类电子产品出口份额情况见图3。

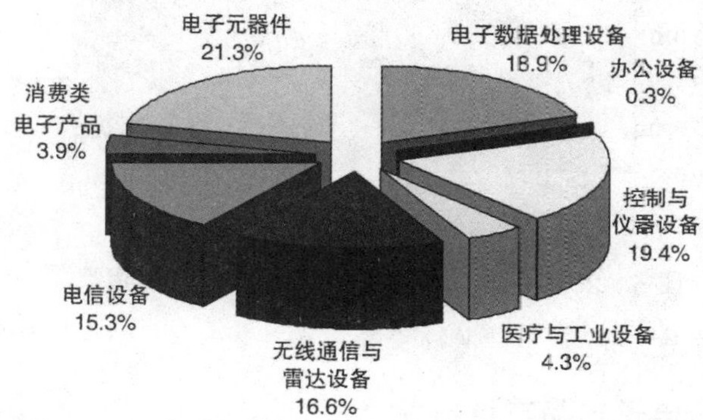

图 3 2010 年加拿大各类电子产品出口份额情况

电子产品产值情况

2010 年，加拿大电子产品产值为 10 073 百万美元，同比增长 6.2%。其中，无线通信与雷达设备位居首位，产值为 3 107 百万美元，占 30.8%；其次是控制与仪器设备，产值为 2 136 百万美元，占 21.2%；第三是电子数据处理设备，产值为 1 553 百万美元，占 15.4%。

2011 年，加拿大电子产品产值为 10 042 百万美元，同比下降 0.3%。其中，无线通信与雷达设备居于首位，产值为 2 828 百万美元，占 28.2%；其次是控制与仪器设备，产值为 2 323 百万美元，占 23.1%；第三是电子数据处理设备，产值为 1 515 百万美元，占 15.1%。2011 年加拿大各类电子产品产值份额情况如图 4。2009—2012 年加拿大电子产品产值情况见表 3 和图 5。

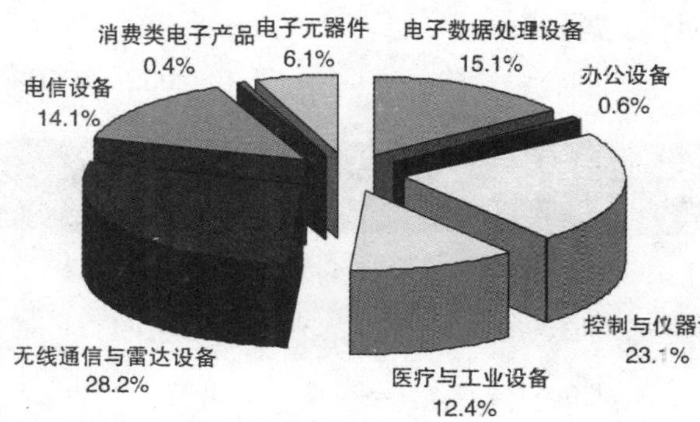

图 4 2011 年加拿大各类电子产品产值份额情况

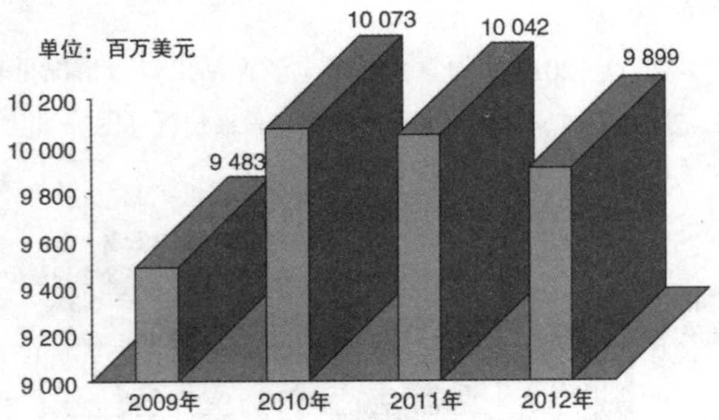

图 5　2009—2012 年加拿大电子产品产值情况

注：2012 年为预测值。

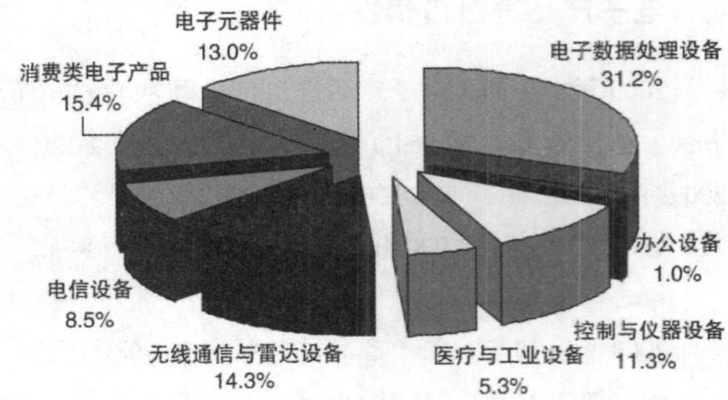

图 6　2011 年加拿大各类电子产品市场份额情况

电子产品市场情况

2010 年，加拿大电子产品市场额为 33 564 百万美元，同比增长 22.5%。其中，电子数据处理设备居于首位，市场额为 10 314 百万美元，占 30.7%；其次是消费类电子产品，市场额为 5 394 百万美元，占 16.1%；第三是无线通信与雷达设备，市场额为 4 791 百万美元，占 14.3%。

2011 年，加拿大电子产品市场额为 36 306 百万美元，同比增长 8.2%。其中，电子数据处理设备居于首位，市场额为 113 23 百万美元，占 31.2%；其次是消费类电子产品，市场额为 5 574 百万美元，占 15.4%；第三是无线通信与雷达设备，市场额为 5 186 百万美元，占 14.3%。2011 年加拿大各类电子产品市场份额情况如图 6。2009—2012 年加拿大电子产品市场情况见表 4 和图 7。

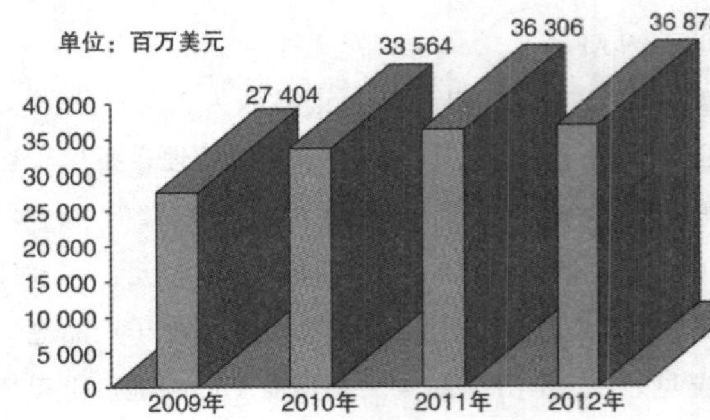

图 7　2009—2012 年加拿大电子产品市场情况

注：2012 年为预测值。

信息化发展情况

据世界经济论坛发布的 2011—2012 年度《全球信息技术报告》，加拿大的“网络化准备指数”（NRI）为 5.5，世界排名第 9。

加拿大一直将信息网络技术作为经济和社会发展的重要推动力量，大力推进信息网络技术在政府行政管理和公共服务中的应用。

据联合国《信息经济报告 2012》，2011 年，加拿大互联网普及率为 81.6%，与 2010 年持平。手机普及率 70.7%，与 2010 年持平。宽带普及率 29.8%，与 2010 年持平。

【统计数据】

表 1　2009—2010 年加拿大电子产品进口情况

单位：百万美元

项目名称	2009 年	2010 年
电子数据处理设备	9 475	11 543
办公设备	305	357
控制与仪器设备	2 696	4 429
医疗与工业设备	1 099	1 190
无线通信与雷达设备	3 094	4 126

续表

项目名称	2009 年	2010 年
通信设备	3 258	3 772
消费类电子产品	5 032	5 919
电子元器件	5 838	6 884
总计	30 797	38 220

数据来源：《The Yearbook of World Electronics Data 2012》。

注：由于四舍五入，各项值累加与总计值有可能存在误差。

表 2　2009—2010 年加拿大电子产品出口情况

单位：百万美元

项目名称	2009 年	2010 年
电子数据处理设备	2 790	2 783
办公设备	56	44
控制与仪器设备	1 569	2 864
医疗与工业设备	533	632
无线通信与雷达设备	2 259	2 442
通信设备	2 133	2 250
消费类电子产品	504	575
电子元器件	3 033	3 160
总计	12 877	14 750

数据来源：《The Yearbook of World Electronics Data 2012》。

注：由于四舍五入，各项值累加与总计值有可能存在误差。

表 3　2009—2012 年加拿大电子产品产值情况

单位：百万美元

项目名称	2009 年	2010 年	2011 年	2012 年
电子数据处理设备	1 754	1 553	1 515	1 439
办公设备	79	63	63	56
控制与仪器设备	1 579	2 136	2 323	2 428
医疗与工业设备	1 053	1 214	1 242	1 267
无线通信与雷达设备	3 158	3 107	2 828	2 715
通信设备	1 360	1 359	1 414	1 358
消费类电子产品	44	50	44	39
电子元器件	457	591	612	597
总计	9 484	10 073	10 041	9 899

数据来源：《The Yearbook of World Electronics Data 2012》。

注：2012 年为预测值；由于四舍五入，各项值累加与总计值有可能存在误差。

表 4　2009—2012 年加拿大电子产品市场情况

单位：百万美元

项目名称	2009 年	2010 年	2011 年	2012 年
电子数据处理设备	8 439	10 314	11 323	11 550
办公设备	328	377	402	404
控制与仪器设备	2 706	3 701	4 108	4 190
医疗与工业设备	1 618	1 772	1 935	1 987
无线通信与雷达设备	3 993	4 791	5 186	5 331
通信设备	2 484	2 881	3 069	3 124
消费类电子产品	4 573	5 394	5 574	5 469
电子元器件	3 261	4 335	4 709	4 820
总计	27 402	33 565	36 306	36 875

数据来源：《The Yearbook of World Electronics Data 2012》。

注：2012 年为预测值；由于四舍五入，各项值累加与总计值有可能存在误差。

表 5　2008—2011 年加拿大互联网、宽带和移动电话用户普及率

项目名称	2008 年	2009 年	2010 年	2011 年
互联网（%）	60.04	78.11	81.60	81.6
宽带（%）	27.66	29.70	29.81	29.8
移动电话（%）	64.41	68.75	70.66	70.7

数据来源：联合国贸易和发展会议《2012 年信息经济报告》。

英　国

【综述】

近年来，随着世界经济状况逐步好转，英国经济开始恢复增长，但增长步伐仍然缓慢，主要原因是破产公司数量和失业率持续增加，房地产泡沫仍然存在，政府财政赤字依然较高等。2009 年英国 GDP 下降 4.4%，尽管此后两年固定资产投资和个人消费仍在下降，但国内需求总体下降趋势得到缓解。2010 年英国 GDP 增长 1.8%，2011 年增长 0.7%，预计 2012 年 GDP 增幅为 0.6%。2009—2012 年英国 GDP 增长情况见图 1。

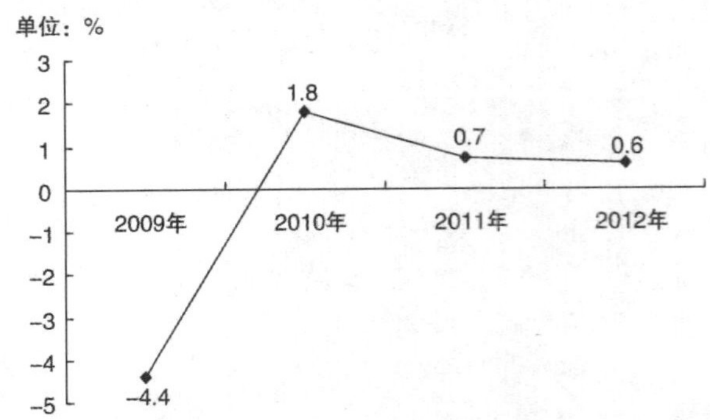

图 1　2009—2012 年英国 GDP 增长情况

注：2012 年为预测值。

电子产品进出口情况

2009年，英国电子产品进出口总额为89 116百万美元，2010年为94 351百万美元，同比增长5.9%。2009年和2010年，英国电子产品进出口贸易仍保持逆差态势，逆差额分别为21 450百万美元和20 941百万美元。

1. 进口情况

2009年，英国电子产品进口额为55 283百万美元。其中，电子数据处理设备居于首位，进口额为20 538百万美元，占进口总额的37.2%；其次是无线通信与雷达设备，进口额为8 481百万美元，占进口总额的15.3%。

2010年，英国电子产品进口额为57 646百万美元，比2009年上升4.3%。其中，电子数据处理设备居于首位，进口额为20 874百万美元，占进口总额的36.2%；其次是无线通信与雷达设备，进口额为8 768百万美元，占进口总额的15.2%。2009—2010年英国各类电子产品进口额情况见表1，2010年英国各类电子产品进口份额情况见图2。

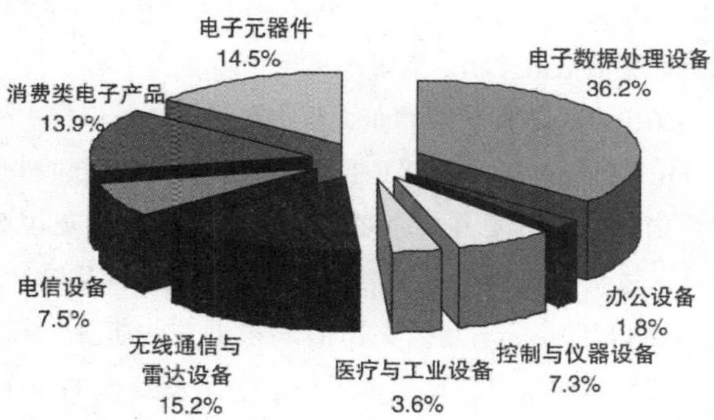

图2 2010年英国各类电子产品进口份额情况

2. 出口情况

2009年，英国电子产品出口额为33 833百万美元。其中，电子数据处理设备居于首位，出口额为8 494百万美元，占出口总额的25.1%；其次是无线通信与雷达设备，出口额为7 094百万美元，占出口总额的21.0%。

2010年，英国电子产品出口额为36 704百万美元，比2009年上升8.5%。其中，电子数据处理设备居于首位，出口额为8 600百万美元，占出口总额的23.5%；其次是无线通信与雷达设备，出口额为7 451百万美元，占出口总额的20.3%。2009—2010年英国各类电子产品出口额情况见表2，2010年英国各类电子产品出口份额情况见图3。

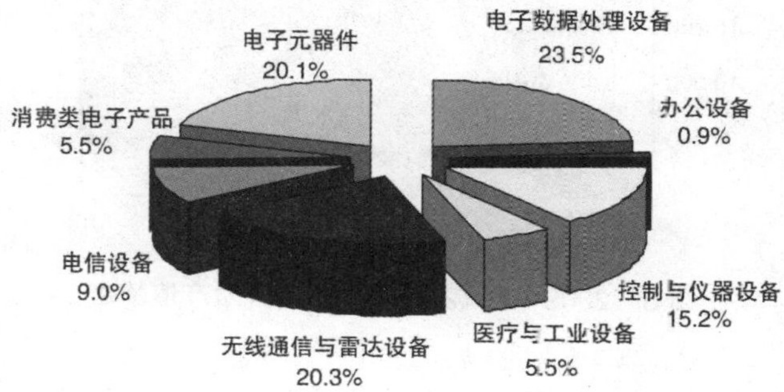

图3 2010年英国各类电子产品出口份额情况

电子产品产值情况

2010年，英国电子产品产值为23 333百万美元。其中，无线通信与雷达设备居于首位，产值为7 911百万美元，占33.9%；其次是电子元器件，产值为5 072百万美元，占21.7%；第三是控制与仪器设备，产值为4 871百万美元，占20.9%。

2011年，英国电子产品产值为24 665百万美元，比2010年增长5.7%。其中，无线通信与雷达设备居于首位，产值为8 459百万美元，占34.3%；其次是电子元器件，产值为5 360百万美元，占21.7%；第三是控制与仪器设备，产值为5 193百万美元，占21.1%。2011年英国各类电子产品产值份额情况如图4。2009—2012年英国电子产品产值情况见表3和图5。

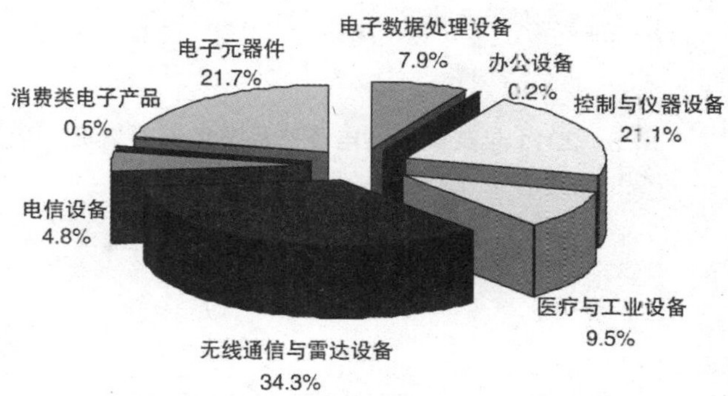

图4 2011年英国各类电子产品产值份额情况

电子产品市场情况

2010年，英国电子产品市场额为44 274百万美元。其中，电子数据处理设备居于首位，市场额为14 205百

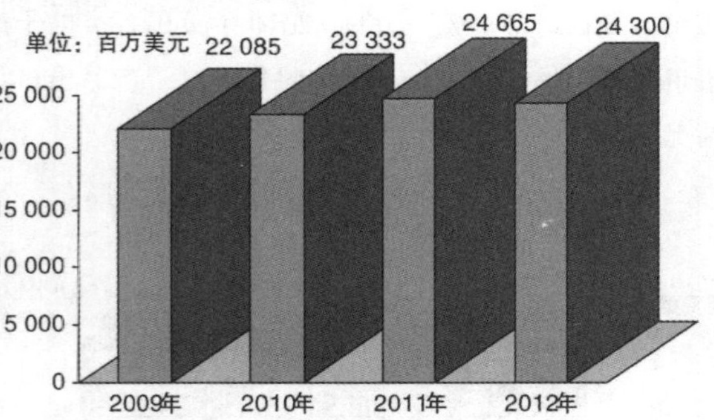

图 5　2009—2012 年英国电子产品产值情况

注：2012 年为预测值。

万美元，占 32.1%；其次是无线通信与雷达设备，市场额为 9 228 百万美元，占 20.8%；第三是消费类电子产品，市场额为 6 091 百万美元，占 13.8%。

2011 年，英国电子产品市场额为 46 579 百万美元，比 2010 年增长 5.2%。其中，电子数据处理设备居于首位，市场额为 14 817 百万美元，占 31.8%；其次是无线通信与雷达设备，市场额为 9 819 百万美元，占 21.1%；第三是电子元器件，市场额为 6 767 百万美元，占 14.5%。2011 年英国各类电子产品市场份额情况如图 6。2009—2012 年英国电子产品市场情况见表 4 和图 7。

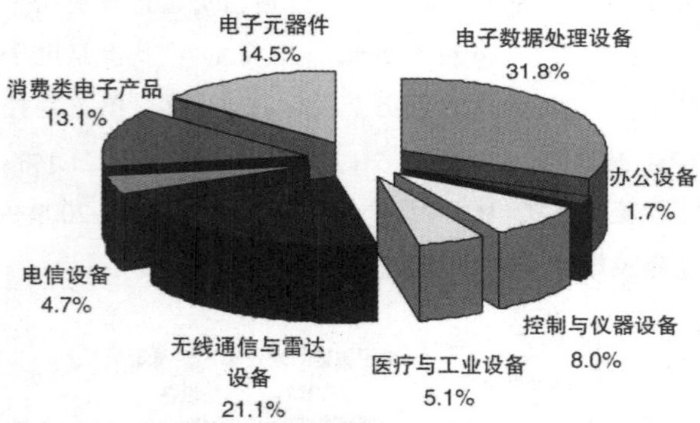

图 6　2011 年英国各类电子产品市场份额情况

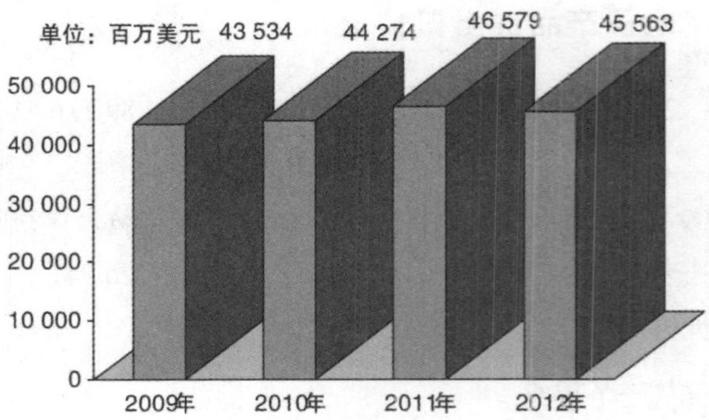

图 7　2009—2012 年英国电子产品市场情况

注：2012 年为预测值。

信息化发展情况

据世界经济论坛发布的 2011 至 2012 年度《全球信息技术报告》，英国的“网络化准备指数”（NRI）为 5.5，在世界排名第 10 位，比上年度上升 5 位。

2011 年，英国的信息化水平飞速发展。据联合国《信息经济报告 2012》，至 2011 年底，英国互联网普及率为 82.00%，同比增长 4.0 个百分点；宽带普及率为 32.74%，同比增长 1.9 个百分点；移动电话普及率为 130.75%，与上年基本持平。2008—2011 年英国互联网、宽带和移动电话使用人数情况见表 5。

2010 年，英国政府颁布了新的政府信息通信技术战略（ICT 战略）作为英国 ICT 发展的十年规划，强调政府将向更智慧、更经济、更环保的方式转变。英国政府将通过信息通信技术战略提高运行效率，将政府 ICT 支出在以往每年 160 亿英镑的基础上节省近 1/5。同时，更加重视 ICT 环境成本支出，努力向绿色 IT 方向迈进。此外，ICT 战略还将加速推动核心公共部门目标的实现，改善政府公共服务提供方式，提升公共服务水平。

【统计数据】

表 1 2009—2010 年英国电子产品进口情况

单位：百万美元

项目名称	2009 年	2010 年
电子数据处理设备	20 538	20 874
办公设备	1 028	1 020
控制与仪器设备	3 658	4 206
医疗与工业设备	2 080	2 103
无线通信与雷达设备	8 481	8 768
电信设备	4 139	4 300
消费类电子产品	7 872	7 989
电子元器件	7 488	8 386
总计	55 284	57 646

数据来源：《The Yearbook of World Electronics Data 2012》。
注：由于四舍五入，各项值累加与总计值有可能存在误差。

表 2 2009—2010 年英国电子产品出口情况

单位：百万美元

项目名称	2009 年	2010 年
电子数据处理设备	8 494	8 600
办公设备	366	342
控制与仪器设备	4 827	5 578
医疗与工业设备	1 734	1 997
无线通信与雷达设备	7 094	7 451
电信设备	2 927	3 318
消费类电子产品	1 684	2 031
电子元器件	6 708	7 387
总计	33 834	36 704

数据来源：《The Yearbook of World Electronics Data 2012》。
注：由于四舍五入，各项值累加与总计值有可能存在误差。

表 3 2009—2012 年英国电子产品产值情况

单位：百万美元

项目名称	2009 年	2010 年	2011 年	2012 年
电子数据处理设备	1 984	1 931	1 943	1 788
办公设备	70	54	51	46
控制与仪器设备	4 588	4 871	5 193	5 271
医疗与工业设备	1 928	2 198	2 346	2 363
无线通信与雷达设备	7 747	7 911	8 459	8 459
电信设备	1 033	1 163	1 195	1 147
消费类电子产品	242	132	118	76
电子元器件	4 492	5 072	5 360	5 150
总计	22 084	23 332	24 665	24 300

数据来源：《The Yearbook of World Electronics Data 2012》。
注：2012 年为预测值；由于四舍五入，各项值累加与总计值有可能存在误差。

表 4 2009—2012 年英国电子产品市场情况

单位：百万美元

项目名称	2009 年	2010 年	2011 年	2012 年
电子数据处理设备	14 028	14 205	14 817	14 521
办公设备	733	732	768	745
控制与仪器设备	3 419	3 498	3 734	3 689
医疗与工业设备	2 273	2 305	2 392	2 331
无线通信与雷达设备	9 134	9 228	9 819	9 623
电信设备	2 245	2 145	2 203	2 115
消费类电子产品	6 430	6 091	6 078	5 806
电子元器件	5 272	6 071	6 767	6 733
总计	43 534	44 275	46 578	45 563

数据来源：《The Yearbook of World Electronics Data 2012》。
注：2012 年为预测值；由于四舍五入，各项值累加与总计值有可能存在误差。

表 5 2008—2011 年英国互联网、宽带和移动电话用户普及率

项目名称	2008 年	2009 年	2010 年	2011 年
互联网（%）	78.39	78.00	78.00	82.00
宽带（%）	28.19	29.56	30.84	32.74
移动电话（%）	125.24	130.17	130.76	130.75

数据来源：联合国贸易和发展会议《2012 年信息经济报告》。

法 国

【综述】

从 2009 年第二季度开始，得益于产品出口的增长和政府出台的经济恢复政策，法国 GDP 摆脱了衰退阴影，迅速回升。2010 年，法国 GDP 增长 1.5%，2011 年为 1.6%。2012 年，受欧元区主权债务危机影响，法国经济迅速滑坡，民间部门经济产出萎缩，制造业活动明显下滑，GDP 增长率预期放缓至 0.3%。2009—2012 年法国 GDP 增长情况见图 1。

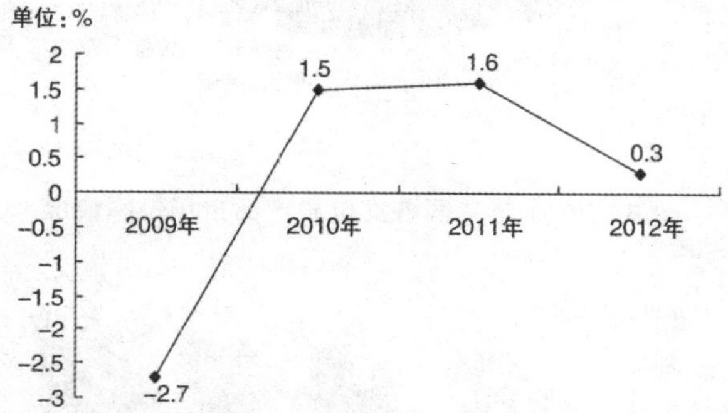

图 1 2009—2012 年法国 GDP 增长情况

注：2012 年为预测值。

电子产品进出口情况

2009 年，法国电子产品进出口总额为 85 850 百万美元。2010 年，电子产品进出口总额为 95 527 百万美元，比 2009 年增加 11.3%。2009 年和 2010 年，法国电子产品进出口贸易均呈逆差，逆差额分别为 12 966 百万美元和 13 577 百万美元。

1. 进口情况

2009 年，法国电子产品进口额为 49 408 百万美元。其中，电子数据处理设备居于首位，进口额为 15 279 百万美元，占进口总额的 30.9%；其次是电子元器件，进口额为 9 110 百万美元，占进口总额的 18.4%。

2010 年，法国电子产品进口额为 54 552 百万美元，比 2009 年增加 10.4%。其中，电子数据处理设备居于首位，进口额为 15 720 百万美元，占进口总额的 28.8%；其次是电子元器件，进口额为 13 047 百万美元，占进口总额的 23.9%。2009—2010 年法国各类电子产品进口额情况见表 1，2010 年法国各类电子产品进口份额情况见图 2。

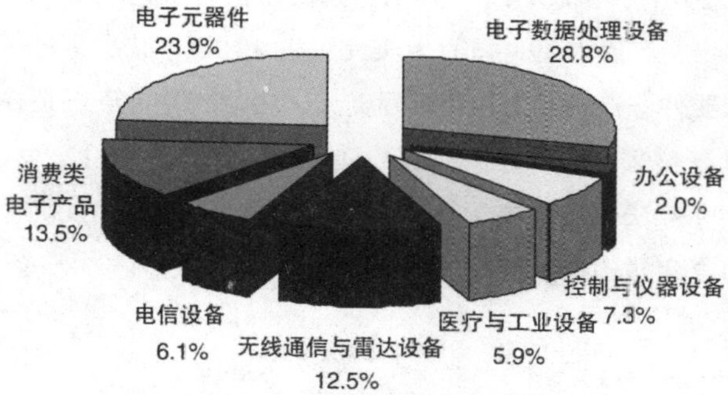

图 2 2010 年法国各类电子产品进口份额情况

2. 出口情况

2009 年，法国电子产品出口额为 36 442 百万美元。其中，无线通信与雷达设备居于首位，出口额为 11 086 百万美元，占出口总额的 30.4%；其次是电子元器件，出口额为 9 018 百万美元，占出口总额的 24.7%。

2010 年，法国电子产品出口额为 40 975 百万美元，比 2009 年增加 12.4%。其中，电子元器件居于首位，出口额为 12 282 百万美元，占出口总额的 30.0%；其次是无线通信与雷达设备，出口额为 10 944 百万美元，占出口总额的 26.7%。2009 年和 2010 年法国各类电子产品出口额情况见表 2，2010 年法国各类电子产品出口份额情况见图 3。

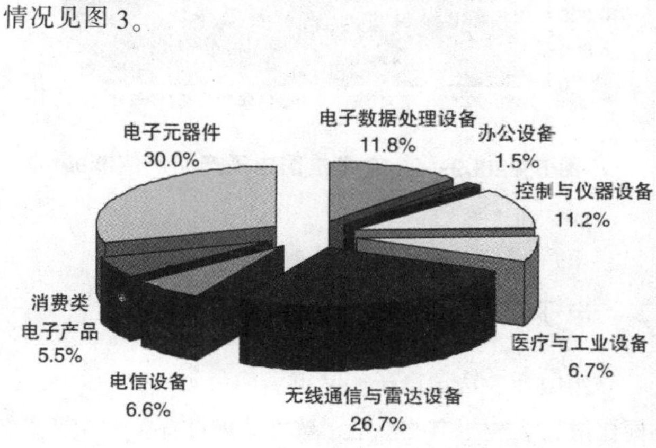

图 3 2010 年法国各类电子产品出口份额情况

电子产品产值情况

2010 年，法国电子产品产值为 29 560 百万美元，比 2009 年增加 1.8%。其中，无线通信与雷达设备居于首位，产值为 11 533 百万美元，占 39.0%；其次是电子元器件，产值为 8 224 百万美元，占 27.8%；第三是控制与仪器设备，产值为 3 712 百万美元，占 12.6%。

2011 年，法国电子产品产值为 30 860 百万美元，比 2010 年增加 4.4%。其中，无线通信与雷达设备居于首位，产值为 12 254 百万美元，占 39.7%；其次是电子元器件，产值为 8 619 百万美元，占 27.9%；第三是控制与仪器设备，产值为 3 944 百万美元，占 12.8%。2011 年法国各类电子产品产值份额情况如图 4。2009—2012 年法国电子产品产值情况见表 3 和图 5。

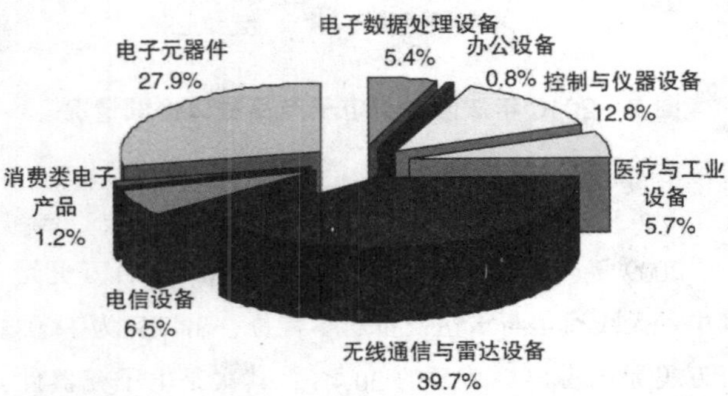

图 4　2011 年法国各类电子产品产值份额情况

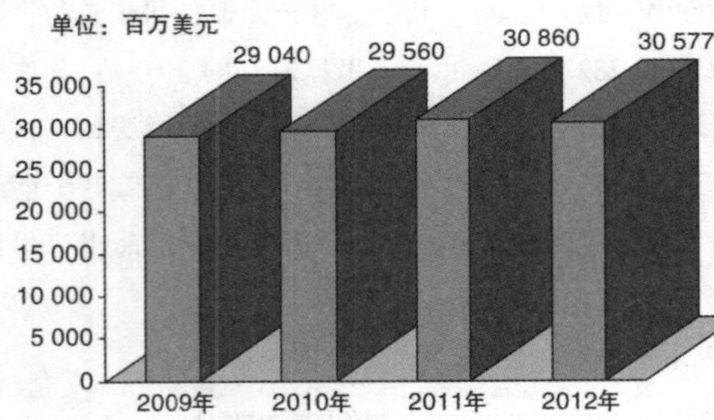

图 5　2009—2012 年法国电子产品产值情况

注：2012 年为预测值。

电子产品市场情况

2010 年，法国电子产品市场额为 43 137 百万美元，同比增长 2.7%。其中，电子数据处理设备居于首位，市场额为 12 605 百万美元，占 29.2%；其次是电子元器件，市场额为 8 989 百万美元，占 20.8%；第三是无线通信与雷达设备，市场额为 7 421 百万美元，占 17.2%。

2011 年，法国电子产品市场额为 45 457 百万美元，比 2010 年增长 5.4%。其中，电子数据处理设备居于首位，市场额为 13 157 百万美元，占 28.9%；其次是电子元器件，市场额为 10 014 百万美元，占 22.0%；第三是无线通信与雷达设备，市场额为 7 839 百万美元，占 17.2%。2011 年法国各类电子产品市场份额情况如图 6。2009 年—2012 年法国电子产品市场情况见表 4 和图 7。

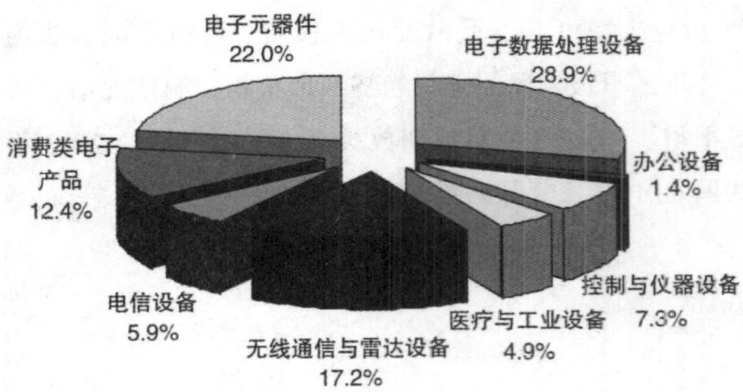

图 6　2011 年法国各类电子产品市场份额情况

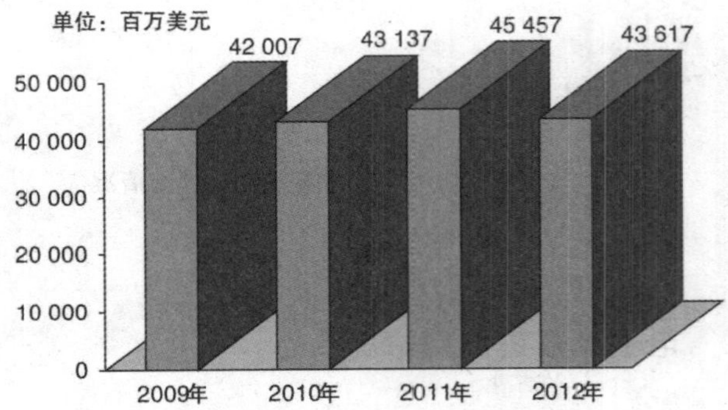

图 7　2009—2012 年法国电子产品市场情况

注：2012 年为预测值。

信息化发展情况

据世界经济论坛发布的 2011 至 2012 年度《全球信息技术报告》，法国的”网络化准备指数”（NRI）为 5.12，世界排名第 23 位，比上年度下降 3 位。

据联合国《信息经济报告 2012》，截至 2011 年底，法国互联网普及率为 79.58%，同比下降 0.52 个百分点；宽带普及率为 36.12%，同比增长 2.2 个百分点；移动电话普及率为105.03%，同比增长 4.37 个百分点。2008—2011 年法国互联网、宽带和移动电话用户数量情况见表5。

在电子商务方面，法国远程销售及电子商务联合会公布的数字显示，2011年法国网络购物销售额达377亿欧元，同比增长22%。电子商务的蓬勃发展为法国带来更多的就业机会。据法国工业部估计，电子商务行业共为法国创造了约6万个工作岗位，仅2011年就创造了至少3 000个。

【统计数据】

表1 2009—2010年法国电子产品进口情况

单位：百万美元

项目名称	2009年	2010年
电子数据处理设备	15 279	15 720
办公设备	985	948
控制与仪器设备	3 774	4 023
医疗与工业设备	3 188	3 228
无线通信与雷达设备	7 026	6 832
电信设备	2 710	3 357
消费类电子产品	7 338	7 397
电子元器件	9 110	13 047
总计	49 410	54 552

数据来源：《The Yearbook of World Electronics Data 2012》。
注：由于四舍五入，各项值累加与总计值有可能存在误差。

表2 2009—2010年法国电子产品出口情况

单位：百万美元

项目名称	2009年	2010年
电子数据处理设备	4 260	4 848
办公设备	639	621
控制与仪器设备	4 240	4 585
医疗与工业设备	2 742	2 755
无线通信与雷达设备	11 086	10 944
电信设备	2 329	2 683
消费类电子产品	2 128	2 257
电子元器件	9 018	12 282
总计	36 442	40 975

数据来源：《The Yearbook of World Electronics Data 2012》。
注：由于四舍五入，各项值累加与总计值有可能存在误差。

表 3　2009—2012 年法国电子产品产值情况

单位：百万美元

项目名称	2009 年	2010 年	2011 年	2012 年
电子数据处理设备	1 944	1 733	1 679	1 478
办公设备	278	284	275	253
控制与仪器设备	3 603	3 712	3 944	3 964
医疗与工业设备	1 604	1 607	1 704	1 700
无线通信与雷达设备	11 500	11 533	12 254	12 475
电信设备	2 408	1 960	2 001	1 941
消费类电子产品	543	507	383	345
电子元器件	7 160	8 224	8 619	8 422
总计	29 040	29 560	30 859	30 578

数据来源：《The Yearbook of World Electronics Data 2012》。

注：2012 年为预测值；由于四舍五入，各项值累加与总计值有可能存在误差。

表 4　2009—2012 年法国电子产品市场情况

单位：百万美元

项目名称	2009 年	2010 年	2011 年	2012 年
电子数据处理设备	12 964	12 605	13 157	12 959
办公设备	624	611	623	611
控制与仪器设备	3 136	3 149	3 340	3 353
医疗与工业设备	2 050	2 080	2 206	2 221
无线通信与雷达设备	7 440	7 421	7 839	7 878
电信设备	2 789	2 635	2 662	2 582
消费类电子产品	5 753	5 647	5 617	5 411
电子元器件	7 251	8 989	10 014	8 602
总计	42 007	43 137	45 458	43 617

数据来源：《The Yearbook of World Electronics Data 2012》。

注：2012 年为预测值；由于四舍五入，各项值累加与总计值有可能存在误差。

表 5　2008—2011 年法国互联网、宽带和移动电话用户普及率情况

项目名称	2008 年	2009 年	2010 年	2011 年
互联网（%）	70.68	71.58	80.10	79.58
宽带（%）	28.71	31.87	33.92	36.12
移动电话（%）	93.36	95.44	100.66	105.03

数据来源：联合国贸易和发展会议《2012 年信息经济报告》。

德 国

【综述】

2010年，德国经济强劲复苏，增长3.7%，对外贸易是德国经济快速摆脱金融和经济危机的主要推动力，是德国经济发展的重要支柱。2010年德国出口增长23.8%，进口增长17.1%，对外贸易对GDP增长的贡献率为1.1个百分点。2011年GDP增长率为2.9%。2012年德国经济增幅放缓，预计将会跌至0.4%。

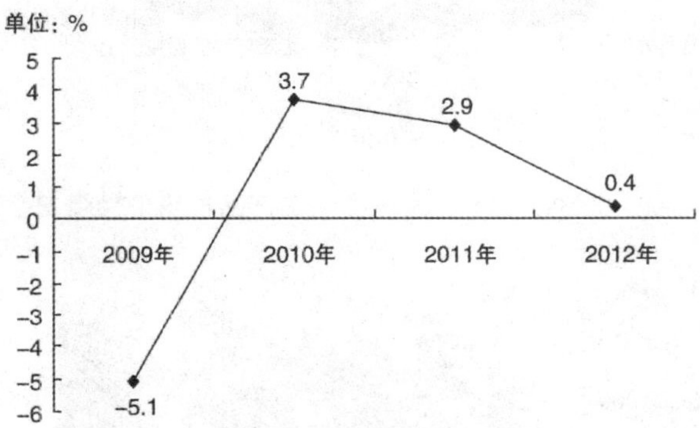

图1 2009—2012年德国GDP增长情况

注：2012年为预测值。

电子产品进出口情况

2009年，德国电子产品进出口总额为190 240百万美元；2010年为228 442百万美元，比2009年增长20.1%。2009年和2010年，德国电子产品进出口贸易均呈逆差，逆差额分别为22 654百万美元和21 004百万美元。

1. 进口情况

2009年，德国电子产品进口额为106 447百万美元。其中，电子数据处理设备居于首位，进口额为33 428百万美元，占进口总额的31.4%；其次是电子元器件，进口额为32 410百万美元，占进口总额的30.4%。

2010年，德国电子产品进口额为124 723百万美元，比2009年增长17.1%。其中，电子元器件居于首位，进口额为43 983百万美元，占进口总额的35.3%；其次是电子数据处理设备，进口额为37 177百万美元，占进口总额的29.8%。2009—2010年德国各类电子产品进口额情况见表1，2010年德国进口各类电子产品份额情况见图2。

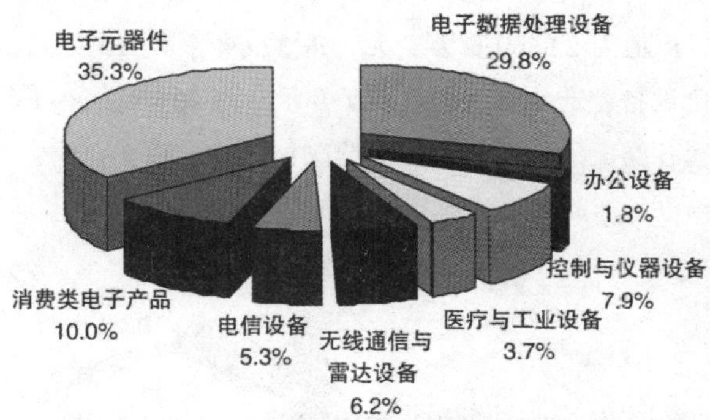

图2 2010年德国进口电子产品所占份额情况

2. 出口情况

2009年，德国电子产品出口额为83 793百万美元。其中，电子元器件居于首位，出口额为26 947百万美元，占出口总额的32.2%；其次是电子数据处理设备，出口额为16 546百万美元，占出口总额的19.7%。

2010年，德国电子产品出口额为103 719百万美元，比2009年增长23.8%。其中，电子元器件居于首位，出口额为36 647百万美元，占出口总额的35.3%；其次是电子数据处理设备，出口额为20 640百万美元，占出口总额的19.9%。2009—2010年德国各类电子产品出口额情况见表2，2010年德国各类电子产品出口份额情况见图3。

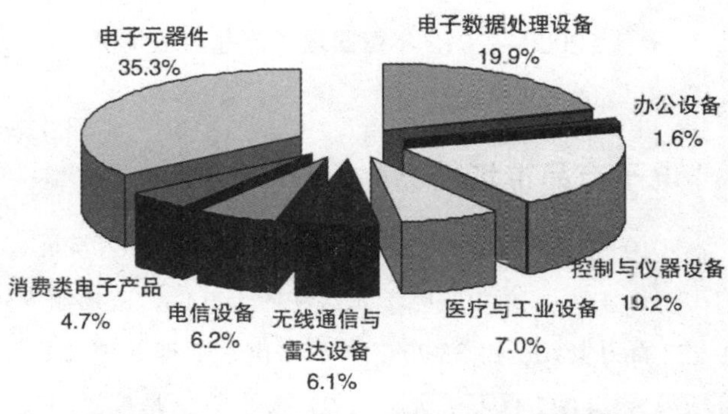

图3 2010年德国出口电子产品所占份额情况

电子产品产值情况

2010 年，德国电子产品产值为 65 777 百万美元。其中，电子元器件居于首位，产值为 21 941 百万美元，占 33.4%；其次是控制与仪器设备，产值为 20 439 百万美元，占 31.1%；第三是电子数据处理设备，产值为 7 500 百万美元，占 11.4%。

2011 年，德国电子产品产值为 69 620 百万美元，比 2010 年增长 5.8%。其中，控制仪器与设备居于首位，产值为 23 313 百万美元，占 33.5%；其次是电子元器件，产值为 22 669 百万美元，占 32.6%；第三是医疗与工业设备，产值为 7 524 百万美元，占 10.8%。2011 年德国各类电子产品产值份额情况如图 4。2009—2012 年德国电子产品产值情况见表 3 和图 5。

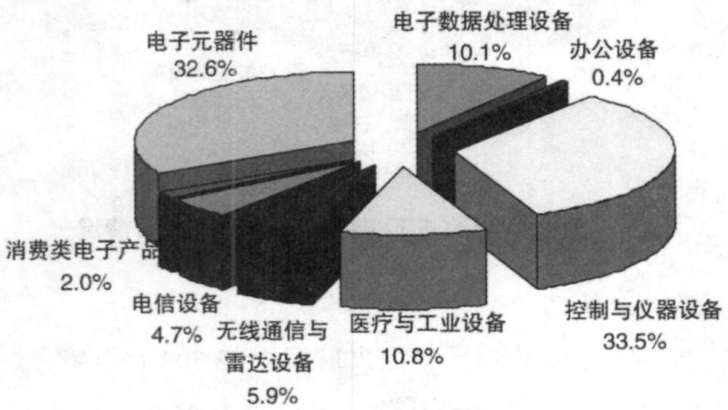

图 4　2011 年德国各类电子产品产值份额情况

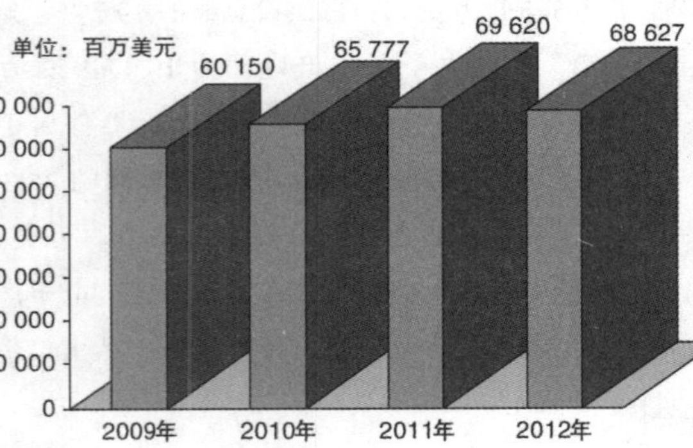

图 5　2009—2012 年德国电子产品产值情况

注：2012 年为预测值。

电子产品市场情况

2010 年，德国电子产品市场额为 86 781 百万美元，同比增长 4.8%。其中，电子元器件居于首位，市场额为 29 277 百万美元，占 33.7%；其次是电子数据处理设备，市场额为 24 037 百万美元，占 27.7%；第三是控制与仪器设备，市场额为 10 383 百万美元，占 12.0%。

2011 年，德国电子产品市场额为 91 819 百万美元，比 2010 年增长 5.8%。其中，电子元器件居于首位，市场额为 31 270 百万美元，占 34.0%；其次是电子数据处理设备，市场额为 25 490 百万美元，占27.8%；第三是控制与仪器设备，市场额为11 194 百万美元，占 12.2%。2011 年德国各类电子产品市场份额情况如图 6。2009—2012 年德国电子产品市场情况见表 4 和图 7。

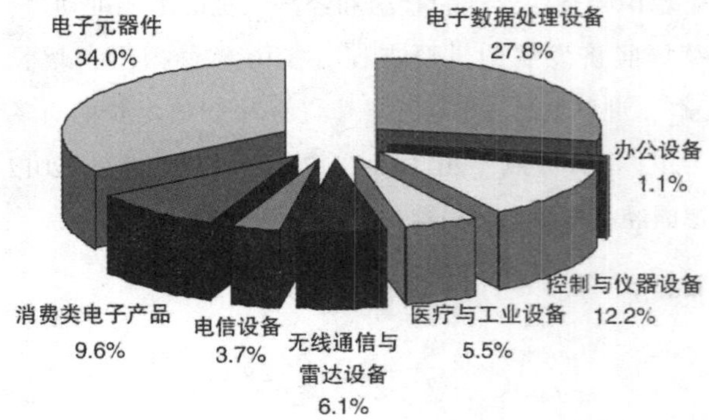

图 6　2011 年德国各类电子产品市场份额情况

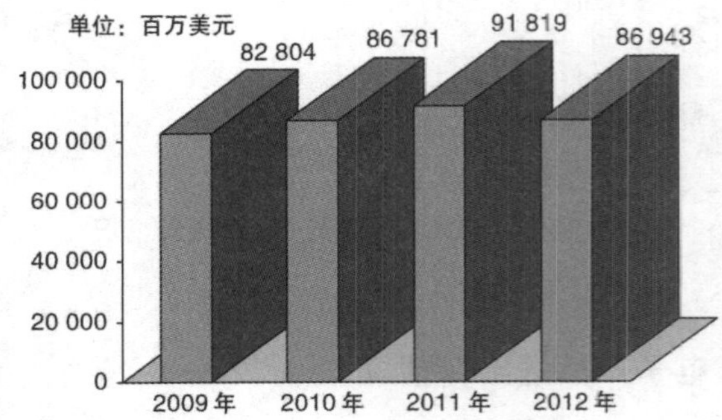

图 7　2009—2012 年德国电子产品市场情况

注：2012 年为预测值。

信息化发展情况

据世界经济论坛发布的 2011 至 2012 年度《全球信息技术报告》，德国的“网络化准备指数”（NRI）为 5.32，世界排名第 16 位，比上年度下降 3 位。

据《信息经济报告 2012》显示，截至 2011 年底，德国手机用户普及率132.30%，同比增长 5.26 个百分点。互联网普及率为 83.00%，同比增长 1 个百分点。宽带普及率为 32.47%，同比增长 0.77 个百分点。2008—2011 年德国互联网、宽带和移动电话用户普及率见表 5。

【统计数据】

表 1　2009—2010 年德国电子产品进口情况

单位：百万美元

项目名称	2009 年	2010 年
电子数据处理设备	33 428	37 177
办公设备	1 858	2 276
控制与仪器设备	8 708	9 897
医疗与工业设备	4 324	4 599
无线通信与雷达设备	6 667	7 771
电信设备	6 299	6 532
消费类电子产品	12 754	12 488
电子元器件	32 410	43 983
总计	106 448	124 723

数据来源：《The Yearbook of World Electronics Data 2012》。
注：由于四舍五入，各项值累加与总计值有可能存在误差。

表 2　2009—2010 年德国电子产品出口情况

单位：百万美元

项目名称	2009 年	2010 年
电子数据处理设备	16 546	20 640
办公设备	1 313	1 636
控制与仪器设备	16 719	19 953
医疗与工业设备	6 890	7 211
无线通信与雷达设备	4 894	6 353
电信设备	5 683	6 377
消费类电子产品	4 800	4 901
电子元器件	26 947	36 647
总计	83 792	103 718

数据来源：《The Yearbook of World Electronics Data 2012》。
注：由于四舍五入，各项值累加与总计值有可能存在误差。

表 3　2009—2012 年德国电子产品产值情况

单位：百万美元

项目名称	2009 年	2010 年	2011 年	2012 年
电子数据处理设备	7 204	7 500	7 031	6 188
办公设备	403	291	285	259
控制与仪器设备	17 774	20 439	23 313	23 896
医疗与工业设备	7 371	7 309	7 524	7 584
无线通信与雷达设备	3 517	3 859	4 140	4 057
电信设备	2 789	3 153	3 301	3 169
消费类电子产品	1063	1 285	1 358	1 279
电子元器件	20 031	21 941	22 669	22 195
总计	60 152	65 777	69 621	68 627

数据来源：《The Yearbook of World Electronics Data 2012》。

注：2012 年为预测值；由于四舍五入，各项值累加与总计值有可能存在误差。

表 4　2009—2012 年德国电子产品市场情况

单位：百万美元

项目名称	2009 年	2010 年	2011 年	2012 年
电子数据处理设备	24 086	24 037	25 490	24 980
办公设备	949	931	974	945
控制与仪器设备	9 763	10 383	11 194	11 418
医疗与工业设备	4 804	4 697	5 019	5 079
无线通信与雷达设备	5 289	5 276	5 633	5 650
电信设备	3 404	3 308	3 418	3 350
消费类电子产品	9 017	8 872	8 821	8 427
电子元器件	25 493	29 277	31 270	27 094
总计	82 805	86 781	91 819	86 943

数据来源：《The Yearbook of World Electronics Data 2012》。

注：2012 年为预测值；由于四舍五入，各项值累加与总计值有可能存在误差。

表 5　2008—2011 年德国互联网、宽带和移动电话用户普及率

项目名称	2008 年	2009 年	2010 年	2011 年
互联网（%）	78.00	79.00	82.00	83.00
宽带（%）	27.46	30.21	31.70	32.47
移动电话（%）	127.95	127.42	127.04	132.30

数据来源：联合国贸易和发展会议《2012 年信息经济报告》。

澳大利亚

【综述】

2010年和2011年连续两年的大洪灾对澳大利亚经济造成了严重影响，2011年澳大利亚经济增速下滑至2%以下。2012年，受生产资料需求大幅攀升的影响，支柱产业采掘业成为拉动澳大利亚经济增长的主要动力。

在公共支出方面，由于受到澳大利亚政府减少预算赤字的影响，预计2012年及2013年澳大利亚的公共支出将有所缩减。

根据相关预测，2012年，消费品价格上涨速度将有所放缓，预计增速在2.7%左右，而2011年为3.4%。2012年7月，澳大利亚开始征收碳排放税，预计将会进一步推涨消费品价格。2009—2012年澳大利亚GDP增长情况见图1。

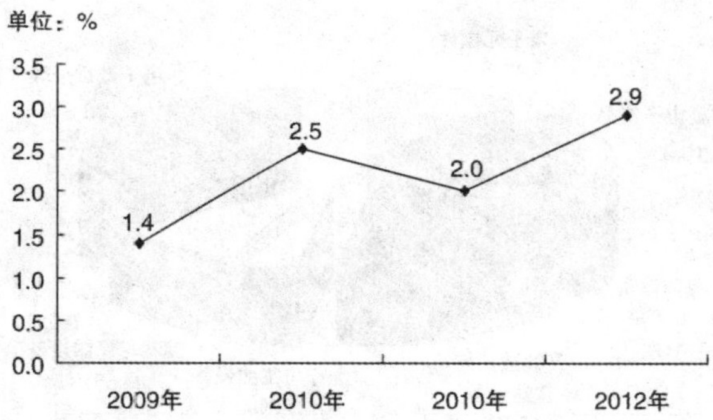

图1　2009—2012年澳大利亚GDP增长情况

注：2012年为预测值。

电子产品进出口情况

2009年，澳大利亚电子产品进出口总额为21 469百万美元；2010年为26 679百万美元，同比上升24.3%。2009年和2010年，澳大利亚电子产品进出口贸易均呈逆差，逆差额分别为15 979百万美元和20 081百万美元。

1. 进口情况

2009年，澳大利亚电子产品进口额为18 724百万美元，同比下降7.2%。其中，电子数据处理设备居于首位，进口额为6 430百万美元，占进口总额的34.3%；其次是消费类电子产品，进口额为3 531百万美元，占进口总额的18.9%。

2010年，澳大利亚电子产品进口额为23 380百万美元，同比上升24.9%。其中，电子数据处理设备居于首位，进口额为8 345百万美元，占进口总额的35.7%；其次是无线通信与雷达设备，进口额为4 034百万美元，占进口总额的17.3%。2009年和2010年澳大利亚各类电子产品进口额情况见表1，2010年澳大利亚各类电子产品进口份额情况见图2。

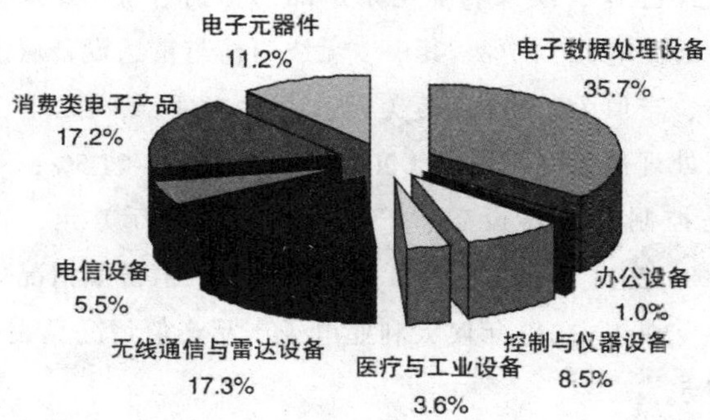

图2　2010年澳大利亚各类电子产品进口份额情况

2. 出口情况

2009年，澳大利亚电子产品出口额为2 745百万美元，同比下降11.3%。其中，电子数据处理设备居于首位，出口额为766百万美元，占出口总额的27.9%；其次是控制与仪器设备，出口额为569百万美元，占出口总额的20.7%。

2010年，澳大利亚电子产品出口额为3 299百万美元，同比上升20.2%。其中，电子数据处理设备居于首位，出口额为1 019百万美元，占出口总额的30.9%；其次是控制与仪器设备，出口额为661百万美元，占出口总额的20.0%。2009年和2010年澳大利亚各类电子产品出口额情况见表2，2010年澳大利亚各类电子产品出口份额情况见图3。

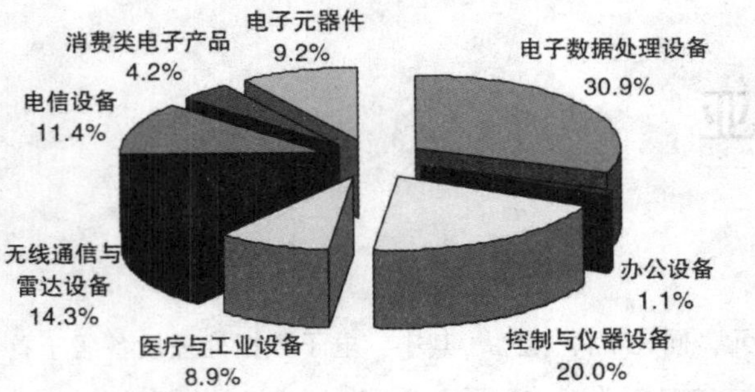

图 3　2010 年澳大利亚各类电子产品出口份额情况

电子产品产值情况

2010 年，澳大利亚电子产品产值为 4 905 百万美元，同比增长 20.1%。其中，无线通信与雷达设备居于首位，产值为 1 101 百万美元，占 22.7%；其次是电子数据处理设备，产值为 1 055 百万美元，占 20.9%；第三是控制与仪器设备，产值为 1 028 百万美元，占 20.5%。

2011 年，澳大利亚电子产品产值为 5 626 百万美元，同比增长 14.7%。其中，无线通信与雷达设备居于首位，产值为 1 277 百万美元，占 22.7%；其次是电子数据处理设备，产值为 1 209 百万美元，占 21.5%；第三是控制与仪器设备，产值为 1 201 百万美元，占 21.3%。2011 年澳大利亚各类电子产品产值份额情况如图 4。2009—2012 年澳大利亚电子产品产值情况见表 3 和图 5。

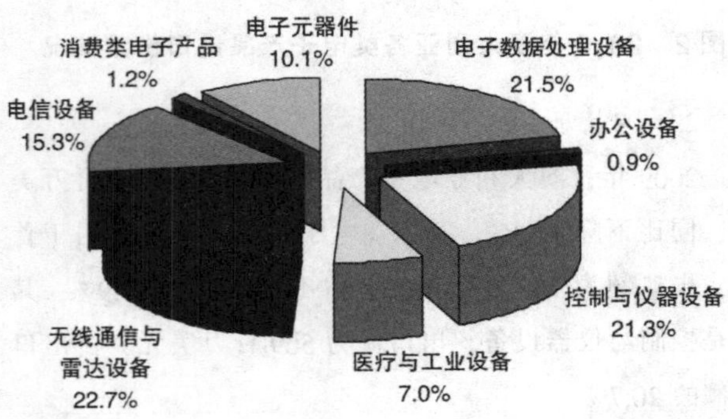

图 4　2011 年澳大利亚各类电子产品产值份额情况

电子产品市场情况

2010 年，澳大利亚电子产品市场额为 25 004 百万美元，同比增长 24.6%。其中，电子数据处理设备居于首位，市场额为 8 381 百万美元，占 33.5%；其次是无

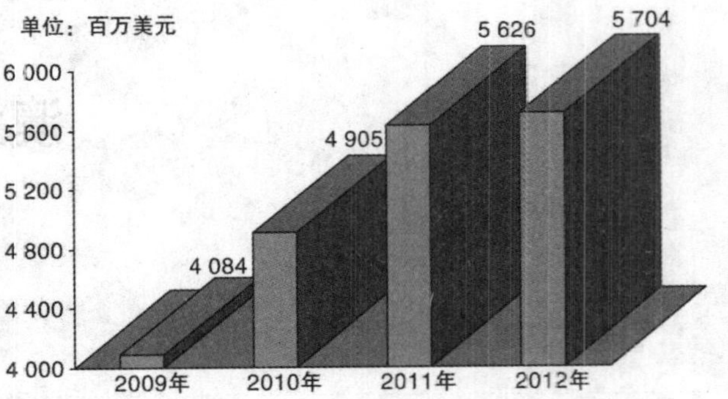

图 5　2009—2012 年澳大利亚电子产品产值情况

注：2012 年为预测值。

线通信与雷达设备，市场额为 4 680 百万美元，占 18.7%；第三是消费类电子产品，市场额为 3 949 百万美元，占 15.8%。

2011 年，澳大利亚电子产品市场额为 28 871 百万美元，同比增长 15.5%。其中，电子数据处理设备居于首位，市场额为 9 700 百万美元，占 33.6%；其次是无线通信与雷达设备，市场额为 5 417 百万美元，占 18.7%；第三是消费类电子产品，市场额为 4 412 百万美元，占 15.3%。2011 年澳大利亚各类电子产品市场份额情况如图 6。2009—2012 年澳大利亚电子产品市场情况见表 4 和图 7。

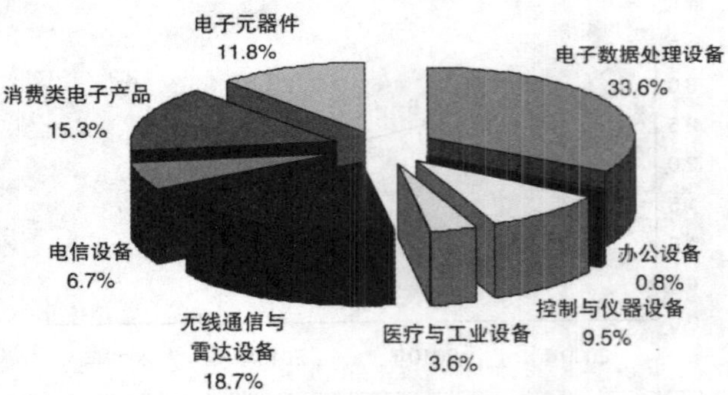

图 6　2011 年澳大利亚各类电子产品市场份额情况

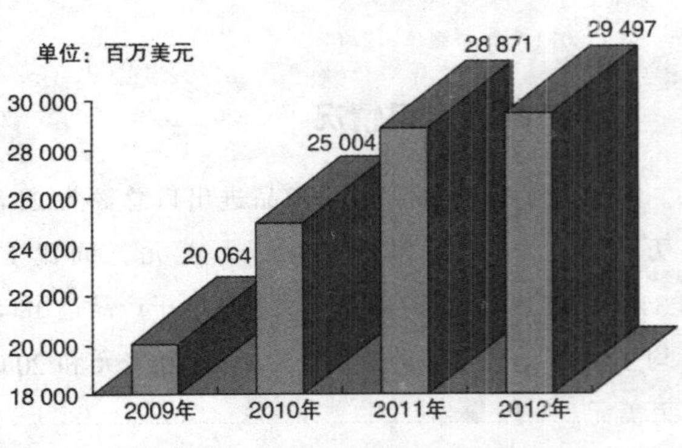

图 7　2009—2012 年澳大利亚电子产品市场情况

注：2012 年为预测值。

信息化发展情况

据世界经济论坛发布的 2011 至 2012 年度《全球信息技术报告》，澳大利亚的"网络化准备指数"（NRI）为 5.29，世界排名与上年持平，仍位居第 17 位。

澳大利亚一直将信息网络技术作为经济和社会发展的重要推动力量，大力推进信息网络技术在政府行政管理和公共服务中的应用。

据联合国《信息经济报告 2012》，2011 年，澳大利亚互联网普及率为 76.0%，与 2010 年持平。手机普及率达到 101.0%，与 2010 年持平。宽带普及率为 24.2%，比 2010 年上升 1 个百分点。

【统计数据】

表 1　2009—2010 年澳大利亚电子产品进口情况

单位：百万美元

项目名称	2009 年	2010 年
电子数据处理设备	6 430	8 345
办公设备	191	223
控制与仪器设备	1 723	1 992
医疗与工业设备	752	851
无线通信与雷达设备	3 277	4 034
通信设备	1 103	1 294
消费类电子产品	3 531	4 023
电子元器件	1 718	2 618
总计	18 725	23 380

数据来源：《The Yearbook of World Electronics Data 2012》。
注：由于四舍五入，各项值累加与总计值有可能存在误差。

表 2　2009—2010 年澳大利亚电子产品出口情况

单位：百万美元

项目名称	2009 年	2010 年
电子数据处理设备	766	1 019
办公设备	31	34
控制与仪器设备	569	661
医疗与工业设备	216	293
无线通信与雷达设备	391	473
通信设备	337	376
消费类电子产品	170	140
电子元器件	265	303
总计	2 745	3 299

数据来源：《The Yearbook of World Electronics Data 2012》。
注：由于四舍五入，各项值累加与总计值有可能存在误差。

表 3 2009—2012 年澳大利亚电子产品产值情况

单位：百万美元

项目名称	2009 年	2010 年	2011 年	2012 年
电子数据处理设备	859	1 055	1 209	1 233
办公设备	37	46	49	48
控制与仪器设备	844	1 028	1 201	1 237
医疗与工业设备	246	335	396	412
无线通信与雷达设备	938	1 101	1 277	1 296
通信设备	703	780	859	842
消费类电子产品	70	66	68	63
电子元器件	388	494	567	574
总计	4 085	4 905	5 626	5 705

数据来源：《The Yearbook of World Electronics Data 2012》。
注：2012 年为预测值；由于四舍五入，各项值累加与总计值有可能存在误差。

表 4 2009—2012 年澳大利亚电子产品市场情况

单位：百万美元

项目名称	2009 年	2010 年	2011 年	2012 年
电子数据处理设备	6 523	8 381	9 700	9 894
办公设备	196	235	267	261
控制与仪器设备	1 998	2 359	2 704	2 798
医疗与工业设备	783	894	1 041	1 078
无线通信与雷达设备	3 823	4 680	5 417	5 590
通信设备	1 470	1 689	1 937	1 937
消费类电子产品	3 423	3 949	4 412	4 359
电子元器件	1 840	2 809	3 395	3 580
总计	20 056	24 996	28 873	29 497

数据来源：《The Yearbook of World Electronics Data 2012》。
注：2012 年为预测值；由于四舍五入，各项值累加与总计值有可能存在误差。

表 5 2008—2011 年澳大利亚互联网、宽带和移动电话用户普及率

项目名称	2008 年	2009 年	2010 年	2011 年
互联网（%）	55.8	74.0	76.0	76.0
宽带（%）	26.5	25.4	23.2	24.2
移动电话（%）	109.9	113.8	101.0	101.0

数据来源：联合国贸易和发展会议《2012 年信息经济报告》。

日 本

【综述】

由于2011年第四季度的增长强于预期，2012年日本GDP的增长预期已从此前的1.3%上调为1.5%。近期日元的持续疲弱也将推动GDP强劲增长。尽管2011年3月地震、海啸及核灾难导致的一系列重建工作对GDP起到了一定刺激作用，但重建工作的进展比预期要缓慢。

由于制约日本经济发展的一些关键问题仍未解决，日本经济未来的增长还将面临持续的压力。预计2013年，日本GDP将保持温和增长，增长率为1.3%。

在居民消费品价格方面，2011年延续了2010年以来的下跌趋势，跌幅为0.3%，比2010年0.7%的跌幅有所放缓，整体呈现轻度的通货紧缩。2012年，高油价和日元的走弱引起一定的通货膨胀压力。预计到2013年，石油和大宗商品价格的大幅下挫会将日本经济再次引向通货紧缩。

2011年3月的地震和海啸使日本的工业产品及电子元器件产量大幅下滑，当前灾后重建导致的进口增长使日本进出口贸易顺差进一步减小。2011年，日本贸易顺差占GDP的比重由2010年的3.6%下降到2.1%。2009—2012年日本GDP增长情况见图1。

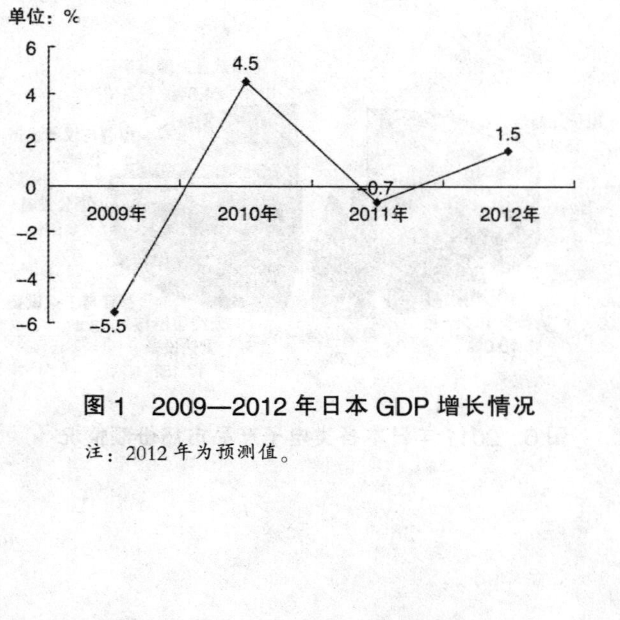

图1 2009—2012年日本GDP增长情况

注：2012年为预测值。

电子产品进出口情况

2009年，日本电子产品进出口总额为185 426百万美元；2010年，电子产品进出口总额为229 295百万美元，同比增长23.7%。2009年和2010年，日本电子产品进出口贸易均呈顺差，顺差额分别为23 894百万美元和43 869百万美元。

1. 进口情况

2009年，日本电子产品进口额为80 766百万美元，同比下降4.7%。其中，电子元器件居于首位，进口额为30 425百万美元，占进口总额的37.7%；其次是电子数据处理设备，进口额为22 702百万美元，占进口总额的28.0%。

2010年，日本电子产品进口额为102 386百万美元，同比增长26.8%。其中，电子元器件居于首位，进口额为37 818百万美元，占进口总额的36.9%；其次是电子数据处理设备，进口额为26 364百万美元，占进口总额的25.7%。2009—2010年日本各类电子产品进口额情况见表1，2010年日本各类电子产品进口份额情况见图2。

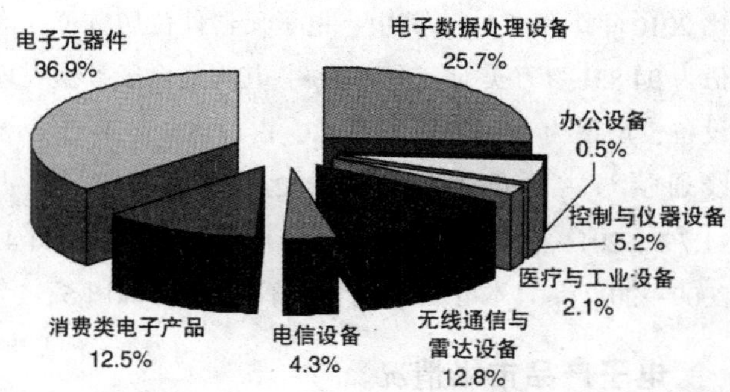

图2 2010年日本各类电子产品进口份额情况

2. 出口情况

2009年，日本电子产品出口额为104 660百万美元，同比下降17.1%。其中，电子元器件居于首位，出口额为48 650百万美元，占出口总额的46.5%；其次是消费类电子产品，出口额为 14 979 百万美元，占出口总额的 14.3%。

2010 年，日本电子产品出口额为 126 909 百万美元，同比增长 21.3%。其中，电子元器件居于首位，出口额为 63 171 百万美元，占出口总额的 49.8%；其次是电子数据处理设备，出口额为 17 193 百万美元，占出口总额的 13.5%。2009 年和 2010 年日本各类电子产品出口额情况见表 2，2010 年日本各类电子产品出口份额情况见图 3。

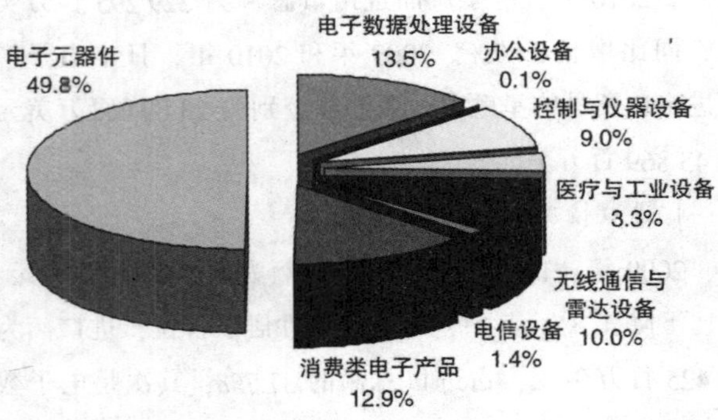

图 3　2010 年日本各类电子产品出口份额情况

电子产品产值情况

2010 年，日本电子产品产值为 200 443 百万美元，比 2009 年增长 18.7%。其中，电子元器件位居首位，产值为 94 795 百万美元，占 47.3%；其次是电子数据处理设备，产值为 30 227 百万美元，占 15.1%；第三是消费类电子产品，产值为 25 125 百万美元，占 12.5%。

2011 年，日本电子产品产值为 193 701 百万美元，比 2010 年下降 3.4%。其中，电子元器件位居首位，产值为 94 831 百万美元，占 49.0%；其次是电子数据处理设备，产值为 28 055 百万美元，占 14.5%；第三是无线通信与雷达设备，产值为 22 673 百万美元，占 11.7%。2011 年日本各类电子产品产值份额情况如图 4。2009—2011 年日本电子产品产值情况见表 3 和图 5。

电子产品市场情况

2010 年，日本电子产品市场额为 175 920 百万美元，同比增长 21.6%。其中，电子元器件居于首位，市场额为 69 443 百万美元，占 39.5%；其次是电子数据处理设备，市场额为 39 398 百万美元，占 22.4%；第三是无线通信与雷达设备，市场额为 25 500 百万美元，占

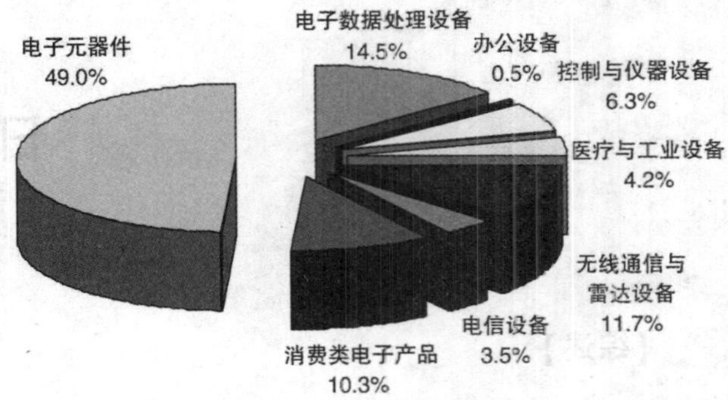

图 4　2011 年日本各类电子产品产值份额情况

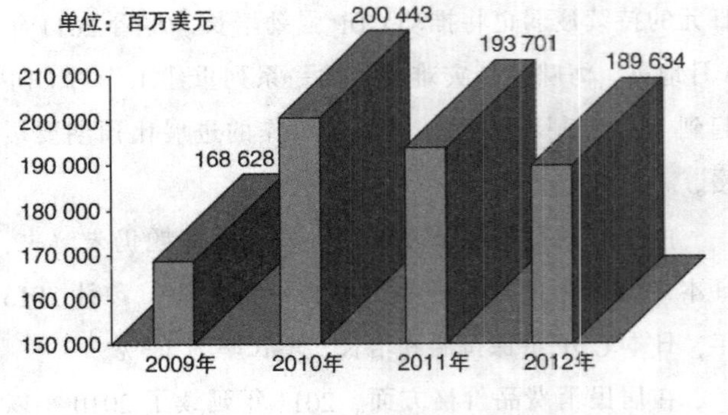

图 5　2009—2012 年日本电子产品产值情况

注：2012 年为预测值。

14.5%。

2011 年，日本电子产品市场额为 174 931 百万美元，同比下降 0.6%。其中，电子元器件居于首位，市场额为 62 539 百万美元，占 35.8%；其次是电子数据处理设备，市场额为 42 428 百万美元，占 24.3%；第三是无线通信与雷达设备，市场额为 29 837 百万美元，占 17.1%。2011 年日本各类电子产品市场份额情况如图 6。2009—2012 年日本电子产品市场情况见表 4 和图 7。

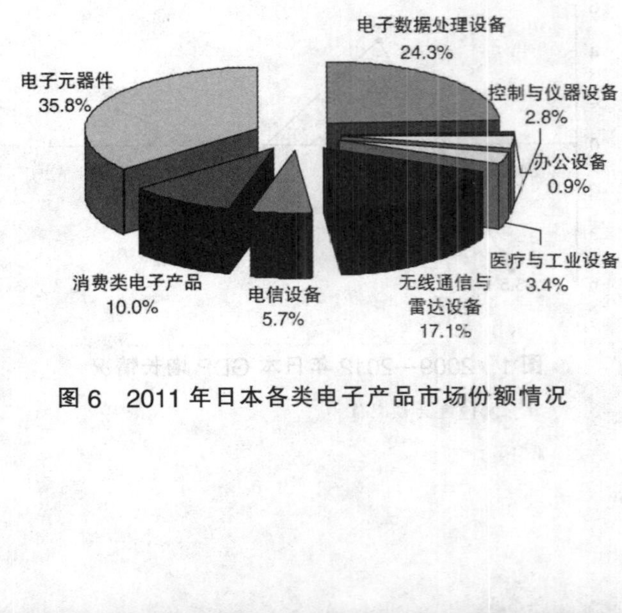

图 6　2011 年日本各类电子产品市场份额情况

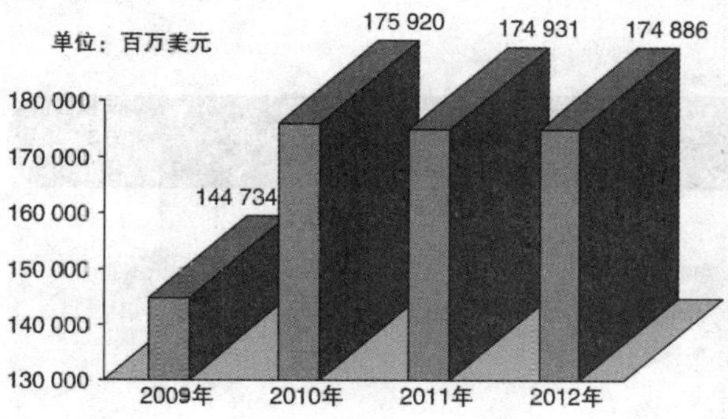

图 7 2009—2012 年日本电子产品市场情况

注：2012 年为预测值。

信息化发展情况

据世界经济论坛发布的 2011 至 2012 年度《全球信息技术报告》，日本的"网络化准备指数"（NRI）为 5.30，世界排名比上年上升一位，位居第 18 位。

日本一直将信息网络技术作为经济和社会发展的重要推动力量，大力推进信息网络技术的应用。

据联合国《信息经济报告 2012》，2011 年，日本互联网普及率为 78.2%，与 2010 年相比下降 1.8 个百分点。手机普及率 95.4%，与 2010 年持平。宽带普及率 26.9%，与 2010 年持平。

【统计数据】

表 1 2009—2010 年日本电子产品进口情况

单位：百万美元

项目名称	2009 年	2010 年
电子数据处理设备	22 702	26 364
办公设备	372	466
控制与仪器设备	4 521	5 341
医疗与工业设备	1 734	2 102
无线通信与雷达设备	9 585	13 091
电信设备	3 436	4 375
消费类电子产品	7 989	12 830
电子元器件	30 425	37 818
总计	80 764	102 387

数据来源：《The Yearbook of World Electronics Data 2012》。

注：由于四舍五入，各项值累加与总计值有可能存在误差。

表 2 2009—2010 年日本电子产品出口情况

单位：百万美元

项目名称	2009 年	2010 年
电子数据处理设备	14 287	17 193
办公设备	43	34
控制与仪器设备	9 489	11 455
医疗与工业设备	3 798	4 307
无线通信与雷达设备	11 819	12 705
电信设备	1 596	1 716
消费类电子产品	14 979	16 330

续表

项目名称	2009 年	2010 年
电子元器件	48 650	63 171
总计	104 661	126 911

数据来源：《The Yearbook of World Electronics Data 2012》。

注：由于四舍五入，各项值累加与总计值有可能存在误差。

表 3　2009—2012 年日本电子产品产值情况

单位：百万美元

项目名称	2009 年	2010 年	2011 年	2012 年
电子数据处理设备	25 851	30 227	28 055	27 494
办公设备	1 181	1 091	1 104	972
控制与仪器设备	8 617	10 409	12 146	12 753
医疗与工业设备	6 691	7 614	8 055	8 399
无线通信与雷达设备	25 266	25 114	22 673	22 219
电信设备	5 766	6 068	6 876	6 670
消费类电子产品	21 926	25 125	19 962	17 156
电子元器件	73 330	94 795	94 831	93 971
总计	168 628	200 443	193 702	189 634

数据来源：《The Yearbook of World Electronics Data 2012》。

注：2012 年为预测值；由于四舍五入，各项值累加与总计值有可能存在误差。

表 4　2009—2012 年日本电子产品市场情况

单位：百万美元

项目名称	2009 年	2010 年	2011 年	2012 年
电子数据处理设备	34 266	39 398	41 393	42 428
办公设备	1 511	1 523	1 531	1 500
控制与仪器设备	3 649	4 295	4 806	4 969
医疗与工业设备	4 628	5 409	5 809	5 995
无线通信与雷达设备	23 032	25 500	29 109	29 837
电信设备	7 606	8 727	9 912	10 110
消费类电子产品	14 936	21 625	19 686	17 508
电子元器件	55 106	69 443	62 685	62 539
总计	144 734	175 920	174 931	174 886

数据来源：《The Yearbook of World Electronics Data 2012》。

注：2012 年为预测值；由于四舍五入，各项值累加与总计值有可能存在误差。

表5 2008—2011年日本互联网、宽带和移动电话用户普及率

项目名称	2008年	2009年	2010年	2011年
互联网（%）	69.2	76.8	80.0	78.2
宽带（%）	22.5	24.9	26.9	26.9
移动电话（%）	82.7	90.4	95.4	95.4

数据来源：联合国贸易和发展会议《2012年信息经济报告》。

韩 国

【综述】

2010年，韩国经济增长6.2%，创下自2002年（7.2%）以来的最高值，这主要归功于出口利好和制造业生产及设备投资的活跃。2010年制造业增长率达到14.6%。

韩元对美元汇率的稳定预期有效抑制了输入性通胀，2012年和2013年的消费物价上涨均值预期将从2011年的4%下降至3%。受全球经济持续不稳定的影响，韩国投资放缓，2011年韩国GDP增长率为3.6%，预计2012年为3.2%。2009—2012年韩国GDP增长情况见图1。

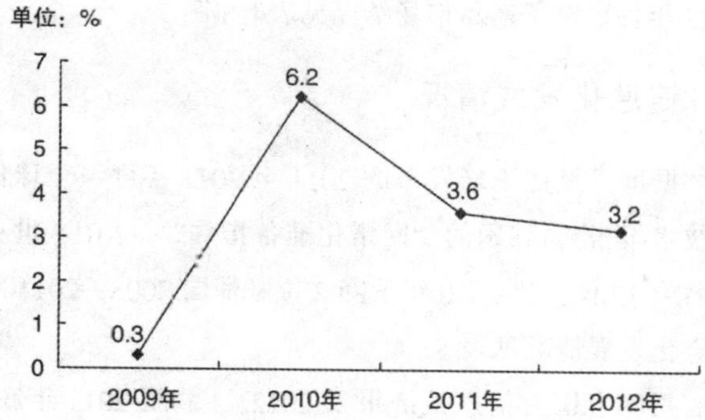

图1 2009—2012年韩国GDP发展态势

注：2012年为预测值。

电子产品进出口情况

2009年，韩国电子产品进出口总额为110 040百万美元；2010年为142 501百万美元，同比增加29.5%。2009年和2010年，韩国电子产品进出口贸易均呈顺差，顺差额分别为48 266百万美元和56 351百万美元。

1. 进口情况

2009年，韩国电子产品进口额为30 887百万美元。其中，电子元器件居于首位，进口额为12 382百万美元，占进口总额的40.1%；其次是电子数据处理设备，进口额为6 256百万美元，占进口总额的20.3%。

2010年，韩国电子产品进口额为43 075百万美元，同比增加39.5%。其中，电子元器件居于首位，进口额为18 751百万美元，占进口总额的43.5%；其次是电子数据处理设备，进口额为7 890百万美元，占进口总额的18.3%。2009年和2010年韩国各类电子产品进口额情况见表1，2010年韩国各类电子产品进口份额情况见图2。

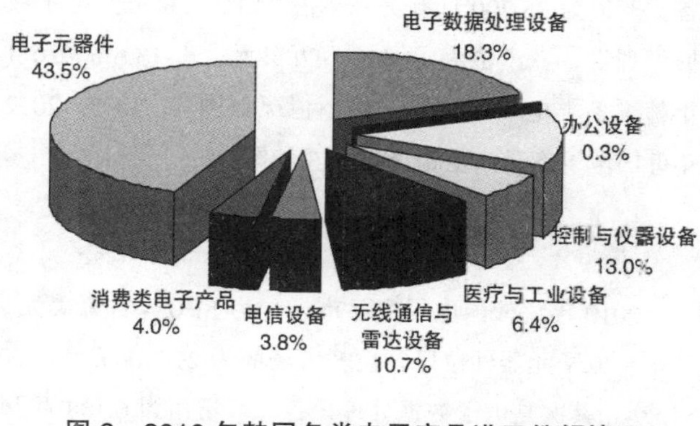

图2 2010年韩国各类电子产品进口份额情况

2. 出口情况

2009年，韩国电子产品出口额为79 153百万美元。其中，电子元器件居于首位，出口额为31 907百万美元，占出口总额的40.3%；其次是无线通信与雷达设备，出口额为25 332百万美元，占出口总额的32.0%。

2010 年，韩国电子产品出口额为 99 426 百万美元，同比增加 25.6%。其中，电子元器件居于首位，出口额为 49 902 百万美元，占出口总额的 50.2%；无线通信与雷达设备继续保持第二位，为 24 776 百万美元，占出口总额的 24.9%。2009—2010 年韩国各类电子产品出口额情况见表 2，2010 年韩国各类电子产品出口份额情况见图 3。

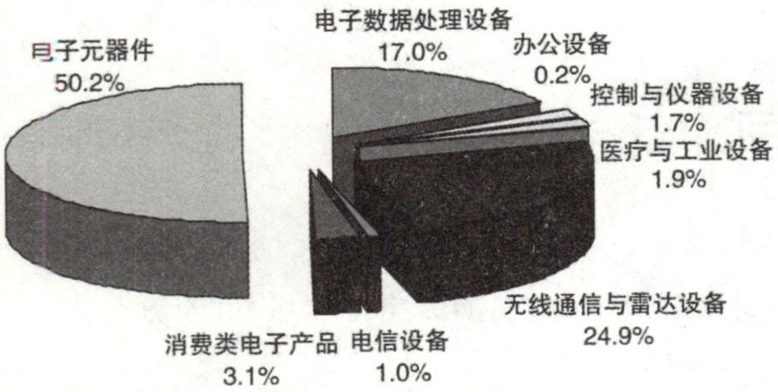

图 3　2010 年韩国各类电子产品出口份额情况

电子产品产值情况

2010 年，韩国电子产品产值为 107 405 百万美元。其中，电子元器件位居首位，产值为 59 132 百万美元，占 55.1%；其次是无线通信与雷达设备，产值为 25 700 百万美元，占 23.9%；第三是电子数据处理设备，产值为 15 175 百万美元，占 14.1%。

2011 年，韩国电子产品产值 106 650 百万美元，同比下降 0.7%。其中，电子元器件居于首位，产值为 59 106 百万美元，占 55.4%；其次是无线通信与雷达设备，产值为 25 700 百万美元，占 24.1%；第三是电子数据处理设备，产值为 14 450 百万美元，占 13.6%。2011 年韩国各类电子产品产值份额情况如图 4。2009—2012 年韩国电子产品产值情况见表 3 和图 5。

电子产品市场情况

2010 年，韩国电子产品市场额为 51 054 百万美元。其中，电子元器件位居首位，市场额为 27 981 美元，占 54.8%；其次是电子数据处理设备，市场额为 6 188 百万美元，占 12.1%；第三是无线通信与雷达设备，市场额为 5 538 百万美元，占 10.8%。

2011 年，韩国电子产品市场额为 52 180 百万美元，

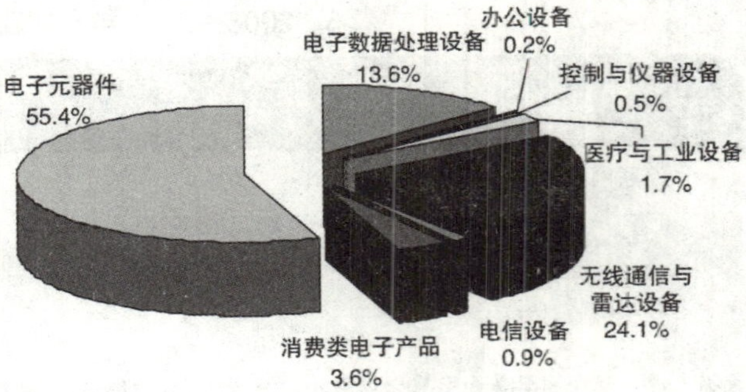

图 4　2011 年韩国各类电子产品产值份额情况

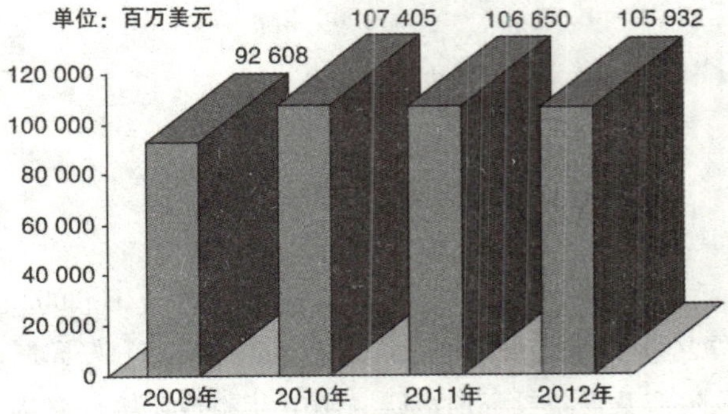

图 5　2009—2012 年韩国电子产品产值情况

注：2012 年为预测值。

同比增长 2.2%。其中，电子元器件居于首位，市场额为 28 434 百万美元，占 54.5%；其次是电子数据处理设备，市场额为 6 267 百万美元，占 12.0%；第三是无线通信与雷达设备，市场额为 5 704 百万美元，占 10.9%。2011 年韩国各类电子产品市场份额情况如图 6。2009—2012 年韩国电子产品市场情况见表4 和图 7。

信息化发展情况

据世界经济论坛发布的 2011 至 2012 年度《全球信息技术报告》，韩国的“网络化准备指数”（NRI）世界排名第 12 位，比 2010 年下降 2 位。韩国 2008—2011 年信息化发展情况见表 5。

据联合国《信息经济报告 2012》，截至 2011 年底，韩国互联网用户普及率达到 83.80%，同比增长 0.10 个百分点。韩国信息化基础设施在国际社会公认为世界级水平，宽带普及率 2011 年底为 36.91%，居世界第八位，同比增长 1.23 个百分点。截至 2011 年底，韩国移动电话普及率为 108.50%，同比增长 3.14 个百分点。

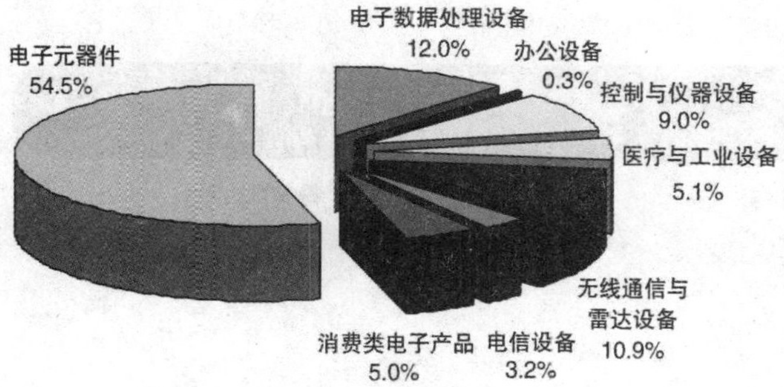

图6 2011年韩国各类电子产品市场份额情况

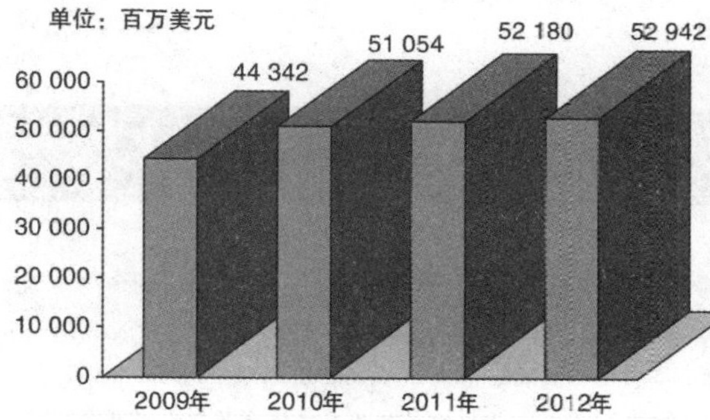

图7 2009—2012年韩国电子产品市场情况

注：2012年为预测值。

【统计数据】

表1 2009—2010年韩国电子产品进口情况

单位：百万美元

项目名称	2009年	2010年
电子数据处理设备	6 256	7 890
办公设备	122	120
控制与仪器设备	4 253	5 589
医疗与工业设备	2 615	2 760
无线通信与雷达设备	1 992	4 614
电信设备	1 588	1 626
消费类电子产品	1 679	1 725
电子元器件	12 382	18 751
总计	30 887	43 075

数据来源：《The yearbook of world electronics data 2012》。

注：由于四舍五入，各项值累加与总计值有可能存在误差。

表2 2009—2010年韩国电子产品出口情况

单位：百万美元

项目名称	2009年	2010年
电子数据处理设备	14 913	16 877
办公设备	195	188
控制与仪器设备	1 244	1 716
医疗与工业设备	1 723	1 910
无线通信与雷达设备	25 332	24 776
电信设备	914	971
消费类电子产品	2 925	3 086

续表

项目名称	2009 年	2010 年
电子元器件	31 907	49 902
总计	79 153	99 426

数据来源：《The Yearbook of World Electronics Data 2012》。
注：由于四舍五入，各项值累加与总计值有可能存在误差。

表 3　2009—2012 年韩国电子产品产值情况

单位：百万美元

项目名称	2009 年	2010 年	2011 年	2012 年
电子数据处理设备	14 570	15 175	14 450	14 161
办公设备	240	237	225	214
控制与仪器设备	450	470	489	503
医疗与工业设备	1 690	1 780	1 864	1 952
无线通信与雷达设备	28 690	25 700	25 700	26 214
电信设备	920	968	949	930
消费类电子产品	3 789	3 943	3 868	3 783
电子元器件	42 259	59 132	59 106	58 175
总计	92 608	107 405	106 651	105 932

数据来源：《The yearbook of world electronics data 2012》。
注：2012 年为预测值；由于四舍五入，各项值累加与总计值有可能存在误差。

表 4　2009—2012 年韩国电子产品市场情况

单位：百万美元

项目名称	2009 年	2010 年	2011 年	2012 年
电子数据处理设备	5 913	6 188	6 267	6 280
办公设备	167	169	172	172
控制与仪器设备	3 459	4 343	4 690	4 784
医疗与工业设备	2 582	2 630	2 675	2 709
无线通信与雷达设备	5 350	5 538	5 704	5 847
电信设备	1 594	1 623	1 646	1 652
消费类电子产品	2 543	2 582	2 591	2 587
电子元器件	22 734	27 981	28 434	28 911
总计	44 342	51 054	52 179	52 942

数据来源：《The yearbook of world electronics data 2012》。
注：2012 年为预测值；由于四舍五入，各项值累加与总计值有可能存在误差。

表5 2008—2011年韩国互联网、宽带和移动电话用户普及率

项目名称	2008年	2009年	2010年	2011年
互联网（%）	81.00	81.60	83.70	83.80
宽带（%）	32.42	34.08	35.68	36.91
移动电话（%）	95.54	99.96	105.36	108.50

数据来源：联合国贸易和发展会议《2012年信息经济报告》。

印 度

【综述】

2011年，印度GDP增长9.6%。2011年第四季度，受通胀对个人消费的压力及高利率的影响，印度经济增长放缓。截至2012年3月，印度GDP增速放缓至7.1%，预计2013年为8%。

2009—2012年印度GDP增长情况见图1。

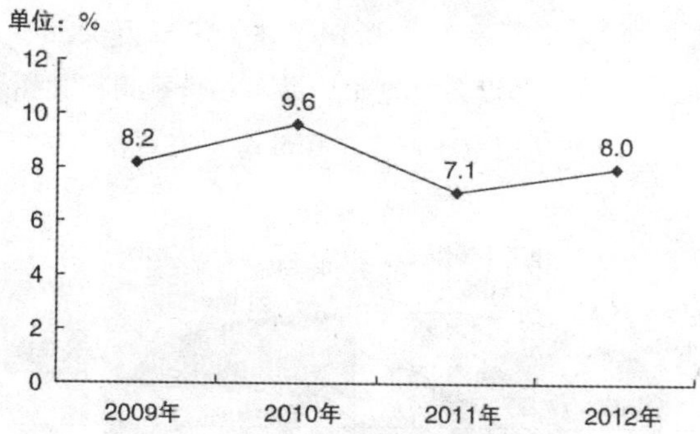

图1 2009—2012年印度GDP增长情况

注：2012年为预测值。

电子产品进出口情况

2009年，印度电子产品进出口总额为19 191百万美元；2010年为22 737百万美元，同比增长18.5%。2009年和2010年，印度电子产品进出口贸易均呈逆差，逆差额分别为11 775百万美元和13 493百万美元。

1. 进口情况

2009年，印度电子产品进口额为15 483百万美元。其中，无线通信与雷达设备居于首位，进口额为4 365百万美元，占进口总额的28.2%；其次是电子数据处理设备，进口额为4 236百万美元，占进口总额的27.4%。

2010年，印度电子产品进口额为18 115百万美元，同比增长17.0%。其中，无线通信与雷达设备居于首位，进口额为5 009百万美元，占进口总额的27.6%；其次是电子数据处理设备，进口额为4 734百万美元，占进口总额的26.1%。2009—2010年印度各类电子产品出口额情况见表1，2010年印度各类电子产品进口份额情况见图2。

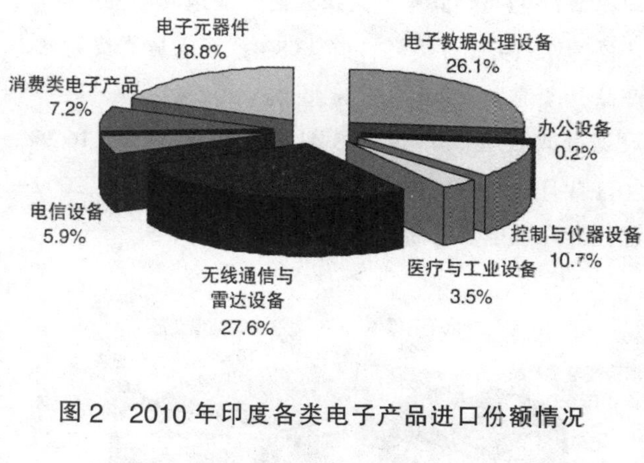

图2 2010年印度各类电子产品进口份额情况

2. 出口情况

2009年，印度电子产品出口额为3 708百万美元。其中，无线通信与雷达设备居于首位，出口额为1 541百万美元，占出口总额的41.6%；其次是电子元器件，出口额为908百万美元，占出口总额的24.5%。

2010年，印度电子产品出口额为4 622百万美元，

同比增长 24.6%。其中，无线通信与雷达设备居于首位，出口额为 1 834 百万美元，占出口总额的 39.7%；其次是电子元器件，出口额为 1 066 百万美元，占出口总额的 23.1%。2009—2010 年印度各类电子产品出口额情况见表 2，2010 年印度各类电子产品出口份额情况见图 3。

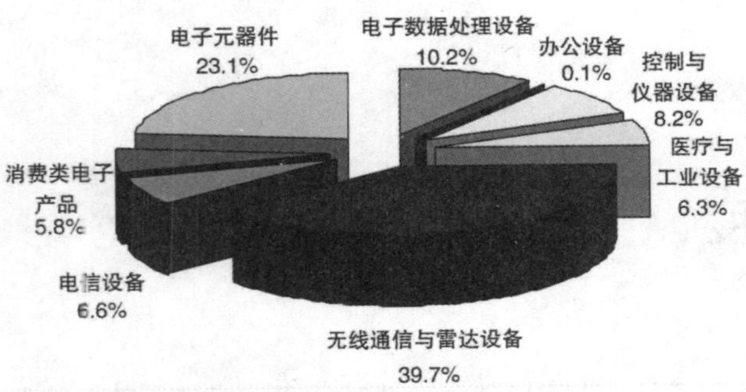

图 3　2010年印度各类电子产品出口份额情况

电子产品产值情况

2010 年，印度电子产品产值为 19 959 百万美元。其中，无线通信与雷达设备位居首位，产值为 6 536 百万美元，占 32.7%；其次是消费类电子产品，产值为 3 937 百万美元，占 19.7%；第三是电子数据处理设备，产值为 3 268 百万美元，占 16.4%。

2011 年，印度电子产品产值为 21 069 百万美元，同比增长 5.6%。其中，无线通信与雷达设备位居首位，产值为 7 119 百万美元，占 33.8%；其次是消费类电子产品，产值为 4 115 百万美元，占 19.5%；第三是电子数据处理设备，产值为 3 410 百万美元，占 16.2%。2011 年印度各类电子产品产值份额情况如图 4，2009—2012 年印度电子产品产值情况见表 3 和图 5。

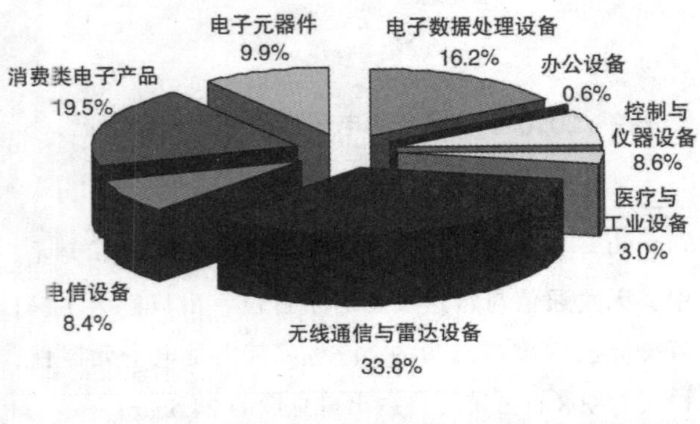

图 4　2011 年印度各类电子产品产值份额情况

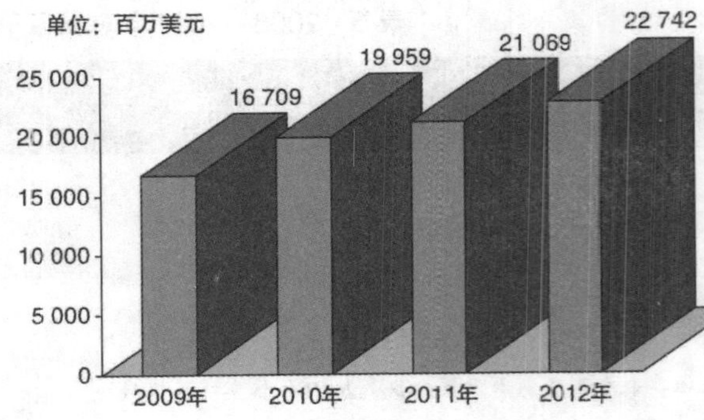

图 5　2009—2012 年印度电子产品产值情况

注：2012 年为预测值。

电子产品市场情况

2010 年，印度电子产品市场额为 33 451 百万美元。其中，无线通信与雷达设备位居首位，市场额为 9 711 百万美元，占 29.0%；其次是电子数据处理设备，市场份额为 7 531 百万美元，占 22.5%；第三是消费类电子产品，市场额为 4 979 百万美元，占 14.9%。

2011 年，印度电子产品市场额为 35 318 百万美元，同比增长 5.6%。其中，无线通信与雷达设备位居首位，市场额为 10 576 百万美元，占 29.9%；其次是电子数据处理设备，市场额为 7 690 百万美元，占21.8%；第三是消费类电子产品，市场额为 5 088 百万美元，占 14.4%。2010 年印度各类电子产品市场份额情况如图 6。2009—2012 年印度电子产品市场情况见表 4 和图 7。

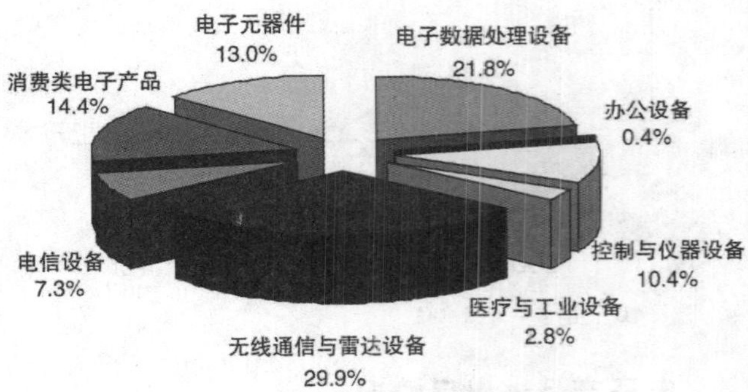

图 6　2011 年印度各类电子产品市场份额情况

信息化发展情况

据世界经济论坛发布的 2011—2012 年度《全球信息技术报告》，印度的“网络化准备指数”（NRI）世界排名第 69 位，比上年度下降 21 位。印度2008—2011 年信息化发展情况见表 5。

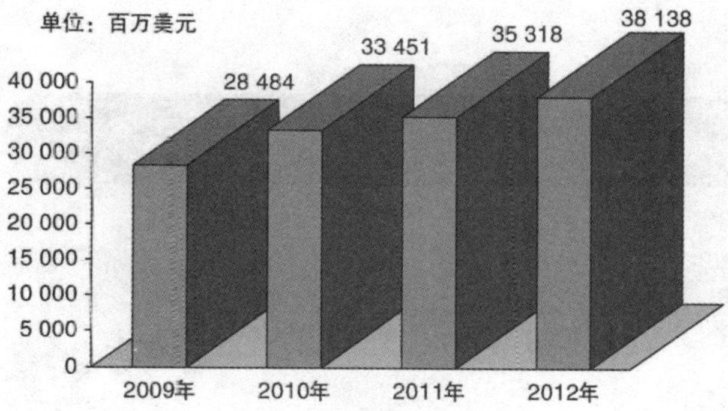

图7 2009—2012年印度电子产品市场情况

注：2012年为预测值。

目前，印度已成为世界上电话用户最多的国家之一，位列亚洲第二。据联合国《信息经济报告2012》，截至2011年底，印度移动电话覆盖率为72.0%，同比增长17.2%。宽带普及率1.03%，同比增长14.4%。互联网普及率10.07%，同比增长34.3%。

【统计数据】

表1 2009—2010年印度电子产品进口情况

单位：百万美元

项目名称	2009年	2010年
电子数据处理设备	4 236	4 734
办公设备	21	27
控制与仪器设备	1 475	1 940
医疗与工业设备	555	635
无线通信与雷达设备	4 365	5 009
电信设备	831	1 060
消费类电子产品	1 000	1 310
电子元器件	3 000	3 401
总计	15 483	18 116

数据来源：《The Yearbook of World Electronics Data 2012》。

注：由于四舍五入，各项值累加与总计值有可能存在误差。

表2 2009—2010年印度电子产品出口情况

单位：百万美元

项目名称	2009年	2010年
电子数据处理设备	302	471
办公设备	5	6
控制与仪器设备	384	379
医疗与工业设备	203	293
无线通信与雷达设备	1 541	1 834
电信设备	226	305
消费类电子产品	139	268

续表

项目名称	2009 年	2010 年
电子元器件	908	1 066
总计	3 708	4 622

数据来源：《The Yearbook of World Electronics Data 2012》。

注：由于四舍五入，各项值累加与总计值有可能存在误差。

表 3 2009—2012 年印度国电子产品产值情况

单位：百万美元

项目名称	2009 年	2010 年	2011 年	2012 年
电子数据处理设备	2 992	3 268	3 410	3 580
办公设备	107	118	117	120
控制与仪器设备	1 434	1 739	1 809	1 936
医疗与工业设备	471	599	642	709
无线通信与雷达设备	5 020	6 536	7 119	7 759
电信设备	1 434	1 721	1 774	1 863
消费类电子产品	3 490	3 937	4 115	4 593
电子元器件	1 760	2 041	2 083	2 182
总计	16 708	19 959	21 069	22 742

数据来源：《The Yearbook of World Electronics Data 2012》。

注：2012 年为预测值；由于四舍五入，各项值累加与总计值有可能存在误差。

表 4 2009—2012 年印度电子产品市场情况

单位：百万美元

项目名称	2009 年	2010 年	2011 年	2012 年
电子数据处理设备	6 926	7 531	7 690	8 228
办公设备	122	139	136	139
控制与仪器设备	2 526	3 299	3 690	4 096
医疗与工业设备	823	940	973	1 035
无线通信与雷达设备	7 845	9 711	10 576	11 528
电信设备	2 039	2 476	2 577	2 706
消费类电子产品	4 351	4 979	5 088	5 333
电子元器件	3 852	4 376	4 588	5 073
总计	28 484	33 451	35 318	38 138

数据来源：《The Yearbook of World Electronics Data 2012》。

注：2012 年为预测值；由于四舍五入，各项值累加与总计值有可能存在误差。

表 5 2008—2011 年印度互联网、宽带和移动电话用户普及率

项目名称	2008 年	2009 年	2010 年	2011 年
互联网（%）	4.38	5.12	7.50	10.07
宽带（%）	0.44	0.64	0.90	1.03
移动电话（%）	29.13	43.48	61.42	72.00

数据来源：联合国贸易和发展会议《2012 年信息经济报告》。

新加坡

【综述】

2012 年，受全球经济低迷的影响，新加坡 GDP 增长将由 2011 年的 4.9%放缓至 3%。如 2013 年全球经济逐渐复苏，预计 2013 年新加坡 GDP 将增长 4.5%。

2011 年，油价和非石油商品价格的提升，推动新加坡的平均通货膨胀率达到 5.2%。随着全球食品价格和非石油商品价格的回落，预计平均通货膨胀率将在 2012 年降低至 3.7%。同时，受汇率变动影响，进口商品价格将有所降低。2013 年，随着全球大宗商品价格趋于稳定，预计通胀压力也将逐渐减小。

2012 年新加坡出口增长将趋缓，原因在于其主要出口市场的增长放缓。

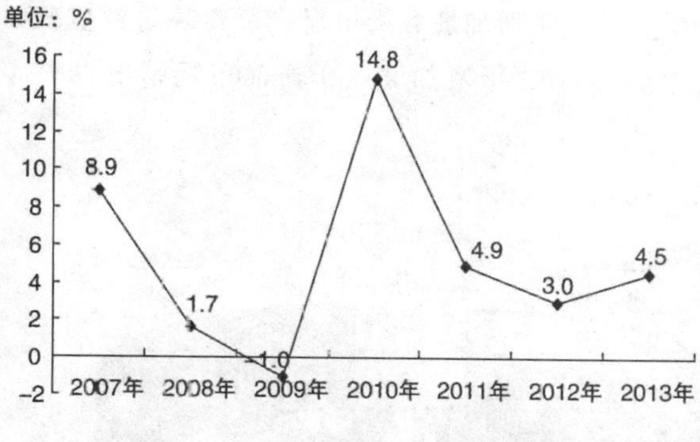

图 1 2007—2013 年新加坡 GDP 增长情况

注：2012 年、2013 年为预测值。

电子产品进出口情况

2009 年，新加坡电子产品进出口总额为 175 055 万美元；2010 年为 216 703 百万美元，同比增长 23.8%。2009 年和 2010 年，新加坡电子产品进出口贸易均呈顺差，顺差额分别为 24 581 百万美元和 32 257 百万美元。

1. 进口情况

2009 年，新加坡电子产品进口额为 75 237 百万美元。其中，电子元器件居于首位，进口额为 44 143 百万美元，占进口总额的 58.7%；其次是电子数据处理设备，进口额为 17 338 百万美元，占进口总额的 23%。

2010 年，新加坡电子产品进口额为 92 223 百万美元，同比增长 22.6%。其中，电子元器件居于首位，进口额为 58 345 百万美元，占进口总额的 63.3%；其次是电子数据处理设备，进口额为 17 038 百万美元，占进口总额的 18.5%。2009—2010 年新加坡各类电子产品进口额情况见表 1，2010 年新加坡各类电子产品进口份额情况见图 2。

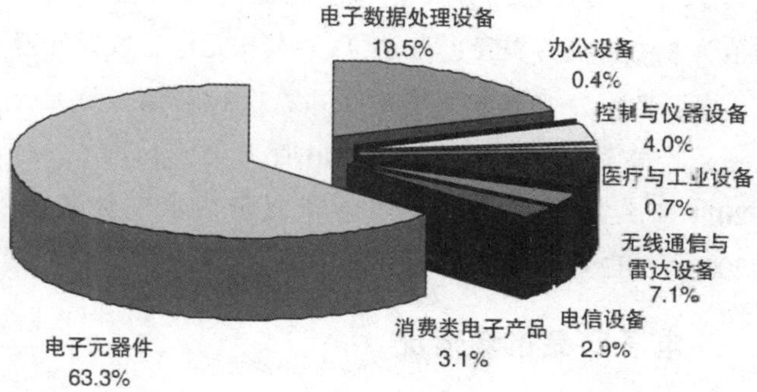

图 2 2010 年新加坡各类电子产品进口份额情况

2. 出口情况

2009 年，新加坡电子产品出口额为 99 818 百万美元。其中，电子元器件居于首位，出口额为 63 589 百万

美元，占出口总额的 63.7%；其次是电子数据处理设备，出口额为 21 866 百万美元，占出口总额的 21.9%。

2010 年，新加坡电子产品出口额为 124 480 百万美元，同比增长 24.7%。其中，电子元器件居于首位，出口额为 85 611 百万美元，占出口总额的 68.8%；其次是电子数据处理设备，出口额为 20 848 百万美元，占出口总额的 16.7%。2009—2010 年新加坡各类电子产品出口额情况见表 2，2010 年新加坡各类电子产品出口份额情况见图 3。

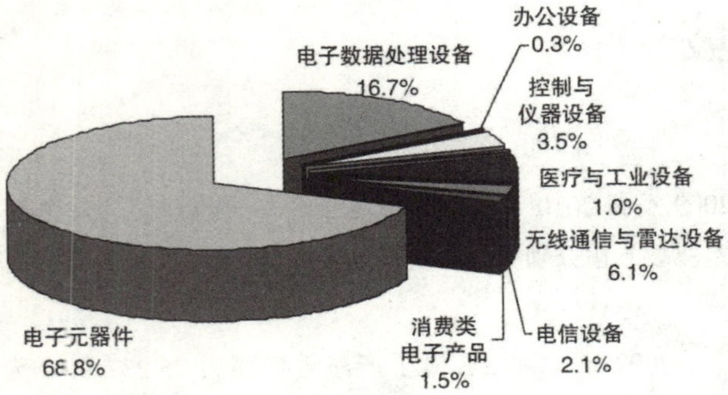

图 3 2010 年新加坡各类电子产品出口份额情况

电子产品产值情况

2010 年，新加坡电子产品产值为 61 188 百万美元。其中，电子元器件位居首位，产值为 40 021 百万美元，占 65.4%；其次是电子数据处理设备，产值为 13 346 百万美元，占 21.8%；第三是无线通信与雷达设备，产值为 3 676 百万美元，占 6%。

2011 年，新加坡电子产品产值为 61 332 百万美元，比 2010 年增长 0.2%。其中，电子元器件居于首位，产值为 39 204 百万美元，占 63.9%；其次是电子数据处理设备，产值为 13 685 百万美元，占 22.3%；第三是无线通信与雷达设备，产值为 3 770 百万美元，占 6.2%。2011 年新加坡各类电子产品产值份额情况如图 4。2009—2012 年新加坡电子产品产值情况见表 3 和图 5。

电子产品市场情况

2010 年，新加坡电子产品市场额为 28 930 百万美元。其中，电子元器件位居首位，市场额为 12 756 百万美元，占 44.1%；其次是电子数据处理设备，市场额为 9 536 百万美元，占 33%；第三是无线通信与雷达设备，市场额为 2 614 百万美元，占 9%。

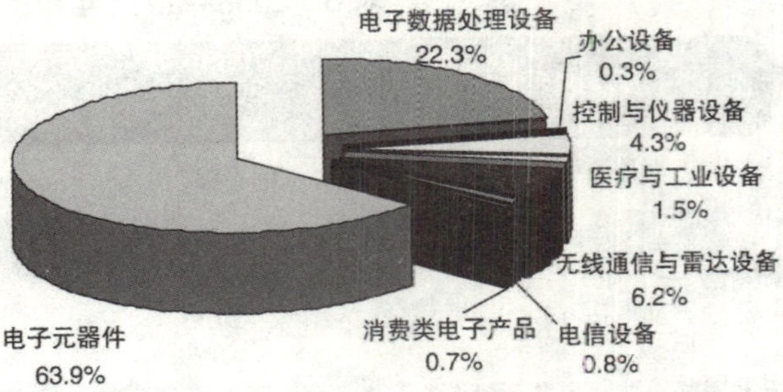

图 4 2011 年新加坡各类电子产品产值份额情况

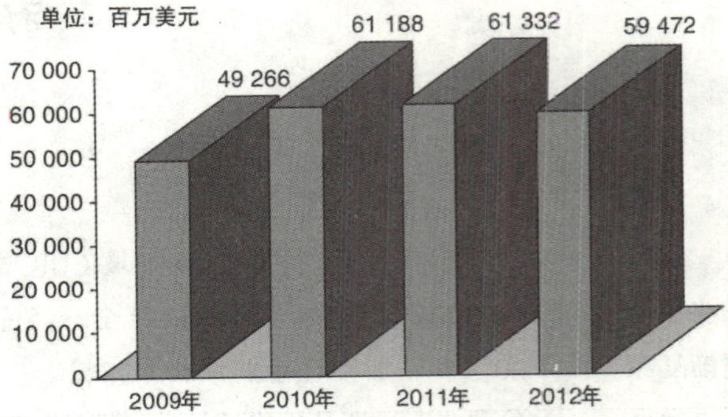

图 5 2009—2012 年新加坡电子产品产值情况

注：2012 年为预测值。

2011 年，新加坡电子产品市场额为 31 216 百万美元，同比上升 17.1%。其中，电子元器件居于首位，市场额为 13 060 百万美元，占 41.8%；其次是电子数据处理设备，市场额为 10 808 百万美元，占 34.6%；第三是无线通信与雷达设备，市场额为 2 934 百万美元，占 9.4%。2011 年新加坡各类电子产品市场份额情况如图 6。2009—2012 年新加坡电子产品市场情况见表 4 和图7。

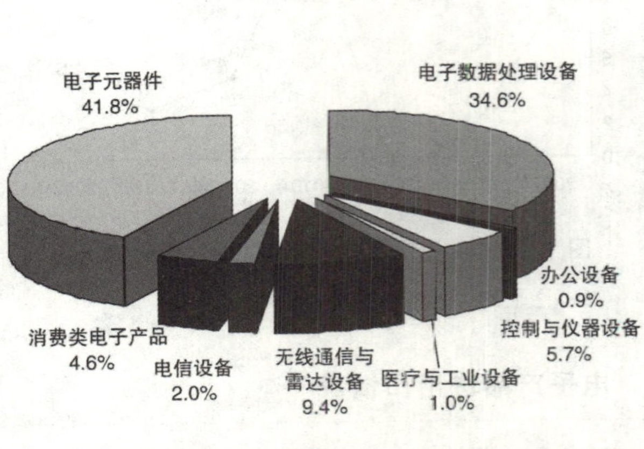

图 6 2011 年新加坡各类电子产品市场份额情况

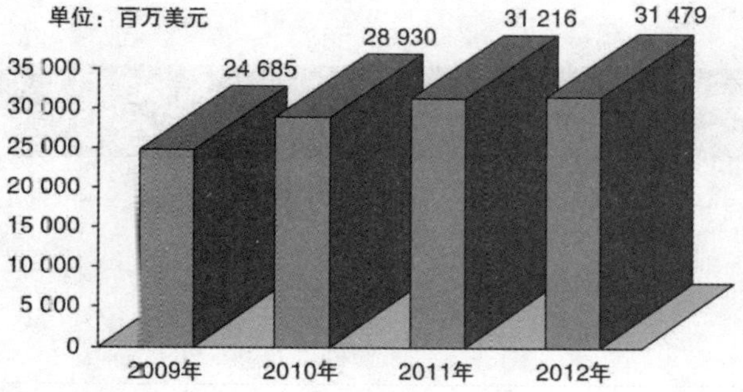

图 7 2009—2012 年新加坡电子产品市场情况

注：2012 年为预测值。

信息化发展情况

据世界经济论坛发布的 2011 至 2012 年度《全球信息技术报告》，新加坡的“网络化准备指数”（NRI）为 5.86，世界排名第 2 位，与 2010 年持平。

据《信息经济报告 2012》显示，2011 年，新加坡手机普及率为 145.2%，较 2010 年提高 1.54 个百分点。互联网普及率为 82%，较 2010 年提高 12 个百分点。宽带普及率达到 24.9%，比 2010 年提高 0.18 个百分点。2008—2011 年新加坡互联网、宽带和移动电话用户普及率见表 5。

【统计数据】

表 1 2009—2010 年新加坡电子产品进口情况

单位：百万美元

项目名称	2009 年	2010 年
电子数据处理设备	17 338	17 038
办公设备	334	379
控制与仪器设备	2 686	3 702
医疗与工业设备	637	733
无线通信与雷达设备	5 389	6 524
通信设备	2 114	2 688
消费类电子产品	2 595	2 814
电子元器件	44 143	58 345
总计	75 236	92 223

数据来源：《The Yearbook of World Electronics Data 2012》。

注：由于四舍五入，各项值累加与总计值有可能存在误差。

表 2 2009—2010 年新加坡电子产品出口情况

单位：百万美元

项目名称	2009 年	2010 年
电子数据处理设备	21 866	20 848
办公设备	296	340
控制与仪器设备	2 870	4 298
医疗与工业设备	1 112	1 260
无线通信与雷达设备	6 241	7 586
通信设备	2 006	2 596
消费类电子产品	1 838	1 942

续表

项目名称	2009 年	2010 年
电子元器件	63 589	85 611
总计	99 818	124 481

数据来源：《The Yearbook of World Electronics Data 2012》。

注：由于四舍五入，各项值累加与总计值有可能存在误差。

表 3　2009—2012 年新加坡电子产品产值情况

单位：百万美元

项目名称	2009 年	2010 年	2011 年	2012 年
电子数据处理设备	13 117	13 346	13 685	13 411
办公设备	186	206	207	192
控制与仪器设备	1 655	2 206	2 667	2 933
医疗与工业设备	739	815	880	883
无线通信与雷达设备	3 103	3 676	3 770	3 694
通信设备	407	471	483	463
消费类电子产品	483	447	438	397
电子元器件	29 574	40 021	39 204	37 498
总计	49 264	61 188	61 334	59 471

数据来源：《The Yearbook of World Electronics Data 2012》。

注：2012 年为预测值；由于四舍五入，各项值累加与总计值有可能存在误差。

表 4　2009—2012 年新加坡电子产品市场情况

单位：百万美元

项目名称	2009 年	2010 年	2011 年	2012 年
电子数据处理设备	8 589	9 536	10 808	11 240
办公设备	224	244	267	270
控制与仪器设备	1 471	1 610	1 789	1 837
医疗与工业设备	264	288	320	328
无线通信与雷达设备	2 252	2 614	2 934	3 046
通信设备	516	563	619	630
消费类电子产品	1 241	1 319	1 419	1 409
电子元器件	10 128	12 756	13 060	12 719
总计	24 685	28 930	31 216	31 479

数据来源：《The Yearbook of World Electronics Data 2012》。

注：2012 年为预测值；由于四舍五入，各项值累加与总计值有可能存在误差。

表 5　2008—2011 年新加坡互联网、宽带和移动电话用户普及率

项目名称	2008 年	2009 年	2010 年	2011 年
互联网（%）	53.73	77.23	70.00	82.0
宽带（%）	26.09	23.71	24.72	24.9
移动电话（%）	113.53	140.43	143.66	145.2

数据来源：联合国贸易和发展会议《2012 年信息经济报告》。

附录 B

中国香港特别行政区

【综述】

尽管2011年下半年市场增长显著放缓，中国香港特别行政区的GDP仍实现了5%的增长。由于香港经济严重依赖于全球贸易，2012年上半年主要出口市场的增长放缓将制约今后一段时期的经济增长。但中国大陆推出的财政刺激措施将有助于支持出口，从而推动GDP全年增长2.8%。

从中国大陆进口的食品价格走高，是中国香港特别行政区通货膨胀率2011年上升的主要原因。但外部通胀压力将在2012年有所减缓，从而推动通胀在2012年降至3.6%，以及2013年的3.2%。

预计中国政府在贸易和投资方面将继续给予中国香港特别行政区进入内地市场的优惠。2007—2013年中国香港特别行政区GDP增长情况见图1。

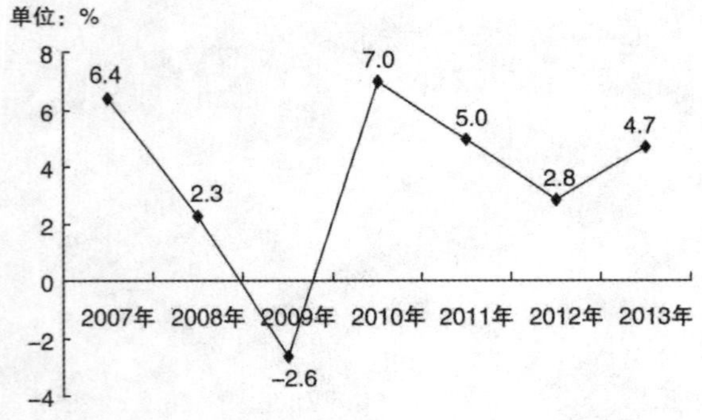

图1 2007—2013年中国香港特别行政区GDP增长情况

注：2012年、2013年为预测值。

电子产品进出口情况

2009年，中国香港特别行政区电子产品进出口总额为298 500百万美元；2010年为244 486百万美元，同比下降18.1%。2009年和2010年，中国香港特别行政区电子产品进出口贸易均呈逆差，逆差额分别为5 778百万美元和6 150百万美元。

1. 进口情况

2009年，中国香港特别行政区电子产品进口额为152 139百万美元。其中，电子元器件居于首位，进口额为82 056百万美元，占进口总额的53.9%；其次是电子数据处理设备，进口额为32 959百万美元，占进口总额的21.7%。

2010年，中国香港特别行政区电子产品进口额为125 318百万美元，同比降低17.6%。其中，电子元器件居于首位，进口额为45 697百万美元，占进口总额的36.5%；其次是电子数据处理设备，进口额为40 079百万美元，占进口总额的32%。2009—2010年中国香港特别行政区各类电子产品进口额情况见表1，2010年中国香港特别行政区各类电子产品进口份额情况见图2。

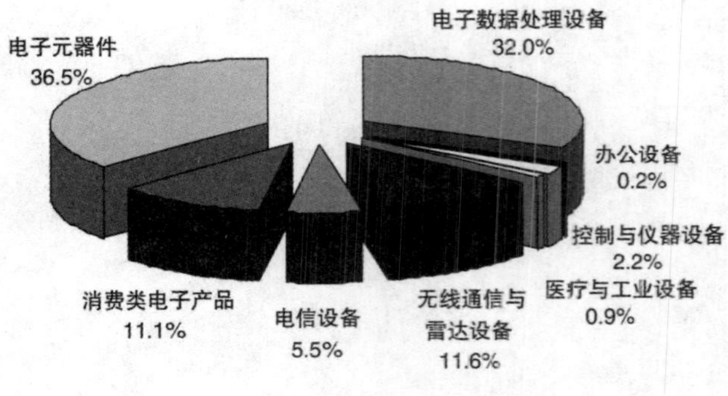

图2 2010年中国香港特别行政区各类电子产品进口份额情况

2. 出口情况

2009年，中国香港特别行政区电子产品出口额为146 361百万美元。其中，电子元器件居于首位，出口额为81 737百万美元，占出口总额的55.8%；其次是电子数据处理设备，出口额为28 774百万美元，占出口总额的19.7%。

2010年，中国香港特别行政区电子产品出口额为119 168百万美元，同比降低18.6%。其中，电子元器件居于首位，出口额为45 370百万美元，占出口总额的

38.1%；其次是电子数据处理设备，出口额为 35 702 百万美元，占出口总额的 30%。2009—2010 年中国香港特别行政区各类电子产品出口额情况见表 2，2010 年中国香港特别行政区各类电子产品出口份额情况见图 3。

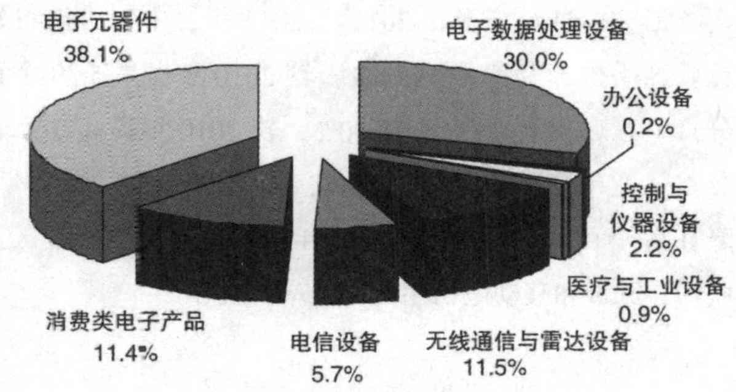

图 3 2010 年中国香港特别行政区各类电子产品出口份额情况

电子产品产值情况

2010 年，中国香港特别行政区电子产品产值为2 046 百万美元。其中，电子元器件位居首位，产值为659 百万美元，占 32.2%；其次是消费类电子产品，产值为 517 百万美元，占 25.3%；第三是电子数据处理设备，产值为 232 百万美元，占 11.3%。

2011 年，中国香港特别行政区电子产品产值为 1 902 百万美元，比 2010 年下降 7%。其中，电子元器件居于首位，产值为 609 百万美元，占32%；其次是消费类电子产品，产值为 459 百万美元，占 24.1%；第三是电子数据处理设备，产值为 213 百万美元，占 11.2%。2011 年中国香港特别行政区各类电子产品产值份额情况如图 4。2009—2012 年中国香港特别行政区电子产品产值情况见表 3 和图 5。

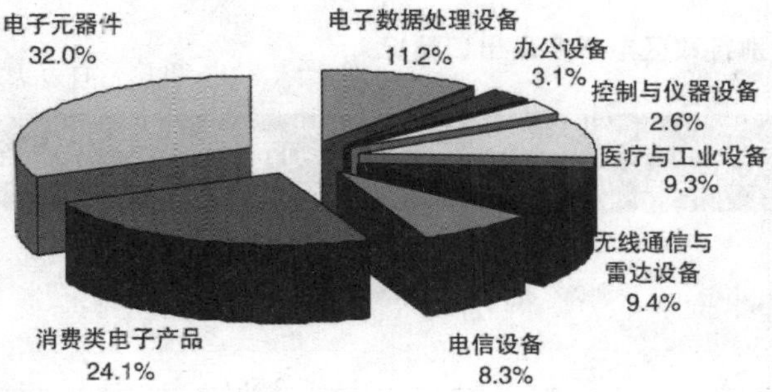

图 4 2011 年中国香港特别行政区各类电子产品产值份额情况

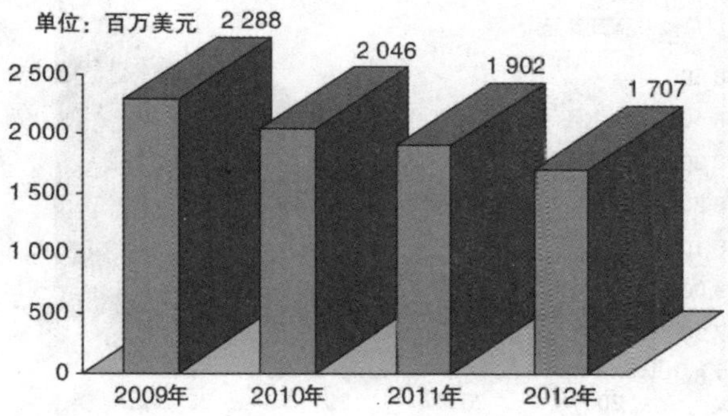

图 5 2009—2012 年中国香港特别行政区电子产品产值情况

注：2012 年为预测值。

电子产品市场情况

2010 年，中国香港特别行政区电子产品市场额为 8 196 百万美元。其中，电子数据处理设备位居首位，市场额为 4 608 百万美元，占 56.2%；其次是电子元器件，市场额为 985 百万美元，占 12%；第三是无线通信与雷达设备，市场额为 927 百万美元，占 11.3%。

2011 年，中国香港特别行政区电子产品市场额为 8 364 百万美元，同比上升 2%。其中，电子数据处理设备居于首位，市场额为 4 780 百万美元，占 57.1%；其次是无线通信与雷达设备，市场额为 970 百万美元，占 11.6%；第三是电子元器件，市场额为 901 百万美元，占 10.8%。2011 年中国香港特别行政区各类电子产品市场份额情况如图 6。2009—2012 年中国香港特别行政区电子产品市场情况见表 4 和图 7。

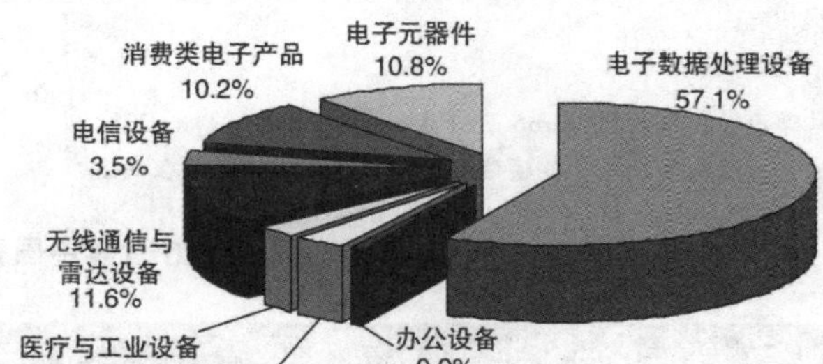

图 6 2011 年中国香港特别行政区各类电子产品市场份额情况

信息化发展情况

据世界经济论坛发布的 2011 至 2012 年度《全球信

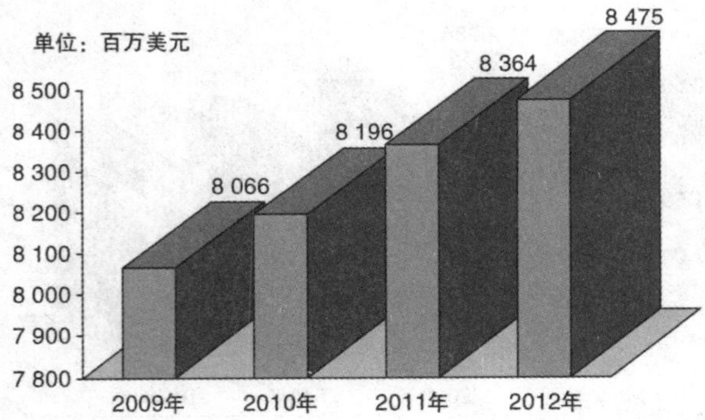

图 7 2009—2012 年中国香港特别行政区电子产品市场情况

注：2012 年为预测值。

息技术报告》，中国香港特别行政区的“网络化准备指数”（NRI）为 5.46，世界排名第 13 位，比 2010 年下降 1 位。中国香港特别行政区信息化程度在亚太地区处于领先水平，得益于政府对信息和通信技术各部门的积极推进和扶持。

据《信息经济报告 2012》，2011 年，中国香港特别行政区手机普及率为 195.6%，较 2010 年提高 5.39 个百分点。互联网普及率为 76.40%，较 2010 年提高 7 个百分点。宽带普及率达到 29.9%，比 2010 年的 30.16%下降 0.26 个百分点。2008—2011 年中国香港特别行政区互联网、宽带和移动电话用户普及率见表 5。

【统计数据】

表 1 2009—2010 年中国香港特别行政区电子产品进口情况

单位：百万美元

项目名称	2009 年	2010 年
电子数据处理设备	32 959	40 079
办公设备	292	316
控制与仪器设备	2 822	2 813
医疗与工业设备	1 094	1 073
无线通信与雷达设备	14 387	14 519
通信设备	5 727	6 886
消费类电子产品	12 801	13 930
电子元器件	82 056	45 697
总计	152 138	125 318

数据来源：《The Yearbook of World Electronics Data 2012》。

注：由于四舍五入，各项值累加与总计值有可能存在误差。

表 2 2009—2010 年中国香港特别行政区电子产品出口情况

单位：百万美元

项目名称	2009 年	2010 年
电子数据处理设备	28 774	35 702
办公设备	270	299
控制与仪器设备	2 609	2 587
医疗与工业设备	1 078	1 053
无线通信与雷达设备	13 685	13 779

续表

项目名称	2008年	2009年
通信设备	5 630	6 769
消费类电子产品	12 578	13 607
电子元器件	81 737	45 370
总计	146 361	119 166

数据来源：《The Yearbook of World Electronics Data 2012》。

注：由于四舍五入，各项值累加与总计值有可能存在误差。

表3 2009—2012年中国香港特别行政区电子产品产值情况

单位：百万美元

项目名称	2008年	2009年	2010年	2011年
电子数据处理设备	271	232	213	187
办公设备	53	60	59	56
控制与仪器设备	55	51	50	48
医疗与工业设备	174	174	177	170
无线通信与雷达设备	195	187	179	168
通信设备	181	167	157	144
消费类电子产品	599	517	459	391
电子元器件	761	659	609	542
总计	2 289	2 047	1 903	1 706

数据来源：《The Yearbook of World Electronics Data 2012》。

注：2012年为预测值；由于四舍五入，各项值累加与总计值有可能存在误差。

表4 2009—2012年中国香港特别行政区电子产品市场情况

单位：百万美元

项目名称	2008年	2009年	2010年	2011年
电子数据处理设备	4 456	4 608	4 780	4 924
办公设备	76	77	78	78
控制与仪器设备	269	277	283	289
医疗与工业设备	190	199	208	216
无线通信与雷达设备	896	927	970	999
通信设备	278	284	291	297
消费类电子产品	822	839	852	856
电子元器件	1 080	985	901	816
总计	8 067	8 196	8 363	8 475

数据来源：《The Yearbook of World Electronics Data 2012》。

注：2012年为预测值；由于四舍五入，各项值累加与总计值有可能存在误差。

表 5　2008—2011 年中国香港特别行政区互联网、宽带和移动电话用户普及率

项目名称	2008 年	2009 年	2010 年	2011 年
互联网（%）	59.10	61.24	69.40	76.40
宽带（%）	27.92	29.34	30.16	29.90
移动电话（%）	148.21	173.84	190.21	195.60

数据来源：联合国贸易和发展会议《2012 年信息经济报告》。

中国台湾地区

【综述】

由于中国台湾地区经济严重依赖出口，2012 年经济增长将放缓至 2.8%。中国大陆的高速发展进一步使中国台湾地区的主要出口市场降低对其需求。预计 2013 年出口市场需求将有所提升，经济增长有望回升至 4.3%。但随着政府结束对重大项目的补贴，石油和电力等领域将受到影响。

中国台湾地区的通货膨胀率保持在较低水平。但政府在 2012 年 4 月决定提高石油和电力价格，预计将使全年价格平均指数上升 2%，较前一年的 1.5%有所增长；2013 年平均通胀率将回落至 1.7%。

2012 年货物出口增长将放缓，而进口增长将是近年来最低值。到 2013 年，随着全球经济的复苏，出口和进口都将恢复更强劲增长。2007—2013 年中国台湾地区 GDP 增长情况见图 1。

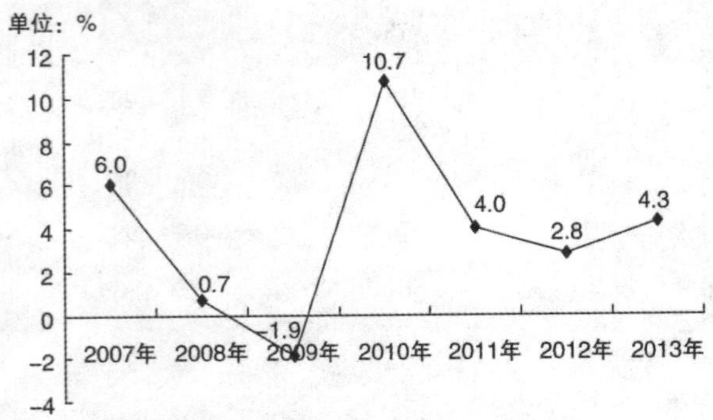

图 1　2007—2013 年中国台湾地区 GDP 增长情况

注：2012 年、2013 年为预测值。

电子产品进出口情况

2009 年，中国台湾地区电子产品进出口总额为 99 521 百万美元；2010 年为 110 884 百万美元，同比上升 11.4%。2009 年和 2010 年，中国台湾地区电子产品进出口贸易均呈顺差，顺差额分别为 21 693 百万美元和 60 746 百万美元。

1. 进口情况

2009 年，中国台湾地区电子产品进口额为 38 914 百万美元。其中，电子元器件居于首位，进口额为29 336 百万美元，占进口总额的 75.4%；其次是电子数据处理设备，进口额为 3 638 百万美元，占进口总额的 9.3%。

2010 年，中国台湾地区电子产品进口额为 25 069 百万美元，同比下降 35.6%。其中，电子元器件居于首位，进口额为 10 777 百万美元，占进口总额的 42.7%；其次是电子数据处理设备，进口额为 7 234 百万美元，占进口总额的 28.6%。2009—2010 年中国台湾地区各类电子产品进口额情况见表 1，2010 年中国台湾地区各类电子产品进口份额情况见图 2。

2. 出口情况

2009 年，中国台湾地区电子产品出口额为 60 607 百万美元。其中，电子元器件居于首位，出口额为 42 416 百万美元，占出口总额的 70%；其次是医疗与工业设备，出口额为 6 243 百万美元，占出口总额的 10.3%。

2010 年，中国台湾地区电子产品出口额为 85 815 百万美元，同比降低 41.6%。其中，电子元器件居于首位，出口额为 61 559 百万美元，占出口总额的 71.7%；

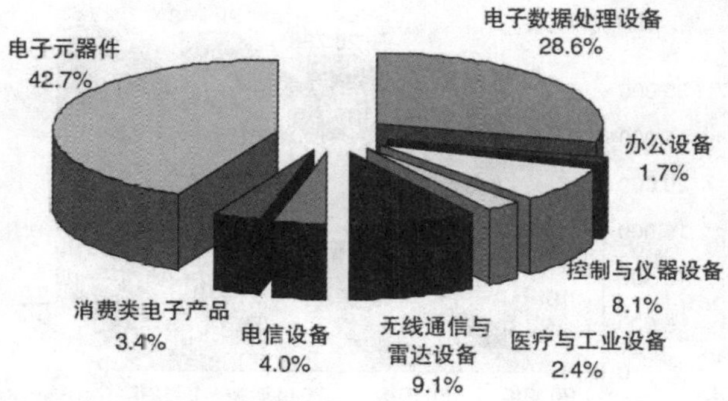

图2 2010年中国台湾地区各类电子产品进口份额情况

其次是无线通信与雷达设备，出口额为9 998百万美元，占出口总额的11.7%。2009—2010年中国台湾地区各类电子产品出口额情况见表2，2010年中国台湾地区各类电子产品出口份额情况见图3。

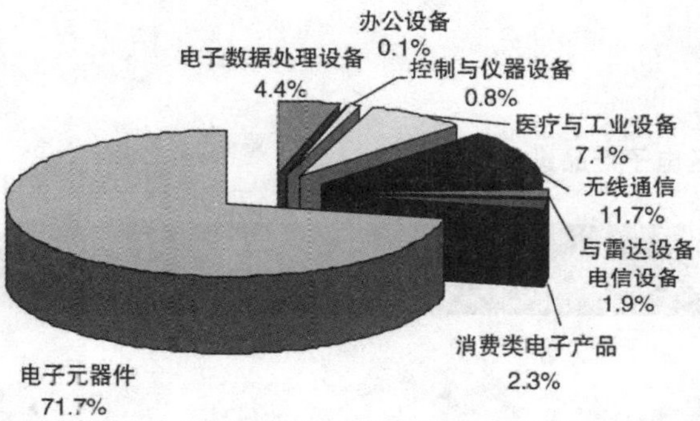

图3 2010年中国台湾地区各类电子产品出口份额情况

电子产品产值情况

2010年，中国台湾地区电子产品产值为60 807百万美元。其中，电子元器件位居首位，产值为38 296百万美元，占63%；其次是无线通信与雷达设备，产值为10 301百万美元，占16.9%；第三是医疗与工业设备，产值为5 174百万美元，占8.5%。

2011年，中国台湾地区电子产品产值为67 020百万美元，同比上升10.2%。其中，电子元器件位居首位，产值为41 247百万美元，占61.6%；其次是无线通信与雷达设备，产值为13 339百万美元，占19.9%；第三是医疗与工业设备，产值为4 864百万美元，占7.3%。2011年中国台湾地区各类电子产品产值份额情况如图4。2009—2012年中国台湾地区电子产品产值情况见表3和图5。

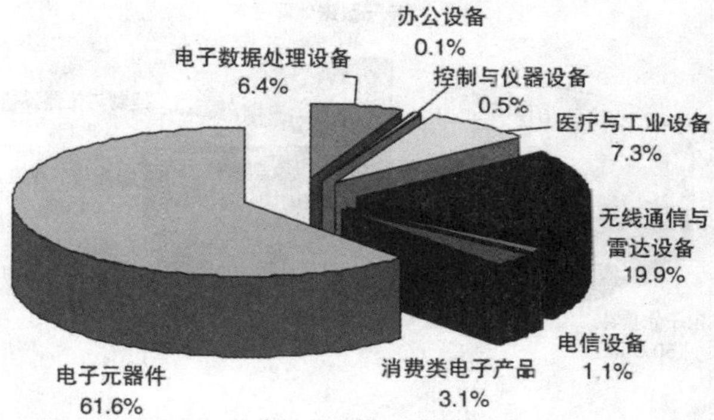

图4 2011年中国台湾地区各类电子产品产值份额情况

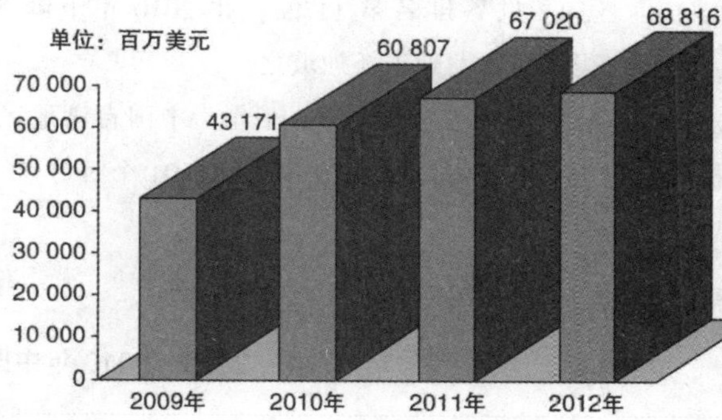

图5 2009—2012年中国台湾地区电子产品产值情况

注：2012年为预测值。

电子产品市场情况

2010年，中国台湾地区电子产品市场额为26 786百万美元。其中，电子元器件位居首位，市场额为16 215百万美元，占60.5%；其次是电子数据处理设备，市场额为4 656百万美元，占17.4%；第三是控制与仪器设备，市场额为2 166百万美元，占8.1%。

2011年，中国台湾地区电子产品市场额为29 208百万美元，同比上升9%。其中，电子元器件居于首位，市场额为17 696百万美元，占60.6%；其次是电子数据处理设备，市场额为5 074百万美元，占17.4%；第三是控制与仪器设备，市场额为2 379百万美元，占8.1%。2011年中国台湾地区各类电子产品市场份额情况如图6。2009—2012年中国台湾地区电子产品市场情况见表4和图7。

信息化发展情况

据世界经济论坛发布的2011至2012年度《全球信息技术报告》，中国台湾地区的"网络化准备指数"

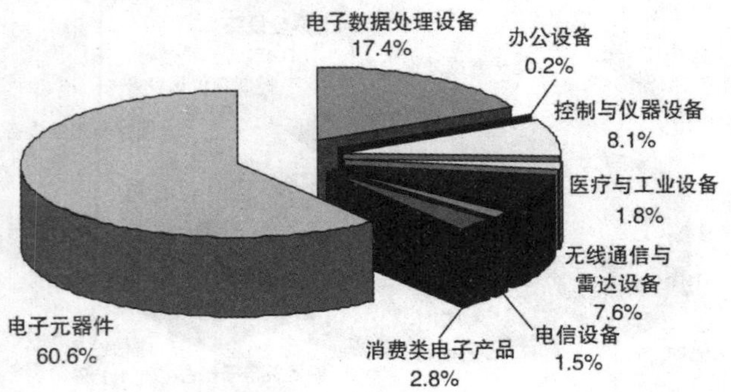

图 6 2011 年中国台湾地区各类电子产品市场份额情况

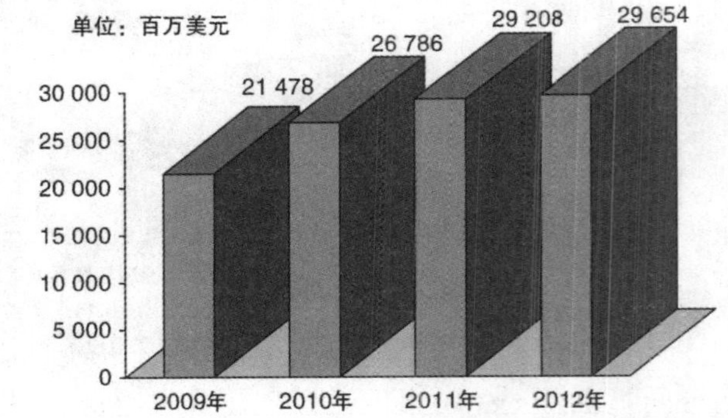

图 7 2009—2012 年中国台湾地区电子产品市场情况

注：2012 年为预测值。

(NRI) 为 5.50，世界排名第 11 位，比 2010 年下降 5 位，信息化程度在亚洲处于新加坡之后。

据《信息经济报告 2012》，2011 年，中国台湾地区手机普及率为 119.90%，较 2010 年下降 0.01 个百分点。互联网普及率为 71.5%，与 2010 年持平。宽带普及率达到 22.7%，较 2010 年的 22.68% 增长 0.02 个百分点。2008—2011 年中国台湾地区互联网、宽带和移动电话用户普及率见表 5。

【统计数据】

表 1 2009—2010 年中国台湾地区电子产品进口情况

单位：百万美元

项目名称	2009 年	2010 年
电子数据处理设备	3 638	7 234
办公设备	61	47
控制与仪器设备	1 845	2 072
医疗与工业设备	1 017	640
无线通信与雷达设备	1 687	2 340
电信设备	773	1 053
消费类电子产品	557	906
电子元器件	29 336	10 777
总计	38 914	25 069

数据来源：《The Yearbook of World Electronics Data 2012》。

注：由于四舍五入，各项值累加与总计值有可能存在误差。

表 2 2009—2010 年中国台湾地区电子产品出口情况

单位：百万美元

项目名称	2009 年	2010 年
电子数据处理设备	3 092	3 763
办公设备	14	8
控制与仪器设备	553	756
医疗与工业设备	6 243	6 110
无线通信与雷达设备	5 623	9 998
电信设备	1 004	1 645
消费类电子产品	1 662	1 976
电子元器件	42 416	61 559
总计	60 607	85 815

数据来源：《The Yearbook of World Electronics Data 2012》。
注：由于四舍五入，各项值累加与总计值有可能存在误差。

表 3 2009—2012 年中国台湾地区电子产品产值情况

单位：百万美元

项目名称	2008 年	2009 年	2010 年	2011 年
电子数据处理设备	3 640	3 956	4 305	4 197
办公设备	11	11	12	11
控制与仪器设备	272	316	424	436
医疗与工业设备	5 662	5 174	4 864	4 675
无线通信与雷达设备	5 740	10 301	13 339	13 606
电信设备	598	687	763	778
消费类电子产品	1 812	2 066	2 067	1 960
电子元器件	25 435	38 296	41 247	43 153
总计	43 170	60 807	67 021	68 816

数据来源：《The Yearbook of World Electronics Data 2012》。
注：2010 年为预测值；由于四舍五入，各项值累加与总计值有可能存在误差。

表 4 2009—2012 年中国台湾地区电子产品市场情况

单位：百万美元

项目名称	2008 年	2009 年	2010 年	2011 年
电子数据处理设备	4 186	4 656	5 074	5 145
办公设备	59	64	69	69
控制与仪器设备	1 564	2 166	2 379	2 426
医疗与工业设备	435	541	514	509
无线通信与雷达设备	1 804	1 992	2 228	2 273
电信设备	367	402	442	447
消费类电子产品	707	749	806	806
电子元器件	12 356	16 215	17 696	17 978
总计	21 478	26 785	29 208	29 653

数据来源：《The Yearbook of World Electronics Data 2012》。

注：2011 年为预测值；由于四舍五入，各项值累加与总计值有可能存在误差。

表 5 2008—2011 年中国台湾地区互联网、宽带和移动电话用户普及率

项目名称	2008 年	2009 年	2010 年	2011 年
互联网（%）	65.55	69.83	71.50	71.50
宽带（%）	21.05	21.64	22.68	22.70
移动电话（%）	103.98	116.70	119.91	119.90

数据来源：联合国贸易和发展会议《2012 年信息经济报告》。

[供稿:工业和信息化部电子科学技术情报研究所]